禹貢半月刊

9

第六卷六至十二期

顧頡剛等 主編

中華書局

出版者：北平西四牌樓小紅羅廠八號禹貢學會。
編輯者：顧頡剛，馮家昇。
出版日期：每月一日，十六日。
發行所：北平成府蔣家胡同三號禹貢學會發行部。
印刷者：北平成府引得校印所。

禹貢

半月刊

價目：每期零售洋貳角。豫定半年十二期，洋壹圓伍角，郵費壹角伍分；全年二十四期，洋叁圓，郵費叁角。國外全年郵費叁圓陸角。

The Chinese Historical Geography

Semi-monthly Magazine

Vol. VI, No. 6, Total No. 66. November, 16th, 1936.

Address: 3 Chiang-Chia Hutung, Cheng-Fu, Peiping, China

第六卷　第六期

民國二十五年十一月十六日出版

（總數第六十六期）

內政部登記證警字第叁肆陸壹號　中華郵政特准掛號認為新聞紙類

贈書致謝（十九）

本年十一月十日，承

沈兼士顧頡剛兩先生合贈故宮博物院文獻館出版之圖書三十餘種，謹將書名列載於后，藉伸謝悃；並照會章敬請 沈兼士先生爲本會贊助會員。

籌辦夷務始末二百六十卷 一百冊 民國十九年影印抄本

清太祖武皇帝努兒哈赤實錄 一冊 民國廿一年一月鉛印本

多爾袞日記司道職名冊 一冊 民國廿一年一月鉛印本

讀書堂西征隨筆 一冊 民國十七年七月鉛印本

清代外交史料 十冊 民國廿一年印本

清光緒朝中法交涉史料二十二卷 十一冊 民國二十二年印本

清宣統朝中日交涉史料六卷 三冊 民國廿二年印本

清季各國照會目錄（英，美，法，俄，德） 三冊 張德澤編輯 民國二十四年印本

昇平署岔曲 一冊 民國廿四年十月印本

康熙與羅馬使節關係文書影印本叙錄 一冊 民國廿一年影印本

名教罪人 一冊 鉛印本

文獻叢編 三十冊 印本

清三藩史料 六輯 六冊 鉛印本

史料旬刊 四十冊 自第一期至四十期 民國十九年六月一日至二十年七月一日印本

碎金 一冊 民國廿四年影印本

清內閣庫貯舊檔輯刊 六冊 方甦生編 民國廿四年一月印本

昇平署月令承應戲 一冊 民國廿五年印本

故宮博物院文獻院現存清代寔錄 一冊 民國廿三年印本

朝鮮國王來書（崇德七八年分） 一冊 民國廿二年校印本

朝鮮迎接都監都廳儀軌（明天啓元年） 一冊 民國廿一年一月印本

阿濟格略明事件之滿文木牌 一冊 李德啓編 民國廿四年五月印本

雍正硃批諭旨不錄奏摺總目 一冊 民國十九年印本

清軍機處檔案目錄 一冊 印本

內閣大庫現存清代漢文黃冊目錄 一冊 民國廿五年四月印本

文獻特刊 一冊 民國二十四年雙十節印本

文獻論叢 一冊 民國廿五年雙十節印本

歷代功臣像 一冊 民國廿四年雙十節影印本

交泰殿寶譜 一冊 民國十八年六月印本

太平天國文書 一冊 民國廿二年四月影印本

重整內閣大庫殘本書影 一冊 民國廿二年十一月影印本

清代帝后像 四冊 影印本

廣西沿邊各營駐防中越交界對汎法屯距界遠近圖 一幅 民國廿三年印本

本刊第六卷第七期目錄豫告

本刊總經售處：北平景山東街十七號景山書社　南京太平街新生命書局

本刊代售處

北平北京大學研究院王崇武先生
北平燕京大學史學系侯仁之先生
北平輔仁大學史學系馬兆鈞先生
北平清華大學史學系吳春晗先生
北平隆福寺街文奎堂書鋪
北平隆福寺街文殿閣書鋪
北平琉璃廠來薰閣書鋪
北平琉璃廠新生命書局
北平琉璃廠人文書店
北平東安市場佩文齋書鋪
北平東安市場新智書局
北平東安市場岐山書社
北平西四牌樓南丹明慶文具店
北平西單商場知行書局
北平成府競進分社
天津法租界二十六號路世界圖書局
天津南開中學前會友書局
濟南濟南雜誌社
濟南西門大街東方書社
大連青年書局
太原樓兒底晉民書報社
開封新業街龍文書莊
開封河南大學牟潤孫先生
南京中央大學門前鍾山書局
南京太平路花牌樓書店
南京太平路正中書局
上海四馬路開明書店
上海五馬路亞東圖書館
上海四馬路上海雜誌公司
上海福州路生活書店
蘇州五卅路國學小書堆
安慶安徽大學李冀英先生
廈門思明路生活書店
漢口湖北街良友公司
南昌中山路南昌書局
武昌橫街頭新生命書局
武昌察院坡亞新地學社
長沙府正街金城圖書文具公司
重慶售珠市北新書局
重慶天主堂街重慶書店
重慶商業場西二街今日出版合作社
萬縣環城路世界圖書局
成都少城祠堂街開明書店
成都華西大學鄭德坤先生
青島山東大學聞宥先生
廣州中山大學並紹良先生
廣州中山大學楊成志先生
廣州文德路廣東省立編印局
廣州永漢路上海雜誌公司廣州支店
西安大公報西安分館
綏遠楊家巷十二號綏遠新聞社
日本京都中京區叢文堂書店

禹貢學會第一次年會攝影

民國二十五年十月二十五日在北平小紅羅廠本會會所

本屆年會行舉，出席者五十一人，因恐散會後光線不佳，於開會前攝影，故後到者未及攝入。承王振鐸先生代攝，敬此志感。

突厥文苾伽可汗碑譯釋

儒林案：苾伽可汗碑與闕特勤碑九姓回鶻愛登里囉汨沒蜜施合毗伽可汗聖文神武碑同時發見（光緒十五年），此碑與闕特勤碑均在外蒙古嗢昆河(Orkhon)及和碩柴達木湖(Koso Tšaidam)附近，相距僅一公里，約在北緯四十七度半，英國格林威池(Greenwich)天文台東經一百零二度半。

此碑斷爲四塊，碑面亦破損太甚，故其長短大小，已無法測量。碑立於開元二十三年，其製作與闕特勤碑完全相同，惟各邊略大而已。西面爲中文，李融撰，見舊唐書一九四，因破損太甚，已不成文；撰人姓名，亦不可辨，僅餘其官銜而已。其他北東南三面西南角棱及西面中文上部，均突厥文。

北面起首八行與闕特勤碑南面起首十一行，完全相同，東面自第三行至第二十四行，除稍爲增易數處外，與闕特勤碑東面第一行至第三十行，完全相同。其尤奇者，全碑殆悉爲苾伽可汗自述，至南面第十行，忽變爲新可汗之辭。

丹麥V. Thomsen譯
韓儒林重譯
1

中文部分有 W. P. Wassiljew 之德文譯文，乃根據許景澄校本而成者。其譯文刊於 W. Radloff 之蒙古突厥碑文第一册第一百七十頁至一百七十四頁。芬蘭京城芬匈學會(La Société finno-ougrienne)出版之嗢昆河碑文一書，似亦有譯文。

我國自光緒十九年俄使喀西尼以 W. Radloff 蒙古古物圖譜送總理各國事務衙門後，傳抄之本甚多，其見於著錄者，則有李文田之和林金石錄，刊於靈鶼閣叢書（光緒二十四年？），近年羅振玉以李書僅刊碑文，付梓時主其事者且將校語删去，乃有和林金石錄校定之作，刊於遼居雜著（民國十八年），惟二書僅錄碑文，應不及沈曾植覆俄使跋文有用，惜沈跋予未之見也。

突厥文部分，至今尚未見有中文譯本。日本白鳥庫吉三十年前曾考釋此碑，惟予僅由王國維譯日人箭內亙韃靼考中知之（王忠愨公遺書觀堂譯稿下第十六頁），未見其書，且亦不曉日語也。聞日人秋貞，增村，小野川，滕枝諸人將根據 Radloff. Thomsen. Bang. Maqtart. Vambery 諸人著作，再作突厥碑文之研究，尙未見有著作發表。

予之譯文，係根據一九二四年德人 Hans Heinrich Schaeder 重譯丹麥 V. Thomsen 之新譯本，間亦參考英人 E. Denison Ross 重譯之文。至此碑之發現及西人研究之經過，可參看國立北平研究院院務彙報第六卷第六期突厥文闕特勤碑譯註序言。

V. Thomsen 之新譯，尙有一導言，亦頗可貴，俟予將外蒙諸碑譯竣出單册時，當再譯之。

研究外蒙嗢昆河突厥文碑，可分二事：一爲突厥文字之研究，一爲碑文所含史事之考釋。關於前者，自 V. Thomsen 創通以來，爲時已三十餘年，研究者亦不下數十家，然據去年（民國二十四年）始出版之俄人 W. Barthold 中央亞細亞突厥史德文譯文（ 12. Vorlesungen über die Geschichte der Türken Mittelasiens 此書余已着手翻譯。），W. Barthold 尙謂碑文多處，至今猶聚訟不決，使用 V. Thomsen 之新譯，仍當十分謹愼云（第九頁）。予讀 V. Thomsen ，W. Bang W. Radloff 諸家書，愈覺迷恍，不敢贊一辭。倘讀者不慊予之重譯，而直接從事於突厥文，以求原文眞象，則此文之收穫已不少矣。

余所從事者，僅爲關於碑文史事之考釋，然亦不敢竊比德人 Fr. Hirth 暾欲谷碑跋 （Nachworte zur Inschrift des Tonjukuk 拉德洛夫蒙古突厥碑文第三册）也。不過僅就個人所知者，考釋數事於後，聊省讀者翻檢之勞而已。

．此文應與拙譯闕特勤碑（北平研究院院務彙報 第六卷 第六期）一文合讀，凡闕特勤碑中已註釋者，本文即不復重出。

碑文譯文

北面

（一）朕從天生象天賢聖（苾伽）突厥可汗業已即位（？）。朕諸弟，諸姪輩，諸甥輩（？），及諸親王，其次朕諸親族及民衆，右部之 Sadapyt 貴人，左部之諸達干及達官 (buirug) 貴人，三十姓【韃靼……？】，九姓回紇之諸貴人及民衆，悉聽朕言。其傾耳諦聽朕言！向東方，向日出之方向，

（二）向南方，向日中之方向，向西方，向日落之方向，向北方，向半夜之方向——在此範圍內之一切民衆，莫不悉用朕命：凡此民衆且已經朕治理就緒，於都斤山之可汗一日不衰落，國家卽一日無憂。朕嘗東征至山東平原，幾達海濱；南征至九姓 Erkin （？）

（三）幾達吐蕃；西征珍珠河外，直抵鐵門；北征至白曳固。朕率領（突厥民衆），于役諸方。於都斤山無（外族）君長；於都斤山者，乃國家發號施令之地也。朕治此地，與中國民族訂立條約。供給無數金銀粟（？）

（四）絲（？）之中國人，言語阿諛，復多財富。彼等迷於溫言及財富，復招引異族與之接近。及遠人與之接近，遂亦習爲奸詐，良善聰明之人，良善勇敢之人，决不受其誘惑，即使有墮落者，而彼等欲將其親族或民族中清醒之人引入左道，

（五）尤决非易事。噫！吾突厥民衆，其不能自制爲其溫言財富所惑，而淪亡者，何可勝數。吾突厥民衆，汝等若有人言，『吾欲南遷，惟非居Čughai山，乃入平原耳』。噫！吾突厥民衆，彼惡人者將從而如是煽惑之：『其遠塞者，彼等將予以惡贈品；其近塞者，彼等將予以佳贈品，』彼等如此煽惑之。

（六）愚人爲此言所動，遂南遷而與之接近，汝輩中在彼淪落者，曷可勝數？『噫！吾突厥民衆，汝如往彼土，汝將淪亡，汝如不離於都斤山，而遣派駝隊，將不受任何窮困。汝如不離於都斤山，噫！吾突厥民衆，汝將永保此國家，永無所苦。當汝飢餓時，汝將不可憶饕足爲何事，及一旦飽饕，將不復有飢餓之思』。

（七）汝常不聽可汗之言，逐地遷徙，已受不少困迫窮蹙矣。汝輩中之居彼土者，奔走無定，生死莫卜。朕承奉天命，立爲可汗。既爲可汗，乃招集流亡，貧者富之，寡者衆之，朕所言者寧有一語不實乎？

（八）突厥之貴人及民衆，其諦聽之！噫！吾突厥民衆，汝如何保此國家，朕已記下，汝如何分崩離散，朕亦記下。朕與汝等所言者，悉記此紀念碑上。汝突厥民族及貴人皆知服從朕命，其用朕命之諸貴人，汝輩豈肯背約乎？

3 （九）朕〔父可汗〕及叔可汗御極後，〔曾統治〕四方之民族甚多，朕受天命御極之後，所統治之民族〔亦甚衆〕〔……〕。朕以親女妻突〔騎施〕可汗[1]，典禮甚隆。

（十）朕亦以突〔騎施可汗〕女嫁吾子，典禮亦甚隆。朕並以〔殊〕禮下嫁吾幼妹於〔黠戛斯（？）可汗〕〔……〕〔朕命〕四〔方民衆，維持和平〕，悉垂〔首〕屈膝。

（十一）〔往者〕朕之民族，無人見無人聞之民族也，朕受皇天后土之命，率〔？〕吾民衆，于役諸方，向日出之前方，向日中之右方，向日落之後方，向中夜之左方。朕取其黃金及白銀，絹帛與粟粒（？），駿馬及牡馬，黑貂（十二）及青栗鼠，悉以予吾突厥民衆，朕遂使吾民衆生活富裕，一無所苦。〔……

（十三）……〕噫吾突厥民衆，汝若不離汝之可汗，汝之貴人，汝之國土，汝將甚適，

（十四）汝返家將毫無困苦。〔……〕朕於中國皇帝處，請〔來〕藝人[2]。〔朕〕之請求，未被拒絕（？）。且所遣者，爲其內廷藝人。朕命建一專（美？）祠，內外繪

飾各種（美妙？）圖畫，〔……〕見〔＝讀？〕之者，即可洞曉，流傳至十箭之子孫及屬民。

（十五）紀念碑〔……〕

東面

（一）朕天所立象天突厥賢聖（苾伽）可汗[3]，此下爲吾辭：當朕父突厥（苾伽）〔可汗在位時〕，九姓回紇光榮之貴人及民衆，〔莫不欣悅滿足〕。及先君登遐，〔朕遵〕突厥皇天〔及突厥神聖水土之命〕君臨此邦。

（二）朕既受命執政，悲哀垂死之突厥貴人及民衆，莫不欣悅滿足，莫不仰視相慶。朕御極後，爲四方〔民族〕頒布重要法令甚夥。當上方藍天及下方暗地創出時，人類子孫亦於其間創出矣。

（三）人類子孫之上，吾祖宗土門可汗及室點蜜可汗實爲之長，既爲之長，即治理整頓突厥帝國和制度，世界四方民族皆其敵人，但吾祖一一征服之，令其維持和平，令其垂首屈膝。向東方吾祖移殖其民族於 Qadirqan 山，向西方

（四）直達鐵門，於此二極點間，吾祖統轄之地如此之遠且大，於此遠大地面中，吾先人統轄無君長無種族組織之藍色突厥人。吾先人皆聖賢可汗，英武可汗，其達官亦莫不賢知英武，諸貴人及民族，亦皆親睦和協。因此吾先人君臨此大帝國，君臨此帝國而後定立制度。依其命運之規定，皆一一登遐。

（五）其來親臨葬禮祭弔者，遼遠之Bökli族，中國人吐蕃人，apar（？）apurum（？）黠戛斯、三姓骨利幹，三十姓韃靼，契丹，Tabaři，悉自日出之東方來，參與祭弔民族之多如此。吾先人乃如此著名之可汗。先人死後，爲可汗者，爲其弟爲其子；惟弟絕

（六）不類其兄　子亦絕不肖其父：御極者皆愚昧可汗，賤劣可汗，其達官亦莫不愚昧賤劣。因貴人及民衆間之不和，因中國從中施用手段詐術及陰謀，兄弟間彼此傾軋內亂，而使國人及貴人間齟齬，

（七）遂致突厥民族帝國崩潰　其可汗淪亡，其貴族子孫悉成中國奴僕，其清白處女，亦悉降爲婢妾，突厥貴人，棄其突厥名字（或官銜），而用中國貴人之中國名字，其屈伏臣事於中國天子之下者，

（八）凡五十年。爲中國天子向日出之東方征伐，直至 Bökli-Kaghau，西征至『鐵門』，滅其王，攜其權，悉爲中國天子也。但突厥全民衆皆曰：『吾乃自有其國之民族，吾國今安在？我爲誰征伐？』彼等曰：

（九）『我乃自有其可汗之民族，今吾可汗安在？我所臣事之可汗爲誰？』彼等既覺悟，遂起而反抗中國天子。但彼等雖起，却未能自治自理，故旋復失敗。此等衆人不惟不愚助吾等，且曰：『吾儕且屠戮突厥人，絕其子孫，』幸皆失敗。

（十）但突厥之上天及突厥神聖水土，却如是作：爲欲不使突厥民族滅絕，而使其復興也，乃起立吾父伊利啜利失可汗及吾母伊利苾伽可賀敦，且在天頂保佑之。吾父可汗偕十七人出走，當其聞有聲自中國出，在城中者離其城，

（十一）在山上者下共山。當其集合時，有衆七十人，上天予

以勇力，吾父可汗之軍士勇武如狼，其敵人則怯懦如羊。吾父東西奔走，招集散亡，得衆七百人。既得衆七百，依吾祖宗之法，而組織曾亡國家失可汗，爲奴爲婢，

（十二）喪失突厥法制之民族，並從而鼓舞之，彼整頓鐵勒及達頭民衆，並予以葉護及設。南方中國人世爲吾敵，北方則 Baz 可汗及九姓回紇；黠戛斯，骨利幹，三十姓韃靼，契丹，及 Tatabï 皆爲吾儕之敵人。朕父可汗與此等民族，疆埸周旋。彼出征

（十三）四十七次，身歷二十戰，遵奉上天之意，有國家者取其國家，有可汗者取其可汗。使其敵人維持和平，屈膝垂首，彼於建如此大國，得如是大權後，溘然長逝。朕等立 Baz 可汗爲我父可汗之第一 balbal。當吾父可汗

（十四）逝世時，朕年方八歲[4]，朕叔可汗繼立。朕叔可汗既立，乃復整理突厥民族，貧者富之，寡者衆之。當吾叔父可汗在位時，朕本人爲達頭族之設。【當朕】爲特勤時，始終爲爲叔可汗效勞；遵奉天命。

（十五）朕十四歲時，被立爲達頭民族之設。朕與吾叔可汗東征至靑河（Yašïl ügüz）及山東平原，西征至鐵門。吾等征至貪漫山外之黠戛斯地。吾等共出征二十五次，戰爭十三次，有國者則奪其國，有可汗者則擒其可汗，

（十六）使之屈膝垂首。突騎施可汗，亦屬吾突厥種。因其愚昧及對吾人僞詐故，遂被誅，其達官及貴人亦被誅。十箭之族亦被難。爲使吾祖宗之地不能無主也，吾等整理小民族，【……】

（十七）是拔塞（Bars）貴人，吾等予以可汗之號，並以朕妹妻之。但其人虛詐，可汗伏誅，民族亦爲奴婢。爲使貪漫山地方不能無主，吾等於整頓 Az 及黠戛斯民族後，出而征服之，但吾人復還其獨立，吾人東徙吾族於 Qadïrqan 山之外，而整理之。西徙突厥族

（十八）Kängü-Tarman 而整理之。此時奴亦有奴，婢亦有婢，弟不知其兄，子不知其父，吾等所取得所整頓之國家及權力之大如此。突厥及回紇之貴人及民衆聽之！若非天傾地崩，

（十九）噫突厥民衆，孰能滅汝國取汝權耶？突厥人！汝震慄，汝反省，汝本身奸詐，對汝賢聖可汗虛僞，反對汝自由獨立之國。身被甲兵之人，何自來而驅散汝等耶？荷戟負戈之人，何自來而虜掠汝等耶？神聖於都斤山之民，出走者實汝本人，汝輩有東去者，

（二十）有西去者，但在汝等所去之地，所得者不過血流似河，骨積如山而已。汝等之高貴子弟，盡成奴隸，汝等之清白處女，悉成婢妾。吾叔可汗之死，實汝等愚昧僞詐所致也。朕立黠戛斯可汗爲第一 balbal，天不欲吾突厥人聲名消滅也，乃生吾父可汗，及

（二一）毋可賀敦，賜朕先君國土之昊天，不欲吾突厥人聲名絕滅也，今復命朕爲可汗。予非昌盛民族之君長；朕之人民腹無食身無衣，實瘠苦孱弱之衆，予與吾弟闕特勤共商國事，朕不欲

（二二）先君先叔爲人民所得之聲名消滅也。爲突厥人故，朕夜不寐，晝不安，朕與吾弟闕特勤及兩設共同擘劃，辛苦幾死。朕如此辛苦，國人始不相水火。朕既立爲可汗，昔日四方流離之人，復歸故土，無馬無衣，奄奄牛死。

（二三）朕爲復興民族計，乃率大軍出征十二次，北征回紇，東討契丹及 Tatabï 南擾中國，朕親戰【……】次，依上天之意，

且因朕有威權，不受命運支配，此垂死之民族，始得因朕死而復生。裸者衣之，貧者富之，

（二四）寡者衆之。朕使有國有可汗者，優於他族。世界四方諸族，悉得維持和平，解仇結盟，凡此諸族，莫不用命。

朕年十七，出征吐蕃（Tangut）[5]，平吐蕃人，獲其童幼，家族，馬匹，財物。年十八，征 Altï（意爲七）Čub 及粟特，

（二五）敗之。中國王都督率五萬人來侵，朕與之戰於 Jdug-baš（『聖泉』或『聖峯』）聚殲其軍。朕年二十，征朕同族之拔悉蜜及其亦都護（idug-qut）[6]，爲其不派（携帶貢品之）駝隊也，〔……〕，朕再使其屈服，一同歸順。朕年二十二，出征

（二六）中國；擊 Čača 將軍及其兵士八萬人[7]，殲其軍。朕年二十六，Čik 與黠戛斯人與吾族爲仇，朕渡劍河（Kem）[8]擊 Čik，戰於 Orpän，敗其軍。Az 人〔……〕，朕再迫其服從。朕年二十七，出征黠戛斯人。其時氷雪載途，深與長矛等，

（二七）吾等鑿雪開道，越貪漫山，於黠戛斯人睡夢中掩至。朕與其可汗戰於 Songa（?）山，誅其可汗而取其國。同年朕復越金山，（Altun-Bergwald），至多邏斯川（Irtisch），彼岸，征突騎施，朕於突騎施人夢中掩至。突騎施可汗之軍隊如烈火如暴雨；

（二八）吾等戰於 Bolču，朕誅其可汗葉護及設，平其國。朕年三十，擊五城之地（Bešbalïq）[10]；六戰，〔而克之？〕，盡殲其軍。在其中爲何人？〔……〕前來而呼喚〔……〕；五城之地由是得救。

（二九）朕年三十一，歌邏祿與吾人爲仇，斯時彼生活自由，無憂無慮，朕與戰於聖泉（或『聖峯』）Tamagh，殲歌邏祿人而定之。〔朕年三十二，……〕歌邏祿人集合〔而來？〕，朕敗其軍而殲之。九姓回紇者，吾之同族也。因天地失序及其心

（三十）生嫉妬故，亦起而作亂。一年之內，朕軍四出。第一次戰於 Toghu-balïq（城）；朕令兵士泅水渡獨洛河（Toghla）[11]後，朕〔敗〕其軍而〔殲之〕。第二次戰於 Andarghu（或 urghu ?），敗其軍而〔殲之。第三次〕戰於〔Čuš-baši〕。突厥民族騷亂，且近於

（三一）卑怯，其故爲突進隊而來之敵軍，意在衝散吾軍，朕則悉力驅逐之，多數垂斃者，由是得復生。朕於 Tonga 特勤喪，圍斬同族之同羅 Yïlpaghus。第四次

戰於 Azgändi-qadaz ，朕敗其軍而殲之。獲其馬匹及財物以歸。朕年四十，於 Magha-（或 Anga）Gurghan 過冬後，遭遇凶年。春季

（三二）征回紇：第一軍出征，第二軍留守。回紇遣兵三路，目的在襲擊吾等；彼以爲吾等無馬，且已困憊，故來襲擊。其一軍出掠吾等居處，其他一軍與吾等交戰。吾等人數甚少，且艱苦備嘗，回紇人【……】；因上天予吾等勇力，竟得致勝，

（三三）驅散其人。朕遵奉天命，且因朕在彼略有建樹，【……】突厥民族【……】。昔者朕成就無多，故突厥民衆死亡淪落。【突厥】諸貴人及【民衆】，永矢勿忘，希皆知之！朕出征【……】回紇民族，

（三四）朕毀其居處。回紇人來，與九姓韃靼聯合；朕於 Aghu 大戰兩次，摧其軍而平其民。朕有如許建白後，【朕叔可汗崩(？)】。朕遵奉【天】命，於三十三歲【……可汗】

（三五）復與其民之可汗不忠。上天及神聖水土及【……】可汗之幸福，均弗祐之。九姓回紇民衆離其本土，南向中國。【……】彼等復【離】中國歸還此土[12]。朕欲整理其衆，朕思【……】民族【……】

（三六）不忠，【因此】其名聲喪失於中國，朕將於其地被人輕視【？——或：朕將於其地喪失聲譽？？】朕既立爲可汗，乃整頓突厥民族【……】

（三七）朕戰於彼處而敗其軍。其中一部分復降，復成一民族，其另一部分則悉死。朕沿娑陵水（Sälängä）[13]，順流而下……（？）毀其居處。【……】回紇之 eltäbir 東逃，從之者約百人【……】。

（三八）【……】突厥民族忍受飢餓，朕調整之，因此朕取此馬。朕年三十四，回紇逃竄，降中國；朕憤然臨陣【……】

東面碑文自此行以後，及南面首七行之續文，完全剝蝕，只得從略。

南面

（八）Qugh 將軍率四萬人來，朕與之相遇於 Tüngkär 山，斃其衆三千人【……】。

（九）【……】朕長子病死後，乃樹立 Qugh 將軍爲 balbal。朕爲設十九年，爲可汗而治此國者十九年，【爲特勤？】三十一年。

(十)朕給予吾突厥民族財富如是之多。朕父可汗旣有如許建白後，於狗年（公元七三四年）十月二十六日崩，猪年（七三五）五月二十七日安葬〔……〕[14]

(十一)〔……〕李佺大將軍（Lisün Tai-Sängün）[15]偕五百人來；彼等携有香〔……〕金錢無數；携有屍臘（？）而陳列之，携有檀香木〔……〕。

(十二)凡此衆人，皆雉其髮，剺其耳頰[16]。彼等携其良馬，黑貂，藍栗鼠無數，一一呈進。

西南角稜

予 Yoligh 特勤撰此突厥苾伽可汗碑文。其〔監督〕建祠，繪畫，雕像諸事者，亦予可汗外甥（？）Yoligh 特勤也。予留此地凡一月零四日，書寫碑文[17]並監督繪畫及〔建築〕等事。

西面中文碑文之上

曾君臨〔突厥之朕父〕苾伽可汗，〔今已崩殂〕，每際春日，每際〔天〕鼓若……（？）〔嗚響？〕，每際鹿逃山上，朕輒復悲悼。朕曾以可汗〔……〕朕父可汗之碑。

考釋

(一)朕以女妻突騎施可汗

此事亦見於新唐書卷二一五下，舊唐書一九四下。時突騎施可汗，名蘇祿，本爲突騎施別種車鼻施啜（Čapïs Čur），開元四年（七一六）始自立爲可汗（依資治通鑑二百十一）。是年北突厥（以其居吾國之北，故吾國史籍稱之曰北突厥，但西突厥人則稱之曰東突厥，蓋以其居西突厥之東也。可參看暾欲谷碑第一碑東面第二十八行。北突厥人自稱，似曰藍突厥，參看碑文東面第四行及闕特勤碑文東面第三行。故西人有以藍突厥稱唐代外蒙突厥人者）。默啜卒，苾伽（唐書作毗伽，今從李融所撰中文碑文）可汗立，時年三十三，見東面碑文第三十四行。

當時用和親政策結蘇祿者，除突厥苾伽可汗外，尚有唐玄宗及吐蕃贊普棄蹜贊（？）。唐玄宗於開元十年十二月庚子（依資治通鑑二百十二。據二十史朔閏表已在公歷七二三年正月）立史懷道女爲交河公主，嫁蘇祿。史懷道亦作阿史那懷道，乃武后所册之十姓可汗。

按漢化之異族遵中國制，咸有姓氏，如龜茲人姓白或帛，疏勒人姓裴等等，世人皆已知之，而突厥人多姓『史』，似尚少有人注意。此『史』字宜由阿史那阿史德之史字來，故阿史那懷道亦稱史懷道。兩唐書中突厥人以阿史那爲姓者，不可勝數，而僅取一史字爲姓者，若史懷道之子史昕，史思明史朝義父子，史大奈其最著者也。阿史那爲突厥之一部，唐書卷四十三下地理志關內道突厥州有阿史那州，原注以阿史那部置。至於原文爲何，現在尚未能還原。

與蘇祿和親之吐蕃贊普，應爲金城公主所嫁之棄隸蹜贊，依資治通鑑，此贊普立於長安三年，時年七歲。

蘇祿之死，新舊唐書突厥傳均謂「莫賀達干（baga Targan）勒兵夜攻蘇祿殺之」，舊唐書且繫此事於開元二十六年夏。但據同書卷九玄宗本紀，則繫此事于開元二十七年七月，且謂「北庭都護蓋嘉運以輕騎襲破突騎施於碎葉城（Tokmak）殺蘇祿」。司馬君實亦捨本紀而採突厥傳文。但據柏林民族博物館所藏高昌殘碑證之，攻殺蘇祿之役，實有中國人參加。此碑雖已破損，不能成文，然大意尚彷彿可測，碑銘紀念之人，殆即死於是役也，暇當詳爲考釋之。

突騎施爲西突厥十姓部落之一，其版圖如何，殊難詳言。惟以其在十姓中爲最強，故異國之人，即以突騎施一詞代表西突厥全族，亦頗可能。如近年在新疆發現之大慈恩寺三藏法師傳回紇文譯本卷五「又支那國者蔑戾車地」一句，回紇文之譯文則爲：「又，桃花石者，蔑戾車（梵文 Mleccha 此云夷狄）地，在突厥，突騎施邊外」，甚足令人尋思（參看德國葛瑪麗小姐之玄奘傳回紇譯文 Dr. Annemarie von Gabain Die Uigurische Übersetzung der Bibliographie Hüan-Tsangs, I. Bruchstücke des 5. Kapitels, 載於 Sitzungsbericht der preussischen Akademie der Wissenschaften, Phil.-Hist. Klasse. 1935. 據葛小姐序，該傳回紇譯文，現存三處，法國 Joseph Hackin 有八葉，我國袁復禮先生約有二百四十殘葉，吐魯番商人售給巴黎 Guimet 博物院一百二十三殘葉。）

（二）朕於中國皇帝處請來藝人

唐玄宗爲苾伽可汗派人治喪之事，應與闕特勤喪相同，可參看伯希和之 Neuf notes sur des questions d'Asie centrale（見通報 1928-1929 此文馮承鈞氏已譯爲中文名中亞史地譯叢刊於輔仁學誌三卷一期），至突厥向中國所遣請葬料之人，則爲哥利施頡斤。四部叢刊本唐丞相曲江張先生文集卷十一勑突厥登利可汗書云：「前哥利施頡斤至，所請葬料，事事不違」，參看下文註十五。

(三)朕天所立象天突厥聖賢可汗

此爲登利可汗之徽號，與其父苾伽可汗之徽號「天所生象天突厥賢聖可汗」，僅差一字。V. Thomsen 謂係伊然可汗徽號，蓋根據舊唐書突厥傳。然爲苾伽可汗建碑者，實登利可汗，應從通鑑考異據勑登利可汗書改正之說。其徽號原文用拉丁字母音譯爲 Tärritäg tärridä jaratmïs tür(ü)k bilgä qaghan，所差異之字，即 jaratmïs 也。按此字亦見於十一世紀中葉 Muhmūd al-Kāšgarī 之突厥文字典（Diwān lugāt at Turk），意爲『創造』（據一九二八 C. Brockelmann 本），故可譯曰『立』也。

(四)常吾父可汗逝世時，朕年八歲

舊唐書一九四上：「骨咄祿死時，其子尙幼，默啜遂篡其位，自立爲可汗」。骨咄祿死，弟默啜嗣立，乃繼位非篡位，予於考釋突厥闕文特勤碑時，已詳言之，茲不再贅。惟骨咄祿死於何年，新舊唐書均未明言，舊唐書曰「天授中卒」，新唐書二一五上曰「天授初卒」。今依碑文「朕年八歲」之文推算，骨咄祿應死於天授二年，舊唐書是，新唐書錯。司馬光稽古錄「天授二年秋，突厥可汗骨咄祿死，子幼，弟默啜自立爲可汗」溫公必有所本（參看馮譯中亞史地譯叢）。

(五)朕年十七出征吐蕃

是年爲唐武后久視元年（公元七百年），吐蕃器弩悉弄贊普於前年始剷除專國三十餘年之論欽陵親黨，自理國政。

(六)亦都護 Iduq-qut

Iduq-qut 後代變爲 idiqut，元史音譯爲亦都護，乃突厥族中君長徽號之一種，意爲「神聖幸福」。此徽號第一字之唐代對音，尙未能尋出，第二字爲骨咄。元史卷一百二十二巴而朮阿而忒的斤傳「巴爾朮阿而忒的斤亦都護，亦都護者，高昌國主號也」。元初高昌之畏兀兒，乃公元八百四十年爲黠戛斯破滅之回鶻帝國苗裔，其亦都護徽號，當沿自有唐，元朝秘史作亦都兀惕。茲權從元史音譯。

(七)Čača 將軍

考苾伽可汗二十二歲爲唐中宗神龍元年。舊唐書突厥傳「中宗始即位，入攻鳴沙，於是靈武軍大總管沙吒忠義與戰不勝，死者幾萬人」。碑文中 Caca 將軍，當即此靈武軍大總管沙吒忠義。但同書卷七中宗本紀「（神龍二年）十二月己卯突厥默啜寇靈州鳴沙縣，靈武軍大總管沙吒忠義逆擊之，官軍敗績，死者三萬」，與碑文所載，相差一年，意者北族擾邊，出沒無常，此役始於景龍元年，而官軍敗績在二年之末歟？又官軍所死人數，唐書突厥傳謂「幾萬人」，本紀謂「三萬」，資治通鑑卷二百零八謂「死者六千餘人」，碑文謂「八萬人」，無一同者。衡以常情，苾伽可汗之說，當失之誇。

（八）劍河（Kem）

北史突厥傳「其一國於阿輔水劍水之間」唐書卷四十三下地理志「堅昆部落有牢山劍水」唐書卷二百十七點戛斯傳，「青山之東有水曰劍河，偶艇以渡」。劍河即碑文之 Kem 河。洪鈞元史譯文證補卷二十六下吉利吉斯撼合納謙州益蘭州等處條，謂即今葉尼塞河上流，吾國唐努烏梁海境內之烏魯克姆河。突厥文烏魯 Ulug 意為大，克姆即唐代之「劍」元代之「謙」之同音異譯也。

（九）Irtisch 河

Irtisch 元代音譯為也兒的石河，今圖作額爾齊斯河。唐代有無音譯，尚不能知。沙畹西突厥史料（為譯本頁三十）引西域圖志謂舊唐書一百九十四卷下西突厥傳阿史那賀魯所居之多邏斯川，在西州（吐魯番）直北一千五百里，應為喀喇額爾齊斯河 Kara Irtisch。按今圖喀喇額爾齊斯河導源阿爾泰山，注入齊桑泊，為導源該泊西北流之額爾齊斯河上流，越金山西征突騎施，依地望言，所渡者似即此河也。

（十）五城之地（bešlaliq）

bešlaliq 此云五城，元代音譯為別失八里。舊唐書地理志（卷四十）金滿條下「流沙州北，前後烏孫部舊地，方五千里，後漢車師後王庭。胡故庭有五城，俗號五城之地。貞觀十四年平高昌後，置庭州」，徐松西域水道記卷三「莫賀城又東五十里為濟木薩，西突厥之可汗浮圖城，唐為庭州金滿縣，又改後庭縣，北庭都護治也。……故城在今保惠城北二十餘里，地曰護堡子破城，有唐金滿縣殘碑」。濟木薩今為孚遠縣。

（十一）獨洛河 Toghla

獨洛河今名土拉河。北史突厥傳作獨洛水，新唐書突厥傳及回鶻傳作獨樂水，地理志及薛延陀傳作獨邏水。資治通鑑卷二百十一玄宗四年拔曳固襲斬默啜，考異引唐曆又作毒樂河，似均不及虞道園高昌王世勳碑禿忽剌之譯音正確。

(十二)九姓回紇民衆離其本土南向中國「……」彼等復離中國歸還此土。

唐書二百十七上：「武后時，突厥默啜方強，取鐵勒故地，故回紇與契苾思結渾三部，度磧徙甘涼間。……於是別部移健頡利發與同羅霫等皆來，詔置其部於大武軍北（事在玄宗四年）。伏帝匐死，子承宗立。涼州都督王君㚟誣暴其罪，流死瀼州。此時回紇稍不循，族子瀚海府司馬護輸乘衆怨共殺君㚟（唐書卷一百三十三王君㚟傳頗詳），梗絕安西諸國朝貢道，久之奔突厥」。碑文所言，當指此事。惟第三十八行有「朕年三十四，回紇逃竄，降中國」之文，苾伽可汗三十四歲，爲開元五年，與唐書所記，相差一年，大概逃竄之事，不止一次。又王君㚟死年，本傳未明言，舊唐書玄宗本紀開元十五年載其被殺於閏九月。然則回紇北歸，當在苾伽可汗四十四歲後矣。

(十三)娑陵水 Sälängä

Sälängä 今圖作色楞格河。回紇未盛時在突厥之北，(突厥中心爲於都斤山)唐書二百十七上回鶻傳謂其「居娑陵水上」，娑陵水即碑文之 Sälängä。回紇磨延啜碑，即在此水流域之 Örgötü 谷發見。同書卷四十三上地理志關內道回紇州中有仙蕚州，仙蕚應爲娑陵之異譯，蓋以水爲州名也。同卷賈耽所記入四夷之路，又作仙娥河。

(十四)狗年十月二十六日崩，猪年五月二十七日安葬。

唐書突厥傳：「默棘連（即苾伽可汗）……爲梅錄啜所毒，忍死殺梅錄啜，夷其種，乃卒。」未言死於何年。舊唐書卷八玄宗本紀開元二十二年末只言「是歲突厥毗（中文碑文作苾）伽可汗死」而未言死於何月。中文苾伽可汗碑文第十六行有「……開元二十有二年……震悼……」數字，惜月日剝落。惟資治通鑑繫其死於開元二十二年十二月，並言「（十二月）庚戌來告喪」。意者温公亦不知其死亡日期，僅記其事於告喪前歟？

苾伽可汗狗年（開元二十二年甲戌）十月死，猪年（乙亥）

五月始葬者，蓋亦有故。北史突厥傳：「擇日取亡者所乘馬及經服用之物，并屍俱焚之，收其餘灰，待時而葬。春夏死者，候草木黃落；秋冬死者，候華茂；然後坎而瘞之。」北地天寒，讀此，知其必須待次年五月始能遵祖制卜葬也。

（十五）李佺大將軍

唐書突厥傳：「帝（唐玄宗）爲發哀，詔宗正李佺弔祭，因立廟。詔史官李融文其碑」。伯希和據唐書卷七十上宗室世系表，考得李佺應即李虎子鄭孝王亮之曾孫「宗正卿佺」（大鄭王房）（見馮氏譯叢）佺於開元二十二年六月乙未奉命赴赤嶺與吐蕃分界立碑（舊唐書卷八），次年二月（見下）復入突厥爲苾伽可汗治喪。唐張九齡曲江集有勑突厥登利可汗書，通鑑考異曾徵引之，玆抄錄于後。

『敕突厥登利可汗：日月流邁，將逼葬期，崩慕之心，何可堪處！朕以父子之義，情與年深，及聞宅兆，良以追悼。前哥利施頡斤至，所請葬料，事事不違。所以然者，將答忠孝，故喪紀之數，禮物有加，道之所存，地亦何遠。今又遣從叔金吾大將軍佺持節弔祭，兼營護葬事。佺宗室之長，信行所推，欲達其情，必重其使，以將厚意，更敦前約。且以爲保忠信者可以示子孫，息兵革者可以訓疆場。故遣建碑立廟，貽範紀功，因命使官正辭，朕亦親爲篆寫，以固終始，想體至懷。春中尚寒（應爲二月，伯希和據全唐文本，謂在正月，誤。），可汗及平章事並平好安。遣書指不多及。』（四部叢刊本唐丞相曲江張先生文集卷十一）。

中文苾伽可汗碑第十七行「……制叔父左金吾衛大將軍□□持節弔祭……」所缺二字，當爲「李佺」，又第二十一行「因使佺立象於廟，紀功□石」，均與勑書吻合。

（十六）剺其耳頰

北史突厥傳「死者停屍於帳，子孫及親屬男女各殺羊馬，陳於帳前，祭之。遶帳走馬七帀，詣帳門，以刀剺面，且哭，血淚俱流，如此者七度乃止。」足証剺面乃突厥之喪儀。向達氏唐代長安與西域文明四十一頁引新唐書承乾傳：「……又好突厥言及所服……承乾身作可汗死，使衆號哭，剺面奔馬環臨之」。承乾爲太宗子，胡鬧若此，宜其後以謀逆廢爲庶人也。

（十七）書寫碑文

Yoligh特勤所寫之突厥字母，似先流行於劍河（葉尼塞河上流）流域之黠戛斯族中。此種字母直接由何處輸入，刻下尚不能明白。據O. Donner之研究(Sur l'origine de l'alphabet turc du Nord de l'Asie 芬蘭學報抽印本 1896)，此種字母係源於較安息（Arsacides）字母更古之一種阿蘭文字（une écriture araméenne），在公元後前數世紀，頗流行於中亞，與小亞細亞及美索不達米亞發現 Satrapies 錢上之文字及較晚之埃及草管紙（Papyrus）上之文字，十分相近。突厥字母不連寫，咸孤立，每字後用雙點（：）標明，字母約四十，其表母音者，有四。惟此種表母音之字母不僅常在字之中間省去，且往往字首之母音字母亦略省而不書。寫法係自右向左。國立北平圖書館藏有拓片，可參看也。

北面第一行 buïrug 之對音，應爲「梅祿」。東面第五行 apurum 一字，據德人 H. H. Schaeder 之考證（Iranica 1934），應讀爲 Porum。即拂菻也。

民國二十五年雙十節前四日於故都。

14

漢百三郡國守相治所考

李子魁 1

按，自續漢志以下，志州郡者必首列其治所所在之縣，故治所無異議。惟漢書地理志則每一郡國之下，縣名雜出無序，故其治所或不可得而知，或以揣測疑似而多歧說，讀史者憾之。去年李子魁君爲本刊作西漢郡治綜錄，由王先謙漢書補注中錄出諸家之文。以其頗多浮詞，交譚其驤君剪截之。譚君畢意考求，裁成定稿，辭寡而事明，雖謝山竹汀無以逾之。易以今題，仍署李作。敬志於斯，藉章讓德。

二十五年九月九日，頡剛記。

京兆尹治長安

左馮翊治長安

右扶風治長安

趙廣漢傳：長老傳以爲自漢興以來，治京兆者莫能及。左馮翊右扶風皆治長安中，犯法者喜過京兆界。廣漢歎曰：亂吾治者常二輔也，誠令廣漢得兼治之，直差易耳。

景帝紀中元六年注應劭曰：京兆尹左馮翊右扶風共治長安城中，是爲三輔。

百官公卿表注，服虔曰：三輔皆治在長安城中。

三輔黃圖：京兆治所在故城南尚冠里（師古注引在尚冠前街東入故中尉府）；馮翊治所在故城內太上皇廟西南（師古注引在太上皇廟西入）；扶風治所在夕陰街北（師古注引在夕陰街北入故主爵府）。

弘農郡治弘農

河水注：門水又北逕弘農故城東，漢武帝元鼎四年以故函谷關爲弘農縣，弘農郡治。

河東郡治安邑

地理志：安邑，莽曰河東（按河東郡莽改曰兆陰。莽改郡名以故郡名爲郡所治之縣名，此例甚多）。

涑水注：秦始皇使左更白起取安邑，置河東郡。

太原郡治晉陽

汾水注：太原郡治晉陽城，汾水西逕晉陽城南。

上黨郡治長子

鮑宣傳：宣既被刑，迺徙之上黨，遂家於長子。

濁漳水注：又東逕長子縣故城南，秦置上黨郡治此。

河內郡治野王，徙治懷。

地理志：懷，莽曰河內（按河內郡莽改曰後隊）。

沁水注：東逕野王縣故城北，漢高帝元年爲殷國，二年爲河內郡，王莽之後隊，縣曰平野矣。

沁水注：又東過懷縣之北，王莽以爲河內，故河內郡治也。

河南郡治洛陽

伍被傳：今我令緩先要成皋之口，周被下潁川兵，塞轘轅伊闕之道，陳定發南陽兵，守武關，河南太守獨有雒陽耳。

酷吏田延年傳：遷河南太守，……延年母從東海來，欲從延年臘，到雒陽，適見報囚。

東郡治濮陽

翟方進子義傳：徙爲東郡太守。數歲，平帝崩，王莽居攝，義心惡之。……遂與東郡都尉劉宇，嚴鄉侯劉信，信弟武平侯劉璜結謀，……舉兵，幷東平，立信爲天子，義自號大司馬柱天大將軍。……（既破亡）莽下詔曰：迺者反虜劉信翟義誖逆作亂於東，……遣武將征討，咸伏其辜。惟信義等始發自濮陽，結姦無疆，……

瓠子河注：秦始皇徙衛君角于野王，置東郡治濮陽縣。濮水逕其南，故曰濮陽也。

陳留郡治長垣，或曰治陳留。

元和郡縣志八汴州開封：長垣故城在縣北二十里，漢陳留太守所理。

仝上汴州陳留：本漢陳留郡陳留縣地，武帝置陳留郡。

潁川郡治陽翟

地理志：陽翟，莽曰潁川（按潁川郡莽改曰左隊）。

潁水注：潁水東逕陽翟縣故城北，王隱曰，故潁川郡治也。

汝南郡治上蔡

汝水經：又東南過汝南上蔡西。注：汝南郡，楚之別也，漢高祖四年置。

元和志十蔡州：漢立汝南郡，領二十七縣，理平輿。按汝水注，平輿，東漢汝南郡治，元和志誤。

南陽郡治宛

地理志：宛，莽曰南陽（按南陽郡莽改曰前隊）。

翟方進子義傳：年二十出爲南陽都尉。宛令劉立，……輕義年少。義行太守事，行縣至宛，……收縛立，傳送鄧獄，……載環宛市，迺送，吏民不敢動，威震南陽。

淯水注：又南逕宛城東，其城故申伯之都，楚文王滅申以爲縣也。秦昭襄王使白起爲將，伐楚取郢，即以此地爲南陽郡，改縣曰宛。

王鳴盛十七史商榷：據翟義傳以南陽都尉行太守事，行縣至宛，若南陽太守治宛，則不得言行縣至矣，知宛非太守治也。

周壽昌漢書注校補：南陽郡尉治在鄧，翟義以都尉行太守事，由鄧行縣至宛耳，王說未審。

南郡治江陵

江水注：又東逕江陵縣故城南。秦昭襄王二十九年，使白起拔鄢郢，以漢南地，而置南郡焉。後漢景帝以爲臨江王榮國，王莽更名郡曰南順，縣曰江陵。

江夏郡治安陸

元和志二十八安州：漢爲安陸縣，高帝六年分南郡置江夏郡於此，領縣二十四。

廬江郡治無考

九江郡治壽春邑

淮南王安傳：元朔五年，逮淮南太子，王王后計欲毋遣太子，遂發兵，計未定，猶與十餘日。會有詔即訊太子，淮南相怒壽春丞，留太子逮不遣，劾不敬（按改郡後亦當治壽春）。

地理志，朱贛論風俗：而淮南王安亦都壽春。

五行志下之上：文帝二年六月淮南王都壽春，大風毀民室殺人。

淮水注：又東北流逕壽春縣故城西。秦始皇立九江郡治此，漢高帝四年爲淮南國，孝武元狩六年復爲九江焉。

山陽郡治昌邑

地理志：昌邑，武帝天漢四年更山陽爲昌邑國（按，志係昌邑國於昌邑縣下，知縣即國治，改郡後亦當治此）。

濟水注：菏水又東逕昌邑縣故城北，地理志曰，縣故梁也，漢景帝中六年分梁爲山陽國，武帝天漢四年更爲昌邑國，國除以爲山陽郡。

濟陰郡治定陶

地理志：郡故梁，景帝中六年別爲濟陰國，宣帝甘露二年更名定陶（按，濟陰國改曰定陶，知國都在定陶。改郡後當亦在定陶，本梁王彭越之都也）。

濟水注：又東北逕定陶縣故城南，故曹國也，漢宣帝甘露二年更濟陰爲定陶國。

沛郡治相

睢水注：相縣，故宋地也，秦始皇二十三年以爲泗水郡，漢高帝四年改曰沛郡，治此。

魏郡治鄴

濁漳水注：漢高帝十二年置魏郡，治鄴縣。

鉅鹿郡治鉅鹿

濁漳水注：衡水又北逕鉅鹿縣故城東，鉅鹿郡治，秦始皇二十五年滅趙以爲鉅鹿郡。

常山郡治元氏

元和志二十一趙州元氏：元氏故城在縣西北十五里，即漢之舊縣也，兩漢常山太守皆理於此。

清河郡治清陽

地理志：清陽，王都（按，清河爲國時都清陽，改郡後亦當治此）。

淇水注：清河又東北逕清陽縣故城西，漢高祖置清河郡，治此。景帝十三年，封皇子乘爲王國。

涿郡治涿

聖水注：涿水又東北逕涿縣故城西，注於桃。應劭曰，涿郡故燕，漢高帝六年置，其南有涿水，郡蓋氏焉。

渤海郡治浮陽

舊唐書地理志滄州清池：漢浮陽縣，渤海郡所治。

平原郡治平原

河水注：又北逕平原縣故城東，縣故平原郡治矣，漢高帝六年置。

千乘郡治千乘

河水注：漯水又東北逕千乘縣二城間，漢高帝六年以爲千乘郡。

濟南郡治東平陵

濟水注：又北逕東平陵縣故城西，濟南郡治也。

漢文帝十六年置爲王國，景帝二年爲郡。

泰山郡治奉高

汶水注：奉高縣，漢武帝元封元年立，以奉泰山之祀，泰山郡治也。

齊郡治臨淄

齊悼惠王子傳：吳楚反，三國兵共圍齊，齊王使路中大夫告於天子，天子復令路中大夫還報。路中大夫至，三國兵圍臨淄數重，無從入。……主父偃因言齊臨淄十萬戶，市租千金，人衆殷富，鉅於長安。

北海郡治無考

東萊郡治掖

元和志十三萊州：漢高帝四年，韓信虜齊王廣，分齊郡置東萊郡，領縣十七，理掖縣。

琅邪郡治琅邪

濰水注：句踐幷吳，欲霸中國，徙都琅邪。秦始皇二十六年滅齊以爲郡，城卽秦皇之所築也。漢高帝呂后七年以爲王國，文帝三年更名爲郡（閻若璩潛邱劄記：秦始皇即句踐故都爲琅邪郡，漢因之。班志於琅邪縣下注句踐嘗治此，則琅邪郡治琅邪縣）。

東海郡治郯

沂水注：郯縣，故舊魯也，東海郡治。秦始皇以爲郯郡，漢高帝二年更從今名。

臨淮郡治徐

濟水注：地理志曰，臨淮郡，漢武帝元狩五年置，治徐縣。

會稽郡治吳

朱買臣傳：拜會稽太守，……會稽聞太守且至，發民除道，縣吏並送迎，車百餘乘，入吳界，……到太守舍，……

丹陽郡治宛陵

宋書州郡志：丹陽尹：武帝元封二年爲丹陽郡，治今宣城之宛陵。

元和志二十九宣州：漢爲丹陽郡，領縣十七，理宛陵。

按，高祖紀六年注引韋昭曰：鄣郡，今故鄣縣也。後郡徙丹陽，轉以爲縣，故謂之故鄣也。據此，鄣郡初改名丹陽，疑當治丹陽，後徙宛陵。

豫章郡治南昌

贛水注：又北逕南昌縣故城西，秦以爲廬江南部，漢高祖六年始命陳嬰以爲豫章郡，治此。

桂陽郡治郴

耒水注：郴，舊縣也，桂陽郡治也，漢高帝二年分長沙置。

武陵郡治義陵

元和志三十一黔州：漢改黔中爲武陵郡，移理義陵，即今辰州溆浦縣是。

零陵郡治泉陵

湘水注：營水又西北逕泉陵縣西，零陵郡治。故楚矣，漢武帝元鼎六年分桂陽置。

漢中郡治南鄭，徙治西城。

沔水注：南鄭縣故褒之附庸也，周赧王二年秦惠王置漢中郡。

元和志二十五興元府：漢中郡自漢宋以還，多理南鄭。

閻若璩曰：通鑑胡注謂漢中治西城，誤。徐松新斠注地理志集釋：仙人唐公房碑，公房，成固人，王莽居攝二年，君爲郡吏，是時府在西成，去家七百餘里，……西成即西城，是漢中治始在南鄭，後移西城，胡氏未爲誤。

廣漢郡治廣漢

江水注：高祖六年，分巴蜀置廣漢郡于乘鄉，王莽之就都，縣曰廣信也。

華陽國志：廣漢郡本治繩鄉（按，廣信即漢廣漢，疑廣漢縣治所地名乘鄉。一作繩鄉，續漢書郡國志：廣漢有沈水。乘繩皆沈之音訛）。

蜀郡治成都，武帝時嘗治雒。

循吏文翁傳：景帝末爲蜀郡守，仁愛好教化，又修起學官於成都市中，招下縣子弟，以爲學官弟子。

江水注：又東逕成都縣，縣以漢武帝元鼎二年立。蜀郡初治廣漢之雒縣，後乃徙此（閻若璩據此謂初治雒，元鼎二年始徙成都。按秦蜀郡治成都，漢初因之，文翁傳可証。則治雒蓋武帝一時之改制耳，旋復故。成都先秦舊縣，酈云元鼎二年始立，尤誤）。

7

犍爲郡治僰道，昭帝時移治武陽。

西南夷傳：迺以爲犍爲郡，發巴蜀卒治道，自僰道指牂柯江。

元和志三十三眉州彭山：本漢武陽縣也，漢昭帝時犍爲郡自僰道移理武陽。

越嶲郡治邛都

西南夷傳：元鼎六年以邛都爲越嶲郡。

若水注：元鼎六年，漢兵自越嶲水伐之，以爲越嶲郡，治邛都縣，縣故邛都國也。

益州郡治滇池

西南夷傳：莊蹻至滇池，方三百里，……迺以其衆王滇，……元封二年，發巴蜀兵臨滇，滇舉國降，於是以爲益州郡。

温水注：又西南逕滇池城，元封三年立益州郡，治滇池城。

牂柯郡治故且蘭

西南夷傳：元鼎六年，中郎將郭昌廣引兵誅隔滇道者且蘭，斬首數萬，遂平南夷，爲牂柯郡。

温水注：豚水東逕牂柯郡且蘭縣，故且蘭侯國也，一名頭蘭，牂柯郡治也。漢武帝元鼎六年開。

巴郡治江州

揚雄傳：楚漢之興，揚氏泝江上，處巴江州。注，李奇曰：江州，縣名也，巴郡所治也。

江水注：江州縣，故巴子之都也，秦惠王時張儀執其王以歸，而置巴郡焉，治江州。漢世郡治江州巴水北，北府城是也。後乃徙南城。

武都郡治武都

漾水注：漢水又屈逕瞿堆南，……漢武帝元鼎六年開，以爲武都郡。王莽更名樂平郡，縣曰循虜（按，循虜即漢武都，知郡治武都）。

隴西郡治狄道

河水注：濫水又西北逕狄道故城東，漢隴西郡治，秦昭王二十八年置。莽更郡曰厭戎，縣曰操虜也。

金城郡治允吾

河水經：又東過金城允吾縣北。注，金城郡治也，漢昭帝始元六年置。

天水郡治冀

渭水注：其水北逕冀縣城北，故天水郡治。王莽更名鎮戎，縣曰冀治。

武威郡治武威

禹貢山水澤地所在注：馬城河又東北逕武威縣故城東，漢武帝太初四年，匈奴渾邪王殺休屠王，以其衆置武威縣，武威郡治。

張掖郡治觻得

舊唐書地理志甘州張掖：漢武開置張掖郡及觻得縣，郡所治也。

酒泉郡治祿福

舊唐書地理志肅州酒泉：漢福祿縣，屬酒泉郡。郡城下有金泉，泉味如酒，故爲郡名。此月支地，爲匈奴所滅匈奴令休屠昆邪王守之，漢武時昆邪來降，乃置酒泉郡。

敦煌郡治無考

安定郡治高平

河水注：苦水東北流逕高平縣故城東，漢武帝元鼎三年置，安定郡治也。

北地郡治無考（河水注：又北逕富平縣故城西，王莽名郡爲威戎，縣曰持武，疑郡治富平。然地理志北部都尉治富平之神泉鄣，漢制守尉不同治，則富平又不得爲郡治也。）

上郡治膚施

河水注：奢延水又東逕膚施縣南，秦昭王三年置上郡治。漢高祖并三秦，復以爲郡。

西河郡治平定

後漢書順帝紀，李注：西河本理平定縣，永和五年徙離石。

朔方郡治朔方

河水注：又東南逕朔方縣故城東北，漢元朔二年大將軍衞青取河南地，爲朔方郡，使校尉蘇建築朔方城，即此城也。

五原郡治九原

河水注：又東逕九原縣故城南，秦始皇置九原郡，治此。漢武帝元朔二年，更名五原也。王莽之獲降郡，成平縣矣。

雲中郡治雲中

河水注：白渠水又西南逕雲中故城南，秦始皇十三年立雲中郡，王莽更郡曰受降，縣曰遠服矣。

定襄郡治無考

鴈門郡治善無

河水注：中陵水又西北流逕善無縣故城西，地理志雁門郡治。

代郡治代

元和志十八蔚州：趙襄子殺代王有其地，秦爲代郡，漢三年韓信斬陳餘置代郡，領縣十八（按，蔚州，漢代縣，是代郡治代也。灅水注：雁門水東南流逕高柳縣故城北，舊代郡治。此東漢郡治也。西漢高柳爲西部都尉治，不得復爲郡治）。

上谷郡治沮陽

灅水注：清夷水又西逕沮陽縣故城北，秦上谷郡治此。王莽改郡曰朔調，縣曰沮陰。

漁陽郡治漁陽

鮑邱水注：又東南逕漁陽縣故城南，漁陽郡治也，秦始皇二十二年置。王莽更名通潞，縣曰得漁。

右北平郡治平岡

三國魏志田疇傳：疇曰，舊北平郡治在平岡，道出盧龍，達於柳城。自建武以來，陷壞斷絕，垂二百載，而尚有微徑可從。

遼西郡治陽樂

濡水注：地理風俗記曰，陽樂，故燕地，遼西郡治，秦始皇二十二年置（陽樂後漢亦爲郡治，前漢當同。）

遼東郡治襄平

大遼水注：西南流逕襄平縣故城西，秦始皇二十二年滅燕，置遼東郡，治此（襄平後漢亦爲郡治，前漢當同）。

玄菟郡治高句驪

小遼水注：高句驪，漢武帝元封二年平右渠，置玄菟郡於此。

樂浪郡治朝鮮

浿水注：其水西流逕故樂浪朝鮮縣，即樂浪郡治，漢武帝置。

南海郡治番禺

泿水注：交州治中合浦，姚文式曰，南海郡昔治在今州城中，與番禺縣連接。

鬱林郡治布山

温水注：鬱水又東逕布山縣北，鬱林郡治也。

蒼梧郡治廣信

泿水注：流逕廣信縣，地理志，蒼梧郡治，武帝元鼎六年開。

交趾郡治羸𨻻

葉榆河注：又東逕羸𨻻縣南，交州外域記曰，縣本交趾郡治也。

合浦郡治合浦

温水注：牢水南出交州合浦郡，治合浦縣，漢武帝元鼎六年平越所置也。

九眞郡治胥浦

温水注：地理志曰，九眞郡，漢武帝元鼎六年開，治胥浦縣。

日南郡治西捲

温水注：應劭地理風俗記曰，日南，故秦象郡，漢武帝元鼎六年開，日南郡治西捲縣。

趙國治邯鄲

趙幽王友傳：王遂孝景時與吳楚合謀反，漢使曲周侯酈寄擊之，趙王城守邯鄲，相距七月，城壞，王遂自殺，國除。

趙敬肅王彭祖傳：常夜從走卒行徼邯鄲中。諸使過客以彭祖險陂，莫敢留邯鄲。

廣平國治無考

眞定國治無考

中山國治唐

滱水注：闞駰十三州志曰，中山治盧奴唐縣故城，在國北七十五里。……唐，亦中山城也。漢高祖立中山郡，景帝三年爲王國，王莽之常山也。

信都國治信都

地理志：信都，王都。

濁漳水注：又東逕信都縣故城西，信都郡治也。漢高帝六年置，景帝中二年爲廣川惠王越國。

河間國治樂成

滹漳水注：衡水東逕樂成縣故城南，河間郡治。

地理志曰，故趙也，漢文帝二年別爲國。

廣陽國治薊

五行志下之上：昭帝元鳳元年，燕王都薊，大風雨，……

㶟水注：又東北逕薊縣故城南，秦始皇二十三年滅燕以爲廣陽郡，漢高帝以封盧綰爲燕王，更名燕國，王莽改曰廣有，縣曰伐戎。

菑川國治劇

巨洋水注：又東北逕劇縣故城西，古紀國也，漢文帝十八年別爲菑川國。

膠東國治即墨

元和志十三萊州膠水：即墨故城在縣東南六十里，漢膠東郡領八縣，理即墨，即此城也。

膠水注：東北逕膠東縣故城西，高帝元年別爲國，王莽更之郁秩也。按，膠東縣後漢始置，注誤。

高密國治高密

濰水注：自堰北逕高密縣故城西，漢文帝十六年別爲膠西國，宣帝本始元年更爲高密國。

城陽國治莒

沭水經：又東南過莒縣東。注：古莒子之國，秦始皇縣之，漢興以爲城陽國，封朱虛侯章，治莒。

淮陽國治陳

渠水注：沙水又東南逕陳城北，漢高祖十一年以爲淮陽國，王莽更名郡爲新平，縣曰陳陵。

梁國治睢陽

梁孝王武傳：吳楚齊趙七國反，梁王城守睢陽，……於是孝王築東苑，方三百餘里，廣睢陽城，七十里，大治宮室（閻若璩曰：王國以內史治其民，而梁內史韓安國從王於睢陽，非以睢陽爲治而何。王鳴盛曰：賈誼請徙代王都睢陽，代王即孝王武，後果徙王梁如誼策，睢陽爲梁都甚明）。

睢水注：又東逕睢陽縣故城南，漢五年爲梁國，文帝十二年封少子武爲梁王。

東平國治無鹽

翟方進子義傳：義以東郡太守舉兵，并東平立信爲天子。莽下詔曰：惟信義等始發自濮陽，結姦無鹽。

地理志：東平郡，莽曰有鹽（按，莽更郡名曰有鹽，以郡治在無鹽故也）。

魯國治魯

泗水注：沂水流逕魯縣故城南，縣即曲阜之地，秦始皇二十三年以爲薛郡，漢高后元年爲魯國。

楚國治彭城

五行志下之上：文帝五年十月，楚王都彭城，大風從東南來，毀市門，殺人。

獲水注：又東轉逕彭城北而東注泗。彭城，故東楚也，項羽都焉，謂之西楚。漢祖定天下，以爲楚郡，封弟交爲楚王，都之。宣帝地節元年，更爲彭城郡。

泗水國治淩

淮水注：左逕泗水國南，淩水注之。泗水，國名，漢武帝元鼎四年初置，都淩，封常山憲王子思王商爲國。

廣陵國治廣陵

地理志：廣陵，江都易王非廣陵厲王胥皆都此。

淮水注：中瀆水引江入歐陽埭，六十里至廣陵城，楚漢之間爲東陽郡，高祖六年爲荆國，景帝四年更名江都，武帝元狩三年更曰廣陵。

六安國治六

沘水注：又西北逕六安縣故城西，縣故皋陶國也，漢高帝元年別爲衡山國，五年屬淮南，文帝十六年復爲衡山國，武帝元狩二年別爲六安國。

長沙國治臨湘

湘水注：又右逕臨湘縣故城西，故楚南境之地也。秦滅楚立長沙郡，即青陽之地也。漢高祖五年以封吳芮爲長沙王，漢景帝二年封唐姬子發爲王都。

東晉襄陽郡僑州郡縣考

班書閣 1

慨自東晉，有僑州郡縣之設，一時江左僑州至十，僑郡至百，而僑縣又數倍之。然稽其僑置之所，皆不出荆揚二州之域，是以江左諸州名目多複，甚有一郡，至僑數州者。第以襄陽言之，郡非過大也，而司雍梁秦悉僑其間。雖梁司二州，置不同時，秦州僑此，時亦未久；而同時僑司雍二州，並實郡而三焉，其紊亂已云甚矣！

一　司州州治與二郡

（1）司州州治　晉之司州爲禹貢豫州之地，治洛陽，其時統河南，滎陽，宏農，上洛，平陽，河東，汲，河內，廣平，魏，頓丘，十二郡。永嘉五年，亡入於漢。考晉書懷帝紀：

永嘉五年，六月癸未，劉曜王彌石勒同寇洛川，王師頻爲賊所敗，死者甚衆。庚寅，司空荀藩，光祿大夫荀組，奔轘轅，太子左率溫畿，夜開廣莫門奔小平津。丁酉劉曜王彌入京，帝開華林園門出河陰藕池，欲幸長安爲曜等所追及，曜等遂焚燒宮廟。（晉書卷五集成本頁四）

司州自是已非晉有，雖至永和五年，桓溫入洛，仍置司州，還爲實土，而其間之輾轉僑置於他州者，就晉書所載，已至再矣。如：

永嘉之亂，司州淪沒劉聰，元帝渡江，亦嘗置司州於徐，非本所也。（晉書卷十四頁七）

太興四年，以尚書戴若思爲征西將軍，都督司兗豫幷冀雍六州諸軍事，司州刺史，鎭合肥。（晉書卷六頁五）

庾亮爲荊州將，謀北伐，以宣爲都督沔北前鋒，征討軍事，平西將軍，司州刺史，假節鎭襄陽。（晉書卷八十一頁四桓宣傳）

是司州先僑置於徐，繼又僑置於合肥，末甫僑置於襄陽。惟僑置於襄陽也，桓宣傳無年代可考，更考通鑑晉成帝咸康五年，三月云：

庾亮欲開復中原，表桓宣爲都督沔北前鋒諸軍事，司州刺史，鎭襄陽。（通鑑卷九十六）

是司州之僑置於襄陽，乃成帝咸康五年事，去元帝時之僑置於徐，已二十餘年矣。據顧祖禹云：

大興四年，司州僑置合肥，尋治滎陽，咸康五年又治襄陽。（讀史方輿紀要）

按滎陽原爲司州屬郡，不得目之爲僑置，且顧氏未云僑置於徐，未審何故？據胡孔福云：

案司州沒於漢，惟滎陽一郡尙存，故渡江後，治合肥，尋治滎陽，皆一時暫寄。咸康徙於荊州襄陽，始立州治；是僑司州暨河南河東廣平諸郡，不越荊襄一步，即暫治合肥亦揚州境，與徐州無涉，志云僑置於徐誤也。（南北朝僑置郡縣考卷一）

按胡氏之意，以河南河東廣平皆爲司州所領之僑郡，彼此相距，不應過遠；河南等郡之僑置，既皆『不越荊襄一步』，則司州似亦不應僑置於徐也。然司州之僑置合肥及滎陽，胡氏皆已認其爲可信，其距荊襄亦非不遠，胡氏何以毫不致疑哉？胡氏又云：『治合肥治滎陽皆一時暫寄』，殊不知合肥滎陽可暫寄，而徐亦未始不可以暫寄。吾意司州之僑置於徐也，謂之爲時過暫則可，謂舍晉志無他佐證亦可；晉志固多謬誤，而此語似尙未可認爲果誤耳。然究是曾否置於徐，姑置不論，第證其曾僑置於襄陽是已足矣。

（2）河南郡　河南郡原屬司州，治洛陽；統洛陽，河南，鞏，河陰，新安，成皋，緱氏，陽城，新城，陸渾，梁，陽翟十二縣。永嘉五年，漢主劉聰，克洛陽，與司州同時淪沒；其僑置於襄陽，有下列諸證：

孝武於襄陽僑立雍州，仍立京兆，始平，扶風，河南，廣平，義成，北河南，七郡，並屬洛陽。（晉書卷十四，頁十四）

河南太守，故秦三川郡，漢高帝更名，光武都洛陽，建武五年改曰河南郡，僑立始治襄陽。（宋書卷三十七集成本頁十三）

河南廢郡在今襄陽縣北，晉置。（大淸一統志卷二百十六聚珍本頁二十七）

據上列數則，河南郡之僑置於襄陽，已無疑義。惟司州之僑置襄陽在成帝咸康之五年，此則在孝武時，相去已三十餘年，置州與置郡，先後一何遠哉？更據徐文范東晉南北朝州郡表中之郡縣表，（卷九頁三）襄陽郡下云：

穆帝僑置河南郡，領河南，陽城，緱氏，洛陽，四縣。

其書中年表（卷二頁十三）穆帝永和六年亦云：

至是僑置雍州於襄陽，立京兆，扶風，始平，廣平，河南，北河南，六郡，與義成並屬襄陽。

是河南郡之僑置襄陽，據徐氏所考，爲穆帝永和六年事，前乎孝武者二十餘年。惟考晉書穆帝及孝武本紀，皆未言僑置州郡事，其他典籍，亦無是說，而徐氏之書，又未注明所據，故僅能聊備一說，未可即以爲是也。所領縣，大抵如左：

河南　新城　河陰　陽城　緱氏　洛陽

上列六僑縣，晉書無考，據宋志云：

河南太守，僑立始治襄陽，孝武大明中，分沔北爲境，永初郡

國及河志並，又有陽城緱氏縣，徐無此二縣，而有僑洛陽陽城縣。（宋書卷三十七頁十三）

按永初為劉宋武帝年號，武帝在位僅三年，東晉舊觀，均尚未改，其時既有『陽城緱氏洛陽』三縣，則其為東晉僑立，似無可疑。更考宋志（宋書卷三十七頁十三）自大明土斷，改僑置襄陽之河南郡為實土後，所領有『河南河陰新城』三縣，按郡既為由僑置所改，則此三縣當亦為東晉所僑立。且方輿紀要（卷二七頁二十八）於穀城云：『洛陽城在縣東二十里』，是洛陽之曾僑置於襄陽，證益堅矣。

（3）廣平郡　廣平郡亦屬司州，治廣平，統廣平，邯鄲，易陽，武安，涉，襄國，南和，任曲，梁，列人，肥鄉，臨水，廣年，斥漳，平恩十五縣。石勒自葛陂北行，張賓說之曰：

邯鄲襄國趙之舊都，依山憑險，形勝之國，可擇此二邑而都，然後命將四出，則羣凶可除，王業可圖矣。勒曰：右侯之計是也。於是進據襄國。賓又言於勒曰：廣平諸縣，秋稼大成，可分遣諸將，收掠野穀，遣使平陽，陳宜鎮此之意，勒又然之。（晉書卷一百四頁四）

石勒進據襄國，晉書載記無年月，考通鑑為永嘉六年事，廣平之陷，當即由此。其僑置於襄陽，晉志宋志皆有之。見於晉志者，即上節所舉『孝武於襄陽僑立雍州，仍立京兆始平扶風河南廣平』是，見於宋志者為：

廣平太守，江左僑立，治襄陽，今為實土。（宋書卷三十七頁十三）

惟宋志但言『江左僑立，治襄陽』並無年代可考，而洪亮吉云：

廣平郡沈志咸康四年，江左僑立，治襄陽，晉成帝省，後又立，寄治丹徒。（東晉疆域志卷三司州）

胡孔福亦云：

廣平郡治元城，宋志咸康四年，江左僑立，治襄陽。（南北朝僑置郡縣考卷一）

按二氏皆云廣平僑置襄陽，為『咸康四年』，且為見諸宋志者，亦云異矣。更考宋志於南徐州云：

南太山太守，永初郡國有廣平，（漢武帝征和二年，立為平干國，宣帝五鳳二年，改為廣平，光武建武十三年省，併鉅鹿，魏分鉅鹿，魏復為廣平，江左僑立郡，晉成咸康四年省，後又立。）寄治丹徒。（宋書卷三十五頁十一）

考此，則注中固有『咸康四年』，二氏所引，或即指此；無如此注，乃云『咸康四年省』，非云『咸康四年立』，且未云治襄陽也，二氏之說，似不足據。然此注既云『咸康四年省』，則廣平之僑置，自前乎此，而晉志云爲孝武時，亦有未合；徐文范云在穆帝永和六年，其說亦異（見上節河南郡中）；是廣平之僑置襄陽，究在某年，實一待決問題矣。所領僑縣如下：

廣平　易陽　曲周　邯鄲

蓋宋志云：

廣平太守，江左僑立，治襄陽，今爲實土，永初郡國及何志，並又有易陽曲周邯鄲。（宋書卷三十七頁十三）

按永初郡國，既曰『有易陽曲周邯鄲』，是晉末有此僑縣也。至廣平宋志亦云：

廣平令，漢舊名，徐志，南渡以朝陽縣境立。（見同上）

惟廣平雖知其爲東晉僑縣，然朝陽在晉，屬荆州之義陽郡，與襄陽無關，特以其爲廣平屬縣故附及之。

二　雍州州治與三郡

（1）雍州州治　雍州爲禹貢黑水西河之地，舜置十二牧，則其一也，治長安，統京兆，馮翊，扶風，安定，北地，始平，新平，七郡。考孝懷帝本紀，永嘉五年：

八月，劉聰使子粲攻陷長安，太尉征西將軍南陽王模遇害，長安遺人四千餘家，奔漢中。（晉書卷五頁四）

又六年云：

九月辛巳，前雍州刺史賈疋，討劉粲於三輔走之，關中小定。乃與將軍梁芬，京兆太守梁綜，共奉秦王鄴於長安。（晉書卷五頁四）

又愍帝紀建興四年云：

八月劉曜逼京師，內外斷絕，十一月乙未，使侍中宋敞，送牋於曜，帝乘羊車肉袒，銜璧輿櫬出降。（晉書卷五頁七）

是雍州於永嘉五年入漢，六年恢復，至建興四年，復爲漢有。其僑置也，據晉志云：

自元帝渡江、所僑州，亦皆遙領，初以魏該爲雍州刺史，鎮酇城，尋省。……其後秦雍流人，多南出樊沔，孝武始於襄陽，僑立雍州。（晉書卷十四頁十四）

見於其他載籍者，有下列數則：

雍州刺史，晉江左立，胡亡氐亂，秦雍流民多南出樊沔，晉孝武始於襄陽僑立雍州，並立僑郡縣。（宋書卷三十七頁十一）

永嘉之亂，三輔豪傑，流於樊沔，僑於漢側，立南雍州。孝武帝以朱序爲南雍州刺史，苻堅遣將苻丕，攻陷襄陽，序爲丕所擒，堅敗，州復歸晉。晉安帝時晉宗之爲刺史，仍於州理，置寧蠻校尉。（元和郡縣圖志卷二十一畿輔叢書本頁一）

建興以後，雍州淪沒，元帝時，僑治於酇城，孝武於襄陽僑治，太元十一年，寄治洛陽，尋還僑襄陽。（方輿紀要）

此外若太平御覽，通典，輿地廣記等書所載皆與此類，勿庸悉舉，蓋即此已足證雍州之僑置於襄陽矣。惟方輿紀要云爲『太元十一年寄治洛陽』，考是時洛陽並未恢復，所指洛陽，當亦僑置耳。

（2）京兆郡　京兆郡原屬雍州，治長安，領長安，杜陵，霸城，藍田，高陸，萬年，新豐，陰般，鄭，九縣，與雍州同時沒於劉曜，其僑置於襄陽，見於晉志者，已數舉於前，茲不複述矣。見於宋志者，如：

京兆太守，初僑立，寄治襄陽，朱序沒氏，孝武太元十一年復立。（宋書卷三十七頁十二）

又方輿紀要（卷七十九）襄陽府鄧城條下云：

晉宋僑設京兆郡。

晉書安帝本紀，隆安二年云：

京兆人韋禮，帥襄陽流人，叛降於姚興。（晉書卷十頁一）

以上所舉，覩前二則已知京兆之曾僑置於襄陽矣；至末則雖未云僑置，然京兆人與襄陽關係之深，可斷言也；如京兆未僑置於襄陽，京兆人將何從帥襄陽人以叛哉？所領僑縣如下：

杜　藍田　池陽　鄭　霸城　新康

考宋志大明土斷後，京兆太守領有杜令，蓋即京兆原領之杜陵，就東晉僑立改爲實土者。其餘五縣，據宋志云： 5

永初郡國，有藍田，鄭，池陽，南霸城，新康五縣，何志無新康，而有新豐。（宋書卷三十七頁十一）

按南霸城卽霸城，晉書無南字。池陽據晉志原屬扶風郡，據太康地志屬京兆，據宋志僑立亦屬京兆，迄大明土斷，則鄭與池陽皆改屬於順陽郡矣。

（3）扶風郡　扶風郡原亦屬雍州，治池陽，領池陽，郿，雍，汧，陳倉，美陽六縣。惠帝時，改爲秦國，以封秦王柬，柬無子，以吳王晏子業嗣，業即愍帝，建興四年，與京兆郡同時入漢。其僑置於襄陽也，據宋志云：

扶風太守，故秦內史，高帝元年，屬雍國，二年更爲地中郡，九年罷，復爲內史，武帝建元六年，分爲右內史，太初元年，更名爲右扶風，僑立治襄陽，今治筑口。（宋書卷三十七頁）

方輿紀要云：

扶風城在穀城縣東北二十里。（方輿紀要卷七十九圖書館藏舊抄本頁二十七）

是皆扶風僑置襄陽之徵證，其僑置之年代，據晉志爲孝武時，晉略云爲太元中。按太元即孝武年號，與晉志合，故亦足信。領僑縣二：

魏昌　鄁

鄁原爲扶風屬縣，考宋志扶風僑郡，土斷後屬有鄁，故知其爲東晉僑縣也。至魏昌縣據宋志載：

永初郡國及何志　唯有郡，魏昌縣，孝武大明元年，省魏昌。（宋書卷三十七頁十三）

故知魏昌亦爲東晉僑縣也。惟魏昌原屬冀州之中山郡，因僑置改屬扶風，是襄陽郡，且僑冀州一縣矣。

(4)始平郡　始平郡，原屬雍州，治槐里，領槐里，始平，武功，鄠，蒯城，五縣。愍帝建興四年，與京兆扶風同時入漢。其僑置襄陽也，有下列各證：

始平太守，晉武帝太始二年分京兆扶風立，後分京兆扶風僑立，治襄陽。（宋書卷三十七頁十三）

永嘉之亂，雍州始平郡流人出在襄陽者，江左因僑立始平郡以領之，寄理襄陽。（元和郡縣圖志卷二十一頁十六）

僑立始平郡，寄居武當城。……孝武始於襄陽僑立雍，立京兆始平……七郡，並屬襄陽。（晉書卷十四頁十四）

南渡後，始平僑置於武當城，今襄陽府均州。（方輿紀要卷七十九頁三十二）

案西晉始平治槐里，即後漢扶風治，爲今興平縣。東晉移置置於涪城，今綿州東，後李氏據蜀，僑置於襄陽。（南北朝僑置郡縣考卷一）

就上述各則，以歸納之，是始平先僑置於梁州之漢中，繼僑置於荆州順陽郡之武當，僑置襄陽，乃最後定所耳。所領僑縣有四：

槐里　始平　平陽　清水

所以知有上列四縣者，因宋志載：

始平太守，僑治襄陽，永初郡國唯有始平，平陽、清水三縣，何志有槐里。（宋書卷三十七頁十二）

故知四縣皆爲東晉所僑立。惟清水原屬秦州之略陽郡，因僑立改屬始平，與上述之魏昌縣，殆同一例。

三　其他州郡

(1)梁州州治　梁州按禹貢爲華陽黑水之地，治漢中。晉初統漢中，梓潼，廣漢，新都，涪陵，巴郡，巴西，巴東八郡；太康六年，罷新都郡幷廣漢郡；惠帝復分巴西置宕渠郡，并以新城，魏興，上庸，合四郡以屬梁州。據宋志：

李氏據梁益，江左於襄陽僑立梁州，李氏滅，復舊，譙縱時又治漢中，刺史治魏興。縱滅，刺史還治漢中之苞中縣，所謂南城是也。（宋書卷三十七頁十五）

又晉書周訪傳云：

訪以功遷南中郎將，督梁州諸軍，梁州刺史，屯襄陽。（晉書

卷五十八頁六）

按通鑑訪屯兵襄陽，爲元帝太興二年，且云『訪在襄陽務農訓兵』（通鑑卷九十一頁二），證以宋志之『江左於襄陽僑立梁州』，益可信矣。又胡三省云：

自李矩以司州刺史退屯卒於滎陽，司州已寄治荊州界，今始以司州治襄陽。周訪領梁州治襄陽，今司州既治襄陽，故梁州治魏興。（通鑑卷九十六成帝咸康五年注）

以此則言之，梁州之僑置於襄陽，與司州固不同時。而顧祖禹則云：

梁州太興初寄治襄陽，咸康五年寄治魏興，建元二年治西城，太元二年復鎮襄陽，義熙初又鎮魏興。（方輿紀要卷數待補）

是梁州之僑置襄陽，共爲二次，其末與司州固同時也。所領僑郡，無治襄陽者，故不錄。

（2）秦州州治　秦州本禹貢雍州之域。太康三年罷秦州，并雍州，七年復立，鎮上邽。統隴西，南安，天水，略陽，武都，陰平六郡。晉志云：

江左分梁爲秦，寄居梁州。（晉書卷十四頁十六）

是但云寄居梁州，未言僑置襄陽也。宋志云：

秦州太守，晉孝武復立，寄治襄陽，安帝世，在漢中南鄭。（宋書卷三十七頁二十一）

秦州之僑置襄陽，此外無考，然即此似已無疑義矣。

（3）義成郡　考晉志無義成郡，惟揚州淮南郡有義城縣，其改爲郡，僑置於襄陽也，有下列諸證：

義成太守，晉孝武立，治襄陽。（宋書卷三十七頁十四）

宣平襄陽，陶侃使宣鎮之，以其淮南部曲，立義成郡。（晉書卷八十一頁四桓宣傳）

義成東晉初置縣，後爲郡，領淮南之下蔡平阿二僑縣，移治襄陽城內。（晉略表二頁六十一）

義成爲郡，僑置襄陽，就上各證，可無疑義。所領僑縣，大抵如下：

義成　下蔡　平阿　萬年

義成，下蔡，平阿三縣，原皆淮南屬縣，其僑置於襄陽，可於上舉晉略一則見之。至萬年原屬雍州之馮翊郡；宋志義成太守，大明土斷，屬有此縣，疑亦東晉僑縣也。

襄陽之僑州郡縣，大致若此；或謂天水，建昌，北河南等郡，胥曾僑置襄陽，惟證據皆極薄弱，未能信以爲是。又南北史補志謂應州『江左僑置，在襄陽』，考晉志宋志無應州，故亦未可信也。

「站」與「站赤」

李夢瑛 1

驛傳制度之起源，創見於秦漢以前，余另有文論之。秦漢以降，中經晉隋，直至唐宋，仍因驛傳之名。而「站」字一辭，用爲 Station Postal-station 之義，究始於何時？是否蒙古民族未侵入中原以前「驛」「站」二字曾經聯用？茲特就聽課及研究所得寫此文以申論之。按「站」字一辭，東洋文庫影印本永樂大典卷一九四一六陷韻站字條下謂：

『站，莊陷切。陸法言廣韻涉陷切，俗言獨立。……又丁度集韻「站」或從人，作佔。釋行均龍龕手鑑，知陷反。「站」，立也』。（原書一頁背面）

大典稱廣韻爲陸法言著。按今存廣韻，係指承襲法言舊作著于開皇仁壽間之切韻，再雜採唐代許多韻書而成。而今之廣韻實大宋重修廣韻，係指宋景德祥符時所重修之廣韻而言。元代有泰定刻本，而在該書陷韻站字條下之釋例，亦無「驛站」之稱。遼釋行均之龍龕手鑑所載「站」字之釋文，謂「站」立也。是知宋遼時代驛站之稱，仍未通用。上溯漢唐，更無論矣（許愼說文中未載站字，即其一証）。再徵諸元以前詩文雜著，站字一辭，用作驛站之意，尤爲罕見。「佔」「站」元以前既屬通用，意僅限于「立」而非「驛」。則姚從吾先生所謂「站」用作「驛站」之意，始於蒙古入主中原以後，且爲蒙文音意兼譯之外來語，蓋無疑義。

元代驛站亦號「站赤」，其制殆始于太宗窩闊台時代（一二三四）[1]。攷其制度實與元朝以前之驛傳制度無異。而此所謂「站」者即元以前之「驛」，所謂「赤」者，係蒙古語「職司者」或「官」之謂。於其上冠以形容詞，組成謂諸官名稱；如「達魯花赤」，緐做漢意即管民官，「札魯火赤」爲斷事官，「昔寶赤」爲司鷹官，類似此例頗多，元史中屢屢見之。

「站」，蒙古讀音爲「札木」（ch'am or Jam）。元朝秘史蒙文譯音同[2]。秘史蒙古譯音站戶作「札木臣」，站仍作「站」，而「站」「札」語根相同，發音均爲J.。故「札木臣」亦可作「站木臣」。站之複數，「札木惕」，亦即「站木惕」（Jamt）。「站」字用作驛站之義於元代南宋漢籍中始于何書，固尚難覓得其明確之斷痕。然元宋之際，「驛站」之站，始用蘸字。由蘸而始進爲站，在當時南宋人著作中實有顯例。黑韃事略云：

『其賦斂謂之差發。賴馬而乳，須羊而食，皆視民戶畜牧之多寡而征之，猶漢法之上供也。置蘸之法，則聽諸酋頭項自定差使之久近。（下略）』[3]

徐霆疏文亦謂：

『蘸所過沙漠，其地自韃主偽后，太子，公主，親族而下，各有疆界。其民戶皆出牛馬車仗人夫羊肉馬嬭爲差發。蓋韃人分管草地，各出差發，貴賤無有一人得免者。另有一項各出差發爲各地分蘸之需，上下亦一體，此乃草地之差發也』。

王國維氏箋証亦謂：『沈乙菴先生曰「蘸」即「站」字』。又經世大典謂：

『站赤者，國朝驛傳之名也。凡站，陸則以牛，或以驢，或以車；引水則以舟。其應給驛者，皆以璽書。而軍務大事之急者，又以金字圓符爲信，銀字圓符次之。其符信皆天府掌之，其出給在外者，皆國人之爲官長者主之，他官不得與也。』[4]

原文於「凡站」之站字下註小字謂：『舊書作蘸，』而此所指舊書當即撰經世大典時所引時人舊籍，或指明修永樂大典時徵引經世大典之舊文。凡此諸例，均可証明驛站之站，初寫作蘸，後始更作站。更知元初典籍中所載「站赤」一辭，實爲當時蒙語之音意兼譯。「札木臣」（管站官）初可譯作「蘸赤」，後始改作站赤。即就異譯言，「站」字初無用作「驛站」之義，亦可推見。驛站之站，初用「蘸」，後始改用「站」字，至是不特與蒙古語「札木」Ch'am or Jam 音合而義亦脗合矣。其例蓋與嚴幾道氏譯柏拉圖之"Utopia"爲烏託邦，音義兼合，甚相似也。顧亭林天下郡國利病書云：『自漢以來，驛傳之馬皆官置之，「站夫」之名，肇見於元，蓋自此遂爲民役矣，』亦可作元以前不用站字代驛之一旁証也。

關於「站」字與「站赤」之攷證，略如上述。而後世驛站一辭，當可審其措辭之不當。蓋站即驛也，驛即站也，豈可驛站重複並舉乎？近代歐人治蒙古史者，對「驛」「站」之西文譯音亦每致混淆。歐人「驛」「站」譯音有作 Iam 者，有作 Yam 並有作 Jam 者，譯與站幾不可辨認矣。而法人帕提耳（Pauthier）竟以 Iam（horse-post-horse）爲 Yi-ma（Post-horse）之縮寫，尤屬新鮮。而施萊格爾氏（Schlegel）亦以爲 Ch'am Jam 即今日漢義「站」，實則爲「驛」之對音也，[5]理或然歟？總之「站」字之起源，是否始於蒙古入主中國以前，因史料散亂，殊未易言。所可斷言者，（1）許氏說文中未載此字。（2）元代以前「站」「佔」通用，除像人直立外，別無驛傳之義。（3）元以前詩文典籍中亦罕見站字。（4）元興設驛傳之法，因蒙古語呼「驛傳」爲Ch'am or Jam，故漢文譯音初用「蘸」字，旋以音義不當，始改用「站」字。（5）蒙古語「札木」一字或爲「驛馬」譯音。（6）厥後「站」字衍用日廣，至經世大典編纂時代，幾通用「站」字而代替「蘸」字。故有站字下小注「舊書作蘸」之事。洪武十六年（一三八二）漢譯元朝秘史蒙文「札木」一字，漢譯對音，均作「站」而不作蘸。迨宋濂王禕等修元史時，則「站」字即成爲定制矣。 3

1 見元秘史葉德輝刊本續二，頁四十七到五十一。

2 見同上葉德輝本元朝秘史續二。

3 見王國維黑韃事略箋證（王忠愨公全集本，宋彭大雅原文賦斂條下）。

4 原文引見日本東洋文庫影印永樂大典卷一九四一六站赤條下。

5 參見通報 T'Oung-Pao 11. 1891. 265 Note.

禹生石紐考

陳志良

緒言

關於「禹的生地」問題，古書上未嘗沒有記載，如容易見到的史記正義，水經注，路史等等都有所記，然而大家不甚注意。這原因，鄙意以爲是：

一：「禹的生地」的較古文獻缺乏；

二：民俗學的不發達，雖知而未得其解；

三：羌民的傳說不爲人知；

四：大家以「夏禹傳說」發生在南方，而未加深究。

筆者對於這項資材之獲得，不得不感謝從川西考察歸來的至友莊學本君（即羌戎考察記之作者），他非但給了我這個問題的啟示，又供給了我許多不容易得到的志書作爲參考——如灌縣，汶川，茂縣，理番，松潘等縣的縣志，而本文取材最多的要算李錫書的汶志紀略。

一　禹生石紐的文獻

四川西北部汶川縣屬的羌民，指汶川縣的石紐山頂上的地名刳兒坪者，以爲是禹王生地，不敢到那邊去樵收。這個信仰，全體羌民都崇奉着，到現在還沒有改變。查汶志紀略云：

『縣南十里飛沙關，嶺上里許，地平衍，名曰刳兒坪。有羌民數家，地可種植，相傳聖母生禹處。有地數百步，羌民指爲禹王廟，又稱爲啓聖祠』。

茂州志亦云：

『夏大禹，父鯀，娶有莘氏之女，生禹於石紐鄉』。

除此而外，認爲最重要的古代史料的尚書與史記（其中僞造之文當別論），都沒有禹生何處的記錄。史記夏本紀裏祇說：

『夏禹，名曰文命』。

到了唐張守節的史記正義引用楊子雲的蜀王本紀才說「禹生石紐刳兒坪」，子雲之前，未嘗有此說，而正義自己也祇說：

『禹名文命，字密，身九尺二寸長，西夷人也』。

單說西夷而沒有說到石紐刳兒坪。

此外各書雖有說到禹的生地的，但都不指明石紐山或刳兒坪，如：

隨巢子：

『禹生於昆石』。

又云：

『禹生碣石之東』。

易林：

『大禹生石夷之野』。

洛書：

『有人（禹）出於石夷』。

所謂「昆石」「碣石之東」「石夷」等名，我們雖然不能確實指定是何處，要爲中國西北部的地方。又考：

荀子大略篇：

『禹學於西王國』。

新語術事篇：

『大禹出於西羌』。

史記六國表：

『禹興於西羌』。

後漢書戴良傳：

『大禹興於西羌』。

據此，禹與西方民族的關係，殆無可疑了。

其他古書上明明說出禹生於石紐或刳兒坪的，列舉於後：

楊雄蜀王本紀：

『禹本汶山郡廣柔縣人也，生於石紐』。

吳越春秋：

『女嬉於岷山，得薏苡而生禹，地曰石紐，在蜀西川也』。

又云：

『禹家於西羌，地名石紐』。

陳壽三國志秦宓傳：

『禹生石紐，今之汶山郡是也』。

譙周蜀本紀：

『禹本汶山廣柔縣人也，生於石紐，其地名刳兒坪』。

水經注沫水條：

『（廣柔）縣有石紐鄉，禹所生也。今夷人共營之，地方百里，不敢居牧。有罪逃野，捕之者不逼，能藏三年，不爲人得，則共原之，言大禹之神佑之也』。

華陽國志：

『汶川石紐山中，夷人以其爲禹生處，共營其地，方百里內，今猶不敢居牧』。

帝王世紀：

『鯀納有莘氏女曰修已，上山行見流星貫昴，夢接意感，又吞神球怒改，曾折而生禹於石紐』。

蜀志：

『禹生於石紐，今之汶山郡石紐山也。在西番界，龍冢山之原』。

括地志：

『茂州汶川縣石紐山，在縣西十三里，爲禹生地』。

元和郡縣志：

『禹汶山廣柔縣人，生於石紐鄉』。

遁甲開山圖榮氏注：

『女狄暮汲水於石紐山下，大祠前水中，泉中得月精如鷄子，愛而食之，遂孕十四月而生禹』。

羅泌路史：

『禹先出於高陽，高陽生駱明，駱明生白馬，是爲伯鯀。蜀山氏出自人皇，蠶叢，伯濩，魚鳧，最後乃得望帝杜宇，是爲滿捍，蓋蜀之先也。高陽顓頊之祖曰昌意，黃帝之寶嫡也。取蜀山氏女曰景僕，生乾荒。乾荒亦娶於蜀山氏樞，是爲河女，所謂淖子也。淖子感瑤光而生顓頊。鯀，高陽氏孫，字熙，汶山廣柔人也。鯀納有莘氏女曰志，是爲修已，年壯不字，獲若后於石紐，服媚之而孕，歲有二月，以六月六日屠䠥而生禹於僰道之石紐鄉，所謂剜兒坪者，長於西羌，西夷之人也』。

李元禹跡考：

『汶邑之南十里許飛沙關，俗稱鳳凰嶺，端平衍，方可十餘畝，土人傳爲剜兒坪。坪南懸崖削壁，下臨岷江，前有巨石百丈，前人摩崖書「大禹王故里」五字』。

明任彥傑詩云：

『廣柔石紐山，大禹發祥始，遐哉九賴功，禋祀無窮思』。

吳棠石紐山聖母祠詩云：

『共傳大禹產西羌，明德千載頌莫忘，江水發源神蹟迹，休將石紐比荒唐。』

據上舉諸條的記載，我們可以歸納出三項結論：

一：禹生汶山郡廣柔縣石紐鄉之剜兒坪；

二：大禹生地剜兒坪，羌民尊重其地，不敢居牧；

三：大禹產生事蹟之神話性。

但是上列的事跡，難免有僞史（如路史，華陽國志，遁甲開山圖等所舉之事實）夾雜其中，我們應當分別而觀。我們所着重者，只在「禹生石紐」的一點上。

最早說出「禹生石紐」的是西漢末年揚子雲的蜀王本紀，而陳壽的三國志及譙周的蜀本紀，都附和其說。大禹產生的神話，顯係後人妄加上去的，「禹的神話」的研究，當另爲別文，暫不置論。而「禹生石紐」這種文獻是否可靠一層，現在應加考證。茲舉李錫書的意見如下：

『按石紐之說，見於陳壽三國志之秦宓傳及譙周本紀，二子皆蜀人，周作太史，壽仕晉，稱爲信史，傳信傳疑，固當不誣。雖然，猶有說秦皇焚書，故典殆盡，漢武下詔求遺，猶多僞作。龍門太史，歷數十年，博採散逸，訪求故事，其曰「上會稽而探禹穴」，此言禹巡狩處，云穴則葬處也，未明其所生處。作本紀謂：「禹名文命」，不言生某處也。索隱注亦無是說，而正義引揚子雲蜀王本紀云：「禹本汶山郡廣柔縣人，生於石紐，」則唐長史張守節所述者也。左氏傳出史記前，所稱鯀禹事，俱不明所生。司馬長卿，蜀人，博學，未及言。春秋繁露董子作，曰「禹生於發背」，未明其地也。至西漢末，揚子雲著蜀紀，乃稱鯀爲廣柔縣人也。而劉向暨固桓譚，皆有所著，如白虎通新語等書，總未道及。蓋揚妄誕，千古罕有其說，亦無有述者。鄭康成漢人，博學醇正，爲東都第一，歷考古註，未有以大禹生石柔者。王充蔡邕，異人異書，皆未有論。豈揚雄曾爲是言，而蜀人譙周陳壽等傳之耶？自是以後，旁見雜出，繁引博稱，竟以禹生石柔爲確有所據，不知揚子雲「鯀爲廣柔人」一言導之也。汲冢書竹書紀年，西晉時方出，其中如舜會西王母，太甲殺伊尹，武丁殺王季等言，皆荒謬過甚；其紀帝王年歲，亦未有禹生石紐之說。易林前漢時書，戴良後漢時人，不過曰西夷石夷之野而已，此皆不可知之事也。後人既以禹確爲石紐生，又以石紐爲廣柔縣地，而廣柔爲汶川廢縣，則石紐當在汶川，而禹固宜爲汶川人也』。——汶志紀略古蹟篇

李錫書的辯論，固然有些理由，但是我們並不是沒有理由申辯的：

（一）川西的羌戎二民族——以及古代的氐羌戎各民族，在上古時代與中土發生關係，久而且密，並且還同商周兩大族發生過婚姻上的關係。後來，中原的文化，逐漸發揚，提高了，而他們（氐，羌，戎）始終保持着原始社會的狀態，直到現在還度着半遊牧半耕農的生活，我們對於他們視同化外，未加注意。最顯明的證據，自古以來，關於他們的情況，並沒有系統的記錄和介紹。即如到過川西的人，也祇認他們是「番子」，他們的習俗，現狀，史地等等，全然不知。李志所引的諸古書，也因爲它們的作者不明瞭羌民的傳說，所以未曾提到「禹生石紐」的話。

揚雄譙周陳壽，都是四川人，四川人當然比較淸楚一點四川的事。而且子雲又是位好奇探異的學者，他採錄各處語言而著成的一部名著——方言，即可代表他的個性了。因爲他（揚雄）見到前人未曾提到禹王的生地，而他却知道了「禹生石紐」的羌民傳說，遂把它記錄下來，作爲一個發現，也是情理中的事實。譙周陳壽，都是掌管史事，研究史學的人，對於本省的邊地情事，亦

4

應當多明白一些，因此又把「禹生石紐」之說記錄下來。到了晉朝常璩的華陽國志，酈道元的水經注，對於蜀川的風土人情，記載頗詳。或許酈道元也曾到過岷江流域，所以亦有「禹生石紐」的記錄了。但是司馬長卿也是四川人，何以沒有提及呢？因爲他是研究文學的，不是研究史地的，所以不知道「禹生石紐」的傳說。

假使說揚雄等所說的「禹的生地」是無稽之談，那末，何以汶川茂縣的羌民指刳兒坪是禹王的生地，不敢到那邊去樵牧呢？他們（羌民）並不曾讀漢人的書，假使這種古書上的傳說衹是屬於漢人的，那末，這種傳說，何以會得傳到羌民那邊去，并且得到莫大的信仰？這是很難解釋的事情！所以羌民以刳兒坪爲禹王生地，是羌民自身所保存的古傳說，並不是外來的。這種傳說很古老，很單純，極可相信。

所以我們衹要有羌民的「禹生石紐」這一條傳說作爲證據，就可以抵擋其他古書上的一切記載了。

二　地理上的辨正

石紐山的刳兒坪，是個很小很鄙的山地，山路崎嶇難行，人跡不容易踏到。現在雖屬汶川縣，然而從上節所引的古書看來，有的說屬於汶川，有的說屬於汶山郡，有的說屬於廣柔縣。按汶川，汶山，廣柔，都是泯江流域的岷山山脈一帶的地域。汶志紀略云：

『禹貢岷山導江，史記作汶山。漢書地理志：岷山在湔氐道西徼外，江水所出。郭璞曰：岷山在廣陽縣。華陽國志：汶山在汶山郡左封縣。括地志：岷山在溢樂縣，連綿至蜀，幾二千里，皆名岷山。輿地勝覽云：禹貢梁山之山四：岷嶓蔡蒙；西山皆岷，北山皆嶓，南山皆蒙也』。

又按計有功大禹廟記云：

『石紐故處，莫適主名，秦漢而下，爲國曰冉駹，爲道曰綿虒，爲邑曰廣柔，一也。漢靈帝析而郡之曰汶山，後周又析而邑之曰汶山，唐貞觀八年又析而縣之曰石泉』。

楊升庵曰：

『廣柔隋改汶川，今之石泉縣也』。

又查石紐山刳兒坪與所屬縣邑的距離，也有種種說法：

一：在汶川縣南一百二十里——寰宇記。

二：在茂州汶川縣北四十里——同上。

三：在汶川縣西七十三里——括地志。

四：在（汶川）縣治南五里——元和郡縣志。

五：刳兒坪在治南十五里，羌居——汶志紀略鄉里篇。

六：羊後山，縣南十里，頂上有平地名刳兒坪——同上山川篇。

七：石紐山在茂州通化里——茂州志。

八：石紐山無論在汶在石泉，皆茂所屬——同上。

看了上述八條記載，各有一說，莫明眞實的所在，汶川的人說禹是汶人，茂州的人則拉禹爲茂人。其實汶川古屬茂州，現在則汶川與茂縣分別管轄了。古稱汶山郡者，乃泛指瀧縣，汶川，茂州三地而言，廣柔縣現雖廢，其地則屬於現在的汶川縣境。

現在再引李錫書的辨正如下，以觀其詳：

『按汶山郡之名，茂州汶川瀧縣，皆曾置建，是三邑皆可稱汶山。而汶川縣之名，乃綿虒故縣地，他邑不得而混也。唐置茂州，因嚴石泉，是二處皆汶山郡地，於汶川置縣，絕不相與。舊稱禹爲廣柔縣人，廣柔縣在今治（汶川縣）之南大邑坪，遺址尙存，與石泉蓋風馬牛不相及矣。揚子雲稱鯀爲汶山郡廣柔縣人，豈可以石泉相混乎？括地志云：「石紐在汶川縣西七十三里，」此以汶川舊治而言。又云：「廣柔廢縣在汶川治西七十三里」，云汶川縣西，非汶川之石紐山乎？以道里計之，亦無不合。元和志稱刳兒坪在治南五里，此指廣柔縣治而言，今飛沙關下大邑坪一帶是也。寰宇記云在縣西一百二十里，此指汶山郡而言，今之茂州城也。刳兒坪離茂州一百二十里。又云：在茂州汶川縣北四十里，此指汶川舊治而言，與七十三里之說大同。蓋山路參差，傳聞異也；言西言北，亦傳聞之異。今相其地勢，蓋在西南，而石泉縣乃在汶茂之東，形勢懸殊，何得捏合？以汶考之無不合；以石泉視之，不啻秦越矣。況傳說皆曰廣柔，曰汶川，曰汶山郡之廣柔縣，蓋分廣柔於汶山郡也，然則石泉安可混邪？』——汶志紀略

總而言之：石紐山，在汶川縣南首十三里——十五里之間，該地都是羌民所居，刳兒坪則在石紐山飛沙關頂上，都屬於現在的汶川縣境界，並不屬於茂縣境。

三　遺跡與傳說

羌民以刳兒坪爲禹王生地以外，汶茂兩縣，又多與禹有關係的遺跡與傳說，列舉如下：

一：禹穴

計有功曰：

『（石紐）山下有村曰石紐村，有禹穴，刻「禹穴」二字於岩穴，方廣二丈，世傳李太白書，蓋不獨會稽有禹穴也』。

李元禹跡考：

『保縣南十五里，禹穴在焉』。

石泉志：

『治南二十里九龍山，有刳兒坪，崖鐫「禹穴」二字』。（按以刳兒坪爲禹穴誤。）

茂州志：

『攷禹生石紐山，在今石泉縣，謂之禹穴』。（此說亦誤）

一統志：

『禹穴在石泉縣之北』。

楊升庵云：

『禹穴者，禹藏書之所也』。

——凡是地理上的錯誤，參閱上節辨正。

禹穴的最普遍的傳說，以爲在浙江紹興會稽，這是受了太史公『上會稽，探禹穴』一句話的影響。汶川之有「禹穴」，前人未嘗論及，以致不彰於世，要亦研究「夏禹傳說」的一種資料。

二：大禹採藥亭

楊升庵云：

『大禹採藥亭在大業山，其地藥氣觸人，往往不可到』。

李蕃禹穴辨云：

『其山（石紐山）朝暮二時，有五色霞氣。又有大禹採藥亭，在大業山，其地藥氣觸人，往往不可到』。

按汶川茂州理番懋功一帶，盛產藥材，中國所用之藥材，大多數出產在那邊，所以有此傳說。

三：大禹故里

李元禹跡考：

『（刳兒）坪南懸崖削壁，前有巨石百丈，前人摩崖書「大禹王故里」五字』。

茂州志：

『阜康門外有「神禹故里坊」』。

四：祠廟

理番廳志：

『大禹廟在通化里』。

茂州志：

『大禹廟舊在阜康門外，明兵備李沐志移建內城東北隅，明末燬』。

又：

『石紐山在通化里，文山香砦，山形幽峭，峰頂建禹廟，三面如削，俯視千仞，廟後石壁接天，刻「石紐山」三大字，不知何氏人書』。

汶志紀略：

『禹王宮在縣治東』。

又：

『石紐山啓聖祠在縣南，舊說啓聖祠在飛沙關頂刳兒坪，久經傾頽。乙丑歲，余（李錫書）改修飛沙關上路於山脚下，因建聖母祠於其側』。

五：塗山

水經注（卷三三）巴郡江州縣下：

『江之北岸，有塗山，南有夏禹廟，塗君祠，廟銘存焉。常璩庾仲雍並言禹娶於此。余按羣書，咸言禹娶在壽春當塗，不在此也』。

汶志紀略山川篇：

『塗禹山，俗呼同鑼山，土司住宅在江外。或云山上舊有瓦寺，故名瓦寺也』。（汶志紀略書前的地圖中亦有塗禹山。）

禹跡考：

『加渴瓦寺土司署在治（汶川）西北十里，謂之塗禹山，與刳兒坪相距十里有奇，蓋即塗山氏之故國』。

案古時傳說「禹娶塗山」（如尚書，史記，隨巢子等）的塗山，一般人都以為在安徽壽春（即今之壽州）。如史記索隱引杜預云：『塗山在壽春東北；』皇甫謐云：『今九江當塗有禹廟，則塗山在江南也』。顧頡剛先生亦以為塗山在淮河之旁（見古史辨第一册二〇九頁）。然我則以為塗山當在汶川而不在壽春，擬另作「夏禹傳說研究」一文細論之。

六：傳說

灌縣僑志記松潘黃龍山黃龍寺考云：

『按蜀水分疏云：古傳載有黃龍助禹開江事。史鑑亦載有禹導江，乘舟至茂州，黃龍負舟，禹仰視祝天，遂為前導』。

岣嶁碑，相傳是夏禹治水時的遺物，碑在灌口伏龍觀。又傳碑倒則有水患。此碑真偽，是另一問題，但總係與禹有關係之一遺物。

灌縣的灌口水神神話，有李冰，二郎，羊摩，文翁，趙昱等伏龍治水神話。離堆之下，相傳是鎮壓孽龍之所。禹王亦是傳說中治水的英雄，則與汶川鄰近的灌口神話有相通的關係。

五　問題的試答

「禹生石紐」這條傳說，用中國的古老的解釋，是得不到圓滿的結果的。惟有用新興的民俗學，才可得到比較近情的解答。

民俗學中有所謂「Totem」「Totemism」者，譯作「圖騰」，「圖騰主義」，或「族徽」。這意思是：一個種族內所包含的社會組織，和特殊的精神生活，都帶着某一種植物動物或其他自然物的象徵，因此發生信仰或崇拜某種物事，我們就稱這種物事爲「Totem」。

圖騰主義中又有一種叫做 Taboo 的，譯作「太步」，「答布」，或「禁忌」，乃是禁止接觸某人某地某物，或禁止某種行爲的意思。

「禹生石紐」的傳說，也可以用「圖騰主義」或「太步」的意義去解釋。

第一：羌民已認石紐山的刳兒坪爲大禹誕生之地而不敢到那邊去居牧，這很顯明地是圖騰主義中的「太步行爲」，可以歸於「禁地」門下。羌民尊敬禹，崇拜禹，畏禹等等，則是「太步」中的「人的禁忌行爲」。本來在原始民族中，人與神是難以分辨的；羌民之認「禹」是人是神，亦難以辨別。

第二：禹在從前人的目光中，認爲治洪水，奠九州，惜寸陰的古聖先賢。但父親鯀——是玄魚，化爲黃熊（水族動物），兒子啟——是石頭所生。「禹」字在甲骨文的寫法是𢎗𢎗𠂇𠃋𢀖，金文寫作𠃌𠃌𠃌等形式像一條或二條蟲類交錯的樣子，因此推想到「禹」是龍，是蛇，是鱷魚（衛聚賢先生的意見，王伯祥先生也有此類主張）。龍與蛇，在中國民間的信仰中認爲神物，黃河裏的金龍四大王是條小青蛇，長江流域的水族將軍是大青蛙，家裏發現了蛇，不敢殺害，要焚香祝禱。「禹」已是蛇虫之類，而民間又多信仰蛇虫，因此推想到「禹」是中國古代某一民族所崇拜的圖騰。

第三：羌民崇拜「禹」，居住地多禹的遺跡與傳說，因此明白「禹」是羌民崇拜的圖騰，羌民是禹的遺裔，即是夏民族的遺族，或其中的一支。照羌民的現狀而論，還沒有脫離圖騰社會的形態。他們崇拜白石，崇拜神樹，信仰端公（即巫師），祭神焚松柏，沒有文字，尚行部落制度，政權操於土司土官之手，現在還在半遊牧半耕農階段之間。推想到春秋戰國時代以前，羌民的社會形態，當然更原始，更樸野，他們有圖騰主義與太步行爲，是很可信的事實。

第四：考察禹產生時的神話，也有圖騰主義的意義。如：

感流星貫昴——見尚書帝命驗，帝王世紀。

吞薏苡——見禮緯，吳越春秋，帝王世紀，論衡。

呑月精——見遁甲開山圖。

呑石珠——同上。

9

服若后——路史。

這種現象，叫做『受孕圖騰主義』(Conceptional Totemism)。黃文山先生說：『據人類學者之調查，中澳部落的土人，絕沒有生育由於性交而來的觀念，他們並且堅決地相信小孩的誕生無須乎性交。又據佛雷沙之觀察，澳洲土人還有一種信仰，以為「圖騰祖」可以把小孩的精魂放射出來，倘使女子經過圖騰的所在，精魂進到他的身裏，遂懷孕而生育。可見這種見解，純粹以個人的始源，託始于圖騰。人類學者稱此為「受孕圖騰主義」』(新社會科學季刊第一期四十三頁)。因此，照禹生產時的神話看來，禹的傳說也有與圖騰主義有關的可能。

羌民既是禹的後裔，而羌民目前的分佈地域，在泯江流域之旁，汶川茂縣理番一帶。推想到春秋戰國的羌民分佈區域，大致在陝西之西，甘肅之西南，四川之西北，青海之南，西康之東北一帶，相近於鄜落克地方。因此，以羌民地域為出發點的「夏禹傳說」，由西北而東，而東南：一支由黃河流域而東，散佈於中國北部；一支由泯江流域而南至於長江，折而向東，由長江流域而散佈於中國東南部。所以北方的龍門，相傳是禹王所鑿開，長江流域安徽的壽春，與浙江的會稽，都附會出夏禹的遺跡來了。

我還有一種假想：『羌者，姜也』(見章太炎先生檢論種姓)。羌與周民族曾經有過婚姻上的關係，如周民族托生的始祖后稷之母是姜嫄，古公之妃是姜女，武王之后是邑姜。周羌聯姻之後，周民族當然得知羌族的傳說與信仰，羌民因無文字，故無記錄，而周是有文字的，於是把這「夏禹傳說」記錄了下來。到了周民族東征滅殷，得到了中國統治權，於是「夏禹傳說」又藉着政治勢力而傳佈於中國各地了。

據上面的推論，可作假定的結語如下：

一：「夏禹傳說」的出發點是羌民居住地域；

二：羌民是夏民族之後；

三：「禹」是羌民(即夏民族)崇拜的圖騰；

四：「夏禹傳說」的中心點在西方而不在東南；

五：此種傳說，由周民族的政治勢力推擴而發揚光大。

二十五年三月十四日修正於南京。

研究貴州苗民問題之動機及其經過

曹經沅

余幼讀尚書，至「苗民弗用靈，制以刑」句，未嘗不疑苗民爲冥頑不化之族也。稍長，涉獵羣籍，旁及雜錄諛聞，私家秘笈，凡有關於苗民之記載，輙筆之於書，又未嘗不驚苗民之秉賦非凡。亟欲一履其地，實地考察以爲快。乃自服官京內外，簿書遮眼，日不暇給，拳拳私願，積憾已深。客夏奉命長黔民政，部署稍定，即率屬深入苗寨，得與其中人士，從容款曲，情愫相孚，每詢輙承畢告，向日疑竇，一旦盡釋。公餘之暇，留意調查，援今證古，所得遂多。綜計苗民之特點有三：

一，貴州苗民無論男女老幼，俱負有直接生產，間接供給之責任，日出而作，日入而不息，食用所需，均能自給，非至萬不得已，絕不妄有所耗。

二，苗民結寨而居，團結合羣，無論喜慶喪弔，其他集會，莫不全寨相助，樂於輸將。

三，苗民有刻苦耐勞之習慣，與自強不息之精神，如得其同情而發生信仰，則不但誠摯服從，勇於負責，甚至犧牲一切，亦不顧惜。

惟苗民雖具有如斯美德，而其生活狀況，尚囿於上古社會，一般人對之，每存鄙棄歧視心理。經詢諸此邦耆老，考之志書，證以苗寨狀態，始悉過去對於苗民發生不良觀感之原因，可歸納爲兩種：

一，關於苗民之來源，因誤於槃瓠種子，暨竹王後裔之說，歷代相傳，不復比於人類，觀於西南夷，苗蠻，蠻夷之稱，早已視同異族。而史籍所載，對於苗民變亂，亦每侈叙武功，歌頌威德；且於苗民稱謂，必加以「犬」傍，直以犬賓視之，以致淆惑視聽，流謗無窮。凡論治苗者，則多認爲野蠻不法，好亂成性，舍殺戮而外幾無良策。在貴州未建設省治以前，西南邊徼之地，中土無力兼顧，但爲羈縻一時之計，設置土官，誘使內向。自明代建設貴州省，至淸雍正間，劃定今日之疆域，治理之方，較前自臻進步。然亦不過嚴密土司制度，地方官吏殊無接近苗民之機。關於苗民之治理，一任土司自爲，因之苗情不能上達，變亂因以激成。且苗民見土司之積惡，官廳之庸妄，信任之心，更屬無由滋長，而政府又無一貫政策，以資統籌，惟以實施高壓爲事，於是苗務更不可理矣。

二，考往籍所載，苗民爲中國古代最先之居民，自北而南，由黃河流域而達長江一帶，輾轉而入今之貴州。當其開闢南荒也，純爲求生本能所衝動。遷徙靡定，極死亡流離之苦。因其生活方式之不同，稱呼亦隨之而各別：有因居住地帶關係，而呼爲高坡苗山苗平地苗者；有因服色不一之關係，而呼爲青苗花苗紅苗白苗者。一般人不察其詳，誤以種種稱謂爲其族別。加之語言習慣因生活環境之關係有所不同，苗民之稱謂遂益繁雜。如不與之接觸，自屬無法改進。而在苗民方面，見求助於苗寨以外之社會希望甚微，不得不求自給自助，外界文化，益無接受之機，此其文化生活所以仍囿於遠古也。

其在政治方面，既遭受高壓之摧殘，在社會方面，又受誤解之歧視，固有美德，沒焉無聞。凡未至黔者，鮮不爲種種謬說所惑，偶與相接，又見其裝束奇特，言語殊異，生活苦窳，益信苗民爲特殊種族，決不與平民齊觀。此不僅爲苗民自身之不幸，就已往苗變，苗亂而言，誅亡頻仍，死亡相積，制挽之勞，半於全國，抑亦國家之不幸也。向使從政於黔疆之官吏，俱如王守仁之眞誠感化，胡林翼之德威教化，黎培敬之潛移默化，則苗疆宜可稍安，何至措置乖方，激成叛變乎！歷史固不能重演於今日，然站在國家民族之立場，苗民既屬於中華領域之人民，當然應視爲一體。且貴州抱江粵之上流，連接滇桂，界達川湘，爲整個西南之重心，而苗民散布，多至六十餘縣，佔全省八十一縣四分之三，擁有「自強」，「勇敢」，「刻苦」，「誠摯」種種美德，直接關於貴州之開發，間接有關整個民族之鞏固。故余不厭煩瑣，將調查所得，參證前人記述，編述成書，倘獲海內賢達賡續研討，使苗民問題得一正確解答，苗民生活獲相當改進，因以達民族復興之目的，區區私願，固如是耳。

關於苗民之記載，當推清代貴州公私書籍，如鄂爾泰等之貴州通志，田雯之黔書，李宗昉之黔記，陳浩等之苗蠻圖說，毛西垣之黔苗竹枝詞，愛必達之黔南識略，羅繞典之黔南職方紀略等，其著作年代多爲雍，乾，嘉三時期。最晚出者，亦有道光年間之作品，證之

3

今日苗寨情形，諸多不符。且去事實甚遠。蓋苗民經過咸同二十年變亂以後，其一切狀態自與往昔迥異。近百年來，外人對苗民早有專書研究，其最著者，當推英法人士，日美次之。一入苗寨，即攝製照片，量其身軀，測其知識，甚至注意手紋脚印，纖微畢至，刻苦治學之精神殊足令人佩歎。但其發表文字，謂苗民爲某種某族，淆惑觀聽，以冀遂其分化我整個民族之目的。本書期於徵信，何敢苟同，且進一步亦實有剖白之必要。故凡所取材料，除以往史志官書而外，注重苗寨現實材料之搜集。關於苗民日常生活之動態語言歌曲，製定表格，分途深入苗寨，按其實際，詳爲調查。凡風俗習慣，即非親目所睹，亦必出諸各處苗民及當地耆老之口述，反復參證，俾不失其眞相。遇有奇特情形，則以照片爲佐證，以袪群疑。惟苗民社會，生活苦窳不堪，而其秉性則胆量最小，不稍與陌生之人見面。如稍不留意，則搜集材料之機因而坐失。故調查方法，先行深入苗民家庭，然後觀其動作，察其言行，以期無形中將苗寨一切現狀作詳密之分晰。否則，道聽塗說，以訛傳訛，益阻苗民改進之望矣。茲根據所得之材料，分兩方面述之。

一，歷史方面——苗民缺乏有系統之文字，又無正確之叙述以爲準據，而史志復多以神話炫人。且貴州在明代尚未建設省治以前，關於苗民之界限殊無可攷，直至遜清始確定今日貴州之疆域。故叙述苗民歷史，必先闡明古代苗民之來源，及傳說之錯誤，以正視聽。夷攷苗民之先，居於黃河流域，積有文化，涿鹿戰後，避地南荒，不得不復其初民生活，從事開闢。終因憑藉已失，不能與一般漢民競勝。然就整個中國文化言，則苗民實奠其基，惜書缺有間，未易得其詳情耳。清代苗民變亂情形，有足爲施政參攷者。其一爲雍乾時代，因征糧問題，激起苗變，牽動數省兵力，採取殺戮政策，開闢所謂古州爲新疆六廳，即今貴州東路台拱黃平黎平各縣。其二爲咸同時代，苗亂垂二十年，在清廷亟於戡亂，在官吏矇蔽邀功，苗民始則忍淚吞聲，繼則挺而走險，終則以生命財產爲孤注，作負隅之鬥，造成漢苗相殘之局，馴至元氣大傷，幾於不可收拾。

二，現狀方面——苗民現實動態，爲本書之主要部份。故關於苗民之衣食住，婚姻之構成及其演變，喪祭儀式，迷信觀念，莫不根據苗寨實際搜獲之資料，詳加分析，逐段評述。如研究苗民之衣服，則詳敍其衣料來源，製造方式，織布機之改進。同時對於衣服有關之花紋，加以研討，舉例說明其與苗民生活之關係。至一般人對於苗寨之存鄙棄心理者，尙有雜婚，放蠱二端，本書則分別剖述之。

（一）雜婚——苗民婚姻，採取自由擇配，徵求家長同意，並有各種儀式，頗合現代婚律。在婚前有「搖馬郎」「跳月」種種之媒介，使男女有獲選之機會。按周禮「孟春月令男女會合於野」，是古代已有此風俗，非苗民所特有，至有浸及於亂者，是其遷流結果之弊端，則亦詳爲釋述，藉作改進之資。

（二）放蠱——往昔相傳，苗女放蠱，故苗民自身對於蠱藥戒備森嚴。不許有此類情事發生於苗寨。且婚嫁多詳詢女子來歷，必有親戚切實介紹，否則不娶其女子，亦不能出嫁，此亦顯然嚴防蠱毒之證。

以上二端，係爲一般概要。關於苗民稱謂之分析，土司史料之搜集，語言歌曲樂器之調查，皆佔主要之章節。蓋本書之目的，在提出「貴州苗民問題」，使國人對於苗民得一比較明白之概念，掃除過去錯誤之觀感，對於稱謂，改「犬」傍爲「人」傍，以示平等而正視聽。並詳述其生活苦窳，迷信尙深，智識缺乏，以期引起國人之同情心理，發生研究之興趣，檢討適當之政策，俾其「自強」，「刻苦」，「勇敢」，「誠摯」諸種美德，得發揚而光大之。則此一部份同胞，不僅對貴州之開發有直接之貢獻，即對於中華民族之永續生存亦必有最大之裨益也。

余編述本書大半，即出席川黔兩省專員會議。適與商務書館經理李拔可先生談及「貴州苗民問題」，敦促書成後交商務印書館出版。會後返黔，叠接李先生來函，催即付梓。但因材料搜集，中途發生困難，且苗寨需研討之問題甚多，非短期所能藏事，故欲此書能包括全苗寨之事實而饜國人之願望，事實殊不可能。然此項問題，在目前旣迫切需要，故本書提出三個原則，以供國人之研討。

一，漢苗無族可分。

二，苗民自有其美德。

三，開發貴州必須改進苗民。

欲證實此問題，甚盼凡至貴州者，抽暇深入苗寨，忍耐一時之生活痛苦，自可認識苗民之精神，當知本書言之有據也。

——節錄拙著「貴州苗民問題」導言——

跋「廣西中越全界圖」

許道齡

禹貢學會日昨以重價購得一冊用舊方法畫的廣西中越全界圖。牠在學術史上沒有什麼價値，但在外交史上尤其是邊疆史上實佔很重要的地位。我們很願意把牠重印，以廣流傳，而保史料。可是經濟不許，一時不能做到。茲先把這本界圖繪成的歷史，約略的說一說。

圖序云：

考廣西中越界起於吞倉山，山以東爲廣東之欽州界，山以南爲越南之廣安省。是圖從吞倉山繪起，上列廣西；下列越南，中繫以界，一綫蜿蜒，首尾銜接，俾覽者瞭如指掌。然其大綱，仍不外乎前後會勘之總圖云爾。

圖說云：

右圖自吞倉山起至平而關止，計中尺六百零四里，是爲東路。自平而關起至各達村止，計中尺一千二百九十七里，是爲西路。今合東西路，共計中尺一千九百零一里，分繪圖約五十三方（按，即五十三面）。圖以山爲大綱，依山立界，關卡隘口附焉。次則內外村墟，溝路交錯，并我砲台營壘，星羅繪列。——按圖：圓點爲界，長點爲路，雙鉤爲水，水多不通於外，其有間通中越河者，就爲註出。若夫山雖重岩疊嶂，大都無名，即詢之土人，均能悉其有名者註之，其無名者，則亦惟神游目想於蠻烟瘴雨之區，而知其界之所在也。

圖跋云：

歲昨壬辰夏，與法使西威儀勘西路界畢，合圖書押，並核明前圖錯漏隘卡，凡六十二處，悉爲補正。而金龍峒亦遂收入，完我舊域，以外展拓無論已。既思中越界千九百餘里，縮繪多有未詳，因特遴員，窮涉崎嶇，周履細勘；并東路，逐段分繪，聯綴成帙，庶全界在目，咸瞭然於山川形勝，道路險阻，恍覩甌夫「朱鳶」之郡，與「白雉」之鄉焉。

光緒癸巳秋七月，廣西太平思順兵備道監督鎮南關新建蔡希邠謹識。

考中國承認安南爲法保護國，與允許兩國另派員勘定邊境……都是清光緒十一年四月二十七日中法媾和新約（按，係對中法天津條約而言。）中的條款。這約成立後，清廷即欽派鴻臚寺鄧承修出爲勘界大臣，前往廣西，廣東會勘邊界（按，同時欽派周德潤往雲南勘界）。鄧氏奉旨後，即於八月一日帶同直隸候補道李興銳，工部郎中關朝宗，起居注主事楊宜治，候選知縣廖克恩等由海道南下，八月二十三日抵廣州，會總督張之洞，巡撫倪文蔚，熟商應辦事宜。九月初十日由水道啟程，因秋末水涸灘多，十月二十日始抵龍州。據鄧承修奏行抵桂邊日期附陳關隘大路情形摺稱：「……法員尚無到邊消息……，至我國方面，所有東西路（按，當時勘界係以鎭南關爲中點，關以東曰東路，以西曰西路。）邊界，已經護撫臣李秉衡遴員帶同繪圖人等分赴隘卡勘繪」。這就是中越全界圖的初稿。但仝上摺又謂，「十月二十九日奉到十月初二日密諭，「中越勘界事宜，關係重大，各國地圖，詳略不一，應以會典通志爲主」。承修復電謂即遵旨照辦（見清季外交史料卷六十二）。又據曾紀澤因中越界務與法勘界員巴品密談語錄謂，「法國委員所持地圖，新舊不同，精粗互異，大抵分界之處，欲遵大清會典及通志所載圖說爲主……」（見清季外交史料卷六十一）。由此，可見這全界圖與以上所舉該兩書內所載的圖說不無關係。

十一月初，鄧承修至鎭南關會同李秉衡與法勘界員浦理燮商勘界事宜。但雙方因諒山一段界綫之爭執，直至年底，未曾會勘。十二年二月初十日鄧承修又赴文淵州會浦理燮。浦謂，「春深瘴重，宜趕辦」。從中段起，東至隘店隘（按，隘店隘疑即全界圖之愛店隘）。西至水口關，繪圖互認。定十五日起勘。

二月十五日由鎭南關起勘，十七日修衡會法使勘東路，至由隘，十九日至羅隘，二十五日至那支隘，二十七日至隘店隘（即洸馬關），逐款辨誌繪圖。二十八日衡等在隘店隘與法勘界員會，書約畫押。這爲東路界圖的一段底稿。

三月初二日會勘西路：初五日至巴口，初七日至絹村，初九日至平而關。因瘴起水發，雙方議定停勘；另約議中曆十月初一日前往海寧，從廣東界起勘。同時并在該關書約畫押。這爲西路界圖的一段底稿（以上俱見清季外交史料卷六十五）。

十月間浦理燮因病回國，法改派狄隆爲勘界員，狄於十一月下旬由河內起程赴海寧，鄧等接報，也即由廣州趨欽。十二月二十一日在芒街會議，雙方因江平，白龍尾，及黃竹等地界綫不清，爭持日久，沒法解決。十三年二月初五日，總署乃去電，略謂：

> 法使來署言，急盼界務速了，以免邊界齟齬，請將白龍尾及江平黃竹，暫從緩議。兩國勘界大臣，先自欽而至桂省全界，彼此不爭論之處，一律作速勘劃。或有爭論不決者，隨後由伊與署和平商酌……等語。頃得諭旨，飭署電達。希晤詢狄使，如接恭（按，恭係法國當時駐京公使，名斯當，也作思當，又作可當。）電相符，即會同照辦（見清季外交史料卷七〇，頁一二）。

先是（十二年十二月初三日）鄧承修會接總理衙門電稱，狄使已電請駐京公使恭斯當，由署商懇照雲南劃界例（按，雲南劃界，係各按地圖校證），當經奏，奉俞允……等語。於是（十三年二月）鄧承修等即遵前旨，攜中國志圖及赫政所藏之英法十年前所繪中越界圖（見清季外交史料六十九，頁三十六）入校欽西，及續校桂東隘店隘至欽西一段，三月間蕆事。雙方繪圖書約。完成光緒十二年二月桂省東路界綫歷勘未畢的這段。而這一段的界圖，是免不了受英法近世中越界圖的影響了。

當時清廷懼外性成，鄧承修等之屢次力爭，總署很不滿意，故當桂省東路，粵省欽西界，未校畢以前，即兩度去電（十三年正月十五日及二月初五日，共去兩電），囑將界務急盼速勘速了。鄧等知勢不可爲，敷衍校勘。五月十七日總署電鄧承修，着即馳驛回京。鄧接電後，即趕辦結束，與張之洞吳大澂李秉衡等合奏一「粵桂邊界已與法國劃定摺（附界址清單二件）」（見清季外交史料卷七二，頁二八）。這是一篇官樣文章，蓋當時桂省西路界，事實上並不劃定。其未了事已由桂撫李秉衡請委張聯桂與蔡希邠辦理。六月二十日李秉衡致總理衙門電云：

接鄧大臣電，界務商務已畫押，即遵旨馳驛回京。秉衡到龍州，已及三年，省中司道，均非本班。現在界務已竣，所有返省事宜，似須衡回省切實統籌。至商務亦須先籌妥員辦理。查新授臬司張聯桂，不久到粵，擬請委該司前來辦理，而以候補道蔡希邠幫辦。至設立界牌事宜，即責令該司，督同地方官妥辦……。

此電發後，不久，秉衡即返桂林，關於界務與商務事交張聯桂負責，督同地方官蔡希邠等辦理。延至十八年法始改派西威儀與蔡希邠等會勘西路界畢，十九年根據前後會勘的草稿，繪就這廣西中越全界圖。二十一年五月二十八日奕劻，徐用儀與法使施阿蘭在總理衙門將續定中法界務商務新約二本，彼此繕洋文各四分，公同畫押（見清季外交史料卷一一五，頁三）。中法劃界事至是全部告竣。計前後共費時十年，是圖之成，不知幾經波折，喧賓奪主何其太甚?!

三個收藏記述上海的西文書籍的目錄

胡道靜編錄 1

（甲）白俠客氏收藏記述上海西文書籍目錄
（乙）上海市博物館收藏西文上海指南目錄
（丙）上海市通志館收藏記述上海西書目錄

上海的歷史，不祇是保存在本國文字的紀錄裏，并且有許多事情，在已往的本國文字紀錄裏，或是不詳細，或是竟沒有提及。譬如十七世紀初年，天主教在上海開教及其布道的狀況，在縣志裏僅些微的說到，而在法國則保存了詳細的紀錄。徐文定公（光啓）的孫女甘弟大，比利時國司鐸柏應理（Philippus Couplet）曾爲她宣教的偉績寫下詳細的傳記，而在本國文字的紀錄裏則難找到關於她的敘述。到了十九世紀中葉上海開放爲商埠，並且由此而繁榮達於全國第一商港的地位，在這近百年間，參加上海這空間的活動者，已經差不多集合了地球上的各國人士。至於紀錄，自然也更紛繁起來。在外國文字的書中，不祇是有上海人文歷史的紀述，并且有許多自然歷史的紀錄，考察與研究。

記述上海的西文書，有幾多人或是機關在搜集？這確是一個問題。上海市通志館在一九三二年七月正式成立，哪時候就決定新編的上海史，是應該把一切人類在上海活動的歷史以及上海的自然歷史都紀錄進去。因此需要參考的書報文件，範圍就擴張得很大。當時我們找到的藏有記述上海的西文書籍的機關有兩個，是中華民國海關圖書館與皇家亞洲文會北中國支會圖書館，他們對於這一類的圖書，都有相當的收藏，感謝他們允許上海市通志館儘量的應用，遂使工作收得了圓滿的效果。

後來，上海市通志館覺得自己的使命不祇是在於編纂市志，并且應該負起收集與保存地方文獻的責任；況且歷年以來，文物檔案之聚集於上海市通志館者，已經不在少數。自經意識的搜羅後，情況更是增進了一步，不過通志館的經費不充裕，而人手亦嫌太少，所以訪求常感不周，而好書未免交臂失之。最可惜的一件事，莫過於不能取得白俠客先生的西文上海文庫。

一九三五年十一月，法磊士夫人（Mrs. Frazer）舉辦老上海展覽會，在會場中我們認識了一位德國人，白俠客先生（Mr. S. B. Bosack），不道他是我們的同志，在過去的多年中，他一個人搜集了不少的上海文獻——限於用西文寫的——裏面有些整套的報告書及遠年的地圖與圖片等，都是很珍貴的資料。因爲普益地產公司倒閉的緣故，白先生在這一年的夏天失了業，此時乃願意以其心愛的收藏出讓。代價是相當的大，通志館雖極欲獲得它，終於因爲經濟力不夠，祇得放棄了這計劃。白俠客氏的這一個收藏，數量及規模雖然不能比儗於莫利遜博士的東洋文庫【註】，可是性質很相近。通志館固不能得之，但是仍舊日日期望其爲吾國的機關或私人之有力者所得，別使它的命運也跟莫利遜文庫一樣才好呢！

我們有一個感想，外國人在中國境內活動的紀錄，以及遊歷的觀感錄，我們因係地主的關係，是應該要搜集，保存，并公開展覽的。

白俠客氏的上海文庫我們曾經抄了一個目錄保存着。通志館所藏西文記述上海之書，雖然不多，但歷年所得，也有些是海關及文會圖書館所未備的；最近也輯了一個目錄。新成立的上海市博物館，它的歷史部注重於搜集上海地方歷史博物，於一九三六年八月收進了一套用英，法，俄三種文字寫的許多上海指南，也經通志館留下了一個目錄。從這三個目錄裏，可以知道用西文寫的關於上海的書很多，可以知道有些什麼書，知道牠們現藏在哪兒，更可以激發我們收集地方文獻的意念。

現在，我們把這三個目錄發表在這兒，供給大家做參考。

一九三六，九，一二。

＊　＊　＊　＊

【註】黃炎培先生：黃海環遊記，『莫利遜博士（Dr. G. E. Morrison），英屬澳洲人。清光緒二十三年始爲倫敦泰晤士報駐北京通信員，足迹幾遍中國各省；積二十年的資格，成爲中國通。在民國初年，還當過總統府顧問。他發一種宏願，搜集世界用歐洲文字所寫關於極東各國問題的古今圖書文件。靠他不斷的努力，成爲空前大貢獻，所謂莫利遜文庫就是。

『這文庫所收圖書大小二萬四千餘册，地圖畫片一千餘種，定期刊物一百十餘種；所用文字，包括英，法，德，俄，荷，意，拉丁，西班牙，葡萄牙，瑞典，丹麥，波蘭，匈牙利，希臘，芬蘭。所稱極東諸國，包括中華，朝鮮，日本，滿洲，蒙古，西伯利亞，新疆，俄領亞細亞，西藏，印度支那半島，東印度羣島，斐立賓羣島；而以中華爲中心。

『民國四五年間，莫氏忽大有感觸，願意把這文庫出賣。一時美國哈佛大學，耶魯大學，加利福尼大學，美國公使芮恩施博士都來競買。卒爲日本岩崎男爵所得，價備英金三萬五千磅。中國政府像沒有知道！中國一般有相當財力的，都像沒有知道！

『莫利遜出賣該項文庫於岩崎，訂有三個條件：一，永遠保藏一地，不許分散；二，保留莫利遜博士文庫名義；三，如作爲同宗旨的大文庫的一部分也可以；但任何情形，總須與學者以閱覽的方便。

『現在呢，莫利遜文庫已擴大爲東洋文庫，特建屋於東京市駒込上富士前町；當大正十二年九月關東大地震，該屋沒有殃及，總算東方文化上一宗幸事。而舊主人莫利遜博士，則已於文庫脫售後三年即一九二〇年，長逝於故國倫敦了』(pp. 46-49.)。

I

List of Publications on Shanghai

(Mr. S. B. Bosack's Collection)

SECTION "A"

SHANGHAI: HISTORICAL & DESCRIPTIVE—GENERAL

Twentieth Century Impressions of Hongkong, Shanghai and other Treaty Ports of China, by Arnold Wright. 848 pages with many illustrations, London, 1908.

Recollections of Life in the far East, by W. S. Wetmore, 60 pp. 1894.

Shanghai Considered Socially, by H. Lang. 60 pp. 1873.

Some Notes on the History and Folk Lore of Old Shanghai, by Rev. A. P. Parker, 1916.

The History of Shanghai, by George Lanning & S. Couling, part 1, 504 pp., 1921.

Historic Shanghai, by C. A. Montalto de Jesus, 257 pp., 1909.

Shanghai: Its Municipality and the Chinese, by A. M. Kotenev, 548 pp., 1927.

Life in China, including special chapter on Shanghai with original Map of Shanghai and its Suburbs in 1857. By Rev. C. Milne, 715 pp., 1857.

Shanghai 1843-1893. The Model Settlement. Its Birth. Its Youth. Its Jubilee. 96pp. with Panoramic Photographs of the Bund in 1849 and 1893 and several other photographs. The Shanghai Mercury, 1893.

Queen Victoria's Diamond Jubilee at Shanghai. 87 pp. with 34 photographs. Shanghai Mercury, 1897.

Histoire de la Concession Francaise de Changhai, by order of the French Municipal Council. 458 pp. with illustrations, Paris, 1929.

Shanghai de La Sua Colonia Italiana (History of the Italian Colony in Shanghai), 47 pp. with illustrations. Italian Chamber of Commerce, 1911.

The Shanghai Riot of 18th December 1905. 31 pp. with illustrations. North-China Herald, 1906.

Shanghai and the Rebellion. 116 pp. with 2 maps. North-China Herald, 1913.

The Second Revolution in China, by Piero Rudinger. 177 pp. with maps and Illustrations. Shanghai Mercury, 1914.

SECTION "B"

SHANGHAI AND MUNICIPAL ADMINISTRATION

40 VOLUMES SHANGHAI MUNICIPAL COUNCIL REPORTS beginning Ist of April 1866 and ending 31st of December 1906- (1886 missing)

67 ANNUAL AND SPECIAL REPORTS OF LAND RENTERS AND RATEPAYERS MEETINGS, FROM 1865 To 1907.

LAND REGULATIONS AND BY'-LAWS for the Foreign Settlements of Shanghai North of the Yang-King-pang with Joint Minute of Ministers of the 24th September 1869, published in 1870 (Original Edition)

Report of the Committee to revise the Land Regulations as per Resolution passed at a Special Meeting of Ratepayers on the 18th June 1874, with Remarks by the Council. 1875.

Land Regulations together with Draft of Proposed Municipal Regulations and By-Laws of 1881. 55 pp., printed in Peking, 1882.

Land Regulations and By-Laws for the Foreign

Settlements of Shanghai North of Yang-King pang, with alterations up to 1884.

-ditto-with alterations up to 1898.

Special Report on the Delimitation of the Boundaries of the American Settlement at Shanghai. 24 pp., with 2 photographs. S.M.C., 1893.

Memoradum on Settlement Extension with Maps. S.M.C., 1912.

Rules and Regulations for the Guidance and Instruction of the Shanghai Municipal Police Force. 44 pp., 1881.

Police Guide and Regulations published by the Order of the Municipal Council for 1896. 146 pp.

SECTION "C"

SHANGHAI REAL ESTATE

Land Assessment Schedules of the ENGLISH SETTLEMENT:

For 1880 Area Mow: 2,494

Total Value: 兩 6,118,265

For 1882/89 Area Mow: 2,427

Total Value: 兩 10,310,627

For 1890 Area Mow: 2,193

Total Value: 兩 12,397,810

For 1896 with plan Area Mow: 2,193

Total Value: 兩 18,532,573

Land Assessment Schedules of the HONGKEW SETTLEMENT:

For 1880 Area Mow: 2,401

Total Value: 兩 1,945,325

For 1882 Area Mow: 2,516

Total Value: 兩 3,527,417

For 1890/92 Area Mow: 3,224

Total Value: 兩 5,110,145

For 1899 with plan Area Mow: 4,369

Total Value: 兩 14,320,576

Land Assessment Schedule of the WESTERN DISTRICT with Cadastral Plan (First Assessment and Plan made, as the Western District was incorporated in the Settlement area is 1899) dated October 1900.

Area Mow: 3,170

Total Value: 𝔗 5,256,832

Establishment of the Municipal Cadestral Office. 16 pp., 1906.

Land Registration. The Establishment of a Central Office for registration of land in Shanghai and its Surroundings. 16 pp. with 4 Specimen Plans. S. M. C., 1911.

Land Registration in Shanghai. Evidence of Mr. F. S. A. Bourne, Asst. Judge H.B.M. Supreme Court. Taken in Chambers. A. Dalies v. A. E. Algar and P. M. Beesley, 21 April 1908.

Notes on Shengko Procedure on the Whangpoo (Tenure and acquisition of Joreshore). A paper read by H. Heidenstam, C. E., on April 8th, 1919, before the Engineering Society of China. 19 pp. The Woosung Law Company. Prospectus of establishing a Foreign Settlement in Woosung on the Company's Estate of over a square mile in area. 11 pp. with Coloured map. Dated 30th July, 1898. The Land Question, by John Dudgeon, M. D., C. M., of Peking. Published in London, 1886.

SECTION "D"

SHANGHAI - GENERAL

Mixed Court Papers, by C. Alabaster, H. B. M's Acting Vice-Consul. No. 111 Statute Laws and Appendices with Scale of Punishments. 23 pp. No date (about 1864-1867)

Report of the General Educational Committee by the Municipal Council.

Part I - The Education of Foreign Children. 1910

Part II - The Education of Chinese Children, 1912

Suggested Draft of a Law Relating to Trade Marks. Compiled by a Special Joint Committee of the China Association and the British Chamber of Commerce. 25

pp., Shanghai, 1919.

Conference of British Chambers of Commerce in China and Hongkong held in the Supreme Court, Shanghai. November 5th – 8th, 1919, 101 pages (Strictly Confidential)

The Law of Enemy Property in China. Reports of the Cases decided in H. M. Supreme Court for China in 1917, 1918 and 1919, together with an Introductory Note by Sir H. de Sausmarez. Judge of H. B. M. Supreme Court for China. 55 pp., Shanghai Mercury, 1919.

International Opium Conference. Reports of the Proceedings. February 1st to February 26th, 1909. 118 pp. in English and French, Vol. 1.

-do.-Vol. 2, Report of the Delegations. 372 pp., with Map & Statistical Tables. 1909.

SECTION "E"

SHANGHAI WATERWAYS AND BRIDGES, CITY IMPROVMENT, ETC.

Notes in Re Messrs. H. Fogg & Co's Wall; Correspondence with the Soochow Creek Bridge Company (the abolition of tolls) and Memoranda relating thereto. 33 pp., S. M. C., 1872.

Report on the present condition, etc. of the Garden Bridge. 8 pp., S.M.C., 1889.

Reports on the Plans and Estimates for the Proposed Garden Bridge across the Mouth of the Soochow Creek. 46 pp., S.M.C., 1889.

The Yang-king-pang. Don't forget to come to the Ratepayers Meeting and vote to have this Creed. Culverted without further delay. 24 pp. with Map and illustrations. 1909.

Correspondence with the French Municipal Council regarding the width of the Yang-king-pang creek. 19 pp. S.M.C., 1873.

The Bridging of the Whangpoo and other Transport Schemes for Shanghai. By H. Berents. 9 pp. with Diagram. 1921.

Construction of a 305 ft. Span Railway Bridge across the Whangpoo, by E. T. Forestier. 8 pp. with plans. 1923.

The Tonnage-Dues Fund, the Harbour of Shanghai, and the Wu-sung Bar, by Johannes Von Gumpach. 46 pp. 1872.

Report to the Shanghai General Chamber of Commerce on the Water Approaches to Shanghai, by J. de Rijke. 49 pp. with Plan. 1898.

Shanghai-The Industrial & Commercial Metropolis? By H. von Heidenstam, The Engineering Society of China (Private and Confidential). 11 pp., 1919.

An Account of Deep Woring near the Bubbling Well, by Thos. W. Kingsmill. 15 pp. with illustrations (Diagrams) 1907.

Various Papers of the Engineering Society of China: Foundations in Shanghai, etc. 128 pp., 1903.

Special Report on Proposed Municipal Buildings. S.M.C. 1874.

Report of the Municipal Building Committee. 11 pp. with plans. 1913.

Rules with respect to New Chinese Buildings. 9 pp. 1901.

-Ditto- Foreign Buildings, 53 pp, 1903.

New Building Rules (Draft). 62 pp. S M. C. 1916.

SECTION "F"

THE RECREATION FUND, THE S. V. C. AND THE FIRE BRIGADE

History of the Shanghai Recreation Fund from 1860 to 1882 with an Account of the Shanghai Driving Course of 1862 (now the Bubbling Well road) and the Public Garden. Compiled by F. A. Groom. 1882. 198 pp.,

Shanghai Volunteer Corps 1853-1914. The Laying of the Commemoration Stone of the New Drill Hall and the Past History of the Corps. 24 pp. with illustrations. N.C.D.N. 1914.

The History of the Shanghai Volunteer Corps from 1853 to 1922. 84 pp. with illustrations. N.C.D.N. 1922.

Souvenir of the Jubilee of the Shanghai Fire Department (The History of the Brigades from the early days of the Settlements up to 1916). Illustrated. N.C.D N. 1916.

SECTION "G"

SHANGHAI MAPS AND STREET PLANS

Ground Plan of the Foreign Settlement of Shanghai from a Survey by F. B. Youel in May 1855. with Lot Numbers and Names of Land Renters, Showing also locations of various types of buildings. With View of the Bund in 1849 and List of Foreign Residents.

Plan of Hong Kew (Hong Que) or American Settlement at Shanghai Surveyed, Lithographed and Published in 1864–66 by order of the Municipal Council of Shanghai, Scale 200 feet to an inch. Showing Lot Numbers and Locations of Buildings.

Municipal Cadastral Map of the Hongkew Settlement, 1893.

Plan of the Foreign Settlements of Shanghai. Directory & Chrenicle 1875.

Street Plan of the English, French and American Settlements, Published by the North China Daily News, 1885.

– ditto –	1887
– ditto –	1895
– ditto –	1898
– ditto –	1900
– ditto –	1903
– ditto –	1910
– ditto –	1913

Street Plan of the Foreign Settlement (Central District) and French Settlement in Shanghai, Directory & Chronicle 1898.

Street Plan of the Hongkew Settlement. Directory & Chronicle 1898.

Plan of Shanghai By S.M.C., 1904.

Map of Shanghai. Hotel Hetropole, 1903.

Map of Shanghai with Street Index, China Survey Co., 1913.

Map of Shanghai, London, 1902.

Map of the Shooting Districts Lying between Shanghai and Wuhu. By H. T. Wade and R. A. Villard, 1898.

– ditto – 1903.

See also Maps attached to Cadastral Books in Section "C".

SECTION "H"

GUIDE BOOKS AND DESCRIPTIONS OF SHANGHAI

Rambles Round Shanghai, The Union. 196 pages with illustrations. 1899.

Shanghai by Night and Day. The Shanghai Mercury. 168 pages with illustrations. No date, about 1902.

Shanghai: A Handbook for Travellers and Residents. by Rev. C. E. Darvent. 191 pages, illustrated. With Map. 1920.

Guide du passager a Shanghai, published by Messageries Maritimes, in French and English. 20 pages with Map. No date, about 1901.

Hotel Metropole Guide to Shanghai. 76 pages with Map. 1903

– ditto – 1906

The Travellers Guide to Shanghai. China Advertising Agency. 68 pp. Old Edition, Ho date.

– ditto – 76 pp.

– ditto – 106 pp. 1909

Astor House Hotel Guide to Shanghai. Old Edition. No date.

The Palace Hotel Guide to Shanghai. 33 pp. No date.

Guests' Guide to Shanghai. 40 pp. No date.

Shanghai and its Vicinity. Compliments Kalee

Hotel. 35 pages. No date.

The Astor House Guide to Shanghai, 4 pp. with small Map. 1911.

North China Guide Book with Map of Shanghai. 64 pp. Thos. Cook. 1912.

The Guide to Shanghai. Oriental Advertising Agency. 136 pp. 1914.

Information for Travellers Landing in Shanghai. Thos. Cook. 55 pages with Map. 1912.

– ditto – 81 pp. Printed in London. No date.

Guide Book published by Chinese Gov. Railways. 71 pp. 1918.

Guide to Shanghai, by A. G. Hickmott. 75 pp. 1921

Guide to Shanghai and China. Oriental Press. 100 pp. 1909.

Tourists' Guide to China. California Directory Association. 68 pp. with Map. 1924.

– ditto – 128 pp. with Map. No date.

Where to Shop in Shanghai. Hongkong and Shanghai Hotels. 40 pp. 1922.

The Advertisers Handbook to Shanghai – Guide and Mannual. W. Harvey's Advertising Agency. 1912.

SECTION "I"

SHANGHAI HONG LISTS

The Desk Hong List. A General and Business Directory for Shanghai and the Northern River Ports, Japan, etc. Publishe l by the North-China Herald. 1875.

– ditto –	1876.	incl. List of Foreign Resid -ents in Sh'ai in 1850
– ditto –	1882.	pp. 1–14 missing
– ditto –	1887.	incl. List of

Subscribers to Telephone Exchange

– ditto –　1888.

– ditto –　1891.

SECTION "J"

SHANGHAI PHOTOGRAPHS & VIEWS

(See also Section "A")

Panoramic View of the Shanghai Waterfront, from the Chinese Bund up to the Yangtszepoo Creek and beyond, showing the first Customs (Joss House), etc. By Kung Tai. 12 Folding Photographs 11 x $7\frac{1}{4}$ inches each. Taken about 1880–85.

Panoramic View of the Bund in 1918 (The Old Customs with the Clock Tower). 49 x $7\frac{3}{4}$ inches.

Panoramic View of Bubbling Well Road – Nanking Road – Tibet Road in 1926. 50 x $7\frac{1}{2}$ inches.

12 Varge Liews of Shanghai during the Great Snowfall of 1893, showing the Malloo (Nanking road, etc.) By Kelly & Walsh.

Shanghai: Its Sights and Scenes. 42 Views by Kelly & Walsh. No date, about 1905.

29 Views of Shanghai by K. J. Williams, Jeweller. No date, about 1905.

SECTION "K"

SHANGHAI PUBLIC UTILITIES

Report on Proposed Waterworks for Shanghai. 13 pp. S.M.C. 1872.

Report by the Special Committee of Ratepayers appointed to consider the Plans and Proposals of the Woosung Road Company for the Establishment of a Tramway in Shanghai. 15 pp. S. M. C., August, 1873.

Proposed Telephone Service Franchies. Tender by the China and Japan Telephone Company together with Correspondence on the subject between the Municipal Council and the Company. 30 pp., 1899.

Tramway Concession. Text of Agreement and

Notes. 34 pp. S.M.C. 1913.

Shanghai Mutual Telephone Co., Ltd. Report of the Telephone Inquiry Committee with Directors' Observations thereon, and Reprint of Complete Verbatim Evidence taken by the Committee during its Sittings. 126 pp. June, 1908.

The Shanghai Gas Company. History of. Reprinted from the North China Daily News, 7 pp. with illustrations, 1909.

The Shanghai Electric Constuction Company. 3rd, 4th & 5th Annual Meeting Reports for 1909, 10, 11, and Reports of Directors from 1st July 1908 to 31 Dec. 1909

Shanghai Tramways. Statement in Favour of Extensions of Railles Electric Traction, with 2 plans. 1917

Correspondence between the S. M. C. and the Shanghai Electric Construction Company re Owercrowding, etc. 11 pp. 1920

The Shanghai Mutual Telephone Company. Historical Notes 1900–1930, Compiled by A. J. P. 34 pp. with several Diagrams.

SECTION "L"

MONETARY & CURRENCY MATTERS

Memorandum on a New Monetary System for China. Report of the Commission on International Exchange of the United States of America. 51 pp. with Chinese Translation. Shanghai, 1903

Uniform National Currency for China. Shanghai General Chamber of Commerce (for private circulation, not for publication) 8 pp. 1908.

Notes on Money Matters with Special Reference to China. From the National Review. 196 pp. Shanghai, 1910.

China. Currency and Proposed Shanghai Municipal Currency. 21 pp. 1916.

A Record of Exchange: Bar Silver, T. T., 4 m/s Credit. From 1890 to 1918. By H. F. Bell. 86 pp.

1919.

SECTION "M"

MISCELLANEOUS

44 Pamphlets of Annual Reports. Mostly illustrated. of the following Shanghai Institutions:

Mission to Rikishawmen;

The Door of Hope;

Foreign Women's Home;

Moral Welfare League;

Refuge for the Chinese Slave Children;

Institution for the Chinese Blind;

The International Institute;

Natural Feet Society.

17 Anniversary Pamphlets of Various Organizations.

15 Pamphlets of Rules and By-laws of Various Clubs. etc.

II

A COLLECTION OF GUIDE BOOKS TO SHANGHAI

(By City Museum of Greater Shanghai)

Hotel Metropole. Guide Book to Shanghai and Environs containing all necessary informations for tourists and others. Written and compiled by W.E.B. Printed by the Oriental Press, Shanghai. 1903. 76 pages, with a map of Shanghai (Scale: 1,000 feet to one inch.)

The Guide to Shanghai. 1919. Written in Russian. 215+6+26+8 pages.

The Travellers Guide to Shanghai and its Environs. 1914. (Appendix: La Concession Française de Shanghai) Published by the Oriental Advertising Co., Ltd. Compiled for the Publishers by R. Llewellyn Jones. Printed by the Oriental Press, Shanghai. 136 pages.

Guide to Shanghai, 1921. Published by A. G. Hickmott. Printed by the Shanghai Mercury, Ld. 75 + XXXV pages, with Map of Shanghai.

(Publisher's Note: The Guide was first published in 1906 and was issued annually until 1913. Owing to the dislocation of business during the war, there has been no publication since 1913. Then again submitting from 1921.)

Guests' Guide to Shanghai, China. Compliments of Astor House Hotel. Compiled by California Directory Co. Printed by the Shanghai Mercury, Ld. No date, but about 1917. 40 pages, with Map of Shanghai (Foreign Settlements.)

Shanghai and its Vicinity. Published by Kalee Hotel, Ld. Printed by the Shanghai Times. No date, but about 1909. 55 pages.

Astor House Hotel, Guide to Shanghai and its Vicinity, 1907. Published by the China Advertising Co., Shanghai. 106 + XL pages.

Astor House Hotel, Guide to Shanghai and its Vicinity, 1908. Published by the China Advertising Co., Shanghai. 106 + XLIV pages.

Ladies' Directory or Red Book for Shanghai, for the year 1886. Printed and Published at the "North-China Herald" Office, 1886. 151 pages.

Ditto, for the year 1918. Printed and Published at the Office of the North-China Daily News and Herald Ld., 1917. 172 pp.

The Palace Hotel, Guide to Shanghai, March, 1909. Printed in the Oriental Press, Shanghai. 46 pages.

Berol's Guide to Shanghai in Particular and China in General. Copyrighted 1904, William Berol. Presented by the Hotel des Colonies Co., Ld., Shanghai. Printed at the Oriental Press, Shanghai. VI + 78 pages, with Map of Shanghai (Scale: 1,000 feet to 1 inch.)

The Palace Hotel, Guide and Souvenir for Visitors to Shanghai (China). Printed by Tillotson and Son, Ld., London. No date, but about 1908. 38 pages.

Information for Travellers Landing at Shanghai. Published by Thos. Cook & Son. No date, but about 1909. 76 pages, with Plan of Shanghai (Foreign Settlements.)

Guide to Shanghai. Issued by the Astor House Hotel: Printed by North-China Daily News & Herald, Ld., 1911. 41 pages, with Cook's Map to the Foreign Settlements of Shanghai.

The Travellers Guide to Shanghai and its Vicinity. Published by the China Advertising Co. After 1908. 98 + XXXV pages.

Ditto. After 1908. 76 + XXIV pages.

(Note: The Contents of the above two copys are similarly as the Astor House Hotel: Guide to Shanghai and its Vicinity.)

Guide to Shanghai and China. The Oriental Press. June, 1909. 100 pages.

(Note: This is truely a re-printing copy to Berol's Guide to Shanghai and China.)

Madrolle: Chang-hai et la Vallée du Fleuve Bleu.

Librairie Hachette, Paris, 1911. XIX + 131 + 24 pages, with 13 Cartes ou Plans.

III

H. C. B.'s Collection

WORKS RELATING TO SHANGHAI WRITTEN IN OCCIDENTAL LANGUAGES

(Classified According to Dewey's Decimal System.)

History Compilation Bureau of Greater Shanghai August 31, 1936.

020 LIBRARY.

Customs Reference Library, Republic of China.: By-Laws and Extracts from Regulations. 1931.

Alliance Française, Règlement de la Bibliothèque. 6 pages.

The Oriental Library - A Recapitulation. Issued by the Oriental Library Restoration Committee. Dec., 1933. VI + 24 pages.

Denkschrift Uber die Deutsche Bücherspende au die Oriental Library (Mit Einem Katalog). The Oriental Library Rostoration Committee, 1935.

La Donation des Livres Français à la Bibliothèque Orientale. Le Comité de la Restauration de la Bibliothèque Orientale, 1935.

060 GENERAL LEARNED SOCIETIES.

Hand-book of Cultural Institutions in China. By W. Y. Chyne. Chinese National Committee on Intellectual Co-operation, 1936. 282 + XXIII pages.

La Laugue Française en Chine et le Rôle de l'Alliance Française: Rapport présénté au Congrès Générale de l'Alliance française les 14, 15, 16 juillet 1931 à Paris, par Ch. Grosbois, délégué général de l'Alliance française en Chine. 28 pages.

070 JOURNALS.

China Journal of Science and Arts. Edited by A. de C. Soweby.

Vol. I ....Nos. 2, 3, 4........ 1923

Vol. II 1924

Vol. III 1925

Vol. IV 1926

Vol. V 1926

Vol. VI 1927

Vol. VII 1927

Vol. VIII 1928

Vol. IX 1928

Vol. X 1929

Vol. XI 1929

Vol. XII 1930

Vol. XIII 1930

Vol. XIV ....Nos. 1, 3, 6........ 1931

Vol. XV 1931

Vol. XVI 1932

Vol. XVII 1932

Vol. XVIII 1933

Vol. XIX ....Nos. 1-3, 5........ 1933

Vol. XX 1934

Vol. XXI 1934

Vol. XXII .... Nos. 1 – 5 1935

Vol. XXIII 1935

Vol. XXIV .... Nos. 1 – 2 1936

The Shanghailander. Edited and Published by Carl Crow.

Vol. II ....Nos. 6-8, 11-12.... 1934.

Vol. III ....Nos. 2, 9-11........1935.

Vol. IV ....Nos. 1-3, 5-9........1936.

282 ROMAN CATHOLIC CHURCH.

Histoire de la Mission du Kiangnan. Par J. de la Servière, S. J.

284 PROTESTANT MISSIONS.

China Christian Year Book, 1928. Christian Literary Society, Shanghai.

China Young Men's Christian Associations Year Book, 1931-1932-1933-1934-1935.

The Young Men's Christian Association and the

Future of China. Published by Publication Dept., National Committee Y. M. C. A.'s of China, 1926. 93 pages.

Y. M. C. A.: Volunteer Service. By J. H. Geldart. Association Press of China, Shanghai, 1926. 42 pages.

The First Quarter Century of the Y. M. C. A. in China, 1895–1920. By D. Williard Lyon. Association Press of China, 1920. 15 pages.

Projects in Y. M. C. A. Work. By J. C. Clark. Association Press of China, 1926. VI + 64 pages.

A Guide to Important Mission Stations in Eastern China. Edited by Paul Hutchinson. The Mission Book Company, Shanghai, 1920. IV + 184 pages.

Report of the Chinese Tract Society, 1902. Printed at the Snanghai Daily Press Office, 1903. 54 + XXVIII pages.

Christian Progress in China, gleaning from the writings and speeches of many workers. By Arnold Foster. The Religious Tract Society, 1889. 255 pages.

The China Mission Hand - book, first issue. American Presbyterian Mission Press, 1896. 334 pages, with maps.

Records of the Second Triennial Meeting of the Educational Association of China, held at Shanghai. May 6–9, 1896. American Presbyterian Mission Press, 1896. 291 pages.

A History of Southern Baptist Work in Shanghai, from 1847 to 1935. By Miss Willie H. Kelly. Especially written for the History Compilation Bureau of Greater Shanghai.

327 DIPLOMACY.

Liste Chronologique des Consuls de France a Chang-hai et Aperçu de Leurs Principaux Travaux, 1848–1912. In Chinese and French.

Personnel des Consulats, Changhai, 1934.

Ditto, 1935. III + 39 pages.

Treaties Between the Empire of China and Foreign Powers together with Regulations for the conduct of foreign trade, Conventions, Agreements, Regulations, etc. First edition, 1877, edited by William Frederick Mayers. Fifth edition, 8th October, 1903. Printed and Published at the "North-China Herald, Ltd.", Shanghai, 1906. 354 pages.

Treaties with China. 448 pages.

331 LABORERS.

Bureau of Social Affairs, The City Government of Greater Shanghai:

Annual Report, on Labor Strikes in Greater Shanghai, 1928. In Chinese and English.

Ditto: Strikes and Lockouts, Greater Shanghai, 1929. In Chinese and English.

Ditto: Strikes and Lockouts in Shanghai from 1918 to 1932. In Chinese and English.

Ditto: Industrial Disputes (not including strikes and lockouts), Greater Shanghai, 1929. In Chinese and English.

Ditto: Industrial Disputes in Shanghai from 1928 to 1932. In Chinese and English.

Ditto: The Cost of Living Index Numbers of Laborers, Greater Shanghai, January 1926 to December 1931. In Chinese & English.

Ditto: Standard of Living of Shanghai Laborers. Published in 1934. In Chinese & English.

Ditto: Wages and Hours of Labor, Greater Shanghai, 1929. In Chinese and English.

Ditto: Wage Rates in Shanghai. Published in 1935. In Chinese and English.

333 LAND.

Land Regulations and By-laws for the Foreign Settlement of Shanghai, North of Yanghingpang. The Commercial Press, Ltd., Shanghai, 1926. In Chinese and English.

Land List. British Consulate General, Shanghai. 1933. 135+19 Pages.

336. 26 CUSTOMS.

Manual of Customs' Practice at Shanghai under the various treaties entered into between China and foreign powers. By S. H. Abbass. Kelly and Walsh, Ltd. 1894. XIII + 231 pages.

352 MUNICIPAL ADMINISTRATION.

Shanghai Municipal Council: Handbook of Local Regulations including land regulations, by'-elaws, municipal regulations and other information, license conditions, permits, and traffic and tramway regulations. Printed by Kelly & Walsh, Ltd. 1918. V + 136 pages.

Shanghai Municipal Council Report, 1879-1890-1891-1892-1893-1894-1895-1896-1897-1898-1899-1890-1901-1902-1903-1922-1923-1924-1929-1932-1933-1934-1935.

S. M. C: Health Department Annual Report, 1911. 48 pages.

Municipal Gazette. 1932-36.

Report of the Hon. Richard Feetham, C. M. G. to the Shanghai Municipal Council. North-China Daily News & Herald, Ltd. 1931. Vol. 1 372 pages. - Vol. II. 238 pages. - Vol. III. 46 pages.

Shanghai Municipal Council: Regulations for the Shanghai Volunteer Corps. October, 1922. North-China Daily News & Herald, Ltd. VI + 81 pages.

Conseil d'Administration Municipale de la Concession Française de Shanghaï: Règlements Municipaux. 1910. Kelly & Walsh, Ltd. 101 pages.

Ditto: Règlements Administratif du Personnel Chinois, 1931. In Chinese and French.

Conseil d'Administration Municipale de la Concession Française a Changhai. Compte-Rendus de la Gestion pour L'Exercise, 1934-1935.

361 CHARITABLE INSTITUTION.

L'Orphelinat de T'ou-sè-wè, 1864-1914. A Visit to the Orphanage of T'u Se Wei.

T'ou-sè-wè Nos. 1-3.

370 SCHOOLS.

Catalogue of McTyeire School, 1922-23. 44 pages.

Woman's Christian Medical College, 8th Annual Announcement, Session of 1932-33. 47 pages.

Ditto, Bulletin, 1934-35.

St. John's University, 1879-1929. 92 pages.

Fifty years of St. John's, 1879-1929. 11 pages.

Saint Francis Xavier's College, Diamond Jubilee, Souvenir Album, 1934.

380 COMMERCE.

Chambre de Commerce Française de China: Rapport sur la Situation Commerciale en Chine, présenté à l'Assemblée Générale du 20 Juin 1930 par M. Pierre Dupuy. 17 pages.

Ditto: Rapport sur la Situation Economique en Chine, présenté à l'Assemblée Générale du 19 Juin 1931 par M. Pierre Dupuy. 30 pages.

Ditto, 10 Juin 1932 par M. J. Donné. 15 pages.

Ditto, 22 Juin 1933 par M. J. Donné. 17 pages.

Report of the Committee of the Shanghai General Chamber of Commerce for the year ended 31st December, 1927 and Minutes of the Annual General Meeting of Members held on March 27th 1928. 46 pages.

Proposals for Amending the Provisional Regulations Governing the Registration of Trade Marks (English Version). Published by the Deutsche Vereinigung. German Printing and Publishing House, Shanghai, 1905. 58 pages.

China and Far East, Finance and Commerce Year Book, 1921-22. Edited by Edwin J. Dingle and F. L. Pratt.

Commercial Handbook of China. Vol. I. By Julean Arnold. Washington Government Printing Office, 1919.

A Handbook of Chinese Trade Customs. By Chow Kwong-Shu. 236 pages.

382 FOREIGN TRADE.

Statistics of China's Foreign Trade, 1864-1928.

By C. Yang, H. B. Hau & others. National Research Institute of Social Sciences, Academia Sinica. 1931. (In Chinese and English.)

Statistics of China's Foreign Trade, 1912–1930. The Research Dept., Bank of China, 1931. (In Chinese and English.)

385 RAILROADS.

Chinese Government Railways: Shanghai-Nanking Line, Rules and Regulation, 1922. IV + 264 + XXXIX pages.

The Chinese Railways, a historical survey. By Cheng Lin. China United Press, 1935.

386 HIGHWAYS.

Official Catalogue of the National Good Roads Exhibition, 1931.

495.7 DIALECTS.

Bibliothèque T'ou-wo, Tome V: Grammaire de Style, Mécanisme-Phraséologie. Lithographie de T'ou-sè-wè, 1911. 165 pages.

A Grammar of Colloquial Chinese as exhibited in the Shanghai Dialect. By J. Edkins (of the London Missionary Society). Second Edition, Corrected. Presbyterian Mission Press, Shanghai, 1868. 225 + VIII pages.

Lessons in the Shanghai Dialect. By R. A. Parker (Official Translator and Director of Chinese studies for the Shanghai Municipal Council). 1923. III + 211 + 44 pages.

Lessons in the Shanghai Dialect. By Rev. F. L. Hawks Pott. Revised Edition. Printed at the Commercial Press, Ltd. 1924. XII + 174 pages.

Broken China, a vocabulary of Pidgin English. By A. P. Hill. The Oriental Press. 1920. 73 + VIII pages.

520 ASTRONOMY.

Observatoire de Zi-ka-wei: Annales de l'Observatoire Astronomique de Zô-sè. Tome XVIII. Amas et Champs D'Etoiles d'après des Plaques Photographiques Prises de 1900 a 1925. Par le P. S. Chevalier, S. J.

Annales de Zô-Sè. Tome XVII, Fasc. I-VI. Par le P. E. de la Villemarqué, S. J.

522.1 OBSERVATORY.

L'Observatoire de Zi-Ka-Wei (In English). Imprimerie d'Art, G. Boüan, Paris. 1928.

528 EPHEMERIDES, NAUTIC ALMANACS.

Observatoire de Zi-Ka-Wei: Calendrier-Annuaire, Pour 1932.

Hydrographic Department, China.: Chinese Admiralty Tide Tables containing tidal predictions for Side Saddle, Woosung-Shihpu Road. 5th issue for the year 1932.

Ditto: Chinese Admiralty Tide Tables containing tidal predictions for Shihpu Road, Side Saddle, Woosung, Tsingtao. 7th issue for the year 1934.

Ditto: 8th issue for the year 1935.

Ditto: 9th issue for the year 1936.

China Coaster's Tide Book and Nautical Pocket Manual, for the year 1932. Printed by the North-China Daily News & Herald, Ltd.

Ditto, for the year 1933.

Ditto, for the year 1935.

Ditto, for the year 1936.

533.3 ATMOSPHERE:

Zi-ka-wei Observatory: Typhcons in 1928. To the members of the Shanghai General Chamber of Commerce by Father E. Gherzi, S. J. 23 pages.

Ditto, 1929. 23 pages.

Ditto, 1930. 20 pages.

Ditto, 1934. 43 pages.

Zi-ka-wei Observatory: Atlas of the Tracks of 620 Typhoons, 1893-1918. By Louis Froc, S. J. Imprimerie de l'Orphelinat de T'ou-sè-wè, 1920.

Zi-ka-wei Observatory: The Typhoon of July 28th 1915 (the Chinhai Typhoon) and its effects at Shanghai. By Louis Froc, S. J. Printed at the T'ou-sè-wè Orphanage Press, 1915.

538.7 TERRESTRIAL MAGNETISM.

Observatoire de Zi-ka-wei: Etudes sur la Magnétisme Terrestre a Zi-ka-wei et Lu-kai-pang, 1877-1929. Résumées. Par J. de Moidrey, S. J.

Observations Magnétiques faites à l'Observatoire de Lu-kia-pang. Tome XV Années 1927-28.

551 PHYSICAL AND DYNAMIC GEOLOGY.

Observatoire Magnétique, Météorologique et Sismologique de Zi-ka-wei (China), Bulletin des Observations, 1921-1923-1024-1925-1926-1927-1928-1929-1930. (Tomes: XLVII-XLIX-L-LI-LII-LIII-LIV-LV-LVI)

Observatoire Météorologique et Sismologique de Zi-ka-wei, Bulletin des Observations. Tome LVII. Année 1931.

Observatoire de Zi-ka-wei: Revue Mensuelle. Janvier-Decembre, 1934-Janvier-Decembre, 1635.

551.2 SEISMOLOGY.

Observatoire de Zi-ka-we: Notes de Seismologie, No. II - Seismographes Galitzine et séismes locaux ondes longues "Z" et temps orageux. Seismogrammes speciaux 1929 et 1931. Par le P. P. E. Gherzi, S. J.

551.5 METEOROLOGY.

Sicawei Observatory: Notes on the Climate of Shanghai, 1873-1902. By J. de Moidrey, S. J. Oriental Press, 1904. 40 pages.

Observatoire de Zi-ka-wei: Atlas Thermometrique de la Chine. Par la P. Ernest Gherzi, S. J. Imprimerie de T'ou-sè-wè, 1934.

551.51 WINDS.

Zi-ka-wei Observatory: The Winds and the Upper Air Currents Along the China Coast and in the Yangtze Valley. By Father Ernest Gherzi, S. J. Catholic Mission Press, T'ou-sè-wè, 1931.

551. 57 MOISTURE; RAINFALL.

Observatoire de Zi-ka-wei: Atlas de l'Humidite Relative en China. Par la P. Ernest Gherzi, S. J.

Imprimerie de T'ou-sè-wè, 1934.

Observatoire de Zi-ka-wei: Etude sur la Pluie en Chine, 1873-1925. Par le P. E. Gherzi, S. J. Ire Partie-Les Resultats. IIe Partie-Les Observations. Imprimerie de la Mission Catholique, à l'Orphelinat de T'ou-sè-wè, 1928.

Observatoire de Zi-ka-wei: Etude sur la Pluie en Chine, 1873-1925. Par la P. E. Gherzi, S. J. Atlas, distribution des Pluie en Chine par Mois, Saisons, Annee.

598 BIRDS.

Shanghai Birds, a study of bird life in Shanghai and the surrounding district. By E. S. Wilkinson. North-China Daily News & Herald, Ltd. 1929. 243+XXI pages, with coloured plates from paintings by Gronvold.

The Shanghai Bird Year, a calendar of bird life in the country around Shanghai. N.-C. Daily News & Herald, Ltd. 1935. 219 pages.

620 ENGINEERING.

The Engineering Society of China: Proceedings of the Society and Report of the Council. Vol. XVIII, 1918-19. Printed in Kelly and walsh, Ltd. 1919.

Ditto, Vol. XXIX, 1930-31. Printed in North-China Daily News and Herald, Ltd. 1931.

627 HARBOUR.

Whangpoo Conservancy Board, Shanghai Harbour Investigation (Series 1-General Data-Report No. 7): Various Reports to the Engineer-in-chief on Special Investigations, Shanghai, 1921.

Whangpoo Conservancy Board (General Series-Report No. 8.): The Port of Shanghai. Seventh Revised Edition, 1932.

Hydrographic Department of Chinese Navy: Shanghai Port Facilities. First Edition, 1926.

628 WATERWORKS.

Shanghai Waterworks Company, Limited.: Rules and Regulations as to Water Fittings in Private Properties. Printed in Kelly and Walsh, Ltd. 1921. 48 pages.

636. 7 DOGS.

China Kennel Club: Year Book and Dog Show Programme, Shanghai, April 29th, 1934. 81+IV pages.

647. 94 HOTELS.

Facts about the Park-Hotel. 20 pages.

710 GARDENING.

Shanghai Gardens with notes on the cultivation of the hot house plants, flowers, & C. Shanghai Mercury, Ltd. 1910. 114 pages.

Shanghai Horticultural Society: Flower Show. Fortieth Anniversary, May 1875-May 1915. 34 pages.

770 PHOTOGRAPHS.

Shanghai of To-day, a souvenir album of fifty Vandyke Gravure prints of "The Model Settlement", Introduction by F. L. Hawks Pott. 3rd Edition, Revised. Kelly and Walsh, Ltd. 1930.

So - This is Shanghai, a handbook contains 26 photographs. Kelly and Walsh, Ltd. 1935.

Shanghai, a handbook contains 16 photographs. Max Nössler & Co., Shanghai. No date, about 1906.

796 ATHLETICS; SPORTS.

Report of the 5th Far Eastern Championship Games held May 30th-June 4th 1921 at Hongkew Park, Shanghai, China. By the Contest Committee of the Far Eastern Athletic Association. 58 pages.

Official Report of the 8th Far Eastern Championship Games, Shanghai, 1927. 175 pages.

Official Program of the 5th Far Eastern Championships and Open International Games. 89 pages.

Nation Sports Guide for the 6th National Ateletic Meet, Shanghai Civic Centre Stadium, October 10th-20th, 1935. 64 pages.

Shanghai Yacht Club, 1868-1934, a history of the club written from the files of the North-China Herald and published as a souvenir at the opening of the new club house in the Minghong Beach on the 8th of July 1934. North-China Daily News & Herald, Ltd. 52 pages.

A History of the Shanghai Paper Hunt Club, 1863-1930. By C. Noel. Davis. Illustrated by Edmund Toeg in line and colour with six Maps of the Riding Country in and around Shanghai and numerous photographs. Kelly and Walsh, Ltd.

808.1 POETRY.

Shanghai Day and Nights. Rimes by "Tug", Illustrated by Forrest Pendergast, 1934. Copyright applied for in the U.S.A.

910.2 GUIDE BOOKS; DIRECTORIES.

Guide to Shanghai, 1921. By A. G. Hickmott. Printed by the Shanghai Mercury, Ltd. 75+XXXV pages.

Shang-hai and the Valley of the Blue River, with maps and plans. Hachette and Co., Paris, 1912. XXVII+132+12+8 pages.

Shanghai Guide, June 1930. By T. Saphiere. 145 pages.

Hotel Metropol: Guide to Shanghai. Written and compiled by W. E. B. The Oriental Press, 1903. 76 pages with maps of Shanghai.

All about Shanghai and Environs. Edition 1934-35. Published by the University Press, Shanghai. XIV-225 pages.

Shanghai, a handbook for travellers and residents. By Rev. C. E. Darwent. Kelly & Walsh, Ltd. First Issue, XX+222 pages. Printed by Hazell, Watson and Viney, Ltd., London. No date, about 1903.

Ditto. Second Edition, Revised and Enlarged. XXII+191+XIII pages. Jan., 1920. Enlarged.

North-China Desk Hong List, 1929. Printed and Published at the office of the North-China Daily News & Herald, Ltd.

China Hong List, 1932. Printed and published at the office of the N. – C. Daily News & Herald, Ltd.

Ditto. 1933.

Ditto. 1936.

Shanghai Directory, 1932. Printed and Published at the Office of the North-China Daily News & Herald, Ltd.

The Little Blue Book of Shanghai, 1931. Published by Isida Trade Association.

Ditto. 1932.

Credit Men's Business Directory of China, 1934. Published by Bankers' Co-operative Credit Service, Ltd.

Credit Men's Business Directory of Shanghai, 1933.

Ditto. 1935.

Ditto. 1936.

915 TRAVEL.

Journal de Mon Troisième Voyage d'Exploration dans l'Empire Chinois. Par M. l'Abbé Armand David. Librairie Hachette, Paris, 1875.

Le Tapis Vert du Pacifique. Par Roger Labonne. Editions Berger-Levrault, Paris. 1936. 2e Edition. 290 + X pages.

Shanghai Country Walks. By E. S. Wilkinson. North-China Daily News & Herald, Ltd. 1932. 113 pages.

951 HISTORY.

Ch. B. Maybon et Jean Fredet: Histoire de la Concession Française de Changhai.

C. A. Montalto de Jesus: Historic Shanghai. The Shanghai Mercury, Ltd. 1909. XXVIII + 257 pages.

A. M. Kotenev: Shanghai, Its Mixed Court and Council. North-China Daily News & Herald, Ltd. 1925. XXVI + 588 pages.

A. M. Kotenev: Shanghai, Its Municipality and the Chinese. North-China Daily News & Herald, Ltd.

1927. XVII + 548 pages.

F. L. Hawks Pott: A Short History of Shanghai, being an account of the growth and development of the International Settlement. Kelly & Walsh, Ltd. 1928. XIII + 336 pages, with 7 illustrations and 1 map.

Ching-lin Hsia: The Status of Shanghai, a Historical Review of the International Settlement. Kelly & Walsh, Ltd. 1929. 202 pages.

The Boxer Rising: A History of the Boxer Trouble in China. Reprinted from the "Shanghai Mercury". 2nd Edition. Printed at the Shanghai Mercury, Ltd. August, 1901. 174 + X pages.

St. Piero Rudinger: The Second Revolution in China, 1913. My adventures in and around Shanghai Mercury, Ltd. 1914.

The Nanking Road Tragedy, Verbatim Report of the trail of persons arrested in connection with the affairs of May 30 and June 1, 1925, at the International Mixed Court, Shanghai. Chung-Hwa Book Co., Ltd. 1925. 415 pages.

Information and Opinion Concerning the Japanese Invasion of Manchuria and Shanghai from sources other than Chinese. Edited By K. N. Lei. Published by the Shanghai Bar Association. 1932. XI + 445 pages.

Symposium on Japan's Undeclared War in Shanghai, with a chronological list of events in Shanghai since January 18, 1932. Published by the Chinese Chamber of Commerce, Shanghai, March, 1932. 207 + XV pages.

Shanghai by Night and Day. Vol. I. Shanghai Mercury, Ltd., Shanghai. 168 pages.

「中國古代地名考證索引」略例

朱俊英

一、為準備編纂中國古代地名大辭典，擬先編兩種索引：一為中國古代地名索引，備收先秦經子史籍以及漢書地理志，後漢書郡國志，水經注等書，將本文所有地名，不厭其所見次數之多，據一定版本，均一一詳注其出處。二為中國古代地名考證索引，即指本索引而言。惟茲事體大，以一人之力，短時期不易完成。但為研治古地理諸同志參考之便，本索引撰成時，自不妨先行出版。

二、本索引收錄範圍可分兩類：一為考證古籍地理之專書，如尚書地理今釋，詩地理徵，春秋地理考實，國語釋地，國策地名考，四書地理考之類是也。其各書注疏如尚書今古文注疏，詩毛氏傳疏，春秋左傳詁，論語正義，孟子正義等，雖皆於古地理考證甚詳，然可據中國古代地名索引，由本文以求之，本索引概不收錄。二為歷代文集札記及現代雜誌報章中關於古地理考證之論文。惟蒐集此種材料，工作亦甚浩繁，將來遇不得已時，得暫本已出版之各種索引，如：清代文集篇目分類索引，文史札記子目索引，中國地學論文索引，國學論文索引，期刊索引，日報索引，東洋史文獻類目……等錄出之。

二、本索引斷自先秦，惟漢書地理志等書與先秦地理有密切之關係，故亦錄之。

四、本索引所收各書，如有兩種以上之版本，則選其較善而普通者。

五、本索引仿商務中國古今地名大辭典之例，按筆畫排列，末附四角號碼索引。

六、地名之下，備列考證之書名及論文名。書名之下，列卷數葉數及前後面。論文之下，列雜誌名及卷期。

七、各考證書籍，有於地名之下，注一「闕」字而不加考證者，本索引概不收錄。惟有雖注「疑」而仍加解說者，本索引亦收錄之。又有同一地名，前後互見，於前者附有考證，於後者注曰「說見前」者，則只錄其前者。

八、各考證書籍有不類地名，亦加考證。又如論文中之偏於概論通論性質者，本索引斟酌情形，間或採錄，即用其原句為名。

九、一地而有數名者，本索引各仍其原名，分別收錄，而於各名之下注其異名。其有同名而異地者，則不加分辨。

以上僅舉犖犖大者數端，其詳細凡例，待全書脫稿校畢後再定。

中國古代地名考證索引已編擬編書目

尚書地理今釋一卷　蔣廷錫
禹貢錐指二十卷　胡渭
禹貢本義一卷　楊守敬
禹貢地名集說二卷　洪符孫
禹貢今地釋　江成儒
禹貢地理古註考一卷　孫馮翼
九州釋名一卷　鮑鼎
詩地理考六卷　王應麟
詩地理徵七卷　朱右曾
毛詩釋地六卷　桂文燦
詩地理續考一卷　潘季李
詩地理考略二卷　尹繼美
春秋土地名一卷　京相璠
春秋地名一卷　杜預
春秋左傳地名考一卷　楊愼
春秋地理考略十四卷　高士奇
春秋地名辨異三卷　程廷祚
春秋地理考實四卷　江永
春秋左傳地名補注十二卷　沈欽韓
左傳釋地三卷　范士齡
春秋楚地答問一卷　易本烺
春秋國都爵姓考　陳鵬
春秋國都爵姓續考　曾釗
春秋釋地韻編五卷　徐壽基
春秋地理證今　毛應觀
春秋異地同名考一卷　丁壽徵
春秋國名考釋二卷　鮑鼎
國語釋地三卷　譚澐
國策地名考二十卷　程恩澤

七國地理考
戰國策釋地二卷 張琦
四書釋地一卷 閻若璩
續一卷 仝
又續補一卷 仝
三續補一卷 仝
四書釋地補一卷 樊廷枚
續補一卷 仝
又續補一卷 仝
三續補一卷 仝
四書釋地辨證二卷 宋翔鳳
四書地理考 王瑬
爾雅釋地四篇注 錢坫
山海經地理今釋六卷 吳承志
穆天子傳地理考證六卷 丁謙
穆天子傳西征今地考 顧實
羣經釋地六卷 呂調陽
古史釋地 仝
諸子釋地 仝
漢書地理志補注一百三卷 吳卓信 3
漢書地理志詳釋 呂調陽
漢志釋地 汪士鐸
漢書釋地略 同上

計共五十一種

本會會員濰縣丁稼民先生，採集地方文獻，已有數載，近中復刊行濰縣文獻叢刊第三輯及習盦叢刊第一輯，託由本會寄售。文獻叢刊共輯三種：曰白浪河上集，濰縣竹枝詞，安福寺碑考；習盦叢刊亦輯有三種：曰經之文鈔，繡山文鈔，北史論略；均屬未刊之稿本。凡欲購閱者，函索本會即可。

價目列下

濰縣文獻叢刊第一輯　一册　四角

習盦叢刊第一輯　一册　五角

本期後套水利調查專號外印套色後套區域總圖一幅定價國幣二角凡屬本會會員及長期定戶一律隨同專號奉贈其非長年定閱者不在此例特此

通告

邊疆叢書刊印緣起

求民族之自立而不先固其邊防非上策也吾國幅員遼濶人口蕃庶邊地與中土之語言習俗往往絕殊徒以道里山川之爲遠梗塞而隔閡遂益增甚自道光壬寅以來內患叢起早已籌邊不遑外人乃乘茲瑕隙肆厥陰謀國土蹙喪實堪痛心自昔已然於今爲烈若長此含垢忍辱不思振拔則兕談一發恐將無以自存自存之道維何曰在使居中土者洞悉邊情以謀實地考查溝通其文化融洽其輿情庶隱患漸除邊圉以固矣欲究邊情必考典籍淺識者或因先儒著述之不易蒐訪遂謂講求邊事舍外人之書幾無可讀不知彼亦取材吾國卽或出自近今之實地採撮亦大都各有作用倘昔人取爲藍本卽不免蒙蔽之虞吾國在昔殫心邊事者曾不乏人若大吏之獲譴遠戍者又類爲明達之士其于因革與復之閒僉能審厥利弊故筆之于書皆成鑿鑿史實顧以輶軒之採不力致使鴻編鉅製委棄于山崖屋壁而湮失其傳後此遂無從以窺其奧茲可慨已夫居今日而言邊事實地調查固其首要而攷究歷史以明嬗變亦碻屬當務之急此邊疆叢書之所以必有也用是亟求先儒遺著彙而刊之俾講邊政者資借鑑焉

凡例

一本編擬以未經付梓之稿刊爲甲集已刊而傳本絕少者爲乙集已入他種叢書者爲丙集

一本編所收以前人所著關於邊事者爲合如專著志略筆記等類俱可不斷朝代不限方域但其人存者其書不錄

一本編付刊以收得先後爲次每十種爲一集

一本編倉卒校刊譌奪難免大雅宏達幸加指正

禹貢學會邊疆叢書刊行簡章

一本會爲促進禹貢學會編纂事業起見設禹貢學會邊疆叢書刊行會

二本會爲使國民關心邊事注意史蹟爰蒐材料彙爲一編以便研究名曰禹貢學會邊疆叢書

三本會會員每人須捐納刊印費一股每股國幣二十元多捐者聽

四本會會員于叢書每種出版時每股得享受贈送五部之權利

五本會選印事宜推會員兩人任之

六本會會員皆有供給材料及督促選印之義務

七叢書選印凡例另訂之

八叢書刊行卷册視募款多寡酌定之

九本會刊印費交由禹貢學會會計股另立帳册登記核算之

十本簡章有未盡善處得隨時修正之

禹貢學會邊疆叢書出版甲集之一

西域遺聞　清陳克繩著　借江安傅藏舊鈔本印　定價國幣六角

通訊一束

一一六

起潛先生座右：前奉大示，承詢苗寨著述一節，自去歲從政入黔以來，因職責關係，對於苗民即甚注意，除向各方搜集材料外，復派員深入苗寨調查，攝製照片，並將所搜獲之資料編述爲貴州苗民問題一書，刻已脫稿，在謄寫中，計有十六章，都二十餘萬言，插圖百餘幀，已由商務特約出版，屆時當贈請指正。惟此項問題關係貴州之開發及整個民族之鞏固，非海內賢達羣策羣力難收實效。既承垂詢，特將「編述貴州苗民問題之動機及其經過」一文寄奉察閱，冀供海內賢達研討，尚希錫之指正爲荷！順頌撰安。附拙稿一件。

弟曾經沅敬啓。九月七日。

起潛先生座右：大示奉悉。前寄拙著貴州苗民問題導言，計邀察及。貴刊年來益見充實，爲海內研究古史者所共佩。編印西南專號，尤所贊同。但鄙意此項材料應力求實際，不宜爲外人調査著作所惑，以達其分化我整個民族之目的。蓋西南省份不同稱謂之同胞，日人調査謂近於蒙古種，法人調査謂近於安南東京人種，英人則謂爲西藏種。更奇者，貴州苗民有花衣裝束，竟有外人在苗寨宣傳其來源爲高加索者。年來鄙屬深入苗寨研究之結果，所謂不同稱謂之苗民，確係古代來自內地，絕無漢苗界限可分。茲乘貴刊西南專號行將問世之便，略陳所見，以供諸君之參考，務乞加意注及，予以糾正。此項專刊，尚希早爲賜寄，俾快先睹。順頌撰安。

弟曾經沅敬啓。九月十八日。

一一七

頡剛先生：

在重慶呈上一信，諒已收到。深於三十日由重慶搭成渝公路之汽車赴成都。成渝公路早已通車，前以民營商業車爲多；至今年起由四川省公路局接管，爲川黔路的一段，稱爲「渝內段」。以前民營車業時，駛車時間不一定，有快的當天即到，慢的要數天以上，開車時間也不一定，沿途等客頗爲麻煩；現在規定二日到達，自某一站至另一站有一定行駛時間，每車共坐十八人，早上五時半先到車站取號牌，上有第幾次車第幾號字樣，取了牌子後，即依號買票，依號入坐，可免擁擠。但是取牌子的時候，秩序非常不好，氣力小一點，大概狠難取到手；若是女人不請別人帮忙，恐怕難以搭車。

成渝公路約千里左右，經過內江，資中，簡陽等地，都是川省富庶之區。公路由重慶至內江一段，比較路基堅固點，但甚顚簸。出通遠門不遠即到老鷹岩，汽車像螺螄般的爬上山去；至山頂，高約七百尺，只見嘉陵江蜿蜒於下，回視來路，才覺削陡的可怕！第一日至椑木坪過沱江，本來用木船載汽車過江，我們這次因水漲流急，乃將人渡過對岸，另由成都開車來載，駛至內江縣止宿。內江爲川省產糖富庶之區，沿途負糖者甚多。據云實業部將在此建一造糖廠，預計可供長江一帶之用；但此只是預計，目今台灣香港來糖極多，內江糖戶均受影響。

內江前爲劉文輝氏駐地，所以狠有幾條馬路；路甚清潔，兩旁有樹，街道熱閙，夜間行人滿街，喝茶玩耍。三十一日車由內江西開，馬路甚壞。離成都五十里過龍泉澤，上山十五里，下山十五里，車行頗危險。

成都位在一大平原中，俗呼西壩，長約千餘里，寬約二三百里，包含數縣。車行時好像駛於江南平原一般，只見兩邊稻田已熟，森林滿目，溝渠溪河貫串其間。自巫峽入川，僅見大山高岩，激湍深澗；至此忽見江南景色，心中異常愉快。成都爲四川省會，機關林立；最近因中央關係，外省人來的很多，所以非常繁盛。本來成都生活程度很低，現在亦因上說的原因，再因各處匪患，來省躲避者不少，以致生活提高，與重慶不相上下。成都街道建築方式很像北平，直而且長，東西南北都可相對；兩旁房屋甚低，內部寬大，也像北平房子。所不同者，沒有牌坊，沒有各種偉大建築，也沒有北方的風沙。每街兩旁均有樹木，且甚清潔，比北平更好散步。

成都人民生活，較川中其他各縣均爲富足；因交通不便，本城一般手工業能供附近十餘縣及邊省各地之需要。民元以來，雖兵匪交乘，仍能自足；不過一般人民閒散生活已成習慣，每日吃茶聽書（四川亦有說書的），很像蘇州人的生活。澤在成都住一星期，先訪西康建省委員會任乃強先生，任先生謂不久西康建省委員會將移至康定，於是乃決定與建委會一同赴康定。康定可謂土司之中心，新興的變相土司及老舊的土司均有。澤約在西康住居一月，蓋以交通不便，來往亦須一月左右；若再至崧，理，茂，或雷，馬，屏一行，則復學時期已屆，雲貴之行或不得不作罷。西來後方知此地旅行之艱難，以前計劃之區域實非半年所能完畢。

九月六日晨離成都，與西康建省委員會同行，由成雅公路赴雅州。此段公路較之成渝段更不好，成都至雅安不過三百餘里，亦須兩日，在新津過河凡三次，手續麻煩恐爲全國公路之冠。此一段路仍屬平原，雖有金鷄關（高七百餘公尺），但只有此一嶺。澤在新津縣漏車，乘一公路局車赴雅州。此爲一貨車，司機者想得外水，帶了三五人，澤亦其中之一。沿途顛簸，不堪言狀，七日下午五時始到雅州。雅爲川南重地，亦有一條大馬路，現二十四軍劉文輝駐此，頗見熱鬧。城外即爲岷江上流，支河甚多，水很急，川康公路想造一鐵橋，但此項工程實非數年內所能完事。

在雅州作數日勾留，即偕西康建省委員會西行。由成都至雅州及康定沿途皆有匪患，若個人前往，危險殊大，所以只得等待他們一路去，以後當再續報。專此，順頌撰安。

生佘貽澤叩上。九月八日

一一八

頡剛吾師：

昨讀本卷第二期禹貢通訊欄中童書業先生致吾師爲答復李晉華先生一函，覺其見解過人，至佩。然其「局部討論」的態度，生實不敢恭維。我們討論問題不論如何須緊握住牠的中心，如果把這點放鬆，則恐討論越起勁，詞意離題會越來得遠。緣我們從前所討論者是：（一）三佛齊是否等蘇門答剌，龍牙門是否等新加坡？（二）鄭和下西洋的使命是爲蹤跡惠帝，抑爲國際貿易？這是問題的中心，任何人要來討論，至少應把牠們的任何一個做整個之探討，如斤斤於某一問題的「孤證」之討論，就算得到正確的結論，依然無補於問題之解決。如此耗費時間，不亦冤乎？

童先生認李先生「鄭和七使西洋，多齎金幣賜諸番，……旣以金銀綺帛賜諸番，但不聞鄭和曾取諸番重貨捆載而歸，代價安在？」這一段話爲錯誤，不無幾分理由。然其所舉之反證大都未能成立。蓋中南民間貿易，自李唐以來即稱極盛，瀛涯勝覽滿剌加條所謂：「……如中國之船將回，皆於此處點整番貨，裝載停當……」，按其語氣覩之，其船係指商辦者而言，非指朝廷所派遣之「寶船」而言也。又其所裝載之貨，如果是「寶船」的話，則未必以貿易的手續得之。西洋朝貢典錄滿剌加條云：

> 其與滿剌加接境，有九洲之山，其中多沉香，黃熟香。永樂之歲，鄭和採香於此。

明史宦官列傳云：

> 鄭和帥舟師三萬餘人，齎敕諭，金帛，浮海而西行，齎西洋諸番，凡至三十餘國，威宣海外，……所至國王納款朝貢，採取未名之寶，以巨萬計。

由此可知「寶船」如有裝載，非「採集品」，即「朝貢品」也。瀛涯勝覽自序云：

> 永樂癸巳，太宗皇帝敕正使太監鄭和等領「寶船」，往西洋諸番，開讀賞賜，予以通譯番書，亦備使末。

明史宦官傳鄭和條云：

> 成祖疑惠帝亡海外，欲蹤跡之，且欲耀兵異域，示中國富强。

明史宦官列傳云：

> 文皇時當「靖難」初，內官將兵者數人，……是時建文君或言出走外夷，上欲蹤跡之，乃遣太監鄭和帥舟師浮海而西行。

西洋朝貢典錄序云：

> 太宗皇帝入繼丕緒，將長馭遠禦，通道於乖蠻革夷。

童先生答復李先生之原意，無疑的是想証實鄭和下西洋之使命是爲國際貿易。詎料所引各條反証的原書中，莫不說明和之使命如上所述。討論史料的範圍，若止於此，則問題可算解決過半矣。李先生七月南歸，未悉已否返京，茲聊貢所見，如有缺點，容李先生補充。

此請著安。童書業先生仝此。

學生許道齡謹上。九月廿八日。

一一九

頡剛先生：

頃讀禹貢六卷二期，見葉國慶先生「冶不在今福州市辨」。鄙意尚有不同者，茲申述之如左，乞加教正也。

（一）冶縣乃漢時所置，山海經所稱之閩本非指冶縣而言，其範圍當然不同，故閩自可包括浙江，而冶縣可不在浙江。

（二）當併縣道乃光武時一大事實，故冶縣在後漢雖不聞有叛變割據之事，亦可省去而祇留候官。至候官所屬郡名各代不同，乃因析置而改隸，非定須移治也。

（三）泉山與冶之關係，冶（無諸都城）與冶縣之關係，今皆無相當史料可以斷定。泉山所在今亦無由知之。葉先生所舉泉山所在之五說，永寧及泉州當然謬誤，不成問題；侯縣及浦城兩地皆不能通海舶，亦與朱買臣傳「發兵浮海，直指泉山」之語相乖迕。故藉泉山而論冶所在，殊無確證可以利用也。

（四）閩粵在東甌之南，由東甌內徙事可以證明。東甌在永寧，章安在永寧以北不在其南，是謂章安爲冶（閩粵都），情理未爲通也。至東冶在福州當無可疑，若謂冶在章安，則東冶何以遠在章安西南之福州乎？故司馬郡國志未爲無誤。至太康記「章安本鄞縣南之回浦鄉」，蓋謂光武併省縣道，以回浦入鄞，至章帝始復置縣，名曰章安，理自可通，原無疑竇也。

葉先生此次論辨中，言及泉山一段殊覺可取，蓋閩粵都城之冶，今尚不能實指其地；拙者所論，特西漢之冶縣而已。若能更求確證，或可藉此而得更進一解也。至司馬彪之言出自不經意中，自不必爲之曲諱。未審以爲如何？乞由禹貢轉達葉先生爲叩。

專此，順頌道安。

學生勞榦謹上。九月二十日。

一二〇

泉澄先生惠鑑：頃讀本會禹貢六卷二期，載大著「本會最近得到之清季檔案」，內第一項七目驛站檔，——各省驛站交通道路云云，無任欣佩。貽不揣謭陋，以郵政人員研求我國郵驛制度，十餘年來所得資料正在整理，擬寫成「中國郵驛交通史」，間將所擷由交通雜誌發表，以期就正當世。自信以本行人道本行事，老農老圃，舛誤可希較少。奈郵驛史料極感缺乏。茲旣會中得有此檔，頗思得當一讀爲快。惟不識先生所得關於此檔數量及內容如何？可否賜示其簡明目錄，以便與貽所已搜得之資料相參較，得暇再設法抄補。如其會中整理需人，則貽亦極願盡其肤愚，追隨努方，以求盡會員一分子之義務也。草草上陳，諸祈鑒諒。附呈拙草近稿二種，敬乞賜教，不勝欣幸。耑此，敬請著安。

樓祖貽敬啓。九月二十一日。

一二一

頡剛先生：頃閱先生編輯之禹貢半月刊五卷十期內所載吳文藻先生著廣西省象縣東南鄉花藍猺社會組織導言一文，因知有花藍猺社會組織研究專刊之刊行，急欲一讀爲快。以召去年亦曾到大藤猺山旅行過，對於猺人之社會組織極感興趣也。但苦不知該刊之出版地，用特冒昧函請先生順便查覆。想先生係學者，定必樂助好學者。謹此，敬請著安。

方召敬上。九月十八日。

頡剛按。花藍猺社會組織一書係王同惠女士遺著，其夫費孝通先生爲整理者；書成之後，由廣西省政府交商務印書館印刷。邇來軍事擾攘，發行之事或以是停滯，而費先生又去國，竟無從索取奉寄，特此誌歉。

本會紀事（三一）

十月二十五日下午二時，在北平小紅羅廠八號本會新址開第一次年會，出席五十一人，推徐炳昶先生爲臨時主席，王崇武先生爲臨時文書。開會後，首由理事長顧頡剛先生報告一年來之工作情形及今後計畫：

甲、已往之重要工作：

一、編輯方面：

1.專著撰述：預計前半年完成者十六種，後半年完成者二十種，已付印者有史念海著西漢侯國考，其他諸作亦將次第脫稿。

2.禹貢半月刊所出專號：有利瑪竇專號，西北專號，回教回族專號，東北研究專號，河套水利調査專號等五種。

3.編印邊疆叢書，已出甲集之一西域遺聞一種。

4.繪製地圖底本及半月刊插圖，共成大小八十餘幅。

5.整理檔案及薦報。

二、事務方面：

1.修築房屋，添置傢具。

2.購儲檔案及普通參考圖書。

乙、今後計畫：

1.繼續募集基金以固會基。

2.編輯地名索引，先從經子入手，爲編輯地名辭典之初步。

3.完成地圖底本甲乙丙三種，繼續繪製分省分縣圖底本。

4.整理舊報中之地理消息。

5.編輯古今輿地書籍總目。

6.往邊省實地調查。

7.翻譯外人所著關于邊疆之書籍。

次請會員洪思齊先生演講，題爲近代地理學之發展，復次討論修改會章。五時半散會。

本會紀事（三二）

本會承 吳禮卿先生（忠信） 捐國幣壹百元正，除依照會章聘爲贊助會員外，特提出款項一部分，購買書籍，存儲本會，爲吳先生永作紀念。計開：

湖南省至鄰省接壤限行程途册　兩册　清湖南按察司抄本

吉韓俄邊界地理志二卷　兩册　清宣統元年鈔本

本刊啓事

本刊六卷八期擬出「南洋專號」，現已集到文字六篇，望會內外同志多賜此類稿件，俾益臻充實。此啓。

出版者：北平西四牌樓小紅羅廠八號禹貢學會。
編輯者：顧頡剛，馮家昇。
出版日期：每月一日，十六日。
發行所：北平成府蔣家胡同三號禹貢學會發行部。
印刷者：北平成府引得校印所。

禹貢 半月刊

價目：每期零售洋貳角。豫定半年十二期，洋壹圓伍角，郵費壹角伍分；全年二十四期，洋叁圓，郵費叁角。國外全年郵費叁圓陸角。

The Chinese Historical Geography

Semi-monthly Magazine

Vol. VI, No. 7, Total No. 67. December, 1st, 1936.

Address: 3 Chiang-Chia Hutung, Cheng-Fu, Peiping, China

第六卷 第七期

民國二十五年十二月一日出版

（總數第六十七期）

內政部登記證警字第叁肆陸壹號 中華郵政特准掛號認爲新聞紙類

贈書致謝（二十）

本會同人于本年七月間組織團體至河套調查水利，便道訪謁綏包各機關，蒙惠贈圖書表册若干，謹列載於后，藉伸謝忱。計開：

綏遠民衆教育館贈

綏遠省分縣調查概要　一册　樊庫等輯　民二十三年綏遠民衆教育館出版

綏遠省地方自治講義　四册　樊庫等輯　民二十年綏遠社會教育所出版

河套水利調查記　一册　綏遠省民衆教育館輯　民二十三年綏遠民衆教育館總務部出版

綏遠教育廳贈

綏遠教育公報五六兩卷　共八册（自民二十四年一月至二十五年四月）

綏遠省教育廳各項章則表册　油印本一册

綏遠通志館贈

綏遠通志采訪要點　民二十年八月綏遠省通志館編印

綏遠省政府贈

綏遠河套十大幹渠暨烏加河退水圖表計畫書　一册　周晉熙編　民二十四年二月綏遠建設廳印本

包頭綏區屯墾辦事處贈

綏區屯墾工作報告　三册

後套形勢一覽圖　民二十二年十二月綏遠屯墾督辦辦事處測量隊縮印

實測包頭市城關鄉圖　民二十三年十二月綏區屯墾督辦辦事處測量隊印製

包頭河北新村贈

河北移民協會章程　一册

河北移民新村組織規章　一册

河北移民實施辦法及應注意事項　一册

和碩公中墾區贈

西北移墾委員會移墾說明書　二册　民二十三年編印

西北移墾委員會墾民須知　二册　民二十三年編印

西北移墾委員會墾區辦事處組織大綱　二件

移民通知公函　二件

移送墾民及工作辦法　二件

西北移墾委員會初期移墾步驟暨墾區工作綱要　油印一件

修正實施移墾辦法大綱　油印一件

二十四年工作報告呈文　一件

二十五年度全年工作計畫書　草稿一件

民二十五年一月至六月實際工作報告呈文　底稿一件

和碩公中未放地草圖　晒藍一幅

和碩公中墾區詳圖　晒藍一幅

本刊第六卷第八期「南洋專號」目錄豫告

犬戎東侵考

犬戎侵逼涇川考

蒙文通

周自穆王西征犬戎，得四白鹿四白狼（見周語），獲其五王以東，遂遷戎於太原（見穆天子傳注及後漢書西羌傳徵竹書紀年），而太原遂爲禍梗；卒之覆宗周者即犬戎。此猶漢處匈奴於西河，徙羌虜於關中，魏遷氐種於秦川，卒之毒中於永嘉。周晉之禍，可謂異世同符也。班書匈奴列傳曰：「周懿王時，戎狄交侵，暴虐中國，中國被其苦，詩人始作，疾而歌之曰，『靡室靡家，玁狁之故。豈不日戒，玁狁孔棘！』」夷王又命虢公伐太原之戎。戎禍固已烈矣。詩六月序：「宣王北伐也」。漢書匈奴傳：「宣王興師命將，征伐獫允，詩人美大其功，曰：『薄伐獫允，至于太原』。『出車彭彭，城彼朔方』。是時四夷賓服，號爲中興」。則出車六月，並宣王事，故人表以南仲方叔召虎並在宣王世，不同毛以出車爲文王詩也。六月言，「玁狁匪茹，整居焦穫，侵鎬及方，至于涇陽」。爾雅：「周有焦穫」。郭注，「今扶風池陽縣瓠中是也」。鎬方，王肅以爲鎬京。王基駮云，「下章『來歸自鎬，我行永久』，故劉向曰，『千里之鎬猶以爲遠』」。蓋此詩之方即出車之方。出車曰，「王命南仲，往城於方」。「天子命我，城彼朔方」。知方即朔方。郡縣志，「夏州朔方縣什賁故城，詩所謂城彼朔方」。則今榆林西北二百里廢夏州城（在鄂爾多斯右翼後旗界內）。朱右曾言，「趙武靈王築長城，自代並陰山下，至高闕爲塞。漢書元朔五年衛青伐匈奴，出朔方高闕。史記正義稱，『地理志：朔方臨戎縣北有連山，險於長城，其中斷兩峯甚峻，名爲高闕』。高闕其鎬與？」臨戎城在廢夏州西北也。采芑之詩，「顯允方叔，征伐玁狁」。知方叔南仲吉甫並爲用兵西戎之人。王先謙言，「玁狁居涇東之焦穫，偪近周京，縱兵四出，蹂躪方鎬涇陽之地。當日周廷命將，以方叔統重兵阨駐涇西，屏蔽京邑。吉甫自涇陽進兵鎬地，南仲築城於方，玁狁首尾受敵，遂大奔竄。於是吉甫追至太原，南仲移兵西戎，克獲而歸，楊雄所云『宣王命將攘之涇北』也。

自鎬地而至太原，追逐千數百里，功亦偉矣」。范漢書西羌傳徵竹書紀年云，「王遣兵伐太原戎不克，後五年王伐條戎奔戎，王師敗績」。則詩之所紀，容有張皇過甚之辭。周本紀言，「宣王三十九年，戰於千畝，王師敗績於姜氏之戎。宣王既亡南國之師，乃料民於太原」。則周室之已儳矣。祈父之詩，序謂刺宣王。鄭箋云，「此勇力之士，責司馬之辭也。爪牙之士，當爲王閑守之衛，女何移我於憂。謂見使從軍，與姜戎戰於千畝而敗之時也」。趙世家言，「造父以下六世至奄父，周宣王伐戎爲御，及千畝戰，奄父脫宣王」。自遷戎太原以來而戎禍亟，驪山之禍，其不見於千畝之役者亦僅矣。

犬戎侵奪岐豐再至洛川考

宣王中興之際，而玁狁整居焦穫，千畝之戰，王師卒敗績於姜氏之戎，則西戎之勢未挫也。幽王承戎人五敗王師之後，范書云，「命伯士伐六濟之戎，軍敗，伯士死焉」。注謂見竹書紀年，則戎勢已熾矣。周本紀言，「申侯與繒西夷犬戎攻幽王，遂殺幽王驪山下，盡取周賂而去」。遂終致此滔天之禍也。本紀云，「平王立，東遷於雒邑，辟戎寇」。夫肇驪山之禍者申與犬戎，立平王者亦申與犬戎。犬戎既盡取周賂而去，不必即據有周土，王略猶未闕也。左氏正義引竹書紀年云，「申侯魯侯（疑「曾」字之誤）許文公立平王於申，以本太子，故稱天王。幽王既死，而虢公翰又立王子余臣于攜，周二王並立。二十一年，攜王爲晉文侯所殺，以本非適，故稱攜王」。左傳王子朝亦云，「攜王奸命，諸侯替之，而建王嗣，用遷郟鄏」。是幽王之禍，而周遂有二王。至二十一年，然後晉殺攜王。則於時周之分爭對立，歷時已久。蓋離石之焰已張，而顯越之兵未戢。秦本紀言，「秦襄公將兵救周，戰甚力有功，周東徙雒邑，平王封襄公爲諸侯，賜之岐以西之地，曰，『戎無道，侵奪我岐豐之地，秦能攻逐戎，即有其地』。與誓封爵之」。襄公救周，則黨於幽而敵於平。犬戎黨於平而奪平地，秦敵於平而平封爵之，皆事之必不然者。諒其實爲犬戎既去，二王並立，而戎奪周地。攜王已替，然後平王命秦攻戎，爲事乃合。則周土之淪於戎，其時可求也。秦本紀言，「文公以兵伐戎，戎敗走，於是收周餘民有之，地至岐，岐以東獻之周」。周之西土，東遷之後，尙得至岐，則渭域之地猶未失也。左氏莊二十一年傳，「王巡虢守，虢公爲王宮於玤，王與之酒泉」。酒泉在澄縣，爲濱洛之地，明洛川之地，東遷之後亦未盡失。戎有周岐豐地，而秦（文公）逐之。寧公武公以來，東向伐戎，滅國者衆，而不見有周之舊封，則秦自文公逐戎後，而戎益東，漸逼河外，而關中周地盡矣。則周失洛川，文公以後事也。殆皆戎得之周，而秦又得之戎，關河淪陷，固非一朝之禍也。明渭川洛川於東遷後猶未失，則玁狁犬戎之禍，自穆王宣王以來，皆在涇水一道審矣。東遷之初，西虢固一大國。下陽在河北，上陽在河南，即虢略也。酒泉在河西，控桃林之塞而爲固，以股肱周室。卒之彭戲大荔之戎過酒泉入河西，茅津之戎徐吾之戎逼下陽而處在河北，揚拒泉皐之戎逼上陽而處在河南：咎皆虢之失職，亦由隱之元年以來，虢人侵晋之役不息，未遑西顧，地削於戎，而秦遂坐收其弊也。

秦東取犬戎岐豐考

鄭語：桓公問於史伯曰，「姜嬴其孰興？」對曰，「夫國大而有德者近興。秦仲齊侯姜嬴之儁也，且大，其將與乎？」秦仲以附庸之封而死於戎，不可謂大。詩正義言，「年表秦仲以宣王六年卒」（死於戎）。桓公問史伯之時，乃在幽王九年，在莊公并犬丘後，則可以當大國，倘史伯所謂秦仲則莊公也。秦本紀，「莊公居其故西犬丘，生子三人，其長男世父。世父曰，『戎殺我大父仲，我非殺戎王，則不敢入邑』。遂將擊戎，讓其弟襄公。莊公立四十四年卒，襄公立。戎圍犬丘世父，世父擊之，爲戎人所虜，歲餘，復歸世父。七年，西戎犬戎與申侯伐周，殺幽王驪山下，而秦襄公將兵救周，戰甚力，有功。周東徙雒邑，襄公以兵送周平王，平王封襄公爲諸侯，賜之岐以西之地，曰，『戎無道，侵奪我岐豐之地，秦能攻逐戎，即有其地』。與誓封爵之。襄公於是始國，與諸侯通使聘享之禮。十二年，伐戎而至岐，卒。生文公，文公元年，居西垂宮。三年，文公以兵七百人東獵。四年，至汧渭之會，即營邑之。十六年，文公以兵伐戎，戎敗走。於是文公遂收周餘民有之，地至岐，岐以東獻之周」。見自秦仲莊公以來，四世與戎戰，凡九十二年。由襄公救周伐戎，至是凡二十二年，而秦遂勝戎。匈奴列傳言，「襄公伐戎至岐，始列爲諸侯」。漢地理志言，「襄公將兵救周有功，賜受郊酆之地，列爲諸侯」。詩序，「終南」戒襄公也。能取周地，始爲諸侯」。班地理志，「右扶風武功太一山，古文以爲終南」。終南在岐東，知襄公已有岐東地。鄭語，「秦景襄於是乎取周土」。自秦取周土而勢已強也。帝王世紀言，「秦襄公二年徙都汧」。括地志云，「在隴州汧源縣」。此汧首也。括地志云，「郿縣故城在岐州郿縣東北十五里。毛萇云，郿，地名也，秦文公東獵汧渭之會卜居之，即此城」。此汧尾也。秦勢益強則益徙而東。世父居犬丘，襄徙汧首，文徙汧尾，以剪諸戎。曰「戎無道，侵奪我岐酆之地」，則周之東而宗周之地入於戎。襄文伐戎，皆戎處東而秦處西，明秦之起於群戎之中以興。文公以岐東地獻周，則周之西土，尚得至岐。故左氏莊二十一年傳，「王巡虢守，虢公爲王宮於玤，王與之酒泉」。此當周惠王之四年，秦宣公之三年也，於時酒泉尚屬於周，雖周之東而關中已淪爲蛇豕之鄉，洛渭之濱地猶未盡。蓋酒泉在澄城，濱洛之地也。更見周之戎禍獨在涇水一道，所謂太原涇陽而至焦穫也。王國維據虢季子白盤謂，「玁狁寇周及涇水之北，周伐玁狁在洛水之陽，涇洛二水上游，懸隔千里，下游始相近，則涇陽洛陽，皆當在二水下游」。遂易西戎爲東寇，以說宣王時事，謂玁狁入寇在洛之下游，而定太原在河東，以抑固原之說。然酒泉正洛川下游地，宣王時已偪於寇，安得惠王時猶屬之周。虢盤蓋說東遷後伐玁狁事；果係何時之物，未易決定。西虢既亡而後戎至於洛，事則有之。虢盤倘周東遷後物，未可以說宣王時事也。况王氏所據不嬰敦曰西俞，曰畧，曰高陵，而說西俞高陵在周西。王氏以洛即畧，安知即漆沮之洛，而必爲東西二道入寇乎？

秦東取犬戎洛川考

秦本紀：「五十年，文公卒，竫公子立，是爲寧公。寧公二年，徙居平陽，遣兵伐蕩社。三年，與亳王戰，亳王奔戎，遂滅蕩社。十二年，伐蕩氏取之」。帝王世紀言，「寧公二年徙居平陽，今扶風郿之平陽亭是也」。司馬貞以爲「西戎之君號曰亳王，其邑曰蕩社」。正義曰，「按其國蓋在三原始平之界」。而秦襄公以女弟繆嬴爲豐王妻。亳王豐王，皆宗周既滅而戎之漸居涇渭之會者也。秦本紀，「寧公立十二年，三父廢太子而立出子，出子六年三父復賊殺出子，立故太子武公，元年伐彭戲氏，至於華山」。正義曰，「戎號也，同州彭衙故城是」。「十年，伐邽冀戎，初縣之。十一年，初縣杜鄭，滅小虢。」漢地理志，「隴西有上邽縣」。應劭曰，「即邽戎邑」。又天水郡有冀縣，京兆有鄭縣杜縣。括地志云，「下杜故城在雍州長安縣東南九里，古杜伯國。華州鄭縣，宣王封弟於咸（當作棫）林之地，是爲鄭桓公，秦皆得縣之，故虢城在岐州陳倉縣東四十里」。正義又云，「小虢，羌之別種」。則自寧公居平陽，而秦勢日東，遂取蕩氏。武公東伐彭戲，縣杜鄭，西伐邽冀，縣小虢，而疆土日闢。秦本紀又云，「二十年武公卒，立其弟德公，德公元年初居雍城大鄭宮，卜居雍，後子孫飲馬於河。梁伯芮伯來朝」。括地志云，「岐州雍縣南故雍城」。都城記云，「梁伯國，嬴姓之後，與秦同祖」。鄭玄云，「芮，周同姓之國，在畿內，爲王卿士者」。括地志云，「同州韓城南二十里少梁故城，古少梁國。南芮鄉故城，在同州朝邑縣南三十里，古芮伯國」。則於時秦之力已及於洛東渭南，大河以西，皆聲靈之所被也。按秦自文公襄公以上，所與戰伐者統曰戎，倘戎之初來，合而爲一，勢猶未分。文公以下，寧公武公之世，所與戰伐者，不曰戎而曰蕩氏，曰彭戲，曰邽，曰冀，曰小虢，皆戎之別也。倘戎於襄文之間，已由合而分歟？襄公以繆嬴妻豐王，而伐戎至岐，則秦之於戎，亦施以間離之術，而戎遂敗。文公得岐西地而岐東獻之周，寧公而來，諸戎以次芟夷，個個擊破，而皆在岐東。則戎敗而後分裂東竄，故岐東周又失之戎也。至是則戎日替而秦日盛。觀秦自襄文以後，東向用兵，所翦伐者皆戎，則知周關中之地，已漸盡於群戎之手。畿內舊封，靡有存。關河以西之地，戎取之周，而秦又先後取之戎也。

秦晉交兵西河以逼群戎考

秦本紀，「德公立二年卒，子宣公立。宣公四年，與晉戰河陽勝之。十二年，宣公卒，立其弟成公。成公元年，梁伯芮伯來朝。成公立四年卒，立其弟繆公。繆公任好元年，自將伐茅津勝之」。劉伯莊云，「戎號也」。括地志云，「茅津在陝州河北縣西二十里」。自宣公戰河陽，繆公伐茅津，則秦兵已渡河而東也。晉世家言，「獻公五年伐驪戎」。韋昭云，「西戎之別，在驪山」。土地記以「驪山即藍田山」。則大河東西，秦晉已兵相接。武公之十一年秦縣杜鄭，十三年而晉滅霍耿魏，此晉獻公之十六年也。其二十二年又滅虞虢，秦繆公之五年也。其二十年而秦滅梁芮。秦之境日闢而東，晉之境日闢而西。自河陽之戰以來，而秦晉之事日亟。晉世家言，「當此時晉強，西有河西，與秦接境」。郤芮之賂秦也，則曰，「請以晉河西之地與秦」。韓原之戰，惠公曰，「秦師深矣，奈何？」左氏紀惠公賂秦，曰，「南及華山」。則洛川華山，實秦晉錯壤處。晉有河西，則勢優於秦，其間小國，吞噬略盡。後漢書言，「及平王之末，周遂陵遲，戎逼諸夏。自隴山以東，及乎伊雒，往往有戎。於是渭首有狄獂邽冀之戎，涇北有義渠之戎，洛川有大荔之戎，渭南有驪戎，伊雒間有揚拒泉皋之戎，潁首以西有蠻氏之戎」。史記匈奴列傳言，「當是之時秦晉爲強國，文公攘戎狄居於河內圁洛之間，號曰赤狄白狄。秦穆公得由余，西戎八國服於秦。故自隴以西有綿諸緄戎翟豲之戎，岐梁山涇漆之北有義渠大荔烏氏朐衍之戎」。秦之四圍，固已包乎羣戎之間。秦晉益強，闢地日廣，東西交逼，而其間散居之族，莫能抗衡。左氏春秋，莊之三十二年，狄伐邢，此晉獻公之十五年也。閔之元年，晉滅霍耿魏，狄伐衛，虢公敗犬戎於渭汭，則獻公之十七年也。僖二年，虢公敗戎於桑田，獻公之十九年也。僖之五年，晉滅虞虢，僖十一年，伊洛揚拒泉皐之戎同伐京師。十九年，秦滅梁芮，二十一年，秦晉遷陸渾之戎於伊川，以秦人迫逐吾離於瓜州，惠公歸自秦而誘以俱來者也。自戎處關中，秦迫逐於西而戎日東。晉迫於東，則戎不知所以自存。伐邢伐衛，此狄之東竄太行也。敗於渭汭於桑田，而戎東走伊洛也。自遷陸渾之戎，上距秦取蕩氏已六十年，此秦之逼而西也。自遷陸渾戎距晉城蒲屈凡三十年，此晉之逼而西也。此三十年中，正秦晉日強，東西交逼，而戎狄分道逃迸，馳突諸夏，橫決之禍，於斯始也。

犬戎侵入伊雒考

自秦強於西，晉強於東，日用兵以剪伐小國，而秦晉之兵交於河。於是諸戎之在關中者，豕逃兎脫，乘間東竄，以及於伊雒之間。幽平之際，熊耳外方濟雒河潁之交，固未嘗有戎狄之踪也。鄭語，桓公問於史伯曰，「王室多故，余懼及焉，其何所可以逃死？」史伯曰，「王室將卑，戎狄必昌，不可偪也。……非親則頑，不可入也。其濟雒河潁之間乎？」史伯以戎狄將肆，不可偪處，而欲桓公入居濟雒河潁間，則河雒所會，幽王之世，尚無夷狄可知。史伯既以戎狄不可偪，而桓公又曰，「謝西之九州何如？」知幽王之世，九州亦無戎。史伯亦祇言「其民沓貪而忍，不可因也，唯謝郟之間」。亦不言其有戎。而春秋之世，伊雒九州皆有戎，則皆新自外來可決也。左氏春秋僖二十二年曰，「初平王之東遷也，辛有適伊川，見被髮而祭於野者，曰，『不及百年，此其戎乎，其禮先亡矣！』」是平王之初，諸戎尚未至於伊雒。閔之二年，虢公敗犬戎於渭汭，僖之二年，虢公敗戎於桑田，僖之十一年，揚拒泉皐伊雒之戎同伐京師，入王城，焚東門，王子帶召之也。此十數年間，戎一見於渭汭，尚在關中，再見於桑田，則出關外，蓋沿河南而東走，遂三見於伊雒，而伐王城也。則伊雒揚拒泉皐之戎，即渭汭之伏戎，桑田之戎也。此十數年間，即犬戎西出關而東入伊雒之時。僖之二十三年，秦晉又遷陸渾之戎於伊川，其始則居於瓜州者也。犬戎既入郊甸，而群戎尚繩繩而來，事實明著可考。其來也，以秦逐之，而晉徠之。傳曰，「秦晉遷陸渾之戎於伊川」，辭殊不明，倘晉史委過而爲是說也。

左氏襄十四年傳，晉將執戎子駒支，范宣子親數諸朝，曰，來，姜戎氏！秦人迫逐乃祖吾離於瓜州，乃祖吾離被苫蓋，蒙荊棘，以來歸我先君。我先君惠公有不腆之田，與汝剖分而食之。……對曰，昔秦人負恃其衆，貪於土地，逐我諸戎。惠公蠲其大德，謂我諸戎是四嶽之裔胄也，毋是翦棄，賜我南鄙之田，狐貍所居，豺狼所嗥。我諸戎翦除其荊棘，驅其狐狸豺狼，以爲先君不侵不叛之臣，至於今不貳。……

左氏昭九年傳，詹桓伯辭於晉曰，允（即妘姓）姓之姦，居於瓜州。伯父惠公歸自秦而誘以俱來，使逼我諸姬，入我郊甸，則戎焉取之。戎有中國，誰之咎也。……

就上范文子戎子駒支詹桓伯三文徵之，則陸渾之來，遷之者晉也，非秦也。秦人特貪其土地而逐之。秦人地不遠至瓜州，則陸渾已東南入居關中，而秦始逐之，乃益東出。范文子曰姜戎氏，詹桓伯曰允姓之姦，則陸渾之戎，有姜姓者焉，有允姓者焉。周人與晉閻嘉爭闔田，晉人率陰戎伐潁，而詹桓伯言允姓之姦，則允姓之戎居東偏，故鄰周。殽之役，晉禦其上，戎亢其下，秦師不復，我諸戎實然，戎子駒支之言也，則姜姓之戎居西偏，故鄰秦。晉惠公嘗賂秦以河外列城五，東盡虢略，南及華山，內及解梁城，及入而背內外之賂。陸渾所居即虢略也，不與秦而以處秦寇讎之戎。戎子駒支曰，「賜我南鄙之田，我諸戎翦除其荊棘，驅其狐狸豺狼」。子產曰，「昔我先君桓公，與商人皆出自周，艾殺此地，斬之蓬蒿藜藋而共處之」。則河南濟雒之交，先已虛曠榛莽，極目蒿蓬，而豺狐之窟穴也，故戎狄繩繩來居之。我能往，寇亦能往，周鄭之東，而戎狄亦東。三代王者所都，於斯翻成蛇豕之宅也。

齊晉霸業與伊雒之戎考

閔二年　虢公敗犬戎於渭汭。

僖二年　虢公敗戎於桑田。

十一年　揚拒泉皋伊雒之戎同伐京師，入王城。秦晉伐戎以救周，晉侯平戎於王。

十二年　齊侯使管夷吾平戎於王，使隰朋平戎於晉。

十三年　爲戎難故，諸侯戍周。

十六年　王以戎難告齊，齊徵諸侯戍周。

二十三年　秦晉遷陸渾之戎於伊川。

犬戎既出關中，入伊雒，遂同伐京師，入王城，焚東門，王子帶召之也。秦晉伐戎以救周，既而晉平戎於王，齊又平戎於王。蓋戎之強，既以病周，秦晉兩大國交伐之而卒平之，則伐而不克可知也；齊晉兩大國交平之，而諸侯又再戍之，則平之而不成又可知也。是時狄滅蘇子入南陽，以侵周於東；戎戰虢公入伊川，以侵周於西。一挾太叔，一挾子帶，以爲奇貨。戎狄之披猖也如此，而齊終無如之何，則桓公霸業，於斯爲不足也。自陸渾之戎西來，東鄰周鄭，西抵殽函，蓋與揚拒泉皋伊雒之戎，壤地錯雜，相間以居。以諸戎前時之獷悍如此，於後皆役屬於晉，馴服如彼，誠以陸渾之來故也。陸渾滅而揚拒泉皋諸戎不復見，則其夷滅於陸渾者又久耶？自戎處虢略，卒覆秦師，而泉皋諸戎之禍亦息。宜之三年，楚子伐陸渾之戎，遂至於雒，觀兵於周疆，問鼎之大小輕重焉，知陸渾又所以扞楚也。內以翦諸戎，外以扞秦楚，於是晉之百役，我諸戎相繼於時。陸渾之來，其裨晉者豈淺鮮哉？

戎虧虢略，其東之前城，蓋與鄭之鄔劉相接；而西極於桃林之塞，所謂晉陰地，故陸渾之戎曰陰戎。戎攘地既廣而阻於鄭，鄭春秋時一大國也，遂局促河山之間，不得東逞。左氏文八年傳，「晉人以扈之會討魯，魯襄仲會晉趙孟盟於衡雍，遂會伊雒之戎盟於暴」，以戎將侵魯也。又宣之六年，「晉人衞人鄭人伊雒之戎陸渾蠻氏侵宋，以其辭會也」。雖曰晉人實指縱之，亦覘戎力之足侵暴東夏，未可忽也。戎不得東，則與周日爲閒釁。文之十七年，甘歜敗戎於邥垂，乘其飲酒也。成之元年，晉侯使瑕嘉平戎於王，單襄公如晉拜成，劉康公徼戎將遂伐之，遂伐茅戎，三月，茅戎敗王師於徐吾氏。襄之五年，王使王叔陳孫愬戎於晉，晉人執之，士魴如京師，言王叔之貳於戎。昭之九年，周甘人與晉閻嘉爭田，晉梁丙張趯率陰戎伐潁。於是詹桓伯曰，「允姓之姦，實居瓜州」云云。叔向謂宣子曰，「自文公以來，世有衰德，而暴滅宗周，以宣示其侈，子其圖之」。宣子說，使如周致閻田，反潁俘。曰晉使平戎於王，王使愬戎於晉，則戎之躍躍欲東，而日與周構難。曰暴滅宗周，曰偪我諸姬，入我郊甸，而後知戎之禍周，始終未嘗不烈也。

晉楚滅伊雒汝漢之戎

昭十六年　楚子聞蠻氏之亂也，與蠻子之無質也，使然丹誘戎蠻子嘉殺之，遂取蠻氏，既而復立其子焉。

十七年　晉荀吳帥師滅陸渾，數之，以其貳於楚也。陸渾子奔楚，其衆奔甘鹿，周大獲。

二十二年　王室亂，晉籍談荀躒帥九州之戎，及焦瑕溫原以納王於王城。

二十九年　晉趙鞅荀寅帥師城汝濱。

哀四年　楚人既克夷虎，乃謀北方，爲一夕之期，襲梁及霍，圍蠻氏。蠻氏潰，蠻君赤奔晉陰地。司馬起豐析與戎狄以臨上雒，左師軍於菟和，右師軍於倉野，使於陰地之命大夫士蔑求蠻子赤，曰，「不然，將通於少習以聽命」。士蔑乃致九州之戎，將裂田以與蠻子而城之，且將爲之卜。蠻子聽卜，遂執之，與其五大夫以畀楚師於三戶；司馬誘其遺民而盡俘以歸。

楚以戎蠻之無質，遂取蠻，蓋蠻之貳於晉也。晉以陸渾之貳於楚，遂滅陸渾。晉楚之爭急，而蠻戎遂爲魚肉盡矣。晉滅陸渾，使屠蒯如周，請有事於雒與三塗，陸渾弗知，師從之，遂滅陸渾，陸渾之衆奔甘鹿。則爲諸戎之酋率者，雒東允姓之姦也，故得鄰於甘鹿三塗。

襲梁及霍，蠻之東境，都所在也。上雒菟和倉野少習，蠻之西境，司馬起豐析以略之。蠻疆之廣可知，其長袤葢與陸渾等。蠻氏陸渾其酋率皆處東偏，則其不忘東向以爭之情可見。晉滅陸渾而趙鞅城汝濱，戎蠻滅而晉楚之壤相接於汝，晉一旦有事而楚以通於少習懼之，則陸渾宿爲晉之屏蔽，功亦鉅耶？而甚睦於楚，晉人焉得不亟起而夷之。昭十七年，滅陸渾，二十二年，籍談帥九州之戎以納王，哀四年，士蔑致九州之戎以與蠻。杜預言，「九州之戎，即陸渾之戎」。則陸渾之滅，其僅存者，惟謝西九州之餘落耳。陸渾既繁殖於伊雒，乃蔓延而南。杜預以戎蠻氏爲戎之別種，故士蔑致九州之戎（即陸渾之戎）以與蠻子，知蠻亦陸渾戎也，當即陸渾戎之越外方而南者。是汝南戎蠻，常屬於楚；汝北陸渾，世服於晉。楚滅蠻，晉滅戎，而晉楚遂以汝爲境。宣之六年，晉以陸渾蠻氏侵宋，葢晉勢之張也。晉國未和而楚滅蠻，誘其遺民盡俘以歸。九州之戎即陸渾之戎，是諸戎南徙已達於潁首汝濱，且至謝西。瓜州之戎南徙入漢，此族移動亦不爲不遠。徙以偪於晉楚兩大，一不幸而夷滅隨之。下逮於戰國，范蔚宗以爲「韓魏復共稍幷伊雒陰戎滅之。其遺脫者皆逃走，西踰岍隴，自是中國無戎寇」。犬戎陸渾東竄之局，至是然後終也。

春秋之戎蠻子，杜預注，「蠻氏，戎別種，河南新城縣東南有蠻城」。則戎蠻與南之羣蠻，種族殊異，爲諸戎之別種。前漢志，「河南新城縣曰蠻中，故戎蠻子國」。續漢郡國志，「新城」，劉昭注，「左傳文十七年，周敗戎於邥垂。杜預曰，縣北有垂亭」。志言「新城有鄤聚，古鄤氏，今名蠻中」，劉昭注，「左傳昭十六年，楚殺鄤子。杜預曰，縣東南有蠻城」。以今地言，戎蠻子國在臨汝（舊汝州）西南，楚襲梁及霍圍蠻氏，梁在臨汝西南四十五里，霍在臨汝東南二十里，邥垂在伊陽，皆昔新城地，蠻子國於此。續漢志謂之古鄤氏，劉昭注引左傳作楚殺鄤子，則鄤子蠻子爲別本異文，不謂南蠻也。晉滅陸渾，而趙鞅城汝濱，知陸渾已由伊川越熊耳外方而南，地及於汝。「張趯率陰戎伐潁」，杜預注，「陰戎，陸渾之戎，以處晉陰地，謂之陰戎」。晉陰地於今爲盧氏縣，則陸渾南出已至盧氏，而戎之別種蠻氏南至臨汝，其爲西戎之越山而來，無惑也。文十七年，「周甘歜敗戎於邥垂，乘其飲酒也」，此戎即鄤氏。晉侯使瑕嘉平戎於王，杜預注，「平郊垂之怨」，亦即鄤子也。成元年，「王師敗績於茅戎。傳曰，晉侯使瑕嘉平戎於王，劉康公僥戎，將遂伐之，三月癸未，敗績於徐吾氏」。斯又知鄤子之即茅戎也。秦本紀，「繆公任好元年，自將伐茅津勝之」，劉伯莊云，「戎號也」，括地志，「茅津及茅城在陝州河北縣西二十里，水經注云，茅亭，茅戎號」，於今茅津在陝州西北三里，津北對古茅城，古茅邑也。則在山西平陸縣東南三十五里。沈欽韓云，「茅戎，西羌之入居中國者。鄭角弓箋，髦，西夷別名。括地志，岷洮等州以西爲古羌國，以南爲古髳國」。秦誓曰，「庸蜀羌髳」，此茅戎之在西極者。東來入陝州，南下至臨汝；其東出當在陸渾戎之先，故東南徙地亦處陸渾戎之前。襲梁及霍，鄤氏之東境也。司馬起豐析以臨上雒，左師軍於菟和，右師軍於倉野，鄤氏之西境也。上雒今地在商州，菟和在商州東一百十里，蒼野在商州東南一百四十里，而陸渾之戎居今盧氏。申謝西北二境，胥爲西戎之族，其徙逐固已若是之遠矣。

秦西諸戎之遷徙

商君列傳趙良言，「五羖大夫相秦六七年，發教封內而巴人致貢，施德諸侯而八戎來服」。匈奴列傳言，「秦穆公得由余。西戎八國服於秦，故自隴以西有緜諸緄戎翟獂之戎，岐梁山涇漆之北有義渠大荔烏胸衍之戎」，此正八國也。匈奴列傳又言，「犬戎殺幽王驪山下，遂取周之焦穫，而居於涇渭之間，侵暴中國」，曰「戎無道，侵奪我岐豐地」，知犬戎先取焦穫，旋奪岐豐，文公伐戎地至岐，岐東獻之周而岐豐始定。韓安國傳王恢曰，「秦繆公都雍，地方三百里，知時宜之變，攻取西戎，辟地千里，幷國四十，隴西北地是也」。豈武公而後，秦地復又蹙，惟三百里耶？武公居平陽，縣邽冀，邽在秦州西南，爲非子始封之近地。冀在伏羌縣南，又密邇於犬邱。則秦拓地於東，其故土爲邽冀之戎侵而有之，秦之失地久也。武公縣邽冀，而後復其西封，曾幾何時，緜諸獂戎，又來居之。緜諸在今秦州東五十里邽山下，是猶邽戎之居也。獂爲今隴西縣東北渭水北，是猶冀戎之居也。則渭水一道，自秦人東去，邽冀之戎居之，緜諸獂戎又居之。秦本紀，「厲公六年，緜諸乞援。二十年，公將師與緜諸戰。惠公五年，伐緜諸。孝公元年，西斬戎之豲王」，於是而秦之西封又復。曰縣諸乞援者，豈以豲之逼其地耶？秦斬豲王兵臨渭首，秦隴西之得而復失者屢也，則穆公都雍而地方三百里，疆土之蹙，事可互證。非秦之支柱其間，是諸戎者胥相率而東也。穆公攻取西戎，辟地千里，遂有隴西北地，則焦穫已往秦已奄而有之，而陸渾之戎猶復東下。范書言，「陸渾戎自瓜州遷於伊川，允姓戎遷於渭汭，東及轘轅」。即穆公之世，秦西之戎，東徙未絕。允姓戎遷渭汭，班志亦言之。武公伐彭戲氏，至於華山下，至穆公而允姓戎復來居渭汭，是秦之東境，又忽焉戎來漸居。自瓜州歷渭汭，及轘轅，其經途固可識也。是秦之西圉不固而東地爲墟。左氏僖十五年傳，「於是秦始征晉河東，置官司焉」，十七年傳，「晉太子圉爲質於秦，秦歸河東而妻之」，則韓之戰秦歸惠公，已取晉河東地，及秦歸懷公，并歸晉河東，於是秦晉以河爲境，此孝公所謂穆公東平晉亂，以河爲境者也；則不容有徙逐之族蜷伏其間。秦本紀言，「戎王使由余於秦，繆公與由余曲席而坐，傳器而食，問其地形，與其兵勢，盡詧而後令內史廖以女樂二八遺戎王。戎王說之，由余數諫不聽，遂去降秦。繆公禮之，問伐戎之形。三十七年，秦用由余謀伐戎王，益國十二，開地千里」。李斯言，「西得由余於戎」，則此戎王者秦西之戎也；開地千里者，正王恢所謂隴西北地是也。而岐梁涇漆之北，於後有義渠大荔烏氏朐衍之戎，應劭曰，「義渠，北地也」，徐廣曰，「朐衍在北地，烏氏在安定」，則秦之北地，於後復爲戎地。義渠於今在寧州西北，烏氏在平涼西北，朐衍在靈州東南花馬池北。烏氏蓋即穆天子傳赤烏氏之裔，亦進而處安定之近地，至秦惠王然後取之。大荔既來居涇漆之北，秦本紀，「厲公之十六年，伐大荔取其王城」，徐廣曰，「今之臨晉邑也，有王城」，今朝邑縣東故王城是。臨晉爲穆公築壘以臨晉地者也，於春秋爲秦晉戰伐頻繁之衝，而大荔又自涇漆之北來居之。六國年表，「秦孝公二十四年，秦大荔圍合陽」，知大荔之滅尚在其後。諸戎之東徙猶未已，知秦之再失河西北地隴西地者又久也。史記秦本紀言，「秦以往者數易君，三晉復強，奪秦河西地，孝公元年，河山以東強國六，楚魏與秦接界，魏築長城，自鄭濱洛，以北有上郡，楚自漢中，南有巴黔中」。考魏築長城塞固陽，在魏惠王之十九年，即孝公之十年，時商君已爲大良造，伐安邑，而魏猶築長城以界秦，於時長城以東，猶魏境也。史記正義言，「楚北及魏，西與秦相接。楚北自梁州漢中郡，南有巴渝。魏西界與秦相接，南自華州鄭縣西北，過渭水濱洛水東岸，北達銀州至勝州固陽縣，固陽有連山，東至黃河，皆築長城以界秦，北有上郡鄜州之地，洛即漆沮水也」（此會秦本紀魏世家兩正義文用之）。於時秦尚偪處魏長城西，孝公十二年東地渡洛，魏襄王之五年，與秦河西之地（秦惠王之八年），七年，又盡入上郡地於秦（惠文王之十年），然後秦復東境至河，其始末甚明。王靜安氏以爲「河西之失，非盡事實，孝公欲激發國人，故張大其辭」，其論疎矣。大荔沿洛而南，三晉亦越河而西，而秦地缺矣。晉人以陸渾之戎塞秦崤函之道，以九州之戎塞武關之道，大荔處王城，倘亦晉以之塞秦臨晉之道。由齊策即墨大夫說齊王言觀之，知秦之東出，唯此三道耳，大荔陸渾之徒，事蓋同符。王氏以秦人經營東北，即爲已有其地，夫商君伐安邑降之，圍固陽降之，然後魏築長城，然後魏納河西納上郡，而安邑猶未入秦，及昭襄王二十一年魏始獻安邑，王氏之論，未可信據。考索及此，附筆辨之。

義渠與匈奴

秦西之戎，義渠最大。六國表言，「厲共六年，義渠來賂」。括地志言，「寧原慶三州，秦北地郡，戰國及春秋時爲義渠戎國之地，周先公劉不窋居之」。然義渠之徙涇二十五城，在西河郡，則其拓境之廣也。本紀言，「厲共公三十三年伐義渠，虜其王，躁公十三年，義渠來伐，侵至渭南」，則義渠亦深入秦地，見其地醜力齊，而戰禍之烈也。後漢書西羌傳言，「後百餘年，義渠敗秦師於洛。後四年，義渠國亂，秦惠王遣庶長操將兵定之，義渠遂臣於秦。後八年，秦伐義渠取郁郅。後二年，義渠敗秦師於李伯」，於六國年表，「秦惠文王七年，義渠內亂，庶長操將兵定之。十一年，義渠君爲臣」，則義渠敗秦於洛，爲秦惠文王之三年。本紀言，「惠文君十一年縣義渠，義渠君爲臣」，義渠侵秦至渭，敗秦於洛，勢相抗也，又四年而內亂，又四年而秦縣之，義渠之衰，自內亂始也。西羌傳言，「後八年，秦伐義渠取郁郅」，於表爲惠文王之初更五年。「後二年，敗秦於李伯」，爲初更七年。郁郅屬北地，於後爲安化縣，水經注言，「洛川南經尉李城東北合馬嶺水，號白馬水，」今曰馬連河，即環河。漢志言，「郁郅泥水出北蠻夷中」，泥水即洛水也，此非涇東入河之洛，故有東洛西洛之稱。然則王季伐西落鬼戎，即其處也。義渠敗秦師於洛諒亦在此。虢季子盤所謂「洛之陽」亦即此，與高陵西俞皆密邇也。惠文既取烏氏在平涼，遂取郁郅，兵形近之。本紀，「初更五年，王遊至北河」，六國表云，「王北遊戎地至河上」，考之五行志，秦惠(原誤作孝)文王五年，遊朐衍。朐衍在靈武，則惠文既取郁郅，遂至朐衍，此秦人北漸之途也。秦策二言，「義渠君之魏，公孫衍謂義渠君曰，『中國無事於秦，則秦且燒焫獲君之國；中國爲有事於秦，則秦且輕使重幣而事君之國也』。義渠君曰，『謹聞令！』居無何五國伐秦，秦王因以文繡千匹，好女百人，遺義渠君。義渠君曰，『此乃公孫衍之所謂也』，因起兵襲秦，大敗秦師於李帛之下」。於六國表，五國共擊秦，正在初更之七年，與西羌傳合。本紀言，「七年，韓趙魏燕齊帥匈奴共攻秦」，於戰國記匈奴此爲最先。本紀言匈奴，即秦策言義渠事，參互稽之，匈奴即義渠也。蓋義渠既滅，餘衆北走，於後爲匈奴，居河套南北。本紀言「初更十年，伐取義渠二十五城」(年表在十一年)，於時義渠尙能乘五國之師以敗秦，故秦大伐擊之。西羌傳言，「伐義渠取徒涇二十五城，」李賢注，「徒涇，縣名，屬西河郡」。班志西河郡作徒經，榆林南北，黃河東西，並西河郡也。二十五城，治地已遙，則義渠地連北地河西；奄有套內，南下及涇，固秦趙一大敵也。趙北有林胡樓煩，而李牧傳居代鴈門備匈奴，匈奴自西來也。蒙恬伐匈奴取河南地，即昔之義渠地也。義渠之滅未久，而李牧殺匈奴十餘萬騎，見義渠之燼猶熾。其來必自樓煩西，知匈奴始起在河套內外。匈奴傳言，「冒頓之強，西幷月氏，南幷樓煩白羊河南王，復收秦所奪匈奴地，與漢關故河南塞至朝那膚施」。正義曰，「朝那故城在原州百泉縣，屬安定郡，膚施今延州膚施縣是」。冒頓之前，不聞匈奴地得至朝那膚施，云故河南塞朝那膚施，惟義渠故塞乃可至是，則北地西河上郡安定，正秦趙魏與義渠錯壤處，故義渠君得至魏也。本紀，「武王元年，伐義渠丹犂」，伐義渠爲北進，伐丹犂爲南進。本紀，「惠王十四年，丹犂臣蜀」，而後秦又伐丹犂，知丹犂故在秦蜀之間。正義言，「二戎號也，臣伏於蜀，在蜀西南姚府管內，本西南夷，戰國時蜀滇國，唐置犂州丹州」。云本西南夷則非也，其初諒在秦之西南，而蜀之西北，倘亦秦威之振而後丹犂南走。西羌傳言，「羌無弋爰劍者，秦厲公時爲秦所拘執，不知何戎之別也。後得亡入三河間，數之田畜，其後世世爲豪。至爰劍曾孫忍，時秦獻公初立，兵臨渭首，滅狄獂戎，忍季父卬畏秦之威，將其種人附落而南，出賜支河曲西數千里，其後子孫分別，各自爲種，或爲氂牛種，越巂羌是也，或爲白馬種，廣漢羌是也，或爲參狼種，武都羌是也」。丹犂南走，亦白馬參狼之例也。秦西伐則諸羌南走，北伐則義渠北遁，一國之強，與民族遷移之影響，如此之巨！史記匈奴列傳言，「義渠之戎築城郭以自守，而秦稍蠶食。秦昭王時，義渠戎王與宣太后亂，有二子，宣太后詐而殺義渠戎王於甘泉宮，遂起兵伐殘義渠，於時秦有隴西北地上郡」。義渠諸羌爲城郭田畜之民，雖樸陋，猶愈於他族也。匈奴傳言宣太后事，本紀與表不載。本紀言昭王四十二年宣太后薨，則秦滅義渠事尙在此前。西羌傳言，「昭王立，義渠王朝秦，遂與昭王母宣太后通，生二子。至王赧四十三年，誘殺義渠王於甘泉宮，因起兵滅之，始置隴西北地上郡焉」。赧王四十三年，爲秦昭王之三十五年，而義渠滅。西羌傳多據汲冢紀年，李注頗詳之。其言義渠事，頗出史記外，而事每可徵，歲月能合。亦或不合，如言義渠敗秦李伯，明年秦取二十五城，而史記取二十五城事，在五國擊秦後四年。汲冢紀年終於魏哀王二十年，於六國表則周赧王之十六年而秦昭王之八年，是紀年不及義渠之滅，而范氏鑿鑿言之，豈無據耶？然六國表既多不審，而范書數字之誤，事亦有之。表於初更五年王北遊戎地至北河，覆之范書，正秦取義渠郁郅之歲，而五行志孝文至朐衍時也。本紀言昭王二十年王之上郡北河，此義渠地也，以前例後，則列傳言殺義渠王甘泉宮遂伐殘義渠，或即二十年事，抑更在其前，未可定也。惟義渠宣后之事則然，故呂后之朝，而匈奴有謾書，戎狄或不以爲謾，秦之故實可比案也。秦眞虎狼之國也！義渠滅而匈奴興，義渠地擅西河，水草豐美，百世爲羶腥之樂土。侯應言，「陰山東西千里，水草茂盛，多禽獸，冒頓單于依阻其中，治作弓矢，是其苑囿也」。義渠既失河南，餘衆爲匈奴，北阻陰山，事或然也。（厲公時有事於西，惟公將兵與緜諸戰，羌無弋爰劍於厲公時爲秦拘執，豈爰劍爲緜諸之種歟？）

秦爲戎族考

蒙文通

一　秦屬西戎之族

秦本紀稱申侯言「昔我先酈山之女，爲戎胥軒妻，生仲潏，保西垂」。班固律曆志稱張壽王治黃帝調曆，言「化益爲天子，代禹。驪山女亦爲天子，在殷周間」。仲潏生蜚廉，善走，以材力事殷紂。則酈山之女，固在殷周間，當即張壽王所謂驪山女爲天子者也。殷周之間，中國安得有天子曰驪山女，斯其爲西戎種落之豪歟？故史記言「仲潏在西戎」。酈山之女爲戎胥軒妻，胥軒曰戎，自非華族，此秦之父系爲戎也。左傳正義引古竹書紀年云，「平王奔西申」，蓋以別於邑謝之申，則申侯者西申也。范蔚宗引古竹書紀年云，「宣王征申戎破之」，是也。則申侯之先，驪山之女，亦當爲戎，此秦之母系亦爲戎也。周書王會正北方「西申以鳳鳥」，考西山經有「申山，」畢注：「即今陝西安塞縣北蘆關嶺，」有「上申之山」，畢注：「即陝西米脂縣北諸山」，有「申首之山，申水出於其上」，畢注：「案其道里，當在陝西榆林府北塞外」，西申之所在，應在陝北，密邇安定，故召犬戎共爲禍梗也。趙世家言，「蜚廉有子二人，曰惡來，惡來弟曰季勝，季勝生孟增，是爲宅皐狼，皐狼生衡父，衡父生造父，幸於周繆王。造父取驥之乘匹，與桃林溫驪驊騮綠耳，獻之繆王，繆王使造父御，西巡狩，乃賜造父以趙城」。穆天子傳注引古竹書紀年云，「穆王時北唐之君來見，以一驪馬，是生綠耳」。竹書以騧馬騄耳之獻爲北唐之君，趙世家以爲獻自造父，則造父即此北唐之君。周書王會云，「北唐戎以閭」，孔晁注曰，「北唐，戎之在西北者」。則仲潏造父以來，於西周爲北唐戎，此秦同族之趙亦爲戎也。見秦之爲戎，固自不疑。春秋公羊傳曰，「秦者夷也，匿嫡之名也」。何休說，「嫡子生不以名，令於四境擇勇猛而者立之」。此秦之非中國之族，公羊氏有其說也。春秋穀梁傳曰，「狄秦也，亂人子女之教，無男女之別」。商君亦言「始秦戎狄之教，父子無別，同室而居，今我爲其男女之別」。此秦以戎狄之教，穀梁氏有其說也。管子言，「桓公西征攘白狄之地，至於西河，而秦戎始服」。秦之稱戎，管子有其說也。左氏春秋言滅文仲聞六與蓼滅，曰，「皐陶庭堅不祀，忽諸」。使秦系出栢翳，則臧孫辰不應於秦之倘強，而曰庭堅不祀。又楚人滅江，秦伯爲之降服出次，曰，「同盟滅，雖不能救，敢不矜乎？」江黄皆嬴姓，春秋之時，同姓爲重，秦伯於江不曰同姓而曰同盟，是秦非皐陶之胤，左氏有其說也。太史公徒以秦之嬴姓，遂以爲伯益仲衍之後。乃於仲衍至仲潏之世譜不能言，又不紀戎胥軒事。於是秦爲西戎之說，遂由史遷而泯。驪山女在殷周間爲天子事，史家更無述及者也。

二　秦即犬戎之一支

驪山女在殷周間爲天子。彼時西戎之強者，前則鬼方，後則犬戎，力足以侈天子之號，非此莫屬。秦本紀言，「西戎犬戎與申侯伐周，殺幽王酈山下」。周本紀言，「申侯怒與繒西夷犬戎攻幽王，遂殺幽王驪山下」。括地志云，「驪山在雍州新豐縣南十里」。土地記云，驪山即藍田山」。此驪山之名，與驪山女必有相聯之關係。然殷周時西戎之天子，不容得在藍田山，諒酈山原在西裔，此酈山女之號所由始。及其既入關輔，而新豐因有酈山之名。亦如陸渾之戎出瓜州，及既至伊川，而伊川之山以陸渾名，大荔在涇漆之北，及既至臨晉，而臨晉得大荔之名。國語言「幽滅于戲」，左傳疏引紀年亦云「幽死于戲」，則亦以犬戎之事，而後戲有酈山之名。是殺幽王之犬戎，即酈山女之族；亦即酈山女與秦皆犬戎之證也。王會云，「正西狗國鬼親」。王肅云，「狗國，犬戎也。鬼親，鬼方也」。山海經海內北經，有「犬封國曰犬戎國，狀如犬」。秦自大駱以來居犬邱，西戎滅犬丘大駱之族，莊公伐西戎破之，居其故西犬丘，倘犬丘之名與犬戎亦實有相聯之關繫耶？況於殷周間在西戎爲天子，自非犬戎之強莫屬也。虢公敗犬戎於渭汭，敗戎於桑田，而伊雒之戎遂同伐王城。荼犬戎至新豐，而新豐始有酈山之名。再至渭汭，漸遂東出，此正酈山女之胤，始至伊洛之楊拒泉皋之戎也。晉獻公伐驪戎，韋昭云，「西戎之別在驪山」。以驪戎爲酈山之戎可也，謂驪戎在新豐則未必。是即犬戎之去新豐而東者，獻公伐之。是時晉之兵決不得踰河西遠至渭南。及晉取陰戎而地有倏麗，此徒於伊洛之戎即犬戎，而與酈山女相涉者也。國語有穆王征犬戎得四白狼四白鹿事，

2

而范蔚宗取紀年文云，「穆王西征犬戎，獲其五王以東（以東二字從穆傳注引），遂遷戎於太原」，則犬戎之盛，種落實繁，遂有五王。以秦本紀核之，襄公元年有豐王，甯公三年有亳王，厲共公二年有大荔王，三十三年有義渠王，孝公元年有獂王。諸戎之王，其見於秦者五，殆即穆王所遷犬戎之五王歟？穆公三十四年有戎王，或即此五王之一。蓋以穆王徙之近塞，而戎卒覆周，遂充牣於關中也。驪山女既爲天子，其子孫有國之多，是所當然。秦本紀言「穆王以趙城封造父，由此爲趙氏」。造父固爲北唐之君，亦即季勝之舊國，而趙城又爲新封，此亦猶秦與犬丘並立而有國。穆天子傳，「自赤烏氏北征趙，濟於洋水」。洋水，漾水也。漢地理志云，「隴西氐道，禹貢養水所出，至武都爲漢」。穆傳又言，「赤烏氏先出自宗周，太王亶父封其元子吳太伯於東吳」。則赤烏之吳，即封禪書之吳岳，爾雅之嶽山也，實爲岍山。太伯之奔，固在於此。岍山漾水之間，造父之趙，本國於此，與秦比連，爲西犬丘密邇之地。徐廣說，「趙城在河東永安縣」，此於周爲霍，晉獻公趙夙滅之，不得即造父之居也。

三　非子邑秦與犬丘 3

秦本紀言「仲潏在西戎，保西垂，生蜚廉，蜚廉生惡來。惡來革早死，有子曰女防，女防生旁皋，旁皋生太几，太几生大駱，大駱生非子。以造父之寵，皆蒙趙城，姓趙氏。非子居犬丘，好馬及畜，善養息之。犬丘人言之周孝王，孝王召使主馬于汧渭之間，馬大蕃息。孝王欲以爲大駱適嗣。申侯之女爲大駱妻，生子成爲適。於是孝王……分土爲附庸，邑之秦，號曰秦嬴，亦不廢申侯之女子爲駱適者，以和西戎」。驪山女既爲天子，其子孫必自有國，不自秦始。孝王邑非子於秦，亦不廢申侯之女子爲駱適者，則駱適子成所襲犬丘，爲仲潏以來之舊土。而非子爲新邦，子成非子，固二國並立。僖之十八年，「秦取梁」。都城記云，「梁伯嬴姓之國，與秦同祖」。此西方之嬴，與東之熊嬴無涉。春秋繁露曰，「梁內役民無已，使民比地爲伍，一家亡，五家殺」。此亦秦什伍連坐之法，是其同祖不疑。則驪山女後有封土者自不僅一秦也。秦本紀，「秦嬴生秦侯，秦侯生公伯，公伯生秦仲，秦仲立三年，周厲王無道，諸侯或叛之，西戎反王室，滅犬丘大駱之族。周宣王即位，乃以秦仲爲大夫誅西戎，西戎殺秦仲。秦仲立二十三年死於戎，有子五人，其長者曰莊公。周宣王乃召莊公昆弟五人，與兵七千人，使伐西戎，破之，於是復予秦仲後及其先大駱地犬丘幷有之，爲西垂大夫。莊公居其故西犬丘」。自西戎滅犬丘，而大駱之土爲墟。至莊公破西戎幷有犬丘地，而秦與犬丘二邦遂合爲一。曰復予秦仲後大駱犬丘地，知犬邱既亡，秦仲之死，而秦亦滅。莊公並秦犬丘一舉而復之，合兩邦爲一，秦之始強，自莊公始也。於是去秦而居犬丘。犬丘，仲潏以來之根據地也。王肅言，「秦爲附庸，世處西戎」。中潏以來，莊公以下，尚居犬丘，遠在西鄙群戎之間，亦足見秦實爲戎，而起自西裔也。正義曰，注水經云，「秦莊公伐西戎破之，周宣王與大駱犬丘地」。括地志云，「秦州上邽縣西南九十里，漢隴西郡西縣是也」。此據水經漾水注「楊廉川東南流逕西縣故城北」之文。而徐廣說，「非子居犬丘，今槐里也」。此據世本別居槐里」之文。班固言「右扶風槐里，周曰犬邱，懿王都之」。則秦安得都之？西戎安得滅之？此以槐里犬邱當西垂犬丘之誤耳。非子邑秦，徐廣說，「今天水隴西縣秦亭」，於今爲清水縣，則犬邱又在秦州西南也。

根據山海經地理今釋補二事：

1西申　2犬封

申

北百七十里曰申山，區水出焉，而東流注于河。

蒙按，蘆關嶺水曰延水，東南流曰濯筋河，至延長縣東南入河。

又北百二十里曰上申之山，湯水出焉，東流注于河。

上申之山宜是米脂縣北葭州西榆林縣東諸山。戴氏祖啓陝甘諸山考云，橋山逕鄜州延安之西，北盡葭州之艾蒿坪，東北抵河，蘆關嶺北支至此，故曰上申也。

（山海經地理今釋）西山經下

申

西北三百里曰申首之山，無草木，冬夏有雪，申水出于其上，潛于其下。

申首之山，蓋今甘肅中衛縣南雪山。明一統志云，雪山在靖虜衛城北一百二十里，山勢高峻，積雪不消，卽此山也。山脈東趨直至陝西葭州，河岸爲申山，上申之山之首幹，故曰申首也。

（山海經地理今釋）西山經下

犬封

有人曰大行伯，把戈，其東有犬封國。

犬封國曰犬戎國，狀如犬。

犬戎當虖沱水北山之北，隴之關隥之東。

（山海經地理今釋）海內北經

4

突厥文暾欲谷碑譯文

丹麥 V. Thomsen 譯 1
韓儒林 重譯

此碑發見於闕特勤碑及苾伽可汗碑之東，西距二碑頗遠，其地望約在北緯四十八度下及東經（英國格林威治）一百零七度稍東，在那賴哈（Nalaicha）郵驛及土拉河上流右岸間一地名 Bain Čokto 者附近。碑文刻於今尚直立之二石柱上，碑文始於大碑之一狹面，其面西向，繼轉向南，次向東，又次向北；其小碑碑文，乃大碑碑文之繼續，亦始於西面，但此面則爲一寬面。小碑較大碑剝蝕特甚，而碑文彫刻自始即不及大碑工細。二碑碑文與嗢昆河碑文同，均直行，其不同者，嗢昆河碑文自右向左讀，此則由左向右耳。碑文裝飾，亦遠不及嗢昆河碑美觀；與碑頭相類之物，此碑無之。

二碑近處，有石棺一，建築物基礎一；較遠則有顯係中國石工彫製之石像，環立碑旁，石像頭顱，悉被打落；最後有土陵圍繞全部，痕跡猶存，陵口東開，有直立石片一列，始自陵口，長約一百五十公尺，其情狀與吾人在嗢昆河碑處所見者同，惟規模較遜耳。

暾欲谷於突厥復興後，事骨咄祿默啜兩可汗，享壽甚高，至苾伽可汗初葉尚存。全部紀念物，顯係爲此突厥大政治家軍事家建設之墳墓也。此碑建立，似在公元七百二十年左右。其相當長之碑文，係由彼自撰，彼之言詞，通篇悉用第一人稱；彼不惟爲一天才勇毅之人，且生長中國，幼年曾受良好教育。著名漢學家 Fr. Hirth 相信能證明其雖爲突厥子弟，而原名却爲中國文『阿史德』，且在中國史源中有其紀錄（參看闕特勤碑東面第七行，及突厥志 Turcica 九十九頁）。

在任何境地，彼皆參與伊利咥利失（Elteriš）可汗之勳業，實其最重要之股肱也。

碑文中彼將其本人所立之最要功勳，作一簡短報告：在伊利咥利失可汗時代所建立者，報告至第十八行，由此至四十八行，報告 Qap(a)ghan 可汗時代事業，末段由四十八行至終結，爲其功業及對突厥人忠告之回顧。

Radloff 在蒙古古突厥碑文第二集（Die alttürkischen Inschriften der Mongolei, zweite Folge, 1899）中所發表

之此碑碑文，頗難令人滿意，Fr. Hirth 之敦欲谷碑跋(Nachworte zur Inschrift des Tonjukuk) 亦在此集內。予在予之突厥志(Turcica)有不少特殊研究。G. Y. Ramstedt 博士曾訪尋原碑二次(1899及1908或1909)予於其所携回之完美拓本及精妙照片，獲益良多，並承其厚意，允予採用焉。

暾欲谷碑文譯文

第一碑西面

(一)予賢明暾欲谷，生時屬於中國，因當日突厥民族屬于中國也；

(二)〔予思〕『予不欲爲突厥民之可汗(qan)(?)』。惟彼輩脫離中國，自立一可汗。但彼等復廢其可汗，又降中國人。(三)於是上天如是言曰：『予賜汝一可汗，而汝捨棄汝之可汗，又復投降』。上天殄滅彼等，以爲此種投降之懲罰；突厥民衆遂消滅，衰亡而淪沒：在合衆(?)突厥民族之〔故〕地(四)有秩序之團體，不復留存矣。其仍獨立者(依字譯：在樹林及石中)，彼此結合，爲衆七百。其中有馬騎者三分之二，步行者三分之一。其率領此七百人(五)而爲之長者，乃『設』也。彼曰：『隨予來』，予賢明暾欲谷，亦在隨彼人衆之中。予曰：『予須要〔扶立彼爲〕可汗乎？』予思：『如有欲截然區別瘦牛與肥牛者，(六)則在任何情形之下，均不能斷言其爲瘦牛或肥牛』。予如是思維。厥後，當上天予吾以識別力時，予促其即位爲可汗。『予既有賢明暾欲谷 boila 莫賀達干(七)爲輔，吾且爲伊利咥利失可汗』。彼向南擊中國，東向擊契丹，北向擊衆多之回紇。其智慧中之伙伴，及其聲譽中之伙伴，則爲予。吾人住於 Čughai-quzï 及 qara-qum。

第一碑南面

(八)吾等居於彼處，以大獸及野兔爲食，民衆之口，亦無所缺。吾等敵人，環繞若肉食之鳥(?)。吾人之境況若此。當吾人居住彼處時，有偵探自回紇來。(九)偵探之言如此：彼曰：『在九姓回紇民族之上，一可汗自立爲之長；』向中國彼已派遣 quri 將軍，向契丹彼已派同羅 Sämig (或 Säm)；據云其所發使命如此：有少數突厥人(十)似有異動，其可汗據言甚英武，其謀臣據云甚賢智，若此二人合謀，中國人，予以爲彼將殄滅汝等，予以爲向東方彼將殄滅契丹，而且予以爲吾等回紇（十一）亦將爲其殄滅。因此，汝等中國人自南方進攻，汝等契丹人自東方進攻，予將由北方進攻。在合衆（？）突厥之地，不許有君長存在。吾以爲如果有之，吾人且滅此君長』。（十二）當予得此報告時，夜不能寐，晝不能安。於是予向吾可汗報告，予向吾可汗如此報告：『若彼等三方——中國人，回紇人及契丹人——聯盟，（十三）則一切均歸於盡；吾等宛若由上天意志縛諸石塊。物若細小，則東之非難；物若纖弱，則碎之亦易；然而細小者若變粗厚，東之必費大力。纖弱者若變粗大，（十四）碎之亦必費大力。吾等必須率二千或三千兵士，東方親臨契丹，南方親臨中國，西方親臨西〔突厥〕，北方親臨回紇。將如何處理？』予向吾可汗所報告者如此。（十五）吾可汗垂聽予賢明暾欲谷之陳報；彼曰：『悉依汝意而爲之』。吾等涉過 Kök-Ong-(üg?)，予引彼等於於都斤山，回紇率其牛及載重畜牲，沿獨樂河（Toghla）來，（十六）其軍〔三千？〕，吾等僅二千；吾等攻戰而受天佑；既將彼等衝散，悉墮河中，或死於疆場。於是回紇悉來，〔紛紛降服〕。（十七）當彼等聞予〔引導〕突厥可汗及突厥民族於於都斤地方及予賢明暾欲谷居住於都斤地方時，居於南方西方北方東方之民族，悉來與吾等〔結合〕。

第一碑東面

（十八）吾等二千人分二軍，突厥民族爲欲遠征，突厥可汗爲欲統治，直進至山東及海上諸城，但彼等皆淪亡。於是予向吾可汗建議，予勸其出陣。（十九）進至山東平原及海邊。彼掠奪二十三城，建營於 Usin Bun-datu(?)，中國天子乃吾等敵人，十箭（即西突厥）之可汗，乃吾等敵人，（二十）此外強盛〔之黠戛斯可汗亦吾人之敵人〕。此三可汗共同會議，曰：『吾等其會師金山』(Altun-Bergwald)，彼等如是會議，曰：『吾儕其進攻東突厥可汗；吾儕如不攻彼，——彼將（二一）因其可汗英武，其謀臣賢智——彼定將消滅吾人。吾儕三方其聯盟攻而滅之』。突騎施可汗則如此言；曰：『吾之民族將到彼處；』〔曰：〕（二二）『〔突厥民族〕不安』；曰：『其屬族回紇已擾動』。予聞此消息，夜不能寐，（晝）不能安。於是予思：（二三）予曰：『吾等先攻〔黠戛思？……〕』當予聞通貪漫山僅有一路，而此路又爲〔雪〕封時，予曰：『吾人經此路殊不合適』。予覓一鄉導，而得一遼遠之 Az 族人。（二十四）〔……〕『吾國爲 Az』，其地有休息之所；可沿 Anï(?)進行。如能緊依此水，則可借馬一匹，擇時前進。予聞此語，予發言，予思維：『吾人如遵此道，〔事〕不難成』。予向

第一碑北面

（二五）吾之可汗如此報告。予命軍隊準備前進，命其上馬。越 Aq-Tärmäl 予命其集合。當予命其上馬時，予已爲之踏雪開路。於是命令其步行上升，牽馬前進，緊握樹木（?或木杖?）。一聞前鋒（二六）越過〔冰雪〕，予即命〔軍隊〕向前開動，吾等經過 Ibar(?)山峽。吾人下行甚難。吾人前進十夜（十日）始過山畔雪地。鄉導引吾人迷路，殺之。當吾人感受困苦時，可汗曰：『試縱馬前進。（二七）此爲 Anï 河；〔吾人其沿河〕行，』於是吾人沿河而下。予命其下馬，縛馬樹上，以驗其數。吾人晝夜奔馳，於黠戛斯人夢中掩至，（二八）用矛開路。汗及軍隊集合；吾人戰而勝之。戮其汗，黠戛斯民向可汗輸誠納降，吾人還師。吾人過貪漫山此面，（二九）由黠戛斯歸。有偵探由突騎施可汗處來，其報告如此：彼（即偵探）曰：『據聞彼（突騎施可汗）言曰：「吾等其率師攻東方可汗」。據聞彼言曰：吾人如不出師，彼將——因其可汗英武，其謀臣賢智——彼將消滅吾人』。（三十）彼（偵探）曰：『突騎施可汗已出師，』彼曰：『十箭民族進行不休；中國亦有一軍待發』。吾可汗既聞斯語，曰：『予欲還家，略事休息』。（三一）時可賀敦已死；曰：『予欲理其喪事』。曰：『汝率師前進；』曰：『駐軍金山』。曰：『Inäl 可汗及達頭設須身先士卒』。但對於予賢明暾欲谷，則如此命令：曰：（三二）『率領斯軍；』曰：『任汝之意，嚴懲彼等（即西突厥）。予尙有何事託汝？』曰：『如彼等進兵，速遣〔偵探?〕告予；如彼等不來，則駐軍勿動，可搜集報告與消息，』吾等駐軍金山。（三三）於是有三偵探馳（?）至：其消息全同。彼等曰：『其可汗率師已出動，十箭之軍前進不休；』曰：『彼等聞言：吾人其集合于 Yariš 平原』。予既聞斯報，即遣使至可汗所。（三四）使者自可汗處歸來曰：『靜待勿動；』曰：『勿前馳，善爲守望（?），勿驚惶失措』。此即匐俱可汗給予之命令也。但彼秘令阿波達干曰：『賢智暾欲谷自專莫測。（三五）彼將曰：「吾人且率軍前進，」汝切勿順其意』。

予既聞斯報，即下令出師。予登無道路之金山，吾人渡無津梁之也兒的石河。吾人于夜間仍〔前進〕不休，晨達 Bolču。

第二碑西面

(三六)有偵探來，曰：『在 Yariš 平原上，有大軍十萬集合；』其報告如此。諸貴人聞報，皆曰：(三七)『吾等可旋軍；退讓爲上策』。但予賢明暾欲谷曰：『吾等逾越金山，始至此地，(三八)吾人渡過也兒的石河，始至此地。予聞來此之敵人，莫不勇武；然吾等尙未爲彼注及也。昊天，Umai 及神聖水土，必垂眷吾等，盲目擊之。吾等何故逃遁？(三九)吾儕何故懼其衆多？〔只〕爲吾等人少，何致即被征服？吾儕且進攻！』吾等進擊，奪〔其營〕。次日(四十)彼等奮勇來攻，有若原火，吾等抗拒之。其兩翼之半數，較吾等全軍尙多。蒙皇天寵佑，(四一)吾等弗懼其衆多。吾等隨達頭設抗戰，潰其軍，擒其可汗。彼等殺其葉護及設(四二)於其地；吾儕俘其五十人。當晚予遍諭其衆。十箭之貴人及民衆聞此消息，(四三)悉來投降。予既招集部署與吾等聯合之民衆及貴人，因有少數民衆逃竄，予命十箭之軍前進，(四四)吾儕亦前進，繼其後。既渡珍珠河〔—〕Tinäsi-Oghli-Yatïgma-bängligäk 山〔—?〕。

第二碑南面

(四五)吾等隨之遠達鐵門；至此吾儕命其還軍。至 Inäl 可汗〔……〕(四六)窣利人全族以 Suq (?)爲首領，來降。吾儕先人及突厥民族，〔當日〕曾遠達鐵門及(四七) Tinäsi-Oghli-Yatïgma 山，時其地無君長也。予賢明暾欲谷，旣率吾軍於斯土，(四八)軍隊遂輦歸其黃金及白銀，少婦及處女，……?及無數珍寶。

(四九)伊利咥利失可汗憑其知慧及英武，七攻中國，七攻契丹，五攻回紇，其謀臣爲予，(五十)其大將亦爲予。對于伊利咥利失可汗，對于突厥匐俱可汗，對于突厥毗伽可汗〔——〕。

第二碑東面

(五一)Qap(a)ghan Kaghan〔……〕。夜不得寐，(五二)晝不得安。當予獻予紅血，流予『黑』汗時，予已將吾之工作及能力，呈獻於彼等，予且遣派遠征軍。(五三)予將 Arqui-Qaraghu (?—偵隊?)擴大；予曾〔……〕一退却敵人；予勸吾可汗出征。蒙皇天眷佑，(

五四）予未許甲胄之敵，在此突厥民族中馳驅，或羈勒（？）之馬環繞奔馳。若伊利咥利失可汗未宣勞，（五五）若予隨彼未宣勞，則既無國家，亦無民族。因彼宣勞，因予隨彼宣勞，（五六）國得成為國，民族亦成民族。予今老矣，年事已高。無論何處，可汗所統之民族，若只（五七）有一無能之人〔為首領〕，則不幸立生。（五八）為突厥毗伽可汗民族，予令寫此碑，予賢明暾欲谷。

第二碑北面

（五九）若伊利咥利失可汗未宣勞，或無其人，若予賢明暾欲谷未宣勞，或無吾本人，（六十）則在 Qapaghan 可汗及合衆（？）突厥民族之地，團體及民族，將均不能有君長。（六一）因伊利咥利失可汗及予賢明暾欲谷皆宣勞，Qap(a)ghan 可汗及合衆（？）突厥民族皆得昌盛，〔今上〕（六二）突厥毗伽可汗為合衆（？）突厥民族及回紇之利益而治國。

民國二十五年九月二十日於故都。

闕特勤苾伽可汗暾欲谷三碑索引

Thomsen 所用之希臘字母 gamma，為印刷關係，悉易為 gh，有若干字下原注參觀序文某頁，突厥志某頁，悉删，俟將來序文譯出後，再根據突厥志一一補入。闕＝闕特勤碑，苾＝苾伽可汗碑，暾＝暾欲谷碑，東，西，南，北，指碑面，阿拉伯碼字指行數；如 Alpaghu 下『闕北 7』意即此字見於闕特勤碑北面第七行，餘類推。——儒林。

alpaghu　闕北 7，官銜，軍官，將軍？

Altun-Yïš　『金山』，必為阿爾泰山。

Anï　暾 24.27　貪漫山北面之河流。

apa（阿波）　官階之號；阿波達干，暾 34. 司令？

Apar Apurum　僅見闕東 4（第六世紀中葉），尚未能確定之兩種民族，Apar 或即 Avaren（柔然）。（儒按；Apurum 應讀為 Porum，即拂菻之對音。）

Az　貪漫山中之民族，未知屬何族。

Azman　（五歲或六歲去勢之『牡馬』），闕特勤之馬名。

Adiz　（阿跌？）闕北 5.6，回紇之一種。

balbal

balïq　『城』。

Basmïl　苾東 25.29　與突厥同血統之部族，第八世紀住在或住近五城之地(Bešbalïq)；中國稱之曰拔悉密。

Bayïrqu （Yer—『土地』），突厥北或東北之一種回紇（?），中國稱之曰拔野古。

Baz qaghan 闕東14.16似爲回紇之可汗。

bäg 貴人。

Bešbalïq (Bisbalïq) 『五城』，中文曰北庭。城之廢址在天山北路古城(Gučen)西南濟木薩附近。

bilgä qaghan, 賢聖可汗，約生於684年，698年爲設，716年爲可汗，死于734年；中國稱之曰默棘連，或苾伽可汗。

boila 突厥官銜。

Bolču 西突厥地方之一地名，方望尙不明（西突厥或特別爲突騎施之首都?）。

Bögü Qaghan（匐俱可汗）暾34.50. Qap(a)ghan可汗之子，其父在世時，已用可汗號，716年父死之後，與其戚族一併被殺（儒按 bögü 常譯作「牟羽」，惟默啜子譯爲匐俱）。

Bökli 闕東4東方最遠之一族，未明。Bökli qaghan 闕東8.，依意爲一山名。

bölön 闕北12.即西藏文 blon（今讀爲lon 唐音譯爲「論」）高官。

buiruq （梅錄或密錄）達官之稱。

Buqaraq （捕喝）闕北12.。

Bumïn qaghan 闕東7.突厥之第一可汗（參看 T'u Men 土門）。

Čača sängün 闕東32.苾東26.中國沙吒忠義，依中國史源，706年爲突厥擊敗。

Čan sängün 闕北13.中國之張去逸。

Chan 參看 Qan（汗）。

Čik 住在或住近貪漫山之民族。

Čigan 闕北13.官銜，或爲中國之旗官。

Čughai 暾7.闕南6.平原。似在杭愛山脈南部。

Čur（啜） 突厥之官銜。

ël (il) （頡利，伊利）部族之聯盟，國

Elbilgä (Ilb.) qatun（伊利毗伽可賀敦） 伊利咥利失可汗之妻，但他處則爲可汗第一妻之稱號。

eltäbir (il-) 突厥之都督。

elteriš qaghan （伊利咥利失可汗）卒於691年左右，中國人稱之曰骨咄祿，即闕及苾中之『吾父可汗』（除苾東11）。

erkin, irkin（俟斤）（加 ulug『大』）闕東34. 君長之號。

ïduq qut 苾東25. 拔悉密族中君長之號。

il 看 el。

Inäl (Inil) qaghan 暾 31.45. qap(a)gan 可汗之子。

Istämi（室點蜜）（或 Ištämi）qaghan 闕東1.。

Izgil 闕北3.5.似爲一回紇部落。

Qadïrgan 闕東2.21.看序。

qaghan（可汗）即 Kagan。

qan（汗）看序。

qap(a)ghan qaghan 暾 51.60.61. 在闕苾二碑只稱『吾叔可汗，』中國稱之曰默啜。

Qara-qum『黑沙』暾7。

Qurluq 闕北1.苾東 29，突厥種之一族。居西突厥之東，在阿爾泰山及額爾濟斯河之間，與西突厥犬牙相錯，歌邏祿。

qatun,（可賀敦）可汗之妻。

Kem (Käm)（劍河）葉尼塞河上流。

Qïrqïz（黠戛斯）當時居貪漫山之北，Abakan 平原。

Qïtai (Qïtay)（契丹）通古斯（或蒙古？）種之一族，約在今日東三省。

Kögmän,（貪漫山）薩彥嶺或其一部。

Kök öng 暾15. 參看突厥志8頁。

Kök tür(ü)k『藍突厥人』闕東3.。

qurghan 俄畢俄文 Kurgan『墳』字，即由此字來。

qurïqan 闕東4.，遠居突厥北方或東北（在貝加爾湖？）之民族，中國稱之曰骨利幹，視爲回紇之一族。

Qutlugh（骨咄祿）『幸福』。

Kül tegin（闕特勤）突厥親王，伊利咥利失可汗之子，苾伽可汗之弟，生於685頃，死於737；其碑立於732。

Likäng 闕北12.呂向，弔祭闕特勤使臣。

Lisün 苾南11.李佺祭弔苾伽可汗使臣。

Maqarač 西突厥使臣，天竺之 Maharaj。

Oghuz 突厥族，分九姓，故常稱九姓回紇 (Toquz-Oguz)。

On Oq 十箭（即姓）即西突厥，亦稱『十箭之子孫』以別於他部降人。

Orkhon（嗢昆）外蒙之河，由杭愛山脈發源向北流。

Ötükän（或 Utükän）（於都斤）闕南4.8.暾15.17.東突厥

8

之中心，可汗之庭。

Sälängä（娑陵水）今外蒙古色楞格河 Selengá，東北流，在突厥人住所之北，納嗢昆及獨樂二水。

sängün　將軍之突厥音譯。

Schuntung　山東之突厥音譯，意爲山之東，唐代山東則與今日之山東異，與今日之河北相當。

Soghd (Soghdaq)　窣利人，窣利地，東伊蘭民族和地理。

šad（設）高爵位，由可汗之子弟當之。

šadapīt　一種貴族，階級尚不明。

taighun（參看 toighun）　闕西南：官吏，tai即中文『太』之音譯。

tai-sängün　苾南11.，中文大將軍之音譯。

tamgačī　掌印官（tamga 意爲『簽字，印璽』）。

Tangut（吐蕃）苾東24.突厥南之非突厥族。

Tarduš（達頭）　兩族或包東突厥之兩政治區之一，（參看闕東14.及töliš）碑文中之達頭設，即後日苾伽可汗，苾東15。

tarqan（達干）高級官銜。

tatabī　居於東方之民族，每與契丹並稱，必與之有血統關係，中國稱之曰奚。

Tatar（韃靼）　必爲蒙古人，常加三十(Otuz)於名稱上，以指示其部族之數。

Tämir-qapīgh（鐵門）　窣利 (Sogdiana) 及拔汗那 (Ferghana) 間之峻峭關阨，古來甚著名（在薩末犍〔Samarkand〕及縛喝羅〔Balch〕間道中），古代鐵鑄門扉之跡，今尚可見。乃〔西〕突厥之西境。（譯案：不知何故 V. Thomsen 竟將鐵門位于 Samarkand 及 Ferghana 間，Ferghana 在 Samarkand 東北，Balch 在 Samarkand 南，就地理上言，決無是理。依大唐西域記之說，應易 Ferghana 一字爲 Tokhara。惟此種錯誤 W. Barthold 於其中亞突厥史第三章已先予指出）。

tegin（特勤）親王。

Toghla（獨樂）苾東39.今日之土拉河。

toighun　闕東北11 taighun?

tongra（同羅）突厥（回紇?）一族。

Tonjukuk（Tonyuquq 苾、Toÿuquq 暾），突厥之政治家軍事家，650頃生於中國，716年後尚在世，暾7以後。

Töliš（鐵勒）兩大族之一，或包括東突厥之兩政治區之一（闕南14，參看Tartuš）。

tutuq　中文『都督』之音譯。

Türgiš　（突騎施）西突厥十姓之一，其元首於第七世紀末年，自立爲西突厥全族之可汗。其可汗在碑文中稱突騎施可汗，其民族稱十箭。

Türk（或Tür(ü)k）　中國稱之曰突厥。

Uigur　原居突厥（狹義的）北之突厥民族，其昌盛期始於八世紀中葉。

ulugh erkin　參看erkin。

Umai　女神

Yabghu（葉護）　高爵。

Yariš　平原　暾34.36；＝今鄂比河支流Tscharisch?

Yašil ügüz　『青河』，中國之河，似爲黃河。

Yenčü ügüz　『珍珠河』即藥殺河（Jaxartes），今錫爾河（Sir Darja）。

Yer-Bayirqu　『地-拔野古』參看Bayirqu。

Yer-sub　『地與水』。

Yilpaghu　苾東31. 即alpaghu。

Yol(l)igh tegin　闕南13.，東南，西南，苾西南。苾伽可汗及闕特勤之親屬（甥或堂兄弟?）撰闕苾二碑，並監督立碑修紀念祠。

此文系根據一九二四年德人 Hans Heinrich Schaeder 重譯 V. Thomsen 之譯本譯出。原文見 Zeitschrift der Deutschen Morgenländischen Gesellschaft. Neue Folge, Band 3-Heft 2. S 160-175）

民國二十五年十月七日。

「俄領事新疆商務報告」之發現

趙泉澄 1

俄領事新疆商務報告，俄曆一九零六年（清光緒三十二年），駐新疆烏魯木齊俄國領事科諾特闊福氏所著。孫盦文集謂：新疆纂修通志，獲迪化俄領事官商務報告一書，鍾氏爲之迻譯作序，殆即此書。關於此類文籍，在當時已爲稀有，鍾氏序文有云：

『……新疆自通商以來，我國官吏於俄人商務，絕無一字之撰述，尺籍之調查。凡俄國商情暨出入口貨額多寡，盛衰之比率，求諸官私記載，闕焉渺稽。……』

尋，書歸新省府作日後對俄交涉之參攷。辛亥鼎革，新疆通志纂修未竣，積年史料散軼，此書旋亦流入北京部署。自是，塵封於部庫者二十餘年。今年夏，庫藏散入北平書肆，會禹貢學會採訪近代史地材料，得清季舊檔甚夥，此書因以發現。是本書流傳之略史也。

清光緒初年，中俄改定條約，俄人於新疆設領事官，總理該處商務：凡該領轄境俄商，皆隸統屬，隨時呈報。歲終，領事彙開清册，咨呈俄國外務部。是篇原文，或可於俄外部檔案中見之，然俄政府檔案，雖整理有年，迄未蒇事，又不公開，且曾經大革命時之浩刧，此類卷帙，恐已毀滅失傳。

原書：藍皮，紅簽，絲裝，端楷；每葉十六行，行二十四字，以硃斷句，上端有眉批。觀其批文知爲清末新疆當局所爲。內容共分三十二章，目次如下：一、地域；二、俄商人數；三、貿易；四、賒帳；五、匯兌銀錢；六、入口貨物；七、各色布疋材料；八、鐵；九、石油；十、燈；十一、洋燭：十二、洋胰子；十三、零碎貨物；十四、洋糖；十五、洋火；十六、雜貨；十七、香物；十八、銀錢；十九、羊毛；二十、茶葉；二十一、棉花；二十二、羊皮，山羊皮；二十三、牲畜；二十四、羊皮筩；二十五、毡帽；二十六、獺皮；二十七、收買項下；二十八、銷售項下；二十九、泰西各國運入新疆各貨；三十、脚錢；三十一、俄屬地方運費；三十二、中國內地運費。

本書叙述之範圍，雖限於迪化，阜康，孚遠，奇台，昌吉，綏來，善鄯，庫爾喀喇烏蘇，吐魯番，哈密，巴里坤等地，而亦敘及全疆；其年分，雖以一九零六年爲主，而亦溯及已往並推及將來，且與前歲互相比較。至本書取材之淵源，或據俄商呈報，或該領事實地考察。故紀載翔實，統計完備，多精彩獨到之處。舉例言之：

一、俄國在新疆經商人數，是書除作詳確之統計及技術的與種族的分析外，復按本錢之盈虧而分其商人爲下列之四種：

「……俄商在此貿易，變賣變買者有之，將本求利者亦有之，故貿易同而類有別：一，俄屬哈薩游牧迪屬，原無貲本，賒取省城俄商貨物，運往各城鄉村莊零販，此種商民人數尚多。……一，俄屬纏哈商民，名曰「阿雷布薩他諾夫」，人數尚少。……借本營生，收買羊毛，棉花，馬皮等項，馳運回籍，利其價昂，除還本錢以外，頗沾微利，抑或變賣變買，取其利益。一，俄屬安集延商民，貲本甚厚，將本求利，毫不假手於人，足能養給身家，人人視爲巨商。……該商民在省城，古城等處，貿易租賃房屋鋪面貯房，所有由俄運來洋貨，囤貯鋪房，售賣華商；且派傭工行夥人等，在新疆收買土貨，轉運俄地銷售，再由俄境收買各貨，作房需用物件，帶往新疆販賣。此種俄商，……各有公合分股，……。此外，又有一種商民，原係土耳其人，寄入俄籍，在新貿易最少，不若安集之衆，……。」

二、新疆地方廣漠，各地有各地之特殊經濟情形，其消費量亦因地而異，是書對於此類問題，亦往往指出之。如云：

「新疆部落居多，其類不一：有土著，有客籍，……各有所好，……」

「迪，塔兩處，生理不一：迪屬商務，雖未能大興暢旺，亦無停市之日。……」

「鎮，迪一帶地方，各樣鐵器，銷售之處最多，亦民戶所急需之物，即如轎車，大轎，以鐵條爲車輞，洋爐必需鐵皮，又有水桶，杓子，鎖子，鋸子，鎖鍊子各項，皆由鐵器鑄成，……」

三、新疆種族，既如此龐雜，各族間之文野程度既不同，故消費品，亦因人而不一，書中皆有載明：

「鵝爾緞，桂子皮，粗羊布，哈紗緞，回子絨，大紅洋布，各種洋貨，中國市鎮，銷售罄盡，毫無賒欠。」「華人所最愛者也。……」

「中國婦人，每日梳粧之時，需用此項香粉香胰，修整容貌，以洋貨爲極品。……」

「哈密，吐魯番纏民，人人使用洋布頭巾，俄商見此暢銷，亦於本國運來售賣，奪其權利。……」

「小教回民，亦賣洋貨，……銷處漸廣……」

「石油，……買主均係中屬之有財貲者，或回民或華民，不拘何種人色，均需此物……」

「纏民並蒙古人等，最喜黑磚茶；而北路蒙古哈薩克，最喜哈拉把茶。伊犁纏民最喜綠磚茶，俄國哈薩最愛淥什茶：」

2

四、書中對於當時我國政府，因鑒於利權之外溢，在該地所作種種經濟生產之設施，亦連帶敘及：

『現在中國公家派員在西湖瑪納斯烏魯木齊各處試辦石油，查得波羅通古，有石油腦可取，業經挖出，運入省城煉油數膂筒，取點路燈，尙可適用。』

『現在新疆地方，中國准設乾益升茶號，販運南茶晉茶，地方官極力扶持，所運之茶，……蔓延四處，其得利益，大有興旺。土著富民，不能爭此茶利。且南茶晉茶銷路甚廣，受買亦多，除茶號茶準賣外，餘皆爲私茶，不准俄商銷售！……』

『中國地方官，欲於吐城設立製造局，一千九百六年，開辦製造，在城內修造作房一所，歸公辦理，查明該處土著人民，有能知製造者，隨時僱用，……現聞華人在日本定買機器，聘請日人爲匠工，擬定三箇月後，興工開辦，年終停作。並派吐魯番廳官，充當監督。若無成績，惟廳官是問。作房一切事宜，交華人同盛和承辦，一年以後收回利息，歸入公家，補償作房花費。造後製造各項材料，送交廳官查收，以備公家不時之用。』

五、對於東西洋各國，在新省之商業經營，則有下列之紀載。資本「帝國主義」之經濟侵略，遠在當時已深入矣：

『英、美、德國暨歐西各國布疋，運入鎭迪所屬地方，較之俄國布疋來時甚晚，價值尤昂，所以俄國商務……，亦不爲西洋貨物減色，即或價值稍昂，而貨物尙有準定之價，賣與童兒婦女，莫之或欺，華民信之深也……』

『新疆地方，日本國運來洋火，較之俄國漸多。』

『泰西各國所運各貨，皆由本國收買，經過天津，運入新疆銷售。……德國絨綢材料，……德國小呢子，……美國粗洋布，…美國在山海關平陽漢設立製造局，製就大團印花布。……以上西洋各貨，不如俄國貨眞價實，易於銷售，所以俄商在此貿易日漸暢旺矣。惟日本各貨，運抵新省，其中最易行銷者，莫如短布手巾，華人用此擦面洗手。以外洋煙棒子，香胰，洋火，漆匣子，各零貨等項，華民近好使用。』

六、俄人對於新疆之各種商業策略，此書載之尤詳。資本主義實行經濟侵略之利器多端，銀行，鐵路，郵驛，其著者也，故敘述時，對此最爲注意。先舉銀行爲例：

『近年迪屬，……年成薄收，加以洋貨到省太晚，萬難抬價，與各戶民所定標期價值，仍然照舊，俄商不敢爭利，或匯寄或兌換華銀，諸多棘手……，』『……查因省城無中俄銀行故也。去歲年內，由俄境暨伊犂塔城等處匯兌省城銀款，不下四十四萬俄帖，或由中俄各商相識之人撥兌者有之，抑或由中俄銀行匯寄者亦有之。若在省城匯北京張家口款項，均由華人舖戶，暨中華票匯兌！……』

又例如鐵路：

『由塔寄省皮包輕而畀小，不能負運重載。一千九百六年俄屬依爾堆什船政總局，由烏魯木齊購辦土貨，運回寧桑，中途阻滯，吃虧匪淺，推原其故，皆由迪塔兩城無鐵路取其便捷也。現在俄帖銷路最隘，託各脚夫收買土貨，不肯接收俄帖，所以由塔至省，紛紛滙兌銀錢，收買各貨，並無一人寄付銀錢皮包赴迪關一帶買貨者。如此情形，殊堪痛惜！……』

又例如台站，郵政：

『各貨……轉運維艱，脚價甚長。……俄商用心良苦，先在新省與脚夫言定：每貨發運蘭州，准由蘭州帶貨回新，其脚夫發交半價，每駄合銀一十二兩！然而馱運之難，不獨蘭州一處而已，即如烏塔兩處，應設台站。……近年俄商在此貿易，雖有不甚利達之處，而運貨仍然不減，力圖擴充。其中有幫同撑持商務者，應給銀錢，設立郵政。……』

雖然，是書乃俄國領事以本國利益之立場爲言也，其時中國政府，對此當作何言，此尤堪吾人之注意，則眉批爲可貴矣。例如眉批有云，『一二年，俄人必在省設銀行，觀俄商言匯兌諸多不便可知。又俄商屢言無鐵路，商務難求發達，領事言之，此所以有請我行快車之事』。『求設台站，求設郵政，求設銀行，俄商言之，俄外務部即應之，春間要求設台站快車，恐不久銀行即至迪化矣！』前云俄人以鐵路銀行郵驛爲行商急務，觀此益彰。眉批云，『侵我引地，謂之曰「因地制宜」』！又歷數某種人喜某種茶，非私銷而何！』『俄人運茶遠至喀什，不止天山北路，其私銷可知』。『派人捕獺，即大背商約！試問我派人入宰桑湖捕魚捕獺，俄能聽之乎？』俄人因利益所蔽，遂忘其爲非，而名之曰「因地制宜」，在中國視之，則爲「私銷」「背約」。俄人在新疆經商，原爲一本萬利，然尚有不以爲滿足者，在中國視之，已利莫大焉，如云『一年增一倍，尚云未暢銷！』『以八盧布之價，買一普筒羊毛回俄，則値十二盧布，是五分利矣；並脚價計之，每普筒由塔城至科米，不過盧布一張，獲利仍厚』。『俄商在本國取貨，限一年清償，在迪則現錢交易，而以銀販茶販棉花，出入數次，獲利數倍，而一年之限，尚未滿也』。此外，俄人因立場之不同，對於我國官方在當地之設施，亦有不甚瞭解者；例如關於茶業之眉批曰，『乾號係官商，有引地，與晉號爲二，俄人似未知，無怪謂吃虧也』。又例如關於禁種棉花一事，眉批曰，『不聞禁止種棉花，恐係傳聞之誤』。更有一種眉批，於新疆工商經濟發達之歷史，關係頗鉅，如云，『石油，我之烏蘇廳亦發現，且甚旺，產地博羅通古，現已由官開辦』。『洋燭一項，新省工藝廠現已購機試辦』。『洋火一項，新省工藝廠現已購機試辦』。尤可注意者，眉批有云，『洋布爲進口大宗，不止省城暢銷而已；至俄人食物，華人亦購之，定稅宜分別銷數，不可概目爲俄人所用』。『統觀各貨，除洋布鐵皮外，皆可有可無者也，定稅則不妨從重』。觀此，則可知此本與後日中俄陸路稅則，亦有關係。

總之，是書可供參攷者至富。近來研究西北經濟者，頗不乏人，然於當時新疆通商狀況，皆付缺如。俄人加拉米息夫，研究西北經濟之尤著者也，於此亦未能詳，益徵是類資料之稀覯。目今強鄰壓境，國土日蹙，邊疆之研究，方興未艾；西北問題，需材正殷；此書必有所裨益也。

二十五年十一月二十二日，於北平。

D158-25:10

「宋州郡志校勘記」校補

楊氏守敬讀宋州郡志校勘記，以所見批注於眉端；既竟，又撰爲序一篇，夾淅卷中。校與序皆未經刊露。漢陽徐行可先生依楊氏手校本鈔錄一册，由武陵余讓之先生轉借與本會。楊氏一代地學大師，此雖零詞片語，亦覺可珍。因亟爲董理，刊載於此。楊氏之說亦有未盡妥善者，傳寫尤多譌字，不揣愚陋，爲作覆校若干則，附注於各條後。

二十五年十一月，其驤記。

楊守敬校補　譚其驤覆校 1

宋齊北魏隋地理志舛誤最多，以習之者頗少故也。成氏校之，有功地學不小。如據哀公十二年杜注橐皋在淮南逡道（當作遒，傳寫者之誤），證晉世不作逡道；據李雄之漢康晉穆帝改爲晉康，疑晉原爲晉康之誤；又疑治平爲始平；白馬爲白水；農陽爲豐陽之誤；于建安郡增建安縣；于建寧郡增俞元縣，皆至精確。是成氏著有禹貢班義述，於地理本專家也。然亦有孜之未審者，如魏興太守領縣十三，今數之只十二縣，原注疑；成氏以安樂縣補之。余按水經沔水又東過魏興安陽縣南，注引華陽國志安陽故隸漢中，魏分漢中立魏興郡，安陽隸焉。晉世沒於李特，故晉志不見。則所遺之一縣蓋安陽耳。又如堂狼令，本志云：後漢晉太康地志屬朱提，成氏以續志無朱提堂狼，據晉志朱提郡下云，蜀置，疑志「後漢」下脫「無」字。案積古齋有漢洗云，漢安二年朱提堂狼造。又有章和元年堂狼造，永建元年朱提造等洗。近日著錄又有元和四年堂狼造，永元二年堂狼造，皆後漢有朱提郡堂狼縣之證。續志漏（或後漢末省），晉志說未足據也。其他巳水本巴水之誤，政和□□□□成氏未及訂正，小小疎漏，未足爲成氏病也。

卷三十五

丹陽尹　「陽」，毛作「楊」，從殿本。他處不悉著。

〔校〕「楊」字不誤，瘞鶴銘丹揚外仙尉，晉志丹揚山多赤柳，在西，是其證。驤曰：二「揚」字竝當作「楊」，傳寫者之誤。楊是本字，陽揚皆屬假借。

本吳郡司鹽都尉署　「郡」，南監本作「縣」。

〔校〕「郡」字是。

卷三十六

水陽男相　「水」，南齊志作「永」。

〔校〕「水」實「永」字之誤。

江夏又有曲陵縣

〔補〕當接上爲一條。此江夏無令公侯子相字樣，觀下文泰始併安陸，知安陸祇領一縣，並無江夏縣。上文領縣二者，係後人據誤本改。○驥曰：楊說非也。休文志州郡大較以孝武大明八年爲正，曲陵明帝泰始六年始併於安陸，當自爲一條。上文領縣二不誤，惟「江夏又有」四字衍，「縣」字當易以令長侯相等字樣。

卷三十七

復以西陽蘄水已水希水三屯爲縣　「已」，殿本作「直」。

〔校〕「已水」當作「巴水」。

熙平令吳立爲尙安晉武改

〔補〕按：晉志常安熙平二縣並屬始安。水經注灕水又南得熙平水口，又南逕其縣西，縣本始安之扶鄉也，孫皓割以爲縣。不云權立爲尙安。按常安故城在今永寧州南，熙平故城在今陽朔縣東四十里，二縣相去頗遠，無併合之理。當是宋志熙平令吳立，別有常安令吳立爲尙安，晉武更名，傳寫者誤合爲一條耳。

本建平流離民　案：新興太守東關令上庸太守新安令竝云本建平流民，疑此宜漢令下亦當作本建平流民，「離」字當衍。

〔校〕「離」字非衍，「雜」字之誤耳。

安康令二漢安陽縣屬漢中漢末省魏復立屬魏興晉武帝太康元年更名何云魏立非也　原本脫「屬魏興」三字，據沈志原文增。

〔補〕按：水經沔水注引華陽國志安陽故隸漢中，魏分漢中立魏興郡，安陽隸焉。則非漢末省，魏復立。而水經注下文洋水下云，安康縣治有戍統離，是安陽安康相去甚遠。按，此文屬漢水，不在洋水下。「統離」，酈注原文作「統領流雜」，此傳寫者之脫誤。今按安陽故城在城固縣東，安康故城在漢陰廳西二十里，安得合之爲一？自宋志行而作晉志者遂不收安陽縣，後人且據以删華陽國志之安陽縣，非水經注何從理之？然則當從何承王說以安康爲魏置。「王」字是「天」字之誤。

略陽太守晉太康地志屬天水

案：晉泰始中已改魏廣魏郡爲略陽郡，略陽縣即郡志，太康時已不得屬天水。「志」字是「治」字之誤。何況略陽天水各自爲郡，略陽太守何得屬天水耶？疑太康地志下脫「故」字。

【校】「何」字衍。此條當在第一「何」字上端，傳寫者誤列在第二「何」字上端。

卷三十八

樅陽令前漢樅縣晉太康地志有樅陽縣

「樅」，三本竝作「徙」，案兩漢志晉志竝作「徙」，當以作「徙」爲是。南齊志作「樅」，徙之傳寫爲樅，未知誤自何時也。

【校】既以作「徙」爲是，又有三本作證，而仍從毛作「樅」，何耶？

牂牁太守

漢志作「牂柯」。師古曰，船杙也。華陽國志，楚莊蹻滅夜郎，以且蘭有椓船牂柯處，乃改其名爲牂柯。志作「牂牱」，六朝俗字也。

【補】水經注作「牂柯」。驥曰：殿本史記西南夷傳南越傳漢志宋志晉志並作「牂牁」，「牁」涉「牂」而誤。南齊志作「牂牁」。

堂狼令後漢晉太康地志屬朱提

案續志無堂狼令。晉志益州朱提郡下云，蜀置；故續志亦無朱提郡，不得云後漢屬朱提也，疑後漢下脫「無」字。

【校】成說非也。今有元和四年堂狼造洗，又有延光二年堂狼造洗，皆後漢有堂狼縣之證。續志漏也，晉志說不足據。

又有章和元年堂狼造，永建元年朱提造，漢安二年朱提堂狼造。驥曰：楊說可疑。所稱諸堂狼造洗，堂狼非必縣名。漢安二年一洗，若堂狼是縣，朱提當是郡，據常璩志則是時尚稱犍爲屬國，不得有朱提郡也。疑朱提乃縣名，堂狼係鄉名。續志不漏。

又按華陽國志，朱提郡，建安二十年鄧方爲犍爲屬國都尉，先主因易爲郡，非後漢原有。

南秦長本名南昌晉武帝太康元年更名

【補】據華陽國志朱提郡有南秦，又有南昌，然則晉武併南昌於南秦也。

懷帝分朱提立

「懷」，毛作「武」，從三本。案晉志及太康地志南廣縣尚屬朱提郡，知南廣郡非武帝所分立也。

3

〔校〕案華陽國志，南廣郡，蜀延熙中置；建武元年有王遜移朱提郡治南廣；李雄定寧，復置郡，則亦非晉懷帝立也。

毋棳令　續志晉志竝作「毋掇」，與此同；班志作「毋棳」，師古曰，「毋」讀「無」同，棳字從木。據莽曰有棳，則作「毋」讀「無」者是。

〔補〕水經注作「毋棳」。

甘東令　南齊志作「甘泉」。

〔校〕此當從齊志作「甘泉」。

中溜令　續志同；班志作「中留」；南齊志亦作「留」。

〔補〕水經注作「中留」。

定安令漢舊縣　續志同；班志晉志竝作「安定」。殿本續志亦作「安定」。

〔校〕作「安定」是，魏志陳留王紀呂興都督交州，封定安侯。「安定」當作「定安」，傳寫者之誤。

壽泠令　「泠」，毛誤「冷」，從三本。

〔補〕水經注作「泠」。

北景長　案兩漢晉南齊志竝作「比景」，如湻曰：日中於頭上，景在己下，故名之。據此則作「北」者非，當訂正。

〔補〕水經注作「比景」，又水經注引闞駰云：「比」讀蔭庇之「庇」。

水經注作日中頭上，影當身下，與影爲比。

舊唐志作「北景」，與仁傑刊誤云云。

清代地理沿革表（續，廣東省）

趙泉澄

十二　廣東省

廣州府——順治初年仍，領州一：連；縣十五：南海，番禺，順德，東莞，從化，龍門，新寧，增城，香山，新會，三水，清遠，新安，陽山，連山。

康熙五年，裁新安縣歸併東莞縣；八年，復置新安縣；二十四年，析南海，番禺兩縣地設花縣，隸府屬：領州一縣十六。

雍正七年，連州陞爲連州直隸州，陽山，連山二縣往屬；九年，析新會縣屬之地往屬肇慶府之鶴山縣：領縣十四。

嘉慶十六年，析清遠縣屬之地，往屬佛岡直隸廳：仍領縣十四。

道光二十二年，中英江寧條約，新安縣屬之香港割讓於英國，又爲英國開廣州（番禺）爲商埠：仍領縣十四。

咸豐八年，英法兩國各在府城南之沙面地方設租界；十年，中英天津續約，新安縣屬之九龍半島復租讓於英國：仍領縣十四。

同治七年，析新寧縣屬之地，往屬赤溪直隸廳：仍領縣十四。

光緒十三年，中葡條約，香山縣屬之澳門租讓於葡萄牙國；是年，香山縣屬之拱北，九龍兩關，並自行開放爲商埠；二十三年，中英續議緬甸條約，三水縣屬之三水口爲英國開爲商埠；二十八年，中英續議通商行船條約，新會縣屬之江門地方（順德縣屬之甘竹分司在內）爲英國開爲商埠；三十四年，香山縣屬之香洲，新寧縣屬之公益埠，並自行開放爲商埠：仍領縣十四。

韶州府——順治初年仍，領縣六：曲江，樂昌，仁化，乳源，翁源，英德。

嘉慶十六年，翁源縣往屬江西省之南安府，又析英德縣屬之地，往屬佛岡直隸廳；十七年，翁源縣復還府屬：仍領縣六。

南雄府，南雄州——順治初年仍，領縣二：保昌，始興。嘉慶十一年，南雄府降爲南雄直隸州，裁保昌縣

1

入州：領縣一。

惠州府——順治初年仍，領州一：連平；縣十：歸善，博羅，長寧，永安，海豐，龍川，長樂，興寧，河源，和平。

雍正九年，海豐縣分設陸豐縣，隸府屬；十一年，改長樂，興寧二縣往屬嘉應直隸州：領州一縣九。

光緒二十八年，中英續議通商行船條約，惠州（惠陽）爲英國開爲商埠：仍領州一縣九。

潮州府——順治初年仍，領縣十一：海陽，潮陽，揭陽，程鄉，饒平，惠來，大埔，澄海，普寧，平遠，鎮平。

康熙五年，裁澄海縣歸併海陽縣，八年，析海陽縣復設澄海縣：仍領縣十一。

雍正十年，析饒平縣屬之隆、深二澳暨福建省漳州府屬詔安縣之雲、靑二澳地設南澳廳，隸府屬，以海防軍民同知駐紮；十一年，程鄉縣改陞爲嘉應直隸州，平遠、鎮平二縣往屬：領廳一縣八。

乾隆六年，析海陽，揭陽，大埔三縣暨嘉應直隸州之地設豐順縣，隸府屬：領廳一縣九。

咸豐八年，中英中法天津條約，潮州（汕頭）爲英國法國開爲商埠：仍領廳一縣九。

肇慶府——順治初年仍，領州一：德慶；縣十：高要，四會，新興，陽春，陽江，高明，恩平，廣寧，封川，開建；六年，析新興、恩平二縣及廣州府之新會縣地置開平縣，隸府屬：領州一縣十一。

雍正九年，析開平縣暨廣州府之新會縣地置鶴山縣，隸府屬：領州一縣十二。

同治五年，陽江縣陞爲陽江直隸廳：領州一縣十一。

光緒三十二年，陽春，恩平二縣往屬陽江直隸州：領州一縣九。

宣統三年，析開建縣屬之地往屬廣西省之樂平府：仍領州一縣九。

高州府——順治初年仍，領州一：化；縣五：茂名，電白，信宜，吳川，石城。

光緒二十五年，中法廣州灣租界條約，吳川縣屬之廣州灣租讓於法國：仍領州一縣五。

廉州府——順治初年仍，領州一：欽；縣二：合浦，靈山。

2

统
朝
1909—1911

省

州府
州府
雄府
州府
州府
庆府 1.9
州府
州府
州府
州府
定州
州
隶州
同厅
山厅
江州
溪厅
州
州

光緒二年，中英煙台條約，合浦縣屬之北海港爲英國開爲商埠；十四年，欽州陞爲欽州直隸州：領縣二。

雷州府——順治初年仍，領縣三：海康，遂溪，徐聞。

瓊州府——順治初年仍，領州三：儋，萬，崖；縣十：瓊山，澄邁，定安，文昌，會同，樂會，臨高，昌化，陵水，感恩。

咸豐八年，中英中法天津條約，瓊州（瓊山）爲英法兩國開爲商埠：仍領州三縣十。

光緒三十一年，崖州陞爲崖州直隸州，昌化，陵水，感恩三縣往屬，又降萬州爲萬縣往屬：領州一縣七。

羅定州——順治初年仍，領縣二：東安，西寧。

連州——雍正七年，廣州府屬之連州陞爲連州直隸州，廣州府屬之連山，陽山二縣來屬：領縣二。

嘉慶二十一年，改連山縣爲連山直隸廳：領縣一。

嘉應州，嘉應府，嘉應州——雍正十一年，潮州府屬之程鄉縣改陞爲嘉應直隸州，潮州府屬之平遠，鎮平二縣來屬，又改惠州府屬之長樂，興寧二縣來屬：領縣四。

乾隆六年，析嘉應直隸州屬之地，往屬潮州府屬之豐順縣：仍領縣四。

3

嘉慶十一年：嘉應直隸州陞爲嘉應府，除所屬四縣外，以州地置程鄉縣爲府治：領縣五；十六年，嘉應府復降爲嘉應直隸州，裁程鄉縣：仍領縣四。

佛岡廳——嘉慶十六年，析廣州府屬之淸遠暨韶州府屬之英德二縣之地置佛岡直隸廳，以廣州府之捕盜同知駐紮：無屬領。

連山廳——嘉慶二十一年。連州直隸州之連山縣改爲連山直隸廳，以三江口之理猺軍民同知駐紮，改爲綏猺軍民同知：無屬領。

陽江廳，陽江州——同治五年，肇慶府屬之陽江縣陞爲陽江直隸廳：無屬領。

光緒三十二年，陽江直隸廳陞爲陽江直隸州，改肇慶府屬之陽春，恩平二縣來屬：領縣二。

赤溪廳——同治七年，析廣州府新寧縣屬之赤溪等地置赤溪直隸廳，移瓊州府海防同知駐紮：無屬領。

欽州—光緒十四年，廉州府屬之欽州陞爲欽州直隸州，改欽州所屬防城巡檢爲防城縣，隸州屬：領縣一。

崖州——光緒三十一年，瓊州府屬之崖州陞爲崖州直隸州，瓊州府屬之昌化，陵水，感恩三縣來屬，又降瓊州府屬之萬州爲萬縣來屬：領縣四。

邊事研究

第四卷第五期

民國二十五年十月二十日出版

目錄

定價
每冊大洋二角
全年二元八角

發行者
南京百子亭四十號
邊事研究月刊發行部

制言

半月刊

第二十八期

目錄

定價
零售每期大洋二角
全年四元郵費在內

發行者
蘇州錦帆路五十號
章氏國學講習會

中華民國二十五年
十一月一日出版

新亞細亞月刊

◉第十二卷第三期現已出版◉

本期要目

總發行所　南京江蘇路十一號本月刊社

定價　每月一冊　零售二角半
　　　全年十二冊　預定三元

……歡迎直接定閱郵票作實洋計……

QUARTERLY BULLETIN OF CHINESE BIBLIOGRAPHY

CONTENTS

Published By

The Chinese National Committee on Intellectual Co-operation
Shanghai, China.

Edited and Printed By

The National Library of Peiping
Peiping, China.

繪製清代歷史地圖報告

蔡方輿　1

前月承蕭一山先生的囑託，與個人興趣的驅使，乃專作清代歷史地圖的研究。可是學校中的參攷資料不多，而個人又是一個學識淺陋能力薄弱的人，以致一切工作都是在盲目中的開始摸索。記得禹貢在二十三年三月創刊時，就使我發生了無限的敬意和希望，因爲我們想數千年來的地理知識是很散漫的。今以他們的專門而高深的學識爲基礎，又用集體的科學的方法去整理，前途的光明一定是可以望到的。我國國人，大都缺少人生的基本知識——地理知識——和正確的人生觀念——地理觀念，因此捉不住這幾十年中天災人禍發生的原因。一般人多以爲這是天老爺降下的刼數，在數者難逃，只有聽自然的擺布！要知道自然力的侵襲是與人力互爲消長的，人的抵抗力愈退化，自然力的壓迫愈緊張。像河流山岳等永是帶了長時期的侵蝕性來殘害我們人類的，以黃河爲例，就是一個絕妙的證明。

我們生在今日，絕不能專讓自然逞凶了。應當大家來研究現世宇宙的一切自然現象，設法去抵抗它的侵害。尤其在人類萬物「以之而生，以之而存」最有密切關係的地球，我們更不能不加以深切的研究。我們應把牠的變態所形成的因果關係，與對於我們的影響細細分析，求得有確切的認識。其可利用者利用之，其應制裁者制裁之，權操在我，如是纔可不被役於自然也。不過現宇宙中一切現象，都是由古宇宙中演變蛻化而來。無形中自有其無時或已的力量，依照着一定的軌道而演進。因此我們對於古地理的研究，實有莫大的價值和迫切的需要。

或說：我國古地理記載只偏重在人文的一方面，研究了它，對於自然科學沒有什麼幫助。話不是這樣說的，我們正可以從這方面去追求古地理的真蹟。並且研究歷史上的人文地理，也正可以探討人類生活與自然力二者互相影響而產生的因果關係。

近兩年來，個人很覺得非樸學不足以建立穩固的理論的基礎，所以這次不辭艱巨來幹這項工作。但是自己心裏實在是憂慮得很，因爲恐怕把這樣一個重要工作弄成一種無價值的表現，浪費自己的光陰和腦力事小，遺誤他人事大。因此特地把本人的工作情形和所發生的疑難，報告出來，敬請國內外與禹貢學會諸先進長者予以指導和糾正。

(二) 工作情形

筆者此項工作開始於本年二月杪，起首搜集參考資料，所得的結果，僅有下列十餘種。

1光緒丙午重校觀海堂本楊氏歷代輿地沿革險要圖
2同治二年湖北撫署初刊本皇朝中外一統輿圖
3北平民社影印內府地圖
4故宮博物院清乾隆內府輿圖
5日本箭內亙東洋讀史地圖
6日本雄山閣東洋讀史地圖
7日本重野安繹支那疆域沿革圖
8商務童氏歷代疆域形勢圖
9新學會社周氏東洋歷史地圖
10蘇甲榮氏中國地理沿革圖
11亞新地學社中國歷代疆域戰爭合圖
12申報館新地圖
13光緒廿七年圖書集成局鉛印版讀史方輿紀要
14同治十年金陵刊李氏五種
15嘉慶七年聚文堂刊葉九霞增輯本廣輿記
16光緒十八年思賢講舍合校水經注與十四年無錫薛氏桀全校水經注
17道光二十九年增刊本輿地紀勝
18嘉慶八年刊本寰宇記
19光緒三十四年京師聚珍本問影樓輿地叢書

這十餘種資料，實在是貧乏得很，尤以對於滿族未曾入關以前的滿洲記載更爲鳳毛麟角。幾處普通的地名，各書的記載都差不多。雖以楊氏沿革圖素執吾國歷史地圖之牛耳者，亦嫌其太簡略，像圖倫城，咕𡁠，扎喀瞯，瑪哈丹等地方，在他的圖上都找不出的。

(三) 繪製中的問題

搜集了參考資料以後，就要計劃繪製的問題。於是決定：

1採用圓錐投影(Polyconic Projection)中的蘭普脫投影(Lambert's Projection)與亞爾勃斯(Albers)二種投影選擇應用，較小的地域用蘭氏投影法，較大的則用亞氏投影法。

2

2圖幅的大小與縮尺的大小均以該項史實所需要者爲標準。但是內容的詳簡却不能以圖幅和縮尺的大小爲準則，應以史實的要求爲標準。

3所用史實名詞的符號，均須書歸一律，以免在整個時期內變更太多而損失他的代表效力，至於圖幅的色彩，除水陸分別等必需之區別外，其他以不着色爲原則。但爲史實清醒起見，可用各色的史實線以資分別。

這三個不打緊的問題雖解決了，然而另外幾個緊要的問題，則「非同小可」。

第一，在繪歷史地圖時還是以站在現代的立場去觀察古代的史實來繪製呢？還是站在古代的立場來溶合現代的需要來繪製呢？這個問題就本人的私見，應以史實爲主體，然後加以客觀的選擇爲標準。像努爾哈赤的征服建州扈倫諸部的史實，好像無補於國計民生，可不必要，但是以研究史實的要求看來，實在非常重要，非要有一個史實地圖以證確其地位觀念不可。

第二，在繪地貌時，是否應該同一樣站在那個時代立場來動手呢？不錯！應當站在當時代動手，像繪明末清初時的黃河流域圖，絕不能把牠繪在山東北部出口。這是人所盡知的。但是我們從另一方面看來，古籍中的錯誤很多，我們今日已知道了它的錯誤自然不能將錯就錯的敷衍了。像義州衛本在大淩河的西南岸，而楊圖與胡圖都畫在東北岸，這種錯誤自是很多。 3

第三，古代城市都邑在歷史上曾佔有極重要的位置，而在今世淹沒無聞的亦累見不尠，像朱仙鎮就是一個例子。至於古代都邑的名詞與今世常是不同，像清代的承德縣就不是今日察哈爾的首縣那個承德了。再有古今地名相同，而今古不是一地，這種多半由地理環境的便適而遷移治地的，像今之普安非明之普安州等，更是不勝枚舉。

這三個問題，是非經過長時期作多方面的考證不可。但是個人能力實在有限，將來稍有成績之時，即當公之於世，敬請諸先進不吝指教。

（二）擬定圖幅

歷史地圖的圖幅，既須所含的史實適當，又須所包的地域相合，在此二條件之下又不能使整個史實分成數幅，而使其史實發生分化的煩瑣。因此常有一圖隨史實的連續，而延長其所包含的時間，實不得已也。再有一朝代之中，史籍所載大小事項，非盡可以各圖表現之，當然要簡而賅，在不失可資查考的可能範圍內，對於極小史實概予從略。現在將已經擬定的各圖分列於下。

1明末滿洲形勢圖（附女眞遷徙線）

2努爾哈赤征服滿洲諸部圖（附復仇之役）

3明清戰爭圖一

a撫順清河之役　b楊鎬四路喪師　c遼瀋之役

4明清戰爭圖二

a廣寧，寧遠，寧錦之役　b畿輔之戰　c大小淩河之役

5明清戰爭圖三

a熊廷弼與袁崇煥之經略遼東　b朝鮮之征　c入主中原

6明末流寇圖

7南明圖

8鄭成功與張煌言之割據圖

9收封外藩圖

10平定三藩圖

11中俄邊境史料圖（雅克薩，尼布楚，恰克圖各次之交涉）

12征服準部回部圖（附左宗棠二次平回圖）

13平定貴州西藏四川圖

14征緬圖

15教匪與捻匪之亂圖

16鴉片之戰圖

17太平天國圖

19中法之戰與英滅緬甸圖

20中日之戰圖

21「八國聯軍」之役與割地租地通商圖

22日俄之戰圖

23清代最大版圖圖

24最初全國地圖之完成圖

25清代學者及名人分布圖

（四）尾聲

禹貢上面已經發表了好幾位先生討論歷史地圖的意見，本人亦甚贊同吳志順先生的意思，對於今古二圖合套實在是諸多不便，將來或者可作古今地名對照表以資補救。最後應附帶補說一句的，就是現在我們已經完成前面所列的一，三，六，七，十，五個草圖，同時個人爲檢閱方便起見，又製了一個清乾隆內府輿圖索引圖，擬在下次繼續報告諸位，請予指正。

二十五年，四，二十三日於開封。

（倘有不吝賜敎者，請直接通函開封河南大學蔡賢傑收）

4

法人對於東北的研究

（譯自滿蒙第十四卷第十，十一號）

日本田口稔著　劉選民譯

1

度哈特 Du Halde 著之中華帝國韃靼全誌(Description geographique historique, Chonologique, politique et physique de L'Empire de la Chine et de la Tartarie Chinoise, 4 vols. Paris. 1735.)，卷首附有部耳基隆 Bourguignon d'Anville 的「滿洲地圖」。當時法人僅知「滿洲」爲魚皮韃靼國，而圖中城邑河川，皆未能用科學方法測繪。然康熙中葉，天主教所派之宣教師雷孝思等，爲清廷繪製帝國全圖，其所獻呈之皇輿全覽圖之原稿，即根據部耳基隆之地圖也。此圖現爲大連圖書館所藏，爲日本珍藏之希品，輾轉得自北京意大利使館隨員羅斯君。彼駐華三十年間，因蒐集關係中國古今地圖而購入者也。此外得美拉 De Mailla 著之中國通史(Histoire generale de la Chine, Paris)卷首亦有一七九九年刻之「中華韃靼全圖」，大致相似。最近奉天圖書館亦搜得此類古圖多種，忒勒基Teleki 氏搜集此種「滿洲」地圖，刊行日本古地圖集(Attas zur Geschichte de Kartgraphie de Japanischen 1909)可供參考也。

「滿洲」近代地圖之繪製，一八九八始由法國地理班繪出百萬分一之亞細亞地圖 (Service geographique de L'Armée-Asie, 1:1,000,000)，圖中附有奉天之一部，及齊齊哈爾之全部，爲日俄戰爭前最精確之地圖。此外尚有俄國參謀本部製之滿洲及朝鮮地圖 (Manchourie et Corée de Kharbine a Seoul de Port-Arthura Vladivostok Paris 1904) 經法人譯出。是時各種學術，日益進步，遂由布勒奇 Blache 及維道 Vidal 二氏繪製浩大的世界地圖 (Histoire et Geographie Atlas Generale. Paris)，惟關於「滿洲」部分，不盡滿意，故適從巴黎大學講座引退之權威黎司安及加羅亞氏正從事改訂此方面之地圖也。

法文稱「滿洲」爲 Mandchourie, 或 Mantchourie, 皆地名，其詮譯可參考馬得布崙 Malte Brun 之世界地誌(一八八二年刊行)，厄黎司 Elisee Reclus 之世界地誌第七卷

「東部亞細亞」（二三三頁至二四八頁），德民赭 A. Demangeon 之地理學辭典等書。

人文地理學泰斗布崙齊司 Jean Brunches 之人文地理名著，引起一般對「滿洲」之注意。一九一一年六月吉林大火，「滿洲」騾馬損失甚鉅，「滿洲」於世界內乃以馬爲主要家畜之地帶，蓋以其地產大豆也。丹尼里 Dennery 因布崙齊司之聯想，乃著有亞細亞人口之過剩（Foules d'Asie, Paris.1930）一書，中有關於「滿洲」一章。此章以最近中國人移民「滿洲」爲主體，皆爲著者實地調查之成績；並論及中日對「滿洲」植民政策之問題。此書各章曾在巴黎地理學年報揭載。

較新頴與科學化之研究，厥爲西温 Sion 氏之貿易風帶之亞細亞（Asie des Moussons, Paris.1928, P.32），其中第五章第四節詳論「滿洲」，此節爲蒙比利大學司昂教授所執筆。彼在布崙齊司及加羅亞等監修之下，製成世界地理大系第九卷第一册。該書著者叙述「滿洲」經濟發達之迅速，並於「滿洲」經濟地圖上插入「北滿」鐵路與「南滿」鐵路經濟引力界限線，頗堪注意者也。此外，關於地理學方面，尚有俾奥特 Biot之中華帝國郡地名辭典 Dictionnaire des Nomsanciens et Modernes de Ville et Arrondissements dans L'Empire Chinois. Paris 1842).

關於遊記方面，最早爲中華帝國韃靼誌第四卷所收之南懷仁遊記。彼著有著名的坤輿全圖（康熙十三年刊），靈臺儀象圖及坤輿圖說數種。南懷仁曾於一六八二年（康熙二十一年三月二十二日至五月四日）隨從康熙自北京至奉天吉林等地。

美利沙龍 Mailly-Chalon之滿洲紀行（Un Vogage en Mandchourie. Bulletin de la Societe de Geographie 1885）於一八八五年刊行。其後，陸軍大尉恩塞米 Enselme 於日俄戰前（一九〇三）亦著有滿洲紀行(A Travers la Mandchourie, Paris)，著者考察中東路地域之情形，並記述當時大連商埠之景況。又奥比 Aube 下尉於一九〇一年九月調查「南滿洲」，並有紀錄（Exursion dans le Sud de la Mandchourie en Septembre）於一九〇三年出版。沙利 Salle 之滿洲（Mandchourie 1903），普寧 Pruncan 之關於滿洲之研究（Etude Sus la Mandchourie 1903），羅斯尼 Rosny 之關於滿洲之研究（Étude Sur la Mandchourie），厄甸 Heurtean 之日本，直隸及滿洲之煤礦

2

(Les Charbons du Japon, du Petchili et de la Mandchourie, Notes de Voyage. 1904) 等書相繼刊行。此外可參攷勒克力耶 Leclecqu 之黃色人種之日本中國滿洲諸國 (Chez les Jounes, Japon, Chine, Mandchourie, Paris. 1910), 及馬德羅路 Madrolle 之滿洲蒙古及俄領沿海州 (Mantchourie, Mongolie, Provence Manitime russe, Paris 1911). 等書。

法人翻譯別國研究東北之書籍頗多，茲列舉一二，從英文譯爲法文者有金尼 Kinney 之現代滿洲與南滿鐵道株式會社 (La Mandchourie moderne et la Compagnie du Chemin de Fes Sud Mandchourien. Paris 1928) 拙著之滿洲支那人居住地之地名研究 (Les Noms des Lieux habit's par les Chiniois en Mandchourie. Paris 1931.), 林治 Lynch 之帝國之前途 (The Path of the Empire) 譯爲日俄垂涎之朝鮮中國及滿洲 (Carée, Chine et Mandchourie: les Convoitises russes et Japonaises, Paris 1901)。至於編者不明者有一九三二年巴黎出版之滿洲與日本 (La Mandchourie et la Japon), 前半部通論「滿洲」之概況，後半部論法國與「滿洲」之將來。

關於「滿洲」地質的研究，俄國及各國，多有用法文發表者，即如一八九八年滿洲的地質學研究 (Travaux sur la Geologie de la Mantchourie, by Anert), 一文登載於巴黎地理學年報 (Résumes dans Annales de Geogr., VII, 1898, pp. 436-440, XIV, 1905, pp. 253-254.)。一九〇五年法國亞細亞會報載有滿洲之地質 (Geologie de la Mandchourie. Comite de L'Asie Française, Juellet 1905)。又一九三一年秋，法國開世界地理學會會議，安納 Anert 發表「滿洲」之氣候，說明其特質及對植物之影響（見一九三一年巴黎世界地理會報告書第二卷第一冊，三五二頁至三五六頁。一九三三年巴黎出版）。此外布丹諾維治 Bogdanorvitch 之遼東半島南端之地質及其金礦藏之概說 (Description geologique de L'Extremite sud de la Presquile de Liao-toung et ses Gisements-d'Or., Mineroogien Gesell., XX 1900); 布勒司奇尼德 Bretscheneider 之南滿洲之地質調查 (Travaux geologique sur la Mantchourie Meridionale, Resumes dans le Geogrophie II. 1900 pp 401-407) 等皆已爲法國學者所熟知者也。

關於「滿洲」種族之人類學研究，首見於丹尼克 Deniker 之世界之人種及住民 (Les Races et les Peuples de la Terre. P455)中之一節，繼見於海頓 Haddon 之人種及其地理之分佈 (Les Races humaines et leur Repartition Geographique P. 480)；然吾人尚未聞法人有專書之著述也。

以考古學負有盛名之沙畹 Chavannes 氏，足跡遍踏「滿洲」，著有「滿洲及中國北部之考古學旅行」(Voyage archeologique dans la Mandctourie et dans las Chine Septentrionale)一文，揭載於法國亞細亞學會出版之通報(Toung Pao,1908,pp. 508-528)。沙畹氏於一九〇七年三月二十七日自巴黎出發，經西伯利亞，四月十四日抵奉天，二十三日自奉天出發，訪興京東北十華里之清陵，經通化至鴨綠江畔，在通溝地方發見好大王碑，乃至安東乘輕便鐵道返奉天。遂將好大王碑及將軍碑之研究，發表於一九〇八年五月號之通報曰高句麗時代之朝鮮古代王國諸碑 (Les Monuments de L'ancien Royaume Corée de Kao- keou-li. Toung Pao 1908 pp. 236-265)，附有照片十七張，拓本五張。此外尚著有中國北部考古學圖譜 (Mission archeologique dans la Chine septentrionale. Paris, 1900)，內有照片凡一千零七十九張，其中第七百七十九號至八百十四號乃關於「滿洲」者也。

關於「滿洲」之論文，尚有沙畹之在契丹及女眞國之中國旅行者 (Voyageurs Chinois chez les Khitan et Joutchen, Journal Asiatique. 1897. pp. 377-442. 1398. M. 361-439.) 載於亞細亞學報。高第 Cordier 之厄道活沙畹傳 (Edouard Chavannes ibid. 1918. pp. 197-218; Melanges d'Histoire et de GeographieO rientales. Tome IV. pp. 223-272. Paris 1923)，基麥 Guimet 博物館考古學報第一冊，載有伯希和 Pelliot 之厄道吞沙畹小史 (Edouard Chavannes. 1865-1918. Salle Edouard Chavamnes. Bulletin archeologique du Muses Guimet· Fascricule1-Paris 1921)，附有諸家評傳；日本方面，東洋文庫載有故沙畹博士記念展觀書目，附沙畹博士小傳(昭和三年一月)。

以法文發表之論文，則有鳥居龍藏之南滿洲史前民族之考古學及土俗的研究 (Torrii, Études archeologiques et ethnologiques. Populations préhistorique de la Mandchourie Méridionale. Journal of the College of Science, Tokyo Imp. Univ. Vol. XXXVI, Article 8. Tokyo, 1915）及克拉普洛特 Klaproth 之滿洲族之起源（Notice sur l'origine de la Nation des Mandchoux）。

「滿洲」文之研究，法人實啟其端。其所研究之東洋學，大部側重語言學，文學，史學方面，或顏之曰「滿洲學」（Manchuology）。西歐研究滿文之發達，以滿文辭典之編纂爲濫觴。最初研究滿文者爲張誠 Gerbillon 1654-1707. 於一六八七年被耶穌教派至中國傳道，遂得致力研究滿文，著有滿洲語入門（Elementa linguae tartarico mantchuricae Thevenot-Rel. de div. voy. Vol. II, p. 34. Paris. 1696.）以意文寫成。伯希和氏對書中論南懷仁著述一節，頗懷疑之，曾於通報上撰文論及（Pelliot, Leveritable autheur des "Elementa linguae tartaricae", Toung Pao Vol. XXI, 1922 P. 367）。關於此點，可參攷哲赫 Jaegher 在通報發表之滿洲語初步之著者南懷仁師（Le Pére Verbiest, autheur de la Premiere Grammaire Mandchoue. Toung Pao. Vol. XXII, No.3 1923）。

錢德明 Amiot 1718-1793 於一七四〇年（乾隆四年）被派至中國，遂學習中文與滿文，頗得高宗之寵任。關于滿文之研究，彼實堪稱爲開山祖師，在「滿洲」語學上可大書特書者也。彼於一七七〇年翻譯高宗之盛京賦（Ville de Moukden, Paris, 1770），一七八七年出版滿洲語文法（Grammaire Tartaic-Manchou. Paris. 1787），繼之者爲滿法辭典（Dictionnaire Tartare Mantchou François, Paris 1789-1790）之巨著，第一二册爲一七八九年出版，第三册則於一七九〇年於巴黎出版，繼又翻譯一七五〇年刻之清文彙書，其後一七九二年翻譯滿洲語的讚歌（Hyme tartare Mantchou, Chante a laceasion de la Conquete du Kintchouen, Paris, 1792）。

蘭格斯 Langles 1763-1824 初研亞拉伯，繼轉向研究中亞細亞，終致力研究「滿洲」。彼學爲士院會員，皇室文庫之東洋文書部主任及巴黎東方現代語學校之創立者。彼因出版錢德明著作之關係及在滿法辭典卷首作韃靼滿洲字母論（Alphabet Tartare Mantchou），因而著有國民圖書館所藏滿洲語鈔本二種(Sur deux MS. Mantchoux de la Bibliotheque Nationale. Paris 1972-97)。蘭氏之韃靼滿洲字母論爲一七八七年滿法辭典初版之序文。三版時則改稱爲滿洲語字母論 (Alphabet Manchou, Paris 1807)，增補「滿洲」人之起源，發達及文學等篇，並對克拉普洛特 Klaproth 之李安蒂夫自俄文譯出關於滿洲文學之文字 (Lettres sur la litterature mandchoue, traduites du Russe de M.A.L. Leontiev. Psari et 1815) 一書加以批評。蘭氏之字母論爲最早以活字版印刷滿文者，不可不紀也。此外一七九〇年著有滿洲語之辭書一文法並會話 (Prospectus du Dictionnaire, des Grammaires et Dialogues Tartare-Mantchoux. Paris et Strasbourg, 1790)及皇室文庫所藏滿文典籍考(Notice. des Livees Tartars Mandchouxde la Bibliotheque royale.)等書。

克拉普洛特 Klaproth 1783-1835 生於德國，爲俄國駐華公使加羅夫金之隨員，習中文，蒙古文，編有俄國學士院所藏漢滿圖書館目錄。一八一五年後寓於巴黎，埋頭研究亞細亞言語學，除以德文發表柏林皇家文庫所藏漢滿圖書目錄，又以法文發表滿洲文選(Chrestomatie Mandchou ou Recueil de Textes Mandchou destine aux personnes qui veuleut' Soccuper de l'etude de cette langue. Paris 1828)，繼於亞細亞雜考第三卷發表滿洲文學論，(Lettres sur la Litterature Mandchoue. Memoire relatifs á l'Asie. T. III. Paris 1826) 一文，對于錢德明編，蘭格斯刊行之滿法辭典，蘭格斯之滿洲字母論，蘭格斯抄譯之滿洲典禮考皆加以論評；並在此書第一卷內，譯出滿文之長白山攀登記(Voyage a la Montague Blanche trad. Par Klaproth. Memorie relatifs a l'Asie T. I. Paris 1826)。高第 Cordier 著有克拉普洛特傳評，載於東洋之歷史並地理研究雜纂第四卷中，德國東洋學者克拉普洛特 (Un Orientaliste allemand Jules Klaproth. Melanges d'Histoire et de Geographie orientales T. IV. Paris, 1923)。高第氏爲十九世紀前半期舉世屬望之東洋學者，而對克拉普洛特備極推崇，蓋以其質量俱優也。此外蘭德勒斯 Landresse 編之故克拉普洛特氏藏書目錄 (Cataloge des Livres Composant la Bibliotheque de feu M. Klaproth.)，摩蘭多夫 Mollendorff 之滿洲文學小論(Essay on Manchu Literature. Journal of theNorth China Branch of the Royal Asiatic Society. Vol. XXIV Shanghai 189g P. 1)中，對克拉普洛特及蘭格斯二氏皆有評論。

黎美沙 Rémusat 1788–1832 巴黎人。少習華文，曾協助克拉普洛特組織亞細亞學會，克氏歿後，即繼之爲皇室文庫之東洋文書部主任。黎氏學識湛深，不在克氏之下，爲法國有數之東洋學者。首以塞外民族言語考(Recherches sur les langues Tartares ou Memoire sur differents points de la grammaire et de la litterature des Mandchous, des Ouigours et des Tibetains. Paris, 1820)一書著名。是書第一章論韃靼之語源及研究日本與朝鮮語，第四章論「滿洲」語之綴字法，文法及語源；此外編漢滿語學及文學講義(Programme du Cours Langue et de Litterature. Chinoise et de Tartare Mandchoue, Paris 1815)。黎氏著之沙曼教考(Observation sur la Samancenne. Melanges posthumes d'Histoire et de Litterature Orientales, Paris, 1843)序文論及滿族之宗教，並附有哈里斯 Harlez 之東部韃靼民族滿洲人及蒙古人之宗教(La Religion nationale de Tartares orientaux: Mandchous et Mongols Bruxelles. 1887.)。高第氏曾撰黎美沙氏傳略，(Abel Rémusat Americaniste Journal de la Soc. des Americanistes de Paris, No. 8, 1899, pp. 2967)及目錄學者黎美沙氏一文(Abel Rémusat, Bibliographe. Tóung Pao I Serie II. Vol. III 1902pp. 109–118)。

哈里斯 Harlez 1832–1899, 通滿文及華語，著有滿洲語文法佳句語集便覽(Manuel de la Laugue Mandchoue, Grammaire, bnthologie et Lexique. Paris 1884). 及滿洲語文法 (Grammaire Mandchoue. Actes de la Societe Philologie T. XIV 1884)二書。高第爲其撰小史，見通報中，(Mgr. De Harlez. Toung Pao. Vol. X 1899. p. 487.)

加貝蘭茲 Gabelentz（德國政治家及言語學家）著有法文之滿洲語文法綱要(Elemeus de la Grammaire Mandchoue Altenbourg. 1832)，羅治特 Rochet 著有滿洲語及蒙古語之格言及俚諺(Sentences, Maximes et Proverbes Mantchoux et Mongols, accompagnes d'une Traduction francaise, des Alphabets et d'un Vocabulaire de tousees Mot contenus dans le Texte de ces deux Langues, Paris 1875.）。俄人坡次俾夫 Pozdnbev. 著有俄法蒙古中國滿洲語對譯辭典（Mongolsko-kitaisko Manbjcurski Slovar v russko franshuzskome perrvode. Vladivostok, 1901）。亞當 Adam 著有滿洲語文法（Grammaire de la Langue Mandchous Paris, 1873）及通古斯語文法（Grammaire de la Langue toungouse, Paris 1874）。丹尼 Deny 著有土耳其語蒙古語通古斯語（Langues turques，Languesm-ongoles et langues toungouzes. Les Langues dee Monde, Paris 1928）。德佛利亞 Deveria 著有宴臺碑考（Exam en de la Stele de Yentai, 1882）。哈里斯 Harlez 著有女眞與滿族之起源及言語（Niu-Tchi et Madchoue, Rapports d'Origine et de Laugue. Paris. 1888）。古俾 Grube（德人）著有女眞語及女眞文字劄記（Note préliminaire sur la Langue et l'Ecriture Jau-tchen. Toung Pao. Vol V. 1894. P 335.）。以上各書皆爲歐西學者對滿文之研究，在學術界上頗受重視也。

關於法人「滿洲」歷史之專門研究，高第氏之漢學文獻目錄（Bibliotheca Sinica）已網羅不少專書之著作。首爲哈里斯 Harlez 之金帝國之歷史（Histoire de l'Empire de Kin, ou Empire d'Or, Aisin Gur-un-I Suduri Bithe. trad. par C. de Harlz. Louvain, 1887）、記述愛新覺羅事蹟甚詳。繼之者爲德基尼斯 Degingnes 之匈奴土耳其蒙古及其他西部韃靼諸族通史（Histoire generale des Huns, de Turcs, de Mongols, et des autres Tartares occidentaux. Paris, 1758. Tome 1 M. 74, 75, 131.）、第一卷敘滿族之征服中國及女眞族之起源，此書爲法人研究西域史最有價値之貢獻也。

馮秉正 Mailla, Joseph-Anne-Marie Moyriac 1669-1748 之中國通史（Histoire generale de la Chine, ou Annales de cettEmpire. Tome II, Paris, 1780）巨著尤應特別介紹，是書第十一卷詳敘滿族活動史實，凡六百頁。馮秉正法國天主教教士，一千七百年左右來華，通中國及「滿洲」語。譯通鑑綱目爲法文，並增補清朝初期史實，共十三卷。自一七七七年至八三年始竣事，刊行於巴黎。此外高黎鍚 Grousset 之遠東史（Histoire de l'Extreme-Oient. Tome 2. Paris 1929 P. 522）第二卷亦有關於清朝之記述。

又奧國教士衞匡國 Martini 以拉丁文著之中國韃靼戰史（Historia de bello Tartarico）被譯爲法文（Histoire de la Guerre des Tartares, Contre la Chine. Paris. 1654），衞匡國於一六四三赴華，終於杭州，是書爲明朝對女眞之征戰史。法文譯本一六六七年在里昂出版，見惜美度 Semedo 的中國通史（Histoire Universelle de la Chine. Lyon, 1667.）內。

對于政治外交史亦有諸種研究，首爲高第之中國與列強交涉通史（Histoire generale de la Chine et de ses Relations avec le Pays Étrangers. Tome 4. Paris 1921.）第四卷及中西交涉史（Histoire des Relations de la Chine avec les Puissances occidentales. Partie 2, Paris, 1902. pp. 361–364.）記大連灣及旅順的中俄交涉經過。高第在通報第二册第三卷撰有關于滿洲的中俄條約（Le Traite Russo-Chinois sur la Mandchourie. Toung Pao Serie II Vol. 3 1962 P119.）一文。

維佐 Weeger 的中國政治史（Histoire politique de la Chine, depuis l'Origine, jusquen 1912. Tome 2 Sienhsien (Chine) 1923. 2me edition），自中國古代以迄民國時期（1913）爲編年體，頗便於覽閱。關於「滿洲」方面見第二卷頁一百七十七。

此外摩蘭 Morant 的中國的治外法權與列強的權益（Exterritorialite et Intserets Étarangers en Chine. Paris 1925, pp. 299,319.）斯科沙 Sforza 的中國之言謎（L'Enigme Chinoise. Paris 1928 P. 146），第十九章論日本對華及「滿洲」之新政策。何顯 Hoschien 的從一八七一年至現在之中日外交關係（Les Relations diplomatiques entre la Chine et le Japon de 1921 a nos Jours. Paris，1921, pp. 103-146, 238），第三部以「滿洲」爲主題。日本外務省聯盟準備委員會編之日本對滿蒙之關係（Les Relations du Japon avec la Mandchourie et la Mongolie. Document B. Tokyo 1932），駐巴黎之滿鐵特派員扳本直道氏著有滿洲事變（Skamoto,-L'affaire de Manchourie Paris, 1931）在歐洲宣傳「滿洲事件」。利威 Levy 的滿洲謎團（A Quila Mandchourie. Paris.1932）及孟鞠如最近出版之日本在滿洲之法律地位（Position juridique, du Japon la Mandchourie. Paris 1933）。以上諸書皆有參攷之價值

也。

「滿洲」之原野，嘗爲日本與中俄兩次交戰之舞臺，法人著之中國史及中國外交史，對之記述甚多。關於中日戰爭方面，馬斯皮羅 Maspero 著之中國（La Chine. Paris. 1918 p. 253）第八章，及德里阿烏特 Driault 之極東問題（Le Question d'Extreme Orient. Paris 1908. P, 285）之第三章皆記中日之戰也。關于戰圖，一八九七年巴黎出版有 1894-1895 日清戰爭地圖（La Guerre Sino japonaise au Point de Vue du Droit international. 1896），爲陸軍大尉蘇維治 Sauvage 所編，製有七圖，內分鴨綠江方面，海城，牛莊，營口，金州，旅順方面等。

關于日俄之戰，法國陸軍部方面極爲注意，研究兩國參謀部之戰略，編有日俄戰爭（Guerre Russo-Japonaise, 1904-1905. Historique redige a l'Etat-Major general de l'Armée Russe. Paris. 1914）。及法國參謀本部第二課指導之下，於一九一一至一二年翻譯俄國參謀部出版之日俄戰爭 Guerre Russo-japonaise. Atlas 1:84.000, O. trad. Etat-Major de l' Armée. 2me Burreau. Paris 1911-1912），並譯有戰局地圖種。馬斯皮羅之中國一書，第三〇五頁亦有日俄之戰一章。德里河烏特之極東問題第九章亦有關於日俄之戰者。又馬廷龍 Matignon 之龍國的十年（J. Dix Ans aux Pays du Dragon. Paris 1910），中插入奉天之戰一段。單行本有高當尼 Cordonnier 的在滿洲里的日本人（Les Japonaisen Mandchourie. Paris），書末附有戰爭地圖九頁。此外布札 Bujac 大佐的日俄戰爭（Precis de quelques Compagnes contemporaines. VI, La Guerre Russo-Japonaise. Paris 1908），德魯馬斯 Delmas 少佐的日俄戰爭叢談（Les Enseignements de la Guerre Russo-Japonaise. Paris 1905），厄斯哥魯 Escaele 中尉之日俄戰役略史（Histoire abregee de la Guerre Russo-Japonaise. Auxerre, 1908），當彌特 Donneat 的日俄戰史（Histoire de la Guerre Russo-Japonaise.），或一九〇四年法國參謀本部第二課的報告日本軍（Etat-Major de l'Armée-L'armée Japonaise. Paris, 1904）等書是也。

零篇隨筆則有巴當魯特 Bardonnout 的日俄戰爭研究——自鴨綠江至朝陽（Etudes sur la Guerre Russo-Japonaise.

Du Yalou à Liao－yang. Paris 1908, Revue Militaire generale.)，葛里斯 Courits 的從旅順至對馬（De Port－Arthur á Tsou－Chima; Enseignements de la derniere Guerre navale. Paris 1977)，謝米諾夫 Semenoff 譯自俄文的旅順的艦隊（L'Escadre de Port－Arhur Rasplata. trad. Rar Balincourt.)，加羅安 Caron 中尉的前進中的步兵隊（L'Infanterie dans le mouvement en avant, Étude des princi pes du Reglement du 3 Decembre 1904 Compares avec les Enseignements de la Guerre Russo-Japonaise. Paris 1906)櫻井忠溫的銃後（Sakurai-Tusil en Main. Ju-go. trad. par Balin court)及肉彈（Mitraille humaine. Niku-Dan. trad. Par Balincourt. Paris 3 ed. 1913)，的法文譯本等篇。

關於各地戰爭詳情，有譯自俄文之日俄戰役演講集（Comptes rendus public Par le 'Rouskii Invalid' de Conferences sur la Guerre Russo－Japonaise faites a l'Academie d'Etat-Major Nicolas, traduit du Russe. Paris 1906）第一冊，日俄戰爭之原因及其發軔；第二冊，瓦房溝之戰與遼陽大戰期間，一九〇四年夏季在「南滿洲」山脈之軍事行動；第三冊遼陽大戰之前夕；第四冊遼陽大戰；第五冊十月之間沙河之役；第六冊一九〇五年一月之營口襲擊；第七冊第二軍團總役中，米斯前科將軍之組織別動隊；第八冊，奉天會戰，第九冊旅順之戰。此外尚有捨剌丹 Cheradame 之世界與日俄之戰（Le Monde et la Guerre Russo-Japonaise. Paris 1907)，盧諾恩 Chanoine 少將之日本與俄國戰爭之結果（Le Japon et les Suites de la Guerre Rnsso-Japonaise. Paris 1907)，阿服 Avor 之日俄戰爭之結果（東洋之再起），（Consequences de la Guerre Russo-Japonaise, ou le Reveil de l'Orient Toulouse. 1904）等篇。又從政治上研究之論文，則有逢謨 Bon 在蒙比利大學法學部之學位論文日俄之爭與局外中立（La Guerre. Russo-Japonaise et la Neutralite Montpellier, 1909）及卡里 Carree 中尉之日俄戰爭之局外中立事件（Le Incidents de Neútalite de la Guerre Russo-Japonaise. Etude de Droit international public. Paris 1907）皆饒有興味者也。

專攻「滿洲」之鐵路問題者不多，大體皆爲研究中國全部者，首爲察里龍 Charignan 之中國之鐵道及其發展（Les Chemins de Fer Chinois; Up Programme pour leur

Developpement. Paris 1914). 第一章爲「滿洲」之鐵道，分論中東鐵路，吉長鐵路，南滿鐵路，安奉線等項；第二章記京奉鐵路。本書多附有漢名，頗爲便利也。其次爲羅布拉野 Loboulaye 之中國之鐵道(Les Chemins de Fer de Chine. Paris 1911) 前篇之楊子江以北之鉄道，首段論中東，南滿，安奉，吉長，京奉諸鐵路。拉姆德 Raindre 之中國鐵路 (Les Chemins de Fer Chinois; Contrats ethistoricque. Pékin 1920.)，僅略論開原，海龍，吉林，長春，洮南洮熱諸線及滿蒙借款四鐵路之假條約。研究中東鐵路之專書有中國人黃昌信著之中國之中東鐵路問題 (Houatg Tchang sin, Le Probleme du Chemins de Fer Chinois de l'Est. Paris)，凡四百五十頁。從俄人之侵入遠東致與日本衝突說起，詳論該路局之機構，權益，制度等。此外尙有中東鐵路 (Le Chemin de Fer de l'Est Chinois.Pekin 1932)及金尼 Kinney 之現代滿洲與南滿洲鐵道株式會社 (La Mandchourie Moderne et la Compagnie du Chemin de Fer Sud Mandchourien. Paris. 1928)等書可供參攷。

最後，略論法國研究「滿洲」之機關。予於上文「滿洲」語研究一項列舉十七八世紀之「滿洲」語學者。當時人材迭出不窮，例如東洋現代語學校創立之際，由闌格斯担任波斯，「滿洲」，馬來語之講座。一八一五年黎美沙氏主持韃靼「滿洲」語之講座。其後則主持乏人。伯希和教授(註釋成吉斯汗傳之蒙古語)，但未聞編有關係「滿洲」之講義。東方現代語學校古拉尼教授担任遠東地理，惟未精通華文，貢獻不多。伯希和與馬斯皮羅二氏担任關於中國，蒙古，西域之講座。在巴黎大學設漢學研究所 Institut des hantes Etudes Chinoises de Paris，高等研究院 École des hantes Etudes，由伯希和氏担任漢學講座。東方現代語學校設中國一科，里昂設立漢學研究所。對漢學研究之熱烈，可見一斑。惟研究「滿洲學」之機關全無，尤以往年中法之外交關係，日俄戰役及最近國聯來「滿」調查諸大事件所刺激，但未聞法人對「滿洲」特別對注意也。

予曾參觀巴黎之國民圖書館，內藏關於「滿洲」及滿文者約六十種，關於日俄之戰者極多，該館目錄第三百八十八册至三百九十九册內皆是，惜未追抄錄。手鈔本之特別藏書室內有滿文鈔本甚夥，滿文譯之金瓶梅亦

12

在其內。又地圖在特別保藏室藏有「滿洲」各種地圖，予於倉促間未能抄錄，誠屬遺憾。其次巴黎之亞細亞協會設有完備之圖書室，亦有關於「滿洲」之書籍多種，最足注意者爲沙巴羅夫之滿洲語文法，英國陸軍部出版之滿洲地圖及波馬之 Un'Antica Carte Maucin 等。東方現代語學校之圖書館分爲「滿洲」文圖書與「滿洲」語研究圖書，各約五十五種。

伯希和主編之通報及佛蘭氏主編之亞洲學報 Journal Asiatique（亞細亞協會之機關雜誌）皆爲研究東洋之刋物，于「滿洲」尤多論著；其他政治經濟之雜誌多有零篇登載，然以散見各處，不及備述也。 13

14

繪製各省的人口密度圖能以自然區為單位嗎？

李秀潔

任何一種科學的研究結論，其準確程度，都有其一定限度，強要把它弄到自己理想的標準時，無疑的一定是弄虛玄，過於誇大！一個僅可讀到三位的計算尺，用的人強說能讀到七八位，那只是作商業廣告工作的人所做的宣傳工作！研究科學的人絕不可採取這種態度。

在南京出版的「地理教育」上見到王維屏君的一篇文章，主張中國人口密度圖應1以分鄉分區的人口統計來畫，2點子的分佈應照地形來佈置，3人口密度不能以縣為單位，應以自然區域為單位，4各自然區的密度可以從各區的點子計算出來，5然後用量積儀以求面積。

這幾個似是而非的主張，也要有人以為頭頭是道，但做過中國人口研究的人，決不會贊同的。即以胡煥庸君的「江蘇圖誌」為例。「圖誌」頁二十八有江蘇省人口密度圖，就1沒有用「分鄉分區的統計」來畫，2圖的密度也只是以縣為單位，而不是「以自然區域為單位」。胡君以前還有竺可楨博士研究江浙人口之密度，也是以縣為單位，然則竺胡二先生的研究，據王君的意見，都不是科學地理的工作嗎？王先生應當明白，1中國除幾個寔驗縣外並沒有「分鄉分區的人口統計」；2江蘇只有以縣為單位的人口統計，所以「江蘇圖誌」就只好有以縣為單位的密度。再其次，圖誌中尚有麥，米，棉產分佈圖；照王君的主張，這種點子也應當「照地形來佈置」了。但是胡君也沒有這樣做，理由還是因為只有縣單位而沒有「照地形來佈置」的統計！胡君這個地方所用的方法是對的，而王君的主張是太理想了！

至於所謂「自然區域的面積」，在地圖上表示的根本就不可靠，用求積儀計算出來，怎能就與事實相符？須知要確定自然區域的界線和面積，唯一的方法是在野外用直接觀察來畫定，絕不能以三百萬分一或二百萬分一之「地形圖」做根據。就是中國更詳細的地形圖可用為根據以作詳細人口研究者也是很少見的。對於地文現象比較熟悉的人，拿出中國參謀部的五萬分一或兩萬五千分一的地圖來一看，便可見其謬誤極多。不懂地文的人可以拿到野外去與地形本來面目一對照，亦可看出。至于所謂「聚落」，在中國地圖上的表示，據想應該是村落稠密的區域了，但這又不可靠！因爲有時很多村落密集在一起的地方，在詳細地圖上也往往只有一個市鎮的名字。不信？舉例來証明——看綏遠詳圖，兩個村落間，相隔可以有數十里，但到那裏一看，常發現這數十里內有幾十處同名的村落，如索岱溝，三截塌等都是如此，在華北大平原上也有很多這樣的証例，有好多一家兩家的房屋，散在各地，而地圖常是沒有畫出，或只記一個村鎮的總名字，拿圖去對照便知端的。如此說來，根據不好的地圖而作超事實的理想，是很危險的！我並不是反對理想的主張，只是希望能先觀察事實以証明理想才好！

過去一年中，在洪思齊博士指導之下，我曾作過「山東省土地利用與人口分佈」的研究。關於作圖的方法，很費了不少的斟酌，尤其是對於各種分佈圖，我們就種種觀察到的實例來証明，知道憑空理想的作法，有時會發生極大的錯誤，所以我們還是採用較平凡而屬可靠的縣單位。

我覺得現在沒有超越以縣爲單位的統計數字，作分佈與密度圖時，就只能作到縣與縣之間的比較密度，拿它來與自然區域圖比較，就可以約略看出其實在情形了。並不是不想作到更準確的結果，但是因爲材料不夠，不能過事誇大！若單憑自己臆想而不加以寔驗，常會產生錯誤的主張，與事實大相背謬！那不是「畫蛇添足」？

記鼓山與鼓嶺之游

薛澄清 1

鼓山與鼓嶺俱在福建的福州，民國廿五年七月間，我因事初至福州，戚友們邀我作鼓山與鼓嶺之游，我很高興應允了。因爲福州爲福建政治中心，來此者類多爲各種活動；此來既不在斯，倘不乘此機會一游名勝，豈不是太對不起這次旅行嗎？於是乎往游之志遂決。我到了福州，原住南台青年會宿舍，此處比較安靜，至少麻將聲和鴉片煙味是可以避免的。七月廿一早七點半，我們戚友共五人，僱用一輛小汽車，從南台出城，沿福馬公路走，大約半點鐘工夫就到了鼓山之麓。鼓山在福州城外之東北，當閩江口之左岸，距城路程，約二三十里，在公路未成以前，因爲路遠的關係，有的游客是乘坐小舟而去的。現在可不必了，包車可以（每次每輛車資二元，限坐五人），就是公共汽車也有，因爲福州到馬尾的公共汽車在鼓山之麓分設一站，利便游客實在不少。汽車經過的地方，除一片水田以外，還有福州的飛機場就在距城不遠的魁岐，中航公司的粵滬定期航線，每星期上下各二次，上行機自廣州經汕頭、厦門到了福州再飛到溫州，終而達到了上海；下行機也同樣經過福州的，所以福州的交通可算便利了。

到了鼓山之麓，就見到不少的山轎在等着游客。轎夫男女都有，上鼓山去，每把二人扛的轎，工資一元，這是這裏公安局特設的山轎管理處規定的。所以轎夫不敢多要，而且他們也都聽從該處安排，輪流扛抬。這種辦法很好，因爲轎夫既不會爭做生意，至少給外來的游客，減少了「被拉」的麻煩！我們一行人到了此地，約莫八點左右，大家下了汽車，休息一下。在這裏，因爲我對於中國近代史素具興趣的關係，原有一件事蓄在心中，正待查訪，那就是：

我們記得，中法甲申之役，我們轉勝爲敗，終爲城下盟，試問這責任是應誰負的呢？廣西方面，清廷方面，我們暫且不去說他，單就福建而論。當時軍務是張佩倫主持的，張是所謂清議派中堅分子之一，平常最會唱高調，但到了實際責任放在身上時，可就沒辦法了。不然的話，法艦來攻馬江，如果張氏稍加注意，力籌防禦之策，那就不致船塢被燬，一方面避兵到鼓山去，一方面又以海勝陸敗去欺騙皇上，自請待罪海邊了。後來皇上知道這事的底細，對張氏頗不滿意。同時陳寶琛適以丁母憂回籍，張氏旣奉旨革職，陳氏也受其累。閩人爲了這件事，憤憤不平，聞曾於鼓山之麓的一個磨崖上，刻着『張佩倫避兵處』六大字。這是近代史上有趣的史蹟，值得查訪拍照的。可是那天時間頗迫，不及等我查訪，我就同大家坐山轎上山了。

從山麓上鼓山去，是沿着山那種石板舖成的一條大道，兩邊都是古松參天，樹蔭滿道，所以就是在這暑天，游客坐在轎上，也不會覺得受熱。苦的實在是那班值得可憐的轎夫，山路很斜，他們或她們自然須用盡力氣，才能把轎子按步扛得上去。初時我眞有點怕，怕轎夫失步，從轎上仆到山下去，越高越可怕，危險可不是小啊！可是我的親戚告訴我，轎夫未嘗以失事聞，我就安心一點。按實在說，這裏轎夫身體都很強健，尤其是看到他們男女的兩條大腿，是那樣堅實有力，就相信他們上下山是有把握的。前於獨立評論讀陳衡哲先生的『川行瑣記』，心想四川的山轎夫因爲吃了鴉片，弄到那樣的柔弱，現在眼見這裏的轎夫，身體尙稱強健，不勝暗喜，暗喜他們或她們也許幸而尙未受過鴉片的毒害。

自鼓山麓到鼓山的湧泉寺前，經過了好幾個小廟或小亭，供游客休息及轎夫息肩之所。沿途所見的，除石刻外，還有上下山的徒步的游客，男女都有。我曾看見一個摩登女郎獨自一人下山，可見得這裏現在的治安該是不錯；雖然我曾聽到前幾年土匪曾在這山路上幹起綁票的勾當。

據鼓山志（詳下文）云，鼓山屹立閩海之濱，高十五里，因山巔有巨石如鼓，故曰鼓山（名勝卷一）。這是鼓山得名的來歷。不過，鼓山之見稱於世，不僅僅在乎鼓山自身，實在是唐代的靈嶠禪師來鼓山佈誦華嚴經，奏請立寺，因而後來把這寺漸漸擴大起來，成爲今日國內名剎之一。所以鼓山最早的佛寺就是華嚴寺，這寺現在僅留遺蹟而已，我們到了半山，曾稍停，往其地一看。至於現在鼓山名剎的湧泉寺，那是五代王審知入閩以後的事，宋眞宗二年賜額「白雲峰湧泉山寺，」一直到了康熙三十八年，賜御書「湧泉寺」，因之我們現在就沿用這三字來簡稱這寺，并且山轎停放在山門外，我們一到該寺，就可以在大門上看到這塊康熙御書的匾額。（以上據鼓山志僧興隆序）

到達山門，約近十點半矣，在山門與大寺之間，有一座落成不久的迴龍閣，是應該先說的。閣的舊址原是澄心亭（據鼓山志卷首圖），亭前有魚池。近年福州名紳陳某邀集廈門富翁洪某黃某合資把這亭拆下了，另在該地建起一座新閣，名之曰『迴龍閣』，上祀關帝君，陳氏有碑略誌其事。魚池仍存，有不少大魚放生其中，游客到此，每以餅乾餌魚，但因我看過杭州清漣寺的各色大魚，對此不甚感覺興趣。入湧泉寺，照例來一個彌勒大佛，四個大金剛，沒有什麼可記。我們先到客堂去，吩咐和尚預備午飯，并稍事休息。客堂設在大殿之左，雖然也安有電燈（電話沒有），但設備還比不上廈門南普陀寺，和尚除招待游客飯食茶水以外，這裏也沒有照相館，宿舍等，以娛游客。據掛出的照片看來，要人如以前的閩省主席蔣光鼐氏以及現在的駐閩綏靖主任蔣鼎文氏，都曾到過此地。餘有現任住持和尚的近影。據鼓山志云，鼓山是十方海衆常住的名山，鼓山志卷四沙門開列湧泉寺第一代興聖國師到清朝乾隆間第七十二代的遍照和尚止，歷時雖近千年，而所有過去各住持和尚的事蹟，都歷歷可考。這表示中國人保存歷史的偉大，而其所賴以傳者即爲鼓山志一書，所以我願意對這書附帶略爲介紹於此。

鼓山之有志，始于明永樂間僧善緣修之（據李拔序），今通行本係乾隆間黃任（字莘田，閩中詩家）所修，爲書凡十四卷，六册。全部補刻完成係光緒二年的事，距今僅五十年左右，故原板尚存。全書在寺中就可買到，不待細述。黃任修後，距今已百餘年了，續修工作，是急不可少的，願當道者注意及之。

談到這裏，我又禁不住提起一事：客堂外右壁上有一個石碑，是咸豐年間郡守某爲禁止游人帶妓入宿客堂的宿舍而發的，言詞極不客氣，痛罵這班人爲禽獸。這事說來，在別方面也許太刻薄，在清靜的佛寺中，實任應該。說來奇怪，禁令石刻仍在那里，而現在的和尚可就沒有遵令實行。我到後，眼看不少男女同伴來此寄宿，卿卿我我，和尚也同樣招待，同樣歡迎。在和尚也許僅爲袁頭，在有些游客們看來，實在不合。我們固然希望帶婦女同來寄宿的都是清清楚楚游客自己的妻子，可是和尙們恐亦免不了有此疑問：女伴中難道絕無妓女冒充的嗎？如此一來，這地方成何體統！甚至我自己嗅着過從宿舍中走出來的雅片煙味，我想鼓山是中外人士常游之地，和尙們也有義務替中國人留些面子啊。我一生最恨雅片，想不到可以避之于基督教所辦的青年會中，而竟遇之於佛教的寺廟中！啊，可嘆孰甚于此！

湧泉寺規模頗大，今又附設有佛學院，我因未注意佛學，故未查詢詳情。據鼓山志云，該寺當興盛時，擁有田園八萬四千畝，這數目實足驚人。現在田園較少，而僧侶則尙有四百餘名，故頗有「飯少僧多」之苦。不過，依我所知，福州皈信佛教的較漳厦爲多，每年四月，六月，十二月各佛節，常有不少男女信徒親來朝拜，香火錢一項，想極可觀，這也未嘗不是和尙們一種財源。

客堂外各部建築以及其他，我想已有鼓山志，可以不必一一去說牠。但我比較發生興趣的，茲爲提出二點：（一）閩王祠，在大殿東廡，祀開閩王王審知，清順治間僧元賢建立的；（二）藏經殿，藏有佛經十數櫥，計有宋御賜書一百二十卷，乾隆御賜書七千二百四十卷，爲數亦頗可觀。

離開湧泉寺，我們就由邊路再游其他名勝古蹟，重要的有四處，其一爲喝水巖，相傳五代時，僧神晏誦經于此，惡水聲喧聒，命水東流，西澗以涸，因名喝水巖。橋下石壁上刻有一壽字，極大，相傳是朱熹寫的（鼓山志卷三）。其二爲靈源洞，有泉水自龍頭湧出，和尙利用這水力發動木輪以打鐘，每隔幾分鐘，懸在洞中的大鐘即能自擊一下，不輕不重，日夜不息，令人深思，而有引人入道之妙，這點我頗覺興趣。到了此地，我們一行人稍事休息，和尙奉茶相款，巖茶雖不美，而泉水清洌，爲味亦甘。再由此洞上山，見得一「考亭遺跡」，內祀朱熹，此其三。又由小徑下山，最後到了石船的地方。這兒的松柏，都極蒼古，樹上有很多的松鼠，走來走去。又有泉水自地上噴出，好似人工製成的噴水池，其上有一勺水，噴泉的水聲亦日夜不休，如下雨然，故石船上刻有「聽雨」二字，其旁又刻有一佛像。我們就在此地拍一照，以爲紀念，此其四。

游罷，返寺，午飯畢，在客堂中休息。正午雖熱，在此却不覺得。本來，還想到鼓山的最高峰（名曰絕頂峯）一玩，因爲本日要由鼓山趕到鼓嶺，故未上去。據鼓山志云，絕頂峯有朱子所寫的『天風海濤』四字的匾揭在亭楣間。又據志云，到此峯者，舉目一看，則台灣，琉球，日本諸國，歷歷如彈丸，不知爲事實否？容以後有緣再來時，我一定要親自上去看看（鼓山志，文藝佔七卷，詩文記誦此峯者最多）。

自鼓山到鼓嶺去，沿途是山，但有山田點綴其間，可見這裏農民的辛勤。我們坐的也是山轎，是和尚代僱的，每把二人扛的，工資一元六角。所走的路，比上鼓山的大道，更加危險，一面大山，一面深谷，萬一失事，生命難保。我們四點半動身，到六點左右才到鼓嶺，可見得鼓山與鼓嶺，相距總在二十里以上，完全是兩個不同的地方；而我們一班未到過福州的人，常常誤爲一處，我就是其中之一人。

鼓山不可與鼓嶺相混，而鼓嶺尤不可與牯嶺相混，雖然這兩個地方拚起英文來，是差不多的。而且兩處同是避暑勝地，不過牯嶺近來以政治的關係，聲名大著，福州的鼓嶺自然是比不上廬山的牯嶺啊。

我們到了鼓嶺，先找投宿之所。後來找到了，是汽車管理處鼓嶺辦事處附設的，每人每夜一元，地方雖不甚好，却也可以勉強過一夜。這宿舍又爲我們代辦伙食，每名三角，飯菜尙過得去。

食宿已解決，我們用過了晚飯，時正黃昏，來此避暑的中外人士，男女老幼，很多很多在外面散步，我們也走到各處看看。這裏有郵政局，公安局派出所，商務印書館分館，街道規模雖小，但普通日用品是具備的——尤其是照相的材料之類。

鼓嶺眞可以說是避暑勝地，在此已有不少洋樓，晚上清風一來，不但不知有暑天，着單衣倒覺得有一點冷啊！我因而想到外人以及國內達官富翁們的清福，而對於城市中一百度以上的炎熱天氣下還在拚命拉車的人力車夫，不禁發生無限的同情。

在宿舍住了一晚，晚上須蓋厚被，否則受冷。隔天早上又到各地拍照。午飯後，我自己因當日下午六點與友先有約會，下午二點先行返城。下嶺的山轎，每名五角，二人扛的轎，每把工資合爲一元。到了嶺脚，有警察等着游客登記，我也照例寫明姓名，住址，上下山月日。據警察云，每日上下鼓嶺的約二三十人，中外人士都有，外人也須登記，以便考查。由鼓嶺返城，雖有公共汽車，但一天只二次，下午車要等到五點半才開。我急不及待，先僱了一小車返南台，車資二元五角，走了半點多鐘，才到青年會，時為下午五點。鼓山鼓嶺二地之游，就此告一結束。

民國廿五年七月廿七日記于福州青年會。

6

二十五史補編提要選錄(續)

漢書地理志補注一百三卷 道光二十八年涇縣包氏刻本

清吳卓信撰。卓信字立峯，一字項儒，常熟何家市人。清初，治地理學分爲二派，曰形勝，曰沿革。顧宛溪讀史方輿紀要一書，歷代開創防衛營陣戰守之跡具在；而吳氏補注，於歷代開塞置廢割隸分併之迹，亦大略在矣。惟顧氏名赫奕當世，得兩刻於闤闠；而吳氏名不出閭巷，幸同縣許君伯堅以手稿假武進李兆洛錄副。李氏謝世，副稿又爲涇縣潘芸閣購得。於道光二十八年芸閣又假於同縣包愼言積三百日梓成。吳氏別有三國傳補志廣說親等稿，今皆散佚，而補注之得傳，亦云幸矣。

班氏采禹貢周官以爲漢書地理志，分郡國百三，又自爲之注。吳氏分每一郡國爲一卷，於正文注文，無不賅引以釋古今沿革之跡；於牴牾疑滯，又無不加以博辨考證，有糾班氏之脫誤者，有辨前人之是非者。李兆洛題云，「此書搜輯賅博，大致備矣。因以訂證訛舛，補其缺略，爲稽檢者所藉手，其爲利益甚大」。李氏學無不通，尤深於輿地，而推重如此，是書之足貴，從可知矣。

盧沅　周麟瑞 1

惜李氏錄副時，年已七十，又病甚，不能親勘，書手荒率謬誤，十有二三。據包氏所爲序，知付梓之初，亦嘗囑人是訂，然其誤脫錯簡之跡，未能悉正；甚至引用史記漢書顯見之謬，一仍其舊。而寫手不識草書，更有原稿不誤，轉以改寫增謬者。民國二十四年開明書店彙刊二十五史補編，於是書脫誤，凡知見所及，悉予斠訂，有跋文，言之甚詳。今錄附於左：

右常熟吳立峯(卓信)漢書地理志補注一百三卷，清道光季年涇縣包孟開(愼言)刻本。立峯之名遠不逮其鄉先輩顧宛溪(祖禹)，而堅卓精勤，深爲武進李申耆(兆洛)所推重。稿本之存，亦賴李氏錄副始克傳。顧李氏得稿，年已垂暮，又病甚，不能親勘，書手荒率，訛謬十二三。據包氏所爲序，知付梓之初，亦嘗屬人是訂，然其誤脫錯亂之迹，未能悉正；而寫手不識草書，甚有原稿不誤，轉以改寫增謬者。版行未廣，流傳至罕。二十四年春，開明書店方輯印二十五史補編，予忝附末役，以甄采自任。因耳名徵訪，然無所獲償也。其後展轉請屬，始於夏杪購得吳興湯氏所藏貴筑黃子壽(彭年)舊藏本。初意攝鑄鋅版，用存厥眞。乃反覆披尋，疵累滿目，奪譌舛錯，所在多有，若任其承譌沿譌，不幾貽「書以刻書而亡」之誚乎。爰就徵引所及，發本對勘，自秋徂冬，校理精畢。於原刻舛譌之跡，可得而言。有引書省略而意義殽誤者，如玄菟郡高句驪下引「山海經遼水出白臯東，郭璞注塞外□日平山東遼水所出」。按原文遼水出御白平山，小遼水出遼山。今引文有誤且弗論，條末「遼水所出」上闕省「遼山小」三字，遂使大遼水與小遼水牽混而不分。有引兩書而敓去下一書名及原文之一部者，如玄菟郡西蓋馬下引「大淸一統志鴨綠江源出白白山卽古馬訾水」下接「源出長白山，……」語複義滯，竟不可通。細核下文，乃知後段實出淸通志，中間闕敓「也　皇朝通志鴨綠江一名益州江，亦名靉江，卽古馬訾水」二十二字及一空格。有因地名聲近而誤引者，如南海郡番禺下引「戰國策奉甲涉河踰漳據番吾則兵必戰於邯鄲之野矣」。「奉」爲「秦」字之誤固毋論，北地故實顯可遞移於南粵乎。有引書全不相涉而濫厠者，如鬱林郡中留下忽著「水經注漢水于槃頭郡」十字，語氣未完且舍旃，秦隴山水乃易置粵西矣。有割裂他書而隨改原文者，如河間國武隧下引「史記□□□秦破趙將扈輒于武隧斬首十萬」。按史記秦始皇本紀，「十三年，殺趙將扈輒斬首十萬，」無「于武隧」三字。卽檢趙世家亦不著此文。蓋引文乃從水經注濁漳水篇中割裂而出，因以致舛者也。有敓去正文而獨著補注者，如信都國南宮下有「按水經注作序中，當時隋人諱忠，故改之」云云，而敓去正文「莽曰序下」四字。有羼落正文者，如楚國傅陽下落「莽曰輔陽」，當丘下落「莽曰善丘」。有引書纏出者，如會稽郡無錫下引「皇覽太伯冢在吳縣北梅里聚，有城」。不越二行，又復引之。此皆隨引之例，聊示一斑，其他類是者甚夥，未遑悉舉。其因寫手不識草書而致交舛互譌者，尤難僂數。「泰」「秦」形近，遂使「泰山」爲「秦山」，「泰水」爲「秦水」。「紀」「絕」互糾，遂使「絕流」爲「紀流」，「帝紀」爲「帝絕」。「樂」「東」相纏，遂使「樂安」爲「東安，」「河東」爲「河樂」。「玉」「至」無別，遂使「玉輪江」爲「至輪江，」「至德」爲「玉德」。「戶」之誤「石」，封爵食邑之「二千戶」轉成守郡治事之「二千石」。「舊」之誤「陽」，漢之舊縣多作「漢陽縣」。「章」之誤「奉」，同浦改稱之「章安」竟作帝王下葬之「奉安」。「益」之誤「孟」，巴蜀之「益州」遂成河南之「孟州」。「室」之誤「寶」，卽墨之「天室山」乃作「天寶山」。「瓜」之誤「永」，唐代隴右道之「瓜州」竟與江南西道之「永州」同名。「廉」之誤「產」，「廉州」乃有「產州」之目。「閩」之誤「國」，「閩僞」便襲「國僞」之號。至「蘭陽」誤作「蘭陵」，相去實遠。「始皇」誤作「治皇」，尤爲不詞。甚有「春秋地理考實」誤作「春秋地理不實」，「新校地理志」誤作「新據地理志」者，已足使撰人地下滋痛。而季漢馬騰之父字「子碩」，竟作「子硬」，元時注通鑑之「胡三省」竟作「河三省」，不幾使兩氏子姓望而卻走乎？凡此顯謬，都出寫官。知見所及，輒予斠訂。其有摭拾類書，展轉失其主名，而又無別本可資參校者，一仍其舊，不敢肊更。數月以還，昕夕從事，一鐙相守，每至宵分。友人有以「樂此不疲」相許者，聞之滋媿。其實力薪寡過之不遑，區區求是之心，終恐未達一間耳。若謂吹索往籍，輕彈昔賢，則吾豈敢。中華民國二十五年一月十二日校竟，吳縣王鍾麒伯祥記。（盧沅）

2

漢書水道疏證四卷　心矩齋本
漢書地理志水道圖說七卷　東塾遺書本
漢書地理志水道圖說補正一卷　求恕齋叢書本

疏證清臨海洪頤煊撰。圖說番禺陳澧撰。補正錢塘吳承志撰。自古言水道者，山海經雖荒邈難稽，而支源可尋。外此莫如禹貢，其次則有漢書地理志。地理志出於禹貢，而地名多加改易，精核實復過之。蓋歷時二千餘年，地形每有變遷，考證紀載之實，固後來者較爲有徵而居上矣。嗣後水經有作，酈氏有注，加以應劭闞駰杜預郭璞之徒，參稽引證，厥名猶詳：至宋元以後世競新名，舊蹟漸廢，而班氏之所記始微。然班氏身爲蘭臺令史，得見天下圖籍，故其記約而能該，詳而有法。東京大儒如許君說文解字，鄭君尙書周禮注所引地說多與志同，則其書之精審不苟，固有足以取重後世而不可磨滅者。洪氏頤煊有閔於斯，因取班氏所記，可名者三百六十一，無名者一百三十一，隨其所入，條分縷繫，又復錯舉古書，證其異同。別爲四卷：首記北方諸水，次記東南諸水；次記西南諸水；末仿水經之例，記以地澤所在，俾學者窮原覓委，觸目可知。用以推當時之古道，息衆論之紛爭，於地學之功，非小補也。

抑記載之書，周而難顯，圖表聿興，遂能如指掌。若夫地理沿革，水道變遷，例應有圖，而諸史並闕，此則我國史學之缺憾已。陳氏澧慨然以爲「讀史不可不明地理，考地理不可無圖」，惟以地理之學，水道尤難，欲就其難者導夫先路。乃考漢志水道，成圖說七卷。起於昌海，訖於黑水，自西而東，自北而南，剌取志文，編排次第，以今釋古，著其源委。又以水行平土，湮變遂多，是用鉤稽本志，證以水經酈注，備詳其故瀆焉。其有邊徼僻遠之域，川渠交絡之區，昔之考據，恆多闕誤，今所審定，不免致疑，乃加自注以明己意。每卷之末，殿以輿圖。其所據圖，以內府地圖爲本。以之稽漢志水道，有若重規叠矩；其有古今遷異，亦可尋其脈絡。後之讀史者，於漢時水道可得開卷瞭然之便矣。

書成。爲錢塘吳承志所見，詫爲奇創，乃更以暇日，覃精考索，於陳氏所未詳者補之；其疏舛者糾之。廣徵古籍之餘，又取洪氏疏證，旁及當代鉅儒顧景范齊次風趙東潛洪更生錢獻之徐星伯諸家之書，參稽衆說，證合今形，爲之補正。其尤精者，則能審辨班志原文之譌奪：如「鰈得」條：據應劭音義知「澤中」二字爲「羌各」之誤；「元水」條：據水經注知「東入濡水」爲「出東北入濡水」之奪文。如斯之類，未易更僕。又審正班志有應劭音義竄入志文者，如沛水出塞外西南入海下「湼水也」三字，滇池下「滇池澤在西北」六字，實皆音義之文。其讀書精審，尤爲前人所未逮。蓋諸史傳本輾寫積譌，版本異同，實賚斠勘，匪惟東塾之諍友，抑亦蘭臺之功臣矣。而昔賢纂述，往往得自傳聞。當吳氏之時，航艭交通，游歷之記，多由目驗，新譯圖籍，今詳於古，則又時爲之也。（盧沅）

晉書地理志新補正五卷　清畢沅撰　經訓堂叢書本

晉書地理志新校一卷　方愷撰　廣雅叢書本

晉書地理志列十三州，州凡三篇：前篇紀漢魏立州郡之始，中篇列晉代郡縣，後篇紀惠帝以後增損之制，而冠以總叙，此其大要也。然中篇郡縣，不列年分，綜核全志，有荆揚交廣，則爲太康元年平吳之後可知也；有秦寧二州，則爲太康三年未及幷省以前又可知；又東莞順陽等郡下又注太康中置：則本書自爲矛盾矣。至總序稱太康元年旣平孫氏，凡增置郡國二十有三，而於荆州乃列後篇，爲惠帝增立，不入郡國一百七十三之數，則太康增置僅二十一，合之漢魏蜀吳舊制，僅一百七十一矣。又以各州中篇所列郡國，合計亦僅百七十二，此又數之訛謬也。又總序太康增置郡國內有寧浦郡，而廣州中篇寧浦郡下則曰吳置。總序前言魏武所置有略陽陰平，魏文所置有義陽，乃此三郡又在太康增置二十三郡國之列：此又文之訛謬也。又凡戶口增損之數，月異歲殊。地志所載，必以極盛一年爲斷，而臚列郡縣，亦斷於是年。故前漢地理志郡縣戶口斷於元始二年。續漢郡國志郡縣戶口斷於永和五年。今考總序紀太康元年戶口之數，而中篇所列之郡，有順陽義陽爲太康中置，宣城爲太康二年置，晉安南康爲太康三年置：是郡國下散載戶口與總序不相合，則當以何年爲定，此又體例之訛謬也。即一書而觀：紀傳與志不同者有之，先後各出者復有之。至縣之省幷，郡之廢置，州之罷立，乖張不符，比比皆是。此則由於唐初諸儒，於地理之學非所研究，遂致疆域不明，曠越千載。訖於有淸，絕學復興，專家載出，而晉書地理志始可讀矣。

考畢沅之成新考正也，采酈元沈約司馬貞張守節李善所稱述，書凡二十餘種。又旁徵魏王泰杜佑李吉甫樂史宋敏求諸書。凡事涉典午者，即綴錄之。又隨事正其缺失，才數百條，自是晉書地理志始爲完書，非僅如劉昭注郡國，第矜賅博已也。觀其自叙徵史志之失曰：「沈約稱『晉起居注太康四年立南郡監利縣，』酈道元稱『杜預克江南，罷華容縣置江安縣，以華容之南鄉爲南郡，太康元年改爲南平郡』。若以太康之前爲據，則南郡不宜有監利也；以太康之後爲據，則南郡又不宜有華容也。而今志則兩縣並載。樂史稱王隱晉書云：『魏末克蜀，分廣漢巴涪陵以北七郡爲梁州』。酈道元沈約從之。而今志云：『梁州晉太康三年始置』。酈道元稱『闞駰十三州紀晉太始中割南陽東鄙之安昌平林平氏義陽四縣置義陽郡』。沈約亦同。而今志亦以爲太康中始置。外若樂史稱『盛弘之荊州記晉荊州領三十郡』。又稱『舊晉書晉荊州領十九郡』。皆與今志不同。是唐初修晉書，不特不旁考諸書，即王隱地道之編，沈約州郡之志，亦近而不采」。又「考今志巴東郡無漢豐縣，建寧郡無洽邱縣。而沈志云：『太康地志皆有之』。是縣省設不同一也。今志青州無北海郡，而沈志即墨下密二縣下並云『太康地志屬北海』。今志吳置寧浦郡，而沈志稱『太康地志武帝太康七年，始改合浦屬國都尉，立寧浦郡』。張勃吳錄亦然。是郡廢置不同二也。又今志云：『太康三年罷平州寧州』，而本紀及他書皆云：『太康三年罷二州刺史入奏事，未嘗廢刺史』。是州罷立不同三也。以鹵莽之羣材，承史志之重寄，而又不資校乘籍，證引他書，固宜其紀傳所列，旣與志殊，志之前所列，又與後殊也」。至畢氏新補正之例，則全錄晉志原文，升原注作大字，而逐條刊其謬誤焉。

繼畢氏而校正晉志之缺失者，復有方愷。愷以晉志一序之內，紛紜舛錯，披讀全志，羣疑叢生。遂據本書紀傳諸志載述異同。又取杜預張華京相璠皇甫謐劉逵諸儒著述，皆身當其時，疏列異說，以相證引。又據東晉郭璞王隱常璩闞駰諸人書，用證西晉中原板籍。若沈約州郡志魏收地形志酈道元水經注，則惟取西晉沿革以校此志之失。其唐以後地志考證西晉郡縣，有獨標異議者，亦間及之。吳氏翊寅稱其「糾謬拾遺，辨證翔實，典午一朝建置沿革，藉可考見，厥功甚偉」。又稱「其所撰著，裒輯尤勤。下逮元和郡縣太平寰宇，凡涉方輿，間加搜討，而輒據唐以前書爲之標準。至其斷限，以太康三年爲主，其識可謂精且卓矣」。至其新校之例，則僅擇晉志中有可考訂校補者著於篇，不錄全文，此則異於畢氏矣。然即其匡晉志之謬而糾其違失言之，則固無何不同，而皆爲晉志之功臣矣。（周麟瑞）

東晉疆域志四卷十六國疆域志十六卷　清洪亮吉撰　卷施閣本

東晉南北朝輿地表二十四卷　清徐文範撰　廣雅叢書本

東晉南北朝之輿地，如迷路之交橫，如亂絲之棼雜，糾結而不易理。重以僑置之紛，實土虛名，轉相淆亂。此錢大昕氏序東晉疆域志所以有四難之嘆：一則實土之廣狹無常，一則僑土之名目多複，一則紀傳之事蹟不完，一則原志之紕漏難信。而洪氏續撰十六國疆域志，有十難之祛。約而言之：諸國歷世之多者不過數十年，短者止十數年。劉曜續開之州郡，旣迴異於淵聰；石虎晚定之山河，又大逾于襄國。甚者姚萇崇鎭堡之勢以斂方州，赫連芟郡縣之名盡歸城主：後先錯出，彼此互殊，縱欲指陳，殊難劃一，一也。史實難徵，惟太平御覽中所錄及諸輿地圖經稍存一二，晉書載記又非詳核：是依據者少，二也。當時史籍，亡佚已久，采輯無從，三也。即有附見于晉宋諸書紀傳中者，與載記又多不合，四也。又或名號則彼此分建，方隅則叛服不常：長子屬建興之郡，名乃肇於西燕；赫連築骨律之城，土早歸於後魏，五也。復有逞其胸臆，則務廣虛名，核彼輿圖，則多非事實：如石氏建揚州之號，僅得一城；前燕標荆土之名，惟餘數縣，六也。甚有指南爲北，革舊標新：瑯琊之國，強號幽燕，朔代之區，忽標齊服，近而易混，驟每不詳，七也。又王彌曹嶷段匹磾慕容永翟遼段業等，皆建有國都，誇連郡縣。雖不別爲作志，亦例得附書；若非舉要而削繁，又慮喧賓而奪主，八也。又兗豫靑徐之境，空地常多，旣不隸於諸方，又不歸於江左；若此者，其郡縣之空名，每以戰爭而附見。列爲實土，已無戶口之可稽；目以僑邦，則又山川之未改：此則去留不可，改置尤難，九也。即云魏收酈元李吉甫樂史等諸人所述，可以取材矣；而靈昌之渡，各異其方；梁馬名臺，互殊其號；魏該一合之塢，與晉傳而先殊；石家太武之堂，在襄國而疑誤，十也。自是以降，訖于南北朝，荆揚之士，犬牙相錯，朝南暮北，不可殫述。重以誇誕，各僑州郡。增置之繁，遠逾於昔。於是一地也而有東西南北之稱，一縣也而有僑州郡縣之置。或轉瞬而僑寄斷爲實土，或僑寄之中復加僑寄。蓋舊難未改，新難轉增，此徐文范氏東晉南北朝輿地表所以爲專門之學而不可及也。

考洪氏之著，蓋繼畢沅晉書地理志新補正而別自成家。不依傍原文，獨成一志，此則不同於畢氏者也。蓋洪氏從畢氏久，舟輪所周，殆半區宇。每與焉眺覽，方册必俱，資於見聞，藉證今昔。故繼新補正而爲東晉疆域十六國疆域二志。自謂「於實土僑置，星離豆剖者，庶不致理亂絲而棼」。其東晉志所據，以晉書紀傳爲主，詳求沈約，輔以魏收。外若太康地志元康定戶王隱虞預臧榮緒謝靈運孫盛干寶諸人所著僅存於今者，參之以酈元李吉甫樂史祝穆之所撰，旁搜乎雜錄，間采乎方書，統標東晉之名，略以義熙爲斷。其間州郡之得而旋失者，亦因類附見焉。凡閱兩歲而書成。其及於山川，邑里，鄉堡，聚落，臺殿，宮閣，園林，冢墓者，非特仿司馬彪魏收之例，亦以自西晉以來，陸機華延儁數十輩所造述，今已悉亡，其佚說見於他書者，懼其湮沒，爲之采掇而悉著於篇，藉羣賢之簡牘，成一代之掌故焉。故錢大昕氏讀之用是稱嘆。謂：「唐初去晉未遠，何法盛臧榮緒諸書俱在，而全不檢照，涉筆便誤」。「稗存生於千載之後，乃能補苴罅漏，抉摘異同，搜酈樂之逸文，參沈魏之後史，闕疑而愼言，博學而明辨，俾讀者了然如聚米之在目前」。又謂：「稗存少而好遊，九州之廣，足跡幾遍。胸羅全史，加以目驗，故能博且精若此。而意猶未足也，將踵是而志十六國之疆域，與斯編相輔而行」。果不逾二稔而十六國志復告厥成焉。洪氏之志十六國也，國別爲篇，博稽詳考，祛其十難。其間體例，一如東晉志。他若段龜龍田融等書之僅存於今者，並一一錄入之；既廣異聞，亦存故事，洵作者淵海也。

至徐文范氏則以二十年之力，專治東晉南北朝輿地之學。網羅典籍，博考舊聞，上溯太安，下訖大業，年經國緯，詳敍州郡之沿革，旁及政制戰伐，以明壤地之剖分，爲年表十二卷。又復分別州郡，以西晉爲綱，上考建置之沿革，下詳南北之紛紜，爲州郡表四卷。復以州郡所表沿革，按年排比，務存大綱，欲極其詳，條分縷析，爲郡縣沿革表六卷。又以各國疆域，散見前表，分而不合，稽考爲難，撰世系圖表附各國疆域上下二卷。惜斯二卷，當廣雅書局付刊時已告亡佚，其細目亦不可得見，不識所謂世系圖表僅表有晉一代，抑兼及各國。且世系與輿地不相涉，類聚爲一，亦不識其所由。獨各國疆域上下卷之於年表，一分一合，猶州郡郡縣表之於年表也，其亡佚爲可憾耳。凡合上諸表二十四卷而總曰東晉南北朝輿地表。廣雅刊本則分爲二十八卷，以郡縣沿革表依稿本總目分十二卷，又去亡佚二卷計之也。又廣雅刊本於郡縣表之次第，不依原目，不識原稿之自相錯迕，抑校刊時之有所顛倒邪？然持郡縣表之原目以校州郡表之次第適相同，是則郡縣表之次第亦當改從原目也。

觀於原書目錄與次第之顛倒，而知全書爲未定之稿。此則徐氏於郡縣表前亦嘗自識之矣。所謂：「爾年更爲考校，欲手書一冊，而精神耗散，前後遺忘。且病瘝瘵，不能備述地理從前置立原委，故概從簡略，存其大要」。又弘農郡宜陽縣下云：「此二縣宜先敘東魏，後敘西魏」。此所謂二縣者，考上下文知指澠池與宜陽也。以當徐氏撰述時，先述西魏，後及東魏，後覺兩者次序當爲更易，憚於改作，故附注於宜陽縣下。廣雅刊時，存其注語而不加刊正，可謂疏矣。若斯之流，所謂「務從簡約」，不暇爲整齊之功焉。

詳考諸表，其用力最勤，厥功最偉者，莫如年表。以其於每一輿地變革，必詳敘當時各國之疆域，州郡釐然。其變革之尤大者，兼詳各縣。是一年表中，而各國之地理志之骨幹皆具。據之以繪圖，則東晉南北朝之疆域瞭然矣。至州郡表亦依年敘次，足以與年表相發明，而補所未備。郡縣沿革表或於郡下歷敘諸州之沿革，或於縣下詳及各郡之僑立，初讀之若迷亂而不可糾詰，推其旨趣，要以明實土爲主。州郡之僑立於一縣中者，即詳於各該縣下，庶使讀者不致迷州郡之名，而知實土之所歸乎？綜觀諸表，相互錯綜而其用始全，雖體例未密，要不足以掩其大純也。

今開明書店刊入二十五史補編，于全書體例，重加釐訂。就年表言：若各國稱號，或國號，國主，年號並舉，或僅舉年號，或並年號去之。至不立國號諸族，諸胼舉族名及諸酋之名，或略族名，於無事之年，則或書或不書又復不一。今於年號之記注，凡易世之頃，則求其備。非是則僅紀年。無年號可紀者，有事則記其族名及主名，無事則缺焉。就州郡表言：原表於州郡之下，按年敍次，而弁東晉南北朝各國國號於紀年之前。然國與國之際，往往前後銜接，不相別白。今則凡可以分析者皆爲之分劃。又原表於一州沿革列敍之餘，覺漏義尙多，即以附注於下，今皆爲之分別補入。至郡縣沿革表則以僑寄之煩，而於郡或縣下詳列僑州郡縣之沿革。又以僑寄而轉瞬成爲實土，遂使州郡縣之沿革三者皆殺亂而不明，一也。又郡縣表以隋爲限斷，而隋郡縣之疇範既不同於晉之郡縣，以隋爲斷，則於晉郡縣之疇範不能嚴守，而郡縣相互之界渾，二也。欲於郡下詳州之沿革，即以州之壤地爲郡之壤地，三也。以是三者，用是州郡縣之沿革辨別不明。即其郡縣名記注之例，亦復不一：有名稱改易即不書者，有名稱改易即用新名者，有以縣有移屬而不書，或移屬而書者，有以他縣併入而不書，或併入而書。今準陳芳績輿地沿革表例：於郡下則專詳郡之沿革，於縣下則專詳縣之沿革。苟有分置，皆用括號標出以別於注文，其有改易者，即用新名。而於徐氏原文，不加删削以存其眞。庶於原表參差之例，稍加劃一矣。（周麟瑞）

9

申報六十周年紀念

三版中國分省新圖出書

翁文灝 丁文江 曾世英 編製

立體模型 集專家之心力——樹輿圖之權威 彩色精印

本館前以六十周年紀念特請翁文灝丁文江曾世英三先生編纂本圖發行以來業已再板綜合銷數超過廿萬部以本圖撰繪詳明印刷精美不僅公私機關學校共同采用且并家喻戶曉幾於人手一編現在三板發行更由編者加意改良益求美備玆特列舉各點如下

丁玆推行建設注重國防之時社會人士全國學界對於本國地理應有深切之認識以樹復興之基礎本館宜揚文化職責所在因假六十年事業之紀念編纂本圖俾於國家少有貢獻更為推行普遍起見屢經改板仍售原價併此聲明

每部實價國幣三元

外加郵費一角六分

總發行所 上海申報館售書科

分發行所 南京 建康路三二五號申報辦事處
北平 西南園廿三號楊仲華君
天津 法租界廿四號路好樂里七號龔師義君

▲特約經售：生活書店 開明書店

㈠地名增多 前以本圖力求地形明晰起見所列地名猶嫌不足玆已自六千餘處增至一萬餘處

㈡校閱精詳 三板於付印前曾將底稿分寄各省官署大學以及專家學者共同研究多獲校定之功舉凡舊有疏漏之處率予補訂改正

㈢改良索引 前撰索引三百萬分一地圖合經緯二度為一格他圖合四度為一格其地點密集之區檢查間感困難三板於原有分格外再按小數縱橫各分十格索引自形便利

㈣材料更新 三板為力求精確起見舉凡四川甘肅寧夏各省均用最新之材料凡在本年五月間規畫之公路以及六月前更改之政區均屢經改板俾得逐一更正

㈤充實內容 三板於原有各圖之外加入立體模型，土壤分配，磁針偏差諸圖均為中國地圖之初期倡作又吉綏熱察甘寧各省圖亦均改用三百萬分之一以期清晰

㈥立體模型 本圖附有專製之紅綠眼鏡俾可映視特印之地形圖以求得正確之立體模型為舊式地圖所未有

通訊一束

一二三

頡剛先生：

北來之後，一切尚稱順利，惟以身體健壯，口操異鄉之音，常被看作某國人，不無可笑也。在宣化時，所遇軍隊，盤詰甚嚴，聲色俱厲，幾爲其吞食，及至示以名片，乃拱拳道歉。此種敵愾，頗可珍貴。鄉民亦有以『貴國』見問者，惟不問於見面之時，而問於曲意逢迎之後，殊令人不快。媚外心理一日不去，民族一日不能復興，而况媚敵乎!?

與農民說及時局之際，常表示樂觀，或竟不置答，裝作不懂。又問其在萬一時，是否願充義勇軍，多答以腹尚不飽……，初聞之，未嘗不嘆其民族自覺心之缺乏，其實亦難深怪。蓋彼等終歲勞動，而不獲一飽，國家民族於彼何有哉？則自不能對國家民族有深厚之感情，智識份子自亦難深告此未受教育之飢餓同胞，一旦有事，恐勢難爲用。想及華北農民，多輾轉於死亡線上，此誠前途之隱憂也。

本月五日夜，張家口大雪，六日大風。既衣皮衣，着皮手套，一出大門，即覺體無暖氣，指尖失去知覺。及出大境門外，則寒風撲人，冷沙撲面，頗難忍受，乃不得不返抵旅舍。歸途遇二十九軍正操畢回營，步履健壯，眼神透露，雖棉衣棉帽，對此凜冽之冷風，毫不加介意。以此抗敵，何敵不摧？慚愧之餘，不禁心致敬焉。

前日至大同，軍隊亦多棉衣棉帽。聞前敵兵士，類多如此。全憑旺盛之士氣以殺敵，而不計及此酷冷之天氣。彼等縱不計較，我等國民，安能不體恤之？聞北平學生作募集皮衣之運動，此最切於實用。但全賴學生主持其事，不免遭受惡意的攔滯，以影響其工作。如先生能聯合各界名流，切實協助，則進行將更順利。此地老羊皮中截皮衣，以察北騷擾，來源短缺，每件價貴至六七元之譜，如能在寧夏青海等地購辦，想四五元即可。苟能募得十萬元，二萬兵士將無凍斃之虞。

士氣之盛，殆非筆墨所能形容。從兵士口中，即可知其深具決心，頗爲自信，並至爲樂觀。即就各地之軍事設備言，亦不似毫無計劃者。而流言所播，更足起懦興頑，縱所傳不確，亦足以自慰。

縱觀塞北形勢，內外長城之間，惟宣化盆地（即前直隸口北道一帶）山地綿亘峻峭，易守難攻。惜乎獨石口已不在我手，使敵由延慶南下，『土木之變』即不難重演一次！大同盆地（約相當前大同府）比較難守，尤其對綏東方面，很少天險可憑。使綏東失守，不但綏西，寧夏等地難爲我有，大同盆地尤岌岌可危。大同盆地與宣化盆地之間，亦非所謂兩峯壁立，一線通微之地，由大同以攻張家口一帶，尤較由張家口以攻大同等地爲易。而由大同以入山西，更遠較由河北以攻山西爲易。使察南山西再失，不但華北無救，整個的中國，亦將鮮復興之途。故綏東問題之發生，實不啻我國最後存亡關頭之已至，凡我國人，皆不能袖手旁觀。可是，當綏東緊急之秋，平綏路以及張家口至張北間之汽車道，則尚爲敵所利用。由張家口至萬全壩，本是險途，以修成汽車路，即形同康莊大道，爲我國近年建設值得稱道之一。然所驅馳者，幾盡某關咸源爲之汽車，運送汽油，麪粉以及其他笨重而不知名之物品甚多。張北距張家口不過百里耳，不積極出兵抄其後路，掃其根據地，已非有組織的國家所應有之現象，而復以資敵，誠非我輩局外人所能測其高深矣。

擬遲後返平，當面請教！專此，敬祝道安！

陳增敏謹上。

一二三

頡剛先生：

在雅安是上一信，諒已收閱了。此次由雅安至康定雖有五百四五十里路，共計走了八天，每天平均約七十里左右。現在將沿途的情形，約略報告一下：

一、交通：此段路程，共有二條路。一由雅州經天全至康定，只須六日可達，但路小，匪患更大，沿途飲食站不齊全。一由雅州經滎經，漢源，瀘定，即爲澤所行之路，此段路較大，一路有站，但須行八天。所謂路大，並不是像北方鄉間，也只是羊腸小道，有些地方用山石修建，有些地方只能行一人。沿途見有不少地方，都崩壞了，行人就在田裏岩邊自由走出一道。路沿溪水行，溪水盡在兩三大山中流出。每越過一高山，即分水嶺，又另沿一溪前進。山路基地爲土，故須亂石碎岩鋪於面，以保路基，但行人苦痛萬分。第一日澤即步行，又當大雨泥水甚滑，頗爲難行。有數段路由岩中掘成，岩下即萬丈深淵，不敢下視，偶一不愼即喪身他鄉了。此一段路交通工具，只有人力與動物力。雅安與打箭鑪之間，以茶及山藥爲往來大宗，人民在雅州背茶，大約在百六七十斤重，行十餘日到泥頭後再由泥頭轉運打箭鑪。打箭鑪爲鑪關，以西稱爲關外。凡關外貨物如牛黃，貝連，當歸，羊毛等均用馬騾運出，馬騾運貨在二百多斤左右，行走山路與人無異。所以雅康雖只五百餘里，而貨物運輸費時在一月左右，交通殊爲不便。

二、旅行：旅行此段路程，最感困難者，即是對付抬滑竿兒的。滑竿兒爲川省俗名，以兩竹竿中夾一竹片造成之坐位，兩人抬走。想雇滑竿兒，須在轎行雇，因行裏負有責任，出了事可以尋行裏負責；若在街上自由雇，怕他們拿了錢不來，又怕走到半途跑了。抬滑竿兒的盡是吃鴉片的，瘦得只有幾根皮包骨頭，終日不洗面，終年不洗身，衣服破壞不堪，遍身是虱子臭虫；沿途走不十幾里不是吃鴉片，就是休息，早上非你去請他不走，休息時非你催他不動身，一路討厭已極。上山要下來走，不然他們就滿口抬不起，呼痛叫困！

此路共有八站，每一站有數戶數十戶人家不等。漢源以後，飲食較艱難，飯有賣二吊錢一碗的。瀘定以後即爲一角錢一碗，但不一定買得到。此地米賣八元一斗，宿處有遮風避雨之所，算爲好地方。澤自雅州出來，不曾沐浴，身上染有臭虫，終夜不能成睡，到此地來非身體好恐不能受此苦處。沿途有數匪區，幸澤與西康建省委員會之人一路，他們有兵保護，得免於難；將來回轉時，不知如何？

三、路程步數及高度：同行建委會張君，彼係步行前來，身上帶有步數表、測路之遠近。另有劉君有一高度表，測各處之高度。今將八日來各站之步數，高度列下，以供地理學家之參攷：

第一日、雅安出南門——十里至上對岩——一六八〇步至鳳木埡（五里）——一〇六八步（五里）至獅子舖——一九九〇步至子石里——三四八〇步至鳳鳴橋（七里）——二一一三步至八步石（五里）——五一一五步至觀音舖（八里）——四九〇〇步至周家嘴（五里）——四一〇〇步（七里）至乾邦子——三〇五四步（七里）至吉子岡（高一〇五〇公尺）——三四〇〇步（五里）至麻柳場（高六八〇公尺）宿。

第二日、麻柳場——六五〇三步至兩河口（八里）——八九四六步至營徑（十二里）高六五〇公尺——四二〇二步至古城（三里）——二七九五步至六角壩（四里）——二二〇五步至水池舖（三里）——四〇五五步至鹿背頂（五里）——六七一四步至箐口站（五里）——二一七二二步至大通橋（三里）——三〇〇〇步至棧上舖（五里）——三一九〇步至凰泥堡（十二里）高一〇八〇公尺。

第三日、凰泥堡——五六七〇步至小關（十里）——三〇二九步至木濤岩（五里）——二〇五八步至大關（五里）高一七三〇公尺——五四七八步至板房（五里）——二九一四步至長老坪（五里）——五六〇二步至大相嶺頂（十里餘）高二千七百七十公尺——四五三三步至盤足（五里）——三八四步至翔門（五里）——五七八四步至漢源城（五里）高一千六百六十公尺。

第四日、漢源——六六〇步至毛毛岡——一八七七步至冷飯（十里）——一二二四步至富庄（十五里）——六五二六步至一碗水（十里）——六〇八〇步至大堰口（十里）——一三五〇步至泥頭（十五里）高一四八〇公尺。

第五日、泥頭——一一七三四步至三腳坪（二十里）——九六〇三步至三道橋（十五里）——三七七一步至伏龍寺（十里）——三〇七五步至飛越嶺頂（十里）高二千七百九十公尺——五八九七步至瓦窯坪（十里）——三七七九步至化林坪（五里）高二千一百五十公尺。

第六日、化林坪——一四三〇步至興隆鎮（二十里）——九〇一二步至冷磧（十里）——六六八四步至么堂子（十里）——四六二一步至染林鎮（十里）——六七〇八步至大埧（十里）——一一六五八步至鑪定（十五里）——高度一三一〇公尺。

第七日、瀘定——一一三七二步至咱里（十五里）——六九八九步至小烹埧（十里）——七九三六步至大烹埧（十里）——一五七八四步至瓦斯溝（二十五里）高千五百公尺。

第八日、瓦斯溝——六六二六步至頭道水（十里）——七八九八步至大河溝（十二里）——四四九九步至柳楊（八里）——七三〇五步至果抗（十五里）——四六七六步至菜園埧（八里）——五六八八步至康定（七里）高二千五百六十公尺。

內中所記各站至另一站之里數，係普通人所臆測，而未經過正確測量；其步數係由步度表測量，大致不差。由此步數，即可知雅安至康定

3

的正確里數了。

四、沿途所見：沿途所見，奇怪事甚多，都載在日記中，不能一一敘述，畧說一二可也。自雅州以西令人最覺注意者即爲鴉片烟之公開吸食，不但無人干涉，且至任何地均可點燈，一席橫陳即可吞雲吐霧了。銅元內地甚爲稀少，銀元更從未見過；中央法幣，有一元兌換至二十五吊文，或至二十八吊文。四川銅元本來有當五十，一百，二百，新二百等種類。自雅安以西只要是銅元，不論是當一十，二十，以至二百，都作二百文。一切東西，異常昂貴。花生，頭三天我們買二百文一堆；四五天，四百文八百文一堆；現在一吊錢一堆，而每堆顆數仍舊。沿途在山路行時，覺空氣新鮮，風景非常好，但每至有人家處，不論是一二家，不論是一村一鎮，都是臭味難聞。有中央軍（十六軍）駐地較好，其他則不願下足。此路上見不少婦女亦同男子一樣，肩背物有至百數十斤者，同男子一路，運貨至別處，途中須十餘日，亦同男子一齊，眞是以自己血汗掙錢。有一次見一婦人背一死人，屍身穿新衣，手足都包好，背着步行已四天，也是件趣事。至康定後關於康人之趣事不少，以後再詳細報告。此地天氣嚴寒，寫字已覺僵木，想北平此時，正是秋高氣爽的日子吧？

專此，順頌大安。　生佘貽澤叩上。九月廿五日。

一二四

頡剛先生史席：久欽名下，未獲瞻韓，企詠之私，實成饑渴，道途修阻，抗謁無由，惟於雜誌中拜誦佳製，稍慰遠慕而已。昔讀先生辨僞諸作，以鄭樵之博兼百詩之專，研覈臧否，鈎稽微眇，足使東壁斂手，際恒變色。又復扢揚地學，擬禹貢學社。維昔地學大師，顧姓有亭林祖禹，今得見先生，鼎足而三，信可高睨一代矣。不佞曾以黃仲琴先生之介紹，加入禹貢學會，自維肤劣，蹐有表見，悚汗滋深。今輙以所著潮梅史地論文四篇，曰惡溪攷，潮州府韓文公祠沿革（上），韓山名稱辨異，海陽山辨，奉呈大教，幸賜削正，再登入禹貢半月刊。高山仰止，實積愚誠，是用冒昧上言，瀆擾視聽，匪敢妄覬攀附，仍思他日掃門一聆清誨也。儻蒙見納，爲幸多矣。謹先奉狀，申布微悃，附呈天嘯樓集，潮州藝文志各一本，乞察收。

肅此，敬請道安，諸維亮照不宣。　後學饒宗頤謹上。　十一，六。

一二五

頡剛吾師：

敬肅者：久違教澤，馳念殊深。生等自平拜辭，翌日即匆匆整裝西行。九月一日，朝發西安，經西蘭公路抵蘭，時適值郭子杰先生及梅巘諸先生由寧來會。十九日同赴青海西寧，曾至塔爾寺（即魯沙耳，該地爲宗喀巴誕生地，亦今喇嘛教聖蹟之一）、樂都等地考察。青海僻處邊陲，地間新疆，甘肅，康，藏諸省區，民族雜處，爲諸省冠，計有回（漢回，蒙回，纏回），藏，土人（恐即沙陀，氐，羌之子遺，而與蒙藏血統混合者），滿，漢諸族。該省回民氣燄之熾，爲內地及西北各省所鮮覩。民族問題，不獨回漢爲然，即回藏，蒙藏之間，自清以來亦未見調協，彼此壁壘儼然。該省財權，清末以來即在回民掌握，故學校較有成績而設備完全者類皆隸屬回教促進會，漢人所設或省立學校則未能與倫焉。由青海返蘭後，郭梅戴諸先生即直赴西安。生等亦因隴省治安問題，不克赴外縣考察（當時約有二分之一以上縣治爲共黨蹂躪），於十月九日泛皮筏循黃河轉赴寧夏，計程九日，沿途數歷艱險。十八日至王宏堡登陸，復經寧朔，翌日始安抵寧夏。後曾赴河東金積，靈武及吳忠堡諸地，並踏賀蘭山至阿拉善旗治所定遠營。十一月三日循道寧北，經平羅，磴口，三盛公（該地爲阿旗後套，拳匪之亂因條約關係爲天主教—屬聖心會—傳教士佔領。後套黃沙漫漫，惟此數區一帶饒田沃野，樹木蔭翳，復築土爲寨，儼然一「塞上敎國」矣），補龍淖，臨河，陝壩，五原，包頭，於十一日行抵歸綏。原擬抵歸綏後仍東行，分赴綏東各縣攷察；現以綏東吃緊，致裹足不前，至爲憾事。此行蒙于杰學長多方照護，至深銘感。每至一地，北大校友均熱烈歡迎，詢問母校近況，親切關照，不可言喩。

再臨行囑爲禹貢學會募捐及徵求會員事，除陝西經行倉促，及青海有特殊情形外，隴寧兩省均已進行。綏省現正分向各方接談，情形尙佳。至搜集縣志，因得之屏兄信較遲，青海未及接洽，甘肅已託教育廳長田雲卿先生代爲搜集。寧省各縣大部均無縣志；卽有縣志者，數經兵燹，亦少餘存，僅得民國時重修朔方道志一部。三五日內，生等或轉道山西返平。率此寸械，用告行止。

專肅，敬候教安。

受業 李夢瑛 白寶瑾 謹上。 十一月十四日。

一二六

頡剛尊兄先生道鑒：前野人山一稿已承錄登禹貢，至爲感紉。玆緣西貢至河內之鐵路于本年九月工竣，十月全部通車，我國西南國防因之更爲吃緊，特將前兩次赴越所獲資料，參以近出各書，草成西貢鐵路與西南國防之關係一稿，揷入各圖，耕繪陳上，敬祈審覈。如尙可用，乞再提前錄登禹貢，因此稿稍含有時間性故也。又讀最近禹貢附載邊疆叢書刊印緣起凡例中敘明「其人存者其書不錄」，在昔曾有此例，近已變通。即如金氏武祥存時，其粟江雜記，赤溪雜志兩書，王氏錫祺已采入小方壺齋輿地叢鈔；汪氏康年振綺堂叢書亦采錄現存管氏鶴拳匪聞見錄一書。若最近如商務印書館所印新時代史地叢書，則全錄近人之譯著；新亞細亞學會編印叢書，亦係徵集近人譯著之稿。況關於邊疆事務，前人之書係屬陳蹟，大都可供歷史上之考證；近人之書係屬現勢，其詳審處往往勝于前人，較爲適用。若關于邊疆之氣候，地勢，物產，種人，風俗，交通等項，外人著述視國人著述較爲精密，亦應繙譯列入以備參稽。至邊疆各省及蒙藏之圖，現出版者尙多疏漏，并應博採各新出之圖繪製印行，俾研究邊疆地理者有所考證。此係弟肊見失知，聊爲曝獻，當否仍請酌奪進行。

匆匆不盡，即頌著安。

小弟 童振藻 謹啓。十一月十六日。

頡剛案，仲華先生耆年博學，居滇省近三十年，採摭西南史地材料之多爲域中所罕覩。屢承賜文，曷勝榮幸。承示各點，皆切要之務，同人自當遵依，俾他日出其所學咸可致諸實用也。

禹貢學會地圖底本甲種分幅表

（一）本圖用經緯綫分幅，比例同大，這張和那張，分得開，合得攏，要大要小，得隨使用者的心意規定。

（二）每幅皆分印淺紅，淺綠，及黑版套色三種，使用者可以按着自已應加添之色而採購，免去雜色不顯之弊。凡購紅綠單色圖者，如更購黑版套色圖以作對照，便可一目了然。

（三）每幅於裏圖廓邊，將經緯度每度之分度，每十分畫一分劃，以便使用者根據此分劃，精密的計算經緯度而添繪各種事物。

（四）為免除地物繁密礙及添繪畫綫之清顯，及預備使用者之多量添繪起見，本圖除將天然地物及有關行政之界綫，城，市，關隘……列入外，他如道路，鐵道……概從省略。

（五）本圖對於行政區分註記，務期詳明。普通圖對於省會而兼市，且為縣治所在地；或既為縣治所在地，又為省隸市，……諸地方，皆謹註一名，而不備註其行政上不同性之諸名。本圖則對於一地而兼數治之地方，或以圖式之區分，或按字體之不同，舉凡該地行政上應有之名稱，俱各備註，以備參考。

（六）圖分甲乙兩種甲種為二百萬分之一共計五十四幅乙種為五百萬分之一共計廿三幅年內可全部出齊

（七）凡圖名下加——橫綫各幅皆係已出版者

定　價

一色版淺紅及淺綠二種每幅售洋一角

黑版套色每幅售洋一角二分

批發簡章

凡寄售者一律七五折，現欵批發七折，現欵一百張以上者六五折，現欵二百張以上者六折，現欵三百張以上者五五折，本會會員無論零整一律六折，分幅表函索即寄。

	68–76	76–84	84–92	92–100	100–108	108–116	116–124	124–132	132–140
54–50			6 加達	5 烏索	4 伊爾庫次克	3 赤塔	2 漠河	1 璦琿	
50–46			13 科布多	12 烏里雅蘇台	11 庫倫	10 克魯倫	9 龍江	8 海倫	7 伯利
46–42		21 伊寧	20 迪化	19 哈密	18 居延	17 烏得	16 赤峯	15 永吉	14 虎林
42–38	29 烏魯克恰提	28 溫宿	27 若羌	26 敦煌	25 寧夏	24 歸綏	23 北平	22 平壤	
38–34	37 蒲犂	36 和闐	35 甘森	34 都蘭	33 皋蘭	32 長安	31 歷城	30 京城	
34–30		43 噶大克	42 西泥沙	41 昌都	40 成都	39 漢口	38 南京		
30–26		49 德里	48 拉薩	47 井鹽	46 貴筑	45 長沙	44 閩侯		
26–22				53 瓦城	52 昆明	51 番禺	50 廈門		
22–18				56 勃期	55 河內	54 瓊山			

會　址：北平西四北小紅羅廠八號

發行部：北平成府蔣家胡同三號

本會二十五年十月四日至十一月二十五日所收之特別捐款及會費報告

吳禮卿先生　捐助　壹百元
丁稼民先生　特別捐　五元
趙泉澄先生　捐基金　五元
顧頡剛先生　捐北大八月份薪水四十九元五角六分
顧頡剛先生　捐北大九月份薪水四十五元八角
王日蔚先生　會費　六元
王耕五先生　會費　六元
龔忠淦先生　會費　三元
李文郁先生　會費　三元
何士驥先生　會費　六元
毛　汶先生　會費　六元
滕　固先生　會費　六元
曹恢先先生　會費　六元
謝祚茝女士　會費　六元
徐中舒先生　會費　六元
余　遜先生　會費　六元
陸侃如先生　會費　六元
馮沅君女士　會費　六元
丁稼民先生　會費　三元
馬兆鈞先生　會費　一元
劉　節先生　會費　六元
許純鑾女士　會費　三元
湯瑞琳女士　會費　三元
張天澤先生　會費　三元
丁　驌先生　會費　六元
張　璐先生　會費　三元

莊為璣先生　會費　六元
楊　寔先生　會費　六元
郝瑞桓先生　會費　三元
徐　芳女士　會費　三元
祁延霈先生　會費　九元五角
班書閣先生　會費　三元
謝國彥先生　會費　三元
唐繼笙先生　會費　三元
陳家驥先生　會費　六元
鄭允明先生　會費　三元
梅貽寶先生　會費　六元
吳廷璆先生　會費　三元
呂鍾驥女士　會費　三元
蔡賢傑先生　會費　三元
張光遷先生　會費　三元
趙鴻勳先生　會費　三元
劉寶民先生　會費　三元
郭維新先生　會費　三元
溫雄飛先生　會費　八元
薛澄清先生　會費　三元
李夢瑛先生　會費　三元
汪桂年先生　會費　三元
孫秉初先生　會費　六元
廖季文先生　會費　三元
孫伯棨女士　會費　一元
王金紱先生　會費　六元
何維凝先生　會費　三元
段繩武先生　會費　六元

出版者：北平西四牌樓小紅羅廠八號 禹貢學會。
編輯者：顧頡剛，馮家昇。
出版日期：每月一日，十六日。
發行所：北平成府蔣家胡同三號 禹貢學會發行部。
印刷者：北平成府引得校印所。

禹貢

半月刊

價目：每期零售洋貳角。豫定半年十二期，洋壹圓伍角，郵費壹角伍分；全年二十四期，洋叁圓，郵費叁角。國外全年郵費叁圓陸角。

本期定價國幣伍角。

The Chinese Historical Geography

Semi-monthly Magazine

Vol. VI, No. 8-9, Total No. 68-69, January, lst, 1937.

Address: 8 Hsiao Hung Lo Ch'ang, Si Ssu Pai Lou, Peiping, China

第六卷 第八九合期（南洋研究專號）

民國二十六年一月一日出版

（總數第六十八九期）

內政部登記證警字第叁肆陸壹號 中華郵政特准掛號認為新聞紙類

贈書致謝（二十一）

本會同人于去年七月間組織考查團至河套調査水利，蒙王樂愚先生及薩縣新農試驗場惠贈圖書若干種，謹列載於后，藉伸謝悃。

王樂愚先生贈

第四屆包西水利會議錄　一册　民國二十三年包西水利局編印

綏遠五臨安三縣水利整理委員會成立會議記錄　石印一册

五臨安三縣各渠名稱長寬深度及澆灌地畝數目一覽表　手錄一幅

後套天然河略圖　手繪一幅

五臨安三縣渠道略圖　手繪一幅

民國二十三年測量運環渠綫圖　手繪一幅

義和渠稍烏加河至西山嘴測量退水渠略線圖　手繪一幅

張王雲卿夫人贈

王同春先生遺照　一幅

薩縣新農試驗場贈

西北農墾工作記第六期　油印一册　民國二十五年三月印

又本會於去年十一月間收到下列贈書，謹載書名，藉伸謝悃。

劉汝明先生贈

察哈爾省通志　二十八卷十二册　梁建章總纂　民國廿四年鉛印本

柯昌泗先生贈

察哈爾延慶縣全圖一幅　二十萬分之一附縣城分街圖　石印

懷來縣全圖附懷來縣圖　一幅　民國廿三年六月印

國立北平故宮博物院贈

文獻論叢　一册　故宮博物院文獻館編　民國二十五年雙十節印行

饒宗頤先生贈

潮州藝文志　一册　潮安饒鍔輯　嶺南學報四卷四期抽印本

天嘯樓集　一册　潮安饒鍔著　民國二十三年仿宋鉛印本

本刊啓事

本刊擬於最近編出察綏專號，康藏專號兩種，又於七卷一期編出三周年紀念專號，刻均在徵文期中，尚祈會內外同志慨賜鴻製，以光篇幅，不勝盼幸。

本刊第六卷第十期目錄豫告

南洋群島地勢圖

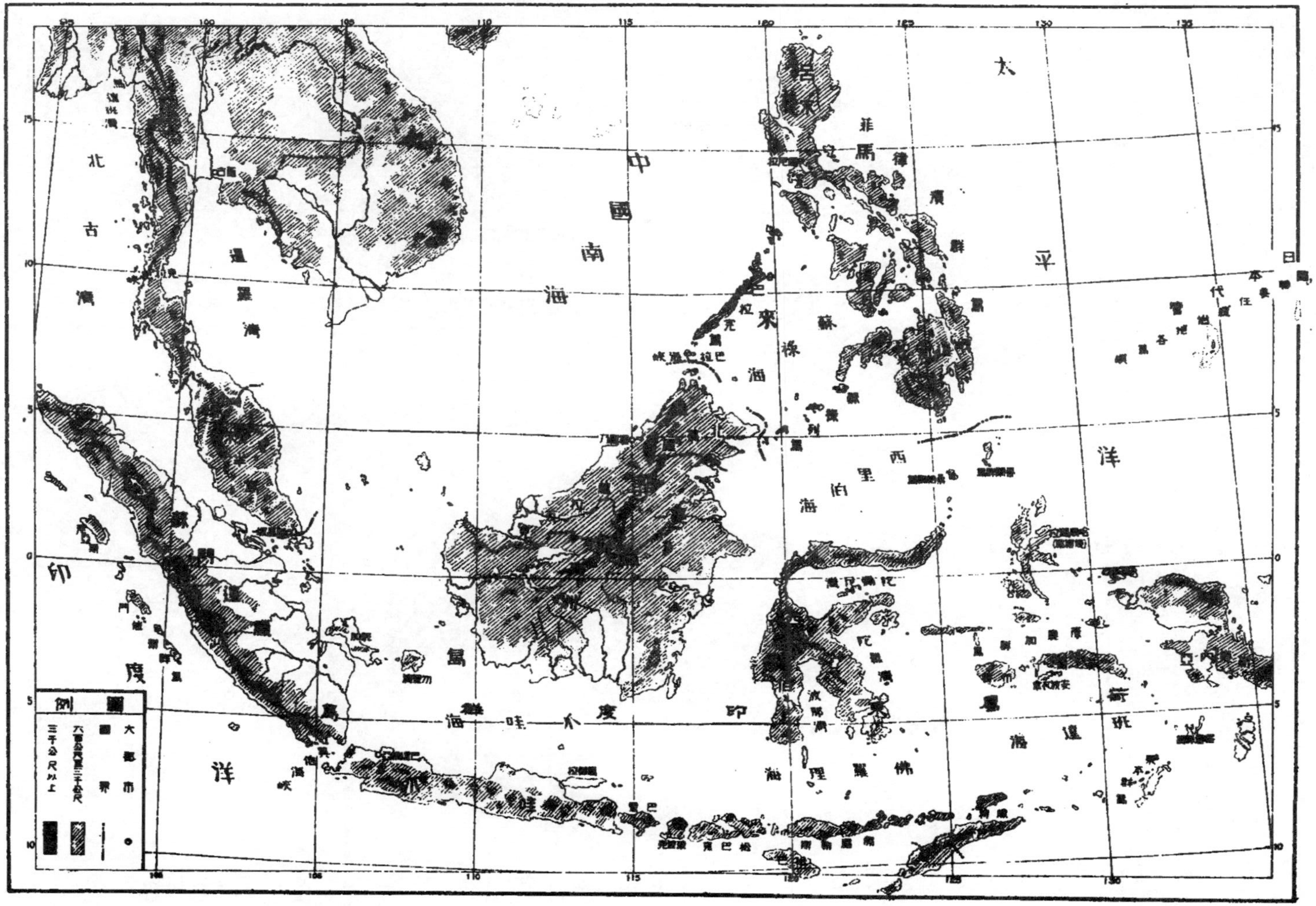

圖例
大都市
國界
六百公尺至三千公尺
三千公尺以上
中國南海
太平洋
印度洋
暹羅灣
菲律賓群島
蘇祿海
西里伯海
爪哇海
佛羅理海
班達海

南洋群島的自然環境與其在國際上所發生的關係

陳增敏

在澳洲西北與亞洲東南之熱帶海洋上，有一簇綵花列島（festoons of Islands）——油綠的島嶼，點綴於深藍的海水上，葱鬱的森林，棲息了許多奇形怪狀的禽獸，這便是南洋群島，因在中國之南而名，也稱馬來西亞（Malaysia），有時亦稱印度群島（Indonesia）。自哥倫布在美洲發現所謂印度群島之後，這裏乃多稱東印度群島（East Indies），或簡稱東印度，美洲的則稱西印度群島，亦簡稱西印度。

以過去本區位置太偏僻，不大爲人注意，雖受中國印度影響甚深，但未被作有計畫的開發，更未深加研究和瞭解。所以南洋群島無論在經濟開發或學術研究，都形成新的園地，而具有着很大的誘惑力，引起各色冒險性的人們之注意。困苦的人常想來這裏謀生，稍有野心的便想來發財；有學問的尤其是科學家，常想到這裏尋求新發現和新發明；野心政治家更早把此地看得非常複雜和重要，他們認爲這裏可以阻塞東方勢力之向外膨脹，也是西方勢力的堡壘和侵略遠東的根據地。於是這原始的世界，受了他們的經營與榨取，便有了種種新發展和新建設；雖屬熱帶的氣候，文化却蒸蒸日上，經濟的發展，尤具有長足之勢。再經過各科學家之研究，不但在學術上放出異彩，神話的南洋群島，也逐漸爲人所瞭解。

廣義的南洋，尙包括有印度支那半島，甚至澳洲有時亦被包括在內，南洋群島則爲狹義的南洋，爲三大弧形列島（Arc of Islands）所組成。一爲自日本列島，台灣而來以接本區的菲律濱群島（Philippine Islands），婆羅洲（Borneo），和西里伯（Celebes）諸島；一爲巽他列島（Sunda Islands），向北與印度洋中的尼古巴列島（Nicobar Islands），及緬甸西部的亞里干山（Arakam Yuma）隱約銜接；一爲香料群島北面的哈馬黑拉（Hamalhera）群島，與其東的新幾內亞（New Guinea）相接。

菲律濱群島爲南洋群島最北的部份，西隔中國南海與安南相望，北隔巴希海峽（Bashee Channel）與台灣相接，西南隔蘇祿海（Sulu Sea）與婆羅洲相對；蘇祿海的東西兩側，有屬於菲律濱群島的二小列島，其南又有一列小島與西里伯銜接。面積凡二九六•二九八方公里，人口約一三•〇五五•二二〇，每方公里約四四人。大小島嶼約共七•〇八三，而滿一方公里的不過四六六島。最大的爲呂宋（Luzon），面積約一〇五•六六八方公里，其次爲岷達那峨（Mindanao），面積約九五•五五〇方公里。其餘逹一千方哩以上的不過十個，有人居住的共只三百島左右，其他不但面積太小，而且岩石巉巉，可說是荒無人煙。

婆羅洲爲南洋群島的第一大島，世界第三大島，面積約七四六•〇〇〇方公里，位群島之中。爪哇（Java）在其南，西里伯位其東，蘇門答臘（Sumatra）則在其東南。經濟發展，尚甚幼稚。

西里伯在婆羅洲之東，香料群島之西，菲律濱群島之正南，佛羅勒斯（Flores）之北。全島爲四大半島所組成，自西面之結合處分向北，東，南等方向射出，中夾三海灣。全面積約一七九•四〇〇方公里，僅次於蘇門答臘，爲南洋羣島中的第三大島，人口共約三百三十萬。

巽他羣島爲南洋群島中最狹長的列島，首尾銜接，以橫亘於南洋羣島西南及南面，而爲其最外環。計包括蘇門答臘，爪哇，及小巽他羣島中的巴里（Bali），琅波克（Lombok），佛羅勒斯，威特（Wetter）的摩爾（Timor），松巴窪（Sumbawa）等島。以蘇門答臘爲最大，長約一千七百公里，平均寬約二五〇公里，爲西北向東南的走向。另有門他衛羣島（Mentawei），在其外側，與蘇門答臘相平行。共有面積約四四三•〇〇〇方公里，人口則只一千萬。在本島東北側的中部，隔麻剌甲海峽（Malacca Strait），即爲新嘉坡，與馬來半島相隔甚近。在本島東南的盡端處，隔巽他海峽，即爲爪哇，爲巽他列島中第二大島，南洋羣島中最富的島。長約一千公里，幅約一五〇公里，合馬都拉（Madura）島計之，約有面積一三二•一七四方公里，占南洋群島的總面積約十四分之一，而人口則佔其五分之二以上，約四一•七一八•三六四人口，每方公里達三一五人，然尚未達其飽和點。由此往東，便是小巽他羣島，以巴里，琅波克爲較富，人口亦較密，有小爪哇之稱。自爪哇以東，巽他羣島即爲東西向的排列，爲南洋羣島的最南環，南與澳洲相距甚近。

摩鹿加羣島，在西里伯羣島之東，菲律濱的東南。又分南北二羣，北爲幾羅羅羣島(Gilolo or Hamalhera)，與新幾內亞在同一弧形列島內。面積約三三•一四〇方公里，人口約二十五萬。南羣爲安波衣拿(Amboyna)區，與的摩爾等在同一小弧形列島內。面積共四四•九〇〇方公里，人口約三十五萬八千。以前轟動西方的香料群島，實指此南羣而言。

摩鹿加羣島以東有新幾內亞羣島，面積約四一•八一九方公里，人口只二十萬，另成新幾內亞區，多不劃入南洋羣島範圍以內。

馬來半島雖與大陸相連，然在南洋羣島環內，多合入南洋羣島。合海峽殖民地計之，約人口四百萬，面積約二十萬方公里。

總計全面積約二百八十萬方公里，共占緯度約三十三度。除掉岷達那峨以北的菲律濱各島係在北緯十度以北外，其餘各島幾盡網羅在南北緯十度之間。所佔經度共不下三十七度，約自東經九十三度至東經一三〇度之譜。

誰是南洋羣島的主人？若論實地的開發者，無疑的是華僑。土人以謀生容易，習於惰懶，勞力方面，便不能完全仰賴他們。歐人又因氣候濕熱，不能充分發揮其工作效率，生活程度又高，工資又不及華僑或土人之低廉。中國人適應環境的能力，殆較任何民族爲高，其勤勞與取值之廉，亦爲任何民族所難及。以位置接近耕地很少的華南，華僑便年有移入，在那裏作實地的開發。沒有華僑，將沒有現在的南洋羣島。亦可以這樣說，西人在南洋羣島的榨取所得，是南洋天產與華僑血汗的總和。然而，南洋羣島的統治階級，不是華僑，而是歐美各國。

至於統治階級，共有四國，菲律濱群島屬於美，至少尚未脫去美人的關係。面積則約當全南洋羣島的十分之一。本爲西班牙所有，一八九九年西美戰爭，乃轉於美。農業之開發，僅次於爪哇。英則佔馬來半島，海峽殖民地，及婆羅洲北部。婆羅洲北部計分英屬北婆羅洲(British N. Borneo)，波羅乃 (Brunei)，及薩拉瓦克

（Sarawak）等三部。葡萄牙只佔巽他羣島東部外環的摩爾島的一部份，該島位置偏僻，土人勢力猶強，無多利益可得。其餘如婆羅洲的大部，巽他列島，西里伯，摩鹿加羣島等地，俱屬於荷，約佔南洋羣島三分之二有奇，統稱荷屬東印度（Dutch or Netherlands East Indies）。面積約共一•八八二•三六〇方公里，抵荷蘭本國約五十八倍。人口約共六〇•七二七•二三三，佔南洋羣島的三分之二有奇，抵荷蘭本國的七倍半。凡此土地，皆係曾得英人的臂助，從西葡二國手裏奪來。總括言之，荷蘭佔南洋羣島的南部，距亞洲較遠，爲南洋羣島的財富區域，以農產品爲大宗。英美兩國佔南洋羣島的北部，美偏於東，英偏於西，皆與亞洲相距甚近，佔交通軍事的要地，新嘉坡尤其重要。英屬地以礦產橡膠爲主，菲律濱仍以農產品爲主，距台灣甚近，日美之間，乃不免於接觸太多，間諜戰爭，時有所聞。

至於日本，在南洋羣島東面的太平洋上，亦將國聯委任地的加羅林羣島，揹不交還；且作種種準備，頗予美國向遠東發展的一大威脅，一旦有事，菲律濱即有隔斷之虞。

地形

世界最大最長的兩條脆弱帶，一是阿爾卑斯喜馬拉雅山帶，是橫的，一是環太平洋的沿岸山帶，是縱的。這二大脆弱地帶相遇於亞洲東南與澳洲西北之間，南洋群島便出現在這個區域。因此南洋群島是一群山地的島嶼，而錯綜複雜的排比着。

各島的地形，殆皆以褶曲山脈爲其骨幹，島的形式，以山脈的走向(trend)爲轉移。同時，各島的地形，亦與山脈的構造形式相一致。如爲高山，便是褶曲山脈的背斜層 (geanticline)，即褶曲山脈的隆起部份，如係低地，或者淺海，則多爲褶曲山脈的向斜層地帶(Syncline)，很少例外的。

這裏的褶曲山脈，大致是兩個時期造成的。一在第三紀以前(Pre-Tertiery)，馬來半島和婆羅洲的大部，便屬此期，或與我國的崑崙山系同期。一發動於第三紀，其餘地方的山脈，皆屬此期，與喜馬拉雅山系同期。不過現在火山地震還是很活躍的，證明這期的造山運動，還在繼續中。婆羅洲，馬來半島及其間的巽他陸棚(Sunda Shelf)，爲穩定地帶，造山作用，已告停止，無火山地震的禍患。其餘地方，除掉新幾內亞南部平地以南的地方，都是不穩定地帶；雖距婆羅洲很近的西里伯，亦不穩定。

馬來半島殆全境皆山，屬於地那悉林（Tenasserim）山脈，原為橫斷山脈的一支，與緬甸東部山脈是相連續的。此山脈在馬來半島的部份，有時中斷，而成為很窄的地峽(Isthmus)，如克拉(Kra)地峽是也。此種地峽往往易於開鑿運河，以溝通中國南海和孟加拉灣。如能成功，則新嘉坡的地位，將完全毀滅。沿海處常有片斷的平地，東部較寬。但處在西南季風的雨影(Rain shadow)地帶，夏季比較乾燥。西部，尤其沿海峽殖民地的海岸，平地雖少，但較重要。

蘇門答臘島是西北至東南的走向。其西南一半即是一大背斜層，稱巴里散山脈(Barissan)，以急斜面急傾入海。此島的外側如尼亞斯(Nias)及門他衞列島亦為一大背斜層，與蘇門答臘相平行。此二大背斜層的中間深海，便是一向斜層。火山常堆在山脈的上面，而組成高峯，多在三千公尺以上。其中活火山有五，可林芝(Korinchi)即是其中的一個，為本島的最高峯，達三千七百公尺。山脈的東北側為一冲積平原，由河流冲積而成，地面甚平，微向海傾斜，而沒於巽他陸珊。在海水與陸地的中間，或是高低潮的沿海帶，常為沼澤濕地，濕熱泥濘，不宜居住，天然堤常為平地良好的聚落區域。此冲積低濕平地，係屬巽他陸珊之穩定地盤的一部份，山之西南側沿海亦有低地，被河流切割成許多小地理單位，地勢較高，地面不平，為壯年後期的邱陵地形。

在本島的東南端，巴里散山脈便傾入海峽，渡巽他海峽，即稱爪哇山脈，已改為東西走向。著名的喀拉客套(Krakatou)火山，便在此轉彎處。

爪哇與蘇門答臘在同一弧形列島上，而火山之多，則為蘇門答臘的二倍；火山之活躍，為世界第一，故有『火地』之稱，對地形土壤影響甚深。背斜層頂端，照例是脆弱的。在世界別處常被剝成背斜谷 (Anticlinal Valley)，在爪哇，便是百餘個火山分佈的地帶。褶曲山地的地形，已不明顯，縱目一覽地形圖，幾盡為火山地形。有的火山尚在休眠中，有的已告熄滅，有的仍在噴發硫氣與水汽中。相當時期，此等活火山便會猛烈的爆發一下，損傷人畜，甚至原來的山地也被噴去了。高出四千公尺的約有十個，在三千公尺以上的便有五個，另有七個則在二•三〇〇公尺以上。火山頂常有釜形凹地，即破火口(Caldera)是也。有的已成肥沃的山間盆地(Inter-Mountain Basin)，有的裏面還有火山瀨 (Crater)。沿印度洋岸，山地很陡峻，平地很少。山的北側則斜入平地。此種平地，與蘇門答臘的平地同樣地屬於巽他陸珊穩定地盤的一部份，係由火山區而來的河流冲積而成。故全境多爲肥沃的火山土，爪哇農產之豐富，此爲很大的原因。山坡多被做成梯田，從事耕種，又以地高涼爽，頗適居住。

蘇門答臘爪哇弧形山脈向東延展，便組成小巽他列島。都是火山的島嶼，計包括巴里，琅波克，松巴窪，佛羅勒斯，威特以及其他小的火山島。此弧形列島向北轉之後，便沒入於海水之中，海岸曲折，港灣甚多。巴里與爪哇相似，火山很多，有緩坡山地，可以供人居住，可以做成梯田，農產甚豐。琅波克南北有山，中爲低地，土壤肥沃，亦頗富庶。至馬都拉則爲石灰岩的邱陵地形。

在巽他列島的東端南側，又有一很彎曲的小弧形列島，初在其東南，如松巴(Sumba)，的摩爾等島，旋繞其東，經過東南小羣島，至喀意羣島 (Kei)。從此又向西北轉西，繞過小巽他羣島的北面，成賽蘭 (Serang)及布魯(Buru)等摩鹿加羣島的南羣，亦即是香料羣島。此小弧形列島的地勢甚高，各島面積不大，地面爲邱陵的高地 (Hills Upland)。因其常有縱橫的折斷現象 (fracture)，故常有矩形盆地 (Rectangle Basin)。在這個馬蹄形的小弧形列島內，便是班達海 (Banda Sea)。此列小島，多較乾燥，爲農牧並重的地方，山地多而人口稀，在經濟地理上不佔重要的地位。賽蘭南面的安波衣拿(Amboyna)諸島，爲前荷蘭東印度公司所在地。在這弧形列島的外環，沒有火山，但其內側則火山甚多，班達(Banda)島便是其中的一個，故珊瑚礁甚少，而在其外側則珊瑚礁頗多，因爲珊瑚動物是不能在火山附近繁殖的。

自香料羣島向西隔一深海，便是鵝掌狀的西里伯羣島。大背斜層的主軸是在其西面，比較高聳，四個半島，亦是山地，皆深受少年期的河谷所切割，故地面崎嶇。折斷現象頗爲複雜，於地貌影響頗大，長狹或矩形的港灣盆地，多由此種折斷現象所致。

由西里伯向西僅隔一深狹海峽，便是婆羅洲，是南洋羣島的第一大島，位羣島中樞。本區山脈成期較早，地盤穩定，地形只受侵蝕的現象，未爲新近的火山地震所修改，這是與其他島嶼不同的地方。島形大致成等邊三角形，山脈多在中部，成輻射狀的分佈。大的低地，即在山脈的中間，主要的山脈爲史瓦洛（Schwaner）山脈。始由東北角點向西南進行到中部，然後再轉爲東西向而至西角點，上卡保（Upper Kaptas）便是此山脈的一部。此山脈北部的一段，則成於第三紀，其餘的則成於第三紀以前。在本島南部又有一東西走向的山脈，因此中部及西部的大部份有砂岩的高原，爲深狹細谷（Ravines）所切割。東南部的山地爲東南南至西北北走向，其中部亦有山向東部分出。河流俱由中央高地四面分流，其大的亦只限於西部及南部。北部地勢很高，最高峯就在這裏。海邊的山脈中間，沿河地帶，有較大的平原。較著的爲西部的薩拉瓦克海濱平原，東部的卡保（Kaptas）河谷平原，及馬哈糠（Mahakam），南部的巴利陀（Barito）等河谷平原。在北部第三紀地層內，石油殊多，爲英國的富源。

婆羅洲沿海，爲巽他下降地盤所包圍，故河流皆係沉沒谷（Drowned Valley），與我國錢塘江口相似。河口因以開展，成喇叭形，常因此可由從中部高地輻射出的河流以深航內地。海邊的門哥拉夫（Mangrove Swamps）沼澤濕地，頗爲開展，佔婆羅洲平原的大部，殊爲濕熱，不宜居住。

自婆羅洲略向東北有二小列島，斷斷續續地和橋樑一般以達到菲律濱羣島，這便是巴拉完（Palawan）和蘇祿二小列島，中間包圍一蘇祿海。菲律濱羣島的山地和礁島，大致爲四組背斜層所組成，二組與婆羅洲相連，即蘇祿和巴拉完二列島是也，另二組爲桑結（Sangi）和台闌（Talaud）二列島，向南和西里伯相接。岷達那峩島即係桑結，台闌及蘇祿三組背斜層的集合處，呂宋則爲桑結，台闌和巴拉完三組山脈所組成。此二大島上的平地，俱係在其三組山脈之間，馬尼剌西北的低地，即在中部山脈與 Zambales 山脈之間，呂宋北部的加高羊（Cagayan）平原，則在東部及中部山脈之間。呂宋與岷達那峩之間，則爲許多的山地島嶼，構造上雖相連屬，形勢上時常中斷，有許多背斜層脊尙沒於水面下，常成暗礁，爲航行之障礙。除掉呂宋和岷達那峩二大島之外，任何島嶼，俱無如在呂岷二島之廣大平原，只有些海濱平原，零星散亂於島邊而已。

哈馬海拉羣島亦係新近山地的島嶼，常有斷口現象(fracture)，地貌大致與西里伯相似。此島與新幾內亞的中部山脈，係在同一弧形內。新幾內亞的山地頗高，有些高峯幾達五千公尺，雪線則約爲四·八〇〇公尺，故爲南洋羣島中之唯一的有雪高峯。此山脈以南，爲冲積平原，係沙候兒 (Sahul) 陸珊的一部份，亦是穩定地盤。

火山與地震

南洋羣島是世界兩大脆弱地帶的匯合處，造山作用，尙多在繼續期中，火山地震亦未停止。這兩種作用，雖在同一脆弱區內，但彼此關係甚微，分佈路線亦略不同。猛烈火山噴發的時候，或可有地震，然殊不重要，有地震的時候，更未必有火山。大致這裏的火山屬急性式的(Exploisive type)，地震則屬構造地震(Earthquake of Tectonic Origin)，火山的地震 (Volcanic Origin) 亦間有之。

南洋羣島的火山形式，頗爲複雜。有的單獨成一圓錐形山地，上有一破火口(Caldera)，徑約數公里，內又有一圓錐形火山。普通的情形，是破火口的外環常受剝蝕，原形不淸，裏面的小圓錐形則完好無恙，有時還繼續的活動。第二式的火山形是在破火口的外坡上，連帶着有大的圓錐形火山，這種破火口徑往往較大，可達八公里。另一式則大的圓錐形周圍的山腰上寄生着許多小圓錐形，且有相當的規則。南洋羣島的火山山地，便被這三樣火山形所錯亂的佔據着。

在破火口內或火山瀨內，常滿貯以水，當其迅速噴發的時候，常會拖泥帶水地冲到下面。速度甚大，常者披靡，稱爲泥流(Mud-flow or Lahar)，但亦有其貢獻，便是將火山泥帶到平地去了。當熱雷暴雨的時候，疏鬆的火山灰亦會連帶着順流而下。

褶曲山脈的背斜層頂，本爲壓力最小的地方，火山便分佈在這種山脊上。蘇門答臘，爪哇，小巽他羣島，班達海的內環列島，哈馬海拉羣島的西面，西里伯的一部份及其以北的桑結列島，菲律濱羣島等地山脊上，俱爲火山分佈的地帶，但以蘇門答臘東部的山脈，爪哇，小巽他羣島等最爲活躍，菲律濱便不重要了。

本區山地既在繼續隆起中，則其與深海相接的部份，便亦是脆弱的部份而易有折斷等現象，震源（Epicentre）便多在這裏。這種地方是在水面下的，所以，本區震源在陸地上的很少，而只限於有局部的斷層之地帶，如蘇門答臘的斷層谷內（Rift Valley），爪哇，菲律濱，西里伯等島上，皆爲數有限。至南洋羣島東部海中，巽他羣島外側與印度洋接觸帶，皆爲震源分佈很多的地方。菲律濱各島相隔很近，其間深海中常有震源，一有地震，陸地易受影響，故菲律濱羣島的地震，比較劇烈。各種建築，常須小心地連繫着，接筍尤須牢固，建築材料常須選有彈性的，普通的民房，則多用竹子，他們是常要防備地震的。

氣候

南洋羣島之氣候因子，大致可有四個：(一)緯度甚低，日光射角很大，與地面垂直的機會年有二次，故接受日光熱甚多，空氣常有自下而上的對流作用。(二)係一羣島嶼，散佈於海洋之間，受到海洋的調劑，雖大部屬赤道無風帶，溫度仍不太高，變差甚小，與亞馬遜盆地，剛果河流域俱不相同。(三)南洋羣島係位在澳亞二洲之間，當北半球夏季的時候，亞洲大陸接受日光之熱多，比熱又小，故溫度高而氣壓低，甚至低過於南洋羣島海洋上的氣壓；而澳洲則溫度低而氣壓高，東南信風乃得穿越南洋羣島，而趨至亞洲。本爲東南風，以地球自轉關係，至赤道已成南風，越過赤道以後，又改成西南季風。迨至冬季，日光轉直射到南半球去，則澳洲溫度高而氣壓低。亞洲大陸內部溫度特低，而氣壓更高，於是風向海洋吹送，至華南時即成東北季風，與東北信風合而爲一。以澳洲氣壓亦低過於南洋羣島，於是此氣團乃越過南洋羣島，而趨向澳洲。北半球處爲東北風，赤道左近即成北風，越過赤道以南，則又成西北季風。本區就緯度言之，本應無風，以位在亞澳二大陸大氣流交換的過程中，乃亦有風矣，不過此種季風風速甚小而已。(四)地形關係。本區既爲一羣島嶼，各島又多爲高峻的山脈所組成，向風面往往造成地形雨（Relief Rain），或因爲山脈所阻，背風處又造成雨影地帶，而使無雨。同時，山多地高，溫度因較低，往往可轉溽熱爲涼爽，即當燥季，照例應溫度很高，但山地夜間散熱很快，又可減低高溫之肆虐，故本區山地對溫度雨量，俱有影響。

明白了這四個因子，則本區的氣候特徵，便很容易看出。(一)全年溫差不大，溫度亦不過高，例如南半球的爪哇首市巴達維亞(Batavia)，年溫差不過2°F，北半球的新嘉坡，年溫差不過3°F，眞是微乎其微，可說沒有變化了。倒是日溫差稍爲大些，普通夜間至少不低過70°F，日間亦少高過80°F，至於90°F的情形，則很爲少見。此除掉因得到海洋的調劑外，下午的陣雨，也頗有降低溫度的功效。燥季寡雨，溫度較高，但濕度不大，夜間散熱又快，對人生舒適上仍無多影響。故本區除掉少數流灌不良的高盆地外，全年爲生長季，不見有霜，必須超過三，三〇〇公尺以上的地方，始略有霜。但低濕之地，亦頗濕熱，疾病甚多，不宜居住。(二)南洋羣島南北雖共三十三緯度，但以正在赤道兩傍，風雖不大，風向却隔不多遠路，即有顯著的變化；又以對流作用的關係，常有局部的驟風(Local Squalls)，倒很怕人。(三)南北雖共佔緯度不多，雨季時期却到處常有不同，風向之變化，山脈之走向，地勢之高低，都爲雨量變化的重要因子；但雨量之豐沛，也是必然的現象。

南洋羣島的氣候，亦可分成四季來討論，不過這種季節，在溫度上無多意義，因爲全年溫度變化極微，很爲一致，只菲律濱冬季略冷而已。此種劃分，與降雨時期頗有關係。有二季較長，相當於溫帶的冬夏二季，另二季較短，相當於春秋二季。各季代表的月份爲正月，四月，七月和十一月。同時，亦可分成三個雨量區，即赤道區，南緯區，北緯區。茲就各代表月份，討論此三區的氣候情形。

正月——北緯部份，爲東北風，風雖經過海洋，曾挾有水汽，但係由較冷地以吹向較暖地，溫度逐漸升高，水汽乃不易凝結，故平地上有相當的乾燥。但在山地高處的向風面，空氣被迫上升，山地雨(Orogenic Rain)便因之造成。如菲律濱羣島的東岸，馬來半島的東側，北部蘇門答臘山地的北面，北部婆羅洲的山地，以及北部西里伯山地，俱有雨水。但此區內的山地背風面仍然乾燥。此東北風到赤道的時候，已軟弱無力，並不能如何影響赤道左近的空氣的對流常態，故中部婆羅洲，中部蘇門答臘等地，仍然有赤道雷雨(Convectional

Equatorial Rain）。此季風越過赤道後，改成西北風或西風，所挾濕氣甚多，係由較熱地到較冷地去，故造成南緯區的普遍的雨季。午後雷雨，尤其盛行，雨量頗爲豐沛。

四月——此時風向不定，赤道正當日頂，熱雷雨頗爲盛行，爲赤道的最高的雨季。澳洲新成的高壓，尙無力越過赤道，而堆積於赤道以南，於是南緯區便爲冷暖二氣團不連續面所在地，雨量因較豐沛。赤道以北，雨量較少。

七月——此時日光直射到北半球，東南信風已能越過赤道，趨向亞洲，此東南風係由較冷地趨向較暖地，故南緯區雨量稀少；但在山地的向風面，仍可有地形雨，爪哇西部山地雨尤較多。蘇門答臘東部山地，幾與風向平行，雨則較少。赤道區仍有赤道熱雷雨，但較四月份雨量略少。北緯區爲西南季風，係由較熱地趨向較冷地，故雨量甚多，爲北緯區之雨季。但北部蘇門答臘的平地及其斷層谷地帶，以及菲律濱羣島的東部，多爲山脈所阻，不能讓濕氣充分地進去，故雨量較少。

十一月——此時風向不定，日光已至頂上，情形與四月份相同，赤道熱雷雨又很發達，其他地方則甚爲熱悶。亞洲的高壓，亦尙未能越過赤道以南，低壓旋風的騷動，往往形成颶風，直趨中國南海。

總計赤道區雨水最多，全年有雨，濕度甚高，在山地上，全年雨水至少在一六〇吋以上。北緯區以七八月份雨水爲最多，正二月爲最少，全年雨水都在一六〇吋以下。南緯區以十一月至四月間雨水爲最多，五月至九月雨水爲最少，在山地上亦有超過一六〇吋的。至超過二〇〇吋甚至三〇〇吋以上的，在赤道區及南緯區的山地上，往往可以找到。

南洋羣島亦有乾燥的地方，但乾燥到不能種植，尙不多見。雨太少固然不好，雨太多亦非所宜，南洋群島便有許多地方常苦雨多，而陽光太少，例如稻米固然要水，同時亦需要陽光。若就經濟的立場而言，只以在年雨八十吋以下的，甚至六十吋以下的地方爲較合宜。如爪哇西部低地及中部低地的大部份，小巽他列島的大部份，新幾內亞的南部平原，西里伯的大部份，菲律濱中部的一部份以及呂宋等低地，俱雨量較少，而農產豐富。

至於霜雪，很爲少見，高過三千公尺以上的地方才有霜，高過五千公尺以上的地方才能見雪。除新幾內亞外，雪則烏有，霜亦少見。

颱風即是熱帶風暴（Tropical Cyclone），在西印度羣島稱 Hurricance，在孟加拉灣稱 Cyclone，此則稱颱風，其實並無分別。此種風暴大致發生於菲律濱羣島東面的海洋上，以七月至九月爲最多，其次爲五，六，十諸月份，正，三，四諸月最少，二月幾完全不見。有時向西進行，有時向西北進行，無論如何，菲律濱則常爲必經之地，很難幸免。一遇此風，不但拔樹毀屋，並常大雨隨之，我國沿海雨量，此尙爲來源之一。

自然生物

除菲律濱羣島外，南洋羣島的氣候，可說是赤道雨林氣候了。終年温高氣濕，故爲熱帶生物。植物則爲赤道硬木林。一提到赤道雨林，便會連帶的想到亞馬遜的森林，其實並不完全相似。亞馬遜森林極爲茂密，日光無法射入，其下無生物可見，且甚黑暗，南洋羣島則地勢複雜，不似亞馬遜盆地之一致，雨量温度隨地勢有變化，土壤厚薄亦各處不同，故本區森林，乃不若亞馬遜之茂密。本區雖亦很密，但日光尙可透入，下面竹子，滋生繁殖，甚至侵奪了森林的地盤，使森林中現出開曠之地。至山脊處，常以土壤太薄，甚至沒有土壤，不足以維持森林的存在，而現出空地。森林上面常多美麗的花卉，彩色的羽鳥，和善於搗亂嘈雜的猴子，頗形熱鬧。但森林內部常甚寂靜，只有滴瀝下降的水珠子打破其沉寂。大致二千公尺以下的地方爲森林，以上則樹幹彎曲，亦形細弱，並有苔蘚植物生長其上。三千公尺以上，灌木的叢林（Scrub）即代替了森林。四千公尺以上便無樹木。在此等氣候區域內，森林線反不若在亞洲之高，此殆因風大所致，而間或有之的霜，殆亦爲原因之一。

森林中以造船用的硬木麻栗（Teak）爲最有經濟的價值，爪哇各島出產甚多，由政府經營。其餘的森林則以用途較少，價值較廉，距市場嫌遠，無多輸出，留在當地供人民建築與燃料等用。此外有用的植物很多，如香料，咖啡，甘蔗，茶，棉，藤，米，西米(Sago)，椰子，煙草，樹膠等類是，每年輸出很多。

動物的分佈，則頗爲有趣，大約在菲律濱的東面，經過婆羅洲，西里伯之間，且越過巴里與琅波克之間，劃一條線，稱爲瓦勒斯（Wallace）線，在這線以西，屬亞洲式。但菲律濱又略有差異，以猿，猴，及虎等猛獸，及犀等厚皮獸類，反芻獸類，嚙齒獸等爲最多。瓦勒斯線以東則屬澳洲式，與南美洲有時相似，如袋鼠，食蟻獸，美洲獅（Pumas），金鶯，犀鳥，風鳥或極樂鳥，以及蜘蛛猴，懶猴爲最多。但西里伯或有例外。此線的東西，相距頗近，有時地貌相同，如巴里島和琅波克島即其一例。但生物判若兩個世界，有時遠隔重洋的南美洲與瓦勒斯線以東倒有相同之處，此殊爲地學上生物學上有趣之問題也。

南洋羣島在國際上所發生的關係

南洋羣島的香料和中國的『遍地黃金』曾經使歐洲人衝動一時，地理大發現與這有很大的關係。其實南洋羣島的重要性，現在絕不在香料之多寡，而是在其天產豐富，已經形成了太平洋的一個經濟區域，可以補充資本主義國家的不足。同時，以其地理位置之重要，已成爲世界的交通要道和攻守要地。向世界發展的野心國家，得到此地的固絕不甘放棄，未得到的也絕不能忘懷。至於從前所渴慕而夢寐求之的香料，倒不爲人注意了。現在各國在南洋羣島的鉤心鬥角，如無經濟政治的因子在裏面，而只爲了香料之得失與分配，敢相信是不會引起戰爭的。歐人適宜於涼爽氣候，印度冷季凍死人的天氣，歐人會覺得很爲舒適，至於南洋羣島的濕熱氣候，歐人則難於在那裏勞動。如果只有香料可圖，又要躭心怕被人奪去，恐怕早經退出，落得杯酒言歡，敦睦邦交。

天產豐富的眞相一斑——南洋羣島爲歐人最富的殖民地，全年溫度無多變化，而超過華氏九十度的亦很少見，在火山區域，以常年潮濕，而且較熱，肥沃的火山土便因之而發達，於是南洋羣島的農產便有很大的希望。土人以求生容易，土地的生產力迄未能大肆發揮，文化固低，人口亦少。自歐人侵入後，乃利用其優良的經驗，雄厚的資本，華僑的勞力，以開發本區；並移植各種經濟的或歐人所缺少的原料植物，在此地培植，以大量生產，供應他們的需要，或壟斷世界的商場。沿海交通便利的低地及其緩和的山坡，多半闢成耕地。以爪哇爲最多，至少佔爪哇的百分之八十，高地闢成梯田，低地直接開墾。其次爲菲律濱羣島尤其中北部，小巽他羣島，馬來半島等地。西里伯，蘇門答臘，婆羅洲等沿海低地，俱有相當的耕地。除爪哇外，還有許多低地，尚未耕種，例如菲律濱，可耕地佔全面積54%，而已耕地僅佔21%。除爪哇有相當的小農制外，其餘各地每農戶耕地甚多。故肥沃的可耕地固未盡利用，已耕地亦人口不稠，如果再極力發展工業，容納人口將更多，故此地實爲移殖過剩人口的良好地帶。如有國家又要想中國永遠爲一農業國家，爲其經濟殖民地，又要移殖她的過剩人口到這人口太多耕地太少的中國來，那簡直是同歸於盡的辦法。

南洋羣島的農業制度，有最新式的，同時亦有最舊式的。在深山或荒島上，尚有經營原始生活，以原始的方法，從事漁獵，採樵，和網羅珍奇海味，燕窩龜甲等。新式的便是大農場制度（Plantation or Estate），以經濟的作物爲主，普通農作仍以稻米爲主，爲耕地中最常見的農作物，年可收獲三次，換言之，隨時可以播種收獲，不受氣候的限制；尤以爪哇，巴里，琅波克等島爲最多，其他各島沿海低地，亦有稻米，並頗適宜。計荷屬稻田爲一•七二一•〇〇〇公頃，產米約五六•七六一•〇〇〇公担，菲律濱稻田二•〇〇四•〇三〇公頃，收米二三•三二〇•五三〇公担，英屬地稻田約六九八•五九八公頃，產米七•三六三•七一九公担，誠爲食米國家的良好殖民之地。新式農場發達於爪哇蘇門答臘馬來半島等地，多爲歐美的資本，僱用當地的勞工，以發展某項經濟的農產品，以全世界的市場爲對象。在此種制度下所出產的農產品約如下表：

南洋羣島新式農場產量表（一九三一）

物品	爪哇	其他地方	總量	佔世界的百分數（土人出產在內）
共佔面積（千畝）	1,750	1,400	3,150	
甘蔗糖（公頓）	2,772,443		2,772,443	14%(a)
護謨膠（公頓）	79,884	94,915	165,779	33%(b)
Gutta Percha（公頓）	98		98	100%(almost)
咖啡（公頓）	38,112	10,633	48,745	5%
茶（公頓）	67,609	13,700	81,309	20%
菸草（公頓）	45,827	18,149	63,676	3%(c)
金雞納霜（公頓）	9,056	1,569	10,625	90%
可可（公頓）	1,300		1,300	不重要
椰核（公頓）	1,902	21,137	23,039	33%(d)
Coca（公頓）	244	8	252	
棕油（公頓）	125	64,332	64,557	17%

豆蔻（公頓）	184	378	562	100%(almost)
樹絲棉（千磅）	25,634		25,634	82%
纖維品（公頓）	18,287	970	19,257	(e)
檳榔膏（公頓）		3,226	3,226	(f)
胡椒（公頓）	65	65	130	8%(f)

(a)菲律濱佔其6%

(b)馬來佔54%，英屬婆羅洲佔2%

(c)菲律濱佔世界的2%

(d)菲律濱佔32%，馬來佔8%，英屬婆羅洲佔1%，新幾內亞佔5%。

(e)菲律濱之馬尼拉麻，係世界唯一的產地。

(f)士法所產，較此更重要。

觀於上表，可見新式農場之發達及產量之多，如合士法產量計算，當更可觀。橡膠產量已奪亞馬遜盆地之地位，居世界第一，可壟斷世界商場。馬來最多，即荷屬東印度亦曾達世界產量30%左右。水果類如香蕉等尚未統計在內。總之凡熱帶產品，多富有經濟價值，南洋羣島，皆很適宜。最可注意的，茶亦佔世界20%，且有增加之勢，殊爲國茶之勁敵。

至於礦產以錫和石油爲最主要，錫產於馬來半島及其附近的諸島，佔世界第一位，石油以婆羅洲爲最多，其次爲蘇門答臘，爪哇等地。在海洋交通要地有此，即是寶貴，爲海軍國家工商業國家所最垂涎者。同時，以交通的方便，位置的優越，工商業尚頗富有希望。天產如此之富，是不能不叫人覬覦的。

位置關係——南洋羣島的第二個重要性，是由其地理位置而發生的。她的位置應該注意的：(1)位在澳洲與亞洲之間，(2)位印度洋與太平洋之間，換言之，位世界海洋交通的要道。不過這種位置的重要，是海洋交通發達以後的事情，從前並不重要，故亦無人注意。美洲大發現以前，世界的兩大中心區域，便是歐洲和中國，交通的範圍都很有限。無論在歐洲的地中海交通時代，或是大西洋交通時代的初期，歐洲的勢力，還未能膨脹出大西洋而到印度洋太平洋來。此時中國雖爲亞洲唯我獨尊的天朝上國，然亦未注意到海外的大事發展，只注意大陸本部，南洋羣島是不加注意的，等到發現好望角航線的時候，南洋羣島便爲人所注意。迨蘇彝士運河開通以後，由大西洋過地中海以向印度洋太平洋的海洋交通得到了捷徑，南洋羣島的位置便重要了。巴拿馬運河開通之後，美人的勢力，亦可向太平洋發展。同時，日人模仿歐美，一躍而為亞洲的唯一的工業國家，南洋羣島的位置乃更臻於重要。歐戰以後，日美勢力更大，有爭奪太平洋霸權的同等資格的國家加多，南洋羣島乃更錯綜而複雜，重要性更達於極點。原本是一羣無人顧的島嶼，竟隨着歷史的演變，而非常的為人所重視了。

以南洋羣島本身之富庶，在這個海洋交通便利的時代，本即不是一羣能安然而臥的肥羊，再加以位在澳亞二大大陸之間，且相距甚近，那末問題便多了。亞澳二洲，除掉日本外，都還在補充國的地位，或已淪為殖民地。這兩片大陸，產很多的原料需要輸出，同時，工業不發達，外貨可以輸入。澳洲，印度，印度支那半島的大部，既已物各有主，為保持其既得權利計，南洋羣島便不能不爭。中國則尚為次殖民地，其每人所分得的天產雖然很少，但其總和，亦不能說是不多。每人的消費量雖然不大，但四萬萬五千萬的大量人口，其消費總量，亦未嘗不能養活幾個工業國家。無疑的這是各資本主義國家的良好市場，侵略的對象。既然『門戶開放，機會均等』，公平的給大家剝削，那末任何野心國家都有資格或有權利來侵略了。機會，是均等的，攘奪的多少，保障的程度，那便要看他們在遠東的勢力和方便怎樣。為欲佔中國的市場，並為求得在中國利益的保障，那末，便不能不在遠東找個根據地，南洋羣島便亦是侵略中國的根據地之一。

亞洲的日本，既然模仿了資本主義的國家，做了他們的同行，而成了寃家，那末，先進各國便不能不想法防止日本人的勢力，膨脹出北太平洋。南洋羣島，便不能讓日人拿去，必須盤踞之以阻遏其勢力。印度支那半島，印度，為遠東強國所常覬覦的地方，南洋羣島如讓日人拿去，她的野心實現的可能性，便愈加增大。不但此也，排斥有色人種的澳洲，門羅主義下的南美洲，日本皆可由此以圖謀染指。凡遠東國家要想侵略澳洲和南美洲的，都是要先佔南洋，這是必然的步驟。日本如無領土的野心，有許多地廣人稀需要勞力的地方，未嘗不歡迎日本人的移入，可惜，先進國家是不相信她的。這隻餓狼，既被關在太平洋的一隅，便只有向老大的中國吞噬了。資本主義的先進國家，似亦不好意思過分地壓迫她，有意無意加以默認；只要日本能保障他們在華的利益，或者便可以諒解了。可是，日本人並未能給他們以事實的保證，這個，各國也許已經看出了。

南洋羣島既位在印度洋與太平洋之交，在海洋交通上，甚至現在航空交通上，這裏便是交通的要道。尤其是通印度洋，地中海，這裏尤其是新嘉坡，便是必經之地。倒立金字塔的英國，是靠着安全無礙的海洋交通，以維持其光榮的存在，新嘉坡便不能不牢握不放。不但新嘉坡，即是香港，也要使之成為對遠東第一道防線，以屏障新嘉坡。曾有某國與暹羅方面常有鬼鬼祟祟的交往，目的即是在克拉地腰上，開一道運河，以通印度洋，毀壞新嘉坡的堅壘。這簡直是英國生死存亡的大威脅，隨便怎樣，英國是無法干休的。英國為欲保護南洋羣島的交通線，便不能不保持住香港，欲保持住香港，便不能不和我國做一個朋友。

美國又怎樣呢？美國是一個自給自足的國家，原料固很豐富，工業也極發達，無所求於人，故對遠東歐洲的旋渦，不大積極的參加。同時，她的地理方向是南北的，新興區域的南美洲，和其北面的加拿大，便在其勢力易及的範圍以內，經濟的來往是比較的密切，就是需要向外發展，南北向儘有發展的餘地。然而，自巴拿馬運河開通之後，美國的東西橫斷大鐵道又已告成，美國的政治，似又有東西的傾向了。如欲求美國更進一步的發達，仍不能放棄遠東，如欲保障其門羅主義下的南美洲，美又不能讓南洋羣島被野心勃勃的國家佔住。於是南洋羣島，勢亦為美國所難放棄。但菲律濱羣島東面的加羅林羣島，已入於日人之手，傳聞已作積極的準備與建設，頗足予美國在遠東勢力的一大威脅。失去了菲律濱羣島，便將失去了美國的遠東根據地，而英國的香港，亦將陷入重圍，歸於無用。英美間的矛盾不少，英美攜手如果實現，這亦將為其原因之一。南洋羣島是封鎖遠東勢力向外膨脹的一道壁壘，如讓其冲圍而出，世界上的殖民地勢將要起一大變化。

威爾遜說：『未來的世界大戰，是在於太平洋』，的確，太平洋上遲早要有一次大戰。當這個時候，天產豐富的南洋羣島，將益見重要。際斯未雨綢繆期間，自將為國際間的鈎心鬥爭之所在。

參考書

一 關於面積，人口，產量等數字：

(a) The Statesman's Year Book, 1936

(b) The International Yearbook of Agricultural Statistics, Rome, 1936.

二 關於地形火山地震等：

(a) H. Albert Brouwer: The geology of the Netherlands East Indies, Macmillam, 1925.

(b) Samuel Van Valkenburg: Agricultural Regions of Asia, Part VIII, Malaysia, Economic Geography, Vol. 11, no. 3, Clark University, July, 1935.

(c) Smith, Warren Du Pré: The geology and miner resources of the Philippine Islands, Bureau of Printing, Monila, 1924.

(d)Charry, William Thomes: Geography of British Malaya and the Maeay archiplago, Malaya Publishing House, Singapore, 1928.

(e) Carpenter, Fraule George: Java and the East Indies.

三 關於氣候，自然生物等：

(a) Kendrew, W. G.: The Climates of Continents. Oxford, 1930

(b) Samuel Van Valkenburg: Agricultural Regems of Asia, Part VIII—Malaysia, Economic Geography, Vol. 11, no. 4, July, 1935.

(c) Wallace, Alfred Russel: The malay archipelago, Maemillan, 1913.

(d) 胡光鑣譯：世界植物地理，商務。

四 地圖：

(a) The Oxford Advanced Atlas, 1936.

(b) 譯名採自中外人名地名大辭典，商務。

(c) 動物譯名採自動物大辭典，商務。

羅芳伯所建婆羅洲坤甸蘭芳大總制考

羅香林

1

一　引言

清乾隆間，廣東嘉應州有羅芳伯者，僑居南洋婆羅洲（Borneo）西部之坤甸（Pontianak），擕衆墾啟，助土著蘇丹平禍亂，一時僑胞多歸之，威望日盛，東征西討，所向披靡，蘇丹知勢力不敵，因降身聽治。芳伯乃爲之奠都邑，定官制，修軍備，闢商埸，興實業，撫民庶，建元蘭芳，稱大唐總長，建國號曰蘭芳大總制，蓋純爲一有土地人民與組織及主權之獨立國焉。余籍隸興寧，興寧於清爲嘉應州屬縣，少時聞父老述芳伯在海外事功，心焉壯之，顧不能得文籍載記以爲之參證也。其後讀温仲和等纂嘉應州志，見卷二十三人物下，有羅芳伯傳，又見新會梁任公先生飲冰室文集有中國殖民八大偉人傳，輒大喜悅；然志文簡略，不及余所聞十一，殖民傳所述坤甸王事，尤寥寥僅三十許字，且誤書羅芳伯爲羅大，則又讀罷反不覺爲悵悵然也。七八年來，以治華南民族問題，南中諸友，頗以各類珍貴資料相寄，既爲撰述華南民族史，及客家研究導論等書，並彙錄關於客家遷移轉徙之載記，爲客家史料叢刊，又以華南人士，經營南洋群島，鉅功偉績，不可無相當表述，乃爲更蒐華僑移殖史料。梅人管又新先生聞而嘉之，遠道惠書，以林鳳超坤甸歷史鈔本見寄。鳳超字翽朝，自署嶺東人，其書著於民國元年，雖以坤甸爲名，然所述皆芳伯建立蘭芳大總制及其後爲荷人所併諸事蹟，且無刊本，世鮮見者，謂非關於蘭芳大總制之可貴史料，不可得也。其書體例，略仿紫陽綱目及春秋公羊傳作法，以事繫年，提行爲綱，寓筆伐口誅之意；其下，列記事，書法，發明，質實諸文。記事所以釋綱，略如傳目，書法所以釋意，略寓褒貶，發明所以廣意，略如史評，質實略同附注，或考釋。以此證以余向所聞，雖範圍仍不無分別，然就關於芳伯事蹟文籍上之資料言之，恐已無有勝此者矣。自頃言南洋風土人情或政治經濟與華僑問題者多矣，言南洋風土與華僑掌故而語涉羅芳伯故事者，亦數見不鮮矣，然大率皆屬語焉不詳，於芳伯之確實年代，及蘭芳大總制之傳演與制度，尙闕如也。台山温雄飛君著南洋華僑通史，爲近日言華僑歷史者不可多得之偉著，其下卷雜傳，所列魁傑俠義諸傳，於南洋華僑英傑事蹟，獨多闡釋，所載羅芳伯傳，於芳伯開闢坤甸事，亦敘錄較審；然限於體例，於芳伯卒後蘭芳大總制與坤甸土著之關係，及其傳替情況，未遑悉錄，以視林氏坤甸歷史，雖大要或似同出一源，然而範圍不同，詳略各別，要未可同日而語也。爰爲校錄繕正，列爲華僑移殖史料叢刊第一編。又以林氏原著，間或過重議論，於當日地理背景，或其他相關聯之史實，未遑兼述，故爲爬羅抉剔，復作此篇。意在暴露先民經營海國之事蹟，蕪累之譏，知不能免也。

二　婆羅洲之地理環境

羅芳伯所擴殖建號之地，在婆羅洲坤甸，此治華僑問題者所熟知也；然而於羅芳伯之所由擴殖而建號者，則多未能悉述，無他，於婆羅洲之地理背景，及其與華人之歷史關係，未嘗爲相當分析，自然與人爲之環境不明，是以無能爲芳伯事蹟說明其所由發生之關鍵耳。

按婆羅洲（Borneo）爲南洋群島中之大島，在世界各大島中列第三位。四面環海，東西南三面，皆以群島繞之，蘇門答臘（Sumatra）在其西，爪哇（Java）在其南，西利伯群島（Celebes）在其東，北爲南中國海，東北繞以菲律賓群島。地位正居赤道，東起東經一百零九度，西至同經一百二十度。面積約二十八萬三千九百十六方哩[1]。地勢西北高而東南低，加巴斯山脉（Kaboeas）自西蜿蜒，走於東北，大似本島背脊。西部最高山嶺爲邦山，高六千英呎，其下有東萬律山，雖不甚高，而金鑛最富，風景尤佳，北則以基那巴魯山（Mount Kinabalu）及厄巴爾山爲高。

海岸概形平坦，且多沼澤，除山嶽接近海濱處，海岸較陡外，其餘皆高於海面無幾。近海岸處，海水多不甚深，且往往有暗礁伸入海中，尤以西南角沿岸為甚，惟東西北三部及東南角較佳[2]。

河流有加巴士河（River of Pontianak），亦名坤江，在本島西部，流域甚廣，發源於邦山附近，流長約七百十四英哩，河面可半英哩，支流甚多，最大者為麥勞依河（Melawi），與本流會合處成一大三角洲，其北岸即坤甸商埠所在也。次於加巴士河者，西南二部有巴里多河（Barito），及三比河（Sampit），而三比河尤為本島南部唯一河流，出海處即為馬辰商埠（Bandjermasin）所在地。東部河流，則以古泰（Kotei），伯勞（Berouw），勃隆岸（Boeloengang）等三河為主，古泰河所成三角洲突出於東，伯勞河出海處亦有大三角洲，而勃隆岸河則以急流著稱。北部諸河，則以基那巴丹岸河（Kinabatang-an）為最大，巴打士（Padas）蘇古（Sugut）拉僕（Labuk）石牙馬（Segama）諸河次之。西北角則以麗陽河（Rejang）為最大，西流分數口入海，河水甚深，河面廣達一英哩，與加巴士河三比河同為本島最有利益之水[3]。

全島氣候皆炎熱潤濕，降雨甚豐，無論何月，皆有雨水，平均無間五日不降雨者，而尤以坤甸一地雨量特多，平均為一百二十五英吋。惟島中因季候風關係，雖炎熱而不甚酷，北部自四月至十月有西南風，十一月至三月有東北風，南部則於兩期中有東南或西北季候風之交替。沿海岸一帶，氣候較佳，最熱氣溫，日出時為華氏寒暑表七十二度，午後三時則至九十度或九十二度，日沒時則降至八十二度。

全島鑛物，以金，煤，鐵，及煤油，金剛鑽，銀，鉛等為最富，而銻，鋅，銅，及水銀等亦有之。至於植物，則以樹膠，胡椒，蔗糖，咖啡，菸草，碩莪，為大宗。島內深山，且多千古未經斧鉞之林木，尤以鐵木及尼奔椰木為貴，均為建築良材。又以氣候溫濕，各植物均易滋長，大有取之不盡之概[5]。

全島今分英屬荷屬二部，荷屬在南，領地約佔全島四分之三。英屬在北，與荷屬約以加巴斯山脈為自然經界，東北濱海，地勢較平處，今經二國劃定以北緯四度十分為界。而荷屬領地，又分西婆羅洲及東婆羅洲二部，英屬則分砂勝越（Sarawak），勃泥（Brunei），及北婆羅洲（British-North Borneo）等三部。荷屬西婆羅洲以坤甸為首府，此外重要商埠，西北角海岸有三發（Samras)，迤西有邦戛，(Pamangkat)山口洋(Singkawang)，喃吧哇(Nanpawah)，蘇加丹那(Soekadena)，及稍南格打板(Ketapan)諸地；其內地商埠，則沿加巴士河南北岸有戴燕(Tajan)，昔加羅(Sekadan)，新董(Sintang)，上候(Sanggan)及隣近中部之兵奴埠(Pinoeh)等。東南婆羅洲則以馬辰(Bandjermasin)為首府，以有廣大之沿岸貿易，故視坤甸而尤繁盛。此外則有古達峇汝(Kotabaroe)，甲黨岸(Kandanga)，帝爲(Moeartewe)，生瓦(Sangasanga)，三馬林達(Samarinda)，麻里巴板(Balikpapan)，打拉根(Tarakan)諸埠。英屬領地，則西北砂朥越(Sarawak)以古晉(Kuching)為首府，此外有峇南城(Clandetoun)及米里埠(Miri)等。勃泥(Brunei)則在砂朥越之東，佔地最小，英人稱之曰勃泥市；北婆羅洲則在勃泥之東北，分古達，山打根(Sandakam)，西海岸東海岸，內地(Interior)等五州，以山打根為首府[6]。

全島人種可分泰雅克人，馬來人，及中國與歐洲移住民人等三大類。泰雅克人為本島土著，其中復分數類，居住於島中本部者為純加影伊好克斜，及金影等三族，居住於本島東南部者，爲烏魯尼亞姆人，居住於西婆羅洲者為西部泰雅克人，此外復有散居島內之遊浪土人，亦泰雅克種。馬來人自馬來半島移殖而來，或譯爲巫來由人，多住於海岸及河川沿岸之地，以文化較泰雅克人稍高，故能驅迫泰雅克人而使之退棲於山林深處。馬來人今多奉回教，故凡泰雅克人之奉回教者，今亦以馬來稱之，而其他信仰他教之人士，除華人及歐洲人外，亦每以泰雅克人稱之，即泰雅克人與馬來人通婚後所生子女，亦皆以馬來稱之，以此類雜婚所生子女多宗奉回教也[7]。近日研究婆羅洲人種者，嘗就其接隣各島之例，而加以推斷，以為古時黑種人或嘗佔據其地，驗以中國隋唐時所記其地人種狀況，或不無相當痕迹也[8]。馬來人之移殖本島，據其傳說，謂在六百餘年以前，然其各部落之組織，與泰雅克人大致相彷，早已混化，故今日除少數之深山土著外，所謂泰雅克人與馬來人，自其外表觀之，已無絕殊界限矣[9]。此外島中沿海岸各商埠，尙有少數之阿剌伯移民，蓋中世紀時，南洋商權，多操於阿剌伯人之手，因商販而移居，而握其政權，而傳其回教於婆羅洲，亦事勢所必然也[10]。此外北

4

婆羅洲有一種土人曰都遜（Dusun）一般人類學家以爲即早期中國移民與該地土著之混血人種，驗以彼輩之自稱爲中國人，混血人種之說，當可信也[11]。

婆羅洲以地理環境之關係，可謂天然富裕之邦，土人之衣食住問題，簡易異常，能盡其自然生存之樂趣；然因是遂致誘發怠惰頹唐之風，飽暖無憂，逸居無教，故常抱樂天無爲主義，略無立功揚名發憤自雄之思；而且早熟早老，甫達成年，輒呈敗象，民智以之而窒塞，文化以之阻滯，人種以之而日弱，一遇外敵，輒無能爲。中國阿剌伯與歐洲各移民之得以擴殖其間，雖曰原因複雜，而其島之地理環境，有以使其土著之不振，而其鑛植產物之富饒充裕，誘人前往，要亦不無相當關係也。

三　婆羅洲之歷史背景

婆羅洲之地理關係，已如上述，其地土著，處斯環境，不能無所影響，結果遂致其地歷史及其與外地之關係，亦成一特殊形勢，茲接述之，蓋亦以旁求羅芳伯所以擴殖建國之根據云爾。

按婆羅洲（Borneo）見於中國記錄之最古者，爲姚思廉梁書卷五十四南海諸國傳之婆利傳，『婆利』與『婆羅（Borneo）』本一音之轉，地望亦相當[21]。梁天監十六年（公元五一七年），其王姓憍陳如，遣使奉表入貢，自言先世年數不能記，白淨王夫人，即其國女也。觀其貢表，多崇敬佛教語，意當時婆利，亦印度移民在今婆羅洲西北部所建國也[13]。

隋時，其王姓刹利邪伽，名護濫那婆，於大業十二年（公元六一六年）遣使朝貢，至唐貞觀四年，（公元六三〇年）復遣使入貢方物，盖皆震於中國治化與聲威而來儀也。時婆羅洲東北角，復有婆羅國者，王旃達鉢，於唐高宗總章二年（公元六六九年），遣使者與環王使者偕朝[14]。盖婆羅婆利，皆當時本島大國，中國舌人雖以二名分之，要之皆即今日婆羅洲一名對音也。時華商多運陶器至南洋市易，故至今婆羅洲土人尙以陶甕爲交易媒介[15]。

宋時，稱婆利曰渤泥。泥與利，雖音聲一在泥母，一在來母，然中國西南及福建各方音，二母多混滑者，原可相通[16]。宋趙汝适諸蕃志，謂渤泥國以板爲城，城中居民萬餘人，太平興國二年（公元九七七年），遣使蒲

5

亞利等，入貢方物，其貢表字小橫讀，譯以華言，謂渤泥國王向打，稽首拜皇帝萬歲云云。元豐五年（公元一〇八二年），又遣使入貢。所謂『向打』，即蘇丹對音，所遣使蒲亞利，當爲阿剌伯人，或婆羅洲人之受阿剌伯同化者[17]。當時渤泥與中國及阿剌伯等，盛營海上貿易，凡番舶抵其國，必以中國飲食獻其王，故舟往渤泥，必挾中國善庖者一二輩以俱[18]。覩於當日渤泥國王之嗜好華食，知其地所受中國文化影響之深也。是時阿剌伯人方擴殖南洋爪哇等地，操縱海上貿易，婆羅洲一部分民衆之由宗仰佛教而改信回教，意即起於其時，而其統治階級，亦已變革，當非隋唐時刹利邪伽氏之苗裔矣[19]。

元時渤泥仍爲南洋大國，諸書所記，多作浡泥，或作勃泥，愛中國人至甚[20]。元世祖遣史弼等征爪哇，大軍嘗經婆羅洲西岸[21]。元明之際，有華人黃森屏者，率黨衆僑居浡泥，其女與浡泥蘇丹阿哈密（Sultan Akhemed）結婚，生女，贅阿剌伯人某爲壻，壻未幾繼爲蘇丹，是爲浡泥蘇丹布克（Sultan Berkat），有黃總兵墓，蓋即其地蘇丹外王祖父之墓，質言之，即黃森屏之墓也[22]。

明時，其地除浡泥國外，而婆羅國亦復興於東北隅，明史卷三百二十三外國傳四所列各國，多在琉球臺灣菲律賓及婆羅洲東岸諸地，其婆羅國傳，謂其又名文萊，在東洋盡處西洋所自起處。永樂四年（公元一四〇六年），其國東西二王，遣使奉表朝貢。其地禁食豕肉，犯者罪死，有禮拜寺。可知其時婆羅洲已以阿剌伯人之故，而回教勢力已凌駕佛教勢力而上矣。此外則今日東南婆羅洲之馬辰等地，當時亦已與中國通商，明史外國傳四，稱其地曰文郎馬神，蓋即今馬辰（Bandjermain）對音也。

而浡泥與中國之關係，洪武初，其王馬合謨沙遣使奉表箋貢，永樂三年（公元一四〇五年），其王麻那惹加那復遣使入貢，明廷遣官封之爲王，賜印誥，敕符，勘合。其王遂泛海入朝，於六年十月卒於中國，葬之安德門外石子岡，今南京中華門外聚寶山麓，即其遺址，俗呼馬回回墳，馬回回之『馬』，當即麻那惹加那省稱也[23]。九年，其嗣王遐旺偕其母入朝，明年賜歸，自是貢使時至，凡華人至其國，甚有敬愛，直與中國藩部無異焉[24]。其國統十四州，除今日英屬勃泥及砂朥越外，荷屬西部婆羅洲如三發喃吧哇坤甸等地，當亦在彼所領各州之內。

惟此類見統於浡泥之各地，當亦各有土酋，或蘇丹，浡泥第為羈縻而已。坤甸與喃吧哇之土酋，據林氏坤甸歷史卷首婆羅洲地圖說略謂：『坤甸本音為本頭亞喏（Pontianak），本頭，即坤甸之譯音也，亞喏者，巫來由名子之謂也。離坤甸一日之程，有地名喃吧哇者，巫來由酋之部落所在，酋長之子，遊歷坤甸，相其地勢可以建幕，故居焉。由是喃吧哇老酋長謂坤甸酋長為亞喏，故命曰本頭亞喏。』林氏長於坤甸史事，證以楊炳南海錄所載坤甸一帶土語，當自可信[25]。

婆羅洲之浡泥婆羅等國，已素慕中國文物，朝貢不絕，而中國商民之走集其地者，又與日俱盛，久之遂進為中國之殖民地焉。且自明成祖命太監鄭和，以舟師出使西洋各國後，南洋各島多為中國兵威所臨，華人在南洋之地位日高，南洋土衆亦樂以受治，而華人之雄者，遂往往以擴殖而寖稱王霸矣。重以朱明自嘉靖初，罷市舶司，厲行海禁，倭寇乘之，海疆益亂，海客既為官軍所迫，因率衆闢土海外，於是而建號異邦者，遂亦日異而月新矣。

婆羅洲東北角之婆羅國，萬曆間，王其地者，即為閩人，其後以西班牙人東向掠地，舉兵來擊，王率國人，走入山谷，放藥水流出，毒殺其人無算，西班牙人乃轉掠呂宋，即今菲律賓羣島是也[26]。

此外萬曆間，有華人林道乾者，率黨衆至婆羅洲浡泥西北邊地，浡泥王贅以女，劃所屬地，使道乾居之，道乾遂立國於是，名所居港曰道乾港，且稱王焉。今砂朥越之雙峯黎，相傳為林道乾所部徒衆之遺裔，雖已與土著同化，然尚多稱林姓者[27]。

而浡泥王室，自明初其王納黃森屏女為妻後，即雜華人與阿剌伯人血統，與中國關係尤深。萬曆間，歐人強商其境，糾紛始增，然而華人在西部加巴士河流域之擴殖事業，猶方興未艾[28]。凡此皆婆羅洲未為歐人所掠屬以前，其地政府及民庶與中國之歷史關係也。

羅芳伯在坤甸擴殖建號之根據，亦即在是。惟芳伯之生，已在乾隆之世，其時葡萄牙西班牙荷蘭及英國之遠東侵略事業，已以新航路之發現，國民擴殖慾望激增，及武器之進步，挾其排山倒海或蠶食鯨吞之勢，以壓我僑衆，以視中明以前之東洋形勢，已爲另一局面。而清室方以閉關禁海，國民之從事海外事業者，靡特不予保護，甚或多方摧殘，遇有以出海經營，與歐人相爭訟者，輒以化外頑民斥之，而歐人遂益視華僑爲可欺，驅迫之不足，又從而屠殺之，華人在南洋雖有千數百年之特殊關係，然苦無後盾，又乏組織，無如之何也[29]。羅芳伯處是危境，猶能闢地建國，雖曰歷史與地理二環境之積勢有以假之，要亦其人魄力，有足多也。茲並述荷蘭人及英人經略婆羅洲之事蹟如次，蓋亦以旁窺羅芳伯所處之時代與環境耳。

按荷人經略南洋羣島，始於公元一六〇二年（明萬曆三十年），組織荷蘭東印度公司，一六一九年（萬曆四十七年），該公司始於爪哇建立吧達維亞（Batavia）商埠，向四隣掠奪，一七八七年（清乾隆五十二年），遂迫婆羅洲文郎馬神割其東南濱海各地，並進而侵略西部婆羅洲，一八一九年（嘉慶二十四年），宣布東印度爲其屬地，一八二一年（道光元年），以詭計誘坤甸第五任大唐總長劉台二爲甲大[30]，而羅芳伯所建立之蘭芳大總制失其獨立主權，至一八八四年（光緒十年），遂爲所併。一九〇五年（光緒三十一年），東南婆羅洲全歸荷蘭統治，而荷領西部及東南部之分區以成[31]。

至英人之侵略北部婆羅洲，則始於十九世紀初期，先是浡泥國，內亂暴發，英人布魯克（James Brooke）嘗助蘇丹平亂，以功受招入贅，一八四一年（道光二十一年），蘇丹以五萬八千方英哩之砂勝越，使布魯克分治，浡泥遂夷爲小國，一八八八年（光緒十四年），更降爲英人保護國，政權悉入英手；而其國東北境各地，原爲婆羅國舊地，後浡泥蘇丹以蘇祿蘇丹嘗助之平亂，以其地沿海一帶酬之。一七六三年（乾隆二十八年），蘇祿以其地割與英國東印度公司，雖歷經變亂，然至一八七九年（光緒五年），卒爲英人所定，一八八一年，遂設特許公司治之，是爲英屬北婆羅洲，而英領砂勝越，浡泥，及北婆羅洲之區分以成[32]。

自是而婆羅洲一島，遂爲英荷二國所分屬，而華人前此所經營之功績，即淹沒不彰，撫今思昔，彌可慨也！

四　羅芳伯之生平

羅芳伯爲廣東嘉應州石扇堡人，嘉應州在宋爲梅州，今名梅縣。其地據韓江上游，當閩贛粵交通要衝，自宋元以來，即以文物著稱，明清二代，尤人才輩出，至今猶勃興未已。閩粵二省，自唐宋中外海上貿易大增，有志之士，競謀泛海出國，至明尤盛，梅人得風氣之先，海客尤衆，又以其地特重讀書，男子鮮有不識字者，故其出國經營，亦每操勝算。芳伯少負奇氣，生性豪邁，任俠好義，喜結納，嘗與里中諸少年游，咸唯唯聽命[33]。而長於俗慕海利之鄉，業儒不成，遂去而浮海[34]。至止婆羅洲坤甸之東萬律，以教讀兼採金爲業[35]。東萬律者，據楊炳南海錄崑甸國條，由坤甸港口『買小舟入內港，行五里許，分爲南北二河，國王都其中，由北河東北行約一日，至萬喇港口，萬喇水自東南來會之，又行一日，至東萬力，其東北數十里爲沙喇蠻，皆華人陶金之所』，東萬力，即東萬律也。芳伯已居其地，乃與土著蘇丹（按即土王）相結，搆合徒衆，爲代平禍亂，得地甚廣，因建立蘭芳大總制，以統其民[36]。當時以清廷方嚴海禁，中外消息隔閡，故其生平事蹟，國內學人，鮮有知者，即間或記錄，亦多以訛傳訛，眞相不露。茲爲粗舉數端，爲考其生平如次：

羅芳伯之名號　梁任公先生中國殖民八大偉人傳[37]，稱芳伯曰羅大，湖北法政編輯社第十五種殖民政策，亦云坤甸王羅大[38]，一若當日建立蘭芳大統制之元首其姓名果爲羅大也者，而楊炳南海錄則稱之爲羅方伯。不知羅大乃芳伯尊稱之省詞，方伯乃芳伯之訛，非其原名如是也。按芳伯原名芳柏，林氏歷史題辭云：『羅芳伯，廣東梅縣石扇堡人，名芳柏，其兄蘭柏，其紀元爲蘭芳者，或取義於此歟？然胡以云伯也？或曰，伯者方伯也，又一說云，芳柏主旨在共和，方伯非是，當作兄弟長輩之稱。二說後說理優。』余按伯爲兄弟伯叔之伯，林氏所舉第二說，自較可信。當日與芳伯結義之志士，相傳凡十八人，芳伯年長，故被稱曰羅大伯，或稱羅芳伯[39]，大伯，芳伯，皆尊稱也。羅大蓋大伯省稱，任公先生殖民偉人傳僅據口碑入文，故不免疏誤，而寡識之士，昧於當日史事，已言乾嘉間，主坤甸者，爲客長羅芳伯，又謂當時有嘉應人陳蘭芳，以經商平亂，進爲坤甸國王[40]，不知芳伯爲芳柏尊稱，蘭芳爲芳伯所建國之年號，析蘭芳與芳伯爲二人，何可笑之甚耶！

羅芳伯之年代

羅芳伯出國經營之年代，據温氏南洋華僑通史羅芳伯傳謂：『爰於某年秋，偕其同志，由梅走岐嶺，經老隆，順流從東江而下，抵羊石，由虎門放洋南渡，直抵婆羅洲之西岸。時坤甸尚未成埠，芳伯由三發(Sambas)登陸，一履其地，但見長林豐草，廣袤無垠，土人搆木爲巢，獵山禽野獸而食，乃嘆曰：「此沃壤千里，所謂天府之雄國，其在斯乎？」乃闢地而居之。』此蓋僅言其出國之路線，大要可信；惟於其出國年代，故爲隱約其詞，以此知温氏所據材料猶不足也。林氏歷史，雖於芳伯出國年代，亦無所記，惟所附芳伯未爲大唐總長時所作金山賦，可略見其概，金山賦首段云：

『蓋聞金山之勝地，時懷仰止之私衷，地雖屬蠻夷之城，界仍居南洋之中。歲值壬辰，節屆應鐘，登自虎門而出，征途之馬首是東。』

所謂『歲值壬辰』，證以諸書所記芳伯佔據坤甸在乾隆年間之說，必爲乾隆三十七年（公元一七七二年），蓋乾隆紀元六十年中僅三十七年爲壬辰歲也。是芳伯出國，實在乾隆三十七年。其出海處爲廣州虎門，其初至處爲坤甸東萬律，東萬律山產金，故華人以金山稱之。至其佔據坤甸，建立蘭芳大總制之年代，據楊炳南海錄謂在『乾隆中』，光緒嘉應州志羅芳伯傳謂在『乾隆中葉』，此外各書之曾記及芳伯故事者，大抵亦多以此類泛語出之，惟温氏通史羅芳伯傳則謂在『乾隆四十三年，一七七六（按此當是八字之譌）年也』。驗於當日史事，當較可信，惟與林氏歷史所記，適遲一年，林氏文云：

『黃帝紀元四千四百七十有一年，丁酉歲，乾隆四十二年也。羅芳伯據婆羅洲之坤甸，公舉爲大唐總長，建元爲蘭芳元年。』

余意此爲建號年代與統一年代之差異，林氏所云乾隆四十二年者，蓋指建號而言，温氏所云四十三年者，蓋指其統一所屬各地而言，建號在先，統一在後，無足異也。惟温氏通史所附中國南洋交通年表，又稱『淸乾隆四十一年，一七七六年，羅芳伯王於坤甸』，則又自亂其說，不知果何故矣。又羅芳伯逝世年代及年歲，各家所記，亦微不同。嘉應州志謂芳伯『年七十餘終』，温氏通史則謂芳伯『沒於一七九三年，淸乾隆五十八年，時年五十八』。林氏歷史，未言芳伯年歲，惟謂

10

『蘭芳十九年，乙卯，乾隆六十年，大唐總長羅芳伯薨』。林氏最明坤甸歷史，所記芳伯卒年，當自可信。至歿時年歲，驗以林氏歷史附錄芳伯建號後所作遺懷詩，則以嘉應州志所述爲是。芳伯遺懷詩云：

『英雄落魄海天來，笑煞庸奴亦壯哉。燕雀安知鴻鵠志，蒲櫟怎比棟樑材；平蠻蕩寇經三載，闢土開疆已兩回。莫道老夫無好處，唇鎗舌劍鼻如雷。』

平蠻遺懷，而自稱『老夫』，知其年歲不小也。信如溫氏『乾隆五十八年，時年五十八』之說，則其在乾隆四十二三年平寇建號時，極其度，不過四十餘歲耳，方在壯年，何自云『老夫』耶？且芳伯嘗被結義諸人尊稱爲『大伯』矣，亦可反證其時已齒德兼尊，不類四十許人。意者溫氏所記年歲，乃芳伯初爲大唐總長時之年歲乎！討論至此，吾人可結語曰：芳伯出國，在乾隆三十七年，時已五十餘歲，越六年受推爲大唐總長，時爲乾隆四十二年，又十九年病卒，時爲乾隆六十年。此則羅芳伯年代之大略也。

羅芳伯之學養　楊炳南海錄謂芳伯『豪俠，善技擊』，人以此遂疑芳伯或爲一絕有機智之武夫。不知芳伯雖『善技擊』，然其人實爲一頗有學養之儒者，蓋梅州人士每喜於讀書暇日，兼習武術，科舉時代，文場中固多善技擊者，芳伯之善技擊，自嘉應州一帶人士視之，固平常事也。嘉應州志雖稱芳伯『業儒不成』，然觀彼在坤甸所設施者，皆非淺學之士所可猝辦[41]。且就林氏歷史所載芳伯詩文言之，亦非絕無學養者可比，例如金山賦中段云：

『無何，遠望長天，覺宇宙之無盡，下臨無地，想雲路之可通。眞如一葉輕飄，飛來萬里，好藉孤帆遙遞，乘此長風。時則從小港而入，舟人曰：「金山至矣」，但見滿江紅水，一帶長堤，林深樹密，渚淺波微。恍惚桃源仙洞，渾疑柳宅山居。兩岸迷離，千仞嵐光接翠，孤峯挺秀，四圍山色齊輝。幾樹斜陽，一溪秋水。兎魄初昇，猿聲四起，不聞牧笛樵歌，那有高人逸士？山窮水盡，潺潺之泉韵關心，柳暗花明，喔喔之雞聲盈耳。』

此外，如爲文以祭神驅鱷，雖說者或譏其迷信，然聖人以神道設教，本爲儒者所樂道。蓋在某種畸形社會之下，以神設教，固有安定人心之效也。嘉應州志記載之曰：

『値鱷魚肆虐，吞噬人畜，日以百數，乃糾合華夷，仿昌黎在潮故事，投其文望海祭之。鱷魚果避去，華夷驚爲神，謂三寶之復生也。』

且芳伯是舉，亦非直接乞靈於魚者，觀林氏歷史所附芳伯祭鱷魚文云：

『維年月日，大唐總長羅芳伯，謹以剛鬣柔毛，致祭於山川諸神而告之曰：……然聞之，樂民之樂者，必當憂民之憂，食民之食者，必當事民之事。茲我坤鎮總長所轄，邇年以來，鱷魚不安溪潭。壬子之秋，連喪吾儕三子，跋扈如斯，罪安可逭？或者曰：爲惡遣殃，三子當受其咎。不知下民之命，應受終於天，否則亦應受終於國法，斷不忍以無辜之民，而飽鱷魚之腹。茲値前日，又喪吾唐人。……夫不敎而殺謂之虐，不戒視成謂之暴，今特網開三面，設祭賜食，而與鱷魚約，限日各率醜類，而徙於海，山川諸鹽，尚可爾宥也。鱷魚有知，其聽吾言，如無知，雖總長有言，莫由開導，是欲與吾民雜處此土，與我爲難，……如是凡無人道者皆可殺，伏乞諸神助一臂之力，以洞鱷魚之港，諒聰明正直之神，當能予鑒也。』

所謂『樂民之樂者，必當憂民之憂，食民之食者，必當事民之事』，『不教而殺謂之虐，不戒視成謂之暴』，甚有理致，要非純爲迷信者可比。

羅芳伯與天地會　温氏通史羅芳伯傳，謂芳伯至坤甸後，乃『糾合同志，拜盟結義，潛植勢力，以待時機。奮力推廣天地會之制度於茲土，蓋遠離清人勢力，可以公開，無取秘密也』，一若芳伯實爲天地會黨魁之一。

余按此事或出誤傳，芳伯出國前，嘉應州一帶，似尚無天地會之傳播。天地會始創於臺灣華民，故康乾時，志士之以天地會口號起而抗清者，亦以臺灣爲多。嘉應州一帶客家人之大批移殖臺灣，已在康熙平定臺灣鄭氏之後，於臺灣天地會所倡反清復明之宗旨，初不甚明，故當乾隆五十二年天地會首領林爽文起義於臺時，嘉應州人之僑居臺灣者，反出而助官軍平滅林氏。芳伯出國早在乾隆三十七年，於臺灣會黨運動亦無涉。且自芳伯所建蘭芳大總制之官制言之，亦無一與天地會各級員司之名號相合者[42]，其爲不相因襲，蓋無疑也。惟自嘉道以後，粵人之從事天地會運動者，反視福建而尤盛，寖假且取之與耶穌教相結合，另創上帝會，而造成掀然大波之太平天國。其在南洋而從事天地會之傳播者，亦與日俱增，婆羅洲之砂撈越，尤爲會黨總匯之所，西部婆羅洲與之接壤，黨人亦盛，而蒙脫拉度(Montrado)之自治團體，更爲天地會中人所立[43]。惟西人不察，以蒙脫拉度屬於接近坤甸之邦旻，從而遂謂蒙脫拉度之自治團體亦爲羅芳伯與吳元盛所創，而芳伯亦即天地會領袖之一，穿鑿附會，非史家所應爾也。林氏歷史，未載坤甸與會黨關係，惟所記鹿邑大港公司事，當與西人所記蒙脫拉度自治團體事，爲同一事由，林氏文云：

『蘭芳七十有四年，庚戌，道光三十年，西一八五〇年，鹿邑大港公司與荷人戰，大捷，克復邦戛。』

又云：

『蘭芳七十有六年，壬子，劉生（按即蘭芳大總制受荷蘭誘買後之總長，時已改稱甲大）率兵助荷人拒大港同胞，擒其首以獻公班牙（按即荷官）。記事：大港同胞與荷人干戈相見者六年，孤立無援，卒爲所敗。荷人將其鹿邑商埠燒滅淨盡。逃難之民約數千人，逃至東萬律喝不離居地，欲由萬那往沙拉畫（按即砂朥越Sarawak）。劉生率師拒戰，擒其首以獻公班牙。及大港平，荷人即移向東萬律矣。』

所謂鹿邑，當即蒙脫拉度（Montrado）之省稱，蓋單取『脫拉』一音也。所云『與荷人干戈相見者六年，卒爲所敗』，亦與温氏通史第十四章所述蒙脫拉度『於一八五四年（按即咸豐四年）爲巴達維亞政府遣遠征隊，將其佔領』之說合。果爾，則蘭芳大總制之末世首領，非特未嘗與天地會合作，甚且反嘗爲荷人驅殺奮鬥多年之會中志士矣。

五　蘭芳大總制之建立

羅芳伯之生平，已略如上述，玆進言蘭芳大總制之

13

建立。按芳伯初抵坤甸東萬律，本以採金兼教讀爲業；然以懷抱遠大，故居嘗鬱鬱，每以虛度歲月爲嘆。觀彼所作金山賦之末段，可識其梗概。金山賦末段云：

『予也才本駑拙，志切鶯遷，耕莘懸舌，硯苦爲田，愧乏經商資本，耻非宿學高賢。假館他邦，固旣虛延歲月，奔馳道左，還期穩載凱旋。俾士作商，不憚萍蹤萬里，家貧親老，常嗟客路三千。因而水繞白雲，常盼望于風晨月夕，倘得堂開晝錦，庶儘游於化日光天。噫嘻，蠻煙瘴雨，損體勞形，豈無志於定遠，又何樂乎少卿？……乃作歌曰，巍巍獨立萬峯顛，雲水蒼茫自繞環，如此好山如此水，蹉跎歲月淚潸然！』

然而有志竟成，事會之來，正與芳伯懷抱相應。婆羅洲之土衆，旣頹唐散漫，不足有爲，而坤甸之土酋，亦寡識無能，不足平其內亂，而華人威德，又已久行於南邦，芳伯乃厚結黨徒，以保僑爲務。維時有一部分華人，先散處於吻黎裏，米倉下松柏港一帶，芳伯欲引爲同志，厚增勢力；顧若輩暴戾恣睢，日以淩虐同種爲事，芳伯乃陰結坤甸蘇丹，以威嚇之，若輩稍懼，而蘇丹亦寖德芳伯。會土人謀叛，蘇丹籌備軍實，遣芳伯征之，芳伯乃用明修棧道暗渡陳倉之計，果大捷，土人叛者多死。蘇丹大喜，乃置酒作樂，爲芳伯壽，約爲兄

弟，謂世世子孫毋相忘也，芳伯唯之，自是出入蘇丹禁庭，言聽計從，威望日著[44]。芳伯有勇將吳元盛，嘉應州下半圖蔡嶺鄉人，身材偉岸，膂力絕殊，性豪邁倜儻，喜爲燕趙游俠，閭里極憚敬之，雖豪強無敢攖其鋒者。初僑居坤甸西北沿海之喃吧哇，搆衆掘金[45]，芳伯招之結義。初助芳伯擊敗米倉下松柏港諸敵，復與土人頻年征戰，迭奏膚功，數年間，佐芳伯勘定蘭臘，萬諾居，斯芳坪，無名港，滑棟，高車，新埠頭，及喃吧哇等地，復循加巴士河，略定上候新董等地[46]。時隸芳伯部下者，已有衆三四萬人，益以所降服之土人二十餘萬，坤甸蘇丹知勢力不敵，遂降身聽治。芳伯乃爲建立政府，定國號曰蘭芳大總制，以東萬律可牧可耕，可工可商，定爲首府。是時部下咸踴躍稱賀，請上尊號，芳伯謙讓未遑，以此來徼倖得片地於海外，皆衆同志擁護翊戴之功，若擁王號自尊，是私之也，非己志所願；顧無名號，又不足以指揮羣衆，乃決議稱大唐總長，建元蘭芳。時淸乾隆四十二年，公元一七七五年也，距芳伯泛海出國，僅六年耳[47]。而美洲合衆國(United States America)亦成立於是年，推華盛頓(George Washington)爲總統，與蘭芳大總制均爲民主國之創例。

芳伯已爲大唐總長，以上侯新董，地居要衝，夙號難治。稔元盛才勇，又爲開國元勳，乃以其地封之，以爲外藩。元盛乃爲開府施政，自稱王焉。會加巴士河中流，有戴燕(Tajan)者，世爲土酋佔據，以河爲固，每侮蔑華人，凡舟楫經過，例須奉過關金，始得放行，苛斂橫征，備極煩虐。是時其酋復鑑於東萬律之役，戒備尤謹，而忌元盛亦日甚。元盛故遣使朝聘，使不之疑，而陰爲籌畫進取之策。乃造大船多艘，潛實兵器，順河而下，晝夜兼程，至時天氣尙黑，乘斥堠未備，盡縛縶之。旣明報關，賄吏通款，言欲貢金於戴燕蘇丹，土酋諾之，伏兵後庭，召見，時元盛已先遣壯士，僞爲商賈，候宮庭左右，至是乃率健徒四人，進宮謁酋。元盛手捧金盤以進，藏匕首盤中，上覆以金，酋受之庭。元盛出不意，抽匕首剸酋腹，殪之。後庭伏兵，蜂擁圍擊，元盛奮臂酣鬥，當者辟易，並發暗號，促宮外壯士，共起策應。一時內外夾攻，遂據其宮，酋妻聞變，調兵赴援，元盛再破之。酋妻懼，退守鐵山。鐵山者，戴燕唯一高原也，西北扼河，東南懸壁，形勢險固，酋

現代婆羅洲大勢與昔日蘭芳大總制圖

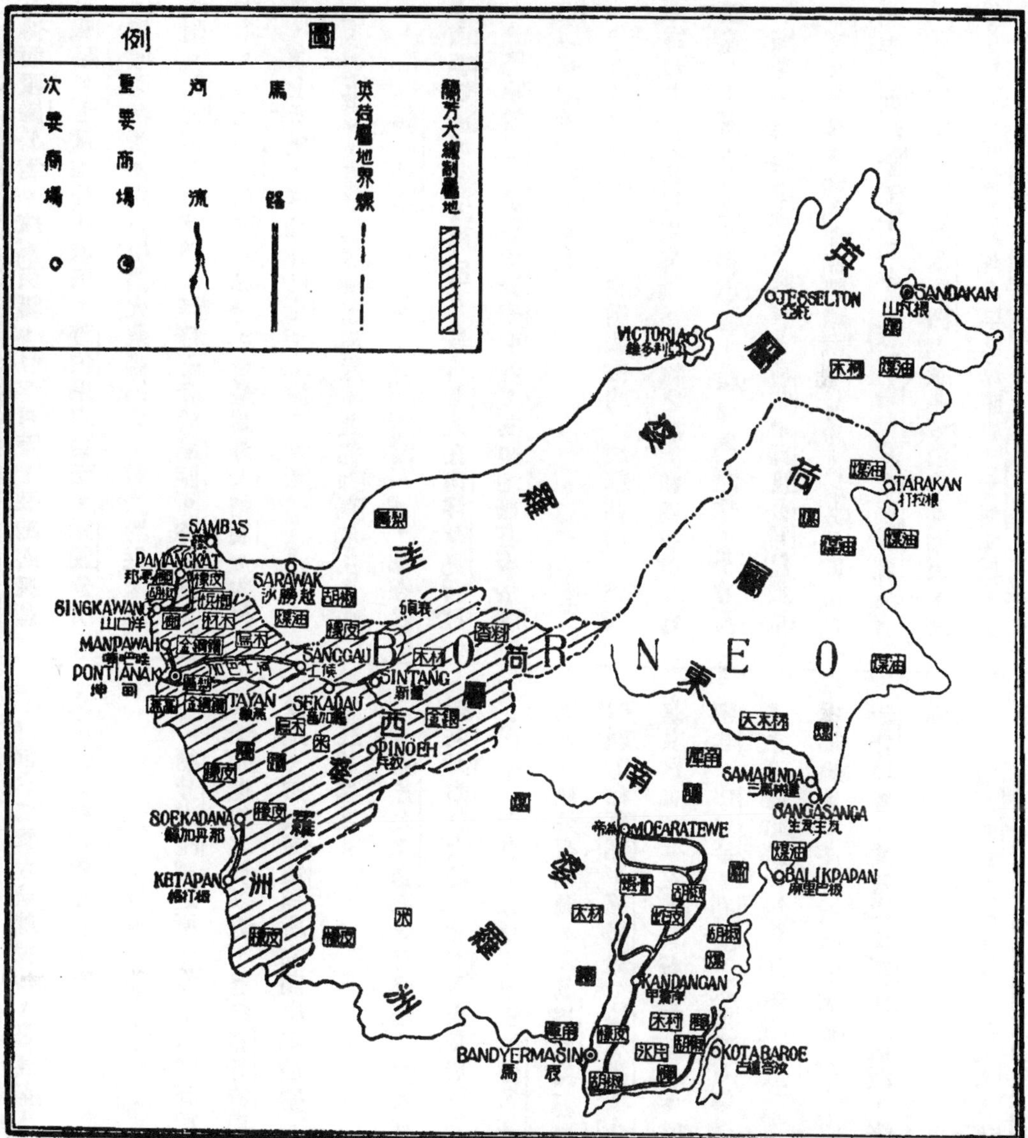

妻據之，以待援師，更遣兵斷元盛糧道，交通遂絕。會敵大至，元盛被圍，乃令部曲，夜製尺許木板百方，書『我軍絕糧須急救』七字，投諸河流。衆怪問故，元盛曰：『我軍被圍日久，糧乏人困，雖有間道，可告急羅公，而敵騎密布，無能飛渡；委而棄之，不惟功敗垂成，即華人歷來喪失之生命財產，亦將無所取償；吾用木板浮流至坤甸，必有得而報羅公者。援軍與糧，旦夕可至，破敵必矣。」衆聞嘆服，士氣益壯。未幾，芳伯果率兵至，元盛令所部掘墜道通其營，以巨桶實火藥轟陷之，敵衆窮促，遂乞降附。元盛遂奄有其地，而移王府於戴燕。時清乾隆五十年，公元一七八五年也[48]。自是蘭芳大總制，內外安寧，領土所屆，東起加巴士河上游之新董（Sintang 亦譯作純篤，或存篤），西抵婆羅洲西海岸，北達邦戛（Pamang-kat），南抵蘇加丹那（Soekadana 亦譯作雙溝月）[49]，凡今日荷屬西婆羅洲，皆其範圍。自古華人在南洋羣島所建國，除鄭昭於暹羅莫登庸於安南外，其領地無有廣於羅芳伯所建蘭芳大總制者矣，

芳伯已爲大唐總長，益勤儉約，勵精圖治，華夷皆樂爲約束，以共謀生業[50]。所轄之境，耕者讓畔，行者讓途，中國內地之不得志者，每聞風嚮慕，不遠萬里，願受一廛爲氓[51]。是時，荷蘭東印度公司已於爪哇巴達維亞爲根據，進而經略南洋各島，於芳伯即位之十一年，即乾隆五十二年，奪取馬辰之東婆羅洲濱海地，更擴其勢力於西部婆羅洲，脫非芳伯內部充實，統治有方，無隙可乘，則荷人早已掠據加巴士河流域，又不待劉台二爲大唐總長後，始爲荷人所誘惑而捐棄吾僑民辛苦經營之疆土也。

六　蘭芳大總制之制度

蘭芳大總制之所以能卓然顯赫於十八世紀之下半期與十九世紀之初期者，雖曰羅芳伯與吳元盛之戰功有以致是，然於芳伯等所立制度之較備，亦不無相當關係也，茲並述之。

蘭芳大總制之省府縣制　按當日地方分劃，於首府東萬律設大廳，爲大唐總長居住地，亦稱王都[52]。其下有省，有府，有縣，如沙拉蠻省茅恩府昆日縣，是其例也。此外有副廳，如新埠頭副廳，即其例也。有裁判廳，如萬那，萬諸居，淡水港，八角亭，各裁判廳，是其例也[53]。又當日縣治可攷者，除昆日縣外，尚有喃吧哇，山口洋，邦戛，及雙溝月等[54]。其省府縣設置，或亦不僅此數，然今日多不可考矣。此爲蘭芳大總制本部屬地，此外有外藩戴燕國，所轄有戴燕，上候，新董等地，其官吏由戴燕王遴派，惟仍稟受大唐總長指揮。

蘭芳大總制之官制　按蘭芳大總制爲民主國體，但

16

當時未有美法先例，故人多未知耳。其制，最高元首爲大唐總長，亦稱大唐客長。受推爲總長後，接任視事，則稱企廳[55]，大唐總長對外或稱爲王。其下有副總長，亦稱參謀，或稱軍師，駐節沙拉蠻省，大唐總長去位，新任未定以前，由副總長攝行國務。又下有瑪腰，駐茅恩府，有甲大，駐昆日縣，或喃吧哇，邦戛等各縣治，或各裁判廳等。瑪腰即西文 Mayor 之譯音，甲大即 Captian 之譯音，蓋沿西俗命官，亦可知當日西洋文化之東被也。又下有老大，亦稱尾哥，每區各設一員，以稽查賦稅征收及人口出入爲務。此外，有外藩戴燕王，定制由吳元盛世襲[56]。

蘭芳大總制之儀注　按當日國旗用純黃色長方形旗，總長則用三角黃旗，中書帥字，其餘各官，則用各色三角形旗，中書各官之姓。此外於國門懸牌匾，顏曰蘭芳大總制[57]。其大廳，立於通衢，規模壯麗，窮極土木，堂上金匾，字大四尺，曰「雄鎮華夷」，中國人至者，必入而瞻拜[58]。其服制，則上級官廳多用長袍馬褂，或仿穿洋服。其餘兵勇，則仍中國綠營號褂之制[59]。

蘭芳大總制之政制　按芳伯定制，其最高官吏多由公推，法律則搶掠奸淫者殺無赦，稍輕則施以體罰，或游街示辱，至其應興應革之事，則須衆議取決。軍備則設廠以鼓鑄大砲，令人民各習拳棒，平時各安其業，有事則抽調入伍。財政則廣設老大以督察征收；振興農林，以增加物產；擴充市場，以招徠商賈；又設蘭芳公司，以開採金沙，不啻爲國營實業。教育則延聘祖國儒者，以授徒講學。凡所部署，類簡而易行[60]，惜書闕有間，其條目不可考矣。

17

七　蘭芳大總制之盛衰

蘭芳大總制，創始於羅芳伯平定坤甸土人之叛者，建號於乾隆四十二年，易五主，至劉台二爲荷人所愚，國土日削，雖一方仍自稱爲總長，而受荷人委爲甲大，漸不能獨立自主，又五易主，至劉生，遂於光緒十年爲荷人所併。自建號至國滅，凡一百零八年，盛衰之況，存沒之由，於吾國海外勢力之消長，影響殊鉅。茲爲提述如次，大要皆據林氏歷史，蓋不啻爲蘭芳大總制年表也：

蘭芳元年，丁酉歲，羅芳伯受推爲大唐總長，建國號曰蘭芳大總制，時公元一七七七年也。美洲合衆國，亦於是年成立，皆爲民主共和國。

蘭芳十七年，癸丑歲，羅芳伯設壇祭鱷，華夷信之，多謳歌者。

蘭芳十九年，乙卯歲，即乾隆六十年，羅芳伯卒。易簀時，衆詢以繼統之事，芳伯曰：『吾儕飄泊海外，得有今日者，皆衆兄弟之賜，吾安敢以土地自私；忝稱客長者，守土待賢而已，無已，其擇賢乎！』問何人，曰：『戊伯賢，可繼斯任』。於是即公推戊伯繼任[61]。戊伯姓江氏，爲人性情豪爽，勇力過人，初爲茅恩府蘭和營公爺。蘭和營者，芳伯未建元時所住地也。所持之刀十八斤（溫氏通史作八十斤），征萬居諸土番時，曾一夕殲十六人。土人幼孩夜啼者，聞戊伯名即停聲，蓋其聲威至盛也[62]。

蘭芳二十四年，庚申歲，戊伯退閒養老，回祖國省親，由闕四伯攝位。

蘭芳二十七年，癸亥歲，坤甸土人復反。先是土人畏懼戊伯，至是聞戊伯去國，乃相約反叛，四伯屢戰不利，嗣位四年，兵革相從，迄無寧日。

蘭芳二十八年，甲子歲，江戊伯由祖國復返坤甸，回任總長，即出兵征討反者，師次胃頓黎鳥，依港而陣。土人見戊伯來，相率降服，始相安無事。

蘭芳三十六年，壬申歲，夏，戊伯病卒，時嘉慶十七年也。衆推宋插伯嗣位。

蘭芳四十五年，辛巳歲，插伯病卒，劉台二嗣位，時道光元年，公元一八二一年也。是時荷人已略有東南婆羅洲各地，復宣言東印度爲其屬地，益向西部婆羅洲擴殖，蘭芳大總制各屬地，多爲所奪，乃以利誘劉生往爪哇巴達維亞，陽示優寵，台二喜之，而不知遂墮其計。

蘭芳四十八年，甲申歲，荷蘭駐爪哇巴達維亞政府，以先得劉台二默許，始設公班牙於坤甸，委劉台二爲甲大，以加巴士河爲界，河西劃屬公班牙，河東仍屬蘭芳大總制，條約字面用三色字，聲明不相侵犯。三色字者，一漢文，一巫來由文，一荷蘭文也。依條約蘭芳大總制本非屬國，乃劉台二妄以荷蘭三色旗代蘭芳大總制長方形黃旗，謬以屬國自待。故時人爲歌謠辱之，謂『插伯企廳大差矣，州府交分台二企。大家兄弟無見識，梳杆扯起三色旗』[63]。

蘭芳六十一年，丁酉歲，劉台二病卒，衆舉古六伯嗣位。

蘭芳六十六年，壬寅歲，萬那士人反亂，六伯與開數大戰，餉械不繼，敗績。衆以六伯無能，迫之解職，六伯遂遄返祖國。

蘭芳六十七年，癸卯歲，春，衆擧謝桂芳爲大唐總長。桂芳爲嘉應州武生，頗具才識，台二常稱其能，欲介紹嗣位。及台二死，衆不直台二之行，不接受介紹，擧古六伯繼位，及六伯解職，衆擧桂芳，然其時桂芳已老，體弱多病，嗣位僅八月，遂不幸去世。

蘭芳六十八年，甲辰歲，衆推葉騰輝爲總長。時蘭芳大總制國土已削，百政多廢，騰輝本在坤甸業商，嗣位後，仍居店中，廳事置之度外，而外患益不可禦矣。時道光二十四年也。

蘭芳七十年，丙午歲，衆擧劉鼎爲大唐總長。鼎名乾興，以傳位及己，遂改元爲乾興元年。即與萬那士會大戰，爲所敗績。蓋自葉騰輝不住大廳所以來，人心渙散，劉鼎效之，大廳益壞，兵備日虛，荷人與土人，交爲侵略反亂，而蘭芳大總制遂不可爲矣。

乾興二年，[64] 丁未歲，荷人放劉鼎於邦戞，刼其所守三色字條約，以劉生爲甲大，時道光二十七年，公元一八四七年也。

19

乾興五年，庚戌歲，鹿邑大港公司與荷人戰大捷，克復邦戞。先是邦戞與坤甸西北部，同爲荷人所奪，至是大港同胞起師與戰，大捷，克復邦戞，時道光三十年，公元一八五〇年也[65]。

乾興六年，辛亥歲，劉生與萬那士會修好，以採文蘭金剛石也。先是劉生欲與萬那修好，其會長不肯與會，至是先使通欵，會始許之，劉生遂率五百餘人，前往文蘭採鑽。其王牙城初無華人僑居，至是以開採金剛石諸鑛，頓成商埠。

乾興七年，壬子歲，劉生率兵助荷人拒大港同胞，擒其首以獻公班牙。先是劉生嗣位，其壻葉汀凡，僞造謠言，謂加巴士河，水嘗澄清，故愚者頗望其有所作爲，至是始知劉氏翁壻，實皆漢奸。然國事既壞，大勢岌岌，無可挽矣。

乾興十一年，丙辰歲，劉生與荷官阿物恩德里山往見駐巴達維亞之荷蘭總督。先是荷人已刼得三色條約字據，謂劉生曰：『河東地，當屬荷國』。劉生謂：『依約實屬蘭芳』。荷人曰：『約文安在？可照約勘驗』。劉生不能對。荷人復乘機以金銀等物相餌，劉生乃與訂立密約，盡割所屬各地，僅留東萬律大廳地界。所得銀物，悉歸私囊，而蘭芳大總制諸民庶，未之知也。即劉生諸子與女壻，亦不悉私約究竟，各欲爭長其地，而趨奉荷蘭。荷蘭知其虛實，故能操縱如意，無所懼焉。時咸豐六年，公元一八五六年也。

乾興二十八年，乙亥歲，劉生退位，以計立其子亮官。

乾興三十三年，庚辰歲，劉亮官病死，劉生復位。先是劉生與荷人密約，中有終劉生一世，仍有東萬律管理權一語，故亮官死，不由其弟恩官繼任，而由劉生復位，人以河東諸地之喪失，多在亮官爲甲大任內，不復知劉生當日有賣國密約，可恨也！

乾興三十九年，甲申歲，秋八月，劉生卒於坤甸新埠頭，荷人乘送喪之隙，遽出兵據東萬律，時光緒十年，公元一八八四年也。義士梁路義[66]帥師與戰，斬荷將阿成堅，相持數年，爲漢奸所敗，路義出亡，而蘭芳大總制以終。先是，是年八月初旬，劉生以事至新埠頭，沾疾數日，遂卒，荷官假思孳名加撻者，乘劉生家屬扶柩東返，出其不備，據東萬律，折毀大廳前桅竿，撕蘭芳大總制國旗，並迫劉氏家屬交出蘭芳大總制歷代印信，下令不得再舉總長[67]。人心大憤，有梁路義者，於九月四日，率衆與戰，連年敗之，殺荷人無數，後爲漢奸劉恩官，鄭正官，葉汀凡，吳桂三，郭亞威，余康，黃福元，陳和二，羅撒庭，林粥唐等所算，軍火不繼，衆寡不敵，至光緒十二年，遂出亡吉隆坡。初，萬帝隆之闕都力荷官，用林粥唐言，謂東萬律梁路義無備，遂率隊深入，華民中有童子戴月蘭，斤耀郎，賴有傳者，適游獵遇之，發鳥鎗相擊，荷兵倉卒驚遁，其闕都力爲所擊斃，時甲申九月初五日也。若三童子者，不愧爲蘭芳大總制國民矣。荷官加撻之乘機據東萬律而激成鉅變也，荷蘭駐巴達維亞總督，懼中國問罪，即革加撻官職，以慰坤甸華民，然猶不敢以爲直屬領地，後見中國置若罔聞，不加保護，始將蘭芳大總制舊屬各地，劃爲坤甸土酋版圖，至公元一九一二年（中華民國元年），始正式宣布併領其地，荷人之巧于用思，以此益見。

凡此皆蘭芳大總制本部興亡大略也，至於外滿藏燕，則自吳元盛死，子幼，妻襲其位。嘉慶末，嘉應州人謝清高，游歷南洋諸島，至其國，則女王尚存[68]。然是時荷人既由東南婆羅洲日擴而西，元盛妻卒後，嗣子不才，弗克纘承先緒，王綱失墜，荷人勒之，遂降為甲大。然英雄派裔，遠紹百載，世襲甲大，亢宗有人，亦僅見已[69]。

八　結論

余考證羅芳伯及其所建蘭芳大總制之景況，今止於此矣[70]。蘭芳建國之元年，即美洲合衆國成立之元年；華盛頓率美人謀獨立運動被舉為第一任大總統之時代，即當於羅芳伯蕩平坤甸土衆受推為第一任大唐總長之時代；蘭芳大總制與美洲合衆國，雖有疆域大小之不同，人口多寡之各異，然其為民主國體，則無二也。然而美洲合衆國，則國力隨時代之演進而益增，民生隨時代之演進而益庶，聲名隨時代之演進而益顯；而蘭芳大總制，則總長再易，即寂然無聞，而且國土日削，國力日衰，僅逾百年，即為荷人所併，以視美洲合衆國，前者如日月之明，後者如風燭之光。莫為之後，雖盛弗傳，吾述蘭芳大總制之史乘，不禁為芳伯恨繼起之無人也！

晚近國人之言民主共和者，皆言此制遠肇於美，近行於法，而不知吾先民亦有是舉。蘭芳大總制總長之去留，皆悉以民意向背為主，古六伯為總長時，雖國家已夷為半自主之局，受荷人委為甲大，然以征討十會之失利，不理於衆口，猶即須解職他去，不能少留，以知蘭芳大總制民治精神未全替也。世有治政治制度問題者，幸無忽乎吾國先民之海外建制也！

梁任公先生之為中國殖民八大偉人傳也，謂『日本有一山田長政，不過曾為暹羅相耳，而日人尸祝之，歌舞之，記其行誼，繪其戰蹟，被以詩歌，演以說部，不可勝述，謂得一人足以光國史也』。返觀吾國學人，則何如者？蘭芳大總制史實之殊不了了，固無論矣，即羅吳諸人之名氏，恐亦有不能舉者，以正史無其名氏，又無專書記其事也。發潛闡幽，後起之責，吾述蘭芳大總制史事，而不能揭其底蘊，吾滋愧矣！所望遠識多通之士，補輯而釐正之！

林鳳超跋坤甸歷史，謂『當失東萬律時，有李玉昌者，曾為參謀，敗後，逃至吉隆，營商致富，現其人尚

21

在，年已七十餘矣。嘗對人言：「坤甸不復，玉原誓不歸中原」。如政府欲得顧問，此亦碩果之類也』。又曰：『查坤甸證據多在劉恩官家，恩官字碧莪，現在日里，如田賦冊，審案卷宗，多人曾見之者；至其父劉生與荷人所訂之約，以意度之，亦當在其手內；因恩官爲傳位之人，其時年已及冠，事無不知之也。政府如欲交涉克復故土，可於恩官處調查證據，又可召玉昌至，詢問情由，不患無交涉勝算之左劵矣』。林氏書著於民國元年。恢張舊業，豈惟吾政府有其職責？豈惟吾海外僑民有其職責？凡屬國民，皆有責也！雖然任公先生中國殖民八大偉人傳繫論有云：『嗚呼，海以南百數十國，其民口之大部分，皆黃帝子孫，以地勢論，以歷史論，實天然我族之殖民地也；而今託居彼宇者，僅得自比於牛馬。誰之罪歟？誰之罪歟？雖然黃帝手定之山河，今且蹙蹙不自保，而海以南更何論哉』！余茲所感，亦如是焉！

中華民國二十五年六月十七日脫稿於

南京大石橋新民坊九號寓廬

附注

1 據張相時華僑中心之南洋（瓊州海南書局出版）卷上第十章荷屬東印度謂婆羅洲全島面積約二十九萬平方英里。惟丘守愚二十世紀之南洋第二章荷屬東印度載荷屬婆羅洲凡二〇六八一〇方哩，又第五章英屬馬來緬甸婆羅洲，載英屬婆羅洲凡七七一〇六方哩，合之當爲二八三九一六方哩。今從丘說。又諸書於婆羅洲之經緯度多不詳，此據林氏坤甸歷史卷首所載婆羅洲地圖說略（其書實有說無圖）。

2 見張氏華僑中心之南洋卷上荷屬東印度及林氏歷史婆羅洲地圖說略。

3 見張氏華僑中心之南洋卷上第九章英屬婆羅洲，及第十章荷屬東印度，並參考沈厥成荷屬東印度地理。

4 同上

5 參考丘守愚二十世紀之南洋荷屬東印度英屬馬來緬甸婆羅洲，及另編中西地名對照南洋商用全圖，與張氏華僑中心之南洋卷上英屬婆羅洲，荷屬婆羅洲。

6 同上。

7 參考張氏華僑中心之南洋卷上英屬婆羅洲荷屬婆羅洲，及楊炳南海錄咕嚨國條，崑甸國條，吧薩國條，萬喇國條，戴燕國條，卸敖國條，新當國條。咕嚨國條所載山狗王，卽今山口洋（Singkawang），崑甸國即坤甸，萬喇即萬那，卸敖即上侯（Sanggau），新當即新黨（Sintang），其新當國條所載土人語言，習俗，及宗教，尤爲重要。楊氏海錄蓋據嘉慶間嘉應州旅南洋僑民謝清高於返寓澳門時所口述者，故又稱謝清高海錄，有海山仙館叢書本。

8 張氏華僑中心之南洋嘗介紹西人所云『尼格里多人種嘗佔據是島』之說，而加以懷疑。余按新舊唐書合鈔卷一百五十八南蠻傳婆利國條謂『婆利國……其人皆黑色，朱髮而拳，鷹爪而獸牙，穿耳附璫』，婆利卽婆羅洲（Borneo）對音，其所述地望亦合，其人民形狀，正與尼格里多（Negrito）無異。『尼格里多嘗佔據是島』之說，蓋可信也。

9 見張氏華僑中心之南洋荷屬東印度。

10 阿剌伯移民曾否於婆羅洲建國，今尙未能卒攷；然中世紀時，回敎徒盛向南洋群島移殖，於爪哇建吉里國，而印度人在爪哇所建馬達爾姆國以終。婆羅洲於爪哇，僅一水之隔，吉里勢力不難侵入其地。宋時婆羅洲西北部浡泥國，已信仰回敎，雖未能決其爲回人所建國，然其曾受阿剌伯人之影響，而回人曾參與其地政事，自無可疑，此可取趙汝适諸蕃志渤泥國條及宋史外國五渤泥國傳所載以推證之也。

11 見溫雄飛南洋華僑通史卷上第十章元末明初之國人海外事業。

12 梁書南海諸國傳婆利傳謂：『婆利國在廣州東南海中洲上，去廣州二月日行，國界東西五十日行，南北二十日行』。又新舊唐書合鈔南蠻傳謂：『婆利國在林邑東南海中洲上，地延袤數千里。自交州南渡海，經林邑，扶南，赤土，丹丹數國乃至』。勘其地域，當在今婆羅洲西北一帶。又伯希和（P. Pelliot）交廣印度兩道考第三十五節婆利及丹丹，亦謂祗有浡泥，始與婆利合。

13 新舊唐書合鈔南蠻傳婆利國傳，所載其國人形狀，純似印度黑人，梁書婆利傳所載其王進表，又純作佛敎徒語，則其執政者爲印度佛敎徒移民，無可疑也。

14 見隋書卷八十二南蠻傳婆利傳及新舊唐書合鈔南蠻傳婆利國傳注，（所謂注，即從新書增補者）。又婆利國王，隋書作『王姓刹利邪伽，名護濫那婆』，合鈔作『姓刹利耶伽，名護路那婆』，當即一人。

15 見李長傅華僑第三章南洋之華僑。

16 泥來二紐之相混，如潮語客語，皆有此類情形，余溪著客家研究導論第四章已略論之。

17 同注十。又諸蕃志卷上所述蒲亞利，宋史外國傳五勃泥國傳作蒲盧歇。

18 見諸蕃志卷上渤泥國條。

19 宋史外國傳五勃泥國，載太平興國五年其王向打，遣使入貢，元豐五年，其王錫理麻喏，復遣使貢方物。其國王姓名，與自梁至唐婆利國王之姓名，顯爲語言系統不同之名號，余擬另作勃泥國考明之。

20 見柯劭忞新元史外國五島夷諸國傳。

21 見元史卷一百六十二史弼傳，卷一百三十一亦黑失迷傳，及卷十七世祖本紀十四，並參攷溫氏南洋華僑通史卷上第九章元初大舉征爪哇。當時所經過之橄欖嶼與假里馬答，皆今日婆羅洲西北，西南，沿岸島嶼。

22 見溫氏通史卷上第十章元末明初之國人海外事業黃總兵之墓條。

23 見明史外國六浡泥傳，及同治上江兩縣志卷三聚寶山條。又據外舅溫讓朱先生云：宋濂文集載有浡泥國王墓碑，他日作浡泥國考時，當檢考之。

24 見明史外國六浡泥傳，及費信星槎勝覽後集浡泥國條，又明實淥謂：永樂八年十一月丁丑，『賜浡泥國王叔蔓的里哈盧……等……宴』，亦可見當日中國與浡泥之關係。

25 楊炳南海錄新當國條謂巫來由語：「王自稱曰亞孤，國人稱王曰斷孤，稱王兄弟叔姪亦曰斷孤，但連其名而稱之。子稱父曰伯伯，稱母曰娓，讀泥馬切。弟稱兄曰亞王，兄稱弟曰亞勒。謂婦人曰補藍攀，謂女子曰吧喇攀，謂夫曰遷居，謂婦曰米你。自稱其子曰亞匿遷居，稱其女已嫁者曰亞匿補藍攀，在室者曰亞匿吧喇攀。……』新當即今新董（Sintang）本願亞搭之亞搭，當即父母自稱其子一詞之省音。又日人中條駒三郎最近馬來語會話第十三人類，稱小兒曰 Anak，正與林說相合。

26 見明史外國四婆羅國傳。傳中所述佛郎機人，蓋指班西牙人。又此段須參攷伯希和（Paul Pelliot）著馮承鈞譯鄭和下西洋攷。

27 見林氏坤甸歷史卷首婆羅洲地圖說略按語。

28 見明史外國六浡泥傳。

29 見温氏通史中卷第十三章海外華僑被屠的慘劇。

30 參攷丘氏二十世紀之南洋第二章荷蘭東印度第十七節歷史，及林氏坤甸歷史，與黃傑蒼編荷屬馬米西亞。

31 參攷張氏華僑中心之南洋荷屬東印度，及丘氏二十世紀之南洋荷蘭東印度。

32 同上，及丘氏書第五章英屬馬來緬甸婆羅洲，並參攷 Baring-Goul and Bampfylde 二人合著之砂勝越歷史（History of Sarawak）。

33 見温氏通史，卷下羅芳伯傳。

34 見光緒嘉應州志卷二十三羅芳伯傳。

35 見林氏歷史卷首婆羅洲地圖說略及羅芳伯金山賦。

36 見温書羅芳伯傳並參攷林氏歷史。

37 見飲冰室文集（中華書局聚珍本）卷四十一。梁先生所謂中國殖民八大偉人者，一，三佛齊國王梁道民，二，三佛齊國王張璉，三，婆羅國王某，四，爪哇順塔國王某，五，暹羅國王鄭昭，六，戴燕國王吳元盛，七，昆甸國王羅大，（昆甸即坤甸），八，英屬海峽殖民地開闢者葉來。

38 見林氏歷史婆羅洲地圖說略按語。

39 同上。

40 見胡炳熊南洋華僑殖民偉人傳，關於陳蘭芳爲誤傳一節，該書所附陳宗山小字案語，已據梅人余瀾馨所撰羅芳伯傳正之。

41 見林氏歷史所附坤甸地方官制攷。

42 見吾家守先閣所藏天地會文件鈔本，及平山周中國秘密社會史，與蕭一山輯近代秘密社會史料。

43 見温氏通史卷上第十四章天地會之南來及其騷擾引印度群島公報登載之 The Geographical Group of Borneo

44 見温書羅芳伯傳。

45 同上吳元盛傳。

46 同上，據楊炳南海錄，松柏港爲喃吧哇屬地，上候新董，温書作濶敘存篤。

47 參攷温書羅芳伯傳，及林氏歷史。按蘭芳建國後，坤甸蘇丹如何決局？諸書無考，惟謝清高遊南洋時，見其地尚有土王，僑處河上，又荷人於光緒十年併滅蘭芳大總制後，表面上仍將其地劃爲坤甸土王版圖，而操其實權，是蘭芳大總制統治坤甸時，其土著蘇丹之系統，實未絕也。

48 見溫著吳元盛傳。

49 見溫著羅芳伯傳。

50 見光緒嘉應州志羅芳伯傳。

51 見溫著吳元盛傳。

52 見林氏歷史所附坤甸地方官制攷。

53 同上，惟溫著羅芳伯傳列此等地區爲縣治，意縣治衙署，亦稱裁判廳也。

54 見溫著羅芳伯傳。雙溝月，光緒嘉應州志羅芳伯傳作雙鈎月，蓋即今蘇加丹那（Soekadana）也。

55 見林氏歷史蘭芳四十八年條。

56 見溫著吳元盛傳。

57 參攷林氏歷史，及溫著羅芳伯傳。今其國名木匾，存吧達維亞博物館。

58 見光緒嘉應州志羅芳伯傳。

59 見林氏歷史附坤甸地方官制攷。

60 參攷林氏歷史，及溫著羅芳伯傳。

61 見溫著羅芳伯傳。

62 見林氏歷史。

63 見林氏歷史。此蓋純仿客語山歌之唱詞也。企，猶言立也。引申之，則有主持之意。

64 林氏歷史於劉刞改元後，仍書蘭芳年號，此年書蘭芳七十有一年，蓋貶劉氏改元之非也。今概從事實，不論襃貶。

65 參攷溫著天地會之南來及其黷擾，與林氏歷史。

66 梁路義，溫著羅芳伯傳作梁路，當有脫字，今從林氏歷史。

76 見林氏歷史。按蘭芳大總制公文卷檔，其未爲荷人所掠奪者，多存劉生子恩官處。恩官後居日里棉蘭，其姊嫁張煜南爲妻，煜南之弟鴻南，嘗爲棉蘭瑪腰，亦僑界鉅子也。

68 見楊炳南海錄戴燕國條。

69 見溫著吳元盛傳。

70 關於羅芳伯之史料，余擬繼續蒐訪，如有所獲，當爲續攷，以補此篇之闕。近見張煜南海國公餘輯錄卷六海國詠事詩婆羅洲十二首中之一云：『地闢羅江百里長，公司昔日立蘭芳。廿年客長人爭敬，碑記今猶嵌道旁』。是坤甸尚有紀念羅芳伯之碑文可拓取參證也。又林氏歷史所附坤甸地方官制攷，有云：『按蘭芳大廳旁有關帝廟一所，亦當日京都總裁判廳也，今爲荷人所滅，僅存基地而已。……至萬那以下五所（按即裁判廳），棟宇仍存，幸未滅迹，今或改爲學校，或改爲神壇，亦坤甸僑氏保存故物之苦心，以掩荷人一時之耳目也』。是蘭芳大總制之建置，尚有實物可憑，以攝影測量或摹繪其形也。而況留存於劉恩官手之檔案，展覽於巴達維亞博物館之遺物，可傳鈔或影印之文件，尚不菲乎？抑自光緒十年蘭芳大總制被滅，距今僅五十年耳，當日官民，必有存者，故老相傳，口碑必多，善爲輯錄，必可補史志闕文。吾願吾僑氏之熱心先民史蹟者，急起圖之，如能以此類資料惠賜研討，則不勝感激之至矣。

羅香林附注並記。

25

黃河志編纂會編輯　國立編譯館出版

黃河志

第一篇氣象　胡煥庸編
第三篇水文工程　張含英編

黃河成災，史不絕書。歷代治河方策，行水事略，不乏專門著述。然時至今日，採用科學方法，新式工程，形成河工史上轉變之大關鍵，自不可無專籍記之。戴季陶先生因有倡修黃河志之舉，成立編纂會，延聘專家，分任編輯。全志釐爲七編：曰氣象，曰地質，曰水文與工程，曰人文與地理，曰文獻，曰動物，曰植物。其內容以現代事實爲重心，目前問題爲標的，調查不厭其詳，統計力求精確，而於已往之歷史與將來之展望，亦擇要涉及。取材翔實，編制完整，實開歷來河渠書之新紀元。其第一第三篇先行出版，特價發行。

黃河志編纂會

（會長）戴傳賢
（副會長）朱家驊　王應榆
（幹事）辛樹幟　李貽燕
陳可忠
（編纂）張含英　胡煥庸
侯德封　張其昀
壽振黃　鄭鶴聲
劉士林

第一篇氣象，論黃河流域之氣象觀測，以爲治水根本之策劃。全篇分六章：首爲總論；次分記雨量，溫度，濕度、雲量、蒸發、陰晴，風霜雪冰；最後論氣象與水文；而以雨量、雨日、溫度等表殿焉。現有測候機關之數字記錄，均經搜集整理校核，類彙經營，黃河全域氣候之情況，於此可見其輪廓，實爲我國河渠書中前所未見之記載。

第三篇水文工程，論水文測驗與工程實施，皆治河之主要工作。全篇分四卷，十四章：卷一論水文與河道，所以辨水性、察河勢；卷二論灌溉、墾殖、航運，所以明黃河之水利；卷三論防潦、護岸、引導、挑浚、分疏、蓄水、堵決，備述黃河工程之實際；卷四論官制與修防，歷敘河工人事之組織與管理；最後附錄水文記載圖表。黃河工程素稱艱鉅，編者躬與其事，所論融會學理經驗，佐以歷史考證，足供從事一般河工水利者之借鑑，不僅爲黃河水文工程之空前鉅著也。

特價

三開大本　布面精裝　道林紙印

氣象篇｛一七一頁　定價三元
特價二元一角
國內郵費一角五分半｝

水文工程篇｛五四二頁　定價七元
特價四元九角
國內郵費二角三分｝

特價期　本年十一月二十日起 廿六年二月廿八日止

商務印書館印行

1

南洋地名考異

許道齡

中國與南洋各地的疆界，有的犬牙相錯，有的僅隔一衣帶之水，因地脈連接，故雙方之交通甚早，算至今日止，至少已有兩千多年的歷史，在這兩千多年中，南洋方面與中國在政治上或經濟上發生過關係的國家，大約有四五十個，數量並不算多。然因爲方音與時間不同之關係，往往實際上是一個國家，名稱上則形成三數國，例如：丁加奴，諸蕃志作登牙儂，島夷志略作丁家盧，鄭和海圖作丁加下路，東西洋考作丁機宜，瀛環志略作丁加羅……等是。這種現象在紀述南洋史地的書籍內實在太普遍了。這參差不齊的名稱，若不略加以整理，則任何人翻閱關於這類書籍時，恐怕都免不了感到相當的困難。現不揣謭陋，撰輯玆篇，供一般研究南洋問題者之參考。

二五，十二，三●

目次

（二）英領北婆羅洲

1 婆羅

2 佛泥

3 沙捞越

（三）荷領東印度群島

1 爪哇島

（甲）巴塔維亞

（乙）泗水

（丙）萬丹

（丁）井裏汶

（戊）三寶壠

（己）打板

2 蘇門荅臘島

（甲）蘇門答臘

（乙）舊港

（丙）占碑

（丁）阿魯

3 摩鹿加

4 西里伯

5 帝汶

6 婆羅洲

（甲）本田

（乙）馬生

（四）菲律賓群島

1 呂宋

2 民大諾

3 蘇祿

（五）法領印度支那

1 法國殖民地

（甲）東京

（乙）交阯支那

2 法國保護地

（甲）柬埔寨

（乙）安南

（丙）老撾

2

（六）暹羅

1宋卡

2大哖

（一）英領印度支那

1海峽殖民地（華人稱爲三州府）

（甲）新加坡　原名舊柔佛，又名息辣，又名新州府，海錄云：「舊柔佛在彭亨之後，陸路約四五日可到，疆域亦數百里，風俗與彭亨等國略同。爲馬來由種類，本柔佛舊都（部？），後柔佛土番，移於別島，故名舊柔佛，嘉慶年間，英人墾闢土地，招集商民，薄其賦税，數年來海船輻輳，樓閣連亘，遂爲勝地。番人稱其地爲息辣，閩粵人謂之新州府，或亦作新加坡」。瀛環志略南洋各島條作息力，又作實力，又作新嘉坡，又作生嘉坡，又作星隔伯兒，云：「彭亨之南，當地盡處，綌豀成內港，有地曰息力，一作實力，一作息辣，舊名柔佛（？）英人名爲新嘉坡，一作生嘉坡，又作新奇坡，又作星隔伯兒，舊本番部，嘉慶二十三年（西元一八一八年），英吉利有之（按：英人來佛士(Raffles)佔據新嘉坡，時爲一八一九年）。其地當南洋，小西洋之衝，爲諸國之中央」。南洋蠡測作新忌利坡，又作星忌利坡，云：「白石口附近有一埠，四面皆山，一峽通進，平原曠野，頗有土人，……有唐人墳墓，碑記梁朝年號，及宋代咸淳。十餘年前英吉利据此島，名之曰新忌利坡」。又云：「近來英吉利甘心留粵，一則恃南洋港脚諸番，沿途俱有停泊；二則恃星忌利坡離粵不遠，彼國雖隔數萬里之遙，今則無異鄰境」。海國圖志東南洋海岸國條作新寔力坡，又作新埠頭，云：「新嘉坡或稱新寔力坡，或稱新埠頭，海峽中之嶼，土甚磽。爲印度繞至中國之路。故英國公班衙（東印度公司？）於嘉慶二十三年買以開埠，其始居民僅百五十口，頓增至二萬餘」。五洲地理志略英領海峽屬地條作星嘠波，云：「新嘉坡一名星嘠波。長八十里，廣二十里，面積二千方里，居民約二十萬」。張美翊巫來由部落志作獅子城，云：「新嘉坡，番書獅子城，巫來由地股極南之島，英國海門屬地之都會也」。今華僑通稱爲石叻，或簡稱曰叻；或又稱爲叻坡。据謂「石叻」乃「Strait」之譯音，其說近是（按，南洋見聞錄云：「星加坡島名亦埠名，簡稱星洲，又名石叻，位於馬來半島之南，形如「臥獅」。是該埠之稱獅 3

子城，乃以地形而得名?）。英文曰：Singapore。今兼管轄椰子島(Cocos Is.)，聖誕島(Christmas Is.)，納閩島(Labuan Is.)等地。

(乙)滿剌加　古名哥羅富沙，唐曰哥羅，一曰箇羅。天下郡國利病書海外諸蕃傳滿剌加條云：「滿剌加，古稱哥羅富沙，唐曰哥羅，一曰箇羅」。又名五嶼，瀛涯勝覽滿剌加條云：「因海有五嶼，遂名曰五嶼」(按：朝貢典錄與星槎勝覽亦均作滿剌加)。東西洋考作麻六甲，云：「麻六甲即滿剌加也」。外國史略作馬六加，云：「馬六加，古國也。向屬暹羅管轄，嘉慶間英人据其地」。五洲地理志略英領海峽屬地條作麻喇甲，云：「由新嘉坡循海岸而西北三百餘里曰麻喇甲，即滿剌加，一作麻六甲，本暹羅屬國，前明時葡萄牙据之，旋又為荷蘭所奪，嘉慶間地歸英，立為埔頭，繁盛不如新加坡」。日本辻武雄五洲大地志作馬剌加。云：「海峽殖民地，在馬來半島南端，分三部，……而馬剌加接壤大陸」。是知滿剌加又作麻喇甲，與馬剌加也。英文曰：Malacca。

(丙)檳榔嶼　一名新埠，瀛環志略南洋各島條云：「麻喇甲西北海中，有島曰檳榔嶼，英人稱為新埠」。又名彼南島，日本辻武雄五大洲志云：「海峽殖民地，在馬來半島南端，……面積約九千方里，分馬剌加，新加坡，彼南島三部，而馬剌加接壤大陸，新加，彼南，皆海中小島」。五洲地理志略英領海峽屬地條「案語」謂，「檳榔嶼，萬國圖作庇能島，世界地學作卑南港，外國地理作偏難島」。張美翊巫來由部落志云：「檳榔嶼，英國屬島，一名布路檳榔，今為海門屬部(即海峽殖民地)之一，周圍二百七十八法里，……是島初屬吉德，乾隆五十一年(西元一七八六年)英甲必丹(官名)里斯(Francis Light)，娶吉德蘇丹女(?)因以為贈，遂隸印度屬部(即東印度公司)，地多檳榔樹，因以得名」。由此，可知檳榔嶼，又名庇能島，又作卑南港，又作偏難島，又作布路檳榔。英文曰：Pulu Penang。今歸檳榔嶼管轄。

(1)亭亭市　薛福成出使日記續刻作丹定斯，光緒十七年七月二十九日記云：「海門屬部凡五：曰新加坡，曰檳榔嶼，曰威利斯雷省，曰麻六甲，曰丹定斯」。五洲地理志略英領海峽屬地條作丁丁，云：「丁丁諸島(按：亭亭市在馬來半島上，但在政治區域上還管轄附近無數島嶼，故稱為丁丁諸島)千八百七十四年合併，在檳榔嶼南七十英里」。中華民族拓殖南洋史導言作天定，云：「檳榔嶼：天定及威爾士省屬之」。是知亭亭市又名天定（按：隋書丹丹（單單）方位與此相同。亭亭市疑爲丹丹國名之遺）。英文曰：Dindings。

（2）威利司雷　五洲地理志略海峽屬地條作威爾士，云：「威爾士在檳榔嶼對岸，面積六百九十方里，昔爲吉德之地，光緒六年（西元一八八〇年）吉德蘇丹讓與英國」。中華民族殖南洋史導言作威爾士利省，云：「檳榔嶼：天定及威爾士利省屬之」。可知威利司雷一名威爾士，又名威爾士利省。英文曰：Province Velles-ley。今歸檳榔嶼管轄。

2馬來聯邦（華人稱爲四州府）

（甲）霹靂　五洲地理志略英領馬來諸國條作潘劣克，云：「潘劣克在最北部，土人領地，沿岸甚低平，內地則山脈連亘，錫爲本州之富源，首府太平，英國官吏駐之」。按：馬來聯邦（霹靂，雪蘭莪，美森關，彭亨）以雪蘭莪之吉隆坡（或作吉礁）爲首府，而太平現係霹靂之都會，是知潘劣克即霹靂之異譯。薛福成出使日記續刻作白蠟，又作卑力，光緒十七年七月十七日記云：「南洋羣島中有白蠟者，一名卑力國，又譯作霹靂，近接檳榔嶼，由嶼對岸陸路可通。向爲巫來由人所居，近屬於英」。可知霹靂一名白蠟，又名卑力（按：華僑今通稱爲吡叻）。英文曰：Perak。

（乙）雪蘭莪　古石郎國也。或作薩拉恩果，或作沙剌我，或作石蘭莪。五洲地理志略英領馬來諸國條云：「沙剌我，圓球圖作薩拉恩果，杜宗預云：「一作石蘭莪，古石郎國」。在潘劣克之南，首府曰夸剌隆普爾」。按：雪蘭莪位於霹靂南，其首府曰吉隆坡，英文曰Ktala Lumpur。夸剌隆普爾乃吉隆坡之異譯。可知沙剌我，雪蘭莪，石蘭莪與薩拉恩果，皆一聲之轉也。英文曰：Selongors

（丙）彭亨　諸蕃志佛囉安國條作蓬豐，云：「蓬豐與登牙儂（即丁加奴）吉蘭丹爲鄰」。可知蓬豐即彭亨也。島夷志略作彭坑，云：「石崖周匝崎嶇，遠如平寨，田沃穀稍登」。鄭和海圖作彭杭港，位於丁加下路（即丁加奴）南（按：星槎勝覽亦作彭坑）。西洋朝貢典錄彭亨國條云：「其國在廣大海之南，石崖環之如城」。明一統志彭亨國條云：「其國石崖周遝崎嶇如柵寨」。以上諸書所記彭坑與彭亨之形勢，若合符節，而鄭和海圖所繪彭杭之方位，又與今之彭亨相同。是知島志之彭坑即海圖之彭杭，典錄與一統志之彭亨也。海國圖志東南洋海岸條作邦項，云：「彭亨在丁加羅南，音近邦項，本無正字也」。日本吉田晉漢譯世界圖作旁恆，五洲地理志略英領馬來諸國條云：「彭亨在半島之東側，首府彭坑，吉田晉世界圖作旁恆」。是知彭亨，日人漢譯實作旁恆也。英文曰：Pahang。

（丁）森美蘭　五洲地理志略英領馬來諸國條作尼格里色米蘭。云：「尼格里色米蘭聯邦，聖眥烏藏土人領者：勒普土人領，勒母波土人領，丹平土人領，其最要者也」。張美翊巫來由部落志作拿吉里士美蘭，云：「拿吉里士美蘭，巫來由語「合衆國」。今爲英附庸，在地股西南，昔以九部合爲一國，……其地北界彭亨，東界柔佛，南界海峽及麻六甲之拿寗，西界石蘭莪」。薛福成出國日記續刻作尼格利桑比郎，光緒十七年七月廿八日記云：「馬來斯（即巫來由之轉音）自主之國凡三：曰彭亨，曰柔佛，曰尼格利桑比郎」。上海世界與地學社世界形勢一覽圖作尼哥利塞必蘭，位於雪蘭莪，麻六甲，彭亨與柔佛之間；而最近上海書局發行之馬來半島全圖之森美蘭國，位置與尼哥利塞必蘭完全相同，可知尼哥利塞必蘭即森美蘭也。南洋紀聞錄作芙蓉，中華民族拓殖南史作尖筆蘭，又作松蓋芙蓉（即聖眥烏藏之轉音）。英文曰：Negri Sembilan。

3 馬來屬邦（華人稱爲五州府）

（甲）吉連丹　諸蕃志三佛齊條作吉蘭丹，云：「蓬豐，登牙儂，吉蘭丹皆其屬國也」。仝上書佛囉安國條云：「其鄰蓬豐，登牙儂，吉蘭丹類此」。蓬豐即今彭坑，登牙儂即今丁加奴，而該書旣云，吉蘭丹蓬豐與登牙儂爲鄰，則吉蘭丹係今之吉連丹無疑（按：島夷志略有吉蘭丹傳）。謝淸高海錄作咭蘭丹（王先謙五洲地理志略暹羅條作吉連丹）。南洋見聞錄南洋半島地理概略條作吉冷丹，云：「吉冷丹面積五千方里，人口三十萬」。可知吉連丹又作咭蘭丹與吉冷丹也。英文曰：Kelantan。

（乙）丁加奴　古作登牙儂。諸蕃志佛囉安國條云：「佛囉安國自凌牙斯加四日可到，亦可遵陸。其鄰蓬豐，登牙儂，吉蘭丹類此」。凌牙斯條云：「凌牙斯國自單馬令風帆六晝夜可到，亦有陸程」。異職國條云：

「眞臘接占城之南，東至海，西至蒲甘（即今緬甸）。南至加羅希」。單馬令國條云：「用金銀爲盤盂博易，日囉亭，加羅希類此」。由此，可知單馬令，凌牙斯與佛囉安等國均在馬來半島上，而登牙儂旣與吉蘭丹佛囉安爲鄰，即係今之丁加奴無疑。島夷志略作丁家廬，鄭和海圖作丁加下路。島志丁家廬條云：「三角嶼對境已通其津要」。按：海圖之丁加下路港口外東北有三角嶼，可知島志之丁家廬即海圖之丁加下路也。東西洋考作丁機宜，云：「柔佛黠而雄，丁機宜境相接也」。柔佛在馬來半島之南端，而洋考謂與「丁機宜境相接」，則丁機宜即丁加奴（按：海錄云，「葛剌巴峽（即今巽他海峽）西，進大北山，名綱甲，又名丁機宜，恐有錯誤）也。瀛環志略濱海諸國條作丁加羅，又作丁噶奴，云：「丁加羅（原注：即丁噶奴）在吉蘭丹東南，由吉蘭丹沿海約日餘可到」。是丁加奴又名丁加羅與丁噶奴也。英文曰：Trengganu。

（丙）吉打　吉打紀錄（Marong Mahāvamsa，羅氏英譯）謂：「此國舊名 Srokam」。滕田豐八謂：「Srokam 乃蘇洛鬲之對音」。島夷志略蘇洛鬲條云：「凡生育後，惡露不下，汲井水澆頭則下，有害熱症者亦皆用水沃數回則愈」。海錄吉蘭丹條云：「土番嬰疾，其傷於風熱者多淋水則瘳，無庸藥石」。此國風俗與吉蘭丹同，想係半島上之國家，滕田之說近是。瀛環志略南洋濱海各國條云：「沙剌我（即雪蘭莪）之西北曰吉德，亦名計噠，後山與宋卡相連，土產亦相類，過此則緬甸南界」。其位置與吉打相同。可知吉打又作吉德與計噠。島夷志略校注云：「蘇洛鬲之洛山溪，殆指 Gunong Geriang 溪，乃今之吉達川也」。是吉打又作吉達也。英文曰：Kedeh。

（丁）柏利斯　南洋見聞錄馬來半島地理概略條作丕理斯，云：「丕理斯面積三百平方里，人口三萬二千七百四十六，在吉打西北」。上海書局馬來半島全圖之玻璃市，位於吉打西北隅，其方位與柏利斯相同。中華民族拓殖南洋史第六章第四節作加央，云：「柏利斯一名加央」。可知柏利斯又作玻璃市，又名加央也。英文曰：Perlis。

（戊）柔佛　一名烏丁礁林。東西洋考卷四柔佛條云：「柔佛一名烏丁礁林（按：烏丁礁林據丁謙考証謂，乃其種族名，非國名也）。形勝名蹟有東西竹（按：即東竺山，西竹山，在柔佛港口外海中）。地不產穀，土人時駕小舟載方物走他國易米」。五洲地理志略英屬馬來諸國條作朝霍爾，云：「柔佛在半島之南端，產鐵最多，錫次之，首府曰：新柔佛，對新加坡。面積九千英方里，人二十萬口。按：英國衣丁堡雷文斯頓萬國新地志無柔佛，日本堀田璋左右外國地理講義無朝霍爾，是朝霍爾即柔佛也」。是柔佛，一名烏丁礁林，又名朝霍爾也。英文曰：Johore。

4 緬甸　漢曰撣國，後漢書帝紀卷第四云：「和帝永元五年撣國王雍繇調，重譯奉眞寶，賜以印綬。……安帝永寧元年永昌徼外撣國遣使貢獻」（按：永昌，在今雲南騰衝縣一帶）。五洲地理志略英領緬甸省條云：「撣，即漢代之撣，至今西人尚以舊名稱之，其居怒江西者舊屬緬甸」。是撣掠爲國名，後乃變爲人種名（？）魏晉之時稱爲朱波（或誤爲朱江），唐謂之驃，唐書南蠻傳云：「驃，古朱波也，自號突羅朱，闍婆國人曰徒里拙在永昌南二千里，東陸眞臘，西接東天竺，西南墮和羅，南屬海，北南詔，地長三千里」。按：驃國既介於今雲南，暹羅，安南及印度之間，即今之緬甸無疑。宋曰蒲甘，嶺外代答蒲甘條云：「自大理五程至其國，自窊裏國（按：全上書眞臘條云：其旁有窊裏國。）六程至之，隔黑水淤泥河則西天諸國，不可通矣」。該國之方位與驃國的完全相同，知蒲甘即驃也（按：瀛環志略南洋濱海各國條云：「蒲甘，緬王城，王所居也」。）。元謂之緬，元史列傳九十七云：「至元二十三年雲南王與諸王進征至蒲甘」。又云：「緬國爲西南夷，不知何種，其地有接大理不遠者」。明始稱緬甸，天下郡國利病書云：「緬甸，古朱波也。漢謂之撣，唐謂之驃，宋元謂之緬」。清時有稱之爲烏土者，國史館郭世勳傳云：」烏七國即緬甸別名」。又有稱之爲阿瓦（Ava）者，地理圖說云：「阿瓦國，東界暹羅，南界旁葛剌海，并印度洋，西界天竺國，并旁葛剌海，北界西藏」。外國史略云：「緬甸國，北連雲南，南連暹羅，並馬他班海隅，東連老掌（卽老撾）並雲南，西連英吉利藩屬，及旁甲拉海隅」。又云：「緬都曰阿瓦城（按：緬都原在阿瓦，十九世紀末，因地震崩毀，徙於今之蠻德勒(Mandalay)。），瓦垣而竹屋，街衢甚廣」。可知地理圖說乃誤以都名爲國名也。英文曰：Burma。全域今分上緬甸（北部）；下緬甸（南部）二區，前者首府曰蠻德勒；後者首曰仰光，一作郎棍（Rangoon），今印度副總督駐此。

8

我國領事館亦在焉。

(二)英領北婆羅洲

(甲)婆羅　唐初始聞此國之名，高宗時遣使與占城使偕來朝貢，樊綽蠻書南蠻疆界接連諸蕃夷國名傳，彌諸國條云：「百姓皆樓居，披婆羅籠（即「沙籠」），男女多好音樂」。唐書南蠻傳云：「赤土西南入海得婆羅，總章二年其王遣使與環王使來朝」。東西洋考作文萊，云：「文萊即婆羅國，永樂四年遣其臣勿黎哥來朝，幷貢方物，賜王及妃文綺」。據蠻書及明史所載，原有浡泥與婆羅二國，東南海島圖經謂實即一國。然東西洋考文萊條與明史婆羅條咸謂其王於永樂四年遣使入貢；而仝上兩書浡泥條又咸謂，「洪武四年王馬漠沙遣使進金表，銀箋，並貢方物，詔賜金綺。永樂三年遣使封其國主麻那惹加那乃爲浡泥國王，賜印誥符幣」。以上所述兩國之史實既全不相契合，則併而爲一，難免錯誤。然婆羅國究在今之何地，東西洋考云：「文萊即東洋盡處，西洋所自起也」。明史外國傳云：「婆羅又名文萊，東洋盡處，南洋所自起也」。按：明史之所謂南洋，即洋考之西洋也。查洋考東西洋之界線，係以馬加撒海峽爲準，在界以東稱東洋，以西稱西洋。若按照此「定義」說，文萊本應歸西洋，但何如又列於東洋國家？以淺見推測之，其地必逼近東洋，或其土股突入該洋中。果然，則其地必在洲上之東北部，或即今英領北婆羅之菁鹿也（五洲地理志略卷八英領婆羅洲條王先謙按：列國學會二圖，北婆羅內山有地名普鹿，蓋即雷志之勃路泥也）。——今該島稱婆羅洲。英文曰：Borneo，或譯作蟠泥阿（瀛環志略南洋各島條）。或作濮納，或作保尼俄，或作布爾濕窩，或作浡泥澳，或作波路尼阿（五洲地理志略婆羅洲條）。蓋以國名爲島名矣（按：海國圖志卷三東南海島國條引外國史略云：「婆羅島，最廣之島也，原名曰古曼坦，長二千五百里，廣有百六十里」是知婆羅原爲國名而非島名也）。

(乙)佛泥　梁曰婆利，南史云：「婆利國在廣州東南海中洲上，去廣州二月行」。北史婆利傳云：「自交阯海南至赤土，丹丹，乃至其國」。唐曰勃泥，蠻書卷六雲南城鎮條云：「銀生城……東南至大銀孔，又南有婆羅門，波斯，闍婆，勃泥，崐崘數種」。宋作渤泥，諸蕃志云：「渤泥，在泉之東南，去闍婆四十五日程，去三佛齊四十日程，去占城與麻逸各三十日程，皆以順風爲則，其國以板爲城，城中居民萬餘人，所統十四州。……番舶抵岸三日，……皆未及博易之事，商賈日以中國飲食獻其王，故舟往佛泥，必挾善庖者一二輩與俱」。島夷志略，西洋朝貢典錄，與東西洋考俱作浡泥，志略云：「浡泥國龍山磐礴於其右，基宇雄敞（按：明一統志作「弘敞」），源田獲利」。典錄云：「浡泥在占城西南可六千里，其所統十有四州，……洪武四年國王馬謨沙，遣其臣亦思麻逸進金表，銀箋及方物」（明一統志同）。洋考大泥條云：「洪武四年王馬漠沙遣使進金表，銀箋，並貢方物。永樂三年遣使封其國主麻那惹加那乃爲浡泥國王」。按其方位觀之，知勃泥即婆利之轉音，而勃泥即渤泥也。英文曰：Brunei 或作 Bruni。近人或譯作埔尼（海國圖志卷三頁三），或作蒲紐，或作婆羅乃（五洲地理志略卷八婆羅洲條）。在今英領北婆羅洲之中部，首府與邦同名。

(丙)沙撈越　在婆羅洲之西北部，原爲婆羅乃所轄，因叛亂無常，道光二十年（西元一八四〇年）割讓於英。外國史略作撒拉空，云：「蕪萊由士君駐邑曰埔尼（浡泥），前數年以其所屬地撒拉空給英人」。謝洪賚瀛寰全志作撒拉瓦，云：「婆羅洲西北三部曰色巴，曰波羅，曰撒拉瓦，現由士會讓與英人。設婆羅洲招墾公司，廣招華人往墾」。撒拉空與撒拉瓦皆爲婆羅乃之鄰邦，知撒拉空即撒拉瓦也。王先謙五洲地理志略婆羅洲條云：「撒拉瓦，列國學會二圖作薩拉瓦克」。又云：「二圖之薩拉瓦克，即雷文斯頓萬國新地志之沙拉華克，異名記作沙拉薩，萬國地誌作撒拉滑克」。王氏之說是也。中華民族拓殖南洋史第六章婆羅洲條作砂勞越，云：「……一七三七年（乾隆二年）英人復通商於婆羅洲，越百餘年，渤泥王不勝砂勞越之侵擾，英人波羅克 (Brooke) 助之拒敵，自是英之勢力乃確立於婆羅洲北部，時一八三九年也。波羅克嗣是戮力奠定砂勞越諸地」。此段史實與外國史略所述者完全相同，可知砂勞越乃沙撈越之轉音也。英文曰：Sarawak，或作 Sarawat。

（三）荷領東印度群島

1 爪哇島　劉宋時稱闍婆洲，其時洲上似有耶婆提，闍婆婆達，阿羅單三國（？）（一）法顯佛國記云：

11

「自獅子國（錫蘭）東行，凡九十日乃到一國名耶婆提，其國外道婆羅門興盛，佛法不足名。停此五月日，復隨他商船以四月十六日發，東北行趨廣州」。耶婆提國：據 Beal: Buddhist of the Wernworld 云，在今爪哇島上。

（二）闍婆乃爪哇古名，國以洲名，則其國必在其洲上。

（三）阿羅單國，據宋書夷蠻傳云；「阿羅單國治闍婆洲」。是其國同在今爪哇島上無疑。唐有訶陵國，唐書南蠻傳云：「訶陵亦曰杜婆（或誤爲社婆），曰闍婆，在南海中」。宋仍稱闍婆，又名莆家龍。其附庸有蘇吉丹，新拖，打板，戎牙路等國。諸蕃志云：「闍婆國，又名莆家龍，於泉州爲丙巳方，率以冬月發船，蓋藉北風之便，順風晝夜行，月餘可到」。仝上書蘇吉丹條云：「蘇吉丹，即闍婆之支國，西接新拖，東連打板，有山峻極，名保老岸」。又云：「打板國東連大闍婆號戎牙路或作重加盧（重迦羅）」。又云：「打板，戎牙路皆闍婆之屬國」。元始稱爪哇，島夷志略爪哇條云：「爪哇即古闍婆國，門遮把逸山，係官場所居」。武備志四夷傳云：「爪哇，古闍婆國，又名莆家龍，元稱爪哇」。元代其屬國除蘇吉丹（按，島夷志略蘇門傍條作斯吉丹），新拖，打板，戎牙路外，還有葛郎國，元史爪哇傳云：「時爪哇與鄰國葛郎搆怨，爪哇主哈只葛達那加剌已爲葛郎主哈只葛當所殺」。明初爪哇分爲東西二王，所屬有蘇吉丹，打板，打綱，底勿諸國」（武備志四夷傳爪哇條）。瀛涯勝覽云：「爪哇國有四處，皆無城郭，別國船至，先到一處名杜板，次到一處名新村（又名厮村），又次到一處名蘇魯馬益，又次到一處名滿者伯夷，則國王所居也」。按：打綱與底勿國位置無可考。打板即今 Tuban（詳見打板條）；蘇魯馬益即今 Surabava（詳見澗水條）；滿者伯夷，島夷志略作門遮把逸，元史爪哇傳作麻喏巴歇，即今 Majapait。蘇吉丹在打板西，又名蘇吉港。東西洋考云：「蘇吉港者，蘇吉丹之訛也，爲爪哇屬國，其中凡數聚落，而吉力石其主也」。又云：「杜板（打板），即吉力石之港外」。由此，知打板又爲蘇吉丹之支國。而蘇吉丹殆即今 Rembang（？）明萬曆間荷蘭佔據今之巴城一帶地，天啟間馬達蘭姆國（Mataram）稱雄於爪哇中部及東部，欲進而統一全島，遂於崇禎元年（西元一六二八年）攻巴城，爲荷人所敗。乾隆五年（西元一七五五年）馬達蘭姆分裂爲日惹（Jokyakarta），梭羅（Sura

-karta）兩國，勢力日微。嘉慶十六年（西元一八一一年）英國佔領爪哇全島，二十一年（西元一八一六年）又歸還於荷。此後，爪哇政權盡入荷人之手，全島無復有一獨立國家存在。至是，爪哇乃爲島名而非國名矣。按：爪哇，瀛環志略作呀瓦，又作繞阿，又作爪亞，又作爪鴉，又作耀亞，南洋各島條云：「噶剌巴又稱呀瓦，即爪哇國，……左曰萬丹；右曰井裏汶。……歷嶼城而抵其國，門戶重疊，形勢甚壯。舊本繞阿番部，或稱爪哇，又作爪鴉，又作耀亞，皆繞阿之轉音，乃巫來由別種」。五洲地理志略荷領東印度羣島條作查法，又作查哇，云：「噶羅巴，或稱呀瓦，又作查法，又作查哇，南洋大島也，西與蘇門答臘隔一海峽，其名曰毘他，爲西國東來必由之路」。由此觀之，知淸人多誤以噶囉巴爲爪哇島名，可見其地理常識之缺乏。英文曰：Java。

（甲）巴塔維亞　在爪哇島之西北部。王先謙五州地理志略荷領東印度羣島條云：『爪哇西部有城，列國學會二圖曰巴塔非亞，世界圖作巴他非亞，即雷志之巴他維亞，「巴他」又「爪哇」之音變（？）許考作巴達末亞，萬國圖作巴他維阿，平方圖作巴塔斐亞，圓球圖作巴台斐，外國地理作瓜他比亞，吳志作巴達比亞，周志作白他維亞；矢志作罷太維亞，云：「罷太維亞，在爪哇之西北海岸，椰子檳榔樹環繞街市，一望蒼然，風景淸佳」』。由此，知王氏所引述之諸名稱，皆巴塔維亞之轉音也。洪賚瀛寰全志作巴達斐亞，云：「巴達斐亞舊名噶羅巴，荷人改稱之」。薛福成出使日記續刻，光緒十七年十一月初二日記云：「巴達維亞在爪哇島北岸西邊，左爲萬丹，右爲井裏汶，中國稱爲噶羅巴，爲爪哇之會城」。考荷蘭於明萬歷十七年（西元一五八九年）佔領爪哇西部北岸地，四十九年（西元一六一九年）建城於萬丹之東，名噶羅巴。後萬丹與英人合兵攻荷，荷人苦戰，遂焚噶羅巴城。結果，荷人勝利，又再建城於此瓦礫場中，即改今名（按：巴塔維亞，最近上海世界輿地學社發行之世界新形勢一覽圖作八打威。華僑通稱之爲巴城）。——按：噶羅巴，東西洋考下港條作加留玘，云：「加留玘，下港（萬丹）屬國也。半日程可到，風土盡相類」。瀛環志略南洋各島條作噶剌巴，又作咬㗐巴，云：「由厦門越七州洋，用未針指西南，歷水程二百八十更而抵噶羅巴，或作噶剌巴，又稱咬㗐巴，又稱呀瓦（？）」。瀛寰全志作加拉巴，云：「森達諸島，即蘇門答臘，加拉巴附近諸島之總稱也」。五州地理志略荷領東印度羣島條又云：「徐志之噶羅巴即謝志之加拉巴」。是噶羅巴又作加拉巴無擬。西文曰：Batavia。

（乙）泗水　位於爪哇島之東北部。一名蘇魯馬益，又作蘇兒把牙（或謂即宋元之重迦羅）。瀛涯勝覽爪哇國條云：「由新村投南，船行二時到蘇魯馬益，番名曰蘇兒把牙。其港口流出淡水，自此大船難進，用小船行二十餘里始至其地。亦有村主掌管番人，間亦有中國人」（按星槎勝覽：與東西洋考俱作蘇魯馬益）。瀛環志略作士里莫，云：「三寶壠東爲竭力石，又極東臨海爲士里莫。東北臨海爲外南旺」（按：王先謙謂外南旺即馬都拉）。海島逸志作泗里猫，云：「噶羅巴國其地一綫之橫，背負南海，左萬丹；右三寶壠，竭力石，泗里猫。至外南旺，不過三四日，可以陸路相通」。海國圖志作泗里猫仔，云：「爪哇番，其類甚多，自萬丹，巴城，三寶壠，竭力石，泗里猫仔，外南旺邊海一帶，以及柔佛，巨港，占卑等處，皆其種類」。薛福成出國日記續刻作泗里末，云：「蘇拉巴亞在爪哇島之東端北岸，即瀛環志略之士里莫，今作泗里末，華民一萬一千七百餘人」。上海世界輿地學社發行之世界形勢一覽圖爪哇島圖表云：「泗水一稱蘇拉巴雅。荷之東印度艦隊駐此」。是泗水一名蘇魯馬益，又作蘇拉巴雅與泗里猫仔無疑。王先謙五洲地理志略荷領東印度羣島條謂：「蘇拉克他之東曰蘇拉巴雅：謝志作撒拉巴亞，矢志作斯拉龍野，異名記作蘇拉巴阿。是皆蘇拉巴雅一音之轉」。王氏之說是也。西文曰：Surabaya。

（丙）萬丹　在爪哇島北岸西端。明季稱下港，又名順塔，東西洋考云：「下港，一名順塔，唐稱闍婆，在南海中」。瀛環志略南洋各島條云：「噶羅巴者，南洋大島（按：淸人多誤認噶羅巴(即吧城)爲爪哇島名），西界蘇門答臘一海港，峽口曰巽他(Sunda strait)。其國東西橫貫約千餘里，背負南海，以火燄山爲屛障。左曰萬丹，即古闍婆地；右曰井裏汶」。按：巽他，即順塔之轉音，而萬丹在吧城之西，位於巽他海峽口南岸，下港既又名順他，其位置必在島之西端，該峽或則因地得名。且以上所舉兩書，一謂下港唐稱闍婆；一謂萬丹爲古闍婆。可知下港即萬丹也。日本辻武雄五大洲志作挨丹，云：

13

「把達維亞，舊名噶羅巴，荷人改稱之。荷蘭總督駐此，總轄列島政務。運河貫通，街市繁盛，其前曰挨丹」。五洲地理志略荷領東印度羣島條云：「迁志之挨丹，即徐（繼畬）志之萬丹，圓球圖作班屯」。其說甚是。西文曰：Bantam。

（丁）井裏汶在爪哇巴城（噶剌巴）之東（瀛環志略）。海國圖志東南洋海島國傳萬丹條作井裏紋，云：「計爪哇之人，東自巴城，井裏紋，三寶壠，竭力石……等數十區，皆其種類」。五洲地理志略荷領東印度羣島條云：「邦浦熱羣島東曰徹里濱，異名記作琛理奔，即徐（繼畬）志之井裏汶」。可知井里汶，一名井裏紋，又作徹里濱，又作琛理奔。西文曰：Cheribon。

（戊）三寶壠在爪哇島之中部北岸，建於三寶壠河口。五洲地理志略荷領南洋各島條作三巴郎，又作三馬隴，云：「三寶壠一作三巴郎，巴國（按：誤以巴城爲國）屬區，百貨所聚，賈帆湊集，甲於東南諸洲」。又云：「北膠浪之東曰三馬隴，即瀛環志略之三寶壠」。平方圖作三馬龍，大圓球圖作薩庥拉思，慕維廉地理全志作撒馬隴（見五洲地理志略卷八頁五）。西文曰：Samar-ang。

（己）打板在爪哇島北岸中部（諸蕃志）。島夷志略作杜瓶，重迦羅條云：「杜瓶之東曰重迦羅，與爪哇界相接」。諸蕃志蘇吉丹條云：「打板國東連大闍婆，號戎牙路，或作重迦盧（「盧」即「羅」之轉音）」。按其方位，完全相合。知杜瓶即打板也。元史爪哇傳作杜並足，云：「大軍繼進於吉利門，弼（史），興（高）進至爪哇之杜並足」。吉利門即今Karimon，可知杜並足即打板也。瀛涯勝覽，星槎勝覽俱作杜板。瀛涯爪哇國條云：「爪哇國，古闍婆也，別國船至，先到一處，名杜板」。星槎爪哇條云：『杜板，一村之地名也，海灘有水一泓，甘淡可飲，稱爲聖水。元時使將史弼，高興征其國，經月不下，舟中乏水，糧盡。二將拜天祝曰：「奉天伐蠻，若天與我水即生，不與即死」。遂插鎗鹹苦海中，其泉隨鎗湧起，水味甘甜，衆軍吸而飲之，乃令曰：「天賜助我，可力戰也」』。可知明之杜板，即元之杜並足。朝貢典錄爪哇條又作賭班，云：「番人居杜板者戶千餘，杜板之水曰聖水。注云：杜板，番名賭班」。又云：「杜板，元史曰杜馬班」。誤矣。

元史爪哇傳云：「萬戶寧居仁等水軍自杜並足由戎牙路港口至八節澗」。又云：「八節澗上接杜馬班王府，下通莆奔大海，乃爪哇咽喉必爭之地」。可知杜並足與杜馬班爲兩地，而非一地也。西文曰：Tuban。

2.蘇門答臘島　位於馬來半島之西南。古曰末來由洲，唐義淨南海寄歸傳云：「末來由洲，即今尸利佛逝國」。尸利佛逝，即室利佛逝之轉音；又簡稱佛逝，唐書南蠻傳云：「室利佛逝國，一曰尸利佛逝，過軍徒弄山（按：即今下交阯之崑崙島）二千里」。賈躭記邊云：「從軍突（徒）弄山五日行至海峽，北岸則爲羅越，南岸則爲佛逝」。唐書地理志云：「海峽蕃人謂之「質」，南北百里，北岸則羅越國，南岸則佛逝國」。按其方位觀之，室利佛逝國係在今蘇門答臘島上，其証據有二：唐書地理志云：「陸眞臘南水眞臘，又南至小海，其南羅越國」。考水眞臘國位置係在今越南之東埔寨西南及暹羅東南部地，其所謂小海當係今之暹羅灣。而羅越國位於暹羅灣之南，無疑的是在今馬來半島上。羅越國既証明其在半島上，則在其南岸之室利佛逝國必在今之蘇門答臘島上，此其一。唐書南蠻傳又云：「室利佛逝國地東西千里，南北四千里」。寄歸傳又云：「室利佛逝國，八月中以圭測影，不縮不盈，日中人立，並皆無影；春中亦然」。按：立春，立秋季節，地球公轉適中，故太陽之光線正射，位於赤道線下之國家，日夜至均，而室利佛逝國當秋中春中時，光線既如此正射，則其國當在赤道下。茲査南洋一帶赤道下之大島成四比一之長方形者惟蘇門答臘（按：該島全長一千一百英里；寬自百英里至二百五十英里）。室利佛逝國既在赤道下長方形的島上，則係在今之蘇門答臘無疑，此其二。室利佛逝國既証明其在蘇門答臘島上，而唐書又明說其領有南北四千里的土地，果然，則當時全島必統歸室利佛逝國管轄。宋時該島上至少有三國鼎峙，即（一）三佛齊，（二）巴林馮，（三）藍無里是也。元時該島上除掉上面三國外，又增加了花面（一名那孤兒），日麗（？），須文答剌與亞齊四國。明初除掉以上六國外（日麗滅亡），又新建黎代（明史誤作黎伐）一國，計七國。後來須文答剌強大，世人因以其名名島。是知須文答剌初係國名而非島名也。

（甲）蘇門答臘　島夷志略作須文答剌，云：「須文答剌，峻嶺掩抱，地勢臨海，田磽穀少，……土產腦子，粗降眞香……」。勝涯勝覽作蘇門答剌，又作須文達那，云：「蘇門答剌國即古須文達那國也。其處乃西洋總路，寶船自滿利加向西南，好風行五晝夜，先至一村，地名答魯蠻（Diamond），繫船向東南行十餘里可到」（鄭和海圖，星槎勝覽與西洋朝貢典錄俱作蘇門答剌）。世法錄謂：「蘇門答剌一名啞齊」。東西洋考云：「啞齊，即蘇門答剌國，一名須文達那，西洋之要會也」。明史外國傳云：「蘇門答剌，後易國名曰啞齊」。考啞齊即今之亞珍（Achin 或作 Atjek），宋稱藍無里諸蕃志云：「藍無里國土產蘇木，象牙，白藤」。元稱喃巫哩，島夷志略云：「喃巫哩，地當喃巫哩之要衝」（按：「哩」下似脫一「洋」字。星槎勝覽花面國王條云：其國與蘇門答剌鄰境，傍南巫里洋，可知喃巫哩國地當喃啞哩洋之要衝）。瀛涯勝覽作南浡里，云：「南浡里國在蘇門答剌西，山皆相連，船行一晝夜可到，國亦邊海，居民僅千有餘家，本皆回回人，性甚朴實」。島夷志略校注喃啞哩條云：「南巫里其地當今之 Achin」。是知南巫里與蘇門答臘原係兩國，明季始併爲一，名曰啞齊。此後，蘇門答臘則成爲島名矣。——然蘇門答臘之異譯，除上面所述各條外，又有作蘇麻答剌（地理備考），與蘇門他拉（外國地理）者。西文曰：Sumudra，又作：Samara（保羅紀行），又作：Somothrah（拔丟陁紀行），又作：Sumatra。——蘇門答臘島世人多知其在今爪哇之西北，而蘇門答臘國究在何地？据荷氏云：「今蘇門答臘島之 Pasei 河左岸，距海約三英里處有一邑落曰：Samudra，此國名之遺也」(Groenweldt, Notes, 215)。海錄云：「大小亞齊及蘇蘇，皆蘇門答臘故地」。瀛環志略南洋各島條云：「大亞齊在蘇門答臘島北面之西界，西洋人稱爲亞珍，大亞齊西盡海，轉而至島之南面曰小亞齊，小亞齊迤東曰蘇蘇再東曰叭嚐（巴唐）」。海國圖志東南洋海島國條云：「蘇島有名之國曰亞珍，或曰亞齊」。皇淸通考四裔門云：「亞齊在西南海中，相傳舊爲蘇門答臘國名，萬曆中乃易今稱」。蘇門答臘易名亞齊，皇淸通攷既謂在明萬曆中，由此，吾人可以假定南巫里與蘇門答臘合併即在其時。果然，則今 Pasei 左岸之邑落，即古蘇門答臘國地；而今之巴唐（Padang）以北，亞珍以南，即啞齊國之領土也。

16

（乙）舊港　在蘇門答臘島東北。一名巴林馮，諸蕃志三佛齊國條云：「蓬豐，登牙儂，吉蘭丹，單馬令，加羅希，巴林馮，新拖，藍無里，細蘭皆其屬國也」。元始稱舊港，島夷志略舊港條云：「自淡港入彭家門，民以竹代舟，道多磚塔，田利倍於他壤。云：「一年種穀，二年生金」。言其穀變而爲金也」。瀛涯勝覽作浡淋拜，舊港國條云：「舊港國者，即古所謂三佛齊國是也，番名曰浡淋拜」。按：諸蕃志與島夷志略均有三佛齊與舊港等條並列，足証馬氏此說之錯誤。西洋朝貢典錄作浡淋邦。三佛國條云：「三佛齊國，番名浡淋邦，在占城南可一千里」。東西洋考舊港條作吉寧邦，云：「舊港，古三佛齊國也，本南蠻別種，故都爲爪哇所破，更名舊港，以別於彼之新村（按：在爪哇島北岸）。俗名吉寧邦，其地舊稱沃土，諺云：「一年種穀，三年生金，言其米穀盛而多貿金也」。地理備考蘇麻答剌條作巴稜邦，云：「蘇麻答剌亦曰蘇門答剌，其歸荷蘭攝者，一名巴當，在島之西；一名巴稜邦，在島之東」。外國史略作巴林邦，云：「蘇門他拉島，荷蘭於清順治年間，在西海邊開巴當港口；又在東邊占巴林邦所据之地，道光年間始爲全島之主」。瀛寰志略南洋條島條作巴鄰傍，云：「蘇門答臘，其大埔頭在南界者曰巴唐（Padang），在東北界者曰巴鄰傍」。南洋見聞錄荷屬東印度傳蘇門答臘地理志略條作巴倫彭，云：「北與嗎六呷海峽相對地方曰投利，投利東南曰巴倫彭」。按其方位觀之，知巴稜邦，巴林邦，巴鄰傍與巴倫彭，皆巴林馮之轉音也。西文曰：Palembang。

（丙）占碑　宋史外國傳作詹卑，云：「三佛國，……其王號詹卑」。詹卑乃地名，而謂爲王號，誤矣（按：北戶錄云，詹碑出扁核桃）。鄭和海圖作占必，位於三佛嶼之南。諸蕃志三佛國條云：「三佛齊管十五州，在泉之正南，冬月順風月餘方至凌牙門（即龍牙門），經商三分之一，始入其國，國人多姓蒲，累甓爲城，周數十里」。又云：「加羅希，巴林馮（即舊港）……其屬國也」。島夷志略三佛齊條云：「自龍牙門去晝夜至其國，人多姓蒲」。仝上書舊港條云：「自淡洋入彭家門，民以竹代舟，道多磚塔，田利倍於他壤」。瀛涯勝覽舊港條云：「舊港者，古所謂三佛齊也（？）番名浡淋拜，其國屬爪哇所轄，東接爪哇國，西抵滿剌加國界，南距大山，北臨大海，諸處船到，先由淡港入彭家門，繫船於岸，岸上多磚塔，却用小船入港內始至其國」。按：元明之所謂舊港國，均係由彭家門（Banka Str.）進口，而且岸上之景物全同；可知島夷志略所載之舊港，即瀛涯勝覽之舊港。三佛齊與巴林馮之名均始見於宋，而諸蕃志與島夷志略兩書所載，於舊港之外，均尚有三佛齊國，是「舊港者，古所謂三佛齊」之說，根本不能成立。島夷志略校注三佛齊條云：「此書（島夷志略）三佛齊殆謂詹卑（按：藤田豐八謂，三佛齊乃室利佛逝之訛，……唐時室利佛逝有二：舊國在東，殆謂浡淋邦；新國在西，殆謂詹卑也）」。可知詹卑舊屬三佛齊國，而前人常以首都名稱其國。三佛齊既亦稱詹卑，由此，可知詹卑舊係三佛齊之都城。西文曰：Jambi。

（丁）阿魯　島夷志略淡洋條作亞蘆，云：「其地產降眞香，味與亞蘆同」（按「亞蘆」兩字，据島夷志畧校注云：「諸蕃志有蘆薈，希氏云：所謂 Socotra Aloes 是也。波斯言 Wi-wa，蘆薈疑是語之對音（Chao-Jukwa, P. 225n）。亞蘆亦爲」？是藤田豐八認亞蘆爲一種植物名，我認爲是國家名，「蘆」字下殆脫一「者」字。其原意必謂「淡洋所產之香味與亞蘆國所產者同」。瀛涯勝覽啞魯國傳云：「貨物最少，僅有黃速香、金銀香數種而已」。此足證明阿魯產香，且爲唯一的出口貨。可知該條所謂「味與亞蘆同」者，必係兩國同類香味之比較，而非異物滋味之比較。否則，違背比例之定律矣）。鄭和海圖（見武備志）作亞路。明史外國傳作啞魯，云：「阿魯，一名啞魯，近滿剌加，順風三日夜可達」。島夷志略校注淡洋條云：「淡洋似係啞嚕」，實誤。蓋星槎勝覽既有阿魯國傳，又有淡洋國傳，可知淡洋與阿魯絕非一地。瀛涯勝覽啞魯國傳云：「自滿剌加開船，好風行四晝夜可到」。星槎勝覽淡洋傳云：「其處與阿魯山地相連接」。按其方位與航程觀之，其國當即今蘇門答臘之阿魯（Aru）一帶地。

3 摩鹿加　島夷志略作文老古，云：「地勢卑窄，山林茂密，……地產丁香，其樹滿山，然多不常生，三年中間或二年熟」。東西洋考，象胥錄皆作美洛居。洋考云：「美洛居俗譌爲米六合，東海中稍蕃富之國也。……產丁香，夷人用以辟邪」。外國史略云：「東南各嶼曰摩鹿加島，一作美洛居，地磽瘠，出丁香」。東洋國家既唯美洛居產丁香，可知文老古即美洛居之異譯也。瀛環志略南洋各島條作馬路古，云：「武羅，西蘭之直北，有大島曰摩鹿加，一作美洛居，又作馬路古，荷蘭所屬，地形如人臂股，與西里百相似，物產頗豐」。南懷仁坤輿圖說作木路各，云：「呂宋之南有木路各島，產丁香，胡椒二樹」。地理備考作米六谷，又作壓魯加斯，云「，「美洛居島，亦號米六谷，又號壓魯加斯，在南洋之西，塞勒卑斯島（西里伯）之東」。許彬五洲圖考作摩鹿加，云：「摩鹿加羣島內，士羅落（按：瀛環志略作士羅落）最大，錫蘭（或作西蘭）次之，木魯（或作布魯）又次之，多火山，常地震，物產富裕，明正德間葡人始抵其境，班人踵至，與葡爭地，嘉靖八年（西元一五二九）二國盟於撒拉課斯城，班人得二十八萬金，讓島於葡」。萬曆三十七年（西元一六〇九）爲荷所奪」。謝洪賚瀛寰全志作謀勒嘎，云：「謀勒嘎當北緯三四度之間，共數十島，大者五：曰希羅羅（卽士羅落），居北；曰希蘭（卽西蘭），安波那，德那德，居中；曰班達（按，一名壹寇島），共四十三萬方里。安波那多丁香」。可知摩鹿加又作謀勒嘎。西文曰：Moluccas Islands，又曰：Spice Islands（香料羣島）。

4西里伯　在婆羅洲之東。地理備考作塞勒卑斯，云：「塞勒卑斯島，在南洋之西，婆羅，美洛居二島之間」。外國地理作西里白，云：「西里白島，形勢千曲萬環，北極（緯）出自二度，及南極（緯）出六度；偏東自百一十九度，及百二十五度」。海國圖志作細利窪，云：「細利窪，在茫加薩東南，由海道約行二三日可到」。瀛寰志略南洋各島條作西里百，又作失勒密士，云：「由呂宋正南視之，有大島據於巳方，曰西里百，一作失勒密士，又作細利窪，島分四支，如人臂股，汊港尤爲奧曲」。王先謙五洲地理志略荷領東印度傳西里百條云：「西里百即雷志之西里庇，列國學會二圖作西里伯，許考作西里白，矢志作西列伯，萬國地志作西來勃，外國地理作西里卑斯，世界地學作設列布，大地志作賽拜斯，世界圖作謝列倍斯，其北爲謝列倍斯海，謝列倍，即西里百之音變也」。王氏之說甚是。西文曰：Celebes。

5帝汶　諸蕃志渤泥條作底門，云：「其國鄰於底門國，有藥樹，取其根煎爲膏服之，仍塗其體，兵刃所傷皆不死」。帝汶，地近渤泥，而宋人則誤爲鄰國，此在地理常識缺乏時代，原無足怪。島夷志略作古里地悶，云：「古里地悶居加羅之東北，山無異木，唯檀樹爲最盛，馬頭凡十有二所，有酋長」。藤田豐八謂：「『加』上殆奪『重』字」。按星槎勝覽云：「其國(吉里地悶)居重加羅之東」。藤田之說甚是。鄭和海圖作吉利悶，位於爪哇島之東北。星槎勝覽作吉里地悶，云：「連山茂林皆檀香樹，無別產，馬頭商聚凡十二所，有酋長」。此段紀載與島夷志略的意思完全相同。可知吉里地悶即古里地悶之異譯。東西洋考作遲悶，云：「遲悶者，吉里地悶之訛也」。海錄作地盆，又作茶盆，云：「地悶島，一作地盆，亦名茶盆。島之西南爲地問，爲布路亞(葡萄牙)管轄；島之東北爲故邦，爲荷蘭管轄」。瀛環志略南洋各島條作池問，又作知汶，又作地門，又名胎墨爾，云：「佛理嶼一作弗羅力士(Flores)，其東有六小島，接連相望，六小島之南，有大島曰池問，一作知汶，又作地門，又名胎墨爾」。海國見聞錄作吉里問，云：「息力大山据其中，吉里問，文萊，朱葛焦剌，馬神，蘇祿五國環而居」。海島圖志東南洋海島國條作蔣里悶，云：「蔣里悶在馬神東南沿海，順風二日可到」。上海世界輿地學社世界形勢一覽圖作的瀰爾。西文曰：Timor。島夷志略校注古里地悶條謂：『「古里」，「吉里」乃Gili之對音，譯言「島」也。』瀛環志略卷二南洋各島條謂：『「池問」譯言「東」也」』。統而言之，吉里地悶蕃語「東島」也。今分屬於葡荷兩國。

6婆羅洲

(甲)本田　位於島之西岸，當卡浦亞斯河(R. Kupuas)下流。一名崐甸(或作坤甸)，瀛環志略南洋各島條云：「荷蘭於婆羅海濱立埔頭四：曰八三，即巴薩；曰本田，即崑甸；曰萬郎；曰馬神」。一名崩地亞那，地理備考云：「婆羅島，其屬賀蘭國(荷蘭)兼攝者，分爲二大部：西部有地曰三巴斯(Sambas)，曰崩的亞那」。一作本地亞納，外國史略云：「荷蘭之埠共三所，南曰班熱馬星；西曰三巴(三巴斯)，曰本地亞納，貿易皆不甚大」。西文曰：Pontianak。由此，可知崩的亞那與本地亞納皆其釋音也。

(乙)馬生　一作文郎馬神。東西洋考云：「文郎馬神國以木爲城，城只一半，餘半皆山也」。一作馬神，又作馬辰，瀛環志略南洋各島條云：「息力山之東畔，極南曰馬神，一作馬辰」。又云：「荷蘭於婆羅西部海濱立埔頭曰馬生（注云：卽馬神），繁盛遠遜噶羅巴」。一作班熱馬星，外國史略云：「荷蘭國之埠共三所：南曰班熱馬星，西曰三巴，曰本地亞納，貿易皆不甚大」。按：三巴即三巴斯，本地亞納即本田，可知班熱馬星即馬生也。西文曰：Banjermassin。列國學會二圖繹作班遮邁森，漢文圖作班查邁星，地理問答作笨卡瑪莘，異名記作本埶馬星，括地略作巴薩馬，五大洲志作班若馬新，瀛寰全志作馬升（五洲地理志畧卷八婆羅洲條）。該埠在島之南岸，商務發達，爲本島第一都會。

（四）菲律賓

1呂宋　一名菲律賓。東南海圖經作非力賓，云：「非力賓群島凡五區：北爲呂宋島（Luzon）；中爲維塞亞羣島（Visava Islands）；南爲民答那島（Mindanao）；西爲巴拉灣島（Palawan）；西南爲蘇祿羣島（Sulu Islands）」。瀛環志略南洋各島條云：「呂宋在台灣鳳山縣沙馬崎之東南，萬歷年間爲西班牙所据，建城於外湖西海之濱，名曰龜豆，又於城之左角曰庚逸嶼者作炮台以控扼之，建城之地名馬尼剌，一作蠻哩喇（按：王先謙志畧作蠻尼拉），人稱爲小呂宋」。一作非里比納斯，又作桑拉薩羅，地理備考云：「呂宋島，原名非里比納斯，又名桑拉薩羅，在南洋之西，緯度自北五度起，至二十度止；經度自東一百十四度起，至一百二十五度止。統計千島，大者名曰呂宋，其明達撓（民答那），蘇祿，巴拉灣則次之」。由此，知菲律賓即非里比之轉音，原係呂宋專有之名。王先謙五洲地理志略美領非律賓羣島條云：「瀛環志略呂宋即雷志之非律賓也。列國學會二圖作非力賓，萬國圖作斐力批，漢文圖作斐律平，括地畧作非利賓，世界圖作菲律賓，矢志作斐律賓，樋志作斐利濱，近史作緋列賓，又作飛獵濱」。王氏之說甚是。英文曰：Philippine Islands。——這係指美領（今可曰菲律賓國管轄）的一切島嶼而言矣。

2民大諾　爲菲律賓羣島之第二大島。一名民答那峩，瀛環志略南洋各島條云：「呂宋迤南大小十餘島，西人稱之曰；巴拉灣，曰民答那峩，……」皆巫來由土番族類」。一作明達撓，又作馬仁達撓，地理備考云：「非里比納斯羣島，統計千島，大者名曰呂宋，其明達撓，蘇祿，巴拉彎等則次之」。又云：「明達撓島，又名

21

馬仁達撓，長約一千里，廣約五百里」。按：菲律賓羣島中，民大諾面積佔第二位，而上面所述均與其事實相符，可知明達撓即民大諾之轉音。王先謙五洲地理志略卷八美領菲律賓羣島條云：「民答那峩，萬國圖作民丹臘，世界圖作民答撓，萬國地理志作民太臘，萬國地志作密達諾，世界地學作鷂丹諾，外國地理作眠特拿阿」。王氏之說是也。英文曰：Mindanao。

3蘇祿　東西洋考云：「蘇祿在東南海中」。山陰謝洪賚瀛寰全志作蘇魯，云：「蘇魯在斐利賓之南，凡大島三，東北曰巴西蘭；中曰蘇魯；西南曰達維達維，各周三百里」。据列國學會二圖云：「諸島總曰蘇祿羣島，東距菲力賓群島，西距北婆羅，南距西里伯海，北曰蘇祿海，中標「蘇祿」二字。其西南達維群島，即謝志之達維達維也」。地理備考作蘇錄，云：「蘇錄島：小島紛繁，大者有三：曰蘇錄；曰達維；曰巴黎蘭，皆屬蘇錄王統攝」。達維既爲蘇祿羣島之一，可知蘇魯，即蘇祿之轉音，而蘇錄其異字也。英文曰：Sulu。

（五）法領印度支那

1法國殖民地

（甲）東京　在法領印度支那之極北。北接中國之雲南，廣西；南界中國交阯，東臨東京海灣，西鄰老撾。漢分屬交阯合浦九眞等郡。唐爲交州治，又爲安南都護府所駐。五季以後并入安南國。明永樂中復收安南爲郡縣，爲交州府治。一名唐外，又名北圻。五洲地理志略卷七法領安南國條云：「東京，即阮氏之北圻十六道也」。又云：「越南以交阯爲東京，……謂之唐外又謂之北圻」。仝上書又云：「河內省有東京之名」。是東京省又名河內也。今爲法國殖民地。世界輿地學社世界新形勢一覽圖說云「河內一名東都，又曰交都」。是乃首府之異名，非東京省之異名也。西文曰：Tong-King，位於紅河下流三角洲之要點，爲法領印度支那之首府。

（乙）交阯支那　古眞臘地也。乾隆中爲阮氏所有，於其地置六道，合占城地之四道稱爲南圻十道。同治二年（西元一八六二）爲法所奪，以其南六道（按：北四道割歸安南）稱爲法蘭西交阯。五洲地理志略法領安南國條云：「法蘭西交阯在安南之最南境，乾隆中爲阮氏所有」。世界新形勢一覽圖說云：「法屬印度支那，全境分東京，南安，交阯支那，柬埔寨，老撾五部」。由此，知法蘭西支那即交阯支那也。西文曰：Cochin China。首府曰：西貢（Saigon），法人侵安南，實始於此。故法政府甚重視其地。

2 法國保護地

（甲）柬埔寨　古眞臘地也。眞臘本扶南之屬國，隋時竟兼扶南而有之。一名吉蔑，唐書南蠻列傳云：「眞臘，一名吉蔑，去京師二萬七百里」。神龍後分爲水陸眞臘，久之，仍合爲一。柬埔寨即陸眞臘地也（東西洋考卷三柬埔寨條）。一名占臘，宋史外國傳云：「眞臘國亦名占臘，其國在占城之南，東至海，西接蒲甘，南抵加羅希」。一名甘孛智，又作澉浦只，元周達觀眞臘風土記云：「眞臘國，或稱占臘，其國自稱曰甘孛智，今聖朝按而蕃經名其國曰澉浦只，蓋亦甘孛智之近音也」。又作甘破蔗，明季始稱柬埔寨，明史外國傳云：「眞臘，在占城南，其國自稱甘孛智，後訛爲甘破蔗，萬曆後又改名爲柬埔寨」。又作千不昔，又作甘不寨（島夷志畧校注眞臘條）。又作干波底亞，五洲地理志略法領安南國條云：「柬埔寨，古眞臘國地，唐以後名陸眞臘，……萬曆後始有柬埔寨之名，近人或作干波底亞」。蓋以上諸名稱皆一聲之轉耳。西文曰：Combodia。隋唐以來朝貢不絕，清同治間始爲法保護地，首府曰南旺，西文 Pnom Penh（百蠻奔）。

（乙）安南　秦爲象郡地（史記秦始皇本紀），漢爲九眞日南郡地，唐初屬交州後屬安南都護府，唐書地理志云：「調露元年置安南都護府」。——安南之名始此。五季梁貞明中爲曲承美所据，丁部領平之，乾德初封爲安南王（明史外國傳）。——此爲安南建國之始。——今安南南段爲林邑（即環王，占城，占婆，占不勞。）地，即所謂南圻之北四道也；北爲古安南地，即所謂左右圻四道也（按：安南國，明季併占城，清初兼眞臘後，卽稱占城南境與眞臘地爲廣南省）。一名中國交阯，五洲地理志略法領安南國條云：「東京南界中國交阯，東臨東京海灣」。又云：「安南北接東京，西界老撾柬埔寨及法蘭西交阯」。可知中國交阯即安南也。首府曰順化，一曰西京。西文曰：Hue（呼艾）。

（丙）老撾　在安南之西，暹羅之東。一名南掌，又名纜掌。瀛環志略南洋濱海各國條云：「南掌一作纜掌，即老撾，北界雲南，東界暹羅，西南界緬甸，地甚褊小，本緬甸別部，國朝內附，貢馴象」。又作老掌，外國史略云：「緬甸國，東連老掌並雲南；西連英吉利藩屬，及旁甲拉海隅」。瀛環志略云：「緬甸，北界野夷，東北界雲南南掌，東連暹羅，西南距印度海，西北連東印度」。按史略所述老掌方位與志略之南掌完全相同。知老掌即老撾之別名也。五大洲志云：「老撾有土地，無政教，不得為國」。又云：「安南山，多五千尺以上高峰，其山分安南地為山東，山西。山之西為老撾境，人跡罕到；山之東則平野千里，漢唐郡縣之區也」。由此觀之，可知老撾原係部落社會，自來實未曾建立統一的國家。西文曰：Loas。

（六）暹羅　古扶南地也。晉書南蠻傳云：「扶南西去林邑三千里，在海大灣中，廣袤三千里」。梁書海南諸國傳云：「扶南在日南郡之南海大灣中，城去海五百里，有大江廣十里，西北流東入於海」。五洲地理志略法領安南國條云：「祿奈（或作祿賴，一作龍奈，一作農耐，即今平順。）占城（林邑）之故都也」。按扶南國既西去林邑三千里，以今地理觀之，知其所謂海大灣，當即今之暹羅灣；其所謂大江，當即今之湄南河。而扶南國之全部或大部地當在今之暹羅境內。海國圖志卷八暹羅本國沿革傳云：「暹羅，唐以前為扶南」，信然。隋時扶南為其屬國眞臘所併（按：隋書南蠻傳云：眞臘本扶南之屬國也，至賀多斯那遂兼扶南而有之），而暹羅地即屬於眞臘。（按：明史外國傳云：「暹羅在占城西南，即隋唐之赤土」。隋書南蠻傳云：「赤土國在南海中，東波羅剌國。西婆羅娑國，南訶羅旦國，北距大海」。唐書南蠻傳云：「赤土西南入海得婆羅」。波羅剌國與婆羅娑國今無考。訶羅旦即宋之訶羅旦，治闍婆洲（見宋書夷蠻傳。闍婆洲，即今爪哇島）。赤土國既在爪哇之北，而且北面大海，則其國絕不在今之暹羅本部地。据丁謙考証在今巴大年吉蘭丹丁加奴等部地）。宋時眞臘南部建立羅斛國。諸蕃志眞臘國條云：「眞臘在占城之南，東至海，西至蒲甘，南至加羅希。……羅斛，眞理富，皆其屬國也」。元時眞臘國勢微弱，領土日蹙，西南一帶地，皆非其所有，而境內共有三國：（一）羅斛，（二）羅衛，（三）暹。島夷志略羅斛條云：「山形如城郭，白石峭厲，其田平衍而多稼，暹人仰之」。仝上書羅衛條云：「南眞駱（駱殆「臘」之誤）之南，實加羅山即故名也。山瘠田美，等爲中上」。仝上書暹條云：「自新門台入港，外山崎嶇，内嶺深邃，氣候不正」。据島夷志略校注謂：「羅斛國即今 Lophuri (Lavapura)，在眉南河上」。又謂：「唐羅越國略在馬來半島上，……此書（島畧）羅衛乃羅越之異字」。又謂：「學者槪以羅斛爲 Lavo, Lanat 之對音，即今 Lophaburi；又以暹爲 Syam (Syamakatu) 之對音，而在其北，然則此二國並在眉南流域者也」。可知元初暹羅境内實有三國鼎足而立，至正已丑（西元一三四九年）夏五月暹降於羅斛（島夷志畧暹條）。國號暹羅斛（按：東西洋考暹羅條云：迨至正間暹降羅斛，遂稱暹羅斛）。後羅衛亦爲暹羅斛所併（天下郡國利病書海外諸蕃傳），全境統一，國勢日隆。洪武四年國王參烈昭毘牙遣使奉金葉表來朝，九年國王哆囉祿遣其子昭祿羣膺貢象及方物，下詔褒諭，賜暹羅國王印，自是始稱暹羅（按：明史外國傳云：「永樂十年命禮部員外郎王楨等齎詔及印賜之，文曰：「暹羅國王之印」，自是其國遵朝命始曰暹羅」。而以上所述，係依据東西洋考，觀兩略有歧異，姑錄之以待考証）。西文曰：Siam。

1宋卡　皇淸文献通考四裔門作宋腒勝，云：「宋腒勝在西南海中，屬暹羅，旁有埲仔（卽斜仔），六崑，大泥諸國。埲仔在西南海中，東北與宋腒勝接」。海錄作宋脚，云：「宋卡國在暹羅南少東，陸路十七八日，水路，東南行順風五六日可到。疆域數百里，或作宋脚，或作宋腒勝」。日本堀田璋左右外國地理講義作森哥剌。五洲地理志略暹羅國條云：「宋卡即森哥剌，其國在半島東北面」。島夷志略校注謂：「鄭和海圖之孫姑那，皇淸文献通考之宋腒勝，與島夷志略之冲古剌，並是同名而異譯也」。可知宋卡，一名孫姑那，又名冲古剌。上海書局馬來半島全圖作新加剌。西文曰：Senggora。

2大哖　東西洋考卷三作大泥，同時又誤作浡泥，云：「大泥即古浡泥也，本闍婆屬國，今隸暹羅」。又云：「吉蘭丹即浡泥之馬頭也，風俗俱同浡泥」。又云：「洪武四年王馬漠沙遣使進金表銀箋，並貢方物，詔賜金綺。永樂三年遣使封其國主麻耶惹加那乃爲浡泥國王，賜印誥符幣」。据上面所述觀之，知洋考之稱，「大泥即古浡泥」，絕對錯誤。其理由有三：盖浡泥乃 Brunei 之譯音，在今婆羅洲上，大哖向隸暹羅，而浡泥至少在明代未嘗併入暹羅版圖，此其一。吉蘭丹國係在馬來半島上，而浡泥國在海中洲上，吉蘭丹與大哖地勢相連，謂吉蘭丹爲大泥之馬頭也可，若謂爲浡泥之馬頭，則與事實不符，此其二。西洋朝貢典錄浡泥國條云：「洪武四年國王馬謨沙遣其臣亦思麻逸進金表，銀箋及方物」。永樂三年遣使封其國王麻那惹加那乃爲王，給印符誥命」。此段紀載與洋考完全契合。按典錄寫成於明正德間，而洋考印行於萬厤四十六年，前後相差約一世紀，揆諸鑑別史料的普通定義，前者紀錄之時期旣離事實發生之時期爲近，則馬謨沙與麻那惹加那乃爲浡泥王之說，實較爲可靠，此其三。有此三反証，知所謂「大泥即古浡泥」之說，絕對不能成立。海錄又作大呢，云：「大呢國在宋卡東南，陸路五六日，水路順風約日餘可到，……其山多金，中華人多往淘金，國屬暹羅，歲貢金三十斤。吉蘭丹在大泥東南」。瀛環志略作大年，云：「宋卡南爲大哖，一作大年，又作大泥」。日本堀田璋左右外國地理講義作巴大尼，云：「暹羅國諸州在馬來半島之北部，……所列各邦，（一）吉德，（二）巴大尼，（三）吉蘭丹，（四）丁噶奴，（五）六坤，（六）森哥剌，皆諸土人領」。一作巴坦尼，又作巴大年。五洲地理志略暹羅國條云：「巴大尼，西征紀程作巴坦尼；巴大尼即巴大年，……大呢即大哖，在宋卡東南」。上海書局馬來半島全圖作巴打宜，西文曰：Patani。

26

明季西班牙在呂宋與中國之關係

張維華

本篇係改訂舊作而成，茲特發表於此，希望讀者予以指正。

作者附誌

一　西班牙之東來及對於菲利賓羣島之經營

西班牙人之東來，始於哥倫布（Christopher Columbus）之發現美洲。哥倫布意之眞奴亞（Genoa）人，家貧，及長，習航海術，常供職西葡二國之豪商。時地圓之說，已行於世，哥倫布持之甚堅，以爲自歐西行，必可直達日本，及其他盛產香料之地。後哥倫布卒得西班牙王之助，於一四九二年八月間，啟椗西行，十月十二日，抵巴哈馬島（Bahama Islands）。復沿古巴（Cuba）海岸而東，至森多明各（San Domingo），因舟多毀傷，同行者亦多離散，遂率衆返國。此後哥倫布凡三駛美，歐美間之航運，由此漸盛。哥倫布之西行，本欲至東印度，而無意中竟發現美洲，此雖於歷史上爲創舉，然非其所望。繼哥倫布而東來者爲麥哲倫氏（Ferdinand Magellan）。麥哲倫爲葡萄牙人，初從葡人經營東方，摩鹿加島（Moluccas）之發現，彼亦與有力焉。後因事與葡總督失和，改役西國，西王頗器重之，令繼成哥倫布之餘業。一五一九年九月二十日，麥氏率大船五艘兵二百七十餘人自西班牙啟椗西行，跨大西洋，直抵南美洲。復沿岸南駛，一五二〇年十月，抵今麥哲倫海峽東口。十二月二十八日，出峽口，入太平洋，時僅三舟隨行，餘二舟悉毀焉。麥氏自南美西駛，本欲至摩鹿加島，即其昔年所至之地，然以航行稍北，竟於一五二一年三月十六日，抵菲律賓羣島之哈穆杭島（Homonhon Island）。麥氏本欲停船於此，然以無所得食，遂南駛立特島（Leyte Island）。立特島之居民頗爲富饒，且禮遇外人，麥氏因即投船於此。後聞西布島（Cebu Island）有一鉅城，商業殊盛，中國暹羅之商人，多往與貿易，麥氏復率舟駛往。當麥氏駛抵西布時，適其島有部族之戰，麥氏左右其間，因以遇害。麥哲倫既死，從人仍欲往尋摩鹿加島，遂自西布南行，跨婆羅洲及其他諸島，而達其地。西人以所携貨物，盡易香料，欲南繞好望角返國。時僅餘二舟，其一爲葡人所刼，不得返，餘一舟名維克多利亞，於一五二二年九月六日返西班牙。麥氏環行地球，幾盡一周，實爲壯舉。當明之季，西人得殖民東方，以與葡荷等國相抗，即立基於此。

此後查理第五(Charles V)亦注意於海上事業，數遣國人探視，海上往來，未嘗中絕；且以爭取香料貿易之故，與葡人互爭摩鹿加島。一五二九年互訂條約，葡人允以三十五萬得克償西班牙，而西班牙則允以摩鹿加島予葡萄牙。西人既放棄摩鹿加島，其於東方之經營，乃轉移於菲律賓羣島。一五四二年，維拉魯布斯(Ruy López de Villalobos)適駐守墨西哥，奉命駛往菲島，並於其地謀久遠之經營。維氏西行，抵今菲律賓境，歷經明大奴(Mindanab Islands)撒蘭噶尼(Sarangani Islands)及立特諸島，並始以西太子斐利伯(Philip)名名立特島。菲島居民，敵視外人，維氏停舶其地，往往爲所困，而不得食品之供給，乃南駛摩鹿加島。及至其地，葡人迫之使降，維氏不得已，遂降於葡。

維氏降葡後二十餘年，西人於菲律賓無所經營。一五五六年，太子斐利伯第二繼查理第五爲西班牙王，奉舊教甚篤，欲使駐墨西哥總督，遣兵往征菲律賓島，使悉化歸舊教；並改以其名名今菲利賓諸島，以示轄領。一五六四年十一月，駐墨西哥總督遣僧士數人，及戰士李葛斯皮(Miguel Lopez de Legaspi)，率戰艦五艘，及兵士水手四百人，往征菲利賓島。二十一日，自墨西哥出發，一五六五年二月十三日至其境。李氏先用兵南部諸島，諸島酋咸納土臣服。一五七〇年五月，復遣其孫撒爾斯突(Juan Salcedo)至呂宋，探視其地，同行者爲戈依第(Martin de Goiti)及其他將士若干人。當西班牙兵初至呂宋時，諸土酋均樂歸順，甘願納土，且插血爲盟，締一修好條約。嗣後馬尼拉土酋名撒李門(Soliman)，恥臣異族，約各部落，共起抵禦，且火焚馬尼拉，以爲淸野之計。時各地土酋，率慴伏不敢應，撒李門卒戰敗，歸降。撒爾斯突既平服馬尼拉，使戈依第駐守，而自率兵往征他地，所至輒披靡降服，後以身被箭創，返馬尼拉修養。呂宋既平，撒爾斯突即遣戈依第往告李葛斯皮，時李葛斯皮適駐兵巴尼島(Panay Island)，聞訊，即與戈衣第同返馬尼拉，曉諭

2

諸酋，令納士歸順，於是以馬尼拉爲首都，納諸島於西班牙王。自是之後，菲利賓羣島之地，始歸西人有矣。

西人既領菲利賓諸島，華商往販，見其地易主，而不知推原始末，因詭造異說，創爲奇聞，而載筆之士，亦但憑口傳，錄存其說，不加深考。東西洋考呂宋篇云：

有佛郎機者，自稱干系蠟國，從大西來，亦與呂宋互市。酋私相語曰：「彼可取而代也」，因上黃金爲呂宋王壽，乞地如牛皮大，蓋屋，王信而許之。佛郎機乃取牛皮剪而相續之，以爲四圍，乞地稱是。王難之，然重失信遠夷，竟予地，月徵稅如所部法。

按洋考所言乞地事，時人多從其說而無異言，何喬遠名山藏，陳仁錫皇明世法錄，及其他言海外事者，率錄其事，是明人視此說爲定論矣。後和人入據臺灣，華人亦以此說解之，吾國人之善於傅會，而不知推求史實，此其一端。清初纂修明史，論次呂宋事蹟，仍踵明人舊說，無所變易。是西人克服呂宋一事，吾國載籍，失實已久，百數十年，未得廓清，前人之昧於外情，於此可見。

西人經營菲利賓島，實以呂宋爲根據地。蓋呂宋土地遼闊，居民富饒，開拓較易也。呂宋居東南大海中，去吾國漳州甚近，自明初即通貢中國，然西人率以呂宋命名之意，謂指其地轉歸西班牙人言，如從其說，則此名稱爲西班牙人據此島後所新創，先則未有之也。晚近吾國之言地理者，亦取其說，魏源海國圖志云：

呂宋島本名蠻里喇，明季爲西洋呂宋夷船所據，中國人因呼曰小呂宋，蓋對其本國而稱之，猶爪哇之稱，改新荷蘭也。明史誤以呂宋爲此島本名，因妄謂呂宋島滅於佛郎機，誤甚。

謝清高海錄亦爲此說，云：

小呂宋本名蠻哩喇，在蘇祿尖筆蘭之北，亦海中大島也，周圍數千里，爲呂宋所轄，故名小呂宋。

此均以大呂宋名西班牙，以小呂宋名今呂宋島，而以後者之名，爲假之於先也。按呂宋一名，起於何時，今不得詳，然明初外番朝聘，呂宋實居其一。大明會典禮部主客清吏司，有呂宋國，謂：「呂宋國，永樂三年，遣使來朝貢」。明成祖永樂三年十月丁卯實錄，亦載其名，云：「遣使賚詔，撫諭番速兒，來囊葛卜，呂宋，麻葉甕，南巫里，婆羅，六國。」會典及成祖實錄纂修之年代，遠在西班牙人東來之先，而各書新載，又無以呂宋別作一國者，則言呂宋之名起於西班牙人佔據該島之後，其說未可通也。考吾國對西班牙人之稱，先則名曰佛郎機，繼則名其國曰干系蠟。其稱西人爲佛郎機者，與以佛郎機稱葡人者，均爲西亞人對歐人之通稱，而干系蠟之稱，則原於卡斯提拉（Castilla），固當時西班牙國之自稱也。迨後西班牙據守呂宋既久，華人往往以小呂宋名今呂宋，以大呂宋名西班牙本國，原以示主臣之別，非有假襲名號之意。至於西班牙之名，雖亦見於吾國載籍，然當晚明清初之際，尚未爲習稱也。

二　林鳳南犯呂宋及西班牙之初通中國

明之末季，吾國與西班牙之交通，要以呂宋爲樞紐地；至於內陸濱海之區，雖亦有西人踪跡往來其間，然互市之繁，宣教之盛，實未能與葡人相頡頏。蓋西人之在中國，未嘗假地以居，依爲根據，如葡人之有澳門，且其東來之志，首在經營菲島，通商中國非所急圖。萬曆三年，曾遣教士至福建，謁見當道，要求通商宣教，未獲允許，其後亦未續求。西人在中國雖無所獲，然閩之商民，率依販呂宋爲生，且或寄居其地，聚室成澗，生長子孫。西班牙既據有呂宋，時與華商相接觸，中西兩國之關係，即由此間接而生焉。

中國與呂宋交通之起原，其詳不可得知，大抵唐宋之際，華人已多至其地，而呂宋諸島之部會，亦已通聘中國，往來轉販。明初數遣使通貢，朝聘未絕。其後華商往者愈衆，市易愈繁，當西班牙經營菲島之際，時遇華商於海上，或通市易，或相仇殺，兩國交通之關係，已於此時略具微跡。及西人平服呂宋略定，海寇林鳳適於此時率衆敗亡其地，聚衆立國，負固海上。官軍追剿，並邀西人夾擊，共謀驅除，中西兩國之關係，由此乃漸趨複雜。

林鳳廣東潮洲人，與林道乾爲海上著名之海寇。西人記載，作李馬洪（Limahong），後人以其音譯有殊，率不知與林鳳爲一人。晚近學人，幾經研討，考其事蹟之始末，訂其音譯之原委，始知西文之李馬洪與林鳳乃爲一人。初鳳與林道乾俱從曾一本吳平輩爲海寇，流刼閩廣間。後曾一本吳平敗覆，餘黨分散，鳳與道乾則仍擁衆倡亂。隆慶末年，鳳已有衆五六百人，出沒潮州諸郡縣，刼掠人民，且或挾官要撫。時提督兩廣侍郎殷正茂督兵剿除甚急，鳳泊舟錢澳求撫不得，益肆流刼，官軍不能制，而賊黨來從者亦日衆。後朝命王茂及福建巡撫劉堯誨，共力杜防，剋期剿滅，鳳擁衆萬餘人，往來閩廣間，終不能自存，遂自澎湖奔台灣之魍港。總兵胡守仁參將呼良朋引兵追擊，鳳不得已去台灣，再犯閩疆，復爲胡守仁所敗，追擊至淡水洋，沉其二十舟。鳳既窮蹙無所歸，遂率衆亡走呂宋，意圖負固海上，依爲淵藪。時在萬曆二年（一五七四），距西人之初平呂宋，僅數年耳。

林鳳之奔亡呂宋，其黨多從往，據西人所述，謂鳳時有舟六十二艘，兵士四千人，婦女千五百人，以日人莊公(Sioco)爲將，引舟南駛。及抵呂宋西北部之伊魯果斯(Ilocos)境，途遇一西班牙舟，駛行海上，鳳令從人奪獲之。事爲駐守其地之西人所窺，急走告撒爾斯突，時撒爾斯突適駐兵於非爾南底亞(Fernandia)，聞訊，即遣舟往馬尼拉報警，不意中途爲鳳黨所獲。一五七四年十一月二十九日，鳳率舟抵馬尼拉灣，停泊於馬雷維里斯港。別遣小舟載士卒數百人，潛由滿尼拉南八哩之巴拉納克(Paranaque)登陸，以日人莊公統領之，往攻馬尼拉，翌晨抵其地。時戈依第駐防城外，倉促無備，鳳兵首陷其地，戈依第戰死，妻孥亦多負重傷。戈依第既死，鳳兵進薄城下，時西人抵禦甚力，城倉促不可下，莊公遂引兵返舟。

初西人於馬尼拉地，未置重防，無城垣，亦無濠塹，僅立木柵，以防盜竊耳。及鳳兵自海上來，其地幾爲攻陷，西人始感置防之不可緩。鳳兵既去，馬尼拉總督拉維薩里斯(Lavezaris)知其必來圍攻，因令沿馬尼拉灣急築高堵，置兵防守。時撒爾斯突亦率兵自伊魯果斯至，馬尼拉之防始略固。

莊公既未能陷馬尼拉，引兵返見林鳳，鳳深斥之。於是激勵士氣，再圖返攻，并許城陷之日，厚予賞賜。鳳分兵士爲三部，分路進攻，且親往指揮。及抵城下，將士殊死戰，而西班牙之將士，亦戮力死守，且恃堵以爲固，後鳳兵卒不支，復引兵退。

當鳳兵退走之際，非利賓人亦起而反叛，使馬尼拉之地，重瀕於危。蓋當鳳兵未至之先，總督拉維薩里斯徵課甚苛，菲民不能供應，拉維薩里斯因斬其士會二人，菲民皆懷怨志。及鳳兵圍攻馬尼拉，西人不遑內顧，菲民視爲良機，群起反叛。南自加伊（Cavite）地

5

起，北至馬尼拉附近之區，俱先後告警。時叛衆約萬人，所遇西班牙商民士卒，輒肆意殺掠，無稍顧惜。後總督遣兵往鎮，叛民以烏合之衆，各無鬬志，且軍械亦不精良，卒爲所平。

林鳳既不得下馬尼拉地，遂引兵退走馮嘉施蘭(Pangasinan)。此地在馬尼拉北，多山，易爲防守。其北臨林葛蔭灣(Lingayen)，亦爲海上防守重地。林鳳既至其地，欲圖永守，築堡壘，置兵其地；且遣使諭諸土島，令輸課以資餉糈。總督拉維蔭里斯聞鳳北遁，依山爲固，未即引兵離呂宋境，仍懷不安，因遍令菲島各地駐守西軍，齊集馬尼拉，合力征剿；並任撒爾斯突爲將帥，綜領各軍。西軍部署既定，撒爾斯突即以菲兵二千五百人，西兵二百五十人，駛往林葛蔭灣。時鳳有兵船三十二艘，停泊其地，俱無鬬志，遂悉燬焉。撒爾斯突復率兵登陸，陷鳳之一堡，繼進兵陷他堡，鳳軍抵抗甚力，急不能下，相距凡四月之久。鳳屢遭挫折，士卒散亡，餉糈不給，知呂宋非負固地，因即急修戰船，意欲載其士卒他往。迨西人悉陷其堡，鳳在馮嘉施蘭之防禦盡失，遂率其軍入海揚帆去，自是呂宋海上之患始息。

林鳳既不得志於呂宋，復引兵內犯，寇掠廣之柘林靖海碣石等處，又復越境犯閩，依台灣魍港爲巢穴，四出刼掠。時閩師征剿甚急，鳳無所得利，復引舟去。總兵胡守仁率兵追擊，至淡水洋，衝沉其船二十餘隻，鳳由此引兵入廣，再犯潮州。當是時，惟潮州道參政金淛主撫，鳳見閩廣二省舟師盛集，知不可爲，遂分綜散泊，束身待招。淛撫散鳳黨馬志善李成等一千七百十二名，收回被擄男婦六百八十八名，船隻器械火藥無數。然鳳流刼經年，肆虐海疆，生民塗炭，知己罪必不得赦，遂乘舟潛遁，逃亡西番，終埋骨於異鄉矣。

初林鳳亡走呂宋，福建巡撫劉堯海恐其復返舟內犯，因遣把總王望高率二舟至林葛蔭灣偵察，并約呂宋出兵夾擊。王望高，西文記載作吳慕康(Omoncon)，後人求其名不得，或以爲即胡守仁或呼良朋之對音，實則王望高也。當王望高抵林葛蔭灣時，林鳳適困守馮加施蘭，勢已不支，旋引舟遁去。望高以林鳳既已敗走，呂宋征剿有功，當返舟覆命。時總督拉維薩里斯欲求互市宣教中國，因遣教士羅達(Martin Rada)馬爾丁(Geronimo

6

Martin）及軍士數人，齎國書方物，偕望高同往中國。羅逵等隨望高先至厦門，復由厦門至同安，再後至漳州，謁守臣以跪叩禮。後復由漳州至福州，謁巡撫劉堯誨，奉總督書，並述通商宣教之意。堯誨奏報，朝以呂宋雖非貢國，而能慕義來王，准比暹羅眞蠟國例，隨方入貢，而於通商宣教之事，仍令巡撫宣諭斥絕。羅逵等旣求通商宣教不得，遂偕隨人返漳州，後仍取道厦門返呂宋。羅逵等使華，率言無功而返，如上所述，而西人又或謂一五七六年二月羅逵等返國後，中國遣使至馬尼拉，允西人通商厦門，如此，則羅逵使華實有所獲，而中西關係，亦轉密切。然此說西人旣多懷疑，而於吾國載籍，亦未能徵實，自未可輕信也。

林鳳南犯呂宋，昔人視爲盜寇逃亡之窮技，今則視爲英雄殖民海上之壯圖。蓋林鳳誠能立國呂宋，驅走西人，華人在菲島之勢力，或可日漸雄厚，而於華人殖民南洋之事業，亦或可自此漸盛。惜明人見不及此，必邀西人共期驅除，林鳳固無所容身，而華人之寄居菲島者，亦由是痛遭屠戮，而無可如何矣。林鳳事蹟，後人多不能詳，明史呂宋傳作林道乾，後人作釋，或以林道乾當西文之李馬洪，又或謂道乾與林鳳同往呂宋。其以林道乾當李馬洪者，固屬錯誤，而謂道乾與林鳳同往呂宋者，亦屬臆想。正氣堂續集載俞大猷與淩洋山書，云：「海賊林道乾逃去西南番柬埔寨，上山居住，似無復回之理，若回，勢亦不大，容易滅也。唯林鳳逃去東南洋呂宋港中，暫時泊船，勢必復回」。此於道乾逃亡柬埔寨，林鳳逃亡呂宋，言之甚確，固無兩人同往呂宋事也。蓋道乾與鳳同爲一時之巨寇，且其黨徒分合無常，事蹟易爲混亂，明史因而誤載，其理至明，固不容曲解也。然自明史誤載之後，鳳之事蹟，湮沒不彰，致使中華民族海外殖民之偉業，不得盡詳。晚近世來，南洋諸島，先後淪喪於歐人之手，華民僑居其地者，痛受壓迫，淪爲奴隸，今且百計驅逐，華民之生命財產，大有不能保全之勢。吾國學人，目覩歐人在南洋勢力之漸雄厚，而吾僑民遭受之日趨痛苦，因於華人殖民南洋之歷史，漸加注意，而林鳳南犯呂宋之事蹟，亦漸明晰，百數十年來淆亂莫明之史實，至此始能言其梗概矣。

三　呂宋役使華人征摩鹿加

摩鹿加古稱美洛居，或作米六合，今則通稱摩鹿加島（Moluccas）。其地居東南大海中，西距西里伯（Celebes），東距新幾內亞（New Guinea），北則去菲島之明大奴（Mindanao）未遠，以盛產香料著於世，故或稱香料島。初屬葡有，一四八〇年，西葡合併，其地始歸二國合領。當是時，菲島平定未久，政權分歧，主教與總督，時生衝突。一五八九年，菲利第二欲統菲島之行政，遂令增大總督職權，以謀更新；並任達斯麻雷那斯（Don Gomez Perez Dasmarinas）爲總督。達氏爲人強幹，受命後，即於翌年東來蒞任。及抵馬尼拉，諸政多所釐革，尤以將葡人在摩鹿加島之治權改隸己下，視爲當時之急務。時適荷人犯摩鹿加島，驅逐葡人，葡人不能抗，以其地去亞臥（Goa）遠，遂來馬尼拉，乞遣兵保護。達斯麻雷那斯聞訊，視爲良機，因即遣戰船百十數艘，載西班牙軍士七百人，士兵銃手四百人，弓箭槍手千人，並役流寓其地之華人助戰。所役華人數目，或言百人，或言四百人，而據張燮東西洋考呂宋篇所載，則爲二百五十八人；且言此二百五十八人中，以高甯爲把總，魏唯秀，楊安頓，潘和五，洪亨五爲哨官，鄭振岳爲通事，餘郭惟太等悉爲兵弁。按西人役使華人征摩鹿加事，洋考呂宋篇言之較爲詳確，似可爲據。惟於總督之名，作郎雷敝裏系勝，與達斯麻雷那斯音譯未洽；然考其事蹟，洋考所載，與西人所述，大體皆合，似郎雷敝裏系勝與達斯麻雷那斯乃一人。當時音譯情形，未能諳悉，姑錄存之。

達斯麻雷那斯計議已定，即於一五九三年十月六日，自加伊（Cavite）出發。時艦隊約分二部，前部駛行較速，先抵阿祖法雷港（Azufre），因後部駛行較遲，停舶以待。迨後部至，遂共泊港內，候翌晨齊發。西人役華人甚苛，稍懈，輒鞭箠，或刺死。潘和五私語衆曰：「叛死箠死等死耳，否亦且戰死，曷若刺死此酋以救死。勝則揚帆歸，不勝而見縛，死未晚也」。衆然其說，因共謀叛殺。時至夜深，西班牙酣睡，華人乘機各操刃起殺，西人鮮能幸免，惟士卒及僕役數人，躍海得脫。總督聞變驚起，倉促無備，亦被刺殺。華人屠殺既竟，駕舟潛逃，失路至安南，安南王盡籍沒其財貨。據云搜得墨西哥洋凡萬二千圓，并所屬總督及其從人之金銀珠玉多種。華人既被掠，多不得歸，惟郭惟太等三十二人，附他舟返國。

當華人叛變之際，總督子路易斯（Don Luis Perez das Marinas）適駐兵西布島（Cebu），聞父遇害，急率兵北來，至則華人已潛逃矣。路易斯既不能報雪父寃，遂率兵往馬尼拉駐守，以備不虞。先是華商流寓呂宋者，率築澗馬尼拉城內以居，及路易斯至，恐華人生變，令悉移澗城外，且或革回中國。又遣使來中國，陳訴父寃，並究叛殺之人。時許孚遠撫閩，以華民生變海外，易肇邊釁，即具疏上聞。其疏見東西洋考，畧云：

> 我民往販呂宋，中多無賴之徒，因而流落彼地，不下萬人。番酋築盜舖舍，聚劄一街，名曰澗內，受彼節制，已非一日。去秋彼酋抽取我民二百餘人爲兵，刑殺慘急，遂致激成此變。夫以香夷豺狼之性，輕動干戈　不戢自焚　固其自取；而殺其酋長，奪其寶貨，逃之交南，我民狠毒亦已甚矣。

疏上久不報，來使還呂宋。

當總督達斯厤雷納斯未出師前，適日本有遠征呂宋之雄心，遣使至馬尼拉，迫令西人降服，其言曰：「奉我爲王，即來納土稱臣，否則即將興兵討伐」。時居呂宋之耶穌會士，多欲保護澳門葡人在東方商業之利益，因勸令總督斷然拒絕日本之要求，意使西日交惡，葡人可以漁利其間。而住居馬尼拉之西人，因素日經商，只以墨西哥爲限，不願與澳門葡人共享對日通商之利，而欲獨擅其權，遂力勸總督遣使至日本修好，共訂通商條約。後總督卒從馬尼拉居民之請，遣僧士諸安果布（Juan Cobo）東往日本修好；諸安果布行後遇害。路易斯來鎮，對於日人之來犯，深懷戒慮，且恐華人交通爲患，愈迫令華人去境，因是華人流寓呂宋者，多駕舟返國。時巡撫許孚遠亦聞日人西犯之訊，遣使至呂宋探詢，路易斯亦以父寃未伸，再具文申請，並述革回華人不得已之苦衷。其狀文亦見東西洋考，畧云：

> 郎雷氏敝裏系勝是貓吝爺氏，奉干系蠟國主命、鎮守東洋呂宋等處。蒙差來探日本消息，招回唐人。日本近雖稱兵入境，然彼國有征伐之兵，敝國有備禦之固。況日本熟知敝國士卒精壯，遇敵無不爭鋒，何足以懼。前革回唐人，係是久住不安生理，今之革者，因敝國狹窄，米穀稀少，糧食不給，別無他端。伏望尊慈鑒察其被害戰船，乞追軍器金銀寶貝，并究殺父之人，償命以警後人，以正法紀。從兄巴禮於舊年十月駕舟往貴省，奔訴父寃，萬里懸情，惟冀秉公嚴追究治。從兄巴禮厚遣歸國，感佩圖報。

按貓吝即路易斯，穪疑爲厤雷納斯（Marinas）之譯音。所上許孚遠文册，除狀文外，尚有訴詞一紙，亦見洋考。內稱華人叛變事，則謂華人心貪財貨，因謀不軌，與所謂刑殺慘急，迫而致叛者有殊。時朝命下，令置郭

9

惟太等於理，由是叛殺一案，始告結束。而潘和五輩則終身留安南，不敢返。自總督遇害，華人多遭驅逐，駕舟返國，然華商往販其地者，終不能絕，積久復成聚。西人既懷戒慮，屢疑華人有叛志，終成慘殺之禍，流血海外矣。

四　採金案之發生及呂宋之慘殺華人

當明萬曆之末葉，國家多故，府庫耗虛，言利者請盡地藏以裕用，以是礦使遍海內。時閩有妄男子張嶷閻應龍者，善望氣，稱呂宋有機易山，其上金豆自生，若遣人採取之，歲可得金十萬兩，銀三十萬兩。萬曆三十年詣闕奏聞，神宗惑其說，令差官與共往勘。命下，朝臣多知其妄，言官金忠士，曹于汴，朱吾弼等均連疏力爭，御史溫純抗疏爭辯，持論尤急。略謂機易越在海外，決無遍產金銀任人採取之理。嶷輩不過假借朝命，闌出禁物，勾引諸番，以逞不軌之謀耳。漳人高克正亦著論折其說，謂「澄民習夷，什家而七，問機易山未有能舉其處者，有金與否，果可望氣而知乎？」然卒未能阻朝命。按機易即加維特(Cavite)，華稱或作庚逸，或作交逸，又或作加溢。東西洋考呂宋篇有加溢城，云：「初只一山，夷人以其要害地也，慮紅毛出沒，始築城伏銃其內。賊至以銃擊之，敵不敢窺。」張嶷所稱機易山，想即加溢之譌耳」。是機易之為加維特，明人先已言明，則其地固有之也。高克正謂澄人不知有機易者，殆因名稱之不同，而致誤耳。所言產金豆事，固屬謬妄，然推原其說，亦非無因。考當時呂宋銀幣歲輸於閩者，為數甚鉅，至市舶司立加增餉，專課銀稅。蓋此時墨西哥為西人已闢之領屬，其地盛產金銀，西人取以易中國貨物，而華商亦樂得之，故所流入於中國者，歲為巨額。嶷輩居海上，但見西銀之流入中國，而未明其故，因疑金產之在呂宋，必為自生，遂妄造異說，以干時倚，而其說亦終獲採納，亦云奇矣。

神宗既惑聽張嶷之說，遂令福建礦稅務太監高寀，差官越海往勘。守臣知其妄，持不欲行，然迫于朝命，乃遣海澄丞王時和，百戶于一成與嶷偕往。及至馬尼拉，謁總督阿求那(Don Pedro Brano de Acuna)，稱：「聞加維特有產金山，特奉命來勘」。總督聞之，疑華人有他謀，殊為驚駭，華人流寓者謂之曰：「天朝無他意，特是奸徒橫生事端，今遣使者按驗，俾奸徒自窮，便於還報耳」。總督意解，命諸僧士散花道旁，以迎朝使。時和等入，總督置宴欵接，因問時和等曰：「天朝欲遣人開山，山各有主，安得開？譬中華有山，可容我國開耶？且言樹生金豆，是何樹所生」？時和不能對，數目嶷，嶷曰：「此地皆金，何必問豆所自」。總督因知其妄，然欲解其惑，因使往加維特勘查。時和至其地，無所獲，返任病悸死。時太監高寀以奉旨差官越海，勘明加維特無產金銀事，因參張嶷闇應隆妄言之罪。神宗以嶷等虛誑，令高寀會同撫按等官，差官拏解至京，依法究治。

王時和越海勘金，實因嶷等妄言所致，其無他志甚明，而西人則終疑華人有異謀，所言採金，特假辭以偵察耳。及時和返國，異言紛起，或謂華兵將渡海犯呂宋，因是西人咸懷不安，總督令各修武備以自防。又疑流寓華人，將為內應，杜防甚急，凡所用鐵器，俱檢搜之，使無所恃以為亂。且警告華人曰：「如有華兵前來，必先將彼輩殺盡」，華人由是咸惴惴不自安。先是華人因叛殺總督達斯麻雷納斯之變，其居城內者，悉令移居城外。嗣後華商往者復衆，禁令稍弛，仍得於城內築室以居。至是馬尼拉謠言甚熾，華人慮禍將及，遂集居城外，設防自固。華人多商賈，重貨殖，不習戰鬭，一旦離棄其庭園財貨，移居城外，殊戀戀不自忘，多有以此自殺者。當華人移居城外時，有已奉教之信徒，受庇西人，留居城內，華人疑其與西人通，坐視同族之喪亡而不卹，俱懷憤恨。適其時西人來攻，華民死傷甚衆，愈惶恐不安，乃於聖法郎西斯日(Saint Francis Day)之前夕，奮起攻城，殺戮甚衆，焚燒房室無算。翌晨，退職總督路易斯(Don Luis Perez Dasmarinas)及布羅弗(Don Tomas Bravo)率兵反攻，初稍失利，後西人奮戰，華人卒不支，退築堡自守。時西人圍困甚急，華人供給缺乏，未能固守，復謀遁走。西人自馬尼拉沿拉姑那灣(Laguna de Bay)窮追，擒殺華人凡數千人。後西人追至把丹噶斯省(Batangas)，華人退走穆隆(Morong)，該地土人，亦乘勢起而掩殺。總計此次事變，華人死者凡二萬餘人，其中以漳泉人為最多。

西人屠殺華人後，自以所為過於殘酷，恐中國興兵問罪，於是遣使二人至澳門，謁華官，略陳華人叛變及慘殺事。適其時有販呂宋之漳州商人來澳，西使令齎書閩撫，略謂華人將謀亂，不得已先之，請令死者家屬，往取其孥，所掠財貨，謹貯以待。按西人遣使至澳門事，西文載籍，或有異說，稱此次所遣使臣，直至福建，未至澳門。考西人遣使一事，亦見吾國載籍，明何喬遠名山藏云：「諸中國人鐵皆空，遂大殺中國人，死者二萬餘，曾猶慮中國興兵問罪，入廣東香山澳偵諜，中國乃寂然」。是何氏之說，有與西人暗合者，似可為據。又西人遣使來華之意，在謀中國與呂宋之貿易，不致因此次慘殺事變而中途斷絕。大抵當西人慘殺華人而後，閩之商賈，視販呂宋為畏途，不復前往市易。然西人經營呂宋所需物用，率取給於中國，一旦貿易中絕，則困難立至。故美其言辭，務使華人復越海通商，而華商亦終往販如故，視此次慘殺若未聞也。

當西人遣使來華之際，徐學聚適撫福建，聞變，上告於朝，神宗驚悼，下法司議奸徒罪。萬曆三十二年十二月議上，神宗曰：「嶷等欺誑朝廷，生釁海外，致二萬商民，盡膏鋒刃，損威辱國，死有餘辜，即梟首傳示海上。呂宋曾擅殺商民，撫按官議罪以聞」。三十三年，徐學聚乃移檄呂宋，略謂明皇寬懷大度，對於屠殺華商事，必不興師問罪；而於妄言採金之張嶷閻應隆等，業已依法懲辦，即當修好如故，勿開禍端。至於死者妻孥，可送歸國。由是華商暴屍海外，永含冤於異域矣。蓋明人素嚴海禁，視販海者，類奸商無賴之徒，罹禍海外，乃所自取，無可痛惜，故終未興師問罪，亦未視此為奇恥大辱也。

西使至澳門，既知中國無問罪意，遂安然返歸，而閩之商民，亦由是往販如故，無稍戒懼。然西人終以華人為慮，且恐生殖日繁，僑寓增多，難於統治，因謀所以限制之術。一，華船往販呂宋，離港時，須將同來之客旅舟人，全數附船返國，不得任意留居。二，於馬尼拉城內，指定三地，歸華商居住，不得隨意遷移。三，華商不得隨意在內地往來；如無馬尼拉政府發給之執照，不得至距城約二哩(Two Leagues)之地。凡此禁約，華商遵守甚嚴，不得犯。其後華人居地之禁稍易，復得於城外建室以居，然亦約束甚嚴。夜間城門關鎖後，華人不得留居城內，犯者至死。是西人杜防華人之計，亦已慎審嚴苛矣。

西人限制華商入境之禁，大抵初時行之甚嚴，其後則行之漸疏，蓋華人流寓呂宋者，十數年後，又復集居成聚，與慘殺前等矣。西人稱華人聚處，自有獄吏理訟，刑律不與西人同，初時歐人於法權尚未重視，殆或然歟。華人奉教者，後亦日增多，僧士爲設教會，置醫院，且使信者同集一地，築室以居。華人來者旣衆，西人之疑慮愈深，終至一六三九年十一月間，復有慘殺華人之舉。此次慘殺，吾國載籍，率不能詳，而西人著述，則言之甚確，似其事非出虛搆。此次事變之發生，其原因不可得詳，說者謂西人課稅苛重，華人苦於供應，因而思亂所致，以理推之，蓋屬可信。屠殺事，初起於林噶那灣(Laguna de Bay)，繼而延至馬尼拉及其他華人所居之地。華人無兵仗，不能抗，而呂宋兵士則恣意殘殺，所遇者無或幸免。據言此次屠殺，歷時凡四閱月，死者二萬二千人，其慘蓋不減於第一次之屠殺也。

五　中國與西班牙之貿易關係

吾國與西班牙在菲島之貿易，要以呂宋爲中心地，其他各島，雖亦互通市易，然率微渺不足稱道。先在明之初葉，吾國與呂宋之交通，已屬頻繁，其後商業關係亦漸趨密切，而在西班牙據有呂宋後，爲尤著也。蓋其地去閩近，閩地多山，且瘠，不能種植，居民多趨集其地，轉販爲生。當西人初抵呂宋時，中國與呂宋之貿易，已趨繁盛，何喬遠閩書云：

> 皇朝禁海舶不通諸番，其諸番入貢者至泉州，惟大琉球所貢番物，則市舶司掌之。成化八年，市舶司移置福州，而比歲人民，往往入番商呂宋國矣。其稅則在漳之海澄海防同知掌之。民初販呂宋，得利數倍，其後四方賈客叢集，不得厚利，然往者不絕也。

是當明之中葉，華商往販呂宋，已屬常事矣。迨後西人據呂宋，以馬尼拉爲首都，華商往販其地者益衆，且築室以居，生長子孫。天下郡國利病書云：

> 二十七年(萬曆)，中貴人銜命至閩，凡山海關津之稅，畢蒐羅以進內帑，而舶稅歸內監委官征收矣。……而是時漳泉民販呂宋者，或折關破產；及犯壓各境，不得歸，流寓土夷，築廬舍，操傭賈雜作爲生活，或娶婦長子孫者有之。人口以數萬計。

此去西人初據呂宋之時未遠，流寓者已以數萬計，由此以推，其往來轉販者，爲數亦必不少。中國與呂宋之貿易，因西班牙人之東來，而愈趨繁盛，由此可知。萬曆崇禎間兩次屠殺，而華商往者卒不能絕，其故亦可推矣。

常時貿易情形，大抵華船入泊馬尼拉港，先至西班牙總督處領取允許證，俟得允許後，始可登岸市易。所持貨物，多係日常用品，其爲回教徒所樂用者，則爲大水瓶之類；此外陶器銅鐵等物品，亦均有之。其爲土會所樂用者，則爲絲織瓷器之類。華商亦時以極精細之陶器携至，此種貨物，亦暢銷甚多。蓋西人初至呂宋，貨幣多而物用少，往往不避高價，而樂與華人互易，華商亦因是輒獲厚利。其後市易愈繁，華商居呂宋，亦漸與西人相習，嘗以中國所產各種貨物，攜示西人，與之約定價目，代爲回國採辦。華商既志在牟利，器用玩巧，亦率依西人所好，雕造製作。如耶穌釘死十字架雕像，及西式用具等，均爲華人所製作，用以售西人者。此則在藝術方面，顯受西班牙人之影響矣。

中國與呂宋通商既久，器物轉運，漸感煩苦，且或不能應西人之急，乃改由華人寄居呂宋製作供應。於是衣履，錘鑄，雕造，綵繪，布織等雜作，多由華人爲之。積漸土地墾闢，禾稼種植，僕隸走卒，亦多傭役華人。蓋呂宋土地遼闊，居民稀少，且愚悍不知勞作，西人經營其地，百端待舉，自多仰賴華人；而華人困於生計，且貪重價，亦多樂爲驅使。自此以後，吾國與呂宋之關係，不僅通商互市，且以其地爲吾民之尾閭矣。

吾國與西人之貿易，終明一代，未嘗少衰，其所予中國之影響，則爲西班牙貨幣之流入中國。東西洋考餉稅考云：

> 其徵稅之規，有水餉，有陸餉，有加增餉。……加增餉者，東洋呂宋地無他產，夷人悉用銀錢易貨，故歸船自銀錢外，無他攜來，即有，貨亦無幾。故商人回澳，征水陸二餉外，屬呂宋船者，每船更追銀百五十兩，謂之加征。後諸商苦難，萬歷十八年，量減至百二十兩。

讀此，則知晚明之際，西班牙貨幣之流入中國者，其數必不爲少。又天下郡國利病書云：

> 錢用銀鑄造，字用番文，九六成色，漳人今多用之。

則是此種貨幣，流行民間歷久未廢，又從此可知矣。此種貨幣，當即世所稱之墨西哥洋，其鑄造大小亦均有定制。東西洋考呂宋篇云：

> 銀錢：大者七錢五分，夷名黃幣峙，次三錢六分，夷名突髻，又次一錢八分，名羅料釐，小者九分，名黃料釐，俱自佛郎機攜來。

先歐人通市吾國，率攜其貨幣以俱來。葡人初市廣澳，其金幣行於廣南，居民珍視之。和蘭東來，吾國商民，初與之通市於巴達維亞(Batavia)，繼與之互市於彭湖臺灣，其銀幣亦或流落民間，然其為數之鉅，與其流行之廣，均不能與西人之貨幣比。說者謂明之末季，閩中社會民生之榮苦，所受西人貨幣之影響者必甚重大，以理推之，當非虛想；惜古籍闕略，未能徵詳耳。

如上所述，中國與西班牙人之貿易關係，乃由華商往販呂宋而起，然西人亦未嘗無至中國謀通商意也。先是林鳳逃走呂宋，王望高奉命往偵，後與西人使臣同返，西使至中國求通商，未獲所願，已見前文。其後萬曆二十六年，復來澳門求通市，廣東通志載其事云：

> 呂宋國從前未至，明永樂一朝。萬曆二十六年八月初五日，徑抵濠鏡澳住舶，索請開貢，督撫司道咸謂其越境違例，議逐之。諸澳番亦謹守澳門不得入。九月移泊虎跳門，言候丈量。越十月，又使人言已至甲子門，舟破趨還，遂就虎跳門，徑結屋群居，不去。海道副使章邦翰，飭兵嚴論，焚其聚落。次年九月，始還東洋。或曰此閩奸誘之使來也。

按西人至澳求市，西文載籍，曾一言及，謂一五九八年(卽萬曆二十六年)，西班牙駐呂宋總督，聞日本將舉兵攻臺灣，恐禍及呂宋，遂遣諸安撒穆得歐(Juan Zamudio)率戰艦二艘，兵士二百人，至臺灣巡視。後此人未至臺灣，竟駛至廣州；幷得守臣之許允，得在距廣州十二哩之地，立館通商。竊意通志所載，與西人所稱撒穆得歐來華事，既屬同年，且出同地，當為一事。撒穆得歐何以避臺灣而至廣州，其詳不可得考。其設置通商之地，西文稱為皮瓦拉(Pivala)，於史亦未能徵。時西葡雖已合併，然澳門商業，終為葡商所操縱，撒穆德歐亦或欲別闢商區，以與葡商相抗也。撒穆德歐事跡不詳，其後亦不聞西人在廣州有市易之特權，當是西人要求通商，又歸失敗矣。

西人要求通商失敗後，曾於一六二六年(天啓六年)，入臺灣，據雞籠，築山嘉魯城(San Salvador)，再據淡水，築多岷古城(San Domingo)。時和蘭已有臺灣，華商往來呂宋，往往為所摽劫，且時泊舟馬尼拉灣阻絕西人商船，西人與中國之貿易，因之大受迫害。西人欲與和人相抗，遂入據臺灣北境，立城設衛，且私引華人市易其地，而華人亦樂往從之。春明夢餘錄載傳元初之奏疏云：

> 海濱之民，惟利是視，走死地如鶩，往往至島外區脫之地曰臺

灣者，與紅毛番爲市。……而呂宋佛郞機之夷，見我禁海，亦時時私至雞籠淡水之地，與奸民闌出者市貨。

是明天啟間，吾國與西人之商業關係，不僅限於呂宋一地，而且以雞籠淡水爲市易地矣。惜西人據其地未久，一六四二年（崇禎十五年），所立城堡，悉爲和人所陷，而吾國與西人在此地之貿易，亦由是廢止。

法國與安南

張天護

內容：

一 法國併呑安南之經過（簡述）
二 法國併呑安南動機之分析
三 法國統治安南政策之變遷

安南者，中國之屬國也，曾統有安南本部，交趾支那，柬埔寨，東京諸地，自與法國交通開始而後，甚爲法國歷代政府所重視，且卒爲法國所呑併。茲爲討論方便起見，特先將法國併呑安南之經過，簡爲叙述，然後再將法國併呑安南之動機，與統治安南政策之變遷，加以分析檢討。

一

法國與安南之關係，由法國教士之活動而開始。初於法國教士未至安南之先，葡萄牙，英格蘭，和蘭諸國，與安南早已發生關係，然以當地官吏，對於歐人素存仇視之心，卒據云係因中國之煽惑，乃於十七世紀末葉，組織安南民衆，將旅安南之白種人，屠殺殆盡[1]；且自是而後歐洲安南之間，除少數旅客，商販與教士之往來而外，交通幾頻斷絕。在此期間，安南教士，強半爲法人，於是法人在安南之勢力，日漸澎漲，而法國安南之間，卒以發生正式之關係焉。

法國與安南第一次正式之交通，爲一七八七年十一月二十八日締結之凡爾賽條約是。此幕戲劇之主角，乃法國久居安南之教士畢顯(Pigneau de Béhaine)主教。一七七六年，安南發生內戰，嘉隆皇帝，因畢顯主教之勸告，向法王請援，凡爾賽條約於以締結，而嘉隆則不知已引狼入室矣。依此條約，路易十六允以兵力援助嘉隆，以成其帝業，而安南則割化安島及租借康道爾島予法國，爲交換條件[2]。雖然，此約卒因法國內部政局之阻礙，未見施行。嘉隆皇帝，則因少數法兵之助，而一統安南[3]。

嘉隆因感戴法人恩德，故對法人待遇甚爲優渥。然嘉隆死後，其承繼諸帝，則反生仇視之心，對於法國教士，窘逐壓迫，無所不用其極。於是拿破崙第三，乃乘英法聯軍之役（一八五七——一八六〇）戰勝中國之餘威，復與西班牙聯兵進攻安南，卒與安南締結一八六二年六月五日之西貢條約。此約內容，要者乃安南（一）割讓邊和，定祥，嘉定三州及康道爾島與法國，（二）任基督教自由傳教，（三）賠償軍費[4]。

雖然，安南人之仇視法人，反因此條約而加劇。於是法國乃復強迫安南承認一八七四年三月十五日之第二次西貢條約。依此約，法國承認安南為獨立國，並總攬安南之外交大權[5]。此外兩國復於同年八月三十一日另行締結商約[6]。

此第二次西貢條約之法國承認安南獨立一項，初無異使安南脫離中國宗主權之管轄，於是中法兩國，因而發生衝突[7]。正值中法衝突之際，法國復強迫安南承認一八八三年八月二十五日之順化條約[8]。該約置安南為法國之保護國，嗣後且經中國之承認，安南國祚，就此絕矣。

此法國併吞安南經過之大略也。

二

然則法國果為何而併吞安南乎？

法國併吞安南之動機，與一般帝國主義者侵凌弱小民族之動機，自不必有異，何待論列？雖然，法國之併吞安南，除此種一般的動機而外，尚有其特殊的動機在焉。其特殊之動機維何？曰：要不外兩端，（甲）政治方面欲以安南為抵抗英國東方勢力之工具，（乙）經濟方面欲以安南為通商中國之道路，是也茲分別論之。

（甲）以安南為對抗英國之工具。

法國東方之政治，強半為其歐洲政治之反映，昔英法於歐洲既時相傾軋，故法國於東方乃事事思所以掣英人之肘[9]，而法人之併吞安南，復為其抗英政策之一重要開展。路易十五之所以與安南締結凡爾賽條約者，蓋信畢顯主教之言也。畢顯主教究以何言而動路易十五之心乎？觀其上路易十五之奏議可以知矣。其奏云：

「依目下印度方面之政治形勢而言，英勢厚而我勢薄。雖然，吾等欲保持兩國勢力之均衡，良非難事。據臣所見，吾等倘於交趾支那建造殖民地，洵達此目的最穩妥，最有效之辦法。且就該國家之出產與埠口之形勢而言，吾等倘將該地佔據，則無論平時戰時，受益將匪淺鮮。

第一種利益。夫危害印度英人最妥善之辦法，莫若摧毀其商務，最少限度，亦應使其商務墮落不振。……

第四種利益。有此優越地位，將不難破壞英人一切顯欲向東方發展之計劃。」[10]

又賈立言 (Francis Garnier) 者，法國海軍軍官，法國屠殺安南民衆而陣亡於東京之劊子手也，於其生時致摯友齊爾(Joseph Zerre)氏之信曾謂：

「法國之……用心，(乃)所以滅殺英國之商務與勢力也……

「……此目的乃欲將英國徹底推翻，並將英國兩字塗消，使不復見於世界國家名錄中。

「天乎！余知此種計劃，初見之甚爲不智，蓋汝必謂英國龐大之巨物也。夫即以汝言爲是，汝當知此巨物之脚已腐爛，搖之則坍塌……吾等之願望，乃解放此世界，使得自由，世界自將歸服吾等。此世界正在於此窩海盜賊匪(指英國)殘酷之壓迫與不斷之侵凌下輾轉呻號也……」[11]

一八七二年，賈氏離法東來，對其前在印度支那所爲一切侵略安南之計劃，抱最大決心，以求其實現。時曾有書云：

「英人——率皆英人也——頻至(四川)旅行調查……倘吾人能從此邊(即由安南而非由長江)以中國帆船開闢一短捷且費用較省之道路至該地，則商務上之收穫，將匪淺鮮矣……」[12]

賈氏旋復致友人書云：

「余行將爲旅居雲南之法國籍民，或子身，或偕一助手同往，今尚未定。余願彼地設有法國兵工廠，並沿河有鐵路聯絡東京與雲南，則英人因此惡作劇所受之損害，將永無恢復之一日矣。」[13]

賈氏一面私將其意見向友人宣示，一面則請北京法國公使多方隄防，免使東京暨其相隣諸省墮入英人之手，或變爲英人之保護地[14]。

賈氏於一八七三年八月九日在上海曾寫私信一封，對於此點，言之尤爲剴切詳明：

「余願東京有法國軍隊駐紮，並有鐵路沿紅河(富良江)與雲南聯絡，英人將永無可奈我何矣。余每覺倘有人爲我後援，則印度支那當爲我法人所有矣。」

賈氏旋擬草上法王之奏議一摺，不意行文未竟而先戰死於東京。其遺稿云：

「法國征服西貢……乃於印度支那樹立與英國相拮抗之勢力也……」[16]。

一八八三年十二月一日法國太陽報(Le Soleil)於討論東京事件時，對於法國之抗英政策，更暴露無遺。該報先請讀者追憶狄不例(J. F. Dupleix)(一六九七——一七六三。曾爲法國印度殖民地總督，與英人爭奪印度甚烈)時代法國一切光榮偉大之計劃，與建立法蘭西東方大帝國之幻夢。又謂曩者法國於埃及地中海各要點均有根據地以阻塞英人溝通印度之途路，然迄於彼時，諸要點均已喪失，故該報云：

「於未作東方大帝國美夢之先，法國於地中海紅海諸點之勢力，應先鞏固，對於蘇彝士運河之獨立，尤應時刻予以監視——克羅龍（H. de Kerohant）。」

此外法人之公開言論，如演說，著述，外長之電信[18]，專家之意見[19]等類，莫不異口同聲，咸以佔領安南乃抵抗英國必採之手段[20]。

再由軍事方面觀之，安南可為法國抗制英國之重要根據地，蓋當戰爭之際，法國軍艦得由東京供給煤炭，且不難剪斷中英之交通，並將緬甸與加爾各答(Calcutta)等地，嚴密封鎖。是以當法國佔領安南之際，法國報紙莫不爭謂法國既有安南，則將來英法發生海上戰爭，法人斷可操勝算矣[21]。

凡諸種種，均足徵法國欲以安南為抗英工具之動機。

（乙）以安南為通商中國之道路。

以安南為通商中國道路，乃法國遠東重要政策之一，亦即法人併吞安南之一重要動力。畢顯主教於其一七八七年上路易十六之奏議云：

「（關於佔領安南）……此外尚有其他利益，目前或非急切、然將來將甚重要。此種利益將由開採該國天然富源及開闢商道溝通中國中部得之。此商道既開之後，則此吾等尚不甚認識之國家之財富，將源源而來，盡歸於吾等矣」[22]。

路易十六聞言，遂興霸佔安南土地之心，是以有凡爾賽條約之訂定，其後繼政府，努力侵略安南之動機，又復相同，惟以不同之方法，謀求其實現耳。茲將諸不同之方法，述之於下：

法國首先試驗之方法，乃欲以湄江（湄公河）為通商中國之道路。法人最先至該河探險者為木霍（Alexandre Henri Mouhot），然彼所經歷者僅為該河之一部份而已[23]。嗣後法國海軍部又屢次派官員往該河查勘，以觀其是否可為溝通四川西貢之途徑。一八六六至一八六八年拉格黎（Earnest-Marc-Louis-de Gonzague Doudart de Lagrée）調查團團長拉氏，植物學專員多禮(Thorel)，地質專員加尼（Louis de Carné），匠藝專員戴力博德(Delaporte）及其他人員，沿湄公河而上，直至河源。拉氏卒於途中，其調查團仍繼續前進，經中國中部而至上海[24]。此次調查結果，法人大失所望，即倡議遣派此調查團之賈立言，亦承認該河之急流飛瀑過多，不宜為溝通中國之商道[25]。

然法人並不因此而灰心，其繼續往雲南探險者，相望於道[26]，惟今則知溝通中國之途路，非交趾支那之湄江，而乃東京之紅江（富良江）。加尼云：

「此江（紅江）有一日將盡傾中國內部之財富於法屬之埠口」[27]。

是以法國之第二試驗，乃欲以紅江爲溝通中國之商道。一八七三年，法國決定遣派一調查團前往該河查勘，以戴力博德任團長，由交趾支那津貼三萬佛郎，巴黎地理學社六千佛郎，公共事業部二萬佛郎，海軍部供給需用之物品與人員，然此計劃卒因事而未果[28]。

時法國有久居越南之商人狄畢(Jean Dupuis)，一八七一年以後即在越南作種種查勘探險之工作；據彼表示，紅江乃溝通彼「世界最富裕之區域」[29]之道路。狄氏以有法國政府爲後援，有恃無恐，親身請求東京當局宣佈紅江開放，作爲通商道路。東京當局遲遲未予答覆，狄氏不悅，未及東京當局允許，即乘當地河船，不顧黑旗軍之危險，沿河而上，至勞開及蠻耗，由陸路入雲南[30]，再携帶雲南金屬，於九日之內返抵河內，證明其紅江可作溝通中國商道之說[31]。

當狄氏入中國境時，雲南總督與之作梗，多方阻撓，法國政府乃於一八七三年遣派賈立言調查團東來，一以解決糾紛，二以認識當時之大局，三以與中國商談減輕關稅問題，四以要求開採雲南礦產之權利。賈氏抵安南時，東京人民反抗甚烈，賈氏以武力佔據河內，而死於鎗林彈雨之中[32]。賈氏死後，一八七四年之第二次西貢條約成，東京「自大海至雲南」全部開放[33]。法國國會特於一八七八年通過一議案，對於狄畢開放紅江爲商道之意見，褒獎有加[34]。

紅江開放後，法國乃開始其第三試驗。此試驗乃欲以鐵道穿進中國南部。首倡此議者，爲法國探險家畢乘(Louis Pichon)。彼曾由紅江入中國，調查蒙自附近之礦區[35]。一八八五年之中法條約首先涉及鐵路問題。一八八七年，法國各部聯席會議在巴黎將鐵道問題詳細討論。一八九七年，法國遣派一「研究團」(Mission d'étude)東來，以測量合適之鐵路線，並調查雲南之輿情與礦產。一八九八年，中國以越南邊境至雲南府之鐵道建築權正式讓與法國，法國政府委任某公司承辦，由法政府予以擔保，由法國主要銀行供給資本。一八九九年，該公司重派一研究團東來，該團調查結果，以爲建造該鐵道，困難殊多，公司能力恐有未及，是以法國政府，又不能不將建築該路工作，重行分配。結果以東京段分發東京政府負擔，餘由『印度支那雲南鐵道公司』(Cie Française des Chemins de Fer de L'Indo-Chine et du Yunnan)承辦，勞開雲南府段，再由該公司轉任『印度支那鐵道建築公司』(Société de Construction de Chemin de Fer Indo-Chinoies)承辦[36]。

此外，法國爲貫徹其上述之政策，除將安南併吞而外，同時從中國本部方面攫取若干利益以爲呼應。中日戰後，法國於廣東，廣西，雲南三省取得較佳之通商埠口及商業上之特殊利益。繼復要求中國應許不以該三省讓與他國，是直目該三省爲其「勢力範圍」。此外又租借廣州灣，及取得其他關於礦產與鐵道之權利。

凡諸史實，均足証法國併吞安南之動機，實亦由於欲以安南爲溝通中國之商道也。

雖然，關於此點，吾人不能不附加數言，即法國雖殫竭心力，謀求其通商中國西南政策之實現，然卒未見成功。蓋迄二十世紀之初，中國貨品之經勞開而入印度支那者甚少，強半均向香港而去[37]。狄畢時代之美夢，盡成泡影！保溜(Leroy-Beaulieu)曾痛詆法國獨霸中國西南思想之荒謬，法國已無可復言。保氏大意謂：「此三邊省於全國最稱貧窮，多山，居民且多爲不甚文明之民族，又因前世紀中葉回亂，今多荒蕪」[38]。廣西赤貧，海盜滋多；貴州除產絲外，亦甚窮困；四川較富，商貨亦夥，然均以揚子江爲傾銷之途路。紅江河流無定，且多危險，是以雲南之貨品，不易由該河運至安南。英人以西江爲中國商貨供給之來路，法國欲以紅江與之競爭，殆不可能。如是迄於清末，法國希望，盡付東流，是不得不將其以安南通商中國之政策放棄，而醉心於安南自身經濟之發展，此爲法國東方政策之一重要變更。至其由鐵道所得自中國少量之貿易，已不復爲法人所重視矣[39]。

三

法國既有安南，然以異族入主，甚覺駕馭之難，其統治安南之政策，亦數經變動，始收「馴服」之效。

安南儼若法國殖民地之大試驗室，其經試驗之政策，可謂五花八門，然歸納之則不外兩類：一，同化政策(The Assimilation Policy)，二，合作政策(The Colla-

6

boration Policy）是也。前者乃欲將安南固有之文化，盡行摧毀，而代以法國之文明，後者乃欲於相當限度內，保留安南文化，聽其自放光彩，而法人則居於領導之地位。

法國佔領安南之初，法人腦際，充滿征服之思想，故所施之政策，乃爲同化政策。時法閣人霍曼（Herman）氏，倡之最力。此政策引起法國與安南激劇之衝突，蓋法人以爲非同化安南人，無以言進步，而安南人則視同化爲異族之摧殘，雙方觀念，格格不相入也。於是安南叛變四起，地方紛擾，鷄犬不寧。法國雖有銳利之兵器，法軍所至，莫不望風而披靡，然因日與「羣雄流賊」相周旋，糜餉勞兵，精疲力匱，且以安南文化潛勢力之反動，與夫一般民衆消極之抵抗，卒使法國無能爲力。是以自法國強佔安南而後，安南之政治經濟民生，日趨崩潰，岌岌焉不可終日[40]。

時法國之有先見之明而以同化政策絕不可用於安南者，腓利（Jule Ferry）內閣是也。腓氏力倡置安南爲保護國之議，亦即合作政策。腓氏云：

「倘欲使吾等對於安南之努力得以成功，吾等對於安南不應純以擬制之物（fiction）視之。吾等應視之爲一與吾帝國之其他部份劃然有分之國家，然不過附屬於吾帝國而已。又應使該地之人，以自己之方法治理自己，使其人民生活如舊，不受攪擾，而吾等則居於領導之地位[41]。」

腓氏復致書屯駐安南之總監督（Resident-General）列馬（Lemaire）氏云：

「請閣下牢記，吾等對於安南，不應存絲毫吞併或同化之念。應御用其朝廷，扼其咽喉，俾令百官，遵從吾等之意思而進步。英之侵略印度，貢磅（M. Cambon）之成功於頓尼西亞（Tunisia），即用此法[42]。」

腓氏又云：

「最要者，吾等應使安南王國有足量生存之餘地，而將吾等之責任，自限於監督與管束之作用上，並不直接干涉該國之行政。閣下應盡量幫助現在執權諸人，指導之，使其工作對於該國之社會生活，能有最大之貢獻；不可於時機未熟之前，採用任何摹擬吾等文化與吾等生活方法之新組織與制度」[43]。

同時法國著名之殖民地理論家龍內山（de Lanessan）氏，被派爲安南調查專員，以實地考察安南之治理問題，蓋自一八八三年以來，法國除遣派大批官員至安南而外，對於安南未嘗有一貫之政策，而任諸官吏倒行逆施，壓抑蹂躪，無所不用其極。龍氏於調查之後，不顧諸官吏之反對，發表其理論曰：印度支那係熱帶氣

7

候，不宜於法國之殖民，是以一切發展事業，均應由當地人士撐持。若欲使當地事業發展，應先使當地人士進步；欲使當地人士進步，應使彼等對於政治有自動能力，對於其固有文化有自驕之心；是故法國對於安南，應盡量保存其本來面目，不應多事更變，而統治安南庶可順利進行。此外並謂腓氏之說，至切實際，宜力行之[44]。

腓氏既有其說，且經証明切合實際，然則行之者誰乎？曰：卜爾德（Paul Bert）是也。卜氏於一八八六年正月被派爲安南（本部）與東京總監督，同年十月上旬逝世，其任期雖暫，然其工作，處處均証明保護政策爲得法[45]。

一八八六年四月，卜氏抵印度支那時，東京各地紛亂，安南（本部）高舉叛旗，法國之勢力，除都城要地而外，均屬虛名而已。又縉紳素爲安南之統治階級，今法國欲直接統治安南，是不啻將彼等之權利，盡行剝奪，故當時安南之縉紳階級，幾無一不與法人敵對。卜氏喟然嘆曰：『無一省而不紛擾，無一階級得以爲友也[46]。』不唯如是，卜氏對於法國方面，亦感應付之難，法國當地之武人與文官，均爲同化主義之信徒，故均與卜氏作梗[47]。然則卜氏終如何實現其合作政策乎？

卜氏知安南（本部）地位異常重要，故其工作先由安南（本部）着手。卜氏第一步乃高舉安南國君之地位，蓋縉紳既爲安南之統治階級，而高舉安南國君，乃所以收服縉紳階級之心也。卜氏對於當地官吏，亦表示尊重，對於彼等職權範圍內之工作，不予干預[48]。

至於東京，卜氏亦以收拾民心爲第一步，以共同防禦「流賊」與抵抗中國「散勇」之侵擾爲號召。一八八六年四月，卜氏又發宣言一篇，措詞極技術化，略謂法人不願安南人之土地，亦不願官職，同時並保証絕對尊重安南之關稅云云，以博人民之信仰[49]。此外又組織耆議院（Council of Notables）爲御用之機關。該院由各省選舉代表組織之。代表任期一年，每先集議討論國家大事，然後返各省工作，爲當時法人忠實之走狗也[50]。

卜氏復認創辦學校，乃豢養奴隸最善之方法。卜氏對其豢養之奴隸，每美其名爲「使徒」（Apostles）[51]。當時交趾支那各方面均已極法國化，學校制度，全倣法國。據云：「結果於西貢每見安南少年操路易十四之語

8

言，至為純熟，抑且莊重出之[52]。」

然當時學校殊少，不足利用，經卞氏努力經營，迄一八八六年歲暮，安南之法國學校，已達百三十二間之多矣[53]。

卞氏對合作政策，異常堅持，並於一八八六年八月三十日通告諸法國監督（Residents）云：

「本地人民將繼續行使本地法律所賦與之普通行政，司法，納稅，諸職權。汝等之責任，非以取而代之，而乃以監督與管束其行為而已。

「彼等需要特為彼等制定之法律，此等法律強半須根據其本地固有之法律，但於必要時，得依吾西方法典之原則（非條文）擴充之[54]。」（該通告全文頗長）

卞氏之撐持安南，既得其法，是當其死時，地方平靜，其秩序之良好，各方之進步，為當時法國殖民地之冠。然則法國統治安南，同化政策與合作政策，孰是孰非，不辨自明矣[55]。

雖然，卞氏暴死，繼者乏人，五年之內，種種悲劇，復於安南重演矣。安南之總監督，迭經調換，政策互相衝突，百事不舉[56]。一八八九年，法國殖民地會議（The Colonial Congress）且宣言統治安南，將以同化政策普遍實施[57]。安南人民對此亂政，不能忍受，舉國騷然。然此時法國腓氏已下台，上台之反對黨，對於卞氏政績，不便多所讚揚，故對此紊亂局面，手忙脚亂，不知如何收拾，唯有任聽地方糜爛而已[58]。

一八九一年，河內更覺不安，法國倘不能妥善處理，則除放棄安南而外，已別無他途矣。法國殖民地部秘書愛第商（Etienne）氏於一八九一年三月向法國下院宣稱：

「……今法國絕對需要新殖民地方法與新人物以拯救此已墜入九重深淵之殖民地！」[59]

觀其措辭，可知局勢之嚴重矣。

然卞氏已死，腓氏不可復用，孰將扶此危局乎？曰：前述合作政策之三巨頭中，尚有龍內山焉。故費絲訥(Freycinet)內閣乃於一八九一年遣派龍氏為安南之特派督察專員，以扶撐此顛覆破碎之殖民地[60]。

龍氏登陸安南時，其所見者，較卞氏時代，更為糜爛。東京已全部傾塌，預算虧空一千二百萬佛郎。作亂者已非「盜匪」，而乃全體民衆。故龍氏謂，倘欲收拾此殘局，必須厲行合作政策。龍氏又謂，當時得以勝任為安南之官吏者，唯縉紳階級而已，且縉紳階級，匪唯為民衆與政府間之連繫，抑亦為民衆所擁護，故摧殘縉紳階級，於侵略者則無異自殺，於土民則徒增其不安而已[61]。

是故龍氏第一步乃恢復官吏之職權。法國之統治，倘欲有意義可言，則應為間接統治。時安南諸官吏既重得位置與俸給，為自己之利益計，均不願地方繼續紛擾，且竭力幫助法國維持地方之治安，於是迄一八九一年年底，河內各地，均告平息無事，安南官吏反為「綏靖工作最善之工具」[62]。

城市既已無事，龍氏則進而肅淸內地及山林區域之紛擾。其所用之方法，均不脫本地色彩，故成效綦速[63]。此外龍氏復於經濟上作種種改革，使民足衣足食，無賴於外邊之救濟，洵合作政策上別開之生面也[64]。

合作政策至此可謂成功矣，然巴黎方面雖知難關業已渡過而終昧於其所以渡過之原因，於是一般人士復高唱武力強制統治安南之論調，若發瘋，若病狂，其最樂聞者，非組織安南民衆之困難，而乃沙場上之捷報，故龍氏工作正方興未艾，突被罷免，其一切穩定安南經濟之計劃，悉告停頓，而安南民衆則復羣起騷擾，「流賊」又復四出，日無寧宇矣[65]。於是最終法國復不得不重派大員東渡，以收拾此混亂之狀態。

時被派東來者為杜美(Paul Doumer)氏。杜氏抵安南時，其所見者與一八九一年無異。財政方面，較前則更支絀，其虧空之數目，較前為多。於是杜氏痛詆過去同化政策之失當，並云：

「東京之安南人，對於吾等異常畏懼，婉若被毒打之牲畜，對其主人之殘暴，無時而不惶恐，狀至可憐。」[66]

是以杜氏除經濟之改革而外，餘處處均採合作政策，所以收懷服之效也。

杜氏首先注目交趾支那，然該地因受同化政策之毒害甚深，例如政府之中，法籍冗員甚多，日取俸給，無所事事，本地人消極仇視，經濟呆滯，又城市而外，絕無公用事業之可言，至農業及其他之改進，更不必論；且此同化制度已根深蒂固，一時不易拔除，故杜氏除惋惜而外，誠無可奈何。杜氏覩合作政策已無施行之餘地，亦惟有盡力革除同化政策之弊端而已[67]。

10

時惟柬埔寨未受同化政策之毒害，故尚保持其東方中古時代之美麗與天眞[68]。於是杜氏堅持保存柬埔寨王國，聽其自放光彩，自爲其政，此外對於法國屯駐該地監督之剝削，多所貶責，且將其職權縮小，使僅限於純粹之指導工作而已[69]。

安南本部，因疊受法國摧殘，受傷最重，杜氏所開之藥劑，除財政由法國直接管轄而外，亦爲合作性質[70]。

旋杜氏復厲行合作政策於東京。東京之鄉區地方自治，乃東京政治制度之特色，且由來已久，根深蒂固，效率亦大，乃法人自領佔東京以來，則一味以破壞此種制度爲能事。杜氏以此殊爲不智，故決將該制度恢復舊觀，並告諸監督曰：汝等之職守，乃以引領指導安南政府，非以將安南官吏盡行勒斃也。鄉區自治制既經恢復，是東京復重返其古來寬鬆聯邦式之政治組織矣[71]。

杜氏再進而聯合交趾支那，安南本部，東京，柬埔寨，四部之政府爲一聯合政府而統治之[72]。

杜氏之工作於一九〇二年告終，然自是年而後，法國政策從未變更，故安南之政治日趨穩定，經濟亦同時發展，而安南民衆，亦俯首貼耳，盡爲法國之順民矣，嗚呼！

四

此法國統治安南政策變遷之大略也。

法人統治安南之政策，可謂狡矣，安南民心死矣，今我東北淪亡，而侵略者駕馭吾失地人民之方法與法國所行於安南者，又正前後如出一轍，吾深恐吾民衆其將步安南人之後塵矣，言之不勝戰慄！

附註：

1 Clifford, H., *Further India*, being the story of exploration from the earliest times in Burmah, Malaya, Siam, and Indo-China, Maps by J. G. Bartholomew, Alston Rivers, London, 1905, p. 124.

2 Cordier, Henri, *Histoire des Relations de la Chine avec les Puissances Occidentales*, Ancienne Librairie Germer Baillière, Paris. v. II (1902), pp. 244f; le Traité entre le Roi et le Roy de la Cochinchine, in *ibid.*, v. II, p. 246-249.

3 *ibid.*, p. 250ff.

4 Traité de paix et d'amitié conclu à Saigon le 5 juin

1862, entre la France et l'Espagne, d'une part, et le Royaume d'Annam, d'autre part, in *ibid.*, v. II, p. 257ff.

5 Traité de paix et d'alliance conclu à Saigon, le 15 Mars 1874, entre la France et le Royaume d'Annam, in *ibid.*, v. II, p. 268ff.

6 Traité de Commerce, 31 août 1874, in *ibid.*, v. II, p. 275f.

7 俟後另文敘述。

8 Traité de Hué, 25 août 1883, *ibid.*, v. II, p. 387ff.

9 此點以後另文敘述。

10 Arguments of Bishop Pigneaux de Béhaine, 1787, in Norman, C. B., *Tonkin or France in the Far East*, Chapman & Hall, London, 1884, pp. 43-44.

11 Letter of Garnier to Joseph Zerre, in Clifford, *op. cit.*, pp. 132-135.

12 Letter of Garnier, cited in Norman, *op. cit.*, pp. 99-100.

13 Letter of Garnier, cited in *ibid.*, p. 101.

14 Letter of Garnier, September 8, 1873, Honkong, in *ibid.*, pp. 110-111. Extract of a Letter of Garnier, 9th of August, 1873, Shanghai, *ibid.*, p. III; Extract of a letter of Garnier, 8th September, 1873, Shanghai, *ibid.*, 112-113.

15 Extract of a letter of Garnier, 9th August, 1873, Shanghai, *ibid.*, p. III.

16 Memorial drawn up by Garnier, whose completion was frustrated by the fatal result of the gallant sortie on the 21st of December, 1873, when Garnier lost his life, *ibid.*, pp. 113-117.

17 Soleil, Ist December, 1883, extracted in *ibid.*, p. 10.

18 例如 Telegram from the Duc Decazes to Rochechouart, dated Versailles, 3rd, July, 1875, *ibid.*, p. 164.

19 例如 Rocher, Émile, *La Province Chinoise du Yunnan* (de l'administration des Douanes impériales de Chine) Earnest Leroux, éditeur Librairie de la Société Asiatique de l'École des Langues Orientales Vivantes, etc., Paris, 1879, v. II, p. 274.

20 Norman, *op. cit.*, p. 8.

21 同

22 Arguments of Bishop Pigneau de Béhaine, 1787, in Norman, *op. cit.*, p. 43-44.

23 Croizier, M. le Marquis, *Les Explorateurs du Cambodge*, Challamel Aine, Paris, 1878, p. 3.

24 Doudart de Lagrée, *Atlas du Voyage d'Exploration en Indo-Chine effectué pendant les Années* 1866, 1867, *et* 1868, map. 1 & 2 and notes. 可參考。

25 Roberts, S. H., *History of French Colonial Policy* (1870-1925), P. S. King, London, 1929, v. II, p. 423. A. P. Stout, *Penetration of Yunnan*, reprinted from

the Bulletin of the Geographical Society of Philadelphia, v. X, no. I, January, 1912, pp. 14-15.

26 關 Du Chatz, Père le Blanc, Le Couleulx, Bonjuor Tridelle, J. B. Regis, Louis Pichon, "the Mission Lyonnaise", Prince Henri d'Orleans, 雲南探險之事，請見 Stout. *op. cit.*, pp. 18-20. 又關於 Émile Rocher 雲南之探險，請見彼所著之 *La Province Chinoise du Yunnan* (1879).

27 Viscomte de Carné, *Voyage en Indo-Chine et dans l'Empire* Chinoise (1869), cited in Roberts, *op. cit.*, p. 423.

28 Dupuis, J., *Journal de Voyage de L'Expédition de Dupuis*, Membre de la Société Académique Indo-Chinoise de Paris, ouvrage orné d'une carte du Tonkin d'après des documents inédits et précédé d'une préface par M. Le Mis de Croizier Président de la Société Académique Indo-Chinoise de Paris, Challamel Aine Libraire-Éditeur, 1879, in *Mémoires de la Société Academique Indo-Chinoise de Paris*, Tome Deuxième, p. 2,

29 *ibid.*, pp. 1-2.

30 *ibid.*, 節譯。並 Stout, *op. cit.*, p. 18.

31 Roberts, *op. cit.*, v. II, p. 18.

32 *ibid.*, v. II, p. 425; De Croizier, *Ouverture de* Fleuve Rouge au Commerce et les Événements du Tonkin 1872-1873 (documents) *in Mémoires de la Société Académique Indo-Chinoise de Paris*, Tome Deuxième. 關於賈立言之死，記載甚詳。

33 一八七四年西貢條約第二條。

34 Dupuis, *op. cit.*, pp. 1-2.

35 Stout, *op. cit.*, p. 20.

36 *ibid.*, p. 22.

37 Roberts, *op. cit.*, v. II, p. 431.

38 L'Économie Française, 1900, cited in *ibid.*, v. II, p. 431 and British Parliamentary Paper, cd. 324, 1901, p. 14.

39 Roberts, *op. cit.*, v. II, p. 431-432.

40 *ibid.*, v. II, pp. 436-437.

41 Journal Official, deps, 13/7/14, cited in *ibid.*, p. 437.

42 Nétou, *A.*, *Indo-Chine et son Avenir Economique* (1904), pp. 55-56, cited in Roberts, *op. cit.*, p. 437.

43 同。

44 Roberts, *op. cit.*, v. II, pp. 438-439.

45 *ibid.*, v. II, p. 439.

46 J. Chailley, *Paul Bert au Tonkin* (*1887*), p. 17 *et seq.*, cited in Roberts, *op. cit.*, v. II, p. 440.

47 Roberts, *op. cit.*, v. II, p. 440.

48 *ibid.*, v. II, pp. 440-441.

49 *ibid.*, v. II, p. 441.

50 Arret in Chailley (1887), *op. cit.*, appendix F., p. 349; and le Régime des Protectorats (Bibliothèque Colonial Internationale), v. I, 1899, p. 193, cited in Roberts,

op. cit., v. II, p. 443.

51 52 Dumoutier. *Les Débuts de l'Enseignement français au Tonkin*, 1887, cited in Roberts, *op. cit.*, v. II, p. 444.

53 Roberts, *op. cit.*, v. II, p. 444.

54 Declaration of policy of Bert, August 30, 1886, in Chailley, (1887), *op. cit.*, appendix F. p. 329, cited in Roberts, *op. cit.*, v. II, p. 445.

55 Roberts, *op. cit.*, v. II, p. 445.

56 57 58 *ibid.*, v. II, p. 446.

59 Journal Official, Deps, 20/3/91, cited in Roberts '*op. cit.*, v. II, p. 446.

60 Roberts, *op. cit.*, v. II, pp. 446-447.

61 *ibid.*, v. II, p. 447.

62 J. L. de Lanessan, *La Colonisation Française en Indo-Chine*, (1895) pp. 9-12, cited, in Roberts, *op. cit.*, v. II, p. 448.

63 De Lanessan, *op. cit.*, p. 23, cited in same, v. II, p. 449.

64 Roberts, *op. cit.*, v. II, p. 450.

65 *ibid.*, v. II, p. 451.

66 Doumer. *L'Indo-Chine Française* (1905), pp. 286-287, cited in Roberts, *op. cit.*, v. II, p. 254.

67 Roberts, *op. cit.* v. II, pp. 455-456.

68 Documents in *Le Régime des Protectorats*, (1899), v. I, p. 415, and Doumer, *op. cit.*, p. 221, with passages cited in Roberts, *op. cit.*, v. II, p. 457.

69 Roberts, *op. cit.*, v. II, pp. 457-458.

70 *ibid.*, v. II, p. 459.

71 *ibid.*, v. II, p. 460.

72 *ibid.*, v. II, p. 461.

14

讀『蘇門答剌古國考』書後

溫雄飛[1]

一

法儒費瑯（Ferrand）爲現代有名之東方學者，精阿拉伯文，專攻南海古代史。其研究論文，刋登於亞洲報者不少。近年更經我國學者馮承鈞君，擇其傑作，如『崑崙及南海古代航行考』及『蘇門答剌古國考』兩文，先後翻譯出版，介紹於學界之研究南海史者矣。故單就此兩文而論，費瑯治學態度之謹嚴，及其考證方法之精密，亦可窺見一斑。惟其中有爲吾人所不應忽略者，則費瑯於其『崑崙及南海古代航行考』中，援引前人之誤，以中國史書之闍婆，爲今日之爪哇者，於『蘇門答剌古國考』中，一律放棄，改爲今日之蘇門答剌。良以治學之的，在於求眞，前人之說，容有失檢而致誤，苟覃思熟慮，覺前人之說，未盡完善，毅然放棄而訂正之，此正學者治學之態度也。著者夙嗜南海史之研究，稽覽現代述作，關及南海史者，多以中國史書之闍婆或耶婆提等處，考訂爲今日之爪哇。私心頗未以爲是，曾有『唐代闍婆非爪哇考』一文，刋登南洋研究第三卷第四號。同時有李長傅君以爲不然，亦有『讀闍婆非爪哇考一文』，刋載同卷同號。李君之文，對於闍婆即爪哇之考訂，未有新證，僅捃拾日人之緒論，資以成篇，末復殿以『最近彼邦史學界之著作，及國定教科書，皆承認訶陵闍婆之在爪哇』。又云：『闍婆之爲爪哇，已爲史學界之定案』。夫商討學術，至於以日人之國定教科書，視爲定案，隻字不易，剛愎自滿，自無討論之必要也。費瑯之蘇門答剌古國考，放棄舊說，另從新證，似定案之談，祇或籠蓋日本之東洋史學界，尚未足以限制法國之碩學也。惟其中尚有剩義餘蘊，未盡條暢，茲補充引申而發揮之，猶吾前者所持之唐代闍婆非爪哇說，就正於我國之治南海史學者。

二

費瑯之崑崙考，刋行於一九一九年之亞洲報，其時尚循舊說，以闍婆爲爪哇。至一九二二年刋蘇門答剌古國考於亞洲報之時，即完全放棄舊說，另從新證。兩文均經著名學者馮承鈞君轉爲中文，茲依馮譯，摘錄其前後不同者，條列於左。

爪哇　後漢書南蠻西南夷列傳云：永建六年，日南徼外葉調王便遣使貢献，帝賜調便金印紫綬。　崑崙考七十二頁

後漢書卷一百十六南蠻列傳曰：永建六年，日南徼外葉調王便遣使貢献，帝賜調便金印紫綬　蘇門答剌考九十二頁

案同一史料，前書以爲爪哇，後書以爲蘇門答剌。

佛國記之法顯，四一四年時，自獅子國附舟至耶婆提，別言之，自錫蘭島逘赴爪哇也。十年後之求那跋摩，歸時亦經此路。　崑崙考一一五頁

法顯歸自印度，經歷錫蘭——漂至一國，名耶婆提。——然則法顯傳之耶婆提，亦即今之蘇門答剌，非爪哇也。

求那跋摩——後至闍婆國。跋摩所至之闍婆，若爲爪哇。四一四年法顯之耶婆提，佛法不足言。而跋摩之闍婆，則道化大行。然則法顯所至必非爪哇，二人所至必爲二島。　蘇門答剌考九十三——四頁

案此亦同一史料，前後之考釋不同。

爪哇　裁德(Abu Zayd)當九一六時，記述有云：古時有爪哇、其王以千舟載兵征吉蔑。　崑崙考七十五頁

此王(摩訶羅闍)年事正富，經驗亦多。——乃備千舶，組爲艦隊，實以士械。揚言將遊幸國中諸島，實逕向吉蔑出師，襲取其國。　蘇門答剌考四十頁

案此亦同一史料，前以爲爪哇，後以爲闍婆格。

據阿剌伯著作家耶德力西(Edrisi)一一五四年之記述有云，爪哇島人則以其大舟小船，運貨物，來售於黑人。因彼此通曉語言也。又云：Komr(即馬達伽斯伽)之人，及 Mararadja 國(即爪哇)之商人，至其地(裴洲東岸之 Sofala 人)貿易，其地土人遇之頗善。　崑崙考一二三——四頁

闍婆格群島居民載大小舟，至僧祇國(按即非洲東岸 Guardafui 角南地)貿易，兩地之人，互解語言。

崑崙 Komr(按即馬達伽斯伽島 Madagascar)之人，及摩訶羅闍商賈至此(非洲東南岸)貿易，土人待之甚善。　蘇門答剌考四十四頁

案前書爪哇之名兩見，後書則改譯爲闍婆與摩訶羅闍。

此上四則，前二爲中文史料，後二則阿拉伯文者。費瑯雖不嫻中文，然其所據之譯本，均爲可靠；至於阿拉伯文，則費瑯尤所擅長。其前後所以兩異者，非譯名之差誤，乃解釋之不同。費瑯於蘇門答剌古國考之末，亦嘗以坦白之態度表示之，云[1]，『吾人皆爲幻覺所蒙蔽，蘇門答剌史料之漢籍，尚未翻譯，大稔文之碑銘，大食文之撰述，亦多誤解。今也不然，已有實地調查矣，已將東方多數材料研究矣，集證既多，眞相乃見，而觀點亦隨之而變』。其勇於求眞之心理，活現紙上，不以誤解而曲庇，疾力改變其構成幻覺蒙蔽之舊說，此眞學者之態度也。

2

三

費瑯不僅勇於推翻其自已爲幻覺所蒙蔽之舊說，並其所欽佩者之舊說，亦推翻之。費瑯著此文，本爲追憶荷蘭碩學克倫 Kern 而作。克倫一生，對於南海史地，考訂至勤，而其以耶婆島爲爪哇，尤爲其鍥而不舍之主張。搜輯印度文献，旁及梵文碑碣，莫不注釋考訂，以爲羽翼。晚年定論，結其要點如下[2]：

一　佔據優勢之說，金島及耶婆洲，實爲一島。

二　其初此二島原不相同，後乃混而爲一。

三　就本義言，金島即蘇門答剌，耶婆島即爪哇。

四　蘇門答剌（或其一部），爪哇，疇昔視爲一地，因二島同隸一王，故不爲之區別。

五　耶婆岬即指爪哇之東岬。

費瑯此文，即訂正克倫生平之誤，以羅摩延書及脫烈美地誌之耶婆島，均訂正爲今之蘇門答剌。卽印度文献中，所傳說之金島，亦釋爲蘇門答剌。唯其如是，其以前沿前哲之誤而誤者，不能不有相當之更正，此所以有爲幻覺蒙蔽之說也。雖然，前哲所構成之幻覺，究如何起原；而費瑯所激悟之幻覺，究至於如何程度，竊以爲溯本窮源，瞭解眞相，或亦可以窺見費瑯之所以改變其觀點者歟！

自繞道南非之新航路發見以來，羅馬教修士之來中國傳教者，先後相接。二三百年間，羅馬教修士實深入於吾國社會，不供職於內庭，即傳教於各省，與士大夫相交接。又教士之中，均以嫻習吾國語言文字，爲其傳教工作之主要條件。是以此時期之傳教士，頗能殫思竭慮，研究吾國之形勢，或編吾國詞典語彙，或譯吾國史鑑綱目，或纂述吾國禮教，其尤著者康熙時雷孝思，白進等之實測中國地圖，凡此種種，均足以喚起歐洲人對於中國之研究。一八二二年法國亞細亞學會成立，一八二三年英國亞細亞學會，亦相繼成立。論兩亞細亞學會之成立，雖先後同時，而對於中國漢學之成績，似法人較爲優勝，因啟蒙之功，法之傳教士，佔其多數也。其與南海史有關之譯著，當以蘭米剌(Abel Remusat)之譯法顯佛國記爲最早，出版於一八三六年，釋『耶婆提』一名爲爪哇，次之爲雷腦特(Reinaud)之阿剌伯及波斯人之印度中國見聞錄』，出版於一八四〇年，其對於阿剌伯人之東游行記，途中地名，其音有涉及與闍婆格

(Zabej)者，均以爪哇釋之。此二人者均以碩學名於時，又皆爲亞細亞學會會長，前者擅長漢學，而後者則精湛於阿剌伯文。顧其畢生精力所注，不在於南海史地，其所以翻譯者，以擅長於文字耳。自是而後，格依能德(Groeneveldt)之馬來群島史料譯注(Notes cn the Malay Archipelego)，出版於一八八七年。李特(Van der Lith)之印度珍異記(Merveillsde l'Inde)，出版於一八八六年。沙畹(Chavannes)之譯大唐西域求法高僧傳，出版於一八九四年，高楠順次郎之譯南海寄歸內法傳，出版於一八九六年。其關於南海史地之考證，均不出蘭米剎，雷腦特二人之範圍，繚繞而不能自悟，間有牴牾不合者，亦多方曲解以遷就之。如高楠順次郎於南海寄歸內法傳攷訂『訶陵』一名是也。彼取訶陵傳內立表測影之史文推算之，其結果爲北緯六度八分，然彼拘泥於前人之考訂，以訶陵爲爪哇，其地應爲南緯六度八分，與推算之結果不符。乃閃爍其詞曰[3]：『此或史文有顚倒混亂者，此點暫不決定，俟向中國有關史料中細檢之後，再爲考訂』。高楠順次郎誠不愧爲宗教學者，雖固執訶陵即爪哇說，與考訂之結果不符，然其態度殊坦白，此一派爲肯定耶婆，闍婆，訶陵即爪哇者也。至於與此派殊異其見解者，當以軒利玉爾 Henry Yule 之編東達中國記 Cathay，與譯馬可孛羅行記(Book of Marco Polo)，及編英印詞典 Habson-Jobson，爲之嚆矢。彼援引阿剌伯人之遠東行記，以爲互證[4]，謂阿剌伯人之稱闍婆格(Zabej)或闍婆(Jawa, Yava)者，爲南洋群島之總稱，意義蒙昧，難於辨別其爲蘇門答剌或爪哇也。其後考爾狄 Cordier 爲之增訂補注，亦主是說。蓋其時闍婆即爪哇說，風靡一時，雖以軒利玉爾之博學多聞，亦不敢採否定之態度，僅臚列異說，尙有疑問而已。迨至十九世紀之末，施來格 G. Schlegel 與基利尼 Gerini 二人，始對闍婆即爪哇說，加以質難，另立新證。施來格好辯而淹博，論文散見通報，未能檢視。至基利尼之文，已匯集於其鉅著『脫烈美東亞地理研究(Researches on Ptolemy's Geography)』一書中。基利尼亦有自述其爲前人所誤之經過。其言曰[5]：

吾向者對於漢學者認爲其對於中國史書地理之考訂為不誤，故極端信任之。當吾考證脫烈美地誌時，即認法顯所至之耶婆提爲爪哇，所以操率從事，沿誤致誤，以巽他海峽爲爾時之智識所知。七年於玆，均盲從漢學者考訂之結果，接納採用，幸而同時吾亦有機會得將彼輩所根據之資料，詳細檢討，其結果僅有少數可以承認，然亦其論據大略近似而已。

此與費瑯爲幻覺所蔽之說，可謂異曲同工。蓋一爲坦白率直，一爲含蓄婉轉。費瑯師友之間，多持舊說，一旦推翻定案，詞旨不能不含蓄，故以抽象之語隱約示之。明乎此則費瑯所謂幻覺之原，亦可以瞭然矣。

四

基利尼『脫烈美地誌研究』之中，有『蘇門答剌攷證』一章[6]，其體裁與費瑯之『蘇門答剌古國考』，完全相同。惟基利尼之書，出版於一九〇九年，而費氏之文，刊行於一九二二年。以時間而論，費瑯襲用基利尼之說，有其可能性。惟以學者之光明態度而論，費瑯似不至此。蓋費瑯之考，在於證明此古國爲有文化之國，而基利尼之所考，則在證明脫烈美地誌中之 Jabadin 或 Sabadin 一名詞即爲今日之蘇門答剌。命題立論，雖各不同，而其搜集之史料，以爲論證者實則毫無差別。所以有漢文記述之史料，有大食文波斯文記述之史料，此兩人之所同也。而細核其內容，則又詳略相等，大同小異，無甚出入。至於梵文馬來文之碑銘，費瑯則專立一節，基利尼則散引於考證之中，而考證之文，基利尼則廣徵十五世紀葡人初期到遠東之行記，以爲資料，此則費瑯之所無者。總觀其二人之立題考證，雖表面各別，而其據以考證之史系議論，實相一貫，故其結論及所引史料之所以相同者，可認爲偶然暗合，非有意襲用也。即退一步論，最高限度，亦祇能謂費瑯受基利尼之暗示而已。茲列舉兩人之結論異同於左。 5

基利尼之結論：

1. 羅摩延書 (Ramayand) 之金洲 (Swvarnadvipa) 即馬來半島。

2. 羅摩延書之耶婆洲(Yavadivpa)、即脫烈美地誌之 Jabadin，即法顯佛國記之耶婆提，新舊唐書之尸利佛誓，求法高僧傳之室利佛逝，與諸蕃志及宋史之三佛齊，均爲蘇門答剌。

3. 宋書之闍婆，南史之闍婆婆達，新舊唐書之訶陵又名闍婆，宋史之闍婆，則爲馬來半島。

4. 阿剌伯人記述之 Mul-Jawah 爲馬來半島，而闍婆格(Zabag, Sarbuza, Jawah)等爲蘇門答剌。

基利尼考證之大要，以闍婆一名，乃種族之名，爲猛吉族(Mon-Khimer)受印度化後所採用者。此族本居於印度支那半島，或更在其北，因受外族之壓迫，遂逐漸南遷。先達馬來半島，以次及於蘇門答剌及爪哇。故凡有此族曾經居住之處，均有此名之存留，不能認為祇限於爪哇一島也。至於室利佛逝一名，雖經學者還原為梵文之 Sri-Bhoja，然其意義何屬，迄今尚無定名，基利尼則考證 Bhoja 為印度一種族之名。由南印度移民於晏陀蠻島(Andaman Island)，由是而漸移於蘇門答剌東南之巴林邦(Palembang)，是為今所考證之室利佛逝。故依基利尼之考證，凡中文記述之闍婆，及大食文記述之 Zabaj，均無疑為由梵文 Yava 演變而來，隨猛吉種族之遷移而存在；至三佛齊亦為室利佛逝之演變也。

費瑯之結論如左：

1.羅摩延書之耶婆洲與金洲，均為蘇門答剌。

2.脫烈美地誌之 Jabadin，法顯佛國記之耶婆提，為羅摩延書(Yavadivpa)之對音，亦為蘇門答剌。

3.大食文記述之 Zabag 與大穩文之 Javaka，均為蘇門答剌，至大食文之 Jawa, Jaba，亦由 Yavadivpa 引申而來，且以此名分指蘇門答剌與爪哇二島。

費瑯之論證大略如是，除金洲與本文討論無關外，其他考證，可謂與基利尼之所主張，幾無纖微之不同。雖然，相同之中，仍有其不同者在。基利尼以闍婆一名，為種族之名，費瑯則忽略之，此於溯源之討論，費瑯不如基利尼者一。費瑯既知闍婆一名，不專指爪哇一島，而獨悉以漢文記述中之闍婆，訶陵等史料，認為爪哇。雖非本文主要之點，而論證究嫌淺薄，此其不如基利尼者二。雖然，在『蘇門答剌古國考』一文之本體中，前述兩點，不為重要之論證，即云忽略，亦僅小疵而已。

五

費瑯以漢文記述中之闍婆，訶陵為爪哇，在『蘇門答剌古國考』中，不佔重要之位置，可以略而不論。惟於南海史地中，則其影響甚大，茲不憚詞費，說明之於此。

闍婆之名，最早見於中國記述者，當推宋書之蠻夷傳。其文云：『訶羅單國治闍婆洲中』。次之為南史之闍婆達。凡此皆單文孤證，不適於研究，既可指以為此，亦可指以為彼。至於新唐書南蠻傳中之訶陵傳，訶

6

陵亦曰社婆，亦曰闍婆，自可認爲與上引宋書及南史之闍婆相當。其文內容紀載之方面頗多，足供研究也。自來考證訶陵者，大致亦分兩說，一以爲在爪哇，一以爲在馬來半島。其主訶陵在馬來半島說者，前有施來格(Schelgel)，後有基利尼。基利尼供職暹羅政府甚久，精擅馬來群島方言，及其地理歷史與傳說，故其攷證訶陵，從地名之音韻，沿革，地望，物產，天象，復佐之以各種文字記述之行記，證明其在馬來半島，淵博精覈，兼而有之。伯希和(Pelliot)雖不以其說爲然，亦無以難之，僅譏爲攷證粗率而已。訶陵在馬來半島說之特徵，難於置辯者，厥爲其立表測影之事。伯希和於『交廣印度兩道考』[7]中，攷釋訶陵之位置，無以自完其說，乃擬修改夏至爲冬至，使二尺四寸之表影在北，其結果爲南緯六度餘，成爲爪哇北方之一部。高桑駒吉於其『赤土國考』[8]，亦以影在表南之『南』字，乃『北』字之誤。其理由以爲中國人爾時之天文智識蒙昧，因而致誤。著者竊以爲唐代中國人之天文智識，或不能如今日天文學者之淹博，然立表測影，乃極膚淺之事，豈當日立表測影之日，實爲冬至，而誤書爲夏至乎？抑當日之影，實在表北，而誤書爲在表南乎？苟無確實記述之史料，証明當日之誤書，或編纂新唐書者之誤改外，竊以爲仍有維持此段紀事之理由也。此種妄擬改竄，何殊削趾適屨，夫考證史實，不能自完其說，至於曲解事實，已爲識者所譏；乃更有變本加厲，擅改史文，遷就己說，世上寧有如是之論史者乎？夫史文訛誤，固常有之。校勘訛誤，固當有其根據，尤應有其限度，非漫然任意可以改竄，若果如伯希和高桑駒吉之論議，與其謂爲考證史實，無寧謂其以史實證明其幻覺假定也。高楠順次郎究不失爲宗教學者，彼於推算立表測影之結果，與其攷證不符，乃藉口於史文之混亂，不爲斷定，俟再細檢中國之史料然後再考[9]。藤田豐八則以此段紀事，不居重要之地，置之不議不論之列。態度近於抹殺事實[10]，然猶賢於竄改史文，強辯曲解者也。

至伯希和藤田豐八等之抹殺立表測影此段事實，以爲不足重或有錯誤，然彼等亦有其主張之理由在。彼等之理由，在於新唐書地理志之賈耽四達記，其言曰：

峽南北百里，北岸則羅越國，南岸佛逝國，佛逝國東水行四五日至訶陵國，南中洲之大者。

7

彼等擬此以爲從佛逝東水行四五日至訶陵國，指訶陵爲爪哇之證。須知假定舊港(Palembang)即爲佛逝，然從舊港至爪哇，其方向非東，而水程亦非四五日，且舊港亦非佛逝也。故據此段史文考證訶陵之是否爪哇，其第一問題，即先解決此峽在於何處。一般南海史家，對此有三說，有以爲舊星加坡海峽(Old Singapore Strait)，有以爲星加坡海峽(Singapore Strait)，有以爲馬六甲海峽(Malaka Strait)者。以『峽南北百里』之文而論，舊星加坡海峽，適合南北之方向，不適合百里之距離；星加坡海峽亦然，論南北之方向則合，論百里之距離仍不足，且於下文北羅越南佛逝之地望亦不相對也。故此峽實爲馬六甲海峽。此峽之狹處，由二十餘英里至三十餘英里，約合百華里之距離者，有數處，即由 Tanjong Bulns 至 Pulo Ransang 爲二十英里，由 Tanjong gohor 至 Pulo Bengkalis 爲二十五英里，由 Carp Rachada 至 Pulo Medang 爲二十英里，由 Jugra River 至 Tanjong Senebui 爲三十五英里。此數處均可視爲『峽南北百里』之適當位置，雖峽之方向，略有偏於西北與東南，然於其南北之大致無礙也。故海峽之位置既定，然後北羅越南佛逝之地點，乃可得而考證之。通常論南海史者，均以舊港爲即三佛齊，由是而推論爲即佛逝。殊不知舊港實非三佛齊，諸蕃志三佛齊條，載其屬國之一，有巴林馮(Palembang)，殆爲今日之舊港無疑。三佛齊屬國甚多，遍於馬六甲海峽兩岸，世無本國與屬國同在一處之理。又島夷誌略載有三佛齊，又有舊港，可見此兩者本非一地。舊港之名，不始於明初，藤田豐八考證此三佛齊爲在於今日之詹卑(Jambi)[11]。由是上推爲即唐代賈耽四達記之佛逝，據誌略三佛齊條載『自龍牙門去，五晝夜至其國』，龍牙門爲 Linga 峽或 Linga 島，要之均距星加坡不遠，而藤田豐八亦考證由詹卑至舊港，須五日海程。是據賈耽四達記之文，『佛逝國東水行四五日至訶陵國』，由詹卑東北水行四五日，祇能至星加坡附近，東南水行四五日，亦祇能至舊港，絕不能至爪哇。藤田豐八蓋已自陷於矛盾而不自知。雖然，根據元代目擊者之著述，證明宋元時代之三佛齊，爲在於詹卑，固自不誤，然不能因此而推論唐代之佛逝，亦在該處，蓋區域廣狹不同故也。吾人不妨先就唐代之著述考證之。據義淨求法高僧傳，自敍其行程云：

> 未隔兩旬，果之佛逝，經停六月，漸學聲明，王贈支持，送往末羅瑜（原注今改爲室利佛逝也），復停兩月，轉向羯荼。

據此傳是先至佛逝，後至末羅瑜，而此末羅瑜又改爲室利佛逝，是蘇門答剌東岸，有兩佛逝也。又無行禪師條有云：

> 東風汎舶，一月到室利佛逝國——後乘王舶經十五日，達末羅瑜洲，又十五日到羯荼國。

據此傳先至室利佛逝，殆爲前傳佛逝之簡稱，後至末羅瑜洲，亦可視爲前傳改爲室利佛逝之末羅瑜洲也。於此吾人可得兩個解釋，其一爲蘇門答剌東岸有兩個佛逝，其二則爲蘇門答剌東岸之佛逝，本爲一整個，其區域距離爲十五日海程之遠。以新唐書室利佛逝傳之『地東西二千里，南北四千里』之文而論，則以第二個解釋爲適合。今爲便於清晰解釋起見，不妨稱其先至之佛逝爲第一佛逝，稱其被改爲室利佛逝之末羅瑜洲爲第二佛逝，其第一佛逝，自可視爲藤田豐八之考訂不誤，認爲在今日之詹卑(Jambi)，其第二佛逝，在於何處，考訂南海史地者，紛紜其說，迄無定論。依求法高僧傳所記述之行程，航行十五日，至末羅瑜洲。其航行之平均速率，約爲每日百里或三十餘英里，依此約算，是求此末羅瑜洲或第二佛逝於 Saik 河口或 Rokom 河口之都市，不爲過泛；且更有主張此第二佛逝在於亞沙漢 Ashahan 者。雖一時不能考訂其確實地點在於何處，然總可以在此方面求之。此爲義淨西行時佛逝之大略境界，雖時越百餘年，亦可認爲賈耽四達記所記述佛逝之境界。故賈耽四達記之佛逝國東水行云云者，此第一佛逝與第二佛逝，均有其資格。若從第一佛逝東水行四五日，其所能達者，不過舊港(Palembang)，即最遠亦林彭(Lampong)而已，不能至爪哇也。若假定亞沙漢(Ashahan)爲第二佛逝，從此東水行四五日，自可至馬來半島之 Selangor River，與訶陵傳立表測影之結果，相去不遠。或以爲雖有兩佛逝，其第一佛逝，究爲國都，而第二佛逝，似新兼併之領地，似賈耽四達記之佛逝所指爲第一佛逝。雖然，四達記之佛逝，僅孤文單義，無可考訂其國勢及境界如何，惟求法高僧傳所記述之佛逝，始知其境界，有十五日航程之遙，且兩端均屬國際交通之港。以此證彼，始知其有第一第二佛逝，均可當四達記之佛逝也。國都之說，特義淨西行之時爲然耳。若下距百餘年，至賈耽纂輯四達記之時，安知其國都不遷於第二佛逝哉！故認第一佛逝爲四達記之佛逝，訶陵爪哇說固不能成立，而訶陵馬來半島說尙可以成立，但論證稍嫌薄弱耳。至認第二佛逝爲四達記之佛逝，則訶陵馬來半島說當然成立，且其論證，面面兼到，旣無強改史文之妄擬，又適合於賈耽四達記，及義淨求法高僧傳之航程，與新唐書本傳之記述，亦相吻合，此著者所以疑訶陵不在爪哇，而在馬來半島之論證也。惟此種論證，亦可視同假設，倘或更有切實之史料發現，能證其相反者，此假設之論證，未嘗不可以放棄之，願世之治南海史地者有以正之也。

夫考證南海史地之業，本屬繁賾，良以其本身所遺留之史料枯澀，難於考訂。往往須借助於他種文字之記述，幸而此類之史料，結集於吾國之史乘不少，苟不爲成見所囿，掉以師心，能條證而考訂之，批郤導窾，則紛如聚訟之癥結，亦可以理解。如主訶陵爪哇者，旣不以立表測影之說爲然，乃集矢於史料之不眞實，任意誣蔑，至於擅改史文，遷就其說。復無以證實賈耽四達記之佛逝，在於何處，覩伯希和之考訂佛逝連篇累牘，喋喋不休，所謂佛逝國東水行四五日至訶陵國，究由何處至何處，並無詳細之切實解釋。僅不憚繚繞往復，衡量各種假定，末復以蘇門答剌全島均可認爲廣義的佛逝了之。夫主訶陵爪哇說者之不以立表測影之事實爲信史，此爲其消極方面之主張，而解釋賈耽四達記之佛逝，乃其積極方面之鐵證，覩伯希和於前之持議如何明晰，而於後之立說如何閃爍，亦可知其存有成見矣。要之今日之歐美學者，其利用吾國史料，考證西域南海史地者，其搜輯之周密，考核之精確，固不乏有不朽之名著，至立論廣廓，曲解強證者，亦所在多有，不能以經名學者之考訂，遽許爲定論也。如南海史地中之『諸薄』『葉調』『耶婆提』等名詞，非沙畹，伯希和等所考訂爲爪哇乎？而費瑯於『蘇門答剌古國考』中，一律翻案，謂爲蘇門答剌。夫考證之業，始於懷疑，終於證實，故雖前哲之名著，其有可疑者，不妨疑之，以求眞理之所在。若夫推許日本人之國定教科書，奉爲史學定案者，旣無抉擇去取，惟恃索引捋撦，凡屬論史之文，皆爲定案，片言隻字，不敢妄議，此費瑯之不屑爲者也。

附注：

1 馮譯蘇門答剌古國考一一八——九頁
2 Hobson-Jobson p. 346，馮譯蘇門答剌古國考一一九頁
3 英譯南海寄歸內法傳 p. xlvii
4 H. Yule, Book of Marco Polo p. 284-6 II, Hobson-Jobson p. 348
5 Gerini: Researches on Ptolemy'sGeography p. 478
6 Gerini: Researches on Ptolemy's Geograpy, p. 458-644
7 馮譯交廣印度兩道考一〇一頁
8 史學雜誌第三十一編赤土國考
9 英譯南海寄歸內法傳 p. 68
10 南海黨猴牙修國考十八頁
11 島夷誌略校注三佛齊條四十頁

11

河北月刊

第四卷 第十期

目次

民國二十五年十月十五日出版

編輯兼發行者　河北省政府河北月刊社
定價　零售每册一角三分外埠加郵費三分全年十二册三元外埠加郵費三角六分

水利

第十一卷 第六期

中華民國廿五年十二月

第六屆年會論文專號

本期目錄

發行者　中國水利工程學會
定價
零售每册五角（郵費加一）
半年六册一元二角
全年十二册二元四角

四川月報

第九卷　第四期　（民國二十五年十月份）

【專載】

自流井鹽場概況　巨濤　簡陽縣一瞥

【財政】

一般概況　省府飭各縣切實執行新預算　財廳與渝金融界商洽債務清償辦法　省府託財鹽處借款三十萬元【田賦】省府催報學糧清册　瀘縣糧額統計　省府令各縣區長負責催征糧稅　減免田賦雜訊（二則）【捐稅】省府嚴禁所屬擅自籌款　太和鎮設監稅處　實部咨川省府轉飭礦商民欠稅　財部准免石灰稅　四川區稅務局近訊（二則）　川營業稅局近訊（四則）　省府整頓糖稅　省府免南川茶稅　不動產契驗換問題近訊

【金融】

【一般概況】重慶市金融概況　重慶市十月份金融統計表（三張）　南通金融近訊（二則）　宜賓金融近訊（二則）　瀘縣金融枯窘　涪陵銀風甚緊【銀錢業】渝票據交換所近訊　中央銀行渝分行暫停領鈔　中國銀行渝分行將建新行屋　巴縣士紳籌組農村銀行　瀘縣籌組農村銀行　大足成立農村銀行籌備處　中央儲會雲陽支會開幕【貨幣】中央銀行發行新幣制　銀洋五百萬元運渝　省府令邊遠縣份可用銀幣納稅　瀘縣通貨概況【公債】整理川金融公債基金保委會月內結束　渝各公會請撥建債被省府批駁

【商業】

【一般概況】萬縣商業近訊　宜賓六區專署改正糖業苛規　重慶重要商品價格及成交數統計表（十二張）【進口業】走私及防私情形【出口業】川蠶絲業近況　榮隆麻布業近況　桐油業近訊（三則）　植物油廠成立後實部限制同類油廠　川鹽業近訊（四則）　重慶九月份山貨藥材貿易概況　川西邊茶葉概況【進出口統計】重慶八月份棉紗進口統計　重慶七八兩月棉紗及棉織疋頭進口統計　重慶九月份桐油牛皮猪鬃統計　重慶九月份糧食進出概況　萬縣九月份桐油出口統計【其他各業】省府調查典當業　重慶市車行調查　重慶新增播音台兩所　重慶市屠宰猪隻統計

【產業】

【土產調查】松藩之金廠及貝母　合川第一二區之柑橘調查　南川土荷近訊【農業】川建廳呈報廿四年度農業推廣概況　川稻麥改進所經費籌定　荒地墾殖督促辦法　川林業近訊（二則）　四川家畜保育所近訊　省府禁產棉區地主剝削棉農　各縣災荒及救濟雜訊（二〇則）　重慶米荒及救濟狀況　瀘縣派募積穀辦法【礦業】礦商稅款欠兩期者撤銷鑛權　懋功鐵產調查　汶川發現銀鉛鐵鑛苗　南川東林煤鑛停止開採【製造業】四川水泥公司近訊　雲陽鹽場改良煎法　內江大糖廠計畫要點　川黃燐火柴財部准緩禁　重慶機器米廠調查　合川織布業破產【度政】未設檢定分所各縣檢定員服務規則　重慶舊衡器調查及新衡器物價折合表　萬縣各種糧食之「市與衡」之比率

【交通】

【公路】行營公路監理處撤銷　川公路局雜訊（二則）　川滇路近訊（二則）　川黔路近訊（三則）　川湘路近訊（三則）　川鄂路八月份工程狀況　川陝公路建築費統計　川陝路聯運合約簽字　行營再令兵工修築川康路　行營令公路局踏勘灌撫路線　成渝路青北支線測竣　成嘉路樂山段修整情形　重慶市交通近訊（三則）【鐵路】川陝鐵路定期開工　成渝鐵路車站勘定【川江】渝民生公司近訊（三則）　渝叙新增二輪　叠溪積水全消【航空】渝筑線提早飛行　滬蓉線票價減低　重慶市防空近況【郵電】政府規定官軍電報收費辦法　第十四區架區屬電話網

【社會一瞥】

【一般概況】川廿四年度縣長學歷省籍年齡統計　省府取締哥老會　川農村合作概況　各市縣火災雜訊（二則）　重慶市近（四則）　自井請設特別市　合川職工統計　省府舉辦保甲人員幹訓班　省府通令非隸屬機關不得選行召集保甲　省府改訂保甲經費收支辦法　行政院通過保甲條例原文【人口統計】江北城區戶口統計　重慶十月上旬外僑統計　重慶市九月份死亡統計【教育】教廳催撥去年積欠教經　省府制定學校會計員規程　省府公佈中學校征費規則　重慶高級工業職業校概況　資中設區立師範　川小學教師登記數統計　義教及民教近訊（二則）【禁煙】嗎啡案近訊（二則）　禁煙總監令各縣填報禁煙禁毒概況　省府頒各縣禁煙委員組織規程　行營禁煙特派結束　國府公佈禁煙禁毒三法規　煙土產量與煙民銷資之比較　將總監嚴申禁種令　統制運銷雜訊（三則）　各市縣煙價近訊（六則）　禁吸雜訊（四則）　各市區煙民統計【保安】省保安處通令編訓壯丁特種隊　各縣聯防近訊（三則）　奉節保安隊譁變　土匪自新暫行規程【匪禍】共匪雜訊（三則）　敎匪近訊（二則）　各縣土匪近訊

【川邊】

【社會】督運分校派員調查邊區　西康之種族情形　松理茂各縣夷部生活狀況【墾務】二十四年開墾西康荒地　屏山青年組少年夷務團

【時事】

【事時日誌】【省政要聞】省府整頓區政　四川地政委員近況

編輯與發行者：重慶中國銀行

定價：每册三角　全年十二册三元　郵費在內

海錄筆受者究屬何人

馮承鈞

1

海錄這部書也是一部有價值的行紀，可是研究南海輿地的人不常徵引，大概是因爲此書晚出。我們現在所見的較舊本是道光甲辰年（一八四四）的海外番夷錄本，其次乃是道光己酉年（一八四九）的海山仙館叢書本，這兩本著錄筆受的人皆作楊炳南。炳南字秋衡，嘉應人。炳南撰序略說：「同邑有謝淸高者，少從賈人走海南，遇風覆舟，拯于番舶，遂隨販焉。每歲徧歷海中諸國，凡十四年，後盲于目，流寓隩門，爲通譯以自給。嘉慶庚辰（一八二〇）春，遊隩門，淸高談西南洋事甚悉，遂條記之，題曰海錄」。由此看來，海錄的筆受人是楊炳南。

但是李兆洛養一齋文集卷二載海國紀聞序云：「予遊廣州，……識吳廣文石華，言其鄉有謝淸高者，幼而隨洋商船周歷海國，無所不到，所到必留意搜訪，目驗心稽，出入十餘年。今以兩目喪明，不復能操舟業賈自活。常自言恨不得一人紀其所見，傳之于後，石華憫焉，因受其所言，爲海錄一卷。予取而閱之，所言具有條理，於洪濤巨浸茫忽數萬里中，指數如視堂奧，又於紅毛荷蘭諸國吞幷濱海小邦要隘處輒留兵戍守，皆一一能詳，尤深得要領者也。然以草草受簡，未盡精審，或失檢會，前後差殊，因屬石華招之來，將補綴而釐正焉。而石華書去，而淸高遽死，欲求如淸高者而問之，則不復可得也。惜哉！惜哉！就其所錄各國，大致幸已粗備，船窗有暇，爲釐比次第，略加條定，疑者缺之，復約其所言，列圖於首，題曰海國紀聞云耳」。淸高嘉應州之金盤堡人，十八歲隨番舶出洋，朝夕舶上者十有四年，三十一歲而瞽，生乾隆乙酉（一七六五），死時年五十七。吳廣文名蘭脩，亦嘉應州人」。則據此序筆受者又是吳蘭脩。

炳南蘭脩兩人皆是謝淸高同邑人，先後筆受，亦有可能，可是書題皆作海錄，未免可疑。手邊無嘉應州志，不知其中有此二人事蹟否。我又想取李兆洛的海國紀聞來對勘，可是不能獲見其本。據重刻養一齋文集的高承鈺咸豐二年（一八五二）的題識說：「其餘尚有石經考史略海國紀聞硯坑記游記日記諸書甚夥，擬次第刻之，以附斯本之後」。好像海國紀聞在咸豐二年尚無刻本，但在道光甲辰(一八四四)刻的海外番夷錄中收有汪文泰輯的紅毛番𠸄咭唎考略，內中引有李兆洛海國紀聞數條，又好像已有刻本，似經庚申(一八六〇)之變，悉付劫灰，否則文泰所見之本殆爲稿本矣。兆洛還有一部海國集覽，其序並見養一齋文集卷二。據說：「予之往招謝清高也，念清高所言與古籍所載，或合或不合，或影響相似。古來著書者大抵得於傳聞，未必如清高之身歷，而清高不知書，同乎古者不能證也，異乎古者不能辨也。因檢諸史及海國紀載諸書，摘其有關考証者錄之，擬俟其來而問焉。繼聞清高死，遂不復能卒業矣，姑附諸清高所言之後。後有喜事者，或遇清高其人，可以參伍取證焉」。這部海國集覽現在似亦佚而不傳。據海國紀聞序，謝清高生於乾隆乙酉(一七六五)，死時年五十七，則死於道光元年(一八二一)。十八歲隨番舶出洋，航海十有四年，三十一歲而瞽，其航海年間，應在乾隆四十七年(一七八二)至乾隆六十年(一七九五)間。他往來海上十四年，所見者是乾隆時代之南海，而其足跡又遠至大西洋。我很希望有人將海錄版本流傳之原委同書之內容考究出來，我的病體，我的藏書，我的時間，皆不許我作此考訂也。尚須附帶言及者，李兆洛生於乾隆三十四年(一七六九)，卒於道光二十一年(一八四一)，距海外番夷錄本刻年僅三年；海錄中的譯名還原，切莫忘了嘉應州的方音。

二十五年九月三十日

2

張美翊先生遺著五種

以下五種遺稿，據原稿批示，本擬補入小方壺齋輿地叢鈔：巫來由部落志補入第十帙士地列士考下，蘇門答剌島志補入第十帙檳榔嶼遊記下，婆羅洲志補入第十帙遊婆羅洲記下，檀香山羣島志補入第十帙三得惟枝島紀略下，澳大利亞洲志補入第十帙澳大利亞洲政要下，然後因事未能果行。暑期內，承劉詩孫先生（文興）以此稿貽贈本會，茲謹發表於此，因其記事翔實，雖所論檀香山羣島與澳大利亞洲事，不屬南洋範圍之內，亦不忍棄置焉。

編者附誌

一　巫來由部落志

暹羅之西南，緬甸之東南，有地如股，斗入海中，由西北伸於東南，形狹而長，東瀕暹羅海灣及南海，西瀕擺古海灣（亦作秘古今據明史）及麻剌甲海峽，自赤道北十三度三十一分起，至一度二十二分三十秒止，長二千七百五十里有奇（一千五百三十法里）。因其地多南洋巫來由種人，故泰西圖志以巫來由稱之；因其地如股，即以地股稱之；實即梁書海南諸夷傳所稱扶南海崎之頓遜諸國地，亦即元史外夷傳所稱之麻里予兒諸國地。按曲岸曰崎，梁書言頓遜羈屬扶南，迴入海中千餘里，今稱地股，形勢似之。元史言麻里予兒與暹人舊相讐殺，至是歸順，今稱巫來由，轉音近之（近時南洋商民譯作穆拉油）。巫來由諸地，昔時多屬暹羅，故有羈屬歸順之事。據此則今巫來由諸地，即梁書之海崎，元史之麻里予兒，是已。今攷其頸地極狹處曰克老，在赤道北十度十一度之間，寬衹一百二十四里有奇（七十法里），東西兩面瀕海。克老以上，東則暹羅斜仔諸部，運米之地也，西則緬甸之對納薩林諸部，產木之地也。克老以下，中亙連山爲脊，東海岸則爲六崑兼宋卡，爲大呢，吉蘭丹，丁噶奴，彭亨，柔佛；西海岸則爲吉德，爲威利司雷省，爲白蠟，石蘭莪，松盖芙容，爲麻剌甲省；界乎彭亨柔佛石蘭莪麻剌甲之中者，爲拿吉里士美蘭（一作郎）；在威利司雷外者，爲檳榔嶼；在白蠟外者，爲丹定斯羣島；其極南盡處則新嘉坡島；此沿革疆域之大略也。居民，內地黑番曰拿吉里人，曰暹羅人，曰巫來由生番熟番；其流寓則有泰西人，印度人，阿剌伯人，而以華人爲尤多。即如英國屬地，華人居三分之一，近來日增月盛，有商，有工，有攻礦，有種地，有居間經紀，籍貫不同，公會各別，每有事則由各幫自主，不歸地方統轄，且有以富商爲其地長官者。地當南洋與印度洋中道，貿易往來，於斯爲盛。有泰西公司輪船，夾板，及中國帆船，巫來由船。有電線鐵路。錢法用印度路界美洲大勒（即通行銀錢），皆銀錢也。有合銀錢四分之一，十六分之一者。英國又自製海門屬部銀銅諸錢。瀕海巫來由人用錫錢，方孔有花紋，似中國錢。海崎中間，山嶺叢雜，若斷若連，兩岸河道紛歧，或以通舟，或以灌田。大抵內山多礦產，而沿河宜種植，地溫土沃，物產繁衍。礦以錫爲多，而金次之。如丁噶奴彭亨有金，白蠟石蘭莪有錫。海岸多沙草蘆葦，稍進則有田野溝渠園林，再進則有桄榔椰林之屬。內地山中，則老木參天，古藤垂地，無人能入。有堅木美材，如烏木，檀木，黃楊，香樟之屬。所種則五穀，諸果，甘蔗，棉花，藍靛，藤黃，煙葉，山薯，胡椒，檳榔，荼葉，加非，可可子之屬。其樹木花果有中國所未見者。瀕海小島，石巖峭壁，多燕窩。此燕或名加羅，或名米拿，土人以時取之。禽鳥有毛羽美者，有聲音佳者。海多魚翅，海參，鱗介之屬，山多虎，水多鱷，林中多蛇蟲蝴蝶。天氣炎熱，土地低溼，山多瘴氣，海多颶風，冬春多雨，夏秋多晴。每歲雨水在地，不過九尺有奇。海水周環，風吹潮至，有暑無寒，寒暑表常在八九十度左右云。（巫來由諸地，凡爲暹羅屬部者五，昔稱自主之國，今爲英附庸者三，歸英保護者三。光緒十一年（西歷一千八百八十六年），英國政府聯合新嘉坡附近各地，定爲海門屬部者五，而以巽他海峽外（蘇門答蠟及爪哇兩島間）科科斯羣島，遙隸屬部，以通錫蘭，至澳大利亞中路，今分著於篇。）

六崑附宋卡 暹羅屬部。暹羅人稱蒙六崑，「蒙」譯言王，謂六崑酋所治。地在巫來由地股東北海岸，北界斜仔，南界大呢，自赤道北七度至九度，長二百法里，寬一百二十法里，周圍四萬四千三十法方里。相傳明成化間（西一千四百年間），暹羅王始立六崑爲國，今分兩部，一曰得倫，一曰宋卡，皆有酋長治之。通國居民十五萬人，多暹羅種，間有華民巫來由種及野番。有河有湖，水池溝洫，是處有之。因其地瀕海，故有潮汐侵入。城中多佛寺浮圖。土產金，錫，胡椒，沙藤，蘇木，象牙，魚米。其民善造帆船，及金銀首飾，所製金葉銀瓶，白花黑地，雕飾精雅。會城當赤道北八度二十五分，京師西十六度三十四分（倫敦東九十九度四十五分）。灦暹羅海灣東海岸，有平原樹木，過此即江口，船塢商市在焉。宋卡會城在巴格囊海灣進口處，當赤道北七度十二分，京師西十五度五十六分（倫敦東一百度三十二分）。六崑之南，宋卡之北，沿海有當得剌穆島，暹羅名爲哥亞伊，與海岸隔答當塞魄港，譯言鹽湖，水深六法尺，寬二十法里，長七十二法里。其水值東北風時則淡，西南風時則鹹，石壁沙灘，相續不斷，湖中燕窩尤多云。

吉德　暹羅屬部，在巫來由地股西海岸，北界六崑，南界白蠟，東界吉蘭丹，大呢，西界海門屬部之威雷司雷省，瀕孟加拉海灣。自赤道北五度至七度，周圍九千三百二十四法方里。地分一百五社。居民六萬人，皆暹羅及巫來由種。有河道三十六，可以行船者，六河而已。其山多錫，樹林繁密，榛莽荒穢。瀕海陂陀，宜種檳榔，砂仁，加非之類。海岸低窪，潮水所到之處，宜種甘蔗。會城曰膏吉德，即古干陀利之轉音也（據黃遵憲檳榔嶼采風紀），當赤道北五度四十六分，京師西十六度零三分（倫敦東一百度三十五分），瀕西海岸。

大呢　暹羅屬部，在巫來由地股東海岸，北界宋卡，西界吉德，南界白蠟，吉蘭丹，東界暹羅海灣。自赤道北五度三十分至七度，周圍一萬二千九百五十法方里，昔係巫來由最大之國。道光十二年（西一千八百三十二年），暹羅因大呢地博權重，控制不易，分其地爲九部，皆以番酋治之，稱爲蘇丹，而總其事於暹羅。所派之酋，其在海岸者，曰都宗，曰大呢，曰制林，曰薩伊；其在內地者，曰諦巴，曰丹奈，曰邏羅，曰阿剌崇，曰利漢，而以阿剌崇地方爲最大，以大呢居民爲最多。且其地最富，人最雜，土沃宜稻，大率畜象及水牛。地以礦產著名，環境諸山，無一非礦。其開辦礦務者，皆屬之華人，多在哥瓦都木布河上游，伯尼希得之西南。有中國頭目及礦物公司，稱爲蘇本，頗有權力，專制其事。錫礦之外，間有銀礦，金銅鉛亦常見之。會城在大呢江口，當赤道北六度五十二分，京師西十五度十三分（倫敦東一百一度十五分）。通國居民十萬人，以巫來由種爲多。其蘇丹府第，製倣暹羅，以石爲之，環繞花園，華麗高敞。華人所在，甎房錯列，街道分明。

是城可與曼谷新嘉坡各地通商，故爲要埠。昔時中國帆船皆至其地，出口貨物，稻米，椰子，藤黄，瓦器，木料，鹹魚，鉛，錫，皮，席。

吉蘭丹　暹羅屬部，在巫來由地股東海岸，北有伯挪拉河，與大呢爲界，南有伯都河，與丁噶奴爲界，周圍一萬八千一百三十法方里。居民六萬五千人，中有華民一萬五千，餘皆巫來由人，凡村莊五十有奇。產金，錫，胡椒，轉販新嘉坡諸處。會城瀕吉蘭丹江口，當赤道北六度四分，　京師西十四度零六分（倫敦東一百二度二十二分）。

丁噶奴　暹羅屬部，在巫來由地股東海岸，北界吉蘭丹，南界彭亨，自赤道北四度三十分至五度四十五分，周圍一萬五千五百四十法方里。居民六萬人。土地平坦，多樹木，產金錫。蘇丹及大官所居，亦稱壯觀，府第如砲臺，牆有砲洞，裝古銅砲，四圍以竹林環之。會城在丁噶奴河口，當赤道北五度二十五分，　京師西十六度二十三分（倫敦東一百度五分）。有華民一千五百有奇，市肆羅列，中有街道；獨巫來由人散居各處，以版爲屋，其陋已甚。沿海有阿剌當，加巴，貝拉勒三小島，亦屬此部。

右暹羅屬部進貢之國凡五，通九萬九千九百七十四法方里。

彭亨　巫來由自主之國，今爲英附庸，在巫來由地股東南海岸，北界丁噶奴，吉蘭丹，南界柔佛，西北界白蠟，西界石蘭莪，拿吉里士美郎。自赤道北二度四十分至四度五十分，周圍二萬五千九百法方里。居民五萬人。諸部落皆有酋，稱蘇丹，不相統轄。其會城曰北矸，當赤道北三度三十四分，　京師西十三度十一分（倫敦東一百零三度十七分），在彭亨江口，蘇丹居焉，頗受節制於英國，惟迤北諸地，尚認暹羅爲上國，歲有金花銀瓶之貢。瀕江居民皆巫來由人，居山中者皆拿吉里種人。華民皆作礦丁，不過二三百，在北矸城者，八十有奇，自幼離中國，已爲彭亨人矣。土人極苦，其頭目待之尤虐，凡工作者，皆有身稅，上不矜恤，民又偷惰，故出產稀少。且無道路以通貿易，彭亨江自西而東，曲折中貫，水流平淺，不能駛行輪船。其地樹木叢茂，牧場寬廣，雖土地肥沃，而開墾不過百分之一。土產米，麥，椰子諸果，家畜象，水牛，羊。江岸遮納居民，

4

多織席，北矸居民，則能製絲紬衣服。山谷多金礦，以暹內克賽莪布宗邦查爲盛，尤以都魯桑爲獨夥。華民與巫來由人皆來此開採，近有泰西公司在挂拉遮來開辦礦務。又有錫鉛諸礦。

柔佛　巫來由自主之國，今爲英附庸在地股之極南。北界彭亨，南界薩剌，當波羅海峽（亦名舊峽），過此即新嘉坡島。周圍二萬七百二十法方里，居民十一萬五千，中有華民七萬五千，巫來由四萬人。當明武宗正德七年（西一千五百十二年），有滿剌加蘇丹，爲葡萄牙人所逐，至此地建城，名曰柔佛，因以爲國號。舊城距海岸三十二法里，中跨大河，當時號稱緊要，今則惟存巫來由人草屋百餘家而已。蘇丹居新城，曰東陵，府第瀕臨舊峽，當赤道北一度二十七分，京師西十二度四十二分（倫敦東一百零三度四十六分）。光緒十七年三月（西一千八百九十一年），前蘇丹年老，禪位於其世子。其後因山東水災，蘇丹捐助賑銀，由中國賠給頭等寶星焉。

拿吉里士美蘭　巫來由語合衆九國，今爲英附庸，在地股西南。昔以九部合爲一國，蓋即瀛環志略所稱山中黎八部落。今祇五部：曰繞阿爾（或曰爪訶拉），曰斯里

5

孟達尼（或曰美蠢的），曰宗波爾（或曰遮波爾），曰賓剌（或曰遮利），曰烏魯茅（或曰對勒宜，又曰賽加廉，亦曰㳿，今合烏魯茅賽加廉爲一部）。其餘四部：曰拿寗，今併入英，屬廉六甲，曰芙容，曰遮爾布，曰阿浪波，皆歸英保護。其地北界彭亨，東界柔佛，南界海峽及廉六甲之拿寗，西界英屬保護之阿浪波芙容石蘭我，周圍五千一百八十法方里，居民三萬人。五部各有一酋，稱爲得邦古路，以治理其事，而條例不相同。亦有議會。其總攝五部者，爲斯里孟達尼之酋，稱爲亞摩都杭。當光緒八年（西一千八百七十六年），英人用兵，據斯里孟達尼，而芙蓉遂分出，歸英人保護。未幾而阿郎波遮爾布亦屬焉。近年以來，有事皆由英國海門屬部派員襄理，已立約章。東南有阿斐爾山，高一千一百七十四法尺，茅江發源於此。山環之中，草木叢茂，江岸林箐深密，不能行船。茅江之間阿斐爾山，陂谷尤爲肥沃。各家皆有牲畜，如象，水牛，羊之屬，是處有之。稻，米，果，木亦夥。礦產則阿斐爾山有金，斯里孟達尼有錫，不甚著名也。

右巫來由自主之國，今爲英國附庸，凡三，通五萬一千八百法方里。

白蠟　英國保護部落，在巫來由地股西岸，北界吉德大呢，東界吉蘭丹彭亨，南界石蘭莪，西瀕麻六甲海峽，及英屬威利司雷丹定斯兩省。自赤道北三度四十五分至五度五十分，倫敦東一百度二十二分，一百零一度四十分，周圍二萬七百二十法方里。居民二十一萬四千七百有奇，中有華民九萬四千四百有奇，印度人一萬四千八百有奇，巫來由及雜種人十萬四千七百有奇，西人祇六百有奇。白蠟本蘇丹自主之國，昔有勝律士官蒙得利者，監理錫礦，兼司稅餉，因土人嫺而且蠢，不知工作，遂招華人開礦。當時來者尚少，間有粵匪遺孽，或罪犯逃竄窮無所之之人。既而建城曰太平，礦場甚廣，攻者未衆，漸入漸進，數年之間，無不赤手致富者。因之勝律之礦，傳聞遠近，華人至者逾多，當同治十年（西一千八百七十一年），已有萬人。皆使性好鬥，因時有爭毆之事。維時華人分爲兩起，一曰小礦，一曰高礦（譯自暹音未知是否），有兩甲必丹主之，凡遇聚鬨，如臨大敵。先時小礦人得勝，後來戰敗，死者三十人。於是小礦人入海爲盜，刼白蠟海岸，勝律士官無兵餉，不能制。蘇丹不得已，求助於英駐坡總督，兵船駛至，海盜肅清，礦塲華人，始得安居樂業。英人遂派大員曰卑士者監國，又遣官駐札勝律以治華人，割瀕海丹定一地，及邦哥爾羣島（卽丹定斯羣島說見後），改隸屬部。而巫來由人之在官者，寖與英駐札官不和，英官被刺而死。坡督大怒，光緒元年（西一千八百七十五年），發兵擒兇犯，並遷蘇丹阿打剌及其三長官於印度洋之西些里士羣島。勝律士官蒙得利亦在遣中，越十五年，始得準復新嘉坡閒住。英人立阿拉札意達利士繼之，設立議事院，以蘇丹爲首領，而英駐札大臣監之。又有中國大商之充甲必丹，及巫來由之爲頭目者，有事相與會議。國中政務，皆坡督主之，各省土酋，奉命惟謹。有印度巡捕兵八百五十，彈壓地方。自歸英保護之後，英人爲之平塡街道，通濬河渠，設立電線信局，自太平城至威雷脫海口安設鐵路。威番脫城衢路脩廣，樹木陰翳，太平城有博物院，講求水陸動植諸物，以驗地產。各處設天文局，記風雨多寡，以教種植，復量輿地，考閱海岸，凡所當爲之事，次第舉行。泰西人稱白蠟爲一大礦，蓋地產五金，而又以錫爲多。白蠟江上下游勝律沙灘松盖格利洋松盖泗里末貝爾囊及瀕海沿江一帶，大都產錫。其錫米如沙，碎而黑，惟沙濰所產，有礦質重至數百斤者。攻者日多，而所出亦益盛。其經理礦務者，有中國，英，法，澳大利亞，巫來由各公司。光緒十三年（西一千八百八十七年），所出之錫，凡一萬四千一百七十四噸，約值洋銀一千萬圓，較之十年以前，蓋十倍過之。其礦質每百成可出點錫三十三成，每礦一年所出約值洋銀六十五萬圓。華民爲礦丁二萬有奇。他如勝律薄路斯山中有銀鉛，巴湯魄當朱組河上游山中有金鐵，然不甚著。光緒十三年（西一千八百八十七年），進口貨值洋銀八百萬圓，以稻米鴉片爲多，而機器，布疋，煙酒，鹽糖，檳榔，煤油，椰油，馬匹，雞鴨之屬次之。出口貨值洋銀一千三百萬圓，以錫爲多，而象牙，犀角，藤黃，沙藤，鹽魚之屬次之。進出口稅共得洋銀二百萬圓，又有煙稅賭稅餉碼之屬，較之十年以前，五倍過之。其地可耕種者有五分之二，然居民攻礦者衆，而墾地者寡，故所產穀米，不敷民食。英人於太平城之東植物園，試種茶葉，於加秘士種加非。巫來由人於巴湯魄當種胡椒番薯，於格利洋種蔗製糖，然尚以製樟腦，藤黃，藍靛，煙葉者爲多。印度人多爲工匠傭僕，華人於礦務工程，久而且悉，幹練勤儉；惟好吸煙賭錢，聚衆鬥毆。居民皆畜象水牛，瀕海沿江，以捕魚爲業。有嶺三道，相續不斷，中分平原，間以水道。古農阿剌札嶺，高一千九百八十二法尺，其餘諸山，亦多係礦質所成。白蠟江自東北向西南，中貫全境，發源於布達基巴克山（或名散克當巴當），先向南流，復向西北。稍曲，又自北而南，有畢亞及薄路斯兩河，自右來會。自此至桂拉閣薩會城，江流寬闊，約一百法尺。順流而下，有根打河自右來會，稍下，有巴湯魄當河自右來會。白蠟江遂向西流，入海處水流益大。自上游至此，長四百三十法里。帆船運載土貨，可以駛入三百法里，輪船載五六百噸者，祇可進口五十法里，至多利洋賽巴當鎮而止。其會入支河，亦可行船運貨，灌溉田地。勝律省有勝律江，或曰松蓋勝律，雖河身不長，而口門極廣，堆羅克加爾當口岸，距海五法里，惟中國小輪船，載五十噸至百噸者，可以駛入。近年礦務大興，地成衝要，復移稍進至威雷脫埠，凡喫水四法尺有奇之船，皆得抵岸。瀕海又有賽魄湯古魯格利洋丹定薄羅華諸河，皆不甚著。其會城曰桂拉閣薩，即所稱大白蠟也，瀕白蠟江岸，當赤道北四度五十二分，京師西十五度二十五分（倫敦東一百零一度三分）。小白蠟會城曰太平，瀕勝律江岸，屬勝律省，當赤道北四度五十一分，京師西十五度四十七分（倫敦東一百度四十七分）。天氣勝於迤南諸國，每年自西三月至八月多晴，九月至二月多雨。雨水入地三四法尺。寒暑表高至一百度，低至七十六度。

石蘭莪　英國保護部落，在巫來由地股西南海岸，北界白蠟，南界松蓋芙蓉，東界彭亨，西瀕麻六甲海峽。自赤道北二度四十五分至三度五十八分，京師西十四度三十二分至十五度四十六分（倫敦東一百度零四十二分至一百一度五十六分），周圍一萬二千九百法方里。光緒十三年（西一千八百八十七年），居民九萬七千一百有奇，計華民七萬三千一百有奇，巫來由人二萬一千五百有奇，泰西人不過一百五十餘而已。石蘭莪昔係土番舊部，事蹟荒略，其酋稱蘇丹，奉回教，性狠嗜戰。同治六年（西一千八百六十七年），吉德蘇丹之弟贅石酋女爲長官，總庶政，其下不服，有石酋之孫，興兵來攻，迭有勝負，連歲不息。十二年（西一千八百七十三年），中國在石之礦丁，亦助酋孫逐壻酋，於是彭亨蘇丹借英人來平亂。次年，遂歸英國保護，遣官莅焉。雖至今尚有蘇丹，然擁虛位無大權，一切聽命於英，屬坡督。有議事院，其長即蘇丹。其次頭目六人，中有中國甲必丹一人，經理華人諸事，餘皆巫來由人。又有審案收稅各官，分治各地，由英官派之。巡捕兵四百九十三人，亦英人統之。土番漸少，流寓日繁，華人在此，有種地者，有經商者，而以開錫鑛者爲多。鑛務公司甚夥，在挂拉郎布爾之東，有盎伯納鑛，絕大，華人爲鑛丁者千餘人，阿剌王地方有洋人收錫公司，蓋此地之錫，大率華人開之，洋人收之。光緒十三年（西一千八百八十七年），出錫八千六百七十噸有奇，值洋銀七百二十五萬圓。租地開鑛，逾推逾廣，計鑛場有六千七百愛克答爾。講求種植，方始試行，其產稻米，茶葉，甘蔗，煙葉，胡椒，藤黃，沙藤，沙穀，加非，鹹魚，皮張。出口惟稅錫，進口惟稅鴉片，每噸約洋銀六十圓。次爲賭稅，次爲買地租地稅，其餘皆免。光緒十四年（西一千八百八十八年），進口貨值洋銀一千六十二萬圓，出口貨值洋銀七百五十五萬六千圓，較之六年以前，加至十五倍。歲入洋銀一百二十二萬圓，歲出洋銀九十五萬圓，每歲餘欵，以爲官工橋道鐵路學堂施醫監牢經費。所有內地開墾，沿海捕魚諸事，皆經營所及，蓋自歸英保護，大變其初矣。巫來由地股平原之地，東以彭亨爲大，西以石蘭莪爲大，中亙大嶺以爲之界。在石蘭莪之山，皆自大嶺分支，相接不絕。其大河曰貝爾甕，曰石蘭莪，曰吉壠，曰郎加（或名朱格刺），皆自大嶺發源，有支流來會，入麻剌甲海峽。地分六府，曰挂拉郎布爾，石蘭莪會城也，此爲總匯之地，藉以控制各處。在赤道北三度十分，京師西十四度三十九分（倫敦東一百一度四十九分），當吉壠河上游，蓋始通船路之處。光緒六年，英國駐札官移居於此。附近錫鑛，以此爲大棧，其東烏魯吉壠山中，即盎伯納鑛在焉。其城周圍有蔗林，稻田，胡椒園，有製造物產之機器廠，曰吉壠，海口要埠也，在赤道北三度三分，京師西十四度五十九分（倫敦東一百一度二十九分），距海二十二法里。自吉壠至挂拉郎布爾，有鐵路三十二法里，又有陸路，北通白蠟，南通松蓋芙蓉，有新路東通彭亨，有電線自吉壠至挂拉郎布爾，又至麻剌甲，與天下各國通。有淺水輪船，溯潮進口，瀕岸運貨，每日與新嘉坡檳榔嶼有輪船往來；公司郵船間有至者。土宜種植，日墾日廣。海濱多鱗介之屬。其外有巫來由礮臺，昔石蘭莪蘇丹居此， 9
近來中國富商大賈，多於此設公司，通船路，亦有花園別墅。迤南曰挂拉郎加，濱郎加河口，爲耕種之地；曰烏魯郎加，南近芙蓉界，爲鑛場之地。迤北曰挂拉石蘭莪，濱石蘭莪河口，爲捕魚之地；曰烏魯石蘭莪，北近白蠟界，亦鑛場之地。沿海小島曰吉壠，在吉壠河口；曰郎加，在郎加河口；餘不悉載。氣候溫熱，內地多雨，海岸多晴，華民多患天痘霍亂之病云。

松蓋芙蓉　英國保護部落，在巫來由地股西南海岸。壤地褊小，西北界石蘭莪，東南界麻剌甲，東界拿吉里士美蘭，西瀕麻剌甲海峽，自赤道北二度二十四分至五十四分。京師西十四度十三分至十四度四十八分（倫敦東一百一度四十分至一百二度十五分），周圍一千七百法方里。光緒十五年（西一千八百八十九年），居民二萬五千有奇，計華人一萬八千有奇，餘多巫來由人。地本拿吉里士美蘭九部落之一，因與西部阿倫波爭蘭惹河道，輒有戰事，英人爲之定界通路，同治十三年（西一千八百七十四年），遂別自爲部，歸英保護。英由海門屬部遣官駐札賽郎邦城，經理錫鑛諸事。光緒十一年（西一千八百八十五年），復以北部遮爾布岔之。有議事院，以蘇丹爲首領，駐札英官副之，其下有華人及巫來由之般富有聲望者，襄理政務。華人來此，以攻鑛者爲多，而種地者次之。錫鑛在賽郎邦及賽都兩地，山谷廣大，礦產繁盛。光緒十三年（西一千八百八十七年），出錫一千五百六十噸，皆售於新嘉坡公司。種植則稻，加非，金雞那，華人有廣種胡椒，甘蔗者，多在路古附近。是年出口貨値洋銀一百六萬六千五百元，錫居四分之三，次則胡椒之屬。進口貨値洋銀七十六萬元，鴉片居六分之一，餘則食用各物之屬。出口稅錫及煙，進口祇稅鴉片；並有買地租地等稅。歲入洋銀三十三萬元，歲出洋銀十三萬一千元，較之數年以前，贏餘過一倍矣。地少臨海口岸，英人以石蘭莪迤南之路古海口割隸之。於是由蘭惹河口起，至薩邦河口止，瀕海之地，計有五十二法里。海岸平衍，內地高峻，有貝路摩奔山，爲地股中間之脊，高一千六百五十法尺。有蘭惹河中貫全境，自北而南，入麻剌甲海峽，上游山中，大開鑛場，中國民居市肆，多依河岸。自賽郎邦迤南，曰賴塞，曰尼亞多，曰郎都，皆是。昔時大船可進至六十法里，今因鑛沙淤積，僅至二十法里。其會城曰賽郎邦，在新嘉坡西北二百五十五法里，近瀕蘭惹河，距海口三十法里，有英官及蘇丹居此，昔係村落，今爲都會，錫鑛在焉。自賽郎邦東南，至邦加郎岡巴埠（即蘭惹河口），又自此至麻剌甲之龍波采納埠，並附近各埠，有定期輪船。自賽郎邦西南至諦克生埠（在路古河口稍南），有新開鐵路，水陸交通，商貨流衍，故賽郎邦爲部落樞紐焉。

右英國保護部落凡三，通三萬四千九百六十五法方里。

新嘉坡　番言獅子城，巫來由地股極南之島，英國海門屬部之都會也。與柔佛隔薩賴當波羅海峽，亦名舊峽，峽長五十五法里。島形如核，東西寬四十法里，南北狹二十三法里，周圍五百三十四法方里，自赤道北一度十五分至一度二十八分。京師西十二度二十七分至十二度五十一分（倫敦東一百三度三十七分至一百四度一分）。按秦西人譯巫來由史云，宋紹興二十年（西一千一百五十年），巫來由蘇丹始築城，建國於此，後爲佛柔蘇丹所得，附近巫來由各酋，及印度洋各島屬焉。當尋故城遺址，蓋已數百年，其摩崖碑字，亦稱此島爲昔時要地。及麻剌甲

11

始盛，而新嘉坡遂衰。逮嘉慶二十三年（西一千八百一十九年），英屬印度公司始至其地，知爲南洋諸島勝處，道光四年（西一千八百二十四年），乃購此島於柔佛蘇丹，計值洋銀六萬元，每年復償租地洋銀二千四百元。於時英方歸所踞爪哇諸島於荷蘭，得此島則據南洋中權，且駕乎爪哇之上，於是通商開埠，不立稅則，以示招徠。當其始至，居民不過二百人，越三月，增至三千有奇，一年後至一萬有奇，而華人居其大半。自此來者日衆，不可思議。初英人設官此島，職視巡撫，而聽命於英屬印度。光緒十一年（西一千八百八十五年），英國政府聯合新嘉坡附近各地，定其名曰實得力塞多爾曼士，譯言海門屬部（實得力地理備考作息辣，外國史畧作實力，或作息力，皆譯音互轉，譯卽英文之海峽也）。設官視總督，以統轄之（據領事稟案）。其所屬有按察使，輔政使，律政司，議政局，工部局（據叻報）。又有華民政務司，管理華民出入事宜（據查訪南洋情形委員稟案）。有海關礮臺，有水陸兵房二，有機器廠五，有駐防兵輪一，有水陸軍三千有奇，此新嘉坡置埠設官通商屯兵之大略也。其城在島之極南稍東，當赤道北一度十七分，京師西十二度四十八分（倫敦一百三度四十分），跨新嘉坡江上。海岸袤延十法里，頗有東南風景。有駐札總督衙署。傍城山上，有加尼礮臺。山東北總督府第，樓閣宏敞，花木繁麗。附近有書院，電報諸局，有官學蒙學，有養病院，跑馬場，公家花園，動植博物院，其中多珍禽奇獸，並儲藏官書，陳設土產，以備考覽；有西字海門屬部報館，以述巫來由諸地之事；有新舊兩口岸。舊岸在城之東，周圍八法里，可以避風停船，小船可傍岸裝貨，大船則離岸一法里有半，蓋至此水深十二法尺至十八法尺矣。新埠在城之南，內通大河，外護小島，水深十法尺至十三法尺，輪船抵岸，上下稱便。其北則船塢棧所，存積轉運皆在於此，灣中可停船數十艘，棧中可存煤三十萬噸。其東有達宗巴加爾船塢，長一千六百法尺，其西爲英公司輪船碼頭；此外船廠船埠，不一而足，各國往來船楫，皆可修理停泊。口門有大海燈，凡船出入，計貨每噸捐燈費英錢一本士有半。光緒十六年（西一千八百九十年），戶口淸册居民十八萬四千有奇，凡華人十二萬二千，巫來由人三萬六千，西人五千二百有奇，其餘則印度阿剌伯以及南洋諸番種人。城廂內外，流寓多士著少，所居有華人段，巫來由段，印度段，阿剌伯段，種類不同，房舍亦異。南洋番人黧黑蠢陋，男女皆椎髻赤足，短褌紅袜，耳鼻多穿銅環，載物以頂不以肩荷。城中有亞細亞洲二十五種人，言語風俗，格不相入，有中國及印度寺廟公所，有十六國領事，或特派駐札，或商人兼充，中國亦居其一。光緒十七年復改爲總領事，兼轄海門屬部等處。巫來由及各種番人，或爲工商，或爲兵丁，傭僕，漁人，船戶，獨華於商務工藝開墾轉運之事，握其統宗，寖以昌大。其人尤明敏諳練，同幫既多，取利倍厚。蓋新嘉坡一島，雖英人操其政權，實華人享其利益云。地當兩大海中間，又在大地盡處，東北距廣東之廣州，西北距印度之加爾各搭，皆二千八百法里有奇。中外商貨，皆以此爲過路之所，因之進出口貨，無甚區別。如棉布，蠶絲，米糖，石煤，鉛，錫，胡椒，檳榔，沙藤，椰仁，藤黃，煙葉，鴉片，皮張，乾魚，鹽魚，並爲大宗，餘則犀角，象牙，海參，江珧，紫菜，翠羽，雲母，文貝，降香之屬。光緒十四年（西一千八百八十八年），進口貨約值洋銀一百八兆十一萬二千元有奇，出口貨約值洋銀八十七兆十四萬三千元有奇。各貨免稅，今祇稅酒及鴉片，月可得洋銀八十五萬元有奇。瀕海有中國帆船，巫來由破船，以運水路之貨。入城有鐵路汽車二十法里，有人力牛馬等車，以運陸路之貨。有英法公司輪船，八日一至，太平洋公司輪船，十日一至，其餘郵船帆船，近或每日間日，遠或半月一月，多取道於是。地在赤道之下，天氣炎熱，寒暑表常在八十度左右（高不過九十度低不過七十度）。冬春多東北風，夏秋多西南風，每年雨凡一百六十餘日，春初雨小，秋末雨大。花木鳥獸，與熱帶各島，大致相同。昔時多虎，今已捕絕。全島岡嶺層叠，如波浪紋，有大山自西而東，橫亙中間，分島爲二；中峰曰布基的馬，高一百七十法尺。河三十餘道，無過三十法里者，或北入舊峽，或南入新峽。有新嘉坡河，自城入海，瀦爲灣泊。附近小島，東北曰堆貢（柔佛河口），曰烏班（舊海峽中），極南曰勃賴岡馬底，皆隸海門屬部，餘皆不悉載焉。（案華人在新嘉坡者，閩之漳泉，粵之潮州人，十居七八，其餘各省人不過十之二三。富商鉅賈，公司產業，華人十有其八，洋人祇得其二。有富踰數十百萬者，有蓄輪船夾板，來往中外各埠者。雖間亦託庇英商，掛名英籍，而實皆華人產業，英人亦用以爲議紳董事，頗能護同鄉而信島族。

12

嘗取光緒七年〔西一千八百八十一年〕英文新嘉坡城鄉周圍圖譯之，其中華人房舍公所廛市者二十九，村莊八，蓋皆貿易生聚之地。萃英書院及女童書塾各一，墳園四，戲園一。泰西圖志謂英國埠不啻中華外府，附誌於此，庶有考焉。

檳榔嶼　英國屬島，一名布路檳榔，今為海門屬部之一。自赤道北五度十五分至三十分，京師西十五度五十七分至十六度十六分（倫敦東一百度十二分至三十一分），周圍二百七十八法方里。光緒十七年（西一千八百九十一年），居民二十三萬五千六百有奇，凡華人八萬七千九百有奇，巫來由人十萬有奇，印度人三萬有奇，泰西人六百七十有奇。是島初屬吉德，乾隆五十年（西一千七百八十六年），英甲必丹里斯者，娶吉德蘇丹女，因以為贈，遂隸印度屬部。西面瀕海多山，碧瀾漢勒山高七百五十法尺，其上天氣最清，可以養人。東北有碧瀾河，由會城稍南入海，地多檳榔樹，因以得名。坡谷種胡椒加非諸果，平原種稻及甘蔗芭蕉椰子之屬，胡椒尤著名，大率與荷蘭屬島互市。凡由中國赴泰西商船至此，輕則裝胡椒，重則裝錫。光緒十八年（西一千八百九十二年），進口貨值洋銀四千一百四十二萬一千五百元有奇，出口貨值洋銀四千三百六十七萬四千八百元有奇，會城曰若爾治敦，瀕東北海岸，當赤道北五度二十五分，京師西十六度八分（倫敦東一百度二十分）。有哥倫佛利礮臺，有養兵院，官學堂，公家花園，自來水，以鐵管引入，自高而下，約四十五法尺。各國傳教者，有義塾以教華人及暹羅日本人。街道修潔，隄岸完固，樹木房舍，深蔚華敞。地與威利司雷隔一海峽，此峽南北長二十五法里，北寬三法里，中約十一法里，船大者自北面入，小者自南面入，水深十拓至十二拓，稱天然船塢焉。

威利司雷省　在巫來由地股西海岸，與檳榔嶼隔一海峽。昔為吉德之地，光緒六年（西一千八百八十年），吉德蘇丹讓與英國，今為海門屬部之一。周圍六百七十八法方里。居民詳於檳榔嶼中，有華人巫來由印度人，皆種植稻田蔗糖茶葉，尤為稱盛。

麻剌甲（明史外國傳作滿剌加）　為巫來由地股最古之國，在西海岸，今為海門屬部之一，復益以拿吉里士美蘭之拿寧一地。北有蘭加河，與松蓋芙蓉為界；南有幾桑河；東有阿斐爾諸山，與拿吉里士美蘭合衆國為界；西瀕麻剌甲海峽，周圍一千六百五十七法方里。居民九萬二千五百有奇，凡華民一萬八千一百有奇，印度巫來由人七萬一千九百有奇，泰西人四千而已。案泰西圖志此地舊屬暹羅，宋德祐元年（西一千二百七十五年），其曾自立爲國，明正德六年（西一千五百十一年），爲葡萄牙人所據，崇禎十四年（西一千六百四十一年），荷蘭人奪之，繼又失而復得，道光四年（西一千八百二十四年），讓與英人，以蘇門答臘之萬古累易之，自是遂屬於英。英人考求東方之事，自麻剌甲始。其地山嶺雜襲，樹木叢茂，溪流甚長，河水交注。山村中尙有舊時葡人荷人教堂破壞花園房舍遺蹟。海岸平衍，土產稻米，胡椒，薯蕷，香蕉，椰子，柟木，鳥翎。自檳榔嶼新嘉坡兩埠漸盛，麻剌甲商務遂衰，然糧食互市，猶足自立。經商利權，多華人主之。光緒十八年（西一千八百九十二年），進口貨値洋銀一百六十八萬二千元有奇，出口貨値洋銀一百四十八萬六千元有奇。城瀕麻剌甲河口，當赤道北二度十一分。京師西十四度十四分（倫敦東一百二度十四分）。河左岸半城，即荷蘭舊治，今泰西人居之，右岸半城爲市，貿易之地，華人及番族人居之，中間駕橋以通往來。口岸水淺，帆船可入，印度公司輪船來此，皆用小船起駁貨物。麻剌甲海峽古所稱紅毛淺也，自西北而東南，長七百七十八法里。最寬處在檳榔嶼與蘇門答臘東北角，中間約二百九十七法里。最窄處在麻剌甲，約五十五法里。峽中水流駛急，回旋不定，船不易行，而燈塔尙多，蓋正當中國海與印度洋通接處也。

丹定斯羣島　英國海門屬部之一，近傍巫來由地股西海岸，在麻剌甲海峽中。北距檳榔嶼一百三十法里。大島曰邦哥爾，合附近二小島，稱爲丹定斯羣島，周圍五百五十法方里。居民二千人。當赤道北四度二十分，京師西十五度五十三分（倫敦東一百度三十五分）。白蠟蘇丹因英督平亂，來索此地，復割瀕海之地與之，亦名定丹島。中有山，高八十五法尺。稍遠小島，曰士美蘭，曰邇勒，皆在麻剌甲海峽中間。

右英國海門屬部之地凡五，通三千七百四十二法方里。

科科斯羣島　亦名啟令，在印度洋東南巽他海峽口西南一千法里。自赤道南十一度四十九分至十二度十二分三十秒，京師西十九度三十三分（倫敦東九十六度五十五分），總凡二十三島，合二十二法方里。彎環如枝角對

14

峙，外圍沙淺，中瀦海如湖，寬十六法里。島之大者曰阿爾斯比舒（或名北島在北），曰的來克相，曰魄利松，曰阿利斯（或名瓦對爾），曰蘇次隆，曰阿羅斯（或名西島在西）。各島周圍缺處，非灘即沙，船不能入，獨北面阿勒非舍利，可由外海入內海，然水不深而路不寬，此島故無人跡。明萬曆三十七年（西一千六百九年），英人啓令尋地至此，見島中大半椰樹，故以科科斯名之（科科亦作可可譯言椰子）；後人因啟令所得，又以其名名之。道光三年（西一千八百二十三年），英人哈爾始居於極南島中，八年（西一千八百二十八年），有蘇格蘭人阿羅斯，挈眷率衆來爪哇島，遂造房屋，招工商。今有居民四百戶，皆南洋土番。地當自錫蘭至澳大利亞中路。光緒四年（西一千八百七十八年），遂隸錫蘭屬部，以爲捕鯨魚船棲息之所，十一年（西一千八百八十六年），改隸海門屬部。蓋壤地雖不接連，而形勢實相聯絡也。島無雜樹，少飛禽，有豬及鼠，家畜則自外入，惟螃蟹甚大。氣候溫和，常有暴風，或折木壞屋焉。

右英國海門屬部遙隸之地凡一，通二十二法方里。

二 蘇門答剌島志 15

蘇門答剌亦名須文達那，元史外夷傳作蘇木都剌，明史外國傳分而爲二，非也。泰西圖志謂土番自稱曰布羅毘騫，「布羅」譯言島，「毘騫」其地名。案梁書，扶南國南界三千餘里有頓遜國，頓遜之外大海洲中有毘騫國，去扶南八千里。扶南即今暹羅，頓遜即今麻剌甲諸地，毘騫即今蘇門答剌，按之地望，證之番名，頗爲近之。是島東北界麻六甲諸地，中隔麻六甲海峽，東南界爪哇島，中隔巽他海峽，西臨印度洋，東臨中國南海。形勢袤長，由西北而東南，自赤道北五度三十八分四十五秒起，至赤道南五度五十八分止，巴黎東九十二度五十二分十五秒起，至一百零三度四十三分三十秒止，長一千七百六十法里，寬自一百六十至四百法里，合之附近諸島，凡四十四萬三千二百三十四法方里，較之荷蘭本國，蓋大十三倍也。按西志稱是島爲巫來由祖國，隋唐間印度人始至，故其地有佛教廟碑古蹟。宋元間阿剌伯人繼至，因改奉回教。環島諸國，雜以內地番社。大抵北岸以蘇木都剌爲最大，即亞齊諸地，明史外國傳蘇門答剌後易國名曰亞齊。南岸以三佛齊爲最大，即巴鄰傍諸地（明馬觀瀛涯勝覽，舊港古號三佛齊，亦曰渤淋邦，隸爪哇，渤淋邦即巴鄰傍）。西岸有美囊加布國，蓋巫來由人所自出（備考同），即八當諸地。嗣是番社部落，錯居互門，爭爲雄長，或分或合，或以小部隸大部。迤南如巴鄰傍嘗屬於爪哇，迤北如亞齊則立國如故。逮明正德六年（西一千五百十一年），葡萄牙人始得麻六甲，欲據此島北岸，後爲亞齊所逐。萬曆十七年（西一千五百九十九年），荷蘭欲與亞齊通市，不果，四十四年，始在東岸詹卑設立商埠。國朝康熙元年（西一千七百七十二年），復與巴鄰傍通商立約。三年（西一千七百七十四年），美囊加布回會約荷人助攻亞齊，於是遂得西岸八當諸地。八年（西一千七百七十九年），侵南岸之覽邦，而東岸之邦加比里東兩島亦屬焉。康熙二十四年（西一千七百九十五年），英於西岸踞萬古屢，及道光四年（西一千九百二十四年），荷以麻六甲舊地易之。是年荷與英約，允亞齊爲自主國，復於其間脅覽邦，巴鄰傍，詹卑服之；并得東海岸之日裏（即錫利），西亞哥阿薩漢安特拉惹利（即雷里）諸地。同治十一年（西一千八百七十八年），英與荷廢去亞齊自主之約，以易新幾尼之地，荷人遂肆志用兵，而亞齊雖困不服，勞師糜餉，久而未定，迄今十有八載，僅得北岸沿海各埠，而內地如巴達野番，仍自立如故。其餘各屬部亦有荷官與番酋雜治者。居民巫來由一百七十五萬人，巴達野番四十萬人，北岸亞齊土番三十五萬人，南岸巴鄰傍覽邦土番七十萬人。此外印度阿剌伯及諸島番民六萬人，泰西及雜種人不過五千而已。華民十一萬人，皆閩粵產，多在出礦種烟之地，凡攻礦捲烟，率以華民爲之。又能製油漆器物，頗爲著名；且有金銀精巧之匠。土番能造鐵器，鋸木料如刀槍，甚鋒利，而美囊加布尤著。沿海能造小船，名曰奔札邦，其製亦佳。餘如硝皮織席。婦女能繡花織布，其布以棉線參以絲線金線，製妙而價昂。礦有金，銅，鐵，鉛，錫，煤，礬，硫磺，溫泉，煤油。沿海產鹽。水澤平原，多桄榔，檳榔，椰子，沙藤，橡栗，竹林，蘆葦。有長藤盤樹頂，有高草生林中。自高阜以至山上，有烏紅，檀香，松，樟珍貴之木。有冰片，潮腦，安息香，藤黃，香料，膠，漆，多不知名者。居民種植有稻十餘種，包穀，小米，沙穀，米，甘蔗，棉花，藍靛，加非之屬。近來每歲所出胡椒，約一千八百萬啟羅格剌姆，凡黑白兩種，黑者尤良。烟葉九百十九萬啟羅格剌姆，尤爲商貨大宗。鳥獸各一百數十種，有文雉，羚羊，斑馬，剌蝟，象牙，犀角，燕窩，麝香，皮膠，黃蠟，有玳瑁，海參，及魚，蛇，鱷之屬。家畜稱是。島中有布幾巴里雙嶺綿亙南北，偏於西岸，故西多高阜，而東多平原。此嶺或一道，或二三道，層叠錯列。其最高之峯，曰阿邦阿邦（在赤道北四度十七分，高三千四百法尺），曰路斯（在赤道北三度四十八分，高三千七百法尺），曰戈倫幾（在赤道南一度三十六分，高三千六百九十法尺），皆火山也。戈倫幾峯頂有口門，極大且深，常有霧氣，其餘出火者，尙不止此。北岸有亞齊灣，南岸有覽邦及賽芒加兩灣，盡頭處有三海埼。西岸多石巖，故水短而流急，東岸多漲塗，故水大而流漫。西岸如得巴利之新盖爾，打羅，加的，拿得爾河，八當之廝雙，細拉武河，萬古婁之摩哥摩哥，遮布，緩布勒，廝那河，皆西注印度洋，僅通土番小舟。東岸如日裏河，匯上游諸水，阿剌漢河，發源於多巴湖北半島，此河爲大西亞哥河岡巴爾河，自沿岸平島入海。安特剌惹利河，發源於新加拉湖，自盎非特利脫灣入海。

詹卑江，發源於戈倫幾嶺，其上游北支曰亞利，南支曰當卑，西會諸水曲流，經詹卑城。江寬四百邁當，深五邁當，至江口分三汊，曰尼攸爾，曰貝爾巴，曰阿齊依打穆，淺水輪船，可行六百法里，小船可行七百七十五法里。巴鄰傍省有拉郎，東加拉，邦敦三河，合流爲邦苴亞心江；稍南即摩西江。有本的洋河，與邦苴亞心相通。摩西江上流會諸水，流三百五十法里，經巴鄰傍城入海處，汊港紛歧，與邦苴亞心河近。摩西江及各支河，船可以深入，再上則用行筏與內地交易，盖貨與筏可並售云。過此與覽邦交界，有馬蘇支河，皆注中國海。由是地益窪，水益多，成爲汨澤。此外，北岸有亞齊河，南岸有賽芒加河。其湖則以巴達番社之多巴湖爲最大，次八當之馬銀珠，新加拉，次哥倫幾，皆火山崩陷所成也。氣候炎歊，常年如夏，寒暑表高則九十一度，低則八十九度。山中稍涼，沿海稍熱。時有暴風雨，每年下雨，中數二法尺，或一百六十日，或二百二十日，八當尤多，巴鄰傍稍少。自十月至二月，西風西北風，多雨；四月至八月，東風東南風，少雨。每歲三月多暴風雨，凡東風時，多患瘧疾。此西南岸風向常期，至東 17

南岸則無定也。今考其分部設治，一曰亞齊部，北爲大亞齊省，爲亞齊東北海岸省，爲亞齊西海岸省，附以內地番社，及西厰路島。二曰西海岸部，爲得巴奴利省，上八當省，下八當省，附以邦札克，尼亞，巴都門，得威諸島。三曰萬古屢省，附以盎加諾島，覽邦省，巴鄰傍省，附以詹卑國，則遙轄於爪哇島之巴達維亞。四曰安特刺惹利及光當府，則遙轄於賓童龍及龍牙諸島。五曰東海岸省，爲日裏，爲阿薩漢，爲西亞克各部。各省皆有荷蘭官弁駐札，監治其事，兼理刑名詞訟，而皆屬於爪哇之荷蘭印度總督。北岸有亞齊兵，提督統之，西岸各軍，副將統之，駐於八當。又有荷屬海軍輪艦，來往巡閱。東岸各番部皆有回酋蘇丹，其下有議政局。各社有頭目曰蘇古，又合數頭目爲厰爾加，番民有事，先訴於頭目，以達於議政局；議政局之諭番民亦如之。頭目治事亦有章程條例，書於竹簡或樹葉，相沿不改。近日有廢去巫來由舊例，而遵用荷蘭新章者。沿海輪艦，帆船，通行各處。如自西岸之八當，東岸之日裏巴鄰傍，至新嘉坡有定期船路。又自巴鄰傍至爪哇，自哀的埠至檳榔嶼，或徑達，或順道。其餘南洋各島，無不相通。自中國閩粵海口至此，有荷德公司輪船，每月一次。全島鐵路，多未開行，惟有亞齊日裏兩處，約七十法里。今又在八當創設，約一百七十七法里。水陸電線，由爪哇以通遠近。荷人近議於亞齊北海中之渭島，開辦過路商埠，以當新嘉坡之衝，而奪其利，用以屯煤運水，置貨物，然久而未就也。

亞齊部　在蘇門答臘北岸，古回酋強國。考巫來由史，蓋立國於南宋開禧元年（西一千二百零五年），明時嘗入貢中國。永樂中葡人始至，屢戰不服，及荷人得是島諸地，亞齊自立如故。道光四年（西一千八百二十四年），英與荷立約共保之。及同治十一年（西一千八百七十二年），英許荷廢約，併其地，荷始用兵，亞齊負嵎相抗，連歲轉戰，光緒五年（西一千八百七十三年），攻克其城。其酋長番目皆逃入山中，荷遂踞其海口。其他本有土番三十萬人，及兵事後，祇存六分之一，飢寒疾疫，死者相望，慘不忍睹；因之戶口凋殘，田園荒廢。荷人在海口建礮臺，屯兵弁，以鎭守；復招華人開墾種植。土番性猛好戰，在內地儲備兵餉，時思報復，乘間出擾，多殺華人，焚燒房屋，或深夜突至，頗受其害。迄今荷人權力僅及沿海，而內地則尙屬土酋也。今考其疆域，北爲大亞齊省，凡二千法方里，居民五萬人，即古亞齊國都之地。會城曰戈打阿剌札，其屬邑凡十，有格剌東礮臺，蘇丹府第在焉。當赤道北五度三十四分，巴黎東九十三度十二分。有城有濠，瀕臨河岸，外有攔沙，大船不能入。迤西北十法里，有倭需埠，瀕亞齊河入海處，新設口岸，可以停泊輪艦；且有鐵路通行。兩城出口貨，有銅斤，香料，硫磺，寶石，胡椒，冰片，檳榔；進口貨有棉布，哈喇，玻璃，鴉片，銕器，木料；多與新嘉坡檳榔嶼麻六甲往來貿易。東北爲亞齊東北海岸省，凡二萬二千法方里，居民七萬二千人。會城曰對羅克賽馬威，左有賽格利埠，右有哀的埠。此省東岸至赤道北四度二十八分，與日裏交界，海錄「大亞齊在錫里西北」是也。按上大亞齊與此省皆古大亞齊地也，餘番社凡三十四。西北爲亞齊西海岸省，凡一萬三千法方里，居民七萬五千人。會城曰麻拉布，稍南有蘇蘇埠。此省西岸至赤道北二度二十八分，與得巴奴利交界，按即古小亞齊地，海錄「小亞齊在大亞齊西」是也。餘番社凡二十。亞齊北海中有三小島，東爲渭島，西爲南勃剌斯及拿西島，不過一拳石，亦有民房海燈，蓋海口之外障也。亞齊迤南內地，皆巴達番社，北爲加苴番，阿剌番，南爲古布番，路布番，繁不備述，大抵皆巴達人種也。巴達番貌黑身小，聚居山谷，成爲村落，各有頭目。人皆裸身或衣樹皮，頭纏布，腰短褲，頭目則以珊瑚玻璃爲飾，多不入化。其稍通人性者，亦食稻米蕃薯，而以包穀爲多。以桄榔爲酒，或炙食牛羊。村旁路口，圍藤竹蒺藜，以禦敵人，阻野獸。其山中生番，或巢居樹巔，或竄處洞內，食蛇蠍毒物，雜以木實草根，間亦啖人。地多冰片，香料，番人收採，以易鹽，米，鹹魚，粗布，烟，銅銕，玻璃器。巫來由商人運貨進內，於番社交界由熟番與生番互市，每遇虎及狗，外人不能入也。番社亦定條例，通書寫，好歌謠，其字以刀刻於木葉，如蛇如蝎，如樹如竹，體制詭異。通計巴達番地，約四萬法方里，居民約四十萬人。其人自稱曰倭郎，稱頭目曰阿剌札，稱村社曰剛邦，則與他島相同。

西海岸部

得巴奴利省（南洋番音作打巴挪爾見使俄草）在蘇門答剌西岸，昔係巴達番地，北界亞齊，南界八當，凡五萬六千四百零二法方里。居民十九萬五千四百二十

19

一八，華人六百七十有奇。會城曰西波加，在得巴羅利灣中，外有蒙沙剌爾島護之，凡輪船距岸數法尺，即可停泊。在赤道北一度四十分，巴黎東一百九十六度三十六分。有小礮臺，荷兵守之，入內地者，皆取道於此。會城西北一百二十五法里，有新盖拉埠，瀕同名河岸，城懸水中，水土低溼，然可避風停船。有華人以糯米鴉片，易番民冰片香料。會城東南一百八十法里，有那達爾埠，即在同名河入海處，有礮臺洋房。東南內地魯布阿剌札及倭非爾兩山中間蒙得林地方，有金礦，在八當交界處矣。八當今分爲上下兩省（據使俄草上八當稱爲吧冬東市，正音巴宕勃蠡壞倫脊，下八當稱爲吧冬西市，正音巴宕排乃屯倫脊，其說可據。）。在蘇門答臘西岸。上八當省在內地山脊，荷人稱爲八當舍波紋蘭敦，譯言上也，凡一萬七千六百法方里，居民六十一萬三千八百六十二人，內有華民四百四十，西人三百五十。所屬五府。會城曰布基丁日，亦名戈克礮臺。迤北爲阿加穆，迤南爲八當邦莊，餘皆番社雜治。會城在山，居民亦繁盛，村莊田園，隨陀爲高下。有馬銀珠湖，新盖拉湖，溪河縱橫，灌溉便利。亦有火山，時出煙霧。內山土番，每谷爲一社，稱爲戈達，自治其事，故有第幾戈達諸名，不一而足。下八當在沿海平原，荷人稱爲八當舍貝內敦蘭敦，譯言下也。北自都阿角起，界得巴羅利省，南至門朱答河止，界萬古屢省，凡一萬六千四百法方里。居民三十二萬四千六百六十五人，內有華民四千，西人一千三百。所屬四府。會城曰八當，爲西海岸部之都會，瀕阿魯河右岸。當阿邦貝爾山，亦名布基摩幾，對面是山，屏障海口，兀立如砥柱，上有礮臺藥局。城在赤道南五十分一秒，巴黎東九十八度零十八秒，其中街道寬闊，土番居竹寮，華民居瓦屋，西人房屋稀少。有巡撫駐札，又有兵官刑司之屬。會城之北爲勃利亞蒙府，又北爲哀耶邦徐府，南爲貝能府，又南爲安特剌布拉府。上下八當，土地既沃，礦產尤盛，如汪碧瀾（在上八當戈克東北）有煤礦最著名，近來所出獨多，且良，他處亦有之。得拿答爾（在上八當戈克東南）有錶礦屑厚而質佳。其餘番社，多產銅鉛錫。山中又有文石。蘇巴岡各火山有沙金（在上八當新加拉湖之南），惜巫來由人淘洗不精，出產未旺，然八當已有收售礦金之市。他如米烟，香料，棉布，錶器，胡椒，蔴菇，甘蔗，藍靛，諸果，所產與附近同，而以加非爲尤多。每歲進出口輪艦帆船各一百餘艘，進口貨十七萬六千六百噸，出口貨六十六萬二千四百噸。新造鐵路，以通上下八當會城，旁達汪碧瀾煤礦，凡一百七十七法里，自光緒十八年（西一千八百九十二年）始也。氣候温熱，寒暑表七十七度（低則七十度高則九十度）。

萬古屢省（一作茫古魯，一作望古露） 在蘇門答臘西岸，西北界八當，東南界覽邦，東界詹卑巴鄰傍，地形沿海狹長，凡二萬四千七百六十法方里，居民十五萬一千八百十六人，華人五百四十有奇。康熙中此地屬英，然開埠既久，折閱不少，迨道光四年（西一千八百二十四年），遂歸於荷，而取其麻六甲之地。所屬七府。會城同名，在赤道南三度四十七分三十六秒，巴黎東九十九度五十八分五十秒。城南有麻爾波路礮臺。其往來商務，北奪於八當，南趨於覽邦，而此城遂衰。

覽邦省（海島逸志作覽房見明史外國傳） 明時爲爪哇之萬丹回酋屬國，今屬荷蘭，在蘇門答臘極南海灣。北界巴鄰傍，西界萬古屢，南瀕巽他海峽，東瀕爪哇海，凡二萬九千四百六十法里，居民十二萬三千九百二十二人，華人二百五十有奇。此省北沮洳而南林阜，有三火山，矗立島之盡頭處，成爲三海崎，瀦爲兩海灣，東曰覽邦，西曰賽洪加。所屬六府。會城曰對羅克貝東，即在覽邦灣中，此爲蘇島南岸總匯之處。其內地則樹林蓊蔚，田園莊落，散布交錯。居民多巫來由人。物產與附近同，而出口以木料爲多。

巴鄰傍省（附詹卑國） 在蘇門答臘東南岸，宋明時曰三佛齊，故大國也。洪武中爲爪哇所滅，於是稱其北曰詹卑，其南曰八鄰傍，仍各有酋長。巴鄰傍亦稱舊港，以別於詹卑之新村。按西史謂即昔日巴鄰傍國及詹卑國地，與明史諸書合。其地北界安特惹利及光當府，南界覽邦省，西界八當及萬古屢省，東瀕爪哇海，凡八萬九千五百八十六法方里（或云十四萬七百法方里），居民七十九萬四千九百八人，華人四千一百八十有奇。考荷人至此在國初時，至今雖爲所屬，而內地番社，則自主如故，不過羈縻勿絕而已。巴鄰傍今分置七府，曰巴鄰傍，其都會也（即舊港地）。城跨摩西江（一名巴鄰傍），兩岸有歐岡河，自南向北來會。距海口約一百法里，當赤道南二度五十八分，巴黎東一百二度二十七分。城沿江岸，長八法里，寬一法里，兩岸汊港紛歧，故附近橋梁

21

尤多。共分五十一段，或稱岡邦，譯言村莊也。左岸凡三十七段，名岡邦依利亞，右岸凡十四段，名岡邦烏魯，「依利亞」「烏魯」，譯言左右也。左岸有格剌東礮臺，旁爲荷蘭駐札衙署，皆昔蘇丹府第之地，今其回墳尙存。迤東即蘇丹舊都，有中西及土番學堂，有市肆，回回寺極稱壯麗，中國廟宇次之。凡荷人華人及土番之豪富者，皆居左岸，而右岸則有中國甲必丹府第，其市肆房舍，或以磚石，或以竹木。沿江居民，則編筏築室，繫之於椿，隨潮水爲高下。兩岸水次，鱗差櫛比，所在皆是，蓋他處所未有也（按與明史三佛齊傳合）。荷蘭公司商務極大，而華人頗握其權利。土番皆巫來由族，多奉回教，蘇丹嗣裔則狀貌稍白晳，鼻高唇薄，蓋華人種。山中番人，皆醜黑蠢陋。商埠多中國船隻，每歲進出口船各四百餘艘，輪船凡五十餘艘，載貨約四萬餘噸，大率往來中國閩粵各海口，及爪哇，般烏，龍牙，新嘉坡，麻六甲諸處者也。其陸路商貨，可由巴鄰傍城經雷厤當穿越山嶺以至萬古屢。其餘六府，曰歐岡依利爾哥美林依利爾勃利達（在會城之東南），曰衣利郎邦亢阿心（在會城之北），皆瀕臨海岸，汨洳低溼，居民鮮少；曰廓利西衣爾，曰哥美林烏魯歐岡烏魯衣尼木阿勒拿（在會城之西之南），曰對賓丁日，曰雷厤當烏魯雷厤當依利爾巴蘇厤（在會城又西又南），盖多山地，與番社雜治。其分府與立社，皆以水名。全境西高而東下，土地肥沃，出產繁盛。海岸多燕窩，內地多安息香，尤爲市名，餘與附近相同。林木蘆葦，中有象，犀，虎，豹，箭猪，時出傷人。亦有煤，鐵，硫磺，鹽泉。

詹卑，古國也，稱詹卑者，謂國君也，因大酋所居，遂以爲號焉。今爲荷蘭屬部，在巴鄰傍西北。其地自東海岸起，至中間大嶺止，跨詹卑江上下游，凡六百法里。會城同名，近瀕江岸，距海一百十五法里。又有廓瓦拉公貝，亦大埠，在會城之東公貝河入江處。詹卑尙有回酋，歸荷保護。其西南山地番社，曰對波，曰戈倫幾，曰邦岡詹卑，曰松日搭囊，曰賽郎貝，曰八當阿綏，曰利門，然外人鮮至，考之不詳。土番有右布種人，與沿海巫來由人交市，以安息香，血竭，沙藤，樹膠，易米鹽布疋。居民七萬六百有奇。

安特剌惹利及光當府　即志畧所稱霤里之地也，今遙隸於而汝武（即古賓童龍）龍牙（即古龍牙門）羣島省，詳見於後。考兩府之地，凡三萬七千二百五十法方里，居民十五萬人，跨有安特拉惹利江兩岸。其上游曰光當江，此其地名所由來也。北界西亞哥，南界詹卑，西界八當，其東北海中，即而汝武及龍牙兩羣島。安特拉惹利在海岸，其會城曰阿倫加，昔亦繁盛，今極衰落。光當在內地，其會城魯布詹卑，皆瀕江岸，各有回酋蘇丹，雖名屬荷蘭，而權利頗少。荷人設官駐於札布拉，亦瀕江岸，蓋在阿倫加稍進云（海口有淸刺拿克比雙尼烏爾三嶼，地低而平，不過有汊港相隔而已。）。

東海岸省日裏府　本巫來由小部落，即志畧所稱錫里是也（使俄草稱爲惡司加司脫溫蘇門答臘）。在蘇門答剌東北海岸，北界亞齊，南界阿薩汗，東瀕麻六甲海峽，西接巴達番地。本有蘇丹自主，及同治元年（西一千八百六十二年），歸荷保護。越十餘年，亞齊與巴達番來爭，荷人再與之戰，未幾蘇丹死，遂據而有之。地分三段，西北爲郎加，東南爲賽爾當，中爲日裏。海口同名，亦稱拉波杭，巫來由設口岸停船處也，瀕同名河岸。其北曰白刺汪，爲海口埔頭，其南曰美當城，是爲東海岸省之都會。新造鐵路，自美當北經日裏，以至白刺汪，又自美當西通丹邦郎加，南抵日裏都瓦。有英法德諸國租界。荷蘭有種烟十二公司，招雇廈門汕頭及他處華工種烟，並入山開路，伐木築屋諸事，至者頗衆。園主工頭待之無復人理，天熱地溼，多有困厄致病以死者。甚且誘賭放債以羈其身，雖期滿不得歸。每月有荷德公司輪船，自華放洋，約十四日程，大率載運工人也（據蘇門答臘招工成案）。

阿薩汗府　本巴達番小部落，北界日裏，南界西亞哥，東瀕麻六甲海峽，西接巴達番地。城名當尚巴雷，瀕阿薩漢河岸，可通小舟，亦有商務。居民多巫來由及巴達番人。

西亞哥府　本巫來由小部落，北界阿薩漢，南界安特剌惹利，西界番地，東瀕麻六甲峽口。本有蘇丹自主，咸豐八年，歸荷保護。城瀕同名河岸，北距海口五十法里，有蘇丹府第，荷官亦駐札於此，有礮臺守兵。其餘當差者，皆土番居民。亦種稻米加非，而出口以象牙木料爲多，進口以鴉片棉布爲多。其所屬番社多在北境，曰布幾巴都，曰打那布底，曰邦格口，曰右布。沿海小港互通，平島環列，自北而南，曰阿魯巴，曰邦加連（一作明加麗），曰巴當，曰美爾保，曰邦章，曰阿魯雙，曰阿郎多，合爲邦加連府。有城同名，在島西北岸。

以上四府，總稱爲蘇門答剌東海岸省，凡七萬一千零三十四法方里，居民四十萬人，有華人一萬六千二百四十有奇。麻六甲海峽中有阿羅亞羣島，總凡礁嶼七八處，正當吉瓏之西阿薩漠之東。其東南有大海燈一，以照夜行船路，是處沙河攢錯，或隱或現，殆即所謂紅毛淺也。阿羅亞西北有邦當島，薩剌那麻島，又西北有瓦剌島，札勒島，皆屬荷蘭，不過峽中拳石而已。

蘇門答剌迤西諸島　西麻路島一名巴比　荷名曰瓦爾根，英名曰好克。自赤道北二度二十二分，至五十九分，巴黎東九十三度二十七分至九十四度九分。島形狹長，自西北而東南，凡二千一百法方里。居民八千人，大半巫來由種。其海口在西岸，曰剌昆，曰沙郎，在東岸曰西古利，曰拉本，皆番社之大者，各有頭目，自成部落。光緒六年，荷蘭設亞齊部，始遙隸焉。島中多山而不甚高，河道不通舟楫，僅資灌溉。所種稻米甘蔗，亦產沙藤樹膠，有野豬飛狗水牛。進口多布匹鴉片，皆與亞齊交易。附近沙嶼錯列，西北有哥科斯島，相距四十五法里，東南有西納邦島，則距岸甚近，皆可以避風停船。又東南有打巴兩島，或名武剌克，與西麻路隔懷利日海峽。

邦札克羣島　東近得巴奴利之新盖拉海口，西近西麻路之打巴島，自赤道北二度一分起至十六分止，倫敦東九十七度三分起，至二十五分止。其大者曰都汪古，即邦札克大島，小者曰邦加路，即邦札克西島。其餘沙礁淺嶼，非要不述，皆遙隸於得巴奴利省之新盖拉府。

尼亞斯島　志畧作呢士，在西麻路之東南，巴都島之西北，距西海岸一百二十法里。自赤道北三十四分至一度三十四分，巴黎東九十四度四十一分至九十五度三十八分凡四千四百七十法方里，居民二十五萬人（連邦札克方里民數在內）。會城曰古農西多利，在東北海岸，有荷官駐札。其餘口岸村莊，在東南岸者曰薩茫巴瓦，在岸南者曰弗多羅，曰剌昆底，至北岸西岸則野番所居，尚未降服，且甚荒穢。居民有華人，阿剌伯，巫來由，及亞齊人，皆能耕種貿易。土番身矬貌黑，以獵獸捕魚爲事，性懶而狠。各社相攻，虜人爲奴，昔有販買黑奴之市，今始禁絕。山中野人殺人，則懸首於門以示武。凡娶婦時必殺人。各支有酋，曰布羅公，衆番奉之爲主，至今無人至者。出產稻米，烟葉，棉花，檳榔，果品，亦有樹膠，西穀米，運入有布匹，鴉片，銅鐵，玻璃，器具。昔時樹林繁密，今或砍伐，或燒燬。山有猴，鹿，蝙蝠，水有蛇，鱷，而魚尤多。猪，羊，雞，鴨，皆來自他處。天氣溼而且熱，歲或下雨二百日。地多山嶺河道，南面有朱廠亞山，高六百法尺，北面有壓遮亞河，流七十法里，北入剌巴剌灣。東西岸亦有小河，僅通番舟。西有那戈群島，北有邦章島，皆在附近，餘不悉記。咸豐七年（西一千八百五十七年），荷人始得此島，今遙隸於得巴奴利省之西波加府。

巴都群島　在尼亞斯島之南，門得威群島之北，自赤道北十二分起，至赤道南四十分止。巴都島（或名馬沙）居中稍大而狹長，縱六十五法里，橫十五法里。東北爲比尼島，西南爲巴剌島，西爲細布阿西島，與巴都西角相近，此島最小而要，有得羅埠。地產椰仁，椰油，西穀米，而燕窩尤多。今遙隸於八當省。

門得威群島　在巴都群島東南，盎加諾島西北，自赤道南五十九分至三度四十一分，巴黎東九十六度十分至九十八度二十分，距八當海岸一百二十里至四十里。遠近錯列斜上，凡大島四，小島十七，凡七千二百二十一法方里，居民一萬四千人（連巴都方里民數在內）。今自西北而東南計之，曰南北波剌兩島：北波剌一名門得威，一名西卑路，縱一百一十法里，橫三十二法里，居民八千有奇，凡十三村；其大者爲西卑路，即群島總會處，次爲加都雷，皆在東南；其西南附近有加剌馬幾小嶼，一名米敦波剌，餘不悉著。南波剌一名西哥布，縱六十法里，橫三十法里，居民一千四百五十有奇，凡九村；其大者曰西惹遮克，在東海岸。曰南北巴徐兩島，一名拿項群島：北巴徐縱四十法里，橫二十五法里，居民一千三百有奇，有西拉布村，在西海岸。南巴徐縱四十法里，橫一法里，居民一千二百五十有奇，口岸未詳。以上兩島皆六村。其東南島中有桑丁及美戈島，不過一拳石而已。島多火山，常有地震，河道亦少，周圍沙淺，大船不能入。花木鳥獸與巴都同，惟彼種稻而此種烟。附近與土番以貨物交易，不用銀錢。出口如木料，椰仁，沙穀，玳瑁，海參，進口如棉布，鐵器。土番體小色紫，鼻平髮細，礎牙文身，腰圍木皮。婦女布衣草帽，能用刀槍毒箭。刳獨木爲小舟，以桄榔葉爲帆。植椿建屋，上覆茭葦。荷人得此島，仍置番目以理其事，不遣人駐札也。今亦遙隸於八常省。

盎加諸島　在蘇門答剌極西南，當赤道南五度二十一分，凡三百三十法方里。居民六千四百人，皆野番，黑醜如巴布亞種，赤身無衣，故或稱爲波羅對郎贊，譯言裸人島國也。其兵刃器皿，皆以石爲之，近來始改用鐵。內山榛塞，人迹不通。今遙隸於萬古壓省。

蘇門答剌迤東諸島　而汝武龍牙羣島，蘇門答剌迤東，新嘉坡迤南，諸島環列，海道分歧，總而計之，爲而汝武及龍牙兩羣島。而汝武即古賓童龍，以賓童龍島爲最大，以而汝武埠爲最要，故近時叨報亦稱爲而汝武，而賓童龍之名，反不甚著。龍牙即古龍牙門。以上兩羣島，南北相望，大小各二十有奇，北與新嘉坡隔新嘉坡海峽（新嘉坡海峽尤當孔道，界中國海及印度洋之中），南與蘇門答剌隔貝爾哈剌峽。今荷人分羣島爲五府：東爲當莊庇能，即賓童龍諸島，西爲巴東諸島，又西爲加利蒙加諸島，南爲龍牙諸島，又東南爲布魯都莊諸島；合之蘇門答剌東岸之安特剌惹利及光當府，稱爲而汝武龍牙省；而復以東北海中之那都納，阿能巴，當卑郎三羣島隸焉。論地勢商務，前兩羣島則首而汝武，次龍牙。總凡四千一百九十六法方里，居民九萬八千人，其中華人三萬六千五百六十有奇，土番四萬一千八百有奇，此外有巫來由武吃氏印度之格鄰人，爪哇之繞阿人，至西人不過一百六十有奇而已。後三羣島惟那都納爲稍大，即所謂崑崙島也，餘則沙礁石巖，間有人烟。茲分列詳考，以明諸島之方向，而補外乘之荒略。巫來由語謂地曰得拿，峽曰息力，故稱此兩羣島及新嘉坡爲得拿息力，譯言海峽之地，蓋以其正當麻六甲海峽口也。

而汝武羣島（南洋番音作廖內，正音廖，按外國史畧賓當島外國稱爲料嶼是也。）　一名賓童龍，在新加坡島東南，龍牙羣島西北，自赤道北三十六分至一度十三分，巴黎東一百零一度十五分至一百二度三十分。其大島即賓童龍古國也，周圍一千法方里。島形略如半月，背東北而向西南，其間海灣曲入，島嶼錯立，相距極近。迤西南曰當莊庇能島（一作碧瓈），有而汝武城在其西北角，此即羣島之都會，而稱名所由來也。是城在新加坡東南七十八法里，山上有哥倫溥林礮臺，風景絕勝。有荷蘭駐札衙署，倉庫，教堂，學塾，洋人居其西，華人居其東，村莊市肆，所在皆是。閩粵分爲兩幫，各有公所，閩幫多廈門人，勝於粵幫，能安分營生。羣島商貨，以此爲盛。華人既繁，權利亦大，與新加坡往來交易尤多。每歲進出口船約八百餘艘，載貨約十萬噸，雖不及新加坡之當衝繁要道，然亦過路存貨之大口岸也。庇能之北有生加郎島，南有馬尼利島，有班眞加小嶼（一名馬爾），以爲屏障，水深而穩，可以避風停船。大島迤東南有馬波爾島，大小邦幾勒島，波多島，美邦島，格利隆島，溽島，秀隆島，答郎島（右而汝武府）。賓童龍之西爲巴東羣島，其大島即巴東，在新加坡東南二十法里，凡橫四十五法里，縱十三法里。西南有布隆羣島，埠同名，在北岸，正當新加坡城之南。近年商務稱盛，停船裝貨，有不至坡而至此者，以免征取貨稅也。又南有底洪波勒島，蘇日島，摩羅島，都利洋三島（一名桑格頓爾，曰大，曰小，曰中）。東南有司多哥島，阿郎邦島，加郎島，加剌島（右巴東府）。巴東之西有大小峇釐（一名加利蒙）兩島，正當麻六甲海峽極南進口處；峽至此始寬十法里，有巴雷埠在大島東南岸；其南又有賽古邦島，總凡一百二十一法方里。根都爾島，巴力島，布魯島，又界乎賽古邦左右者也（右峇釐府）。

龍牙羣島　在而汝武羣島之南，安特剌葸利之東，自赤道北三十八分，至赤道南三十七分，巴黎東一百零一度四十八分至二度四十二分。凡兩大島，牙錯角峙，中隔海峽。北曰龍牙（今譯音近蘭加），八百二十五法方里，南曰犀角（今譯音近新盖魄），五百二十九法方里。按明王圻續文獻通考云「龍牙犀角其地內平外尖」，又云「龍牙門山門相對，若龍角狀，中通過船」，並稱氣候常熱，男女椎髻，盖即指此。惟一地而分兩傳，則編次之歧出也。考龍牙昔爲回會強國，道光四年（西一千八百二十四年），始歸屬荷蘭保護，盡失跨海舊有諸地；然今蘇丹仍得自治兩島之事，而聽命於荷蘭。龍牙島會城同名，一名端愛，在南海岸，犀角島會城亦同名，在東海岸。兩島中間有巴奴波島。龍牙之北爲巴公島（一名婁磨亞瓦島，一名巴竹），賽邦加島（一名賽邦），又北爲的米洋羣島，班多島，麻敦島，比能島，美羅敦島，美薩那島，又北爲大小亞邦島，比東島，與而汝武羣島相近矣。巴公西北爲約攸波島，波威亞島，賽邦加東南，爲金達爾島，大小多米諾島（大日公加小日布路），犀角之西，爲門達剌島，阿剌瓦島（右龍牙府）。距龍牙羣島東南一百餘法里，有加利洋岡羣島，譯言七島也，皆拳石小嶼，而以加利洋岡島爲稍大。當赤道南一度十七分，巴黎東一百零二度五十六分（右布魯郡莊府）。羣島氣候炎歊，土地肥沃，終年多雨，惟冬末春初稍少（西正月至三月）。惟有南北風，無東西風，每歲冬春則北風（西十一月至四月），夏秋則南風（西五月至十月）。種植皆宜，出產極盛，即如賓童龍一島，歲出胡椒數百萬啟羅格剌姆，羔丕千餘萬張（羔丕洋名，名剌遮本尼加，木葉紫色，可作顏料，或硝皮糞田，土番用以製檳榔，多運售爪哇婆羅洲西里百等處）。其餘稻米，椰蔗，果蔬稱是。龍牙則多種沙穀米，海中多魚與鱷，及玳瑁，海參，惟野獸家畜，皆不甚多。生加郎有石宕，皆甃及犀角有錫礦。島小地陿，山陁河淺，如賓童龍峰在島之中，凡二百八十一法尺，龍牙峰在島之南，凡一千一百八十九法尺，犀角峰在島之中，凡五百三十二法尺；而汝武城爲布來河入海處，龍牙犀角亦各有小河，僅資灌溉，不通輪楫也。凡島嶼稍僻陋者，皆林木茂密，不見天日，絕少人烟。或沿海營居，而內地榛塞，故各種木料，尤有佳品。內山野番，醜黑蠢陋，裸體圍布，以竹筒裝毒箭，吹氣放之以射人，多中者。所居無房屋牆壁，每以四樹結枝編葉爲之，似巢似窩。每人有鍋竈，捕野猪鱷魚爲食，或啖山果野薯。有時以所得藤黃沙藤出外易米。其濱海而居者，或捕魚或爲盜。

那都納羣島　在婆羅洲之西，麻六甲海峽之東（即七洲洋），中國海之南，凡南北中三段。中段爲大那都納羣島，其大島曰崑崙，即明史所稱上怕七洲下怕崑崙是也。自赤道北三度至四度十六分，巴黎東一百零五度三十分至一百零六度五分，凡一千四百五十法方里。其島中多山，其北有古農阿剌內峰，高一千一百法尺。其南兩峰曰賽敦高三百法尺，曰的亞都，高二百五十尺，昔人所謂大小二山，屹立澎湃（海國聞見錄），蓋即指此。地當南洋孔道，洋艘入中國海，必由於此，故稱崑崙，介各洋四通之所。以新譯圖說證之，前人記載，固確鑿可據也。其埠同名，在西南海灣中，水深沙淤，大船不能入，即小船亦難進。居民四千有奇，多以修造船隻爲事。出產椰仁，及油，沙穀米，各種海味，頗與西人交市，華人間有至者。東北通北般烏，西南通新加坡島，此爲最捷。其餘石巖沙嶼，四十有奇，稍大而可考者，曰塞達能島，正當西南灣中，環繞沙淺，尙有人烟；曰塞魯汪，在西北；曰薩勞爾，曰巴當，曰塞得達，曰剌公，皆在西南；曰愛剌分斯頓，曰愛哥克，曰剌島，亦在西南；距島稍遠，北爲北那都納羣島。自赤道北四度十分至五十分，巴黎東一百零五度三十六分至五十八分，總凡六島七十五法方里，居民一千有奇。其稍大者曰波羅勞島，埠同名，在東海岸，餘如塞達公島，皆沙礁無人烟。南段爲南那都納羣島，自赤道北二度四十二分至三度三分，巴黎東一百零六度二十五分至三十七分，總凡十一島，四百法方里，居民一千有奇。其稍大者曰蘇比島，埠同名，在東海岸，餘如塞拉札島，亦沙礁無人烟。以上三羣島，各有土番頭目，而遙隸於而汝武龍牙省。那都納東南又有塞拉桑小羣島，自赤道北一度五十五分至二度四十八分，巴黎東一百零六度十六分至五十八分，總凡十三島，其稍大者曰塞拉桑島，一百二十法方里。居民一千二百有奇。分爲四村，有土目兩人轄之，其遙隸與前同。餘如布力洋島，摩利島，不悉著。是島多椰樹，頗與婆羅洲西岸交市，盖地相近也。

阿能巴羣島　在那都納之西南，自赤道北二度二十分至三度三十分，巴黎東一百零三度二分至一百零四度九分。凡分三段，東爲大羣島，其稍大者曰香當，曰馬達，曰達比洋，曰摩布爾，其小者曰門札林，曰邦莊，曰奔艮東，曰門達拉，曰阿加爾。西爲西羣島，其稍大者曰支那札，其小者曰巴都馬那，曰阿尼亞，曰摩布利，曰得剌加，曰得力邦，曰邦達巴魯，曰達尼洋，曰馬達爾。南爲南羣島，其稍大者曰阿利亞布，其小者曰格林，曰阿利當，曰布瓦，曰阿勸邦，居民一千五百有奇，皆巫來由人，頗以行海著名。以香當爲總埠，有龍牙回會所遣頭目駐札轄之。其遙隸與那都納同。

當卑郎羣島　在那都納阿能巴之南，其稍大者曰當卑郎，凡七十二法方里，在赤道北一度，巴黎東一五零五度十分。島中多山巖，沿海多沙淺，西南有海灣，美剌苴埠即在灣中，可以停船屯煤，以備荷蘭兵船出巡洋島之用。居民千餘人，亦有華民，餘皆巫來由人，大半以造小船行海捕魚爲業，或織紬熬糖，製丁香油。其遙隸與阿能巴同。西南爲布拿瓦及札郎島，每歲漁時，有人至焉。西北爲魏島，能加島，三瑞連島，加美勸島，本日布島，巴爾島，維多利亞島。常卑郎西南，又有瓦達斯小華島（或名散裒斫勃利），其南爲三特巴爾波島，東爲底來克香島，或孤嶼，或碎礁，遠近散布，出海不高，人迹未到，姑誌其名而已。

邦加島　志畧作網甲，在蘇門答剌東南海岸，西與巴鄰傍省隔邦加海峽，東與比里東島隔加司巴爾海峽。是島側形斜立，自西北而東南，長一百七十法里，寬五十至六十法里。北角在赤道南一度三十分，南角在三度四分，西角在倫敦東一百零五度七分，東角在一百零六度五十一分，總凡一萬二千六百八十一法方里。荷人於康熙初得是島，及嘉慶中英與荷爭南洋諸地，常往踞之，旋即歸還。今置九府，西北曰文都府（今南洋番音作文島），會城同名，是爲總匯之處，正當島西北角灣中。南岸背向馬奴賓山下，面臨邦加海峽口，在赤道南二度四分三十秒，巴黎東一百零二度五十三分。有荷官駐札，兼轄邦加比里東西兩島，而遙隸於蘇門答剌。房舍市廛，大半華製，以木爲屋，以甎爲基，高敞文飾。流寓亦多華風，惟駐札衙署，用西洋制度而已。曰遮布府，城同名，在西北岸。其自北而南，曰布林汝府，城同名，在北岸克剌巴海灣中；曰松蓋利特府，城同名，在東北岸；曰美剌汪府，城名巴都阿魯薩，在東岸；曰邦加比能府，城同名，在東岸；曰松蓋塞蘭府，城同名，在西岸；東南曰哥巴府，城同名，在東南岸；曰托巴利府，城同名，在西南岸；而以大島東南雷巴爾及利亞兩小島附焉。其居民華人二萬有奇，巫來由及土番五萬一千二百有奇，泰西祇二百餘人。是島以錫礦著名，所產多而且良，自道光初年開礦採錫，每歲可得四千四百噸，皆運售中國及印度等處。華人多充是役，因之來者逾衆，皆勤儉耐勞苦，其他工商諸務，無所不能。亦產銀鉛銅鐵水晶，且有溫泉，惟少石煤。山中多大木，其材可爲梁棟船桅，又有紅木烏木之屬，頗稱珍貴。氣候極熱，水土易乾，不宜種稻，故人多不穀食。夏秋多東南風，多晴，冬春多西北風，多雨，終歲有暑無寒。北面有馬剌斯山，高七百法尺，餘不過三四百法尺而止。河道短而淺，口前門多有攔沙，故不能通行輪楫。居民村市，距海口數法里，沿海望之不見。土番醜黑蠢懶，無能自振，大約三十人作工，祇抵華工一人而已。

比里東島（今南洋番音作勿里洞，亦作萬里洞）即志略所稱之茶盤也，在邦加東，正當蘇門答剌東南岸，與婆羅洲西南岸之中。島形圓而稍缺，自赤道南二度三十分至三度十七分，倫敦東一百零七度三十一分至一百零八度十八分，凡四千八百零七法方里。今置四府：西爲當莊邦當府，會城在西北，瀕阿志巴沙河口；北爲布丁府，城在東北岸，瀕波丁灣中；東爲蒙加爾府，城在東海岸，瀕蒙加爾河口；南爲敦當府，在南海岸，瀕巴羅克灣中。周圍小嶼淺沙，迤西尤多，如定定島，蒙達諾島，那多島，司留島，餘不悉著。其居民華人五千七百二十有奇，巫來由及土番二萬二千二百五十有奇，泰西五十餘人。是島地不及邦加之半，而產錫相埒，自咸豐中有公司開錫礦，歲出三千六百噸，皆以華人任其事。亦產鐵與木。巫來由人能捕魚，收蠟，採玳瑁，海參，燕窩，紫菜，出產頗爲繁盛。土番貌黑而身矬，其土語無人知者。島中有得遮穆山，兩峯高六百法尺，行船者以爲準焉。

三　婆羅洲志

婆羅洲南洋之大島，正在赤道之下，自赤道北七度六分起，至赤道南四度十一分止，京師東二度五十二分二秒起，至西七度二十九分五十八秒止（巴黎東一百六度三十八分起至一百十七度止）。西界中國南海，北界蘇祿海，過此即呂宋羣島，東界望加錫海峽，過此即西里百島，南界爪哇海，過此即爪哇島，合附近小島，共得七十四萬八千七百法方里，居民一百七十萬有奇，蓋澳大利亞洲之外，未有大於此者矣（法國地志謂大於法國一倍有半）。此島在唐曰婆羅（唐書南蠻傳），在宋曰渤泥（宋史外國傳），明史（外國傳）則婆羅渤泥分爲兩傳，實祗一國，即今捕尼（外國史略），在島之北境，文郎馬神即今班熱馬生（製造局圖），在島之南境。因婆羅通中國最早，故全島蒙是名，因馬神當明時甚強，故史亦爲立傳。至近時洋文譯音，或稱般鳥，或稱慕娘，或稱蟠尼阿，則皆婆羅士泥一聲之轉而已。嘗考島之全境，土番部落，分國別治，環四圍而居之。其後或見侵於蘇祿，或受制於闍婆（即今爪哇），逮明正德十六年（西一千五百二十一年），有葡萄牙行船尋地者曰墨瓦蠟，始至島之北岸。及萬曆三十七年（西一千六百零七年），荷蘭人始至島之西岸，由是西南而東，或探其海口，或脅其會長，至國朝乾隆嘉慶間，西

31

岸如三巴斯，邦底亞納，南岸如班熱馬生，東岸如古達，萬老高，以及島中大小戴燕諸部，雖有土酋，皆歸保護，設官駐兵，攬其權利。道光二十六年（西一千八百四十六年），遂定爲荷蘭東印度屬部，即今所稱之西海濱部，東南海濱部，此荷屬婆羅洲之地也。島之北境，東爲薩巴，即所稱北般烏（亦作北蔓娫），西爲沙爾鑑克，亦稱西般烏（張制軍香文），光緒十四年（西一千八百八十八年），皆定爲英屬部；中爲捕尼，即古浡泥國，亦歸保護；又有附近之勒邦島；此英屬婆羅洲之地也。島中土地低溼，雨水時降，南境甚窪，北稍高。有大山自東北而西南，劃分界限，土番稱爲一千一百嶺。按番語「千」爲沙哩，「百」爲沙喇褫（據謝清高海錄），志畧稱爲息力大山，蓋番語急讀之轉音，譯意即一千一百嶺，明史稱封浡泥國後山爲長寧鎮國之山，當即指此。全境諸水，大率發源是山。玆粗述大畧，而分著山川風俗政治物產於各部中，以備參考。地當赤道，氣候潮而且熱。北面多印度海之風，有西南風，東北風。南面多爪哇海之風，有西北風，東南風。瀕海之地，寒暑表八十度至九十度。居民內地多戴燕人，沿海多巫來由人，亦有爪哇之繞阿人，西里百之武吃人，蘇祿之土人，閩廣人則是處有之。凡開礦經商，及種植諸事，皆賴以辦。所至之地，各分部落，各有首領，西岸多於東岸，他如南岸舊埠（如馬神），北岸新口（如山打根古鎮），亦皆至焉。或且娶番婦，隸夷籍，富商大豪，有爲荷蘭甲必丹者。泰西地志稱華人來此設會館，舉董士，宛爾商務民政自主部落，殆尙有昔所稱崑甸（即邦底亞納）之羅芳伯戴燕之吳元盛其人歟（海錄）？至其內地，大半榛狉，未盡開闢，山深林密，尙有野人，故今所考，大抵詳於沿海，畧於內地也。

北境（英國屬部保護之地，凡二十三萬二千四百十六法方里，居民六十五萬人。）　浡泥蓋婆羅洲最古之國，在北海岸，因其酋爲巫來由人，故亦稱文萊。會城同名，在赤道北四分京師西一度三十分（倫敦東一百十四度五十八分）。自唐迄明，酋長世居於此，號爲大國。其後東奪於蘇祿，西侵於荷蘭，近日東西兩境，皆爲英國所有，益復不振，遂亦歸爲保護。今蘇丹阿克馬爾丁，於光緒十一年（一千八百八十五年）嗣位，蓋擁立守府而已。其地有浡泥江（亦名蘭邦），自東南向西北流，長二百法里，寬二法里。城瀕江口，兩岸有小河，支港縱橫，穿城而過。南洋諸島，海岸低窪，時患潮水泛溢，居民縛木築屋，離地豎椿，高數尺或丈許，以避水而禦溼，其制相同，略著於此，後不贅述。是國當明正德嘉靖間，居民約十萬人，今則祇有一萬五千人，疆域僅存五萬二千一百六十八法方里。昔盛今衰，於此可見。餘具於薩巴與沙爾窪克中，皆婆羅洲北境之地也。

薩巴部（卽北般烏附勒邦島）或名薩巴克（上海勃泥開埠章程作沙峇），亦稱英國之北般烏（洋文譯音作勃里的蚩諾爾昕波爾烏），在婆羅洲東北，臨海斗出，踞全島勝處。西界浡泥國之斯比敦河，南界荷屬諦敦之西布古河及古剌山，西北瀕中國海，東北瀕蘇祿海及曼陀羅海。自赤道北三度五十二分起，至七度二分三十秒止，京師西一度八分起，至東二度四十六分止（巴黎東一百十三度起至一百十六度五十四分止），凡七萬八千九百四十八法方里（合三萬一千英方里），附近小島約一千三百法方里，居民二十五萬有奇。考薩巴之地，昔時半屬蘇祿（隔海遙隸），半屬浡泥，兩國時有戰事。乾隆二十七年（西一千七百六十三年），英人嘗至其地。逮同治四年（西一千八百六十五年），美國領事得此地於浡泥國，經理開墾，迄未成事，乃售與奧國駐札香港領事，擬設藩屬，亦無起色。且置產招股，獨賴英商丁地之力（一作膽德，卽上海寶順洋行商人），光緒三年（西一千八百七十七年），租其北三省之地於浡泥王，歲給洋銀一萬五千圓，四年（西一千八百八十八年），租其東一省之地於蘇祿王，歲給洋五千圓。未幾奧領事告歸，丁地遂轉售得之，因號爲北般烏公司，時光緒七年也（西一千八百八十一年）。於是呈請英廷認爲屬地，派官監理，設一總督駐山打根，以統轄全境。每省又有駐札之人，刑名政事，總督與駐札者任之。又有司銀錢，理產業，審詞訟，督工匠，及考察地方，照料口岸各頭目。有巡捕頭目，凡巡捕兵一百五十人。每處頭目各司其事，有議事院，皆由頭目選派與會，所有土會番社，皆受命惟謹。本地餉項，卽由地稅，丁稅，烟酒各稅抽收經費。光緒十五年（西一千八百八十九年），進口貨値洋銀一百七十九萬九千圓，如糧米，布匹，銅鐵器具，機器，煤油，鴉片，中外各酒，及水飲（如氣水花露）之屬；出口貨値洋銀七十萬一千圓，如木料，樹膠，烟葉，燕窩之屬；入欵洋銀二十五萬一千圓，用欵洋銀四十二萬六千圓，租地收價銀二十五萬圓；盖出入貿易，較之開埠伊始，多

33

至十五倍矣。其地東曰東海濱部，東北曰阿爾戈克省，西北曰干貝爾省，西曰勝德省（北般烏分部設省，據倫敦斯丹福輿圖局祝壽地圖）。東海濱部，在北般烏東境，會城曰山打根（一名哀爾布勒），英人所新建北般烏之都會也。當赤道北五度五十分二十二秒，京師東一度三十九分（巴黎東一百十五度四十七分），在香港南兼東南一千八百七十法里，西貢東兼東南一千三百七十八法里，新嘉坡東兼東北一千六百七十法里。昔時此地海岸荒涼，內山榛莽，自英人開埠，華人踵至，商務地利，日與月盛。凡舉辦諸事，皆創自華人，而土番化之。藩屬衙署，局所市肆，無不具備。居民五千人，華人居三分之二，有中國寺廟。土番奉回教，亦有禮拜堂。有輪船公司，定期開駛，往中國及澳大利亞洲兩處。城背山面水，去海一法里，瀕山打根灣北岸進口處。灣自東北而西南，長三十法里，外狹而中寬，水深風靜，停船屯煤，以此為勝。自海入灣二十法里，有島曰丹邦，其口岸曰答爾門，可以駛入，下椗於此。凡水注此灣者十七道，其大而要者曰蘇杭郎巴河，曰薩格呂河。山打根北有拉布克河，入拉布克灣，岸闊水淺，口門有攔沙，船不能入；南有幾那伯當岡江，賽加麻江（一名詩家媚）。幾那伯當岡江長五百五十法里，可行輪船者四百五十法里，左支為羅岡河，右支為加爾摩達河，因有瀑布，故通舟楫。賽加麻江沙淤流緩，汊港紛歧，皆自西而東，入於西里百海。過此為達爾威勒灣，北岸有薩加爾島，南岸有丹布馬達島，水宜停泊，陸宜種植。過此為散特留細灣，有薩巴底克及奴拿根島，即英荷屬地分界處也。阿爾戈克省（亦名馬盧杜）在北般之極東北境，有馬盧杜灣，馬盧杜河入焉。灣口西岸有古達埠（此埠譯音與古達國同名實兩地也），可以停船避風。自香港至古達，有定期輪船來往。灣心北岸有邦光埠，瀕邦光河岸，阿爾戈克之鎮也。凡經商種地，皆在於此，周圍種烟及蔗，為北般烏出產總會之處，內地及濱海各島所出之物，多來此求售。馬盧杜灣迤北二十法里，有巴郎邦岡島，邦貴意島，徑四百十六法方里，南岸有米脫福爾埠，外障以三小島，為灣泊勝處，迤東有麻勒威爾島。省東北有巴義丹及馬爾賽沙灣，有巴義丹及蘇姑河入海，西北有幾那伯魯山，高四千一百八十邁當，為北般烏斗入海中最高處，土番謂名自中國來，惜歷譯未明其義也。干貝爾省，在北般烏之

34

極西北境，幾那巴魯山自南而北，相接不斷。迤南有幾馬尼斯埠，稍北爲蓋亞灣，外有蓋亞及薩邦加爾島，英國海軍輪艦多泊於此。海岸多煤水食物。又北爲盎邦灣，亞伯義灣，海中有蒙得拿尼島，皆避風停船之所。極北爲雙邦莽喬海角，即全島盡頭處矣。騰德省在北般烏西境，內地頗荒，沿海漸闢。有伯大斯江，自浡泥灣入海（一名伯大斯灣），兩岸多田畝，有人煙，其外即勒邦島也。勒邦島正當浡泥灣之口，在赤道北五度十六分，倫敦東一百十五度十五分。島三角形，凡七十八法方里，居民五千有奇。道光二十八年（一千八百四十八年），英人得此島於浡泥國王。南岸爲維多利亞埠，爲避風停船之所，西北有哥阿布瓦埠，爲屯煤之所。是島有英國巡撫，及巡捕府駐札經理，幷隸於北般烏。光緒十五年（西一千八百八十九年），進口貨值洋銀三十五萬七千圓，出口貨值洋銀二十四萬四千圓，入欵洋銀二萬圓，用欵洋銀一萬八千圓（按英國歲紀政要官册，勒邦島附於北般烏，今後故仍之）。北般烏有石煤，沙金，山打根灣煤礦由公司開辦，賽加麻江中段金沙，有華人淘取。又有銅，鐵，錫，鑽石，水銀，鹽泉。凡木長十餘丈，大者數圍，徧地皆是。有鐵木，檜木諸料，以及潮腦，冰片，藤黃，樹膠。幾那伯當岡江兩岸有沙藤，荊條；有桄榔，其葉可以織席，其材可以製物。西人及華民所種，以淡巴菰爲多。如山打根迤南之蘇杭郎巴河，及迤北之蘇姑與拉布克兩河附近，皆種煙之地，棉花，藍靛，苧蔴，甘蔗，胡椒，加非，金雞那，西穀米之屬，皆試種之。土番種稻，麥，包穀，檳榔。以銳木鑽地，布種入土，未及兩月，即可收穫，不止一年四熟而已。內山有虎，豹，犀，象，猿，鹿，猩猩，水牛，箭豬，銀鼠，松鼠，木狗之屬。馬勒伯鎮，在幾那伯當岡江岸，山巖石洞，燕窩甚夥。海燕小而羣飛，向晚歸，翏然有聲，逾刻方盡。歲產燕窩值洋銀二萬五千圓。沿海有海參，魚翅，紫菜，淡菜，珠蚌，玳瑁之屬頗多。魚有鱷患。凡所出產，大半運售中國者也。氣候溫和，泉水甘美，海少颶風，冬春多雨。居民時患瘧痢，熱毒，脚氣諸症，西人及印度人，尙宜於水土，華人頗多疾病，入山採木，及沒水淘金者尤甚，則土地新闢瘴氣未除故爾。

沙拉窪克部　在婆羅洲西北，自赤道北二度三分得都海角起（與荷屬散巴交界），至四度三十九分巴賴穆江口止（與浡泥國交界）。京師西一度九分起，至六度四十三分止（倫敦東一百九度四十五分至一百十五度十九分），橫得四百五十法里，縱得六十至二百法里，總凡十萬法方里。北瀕中國南海，南枕一千一百嶺，即中間天然分界處。地本浡泥國屬部，有土酋分治，酷虐苛斂，遂致錫礦丁衆作亂。適英人士穆者，由印度率兵停船於此，因助之平定土酋，乃給以古鎮海口，歲取租息，時道光二十一年也（西一千八年四十一年）。嗣又租得班都魯阿勒莊魯巴爾三河附近之地（咸豐十一年西一千八百六十一年）。同治七年（西一千八百六十八年），士穆病卒，姪沙勒爾為衆所推，仍莅其事。沙勒爾居此已久，嘗壓平戴燕番匪。復於光緒八九年間，租得自班都魯河至伯賴穆河附近諸地，浡泥王並以士魯桑河（發源浡泥東南之古剌山）兩岸讓之，於是沙拉與薩巴雖中隔浡泥國，不過剌瓦山而已。光緒十四年（西一千八百八十八年），英國始聲明作為保護，而屬於浡泥。昔時此地設阿勒札以治其事，阿勒札者，回部頭目之稱，及英得地開埠，因亦仍之，且不甚限制權利，聽其擇人行政。有經理地方衙門，凡長官五人，其一即阿勒札，或稱駐紮大臣，餘即巫來由頭目，以辦地方諸事。有議事處，則英人為多，巫來由長官亦與焉。凡律例稅餉，內政外務，皆議於此，由阿勒札宣告辦法，俾衆會議，然後施行。至各屬之事，則各有駐札監理人員治之，而亦使土酋與聞。英人在此設審案之官，除買奴之例，無有嚴刑酷罰，及禁錮虐使之事，故民稱便。有英武弁統帶勇目兵丁二百五十八人，巡捕一百二十人；有巫來由及戴燕人，古鎮之捕頭轄之；每軍有砲船輪船。居民三十萬人，巫來由人自蘇門答臘來此已二十一世，凡六萬七千有奇。華人是處有之，凡三萬三千有奇，有務農者，經商者，工藝者，洗金沙者，尋鑽石者，而以出礦之處為尤多。此地之利，半為華人所有。其土番曰戴燕人，居海濱者十一萬，居內地者三萬，支族名目不同，大小有別。或耕田捕魚，或收取沙藤，蘆葦，樹膠，樹皮，蠟蜜之屬，頗服酋長管轄。其餘各番不悉著。山中野番，搏獸食果，性兇惡，善毒箭，殺人則懸首於門。出產有鐵木，藤黃，沙藤，多運售中國，樹膠，椰子，沙穀米，金雞那，泰西及各番用之。近亦種稻米，烟葉，胡椒，甘蔗，有燕窩，龜蛋。光緒十四年（西一千八百八十八年），所出之錫，値十九萬九千八百四十佛郎，煤値十萬零九千九十二佛郎，沙金値二萬六千零九十六佛郎（較前五年減少其半），餘則鑽石水銀，尤爲佳價貴。亦有煤油鹽場温泉。光緒十五年，進欵洋銀四十萬零八百九十圓，用欵洋銀三十五萬三千二百六十四圓，出口貨値洋銀二百四十三萬零五百四十圓，入口貨値洋銀二百二十八萬九千四百七十四圓。入口以棉花，糧米爲多，鴉片，煙絲，煤油，銅鐵器物，糖酒次之。出入船隻，首英國，次荷蘭，次中國及附近諸島。其中間之山，即一千一百嶺。有阿拉臧河，自東北而西南流，此河最大，入海處汊港紛歧，可通舟楫者二百法里。大河之東北，有巴剌穆河，士魯桑河，班都魯河，摩加阿河，大河之西南，有加魯加河，色利巴斯河，魯巴爾河，薩凍河，沙爾窪克河，隆圖河。凡濱河沿岸，大率華人及巫來由戴燕人居之。天氣稍熱，雨水極多，終歲寒暑表在二十二度至三十一度之間。地分四段，自西而東，第一段曰沙爾窪克府，會城曰古鎮，瀕沙爾窪克河，在赤道北一度三十四分，倫敦東一百十度零二十一分，去海三十法里，居民一萬二千人。大船可溯江至城，全境商務，多在於此。右爲隆圖府，左爲薩凍府，皆華人所居也。第二段曰巴當魯巴爾府，加魯加府（一名戈邦），薩利巴斯府，第三段曰阿勒臧府，第四段曰摩加府，曰班都魯府，皆濱河設治，故以河名爲府名。又有新得巴剌穆士魯桑兩河附近之地。

西境（荷蘭屬部保護之地，凡十四萬一千一百九十法方里，居民三十八萬人，以邦底亞納克爲省會）。三巴斯部（備考同），在婆羅洲西北海岸，東北界沙爾窪克，南界蒙特賴多，有三巴斯江，經流全境，因以得名。江長一百五十法里，合三巴吉利三巴加穆兩河之水，幷匯諸水，西流入海。兩岸樹木深阻，口門有攔沙，中泓僅深五十生的邁當，兩旁不過一邁當有零，故輪船夾板不能入，而附近小船則通行甚遠。城同部名，在小三巴河與邦日河會流處，南距邦底亞納克一百六十五法里，當赤道北一度二十四分，倫敦東一百零九度二十一分。有士魯蘇丹府第，周圍則巫來由所居，附近有荷蘭駐札官署兵房以羈守之。居民大半巫來由人，次爲戴燕及武吉人，華人一千六百有奇，在此攻鑛。金鐵兩礦，所出頗盛。迤西沿海曰巴蒙加，迤南內地曰綏米尼。

蒙特賴多部　在婆羅洲西海岸，北界三巴斯，南界蒙巴瓦。城同部名，在赤道北四十三分，倫敦東一百零九度六分，瀕阿勒札河岸，去海二十八法里，南距邦底亞納克一百法里。附城銅礦有華工二千人，多居於城中巴札爾之地。東北內地曰羅厰爾，西北海口曰星加坡，有蘇丹府第，有中國甲必丹，城外有礮臺。

邦底亞納克部　在婆羅洲西海岸，北界蘭達蒙巴瓦，東界達倘美留，南界戈布，本回酋之地，凡七千五百三十五法方里。當乾隆四十四年（西一千七百七十九年），有阿剌伯頭目來此立國，後爲荷蘭脅服，咸豐二年（西一千八百五十二年），始聲明歸屬保護。嗣是册立蘇丹，必聽命惟謹，不得自主。荷國派大員駐札，以治其事。居民三萬有奇。城同部名，西境之都會也，去海六十五法里，瀕加布亞江下游與蘭達河會流處，當赤道南一分二十秒，倫敦東一百九度五十九分四十三秒。土酋城在右岸，有蘇丹府第，圍牆環以木柵。荷蘭城在左岸，有礮臺船塢兵房，駐札衙署局所。舖戶居民分段，有華人段，有巫來由段，及土番各段。華人在此經商種地，或開鑛，或設肆，販運貨物，頗獲其利，自立族黨頭目，宛乎民政自主。有擁鉅貲建廣廈者，多係粵人。歲有粵船來往通商。加布亞爲西境大江，發源於一千一百嶺之對邦山中，向西曲流，經新當，過邦底亞納克，以入於海，長一千二百餘里。內山多鑽石，隨流入江，每有泅水船數十艘，喜泅者數百人，沒水尋鑽，得值尤厚焉。

蘭達，巫來由番酋之地，城同名，或名內格邦，瀕蘭達河。水自山中流出，南匯於加布亞江。當赤道北十五分，倫敦東一百零九度五十四分。西南距邦底亞納克七十法里。附近有礮臺。內山多金沙鑽石，昔有華人來此採取，及道光二十一年（西一千八百四十一年）棄之而去。近日金沙復生，鑽石尤甚，山水沖刷，流入河中，沒而求之，日可得鑽石値洋銀十五圓，且有大而晶者，故華人來者漸衆云。蒙巴瓦，巫來由番酋之地，城同名，在蒙巴瓦江口，瀕西海岸，當赤道北十一分，倫敦東一百零八度五分。東南距邦底亞納克六十五法里。有荷蘭礮臺。達倘，土酋之地（一名達洋），城同名，在加布阿右岸，達倘河會流處。當赤道十二分，倫敦東一百十度九分。西距邦底亞納克一百法里。土地肥沃，居民多戴燕人。荷蘭合達倘美留兩地爲一府，設官駐札監理。美留，土酋之地，城同名，在加布阿江左岸美留河會流處。當赤道南五分，倫敦東一百十度零十五分。西距邦底亞納克一百零五法里。四圍皆山，居民多戴燕人。戈布土會之地，城同名，在戈布河口瀕西海岸。當赤道南二十八分，倫敦東一百零九度二十一分。距邦底亞納克七十五法里。新邦，土會之地，瀕西海岸，南與蘇加答納隔巴龍岡嶺，古合爲一，今已分治而歸荷蘭保護。其地東則山嶺高峻，西則水澤低窪，山中多林木，有鐵錫諸礦，亦產沙藤，甘蔗，稻米。居民一萬六千有奇，多戴燕人，次巫來由武吃氏人，亦有華人流寓。城同名，在細提低及馬丹河會流處，去海十法里。當赤道南一度，倫敦東一百零七度五十七分。有蘇丹府第，回教禮拜寺，華人所居稍在其上。瀕海有礮臺。商貨則與諸島各口往來交易。蘇加答納土會之國，瀕西海岸。當國初時，部落尚強大，北包古布新邦，南括馬丹岡達瓦安，西轄加利馬達羣島。康熙二十九年（西一千六百九十年），爪哇島之萬丹番會，藉荷蘭東印度公司之助，奪居其地。乾隆五十一年（西一千七百八十六年），阿剌伯人滅之，英荷兩國屢戰，始平其亂。道光八年（西一千八百二十八年），荷人以蘇門答臘島東南細亞克部之阿勒札阿克西爾爲此地蘇丹，並選舉頭目分治各部，於是遂歸保護。城同名，一名紐勃路賽爾，當赤道南一度十五分，倫敦東一百零九度五十五分，近臨蘇加答納灣岸。西北距邦底亞納克一百五十五法里。此地惟沿海多水，餘皆山地，種胡椒稻米，頗爲佳品。亦有錫礦。附城有礮臺兵房，荷官駐札。居民有華人，巫來由人，西人祗一百有奇。馬丹，土會之地，城同名，亦名蓋央，在蓋央河與巴汪河會流處，當赤道南一度三十五分，倫敦東一百十度十六分，去海三十法里，西北距邦底亞納克二百法里。土沃產饒，山中有鉛錫諸礦，海中多魚。居民多戴燕人，內地有土番。其蘇丹有鑽石，極大且精，稱爲傳國寶物焉。岡達瓦安土會之地，在西南海岸盡處，會城同名，或名加郎岡，瀕岡達與瓦安河，因以得名。河自東北而西南入海。當赤道南二度十一分，倫敦東一百十度四十七分。加利馬達羣島，在婆羅洲與比里東島中間海峽，附隸於邦底亞納克部之蘇加答納國，通計大小一百餘島，凡一百四十九法方里，居民五百有奇。其大島即加利馬達，當赤道南一度三十六分，巴黎東一百零六度四十分。有山高八百邁。周圍多小岐淺沙，其稍大者，在東北曰巴囊邦岡島，在西南曰蘇魯都島。羣島中風景清佳，水土肥沃，有鐵，錫諸礦，各種木料，沙藤，白蠟，燕窩，海參，紫菜，玳瑁，珊瑚。

新當　婆羅洲內地之大部落也，北界沙爾逕克，東界都松達亞克，西界邦底亞納克，南界生比。地處加布阿大江（詳見邦底亞納克部）上游及中流左右，總凡七萬四千二百五十法方里。居民十五萬人，大半戴燕生熟番及巫來由武吃氏人，而種地開礦，多倚華人以辦。此部地肥且富，多稻米、饒金鐵。會城同部名，瀕加布阿江左岸美勒威河自南來會之處，當赤道北六分，倫敦東一百十一度三十三分。蘇丹自治其事，荷蘭設官監守之，有兵房炮臺。其所隸各酋屬城，皆瀕江岸，即以河名為部名。在北曰加敦古，曰波溫，曰加布，皆內山戴燕番人所居，榛狉荒穢，外人罕到。西曰布利當，南曰美剌威，事蹟無考。西北曰桑古城，瀕加布江右岸，有細加札穆河自北來會，東距新當七十五法里。地多山嶺，樹木，江岸有鑽石及錫礦，居民三萬人，有華人在此租地採錫。西南曰綏加都城，瀕加布阿江右岸，有綏加都河自南來會，東距新當四十三法里，居民一萬五千八，有華人在阿札鎮開辦金礦。阿札鎮值綏加都之西北，當阿札河會加布阿江處也。

東南境（荷蘭屬部保護地方，凡三十七萬五千零九十四法方里，居民八十六萬人。）　生比部，在婆羅洲西南，北界新當諸部，東界都遜達亞克諸部（即戴燕部），西界邦底亞納克諸部，南瀕爪哇海，有生比河，發源於生比山。會城同名，瀕河岸，或名邦得郎（一名堆羅克對拉加），當赤道南二度三十一分，倫敦東一百十二度五十八分，東南距馬神一百八十五法里，去海二十四法里。生比東為門得威河，西為邦布杭河，又西為哥得蘭惹河，皆自北而南，源遠而流大，入於爪哇海。門得威，或名岡邦巴魯，城同名，瀕門得威河岸（一名加敦岡），當赤道南二度五十九分，倫敦東一百十三度十五分，去海十五法里，西北距生比三十二法里。邦布杭，城同名，瀕邦布杭河岸，當赤道南二度三十分，倫敦東一百十二度二十分，邦布杭河自北向南流入爪哇海，城去海一百法里，東南距生比八十五法里。哥得蘭惹有新舊二城，舊城瀕哥得蘭惹河岸，當赤道南二度二十九分，倫敦東一百十一度二十八分；新城在舊城東南四十法里，一名蘇加布米，有亞路河自城下流，會哥得蘭惹以入於海。回酋居於新城，土官駐於舊城。地產金沙。自隸荷蘭，始禁賣奴及劫盜之事。

邦惹爾馬生部　在婆羅洲東南，東界馬達爾布勒，西界都遜達亞克，南瀕爪哇海。邦惹爾者，土酋自稱，猶言王也，馬生其國名，即古馬神國地。馬神，當明初時爲婆羅洲最強大之國，自爲荷蘭脅服，國蹙地分，逐漸削弱，雖有蘇丹，供默聽命而已。會城同部名，今爲荷屬南境都會之地，當赤道南三度四十一分，倫敦東一百十四度三十五分，瀕馬爾達布勒河下游，兩岸長二法里。地低潮，傍城積水，東爲華人段，西爲洋人段，有荷蘭總督署；武吉爪哇人亦分段而居。商務多沙金，鑽石，冰片，胡椒，燕窩。馬爾達布勒河自東北來，經馬神城西南流，會巴里多江（一名馬神）以南入於海。

馬爾達布勒部　在婆羅洲東南，東界打納波穆布，及打納古薩，西界馬神，北界亞門丹義，南瀕爪哇海，木同酋之地，總凡八千二百五十法方里，居民五萬人。會城同部名，或名布米根的亞那（疑即崑甸），當赤道南三度二十四分，倫敦東一百十四度五十分，在阿利亞穆幾瓦及加離河會流處。過此城即名馬爾達布勒河，以入於馬神。城跨兩岸，去海四十五法里，西北距馬神四十二法里，右岸曰加爾丹，左岸曰蓋攸丹惹。有蘇丹府第，有中國甲必丹，有荷蘭駐札官及土頭目，砲臺兵房在焉。地方低溼，潮水時至。沿河多竹，山中多木，有金，鐵，鑽石（打喇庇，在馬爾達布勒東，南瀕爪哇海，居民大半華人。西海岸有打巴島埔，東北距馬爾達布勒四十八法里，山中金礦，有中國公司由荷蘭租地開採，亦有鑽石。）。

亞門丹義部　在婆羅洲東南，東界巴薩爾，南界馬爾達布勒，西與北界都遜達亞克。城同部名，當赤道南二度十四分，倫敦東一百十五度八分，瀕尼加拉河岸。尼加拉河上游，曰達伯倫，自東北向西南，經過亞門丹義，又過尼加拉城，復曲流滙諸水以會於巴利多江。有炮臺兵房，有荷蘭官弁駐札監理。西南有尼加拉城，號稱緊要，土番善製刀劍火槍。

都遜達亞克部　東北界古達，西北界新當，東界亞門丹義，馬爾達布勒，馬神，西界生比，南至爪哇海。都遜，山名，在島中間，正當赤道之下。達亞克舊譯作戴燕，婆羅洲以戴燕土番爲最古之種，其地絕大，亦極荒。迤北曰都遜貝公巴義，蓋內山番族所居，所謂山中之戴燕種人。有巴利多大江，發源於對邦山，經過番境，自北向南，曲流九百二十法里，由馬神以入爪哇海，此南境之大江也。迤東曰格雷納達亞克，譯言小戴燕部落，瀕加布阿摩魯江而居；迤西曰古魯特達亞克，譯言大戴燕部落，瀕加哈尙江而居。兩江亦自北而南，平列曲流，各五百五十法里，下遊與巴利多江有汊港相通，後分流以注於海。兩部落蓋即沿海之戴燕種人也。會城曰馬爾巴汗，瀕巴利多下游江岸，當赤道南二度四十五分，倫敦東一百十四度四十一分，有荷蘭礮臺兵房，據城以鎭守焉。

古達部　故回酋之國，在婆羅洲東海岸，北界卑路，西界都遜達亞克，南界巴薩爾，東瀕望加錫海峽，凡八萬一千法方里，居民二十三萬五千人。會城曰達加倫，有蘇丹府第，去海八十法里，當赤道南二十五分，倫敦東一百十六度五十六分。古達江一名馬哈加穆，發源於一千一百嶺，自西北而東南，屈曲散渙，至赤道下，折而向南，經達加倫城，復折而向東，經薩馬蘭達城，又東過巴剌郎，又南過薩岡薩岡（疑即山狗灣），以入於望加錫海，凡流九百二十法里，濱海汊港紛歧。由埠至城，四圍皆水，來往必以舟楫，然輪船止泝巴剌郎，不能至薩馬蘭達。薩馬蘭達口岸，西北距達加倫二十二法里，去海五十法里，當赤道南三十五分，倫敦東一百十七度六分，有荷蘭官弁駐札監理。凡古達商貨多在於此，與泰西無甚交易，惟有中國商船來此裝購貨物，如烏木，鐵木，香木，沙藤，白蠟，黃藤，燕窩，蜂蜜之屬，皆由內地番人交通運售。地產饒富，水土和平，沿海種稻米，山中礦產金鐵，內地多戴燕野番。海岸多西里百之武吃氏人，而華人與巫來由人，或居陸地，或寓水次。國中多碑記古蹟，可以考見遺事。巴薩爾，婆羅洲東海岸番酋之地，北界古達，有加穆嶺相隔，南界打納波木布，有直馬爾嶺相隔，西踰山即亞門丹義，東瀕海，即望加錫峽，凡六千五百法方里，居民四萬人。會城同名，當赤道南二度，倫敦東一百十六度十五分，去海二十法方里，有蘇丹治理其事，荷蘭設官駐札以監護之。其地沿海平坦而潮溼，內地則岡嶺層叠，林木叢茂，有根的羅江（或名巴薩爾），自北而南，中貫全境，入巴薩爾海灣。內山有金礦，出沙金木料，可以供用，米糧可以供食。沿海產燕窩，玳瑁，紫菜，椰油。武吃氏人與巫來由人貿易，頗稱繁盛。自巴薩爾南踰直馬爾嶺，爲打納波木布，自打納波木布南踰加巴利嶺，爲打納古薩。此兩部亦番酋之地，皆背山面海，無大埔要地。東南盡處，有博羅勞島，與打納古薩隔小海峽，島中有蘇厤巴兎山，多樹木，亦產稻米。居民皆巫來由人。島東有蘇布古島，極小而長。

卑路部（荷文作卑路威斯之地）　在婆羅洲東北海岸，北界萬老高，南界古達。此部南境曰桑比留，北境曰答布爾，兩地合一，稱爲卑路。境中南有幾剌河，即桑比留所居之地，北有賽加河，即答布爾所居之地，兩河會流，名曰古郎，以入於西里海。答布爾城在會流處北岸稍上，桑比留城在會流處南岸稍下，西南距薩馬蘭達三百法里，去海四十五法里。居民四萬人，濱海不過六千戶，土番皆戴燕種，亦有巫來由武吃氏人。有回酋蘇丹。海岸番族頗服約束，納租稅，知耕種，貿易；內地荒山，則古木參天，野番出沒。地產金，鐵，煤，米，木料，沙藤，燕窩，蜂蜜，玳瑁，紫菜，藤黃，番人以易烟，油，蔗糖，棉布，兵器，之屬，多與蘇祿島人交市。野番能兌金沙，蘇丹開礦屯煤，以供荷國兵船之用。沿海石嶼沙礁，林立棋置，皆非要地，故不備載焉。

萬老高部　在婆羅洲東北海岸，蓋回酋蘇丹之地，北界諦敦，南界卑路，有加倘江自西而東，下游一名萬老高江，支流紛歧，以注於海。會城同部名，瀕江南岸，當赤道北三度十三分，倫敦東一百十七度二十五分，去海三十一法里。人民物產，與附近同。內地多山，林箐深密，曰金札，曰哈虎恩加路，則野番所居也。

諦敦部（荷文作諦敦斯之地）　番酋之地，在婆羅州東北海岸，土番舊分八社，皆屬萬老高。北界英屬薩巴（即北般島）及浡泥（光緒十八年，西一千八百九十二年，英荷界約西自古剌嶺脊起，東至細布古河止），南界萬老高，凡二萬二千法方里，居民二萬五千人。中有大江，發源於古剌山，上游曰賽布江，下游曰賽沙亞魄，各有同名番社，瀕江而居。迤北有細布古及桑巴昆河，迤南有貝對倘及賽加達布基河，瀕岸各番，亦以河名爲社名，餘不悉著。各河入海處，汊港互通，礁嶼羅列。北有散特呂西

43

亞灣，有達瓦口岸，當赤道北四十五度十五分，巴黎東一百十五度三十四分，是爲英荷交界未定之地。外有賽巴底克島，北屬英，南屬荷，奴拿岡島，新屬於荷，此新定界約之大略也。種人有熟番，奉回教，種稻米，蔬菜，織布，燒窰。生番性兇，好殺，收燕窩，養蜂蜜，以與鄰近熟番交市。盖萬老高及左右卑路諦敦兩部，地榛塞，人多獸居，雖歸荷蘭保護，不過羈縻勿絕，未嘗設官駐札，屯兵鎮守也。

婆羅洲疆域人民總數（據亞爾雷格留斯地志）荷屬西海岸部，東南海岸部，五十三萬九千七百四十法方里，一百零七萬一千人。英屬北般島部，六萬四千七百五十法方里，二十五萬人。沙爾窪克部，九萬八千三百五十法方里，三十萬人。浡泥國，三萬八千法方里，八萬人。共疆域七十四萬零八百四十法方里，居民一百七十萬一千人。

四　檀香山羣島志

散維幽羣島亦稱山域治埃蘭（通商約章類纂），山域治，蓋散維幽之轉音，埃蘭，英文譯言羣島，或稱哈歪伊（瀛環志畧作阿歪希），因其地產檀香絕多，故中國以檀香山名之。羣島在北太平洋之中，凡大島四，小島四，其附近之孤礁低嶼，以及迤西迤北諸島，皆渺小奇零，人所罕到。其形勢由西北而東南，錯列斜上，自赤道北十八度五十二分，至二十二度十六分，京師東八十二度五十九分，至八十八度四十八分，倫敦西一百五十四度四十三分，至一百六十度三十二分，巴黎西一百五十七度三分，至一百六十二度五十二分，總凡一萬七千有八法方里，以哈歪伊爲最大（約章作夏威仁），以瓦湖爲最要（約章作阿亞湖）。其會城王居，及通商口岸，曰賀挪魯魯（約章作漢拿老路），即羣島之都會，皆大島也。在哈歪伊西北者曰麻維（製造局圖作毛伊），亦大島，其附近曰麻拉開（局圖作摩羅喀愛），曰賴拿哀（局圖作拉那愛），曰開赫老（局圖作喀呼拉威），皆小島。在瓦湖西北者，曰高哀（局圖作考愛），亦大島，其附近曰納訶（局圖同），則小島也。

當乾隆四十二年（西一千七百七十七年），有英人甲必丹可克者（四裔編年表同），以行海著名，始尋得是地。維時羣島土番，凡四十萬人，各有土酋，不相統屬，而以哈歪伊島酋戴雷烏布爲之長。厥後其子加美阿第一嗣位，頗

44

思招引外人，創開新政，而歐美兩洲之人，亦屢有至者，於是美國人爲之傳教，英國人爲之練兵。乾隆五十四年（西一千七百八十九年），遂并兎湖麻維諸島，嘉慶十五年（西一千八百一十年），復得高哀諸島，始合羣島爲一國。且相度形勢，由哈歪伊遷於兎湖，乃以賀挪魯魯爲都會，以加美阿美阿爲共主，各島皆聽命焉。島主頗營口岸，置船礮，效法泰西，設學塾以教番民。嘉慶二十四年（西一千八百十九年），加美阿美阿殂，利攸利攸立。時英美教士，紛至沓來，舉國靡然從之，建耶穌教堂，廢答布神廟；答布者，土番所奉教中之神也。道光四年（西一千八百二十四年），利攸利攸偕其妃出遊，既而道死，加美阿美阿第四立，至道光二十年（西一千八百四十年），遂號爲君民共主之國。島主與上下兩議院主國政，與各國訂立條約，開埠通商。同治二年（西一千八百六十三年），加美阿美阿第四殂，加美阿美阿第五立。是時美國人攬權罔利，漸不能制，島主亦與之不協，前嘗允許美國兵船寄椗，至是廢去舊約。同治十二年，加美阿美阿第五殂，未娶無嗣，國人於宗室十二族中，推路拿利羅第一爲主，狀貌魁梧，而因酒致疾，踰歲又死。卡勒古兎第一（一作克拉克滑），爲衆推立，時年三十八矣，復與美國定約免稅，以開通商利。嘗於光緒七年（西一千八百八十一年），環遊歐美各國，由日本至中國，取道上海，以赴天津，見直隸總督李公鴻章而歸。九年加冕稱王。王儀觀甚偉，性喜讀書，兼通英國語言文字。因島中之官，多以美國人爲之，寖假貪贓骫法，無所不至，王惡其所爲，欲去之而未發，於是羣下會議，聲稱廢立，因之國亂，幾乎失位，時光緒十三年也（西一千八百八十七年）。不得已布告各國公使，久而始定，重立條列，畫押施行。十八年（西一千八百九十二年），王殂，以其妃攝國事，國人不服，議改民政，而歸美國保護。十九年（西一千八百九十三年），其議院大臣某廢女主，而擁立美國人毒爾爲總統，女主求援於各國，輒無應之者，識者謂此羣島將爲美屬，殆無能自立云。其國故有上下議院，上者二十四人，島主派之，必有爵秩貲產者；每八人一班，二年一易。下者少則二十四人，多則四十二人，民間舉之，二年一易。有常時小會，有間歲大會，其議員則本島人與他國人各半。議事或操土語，或操英語。有樞密院，即以島主爲首領。有宰相，將軍，內部，外部，戶部，刑部之屬；又有審問詞訟總司糧餉諸署，管理主教傳教諸官。平時有武弁二十員，哨官一百九員，步兵三百名，馬隊一百名，戰時料民爲兵尙不止此。其遣往歐美各國及各口者，有代辦公使，有正副領事。其駐札本島者，有各國公使領事商董之屬，凡歐洲十二國（英，法，俄，德，意，比，奧，和，西班牙，葡萄牙，丹馬，瑞典，那威）。美洲四（美國，墨西哥，秘魯，智利）。中國有商董，日本有領事，獨美國有公使，並商董四人，加以任地方與議會者，又不一而足，宜其權利之潛移而默奪也。當可克始至是地時，見其人民雖係野番，亦似入化，知耕田捕魚。其所造之船，可稱太平洋諸島之冠。所居草房，上覆椰葉，低而且陋，其聚會之所則稍高大。亦喜跳舞歌唱以爲樂。其酋長或一人數婦。頗祭祖敬神，有貝雷廟，譯言火山之神，多建於有火山處。或用人以祭，活埋於地，逮西教行而番教廢，居處風俗因之大變。其面貌有紫色者，有黑色者，有稍黃而白者，則皆雜種，大率濃眉大眼，侈口厚唇，額高而鼻平，鬚長而多，髮黑而亂。或用石灰燒作紅色。婦女裝飾奇異，耳穿銅環，身圍花布，華人稱爲紅番。自歐美之人來者日多，而土番減少日速。咸豐以後（西一千八百五十一年），華人之來此貿易或耕種畜牧者，遂聚遂衆。今以光緒十七年（西一千八百九十一年），戶口總冊計之，羣島居民凡八萬有奇，其中華民一萬七千九百三十九人，華民娶番婦所生者，四千二百十八人，蓋居四分之一，此外歐美兩洲，一萬七千三百三十五人，日本一百十六人，他國及各島九百五十六人，土番四萬人，以視前二十五年，華人多至二十倍，即光緒七年，中國在此島設立領事時，亦三倍過之，而土番祇存昔時十分之一，蓋傳染痘疹疾疫，死者多矣。光緒十七年，所入稅餉洋銀二百八十二萬二千五百圓有奇，所用經費洋銀二百七十八萬一千八百圓有奇，國債洋銀二百萬圓，借自英國銀號，歲息六釐，已還二十分之一。進口貨值洋銀五百四十三萬九千圓有奇，出口貨值洋銀一千四百〇三萬九千圓有奇，較之同治七年（西一千八百六十八年），進口貨加三倍，出口貨且九倍。凡來自美國及運往美國者，居什之九，歐洲各國以英爲首，中國及日本亦値洋銀二十萬一千圓有奇，然皆有進口，無出口也。羣島氣候溫和，常如春夏，風雨時至，水土皆宜。夏秋多東北風，多晴，冬春多西南風，多雨。每歲雨水，東北多於西南，雖間有大風而頗少颶颶。寒暑表冷則六十度，熱則九十度，平常七十五度。出產貨物，以糖米爲大宗，光緒十七年，糖值洋銀一千三百零八萬九千三百圓有奇，米值洋銀四十五萬一千一百圓有奇。各山旃檀，昔極稱盛，今已漸稀，然得值尙多。他如豆麥，包穀，山薯，棉花，藍靛，煙葉，桑樹，席草，果則葡萄，橄欖，橙，橘，桃，杏，香蕉，甘蔗，無花果之屬，蔬則瓜，菜，薑，葱，萊菔，蔓菁之屬，加非，雪加，則種之日繁，亦頗獲利。其本島所有則桄榔，椰子，竹木之屬。有餅果樹，其果如饅首，味甘美，土蕃以爲食，則惟太平洋諸島生之。古時島中鳥獸稀少，鳥有梟，有鳶，有小鳥，飛輒依人，又有鳥黃黑色，番酋以爲冠飾；獸有狗，有鼠；蟲有蝙蝠，蠍虎；海有魚，蝦，龜，鼈，尤多墨魚。今則禽畜咸備，孳生不絕，牛以萬計，羊以億計，其皮毛骨肉，所值尤鉅。餘如馬，騾，驢，犬，豬，雞，鵝，鴨之屬，凡動植諸物，亦自外來者甚多。其運入各貨，如煤，鐵，銅，鹽，煙，酒，及各種水飲衣服器皿製造機器之屬，此其出入物產之大略也。其疆域山川名城大埠，以及輪船路火車路水陸電線，皆分著於各島中。

瓦湖島　檀香山之都會也，略成三角形，橫六十法里，縱四十法里，凡一千六百八十法方里。其會城曰賀挪魯魯，瀕南岸偏東，在赤道北二十一度十八分六秒，京師東八十五度三十九分二十八秒（倫敦西一百五十七秒五十二分十秒）。島主居此。有新舊王宮官署局所，有學塾，教堂，監牢，各國書信館，英文新報館，有安置水手宰殺牲畜之處，有電氣燈以照夜，有德律風以傳信，設鐵轍行街車以便往來。其房屋街道悉倣泰西制度，坦夷瓌麗，頗爲可觀。自會城至西北珠灣，有火車鐵路五十三英里。海岸有海關，有棧房，有鐵廠，有輪船碼頭，有新建船塢，可以停泊修理，有同治十三年測候金星過日環之天文臺（按西國近事彙編，西曆一千八百七十四年十二月初八日，金星過太陽垣，英國遣人各處測候，其一往散維齊羣島，蓋即指此。）。其海口左右沙淺，以護風浪，中溜水深，以通船路，舟行其中，沙明水淨，忘其外之爲大海。有紅綠燈塔。其西有漲灘低嶼，可以停船避風。本島輪船來往附近者八艘，遠赴他處者十四艘，大小夾板帆船七十艘。此地昔爲捕鯨魚船購食卸貨避凍下椗之處，今則至者漸稀，而各國輪帆等船反盛；蓋當太平洋之要道，羣島商貨之總匯也。有定期郵船，每月再至，一中國公司，自廣東往舊金山，一美國公司，自舊金山至新西蘭之粵格蘭，以赴澳大利亞之雪梨（志略作悉尼），兩公司輪船皆以此爲中路（輪船行程，自賀挪魯魯西至廣東十二日，東至舊金山八日，西南至雪梨二十二日）。海中電線亦西通日本，東通舊金山，西南通雪梨，以達於環球各國。在南海岸中間與賀挪魯魯接界相近處，有珠灣（英文曰剖爾考吃），亦大口岸也。其外口門淺狹，其中瀦爲大灣，汊港紛岐，汀渚錯列，分灣爲三，曰中灣，曰東西灣，外障漲隄，內峙小嶼，形勢天險，即昔立約允許美國兵船寄椗處。其西北有泉源，東南有鹽池，磨米製糖之坊，養魚之池，不可勝數也。華人居是島者，行商居其二，種地作工居其八，能購買地基，創造屋宇，多種稻與蔗，故糖米之利，幾攬而有之。惟婦女稀少，大率娶番婦，改西裝，有中華會館。光緒十年，商董程汝楫，李昌，古今輝，呈請創建華商店舖，大者十餘，小者百餘，流寓久而氣勢固，土番及他國人因畏生忌，時有禁阻驅逐之意焉。全境多山，昔嘗出火，今已熄滅。羣峯刺天，深壑入地，西嶺曰加勒，高一千有三十英尺，稍短而峻，東嶺曰哥拿瓦奴義，高三千一百七十五英尺，尤長而聳。兩嶺坡谷，土沃產饒，田園林木，既繁且殖，中間豁開平原，寬曠而高燥，有草地宜牧事。居民有鑿湧泉井以資灌溉供汲飲者。自賀挪魯魯折而上行，爲奴瓦奴山谷，名園別墅，所在皆是，爲避暑閒居之處，風景既勝，種植尤宜，亦海外仙源也。其水有加拿阿江，自賀挪魯魯迤北愛瓦灣入海，加拍磯江自珠灣迤西入海，皆微流不通船。其地夏不甚熱，冬則甚溼，每有喉風癬疥之病。光緒七年，夏秋閒瘧疾大盛，地震頗久，爲向來所罕有云。

哈歪伊島　爲散維齒群島極南最大之地，亦三角形，凡一萬一千三百五十法方里，居民一萬七千有三十四人。其會城曰歇羅，瀕東海岸，在赤道北十九度四十五分，京師東八十八度二十五分（倫敦西一百五十五度零七分）。有商埠躉船燈塔，有輪船通各島。其鐵路東南岸自歇羅至威阿幾亞八法里，西北岸自馬市古拿至哥亞勒三十二法里，蓋東南有蔗田，西北有草地，藉以捷轉運，通貿易也。是島雖不及瓦湖，而種蔗數百頃，牧羊數萬羣，山中又有檀香，多野獸，地勢稍偏，而物產較夥焉。西岸瀕海諸埠，迤北曰加瓦亞，有懷美亞牧地；中曰加魯阿，爲古時島會所居，後遷至賀挪魯魯，此地遂衰；迤南曰加拉蓋古亞，亦泊船卸貨之所，昔可克尋地至此，爲土番所殺，今立碑以誌之。全島皆火山，其山峯之高，火燄之奇，爲地球之冠。東北曰麻拏啟，高一萬三千八百有五英尺，西南曰麻拏洛哀，高一萬三千六百五十英尺，西曰赫來雷，高八千二百七十五英尺，南曰啟老伊，高四千四百英尺。麻拏洛哀山出火最盛，啟老伊山次之。同治七年，火發山崩，地震海溢，民舍田畜，焚燒漂失殆盡。光緒七年，復煙燄冒出，灰水橫飛，欹羅城白晝晦冥，吹墜幾滿。今若登山望之，輒見深壑下俯，烈燄上騰，積火成湖，蔽霄燭夜。東岸有瓦魯古江，其上游有瀑布，稱爲勝境，下游經欹羅入海。上下游兩岸，土脈墳盈，田圃繡錯，尤全島上壤也。

麻維島　在哈歪伊西北，島形西斂而東侈，凡一千二百六十八法方里，居民一萬五千九百七十八，中有華民。其會城曰加路易，瀕北海岸，在赤道北二十度五十五分，京師東八十七度零二分，倫敦西一百五十六度二十九分。有鐵路，西自加路易經威路古東至馬加華，凡十一法里。西岸拉漢納，有埠頭海燈，可以停泊輪艦，裝卸貨物。全境西北東南兩面皆山，有阿雷亞加勒火山，高一萬有三十五英尺，其火已熄。亦有山谷河道。中間則沙土平坦，樹木繁密，今盡伐去，用以種蔗養牲，設有局所牧塲。西南海中有摩羅幾尼火山，兀然孤立，不過一拳石而已。

麻拉開島　在麻維西北，島形狹長，橫亘海中，凡四百九十一法方里，居民二千五百八十一人，在赤道北二十一度八分，京師東八十六度二十六分（倫敦西一百五十七度零五分）。南岸有村莊曰加魯阿哈，種藝成熟，水土養人。東北多山林，西南極低溼，故土番稱此島爲瘴地焉。

賴拏哀島　在麻維之西，凡三百有一法方里，居民二百十四人，在赤道北二十度五十分，京師東八十六度三十五分（倫敦西一百五十六度五十七分）。島中多火山，有巴勒瓦峯，高三千英尺，地高燥少風雨。

開赫老島　在麻維之南，凡一百四十三法方里，無居民，捕魚時，漁者至焉。在赤道北二十度三十五分，

49

京師東八十六度五十二分（倫敦西一百五十六度四十分）。地低溼，有土山。

高哀島　在瓦湖西北，凡一千四百十八法方里，居民五千六百三十四人。其會城曰亞拿雷，瀕北岸灣中，在赤道北二十二度十二分，京師東八十四度零一分（倫敦東一百五十九度三十分）。其地有叢林瀑布，有河道，通番船，可至山下。其谷中土肥而殖，各種皆宜，而甘蔗尤多，周圍至數法里。西南岸有瓦美亞埠。此島方域不大，而出產頗繁。島中有威阿雷亞雷山，高五千英尺，蓋火山之已熄者。其南有八峯，曰果羅亞，有陂有洞，有瀑有澗，環接叠峙，亂山喬木，障日蔽天，人迹所不到也。

納訶島　在高哀之西，島形側立，凡二百八十九法方里，居民一百七十七人，在赤道北二十一度五十五分，京師東八十三度二十分（倫敦西一百六十度十二分）。是島多沙土，少樹木，惟西北角灣中可停船避風。今全境爲美國富商某購得，在此牧羊七萬五千頭，所有工人廠屋，皆其所招集而創建也。其東北有雷武阿島，相距甚近，譯言眼，謂小也，野兔生焉。西南有加武拉島，相距稍遠，不過火山礁石，海鳥所集，人蓋未至云。

右大小凡八島，總稱名散維幽羣島國。其在羣島西北者，又有十三小島，不過海中石巖而已，約當赤道北二十七度上下，京師東七十五度左右（倫敦西一百六十九度），曰摩都麻奴，曰尼蓋爾，曰意斯雷，曰加爾乃耳，曰麻羅，曰雷雙，曰利西亞司幾，曰貝爾勒哀耳美，曰米威，曰居雷，曰巴得羅尼西攸，曰摩雷拉，曰日痕斯敦，總凡六十二法方里，皆零星散處，不足數也

五　澳大利亞洲志

澳大利亞洲，拉丁文譯言南極之地，初名新荷蘭，南太平洋之大島也。自赤道南十度四十分，至三十九度十分，倫敦東一百十三度十五分，至一百五十三度三十五分。北與新幾內島隔多勒海峽（明萬歷三十五年，西一千六百一年，西班牙行船人多勒始見此峽，故以名之。），南與達司曼尼島隔巴士海峽（乾隆五十五年，西一千八百九十年，英吉利行船人巴士始見此峽，故以名之。），西北與貽墨爾島，東南與新西蘭島，則相距稍遠。海岸周圍一萬四千法里，以飛鳥道計之，東西四千法里，南北二千法里至三千法里，總凡七

兆六十二萬六千二百七十五法方里，幾有泰西各國四分之三，而居民則祇有一兆七十二萬有奇。當明萬曆中（西一千六百有一年），有葡萄牙人袞爾的亞，始行船至此島北岸（志略以墨瓦蠟尋得南亞美利加洲極南之火地，爲尋得澳大利亞，非也，辨見東南洋尋島始末。），嘗有記程劄子，呈其國王斐理第三，至今尚存比利時國書庫。維時荷蘭方經營爪哇諸島，亦遣人遠出尋地，自明末至國初，前後五次。至其北岸及西南岸，而以達司曼尼（荷人）尤爲著名，故於西而無人經過之地名之爲新荷蘭，時順治元年也（西一千六百四十四年）。惟地多野番，絕無商務，以爲無用，旋即棄去。厥後一百二十六年中，鮮有再至者。逮乾隆三十五年（西一千七百七十年），英國行船人可克，始以尋地至東海岸，耐苦久遊，時踰三月，歸告其國，陳述形勝，即以國主若耳治第三之名名其地，曰紐掃司威耳士。蓋全島之地，東爲上，南次之，西與北爲下，前人未到，及是始見。越十八年，英人方失美國（時華盛頓起事），後思開闢新土，安置人民，遂於乾隆五十二年夏（西一千七百八十七年），遣船主斐理駕船九艘，率遣犯七百五十七人，行七越月，次年春（西一千七百八十八年），復至其處，乃建城設埠，名之曰雪梨（志畧作悉尼），蓋即所駕之船名。至今島中以紐掃司威耳士爲都會，以雪梨爲會城，實始於此。繼是而至者，以法人勒卑路斯爲最著，然見英人先在，未嘗踞之（志畧謂法人棄去，最後英人得之，亦失考）。英人既得是島，欲窮其勝，分遣游歷，自沿海以迄內地，漸入漸進，甚且有穿內山荒漠而過者，遇旱暍死，遇水淹斃，前者不返，後者繼往，然西人善遊者，尚謂全島之地祇悉其四分之一。至其周圍海岸，皆擇要立埠頭，內地或開礦硐，置牧塲，自始至以迄今日，不過百有餘年，地既日闢，人亦日多，遂稱爲新地勝處。茲以近時疆域考之，如東岸曰紐掃司威耳士省，其會城曰雪梨，後析其南置維多利亞省，其會城曰美爾本，復析其北置袞士倫省，其會城曰庇釐市濱；其西岸曰西澳大利亞，會城曰貝爾次；其中間曰南北澳大利亞，其會城南曰亞都律，北曰帕馬士頓；此其建置沿革之大略也。其山亦東面多而西面少，東面有藍山，迤北高阜小嶺，若斷若續，迤南則層巒疊嶂，蔚藍天半，故有是名。在紐掃司威耳士省有戈斯居義司哥峯，高二千一百八十七法尺，維多利亞省中，有虎特哈穆峯，高一千九百五十五法尺。西面自西北角起，至西南角止，如剌布爾，尼周松，威廉諸山，皆不過五百法尺，蠱亂犖确，不如藍山遠甚。其發源於戈斯居義司哥峯者，曰莫來河（一作毋賴），此全島之大水也，自南向北，曲流，復折而向西，即爲紐掃司威耳士及維多利亞兩省交界。稍北有靡倫比崙及勒格蘭兩河，自東而西，合流入焉；又北有達林河，自東北而西南來會，達林亦大河；復西南曲流，由亞都律迤東相遇灣入於南海。其東面自藍山發源諸水，皆小而短，以庇釐市濱河爲最大，自庇釐市濱入太平洋。北面右爲格里哥利河，入甲濱他灣，左爲維多利亞河，入安森灣。南面中間則平沙荒地，絕無河道，西面以鴻鵠河爲最著，發源於威廉山，自貝爾次入印度洋。此島內地東多湖澤，西多沙漠，曰哀爾湖，曰福剌訥湖，曰托郎湖，曰蓋爾內湖，皆在南澳大利亞；曰大沙漠，曰日浦松沙漠，皆在西澳大利亞；曰阿馬都湖，曰維多利亞沙漠，則界乎西南兩省之間。地當赤道以南，故氣候寒暑，晝夜長短，皆與赤道以北相反。如東南西南各埠，則六月冷而十二月熱，寒暑表低則四十度以內，高則一百度以外。冬春西北風多雨，常有冰雹，露水繁密，草木滋潤。夏秋東南風，則天高氣淸，冷時有雪。每歲暴風雨，東岸多於西岸，至南岸則常溫如春，北岸則常熱如夏，內地則人迹不到。天氣奇變，或大旱，或大雨，每當日行南極，則熱風挾沙而至，輒暵殊甚，南岸諸埠，以此爲苦。野番醜黑兇蠢，高顴大鼻，侈口坳頤，裸體多毛，用灰染髮作紅紫色。男子釣獵，而食半生之物，婦女童孺以草根木實及蛇鼠爲食。居無屋，用無器，行走山澤，人死則分而啖之，或曝尸使乾，或火化析骨。其稍入化與人近者，亦有村莊，知耕種衣食。各族每相鬥，其兵刃以木石爲之，有盾，有長矛短刀。其聚處和好，則就樹間月下，各點火把，跳舞歌唱爲樂。惟自流寓者多，而土番衰減日速，染病輒死。榛狉甫啟，動植皆異，有鳥曰哀靡，形似鴕鳥，長七尺有奇，足高善走，獸曰干家魯，形似狙，懷子於腹，又如袋鼠，長五尺有奇，其足前低後高。又有哀舍得內，不禽不獸，蝟形而鴨嘴，四足而卵生，無爪牙，有腭舌，食蟲蟻，島中此物尤多。他如鸚鵡，白鴿，野狗，飛鼠之屬，茲不悉述。木料堅韌，曰賽格雷勒，曰細雜美留，可爲船桅艙桿。又有可收樹膠者，製香水者。其荒山古木，不知年歲，有高至五十丈，大容駟馬，並馳而過者。有雜樹曰油加榴舖，移植易於生長，此樹之脂，可醫時疫急痧諸證；凡種樹處，居民無寒熱感冒，醫者考其故，謂賴有此樹也。內地有箭猪草，宜於畜牧，至外來各物，無不相宜。以其出產言之，牲畜以羊爲多，凡五十一兆十五萬頭有奇，牛次之，馬又次之。田產以麥爲多，歲得十萬石，包穀甘蔗次之，棉花葡萄又次之。礦產以金爲多，煤次之，銀銅錫又次之。至維多利亞之金鑛，曰叭刺拉，曰奔丁戈，蓋爲環球之冠，故時稱美爾本爲新金山。總是島，首爲美爾本之金，次即雪梨之羊毛，今則金鑛所出稍減，而羊毛得値加多。藝植畜牧，工商諸事，日與月盛。五省各設一官，總理稅餉軍務，職視總督，分駐會城，不相統屬，而首省大員，則推紐攄司威爾士。並有議政院，以定條例，出政令，或簡派，或公舉，悉遵英制。審案征稅工程亦各有官。講求藝術文字之學堂，製造食用各物之局所，以至礮臺船塢，無不具備。鐵路，東岸自雪梨東北庇釐市濱五百三十英里，西南至美爾本五百四十英里，又自美爾本西北至亞都律五百五十英里，此幹路也。其支路則自海口各埠以至內地，有鑛及農牧諸處，皆四通八達。西岸自貝爾次西北，至日賴爾敦東南，至阿爾巴內，有已成者，有現造者，故里數未詳。英國公司輪船每月兩至，自雪梨至美爾本約五日程，自美爾本至亞都律，自亞都律至金柔爾日孫（即西澳大利亞南角阿爾巴內海口），各約四日程。其本島輪船夾板，來往各埠，又時時有之。電線內通各城，外達他洲、其南自亞都律，北至砵打穩（即北澳大利亞帕馬士頓海口），尤爲線長而工鉅。跨河大橋，修造堅整，有費英金一二十萬磅者。其身稅苛例，獨重於華人，昔時登岸者，每人收稅英金十磅，自此埠往彼埠，復重征之，視地之肥瘠，爲稅之加減。聞近時新例，凡華人至紐攄司威耳士者，每人稅一百磅，至袞士倫者，稅三十磅，至維多利亞諸地者，稅十磅。當光緒十二年，粵督派員查訪各島時，各埠華人凡六萬有奇，今則來者漸稀，留者寖困。或謂英人之禁華人，因工價微賤，稍有所得，即寄於家，遂致叢忌嫉而立限制，然其經營之公道，工作之勝人，雖外人亦盛稱之。英當事者，擬招南洋島番，以抵制華人，可謂謀深而慮遠矣。光緒十五年，進欵計英金二十八兆五十六萬三千六百二十磅，用欵計二十八兆十七萬一百二十磅，公債計一百七十四兆十萬四千二百磅；進口貨值六十八兆四十二萬六千三百一十磅，出口貨值六十一兆七十一萬八千四百三十磅。光緒十八年十二月，東南沿海大水，盲風怪雨，發屋拔木，火車船舶，漂失極多，電桿橋梁，衝斷大半，繼之以火，被災頗甚，蓋開埠以來，茲爲僅見云。

紐褫司威耳士　在島東南，英文譯言新南威耳士地，法文稱爲南新加勒。北界裒士倫，南界維多利亞，西界南澳大利亞，東瀕太平洋，自赤道南二十八度十分，至三十七度二十八分，倫敦東一百四十一度，至一百五十三度三十分，凡三十萬九千一百七十五英方里（合八十萬零七百三十法方里），居民男五十九萬九千丁，女四十八萬六千七百口，中有華民一萬二千人。自乾隆五十三年，設埠於此，爲全島創開風氣。始不過爲發遣罪犯之所，嗣因其地氣候溫和，水土沃衍，種植滋茂，英民自來者頗多。中間屢遭水旱風災，又有兵變民亂，幾難自立，及咸豐元年（西一千八百五十一年），尋得金鑛，華人先後萃集，遂日盛一日，農務牧事，益復興起。英設總督轄治其事，有議會，分上下院，上者三十六人，由英遣派，下者七十三人，就地公舉。海陸軍及步兵礮勇四千六百九十五人。其出產，一曰牧場，計圍廠之地二十一萬一千一百七十四英方里，凡養綿羊四十六兆六十八萬七千八百頭，馬三十八萬九千一百匹，牛五十八萬一千頭。猪羊毛細毳織呢絨，絕精美，値英金七兆零二萬八千五百磅，他處無有多於此者。每當天旱乏草，輒殺羊羣，故皮肉油運售亦多。二曰農圃，計成熟之地，三十三兆三十二萬八千八百八十三英畝，凡收大小麥及諸穀十兆四十五萬英斗（每英斗合六斗），種蔗製糖，得三兆三十五萬九千英匯（每英匯合八十四斤），造酒六十萬一千八百加倫（每加倫合六升）。種橙絕大，歲得七十兆顆，葡萄，棉花，煙葉稱是。三曰鑛產，計金鑛二萬三千九百五十英方里，以巴都爾士礦爲最著，共出金九萬八千四百四十六英兩（每英兩合七錢五分），値三十五萬五千六百磅。煤礦一萬三千七百英方里，以紐卡市鑛爲最著，共出煤二兆八十三萬噸，値一兆三十萬三千一百磅。銀値十九萬七千五百磅，錫値四十六萬七千六百磅，銅値二十六萬七千六百磅。又產鑽石火油之屬。總計進口貨值二十兆九十七萬三千五百磅，出口貨值十五兆五十五萬六千二百磅。出入輪船五千四百艘，載貨四兆二十五萬噸有奇。鐵路二千英里，以此爲總滙處，通行各埠，互達內地。電報，書信局、新聞館是處有之。有官學千餘所，里塾五百餘所。此皆據光緒十二年英屬地報册譯出者也。通省舊分二十鄉，新分九十八鄉，共一百十八鄉，英文稱爲光對。今舉其大城要地言之，曰雪梨，華人稱爲雪金山，隸根貝蘭鄉，全島之都會也，在東海岸察克松灣中，當赤道南三十三度五十一分四十一秒，巴黎東一百四十八度五十二分八秒。察克松灣曲抱深入，非圖不知其勝處，自海口望之，汊港隱現，坡陀層接，風景不可名狀。其礟臺對峙於口門，角立於灣內諸島，宛似十字午貫，有事據守，片帆不能飛渡。有兵船商船停泊碼頭。再進有哥加都小島，爲海灣盡處，有大船塢兩所，所以保護口岸，修造輪船也。城在灣南岸，洋房洋街，華麗徑直，周圍闤闠，在西爲白爾蒙，巴勒曼，在東爲烏羅莫路，巴丁敦，在南爲舍利希勒灣，北岸爲三羅那爾，爲馬斯門，爲曼來。有督署議院，錢局，銀市，郵政，工程，官所，有大書院，官書庫，藏書十萬卷，有大小學堂，講究文字，工藝，律例，醫藥，有考求掌故輿地博物之會，有善堂病院。附近多公家花園，草地樹林，有試種島中各物之地。引水入城，以資汲飲，今巴爾麻得自來水池，每月可容六十七萬五千方法尺之水。又開溝濬渠，放淤流入海。有輪船鐵路機器局，有製蔗糖，紡羊毛，造苦酒，蒸汽水，燒玻璃，及瓦器諸廠。附城居民三十四萬八千八百有奇，華人約四千餘，在內地開設舖戸，攻礦種煙者，亦六千餘人。其運售者，以茶葉豆油爲多，米次之，每米一噸，征稅英金三磅，雅片雪茄征收尤加重焉。曰巴爾馬答，隸根貝蘭鄉，在雪梨西北二十二法里，居民八千四百有奇。城瀕巴爾馬答河，有小火輪船，通行河中，有雪梨至美爾本火車，由此分路。貿易製造局所，及官商別業頗多。其地以產果著名，周圍果林，彌望皆是，而橙子尤大且美，每樹結萬顆。曰紐卡市，隸拿爾敦貝倫鄉，在雪梨東北一百二十二法里，居民一萬六千有奇。城瀕太平洋亨特河南岸，爲北面火車首途之處。自雪梨至此，每日有輪船，商務稱盛。其煤礦距海甚近，爲南島之冠，每七日可出二三萬噸，多運往中國。產麥亦良。城中各處皆黑，氣象黯淡，蓋一望而知爲產煤處也。曰美脫蘭，隸諾爾敦貝倫鄉，在梨雪東北一百三十一法里，居民七千八百有奇。城瀕亨特河上游右岸，分東西兩段，有鐵路通各埠。有煤鑛，有捲煙葉製茶食局所，產米，麥，薯蕷，橙子，葡萄之屬，號爲本省之花園，以其地勝也。曰巴都爾士，隸巴都爾士鄉，在雪梨西北一百六十法里，居民五千有奇。城瀕馬格里河，以金礦著名，墾熟田地亦多，爲內地諸城之冠，惟居此者每患癆瘵。曰固爾布倫，隸亞爾日勒鄉，在雪梨西南二百零五法里，居民一萬人。城當雪梨南路火車中道，宜耕種畜牧。曰勃武特，隸散凡爽鄉，在雪梨西南二百十法里，居民六千九百有奇。城在沙勒文河上游右岸，正當山脊，地產富而戶口繁，畜牧孳息，穀果怒生，山澗短急，林壑深美，亦有金礦。此省附隸游牧凡十三部，在藍山迤東者，背山而海，北曰馬克雷，曰格剌倫斯，曰新英倫，南曰摩拿羅；在藍山迤西者，北當達林，南當莫來諸河上游；中間曰哥維的爾，曰利佛浦爾勃蘭，曰勃利蚩，曰威靈頓，曰拉格雷，曰摩倫比蚩；由此再進曰達爾林，曰厖爾哥，曰阿爾貝，皆荒地，稱爲遊牧者，謂有水草宜牧畜處也。

維多利亞　在島極東南，爲最小之省，亦最盛之地。北界紐掃司威耳士，西界南澳大利亞，東與南瀕海。自赤道南三十四度至三十九度，倫敦東一百四十一度至一百五十度，凡八萬七千八百八十四英方里。居民男五十四萬五千四百二十三丁，女四十八萬二千三百二十六口，中有華民男一萬一千八百六十九人，女二百五十九人，土人男女僅七百八十人而已。省舊隸紐掃司威耳士，稱各斐理府，及咸豐元年，始析置，改今名，設總督治之。有議會，上院三十八，下院七十八人，政自議會出，總督奉行而已。地產金絕多，如叭剌拉奔丁戈兩礦之大，馬格特拉礦之深，洋人皆豔稱之。昔有人尋得礦金一方，稱之重二百二十磅，蓋罕有之寶物。考各礦自咸豐元年起，至光緒十三年（西一千八百八十七年）止，總凡得金五十四兆四十二萬四千三百九十九英兩，值英金二百十七兆六十九萬七千五百九十六磅，銀值五萬五千八百六十五磅，錫值三十四萬二千四百九十九磅，銅值十一萬九千五百三十磅。鑛丁二萬五千二百有奇，內有華工四千四百七十六人，舊日更多，今已稍減矣。光緒十二年，凡農牧各地二兆四十一萬七千五百八十二畝，收麥十二兆十萬英斗，造酒九十八萬六千加倫，他物稱是。羊十兆七十萬頭，馬牛各三十萬有奇，羊毛值英金四兆零四萬七千磅有奇。總計進口貨值英金十八兆五十三萬磅，出口貨值十一兆七十九萬五千磅。出入輪船四千六百三十一艘，載貨三兆七十三萬噸有奇，鐵路一千八百八十英里，電線，書信局，新聞館，略同紐搿司威耳士。居民牧羊者，多蘇格蘭人，種地者多英倫人，其餘經商作工，各國多有至者。華人或攻礦，或種植，工多而商少。通省分十七鄉，其大城要口曰美爾本，隸布爾克鄉，其首郡會城也，華人稱爲新金山，在東南海岸斐利波海灣中，當赤道南三十七度四十九分五十三秒，巴黎東一百四十二度三十八分二十八秒。斐利波灣，自西南而東北，周六十法里，外鎖狹峽，內瀦大澤，大小輪船，可以抵岸。口門礮臺對立，城在灣北盡處，最佔形勢。創建於道光十五年（西一千八百三十五年），其時居民稀少，景象荒落，自尋得金鑛，一月驟增數萬，今有三十九萬五千人，闤廂兩層，周圍四達。地當亞拉河岸，東西兩土山，即名爲東西美爾本。中有街道，互通各處，寬平正直，中間皆有水法圜池。督署議院，崇閎瓌麗。有觀象臺，其千里鏡爲天下之至大者。有大學堂及書院書庫，藏書十一萬二千卷。又有書畫廊，庋置圖繪雕刻，來游者任其閱看摹倣。萬生園兩處，則動植各物皆備。賽會場長廊一百五十法尺，羅列土產，陳設各貨。公家花園隨處有之。進口以鐵器，煤斤，木料，什物，各種酒水爲多，出口以金，麥，羊毛，牲畜，皮，油爲多。又有造車修船之廠。氈毯，鞋韈，肥皂，蠟燭，糖果，茶食，煙捲，苦酒，醃肉，所出亦夥。城中工作局所，二千四百餘處，工人三萬八千有奇，可謂極盛。華人在城者，多以種花灌園爲事，或爲木土漆匠，或爲店舖僱用，在鄉者或務農，或攻礦，英人惟收身稅，尚未苛待。光緒十八年，舉行百年大會，請中國遣官賚貨赴埠，以時促地遠，未之往也。城西南濱灣有兩埠，右爲威廉斯敦，左爲雙特理磯，亦停船裝貨之所。曰叭刺拉，隸格郎鄉，在美爾本西北一百五十法里，居民三萬六千五百有奇。地有叭刺拉大金礦，華人爲礦丁者數百，昔時但有棚廠，以資棲息，今則房舍街道，書庫，銀行，戲園，日通火車，夜燃煤氣。曰吉隆，隸格郎鄉，在美爾本西南七十二法里，居民一萬四千人。城當斐理波灣西岸，爲糧食商市，有羊毛及農具局廠。曰加斯特拉美納，隸得爾波鄉，在美爾本西北一百二十四法里，居民一萬八千有奇。地當奔丁戈叭剌拉兩金礦之中，有機器鐵廠。曰格雷納，隸得爾波鄉，在美爾本西北一百五十六法里，居民六千有奇。有牧塲，水池極大，亦有金礦。曰哀崙加，隸阿羅得內鄉，在美爾本北二百五十二法里，居民三千六百有奇。城瀕莫來河岸，有剛巴斯河，自南來會。地宜畜牧，歲得羊毛極多，自維多利亞至紐掃司威耳士，以此爲火車中綫。此外析置四府，一爲蘭敦府，北界莫來河，南界得爾波，凡三鄉。曰仙大市，隸奔丁戈鄉，在美爾本西北一百四十法里，居民三萬八千有奇。地有奔丁戈大金鑛，華人爲鑛丁者二千有奇，碎金滿地，故稱爲大金山，惟周圍開采太甚，鑛硐最多。金廠機器二百六十七架，馬力二千七百二十六匹。城中街衢寬潔，樹木森列，有花園水池。居民大半鑛丁，亦造電綫，製樹膠，鐵廠，瓦窰，酒穀之屬皆有之。曰哀格隆好克，隸奔丁戈鄉，在美爾本西北一百六十五法里，居民七千七百有奇。有金鑛。二爲彎美拉府，在西北，東北界莫來河，西南界南澳大利亞，凡七鄉。曰司得威爾，隸波倫鄉，在美爾本西北二百十二法里，居民四千七百六十有奇。有馬格得拉金礦，入地極深。城中大水池，容水十萬零三千四百法方尺，以供汲飲。地當阿剌山北坡，天高氣清，宜於呼吸，故養病院獨多。附城種葡萄，稍遠種五穀。三爲莫來府，在東北角，北界莫來河，南界阿爾魄山，凡四鄉。曰毗治活，隸波公鄉，在美爾本東北二百五十七法里，居民一萬一千有奇。有金礦，華人爲礦丁者八百餘人，經商者僅數家。四曰帕斯倫府，北界阿爾魄山，南瀕太平洋，層巒積雪，大海揚波，風景勝絕。地橫四百法里，縱一百三十法里，山坡有瀑布，多林木，極高大。金礦歲得三兆六十萬法郎，餘則煤，鐵，銀，鉛，銅，錫，紅藍寶石之屬。臨海多平原，水澤，宜牧羊種麥，惟墾地未廣，居民尚稀。凡五鄉。曰沙剌，隸敦日勒鄉，在美爾本東南一百八十二法里，居民四千人。城瀕敦遜河左岸，有火車自沙剌通美爾本。有磨麥硝皮諸廠。海濱灣泊環抱，舟楫往來，蓋是島極南佳處也。

南洋華僑沒落的原因

許道齡 1

南洋這個名詞，大概在國內知識份子的腦海裏都有這印象的存在，這也許因爲牠是華僑的中心，而且疆域又與我國接近的緣故。考明以前只有東西洋，而無南洋之名。張燮東西洋考卷五文萊條云：「文萊，即婆羅國，東洋盡處，西洋所自起也」。由此，可知現在所謂之南洋，實際上即明代東洋與西洋的一部份。其時東洋係指日本三島與菲律賓羣島……而言；西洋係指馬加撒海峽以西而言。今之南洋的範圍，約略言之，即法領印度支那半島，暹羅，英領印度支那，荷領東印度羣島，婆羅洲，菲律賓羣島……等地。其面積計一百七十餘萬平方里，約佔我國三分之一強；人口一萬萬左右，約佔我國四分之一弱。地廣人稀，氣候和暖，其海拔多在四百公尺以下，利於農業。而且文化落後，工業不發達，在在需要外來的貨物。這眞是人口過剩國家的好殖民地，生產過剩社會的好市場。照這樣說來，牠的客觀條件都很適合於移民，而華僑在那裏又有悠久的歷史與鞏固的基礎。在政治上，明永樂間梁道明曾据三佛齊之一部以稱王，陳祖義曾爲舊港頭目。成化間謝文彬仕暹羅，位至「坤岳」（按：猶中國「學士」。）嘉靖間林道乾爲浡泥客長；萬曆間閩海寇李馬奔曾率其衆往据菲律賓；清初吳尚賢黨黃耀祖逃入緬邊爲葫蘆國王（按：葫蘆國，一名卡瓦，距永昌十八程，自古不屬緬甸）。乾隆間鄭昭仕暹，位至宰相，後緬甸覆暹，昭克服之，衆戴爲王。其他如越南王族阮氏，亦是中國血統，羅芳伯，陳蘭芳，葉來……諸人都曾爲一方之長（詳見南洋華僑殖民偉人傳），華僑過去在南洋境內實握有政治上之權威。在經濟上，据續文獻通考云：「（爪哇）新村村主廣東人，蕃舶至此互市，金寶充溢」。英前總督瑞天咸云：「馬來各國之有今日，華人之力爲多。……吾人草創之初，全賴華人財力，得以平治道路，大興土木，行政之費，胥在於是」（British Malaya）。一九一二年，菲島鹽務局所統計在菲經商人數，以華人爲最多（三三三五人），菲人尚居其次（二一五二人），西班牙及美人不過二三百而已；零售商所售貨物價額亦以華人爲最大，總數超過三億二千萬元，非人不過八千萬元，西班牙及美人僅四千萬元。可見華僑過去在南洋境內也曾執經濟之牛耳。在社會上，据宋史外國傳云：「闍婆，中國賈人至者，待以賓館」。島夷志略浡泥條云：「崇奉佛像唯嚴，尤敬愛唐人，醉則扶之以歸歇處」。可見華僑過去在南洋的社會上實佔第一把交椅的地位。照這樣說來，華僑在那裏的各種地位與勢力都應該蒸蒸日上，爲什麼反而江河日下，商人破產時有所聞，失業工人整千整萬接踵歸國呢？這其中的原因必很複雜，非三言兩語所能道盡，玆將見聞所及，略述四種如左：

（一）國家衰弱　在這優勝劣敗弱肉強食的世界，人民之需要國家保護與養育，眞像嬰兒之需要慈母一般。然生長於內地，而一輩子沒離開過祖國的人們，天天見到的是被政府壓迫，輾轉在死亡線上的同胞。在這種環境之下，也許不但不覺得國家可愛，反而覺得可恨。然而偶有機會踏進外國的疆土，瞧見強國人民的威風，自由，幸福，倘不翻然省悟，覺得國家可愛，那是毫無心肝。人民與國家的關係實在太密切了。華僑過去在南洋任何方面都處於最優越的地位，今則事事被壓迫，處處受限制，爲商者不能盡量利用其資本，爲工者不能盡量發展其技藝，爲農者不能盡量出賣其勞力，一切的一切只讓消極的維持現狀。事業亦如逆水行舟，不進即退，那有老保持着靜止狀態的道理。因國家之衰弱，無力保護，任其自由發展；且習慣成性，外交麻木，有時反而秦越漠視，任人摧殘——如前年暹羅之慘殺，最近各地之排華，政府視若無睹。這實爲南洋華僑沒落的主要原因。

（二）國內工業不發達　我國初期下洋的同胞，除掉僧徒外，十之八九是商賈。唐以後有些農工分子，爲生活所鞭策，不得已到那裏去僑居（按：唐義淨曾居室利佛逝國（在蘇門答臘島上）四年；新嘉坡有唐人墓碑，記梁朝年號，見南海寄歸傳，南洋蠡測。）。宋明兩代，有些遺臣遺民，爲政治所壓迫，不得已到那裏去避難（相傳：南宋遺臣陳仲宜，鄭思肖都到過爪哇。明桂王曾出亡緬甸）；然仍以商人爲中心，而士人所歡迎者亦唯商賈。諸蕃志蘇吉丹條云：「蘇吉丹即闍婆之支國。……厚遇商賈，無宿泊飲食之費」。又晉渤泥條云：「其地出……降眞香，玳瑁。番商興販，用假錦，建陽錦，五色絹，五色茸，琉璃珠，琉璃瓶子，絹墜，牙臂環，臙脂，漆椀楪，青瓷器等博易。……番舶抵岸三日，其王與眷屬率大人（原注：王之左右號曰大人）到船問勞」。又三佛齊條云：「番商興販，用甆器，錦綾，纈絹，大黃，樟腦等物博易。……若商舶過不入，即出船合戰，期以必死，故國之舟輻輳焉」。島夷志略文老古條云：「……每歲望唐舶販其地，往往以五梅雞雛出，必唐船一雙來；二雞雛出，必有二隻，以此占之，如響斯應。貿易之貨，用水綾絲布，土印布，燒珠，青甆器，埕器之屬」。由此看來，華商當年在南洋地位是何等優越。這種買賣一定是利市三倍的。可見華人過去受南洋土人之歡迎，並不盡由於國家之強盛，而由於中國當年之工業比較進步，他們常常需要我們的供給。蓋人類間，尤其是在國際間相處，必有可以互相利用之點，始可維持永久，如果雙方相處，僅這一方面佔便宜，而另一方面老吃虧，則這種交情，日久必趨冷淡，而至消滅，甚而至於反友爲敵。現在華僑失去南洋土人的信仰心和尊敬心，當然是因爲我國工業落後，出產的東西，不足供土人的需要。此後，如果我國工業能夠長足的進步，出品精良，運輸到南洋去給華僑推銷，則過去那種敬唐愛唐的心理，相信馬上可以恢復過來。你瞧，咱們的友邦到南洋去不知道較咱們晚幾世紀，但是現在南洋土人都很敬仰他們，歡迎他們，在那方面的勢力好像旭日初昇，光芒萬丈。這不消說是因爲友邦之工業發達，價廉物美，抓住土人心理上的弱點的緣故。因咱們拙於此道，故到處受人白眼，排擠。現在南洋僑胞都覺得沒買賣可做，「坐吃山空」，那能不日趨沒落之途?!

（三）缺乏互助與團結精神　明萬曆以前（一五七五——一六一九年），中國在南洋方面，無形中實居於宗主國的地位。以後，白人東來日衆，以礮艦政策，推行殖民主義於南洋，而我國一貫的羈縻政策，至此即告失敗，因之，華僑地位也即屈居第二。迨十九世紀初葉，白人在南洋的勢力穩固，範圍確定，於是即各出其全力以經營。蓋當年南洋還是一草莽未闢的處女地，從事墾殖，實需要大量工人，而閩粵沿海一帶，生齒日衆，無以爲生，一般農工份子即乘此千載一時的機會相率下洋。於是南洋華僑即以農工爲中心。這是華僑質的變化，同時，量也激增。人數太多，份子複雜，因之良莠不齊，良善者固能刻苦工作，自謀生活，而莠劣者則怠惰成性，旣厭惡工作，又留戀人生。但在當地舉目無親，王孫誰憐，一時爲生活所迫，遂致作惡爲非，干法犯紀。這雖屬少數中的少數，然羣中有此「害馬」，即啟外人輕視華僑之心。又一般華僑見識未廣，腦海裏尤滿着傳統的思想，鄉土觀念太深，什麼漳州幫，泉州幫，福州幫，廣州幫，客家幫，潮州幫，瓊州幫……，此疆彼界，分門別戶，老保着秦越的態度，不論是辦教育也好，與實業也好，做慈善也好……都各自爲謀，不相聯絡；甚至互相攻擊，有時爲達到目的起見，竟不擇手段，利用當地政府勢力以壓迫祖國同胞。這種利己主義的劣根性，實爲啟外人輕視心理之主因，而很多不幸事件，都由這種心理造成。由此，可知華僑日趨沒落實由於缺乏互助與團結精神。

（四）知識缺乏　當白種人開發南洋之初，範圍廣泛，在在需要工人，故當時勞力可待善價而沽。等到後來，「生地」盡變成「熟地」，實業振興，原料豐富，這時笨重工作銳減，輕鬆工作增加，然而這種工作須有相當的技術與訓練，而華僑多是國內農工份子，所謂現代的訓練與技術都夠不上。這實爲南洋華僑失業問題嚴重的因素。又自工業革命以後，資本主義即由商業資本進而爲工業資本，再進而爲金融資本，其形態不斷變化，其組織日趨合理。而寄生於帝國主義殖民地裏的僑商，雖因力量不足，不能迎頭趕上，實應急起直追，以免過度落伍。然事實告訴我們，他們並不是這麼樣，一切都墨守成法，賬簿仍是「流水式」，不肯利用新式簿記；夥計仍是「父子公孫，三代同店」，不樂意雇用外人，任務多屬反串，不肯採取現代組織法，使責有專司，人盡其才。如此固執，那裏配與白種競爭。其猶有可憐者，當世界經濟恐慌風潮爆發之初，外人小規模企業，知道沒能力和這高潮掙扎，都赶快廉價出倒，希望減少賠累。而一般眼光短淺的僑商，不知道到底是怎麼同事，只覺得十分便宜，竟貿然拿出現欵來承辦，轉眼間物價繼續狂跌不已，市面蕭條萬分，收入幾等於零，不但發財好夢做不成，反且血本也盡被這高潮席捲而去。到了這時，只好「關門大吉」，自認倒霉，甚至有因此爲生活所迫而自殺者！可知南洋華僑的沒落，實由於知識之缺乏。

4

總之，今日欲保僑救僑，須求根本辦法，如派艦慰問，組織僑樂村，都不是辦法。現在還是內外一致把這垂危的國家弄好，幼稚的工業振興。國家得救，寄託於國家衛護下的四萬萬人民，不論在國內海外同時都得救。工業發達，出產豐富，價廉物美，生活於一個經濟團體裏的四萬萬團員，不論在國內國外都可同沾利潤。政治經濟兩大問題解決後，隨即與各該地當地政府會商整頓僑教辦法。關於組織方面，務須把同在一地的各幫學校合併；課程方面，須注重公民教育，與生產教育，養成一現代化的國民，愛國家，愛種族，作育一現代化的工商，亦能文，亦能武。如此，則各幫不會像從前之隔膜，團結即能表現出力量。工商知識提高，技術進步，職業都不成問題。這樣南洋華僑各種勢力準眼見得復興起來。

申報六十周年紀念

三版中國分省新圖出書

翁文灝 丁文江 曾世英 編製

立體模型 集專家之心力——樹輿圖之權威 彩色精印

本館前以六十周年紀念特請翁文灝丁文江曾世英三先生編纂本圖發行以來業已再板綜合銷數超過廿萬部以本圖撰繪詳明印刷精美不僅公私機關學校共同采用且幷家喻戶曉幾於人手一編現在三板發行更由編者加意改良益求美備茲特列舉各點如下

丁茲推行建設注重國防之時社會人士全國學界對於本國地理應有深切之認識以樹復興之基礎本館宣揚文化職責所在因假六十年事業之紀念編纂本圖俾於國家少有貢獻更爲推行普遍起見屢經改板仍售原價併此聲明

每部實價國幣三元

外加郵費一角六分

㈠地名增多 前以本圖力求地形明晰起見所列地名猶嫌不足茲已自六千餘處增至一萬餘處

㈡校閱精詳 三板於付印前曾將底稿分寄各省官署大學以及專家學者共同研究多定獲校之功舉凡舊有疏漏之處率予補訂改正

㈢改良索引 前撰索引三百萬分一地圖合經緯二度爲一格他圖合四度爲一格其地點密集之區檢查間感困難三板於原有分格外再按小數縱橫各分十格索引自形便利

㈣材料更新 三板爲力求精確起見舉凡四川甘肅寧夏各省均用最新之材料凡在本年五月間規畫之公路以及六月前更改之政區均屢經改板俾得逐一更正

㈤充實內容 三板於原有各圖之外加入立體模型，土壤分配，磁針偏差諸圖均爲中國地圖之初期倡作又吉綏熱察甘寧各省圖亦均改用三百萬分之一以期清晰

㈥立體模型 本圖附有專製之紅綠眼鏡俾可映視特印之地形圖以求得正確之立體模型爲舊式地圖所未有

總發行所 上海申報館售書科

分發行所 南京 建康路三二五號申報辦事處

北平 西南園廿三號楊仲華君

天津 法租界廿四號路好樂里七號龔師義君

▲特約經售：生活書店 開明書店

所見南洋僑胞之情況

附記安南古冢出土之古物

傅振倫

去年夏，余有事於英倫，八月七日，自滬搭意輪綠伯號 Conte Verde 放洋。十三日十一時抵新嘉坡，十七日八時抵哥崙布，二十日七時抵孟買，三十一日九時抵威尼斯。今年春，由法返國，三月二十七日自意大利幾諾瓦乘原輪東來。翌日十一時抵那波里，三十一日五時抵波塞，四月八日六時抵孟買，十日十三時抵哥崙布，十四日十三時抵新嘉坡。旅程所經，輒登岸遊覽，凡吾僑胞所在，尤所究心，所見所聞，拉雜記之。起自星洲，訖於意港。採訪未周，自愧簡略。樗櫟朽材，或未可盡廢也。巴黎賽奴斯給博物館所藏安南漢魏古冢遺物。以有關吾國殖民事蹟，並附誌焉。

一　新嘉坡

綠伯輪爲意大利垂斯蒂小垂斯蒂公司 Lloyd Triestino 快輪之一，與紅伯號 Conte Rosso 爲姊妹艦（現該艦修理，由勝利號代之。），航行歐亞間。由上海至威尼斯，二十三日可達。船上職員三百六十餘人，寧波賀君任中文繙譯，兼理事務。據云吾華人任職於意大利三大輪船公司者甚夥，多先後辭退。現在工人，爲數不過二百，皆操洗衣擦澡盆之役，工資甚微。船自上海開行時，二等經濟艙百餘人，香港搭客約五十人，吾同胞居五之四，赴新嘉坡者五之三。有河北威縣農夫二人同船。余謂之曰：「我國招商局海輪，亦由滬開新嘉坡，取費較廉；何須乘意輪」？彼等曰：「由滬至新，意輪單程每人九英鎊。華輪所省有限，而航行甚慢，且不保險，有時遇海寇；且吾等之往南洋者，皆由經紀人包辦（吾國大埠及南洋，均有經紀人，出國者，由經紀人供給川資費用，介紹職業，將來由工資內扣除其所借用費。），船票亦係彼等代辦者也」。

新嘉坡，小島也，在馬來半島之南端，面積二百十七方哩，城市建島之南部。新嘉坡，一稱實叻，皆馬來土語，前者爲「獅島」之意，後者則「海峽」之義也，近人或以「星洲」呼之。洲上夜間電燈點點，遠望若星辰。現爲南洋僑胞中心，然明初三保太監下西洋，雖至柔佛，然並未登星洲也。星洲地甚低濕，其初，居民皆編茅爲屋，蚊蚋甚多，更有虎患，西人且有「髒城」(dirty town) 之目，一切新建設，皆無有也。自一八一九年地歸英國管轄，而百年前之荒島，一變而爲物質文明甚盛之區矣。

自來同胞之赴南洋者，政府既不限制，亦不監視，然亦不予以協助，率皆爲經紀人所包辦，且多由閩廣放洋。在火輪未行之前，帆船實爲交通利器，船頭畫鷄，或紅或藍，是曰鷄首，廣東人俗呼「大眼雞」，取飛行穩快，而不畏風之義也。去年春，余遊倫敦國立科學博物館 (The National Science Museum)，其二層船類模型室，陳列吾國帆船三艘。其一標籤注云：「一八八四年（清光緒十年），由廣州起程，經過好望角入泰晤士河至倫敦，費時四百七十七日」，亦鷄首之類也。華工之於星洲，節衣縮食，周年可致數十萬，一若遍地黃金，俯拾即是者。近來則求一溫飽，亦不易矣。

去夏，余等行抵星洲，萬國旅行社（Cook's Co.）附輪兜攬生意士人亦聲請導遊，獨未遇中國旅行社。本地有吾國報社七八家，星洲日報，新嘉坡日報，星中日報，南洋日報，商業日報，新國民日報，其著者也。今春余等抵港，紛紛來船詢問來歷，出國任務，海外感想，採集資料，拍照影片。星洲日報館規模最大，每日推銷萬五千份，分售處遍南洋，創辦者爲閩人胡文虎文豹兄弟。去夏曾與同行者結隊參觀，承經理林靄民君招待，先迎入應接室，分贈刊物，吾等各簽名簿上，並注學歷及出國事由。旋由經理導觀圖書，編輯，印刷，營業等室，並發表下列談話：

本報發行，至今六年。日出三大張，專電特多，年耗不下六千金。訪員，時事攝影員，特約通訊員，遍南洋，而國內大都市及歐美日本亦有之。副刊週刊，亦聘專家担任撰述。成立之初，日銷不過七千份，今則增至二倍以上。以內容豐富，而報費甚廉也。……全島人口四十萬，僑胞占四分之三。今受荷蘭暹羅英國等限制，國人來此者漸少，即久居於斯者，亦飽經摧殘，橫遭虐待。經濟剝奪，情勢嚴重！……閩粵同胞，時不能合作，言之痛心！……日人深明土人心理，物品均能投其所好，取價低廉，故銷行甚暢。普通洋車一輛，價須五十元，而日本造者，九元即可得一輛，他可見矣。……

華僑職業，工商最多，三十萬人口中，廣閩人佔其大數。山東人三百餘人，多販賣綢緞，兼售日貨，與普通商人同。福建人胡文虎爲本地巨紳，開辦永安堂虎標大藥坊，生意甚佳。胡氏國家觀念甚深，每捐鉅款襄助義舉。去年參觀動物園後遇雨，乘汽車返輪，過胡氏之居。洋房重重，周繞園囿，林木參天，處景淸幽。車行十五分鐘，環繞其居不過三分之一也。島上洋車夫甚多，華人佔十之八。往往一車乘坐二人，車費昂貴，長程不如直雇汽車也。近港土人，每乞旅客投錢於水，泅而拾之。香港華人，亦有此等舉動，而星洲無之，蓋本地僑胞生活，富裕於土人，且亦較香港爲富庶也。

本地街上公告，皆用華英土語等四種文字爲之。同胞所設學校頗多，然普通僑民國語程度，不甚高深。所揭廣告，多文理不通，難以索解。新嘉坡博物館中遊人，吾國婦孺甚多，對於陳列物品，似甚熟習。館中所藏吾國明淸瓷器甚夥，胎骨彩泑，皆不及景德鎮產，豈廣窰之器歟？

吾國大書局，銀行，多設分行於此。有皇后大飯店者，設置周備。四層以上，爲屋頂花園，有廣東音樂，歌女奏出，音調悠揚。點心飯菜，取價甚廉，概無小費，余等曾過而大嚼，覺忘去國之思。嘗囑茶役代購郵票，卒不了解，蓋彼不諳英語，復不解京話也。

返國時，得旅行雜誌一册，上載南洋九州府統計局發表去年人口報告。茲節錄之，以見僑胞分布之概況焉。

馬來亞人口共四・五七一・四四七人，華人一・七三九・四六〇人，馬來人二・一〇一・四六八人。計：

(一)海峽殖民地(三州府)一・一〇三・七八九人。

華僑六五四・一三六人。

星洲人口五四七・三八一人，其中華僑四〇七・九六五人，蓋佔全人口百分之七四・五四云。

(二)馬來聯邦(四州府)一・八一三・八九一人。

華僑七二七・五二八人。

(三)馬來屬邦(柔佛，吉礁，吉寧丹，丁加奴，玻璃市，蒲魯爾)一・六五三・七六六人。

華僑三四七・七九六人。

余過星洲，爲時甚暫，所見情形，不過如此。抑又有所感焉：南洋僑民，無政府之援助，無政府之策動，更受當地種種壓迫剝削，獨能以個力發展，在經濟上佔優勝地位，此種堅苦卓絕精神，誠堪欽佩，一也。吾族精神不特弘毅果決，儉樸勤勞，且能戰勝自然，適應環境。西人未到南洋之前，吾民即已來此斬荊棘，披草萊，闢一新天地，繁殖族衆。此種固有美德，當發揮光大，永保勿替！二也。僑胞在星洲，房舍建築，室中陳設，以及衣食器用，無不保持國內風尙。去年八月十三日，適値廢曆七月十五，僑胞仍焚鏹祭祀，不異祖國中原風氣，不忘本也。更以所建巨剎而言，如龍山寺雙林寺城隍廟廣福宮等建築，不一而足。遊神賽會，與內地不殊。此雖不免流於迷信，而保存吾民族特俗，只能同化外人，而絕不爲人同化，亦未可厚非，三也。具此三種優點，吾華人勢力，而能與星洲長久生存也必矣。惜乎，羣衆無團結力，又無政治訓練，以四十萬之民衆，不能爲強有力之政治組織，反受制於人，哀哉！

二　哥崙布

此地有兩種現象：一爲華僑極少；二爲日貨極多。余等登岸，莫不目爲日人，非無由也。國人僑居於此者，不過三百人，山東人最多，操絲綢花邊等業，鄂人次之，多爲象牙商。有粤人林百泉者，經商多年，最嫻本地情形，華僑咸依歸之，儼然一駐獅子國領事焉。有中國商業公司(China Trading Co.)者，在賈賽木街八十八號(88 Chatham St. Fort Colombo)，一華洋商行也，亦富於貲，係潮州某姓經理。物有定價，國人可八扣，並代辦匯兌零星款項。市內有哥崙布博物館，有唐越窰瓷片，有淸康熙靑花瓷器，有雍正乾隆等靑花五彩瓷器。吾民之繁殖於斯地者，久矣！

三　孟買

去年登岸遊覽，遇一粤人，導吾等遊。據云此地華人甚少，爲數不過二千，多無正當職業。領事館在山上公園(Malapa)附近，規模頗小。返國時，於碼頭間遇僑民譚兆駒。其名片署 Tam Shu Kee 住 Kuklaji St. 五十二號。(Byclla Bombay No. 8.)與之接談，語不可解，僅知其爲代意輪公司駐此承辦華人歸國船票事務者。

四　那波里

今春三月杪，船次那波里，見碼頭有華僑十數人，均着中山裝，操意語。據同行留意友人柯嘯栴楊濟煥二君稱，此皆靑田縣人之來船招攬生意者。其同鄉居意者九百人，有組織，有首領主一切事務。彼等職業，多爲小本商販。衣不求暖，食不求飽。每二十餘人，食息一室。或係新來自浙江，或則久流落於此者。其護照多已不全，每以死亡者更用之，甚或僞造。領事不能保護，屢遭意外侵凌。然其人辛勤耐苦，每日衣食而外，可得十個里拉（去冬一鎊換六十八里拉，今春可換八十里拉。）。年可得千餘里拉（約華幣二百元）。自意大利施行金融統制政策以來，所得絲毫不能匯至吾國矣！

記安南古冢出土之古物　附錄

今年春，余有巴黎之遊，一月十一日，參觀賽奴斯給博物館 Musée Cernuschi 訪主任楊瑞 Janse（瑞典人）。楊氏於民國二十三年曾到安南作考古之發掘，時方整理報告，出原稿及遺物示余。氏所發者，爲漢魏墳墓，得十二槨，遺物甚多。地在河內附近 Lach-Crmong (Chank-hod)，上層爲宋唐古物，下層爲漢魏古物，又下爲周代古物，多作中國式，且有華文字。吾民之經營安南，由來久矣！諸冢部位，各墓層次，均繪有詳圖。漢代古物，有銅陶等明器，有五銖錢一串，漢冢無疑也。壙均壘專爲之，旁有花文，有隸書文字者多方。有爲「大」字者，有作「右」字者，皆反刻；又有刻「李□有地□」等字者。專瓦浮刻之圖案，有作舞蹈之狀者；有姮娥奔月故事者；兔桂杵臼之形，樸拙可喜。更有羽觴五，陶質白，底刻「●」形象文，或「宋氏用」等字，亦隸書。有三足陶盤，內刻雙魚形。陶壺一，周繫草繩，繩雙結，今尚未毀。其他銅陶諸器，形狀奇異，不可名目者甚多。按河內一帶，在漢屬日南郡，伏波將軍馬援南征拓土，吾國文化，廣播於此。以發現之物品觀之，當係漢器，至晚亦不過六朝林邑國時也。

廿五，十一，二十，草於腊庫四四。

5

燕京大學哈佛燕京學社北平辦公處出版書籍

古籒餘論孫詒讓著 刻本二册 實價大洋一元五角

尚書駢枝孫詒讓著 刻本一册 實價大洋八角

張氏吉金貞石錄張塤著 刻本二册 實價大洋一元八角

馬哥孛羅游記第一册張星烺譯 鉛字本一册 定價三元

歷代石經考張國淦著 鉛字本三册 實價大洋四元

王荆公年譜考略蔡上翔著附年譜推論熙豐知遇錄楊希閔著 鉛字本六册 實價大洋五元

碑傳集補閔爾昌纂錄 鉛字本二十四册 定價二十元

殷契卜辭（附釋文及文編）容庚，瞿潤緡同著 廿二年六月出版 珂羅版本三册一函 定價每部大洋十元

武英殿彝器圖錄容庚著 廿三年二月出版 珂羅版二册一函 定價二十二元

甲骨文編孫海波著 二十三年十月出版 石印本五册一函 定價十四元

善齋彝器圖錄容庚著 二十五年五月出版 夾連紙三册 定價二十元

燕京學報現已出至十九期（一至四期售罄）五至十二期每期定價五角 十三至十九期每期八角

中國明器（燕京學報專號之一）鄭德坤，沈維鈞合著 二十二年一月出版 鉛字本一册定價一元

唐代長安與西域文明（燕京學報專號之二）向達著 鉛字本一册二十二年十月出版 定價二元

明史纂修考（燕京學報專號之三）李晉華著 二十二年十二月出版 鉛字本一册 定價二元

嘉靖禦倭江浙主客軍考（燕京學報專號之四）黎光明著二十二年十二月出版 定價二元五角 鉛字本一册

遼史源流考與遼史初校（燕京學報專號之五）馮家昇著二十二年十二月出版 鉛字本一册 定價二元五角

明代倭寇考略（燕京學報專號之六）陳懋恒著 二十三年六月出版 鉛字本一册 定價二元八角

明史佛郎機呂宋和蘭意大里亞四傳注釋（燕京學報專號之七）張維華著 二十三年六月出版 鉛字本一册 定價二元五角

三皇考（燕京學報專號之八）顧頡剛 楊向奎合著 二十五年一月出版 鉛字本一册 定價四元

宋元南戲百一錄（燕京學報專號之九）錢南揚著 二十三三十二月出版 鉛字本一册 定價三元

吳愙齋先生年譜（燕京學報專號之十）顧廷龍著 二十四年三月出版鉛字本一册定價六元

國策勘研（燕京學報專號之十一）鍾鳳年著 二十三年十月出版 定價三元

中國參考書目解題（燕京學報之十二英文本）鄧嗣禹，畢乃德合編 二十五年六月出版 鉛字本一册 定價三元

Yenching Journal of Chinese Studies (Supplement No. 1) Price One dollar

總代售處：北平隆福寺街文奎堂

漫談婆羅洲的蛇

周少鵬 1

婆羅洲地屬熱帶，多產蛇。初到該地的人，往往誤信他人底傳說，在臨睡時，戰戰兢兢地檢閱帳頂及床底，看看有無毒蛇在匿伏着預備夜中偷空襲擊；走進古樹參天從古至今未經斫伐的森林中時，甚至連一堆枯乾的落葉都不敢去踏，惟恐驚動那伏藏的巨蟒。但在該地住數月以後，就知道這種恐怖是無稽的。蛇並非一種好出風頭故意惹人注意的動物。吾人尋常想像中以爲蛇類無故咬人，或經人打擊後與人困鬥，這都是出於猜想。在遍地森林的婆羅洲，蛇底藏身之地甚多，平時不易遇到，且有的蛇從生到死老是在樹上生活着，根本不常到地面上來，因此在婆羅洲及附近一帶，被毒蛇咬傷的，委實極少。印度人口較密，被蛇咬傷的甚或噬死的，較爲多些，但根據當地的統計，這類事件，也多是發生在森林稀少的地方。

婆羅洲底蛇，據當地政府專家底調查，多半於人無害。除海蛇之外——海蛇性極毒惡——據聞當地所產一百十三種中，有毒的僅十一種；連海蛇在內，共產一百二十五種，總共不過二十四種有毒，故只佔百分之十九。吾人雖知蛇之有毒者甚少，然仍是見之生畏，無論其有毒與否，總想立即殺之始快。這種怕蛇底心理，實際上是出於本性的。非特人類如此，即與人類相近的猿猴猩猩等類，據他們專家底調查，亦莫不如此。猩猩本是極笨重行動遲鈍的東西，但一旦遇見蛇，甚至極小的一條蛇，無不馬上偷偷地而極快地逃走。據說老鼠也怕蛇。聽說在沙拉瓦（Sarawak，婆羅洲西北隅一小獨立國，由一英國人作酋長，內有華僑十餘萬人。）有一家店舖，素患鼠，而無法制止之。一日，忽有一巨蟒光顧，將店中磁器損毀甚多，但素來猖獗而無法制止的老鼠從此忽然絕跡。店中主人知其故，遂購一死蛇標本，置之於店中櫃台下，老鼠居然數月不敢再來。日久後蛇皮標本失其效能，鼠輩底猖獗又復其舊觀。此亦足以表示蛇類對于其他動物威嚇力底強大。

婆羅洲遍地森林，樹上生物極繁，爲事實所迫，無足如蛇之動物，居然也不得不學會爬樹的本領來應付環境底需要。爬樹底方法，是用鱗甲掛在乾裂的樹皮上，慢慢地縱上去。下來也是採取同樣的方法。但是當地有三種蛇，能夠像飛行家所用的降落傘一樣，自樹梢上飛落下來。這三種底名稱叫作 Chrysopelea ornata, C. chrysochlora, 與 Dendrophis pictus。（國人未聞有固定名稱，作者亦不便亂譯。）說蛇能飛，自然容易招人批評，甚至有人要說在造謠。余初到北婆羅洲時，華僑於談話中，時將該處怪獸異俗見告。余認為一般人每喜過張其辭，以動吾輩初至該地者底興趣，故關於飛蛇一事，余亦大大地打一折扣。後余時至內地打獵，一次，忽見一二尺餘長狀似木棍之物，自樹上飄然落下，墜於距余立處二丈餘遠之深草中。余當時並未注意，經同伴某君告余，始知此即俗稱所謂飛蛇者，正在下落。後余見一 Chrysopelea ornata 標本，始知這種蛇之所以能飛，原係藉其巨大而硬凹之片片鱗甲，降墜時極度張開，凹面向下，受着空氣底阻力，使降落時速度減低，和降落傘同是根據一種原理，實際上並非真正在飛。後一英籍友人某，捕飛蛇一條，飭僕送來贈余，蛇小而無毒，余試持之自洋台上擲之樓下，兩次均無異狀，一直跌下去，幾乎跌昏。第三次，忽見該蛇張其鱗甲，挺直其身，飄飄然斜着落於數丈之外。

婆羅洲所產毒蛇中，最普通的是眼鏡蛇（Cobra），毒尾蛇(Coluber oxycephalus)，與印度蛇（Krait）三種。眼鏡蛇深黃色，怒時將頭抬起，頸部漲大，似鄉間婦女所用之包頭紗形，上有很顯明像眼鏡形的圓圈兩個，（國人稱之為眼鏡蛇，想即為此）。陣陣發出怪聲，並吐出一種毒液，這種毒液能吐至八尺甚或一丈遠的地方，人底皮膚上假使遇到這種毒液，馬上便起一種發炎狀態，假使弄到眼裏，恐怕要損毀人底視能。這種蛇經人捕到的，最長的據說有十五英尺。平常都以其他類的小蛇為食物。據他們專家底調查，毒蛇對於他類毒蛇底毒液，也是沒有抵制的力量的。所以遇到兩種毒蛇相鬥時，一定是「兩敗俱傷」。野獸被眼鏡蛇咬傷後，最初的現像是麻木，下半身先失去知覺，慢慢佈遍全身，呼吸發生障碍，毒液逐漸麻醉到腦部遂死。人類一旦被它咬傷，其現像也是一樣，經三小時至六小時即死。前有一英籍醫生卡爾買(Dr. Calmette)發明了一種治療眼鏡蛇毒液底藥品，叫作 Anti-venin，但是據說對於其他各類毒蛇底

2

毒液，仍是不發生效力。毒尾蛇周身作綠色，尾棕黃色，馬來人稱之爲"ular ikor mati"，意思是毒尾的蛇。據當地土人說，這種蛇在月圓時咬傷人畜，是無害的。如果在月缺時被它咬傷，則必死。印度蛇較之以上兩種更爲凶惡。尋常都是黑色，而有淡黃條；有的全身作深灰色，頭部深紅，怒時以其尾擊地作聲，其聲甚巨，能聞於數丈之外。印度人之被蛇咬傷而死者，多係這一種。

上述三種，性極凶惡，人畜被噬必死。然蛇類之令人最怕者，並非上列三種，而係巨蟒(Python)，或曰王蛇。因爲這種蛇平常極其粗大，據華僑及當地土人說，它底絞纏的能力甚強，人如果被它纏住，筋骨可立即被它絞斷。我國華僑且以蟒之油能治骨節痛及中風偏枯等症，其排洩物，並能治療百病，眞正有效與否，因無科學上的証明，吾人不敢輕信。蟒類害人或牲畜底方法，傳說不一，有人說，先將人絞死後，然後復塗以唾液，再慢慢吞之。揆諸專家底考証，野獸一旦被它咬住，如果不大，則直接吞下；如甚大，或極力地扎掙，那末纔把它纏住，俟其悶斃以後，用它乂形的舌上下舐其全身，慢慢吞之。它胃部底容量之大，委實驚人。據說長兩丈的蟒，能將一隻野豬或野鹿整個地吞下。吞下以後，平常極度緊密的鱗甲，儘量地分開，自鱗片間細薄的皮中，幾乎連豬的毛都看得清楚。非特胃能漲大，即其下頦骨亦能隨時放寬以容納大的食品。這種蛇平常纏在樹枝上，遇有野獸自樹下經過，馬上便將頭探下，捉而食之。據當地一醫生告余，他在婆羅洲二十餘年中，所遇到巨蟒害人底案件，只有兩次，而兩次被害的均沒有感受重傷。一次係一人之腿部被它咬住，馬上就被另外一人打死；又一次，有父子二人夜中同睡帳中，蟒進帳將其幼子頭銜住，預備下吞，小孩夢中狂呼，其父驚醒，將巨蟒之頸扼住，並狂呼「救命」，由其鄰居趕到，將蟒擊斃。

作者在婆年餘，暇時嘗偕同友伴四五人，作內地長途的旅行，知道當地土人對於我國人所見之生畏的蛇類，並不怎樣地特別懼怕，而實際上說，婆羅洲所產的動物中，其害人最多，生性最惡，且使人言之變色的，不是蛇或蟒，而是鱷魚。

3

史學年報

燕大歷史學會出版

創刊於民國十八年五月二十日　第八期於廿五年十二月一日出版

『燕京大學歷史學會刊行史學年報，已八更寒暑。編輯者初爲齊思和君，繼爲朱士嘉君。繼爲翁獨健君，又其後爲鄧嗣禹君；歷載經營，規模粗具，故其銷數亦與年俱增。四期以後，均告絕版。國內無論矣，即歐美各大圖書館，並皆競相訂購；瑞典蘇俄，近亦來函訂寄。

全美史學會集議挑擧中國優良學術雜誌十種；哈佛大學出版之「哈佛東方學年報」(Harvard Journal of Asiatic Studies, Harvard-Yenching Institute, vol. 1, 1936.)，刊後附中國學術雜誌五種；史學年報皆厠其列。法國「通報」且於各期發行後，特爲著論及之；要非其聲光遠及，不足以致之也』。——見史學消息第一卷第一期

『晚近中國諸種史學雜誌自創刊後，罕能維持不墜，洵稱遺憾，其能琤璨屹立發行不斷者，惟燕京大學歷史學會出版之史學年報矣！』——見日本史學第十五卷第三號

第五期目錄　民國廿二年八月出版

第二卷第一期（即第六期）目錄

第二卷第二期（總數第七期）目錄

第二卷第三期（總數八期）目錄

民國廿五年十一月一日出版

價　目：每册定價七角，國內郵費，每册另加五分，掛號在外。

發　行：燕京大學歷史學會

代售處：開明書店　國內各分店及特約經售處

南洋書目選錄

許道齡 1

中國與南洋交通，遠在漢武帝（西元前一四〇至八六）之世（見漢書地理志），然据史乘所載，自漢至隋（西元五八一至六一八）這個期間雙方雖不斷的往來，而華人到那裏去的多是商人和僧徒。僧徒是到印度去的，往返經過南洋的時候，有時不得不暫住以俟商船或信風；商人是爲買賣而去的，事完都就回國，也沒有在那裏久住的。至唐咸亨二年（西元六七一），高僧義淨從廣州隨商船往印度求經，歸時也走海道，途中曾在室利佛誓國（在今蘇門答臘島）停留了四年多（見求法高僧傳，南海寄歸傳）。是知華人僑居南洋，至晚當在七世紀。南洋華僑歷史的悠久，由此可見。

英前總督瑞天咸曾讚許南洋華僑說，『馬來半島之有今日，皆是華僑勞力之所賜』。砂勞越（Sarawak，在婆羅洲）前王查爾斯布羅克也曾讚許說，『假使南洋而無華僑，吾人將一無所能』。荷總督苦恩也曾讚許說，『世界民族，其能爲吾助者莫如華人』。只從這些客觀的批評上看來，已足見華僑在南洋開闢史上的功績是何等偉大。然而『狡兎死，走狗烹』，普通社會的關係向來如此，『寄生』在人家殖民地裏處在特殊情形下的華僑當更逃不了這個歷史的公式。自一九二九年世界不景氣侵襲到了南洋以後，帝國主義爲了維持他們的經濟權利和社會秩序(?)起見，虐待華僑的苛例竟花樣翻新，他們千數百年來篳路藍縷以經營的南洋，眼看着要被別人把他們整個的擠出圈子以外了。究其原因，除了國家貧弱無力保護使得其自由發展之外，就是由於國內知識階級心理上向來漠視華僑，不肯爲之積極指導，使他們踏上文化競爭學術制勝之途，這的確是一件憾事。現在已到最後關頭，深望國人把以前的那種心理痛改過來，對於這問題很認眞的去研究，求出一個結論報告於華僑，使他們知道過去，明瞭現在，預測將來，這種收穫是必定不小的。

顧先生好些日子以前，就叫我給禹貢寫一篇南洋書目選錄，因爲偸懶和瞎忙，直至現在還沒有做好！日昨讀禹貢第四卷第八期裏發表徐文珊先生報告南洋華僑三個問題——（1）人口分布問題，（2）教育問題，（3）生活問題——的那封信，和顧先生『南洋研究，確實重要，只是我們住在北方的人不容易接觸這方面的材料』的案語，打動我的情緒，所以先把我現在所知道的中西文南洋書目登出，以便一般有志研究這問題的人的參考。至於未完書目與論文索引，請等下回再續。

漢文南洋書目

佛國記　劉宋釋法顯著　津逮秘書本　漢魏叢書本　明萬歷祕册彙函本　清乾隆年間刻本　學津討原本

蠻書　唐樊綽著　永樂大典本　琳瑯祕室叢書會稽董氏取斯堂重排活字印本　漸西村舍叢刻本

諸蕃志　宋趙汝适著　永樂大典本　四庫全書本　函海本　學津操源本

嶺外代答　宋周去非著　知不足齋叢書本

島夷志略　元汪大淵著　四庫全書本　知服齋叢書本

島夷志略廣證　清沈曾植著　古學彙刊本

島夷志略校注　日本藤田豐八著　雪堂叢刊本

眞臘風土記　元周達觀著　四庫全書本　古今逸史本　古今說海本　歷代小說本　說庫本　說郛本

異域志　元周致中著　說庫本

馬哥孛羅遊記　英國玉爾亨利(Yule, M.)譯注本　法國考狄亨利(Cordier, M.)修訂補注本　張星烺漢譯補注本（民國十八年北平燕京大學圖書館出版）（未完）

鄭和海圖　見武備志

瀛涯勝覽　明馬歡著　勝朝遺事本　寶顏堂秘笈本　廣百川學海本　續說郛本

星槎勝覽　明費信著　學海類編本　借月山房彙鈔本　澤古齋叢鈔本　百名家書本　格致叢書本　天一閣本　紀錄彙編本　古今說海本　歷代小說本　民國十五年上虞羅氏據明鈔排印本

西洋朝貢典錄　明黃省曾著　別下齋叢書本　指海本　借月山房彙鈔本　澤古齋叢鈔本　粵雅堂叢書本

殊域周咨錄　明嚴從簡著　明萬歷刻本　民國十九年北平故宮博物院圖書館鉛印本

皇明四夷考　明鄭曉著　明萬歷年刊吾學編本　民國二十二年鉛印本　國學文庫本

東西洋考　明張燮著　四庫全書本　惜陰軒叢書本

名山藏　明何喬遠著　明刻本

2

東洋南鍼路　明臨桂呂調陽著　同上　小方壺齋輿地叢鈔本

職方外紀　明西洋人艾儒略著　天學初函本　四庫全書本　守山閣叢書本　墨海金壺本

海語　明黃衷著　四庫全書本　紛欣閣叢書本　嶺南叢書本　學津討原本　寶顏堂秘笈本

海國聞見錄　清陳倫炯著　四庫全書本　藝海珠塵本　昭代叢書本　道光癸未刻本（易理齋藏板）　明辨齋叢書本

南洋記　同上　小方壺齋輿地叢鈔本

東南洋記　同上　同上

呂宋紀略　清漳州黃可垂著　同上

南洋事宜論　清漳浦藍鼎元著　同上

海錄　清楊炳南著　道光甲辰刻本　海外番夷錄本　舟車所至本

異域錄　清圖理琛著　昭代叢書本　借月山房彙鈔本　小方壺齋輿地叢鈔本

海國圖志正集　清邵陽魏源著　道光丁未古微堂刻本　光緒乙未上海書局石印本

越南疆域考　同上　小方壺齋輿地叢鈔本

征撫安南記　同上　同上

征緬甸記　同上　同上

瀛環志略　清五臺徐繼畬著　道光間刻本　同治十二年掞雲樓刊本　光緒間刊本

柔佛略述　闕名　小方壺齋輿地叢鈔本

檳榔嶼遊記　同上　同上

遊婆羅洲記　同上　同上

白蠟遊記　同上　同上

東南洋島紀略　美國林樂知著　同上

崙崑記　同上　同上

海島逸志　清漳州王大海著　同上

葛剌巴傳　闕名　同上

南洋述遇　闕名　同上

南洋各島國論　清太倉吳曾英著　同上

安南小志　清上海姚文枏著　同上

安南雜記　清遂溪李仙根著　同上

海國公餘輯錄　清張煜南編　光緒二十四年嘉應張氏自刻本

庸盦筆記　清薛福成著　上海掃葉山房石印本

海國勝遊草　清斌椿著　同治戊辰刻本

安南紀遊　清晉江潘鼎珪著　小方壺齋輿地叢鈔本

越南志　闕名　同上

3

越南世系沿革略　清臨清徐延旭著　同上
越南地輿圖說　清永清盛慶紱著　同上
越南遊記　闕名　同上
越南山川略　清臨清徐延旭著　同上
越南道路略　同上　同上
征安南紀略　清趙州師範著　同上
從征安南記　闕名　同上
緬甸志　闕名　同上
緬甸考略　清寧波龔柴著　同上
緬甸瑣記　清傅顯著　同上
緬事述略　清趙州師範著　同上
緬藩新紀　闕名　同上
征緬紀略　清靑浦王昶著　同上
征緬紀聞　同上　同上
入緬路程　清趙州師範著　同上
暹羅考　闕名　同上
暹羅志　闕名　同上
暹羅考略　清寧波龔柴著　同上
暹羅別記　清金匱李麒光著　同上

中國與暹羅　清漣水稻叢清著　中外廣告社出版
新嘉坡風土記　清李鍾珏著　靈鶼閣叢書本
海國輿地釋名　清陳士芑著　光緒壬寅年刻本
南洋英屬海峽殖民志略　宋蘊璞著　民國十九年北平蘊興商行出版
南洋華僑教育之危機　莊希泉余佩皋同著　上海南洋敎育社出版
南洋旅行記　侯鴻鑑著　無錫競志女校出版
南洋見聞錄　傅紹曾著　鉛印本
南洋志略　闕名　鉛印本
南洋實業科學敎育攷察記　黎國昌著　民國二十二年廣東教育廳出版
南洋與創立民國　張永福著　民國二十二年刊本
南洋風土記聞錄　王志成著　商務印書館出版
南洋華僑　黃競志著　仝上
南洋華僑（東方文庫續編）　李長傅等著　仝上
南洋實地調查錄　林有壬編　仝上
南洋叢談　藤山雷泰原著　湯攸譯　仝上
南天樂國　黃素封著　仝上

科學的南洋 仝上 仝上

華僑中心的南洋 張相時著 瓊州海口海南書局出版

南洋華僑史（史地小叢書） 李長傅著 商務印書館出版

南洋華僑概況 李長傅著 仝上

二十世紀之南洋 丘守愚著 仝上

南洋華僑殖民偉人傳 胡炳熊著 國立暨南大學南洋文化事業部出版

南洋華僑學校之調查與統計 錢鶴編 仝上

南洋旅行記 羅井花著 中華書局出版

南遊回想記 江亢虎著 仝上

南洋 夏思痛著 上海泰東圖書局出版

南洋華僑通史 温雄飛著 民國十八年鉛印本

荷屬東印度之地理 廖志泉編 國立暨南大學南洋美洲文化事業部出版

荷屬東印度雜記 英國 Brown, J. M. 原著 呂金錄譯 商務印書館出版

荷法遠東殖民地行政 英柏爾(Bell, H.)著

荷屬馬來西亞 黃澤蒼著 蘇鴻賓張昌祈同譯 同上

明史佛郎機呂宋和蘭意大里亞四傳注釋 張維華著 哈佛燕京學社出版

華僑運動之意義及其計劃 呂家偉著 國立暨南大學南洋美洲文化事業部出版

華僑概況 何漢文著 上海神州國光社出版

各國虐待華僑苛例概要 王闓慶編 商務印書館出版

馬來半島之橡皮事業 周國鈞編 國立暨南大學出版

馬來半島土人之生活 顧因明編 同上

馬來群島遊記 英國 Wallace, A. R. 原著 呂金錄譯 同上

中華民族拓殖南洋史 劉繼宣束世澂合著 國立編譯館出版

鄭和下西洋考 伯希和原著 馮承鈞譯 商務印書館出版

蘇門答臘古國考 費瑯原著 同前 同上

菲律賓史 L. H. Fernandey 原著 李長傅譯 同上

蒲壽庚考 桑原隲藏原著 陳裕青譯 中華書局出版

西文南洋書目

Barrows: History of Philippines

Brown, A. J.:	The New Era in the Philippines	1903
Chamberlin, F. C.:	The Philippine Problem	1913
Cowles, R. P.:	Palaemons of the Philippine Islands	1914
Dutcher, G. M.:	The Political Awakening of the East	1925
Foreman, J.:	The Philippine Islands	1892
Fernandeg, L. H.:	A Brief History of the Philippine	

	Islands	1913
Kalaw, M. M.:	The Philippine Question	1931
Leroy, J. A.:	Philippine life in Town and Country	1905
Muller, T.:	Industrial Fiber Plants of the Philippines	1913
Mcgregor, R. C.:	Index to the Genera of Birds	1920
Mcgoneney, D. O.:	Stories of Long Ago in the Philippines	1914
Miller, H. H.:	Commercial Geography	1911
Smith, W. P.:	Geology and Mineral Resources of the Philippine Islands	1924
Storey, M.:	The Conquest of the Philippines	1926
Williams, D. R.:	The United States and the Philippines	1924
Yule, E. S.	An Introduction to the Study of Colonial History	1912
Bickmore, A. S.:	Irovels in the East-Indian Archipelago	1868
Bird, I. L.:	The Isiden Chersonase	
Cherry, W. T.:	Geopraphy of British Malaya and the Malay Archipelago	1928
Candee, H. C.:	New Journeys in Old Asia	1927
Crowfurd, V.:	History of Indian Archipelago	
Carpenter, F. G.:	Java and the East-Indies	1923
Campell:	Java Past and Present	
Chen, T.:	Chinese Migration	
Compell:	Chinese Coolie Emigration	
Evans, J. H. N.:	Papers on the Ethnology and Archae-ology	1927
Grouveldt, W. P.:	Notes on the Malay Archipelago and Malacca	1876
Gibison, A.:	The Malay Peninsula and Archipelago	1928
Guillemard, F.H.H.:	Malaysia and pacific Archipelago	1908
Gerini, G. G.:	Researches on Ptolemy's Geography of Eastern Asia	1909
Huntington, E.:	West of Pacific	1925
Kelly and walsh:	Handbook of the Malay language for the Use of Tourists and Residents	1925
Mills:	British Malaya	
Mcnair, F.:	Perak and the Malaya	1878
Sidney, R. J. H.:	Malay Land	1926
Swettenham, F.:	British Malaya	
Skeat and Blagden:	Pagan Races of the Malay Peninsula	1906
Tomlinson, H. M.:	Tide-Marks	1920
Winstedt:	British Malaya	
Wallace, A. R.:	Malay Archipelago	1913
Wells, C.:	Six Years in the Malay jungle	1925
Wang, T. H.:	Chinaman abroad	1849
	British New Guinea and the Malucca Islands	
	Celebes. by H. M. Stationery Office	
	Dutch Timor and the Lesser Sunda Islands	
	Dutch New Guinea and the Malucca Islands 1930	
	Dutch Borneo. by H. M. Stationery Office	
	Handbook of the Netherlands East Island 1930	
	Java and Maduw. by H. M. Stationery Office	
	Portugnese Timor. by H. M. Stationery Office	

「小方壺齋輿地叢鈔」所輯南洋諸篇題要

郭敬輝

敬輝假前貢笈津門，雖對地學趣味正濃，但因單槍獨馬，自作研究，閱讀寫作，均感困難。今年春承顧頡剛先生之厚意，命余備員禹貢學會，但自愧年幼才疏，較之會中同志，實有『駱駝羣中一隻羊』之感。暑假後去津來平，別師範而入中學，但究以經濟所迫，幾乎失學，自意將與草木同朽不得與言學問之事矣。幸再蒙顧先生之不棄，命余爲本會担任一部份工作，並云本會擬行整理小方壺齋輿地叢鈔一書，命余先對此書，粗加涉獵，一對於自己之研究工作上培植根基，二則於學業方面亦可得一部份的解決，此恩此義，輝當何以報之。今本會刊行南洋研究專號，徵文於余，故謹就課餘之暇，翻閱此書中有關於南洋者，一一介紹於後，竊或爲當世研究南洋者之一助焉。

小方壺齋輿地叢鈔內關於南洋者有下列各篇：

俄西亞尼嘎洲志畧　美國裁德江著
阿塞亞尼亞羣島記　日本岡本監輔著
東南洋記　同安陳倫炯著
東南洋鍼路　‥呂調陽著
東南洋島紀略　美國林樂知著
呂宋紀略　漳州黃可垂著
崑崙記　同安陳倫炯著
南澳氣記　同安陳倫炯著
柔佛略述　闕　名
檳榔嶼遊記　闕　名
般島紀畧　泰西鴨　咊著
遊婆羅洲記　闕　名
白蠟遊記　闕　名
海島逸志　漳州王大海著
葛剌巴傳　闕　名
南洋述遇　闕　名
南洋事宜論　漳浦藍鼎元著
南洋各島國論　太倉吳曾英著
海外羣島記　闕　名

以上載第十帙五十二卷。

南行記　丹徒馬建忠著
南行日記　涇縣吳廣霈著
義火可握國記　闕　名
呂宋備考　泰西‥‥著
呂宋紀畧　太倉葉羌鏞著
南洋蠡測　‥顏斯綜著
蘇祿考　清河王錫祺著
蘇祿紀畧　太倉葉羌鏞著

以上載再補編第十帙。

瀛海番域錄　‥邵大緯著

以上載再補編第十一帙。

俄西亞尼嘎洲志略

美人戴德江著。即太平洋內諸島也，總面積三千四百萬方里，天氣土脈物產各處不同，人口約三千三百萬。該洲分三大段：一爲瑪雷西亞，一爲奧斯答拉西亞，一爲波利尼西亞。可知昔人將太平洋中諸島（即大洋洲與南洋羣島）總之於一，而南洋羣島即其中之一部份焉。

阿塞亞尼亞羣島記

日人岡本監輔著。太平印度二洋之間，羣島羅列，名曰阿塞亞尼亞，爲六洲之一。氣候草木各地不同，洲內有人口二千萬，率皆生番。洲分三區：即東印度羣島，奧大利亞巴布亞羣島，不里尼西亞是也。其中東印度羣島最大者有呂宋，蘇祿，婆羅，西里伯，爪哇，蘇門答臘等，巴布亞爲奧大利亞北之大島。內文述及當地之情況，開發之經過，觀之西洋人之冒險精神，吾等深以爲愧也。

東南洋記

同安陳倫炯著。東南洋者，即台灣及南洋一帶之島嶼也。台灣於崇禎前爲荒島時代，崇禎時爲紅毛人所據，從事開發，後又落於鄭氏父子之手，直至康熙二十二年方入版圖，分置州縣。筆者時在盛清，而今已成異土矣。呂宋係爲西班牙所據，其勢獨盛諸番，西人於此經商業，開教堂，秩序井然。其南又有班愛，惡黨，宿務，網巾礁腦，東南有萬老高，丁機宜二國，正南又有蘇祿，文萊……等。此編略述各地情形及其水程，番地之物產及其習俗。

東南洋鍼路

此文原作者爲明張燮，載於東西洋考，惟其中所論多訛謬處，後經清人呂調陽校正，始可卒讀。其中以天干地支示方向，以更（每更五十里或六十里）示距離，以托（每托合五尺）示水深，幷述南洋各地航運之方向路程及水深，在科學尚未昌明之清，航海者可爲借鏡也。

東南洋島紀略

美人林樂知著，記述太平洋中大島概況。澳大利亞時已屬英，而北之巴布亞島則尚爲荒島，作者謂『英屬之澳大利亞近有鄰屬呂撒拉爾斯國，專延格致之士，查究此島山水土產，地中所出何等貨物，及一切巨細情節，將來似可併爲英屬也』，今果然矣。

呂宋紀略

漳州黃可垂著。呂宋初屬西班牙，計地三千里有奇，土番數十萬戶，明時西人據其地建龜豆城以治之。番僧設有巴禮院（即西教徒開設之教堂），男女信之，西班牙人之夾板船甚妙；華人客呂宋者恒樂之。國人經商其地已數百年矣。

崑崙記

同安陳倫炯著。崑崙者，非中亞之崑崙山，乃南洋中之崑崙島也。謂紅毛掠普陀山，得金銀，至崑崙欲居之，龍與之戰，揚帆而去。雍正間噶喇巴海面上有一華婦，浮一銅鐘，上鐫普陀白華庵，爭截回籍，以藉神庇。一片神話，未可信也。康熙間，紅毛又吞崑崙，不得，華舟到崑崙者，備鷄鵝毛鑿殼，以免穢氣，或係島有瘴耶！

南澳氣記

同安陳倫炯著。南澳氣即西沙羣島，去南澳水程七更，地皆沙垠，約長二百里，凡番舶洋艘，往東南洋呂宋，文萊，蘇祿等地者，皆經此地，惟時有大風折桅，遭遇不測。末云：『南澳氣受四面流水，吸入而不出，古爲落漈，試問入而不出歸於何處，豈氣下另有一海，以收納乎』。出言冥冥，未可據也。

柔佛略述

著者無考。柔佛濱海而立，爲亞洲極南地帶，向爲暹羅之附庸，後建爲國。新山與新嘉波只一河之隔，土人約五萬，華人倍之，西人則屬寥寥。本文述及土人之生活與土產，略謂：『華人之在彼種植者，其法先縱火燒山，焚其林木，然後墾以植物，一園成熟，則遞易去另墾新地，蓋緣其地雖肥沃，而無再添之肥，恐地力不能久持，故累易以豐其獲耳』。可見當初華民在該地墾殖之自由，而今風月依然，變爲誰家天下！

檳榔嶼記

著者無考。自此書內容觀之，作者似一好遊之士，由檳榔嶼乘輪東駛，繼換車，路見蔗糖桑麻，有似江南氣象，插稻之法，亦同中國。新邦安拔（十字路口之意）有河通海，又前而宿承順公司，觀英之製糖機器，沿途城鎮，均有捕房彈壓居民。此時英即在南洋創設大規模之工廠，利用強制手段，壓服土人，而中國在南洋反無工廠之設，對於藩屬視若未覩，甚至下海禁之令，何失策之甚耶！

般島紀略

泰西鴨𠼰著。作者於壬午年十月二十四日由港啓行，二十九日抵古達港，途多礁石，此處港灣甚佳，設有碼頭，以泊船艘。居民以華人及馬來人爲多。時尙大興土木，從事開發，次月二日，又赴山打根，港闊水深，中伏暗礁，船艘出入，必須小心。土人多在海濱建木室以棲止。此港水土肥美，將來可成一大都會，山打根總督，並在其地詳察形勢，擬建商港，可見彼時西人經營南洋之苦心也。

遊婆羅洲記

著者無考。婆羅洲者，南洋中最大之海島也，英所屬者爲島之北部，南部則屬於荷。山打根附近，荒田最多，將來開墾之後，出產日盛，不難成一大都會。埠中陳列，除日用品無稅外，其他用品則按價徵收。荒地訂有定章，任人擇地認領，地中樹木叢雜，砍之可彌補地價之一部。埠中工匠苦力極罕，生活甚易，爲商亦無不宜者。大則闢地種植，雖資本雄厚，亦可動用，小者則帶貨入港，與土人交易，可獲利數倍焉。

白蠟遊記

著者無考。白蠟者即霹靂也，接近檳榔嶼，境內層巒疊障，林密山深，屬於英國，直至同治間始有至該地採錫者，以其蘊量甚豐耳。境內以水分爲大小白蠟。並述其物產及民俗。英人擬開造車路，俾能四通八達云。

海島逸志

漳州王大海著。本文記述南洋海島情形甚詳。葛剌巴爲南洋中之大島嶼，城背山面海，形勢險要，貨物充盈，惟氣候不佳，不宜衛生，農產平賤，人民富庶，所需物品，咸取外土。轄有北膠浪，三寶壠，馬辰，望加錫，萬丹，麻六甲……等數十島。閩廣之民，自明往之，而今已入於荷蘭。此文詳言其治理該土之情形，人民之習俗，華人至該地之事畧，各地富庶之詳情，航海之利器等。末後並詳及海島之物產。

葛剌巴傳

著者無考。葛剌巴即爪哇也。首詳其地之物產，人民之習俗，開發沿革，荷蘭人之據爪哇，可見一斑。國人自明即移住該地，順治間福建人去者頗多，蓋以交通便利，故中國人往其地者不啻十數萬。荷蘭總督爲己之福利計，而禁漢人移往，時並以漢人爲官，以掌財賦，

4

可見當時漢人在南洋之地位，而今全然入人掌握矣。

南洋述遇

著者無考。本文似爲一客商所作，記述南洋見聞甚詳，由呂宋乘船赴新嘉波。初途中遇有奇大水牛動物，及海蛇等，而過巴布亞西里伯二島間，數日達一不識名之小島，並遇其地之土酋。後抵安門島，又遇華人朱某（明後人）及島酋，待之甚善。再後發武羅，途遇巨擘數次，幸未傷舟。繼赴文丁（近馬加撒之小島），雪島，次遇巨風，駛入洛莫厲里兩島之峽港，備詳其聞見，不日泊泗府而達新嘉波。其中記叙，多似是而非，恐事實冥想各半耳。

南洋事宜論

漳浦藍鼎元著。昔者政府冒昧，對於南洋視爲禁綱，於是南洋諸土遂爲西人所據有。明時倭寇爲患，至今沿海之民尚心痛首疾，然政府反不禁其入境，但對國人之出洋，反嚴禁之，誠失策也。昔者洋禁未行，閩廣之民，至此營商者頗多，往往孑身而往，滿載而歸。既禁之後，百貨不通，民生日蹙，民生之利害且不計，即坐視洋人縱橫其間，亦可謂失策矣。故開洋禁可以外通貨財，內消奸宄，百萬生靈，皆賴之也。實在吾國自明初鄭和巡南洋之後，中國僑民頓時增加，清下通盜通敵同問斬首罪，於是國人懼而不前，誠屬顛倒黑白，坐與西人割據之機會，似此坐井觀天之見，誠可哂也。

南洋各島國論

太倉吳曾英著。首謂『中國關鍵，全在南洋』。實則中國本土，人口之分佈及土地之利用，早達飽和程度，而移殖最有希望者，一在東北，一在南洋，所以這兩個地方，乃我國之命脈，無論在歷史上在民族上，皆應歸我國所有，希國人注意。又謂南洋諸島，如北之長城，殆天造地設之險，以保我中華者，方今南洋藩屬繼失，南洋諸島又被歐西諸國所割據，然其民則多爲華人。

海外羣島記

著者無考。所記爲太平洋中嘉羅連羣島，其地原屬於西班牙。島中有嶼名雅森神者，土地肥沃，草木茂盛，土人約五千人。土人尚頑固不化。水土甚佳，因而少患病者，惟天時多雨，雖不致暗無大日，而狂風暴雨，電掣雷鳴，幾於無日無之。所幸地土肥美，物產繁滋，居民衣食不假外求，亦海外之樂土也。

南行記

丹徒馬建忠著。此文乃作者奉命至印度訪辦鴉片事件所作，文中記載，多關於鴉片案件的記錄，在中國及印度之事務，關於南洋者則甚少，只篇之中段，畧有一二，無堪介紹者。

南行日記

涇縣吳廣霈著。此文係作者隨馬眉叔出使南洋印度等地之記錄，沿途過上海香港等地，繼抵西貢新嘉波檳榔嶼等地，略記其梗概。時法國已佔去安南南部六省，後二者亦爲英人所有。其他則多至印度時之記述，歸時簡略，大抵皆起居之談。

義火可握國記

著者無考。該國在馬來半島之最南端，新嘉波之地即由英國購於該國而得，國土面積很小，四周皆鄰英土，然以有功於英，故雖小亦能獨立。弱小之邦，一時有惠於異國，他日亦必亡於人手，徒苟且於一時，終不免爲暴者所殘滅，當代傀儡正多，大可以之爲戒。

呂宋備考

著者無考。新大陸發現後，馬及蘭(麥哲倫)更繞南美洲之南端，經太平洋而得呂宋，旋爲土人所殺，西人更派人脅令土人納土，卒於明萬歷末年盡歸西班牙。又遣教士布教以化島人。土人向學，頗有成績，惟以官吏暴歛，苛雜病民，人不聊生，無門呼籲，亡國之痛，莫過於此。其地合羣海島而爲一國，人口六百萬，產煙草蔗糖之屬。

呂宋紀略

太倉葉羌鏞著。呂宋四周皆山，有英官鎭其地(呂宋一度曾爲英有)。此文述其氣候及人民作息時間，華人來往手續，居民形態服着，西人禮拜院之情形，番民卑陋之風俗，物產及語言，往反之路程，乘船之須知等。

南洋蠡測

顏斯綜著。七洲洋之南有萬里石塘，俗名萬里長沙，爲華夷之界，係西沙羣島乎？附近有地名星忌利波(即新嘉波)，屬於英，蓋英人欲扼此爲跨東西之要津，獨擅中華之利，而制諸國之咽喉。

蘇祿考

清河王錫祺著。蘇祿明時曾入朝中國，待之甚優，清時亦曾遣陪臣爲使，奉表納貢而未許。更考之諸書，記載多有出入，最後有云：『上諸家所紀，有謂蘇祿爲三島者，有謂蘇祿與婆羅洲同一島者，聚訟紛云，莫衷壹是。不知三島之蘇祿，其王實兼轄婆羅洲之蘇祿也，惟何時三王併爲一王，莫可考稽耳。近來歐洲以商業滅人國，如芬蘭，波蘭，基發，印度，緬甸，越南，暹羅，均疆域廣袤，不二十年覆亡接踵，區區蘇祿，碁子彈丸爲強英所垂涎，兼轄之婆羅洲既難瓦全，孤懸之三島，能終鼎崎耶？昔徐松龕謂蘇祿南洋小國，獨喁喁慕義，累世朝宗，當西班牙荷蘭虎視南洋，諸番國咸遭吞噬，蘇祿以拳石小島，奮力拒戰，數百年來，安然自保，殆番族之能自強者。噫！此特道光中情勢耳，玆者，臥榻之旁，有人鼾睡，其患不中於西和，而中於英，初非意料所及此，余考蘇祿而慄然懼慨然嘆者矣，況如蘇祿者，更難更僕數也』。

蘇祿紀略

太倉葉光鏞著。蘇祿乃海上之國，居民架屋於淺水之上，惟國王居於城中，國內凡三王，東峒王爲尊，西峒二王次之，物產有燕窩，海參，眞珠，珊瑚，冰片，紅木，烏木等，人民交易，多以貨易貨，風俗甚爲卑陋。

薄海番域錄

邵大緯著。略謂呂宋在明即入貢中國，後華人至者數萬人，萬厤時聞其地產金，派人往勘。時該地已爲西班牙人所據，疑華人以民圍之，坑華人二萬，華船遂絕，及和，華人復漸聚該地。蘇祿明時曾入貢中國，待之甚優，淸雍正間，遣使入閩貢方物，求內附，以其遠未許，淸對藩屬之失策，可見一般。婆羅明初亦遣使入朝。吉里天熱地肥，文化不開。彭亨土肥氣爽，宜於稼禾，明初曾貢方物。丁機宜幅員最狹，與華人互市，奉爪哇正朔。可見明初南洋諸國多曾內附，鄭和之功也。

史學消息

北平燕京大學歷史學系史學消息編輯委員會出版

第一二三期合目

價　目：零售每册八分，豫定半年連郵三角五分，豫定全年連郵七角。

總發行：北平成府蔣家胡同三號，禹貢學會發行部。

代售處：禹貢半月刊特約國內各大書店代售。

注　意：訂閱者及刊登廣告者，請直接向禹貢學會發行部接洽，匯款請寄成府郵局。

北寧鐵路簡明行車時刻表

中華民國廿五年八月十五日重訂

41次 普通客車 中膳各等	71次 平津客貨 三等慢車	305次 平浦特快 膳臥各等	3次 特別快車 膳車各等	23次 快車 膳車各等	5次 平津特快 膳車各等	301次 平滬特快 膳臥各等	401次 平津客貨 平滬通貨	1次 平瀋特快 膳臥各等	73次 津唐客貨 三等慢車	75次 唐榆客貨 三等慢車	43次 唐榆快車 各等	下行車	站名	上行車	2次 瀋平特快 膳臥各等	6次 津平特快 膳車各等	302次 滬平特快 膳臥各等	72次 津平客貨 三等慢車	42次 普通客車 中膳各等	4次 特別快車 膳車各等	24次 快車 膳車各等	306次 浦平快車 膳臥各等	402次 津平客貨 滬平通貨	74次 唐津客貨 三等慢車	76次 榆唐客貨 三等慢車	44次 榆唐快車 各等
5.45	6.45	8.00	9.30	13.00	16.00	18.00	20.00	21.00				開	北平前門	到	9.25	11.33	13.55	15.50	17.35	18.28	21.52	23 00	1.10			
6.04	7.35			13.16			20.41					開	永定門	開				15.20	17.17		21.37		0.45			
6.20	9.01	8.26	9.54	13.31		18.25	21.50	21.25				開	豐台	開	9.02		13.31	14.38	17.03	18.00	21.24	22.35	0.05			
6.44	10.18			13.49			23.00	21.44				開	黃村	開	8.44			12.47	16.36				22.52			
7.39	12.58	9 20		14.37			0.30	22.25				開	廊坊	開	8.05			10.48	15.40		20.27	21.36	20.40			
8.03	13.47			14.53			1.09	22.43				開	落垡	開	7.43			9.37	15.20				19.40			
8.33	15.30			15.20			2.10	23.05				開	楊村	開	7.12			8.32	14.50		19.52		18.39			
9.11	16.58	10.24	11.41	15.47	18.00	20.16	3.44	23.31				開	天津總站	開	6.56	9.35	11.40	6.26	14.14	16.10	19.25	20.39	17.20			
9.20	17.15	10.32	11.50	15.55	18.08	20.25	4.00	23.40				到	天津東站	開	6.45	9.25	11.30	5 55	14.00	16.00	19.15	20.30	16.20			
9.30	停	11.05	12.05	16.05	停	20.50		23.55	6.35			開	天津東站	到	6.30		11.00		13.46	15.48	19.00	20.00		11.45		
10.33		開	13.04	17.10		開		1.00	8.43			開	塘沽	開	5.36		由		12.43	14.55	18.00	由		10.07		
11.41		往	14.00	18.13		往		2.06	12.10			開	蘆台	開	4.26		上		11.38	14.00	16.48	浦		7.41		
12.29		浦		19.0		上		2.57	14.17			開	胥各莊	開	3.30		海		10.45		15.56	口		5.55		
12.42		口	14.55	19.13		海		3.11	14.40			到	唐山	開	3.15		開		10.30	13.05	15.42	開		4.50		
12.47			15.00	19.18				3.15	停	6.30	7.30	開	唐山	到	3.05		來		10.25	13.01	15.37	來			21.50	20.30
13.01			15.11	19.29				3.30		7.10	7.45	開	開平	開	2.51				10.12	12.51	15.27				21.28	20.17
13.34			15.35	19.54				4.03		8.30	8.14	開	古冶	開	2.28				9.45	12.34	15 10				20.30	19.51
14.26			16.07	20.28				4.53		10.05	9.07	開	灤縣	開	1.31				8.45	11.55	14.27				17.43	18.58
15.28			16.49	21.18				5.59		12.44	10.10	開	昌黎	開	0.31				7.40	11.14	13.42				15.00	17.56
15.51				21.37				6.24		13.28	10.34	開	留守營	開	0.01				7.12		13.19				13.30	17.28
16.11			17.25	21.55				6.47		14.15	10.54	開	北戴河	開	23.42				6.54	10.43	13.05				12.34	17.11
16.38			17.47	22.17				7.16		15.18	11.23	開	秦皇島	開	23.90				6.25	10.20	12.40				11.25	16.42
17.00			18.05	22.35				7.40		15.55	11.45	到	山海關	開	22.40				6.03	10.00	12.20				10.20	16.15
								8.20				開	山海關	到	22.00											
								16.05				到	遼寧總站	開	14.10											

通縣支路

81次	83次	85次	87次	下行	站名	上行	82次	84次	86次	88次
6.30	10.00	14.05	19.00	開	北平前門	到	8.30	12.45	16.45	21.40
6.37	10.08	14.13	19.08	到	東便門	開	8. 24	12.37	16.37	21.32
6.40	10.10	14.15	19.10	開	東便門	到	8.21	12.35	16.35	21.30
5.57	10.29	14.34	19.29	到	雙橋	開	8.03	12.16	16.16	21.11
6.59	10.31	14.36	19.31	開	雙橋	到	8.01	12.14	16.14	21.09
7.12	10.45	14.50	19.45	到	通縣南	開	7.48	12.00	16.00	20 55
7.14	10.53	14.58	19.53	開	通縣南	到	7.46	11.52	15.52	20.52
7.20	11.00	15.05	20.00	到	通縣東	開	7.40	11.45	15.45	20.45

北戴河海濱支路

89次	91次	93次	95次	下行	站名	上行	90次	92次	94次	96次
7.00	11.00	13.10	17.30	開	北戴河	到	6.35	10.30	12.50	16.55
7.20	11.20	13.30	17.50	到	北戴河海濱	開	6.15	10.10	12.30	16.35

出版者：北平西四牌樓小紅羅廠八號禹貢學會。
編輯者：顧頡剛，馮家昇。
出版日期：每月一日，十六日。
發行所：北平成府蔣家胡同三號 禹貢學會發行部。
印刷者：北平成府引得校印所。

禹貢

半月刊

價目：每期零售洋貳角。豫定半年十二期，洋壹圓伍角，郵費壹角伍分；全年二十四期，洋叁圓，郵費叁角。國外全年郵費叁圓陸角。

The Chinese Historical Geography

Semi-monthly Magazine

Vol. VI, No. 10, Total No. 70, January, 16th, 1937.

Address: 8 Hsiao Hung Lo Ch'ang, Si Ssu P'ai Lou, Peiping, China

第六卷 第十期

民國二十六年一月十六日出版

（總數第七十期）

內政部登記證警字第叁肆陸壹號 中華郵政特准掛號認爲新聞紙類

本刊啓事

本年三月爲本會成立三周年，擬編專刊，以示紀念。刻在徵文期中，尙祈會員及讀者諸君慨賜鴻製，以光篇幅，是盼。

贈書致謝（二十一）

本會最近收到各方惠贈圖書，謹列于下，並此伸謝。

劉厚滋先生贈
金石學錄　四卷二本　嘉興李遇孫輯　鉛印本
王秋湄先生題跋　一本　鉛印本
全國經濟委員會贈
民國二十三年全國雨量報告　水利處編　廿五年十月出版
中國國民經濟研究所贈
中國公私經濟研究機關及其出版物要覽（附日本）　中國國民經濟研究所編　廿五年十一月出版
西北文物展覽會贈
西北文物展覽會特刊　廿五年五月出版
蘇信宸先生贈
中國圖書編目法　一本　裘開明著　商務印書館出版
圖書館節說　一本　蔡瑩編　上海中華書局出版
上海市國術館贈
戚繼光拳經　一本　唐豪編
山東省立圖書館
臨淄封泥文字叙目　一本　臨淄封泥文字抽印本　山東省立圖書館編　二十五年七月出版
開發西北學會
西北問題圖書目錄　王文萱編　廿五年五月出版
薛澄清先生
最新南京全圖　一幅　民國十年印
厦門市警界圖　一幅　厦門市公安局製　民國十七年出版

本刊第六卷第十一期目錄豫告

本刊總經售處：北平景山東街十七號景山書社　南京太平街新生命書局

本刊代售處

北平北京大學研究院王崇武先生
北平燕京大學史學系侯仁之先生
北平輔仁大學史學系馬兆鈞先生
北平清華大學史學系吳春晗先生
北平隆福寺街文奎堂書舖
北平隆福寺街文殿閣書舖
北平琉璃廠來薰閣書舖
北平琉璃廠新生命書局
北平琉璃廠人文書店
北平東安市場佩文齋書舖
北平東安市場新智書局
北平東安市場岐山書社
北平西四牌樓南丹明慶文具店
北平西單商場知行書局
北平成府蔚進分社
天津法租界二十六號路世界圖書局
天津南開中學前合友書局
濟南濟南雜誌社
濟南西門大街東方書社
大連青年書局
太原樓兒底覺民書報社
開封新書業街龍文書莊
開封河南大學李潤孫先生
南京中央大學門前鍾山書局
南京太平路花牌樓書店
南京太平路正中書局
上海四馬路開明書店
上海五馬路亞東圖書館
上海四馬路上海雜誌公司
上海福州路生活書店
蘇州五卅路國學小書堆
安慶安徽大學李貫英先生
厦門思明路生活書店
漢口湖北街良友公司
南昌中山路南昌書局
武昌橫街頭新生命書局
武昌察院坡亞新地學社
長沙府正街金城圖書文具公司
重慶售珠市北新書局
重慶天主堂街重慶書店
重慶商業場西二街今日出版合作社
萬縣環城一馬路世界書局
成都少城祠堂街開明書店
成都華西大學鄭德坤先生
青島山東大學聞在宥先生
廣州中山大學董紹良先生
廣州中山大學楊成志先生
廣州文德路廣東省立編印局
廣州永漢路上海雜誌公司廣州支店
西安大公報西安分館
綏遠楊家巷十二號綏遠新聞社
日本京都中京區寰文堂書店

西昆鐵路與西南國防之關係

童振藻

一 緒論

西昆鐵路，爲由越南西貢至雲南昆明之鐵路。此路由河內至昆明一段，連同河內海防間之一段，本稱滇越鐵路，今因西貢河內間之鐵路築竣，于本年十月通車，可由西貢直達昆明，故簡稱爲西昆鐵路。越南位于印度支那半島之東部，該半島北部與我國滇桂粵三省毘連，如該半島中重要動脈之擴張，與我國西南國防至有關係。以前縱貫該半島西部之鐵路，由英人籌築，自仰光向北，經蠻得勒阿瓦八莫孟珙達密支那，計長二千二百餘里，于清光緒二十三年（一八九七）工竣。并築蠻得勒臘戍間之支路五百餘里。由是雲南西境，如片馬江心坡木王地等處，次第受其侵略。近復垂涎班洪而意存掠奪，滇西國防，已受其破壞而難于整理，此前車之明鑒也。現在縱貫該半島東部之鐵路，由法人籌築。自河內向西北，經安沛老街至河口入雲南，經蒙自阿迷（現改稱開遠）宜良達昆明，計長一千七百餘里，于清宣統二年（一九一〇）築竣；自河內向東南，經南定清化乂安廣平順化廣南廣義平定廣和平順邊和達西貢，計長二千三百餘里，亦于本年（一九三六）九月築竣。西貢昆明間四千餘里之鐵路，火車上下，絡繹不絕，最便客貨之往來，滇省商務之範圍，自可擴大而期其發展；無如以商品比較，此絀彼贏，無異血蛭之竭吾膏血。若一論軍事方面，如越軍全部動員，可朝發夕至，更無異長蛇之鑽入腹心。平時交涉，既受其威脅而難謀勝利，不幸以兵戎相見，彼方散駐南北之陸空各軍瞬息集中，長驅直入；滇方散駐各部之陸軍，因無鐵路轉運，跋涉艱難，則緩不濟急。此西南國防方面，隱伏最危險之病根，而亦法方將來侵略西南唯一之導綫也。余前一再赴越南，調查政治教育經濟交通各項，對于此路之一切資料，廣爲蒐集。現因此路築竣，上月一日已全部通車，于我國西南國防方面，至有關係。特擇要草成此篇，以供吾國留心西南國防者之參稽焉。

二 河內昆明間鐵路之敷設

越南境內鐵路，在南部以西貢爲中心，由西貢向西南達薩得克，將來向西北經柬埔寨之南旺通至邊境，與暹羅之鐵路相接，向東北至廣和轉西北以達順化。在北部以河內爲中心，由河內向東南達順化，與由西貢至順化之鐵路相接，成爲縱貫全越之幹綫，并向東北築支路達諒山。此兩部分之鐵路，經始於前清光緒二十二年，（一八九六）由前越南總督屠梅計劃，并募集公債，以期次第實施；嗣擬由河內向東達海防，向西北達老街，并擬由老街經河口築達昆明，爲滇越鐵路。惟由河口至昆明一段，係在雲南境內，必得我國許可，方能着手。當清光緒十一年（一八八五），法方與我國締中法新約時，因光緒九年（一八八三）中法開釁後議和，法有建築內地鐵路權之提議，遂于第七欵訂明，我國造鐵路時，向法人商辦。迨二十一年（一八九五），法又與俄德索還遼東半島，與清訂商務專條，于第五欵載明，越南鐵路，彼此議定，可由兩國商訂辦法，接至中國界內。二十三年，法使要求四條，其三條爲由越南往雲南修造鐵路，再三商定，自越南邊界至雲南省城修造鐵路，另訂章程。二十四年（一八九八），訂立滇越鐵路章程，第三十四條載明，自東京至雲南省城之鐵道權利，由中國讓諸法國政府或公司，中國惟供用地及附屬物之義務，十八年後，中國得給價贖回，八十年後，以無償歸還中國。二十九年（一九〇三），外部將該章程奏准，法即測勘路綫，并組織公司，我國除鐵路用地作股二百萬兩外，餘皆法國資本。其初勘路綫時，曾擬經蒙自建水通海寧縣江川晉寧等處達昆明，係循舊日迤南之通道；嗣經各該縣紳民反對，始改由蒙自東境通過，經阿迷宜良等處達昆明。三十年（一九〇四），由雲南河口對岸之老街開工，三十四年（一九〇八），余由越南入滇時，始築至蒙自東南之螞蝗田，尙距蒙自約一百餘里，因全路山洞共一百五十八處，螞蝗田南至河口之一段，山崇嶺峻，山洞達一百二十八處，合全路四分三以上，其最長者達八百餘公尺，至跨各江河之橋梁，全部亦有四百二十五座，工程最爲困難故也，迨宣統二年（一九一〇），始達昆明。此係法方與越南鐵路公司訂立合同，由該公司承築，建築費初定爲七千萬佛郎，嗣增至九千五百萬佛郎，每公里之建築費，約三十五萬三千佛郎。

三　西貢河內間鐵路之敷設

西貢河內間之鐵路，係清光緒二十二年屠梅計劃案

西昆鐵路圖

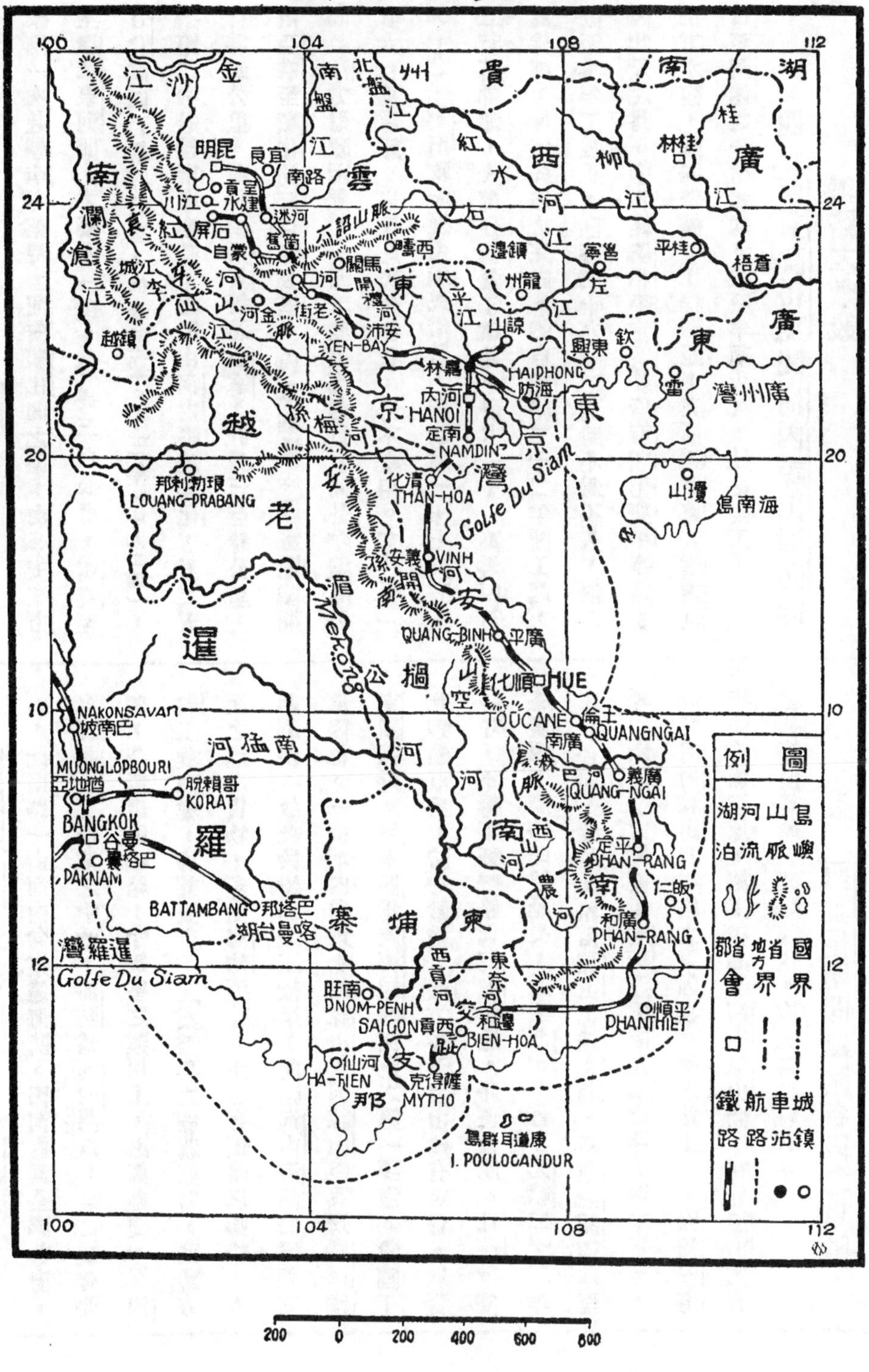

100
104
108
112
24
20
16
12
YEN-BAY
HAIPHONG
HANOI
NAMDIN
THAN-HOA
LOUANG-PRABANG
Golfe Du Siam
VINH
Mekong
QUANG-BINH
HUE
TOUCANE
QUANGNGAI
QUANG-NGAI
NAKONSAVAN
MUONGLOPBOURI
KORAT
BANGKOK
PAKNAM
BATTAMBANG
PHAN-RANG
DNOM-PENH
SAIGON
BIEN-HOA
PHANTHIET
HA-TIEN
MYTHO
I. POULOCANDUR
圖例
島嶼
山脈
河流
湖泊
國界
省界
地方界
省會
都會
城鎮
車站
航路
鐵路
200
0
200
400
600
800

內所規定，于上節業已敘明。當民國八年（一九一九），余第一次赴越南考察時，河內順化間之路，由乂安榮市至廣治東河間，方築成一段，計長三百公里，西貢至甘化間四百零四公里，尚未築通。十三年（一九二四），余第二次赴越南考察時，北段由河內築達順化，計長五百零四公里，南段由西貢築達亞掌，計長三百餘公里，由亞掌至順化約三百餘公里，尚未築通。因當歐戰期間，法方財政困難，一時未能積極進行。聞是年續募公債六百萬佛郎，以作此段建築費，仍不敷用。十八年（一九二九），越南政府獲得殖民借款，總額爲一十七萬五千二百萬佛郎，大部分投資于鐵路，計占一十一萬零四百萬佛郎，俾促此路之完成。然自光緒二十二年開工起，截至本年工竣止，已歷三十九年，爲時不爲不久，無非因此段之路。中間經廣和平定廣義廣南順化廣平等處，山重水複，鑿洞架橋，工程艱鉅，與滇越鐵路在雲南河口至阿迷之一帶相同。故歷年頗永久，始竟全工。

四　西貢薩得克間河內諒山海防間鐵路之敷設

西貢至薩得克間之鐵路，光緒二十四年已工竣通車。河內諒山海防間之鐵路，開工在光緒二十四年之前，此兩路一由河內向東達海防。因河內爲全國首府，又爲北圻工商業之中心，海防爲河內門戶，港口築有要塞，苟無鐵路聯絡，于軍事之運用上，必難靈捷。又河內工業商業，均甚繁盛，工業需要之機器原料，商業方面之進出貨物，多由海防運輸，亦必有鐵路以聯絡，方能利便，故此段鐵路竣工較早，此築河內海防間鐵路之原因也。一由河內向東北達諒山，因諒山距我國廣西鎮南關甚近，鎮南關爲廣西越南交通之第一要道。我國于此築壘屯兵，防守嚴密，法方亦于諒山建有兵營，以資防守，不得不築鐵路與河內相通，藉便策應。且法欲侵路廣西，擬將此路延長，通至龍州，曾于光緒二十二年定立合同，故將此路由諒山北達文淵，距鎮南關僅八里耳。嗣因全力經營由老街通雲南昆明之路，遂未着手，此築河內諒山間鐵路之原因也。至兩路工程，因河內海防間均係平原，施工較易，河內諒山間，在近諒山處有雙仙等山聳峙，邱陵起伏，施工爲稍難耳。

五　西貢昆明間鐵路各段之里數

西貢昆明間鐵路之里數，可分爲兩大段以計之，一爲由河內達昆明鐵路之里數，一爲由河內達西貢鐵路之里數。

(一)由河內達昆明之里數：

河內至安沛	一八六公里
安沛至老街	一三〇
老街至碧色寨	一九六
碧色寨至阿迷	四〇
阿迷至宜良	一八八
宜良至昆明	七〇
共計	四六四公里

(二)由河內達西貢之里數：

河內至南定	五二公里
南定至清化	七二
清化至乂安	一二〇
乂安至廣平	一八〇
廣平至順化	一八〇
順化至廣南	一四〇
廣南至廣義	八〇
廣義至平定	九〇
平定至廣和	一一〇
廣和至平順	一二〇
平順至西貢	二一〇
共計	一二五四公里
兩共	一七一八公里

若由西貢達薩得克鐵路，計長七十公里。河內至海防之鐵路，計長六十公里。河內至諒山之鐵路，計長一百三十七公里。

又雲南境內，由碧色寨車站向西，經蒙自以達箇舊，約七十餘公里。自法人滇越鐵路築成後，意欲築此支路，以運箇舊錫鑛，箇舊廠商遂呈准籌欵，建築輕便鐵路，曾于民國元年(一九一二)，成立箇碧鐵路公司，二年(一九一三)，開工。迨箇碧鐵路築成後，又由箇舊經建水以達石屏，亦于本年十月竣工通車。因此路綫經歷山脈河流頗多，工程困難，用欵達七百餘萬元，故歷二十四年，始行造成，較由河內達西貢之路，歷三十九年始築成者，僅少三分之一。茲將該路里數，附列于下：

碧色寨至蒙自	一九公里

蒙自至箇舊　五三

箇舊至建水　六二

建水至石屏　四二

共計　一七六公里

六　西昆鐵路所經之山脈河流

山脈、越南全國，係一大連山，二大平原，兩三角洲，與各島嶼組織而成。西昆鐵路南部中間一大段，則繞此大連山之東坡，惟南北兩端，皆係平原，而南北兩三角洲，亦藉以聯絡，爲全國惟一之大動脈。大連山係雲嶺劈脈之哀牢山脈，自雲南穿入，由西北走向東南，斜貫國之全部，稱爲安南山脈。此山脈在東京西北部，最高峰海拔九千尺，至安南境最高峰海拔七千餘尺，至東埔寨一帶，最高峰海拔二千餘尺。玆第就西昆鐵路所經之山言之，該路全綫，僅在安南境內，穿過安南山脈中之各山，其中如乂安境內有崇山，廣平境內有大横山，順化境內有隘雲山，廣義境內有平山，平順西南有赤坎山，皆安南山脈中著名之山。而廣平東北大横山脈中之廣平關，夙稱險要，猶不及順化東北之隘雲山脈中之隘雲關更爲嚴竣。盖廣平關位于山巔，扼南北之衝，關南北上下山坡，均歷七百餘級，其高竣固可想見。隘雲關上出重霄，下臨大壑，巍峙于廣平順化交界之間。此兩關向爲安南王道所經之地，現在鐵路即沿王道敷設，經此兩關，鑿洞通過，均不易施工。至廣義近海處羣山重叠，有一百三十餘嶺，鑿洞通過，亦屬施工不易之處。故此段之路，遲之又久，始能築通。此在越南境內經過各山脈之概况也。若雲南境內，當鐵路通過之處爲雲嶺幹脈中之六詔山脈，最高峰海拔三千餘尺，在馬關一帶，最高峰海拔二千餘尺，其餘亦多在千尺以上。此脈在馬關西境爲東山雞冠山，在文山西南境爲老陰夫山，在阿迷中部亦爲東山，皆在鐵路兩旁。故自河口至阿迷一帶，羣山糾紛，而蒙自以下，山尤巒惡，林菁密蔽，瘴癘甚盛，向無通道，洪荒未闢；較越南廣平關隘雲關等處，素少瘴氣，并有舊日之王道可循者，迥不相侔。故開鑿時犧牲工人不少，花費資本甚多。而車行其間，出洞復入洞，蜿蜒如蛇行，旅人雖穩坐車中，猶時有臨深履薄之懼。一遇雨際，石崩路塌，軌道常斷，皆坐此耳。此在雲南境內經過各山脈之概况也。

河流則鐵路經過之較大者，在越南北部，一爲富良江，越人稱為珥河，遠源為出雲南大理境之紅河。東南流，會李仙江開禮河，再東南，分二派：一自河內南流，由白路呂三口入東京灣；一自山西向東南，由鵬申二口入東京灣，故河口成為三角洲。此江長一千二百餘里，自老街以下，通小汽船，自河內以下，通較大之汽船。開禮河亦稱盤龍江，源出雲南文山境，南流，經宣光東，再南入富良江，河自宣光以下，通小汽船。一為太平江，源出越南東北衆山中，南流，經太原東至河內，有運河與富良江通，東南流，亦分二派入東京灣；北派江口稱禁江口，有海防大港，自海防以下，暢通大汽船。在南部一為東奈河，亦稱同泥江，源出安南山脈中，西南流，經邊和西入海。此江自邊和以下，通小汽船。一為西貢河，源出安南山脈中，西南流，轉東南，經西貢東，與東奈河合流入海。此河自西貢以下，暢通大汽船。在中部一為孫梅河，亦稱馬江，源發于老撾境內之安南山脈中，東南流，至清化北入海。此河中下流，有帆船行駛。一為孫開河，一稱藍江，源出安南山脈中，東南流，經乂安入海，長九百餘里，下游通小汽船。一為茶曲江，亦稱些勾江，源出安南山脈中，東流，經廣義北境入海。此江富灌溉之利，惟下游深淺不一，僅駛帆船，汽船難以進口。以上各江河，凡屬鐵路穿過之處，均建有巨大之橋梁，其餘小溪，亦必架橋通過。至橋梁之最大者，以河內西部跨富良江之渡美橋為第一，蓋此處江寬在二千尺以上，故橋長亦二千餘尺，在全路之橋梁中，推為巨擘，有世界第三大橋之稱。此在越南境內經過各河流之概况也。若在雲南境內，一為南溪河，源出六詔山脈中，南流，經靖邊東境，馬關西境，至河口東入紅河，長二百餘里，水淺不能通航，當兩河會口之北，在南溪河上，亦跨有鐵橋。鐵路入雲南境，即循溪岸而行。一為瀘江，源出寶山，東流，穿寶秀異龍二湖，及萬象岩岩洞，又東流為樂蒙河，經燕子洞至阿迷南，轉東北，入南盤江，長二百餘里。自阿迷以下，通小舟。一為舊甸河，即曲江，源出獸頭山，東南流，轉東北，會婆兮河入南盤江。長二百餘里，江面甚寬，惟水淺不能通航。一為南盤江，源出豁益花山，南流至曲靖，轉西經陸涼至宜良，轉南至阿迷北，折東北經彌勒瀘西邱北師宗羅平入廣西，至貴州境會北盤江，東南流，再經廣西境入西江。長一千八百餘里，江在霑益陸良間通小船，其餘因灘多航路斷續，舟楫難以暢通。鐵路自阿迷以北，即循江之左右建築。以上各江河，均架橋通過，而波渡箐車站之北，有鐵橋，跨南溪河支流之四岔河上。河面雖不甚寬，而河槽甚深，且爲兩山所夾。其鐵橋懸崖而設，雖有鐵柱支于河底，然甚危險，在滇境各橋梁中之危險者，當推此爲第一。此在雲南經過各河流之概況也。

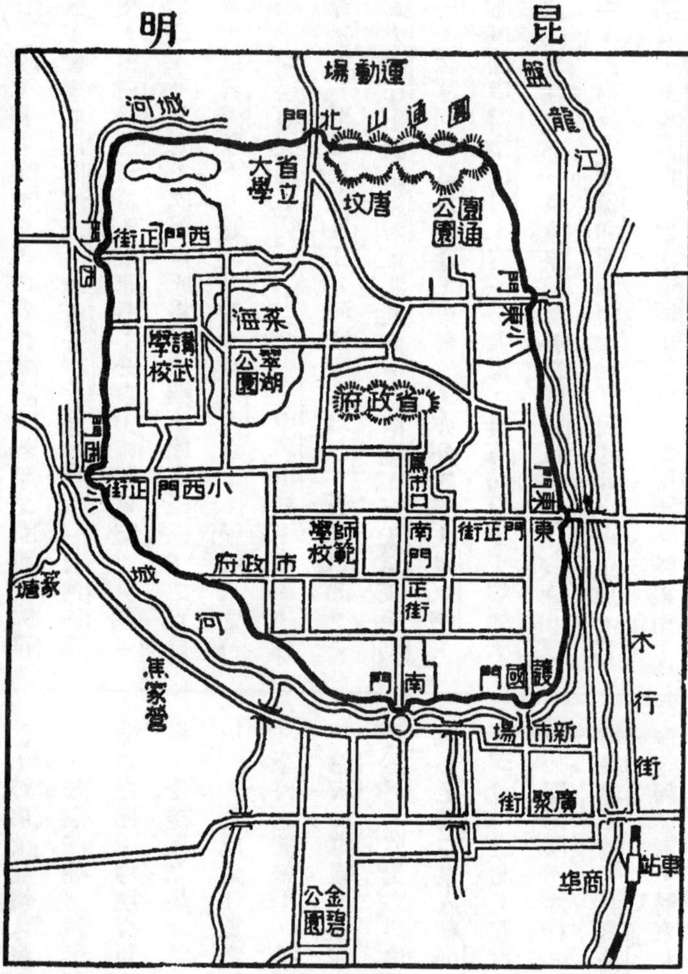

七 西昆沿綫之城鎮

西昆鐵路所經城鎮甚夥，茲將重要之城鎮，分雲南越南兩部分于下：

(一)雲南重要之城鎮，有下之五處：

昆明 昆明爲雲南省會，近設市區，直隸雲南省府。人口約十四萬，外僑約二百餘人，中以法越人爲最多，多居南門外廣聚街一帶。法領事館及法醫院均在城內，滇越鐵路車站設于得勝橋南之商埠內。城西南有滇池，池西西山，池東北大觀樓及城東北金殿黑龍潭，風景均佳，法人恆來此遊覽。入夏氣候平和，旅越法人，亦恆來此避暑。

宜良 宜良縣城，距宜良車站二里餘，人口八千。縣境溫泉共五處，中以湯池西浦兩溫泉爲最著。湯池在城西三十里火車站旁，富硫氣，西浦在城西北五里，無硫氣，均設有男女浴塘。

阿迷 阿迷現易名開遠。人口約一萬。滇越鐵路警察總局在焉，車站設于城東北，距城約一里。近車站處客棧甚多，并設有法國酒店，因由昆明乘車往老街，由老街乘車往昆明，以此爲宿站，旅客多在此歇宿。

碧色寨　碧色寨一名壁虱寨，西距蒙自縣城約三十餘里。人口二千餘。地設轉運貨倉頗多，爲堆輸入蒙自及由蒙自輸出之貨物。

河口　河口屬馬關縣，駐有督辦，管理交涉及邊防事務。人口二千餘。隔南溪河與越南之老街相對，通以滇越鐵路之長橋。滇越鐵路車站在東部，爲該路入我國之首站，與黑龍江滿洲里相似。我國蒙自分關及法之通運分司，均設于此地。惟地雖開闢，仍富瘴氣，駐宿旅客，咸有戒心，凡飲食起居，必格外愼重，方免致疾。

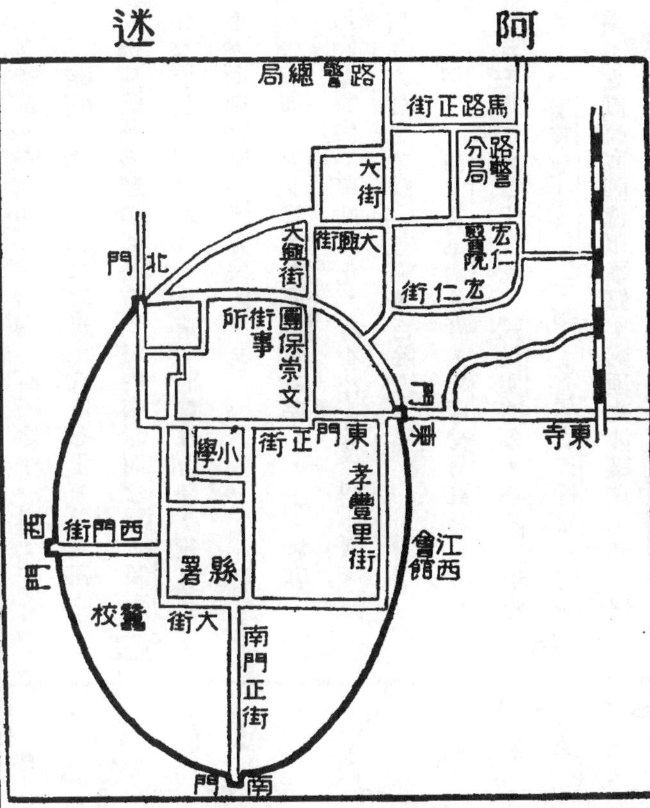

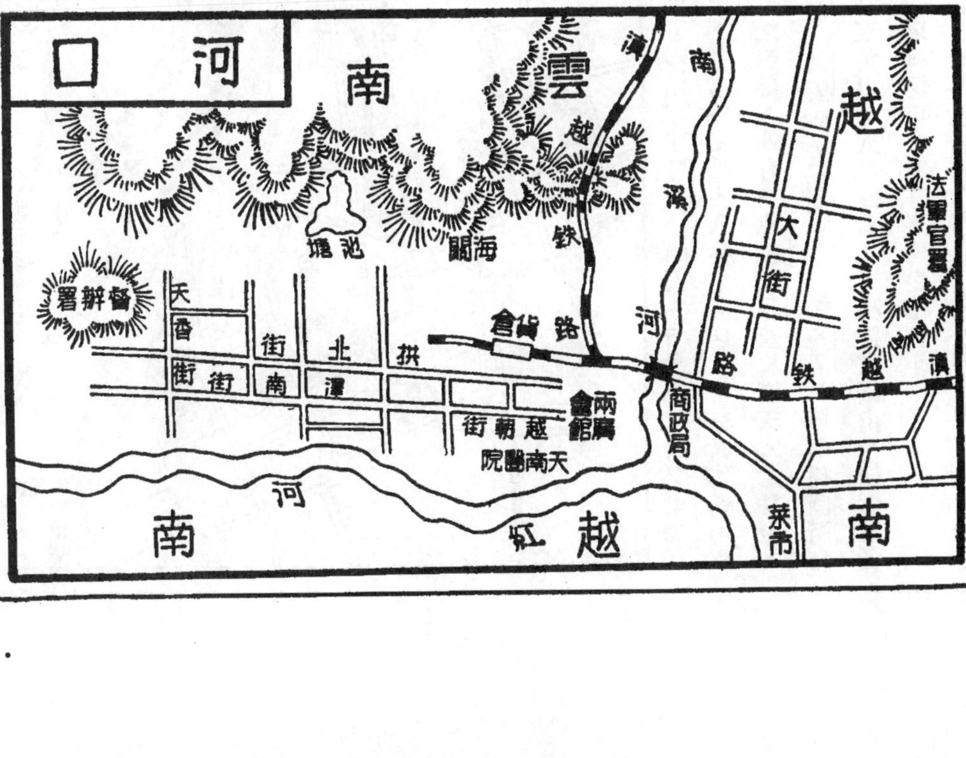

（二）越南重要之城鎮，有下之十一處：

老街　老街在河口之東，人口七千，粵人在此設商店客棧者頗多。法方于鐵橋南置商政局，稽查往來客貨。車站在街之東南，而東部山間，建有砲台。西部谷柳，建有兵營。

安沛　安沛爲老街河內間之要站，上下旅客，均在此打尖，車站南北，均有住民及商店酒店飯店。人口二千餘，華僑僅百餘人。

河內　河內爲越南首府，越南總督駐焉。位富良江左岸，人口十五萬，較昆明略多，華僑二千餘人，分廣東福建雲南三幇，多居于行帆甫大街一帶。近設有我國總領事館，處理交涉事宜。市中劃軍街士街新街三區，新街商務最爲繁盛。又市內有東洋大學，學生五百餘人。有遠東學院，專研究東方史事，編印學報，院中圖書館，收藏我國圖書甚夥，中有永樂大典三冊，凡越人著述，亦均收集于此，以供衆覽。又有遠東博物館，陳列越南及東洋各國古物。又有商品博物館，陳列越南商品，并有苗人織織之花布。市西有湖，即古之浪泊，湖西有動物園，西北有植物園。

河　内

南定　南定人口五萬，華僑一千餘人。北爲舊市，南爲新市，新市中工廠工人住宅商店，皆分區建築，車站在新市之西部，地有南定總督署及規模宏大之絲廠。

乂安　乂安爲古驩州，一稱文黑，地位孫開河北岸。城爲五角形，人口四萬餘。附近有崇山，相傳爲放驩兜處。東境河口，築有堅固之砲台。

順化　順化爲安南都會，安南王居焉。人口六萬

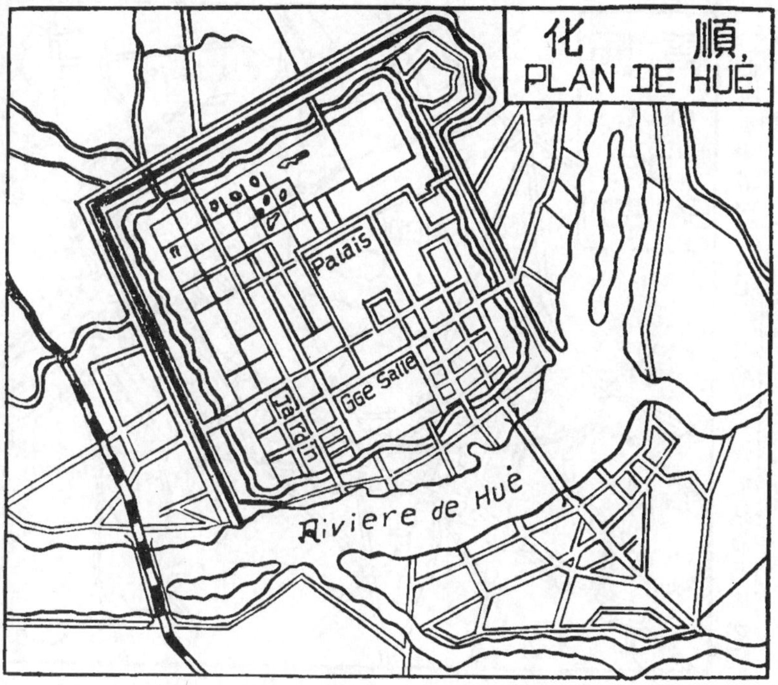

餘，華僑九千餘人。地跨順化河，左岸爲王城，及越南民居商店，右岸爲法官商住所，聯以鐵橋。王城內有王宮，宮外築有法國砲台，并設兵營以環制之。市外有列朝安南王陵，其謙陵爲嗣德王之墓，附近山水清秀。市東南百餘里，有港，名士倫，暢通海輪，爲越南中部貿易之中心。

廣義　廣義距順化三百八十三越里，在昔鐵路未通時，往來順化廣和間，接以汽車，爲順化以南之宿站，故有法越人所設之客棧酒店。

平定　平定爲安南中部農產薈萃之地，故農產之貿易甚盛，鐵路通後，出口亦屬利便。

平順　平順位芳黎灣北，現車站設于市西，距平順約數里。其地古名祿奈，爲占城故都。

邊和　邊和位東奈河左岸。人口一萬餘，附近所產木材甘蔗等物，多集散于此，商業尙屬繁盛。

西貢　西貢位于西貢河西岸，爲交趾支那之首府，越南副總督駐焉。距海二百餘里，人口十萬，華僑一萬餘人。市間樹木交蔭，公園紛闢，爲最幽雅之熱帶都市。市中嘉齊那街最爲繁盛，中多華僑經營之商店。海口距我國上海一千七百餘海里，距香港九百餘海里，距新加坡六百餘海里，均有海舶往來。而西與馬賽，東與橫濱，亦通海舶。至西南隄岸，距西貢約四公里，有運河與西貢通。人口二十三萬，華僑九萬餘人，多以碾米爲業，計有碾米廠九所，其中源豐一廠，日可出米七百噸。

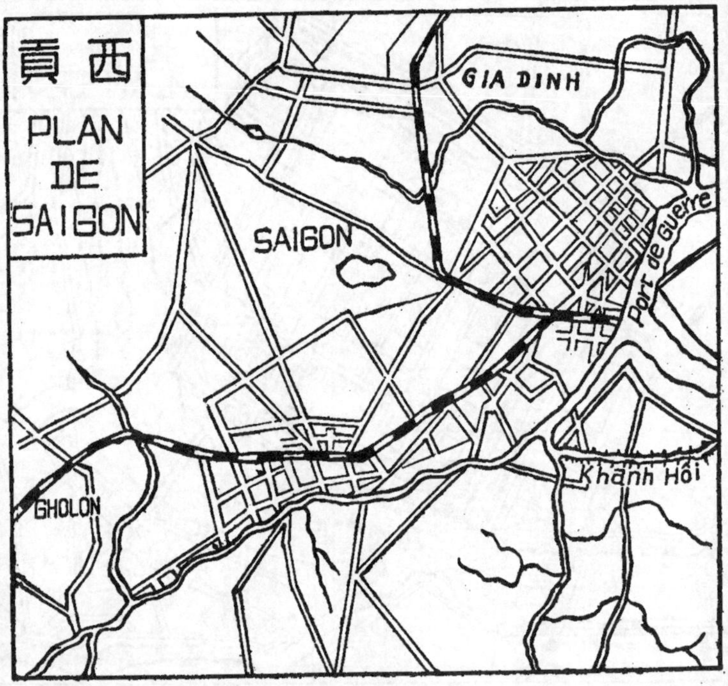

此外雲南境內，由滇越鐵路碧色寨車站通石屏之輕便鐵路，路旁亦有重要城鎮，附列于下：

蒙自　蒙自人口二萬餘，東門外有高埠，法商與法領署法醫院滇越鐵路公司均在該埠之內。每年進出貨值約一千餘萬元。

箇舊　箇舊在蒙自之西，人口一萬餘。縣境錫鑛最富，開採之鑛工，多則十餘萬，少亦四五萬人。東南賓華山，古木參天，泉石清秀，稱爲勝境。

建水　建水在箇舊西北，人口二萬餘。市西北十里有火燄山，富硫氣，人臥其上，可祛濕疾。

石屏　石屏在建水之西，距建水九十里。城北乾陽洞有銅鑄老君像，其製甚古。東境有異龍湖，風景亦頗淸嘉。

又越南境內，滇越鐵路由河內通至海防，幷分一支綫，北達諒山。茲再將海防諒山兩處，坿列于下：

海防　海防位太平江口，距海約二十三公里。由該地經我國北海達香港，約七百海里，經士倫達西貢，約四百九十海里。進出口貨物甚多，凡雲南及香港上海間往來客貨，必取道于此。人口三萬餘，華僑約五千人，粵籍居多，故建有廣東會館，館內附華僑商業會議所。市南有公園，相距約里許，東境海口有砲台，亦軍事上扼要之地。

諒山　諒山位淞溪江西岸，江中有木筏，往來我國平南關一帶。而鐵路由文淵起，又復穿鎮而過，南達河內，爲東北部衝要之地。中法之役，我軍守此，曾大挫法軍。文淵北距我國鎮南關八里，係諒山外蔽，人口日增，現亦成小市鎮。

八 西昆沿綫之物產及工商業

（一）物產 物產以農產林產鑛產爲大宗，分述于下：

農產以米爲最多，豆類次之，麥及玉蜀黍棉糖等又次之。

米 米則雲南如昆明宜良阿迷多平原，且地濱湖河，富于水利，產量頗豐，昆明年產稻十萬石，宜良年產稻十五萬石，阿迷年產稻二十四萬石，三地共三十九萬石，可製米約二十萬石。越南則河內西貢一帶，有大平原，且有大河支幹各流浸灌其間，出產更多，故東京（河內在東京境內）年產米一百八十一萬噸，交趾支那（西貢在交趾支那境內）年產米一百九十九萬噸，安南（順化乂安廣南等處在安南境內）平原較少，故年產米僅九十五萬噸。近法方擬推廣灌溉排水工作，可增開稻田二百萬英畝，業已進行。如雲南有旱潦之災，可恃河內一帶之米以接濟。

豆 豆則越南僅東京安南兩部產之，然因近年需要頗多，河內海防等處，供不給求，每年法方常向雲南政府要求出口。雲南則昆明年產一千餘石，宜良年產二萬餘石，阿迷年產三萬石，蒙自年產九萬餘石，馬關（河口在馬關境內）年產一萬石，共計七萬餘石。除食用外，尚有羸餘，可以出口。

麥 麥則雲南昆明年產一千餘石，宜良年產三千餘石，阿迷年產五萬餘石，蒙自年產四萬餘石，馬關年產三萬餘石，共計十三萬餘石。越南河內西貢一帶多係水田，產麥甚少，不足供河內西貢麵粉廠酒廠之用，法方恒向雲南政府要求出口以接濟。

玉蜀黍 玉蜀黍爲越南人重要粮食之一，雲南人亦間食之。現雲南如昆明年產二萬餘石，宜良年產一萬餘石，阿迷年產十二萬石，蒙自年產八萬餘石，馬關年產三萬石，共計二十六萬餘石。越南以前僅河內一帶產之，後漸次推及于西貢一帶，近年全境出產約十萬噸。其中約七八萬噸，爲河內一帶所產。

棉 棉則雲南如阿迷蒙自各年產二萬餘斤，馬關年產一萬斤，共計五萬餘斤，不敷各該境內之用。故每年由蒙自關輸入，約值銀二十餘萬元，多係越南產品。越南如河內西貢附近各處，均有棉花產地，產額無多，惟清化順化年共產一百萬斤，而順化產額占大多數，在越南全境中堪首屈一指。然因歲有輸出，不足供紗廠之用，每年尚由印度輸入，約值三百萬佛郎。

糖　糖則雲南如阿迷年產二百一十萬斤，蒙自年產三萬斤，馬關年產一百三十萬斤，三地共三百四十三萬餘斤。越南如邊和一帶，產額最多，廣義亦著名之產地，河內一帶，產額較少。近年越南全境輸出，約值九百餘萬佛郎，安南一部，達一萬餘噸。惟白糖尚未能精製，每年進口之數頗多。

林產　林產之重要者，分木料果品兩項于下：

木料　木料則雲南昆明森林，除西鄉羅畝堡爲天然林外，他處頗爲稀少，以致材木薪炭，不敷省會之用。材木多仰給于祿豐村，薪炭則恃西北各縣接濟。祿豐村在路南黎縣彌勒交界之間，天然林甚爲豐蔚。由省府設局伐放，搬至祿豐村車站，裝滇越火車，運至省城應用。宜良全縣僅有飛松十餘萬株，祇能供本地薪炭之用。阿迷昔多森林，因接近箇舊錫廠，濫伐以供其用，遂致凋零，全縣各樹，僅有一百五十萬株。蒙自則全縣樹木，僅十餘萬株，故一望均童山濯濯。河口西境紅河兩旁，紅木林廣爲分佈；而接靖邊縣處，有面積一萬餘方里之天然老林，近方組設林墾公司，從事採伐以利其用。其餘則沿滇越鐵路兩旁，構樹野桑，頗爲不少。越南則東京森林，面積有三萬餘方公里，老撾安沛河內皆利用之。安南森林，有六萬方里，淸化順化廣南等處皆利用之。而順化之鶻鵃木，淸化之桂樹，素稱佳產。交趾支那森林一萬方里，邊和西貢等處皆利用之。竹則雲南昆明宜良阿迷蒙自甚爲稀少。越南則富良江西貢河兩岸，最爲繁密，而安沛一帶，尤有著名之廣大竹林。至森林副產之橡皮，產于安南及交趾支那。肉桂之佳者，則產于廣南等處之深山，河內亦間用人工栽植。此兩種每年由海防西貢等處出口，共有二千餘噸。

果品　果品則雲南呈貢（呈貢在昆明東南，宜良西北，滇越鐵道亦經過境內。）最多，呈貢如蘋果花紅寶珠梨烏梨之樹，到處成林，而梨樹尤多，全縣共有十八萬株。其中以寶珠梨爲特產，蘋果年產六千斤，花紅年產五千斤，寶珠梨年產一萬斤，烏梨年產八千斤，多由滇越火車運銷昆明箇舊蒙自等處。宜良產棗甚佳，棗樹共有三萬株。石榴雖遜于黑鹽井所產，然亦年產三千石。越南則交趾支那之河仙，爲胡椒之重要產地。而東京及安南北部，種植咖啡，共有一萬五千畝之面積，年產一千三百餘噸，近河內復在沿鐵路一帶，廣闢咖啡園以種植之。若老街安沛間鐵路兩旁蕉林甚夥，所產香蕉，多運至蒙自昆明等處銷售。

鑛產　鑛產如沿路綫一帶，種類雖多，中以錫銻煤鹽四項爲大宗。試分述于下：

錫　錫則雲南箇舊最爲豐富，全縣鑛區，約百餘處。開採之區，在縣治東西南三面，其中最著者有四十廠及新辦之廠。至開採之公司，有錫務實華等數家，錫務公司係雲南官商所組織，備有新式煉爐等件。合計各廠所產之錫，民國二十一年（一九三二）爲六千餘噸，二十二年（一九三三）爲七千餘噸，二十三年（一九三四）爲八千餘噸，二十四年（一九三五），錫務公司所產，約占全數三分之一，較二十三年，更增加三餘噸。每千斤之價，最近達一萬六千元。此等錫鑛，由輕便鐵路運至碧色寨，交由法人或粵人裝滇越火車，轉運出口，至香港銷售。若越南僅交趾支那及老撾產錫，每年共三十噸，不足供境內工業之需要，間購雲南之錫，以掩用之。

銻　銻則雲南阿迷之果花都比均有，在昔年產八十餘萬斤，嗣因歐戰後滯銷停辦。馬關下麻底獨木橋等處，河口附近之新寨，亦有銻鑛，新寨前曾開採，後因瘴氣太盛，亦停辦焉。越南則東京太原發見銻鑛，尚未開採。

煤　煤則昂明蒙自馬關雖有，均不及宜良阿迷出產之富，宜良如二龍戲珠小村小馬山等處皆產煤，惟二龍戲珠年產一千六百餘萬斤，小村年產二百餘萬斤，其質均佳，由可保村車站，運供滇越鐵路之用。阿迷布沼煤鑛，年產三百餘萬斤，銷本地及附近各縣。越南煤鑛，以海防西北紅岩爲第一，開採者共有七處，近年年產七十萬至八十萬噸，最多時爲百萬噸。又有哈同東北煤鑛，年產二十餘萬噸。

鹽　鹽則雲南如昆明宜良阿迷等處，均無產額，惟近河口之南溪河旁，有鹽鑛發見，尚未開採。民間食鹽，皆恃西南兩部井鹽之接濟，其價頗昂。越南則東京寬養等處，雖有鹽場，因風雨較多，難以發達，然其值頗低，故時有越人偸運入滇，在滇越鐵路一帶銷售，滇民恆購用之。安南湯合等處，亦有鹽田，產額無多，近已封閉。惟交趾支那產鹽較富，年約有十七萬噸。

工業之重要者，如雲南昆明有硝皮業，硝製銀狐草狐火狐九尾狐水獺香貓及虎豹等皮，法人每喜購之，故暢銷出口。次爲製革，有工廠數家，製靴鞋各件，惟所製熟皮，尚不敷用，時運越南產品以補助。紙烟草帽毛布洋燭工廠，前曾設立，近已閉歇。鐵工廠雖有數家，僅製小件鐵器，其大件仍在海防定購。製銅工廠，亦有數家，僅製佛像及家用各件。惟模範工廠，精製地毯，時銷出口。磚瓦工廠，製平瓦火磚，尚可抵制越南產品。造紙廠係私人設立，僅造土紙。玻璃廠亦私人設立，僅能製燈罩等件。越南則南定有紡紗廠，紗機二萬錠，海防有紡紗廠，紗機三萬餘錠，每年產紗頗多，分銷雲南。河內附近之塔球，有造紙廠，月產紙十五噸。海防又有士敏土廠玻璃廠肥皂廠，士敏土廠年出十萬噸。玻璃廠製器甚佳，酒瓶一項，日可出六七千隻。肥皂廠日出三百噸，分銷雲南。西貢亦有肥皂廠，與海防之製品相同。南定有繅絲廠，年出絲十萬基羅（一基羅約合中國二十五兩）。又有織綢廠，年可出六十萬元之貨，其原料一半取給于南定絲廠，一半取給于我國廣東。西貢隄岸均有製米廠，共計十八家，日出三千七百餘噸，河內有法公司米廠，年出八萬噸，釀酒公司米廠，年出三十萬噸。海防製米廠頗多，其中大製米廠，日可出米十噸。釀酒工廠（兼製酒精），河內南定海陽隄岸均有，河內南定海陽各廠，年共產四萬餘海克脫（一海克脫等于二十二加侖）。又河內海防西貢有製革廠，河內一廠，年出三萬公石，多數銷于雲南。橡皮工廠，惟西貢有之，年出五千餘噸。化學工廠，惟海防有之，製苛性曹達肥料及酸素炭酸液等品。機器工廠，則海防載阿爾鐵工廠，可定製各項農工用具，及各項機器。刺繡工廠，順化較河內爲多，其繡貨有花衣掛屏桌罩椅墊等物。銅器木器工廠，則河內海防順化邊和西貢均有，所製物品，以嵌銀絲螺鈿爲最精。

商業則雲南昆明蒙自河口均爲商埠，昆明商埠，係清光緒三十一年（一九〇五）所奏開，蒙自係光緒十三年（一八八七）所開，河口係光緒二十一年所開，故均住有法人越人。此三埠進出貨值，據蒙自關貿易册所列，在民國元年，進口爲七百七十一萬兩，出口爲一千一百八十四萬兩，十年，（一九二一）進口爲一千零八十七萬兩，出口爲七百一十五萬兩，二十三年，進口爲八百五十一萬元，出口爲一千七百七十二萬元。若論大宗商品，則昆明每年進口之棉紗，約值四百餘萬元，紙烟約值一百餘萬元，綢緞約值七十餘萬元，出口之布疋，約值四十餘萬元，帽類約值二十餘萬元，餅果約值二十餘萬元（此三種多係省內貿易）。蒙自每年進口之棉紗，約值五百餘萬元（進分銷昆明計算，約共九百餘萬元。），布疋約值三十餘萬元，棉花約值二十餘萬元，出口之錫，約值一千餘萬元，豆類多時，約值二十餘萬元。河口每年進口之商品，棉紗約值三十餘萬元，出口僅賞薯一種，約值七千餘元。越南則老街河內海防南定順化土倫隄岸西貢等均係商埠，皆有華僑雜居。至各埠進出口貨物，連柬埔寨計算，民國七年（一九一八），進口爲三萬六千三百萬佛郎，出口爲四萬五千四百萬佛郎，十五年（一九二六），進口爲一十七萬三千七百萬佛郎，出口爲四十四萬四千五百萬佛郎，二十一年，進口爲九萬六千八百萬佛郎，出口爲十萬零二千一百萬佛郎。進口以棉織物金屬物爲大宗，棉織物約值一萬餘萬佛郎，金屬物機器各值四千餘萬佛郎。出口以米棉絲爲大宗，米當民國元年，爲五十萬噸，十年爲一百五十一萬噸，二十年爲九十萬噸。中以西貢出口之數爲第一，海防次之。蓋西貢每年約占十分之八，海防約占十分之二，分銷我國廣東福建及日本等處。棉約三千餘噸，多由順化出口。絲約一萬餘基羅，多由海防順化西貢出口，海防爲八千餘基羅，順化西貢共三千餘基羅。若紅岩之煤，由海防出口，當民國十年，爲一千二百萬噸，至二十年（一九三一），爲一千八百萬噸，分銷我國上海及香港日本。

九　敷設西昆鐵路之用意

西昆鐵路，全綫約十之六經過平原，十之四經過山嶽地，拔山通道，艱苦備嘗，然竟能以人力破天荒，全功克奏，不能不欽佩法方作事之果毅。蓋此路共長一千七百一十八公里，合中里三千零八十八里，在亞洲東南部與縱貫台灣七百一十六里之鐵路較，約長四倍有餘，即與縱貫緬甸二千二百七十一里之鐵路較，亦長逾一倍。加以廣平順化廣南廣義平定廣和一帶，萬山重叠，無殊河口蒙自阿迷一帶之艱于施工。河口至昆明間，每公里平均建築費爲三十五萬三千佛郎，西貢至河內間，每公里平均建築費如亦合此數，則一二五四公里之路，須用四萬四千二百六十六萬二千佛郎。余前在越南調查庶政時，詢悉由河內經南定清化乂安廣義和邊至西貢，通有公路，約寬三丈。自河內乘汽車往西貢，一日歇南定，二日歇清化，三日歇順化，四日歇廣義，五日歇廣和，六日歇西貢，是河內西貢間本有縱貫之公路，行程六日。至海道由海防乘輪至土倫，約一百九十海里，計行二日，由土倫至皈仁，一百海里，計行一日，皈仁至西貢二百海里，計行二日。有馬立斯五星等公司之海輪二百餘艘，行駛其間，其中最大者約一萬餘噸，是海防西貢間又有海道之航路相通，行程五日。而河內海防間既有鐵路，又有公路，太平江中復有行駛汽船之航路，鐵路公路，行程半日，航路行程一日，亦甚便利。如爲運輸各項貨物聯貫各部士宇計，則陸有公路海有航路相通，即稍費周折，亦能呵成一氣。乃不惜糜巨貲，冒萬難，鑽石穴，跨長虹，以御飆輪，揆其用意，必係因笨重器械，運以火車，較汽車海輪爲便捷。且火車加快，較汽車海輪，尤能縮短行程。蓋鐵路快車一日夜可行一千餘里，由西貢至河內，平時需四十小時，加快則三十小時可以到達。即至遲亦不足二日，較公路縮短四日，較航路縮短三日，運兵運械，甚爲易易。如越南境內各部，遇有變故，瞬息可以撲滅。如他國實行南進政策，利用海軍威脅其沿海一帶，則調兵運械，亦可瞬息分布以防禦，此就法方常態以推測也。若對于我國滇桂粵方面，由半攻勢而全取攻勢，思逞侵略之野心，則由西貢以快車裝運兵械，三日可達昆明，二日可達諒山。滇桂均無國防鐵路以抵禦，兵械轉運，均緩不濟急，試問帷幄運何籌策而能決勝之？此就法方變態以推測也。

十　結論

就上各節所叙者觀之，西昆鐵路告成，于我國滇桂兩省，均有不利之趨勢，而滇方尤當其衝。滇省自河內昆明間通車後，法貨越貨，滔滔灌入，現河內西貢間又復通車，則法貨越貨，更如潮汹湧而至。滇省近年以大錫暢銷，尚能維持出超之貿易，若法方藉商運爲養路之費，必推廣貨物之運銷，以資補助。余前後赴越調查庶政時，向該路總局調查滇越全路之收入，當民國五年（一九一六），共計三百零六萬餘元，其東京收入爲一百七十六萬餘元，雲南收入，爲一百二十九萬餘元；十年，全路收入爲二千四百餘萬佛郎；至十六年（一九二七），全路收入爲五千六百餘萬佛郎；十九年（一九三〇），全路收入爲四千八百餘萬佛郎，均入不敷出，年賴越南政府以補助。河內西貢之綫通後，入出恐亦不能相抵，將來推廣運銷貨物以補償，此爲必然之傾向。而因利乘便，以滇省爲最大尾閭之洩，亦必然之傾向。蓋滇省農工事業，未易改進，衣食日用之資，固恆虞不足，而新工業及國防上之一切機械，尤不能不仰賴外方之供給。雖滇省關于墾荒植棉紡紗育蠶繅絲織綢造紙煉鐵諸大端，歷任實業司長廳長及余任省署實業科長時，未嘗不兼籌併顧，銳意董理；無如基金薄弱，技師缺乏，以致大效難收，漏巵未塞。且自滇越路一通，法方奢風扇入，省會及沿途各縣，起居服御，棄舊從新者不乏其人。若西貢河內間之路再通，則奇技淫巧之物品，由法國巴黎運經馬賽西貢轉入雲南昆明，則昆明必受其影響，將來或竟變爲小巴黎，亦未可知。昆明所恃以抵補者，僅能就銅器錫器皮貨地毯等項，加以精製，或可邀巴黎人士之一顧，略可抵補其萬一而已。是則滇省脂膏，受法方上緊之吮吸，而枯竭堪虞，此滇省商務上伏有危機之病根也。若軍事方面，就平時論之，法在越南置有法兵歐兵及越兵，約分三步旅，一駐河內，一駐順化，一駐西貢。又有二砲兵團，一駐河內，一駐西貢。至軍區分四部，其司令部分駐河內北寧順化西貢。軍用飛機共二十四架，分二小隊，一駐河內，一駐西貢。又有水面海上飛機共二十架，分駐河內西貢。而西貢軍港，駐有東洋艦隊，計有巡洋艦小軍艦砲艦六十餘艘。水雷艇分駐西貢紅岩兩港。其兵工廠亦設于西貢。一旦有機可乘，假面揭穿，侵略之心暴露，對我國爲軍事上之行動，則散在西貢順化等處之軍隊軍械，由西昆鐵路飛運以入滇省，即將鐵路自河口截斷，一時不能攔入，而越南北部已成之軍用公路，一由河內達河陽（距雲南麻栗坡不遠），一由河內達高平（距廣西鎮安不遠），一由河內達文淵（老撾大城）。若聯絡諒山河陽高平老街等處，又有沿我國邊外之軍用公路，蓋此路自猛街起，向西，經諒山高平河陽老街萊州達老撾之猛徵（與普思邊界接近），亦早築成。如由河內或老街分兵侵入雲南麻栗坡普思沿邊及廣西龍州鎮安等處，以分我兵力，然後再擇要攻堅，陸空併進，試問防禦工事，有何不能摧毀。即法方在越兵力不甚雄厚，而馬賽至西貢間航路，雖長八千餘海里，經二十八日始能到達，然可源源運軍隊軍械以接濟。況馬賽西貢間一萬二千二百八十九公里，平時已有裝運客貨之飛機，每週往返一次。近來巴黎西貢間復提倡競賽，獎厲飛行，如飛行之航綫再通，數日可以到達，輸送一切，或加入戰爭，更爲便易。此滇省軍事上伏有危險之病根也。思患預防，爲未雨綢繆計，惟有滇省一面消極以倡用國貨，積極以製運滇產，爲商業之競爭。一面由昆明分築達車里廠栗坡之軍用公路，并將由車里經鎮越江城平河金河屏邊河口馬關廠栗坡至西疇之沿邊軍用公路趕築，以資聯絡而便防衛。一面擴充飛機隊及兵工廠，并擇築邊境要塞，精練邊地士兵，以整武裝而備緩急。而兩廣邊境，亦應築要塞公路，爲固封守便策應之備豫。總之，西土鐵路（俄築西土耳斯坦西伯里亞間之鐵路，稱西土鐵路，在我國新疆西北邊外。）于民國二十年造成，我國西北部國防，爲之吃緊。西昆鐵路于本年告成，我國西南部國防，尤爲吃緊。蓋西土鐵路，僅環我新疆邊外，西昆鐵路，直入雲南腹部，故謂西南國防尤爲吃緊也。尤有說者，法于前清光緒二十二年，與我國訂立合同，承築同登（即文淵）龍州間之鐵路，嗣又要求築北海至南寧等處之鐵路，仿照同登至龍州鐵路之合同辦理，足徵法人欲將河內至諒山之鐵路，延入廣西，不僅將河內至老街之鐵路，延入雲南，爲雙管齊下之北進政策。不過因趕築河內西貢間之鐵路，未遑顧及，今此路已成，恐同登龍州間之路，不日必實行敷設。而民國三年（一九一四），法與我國又訂欽渝鐵路借欵合同，其第四欵敘明，建築欽州經南寧興義羅平昆明至敘州過江，達重慶之鐵路，是欲將昆明之路，再進一步，延長至重慶，爲擴張勢力于揚子江流域之計劃。所幸雲南各公團極端反對，通電前北京政府及各省政府公團，堅請取消，廣西公團，亦曾響應，法方有所顧忌而未實行。近日四川敷設成渝鐵路（成都重慶間），或謂由中法聯合投資（見本年十月十八日中央日報），或謂法僅售與材料，并未投資（見本年十月二十七日上海大公報）。然因有欽渝之線索可尋，故各方頗爲注意。余以爲抵制之法，莫如俟湘黔鐵路（此段鐵路由粵漢路之株州車站，經新化洪江劍河施秉等處達貴陽，已設工程處，積極進行。）築成後，循已成之黔滇公路，延至昆明。并按照中法前定章程，將滇越鐵路自河口至昆明一段贖回，歸我管理，由滇經黔湘鄂豫冀以達遼寧。南端與法方西貢至老街之鐵路，在河口銜接，北端與南滿洲鐵路，在營口衔接，爲縱貫東亞之大鐵路。俟此大鐵路完全竣工，并完全歸我國管理後，再與法日協定，凡西貢老街間及中東南滿各鐵路運入我國之客貨，由我國運入，以上各鐵路之客貨，均准彼此接運。惟于南北兩方特設嚴密稽查之機關，與歐洲國際間接運之鐵道辦法相同，則法路日路之運費收入均豐，無不樂于贊同。而我國以此爲鞏固西南東北國防之幹綫，于轉捩全國國力方面，亦至有裨益，匪特滇有切膚，冀有刺背之痛，均可藉之以永紓焉。若復由湘黔鐵路中之貴陽，參照前黔擬築渝柳鐵路之計劃，向北沿已成之川黔公路，築達重慶，向東南沿由貴陽通榕江及由三江經賓陽通邕寧之已成公路，築經邕寧以達欽州，則法方欲築之欽渝鐵路，必不再築，所定合同，不廢而廢，而法方侵略滇桂之野心，亦可以稍戢云。

本文重要參考書目錄

（一）鐵道部鐵道年鑑第十九章，第三節，滇越鐵路。
（二）南洋研究第二卷，第二號，李長傅南洋地理誌畧第三章，地方誌，第二，法屬印度支那。
（三）南洋研究第二卷，第三號，宗山法屬印度支那之經濟地位。
（四）南洋研究第六卷，第二號，志鍊譯印度支那之貿易。
（五）曹仁源鐵道世界第三十二編，安南。
（六）張相時華僑中心之南洋下卷，第二十四章，越南。
（七）丘守愚二十世紀之南洋第四章，法屬越南。
（八）童振藻昆明市誌交通門，鐵道。
（九）童振藻外國地理教程第二章，亞細亞洲第五節，越南。
（一〇）童振藻越南改槃第四章，實業，第五章，交通。
（一一）童振藻參觀越南河內第六次市會記。
（一二）Atlas Géuéral de L indochiue Française atlas de Chab rt-L. Gallois
（一三）Gouvernement Géuéral de L'indochine essai D'atlsa Statistique de L'indochine Française
（一四）日本前田實治耶南方研究第二書，佛領印度支那。
（一五）日本台灣事務局佛領印度支那拓殖誌。
（一六）日本台灣總督府調查課法領印度支那事情。

中國文化史叢書 第一輯

整理我國史料　揭示文化全貌

王雲五　傅緯平　主編

全輯發售預約

第一輯二十種二十四册　六開本　道林紙印　布面精裝

已出第一期書四種六册　餘書於每月續出六册

每部定價三十元（零册合計四十元）國內郵費二元

全部預約價二十一元（另訂分期交款辦法）二十六年二月底截止

第一輯書目

中國經學史　馬宗霍著
中國理學史　賈豐臻著
中國田賦史　陳登原著
中國鹽政史　曾仰豐著
中國法律思想史　楊鴻烈著
中國政黨史　楊幼炯著
中國交通史　白壽彝著
中國南洋交通史　馮承鈞著
中國殖民史　李長傅著
中國婚姻史　陳顧遠著
中國文字學史　胡樸安著
中國算學史　李儼著
中國度量衡史　吳承洛著
中國醫學史　陳邦賢著
中國商業史　王孝通著
中國陶瓷史　吳仁敬、辛安潮著
中國繪畫史　俞劍華著
中國駢文史　劉麟生著
中國考古學史　衞聚賢著
中國民族史　林惠祥著

▼樣張備索

零册發售特價（已出四種六册如左列）

特價期自本年十二月一日起至廿六年三月底止

中國經學史　一册　定價一元　特價七角　國內郵費一角零五厘

馬宗霍著　是書取材範圍，不自孔子始而起於孔子，以前凡所論列，亦間涉六藝以外。全書都十二篇，按時分述，考證周贍，持論允當，於歷代經學盛衰異同之故，尤能抉微發隱，冀於經學研究轉變之今日，將已往史實作一總結。

中國法律思想史　二册　定價三元　特價二元一角　國內郵費一角五分半

楊鴻烈著　起自殷周，迄於今日，將我國數千年來所有法律思想之派別，條分縷析，並考訂其影響於當時及後世法制之情形，使讀者深知法律思想實為一切法制之淵源，義蘊宏深，問題繁複，幾涉及中國思想之全部。

中國婚姻史　一册　定價一元五角　特價一元零五分　國內郵費一角零五厘

陳顧遠著　婚姻為社會現象之一，而又法律現象之一。本書以社會學與法學之立場，搜集史料，兼備兩義。內容分婚姻範圍、婚姻人數、婚姻方法、婚姻成立、婚姻效力、婚姻消滅等六章，蓋取縱斷為史之法，以明各主要問題之因果變遷。

中國民族史　二册　定價三元六角　特價二元五角二分　國內郵費一角五分半

林惠祥著　全書分十八章：首二章論中國民族之分類及中國民族史，第三章以下，每章述一民族，詳考其種族起源、名稱、事跡，在歷史上之分期，自擅變、支派、區別、勢力漲落、文化變遷，及各族相互間之接觸混合等問題，理論方面，博考中外學者新說，而以己意決定之。

商務印書館印行

*D163(1)-25:12

開國前周人文化與西域關係

丁山 1

前作由三代都邑論其民族文化因地理上證明周人起自西北，嘗疑其本爲西域民族，未遑詳證其文化源流。今考穆天子傳云：

「赤烏氏之先，出自周宗。太王亶父之作西土，封其璧臣季綽于舂山之虱，妻以元女，詔以玉石之刑，以爲周室主」。

舂山，據日人小川琢治君研究謂在今新疆哈密西北，則赤烏氏或漢烏孫之舊名，必西域民族也。周人若非西域民族，太王以前，何以不與殷商通婚媾，而妻元女于赤烏氏？此克殷前周與西域民族關係之消極證明也。積極的可以證明周人文化直接承受西域者則更有下列二事：

(甲)七日週制

「巴比倫人仰觀天體之羅佈與其周日運動，認知具體的天球之存在。更見諸星之周年運動及黃道運動有種種樣式，遂認天球不獨一個，而有多數存在。不特以單獨運動之恒星全數配列于同一之天球上；日，月，水，火，木，金，土，七個天體，各有不同之速度，故認爲皆載于另一天球上，遂置火，水，木，金，土，五星與日月爲同序位置，全部稱之曰七行星。」(詳陳遵嬀譯宇宙壯觀第四篇西洋古昔之宇宙論。) 七行星之見我國古籍者，謂之「七政」。書堯典，「在璿璣玉衡，以齊七政。」玉海天文書引伏生大傳，「七政布位，日月星之主，五星時之紀。日月有薄食，五星有錯聚，七者得失在人君之政，故謂之政。」馬融尚書注亦以「視璿璣玉衡以驗齊日月五星行度知其政」(尚書正義引) 釋七政。堯典所見各中星，竺可楨先生嘗以天文學專門知識諦明其爲周初天象，則七政學當亦周初人新說。是「七政」學可以假定周初人傳自西域也。

以七行星紀日，是爲七日週，此其說創自希伯來人。如創世記所傳「上帝造物，七日而齊畢」是也。然在我國，殷商之世，似無七日週制，其時習慣，「旬」以爲期，見于卜辭者，固不鮮矣。即周易亦見卜旬之辭。如豐之初九云，「遇其配主，雖旬，无咎！往有尙」。卜旬者，殷人遺法也。然又有辭云，

「震來厲億，喪貝 躋于九陵，勿逐，七日得。(震六二爻辭)

婦喪其茀，勿逐，七日得。（旣濟六二爻辭）

復，亨！出入无疾！朋來无咎！反復其道，七日來復，利，有攸往。」（復卦辭）

所謂「七日得」，固可謂偶然巧合希伯來人七日週也。若「反復其道，七日來復」，則非七日週說無以通其義。故鄭玄易注云，「建戌之月，以陽旣盡；建亥之月，純陰用事；建子之月，陽氣復生；隔此純陰一卦，卦主六日七分，舉其成數言之，而云七日來復」。以卦氣釋七日，說雖出于孟喜，要必爲周人遺說。何謂六日七分？易緯是類謀，「冬至日在坎，春秋日在震，夏至日在離，秋分日在兌，四正之卦，卦之六爻，爻主一氣；餘六十卦，卦主六日七分八十分日之七。歲有十二月，三百六十五日四分日之一，六十而一周」。（詳惠棟易漢學卷一）是兩漢師說猶知周易「七日來復」即希伯來人所謂七日週也。

不寧惟是。周書常見「哉生魄」，「旁死魄」，「朏」，「旣望」種種紀日名詞，兩漢師說，說頗不齊，逮王國維氏始「覽古器物銘而悟古者蓋分一月爲四分，一曰初吉，謂自一日至七八日也；二曰旣生霸，謂自八九日以降至十四五日也；三曰旣望，謂十五六日以後至二十二三日；四曰旣死霸，謂自二十三日以後至于晦也」。（詳觀堂集林一生霸死霸考）日人新城新藏君嘗據此以爲「月之四分法者，乃以月分七日爲一分，用以紀日，即今日西洋週法之原始形。」又謂「古來月之三分法行于東方，月之四分法則行于西方，致其文化各具特色。」（詳中國上古天文第二節旬與週）周人通行月之四分法，每分約得七八日不等，此正周易「七日來復」之的解。殷人以十日爲旬，周人以七日爲週，此殷周民族文化之顯然不同處。假定七日週制爲周人本有之紀日法，則周人文化，顯與西域人同一系統也。

(乙)以事紀年

文武周公之世，周人如何紀年，此經學一大謎。王國維嘗據周書及伏生大傳作周開國年表，謂開國之初，周人以文王受命年數紀年，至成周告成，始改稱成王元祀，中間凡歷十九年。文王受命七祀而崩；自八祀十三祀爲武王在位年代，十四祀以後爲成王在位年代。且舉洪範「唯十有三祀王訪于箕子」爲證。（觀堂別集補遺）郭沫若先生兩周金文辭考釋更舉睘卣銘「隹十又九年，王在斥」，證成其說。余案，洪範成書時代，頗多疑讞，不足以證周初紀年法。論周初紀年法材料，莫信于洛誥。洛誥之說曰，「王肇稱殷禮，祀于新邑，咸秩無文」。又曰，「今王即命曰，祀宗功，以功作元祀」。又曰，「惇宗將禮，稱秩元祀，咸秩無文」。此皆記成王改元事也。而篇末云，「在十有二月，惟周公誕保文武，受命惟七年」。此「七年」也，明係周公攝政之七年，非文王受命之七年也。則王氏所考文王受命十四祀以後之紀年至于十九祀，絕非周初事實。睘卣銘之「隹十又九年」，自不得指為成王六年，文王受命十九祀器。余考宗周鼎彝刻辭，嘗疑周初紀年之法有三變，如：

睘卣銘，「隹明保殷成周年」。

中甗銘，「隹王令南宮伐反虎方之年」。

旅鼎銘，「隹公太保來伐反夷年」。

厚趠齍銘，「隹王來格成周年」。

臣辰盉銘，「隹王大龠于宗周出饗葊京年」。

此郭沫若氏所考，碻為成王時器，皆以事紀年也。康昭以降，始漸變以時王在位年數紀年。如，康王時所作，

大盂鼎銘，「隹王廿又三祀」。

小盂鼎銘，「隹王廿又五祀」。

紀時王在位年數于銘文之末，與卜辭所見殷人紀年之法相同，當為周人履周禮，用殷制之始；殷人紀年于辭末，周人紀年于銘首，此亦殷周文法習慣之不同也。昭穆以後，所見金文，如：

段毁銘，「隹王十又四祀，十又一月，丁卯」。

趞曹鼎銘一，「隹七年十月，既生霸」。

趞曹鼎銘二，「隹十又五年五月，既生霸，壬午」。

史頌鼎銘，「隹三年五月既死霸甲戌」。

師虎毁銘，「隹元年六月既望，甲戌」。

其箸時王在位年數于銘首，則變殷制，從周禮，則紀年法之三變也。而以事紀年箸于銘文之首，既皆成王時器，當可確定本周人舊制。此種紀年法，春秋後復盛行于齊；如，國差𦉜銘之稱「國差立事歲」，陳純釜銘之稱「陳猶立事歲」，以執政者受命之年紀年，頗似洛誥之紀周公年。其來源，若非模仿周初文獻，當因海上交通發達，西南海外民族輻湊琅邪，（詳徐中舒先生古代狩獵圖象考）直受海外民族紀年之影響。若周初之以事紀年，謂其來自西域，則毫無問題。西域文化，巴比倫較早。近來出土巴比倫古代文書，當紀元前2474—2358年間，

有 Bur-sin 王者，在位九年，其第一年平 Urbillum 城，因稱元年爲「平 Urbillum 城年」；第五六年平 Sharu 與 Hahunri 兩城，因稱第五年爲「平 Sharu 年」，六年爲「平 Hahunri 年」；其餘或以軍事紀年，或以宗教紀年；(詳德拉坡著，米索不達米亞巴比倫與亞述之文化) 絕未有紀以時王在位年數者，風氣所播，至于希臘時代猶存。則以時王在位年數紀年者，東方海濱民族殷人所特有；以軍事宗教紀年者，乃亞洲西南海濱民族雅利安人之舊法。回顧上舉成王時代諸銅器如細卣中甗旅鼎等皆以軍事紀年，臣辰盉以祭事紀年，即以宗教紀年，吾人不能不信成王以前，周人以事紀年法，來自西域。(文武以前，無實物可徵，故渾言之。) 此周人本有文化與西域人同一系統之又一證也。

根據上述紀日法與紀年法，殷周民族間習慣之顯然不同，至少可說開國以前，周人文化以西域文化爲主體。康昭以後，始逐漸接受殷人文化，變其舊俗。故今日研究古代史者信夫孔子所謂「周因于殷禮，所損益可知也」，則言周人本身文化，易失其眞。當今日王季文王以前有文字紀載之文物尚無地下發現之時，作者不敢斷定姬周民族是否爲西域之一支？抑周人僻處西北，受西域文化影響深于東土？然太王公劉以前除犬雅外，又無其他文字記載直接傳于今茲；而后稷文王間歷史系統，又在可疑，終不能不疑周之民族來歷也。

尤有進者，周易之中，頗多周開國前之史料，其離之爻辭曰，

九四，突如，其來如，焚如，死如，棄如！

六五，出涕沱若，戚嗟若！吉！

此等紀載，可作兩種解釋。一謂有人爲火焚死，棄之于野，故其家人涕沱戚嗟；另一解釋，可謂卜葬之辭。火葬習慣，創始巴比倫人，演而爲波斯拜火教，盛行于印度。梨俱吠陀言「火葬者以野羊與死者遺體共燒之」。至阿闥婆吠陀時代，火葬之外，又有投棄曝棄二種。周易之「焚如，死如」，疑爲「死如，焚如」之倒誤，謂其人死矣，焚之，棄之，實兼火葬及投棄二法。假定離卦碻爲卜火葬之辭，則周人本身禮教，與古代波斯印度尤近，周之民族，作者終不能不疑其來自西域也。

廿五年八月，一日寫于南京。

4

「戰國疆域變遷考」序例

鍾鳳年

序

戰國所歷時期，據六國表起自周元王元年，止於秦二世三年，凡二百六十九年（原作二百七十年，實則差一年）。今按其實，當周元王時韓趙魏三家猶未分晉，未可認爲七國俱已形成；至秦始皇統一天下，六國被滅，已無所謂七國，自亦弗應涉及。故其所定時期，殊覺不盡確切。不過六國表乃上繼十二諸侯年表，下啟秦楚之際月表而作。且表中首尾非純屬六國之二時期，前者二十三年，後者僅十四年，爲期俱甚暫，實無從各自爲一階段，有不得不附見於表中之趨勢。今吾人既單獨作戰國之研究，則不妨以六國興亡之時期爲標準，開始於周定王十六年三家之建國，終止於始皇二十六年之統一天下（公元前四五三——二二一），而敘其二百三十二年之事蹟。

但古人記此期事之著作已甚繁：其分國別或個人而言之者，有史記在（古史亦此類）；其彙集同年諸事排比而言之者，有竹書紀年，通鑑，大事記，戰國紀年之類在；其專就一事之終始而言之者，有通鑑紀事本末在；其參伍錯綜或零星散見可供參考者，有戰國策（此非純粹歷史性之著作），韓非子，呂氏春秋，說苑，新序諸書在。吾人設不能脫前人之窠臼，而獨闢蹊徑，則實無須乎過費此無謂之精力。然則，究應作何種體裁以自創一格耶？考戰國二百餘年間，七雄互相攻伐，幾於無歲不有；故軍事乃爲構成此時期歷史之主要成分。至其用兵之目的，則同於古今中外之通例，惟在擴充一己之土地而已。是以一戰告終，勝負既分，雙方當事國之疆域亦本自來之通例而立呈變化，此原無足爲異；不過此期間戰爭，較任何時代爲獨多，因而其變化亦較任何時代爲獨劇。是則全時期中諸國疆域生若干次變化，與變化至何等程度，豈非習戰國史者所應有之常識？然而至今倘無專著以說明之者，不可謂非一大缺憾也。閒嘗攷其原因蓋由於古人著史重在記事，體類有殊；且或以爲因文見義，讀者自可想像得之。不料年淹代遠，地名屢易，疆界多殊，致令後之讀者索解無從。即有考之者亦止期證明事實，便爲盡責。亦緣舊時學者地理觀念原較薄弱，又或以爲既往之陳迹無詳討之必要，僅可知其然而不必求其所以然；兼之輿圖難得，得之亦復技術不精，即今考古，調查方面實亦不易著手，故俱未能悉以究之也。

今則情形大非昔比，實不容更存此「讀書不求甚解」之心理，應作進一步之研究，隨時隨地期得其實況。不過戰國年代相去已遠，其地域或以無關於當時之事，古史因遺而未及，今固無從旁考；或雖見於史而因名稱之屢易，今莫知所在者亦甚多，然就倘可曉者綴而集之，仍不難各得一粗具面目之輪廓。此確與一時史事上有重大之關係，今所宜別開生面亟待補充者也。

正文內容，係將此期大小諸國，凡世次可攷，立國較久，而曾累對外作戰者，各爲一篇；首推得最初之疆域以爲標準，然後依歷世之君，純粹遞敘其戰事之勝負，及偶互易地之事迹，因以著見一時土地盈縮之狀況，悉如統計方式，夾敘夾議，各作一清晰之結束，以迄於終點。至若小國中僅所有地約略可知，而事則毫無流傳，或爲期極短者，則止各敘其疆域及結果，而雜置一篇。又如諸戎國并所有地亦多難知，茲就其可知者，各爲求一輪廓，附見於與有關係之大國中。要在力求完善，藉備潛心戰國地理者之參酌，斯則余作此書之本旨也。

不過此時代之期間甚長，幅員之範圍極廣，諸國間戰事叢生，疆域之變態亦頗繁；故於是累次改觀之天下大勢，似以分別相當時際，擇定數期，而各作一總結束，以並見其全體之狀態爲宜。但彼此每一國君之告終，不能恰悉其值某一時期，而正文之體裁乃一線直下，復難強爲截斷，因無從分期將全局同時表見；第若缺之則又嫌歸宿太遠，而無居間渟滀之勢。茲爰於此分第時期，先將所有大小及戎狄諸國疆域之沿革變遷，各略敘其梗槩，以便閱者易於了解正文之複雜頭緒，兼預識演變至某種時際之遞易情形焉。

按此時代天下終一於秦，是以獨彼得與相首尾，而關係最深；今即因其諸發生重大變化之迹，分四階段以敘之，作爲主體，而餘國附見之焉。

（一）自厲公二十四年三家分晉起，至出子之二年止（公元前四五三——三八五）六十九年，爲秦之衰微時期，餘國（由此專指中夏諸大國而言）則大致爲方輿時期。

（二）自獻公元年至武王四年（前三八四——三〇七）七十七年，爲秦之漸盛時期，餘國則多由全盛而入於浸弱時期。

（三）自昭王元年至莊襄王三年（前三〇六——二四七）六十年，爲秦之昌大時期，餘國則舍趙燕曾暫興而旋亦同其他悉歸於削殘時期。

（四）自始皇元年至二十六年（前二四六——二二一）。爲秦統一時期，餘國則爲消亡時期。

第一時期

此時期天下之大國八，秦，魏，韓，趙，燕，齊，楚，越是也。小國約有周，鄭，蔡，衛，宋，魯，鄒，倪（同郳，即小邾），任，滕，薛，莒，杞，郯及殘餘之晉（他如成陽，安陵，市丘所從始似已甚晚，地亦難詳，且等於齊之成侯，薛公輩，不過爲某一大國所私留之附庸，實不宜叙及）。戎國約有東胡，樓煩，林胡，中山，義渠，烏氏，昫衍，緜諸，獂，西羌，蜀，巴，犨蠻，百越之類（自義渠至獂，乃依匈奴傳所舉而列叙，其間原尚有大荔；大荔於秦厲公十六年已亡，不在本文期間之內，故未之及。又若楚之九夷，齊之狄等類，殆似今之土司，并無獨立能力；更如年表，厲公六年向秦乞援之緜諸，所在已無迹可尋；以及不與中夏接觸之夷，戎，既無相互之關係，且亦不識戰國初期各已否建國同其狀態，是以亦俱不討論及之）。

諸大國最初之疆域，楚最大，越趙次之，齊，燕，魏次之，韓又次之，秦最小。

（一）楚約自今四川東端之奉節起，東而全有湖北及湖南之東北部，江西安徽之北部，陝西之東南部，河南之南部，江蘇淮北之中部，或徼涉及山東之東南邊（楚之行政區域如何分劃及名稱，今多不詳。大致在今四川者爲後來之巫郡；湖北西南部及湖南地爲黔中；湖北西北部漢中之一部，亦即上庸，餘及江西地不可攷；在安徽者或爲淮上；在陝西者爲漢中；在河南側於西部者約爲南陽，新城；在江蘇山東者爲淮北，又曰下東國）。

（二）越約自今江蘇之淮南起，南而全有浙江，及安徽之南部，江西東境居間之一部（越內部如何區分，今無攷。又在今福建之閩越等恐係此後所開拓者。至班固所舉之疆域，似難信，說詳正文）。

（三）趙約自今陝西之東北部（在今宜川者曰定陽，在綏德者曰膚施，不知是否爲其郡號），逾河有山西之中部（太原。偏東方者或已是上黨），而伸及其東北（代郡，但微涉有燕地）東南（上黨）及河北之南部（東陽，鉅鹿，但尚涉有魏，衛

3

之地），更沿有其西邊（常山之一部）。又微有察哈爾西南部（代郡）。幷涉山東西境居間之一部，與河南之北端（似亦屬東陽，但在河南者韓亦有地於其間）。

（四）齊約有今山東偏北之大部（區域亦不可攷，疑若後來威王時即墨大夫阿大夫之所守，及王對魏惠王所謂檀子守南城，盼子守高唐，黔夫守徐州之類，悉是郡號），及河北中部之東境（齊在今河北之地，位於故黃河以東者，如隰山，無棣之類，後一日『河北』；位於河西者，即後來趙之『河間』，屬齊時或已有此名稱）。

（五）燕約有今河北之北部，又西涉山西東北之廣靈，及察哈爾東南部，遼寧之錦縣以西（爲後來之上谷，漁陽，右北平，遼西四郡之地）。

（六）魏約有今陝西北境偏西南部分（據史爲上郡及河西地；據策爲上洛及西河之外；上郡乃秦昭王所置，疑策是），及渭南之華陰左右（陰晉武成）。又有山西之西南部（河東），與其南部之高平晉城間地（上黨，魏北部地殆甚小）。復斷續於河南北部沿河西自閿鄉斜向東北迄於內黃，臨漳（在黃河以南者，閿鄉，靈寶，陝三縣爲『河外』；在河以北，西從濟源，孟，溫，武陟，修武，獲嘉，新鄉，輝，汲，淇，濬，內黃，臨漳爲『河內』）。幷涉有河北之大名，廣平，山東之冠縣（此或同屬河內）。

（七）韓約自今山西南部居間迤北，而橫伸及東西兩端（大部爲上黨，偏於西北者爲太原）。又有河南中部，於河以南西自盧氏斜向東北有嵩縣，洛寧，澠池，新安，宜陽，伊陽，洛陽，臨汝，登封，偃師，鞏縣（自伊陽至此均各有其一部），郟，廣武，成皋，密縣，鄭縣，榮陽（自密亦只各有一部）；於河以北西有沁陽，濟源，溫縣（自濟源只各有一部），東有原武，陽武，或已兼有延津，滑縣，封邱，開封，蘭封（此因春秋戰國之間晉所取鄭地盡爲某，不可攷，疑應在此一帶，自滑縣下亦只各有一部），更涉有涉縣及武安，林縣之一部。復及於陝西之雒南，或河北之長垣。（以上因後來偶涉變遷之關係，故獨詳敘之，至各古地名詳正文。）

（八）秦約自今甘肅東南部洮水，渭水上游之岷縣，西和，甘谷，天水間起，更沿渭水兩岸而東有陝西之腹部，微側於南，而東則迄於渭水入河以北至韓城（此只有北部，南部自胥已爲其少梁）之地（爲後來之內史，及漢中，隴西之各一部）。

4

以上不過約略舉之，俾見諸國最初分據之形勢而已，其詳別見正文。

至諸小國區域之較大者，僅能因春秋時所可知之地，各爲依稀推得其輪廓。若戰國期間諸地名是否如故，則緣所見甚少，不能斷定，遂亦無從詳舉之矣。

更如諸戎國地之名稱，自來即無所見，愈莫由列敘之矣。

諸小國：

（一）周約有今河南之孟津，及洛陽之大部，偃師之北部，鞏縣之西北部。於河以北溫縣南境亦有一小部分地。

（二）鄭約有今河南中心，東至杞，陳留，通許，扶溝，南至鄢陵，臨潁，許昌，西至登封，密，北至滎陽，鄭，中牟諸縣間之地。

（三）蔡在今安徽壽縣。

（四）衞約有今河北南端之清豐以南諸縣，及山東西邊自莘，朝城，陽穀，范，觀城，濮，南迄菏澤，鄆城間地，并西涉河南之滑縣。

（五）宋約自今河南東境封丘之南部起，以及蘭封，睢，柘城以東諸縣；更東入江蘇有銅山以西諸縣，南有安徽之宿縣，北於山東有嶧，魚臺，曹，武城，定陶，菏澤，鉅野，鄆城間亦涉有之；或尚有河北之東明。

（六）魯國於今山東南部居間，其地約北至寧陽，泰安，新泰，東至安丘，諸城，沂水，莒，臨沂，南至嶧，滕，魚臺，單縣，西至金鄉，鉅野，嘉祥，汶上。但其間含有鄒，滕，倪，任諸更小之國。又魯自春秋季世，政出三桓，逮及戰國，已各隱然分立；故季氏之費，後且自建一國，只何時與魯脫離，今無可攷，疑至遲在第二時期，說詳下文。

（七）鄒約自今山東費，鄒，滕而西至濟寧，金鄉，武城間，俱涉有其地。

（八）倪在今滕縣東部。

（九）任在今濟寧北部。

（十）滕在今滕縣西南。

（十一）薛原在今滕縣南部微西，至是則久已遷至江蘇之邳縣。

（十二）莒約自今安丘，諸城，沂水，莒，而東南及江蘇之贛榆，又或有東海附近。

（十三）杞在今安丘東北，或尚涉昌樂東南。

（十四）郯在今郯城。

（十五）晉於茲所尚遺留者，約爲今山西翼城，曲沃，絳，聞喜四縣之地。

諸戎國：

（一）東胡東約自今遼寧之寬甸安東，而西北入熱河，以及察哈爾之赤城，張北以北。

（二）樓煩約自今山西西北部，而及綏遠之東南部，并涉及察哈爾之商都間。

（三）林胡約有今綏遠沿黃河前後套內外之地。

（四）中山南約自今河北之寧晉，柏鄉，臨城，北抵徐水，滿城，完，唐諸縣，而爲一狹長之地勢。

（五）義渠約自今陝西之北邊，而及甘肅東北部涇渭以北部分，又涉有寧夏之豫旺。

（六）烏氏在今甘肅平涼。

（七）昫衍在今寧夏鹽池。

（八）緜諸在今甘肅淸水西南（秦最初封地，在今天水，緜諸地尙微在其東，此期或久已爲秦所併，亦未可定，只史無所見耳）。

（九）緄依顏師古漢書匈奴傳注即『犬戎』。然其地已闕，據史記云在隴以西，約當居今甘肅東部，結局不詳。

（十）獂在今甘肅隴西（自烏氏至此，所佔未必即僅各今一縣，只昔人攷證不詳，今遂莫能周知矣）。

（十一）西羌依後漢書西羌傳於秦厲公時已亡入今甘肅之洮水以西，約居甘肅，青海交界之黃河，大通河，湟水流域。秦地於是似已西至洮水上游之今岷縣矣。

（十二）蜀約自今四川西部沿長江上游以北之地，而江東爲廣。又或涉及今甘肅文縣間。

（十三）巴約有今四川東部沿江南北之地，而在南者爲狹，東則不逾雲陽。

（十四）羣蠻於今湖南，含東北部約自安化，益陽，湘鄉，湘潭，攸，茶陵以北者，餘悉是。

（十五）百越約在今江西之南部。

諸戎國環於中夏者，約略如此。

至諸雄之國勢，其始三晉初建，蓋俱亟於經營其內政；田氏則方謀篡齊；越則自勾踐而後，便寂然無聞，殆其威已殺，故均未嘗外及。秦亦力非昔比，或自知不敵新造之三晉，是以不聞東窺。唯楚席其地大物博之勢，尙累有所開拓，如先後滅蔡，杞，莒之類是；然亦盡係輕而易舉之小國，而無大規模之戰爭。當此之時，謂天下暫作休息狀態，實無所不可。

但全局複雜若彼，焉能反春秋之恒例而長久相安？因而小憩之後，人主之懷英略者，自覺實力已充而版圖不能盈其慾，乃各尋有隙可乘之隣國以爲己壑；此亘二百餘年之酷禍，遂爾逐漸開始於當時之世矣。

唯此已是第一期中之後半期，據史記諸大國於其間最初次戰爭，爲秦靈公七年秦魏少梁之役（亦當魏文侯七年，公元前四一八，實亦爲三家分晉後諸大國間之第一戰）。今即斷爲從是年起，至出子二年止，得三十四年，而各略敍其疆域之變遷；至細微處概詳正文。

（一）秦於此期間，自靈公歷簡公惠公而至出子，因多非其人，故土地頗有喪失；唯秦史殆諱言之，是以今尋之本紀一無所見，只孝公元年令國中稱：『……會往者厲，躁，簡公，出子之不寧，……三晉攻奪我先君河西地』，可知秦於戰國初期確大有喪師失地之事。又厲公十六年尙稱『壍河旁』，及簡公六年則稱『壍洛』，即今之北洛水，秦始設防於河，而後忽退至洛，則必係如孝公所述將河西洛東之地失去，秦史雖未直書，然亦可不言而喻矣。不過依史公所書，秦於靈公之十年（此據年表，本紀作十三年，誤）尙築城於今韓城北部，爲籍姑，是於彼頃地猶至河，逮次君簡公則撤至洛，然則秦河西地盡失於簡公之世；且嗣後亦未更有所損失，倶與孝公之令微有弗合，不知是否史公所敍有誤。簡公歿後，惠公繼立，此世似較有振作，如躁公二年入蜀之南鄭（即今陝西縣），惠於季年又行奪還；但茲際沿渭入河南北之地，悉在魏人掌握，秦無從東出，史言其取韓宜陽而縣魏陝，事殊可疑。次及出子，於二年被弑，而第一幕亦畢。攷秦自春秋以來，其失利實未有若此期之甚者，故茲稱之爲衰微時期。

（二）魏於此期，起自文侯七年，盡於武侯之二年；時緣君明臣良，故國勢最強。又或因其政治中心偏於西方，而附近只秦迫在肘腋，復値其不振，是以唯以秦作己侵略之目標。然秦之失地，上文已言無所表見，而魏之取地，依世家亦毫無明文。僅據文侯十六年所築之臨晉，元里，十七年之雒陰，郃陽，約爲今陝西之平民，朝邑，大荔（爲臨晉，雒陰在大荔西），澄城（元里），郃陽諸縣，地居洛東河西，原爲秦有，而於茲魏大築城其閒，則爲悉已取得必矣。又如秦在今韓城北部之籍姑，最近於河，自愈不能保有。從此魏在渭水以南之地，遂得北與其上洛互相聯貫矣。按秦人至是河山之險已盡失，而魏自文侯十七年至第一期之末，首尾尙二十三年，反未更得寸土，豈緣別有所圖而無暇更謀秦乎？秦事暫止，乃於同年折而北滅中山，於今河北亦多所開拓。迨及晚年，則改而經營東方，如於三十二年城在今河南延津縣之酸棗（今滑縣西北部亦是，地於戰國最初原屬韓，疑乃韓人因不敵楚，乞魏助之，故以此予之也。不徒只此，又如魏在今陽武，原武間地，疑並是茲際韓所予者。酸棗特以魏築城其間，故事獨著也）。三十五年失在今睢縣之襄陵於齊（此依徐廣即今山西之襄陵，誤，因彼乃趙地。此原屬宋，魏蓋得之自彼；其時際或在楚世家悼王十一年——文侯三十四年——三晉敗楚於大梁之頃，魏於時似先將楚所奪韓在今開封，陳留，杞縣間地取得，故迨及睢縣而兼取之。又襄陵於後尙時見魏有之，此際齊或僅一度攻克而已）者是，則魏地至此於今河南東部亦有所發展矣。文侯卒後二年，第一期便告終，魏於茲可謂勃發時代。

（三）韓應起自武子七年，歷景侯，列侯而至文侯二年。其初因分晉得地較少，且盡係重山墝瘠之區，地勢又復狹隘歧出，難圖富強，實不容不別求自立之道。但四境西阻魏，北接趙，南鄰楚；趙魏爲與國，楚則勢強大而弗易圖。因乃覦定鄭，宋諸小國而東南出；如景侯元年取鄭雍丘（今河南杞縣。但依地勢自開封須經鄭在今陳留之地方得及杞縣，故疑於茲宜并得陳留），文侯二年取其陽城（今登封東南部），同年伐宋到彭城（今江蘇銅山縣。此役韓已及宋之東邊，郤未言曾否取地，茲疑宋在今封丘西南之黃池，及蘭封東北之戶牖，俱係此際入韓者）者是。唯斯時楚不利鄭亡；鄭初似有楚援，故頗能與韓抗衡，而於韓景侯二年尙取其負黍（在今登封西南），九年圍陽翟（今河南禹縣）。陽翟本爲春秋時自鄭入楚之櫟，是或即因楚祖鄭與韓戰而失去者；二國以權利衝突，殆時相攻伐，故韓列侯六年自鄭收還之負黍，次年更失諸楚

（此地似楚只一度攻克而未之能有，說詳正文）；又或其大梁，陳留，雍丘等地，於茲亦竝爲楚有。是以韓始而未能大得志於諸小國；繼自知勢孤，終非楚敵，故列侯於其九年遂聯趙魏而有敗楚於大梁之役。韓似緣得二國之助，勢乃復振，因而於後文侯且能侵及宋之極邊。但亦由於酬魏以酸棗等而授以東張之隙，故雖至哀侯時終收滅鄭之功，而彼地則半入於魏；兼未能更向東方之宋衞再事侵略，其失計亦實在乞援於隣也。不過從此楚似因與爲敵者多，漸難應付，韓嗣後得安然滅鄭者，亦或未始非得魏助之力。茲時尙可謂韓之開拓時期。

（四）楚應起自簡王十四年，歷聲王迄於悼王之十七年。此期間或於聲王時失陽翟於韓。又悼王九年曾一度取得韓之負黍，更或及其大梁，陳留，雍丘，而俱未能久有。第合前半期滅蔡，杞，莒言之，仍可爲楚之方張時期。

（五）齊應起自呂氏之宣公三十八年，盡於康公之二十年。此期田氏擅得政權已久，基業鞏固，是以於宣四十五及四十八與康十一年，三侵魯地；其可知者，爲在今山東寧陽東北之郕。又於宣四十九年伐衞取毌丘（此依括地志應在今山東曹縣西南，但疑衞地難及彼，恐有誤）。田齊於茲已臻漸盛時期。

（六）趙應起自獻侯六年，歷烈侯，武公，盡於敬侯之二年。

（七）燕應自湣公十六年，盡於釐公之八年。上二國於此期間俱未聞土地有何得失，或尙各在保守時期。

（八）越依史當此際無甚事，且不詳其紀年。據竹書宜自朱句（史曰：王翁）之三十一年，盡於翳之二十七年；又云朱句之三十四五兩年滅滕及郯。按是書於越滅二國前亦載及楚滅杞，莒事。攷杞，莒地俱在郯之北，滕之東北，而楚又在滕，郯之外，設非彼當時之勢力範圍業及滕，郯，則不能更北而滅杞，莒。又楚世家於惠王四十四年滅杞下稱：『是時越已滅吳，而不能正江，淮北；楚東侵，廣地至泗上』。如滕，郯即建國泗上，楚境既先抵彼，則越便不能逾楚淮北而略及彼等。至滕於後尙見諸孟子與國策，郯見楚，越二世家，目不必談；只就地勢推之，亦足見竹書記事矛盾，而知其有誤也。

越至是盡被楚遮斷於外，已暫爲與中夏隔絕時期。

諸小國於此期間，舍蔡，杞，莒已亡，餘雖尙在，然亦多微生變化（蔡入第一期首尾僅七年即亡，爲自元侯四年至侯齊四年。杞較蔡多延一年，自出公六年至簡公春元年。莒亡又較杞遲十四年，其世次不詳）。

（一）魯至戰國，自哀公以下，世家，年表於歷世之紀年多有誤者；茲依世家於此二百餘年中所敍諸事斷之，似哀宜在位二十八年，而悼公則徐廣『一本……三十年』之文是，說詳正文。此期則應起自元公十九年（公元前四一八），盡於穆公之三十一年。穆五及八與二十二年三失上文所舉齊來取諸地。魯人疆域至此已微促矣。

（二）宋入戰國於景公之世，但史於公之紀年較左傳多十六年，研究此問題者以無的據可尋，故言人人殊，而俱難依信，茲仍傳疑從史，說詳正文。不過六國表比宋世家及十二諸侯年表書爲『六十四年』者又溢出二年，此殆後人傳寫之譌，茲從世家等文，後世依次向上遞移二年。則宋於第一時期之後半期，應起自昭公三十五年，歷悼公盡於休公之十三年。當茲時宋無失地之明文，而疑失今封丘西南及蘭封東北於韓，係在休公十三年被執於彭城之際，爲其黃池戶牖。宋之西北端遂減卻一部矣。

（三）衞應起自悼公（世家作懷公）八年，盡於愼公之三十年。在今河北長垣東北之首垣，似此期入諸韓者，因逾是便未見韓更東出矣。

（四）鄭應起自繻公五年，盡於君乙之十一年。繻十五年失今杞縣之雍丘於韓，或兼及今昔相同之陳留。君乙十一年韓又將今登封東南之陽城取去。鄭境至是，東僅及今尉氏，洧川；西已抵密，迫近首都所在之新鄭矣。

（五）其他尙有周，鄒，倪，任，滕，薛，郯，費，晉，其事之著於史者，如周晉之類，此期猶俱無所見；餘者雖愈地方褊小，而至第二期均存在，似仍各無恙也。

諸戎國當此期，只秦與義渠曾相衝突，然無關於地之得失；餘國則未之見，或尙與中夏無甚轇轕也。

諸大國之地勢，至第一期之末，所有因發生戰事之結果，而與最初疆域改異者宜若下：

（一）秦失在今陝西東邊渭北及沿北洛下游之地於魏，東境較原始遂減削一部，而被魏人封鎖，與山東相隔絕；故一時形格勢禁，有如幽縶之苦。幸而殆因魏文侯以別經營中山之類，乃於後弗聞西顧，不然則秦危矣。

（二）魏西益得秦地，於今陝西境內，約南自華陰左右，逾渭沿北洛而抵於鄜縣以北。於東約益得今河南之陽武，原武東南部，延津，滑縣之西北部，開封，陳留，及杞，睢二縣。中山則於第一期告終八年即與趙戰（趙世家敬侯十年『與中山戰於房子』），殆於魏文侯之季年業經復國；但魏或尙保有一部，如趙敬侯六年所取魏在今河北趙縣之棘蒲。釋之者多疑非魏原所能及，實則殆即係中山所未盡復者也。魏地西自今陝西，歷山西，河南，而東極河北，山東，悉近於故黃河兩岸，在河以南者無幾；東西長而南狹，蓋爲一便於水利四通八達之國也。

（三）韓全境亦被黃河隔成兩部，而北多於南，此際北部無所發展（此部當韓未失上黨以前，始終無重大之損益）。南部所保有者，約益得今河南禹縣，登封，封丘，蘭封，及河北之長垣（乃得自衞之首垣）諸縣間地，亦殊無多。且如在開封以次之地，俱被魏地在延津開封間者所隔斷，故傳至第二期，屆昭侯時，終分入魏宋矣。

又韓地雖亦近於黃河，但以大部俱被魏地所掩蔽，是以於河之北，僅自今河南溫縣東部之邢丘，及山西垣曲縣東部之武遂（此地或不只僅佔今垣曲境），各於魏境突出一隙地（魏於河以北濱河諸地，自今山西至河南，亦因韓地通過其間，故被隔成三部。如在垣曲西部之垣，不能東與在今河南濟源西部之王屋相接觸；在今溫縣西部之溫，又不能東與在今武陟西南之懷邢丘相接觸），以通於河之南。南部西於魏周之間，當今河南澠池，新安（前者於韓爲黽池，後者似爲宜陽之一部）以通於垣曲；東於周，魏之間，當今鞏縣，成皋（二縣名今昔相同），廣武（滎陽），原武（垣雍，此原在河以南），以通在溫縣之地。南北之出路既各甚狹；因易失而難守，一處喪郤，則全部運用不靈，故韓至後終失敗於此點也。

（四）楚於此期所滅之三國，蔡本包於其境內，蓋只將屬國夷爲郡縣而已。杞，莒則約爲今山東之安邱，昌樂，諸城，沂水，莒，日照及江蘇之贛榆，東海諸縣間地。楚之淮北，於滅莒後，殆即東至於海矣。唯杞地尙位於莒國之北，故楚滅杞時，不知是否先略得莒地之一部，抑效法晉獻假途於虞以滅虢之故技而借道於莒也。又杞境極小，楚似非貪其地，或緣其偪近齊之臨淄，滅杞實意在壓迫齊人也。至楚所失在今河南之陽翟，於龐然大國，喪之直等豪末；即所益與全境相比較，亦不足爲多也。

（五）齊此期僅於南境拓得魯地，所益亦無幾也。

（六）趙，燕，越，依史記此期似其地各無變化，趙不知是否因晉陽之難，創劇痛深，尙在休養生息。燕或以處地僻遠，越或以事不預於中夏，而各不傳歟？

諸小國及戎狄之狀態，已見上文，無可更論述者。

至諸國首都所在，因於正文無從羅列一處，茲附敘於此。

（一）秦於第一期，承春秋都於今陝西鳳翔縣之雍。第二期獻公徙治今臨潼縣北五十里之櫟陽（秦本紀『二年城櫟陽』蓋即徙於茲際，亦卽孝公所謂『獻公卽位，……徙治櫟陽』者也），孝公十二年又徙於今咸陽縣東三十里之咸陽，嗣後至秦亡未再徙。

（二）魏初都於今山西夏縣之安邑，至第二期惠王三十一年徙於今河南開封之大梁（世多因秦本紀孝公十年『圍魏，安邑降之』之文，又竹書適稱：『惠成王九年，……徙都大梁』而疑之。按商君傳當孝公二十二年虜魏公子卬之前，鞅論伐魏，尙有『魏……都安邑』之語，此係道諸當事人之口，自較其他史文爲可信，因而魏於秦孝公十年所失之安邑，設非字有誤，亦斷非其都城），即未更徙。

（三）韓最初都於今山西臨汾縣之平陽。漢書地理志，潁川郡陽翟，班注：『周末韓景侯自新鄭徙此』，又呂覽開春論高誘注：『韓氏本都弘農宜陽，其後都潁川陽翟』。按景侯時鄭尙未滅，韓何能已有新鄭？此似高注是，或韓因經營河以南，都平陽不便指揮，故遷居宜陽，其時期大致當在武子或景侯初年；陽翟則至遲應於景侯時入韓，殆得其地後便徙都之。及哀侯滅鄭更遷新鄭，終則如國策地名攷卷十三或者之說，懿侯復還陽翟，而未再移易矣。班注之『景侯』，疑係『懿侯』之誤，否則『新鄭』乃『宜陽』之譌也。

（四）趙初都今山西太原縣治之晉陽，獻侯初立，改治今河南湯陰縣西之中牟。策地攷卷八云：『後復居晉陽，趙肅侯徙都邯鄲』，狄箋采胡三省趙失邯鄲於魏時，若係其國都，安有趙不亡者？蓋肅侯三年趙始都邯鄲之說，似贊同之。按昔人每視一國之首都失，便意謂其國即亡，最爲治地理者之通病。殊弗知趙之邯鄲乃位於其國東南端，而全境亦爲當時之大國，一部失安能便牽動通體？且如楚昭王失其郢於吳，頃襄王又失之於秦，燕王噲失薊於齊，齊湣王失臨淄於燕，同時兼各喪他地甚多，而俱未即亡。則趙僅失一邯鄲，何所見而獨應傾覆？況魏甫拔邯鄲即被齊大敗於桂陵，更何暇經營趙之餘地？又攷魏世家稱：『魏武侯元年，趙敬侯初立，公子朔爲亂，不勝，奔魏，與魏襲邯鄲，魏敗而去』，此必因其地爲趙敬侯新都之所在，故魏欲出其不意襲而獲之以立朔；不然，雖克一城而不能獲趙君，朔終弗得即據有趙國，則魏此舉於朔於己又奚益哉？更攷竹書當此時期多用『邯鄲』二字代表趙國，地設非趙都，則焉有泛舉一邑以代一國之理？是以趙世家云：『敬侯元年，……趙始都邯鄲』，漢地志，趙國邯鄲，班注：『趙敬侯自中牟徙此』，必非妄。胡氏之論，殆緣未周思其實際而誤發，狄則爲附和其居停而謬采也。又趙從此未再徙都。

（五）齊都承呂氏在今山東臨淄縣之『臨淄』，迄王建亡國未改。

（六）燕至戰國雖似始終都於今北平之『薊』，但燕世家『桓侯七年卒』，集解：『騶案系本曰：「桓侯徙臨易」』，宋忠曰：「今河閒易縣是也」』。又水經注卷十一『易水又東逕易縣故城南』，分注曰：『昔燕文公徙易，即此城也（此爲春秋時之文公）』。地在今河北雄縣西北十五里（或謂即今易縣者誤，因宋忠等所指俱漢縣也。在今易縣者乃燕昭所城下都之『武陽』，據易水注便可知。後人殆緣古今適俱有易縣，而今縣又適別有燕都，遂牽混以古易即在今縣也）。按春秋時齊桓公定燕山戎之難，即在燕桓侯子莊公時代。而此役若依左傳，國語及齊太公世家，似只戰於令支，孤竹等所在之今河北遷安左近，

13

倘燕已都今雄縣，則與戎相去尙遠，禍不宜甚疾，而至乞援於異國；故世本所載未必確，或水經注語是。文公徙都之故，攷燕薊都之北邊，與秦漢漁陽郡之北界殆無甚懸殊，只能至今昌平，密雲而止，較距遷安爲尤近；茲疑文公時東胡之患已起，其勢比山戎爲盛，因乃避之而徙易。至於何時移還舊所，或已在戰國初期燕釐公二十三年（公元前三八〇），齊取桑丘，三晉來救之後。桑丘在今徐水縣境，近於雄縣西南。此役燕呼援於若許國，可見禍必嚴重，當即緣首都已危之故。然三晉雖並提兵而來，唯桑丘郤似未能奪還；援軍去而燕易都既逼近齊地，且較諸薊尤無險可守，愈難安枕，依勢確弗容不避而之他；其重還故都，蓋在茲頃，嗣後只屆亡時方棄之而竄遼東。

（七）春秋時楚昭王十二年（魯定公六年），自今湖北江陵之郢徙都今宜城西南九十里之鄀，謂之『鄢郢』，後未知何時復還故都。漢地志南郡若縣注稱：『楚昭王畏吳，自郢徙此，後復還郢』，揆此文義，似昭王之身即經遷還。攷哀四年（楚昭二十五年）傳稱：『楚……葉公諸梁……曰：吳將泝江入郢，將奔命焉』，臨江之郢，當是指在今江陵者；殆其際即因郢復爲首都，而重兵在外，故葉公慮及之；不然楚沿江較郢近吳之地尙多，胡爲獨言此邪？是則其地之必關重要可知矣。茲疑自鄀還郢實在昭王時。至楚曾侯鐘文：『惟王五十有六祀，徙自西陽』云云，是否指徙都而言，尙待攷；緣楚都所徙處，類仍名之曰『郢』，此不宜獨異也。

楚徙還今江陵之郢後，當戰國傳至頃襄王二十一年其地失於秦，乃走保今河南淮陽縣之陳城。據年表考烈王十年又遷於今安徽阜陽縣西北四十里細陽城之鉅陽；二十二年據世家更徙至今壽縣治之壽春，命曰『郢』（遷至陳城與鉅陽時，未聞命名者，或史疏漏；譬如居陳時，楚決無襲用已亡國故號之理）。迄亡悉都此。

（八）越本都今浙江紹興縣之『會稽』。竹書云彼當周貞定王元年徙於琅邪，越絕書外傳記地傳，吳越春秋勾踐伐吳外傳，漢書地理志，水經濰水注俱有相一之說；春秋大事表四有專論附合諸書，幷云：『春秋時琅邪爲今山東沂州府（今臨沂縣），其所屬日照縣向係海曲，爲沿海要地，疑所謂觀臺望東海，即於此』。按越世家及吳越春秋於勾踐滅吳後與魯泗東方百里事，越絕書德序外傳記作：『臨期，開陽復之於魯』。水經注卷二十五：『沂水又南逕臨沂縣故城東，……又南逕開陽縣故城東』；漢故臨沂在今治北五十里，開陽在今臨沂治北十五里，二地相接，則吳越春秋之『臨期』當即後來漢臨沂縣地；更依世家等『方百里』之說，似今縣境無處更著琅邪，大事表蓋誤。攷漢琅邪在今山東諸城東南一百四十里，地理志於縣稱：『越王勾踐嘗治此，起館臺，……』亦可證顧說誤。不過田完世家則稱：『平公即位，田常為相，……行之五年，齊國之政皆歸田常。田常……割齊自安平以東至琅邪，自為封邑』。常割地自封，雖未必密繼於平公五年，然要應相去不遠；若周貞定元年，依年表業為齊平之十三年，距田常攘得政權已久，似業在彼據琅邪之後；其時稽諸史固未聞越侵田氏之地，即如勾踐歸吳所侵楚，宋，魯之地事。越絕書且稱：『中邦侵伐，因斯衰止』，是則同時越不應反有所攻取明矣，緣而不宜有徙都今山東境事亦必矣。

又因地勢言，今諸城舍有齊之琅邪，尚宜有魯之牟茲等地（或尚涉有莒地），而縣境則猶位於莒國所在之今莒縣東北。按莒於勾踐身後方滅於楚，魯之亡尤晚。則越都焉有遠隔己地而孤處異國環境中之理？且恐亦無地容納之也。 15

越之習俗，斷髮文身，而山東地已高寒，決非越人所能耐。如吳越春秋外傳第十記句踐伐秦，軍士苦之，及還乃悅而為詩曰：『……孟冬十月多雪霜，隆寒道路誠難當』，即其證。此依天時可知越不應徙都北方。

濰水注云：『……句踐滅吳，欲霸中國，徙都琅邪』，則所居亦應擇一交通便利接近中夏腹部之要地，而乃僻處海濱，尚何從威服諸夏哉？更攷竹書記越遷琅邪，僅在滅吳後四年。而吳亦一大國，其地東自黃海，南起浙水，北抵山東東南，西踰安徽沿江之地，以迄江西濱江南部分。越殺夫差時，不過只克其首都姑蘇左近，所未勘定者尚多，此豈短促期間所能蕆事？故楚世家於斯後二十九年楚惠王四十四年頃，猶稱『是時越已滅吳，而不能正江淮北』。若句踐已徙居今山東境，則勁齊睨其前，大楚伺其西，故吳之隱患伏於後，實在在堪虞，縱令越極彊，然一旦禍發，恐亦力難兼顧。句踐乃一機謀深遠之英主，且艱苦備嘗，諒不致躬蹈夫差之覆轍而竟昧大勢至於若斯其極。此依地利可知越不宜遠離故土。

安土重遷，乃人之恒情，況越人之飲食起居亦必難強同於華夏，暫爾伐秦，士已弗悅，更何能長離其溫飽易圖之故鄉，而久居荒寒磽确之異地？想深悉世變之句踐，斷不應有此大失人和之舉。

依上諸證論，凡若漢地志，濰水注，大事表顯言越會都今山東境，必誤。餘若越絕書，吳越春秋所舉之琅邪，二書既未明言其所在，故是否與漢地志等所指相同，尚難確斷。吳越春秋稱：『自勾踐至于親，……二百二十四年。親衆皆失，而去琅邪，徙于吳矣（此所叙人事及書年俱弗合，不過茲引之乃藉以證地望，餘可不論）』，度此語氣，似係自北而南遷，因越於茲避楚絕無由吳以南而來之理，或趙曄意謂琅邪亦即在今山東者。越絕書則稱：『句踐徙治山北，引屬東海，……伐吳……從琅邪起觀臺，臺周七里，以望東海』，所謂伐吳前後之『東海』，當俱指同一區域，是則琅邪應去會稽弗遠，而與他說有異。其或緣此琅邪地望不著；在今山東者則衆所昭晰，又適有始皇所築之臺，班固等遂盡張冠李戴，誤以句踐所徙亦在其間也。

句踐時越都雖未去今紹興左近，但越世家叙楚滅越事則稱：『楚威王……大敗越，殺王無彊，盡取故吳，地至浙江』。是楚師未至今紹興境而越已君死國亡，則其際越都業不在浙水以南可知矣；此似竹書周安王二十三年『於越遷於吳』之說不虛，時為越王翳之三十三年也。吳越春秋殆未確悉越之史事，故言無彊後更傳三世至親方從琅邪徙吳而被楚所滅，固誤。越絕書雖云無彊滅自楚威，而不知時都於吳，亦弗當。越絕書又稱：『親失衆，楚伐之，走南山。親以上至句踐，凡八君，都琅邪』。是或楚滅無彊後尚有伐浙水以南越人之事（越世家稱：『楚……盡取故吳，……而越以此散，諸族子爭立，……濱於江南海上，服朝於楚』。楚威時兵既未踰浙江，則存餘之越尚無須臣服；此必於後楚更來侵略，越乃歸順耳）。『南山』與當句踐未滅吳時所居之『山北』似同為一山，疑即係會稽山。箸者約為後漢時人，雖不知越曾都吳，然既云無彊為楚所滅，則越世家於茲地已

16

至浙江之說誶不容弗知。而猶謂親自琅邪走南山者，此必二地同在浙水以南，越於分立後，其君仍有都琅邪者，及楚又來襲，遂走避南山，因亦可證此琅邪與在今山東者有別（錢賓四先生諸子繫年第三五章云：『考安徽滁縣亦有琅邪山，或句踐琅邪在滁不在沂，於當時形勢差合也』。按大事表六中云：『滁州屬吳』，吳滅地宜屬越，其間既有琅邪，位置似覺相當；但此山是否春秋戰國已著其名，且滁縣距海已遠，築臺以望之恐不可能。又越絕書等於起臺望東海俱纖稱：『死士八千人，戈船三百艘』，則觀臺殆爲督練海軍而起，其去海必不遠，方易於指撝；如是尤與滁縣地勢不合。似以根據越失故吳後尚有琅邪，而求之於浙水以南爲宜也）。

諸小國之所都：

（一）周至戰國，依策地攷卷一始都今河南洛陽縣東北二十里之洛陽（即成周，春秋大事表七之一云：『在今縣城東二十里』），赧王初立，遷於西周所居今洛陽西北二十里之河南（即王城，爲周公所營之洛邑，大事表云：『在今縣城內西偏』），而故都爲東周所據。

（二）鄭都今河南新鄭縣西北之新鄭。

（三）蔡都今安徽壽縣北三十里下蔡城之『州來』。

（四）衛都今河北濮陽縣西南三十里之『濮陽』。

（五（宋都今河南商丘縣西南之商丘。

（六）魯都山東曲阜縣治之曲阜。

（七）鄒都山東鄒縣東南二十六里古邾城稍北數里之繹。

（八）倪都山東滕縣東六里之郳城。

（九）任都山東濟甯縣治。

（十）滕都山東滕縣西南十四里之古滕城（今縣志及元和郡縣志俱云在西南十五里）。

（十一）薛都疑在今江蘇邳縣境；滕縣南四十里之薛城似即春秋經莊三十一年所築臺之薛。

（十二）莒都山東莒縣之莒。

（十三）杞都山東安丘縣東北三十里之湻于故城。

（十四）郯都據大事表四云：在山東郯城縣西南百里之古郯城。而縣志稱：『即城北舊墉也，……城蹟尚存』。不識表何所據而異。

（十五）費都，日知錄卷七云：『在費縣（屬山東）西北二十里』，大事表七之一云：『在今……費縣治西南七十里』，縣志稱：『遺址在今縣治西北二十五里，……城內……有村曰古城，城外附近村曰東鄭城，西鄭城』，似錄語略相近。

（十六）晉自被分後，所都無可攷。但於時彼在今山西曲沃縣西南二里所謂新田之絳既尙保有，或仍都其地，未嘗移徙。

諸戎國類居無定所，故多難言其君之所居；唯中山，義渠，巴，蜀尙可攷見。

（一）中山，策地攷卷十五稱：『世本「中山武公居顧，桓公徙靈壽」。地理志常山郡靈壽縣「中山桓公居此」。蓋中山初封本在今定州，及爲魏拔乃徙居正定府之靈壽縣東』。按趙世家武靈王二十一年所攻中山之地，如丹丘，華陽俱在今河北曲陽縣境，鴟之塞在唐縣，及所取之石邑卽今石家莊，封龍在獲鹿東南，東垣在正定縣南八里，大致皆分布於靈壽左近；趙殆即因上諸地俱環衞中山之國都，故攻取之也。又惠文王三年稱：『滅中山，……起靈壽北地，方從代道大通還歸』，亦可證靈壽必係中山所都，故主父於初滅以後自其間還歸也。程氏謂中山都靈壽之說蓋不誤，至曾否都今定縣之盧奴，尙待考（策地攷又引『路史杜佑曰：「常山靈壽中山國有故城，城中有山，故號中山，漢中山王靖始移居盧奴」』，是杜氏不主戰國之中山都今定縣矣）。

（二）義渠，史記匈奴傳稱：『其後義渠之戎築城郭以自守』，是義渠獨有定居。按此國之疆域本甚大，如漢代之北地上郡，西河俱跨有其地，而北地郡獨有義渠道之設置，地在今甘肅寧縣西北，或漢代即緣此係義渠曩日建都之所，而特以其國號爲名以存古歟？

（三）巴，華陽國志巴志稱：『巴子雖都江州，或治墊江，或治平都，後治閬中』。江州在今四川巴縣西，墊江爲今合川縣治，平都爲今酆都縣治，閬中故城在今縣治西。左傳桓九年：『巴子使韓服告於楚』，杜注，『巴國在巴郡江州縣』，水經江水注亦因杜說而云：『江州縣，故巴子之都也。……七國稱王，巴亦王焉。秦惠王……執其王，……而置巴郡焉，治江州』。又於『江水……又逕東望峽，東歷平都』下云：『舊巴子別都也（酈氏於巴稱王以下，均係依據華陽國志而爲之辭也）』。常璩所言或確。

（四）蜀，常氏蜀志云：『有王曰杜宇，……移治郫邑或治瞿上。七國稱王，杜宇稱帝。……開明王…

徙治成都」。郫邑即今四川郫縣，瞿上在雙流縣東，成都即今縣治，三縣接界。按志未言蜀始都於某地，或已無攷。又杜宇若當七國稱王時稱帝，則其事於秦業在惠文改元以後，至開明王所見尤晚，且更後似尚有繼立者。倘參以史記秦滅蜀事，依余說在惠文前元九年固不相合；即在惠後九年，似歷世蜀主若許事，亦難於一短促期間閱盡。且常志所叙，多有近於神話處，其語恐未必足信。只所舉地，秦於滅蜀後即以成都爲郡治，而如瞿上當其南，郫接其北，依地勢度之，蜀曾各以爲首都，或尚是。 19

教育研究

第六十九期目錄

二十五年九月號

第七十期目錄

二十五年十月號

發行處：國立中山大學出版部售書處。
價目：每册一角二分半，半年五角，全年壹元。

地理教育

第二卷　第一期

民國二十六年一月一日

目錄

定價
每册一角　全年十二册連郵一元
發行者
中國地理教育研究會
住址　南京中央大學地理系

四川月報　第九卷　第五期（二十五年十一月份）

編輯與發行者　重慶中國銀行　定價　每冊三角　全年十二冊三元　郵費在內

【專載】

四川菸葉產銷概況　柯羽操遊藏記（續九卷二期）

【財政】

【一般概況】財廳嚴令各財政區依限撥解十一，十二兩月款項　財監處限期登記息金欠條及臨時收據　財廳對渝金融界各種借款償還辦法　丹稜定期收回分半息借劵　簡陽二十五年度預算

【田賦】省府電各縣分四月攤解欠賦　各縣征糧情形　省府規定災區糧稅減免辦法

【捐稅】財廳派員視察稅務　省府改定省稅解繳辦法　川區稅局照新稅法征收火柴稅　川印花稅近況　川所得稅近訊（四則）　川營業稅近訊（二則）　川地方稅局近訊（四則）　稅款被劫應由專署及縣局負責賠償　省府製定匯昭各縣遺失契紙補印新契辦法　省府令裁鹽開桐油稅

【金融】

【一般概況】各市縣金融近況　省府嚴禁高利貸　重慶市十一月份金融統計表（三張）

【銀錢業】善債繳存儲蓄準備　財部准照七折辦理　瀘縣農民銀行農貸所開幕　四川省銀行近訊　省重慶市民銀行即將改組　自流井錢莊調查　合作金庫開幕　信託局渝分局改訂同業押放辦法

【貨幣】財部籌備在渝設造幣分廠　三台現有舊幣估計　西康貨幣近況　川省銀行續發幣劵

【商業】

【一般概況】渝市商會調查工業狀況　松潘商業近況　瀘縣商業近況　重慶市十一月份重要商品價格及成交數統計表（十二張）

【進口業】財部修正稽查進口貨物運銷章程　走私及防私情形

【出口業】實部提倡川貨直接輸出　川蠶絲業近訊　桐油業近況　川鹽業近況

【進出口統計】重慶市十月份食米進出口調查　重慶市本年七八九三月紙烟口統計　重慶十月份藥材山貨等出口統計　重慶十月份出口桐油牛皮豬鬃統計　萬縣十月份桐油出口統計　川西九十兩月商貨輸出統計

【其他各業】渝馥亞等公司違法播曹被查封

【產業】

【土產調查】岳池之三大特產　涪陵榨菜產量減少　綦江流域廣柑歉收　松潘野狗皮產量減少

【農業】省府核定稻麥改進所組織規程　四川棉業概況　各縣旱荒近況　渝民食調劑會籌米救荒　通江森林調查　水利近訊　倉儲近訊　農村合作近訊

【鑛業】石燕橋煤鑛概況、彭州發現銅鑛

【製造業】四川水泥公司近訊　曾子唯等籌辦國紙製造廠　全川現存火柴廠統計　璧山織布業概況　三峽染織工廠停工　成都光豐麥粉廠成立

【水電業】全川電廠調查　重慶電力廠新增設本

【度政】重慶市定期實行新衡器　萬縣新舊衡器物價折合表　省府公佈度量衡營業條例施行規則

【交通】

【一般概況】十六區交通狀況　重慶市交通工具統計

【公路】川公路交通委會定期成章　川滇公路定期開工　川黔川陝沿線招商承辦餐旅館　川湘路修築完峻　川鄂路近況　川陝路近訊　公路局特開重慶山洞間班車

【鐵路】成渝鐵路近訊

【川江】長江水位低落　民裕輪觸礁

【航空】渝昆航線停駛　重慶市積極進行防空工作

【郵電】郵局停發「限四川用」郵票　郵局投遞包裹改用電停通知　省府飭各縣登記電話職工

【社會一瞥】

【一般概況】成都市近訊　重慶市近訊　巴縣一瞥　犍爲新劃區署調查　行政院批准綏崇兩屯設靖化縣　川新生活運動近況　行政院新頒各市縣設置公墓暫行辦法　全川新聞雜誌業統計

【保甲】行營調查川保甲進展狀況　省府令各市縣厲行連坐

【人口統計】成都市十月份戶口統計　成都八月份戶口及生死人數統計　成都市八月份外僑統計　重慶市十月份戶口調查　簡陽保甲及戶口統計　江安保甲及戶口統計

【教育】興文教經支拙　川教廳擬定邊教計劃　省府規定學校訓育注意事項　川同等學力生請縣限制參加會考　教廳規定小學音樂教材　巴巴縣立初級小學教育調查　義務教育近訊

【禁煙】蔣禁煙總監指示肅毒宣傳辦法　禁種近訊（二則）

【禁煙】蔣禁煙總監指示肅毒宣傳辦法　禁種近訊（二則）　統制運銷雜訊（四則）　蔣總監令普設戒煙醫院　一區禁局轄縣土膏店調查

【保安】保安隊兵緩期征退　省府限各縣各期成立聯防辦事處

【匪禍】共匪近訊　散匪近訊　各縣土匪近訊（十一則）

【川邊】

茂縣一瞥　松潘概況　馬邊近況　西康最近概況　瀘源整理夷務情形　馬邊組織鄉村露天巡迴學校　峨邊創辦學校

【時事】

（一）【時事日誌】

（二）【時事特輯——援綏運動】

（三）【省政要聞】省府公佈節約運動施行簡則　省府整頓區政之要點　省府設計調查團分隊工作　成華清丈辦事處公佈清丈內容及意義

西漢地理考辨（二則）

譚其驤

高祖末年十五郡

史記漢興以來諸侯年表序曰：「高祖末年內地北距山以東盡諸侯地；漢獨有三河，東郡，潁川，南陽，自江陵以西至蜀，北自雲中至隴西，與內史凡十五郡。」十五郡者，河東一，河內二，河南三，所謂三河也；南陽四；自江陵以西至蜀，則南郡五，巴郡六，蜀郡七；北自雲中至隴西，則雲中八，上郡九，北地十，隴西十一；而自山以西尚有上黨，巴蜀之北尚有漢中廣漢，共十四郡，加內史爲十五：此高祖十二年之疆理也。東郡，潁川其上年已罷屬梁，淮陽（見高祖紀）史公誤紀。

全祖望摘疑曰：「案史公此言似尚有誤。漢初天子自屬之地雖少，然不止十五郡也。」全所舉凡十八郡，無上黨，有東郡，潁川，魏郡，武陵。又曰：「高帝十一年曾罷東郡以益梁，罷潁川郡以益淮陽，然不久二國皆罷。」按高帝十一年梁，淮陽建國後，淮陽至孝惠元年王友徙趙始國除，梁至呂后七年王恢徙趙始更封呂產，此謂不久二國皆罷，殊非事實，則東郡潁川不當數。魏郡據濁漳水注高帝十二年始置，其時或已在孝惠嗣位之後；武陵雖即秦之黔中，經楚漢紛亂，蓋已廢棄於蠻，故二郡亦不在十五郡數內。

齊召南考證曰：「此以秦地計之，於三十六郡得十五縣也。若計高帝所自立之郡，則不止於十五矣。」齊所舉無廣漢，有東郡，潁川，而以河南，河內爲一，以即秦之三川郡也。按史公此言所紀係高祖末年事，距秦之亡亦已久矣，決無以秦郡計當時疆理之理。且史公不曰河東三川而曰三河，是從漢制之明證也，安得強合之以爲二郡乎？錢大昕攷異從史公原文，列十五郡名，有東郡，潁川，無上黨，廣漢。不知上文明言「太行左轉爲齊趙國」，

「距山以東盡諸侯地」，上黨既在太行之右，(換言之即山西)，非趙地，亦非代境，則必當爲漢郡之一也。

王國維漢郡考從史公原文十五郡，益以上黨爲十六，以爲「此高帝五年初定天下時之郡數也。六年，以雲中屬代，則幷內史得十五郡。至十一年，復置雲中，而罷東郡以益梁，罷潁川郡以益淮陽，則幷內史爲十四郡。史公習聞東郡潁川之爲漢郡，故既稱與內史爲十五，又幷數東郡，潁川。」按王說新穎動人，細核之則與當時事實全不相符。高帝五年時，齊代無王，齊地八郡，代地四郡，並當屬漢，是漢郡豈祇十餘而已哉？若以爲此諸郡越諸侯地遠屬於漢，與山西近郡異，似不宜計及，則姑置之不論亦可。然其時故秦內史尚別爲渭南，河上，中地三郡，是即就山西而言，亦不止十六郡也。而潁川爲韓王信封地，轉以爲漢郡之一，何耶？六年，齊，代受封，韓徙太原，至是天子自屬之地與高祖末年大同；所異者，東郡，潁川屬漢，雲中屬代。計凡渭南，河上，中地，河東，河內，河南，南郡，巴郡，蜀郡，漢中，上黨，上郡，北地，隴西，東郡，潁川，幷新置之廣漢(華陽國志水經江水注)，共十八郡，亦不止十五郡也。是年秋，韓王信叛降匈奴，國除，漢又得太原一郡，則爲十九郡。九年，渭南等三郡幷爲內史，則爲十七郡。十一年，以太原易雲中於代，以東郡，潁川益梁，淮陽，於是爲十五郡，亦非十四郡也。王非不知韓代國境之遷革者，奈何竟棄而不問，作此新奇之說，豈立異以爲高耶？

枚乘傳二十四郡十七諸侯

枚乘傳，吳楚七國反，枚乘復說吳王曰：「夫漢幷二十四郡，十七諸侯，其珍怪不如東山之府。」

「二十四郡，十七諸侯」者，文帝十六年以後，後元七年以前之封略也。乘此言雖發於景帝三年，而所指郡國數則係文帝末年時事，猶吾輩今日之言「十八行省」「二十二行省」也。高祖末年時舊郡十五，其中內史分爲左右；（錢大昭辨疑曰：公卿表，景帝元年，中大夫鼂錯爲左內史，二年，左內史鼂錯爲御史大夫，則分置左右又在景帝之前，地理志以爲武帝建元六年分置者固非，而此表以爲景二年分置者亦未的也）。益以魏郡（高帝十二年置），潁川，東郡（淮陽與梁自高后時或文帝初改封，已不復得東郡，潁川，賈誼傳極言淮陽之小，又請割東郡以益梁，可證），淮陽，汝南（二郡故淮陽國，文帝十二年王武徙於梁，屬漢爲郡），河間（文帝十五年河間哀王薨，亡後，國除爲郡），廣川（分自河間確年不可考；景帝二年立子彭祖爲廣川王，建國實因於舊郡。惟文帝時此郡之果名廣川與否，不可得而知），琅邪（文帝十六年分齊爲六，齊，濟北，濟南，菑川，膠西，膠東，分王悼惠王六子，而琅邪不以封，屬漢爲郡），是爲二十四郡。楚，吳，長沙，燕，趙，城陽，代，梁，齊，濟北，濟南，菑川，膠西，膠東，淮南，衡山，廬江，爲是十七諸侯。

全祖望曰：「是言景帝時之封略也，而攷之亦不盡合。時景帝已分內史爲二，而取南郡建爲臨江國，則仍十八郡也（指高祖末年郡數，見上條）。楚削東海及薛郡，趙削常山，而長沙王國不復得分置之桂陽（所謂「長沙無南邊」），則祇二十二郡也。時方削吳之會稽及鄣郡，故乘以二十四言之；而實則吳不奉削地之詔，二郡未入漢也。其曰十七諸侯，以是時所建國數之亦不合。文帝以前舊國十六，景帝封者六，凡二十二。」按全以乘所言郡國數即係景帝三年時規制，故二十四郡，十七諸侯，無一可合。且楚削薛郡不見於史傳，全謂見於鼂錯傳，然遍查史漢錯傳，實無此語；武陵至武帝時經營西南夷始開復，則所舉二十四郡中，其眞爲吳楚時天子所自有者不過二十郡，而脫去琅邪，上黨二郡。

王國維曰：「十七諸侯爲文景簡之事（史記諸侯年表唯文帝後七年及景帝元年共十七國）。夫十七諸侯既數文景間之諸侯，知二十四郡亦數文景間之郡也。此二十四郡者，除高帝時十四郡外（見上條）；則左內史一，右內史二，東郡三，潁川四，淮陽五，琅邪六，河間七，益上十四郡爲二十一郡；其餘三郡則當爲汝南，魏郡，廣漢，此文帝末年郡數也。」按二十四郡十七諸侯非必景帝三年時事，此義王氏首發之，卓見可欽；然以爲文帝後七年景帝元年之事，則誤矣。文帝後七年長沙王吳產薨，無嗣，國除，安得仍有十七諸侯乎？其數二十四郡，內史既已分左右，而所謂高帝時舊郡中，又數及內史，尤爲疏謬。（景帝紀，中六年詔曰：「三輔舉不如法令者」，或以此爲景帝時內史分三郡之證，於左右內史外，復以「主爵中尉」充數。按主爵中尉不治民，武帝太初元年省其員，改設右扶風，始同郡守，則景帝時不得有三輔也。「三輔」之稱，當係史家追改）。

論利瑪竇地圖答鮎澤信太郎學士書

洪煨蓮 1

頡剛先生史席：茲寄上「答鮎澤信太郎學士書」副稿一通，如得便披露於禹貢中，或亦凡留意於利瑪竇世界地圖者所樂聞者也。鮎澤先生所撰二文：「利瑪竇の世界地に就いて」在地球第二十六卷第四號（昭和十一年 1936 十月），「月令廣義所載の山海輿地全圖と其の系統」在地理學第十二卷第十號（昭和十一年十月）中。此外尚有「利瑪竇の兩儀玄覽圖に就いて」在歷史教育第十一卷中，業尚未見其文；想其中當有更詳細之報告也。專此順頌撰祺。弟洪業啓。廿五年十二月十三日。

昨得來教，並「利瑪竇之世界地圖」，「月令廣義所載之山海輿地全圖及其系統」大箸二本，又兩儀玄覽圖分合影片，共五紙。鴻文新發，嘉惠遠來，拜誦之餘，欣感奚似！

萬曆間之八幅地圖，拙撰「考利瑪竇的世界地圖」文中僅依零殘史料，疑其刻者為李應試，刻時在三十年與三十四年之間，而其圖之名稱尚未可得而考。今因公發見原圖，乃知刻者果為李應試，刻時在萬曆三十一年，而圖名兩儀玄覽圖也。積疑頓解，快何如之！

顧大文中謂此圖由馮應京李應試二人合作而成；馮氏並未嘗別刻一圖於前；拙作繪圖年表遂荷訂正，合二條而為一。竊疑此端尚有討論餘地。圖中雖有馮氏序文，然序中無一語及李氏，李氏序中亦無一語及馮氏。李氏別有跋文一段，列舉鍾伯相，黃芳濟，倪一誠，丘良稟，徐必登諸人，識其參預之功；亦無一語及馮氏。然則馮氏序文殆猶如吳中明氏序文，皆轉載而來耳，初與此圖無關也。馮氏所刻之圖，据利氏入華記錄當為二小圖，殆即方輿勝略中二小圖之祖本；其圖疑與今李應試所刻之兩儀玄覽圖亦逈不相同也。馮氏原圖不知尚在霄壤間否？將來倘復發見，其足快人意，當又如今之再見八幅圖也。絕徼同文記所引之序言，業昔疑其出於馮氏原作；然僅据中山教授所轉引之數語為斷耳。業訪求同文記，數月未能得，然東京內閣文庫有之。公如就近得便檢閱，其中或尚有直接抑間接史料可作吾人對馮氏刻圖之時地年月爲更切實之認識。又方輿勝略所附之各國度分表頗有記注文字，不見於坤輿萬國全圖中；業昔謂其或出於李應試之八幅圖，姑記其疑，以待後考。今玄覽圖旣出，而其中並無此類文字；然則竟出於何處？不知同文記有以解此謎否？

英國翟博士以倫敦本及瓦第剛本之坤輿萬國全圖二者相校，而斷倫敦本爲滿淸入關後，就板挖改之本。拙文雖亦轉述此端，然不以列諸繪圖年表中者，表中各條，皆先以利氏敘述爲据，而後加以考訂者也。公增此條於表，似與拙例未符。大著据翟氏所記倫敦本中減分減秒表有數目之誤刻者四（翟氏以算法訂正之），而京都藏本不誤，遂謂倫敦本殆出於重刻，而非僅挖改之板。業於此端，亦微覺未安。蓋坤輿萬國全圖，當時原有二板，雖同一刻工所爲，難保其二本之中盡無離異。試問：京都藏本出於昔之燬於北京之本歟？抑移存杭州本歟？今吾人尚未能定京都本之必出於杭板，則倫敦本必出於重刻之結論似尚嫌太早也。

月令廣義，業曾檢閱一過。拙文注中謂其書頗雜迷信，疑不出於馮應京。今得讀大著，乃覺業所見之本，全闕首卷。其中旣有萬曆辛丑仲春戴任序，及壬寅中春顧起元序，則馮氏原稿之成，實在其親見利氏之先，故其書不似信天主教者所爲也。拙文舊注，宜訂正矣。首卷中之山海輿地全圖及圖說等，亦業所未見；故拙文中以三才圖會所載之圖及圖說爲出於吳中明所刻之圖；不知其直接出於月令廣義而間接出於吳氏圖耳。公所發見，此亦可補拙文之闕也。謹拜受教益。

國際風雲，輿圖改色；揚波助瀾者，貌同而心異。史地之學，典籍散闕；商考覆實者，貌異而心同。此覆鮎澤信太郎學士。　洪業啟。

中華民國二十五年十二月十二。

2

馬哥孛羅故居巡禮記

王重民

頡剛先生史席：別後倏已二載，無日不想作書，無日得能作成，至今天，眞一部十七史，不知從何處說起矣！弟在巴黎曾得有關地理之鈔書少許，此次赴羅馬，又見到畢方濟坤輿全圖，艾儒畧萬國全圖單刻本，似在吾國爲佚籍。又得樊守義身見錄一書——樊氏於康熙四十六年隨艾若瑟神父來歐洲，將所見者著爲此書，國人來歐者不自樊氏始，而作有遊記，則似以樊氏爲第一人也。將來擬稍稍整理，爲禹貢補白，不知先生以爲如何也。茲隨函奉上馬哥孛羅故居巡禮記一短篇，請教正！內有插圖四幅，禹貢能印最好，不能印請轉寄簡又文先生（上海愫信路四十五號）。前日見伯希和先生，交下先生所欲攝影之敦煌本尙書清單，弟當清査，爲先生妥照。巴黎所藏，必能如所開示辦到，倫敦有者，可即通信向覺明先生，其柏林所藏吐魯番出土者，弟有照片，如此則歐洲所有，可湊一全份也。弟新從羅馬歸來未久，又値學期開始，稍覺忙，數日後俟一清査，再爲奉陳也。匆匆，即請著安！弟王重民。

十一月二十日。

今年九月，余將赴威尼斯，戴密微先生(Prof. Paul Demiéville)謂：「威尼斯有馬哥孛羅故居，不可不往觀也」，余聞之甚樂。既抵威尼斯，問居停主人，居停主人知其地。蓋孛羅之返歸故里也，人謂其得巨富，擁貲逾百萬，因以「百萬」名其所居街巷(Campo del Milione)，至今猶煊赫在人耳目。然孛羅之享盛名，固不在此而在其遊記也。

九月二十三日下午，請居停少主人爲導引，往謁孛羅故居。過馬哥孛羅橋(Ponte Marco Polo 挿圖一)，至「百萬」小方場，右轉對面，

孛羅住室在焉。原屋已圮，今重修，開爲電影院矣（插圖二）。大門頂楣，嵌一長方白石（插圖三），鐫有紀念文字如下：

Qui furono le case
di
Marco Polo
Che Viaggriò le più lontane
Regioni dell'Asia
e le descrisse
..............•..............
Perdecrets del Comune
MDCCCLXXXI.

譯文　斯屋舊址，爲馬哥孛羅故居。伊曾遠遊亞洲，並著有遊記。茲奉公府命，建碑以爲紀念。時一千八百八十一年。

按威尼斯共和國，合併於意大利在一八六六年，此所稱公府（Comune）蓋指威尼斯市政府也。重建新屋之後，市政府猶令刊石爲記，其對於孛羅之尊敬不忘也如是！

右面隔河，爲孛羅故宮，建築較宏敞，猶爲十二三世紀時原物。蓋其祖世舊居，而曾用爲客廳，以陳列貴重器物者。門牆上彫刻，知者謂爲十二三世紀時作品，頗精緻（插圖四。攝影時適有一舟子艤舟過門前，以河爲街，以舟代車，此爲威尼斯所特有。）。徘徊久之，居停少主人爲攝影六，以爲紀念。緬想此一代偉人，久宦吾國，播我歷史於西方，留大箸作於後世；余今亦備書海外，碌碌無

2

成，不禁感慨係之矣！

在羅馬見華嘉教授(Prof. Giovanni Vacca)，稱威尼斯有一東亞地圖，爲孛羅以後利瑪竇未至中國以前所繪，約當我元明之間。意者或有參考孛羅携來我國地圖之處，頗以未見爲憾。又Palais des Doges有孛羅造像，余曾攝影，惜未洗出。國人再有過威尼斯者，往攝一份，亦旅途中韻事也。二十五年十一月十日，追記於巴黎。

申報六十周年紀念

三版中國分省新圖出書

翁文灝 丁文江 曾世英 編製

立體模型 集專家之心力——樹輿圖之權威 彩色精印

本館前以六十周年紀念特請翁文灝丁文江曾世英三先生編纂本圖發行以來業已再板綜合銷數超過廿萬部以本圖撰繪詳明印刷精美不僅公私機關學校共同采用且幷家喻戶曉幾於人手一編現在三板發行更由編者加意改良益求美備茲特列舉各點如下

丁茲推行建設注重國防之時社會人士全國學界對於本國地理應有深切之認識以樹復興之基礎本館宜揚文化職責所在因假六十年事業之紀念編纂本圖俾於國家少有貢獻更爲推行普遍起見屢經改板仍售原價併此聲明

每部實價國幣三元

外加郵費一角六分

總發行所 上海申報館售書科

分發行所 南京 建康路三二五號申報辦事處

北平 西南園廿三號楊仲華君

天津 法租界廿四號路好樂里七號 龔師義君

▲特約經售：生活書店 開明書店

㊀地名增多 前以本圖力求地形明晰起見所列地名猶嫌不足茲已自六千餘處增至一萬餘處

㊁校閱精詳 三板於付印前曾將底稿分寄各省官署大學以及專家學者共同研究多定獲校之功舉凡舊有疏漏之處率予補訂改正

㊂改良索引 前撰索引三百萬分一地圖合經緯二度爲一格他圖合四度爲一格其地點密集之區檢查間感困難三板於原有分格外再按小數縱橫各分十格索引自形便利

㊃材料更新 三板爲力求精確起見舉凡四川甘肅寧夏各省均用最新之材料凡在本年五月間規畫之公路以及六月前更改之政區均屢經改板俾得逐一更正

㊄充實內容 三板於原有各圖之外加入立體模型，土壤分配，磁針偏差諸圖均爲中國地圖之初期倡作又吉綏熱察甘寧各省圖亦均改用三百萬分之一以期清晰

㊅立體模型 本圖附有專製之紅綠眼鏡俾可映視特印之地形圖以求得正確之立體模型爲舊式地圖所未有

中世紀西方史者關於維吾爾之研究

Bretschneider 著
王日蔚 譯

此篇係譯自 Bretschneider 著之 Mediaeval Researches from Eastern Asiatic Sources 一書。中亞民族之古代史，除中國史書之記錄外，即爲波斯阿剌伯史者之記載。近代西歐東方學之發展，多已將此等史料譯爲英法俄德諸文。如多桑 D'Ohsson 竇桂因 DeGuignes 輩是。此外即爲最近東方學者與科學家關於此地民族之研究。Bretschneider 蓋兼能利用此種成果，而復有特殊之識力者也，故其書實爲研究中亞史地者不可不備之物（梁東園氏之西遼史（商務）即係採譯自此書）。中史關於維吾爾族之記載，前後多未啣接，而又以其遷入新疆後爲尤甚。玆特譯出此書中關於西方維吾爾族記載之部分，以便與中史記錄相互參酌。

其中有與中文可互相印證者，附註於後，而以譯註標之。自其原來之註解，則標以原註，以清眉目。原註次序以全書爲本，今改以本篇爲次，以便讀閱。

地名人名，中國記錄中有相當對音者，則從舊名。無舊名或爲譯者所不知者則從原名，不復譯音。書名則均從原名。本篇題名係譯者所加，以原文爲其維吾爾一章中之一部，無獨特名稱也。

玆復從西方中世紀關於維吾爾 Uigurs 譯註1 之記載一述之。維吾爾族在十三世紀初或蒙古期之前 譯註2 不爲西亞所知，但吾人敢推定亞剌伯人與此族之發生關係則遠早於此時期。前所述中國使臣王延德譯註3，於十世紀之末使於高昌回鶻時 譯註4 謂彼等之疆域遠已西接波斯與阿剌伯之國境。吾等由 Tarikh Djihan Kushai 一書中 譯註5 更知八兒沙滾城（Balsagun）原註1 乃維吾爾王普可汗 譯註6（Buku Khan）所建。中國史謂西遼始主建都於回鶻人所居之地一事實亦與吾人一暗示也。（西遼建都於吹河之畔，吾人已言之矣。）譯註7

Reimaud 在其 Abulfeda 譯註8 序言中（P. 360. seqq）証明九世紀與十世紀阿剌伯地理學者稱爲 Tagazgaz 之突厥族，實即維吾爾族。Masudi 譯註9 謂在彼時（彼死於九五六年）Tagazgaz 爲突厥族中最雄武，人數最多及統治最善者。彼等帝國之疆域由花剌子摸（Kharassam）至秦（Sin 即中國）。彼等之京城爲 Kushan，彼等之王有 Ilkhan 之號。Mas udi 復謂 Tagazgaz 爲突厥族中惟一之信摩尼教者（Manichean doctrines）。Reinaud 謂 Kushan 即東突厥斯坦之庫車（Kucha）。Baslier de Meynard 則謂此名詞所指與中史記錄之高昌爲一。至摩尼教（Mani 或 Manes）在王延德行記中則有如是之記載。高昌有摩尼寺一，中有僧自波斯來。彼等有特殊之教規，視佛書爲外道譯註10。

Ibn el A'thir（一一六〇——一二三三年）在其 Kamil ut Tevarik 一書中有敘述由十世紀半至一二一三年統治突厥斯坦與 Transoxiana 譯註11 之伊爾克衆汗 Ilkkhans 或突厥斯坦衆汗之記載 Deguignes 譯註12，Fraehn, Reinaud 及其他東方學者均謂伊爾克衆汗爲維吾爾種，彼等之見似爲不誤。Grigorieff 教授在俄國考古學會報告册中（XVII 1847）有關於此朝之論文，因此朝之始祖爲 Satak Boghra Khan 因名其朝曰喀拉汗朝（Karakhanides），喀喇汗信奉伊斯蘭教。但喀拉汗朝中最著名之君爲普哥汗 Boghra Khan，據云其疆土東遠至秦國（Sin 卽中國），八兒沙滾 Balsagun 爲其國都。突厥斯坦之重城喀什噶爾（亦名 Orduk aud）與和闐，Karakorum，怛邏斯（Taras）訛打剌【Farab (Otrar)】譯註13 皆歸其統治。普哥汗曾遠征 Mavarannahar 陷布哈剌（Bokhara）城，於九三三年死於歸途。

繼位者爲伊爾克汗 Ilk Khan，於一〇〇八年降 Mavarannahar 之薩曼尼朝（Samanides）而統治其疆土。彼死，其兄 Toghan Khan 嗣。據阿剌伯史官云一〇一七年，秦國（Sin 卽中國），嘗遣大軍至突厥斯坦遠進至離八兒沙滾三站之距。Toghan召集軍隊，敗敵人，追北三閱月。原註2 一〇一八年卒於回軍八兒沙滾之途。

Toghan後繼位者爲 Arslan Khan, Kadyr Khan Arslan Khan Boghra Khan 前所述之回鶻文本 Kudatku bilik 即成於此朝最後一君 Boghra Khan 朝，時在一〇七〇年，著於喀什噶爾城。

在 Mahmud Khan 時，西遼征服突厥斯坦（八兒沙滾與喀什噶爾）原註3 伊爾克衆汗 Ilkkhans 仍統治 Mavarannahar（撒馬爾汗與八兒沙滾）臣屬於西遼之菊兒汗。一二一三年，最後之汗 Osman 爲 Sultan Mahmud Khorazam Shah 所殺，其疆土亦爲所有。譯註14

如上所述，維吾爾一族雖早爲西亞所知，然維吾爾一詞則約於十三世紀中葉始見於回教著述中。維吾爾者，乃指其族中蒙古人與中國人所稱畏吾兒之一支，居於天山東之山嘴中（別失八里與哈喇和卓）。回教徒著述者關於維吾爾族及其歷史之記載與元史中所記者實相符。此則由後之記述可知也。

Tarikh Djihan Kushai 一書於維吾爾之記述甚詳。茲引 D'Ohssons(1.430 seqq)書一節英譯如下，但於其無關重要處則刪之。Tarikh Djihan Kushai 著者於其序言中曰，彼所敍述乃根據維吾爾文之著述，但彼於此等故事則不之信，僅爲好奇之故而記之耳。彼之言曰：

維吾爾人相傳，彼等初居於阿爾渾河(Orkun)之畔原註4。此河發源於喀喇和林山(Karakorum)原註5。窩闊台汗於其處建一城名和林即以是故。由此山發源之水約三十，有三十種族居於各該河之畔。原註6 維吾爾人居於阿爾渾河溪谷中，分爲二種。後人數衆多，乃選一王，五百年後而普哥汗出。据云普哥汗與 Efrassiab 實爲一人原註7。喀喇和林山中尚有古闕展穴原註8。阿爾渾河畔亦有古城與宮殿遺址。此地古名斡魯朵城(Ordu Balik)今則通名爲 Mao Balik 原註9。宮殿前發現有刻有文字之石塊，吾人曾親見之。窩闊台汗時移動此等石塊，乃發現其下一穴中有一刻有文字之石碑。汗令各國之人識讀其文字，但無一能識者，遂遣人至中國求 Kams 來原註10，乃知其文爲漢字。其文如下：

在發源於喀喇和林山之 Toungla 與色楞格河(Salinga)會流處之 Kumlandju 有二樹相結，一爲 Fistuk 樹，似松，常青如柏，結有球形果物，一爲野柏。二樹之間有一丘，有光一道自天照臨之，其丘漸長，並顯奇跡。經如婦女妊娠之久，此丘忽開，中有小丘五如天幕。幕中各有幼兒一，居人對之甚爲尊敬。其幼者名普可的斤(Buku Tekin)最精幹，後維吾爾人乃尊之爲可汗。普可汗之權甚強大，有三天鳥助之。三鳥通萬國語言，受令報告各地之消息。一次普可汗夢一神女引其至 Kut Tag 原註11。於該地每夜會談，凡閱七年六月二十二日之久。最後一夜臨別時，神女謂普可汗將來必能統治全世界。普可汗於是召集軍隊遣其弟兄等征蒙古，吉爾吉斯，唐兀，契丹等，皆大獲戰利品與俘虜而還阿爾渾河，乃建築窩魯朵城 Ordu Bablic 原註12。普可汗復夢一白衣老人與其一松柏形之玉石一塊曰：『汝若能保持此玉，當可征服四方。』其相所夢亦同。普可汗因領軍西至突厥斯坦，駐蹕於水草豐美之平原。於其地建八兒沙滾城，即今之 Gubalik 原註13。凡十二年，全球均服。其軍遠至一地，居民野如獸類並告彼輩曰越此則無居民矣。被征服之國王皆被虜至普可汗處，汗均待之甚厚，惟印度王以貌形奇醜未蒙召見。各國王獻普可汗所責之貢賦後，均遣令回國汗亦離八兒沙滾而歸故國。

3

維吾爾人該時之宗教則有彼等所謂Kam之術士。原註[14]蒙古人中今尚有之。此等術士謂有鬼附其身報告彼等所欲知之一切消息。今成吉思汗後裔之大部尚信彼等甚堅。凡重要事無不商之彼等者。此種術士復治疾病。

維吾爾人遣使崇拜偶像國之契丹汗求所謂 Numi 人者。此種人有聖書名 Num，爲彼等行爲之典範原註[15]。書爲小說神話集，復參以古訓箴言。中復勸人勿害人，甚至勿害啞動物，（能得幸福）。彼等派別甚多，教理各異。但流行最廣者爲信輪迴說之一派。Numi 由契丹至，維吾爾人使之與 Kam 辯，以定二者之優劣。Numi 朗誦其聖書數章，Kam 不能答。於是維吾爾人乃信 Numi 教。在東方崇拜偶像者之中，以彼輩爲伊斯蘭教主義最有力之敵人。上述不過爲維吾爾文書中妄誕之談百之一耳，已足證其人民之無知與愚蠢。有一友謂予彼曾一讀與上所述二樹故事有關之書，謂係有一人鑿空此二樹之幹，置其諸子於中，於其附近以光照之。

普可汗一生甚爲快活，死後其一子嗣。其後野獸家畜及小兒均呼 ghech ghech，意爲前進。維吾爾人聞之以爲係神之命令，乃相率遷徙。直至彼等至一平原，其聲乃止。維吾爾人於此建別失八里城（Bishbalik）。彼等乃定居於此建五營舍，呼之爲別失八里（意五城也）。普可汗之後裔自此時起，統治其地，其王稱葉都護譯註[15]。

Rashid 譯註[16] 關於維吾爾人有新之記述。（D'Ohsson 1 4436. 109. Bryin i 124）彼謂維吾爾一詞在突厥文中爲聯合帮助(Allies auxlliaries)之意，据傳突厥族之始祖阿古斯汗Oghuz Khan爲其親族所攻擊時，其親族中之一部援助之，汗乃賜以此種名稱。Rashid 更言曰：

據云古維吾爾國中有二山脈，一名 Bnkratu bzuluk，一名 Uskun luk tangu。二山脈之中，爲喀喇和林，窩闊台汗曾以名其所建之城。兩脈近處，復有一山名 Kut Tag 原註[16]在此古爲維吾爾人所居區中，有一爲九水，一爲十水所溉之二國。十水之傍所居之民名曰昂維吾爾(Onuigurs)，九水之傍者曰 Tokuz Uignrs。原註[17] 下列爲十水之名，此十水亦名On orkun。

Ishkil 其他書作 Ishlik

Ongher

Tukair

Uzlkaider 其他書作 Askander

Bular, Berizin 謂讀作 Tula

Badar 其他書作 Tardar

Ader（今仍爲色楞格河支流Eder之名）

Uch Tabin

Kamlandju（在 Tar. Dj. Kushai 中爲圖拉河與色楞格河會流處之地名）

Utikiam（唐書近嗢昏河傍鳥德鞬山之名）

九族居上述十水前三者之傍，五族居四至七水之側。第九水 Kamlandju 流灘 Ong 族所居之地，第十水 Utikiam 之傍爲 Kamen ati (Kumukati) 族所居。原註[18]除上述諸族外，維吾爾尙有一百二十族之多，但其名不爲人所知。初維吾爾族久無王，各族爲其酋長所治。後乃選出二共同之首領，一爲 Ishkil 族中者，名 Munke bai，彼等號之爲 Il-iltyrisen。一爲 Urkandur 族中者，名 Kurirkin。二人共同而治，其子孫爲王者凡百年。其後維吾爾之首領號葉都護，意快樂之王也。

成吉思汗時巴爾朮（Bardjuk）爲維吾爾之葉都護，西遼菊兒汗（Gurkhan）征服 Mavarannahar 及突厥斯坦後，巴爾朮爲其臣屬，菊兒汗任 Shadkem 爲維吾爾之監國。以貪婪故，爲維吾爾人所怨。其後巴爾朮聞成吉思汗之雄武，乃下令殺西遼之監國，（時彼方在哈喇和卓城）急遣 Katalmysh-Kata, Onur-ugul, Tatari 謁成吉思汗復上書曰：『如雲淨見日之光輝，冰消見水之淸流然，大使之至（成思汗曾先遣二使至其國）使予之憂恐化爲無上之喜悅』。原註[19]成吉汗思前據報得知葉都護曾拒納蟾河（Djen），原註[20]戰役敗後，脫脫（Tukta）原註[21]之弟與子，故寬待維吾爾王之使，成吉思乃招葉都護携其珍寶親至納臣禮。葉都護至，成吉思待以極隆重之禮，受封而還。後成吉思汗攻古出魯克（乃蠻與西遼菊兒汗之子婿），葉都護以其卒五百人從征，大勝而歸。成吉思攻塔吉克（Tadjiks）時，葉都護以其軍助太子察合台與窩闊台，以下訛打剌城（Otrar）名於軍。後此爲成吉思之扈從，成吉思西歸返征唐兀時，巴爾朮與其軍留於別失八里與成吉思之軍合。成吉思以其女也立安敦妻之以酬其勞，後以成吉思死，乃延緩婚期。又以未婚前公主死，窩闊台汗另以 Aladji highi 公主妻之。此時巴爾朮已死，因以之許與其子 Kishmain，彼乃繼其父爲葉都護者。Kishmain 死，其兄輩 Salandi 嗣。

最後吾人當於中世紀基督徒關於維吾爾之記錄一述之。景教徒於五世紀之時已宣傳其教義於亞洲之異教各國，故彼等之知維吾爾族當遠在中世紀之前。吾人知七世紀時在中亞與東亞景教之禮拜堂已甚多。

著名東方學者J. S. Assemani（一六八七——一七六八年）在其Bibliotheca Orientalis Chementino-Vaticana中謂景教史中屢有Ighur或Iaghur之名，乃代表屬於契丹(Khatai)之東突厥族者。

Abulfaradi Bar Hebraens（一二二六——一二八六年）在其用敘利亞文(Syriac)所寫其編年記中，記述東方基督徒之事甚詳。謂Ighurs乃屬於契丹(Khatai)之大突厥族。

維吾爾人初以突厥語言製爲文字時，其字母乃借自古景教徒者，此實爲不易之事實。但其使用敘利亞字母之確定時期，則實難斷定。又吾人皆知今之蒙文與滿文亦均採自維吾爾文者。

Pl. Carpini（一二四六）毫無猶豫的斷定維吾爾人爲景教教徒。其言曰：

『成吉思汗遂向回鶻(?)人譯註17地帶進攻，彼等爲景教派之基督徒，避而不戰。蒙人乃採用其文字，因是時蒙人尚不知書也。而吾人今日猶稱其字爲蒙古文。』

Rubruk最近曾探訪維吾爾之國，謂彼等乃崇拜偶像者，彼於敘述亞洲之崇拜偶像者時，言曰：

『最初爲回鶻人，其所居地與前Organam(?)地相毗鄰，其間有山脈綿亘東向，回鶻人各城市均有景教徒及薩拉森人雜居，回鶻人亦有散佈在波斯薩拉森人城中者。

突厥語及Comanici(?)語均源出回鶻。』譯註18

Haithon在其History of the eastern Kingdom中謂Tarse一詞即指維吾爾國，彼則名之爲Ioghurs。

Pl. Carpini曾提及降於成吉思汗諸國中之撒里回鶻。

元史卷二百二十一速不台傳中，謂一二二六年，此蒙古將軍受命渡大磧征撒里畏吾與特勒及赤閔。明史於撒里畏吾兒(黃頭回鶻)之居地有詳確之記述。卷三百三十謂：『安定衛距甘州西南一千五百里，其地本爲撒里畏吾兒』。是其在柴達之北，大戈壁之南邊。一〇八一年，和闐使臣使於宋，謂和闐與唐兀之間須經黃頭回鶻處之沙漠。此恐與撒里畏吾兒爲一種。

Jarikhi Rashidi於描寫十四世紀末鐵米兒進攻Jetes

戰爭時，曾屢提及撒里畏吾兒。據此等回教著述記載，此種族似居車兒城（Charchan）譯註19 之西。（Bellew's "History of Kaskgar" in Forsyth's "Mission to Yarkand" 187 3. p. 147, 153.）在上書一百六十七頁中復謂：『喀什噶爾之Said於一五一五年進攻撒里畏吾兒，其地離和闐十二日程。』

原註1 據Tarikh Djihan Kushai (D'Ohsson i 443)八兒沙袞城爲維吾爾王普可汗所建。此城居於突厥斯坦水草豐富之平原中。阿剌伯地理學者初於九世紀或十世紀謂此城在Sihun或藥殺水(Yaxartes)（按二水均色爾河之古名，譯者）之彼岸，塔剌斯(Taras)之東，並Isfjdiab。彼等謂突厥人謂此城爲『地球之核心』，意其居於東西南北之中也。Abulfada II, ii. 127 謂十世紀十二世紀二著述家言此城距喀什噶爾甚近。阿剌伯史官 Ibn el A'thir 十二世紀末之紀載，謂此城在十世紀與十一世紀時爲突厥斯坦衆汗之京城。且吾人有理由可信，此亦名Ilek Khan汗朝之朝代爲維吾爾種。其爲西遼菊兒汗所廢立之主爲一維吾爾王。回教徒著述家謂此城爲十二世紀與十三世紀初西遼之京城，僅略指示其地理上之位置。但吾等由蒙古與中國關於此時期之著述，已能確証此西遼京城之位置矣。遼史謂西遼建都於離起而漫東二十日程之地（起而漫在撒馬爾汗與布哈剌之間）名虎思窩爾朶。回鶻商人冒遼都名曰斯訛魯朶，二者顯爲一地。耶耶楚材西遊錄謂此城在伊犂河之西，元史卷一百二十曷思麥里傳：『曷思麥里西域人，本居骨則窩爾朶，初爲西遼闊兒汗（菊兒汗）近侍。』此等爲中國作者所述之西遼京城爲八兒沙袞，實無疑義。Tarikh Djihan Kushai 謂此地蒙古時呼之爲古八里（Gubalik）。

元朝秘史敍述此地之位置更確。謂汪汗逃於居住垂河畔之西遼菊兒汗。今俄國之楚河，中國仍作吹也。長春西遊記亦言及此河。此河流域至今水草豐美。與Tarikh Djihan Kusha所述八兒沙袞水草豐美亦相合。八兒沙袞 Balsagun，當爲蒙古語城八兒沙袞 Balgasum 之音訛，突厥族當亦以此稱之。Tarikh Djihan Kushai 作者謂蒙古人呼八兒沙袞爲古八里，予意此顯與虎思窩魯朶相近，因八里與窩魯朶均城堡之意。

八兒沙袞似卽西突厥之一汗在七世紀時所都之地。唐書謂七世紀前半Ibi Shabolo Shehu Khan 建都於碎葉水北岸。碎葉水與碎葉城，在七世紀與八世紀唐進攻中亞時之記錄中屢見之。碎葉爲居於伊犂河至怛羅斯城必經之路。六七九年唐曾於碎葉之地建一城堡，七四八年復燬之。

六二九至六三〇年玄奘由中國至撒馬爾汗取道天山之南，過淩山至淸池。由其所述，知淸池卽爲伊斯斯克湖。過此池西北五百里至素葉水城，城週六七里，商人雲集。此處之素葉顯與唐書之碎葉爲一，其所指亦必爲吹河也。

原註2 此次戰事 Byzantine 記錄中亦有記載。Comp. Muralt's "Essai de Chron Byzant" i. P. 590 S. a." 1017 中曰：

『Toghan 敗突厥人於八兒沙袞近處。』中國無關於此方之記錄，所謂秦國恐係東部之維吾爾而非中國人。

原註3　此事由中史記載爲一一二四年。

原註4　唐書之嗢河，（Kun River）或即此水。

原註5　中國人名喀林和林爲和林。Rashid eddru 謂此亦爲一山名。

原註6　此區域河流甚多。無數之大小河流皆發源於杭愛山（Khangai）之東北隅。均爲阿爾渾河與色楞格河之支流。

原註7　在 Firdusi's "Shah nameh" 中，此爲突厥族中一最負英名之王名。

日蔚按，即爲在 Pischdadiens 末 Keyaniens 初侵入波斯之突厥王。

原註8　爲一波斯英雄之名，被 Efrassiab 所擒，囚之穴中甚久。後爲有名之 Rustem 所釋出。

原註9　Ordu Balik 意爲『窩魯朶城或汗所居之處。』D'Ohsson 譯 Mau Balik 爲 Mauvaise ville villa Ruinec

原註10　Kams 卽爲 Shamans 實無可疑。乃具有特殊迷信之魔術家，今在蒙古與西比利亞社會中，仍爲重要脚色，唐書卷二百一十七黠戛斯條中有其地「呼巫爲甘」之記載（約在九世紀之時）Potanian 在其 Mongolia 中謂蒙古人今稱 Shamans 爲 Bo，唐努山北烏梁海人稱之爲 Khan，吉爾吉斯人稱之爲 Baksy 。西比利亞與俄國稱之爲 Shamaus 。據 Schott Berbirer 教授（Erman's "Archiv." XXVIII）言，此爲一通古斯人之字根，中國人呼之爲跳神（神前之舞者）。

原註11　此或爲元史葉都護傳中之胡力答哈山，首福山也。

原註12　據唐書回鶻傳，毗伽闕可汗於九世紀中建都於嗢河之畔。予謂毗伽闕可汗卽波斯記錄中之普可汗，元史中布可汗。元史類編附錄之地圖謂布可汗城在喀喇和林之東北，又維吾爾古城在元都附近，且此處有古碑留存，由遼史而益得確証。遼史卷二：『八月……甲午次古單于國登阿里典壓得斯山以鹿祭，九月丙申朔次古回鶻城，勒石紀功……丁巳鑿金河水取烏山石輦致潢河木葉山以示山川朝海宗嶽之意。……甲子詔礱闢遏可汗故碑，以契丹突厥漢字記其功。』

原註13　參看原註五。

原註14　參看前原註十。

原註15　D'Ohsson 謂 Numi 即喇嘛。近代蒙古文 Num 意爲聖書。

原註16　參看前原註十一。

原註17　On 爲突厥語十之意，Tuguz 爲九之意。

原註18　唐書九姓回鶻均有名稱，Rashid 無之，中國最大之地理書中，謂色楞格河有六源三支流，但惟其主要源流始有名稱。色楞格河水系支流甚多。參閱中國大地圖及Pentsoff's "Mongolia" 之附圖。

原註19　此段頗類譯自元秘史，足証蒙古成吉思史（Mongol Hiotsry of Chinghiz）之作者與 Rashid eddiu 均探自同一史料。此外有力之証尙多（固不僅此一處也）。參閱元秘史葉都護與成吉思關係之部。

原註20　古出魯克與 Tukta 戰敗處之水，在元史巴爾朮阿而忒的斤傳中稱爲襳河。在速不台傳中（元史一百二十一卷）爲蟾河。

恐爲額爾齊斯河上游之一支流。

原註21 脫脫(Tukta)爲 Mekrits 之酋長(Rashid)。祕史稱Mekrit爲蔑兒乞惕。脫脫之四子爲大都，赤剌溫，馬札兒，禿薛干。Rashid 列舉 Mekrit 之六子爲 Khudu, Djilaun, Tusa, Hultugan-mer-ghen, Tukius Djiuk

譯註1 Uigurs 卽魏之袁紇，隋之韋護烏護烏紇，唐之回紇回鶻，宋之回回，元之畏兀兒，蓋均一音之轉。最近新疆省政府應彼族之要求改爲維吾爾，故從上名。詳見拙著維吾爾民族名稱演變考。

譯註2 蒙古崛起於十三世紀之初，其威力及於歐州及西亞之久且巨。遠勝其及於中國，乃西洋史中一重大事蹟，故西人名其遠征歐亞之期爲蒙古期。

譯註3 王延德宋之使臣，於太平興國間（九七六——九八三）使於高昌著有高昌行記在王明清揮塵前錄中。

譯註4 按高昌行記中雖詳記其使於高昌及北庭之經過，然其書並未隻字提及此地之爲回鶻族所居。丁謙氏謂回鶻初由蒙古逃至此地，據之自立，懼中國責罰，故於王延德前自諱其爲回鶻族。然此書當成於王延德回國之後，彼雖自諱，王延德不必爲之諱且不應爲之諱也，其取西州在唐之末年，且獻俘於唐，唐詔可。故彼當無懼中國徵責之理，此蓋王氏偶未敍及，丁氏之說蓋金聖嘆讀西廂之法，多蛇足之事也。

譯註5 此書亦名征服世界者史，爲Ali-eddin Atta Mulk Djuveni 所著，紀述成吉思後十年之歷史。

譯註6 參看下譯註十五。

譯註7 吹河古作楚河，垂河，唐作碎葉川。

譯註8 此書全名爲 Geographed' Abulfeda 係 Abulfeda（一二七三——一三三一年）所著。Reinaud 所譯。

譯註9 Masudi 著名史地學者，曾至錫蘭印度及中國海岸。爲 Meadows of Gold 著者，死於九五六年。

譯註10 高昌行記原文爲『有勅書樓，藏唐太宗明皇御札詔勅緘鎖甚謹，復有摩尼寺波斯僧各持其法，佛經所謂外道者也。』與Brets chneider 所述略有不同，似著者有誤會原意處。

譯註11 此回教著述家呼 Mavaramahar 之稱，地在藥殺水與阿母河之間，中史稱之爲河中地。

譯註12 近代法國東方學者著有 Historie des Huns Turcs, Mongols et outres Tartares occidentax 書凡五卷，一七五六——一七五八年出版。

譯註13 Otrar 西遊錄作訛打剌，元秘史作兀提剌兒，元史有訛答剌，斡脫羅兒，兀提剌兒諸譯。

譯註14 據上述 Ilbn el A'thir 之記載則西突厥斯坦與和闐，葉爾羌，喀什噶爾均爲維吾爾人種所居且均信伊斯蘭教。中土記載亦頗有與之足相印証者，茲述之如下：

唐書回鶻傳：『俄而渠長句錄莫賀與黠戛斯合騎十萬攻回鶻城，殺可汗，誅掘羅勿，焚其牙，諸部潰。其相馺職與厖特勒十五部奔葛邏祿。』

唐書回鶻傳葛羅祿條：『葛羅祿本突厥族……至德後（七五六——七五七年）葛羅祿浸盛與回鶻爭强，徙十姓可汗故地，盡有碎葉怛羅斯諸城。）』

觀上文葛羅祿之徙十姓可汗故地，盡有碎葉怛羅斯諸城，知其此時已盡有西突厥斯坦之地。回鶻奔就之，則西突厥斯坦之有回鶻可証者一也。

遼史卷三十六：『遼屬國可紀者五十有九，朝貢無常。有事則遣兵使徵兵，或下詔專征，不從者討之。助軍衆寡各從其便無常額。……

回鶻，甘州回鶻，阿薩蘭回鶻，沙洲回鶻，和州回鶻……

……』

上文之阿薩蘭回鶻，不僅見於此處，遼史中旁處見之者甚多。阿薩蘭與 Ibn el A'thir 所述之數阿爾斯蘭汗（Arslan Khan）音絕相近，當實爲一。此中西史書與西突厥斯坦回鶻之可相印証者二也。

王延德高昌行記謂北庭回鶻其境東藝波斯阿剌伯，此可証西突厥斯坦之有回鶻者三也。

西遊記：『至賽藍城有小塔，回紇王郊迎入館。復經一城，回紇頭目遠迎……前至一城，臨道一井，深踰百尺，有回紇叟驅一牛挽轆轤汲水以飲渴者。……仲冬十有八日，過大河至邪米思干大城之北，太師移剌公及蒙古回紇師首載酒郊迎。……少爲由東北門入，……其中大率多回紇人。』

此明証西突厥斯坦之有回鶻者四也。

西使記：『出關至阿里麻城，市井皆流水交貫，有諸果，惟瓜，葡萄，石榴最佳。回紇與漢民雜居，其俗漸染，頗似中國。二十八日過塔刺斯，三月一日過賽藍城，有浮圖諸回紇祈拜之所，三日過別石蘭，諸回紇貿易如上已節。』

此明証西突厥斯坦之有回鶻者五也。

北使記：『又幾萬里至回紇之益離城即回紇王所都，時已四月上旬矣。大契丹大石者在回紇中，昔大石林牙，遼族也。畜異志，因徒西征，入回鶻因其地而國焉。因政荒，爲回紇所滅，今其人無幾，衣服悉回紇也。……有沒速魯蠻回紇者，性殘忍肉，乂手殺而噉，雖齋亦酒脯自若。有遺里諸回紇者，頗懦弱不喜殺，遇齋不則肉食。有印度回紇者色黑而性愿，其餘不可殫記。』

此明証西突厥斯坦之有回鶻者六也。

此外元史元秘史亦均有消息可尋，茲不贅。詳可參閱拙著維吾爾民族名稱演變考及悉嶺西回鶻考。至伊斯蘭教之進入喀什葉爾羌和闐，中史亦有可相互印証者，十世紀十一世紀之時，正當五代遼宋之際，然五代史，遼史，宋史於上述之宗教方面，均毫無伊斯蘭教字樣，葉爾羌，喀什且不見於正傳。惟此種啞叭材料正暗示喀什葉爾羌以被伊斯蘭教統治故，趨向習俗各異，故與中國不通貢使也。

于闐則至石晉天福中（九三六——九四二年）封李聖天爲王，宋太祖建隆二年其國摩尼師貢琉璃瓶二，是証其國此時尚有摩尼教。又記其國俗事祆神，則証其國有火祆教，建隆三年（九六五）于闐僧善法來朝，賜紫衣。開寶二年（九六九）善名復至，賜號昭化大師，均足証其爲佛徒也。至宋太祖開寶四年（九七一）其國僧吉祥以國王書來，言破疏勒且獻舞象。所言破疏勒蓋即 Ibn el A'thir 所言一千十七年時秦國曾遣大軍進征突厥斯坦之役。所云秦國，當即于闐。Bretschneider 謂爲東部維吾爾人恐非是。所貢舞象當爲該役之戰利品。雖二役時間略有差別，然此種記載尚不能求其毫無謬誤。自此貢獅子，直至四十年後，大中祥符二年（一〇〇九）其國黑韓王遣回鶻羅厮溫等以方物來貢。黑韓即可汗之說，于闐本非突厥族，故其王名如李聖天頗同漢語。此則曰可汗，蓋已被回鶻所征服矣。且其使曰回鶻人亦可玩味。此後與宋書自稱爲甥，西州回鶻，甘州回鶻亦均以此自稱。蓋彼輩先祖以屢尙唐公主，故自稱中朝之甥。若和闐李聖天輩，則中國從未嫁之與公主之事。此外于闐及伽師鄉土志，新疆圖識所引之譯回考亦均有較詳確之記載。已詳拙作伊斯蘭教入新疆考，茲不復贅。

譯註15

維吾爾族此種傳說見於中國記載者如下：邵遠平續宏簡錄卷三十九巴爾朮阿而忒的斤傳曰：『巴爾朮阿而忒的斤亦都護，亦都護者，高昌國主號也。先是居畏兀兒之地，有和林山，二水出焉，曰禿忽剌，曰薛靈哥。一夕有神光降於樹，在兩河之間，居民往候之。樹乃生癭，若懷妊狀。越九月十日而樹癭裂，得嬰兒五人。土人奇而收養之，其最稚者曰布可汗。既壯，雄武遂能有其土地人民而爲之君長，傳三十餘君，號爲玉倫的斤，事荒遠不能紀其事次。玉倫的斤亦雄武，數與唐相攻戰。唐人患之，議和親。於是唐以金蓮公主妻玉倫之子葛厲的斤，居和林別力跛力達（猶言婦人之所居山也）。又有山曰天哥里于答哈言天靈山也，南有石山曰胡力哈達言福山也，唐使與相地者至其國，曰「和林强勝賴此山耳，壞其山則其國可弱。」乃僞告玉倫曰：「既爲婚姻將有求於爾，其與之乎？福山之石，於汝國無所用，而唐人願見，請載以歸。」許之。石大不能動，以烈火焚之，添以醋，其石立碎，乃輦之去。當福山之移也，國中鳥獸躑躅悲號，若有所失者，後七日，玉倫的斤卒，災異屢見，民弗安居，傳位者又數亡。乃遷於交州卽火州統別失八里之地，北至阿木河，南接酒泉郡，東至兀敦甲石哈，西臨西番，居是者九百七十餘載，至巴爾朮阿而忒的斤遂降於元。』

11

但此中西記載均同之神聖英雄普可汗，果爲何人乎。

Bretschneider 謂卽唐書回鶻骨咄祿毗伽闕可汗，而無詳確論証。似顯武斷。按回鶻自遷新疆自此傳說著錄之時期。凡三四百年。彼族既乏詳確歷史記載，則於此種傳說當以神話視之。未便强傳說中之人物與歷史中之人物合而爲一也。回鶻在唐時，固曾極一時之盛，而爲漠北雄主。其遷入新疆亦曾獨霸東西突厥斯而爲西域霸王，惜此時方當五代遼金北宋之時，彼族之史蹟不爲中土人士所知，故湮而不彰耳。觀前述西突厥斯坦之伊蘭克汗朝，與王延德行記其疆土西至波斯與阿剌伯之境，合遼史中甘州回鶻計之，則由河西直至葱嶺之西，固均彼族之活動地也。按彼等未至突厥斯坦前，其地爲伊蘭種與突厥族之葛羅祿等所居。回鶻至其地，此等種族之活動遂不見記載，必回鶻勢力能統治其族，故湮而不彰也。此種傳說，謂普可汗既建都塔米爾河附近，復建都八兒沙滾，正可証明此傳說係根據其族之二盛時期演繹而或。若果此傳說之普可汗實有其人，則回鶻史中固無能統一漠北與突厥斯坦之雄主者。

至普可汗之名當係佌伽之對音，佌伽爲公主而非私名，意爲足意。唐回鶻可汗中之以佌伽稱者凡十（參看拙作維吾爾民族中古史）。後世不之稱，乃誤以公名爲私名，猶如中土人士之有誤可汗爲私名者同。Bretschneider 於此實未之察。知乎此，則元史類編中之普可汗城，耶律大石西走與回紇王書之卜古罕城，均當係仳伽城之對音，係公名而非私名，猶如中國之稱京城同。不得爲嘗可汗卽鶻祿咄仳伽闕之佐証也。

畏東園氏因 Bretschneider 之說而謂卜古罕爲鶻咄祿仳伽闕之另一尊稱，較之 Bretschneider 更爲蛇足。

譯註16　波斯第一流史家紀述蒙古史甚詳。生於一二四七年，後於一三一八爲 Abu Said 所殺。著有"Djami ut Tewarikh"

譯註17　按此段爲拉丁文，譯者乃請萬斯年先生托人翻譯者，特此誌謝。又回人似應爲回鶻人。

譯註18　按此段亦爲拉丁文，由萬斯年先生托人翻譯者。

譯註19　車兒城，今且末縣，古且末國。

三百年來之滿洲研究

中山久四郎著
劉選民譯

（一）三百前日韓滿支之外交關係

今夏（一九三三）予任大阪立天王寺師範學校歷史講習會講師，得睹今日新建之大阪，益緬懷豐太閤（豐臣秀吉）之雄圖。豐太閤文祿長慶朝鮮之役與滿清帝國之興隆有微妙之關係，遂聯想及三百年前日韓滿支四國之外交史實也。按豐太閤文祿長慶朝鮮之役，明朝因之國力疲弊，國威失墜，予當時勃興滿洲之清太祖以攻畧滿蒙之良機；換而言之豐太閤朝鮮之役實予滿清帝國創業之意外便利。關於此事，稻葉岩吉博士曾於去年九月之日文「朝鮮」第一百七十二號，著有「朝鮮一役結果之回顧」一文，認爲當時三百年前日韓滿支之外交關係，微妙而大重也。

（二）二百年前滿洲文字之墨（韃字墨）

自大阪返東京途次，路經京都，例於舊書店多所採購，其中竟購得「古梅園墨譜」之善本。其序文及題跋皆爲當時朝鮮人及清朝人所作，頗屬罕見。當時（二百年前）日韓人對中國極爲崇仰，服部南郭，林信充，祇園南海，細井平洲，梁田蛻巖，中井竹山澁井太室諸名儒之墨贊甚夥。「古梅園墨譜」正篇有「唐方式」之墨，唐墨即中國製之墨。中可驚異者，有題「韃字墨」。一面書有：

明月松間照清泉石上流
大清馬天錫以韃字書此二句
日本官工古梅園主人記爲

另一面書有韃字（即滿文）二行。此「韃字墨」大約二百年前之德川八代將軍吉宗公時所發現，此於「唐方式」卷首題贊序文之紀年得知者也。

二百年前之韃字即滿洲文字，以文房用具而書有滿洲文字，實爲研究滿洲史之珍貴史料。又最近發見滿洲文之創始者達海之墓（見大阪每日新聞，本年八月十一日之記事），頗有貢獻，此事極饒興味者也。按達海之墓碑，滿蒙雜誌七月號有山下泰藏氏及佐藤文比古氏之調查報告；及「同仁」雜誌九月號之「聚珍採訪」欄，皆有記載。二雜誌對于達海之事，頗致力于研究滿洲文字之制定，對于滿洲之誌識，裨益甚大也。

（三）滿洲文字之千字文與四十二國人物圖說

自三百年來，大約在明正天皇朝德川第三代將軍家光之時代，亦即中國之明末與朝鮮從文祿之役之宣祖經光海君至仁祖之世，此時日本之外交政策，大體傾向消極方針，是時除中國與荷蘭外，拒絕通航貿易。封鎖薩摩之阿久根，筑前之博多，肥前之五島，平戶，大村各港，祇餘長崎一處，以供貿易。斯時對亞細亞大陸之滿洲，並無若何特別國策之行動。德川時代，最初關係滿洲之文獻爲「韃靼漂流記」一書，爲正保三年〔一六四六〕所發現。

自正保三年至十五年，時明室顛覆，滿淸帝國完全統一東亞大領域。第四世之英主聖祖康熙帝出現，國運益隆。康熙元年即寬文二年〔一六六二〕時爲第四代將家綱執政。

東亞既建立滿洲帝國，國運昌隆，誠爲政治上之大事。東鄰日本受此刺激，以敏銳如日人者，對于淸朝之發祥地遂加以特別注意，又因德川時代，漸入太平之世，文運漸盛，諸學者研究之眼光多傾向此方面，而研究滿洲者也。

荻生徂徠爲發軔者，著有「琉球聘使記」，始而注意本州以外之領域，作有「明十三省考定圖」一帖，爲研究海外之先覺者。又著有滿文考，爲研究滿洲之先導，極受重視也。

其次足以注意者爲下列諸書：

甲，淸書千字文　翰林院編修尤珍書

「淸書」者即滿洲文字，乃正德五年〔一七一五〕江戶，大阪書肆翻刻之刋本，故極足珍貴也。淸書千字文之滿洲字部分，共僅六字，另三十五字詮釋漢文千字文之辭藻章句。日本於何處獲得此書，翻刻本未記，本人所藏者，序文與例言全缺，未能詳睹當時出版之真面目。序文與例言，當記有該書之來歷，且爲研究正德時代日人研究滿洲史料之一，各方君子幸垂意焉。

乙，四十二國人物圖　一册

享保五年〔一七二〇〕刋本，劉善聰序爲正德四年甲午〔一七一四〕。此書乃當時日人所認識世界各國之人物，繪其容貌，衣服，武器，風俗等，中有「大明」「大淸」二章，俱有明朝之漢人習俗與淸朝滿洲風俗。在「大淸」人物附有說明：

『大清者即今唐土【中國】之號也。天子之本國原爲韃靼，一說明世之風俗；是故分繪二國古今風俗圖。二京十三道，文字經史，隨前代而變遷。』

又另有「天子韃靼本國」之風俗記述，所謂韃靼者僅論蒙古，朝鮮及兀良哈，而未言滿洲之風俗。其論兀良哈謂：「此國距朝鮮甚近，或曰隸屬女直國也。出北極地凡四十二度」。

四十二國人物圖，其後又有重刊本，名爲洋外人物輯，一名四十二國人物輯，三册。出版年月不明。卷首有黑田惟孝及永田南溪，中日文安政元年【一八五四】序。卷末題有「訂正四十二國人物圖說附言」之跋文，內敘有原著「四十二國人物圖說」之來歷及辨明原著之增減攷訂。惜跋文作者姓名未詳，僅書「何某誌」，誠屬遺憾。

洋外人物輯，一名四十二國人物輯，按「大明」「大清」「韃靼」「兀良哈」排列，分述其人物風俗。關于滿洲部分，茲抄遺「兀良哈」一段如下：

「兀良哈者東韃而靼之一部也，居山戎之地。明洪武中，其地內附中國，置太寧，朶顏，福餘三衛，爲東北之外藩。授其酋長以官，以資治理。其國風俗與蒙古相類也」。

此爲大寧（泰寧）朵顏，福餘三衛之記載，亦即對滿洲之僅有認識。

（四）滿洲政治之禮讚

享保原刊本之「四十二國人物圖說」劉善聰序文中，評論比較明末淸初之政治。滿淸帝國之隆昌，自屬當然之事。茲抄錄一節如下：

「昔者大明震旦，其祖宗夙夜興寐，兢兢業業，君臣相勉，此一時之所好也。及其子孫，所好相反，燕晏偷惰，上下廢業，變圖遂起，社稷失守，遂使大淸不勞兵力，坐有四百之江山。方今之朝政也，直言無隱者，如張鵬翩之屬，寵遇益隆，廉吏孤彰。戰功卓絕如藍理者，積暴虐民，即褫職爲庶人。屢巡江南，避暑關外，其取捨好惡，出諸買客者，大略如此」。

其指摘明末惡政，極稱淸初之盛運與善政。使人聯想「韃靼漂流記」率直批評滿淸帝國第三世世祖順治帝朝之政治謂：「法度萬事，外以明正，上下慈悲正直，」之一節。當國家與隆之際，稀世之英主康熙帝出現，國運盛大之滿洲帝國，日人是時極深感服。

原滿淸之覆明，明朝亦如唐宋以帝權握於漢族。日人對中國精神與物質文化之進步，極表敬意，且尊爲師國及先進國。尤以明末，對「父唐土，母日人」之國

3

姓爺鄭成功益加同情，扶弱挫強義俠之心可見。惟對清朝亦加敬意，不徒以好惡而馳感情，盛揚滿洲帝國之盛運與善政。日人之感情冷靜，批判公平，於此可見矣。

（五）林子平與井上毅子爵對清朝之批評

由上述公平之稱揚滿清帝國，因而聯想及林子平之言。林子平著「海國兵談」之序謂：

「今之清朝，古之中國藩屬。康熙以來，中國韃靼復成爲一體。今既統一，北鄙太平，故兵馬遠征，無後顧之憂。康熙，雍正，乾隆三主，文武剛毅，暢達時勢，統治華夏，然元之古業可爲車鑒，未知何以處之」。

林子平之論調，畢竟爲憂國之士重視清朝之國勢；然其見解實由日人之觸悟。井上毅子爵——明治時代文部大臣——著「梧桐陰存稿」卷二，題有「康熙秕政」，指摘清朝英主康熙時代之惡政，林子平之思想影響於後世者如此。此可代表江戶時代人對滿洲之認識也。

（六）小竹及談窓對清朝之批評

江戶時代之儒者中，對清朝時代之中國讚揚者甚夥。如篠崎小竹之「小竹齋詩鈔」卷二，「題清輿地圖」一詩中詠曰：

東南窮海西北胡，漢唐明皆遜版圖，提封不知幾萬里，……大邦長力少懷德。

盛稱領土之廣大及德與力之偉。

廣瀨淡窓之遠思樓詩鈔第二編卷下「觀唐館有作」一詩詠曰：

胡變夏，辮髮鬖髿戴笠下。夏化胡，韃兒往往出文儒。

韃兒者即皆韃靼兒；謂滿洲人往往出文儒，畢竟爲對滿人之好批評也。

（七）清朝時代對滿洲研究之不振

德川時代，關於清朝之學術，日人極力採納，而中國本部之學術亦極力加以研究。惟對滿洲之研究，深感其認識不足。此無他蓋中國研究滿洲人貧弱之故也。

三百年間中國之學術發展極速，大有進步，在中國學術發達史上占重要之位置。其影響波及日本，此爲德川學術發達之主因，亦即清朝學術傳播所致也。關于滿洲之研究，清朝以其爲帝國發祥地，故不奬勵研究。

按滿洲者，中國本部之漢人目之爲東夷。而此所謂東夷者乃竟侵入中國四百州之地，君臨其國。自入占中國本部後，忌暴露祖先根據地文化低落之實況，乃嚴禁

4

對滿洲蒙古作輕蔑之文辭。其爲詩文著述，或全部燬禁或一部删削，或處著者以嚴刑，諸如種種，因之對滿洲之研究缺乏自由發展。清代研究滿洲之史籍地誌類，大抵官修，及私人之撰述，徒贊美清朝創業主之武功而已。是故滿洲史之參攷書較少也。滿洲地理書之類，除乾隆時代欽定之滿洲源流考，盛京通志，熱河志外，殆無足據以注意者。

在此種狀態中，德川時代中國書籍自長崎及琉球流入內地雖甚多，而少有關于研究滿洲者，參攷與根據之圖書既少，無怪德川時代日本學研究滿洲之不振也。

（八）高橋景保之滿文獨創研究

一代大儒徂徠之「滿文考」，其滿洲文自何處學得，誠爲一大問題。小宮山楓軒（名昌秀，水戶之儒者，明和四年〔一七六七〕生，天保十一年〔一八四〇〕歿，年七十五歲）之楓軒偶記卷一謂：

「徂徠之滿文考，何所根據，立原先生（立原翠軒）就教於宇佐憲助。灊水（宇佐美憲助之號）答謂：徂徠神通英邁，廣博超常人，恍然觀悟，故通滿文。」

此種說明，頗不得要領，徂徠究自何處通曉滿文，及滿文考之纂述經過，皆未明言，誠屬遺憾。又天野景信之滿洲文書式等知識，何所根由，皆未明瞭，亦引以爲憾也。

德川時代學者得知其通曉滿文經過者，始自高橋景保，高橋景保通稱作左衛門，其父爲有名之數學者，景保生於天明四年〔一七八四〕，文化元年〔一八〇四〕二十一歲，父任職幕府天文館，文化八年習荷蘭學。文化元年〔一八〇四〕俄國東漸，國力伸展至東亞，從西伯利亞乃至經營滿洲，遂派使節至日本乞通商。其國書爲俄文及滿文，於是幕府命景保將滿文書翰譯爲日文。當時日人並未通解滿語，而景保利用幕部秘藏之清文鑑，努力研究滿洲文字，遂能譯出日文，提交幕府。

清文者即滿洲文字也。清文鑑敕撰於乾隆二十六年〔一七七一〕，爲滿洲語之文法辭典。此書以漢字譯解滿洲語，以漢字之中國音而讀滿洲文，然如此學習，談何容易，非苦心厥志難有所成。而一百五十年前景保竟能獨力研究滿文成功，確復非凡也。

近藤正齋（守重）之名著「正齋書籍考」卷三記清文鑑啓稱景保之功績。

欽定增訂清文鑑　三十二卷

先時物茂卿有滿文考，未得明晰，先儉高觀巢，通滿文，曾撰清文輯韻二十六卷，散語解二卷。蓋此際通滿字僅爲斯人，誠屬奇績。

景保從事翻譯滿文旣成功，對研究滿洲之興味頓增，乃以清文鑑爲基礎，着手編纂滿洲語字典。至文化十年〔一八一三〕大體告成，約三十卷，不幸是年二月，竟燬於火。然景保並不因之沮喪，雄心再起，重訂草稿，文化十三年〔一八一六〕告成，即今之滿文輯韻，是爲日本最初之滿洲語字典。凡三十七卷，十八册，現存內閣文庫。

同年八月又刊行滿文散語解二卷，是爲滿洲語文法。又著有增訂滿文輯韻十一册，淸文鑑名物語抄六卷皆藏內閣文庫。

又別作滿字隨筆一册，爲上野公園內之帝國圖書館所藏，乃記述滿洲語之槪略，中記有關于文化十年焚燬之滿文輯韻初稿，此書頗爲簡單：

一，文字之由來

二，文獻

三，文字之書法及文字之數目

四，十二字頭

五，文字接續

六，履辭考

七，地名箋

八，四十九旗

等八章，附以日文，漢文及荷蘭文，其說明頗得要領。例如地名箋列舉日本國，漢土，高麗，俄羅斯，滿洲，蒙古，其苦心努力於滿文輯韻之序文中可以得見之。又音漢淸文鑑及增訂淸文鑑二書，爲其研究滿洲語之基礎。此外序文並述文化十年〔一八一三〕俄國文書之日譯。可見景保之滿洲語學識，有利於當時時局也。

大正七年〔一八七四〕由珍書刊行會發行之山田孝雄博士著滿字隨筆一書內載：

『今也「滿洲」旣闖入我勢力範圍，滿洲語漸臨泯滅之悲境。緬想百年前之當日，感慨彌深。』

蓋因追念獨創滿洲語講解高橋景保之功績，是以對滿洲發生感慨。從大正七年後，經大正十五年以至今日，對景保之事功，感念益深矣。

此外對景保創始研究滿洲語之功績誌念不忘者，有下列之記載：

寬永以來異國船來着年表

(元政)三(庚辰)[一八二〇]十月(十七日)衛書物奉行，天文方兼帶高橋作右衛門播州文字書籍譯之獻上(黃金時服拜領)。

作右衛門之「右」字，實爲「左」字之誤，「播州」實爲滿洲之誤，按「播」(バン)字與滿(マン)字音極相似之故也。

(九)近藤正齋與滿文圖書

近藤正藤(名守重)，對當時之滿洲亦頗有相當認識。彼之名著正齋書籍考卷三論清文鑑曾盛稱高橋景保之功績。此外並介紹滿洲文圖書，以供國人認識滿洲。其介紹之書目如下：

一，音漢清文鑑
二，滿漢類書全集
三，滿漢名物同文類集
四，清文啟蒙
五，清文典要
六，清文彙書
七，清滿成語待對
八，清書日課書經注解
九，清書千字文
十，滿文，遼史，金史，元史
十一，滿文通鑑
十二，滿漢朱子節要

彼致力研究滿洲語文，著有邊要分界圖考(單行本，又見近藤正齋全集第一本)。關于滿洲之記事，特於卷六撰有滿洲考。又卷一考定分界圖之「引用唐蠻圖」論中國及西洋人之引用滿洲地圖，卷五引用德川時代越前人著韃靼漂流記之記事。又注以吉林，船廠，寧古塔等地名之漢音，對于研究滿洲頗見努力。

「邊要分界圖考」有文化元年[一八〇四]正齋之自序。

7

因正齋書籍考之記載滿文書籍，憶及國立北平圖書館及故宮博物院圖書館新近出版有滿文書籍聯合目錄一書，民國二十二年六月發行。該書之內容自書名上可以略知，乃以現代新分類方法，製成滿洲文圖書之目錄及索引。然兩者比較，其目錄不及書籍考之多，蓋中國之佚書而存於日本者，已屬周知之事實也。

（十）間宮林藏與松浦武四郎即

其次，文化年間間宮林藏之視察探險蝦夷及東韃，極負盛名，此爲其實地視察滿洲及西伯利亞之發端。間宮海峽之名，因彼而垂留永古。其紀探險之經過，著有東韃紀行一書。遂於明治三十七年〔一九〇四〕獲封「正五位」。

松浦武四郎（文政元年〔一八一八〕生，明治二十一年〔一八八八〕歿，年七十一）。亦探險北海道及考察滿洲，關于蝦夷之著述頗多。

（十一）淸文實錄之編纂

寬政文化間，注意海外者漸衆，關于滿洲書籍之發行是以俱增。

淸朝實錄一名淸三朝易知錄，別名淸鑑易知錄，此書爲郡山綽及永振銃合編，卷首有寬政九年〔一七九七〕郡山永振二氏之例言，及文化四年〔一八〇七〕柴野栗山之序。從淸朝初期太祖，太宗，世祖三朝之實錄中，抄錄淸朝創業時期之事蹟，對於滿洲之認識益加廣博。此書之抄錄翻刻，頗有裨益也。

嘉永五年〔一八五二〕刋之鱸春卿著萬國旗章圖譜卷首有該著者四年之凡例；及嘉永五年藤森大雅之序。該書中除「淸國國旗」外，尙有「韃靼國旗」。又另有嘉永間木活字版之滿淸紀事。此二書皆爲幕末多事之秋，日人注意海外諸國之表示，亦爲一般人對滿洲漸加關心之明證也。

（十二）從明治至現代

甲，明治時代　明治初期，新政伊始，百端待理，是以關於滿洲之著述甚尠。迨至明治十年〔一八七七〕及明治十三年〔一八八〇〕始有淸史攬要及滿淸史略之出版；然對于滿洲之研究，益見精細。二書皆爲增田貢所著也。

明治二十二年〔一八九〇〕亞細亞協會之機關誌「會餘錄」第五集，刋有「高句麗古碑釋文，出土記，古碑考」一文。此爲高句麗之好大王古碑，乃當時盛京省懷仁縣之洞溝發現。碑文之內容爲滿鮮之歷史及日本古史之重要史料。關于此碑，可參攷菅政友氏之「高句麗好大王碑考」，那珂通世博士之「高句麗古碑考」（見「史學雜誌」第二編與第四編，明治二十四年二十六年發行）。

明治三十三年〔一九〇〇〕，石澤發身著「白山黑水」，介紹滿洲。三十八年〔一九〇五〕遼東兵部站發行有「滿洲快覽」，三十九年〔一九〇六〕守田利遠著有滿洲地誌，東亞同文會刊有滿洲通志（譯自俄文，卷首有會長青木周藏子爵之序）。日人之勢力侵入滿洲，是以關於滿洲之著作日漸增加。

明治四十一年〔一九〇八〕內藤湖南博士著有滿洲寫眞帖，四十二年，小川運平著有滿洲及樺太，中西正樹與七里恭三郎合編有吉林通覽（大隈伯序文）。滿洲之歷史與事情漸爲世人所知。同年，市村瓚次郎博士著有「清朝國號考」一文，發表於東洋協會調查學術報告創刊號。又白鳥庫吉博士著有「東胡諸民族考」，連載於明治四十三年以後四年間之史學雜誌，對於學術界之裨益甚巨也。

乙，大正時代　大正元年〔一九一二〕稻葉岩吉博士刊行有注釋前田侯爵家所藏之尊經閣本遼東志；爲當時學術界所歡迎。是時白鳥庫吉博士之滿洲研究，相繼發表；並引起世人對滿洲之注意。大正二年〔一九一三〕，以白鳥博士爲中心，而箭內亘，稻葉岩吉兩博士協助之，出版有滿洲歷史地理之傑作。大正三年，稻葉岩吉著清朝全史。是年市村瓚次郎博士在「史學雜誌」二十四卷發表「明代之滿洲」。

大正四年〔一九一五〕，鳥居龍藏博士之「蒙古及滿洲」出版。白鳥博士，箭內博士，池內宏博士，津田左右吉博士，和田清教授，松井等學士，合編有滿鮮地理歷史研究報告，大正四年〔一九一五〕刊行第一號，至昭和八年〔一九三三〕刊出第十四號。初爲滿鐵會社發行，後改由東京帝大文學部發行。歷年相繼刊行，貢獻甚大也。

大正八年〔一九一九〕白鳥博士在「史學雜誌」第三十卷發表「室韋考」。大正十年〔一九二〇〕，「民政與歷史」雜誌，出有滿鮮研究專號。十一年，滿鐵調查課發行有滿蒙地理歷史研究，研究滿蒙之歷史，民族，言語，宗教，風俗，行事，氣象等。十三年，八木奘三郎著有滿洲舊蹟志上卷，下卷在十五年出版，泉廉治著有入關前之清朝，摘錄自清太祖，太宗，世祖之實錄，介紹滿清帝國創業時期之事蹟，並附錄有「前淸時代之吉林」一篇。大正十五年〔一九二六〕，山田久太郎著有滿蒙都邑志。

丙，昭和時代　迨至昭和時代，滿洲之研究，追隨其他學術，極其發達，是時側重考古學方面：昭和三年〔一九二八〕高橋健目，石田茂作合著有滿蒙考古行脚。昭和四年，東方考古學會叢刊第一冊發表有「貔子窩」（探討南滿洲貔子窩碧流河畔之先史遺跡）。昭和六年〔一九三一〕該叢刊第二冊發表「牧羊城」，是爲該會之大貢獻，大都爲濱田耕作博士，原田淑人，島村孝三郎等執筆之功績。

昭和五年〔一九三〇〕，衛藤利夫著有衛匡國（匈牙利人Martini）之韃靼戰記及南懷仁 Verbiest 之滿洲紀行，爲奉天圖書館名書題解工作之一。昭和六年，園田一龜著有「南懷仁旅行滿洲之觀察」，對于世人頗有裨益。

昭和七年〔一九三二〕園田一龜之韃靼漂流記；橋川時雄之滿洲文學興廢考；及拙著之從內鮮看滿洲之歷史等書，相繼刊行。昭和八年有大原利武氏之滿洲史及關於滿鮮之漢代五郡二水考；矢野博士之滿洲國歷史；沼田賴輔氏之古代之日滿國交；筆者及田中啟爾教授監修大宮權平撰之滿洲歷史地理圖等書出版焉。

結論

以上，關於日人三百年來研究滿洲之敘述，甚爲簡略。賴國運之發揚，因之對此方面之研究，日漸發達，殊足慶賀；將來滿洲研究之昌隆，可以期待也。

本文著者爲文學博士中山久四郎，登載於外交時報第六百九十二號（昭和八年，一九三三，十月一日出版）及六百九十三號（昭和八年，十月十五日出版）。本文僅論至昭和八年，關於日人最近研究東北之情形，可參看拙譯「日人研究滿洲近世史之動向」，載禹貢第六卷三四期合刊。

10

林縣小志

趙九成 1

（一）

林縣在河南省黃河以北的銳角的西北。經線東起北平西二度十二分，當該縣東姚區東部的烏山嶺；西至同度四十二分，當合澗區西部的嘴上村。緯線南起北三十五度三十八分，當臨淇區的石口村；北至三十六度二十五分，當任村區的槐圪塔村北漳河中。東西廣約有九十里，南北長約有一百六十十里，面積約有八千方里。

林縣位於太行山的東麓，山脈分布全境。地勢西北較高，東南較低。就大體說來，可以分爲山嶽，邱陵，平野三部分：山嶽地帶幾乎要占全境的二分之一。東崗任村兩區及姚村城北城南合澗四區的西部，臨淇區的東部和南部，東姚區的東部，都是層巒疊嶂，山勢嵯峨，巉峻如梯，田小如瓦。所以農產是極少的。但是地宜種植森林，兼產山果，正需要人工來培養牠的。並且斷層時常露出礦苗，如東崗區礦山的青鐵及磁石都是，從前曾經開採過，也許是富源所在的地方。

邱陵地帶較少于山嶽地帶，河順橫水兩區及城北城南兩區的東部，合澗區的東部和南部，東姚區的南北西三部，都是岡阜起伏，土少石多。溝中雖間或有良田出現，但是在岡坡上的田地，無疑的都是磽瘠的。也宜栽植森林，和山嶽部分有相似的地方。

至若平野地帶是很破碎的，是一塊兒一塊兒的分布在各地方。其面積較大者係姚村城北城南合澗四區南北連接的一部分，南北約有五十餘里，東西寬自數里至二十餘里不等。次爲臨淇集的附近及集東集西三部分，縱橫數里至十餘里。再次爲原康及東姚集附近，橫水集附近三部分，縱橫都有七八里的樣子。就上所述的平野區中，惟有城西近山一帶，土雜沙磧。城北洹源附近，潦時則有瀰水發生，對農產甚爲不利。除此以外，都是良田沃土，爲全縣精華所在的地方。

因有山脈分布全境，所以同度的氣候也有種種的差異。縣境有太行山縱列于西，其分支則平行東下，橫貫全城，故東部和南部，氣候較西部和北部爲暖，不過溫差是很微的。就寒暑的程度說，可以說都是很劇烈的。

最熱期在夏至到立秋的期間，縣治的溫度可升至華氏寒暑表九十餘度。最冷期在冬至到立春的期間，溫度可降至三十餘度。風向差不多是固定的，夏季多南風，冬季多東北風，中部近太行山的一帶，時常起極猛烈的西風，飛沙揚塵，樹木和房屋常被摧折損壞，當久雨的時候，有西風起必晴。雨量甚不平均，當陰曆的六七月間爲雨季，西部太行山一帶，雨量比較要多一些。人民喜潦惡旱，因潦雖亦嘗致歉收，但久旱則成大災了。

全縣的戶口，據民國十八年自治員調查的結果，是六萬三千三百六十五戶，四十萬零四千五百零三人。茲列表于下：

區別	戶數	性別	人口數
第一區城北	四五九三	男	一七四〇五
		女	一七〇八三
第二區城南	四四二四	男	一六〇一一
		女	一三九六一
第三區合澗	九七七二	男	三一九四三
		女	三〇二六一
第四區臨淇	八〇七二	男	二九三四七
		女	二六六〇一
第五區東姚	七三二七	男	二三六七五
		女	二二五四一
第六區橫水	六七八八	男	二二九三二
		女	二二六三八
第七區合順	四九八五	男	一五二八〇
		女	一四六六七
第八區姚村	六一五二	男	二〇一四九
		女	一八四八四
第九區任村	八〇二八	男	二三七三六
		女	二一〇七二
第十區東崗	三三二四	男	八五七二
		女	八一四五
全縣戶口總數	六三三六五	男	二〇九〇五〇
		女	一九五四五三

（二）

林縣全境的山脈，以太行山爲其祖幹。而太行山在縣以內者又以林慮山爲主峰，綿亙在縣西部和山西省的交界上，是沿南北方向而走的縱行脈。其支脈平行東下，分布在縣屬的全境，是橫行脈。茲分別介紹于下：

太行山脈：由王屋山東北至輝縣西部，折而正北，自侯兆川北入林縣境，北過淅水隔着一條深谷，劃成了內外兩層：外層叫做林慮山，下面另詳述之。至若內層西接山西省平順縣界，在雪光水西有五峰山，山勢非常峭削，上面有五個山峰，所以叫做五峰山。山半有雪光寺，北面有倉谷水，西面有王相岩，傳爲漢朝夏馥隱處。岩西有瀑布叫做寶泉，又叫做寶泉岩。又北有大頭山，再北過漳河走入涉縣界內，總計在林縣境內者長有一百多里。內層的山勢是很高的，自縣城向西北觀看，可以看出外層僅有內層的一半，土人不知，統把牠叫做太行山，實則外層原名林慮山也。

林慮山脈：在東漢以前原名隆慮山，縣即因之而得名；後因避殤帝諱，才改名叫做林慮山。此山爲太行山最秀麗的一峰，東面是平川，西面是絕澗，諸峰羅列，隨地異名。現在我們由南邊看起，在淅水的北岸的，名做棲霞山，其下有棲霞谷，在谷的西面有仙人岩，相傳是周時盧子綦棲隱的地方。北過風門口爲谼峪山，爲林慮山和太行山接脈的處所。西北有一山峰叫做金燈山，從前叫做金門山，其上有金燈寺，風景優美。又名爲南北傘蓋山，因其形狀似傘故得此名。其下有澤陽谷，谷裏面有寺叫做靜居院。又北爲天平山，因其峰勢險峻，上與天平故得此名。宋朝的柳開遊此山時，曾作過一篇遊天平記。此山有六個大峰，五個小峰，諸山峰都在茂林喬松當中，拔出石壁數千丈，回環連接，嶄岩峭翠，就是最工于繪事的人，也不會把牠畫出來的。又北爲黃華山，是林縣風景最佳的地方。林慮山有三個秀峰：第一是仙人樓，第二是玉女臺，俱在此山之中者也。其下有黃華谷，西崖發生瀑布，俗名叫「迸珠簾」，水經注中所說的「雞翹洪」就是這個地方。又北爲魯班門，兩山突然中斷，壁立如門似的。又北爲倚陽山，在其西面懸崖千仞，而頂上却很平坦，計有水泉七十餘處，中間突然湧出一個山峰，翠插天際，叫做蟻尖寨。金朝和元朝的末年，嘗有官民來這裏避兵，現在尚且有那時候的遺跡。再北行，止在任村集的西面，長凡八十餘里。

分支東下諸山脈：有的是直接由太行山分出來的支脈，有的是發脈于林慮山的。蜿蜒蛇行于全縣的東南北三部，層峯疊嶺，脈絡潛通，把河流當作天然的界限，可以分爲四個支脈：

第一在漳水南洹水北的爲北支，發源于倚陽山北尾東迤的達駝嶺，東行又分爲二支，一爲從達駝嶺東北出發者，在任村區爲黑石垴，爲當清嶺；又北盤踞在東崗任村兩區之間者爲紅嶺，爲傘蓋垴，爲王墓垴，爲迴峯峪，而以人頭山爲最奇特，峰頂圓銳，有頸項，有髮髻，宛然人頭似的。北行東折，沿漳河下趨，山勢巍峨，多崇崖削壁。有南天門，兩峰相對，中間凹處似門。有漳河垴，下面臨着漳河，晴天走到牠的頂上，可以望見安陽縣城。又東行入了安陽縣界，一爲從達駝嶺東南出發者，在任村姚村兩區之間者，爲貓兒嶺，爲南北礦山，山間有靑鐵礦及磁石。北行入東崗區者爲岩峰山，此山雖不很高，却是很秀麗。東行入河順區爲馬鞍山，因形似馬鞍，故得此名；兩峰對峙，在西面的叫做天堂山，在東面的叫做蒼龍嶺，天堂山的半腰有洞叫做朝陽洞，俗名叫做婆婆洞，洞口僅能容下一個人，裏面約有半畝大小，上面透着天光，下面建有三間神祠。又東行入了安陽縣地界。

第二在洹水南淅水北的爲中北支：從林慮山的棲霞山發脈，沿着淅水東下，到合澗集作一個結束。迤東山嶺綿亙，最著名的是大聖山。傍着淅水北岸蜿蜒東趨者爲烏雲山。東北走入橫水區的爲景色峪，爲鳳寧山。東南走入東姚區的爲白雲山，爲香爐峪，爲巫山巔。又東行入了湯陰縣地界。在縣城東南二里許有聖符山，宋宣和年間，有道人張常清煉眞于此，能書聖符活人，故以名山。明萬歷年間，有知縣張崇雅者，以山勢天矯，和龍相似，改名爲龍頭山，沿用到了現在。在此山的上面，有一個七級的浮屠，叫做燈龍寶塔，又有一座文昌宮。

第三在淅水南淇水北的爲中南支：從合澗集西南的太行山發脈，一峰突然銳起，超出在羣峰以上的是柏尖山，這也就是本支的主峰。委折東下，若羣龍赴壑似的，蜿蜒于合澗區及臨淇區的中間爲扁峪，爲王背嶺，爲迴旋峪。又向東行爲佛兒嶺。又東行到臨淇區和東姚區的交界上，爲九龍山，爲萬泉山，因山的下面泉源很多故得此名。再向東行到了合河口和從臨淇區來的一支相接着了。孔尖山在臨淇集的西面，從平地上崛然拔起，下豐而上銳，山勢特別雄秀。

第四在淇水南的爲南支：從輝縣境內太行山的王莽嶺發脈東行，由臨淇區的西南入了林縣境，盤結在縣南林縣和輝縣的交界上，山勢雄壯，僅次于太行山。山峰之最著名者，有秦王峪，雁頂，雞冠山，統叫做淇山，因其北爲淇水故得此名。據說這就是山海經中的沮洳山，也就是淮南子及水經中的大號山。東蟠北折而爲成子嶺。又東行爲棲兒山，據野人說，每到夏秋之間，便有雲霧結成樓閣，故得此名。又東行爲東大嶺，在嶺的下面有泉水西流。又東行入了淇縣地界，牠的分支從淇山的西端分出來的叫做鹿嶺，爲林縣和輝縣交界的地方。

上面所述的四個支脈，內界外包，到林縣東部的交界上，峰巒越險峻，漸漸混成一支出境，又東二十餘里才完全成了平地，爲安陽縣湯陰縣淇縣西部的諸山脈。

茲爲醒目起見，列山脈表于下：

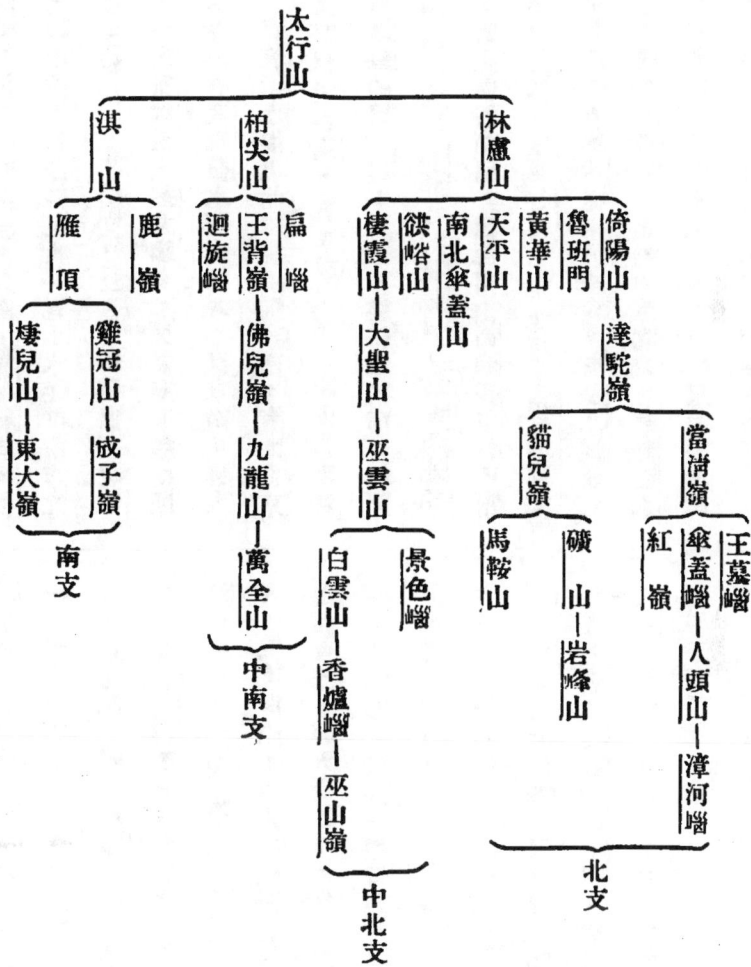

- 太行山
  - 林慮山
    - 倚陽山—達駝嶺
      - 當湍嶺
        - 王墓嶩
        - 傘蓋嶩—人頭山—漳河嶩
        - 紅嶺
      - 貓兒嶺
        - 礦山—岩峰山
        - 馬鞍山
      - （北支）
    - 魯班門
    - 黃華山
    - 天平山
    - 南北傘蓋山
    - 洪峪山
    - 棲霞山—大聖山—巫雲山
      - 景色嶩
      - 白雲山—香爐嶩—巫山嶺
      - （中北支）
  - 柏尖山
    - 扁嶩
    - 王背嶺—佛兒嶺—九龍山—萬全山
    - 迴旋嶩
    - （中南支）
  - 淇山
    - 鹿嶺
    - 雁頂
      - 雞冠山—戍子嶺
      - 棲兒山—東大嶺
    - （南支）

（三）林縣境內的山脈，都從太行山東出，所以河流也隨着山勢而東趨。現在將林縣的河流分別敘述如下：

漳水是林縣北邊和涉縣交界地方的一道河流，上游是清漳和濁漳。清漳有東西兩個源頭，東源出山西省昔陽縣西沾嶺的大黽谷，南流到和順縣西北，有小水從西北來會。又南流，復折而西南流，到南安驛，有清河從東北來會。又西南流，到遼縣東北，有小水從東南來注入，又西南流至縣南，和西源會合了。西源出西北賦嶺，東南流，經橫嶺鎮西，義成鎮東；又東南，經長城鎮西，過松樹坪，有武鄉嶺水西來注入；又東南，會東源而東南流，有箕山水從東北來會；又東南，有水從東方來注入；又南到桐谷鎮，有千畝泉水，從西北來注入，入河南省涉縣的遼城村；又東南經縣城西南，折而南而東而西而南，到了林縣北的交漳口，和濁漳水相會。濁漳又有西北兩個頭源，西源出山西省長子縣西南五十里的發鳩山，又叫做鹿谷山。東北流，折而東南流，又折而東北流，有梁水從南方來會，有藍水從西北方來會；又東北流，到長治縣北境的漳澤鎮，有府西水和石子河從南方來會；又東北流，經屯留縣東，潞城縣西，有嶔水從西方來會；又北流，有絳河從西方來會；又東北流，有潞水從東南來注入；又北流，到襄垣縣城南，和北源相會。北源出沁縣西北伏牛山的北麓，東南流，有聖鼓山水從東北來會；又東南流，左右俱會一水；又東南流，有銅鞮水從西南來會；又東南流，經虒亭驛西，有水從東北來注入；又東南流，到襄垣縣西，一小水從北方來注入；又東流，和西源相會，二源既會合，東北流，經縣城東南，有水從西北來注入；又東北流，到黎城縣西北，有榆社水從西北來會；又南流，至洺河鎮北，折而東流，經黎城縣南境，有水北從縣城來注入；又東南流，遂入林縣西北界壺關口的南邊。穿太行山而東流，經天橋斷水，從斷岸瀉入深壑之中，遠望白馬玉龍似的，確是一種奇觀。又東流，經儲陽故城北，滄溪從南方來注入；又東流，到交漳口和清濁水相會合。二漳既相會合，才叫做漳河了。東流經任村區的槐圪塔村北入安陽縣；又東流經臨漳縣；又東北流，入河北省，經成安縣，廣平縣，復東流，經大名縣北，入山東省的冠縣，和南來的衛河相會合，至此而漳河之名遂壽終正寢了。

洹水：在漳水的南面，源出縣北林慮山下，有五個源頭，從北向南數之：第一是史家河，發源于倚陽山下，東北流，到姚村區的埋子莊，和雙泉相會合。第二是雙泉，有兩個源頭，都發源于魯班門的東北，俗名叫做堙子莊前後河。又一個名子叫做靈岩水。第三是葦泉，發源于城北區柳灘村的西南，又叫做龍門崗河。第四是大頭河水，發源于城北區的大河頭村西，從前都以此水爲洹水的正源。第五是黃華水，上源來自黃華谷的北崖上，山高十七里，水出木門帶。帶就是山的第三級，去地七里，懸水東南注壑，直瀉巖下，狀若雞翹，所以也叫做「雞翹洪」。水東流到谷口，潛入地下，東北十里復出，經城北區逆河頭的新橋，俗名叫做新橋河。上面所述的五條河，先後會合于城北區陵陽村西，統叫做洹水，俗名叫做陵陽河。從前人以爲洹水出山西省長子縣的洹山，伏流到林縣始由地下湧出，那是不可靠的。水過陵陽橋，有武平水從北方來注入（武平水是發源于武平寺後，穿寺而東南流的一條水），又東流，過橫水區的趙村，又東南流，經橫水集，又東流入安陽縣地界。趙村以下，夏潦時始有水，平時則在地中伏流，到安陽縣的善應山，始由地下湧出。東北出山，經安陽縣城西北小屯村，東過安陽橋，又叫做安陽河。東流，過內黃縣西北入于衞河。

淅水：在洹水的南面，距縣城約三十里。發源于山西省的陵川縣界淅水村，東北流，經壺關縣合甕水沾水，穿太行山流入林縣境內。東流經棲霞關，有雪光水從西北來注入。又東流，經合澗集南，又東流，經該區的三陽村，又叫做三陽河。又東流經該區的小店村，有康王泉從西方來注入。又東南流，經萬泉山下，有泉數十處，從山根湧出。聲震岩谷。又東流經東姚區的河頭村，又東到合河口，和西來的淇水相會合了。

淇水：在淅水的南面，距縣城約七十五里。上源來自輝縣的侯兆川，東北流入林縣境內，又東北歷淇陽川，過石城西北，石城也叫做石樓，有一石面水壁立，下有門若城樓似的，因得此名。又東北流，西流水來注入，此水出東大嶺下，西流經過石樓南，是一條西流的水。又東流，過淇陽故城的南面，有葦澗河從南方來注入。又東流，過臨淇集南，有泉水注入，這便是淇水的下源。從此以下，此水始長流不絕。東北流到合河口，和西北來的淅水相會合。折而東流于兩山的中間。過淸風棧，有野豬泉水從西南來注入。又東流入湯陰縣境內，又東南流三十餘里，到淇縣入了衞河。

7

(四)

縣中的最高行政機關，無疑義的是縣政府。縣政府的組織是這樣的：縣長一人，為一縣最高行政領袖，得用秘書一人以帮同辦事。縣長下分設三科，以司庶政。計第一科設科長一人，科員若干人，專門管理一切文書事宜。第二科設科長一人，科員若干人，專門管理財政，辦理徵收及向省府解款事宜。第三科設科長一人，科員一人，專們管理縣中一切建設事宜。此外有會計處，中設主任一人以司其事。有承審員二人，以管理一縣的司法。有管獄員一人，管理縣中的監獄。有看守所長一人，管理看守所內的一切事務。縣政府之外有財務委員會以管理一縣的財政，有教育局以管理一縣的教育，有警察所以辦理一縣的警政，有國民黨區分部以辦理黨務的事情，有商會以維持商人的利益。除財政及教育當另為詳述外，茲幷略述如下：

林縣之有警察，始于清光緒三十一年，初叫做巡警總局，後來叫做巡警正局。宣統二年改正局為警務長公所，改局長為警務長。到民國二年，增設巡長二人，巡警十二人，共成了四十四名。十月改警務長公所為警察事務所，改警務長為所長。民國三年改警察事務所為警察所，改所長為警佐，一切受縣長的指揮，幷減去巡警四名，共為四十名。民國八年，又改警佐為警察所長，直接受轄于警務處。年需七千六百三十餘串，添辦服裝及器具等費，一年約千餘串。民國十七年，改警察所為公安局，中設局長一人，巡警四十八人，探警二人，警官二人，事務員三人，清道夫二人。每月需洋四百七十七元，由地方欵項下籌撥，服裝器具等費尙且不在裏面。民國二十三年，又改公安局為警察所，中設警佐一人，一切俱受縣長的指揮。這是林縣自有巡警以來的大概情形。

按照中國國民黨的定章，黨員在十五人以上者便得成立區分部。林縣的黨員很少，民國二十年組織區分部，因為沒有縣黨部的管轄，于是直接受省黨部的指揮，名叫「中國國民黨河南省直屬林縣區分部」。其中的組織，係由黨員大會選舉執行委員三人，分常務委員一人，組織兼訓練委員一人，宣傳委員一人，每半年改選一次。他的權力和縣黨部是一樣的。經費月支一百五十元，由省地方欵項下撥付。

商會在中國過去是沒有這種組織的，通商大埠雖多有會館的設立，然而僅是商人的私自集會，官廳是不管他們的。自清光緒末年，通都大邑才開始組織商會，思借以維持商界的利益。並且在商部註册，也得到官廳的認可了。更進而推廣到內地的各縣，文牘往來，儼然成了一個法定的機關。林縣商會的成立，在民國三年，以南關的山西會館作爲會址，中設正副會長各一人。初沒有常年經費，都是名譽職，從民國十七年以後，會長以下才都有了開支，係由商人自己派攤的。以上所述爲縣城的政治組織。

除縣城以外，便是各區了。林縣共分十區，即第一區城北，第二區城南，第三區合澗，第四區臨淇，第五區東姚，第六區橫水，第七區河順，第八區姚村，第九區任村，第十區東崗。各設區長一人，助理若干，負地方行政的責任。最近正在辦理併區，聞係合併爲六區云。區以下便是村落了，近年來施行保甲制度，十家爲甲，甲有甲長，十甲爲保，保有保長，于是百家左右的村落都組成一保，而二百家左右的村落便分設兩保，等而上之，依次類推。

（五）

林縣有財政的主管機關，是從民國以來設立公欵局開始的。公欵局正式成立于民國元年十月，設正副局長各一人，旋廢副局長，民國八年復設副局長，又增設董事三人。計從民國元年到十四年，中經改選三次。局址初附設在縣公署裏，後移到舊教諭署。先時地方各欵都經局內收支，後教育專欵獨立，警察實業也由各機關自行管理。公欵局每年經常各欵，僅制錢三萬六千九百餘串。到民國十八年，河南財政廳爲整頓財政統一權限起見，成立廳委財務局，所有縣政府附設的徵收處，及管理財政的科房，幷從前的公欵局及其時選組的地方財務局，一律取消，國家欵省地方欵縣地方欵統歸管理。局內設事務徵收會計等處，並附設縣金庫，掌各欵的出納保管事項。局內應支經費，改由省欵坐支。林縣的丁漕額連徵收處金庫在內，年爲八萬至十萬之間，故成立二等局，月支洋五百二十六元。是年四月一日廳委財務局正式成立，地方財務局便跟着取消了。到民國二十二年，財務局奉令取消，另成立財務委員會，專管地方一切欵項。計由九人組成之，設委員長一人，出組組主任一入，審核組主任一人，此外各委員均爲義務職，不常住會內。會中每年經理各欵，約爲十萬元左右，會址設于縣政府內。此外有契稅經理局，管理一縣的契稅。這是林縣管理財政機關的大概情形。

林縣的田賦是隨着時代有變更的。從明朝以來，林縣的田地便可分爲「民地」「所地」兩種。什麼叫做所地呢？就是明代守禦林縣的千戶所軍屯地，原屬彰德衞，淸順治十六年幷裁衞所，將在林縣的所地併入林縣，原額爲六百七十七頃三十三畝，徵銀二千一百八十五兩三錢八分九釐，這都是明代末年的數目。惟所地從來是沒有本色米的，沿到後來，遂成爲無漕地，不能和民地混合。所以到了現在，林縣的田地仍然可以分爲民地和所地兩種。茲將現種熟地的地糧列表于下：

地別	等則	畝數	共地	共銀	攤丁	攤匠
民地	上	一五一七七九•一三五四	七四二二五四•八二九	實徵並補徵銀三萬六千二百七十兩二錢三分七毫五絲二忽	地銀一兩攤丁銀八分七釐五毫四絲二忽三微一纖七沙六塵共攤三千二百十一兩七錢七分二釐七毫	地銀一兩攤匠銀三毫六絲四忽九微二纖六沙四塵共攤十三兩三錢八分四釐五毫
	中	一七七〇一四•七一八				
	下	四一三四六〇•九七五七				
所地	上	三二三二•三八八	三七九五五•六〇二	一千五百三十二兩三錢四分九釐	攤同民地共攤一百三十四兩六錢九分七釐三毫	攤同民地共攤五錢六分九釐
	中	五九七五•九〇二				
	下	二八七四七•三一二				

表列民所兩種地，共七千八百零二頃十畝四分八釐四毫九絲。實徵並補徵地糧銀三萬七千八百零二兩五錢七分九釐七毫五絲二忽。加以均攤丁匠，共年徵實銀四萬一千一百六十三兩零零三釐二毫五絲二忽，這是從淸乾隆以後到現在田賦的總額。

林縣的稅捐，在民國以前只有牙帖契當四種稅。可是自民國以來，苛捐雜稅便一天比一天增加了。舉其名目，則有什麼補助捐，印花稅，菸酒牌照稅，紙烟特稅，屠宰稅，包裹稅，礦區稅，出井稅，名目繁多，不一而足。原有的各稅，當稅因爲當商全都停歇而免除，老稅活稅也免除了，房稅牙稅菸酒稅都改訂新章程，增加收入，爲實徵實解的欵項。以上的各種稅捐，有的是縣政府直接徵收，有的是由個人包辦，二三十年來，不知變更了多少次，這是供獻到國家和省地方的稅捐，每年徵收數目，不下十萬餘元。至縣地方的稅捐，因辦理教育，建設，財政，警察，團防以及其他種種需用，由地方籌出的欵項，有的是舊有的，有的是新增的，統計不下十餘種。舉其名目，則有地租生息，丁地附收，漕糧附收，糧票捐，漕票捐，契稅附加捐，契尾捐，契稅附收行用捐，斗捐，各項行捐，店鋪捐，戲捐，房地合食捐。近年來政府勵行取消苛捐雜稅，所以有的已經取消了，有的還依然存在。這都是屬于縣地方的稅捐，每年徵收的數目，不下十萬一千餘元。不僅此也，設地方上有特別費用，仍然是徵之于民，例如最近因共黨到山西省，林縣一帶的地方和山西省接壤，便派了許多兵在那裏把守，兵一至境，便說向地方上借錢，地方上不借是不行的。然而我們知道是只有借的日子，沒有還的日子，爲數尙不在少哩！

（六）

林縣的教育我們總說一句話是很落後的，先看其教育局的沿革。教育局由勸學所改組而成，清光緒二十四年，開始設立勸學所，中置勸學總董事一人兼充縣視學，勸學員二人，職員二人。清宣統三年改勸學總董爲勸學員長仍兼縣視學職務。到民國三年裁勸學所，所內一切職務，改由縣視學担任。不久便又把勸學所恢復，置所長一人，以主其事，另外由省派縣視學一人。民國七年，河南省的教育專欵獨立，各縣也都增設教育欵產經理處附在勸學所內，置所長一人，即由所長兼任。民國十二年十月間，裁勸學所，正式設立教育局，內置局長一人，由教育廳委任，並佐以縣視學一人，事務員四人，董事七十人，各學區學務委員共十人。民國十八年，添設社會講演員一人，旋改爲民衆專員。局址仍然是勸學所的舊址，也就是淸時的儒學訓導署。民國二十一年，教育局改組，局長下分設總務，社會教育，學校教育三課，各有主任一人，督學一人，旋增爲二人，課員三人，而其課主任則嘗有一爲局長兼或督學所兼者。民國二十三年，又奉令改組，設局長一人，督學二人，文書員一人，辦事員二人，管理教育欵產人員一人。這是林縣自有教育行政機關以來的沿革情形。

其次要談到教育經費了。林縣的教育欵有三個來源：第一是丁地附加，每丁銀一兩附加洋五角，由縣財務委員會代收，每年約收一萬八千元。第二是契稅附加：又分契尾，合食捐，附加三種，由契稅局代收，合計每年約收九千餘元。第三是地稅及其他，由教局直接催收，每年約收三千餘元。合計三項共為三萬餘元。以上除第二項契稅捐歷年收入比較數目略有出入外。第一第三兩項都是固定的數目，沒有什麼增減的。至若支配的方法：第一是教育局的行政費及臨時等費，年約六千八百元，第二是縣立學校經費，年約一萬四千六百元，第三是區立學校補助費，年約二千三百餘元，第四是鄉村初小獎勵費，年約二千餘元，第五是社會教育費，年約四千五百元，合計共為三萬零二百元。此外各區的教育款，除由縣款補助外，由本區自籌者，或利用公產，廟產，或向鄉村派攤，或公產廟產不足，再由灘派來補充，或由其他款項來補充，各視其情形而定，多少及籌法是很不一致的，數目也是極不確定的。至于鄉村學校的教育款，和區的情形差不多，並且有酌收學費的，不過這是少數罷了。

關于學校教育，第一是縣立學校：有初級中學一處，係從前的鄉村師範改組成功的，一年級及二年級都是初中班，三年級是四年制簡易師範，共三班學生一百三十餘人，教職員八人，全年經費是五千一百二十四元；有完全小學一處，一年級至四年級共四班，五年級至六年級共三班，合計七班，學生二百餘人，教職員十人，全年經費是四千零六十八元；女子小學一處，現在初級兩班，教職員三人，全年經費未詳；初級小學九處，北關初小，學生二班，教職員三人，全年經費八百四十元。以上各級學校的經費，全係由縣教款支付的，其餘八初小，都分設在各區，各校學生，教職員不等，每年由縣教款按每校二百元發給，合計一千六百元作為補助費，不足時由各該鄉區籌措。第二是區立學校，在第二第三第四第五第六第八第九各區，各有區立完全小學校一處，共計七處，各校教職員共計四十五人，學生共計九百九十八人，經費共為一萬五千二百元，每年除由縣教款按班分別給予補助費外，都是由各區自行籌措的。第三是鄉立學校，一律叫做某區某保某村初級小學校，各區各校的內容，都是極不相同的，合計共有四百二十三處，以上統計縣立中學一，小學二，初級小學九，區立小學七，鄉村初小四百二十三，共計為四百四十二處云。

12

社會教育中，當首推民衆教育館，其中組織爲館長一人，館員二人，設有圖書講演編輯推廣四部，全年經費爲一千九百八十元。其次爲圖書館，城內原有中山圖書館一處，後來歸入民衆教育館。此外各區都設有民衆圖書館一處，共計十處，由教育局代買書籍若干種，分送到各圖書館，俾衆閱覽。但是除掉民衆教育館中有幾本書外，其他所謂圖書館，書籍是極有限的，簡直是一個大笑話。次爲民衆閱覽處，各區都設有一處，共計十處，由教局代訂報紙若干份，分送各處，張掛閱覽。次爲通俗講演所，城關共有三處，由民衆教員館的講演員定期輪流講演。此外還赴各區鄉去講演，但是沒有定所，也沒有定期，遇有什麼集會或者是時令的佳日，不時赴各地作一種臨時講演。其次便是民衆學校了，全年的預算共爲四百元，酌量各學區的大小分配民校四十處，由教局分期給予課本，燈油費，四個月畢業。

林縣學生之留學外埠者，從前絕少，近始漸多，因安陽距林較近，故以在安陽爲最多，約有一百餘人。次爲開封，約三四十人，次爲北平，約十餘人。在他處求學者雖不能說沒有，然畢竟是少數。

（七）

林縣爲重山所環抱，所以交通是很不方便的，論其道路，則多崎嶇難行，可分爲三種，就是平路，坡路，山路。所謂平路也是相對的。並不是如都市中的柏油似的。從縣城至四面，約可分爲十二條路：第一是縣東從橫水集到馬店鋪交界，三十里，東境安陽縣的科泉境。橫水以西是平路。以東是坡路，此路東達安陽縣城，南通省會，漢口，北達北平，爲一邑的咽喉。縣中土貨輸出外埠者以此爲出口。而外貨之輸入縣中者，亦以此爲入口。清初尚不能通車，後屢經修築，可行馬車。近二三年來，亦曾通行汽車，但路爲石基，覆以薄土，最易爲山水冲洗，所以旋修旋阻，今年也沒有汽車通行了。

第二是縣東北從陵陽村過河順集到屯頭口交界，三十里，東接安陽縣的長畛店。陵陽以南是平路，以東是坡路。

第三是縣東北從陵陽村過東崗集到丁冶口交界，五十餘里，東接安陽縣的東水境。陵陽以南是平路，以北是坡路。

第四是縣北從姚村集過任村集出峪門口到古城交

13

界，八十里，北接涉縣的合漳境。墳頭村以南是平路，以北是山路。此路出峪門口沿漳河南岸而行，都是棧道。

第五是縣北從任村分路迤西，過盧家拐到尖淜口交界，七十里，西接山西省的黎城縣境。此路僻小，墳頭村以南是平路，以北是坡路。

第六是縣西北從姚村分路過蟻尖寨到西寨後溝交界，六十里，西接山西省的平順縣境。寨門以東是平路，以西是山路。

第七是縣西從桃源店過斷金橋到摸豬嶺交界，六十里，西接山西省平順縣的西峪村境。桃源以東是平坡路，以西是山路，這條路是很奇險的。

第八是縣西南從八達村到花園交界，三十餘里，西接山西省的平順縣境。花園以東是平路。以西是山路，這條路也是很僻險的。

第九是縣西南從合澗集入河交溝到鞏關交界，四十餘里，西接山西省壺關縣河底村境。合澗集以北是平路，以西是山路。此路爲通山西的孔道，商旅繹絡，由縣南龍頭山西歸東大路，東達安陽，山西省潞澤的農產礦產多由此出口。

第十是縣南從小店到茶店分路迤西，從李家寨到鹿嶺口交界，七十里，西南接輝縣的侯兆川。辛安以北是平路，以南是坡路。李家寨以東是平路，以西是坡路。此路西南通沁縣，東南通汲縣，商旅繹絡。

第十一是縣南從小店到茶店，分路迤南到臨淇集，八十里，辛安以北是平路，以南是坡路。從臨淇集以南，有通湯陰和汲縣的路。

第十二是縣東南過景色村到東姚集，東至施家溝交界，七十餘里，東接湯陰縣的鶴壁區境，景色以北是平路，以南是坡路。

統計縣北姚村爲諸路的總會，縣南小店爲總會，以控制南北的要區。尙有應說明者卽縣中的路很少是能通馬車的。除去縣城東到馬店，北到姚村任村，南到合澗，臨淇，東姚數路，因年來人工的修理，尙可通馬車外，其他諸路都是不能通車的。

次言郵政情形，清光緒三十三年，林縣始設立郵局，旋推及到各區鎮，初爲信櫃，後改爲代辦所，都屬于彰德郵局。民國八年改城內代辦所爲二等郵局，管理匯兌事務，並加設村路郵務。現將縣中的郵務機關列表于下：

類別及數目	所在	被轄	備攷
二等郵局一	城內	開封管理局	
代辦所七	合㵎集	城內二等郵局	
	横水集	仝上	
	姚村集	仝上	
	任村集	仝上	
	臨淇集	安陽二等郵局	與縣城不通郵
	東姚集	仝上	仝上
	河順集	水冶二等郵局	

除城內郵局可以匯兌及郵寄包裹外，其他各集的代辦所，都只能收發信件及收受包裹，匯兌是不通的，電報也是不通的。

其次是電話，當民國十六年，天門會匪強伐唐姓的林木，創辦電話，以其老巢穴合㵎區的油村爲中心，南通臨淇辦公處，西通合㵎辦公處，北通縣城內總務處，東通馬店。縣城以北還未及設置，便失敗逃逸。各處的電桿全被拔毁。二十年劉鎮華軍至林，勘定全縣電話路線，令各處購買木材，樹置電桿。總電話局設在城內縣政府，各機關及各區的區公所都安置電話，雖鄉村尚沒有設置，然也算大體粗具了。

（八）

林境山多田少，面積八千方里，行糧地只有七千八百餘頃，土壤以粘質爲多，沙質次之。南部臨淇川較肥，北部山後較瘠，平壤地一年熟兩次，夏麥秋穀。岡坡地一年熟一次，或三年熟兩次，有穀無麥。穀麥爲農產大宗，此外有豆，黍稷，玉蜀黍，高粱，脂麻，紅薯，棉花等。果類有柿，核桃，花椒，山查，棗，梨，桃，杏，李等。豐年除本境自食外，可銷行外境。麥不熟小歉，穀不熟大饑。地勢高亢，喜潦惡旱。惟城北洹水沿岸一帶地方，及臨淇東南陽和西蔣諸村，地勢較低反而畏潦喜旱。年成的豐凶，正和全縣成一個反比例。

農功的程序，可以分爲五三步驟，第一是犁耙，第二是播種，第三是施肥料，第四是耘鋤，第五便是收獲了。

農家的副業，第一是牧畜業，因爲須用牲畜幫助在田間工作，並利用其糞以肥田的原故，所以常畜養騾，馬，牛，羊，驢等，也都養雞，幾乎是無家無之。雞蛋運銷于水冶安陽各地。第二是養蠶，家蠶係婦女閒時所飼養者，不多。尚有一種山蠶，不須多大人工，即可獲利，惟品質不大好。

林縣工業之可稱述者，第一是紡織業，婦女無論貧富，都以紡織爲主業，所織成的棉布，質堅耐久，叫做家織布，本地人大率以此布爲衣料。近年縣府爲提倡工業計，在南關開設民生工廠，成本約爲千元，用機器織布及各種毛織物。第二是羢毛業，全縣的羢毛行不下數十家，以羊毛羊羢製成羢帽氈毯等物，運銷到漢，平，津，等地，獲利很厚，爲豫北冠。第三是紙業，臨淇的東山曹旺水捻上野豬泉諸村，居民利用楮皮製成棉紙，運往各地，銷路很好。第四是陶業，可分兩種，一種是瓦缸窰，專製瓦缸，瓦甕，瓦盆，瓦罐等物，資本小，獲利速。一種是磚瓦窰，製磚和瓦，從前居民築室，多繕草，近多有瓦者。第五是編物業，可分兩種，一種是蘆葦編物，臨淇羅圈諸村，地勢低，宜蘆葦，村民編成葦席，售于四鄉。一種是荆條編物，太行山中產荆，土人刈其條，編成簍筐，銷路頗好，業者以臨淇陽和人擅長。第六是染業，以藍靛染棉布及繭綢，每集各有數家或十數家，鄉村間亦有之。此外林人因居深山之中，木石與居，所以業土工木工者很多，因在本土生活不易維持，所以都遠走他鄉爲人築室或作其他工作，尤以在山西省者爲最多云。關于工資，在民國以前，供食，日制錢七十文到百文；不供食，百文到二百文，現在供食，日銀洋一角五分，不供食，二角五分。作工時間，約爲九小時到十小時。

林人賦性淳厚，不善經營商業，所以從前在縣中經商的，大都是三晉人，尤以潞澤人爲多，現在才漸漸少了，代之者當然是本地方的居民。商場在城關及各集市，林縣集市共有九處，在城合澗爲大集，係天天集；臨淇東姚姚村任村爲中集，都是隔一日集一次，臨淇姚村逢陰曆雙日集，東姚任村逢陰歷單日集。橫水河順東崗爲小集，橫水東崗雙日集，合順單日集。開設的店鋪，以花布雜貨行，糧行，洋布莊爲最多，藥行，山菓行，羢毛行，鐵貨鋪次之。皮店，絲行，紙烟公司又次之。對外貿易，輸出品有糧食，雞蛋，繭絲，花椒，核桃，柿餅，栗子，山査，藥材，生皮，氈帽，紙等。輸入品有棉布，棉花，蔴，牲畜，酒，糧食，藥材，紙烟等。集之外有會，因神廟報賽以補集市所沒有的東西。和此地的廟會似的。會中的貿易品，有農家牲畜，建築木材，嫁娶木器等。富庶的地方，一年會數次，次亦一二次，會期例限三天，也有延長至五六天的。

鑛產有兩種：一種是煤，縣東橫水區的管家莊，郭家窰，凌集，逵連池，翟曲，馬店，喬家屯，土寨溝等處。都產煤，略有臭味。屢經開採，成效尙好。一縣的炊爨，大半仰給于此。但以資本甚少，開採仍用土法，未能加以改良，獲利者固多，折本者亦復不少，亟應設法採用新法以圖發展。一種是鐵，縣東北河順東崗兩區間，有鑛山產靑鐵，從前如漢時唐時宋時元時都曾經開採過，明淸以來才封閉了，將來若試辦開採，或亦富源之一端也。

（九）

林縣位于深山之中，人日與木石同居，很少和外面交通，若沒有土匪擾亂，倒是一個世外桃園。因之民俗樸實，好勇喜鬥，男耕女織，克勤克儉。不作巧詐的事，有淳古之風。人性好閒，得山水之靜，並不以仕進爲榮耀，廢學不講，所以自有歷史以來，衣冠士類是很少的；淸康熙乾隆以後，乃至一百八十年無登科第者，且「諸名生雖列學，入則橫經，出則負耒，士亦農也」。即此可見出林人的特性了。

林俗婚嫁，男女率在十五歲到二十歲的期間，一切由家長作主，當事人反不能參加意見。行禮的程序有四：第一是定婚，由媒妁介紹，雙方都同意後，婿家以小柬送婦家，接着擇吉傳啟，俗名換書。第二是納聘，將結婚的前數月，由婿家送衣料，首飾，米，麵于女家，俗名過禮。第三是擇吉，婿家具柬寫出親迎的時日送往女家，也有將此柬于納聘時帶去者。第四是親迎，吉期到了時，婿具冠服花紅，親赴女家相迎，一雙綵轎，前面有旗鼓相導。到女家時，新婦穿紅服（俗裝衣），以紅帕掩面，登轎前往。既到婿家，夫妻對神行拜堂禮，禮畢，妻進洞房，揭帕改裝，解辮挽髻，俗名上頭。晚上行合卺禮。翌日謁舅姑，拜祖墓。三日後，婦家迎女歸寧。這是婚禮。林縣的喪禮，自亦有其特性。人初死後，他的子女哭踊着走向土地廟前去焚紙，俗名壓紙。

三日後往揭，叫做揭紙。入棺爲大歛。將葬的時候，具訃或用口語通知親友。葬之日親友咸吊，死三日葬者爲排三，死五日葬者爲排五，推而至于七日九日，都叫做排七排九，富戶還有比這個日期多的。殯時，用芻靈紙馬鼓樂等爲前導，孝子手執紙旛，以布挽棺而行，家族戚友也都陪着送葬。葬後，一年三祭，就是淸明、十月一日，新年的三個季節。

林人的衣服，大半以棉布爲主，紡織縫級都是女子的職責。農人工人概着短衣，且除冬春外，多不着襪。惟士紳及商人衣長衣，間有衣紬緞者。女子服裝較男子爲佳，但形式却是很不摩登。女子向多纏足，近來縣城設立女校，縣府亦特意提倡天足，亦頗有解放者。民間飲食一日三飯，貧家冬日二飯，飯以粟米爲主，佐以豆類雜糠菜而食，故有「糠菜半年糧」之諺。婚喪亦設席宴賓，菜有葷素二種。民間待客及過節，也有吃白米飯和肉的。次爲麵飯，麵飯有切麵餅饃扁食（餃子）包子之類，小米飯有乾飯稀飯二種，糠有窩頭，俗名糠窩子，普通都是早晚吃糠，午飯是小米飯。近山居民，柿糠爲主要食品，製法是以柿和秕穀曬乾，冬日礮末存儲，可常年食之。菜有三種，一爲蘿蔔葉，一爲紅薯葉，一爲豆葉，都是秋日煮熟壓入缸中，備常年供餐之用。燃料煤爲大宗，柴次之。住房有瓦房草房平房三種，平房最少，縣境與石爲鄰，牆多用石，質堅耐久。從前草房較多，以黃蓓草白草做成，近草料缺乏，瓦房遂代之而興，平房係用瓦礫石灰築成的。

林民的惟一娛樂，厥爲報賽神功的戲，戲有梆子絃子懷調平調翻調撈子數種。懷調平調翻調都來自外境，本境土戲惟梆子絃子撈子三種。先談梆子戲，牠的外塲樂器，除鼓板外，有鐃鈸鑼鑔各一個，胡琴兩個，梆子一個，聲調和懷調平調差不多，所演的戲彼此亦能相通。演員以四生（老二紅小）四旦（老青花小）四花臉（大黑二黑三花小丑）爲正脚色。紅黑生旦爲差強人意者四人，配以平脚，便是好戲。現以此戲爲最多。次爲絃子戲，脚色和梆子戲同，惟樂器有笛子及絃子沒有梆子，聲調頗多曲折，曲文說白，辭多俚俗，君相衣冠，牧童腔口，劇本用歷史戲，而自成一種特殊風格，和梆子等戲絕不相同。前很盛行，今漸式微。其次是撈子腔，外塲樂器，略同梆子戲，音節鬆懈，脚色簡單，所演多家庭戲，腔調說白作態，多俗不堪耐，然頗受下等社會歡迎。

民國廿五年「五卅」慘案紀念日于北大。

旅行松花江日記

孟心史

民國八年四月十二日早登舟，十時始行，有風，午飯稍飽。飯後出洋，浪甚大，一吐乃適。未晚餐，坐三等艙。他無苦，惟太暗。及逼近厠所，時有穢氣耳。竟日時有微雨。

十三日。風浪較定，天仍微雨，早啜粥一盂。

十四日晨六時抵大連，七時入悅來棧，八時飯，九時登汽車。三等日金車票七元八拾錢，行李每人三十斤，外每多百斤，費日金三圓。此爲由連抵長之運費。九時半開車，晚九時抵奉天。乘客大增，擠甚，坐而稍稍磕睡。大連尚通行現小洋，其現大洋伸作十一角五，聞可作十二角。棧主欺生，稍貶之耳。客棧代買車票，每張取費一角，由櫃支使店夥往買。而給一已取客費之據。交到車票後收回，詎爲陳榮所遺失，遂扣住陳榮遲行，令向櫃上述明，則車已行矣。約晚車來。

十五日晨八時。抵長，投長春悅來棧。該棧待客極簡慢，所住多日本兵。市面惟用奉小洋票爲本位，現小洋不用。本省大洋官帖每圓作銅圓六十枚，現大洋作百六十枚，聞可作奉票十七八角，尚未詳也。

十六日晨八時，乘小票車行，嘈雜擁擠，俄車役之敲詐作弊，種種不堪，管理行李毫無秩序。從前未坐過三等車，不知向來如此否？過磅屢次不成，至上車後磅仍未過。陳榮落後，至二點鐘後始行。是晚抵哈爾濱，投新盛恆，行李未全，煩陶怡諸君拼擋臥具焉。

十七日晨起，檢仲弟所留文件，提出可資證據者一束。午白一震約飯。下午章緇僧來，蔣孟蘋兄弟先在，並與孟蘋說新盛恆清算大概。晚王荃士約飯。黃式如千元存單交陶怡。

十八日蔣孟蘋兄弟回京，檢新盛恆各件交孟蘋，並將合同交去，與孟蘋交割；所有孟蘋借款，以新盛恆股本及墊款七萬羌元，並代照酬潤抵之，作爲兩訖。羌帖方在極賤，止可相抵，且了此一段，脫去新盛恆責任，有孟蘋收條。下午訪王荃士鄭偉三於戊通。又訪李振文，繳還大洋二十元，又訪章緇僧，繳還麗生長合同。又益以上海攜來之千五百元，信托收來之羌帖二萬一千餘，戊通收來之大洋三百元，羌帖三千九百餘元，陶怡還來之所欠仲弟款羌帖五千元，姚詠白還來之代墊利息大洋六十元，了中國銀行之萬四千元債務。晚赴傅寫忱約，歸已十一時，金伯平仲蕃農產股票交孟蘋。

十九日收回戊通收據實洋兩萬元。于喜亭諸汾伯均來。蔣吉六方任馬家口稅局，由仲弟立保單與新盛恆，請新盛恆爲吉六作鋪保。陶怡來囑致信吉六，令別覓鋪保，解除新盛恆責任，作書與之。挈心兒至道外公園，心兒爲拍一照。

二十日三江閩粵會館開仲弟追悼會，晨先一往視會場，預備答謝。午後往會場，二時開會，三時半散會。由于喜亭演說，白一震讀祭文。答謝既散，後有來者數人。是日道外頭道街大火，道裏外之間，阻不通行，故道裏來者尤晚。晚鄭偉三約飯。并定拉心兒同往。

廿一日午劉勤史邀飯新世界，偕心兒往。晚諸汾伯邀飯，是日至車站送祝月誠。憶前日袁植丞說，所營油坊頗獲利，去年豆極賤，因無車運出，買豆榨油。所得之油不計外，其豆餅售出之價，貴於豆之原價，蓋以餅作燃料也。豆含油太多難燒，故非榨出油後不可。哈埠糧食之富，與其厄運，蓋可見矣。

廿二日約白一震來，同往拜客謝步畢，晤東昇利岳子珍，於仲弟股本官帖四萬吊無異辭。據云全局三十萬吊，岳以地產鋪墊作十二萬，廖孟昂鄭偉三陳陶遺盛霞初及仲弟五人合十八萬吊。中有多寡，惟仲弟確爲四萬吊，而孟昂似亦祗四萬云。晚晤鄭偉三，則云孟昂確爲大股東，當有七萬吊在內。蓋其餘四人合十一萬吊，乃偉三仲弟各四萬，霞初二萬，陶遺一萬，此無可疑議者。然則以外即廖岳二人。岳既自承爲十二萬，廖必七萬可知矣。是日新盛恆掌櫃約新世界午飯，于喜亭約異香館晚飯。上午謝步時，道裏商會辦事黃朴人，獨請見一談。黃太倉嘉定人，一震乃其女夫，向在道署交涉局，爲李蘭舟客，民國四年乃入商會。一震之來哈，因黃也。黃與廖孟昂之墾地爲合局，上年曾議全部出售，嗣知售主乃朝鮮銀行，故中止云。心兒言春涵自謂明年當挈妻奉母至墾，爲終身計；又言玉如在荒自有婦，其家亦知之，玉如婦頗不妬云。

廿三日昨聞三姓僅見氷排，三姓以下尚無開江信息。又昨聞岳子珍說，其來哈係由富錦至饒河，陸行約

2

三百餘里，再乘汽車抵哈。又昨東井有李姓者來，乃從江北陸行，經海倫等處而來者，海倫爲將來濱黑路線。然則由俄人所築之哈爾濱至海參崴線，上接至富錦，由濱黑線接至蘿北縣，墾地所在之處，適會合三江口，亦成一交通要點。訪袁植丞談所組織之油坊，買豆榨油，以餅抵豆價外，又贏一油坊開支，而油爲純益。豆餅無車運出，賣作本地燃料。油之爲用，第一精油製燭，以下分五六等，已不甚記憶，但知製燭之次，有製象牙細胰粗胰等等。日本肥田之法，一年用豆餅，一年用小魚，相間爲用。今年爲用餅之年，餅有售日與燃料兩用，故餅價益起，今年油坊頗獲利。午朱益蓀約飯於五香居，道路難行。而烹飪用淮揚式頗美，松花白腹肥尤可口。見帳單爲六十五元，合大洋不滿三元，五人吃飽甚。飯後，以于喜亭居相近，訪之未晤。

廿四日晚，約偉三勤史一震陶怡飯，除酒由陶怡預存外，費羌五十二元七，與以五十三元。

廿六日。岳子珍來，船已定好，仍決行。今日申酉間下船，有詩：

「江船獵獵泊當風，濯錦霞光耀眼紅，紅錦東邊虹臥水，千檣更在臥虹東。」

廿七日在露西蘭船上二號房，晨起未開船。是日舟行二百數十里，上午十時半開行，下午三時至湯答嘴子，五時至烏兒河，九時至新甸泊。是日星期。

廿八日晨五時開行，七時至木蘭，是爲縣治。入煙較繁，木薪堆積甚多，輪船於此添薪。皆昔日窩集之流也，交通稍便之處，濯濯盡矣。購熏雞一隻，價洋三元，雞蛋十八枚，亦三元，其價爲廉，蓋內地用羌洋匯兌之影響，相及較遲也。十一時半過岔林河，沿江觀者如堵，蓋亦一繁盛站。二時過伊漢通，時正飯後甜臥未醒，聞此站殊非殷賑。四時小食，見江中多有氷排，蓋自岔林河以下，兩岸皆氷排密布，據云此是「武開江」，故氷排冲積，哈爾濱今年爲「文開江」。「文開江」，氷由漸而化也；下游仍「武開江」，前日大風，將甫開拆之氷塊冲動，順流而下，其開也速，觸之則有危險，是之謂武也。四時許幷見江中流不盡之氷。德墨利者，伊漢通以下之站也，吾船未泊。五時許船行較遲，云已至三塊石。此處江底多石，上下游雖慮灘淺，然有停滯無危險，至此則閣淺即觸石，故行舟宜分外注意。岸傍見有壘石，云係冬春未凍或始泮時所撈取者。此事由海關主政，歲歲爲之。蓋自東清鐵道通後，有此一舉，今尙未能撈盡。據同舟人皆言江底石年年增長，意殊不信。石爲無機之物，豈能生長？然衆説甚堅。自此至三姓，尙有六十里，江道皆如此，爲最難行航之路。以如此之長路，十許年來，撈治之效，宜乎不易竣事；且凍則不能撈，水發又不能撈，因其見效之難，遂謂繼長增高，終不可撈盡，此謬見也。水大時舟行通暢，此路遂無戒心矣。有詩：

「山横絕域春猶赭，江貯明霞水不波，人在雞林更東北，一行鴻雁向南過。」

七時抵三姓海關，經稅司驗關。未驗之頃，小舟蜂湧而來，皆售食物者。船停中流不傍岸，關員先以舟附船，驗訖下小舟，則售物之舟蟻附矣。所售豬肉魚類麪包大餅油麻花大靑蘿蔔之類，物價甚廉。熏熟白魚，每斤羌洋一元半，大鯽魚亦然。鯽魚約每斤三尾者，白魚則甚大，欒切成塊，每斤約三塊。大蘿蔔每兩枚半元，糖餅每三枚一元餘。是每元不過合現洋五分，南人至此，覺無物不價廉物美矣。三姓城在牡丹江口。滿語三爲依蘭，淸末升三姓爲依蘭府，民國廢府，改依蘭縣。縣城下游五里爲海關，中國船多泊縣城，外國船則停海關前。自此以下，江南爲樺川縣，江北爲湯原縣。明日上午可抵佳木斯，即樺川縣境云。十時，船遇大氷排遂止。先有數輪亦停於此，據云三江船尙在，三江先開數日，新甸三姓，逐節停頓。在三姓聞海關員言，昨早三江始下行，今乃復泊於是，開江之難如是。明早視氷排是否流過，再定行止。計程已離湯旺河不遠，湯旺河距三姓八十里云。午夜後雨瀟瀟，不能熟寐。

廿九日晨四點三刻，開行，昨先泊兩輪仍未動。旣行，乃見北岸有河口，果湯旺河也。再行數里，至湯旺河鎭，未停。有一客係至湯旺河者，譟而言，無應之者。兩岸氷排或沿岸尙有數丈未開，或積疊至五六尺之高，想見開江之武。旋近北岸一泊，岸有臨江數家，積木薪甚多，斯爲湯旺河鎭，前實未至也。下小划船送客登岸，自三姓至此，船皆未傍岸，送客用划船焉。江中流氷甚多，大者盈方丈。夜中曾覺有物觸船甚震，蓋亦氷也。

吾舟所裝麻袋席條，皆於佳木斯起載。佳木斯沿岸，氷排擁積，距岸約十許丈。氷雖每層厚逾尺，然已

4

受風日之威，勢將融解，往往一觸而散，爲氷筋無數。寫載時既不易達岸，又未可恃氷爲着力地。所寫之物，每件數百斤，難於飛渡。徐察舟人作用，則先出一板架四足，上横木條，如長板凳，但加堅厚，置之水中。再出長板三條，由舟及架，並列架定。恐其着力不匀，再出木夾夾之。中空恰如板之厚度，一端聯之以木。既夾上，又以繩紮緊彼端，三板共加夾二道，板腰遂如加二道横束，然後接兩長板，則大半臥氷上，又從岸上捐來數板，接之使達岸。其第二道長板，於空虛處亦加木夾。氷之不平處，以鐵杵舂之，鐵鏟剷之，歷數時措置始安，乃始寫載。載重氷涣，又需時時補救之。計舟至佳木斯，不過晨八時半，寫載則過午未矣。午後乃稍登岸，一覘風景，市鎮商店俱臨江。稍入內乃有一城，城以木壘，至高三四尺，如南方墳墓之外圍，俗名羅匡者然；城門以木爲匡，裝板兩扇，略示形模而已，非有守望之實用也。城內寥寥數家，不及城外之有商肆，然有戲館開演夜戲，經過時無所動作也。問知事署在東北角，以窵遠未往瞻仰，而回舟焉。有詩：

「流氷駭漏呑舟網，就泊危連棧道鈎，舉目綢邊風景異，春游何似曲江頭」。

其二：

「盧聞佳木莫樺川，草不勾萌樹禿顛，爲怕故園春盡日，追春直到未春前」。

客有高姓者。自佳木斯來附舟，談次，乃知此處一城，乃樺川縣署所在。下游八十里，地名東街，乃爲樺川縣治，知事署在焉。先在城內問知事署，城人告以東北，正指東街所在耳。東街市肆，不如佳木斯繁盛，然亦有戲館，皆來自關裏，男女合演，無夜不滿座。想見荒地既開，居民之富力。在腹地各縣城，幾無數處能長開戲館者。今日不復能行，聞三江船抵此兩日，今早十時始下駛。

三十日陰歷四月朔，晨四時開行，三時許睡醒，起視天尚未明。船客中亦有高興者，巳在船頭持篙弄氷。每有流氷過船旁，見氷塊較大，必以篙搗之，口中辱罵不已，晦翁所謂其辭若有憾焉，其實乃深喜之。吾國粗人好罵及祖宗戚屬，横肆穢語，愛憎皆用之，此亦一種惡俗。船既開行，流氷漸少，兩岸積氷亦漸少。佳木斯最當氷衝，聞以湯旺河之故，河氷至此而擁合，遂爲巨觀。昨岳子珍用佳木斯軍用電話詢富錦，亦云無氷，然

5

則今日可安抵富錦，明後日渡江赴致遠，當均不難矣。七時至樺川，一名悅來鎮，又名東街。先開之龍江亦泊此，遲遲未行，云前有冰排，吾船亦遂有停意。十時試開，風極大，仍未行，船被風刮擱於岸，一震而止。至十二時，名山自後來，亦停，下午風由漸而平，至六時又行。船中有海城岫巖等處農民一帮，據一于姓者與談，言合伴移家往綏東種地，男婦老幼百餘人，能下田者有四五十人。綏東警務長潘姓，有地十餘方，歷四年未能多開，潘籍海城，今始招大批佃戶往。今日船開，彼中有四人登岸購食物未及上，頗喧嚷云，大批船票均在彼四人中之某人手。旋見四人者附名山趕來，今晚必可會合，但稍有所費耳。有詩，改心兒阻風口號：

「安居不識波濤險，萬里乘風始自今，多謝石尤肯相顧，天涯小試壯游心」。

八時半，萬里河通泊。其地略有草房，臨江而居，地甚荒涼，兼天暝，亦不見岸上景色矣。

五月一日，未明三時即起。四時半船解纜行，天氣晴明，立船頭見岫巖于老，詢其承佃方法。據云：農具耔種，均出東家，收成各半，如種大煙，每晌還土三十兩。八時半至額勒密河，岳子珍代商船主停船，即上。地距津口二三里，登岸即有本地工作之人，隨而登岸者十許人，雇令肩行李至人煙處，僉言可往滿店，索價羌洋八元，共肩八件。既抵滿店，商車輛不諧。既而約雇一輛，裝一半行李，二人乘之先行，當日可到。挈心兒携行李行，留陳榮春涵宿滿店。當日計額勒密若不停，則須至富錦宿。明日幸而無風水之阻，亦須一日始度，仍宿滿店，或其間壁馬家店，再翌日乃上道。蓋一停船可省行程二日，意甚慰。詎車已講定，車主即滿姓，索價羌洋七十元，套車來時，必帶木薪一車，裝卸之煩，直至下午二三時始到。行至滿家屯上，婦女多人上前問詢，知悉致遠主人，相慰勞如平生。蓋其家亦革命時始至，先住奉天南境旗籍，來此移殖墾地，領地甚多，而艱於墾；有熟地三百畝，人口四十餘，合家男子能操作，滿店即其所創。今年租出，由他姓承其業。此處遇致遠近思東井人來，蓋阿桂壽金玉如三人。壽金擬南歸，餘二人至富錦。既相值，壽金約明日仍回公司，餘自南渡。途中陷於淖者兩次：一次去滿家屯不遠，滿姓有健者來助出險；二次則無人爲助，百計不能脫，心兒爲之推挽，乃成行。於路見東益公司已廢之電杆，過大水窪一處，汪洋數里，幸未陷；若陷則不可思議矣。距致遠七八里，有馮家店，車夫過此，不肯復行；余亦恐天色近暝，有緩急益難爲計，允宿馮店。店主於致遠甚殷勤，亟稱財東；且道致遠趕車夫，即其快壻，女年甫十八，出嫁未久也。晚膳以炒雞蛋炒豆芽過家常餅，尙可口。

五月二日清晨行，過連環泡橋，見橋堍有掘土方痕跡，知係塡道收束泡水，使橋不甚長。後詢大鏞云，橋原有二十餘洞，危險難修，後掘土塡其兩頭。今橋不過三洞，行車較爲安心矣。抵致遠，見公司在岡上。岡上有人，似候望來車者。既近，乃見大鏞。鬚髮鬅鬙，短衣破至見絮。落拓故其本態，居此益不自修飾，可笑也。敘話至午飯後，同往近思，未見閻鳴宸。按行近思公司及墾地，緊湊光昌，勝致遠遠甚。有四屯，屯名曰萬年，曰安樂，曰懷來，以佃戶皆高麗人故也，又有屯曰武進。近思地本最小，不過四十五方里，除去林麓水窪，決計緩開之地，餘已及半，故所見熟地較多。心重鳴宸之爲人，又知所經營之燒鍋，盖屋造麴購糧，種種皆已有次第。其欵照仲弟已允之預算，今則求呼不應。陶怡既置之不理，業借東昇利官帖四萬吊，息四分半，據云尙爲恩債，盖息率有七八分者。債分兩期，所借近者本月底，遠者下月底，均已到期，而需用之數尙不止，應倍於此，窘迫已甚。若燒鍋不成，已費者虛擲可惜。而其指燒鍋以騰挪後望者，更成畫餅。經此一阻，必遲進步數年。乃銳身任二千元，又爲之規定權限，使鳴宸有全權理公司之事。盖數月來倀倀無主，人心不安，候陶怡不至，已頗失中心力矣。由近思轉至東井，熟地亦尙多，而氣象不及近思。計熟地多於近思五之一，而原地多於近思四之一；又近思費五萬餘元，東井費十二萬餘元，則不止加倍矣。公司辦事塲，其精神之堅瑕聚散，亦殊不同。致遠窘於財力，固已落後，地面獨大，倍於近思，熟地僅當近思八之五，未免彌望皆荒。用欵恰四萬元，成績不佳。余意近思功在垂成，宜先助其速力；次籌致遠，以爲進行之序；東井則似已自畫，將來不過如此。東井多一學堂，子弟極清俊可喜。由東井歸，行至深夜，車夫屢失道，寒甚。

三日，同大鏞循行致遠地。先至後屯，次至三間

7

房，又次至高麗屯，末至窰上。窰上者。與人合辦之磚窰，有窰戶所蓋屋三間，現窰停燒，屋已住佃戶，未成屯也。致遠屯名皆佃戶自然相稱，主者無所命意，與近思不同。至東井則擬定四名，曰川沙，曰楊公，曰滬江，曰淞隱。蓋以黃任之楊思盛沈信卿等及陶遺爲本位，意各有當。各佃戶家皆一到，親致余婦所贈小孩糖食，並約明日至公司聚餐。闔鳴宸同屠振聲來談。

四日，公司約佃戶及工人共膳，宰猪一口，稍佐蘿蔔木耳等土產品，成四碟四碗爲一桌，每桌四人。飯後，擬明日行，李壽金尤鴻初等約往近思午飯，意緒惡劣，念萬里遠來，不獲弟兄共一杯杓，何心赴飲！自往告鳴宸等以此意，止其設備。幷與約借墊欵項，申明權責，留待股東大會公決；未決前，由余付與一函負責。鳴宸出陶遺來信，乃辭不任近思事者。

五日欲行未果，晚阿桂始回，略與叙談，賈三來談。

六日早行，並與阿桂談，責以不應聽玉如私拆余來信，挑撥是非。能相助爲理甚善，否亦不敢相強。是日爲余生日，心兒捧一芝草從行，擬歸以獻其母，爲五十初度紀念。下午抵江岸，宿滿店。至東鹽及油坊並郭子香家一一訪謁。夜見月有詩，滿店門前板子叢中看月：

「焚烈功夫萬木攢，臨江荒店駐征鞍，壟頭亦有江南月，何似鄜州獨夜看。」

七日，因無官渡，雇滿姓一小舟，由滿姓叔姪駕舟，遂有搭客十餘人，順水下行。始尙微有東風不足爲阻，至中途，風大作，風水相搏，黃流翻作雪浪，雨又大至，舟無蓬蓋，露伏雨中，急泊一荒洲旁。向又未知油艙爲何事，水從底入，浪又旁衝，滿船皆水。去人境甚遠，恐淹久迨夜，狼狽至不可堪。同舟多數謂宜乘風冒險上駛返故處，舟人猶倖雨稍小。風稍定，仍下行。見岸上人來，告以不可復前，有遇險者，彼輩皆折回者云。乃急返棹，風雨又作，浪大船小，危甚。乃主就地停泊，冒雨陸行。既相率登岸，余手足至不便捷，或推或挽，僅從沙泥雨水中脫出，行李無法取携。前行良久，留陳榮守行李，候人搬取；既而遠見船又開行，陳榮亦在舟中，知已仍取行李入舟駛返矣。時風亦稍殺，陳榮從後呼仍下船同行。岸上路窄而危，又雨滑草纏，十餘里亦殊難走，乃仍入舟。雨又至，幷發雷聲，頂水而行，舟復遲緩。既抵滿店，已下午三時。住滿店本極惜其穢陋，至此則勝於安樂窩矣。余御一皮衣，水漬透，既乾，皮板硬，觸之綷縩有聲，成廢物矣。在店中經歷震雷甚雨，屋雖漏，幸無苦。心兒請以韻語紀其事，以演法式，乃就其所易解作絕句體示之。携心兒偕大鏞附滿姓船，半道烈風甚雨，險甚折回，紀事五首：

「信有驅人萬火牛，殖邊功利兩難酬，兒曹豈識求田計，只愛窮荒恃壯遊。掀天波浪渺無津，雨橫風狂更駭人，慚愧臨淵輕一試，千金人道不貲身（舟人向他客指目余爲致遠財東，且云此舟爲余特開，不然不敢犯官渡之禁也）。上不支篷下洞穿，漏舟孤碇絕人煙，艙中犀角神猶王，不觸屏風學偃眠（心兒遇險不驚，閉目靜坐而已）。性命鴻毛不自哀，淋漓衣履尚嘲詼，未能溺勒同龜坐，先與牟尼共浴來（余語心兒，今日爲浴佛日）。胡越同舟計不殊，回帆上水覓歸途，艱難履地牽衣問，雷雨曾迷大麓無（歸舟中已聞雷，抵滿店則霹靂大作矣。）」

夜半起視，星光燦然，西北風起矣。

八日，天氣極佳，官渡已泊於岸，因風順促行，六點鐘即開。至富錦入東昇利店，玉如等先在店數日，時尚未起也。候衆起，乃同出早餐。衆謂有一常州同鄉飲食店，即詣之，具食頗有鄉味，春餅爲餌，紅燒鯉魚爲大烹，餘盆碟湯菜皆可口。自離哈爾濱不易覯此店，即在哈爾濱平常飯莊，亦不同此風調。店主人吳姓，隨張小浦至奉天提學署中爲廚司，後流轉三省，曾爲章緇僧任梧桐溝金礦時所雇。近自佳木斯轉至富錦，有家眷自故鄉携來，其妻已死於佳木斯云。既食畢，出行富錦街衢。人煙稠密，店肆繁多，街道緜延，廣袤數里十餘里不等。有機器油坊麪粉廠二，有油坊兼辦電燈廠一，顯者之家，亦築洋式樓房，陸軍駐紮頗多，司令部爲最大洋房，云即哈爾濱農產銀行所建，擬設分行未成，而哈行受虧改組，遂以此屋出租。又至成興隆，途遇其店主李子興，誠懇殷勤之態可掬。有江陰同鄉高君博，名彥元，在此組織殖邊分行。殖邊無實力，惟金慰農在哈組織時，以錢鈔信託爲目的，呈部有案，遂到處辦紙幣貿易事。此事惟東三省最可爲，蓋其幣法最紊亂，一舉動而有數種兌換，乃可授受。出行數十里，各地用鈔又有不同，故以信託爲媒介，無本生利，莫妙於此。高以原組富行之人，受總行委任而來，哈行於去冬忽獨立，不受總行節制，遂令委富行長。高賦閒，而其組織之勞，徒爲他人坐享。既又由總行收回權限，撤換哈行長而富行長則未動，高談次頗不平。又出示上年初來富時調查一稿見示，頗可觀，勝余自行詢訪，稿另錄。回東昇利，李子興來，坐談甚久，至午飯在案乃別去。飯畢，即先將行李下南洋輪船，此船即南洋兄弟煙草公司所辦。下午又獨行各街市一覽，妓院戲館男女浴堂皆備。大鏞初來時，富錦不過如今日之綏東，綏東由我三公司來而成縣，富錦則一躍而爲繁盛之地，幾與數百年都會三姓等處相埒。最發達尤在一二年間，則烟禁廢弛，富錦饒河交界處，種煙之徒麕集故也。種煙以聚人，而販烟者獲厚利，官吏又以索擾搜查包庇等爲窩穴，所得不可勝計。前任趙司令最猖獗，出行必有家丁托煙盤以從，近京師申嚴煙禁，撤司令，而窩穴如故，農家大受損害，佃工皆不肯種糧食，遯往種煙。現由省委縣知事蔣體師來查富錦寶淸饒河日江四縣煙禁情形，蔣頗爲難，不敢盡不呈報，又不敢得罪諸有力者，方在斟酌復文云。蔣字虛竹。曾任金山縣，於袁氏盛時頗有與陶怡爲難之意者，蔣其人也。晚仍就食常州店，由玉如作主人，店主並送鹽蘿蔔鹽大頭菜各一包，至東昇利，爲余路菜。

九日，大鏞返綏，尙先於輪船半小時，南洋輪於十時半始開行，見官渡上水行頗不易，既抵額勒密，仍停輪下板子，悔未詢明，使大鏞即由此船來也。一路見青翠鬱然，與來時大異，有詩紀之：

「春風漸次到天涯，岸草回青見物華，不怨春遲顧春駐，迎春事了我歸家。」

又書所見一律：

「青蔥潑眼似江南，一洗經旬草木慚。向對胡風忘漢朔，今知夏五作春三。綿延勝日天心厚，火迫生機地味甘，道里依然時物異，氷山不見見烟嵐（來時兩岸冰排，高者叠至尋丈。）」

是夜船未停，惟上板子日夜共三次。

十日晨十時，始抵悅來鎮，即樺川縣城治。日午經佳木斯，前詩有獻嘲之意，重賦二律以志吾過：

「東君剛道厭胡塵，豈料風光轉眼新。駟馬欲憑追及舌，詩人端賴筆如神。雪來柳往經旬役，草長鶯飛故園春，偏有誇張能事處，化工伴我到江濱。綠滿平疇繡錯如，却嫌佳木本凋疎，咸陽炬烈供家計，爨下桐焦問劫餘。禹甸昀昀才及遠，牛山濯濯詎書初，定須比戶皆封日，舉國重尋種樹書。」

二時復行往年在郭爾羅斯後旗所設之肇州廳，渡江赴新城。渡船爲兩小舟相並，上釘木板，其形正方，可載大車而渡，乃悟古人方字之取於兩舟相並。今年出關，車中偶見兩旁荒地，多有小邱棋布，徑一二尺，高數寸至尺餘不等，縱橫約略成行，私意或墾者所壘肥料。洎至致遠，見吾墾地中亦多有之，但皆在未開之地。詢大鏞則云，此馬蟻墩也，蟻所負食物，所積糞穢，所掀動之土質，逐漸積而益高，南中亦有之，但不能多年不遭變動，故甚小不足注目耳。始悟孟子泰山丘垤之喻，傳言不躓於山而躓於垤，詩言鶴鳴於垤，注謂蟻封，正此物也。今中原曠土，未知尚然否？晚七時，過湯旺河鎮，少泊即行。

十一日晨起，見高山已近三姓。昨自佳木斯以來，一路迤邐皆山，取材宏富，不比哈爾濱以西，一片平原，無卷石可取也。

致遠佃戶惠長林言，近思工人賈三者，其兄賈大，昔年在此地，冬寒迷路，凍餓而死。今自三公司來，數十里中，瞭望皆可見人煙，天氣亦逐年漸暖，因此小戶單丁，集者亦衆；官府又來設治，軍隊調防，警察分職，居然成一世界。又自言來此已十年，所見甚久。始惟齊姓攜貲來墾，已即為其佃戶；今齊墾破壞無存，三公司後起而能久；又有美國人巴倫所辦東益公司，皆今日綏東之所以為邑也。余聞此而有感，因詳問賈三事。聞者謂此地探險而死者不知凡幾，惟姓名或不能知；即或知之，而其人無親屬在此，亦無徵不信耳。即如巴倫來時，無舟楫可賴，自以帆布製船，浮江而渡，曳舟登岸，即支為帳篷，栖止其中，以造今業；今東益尚存其帆布船為紀念。其後大鏞先來，所嘗艱苦危險已亞之。屠翰甫繼至，屠固文士，不甚敢冒險，然凫水夜行等苦況，亦迫不得已而屢試之矣。余以賈大之死，既有賈三可證，決欲一問其詳。大鏞言初來即雇賈三為蓋屋之工，今致遠公司西屋，是賈三所包蓋；其後陳陶怡來營東井，見賈三以為可用，乃使為東井工人之管事；久而辭之，以另有莫君文光能管工也。賈三去東井，自為勞工以度日，近由近思管事閻鳴宸招與共事，為開辦燒鍋之助。賈三熟於遠近山林，蓋本以打板子為生活者，燒鍋計劃，將與油坊幷辦，造屋十三間，屋材皆賈三所物色。此處木材，向無售價，覓得即可取攜，惟在相其中材者而取之，不勞廛索而即得，是即省工之能事矣。余初至近思，賈三即來承迎，通姓名後，未知有乃兄故實，亦未多談；繼至覓賈三，則三適外出，約其歸時來致遠一談，四日三始歸。近思尤鴻初告以所約，三即來。據言賈大賈三兄弟。奉天開原人，於民國元年，謀生遠適。以吉黑生計較寬，流轉至湯原縣東境，即今之所謂綏東者也。湯原一析而爲蘿北，再析而爲綏東，皆數年間事。賈氏兄弟出門時，有大車一乘，騾馬數頭，於路資用乏絕，典賣殆盡，行裝僅有此，既即有蘇季子金盡裘敝之慨，途窮日暮，不敢還鄉，奔竄山林中，力自求食，冀償其車馬爲歸計。是年十一月中，兄弟共宿一窩鋪，大晨出覓路，携一小馬自隨，作步騎迭代計，一出不歸。歷三日，小馬歸窩，大不返，三知不吉，猶復到處訪求。又於雪中覓得一他人之窩鋪，問訊則云有此人牽小馬過此，共燃火熟食一次而別，別後無所知。三於年中所得消息，如此而已。窩鋪者，拾荒草結爲障蔽，砍木爲柱，可以拒風雪，生火熟食之地也。明年二月雪漸化，齊氏佃客漸行動，乃於林中發見一凍僵之屍，傳至賈三耳，往驗果其兄，而目凍定，不腐可辨，惟衣結皆解，袒胸而斃。據賈三推測，謂其臨死神昏，凍極欲抱火取煖，目中有火之幻象，故解衣而死。或者謂凍死者凍極時，血沸與湯火灼死時同，觀水遇熱脹，遇凍亦脹，可以裂盆甕，其理一也，此說較近理矣。三既草草瘞其兄，兄有妻，有二子二女，其年三歸開原，又偕其第二兄來，欲併携其嫂至，嫂懲於大之死，撫其子女留鄉里不行，至今尚在里云。大死時年四十八。余爲文以哀之：

「嗚呼！天下之大患，無過於以多數之衆而待養於一二人也，人生之天職，莫重於使貨不棄地而力舉出於其身也。白山黑水，爲天地間之神皋奧區，無間於禹甸之畇畇也。昔爲天驕所憑籍，固已暴殄其什八九，而僅僅拾取其一二而資以自存也。洎入主我黃農之冑域兮，富有四海，曾不與四海共遺物長養之恩也。私據爲狡兎之窟兮，深閉固拒，時時杜漢族之彌綸也。其心冀若胡元之末造兮，下喬入幽之日，猶擁名號於奔竄之子孫也。其初以一私之所蔽，遂其繼世，並忘其先人之深念。既阻遏我日闢之材力，又屏棄其遺族而永錮於狉獉也。由漸而失其統馭之力，皇綱遂以解紐兮，可以歷所勝之民族，而不足杜窺伺於强鄰也。一割再割猶不自愛惜，至鐵道蜿蜒，扼吭而拊其背兮，來者無所用其防禁，始無從秘以爲什襲之珍也。動機既啓，而獸蹄鳥迹之道漸以入士大夫之心目，而來襁負力食之氓也。嗚呼賈大！丁其時兮，蓋輿下走爲異地之同羣也。兄弟既翕，犯必死而拓其蓁蘆之生理兮，已之所享有幾，而以子徵拖移殖之大願，固爲世界公理之所尊也。嗚呼賈既捐其鴻毛之生命，而吾數同志則亦或存或歿，而又飽値此世變之風雲也。俟河之清，人壽幾何兮，一瞑不視者纍纍其相屬，曾與大無優劣之可分也。嗚呼賈大，同庇於一國家之下，大以無國家之助而畢其世；吾儕且以薄有所成就，足以動國家之欲，而乃吏役軍警擴臂而來，與未死者爭救死之圭撮，而日受叫囂隳突之煩冤也。死者已矣，後死者猶體其志，將化灌莽爲禾黍，驅豺狼爲畜牧。自謂無負於國家，而所以報施者乃若是其不倫也。人孰無死兮，如大之比，盈千累萬而莫能舉其名以與共聞也。大倘有弟與下走而適相値兮，汪然出涕爲氾筆以一伸也。沒世之稱其孰能必兮，姑以傾儻倒篋而訴心曲之所欲陳也。君處北海，僕處南海，本風馬牛之不相及兮，乃有此生死患難之交親也。有姓氏行第家族之可指兮，雖生不一面，猶勝於謝惠連之弔冥漠君也。北山愚公誠知其非計兮，所幸尙有嗣續，如其身既有子，子又生孫之所云也。大之所不及見兮，吾儕猶日涉大海而渺其無津也。嗚呼貫大！舉世之文字，以飄流作記，探險成編，聳百世之觀聽而其豪傑之相繼以效勸也。吾國亦有載筆之士兮，以譯述爲名高，而自揭其著作之芬也。道異族之盛美，則有所懸藉兮，以此求之於同族，可紀者車載而斗量，胡闃若音之闕而舌之捫也。抑吾思之，求爲有名之英雄，此一念即非任事者不能自已之精神也。則余曹固亦多事兮，爲大所笑，而吾顧之或賴也。俯仰無所於可而百感之交集兮，更不自知其涕泗之交紛也。嗚呼哀哉兮！後之視今猶今視昔，未知覺者爲誰，而能有感於斯文也！」

七時至三姓，華船抵三姓，必入口。牡丹江俗稱小江子，以其水爲最佳，蓋淸於松花江也。市街在江口內，前坐俄國船來，未之見。此處爲舊日大都會，自上游有哈爾濱，下游有佳木斯，富錦等新發達之地，較爲蕭索，聞以海關所在，亦有影響，買賣人患其煩費，多顧而之他。船既入口，候驗。關員以下游多煙土，搜檢極費時，檢至兩時許乃畢。船始泊岸，客多上下，下船客多工人及軍隊。軍人押兩犯，俱釘重鐐，此軍即由新甸來剿鬍匪者。匪死一人，被獲者二，該犯即所獲之匪，押回新甸者也。軍人中有兩受傷者，絡其臂，與官長雜坐艙中，擁擠已甚。昨佳木斯來該處警長，亦自稱上年在佳木斯拒匪七晝夜，被圍甚苦，不食不息，僅餐水雪一片；旁有一商人伴之，亦爲稱揚其功績不置。今遇兵來，互談戰績傷痍狀，尤投契，惟乘客爲兵警所擠，稍不安耳。其兵警皆有官長在，極爲入情，上岸之客，則有福建人某，爲吾常劉子迎先生之內姪孫，曾住常州數年，頗談劉家事。據云任湯原稅局，日日來三姓，因湯原貨來三姓上稅，須至此收款也。自言薪水二十四元爲江省小銀元票，以十二角當大洋一元，其實市以二十九角當一元，二十四元實不足十元也。食物昂貴，用度極費，頗以爲苦。所收稅以木爲大宗，上年雪小，木材下山，不能用排列滑氷而下，故稅收極絀。又有通原木植公司，大拂衆意，木把亦相戒不來，以相抵制，亦受影響。惟木不能不伐，已伐之木，不能不來，但需之以時耳。通原公司者，由增子固輩所組，經理爲梅姓，名鼎臣，其區域以通河湯原兩縣爲限，故稱通原公司。兩縣木材，由公司把持專利，抑價勒收，木把以其去市價太遠，不肯售，公司又禁其他售，遂致纏訟不已，恐風潮尚不知其所極云。公司自雇兩大船，運木上銷哈爾濱，哈爾濱薪價極貴，民船不易上駛，祇能下銷富錦等處，下游薪價賤，利不及上銷之厚。大風不能出牡丹江口，三姓得江山之勝，其爲都會宜也。風至下午不止，舟人報江口外大江中覆一帆船，中有兩搇舟人兩乘客皆沒。風猛水急，無可救，哀哉！五時風息始行。

三姓一首：

「乘流北下啓禎符，三姓平亭話廟謨，山峙兩涯成秀傑，江分一道擁膏腴。前賢敢議輿王地，後效惟憑貢耒徒，種族不論論國計，一私前已失東隅。」

十二日黎明。抵伊漢通。上板子，五時始行。七時半北岸至火鍋，已近岔林河，火鍋即通原公司所設。未至火鍋前，先有沿江一大屯，壘積皆材木，已斧削光圓，未知亦火鍋所轄否？又行數里，乃抵火鍋公司，有煙突二，圍場頗大，積木皆已琢爲方，或已解爲板；自此二塲，下直至岔林河，皆積此項木材，蓋絕非板子世界矣。詢通原之設，已十許年，岔林河之繁盛，即由木市，亦即由通原所造成，總之是開發邊荒之動力，昨所聞或不利於公司者之所云。要之，公司歷年已久，或上年定價較低，而有此說，則未可知。又聞近又發生一森林公司，與通原競爭致涉訟。據云通原在農商部註册，有專利字樣；又云森林公司力量不厚，恐難相敵。以理度之，既有兩公司並起，則木把正可居奇，或承攬時作價尚廉，後由兩公司競爭，致行情增長，因此致生轇轕，遂謂通原抑價勒收乎？八時泊岔林河，九時行，風又較大，尚無礙行舟也。十時以後，船忽旋轉不定，云至淺灘盤旋求脫也。旋又停不行，費力良久，至十二時乃免。下午所過時有人居，或堆板子，舟中人嘆息謂地俱開矣。前數年安有是，可知時會使然。若清廷早開放，其效可知，然安知非留以有待也。七時去木蘭，板子山積，沿江市鎮亦殷盛，據言縣城尚距江五里，謂此爲哈爾濱以東第一都會云。舟中上板子至九個之多，價甚廉，每個羌洋八十元，加五元包送上船；後見船主與少年爭論，似謂照預約不能加五元云，則此當是前期所預定也。聞哈爾濱板子爲羌洋二百元。九時始行。臥後

14

醒，聞至新甸。既泊旋行，再臥再醒，爲抵石頭河子，而汽笛轟然，又即開行，天尙未明也。

十三晨七時，抵烏兒河，九時抵滿答嘴子。十二時後漸近哈爾濱，見兩岸地靑草極豐，而初不墾，惟有堆積柳條荒草者。蓋此處板子已少，燃料用及芻薪矣。荒地隸此者，刈薪亦可售價，遂有結廬於此，以樵採爲生者。不出領地費，不需墾，一手足之勞，可收地利，程度又進於下游各處；但將來必領地而占有其薪，禁止擅採者則漸與腹地埒矣。吾民但不受國家之阻力，即已能發達地利而有餘，數年之後，豈可限量哉！四時抵哈，新盛恆氣象盡改，陶怡正名爲蔣孟蘋之代照，所留客亦不同客舍，牀榻大稀，想陶怡新政也。晚宿道裏義昌公司。

十四日晨起過道，到處未開門。先訪王鼎三，得之於頭道街保順義。與言匯欵事，云哈埠雜貨價昂，非富錦商家進貨之時，故現無可匯，祇可覓便人携去。陶怡夜不返號，亦未見；訪麟甫未起，在新盛恆與劉勤士坐談以候。時忽報陶怡回矣，與言匯欵及誰可商墊，及由上海劃還。旋往晤麟甫，麟即向交通行取兊帖四萬一千八百元見付，約至滬交現銀一千一百兩，取回仍交陶怡，帶交鳴宸。哈埠事已畢，是日定晚車即行，九時半開車，坐三等，穩睡甚適。

十五日晨六時，抵長春，向天聚東打尖。供張極豐，應酬極好，取値極廉，較悅來大異。長春各棧多爲日軍人所據，日兵之往北滿者不知其數。飯後再上南滿車，十一時行，二時至公主嶺，進「便當」一次，天氣漸南鎰暖。

「汔車南下著所見，綠途高粱似雲屯，萬國胥蒙鼓腹恩（歐美食糧皆仰給），祇道粟如芻更賤（豆價遠不及豆粕，以豆粕充燃料故），安知人以食爲尊，生無顧慮槃溫飽，世有寬閒足子孫，如此樂郊偏患寡，米珠薪桂戀金門。」

十六日，昨一夜未能眠。晨八時抵大連，適榊丸修竣，第二次下水，故今日正午有船行，即下船。既下，風浪頗大，未能縱覽，偃臥以免吐眩而已。

十七日晨。抵靑島，十時下碇，登岸一覽，偕一高麗人同行，飯於一廣東館。飯後游山頂一高臺，全市在目，北有礮臺，則不能瞭然，北見勞山，未能赴也。稍購什物歸船，云須六時始開，因赴荒久未浴，偏體胡塵，乘船未行時一浴，恐行後仍有風浪，或未能如意盥灑也。晚船行，遇大霧，停數時。臥後中夜而醒，已復行矣。

十八日晨起，舟中感書一律：

「盲行前路即山邱，暫借閒身付百憂。夜雨何嘗思剪燭，斜陽好在怕登樓。一生斷送杯難把，幾量登臨展尙留。哀樂傷人無過老，老來羸待是歸休。」

九時後暢行，舟已入黃海。是日時晴時霧，舟不能速。晚已近長江口外洋面，風浪又作。再賦感懷一律：

「蟄居累歲絕交游，蒲柳驚心已望秋。閉戶日思開一卷，出門橫被迫千憂。百年豈有閒能覓，萬事從無死不休。肯爲觀河傷皺面，老除長謝尙何求？」

十九日晨。抵上海，即致信常行，匯還交通千一百兩，即由常行寄收條與麟甫。

16

河北鄉談敘例

萬福曾 1

早想編輯一點有關史地的鄉土教材，兼做中學生課外補充讀物。

動機的引起還在兩年前，因爲吳晗君在獨立評論一一五期發表一篇清華大學入學試驗關於歷史答題的統計，有些攷生試卷，荒唐刺謬，眞使人驚訝不止！

當時就寫了一段小文，題爲「歷史學家的當前責任」，在大公報發表。意思不外感到現代學者每喜高深，恥談平易，究心於攷訂疑難，搜存闕佚，而漠然於現時幾百萬青年教材讀物，放手讓隨便的人主持，以致蕪亂龐雜，錯謬百出，因而影響到學生的成績，投攷時弄出絕大笑談。依個人見地，在現行課程標準限制，原有課本的推銷情況之下，尙不能斷然變更適應非常需要之際，與其空言批評，無寧從事編輯一些補充讀物，再求漸次改進與革新。

常想以一種簡單素樸的筆調，熱烈感人的心情，描繪一些民族英雄的史蹟與這金甌已缺的河山，使後起青年觸目驚心，將今比昔，憬然有悟於這片無邊壯麗的湖山，能夠保全拓展繁衍至今，已不知費了幾許前代英雄的熱血，到得我們手裏，就肯平白被人奪掉？不然，就須以血肉抗爭！

懷抱此志，忽忽兩年，延宕至今，纔略有一些頭緒，勉強做一點搜集工作。並先寫成這篇敘例，以爲引起大家商搉的先聲。

在個人所知的一般讀歷史或講這門功課的朋友，都感到艱難地使史上所載的人物活動，民族流轉等等問題，與地理名詞聯到一起。及至問到學地理的朋友，也正在對某區域的人文史實複雜紛歧感到頭痛！

深覺這個不幸的結果，正是由於二十年來枯燥板滯，片斷分離，史地關係毫無聯繫的一般教科書，給種下了惡因；而課本的編輯方針必須依照教育部所頒課程標準，窮源溯始，主持最後與最高責任者亦不能卸責。

中國自有史至今，官修私著，史地之書浩瀚充盈，佔圖籍中最大部分，而大多數還都能保持兩方面的聯繫性。前代史地學家究心掌故，專精志乘，大都成爲一代名家的，無不貫通史乘與地之學，所以有所述作，也是淵源辨析，融合無間。即如司馬史記，班范漢書，以一人力量網羅數代典章制度，地理人文，精密貫串，錯綜排比，使後世諸家不能出其範圍，固然自有其偉大因素在，而今日試取司馬遷史記河渠書，班固漢書地理志，看他們在敘列着地志沿革，山河形勢，而穿插着地方民俗風習，人物故事，一變呆板乏味的東西，使之有聲有色，這豈是狹識淺見的庸手所能為？

方志之學，至宋駸盛，路府州郡諸志類多名筆撰成，今日試取宋敏求長安志，范成大吳郡志，施宿會稽志，披卷之餘，自然會為作者修潔雅馴的筆調，紆徐委曲的文理所引而津津有味，不感乾燥，原因也多為作者能以地理區域形勢，與民族風習故實，謹慎巧妙的聯繫起來，為靜止的湖山平添不少活氣。

元明以後，輿地之作更多，一統志和各省通志的纂修，成為例舉。所惜者，事出公家，書成衆手，奉行故事，敷衍支應，才使方志漸失之蕪雜；更以其卷帙浩繁，千篇一律，表面看起來堂皇典麗，充棟汗牛，實際徒飽蠹魚，與讀者就日遠了。

清代中葉，修志之風又盛，封疆大吏，好事宰官，延聘名家，主持修撰，其間經專家纂次，義例精嚴，搜訪殷勤，編排精審，也頗足震耀一時，至今仍不失有價值的地方史料。

辛亥以後，中小學編輯課本，史地區分甚嚴，但因為各不相謀，遂不免凌亂龐雜，失之牴牾，從此史地的聯繫性漸次消失。古人輿地掌故之學，也謹賴幾個專家搜存整理，多少方志中精嚴義例，生動描摹，能夠表現地理人物，特殊風格，激發讀者愛好鄉土，珍惜河山的深意與苦心，都消失而變為機械記憶的人名，地名，斷片零星的事蹟，區域，使讀者頭痛，聞者心厭。轉相傳習，貽誤至今，纔演出大學考生不知「東北四省」的地理名詞，「九一八」事變的發生年代，種種笑料。推原禍始，誰為厲階？

年來談史，自覺淺見寡聞，鮮能充分認識國家民族歷史淵源與地理環境，因而感到時下青年，高唱「抗敵」，「救亡」，「解放」，「復興」等口號，空見其激動躁急，殊少做實際工作。即如個人鄉土，不出百里內的交通，經濟，風土，民俗，山河形勢，平夷險阻，凡屬與「抗敵，救亡」有密切直接關係的必需常識，有幾人能縷縷陳述，瞭然指掌間？本鄉如此，本省可知，推及國內情勢，國際縱橫，茫昧迷離，略無真知灼見。據一點一滴的材料，作盲人摸象的批評，那是多麼危

2

險？

懷着以上種種感想，漸次注意到史地補充讀物的缺乏，而鄉土教材，絕無僅有。於是想搜集一點材料，聯綴成篇，聊作初步試驗！因爲河北是作者的故鄉，所以先從河北入手，以其屬於鄉土故事之類，題名就叫「河北鄉談」。

過去記載鄉土人物，大略不出方志範圍，專記人物如鄉賢傳人物志之流，也無非輯錄史傳，鈔襲成書，於一時代地方情況，時事淵源，甚少詳述，仍患不足以激發讀者內心感觸，而筆調體裁，更是刻意摹古，無法爲大家閱讀。

是編所記，大略注意下列幾點：

一、全書結構，以鄉土人物爲兩大骨幹；爲便利敘述計，時以鄉土附人物，或以史事繫鄉土。

一、鄉土取材，側重於含有時代重要性之地理環境，與社會，經濟背景，次及於山河，勝蹟，風土，民俗。

一、人物史事，取材爲能代表一時代民族精神氣節，以及民族文化之發揚表現，大抵須特殊地位，而不能泛及於「鄉賢」。

一、篇目章節，依類命題，不拘地區，不限時代，以生動名顯爲主，不過分拘泥。

一、史事與地理，注意其嚴密完整之聯繫性，及時間空間分配之均衡。

一、敘述用通俗體，徵引依原文，間入與文化有關之故事，歌謠，古蹟，名勝。

最後聲明：一切思想撰著，當胥與其時代背景生密切關連，而史地之作，更足反映一時代之國情，政象，社會，民族。本書性質，既屬鄉談，亦不過如鄉農野老，春初冬末，踞坐田舍籬根，打幾句俚語，當不含任何嚴重意味。然於今日而談河北，自不免感到莫名的悲憤與感傷！劈頭一章『山海關的瞭望』，使作者凝淚吮筆，半日低頭，竟不知從何寫起。其次的盧龍，薊北，古北，居庸，稱爲兵家必爭，國防天險的一線，更覺難以描摹。舉目千里，對着這陰沈黯鬱，支離破碎的河山，想到無數前代英雄的勳名偉績，使人涕淚不知所從。至於文字工拙，有無牴觸，更無暇計較，唯望讀者諒之耳！ 一九三六，九，六，風雨瀟瀟之夜於北平。

通訊一束

一二七

頡剛先生：敬啓者，頃閱禹貢六卷六期，於通訊欄內得讀先生關於花藍猺社會組織一書出處之答覆，感謝之至。在同期內又得讀曹經沅先生「研究貴州苗民問題之動機及其經過」一文，及其給先生的兩封信。曹先生同一內容而題名「貴州苗民問題」的文章，也早在最近一期的東方雜誌內讀到。對於曹先生以注重實地調查和歷史探究的方法來研究苗民問題是非常敬佩的，但是對他在大作內提出的三個原則中的第一項「漢苗無族可分」，則不敢苟同，而有不能已於言者：（一）漢苗風習不同，言語迥異，數千年來彼此爭戰，雖一勝一敗，而至今猶未被同化，焉得謂無族可分？（二）帝國主義的學者對於苗民族屬問題雖各懷野心，然而不能就因此不顧事實，畏避眞理。絕對多數同族的東北四省可以被人佔去，但世界上也儘有幾十種不同族的人民的國家，所以帝國主義的侵畧與同族異族無關係。因之，（三）我們正應面對着眞理，掘發正確的事實，以擊破帝國主義學者的野心。因聞貴刊不久將出西南專號，故不揣淺陋，謹將此數點意見供獻於先生，希先生有以敎之。耑此，敬頌著安。方召敬上。十一月三十日夜。

一二八

頡剛吾師：

疊上兩書，諒蒙電察。昨往杭參觀全浙文獻展覽會，得晤童書業君，談及平中事，敬悉吾師與居佳勝，至慰。童君篤志力學，多所創獲，足爲師門生色，至深企慕。

前在禹貢通訊見童君論鄭和下西洋事，謂生致許道齡君書言「鄭和七使西洋無所獲利，非當時國策」爲罔，徵引屢次帶回貨物以實之，至佩高見。但生查和之使海外也，每次帶甲數萬，艨艟數千，揆之莊子所謂「行百里者宿舂糧，行千里者三月聚糧」，當日之軍需軍械幾何，誠不可以估計；異日諸夷之貢物多屬服飾玩好之品，以之折價，能償其所失乎？昔孟子後車數十乘，從者數百人，以傳食於諸侯，猶不免當時之譏；鄭和乃以艨艟數千艘，甲兵數萬人，以傳食于諸夷，且欲攫其利以歸，成祖英主，豈出此下策？成祖雄猜英毅之主也，明知靖難師之難爲也，而必欲興之；明知天壽山修陵之難成也，而必欲爲之；明知北京重建郊社宮殿之糜財力也，而必欲爲之；明知北虜之不易滅也，而必五次親征，期盡殲之：度其爲人，殆知之而必能行之者也。詔令一下，雷厲風行，豈再計其成敗利鈍哉！然則和之七使西洋，正與成祖之五征北虜相同；征北虜既非開發國際貿易，而謂使西洋爲開發國際貿易，有是理哉！雖鄭和往返數次，隨從衆多，貿易之事不敢謂必無，然有之亦只私人貿易，如今日舟車執役之人私帶貨物，以營己利，與所負使命何干！當元世祖之强也，西征之軍已逾歐洲之境，謂爲開發國際貿易，有是理乎！生不敏，願從舊說「鄭和七使西洋爲揚威海外，蹤跡建文」。若從此兩方面找材料，雖萬言不能盡；但不願佔禹貢篇幅，尤不敢與童君論辨，不欲盡其愚也。區區之意，尚乞吾師敎之！

生爲校勘明實錄，來南潯劉氏嘉業堂，在此預計工作兩月，大約下月中可返京。此間藏書十六萬餘册，富甲東南；餓眼書生，每日坐對百城，目迷五色，不禁望洋興嘆矣！查此間有奉使朝鮮行程記一卷（已載入國朝典故），奉使俄羅斯行程記一卷，詳記明代往朝鮮及西伯利亞道里，爲今日研究東北地理最好資料。擬考訂付刊，不知可蒙采入禹貢叢書否？

餘不贅。肅此敬請道安。學生李晉華謹上。十一月廿八日。

一二九

敬啓者：民爲邦本，食爲民天。中華以農立國，實爲富强之基，而西北大平原最適於農業者莫河套若。河套縱橫數百里，跨黃河兩岸，土壤肥沃，灌溉便利，若能提倡樹藝，改良種植，增加農業上之生產，當然可操左劵也。惜乎僻處西陲；民俗錮蔽，蒙漢雜處，不事開闢，坐視膏腴之壤廢爲榛莽之墟。近來「開發西北」之聲浪高唱入雲，然空談無補，建設維艱，移民實邊無從着手，實由於智識淺陋，風氣不開；報紙宣傳，刻不容緩。同人等不揣棉薄，在五原創設河套新民報，藉以鼓吹；本平等之原則，建自治之規模，輔助農村爲移民之媒介，提倡農業作墾務之播音。伏祈

海內賢豪共同合作，鴻篇鉅製極力歡迎。久仰我

公領袖名流，文學泰斗，倘希

不吝珠玉，錫我吉光，藉匡不逮，無任翹企。此致

頡頡剛先生。

河套新民報：王親臣　殷米琛　秦遠乘　樊子珍　薛符節謹啓

社址：綏遠五原隆興長東南大街十七號。

一三〇

頡剛仁兄學長道鑒：久未奉候，時爲繫結。前聞徐趙諸先生言，從者有塞北之遊；復奉希伯函，知燕大同人將共蒞臨，忻慰無似。頃馮陳張侯諸先生到張，藉承手敎，並荷惠賜圖籍，感慰莫名。惟佇望車騎，未獲面聆清誨，至爲悵念耳。蔚州石刻事，前復希兄一函，計邀俯鑒。伯平諸兄談及此等情形，亦因石刻散處，訪鑒不便，故道懷安，審定漢五鹿充壙中所出漆繡等物。茲已電該縣令敬爲招待，乞釋垂廑。蔚遊之約，擬俟編存就緖，再邀蒞臨；倘擬趨附後車，陪同往觀也。暇乞常賜敎言爲感。校中所賜公函，卽有函復，並希鑒及。肅復，順頌著安。

同學小弟柯昌泗拜啓。十一月四日。

一三一

頡剛仁兄學長有道：前肅復函，計邀俯鑒，頃自延慶懷來歸來，得有兩縣地圖，茲轉贈學會，用備同仁研究。其懷來一圖，因疆域甚巨，已呈准內政部改劃地界，尙未實行。此圖尙係現有封畛，將來可作史料，似較可存。惜出諸胥吏之手，地名多用假借之字，若「矾山」卽水經注之「礬山」，卽今日公文亦皆用「礬山」也。附爲觀縷，頌順著安。

伯平諸兄均此。

同學弟柯昌泗拜啓。十一月十五日。

一三二

頡剛先生史席：暑假中曾擬寫一二短篇奉上，終復不果，愧甚歉甚！茲奉大示，敢不努力，以應賢達之責！文通於四五年來，原擬寫周秦民族

2

與思想一篇，乃方面逐漸增加，問題亦逐漸推廣，一時又不暇一一寫出。去歲寫成上編，共計四章；及今視之，又須改補者衆，益知寫文字之難。第一章多係地理問題，大部為前已刊禹貢古水道記之稿，無取。再呈第二章，則為周秦兩民族之對抗與遷徙。茲擇出秦民族者三節，略補數事奉上。又因已有之書多存北平，此間書又頗缺，亦不能詳加補訂。第三章則專言周代北狄之遷徙，第四章則專言周代西戎之遷徙，均已寫出，刻賡續修改，按期寄上。漏誤之處，希嚴加削正為幸。敬請著祺。弟蒙文通拜上。十一月三日。

一三三

顧剛先生史席：前囑舍弟思明呈上拙作周秦民族數章，昨復由郵呈上十九頁，自看一過，覺尚應改寫，但又非此刻所能，擬於寒暑假中改寫。中間有數題，但暫取出。他關於赤狄之遷徙，長狄北戎之合併，白狄之遷徙及南蠻之遷徙，陸續呈上，希賜斧正為幸。穆公以後，秦西之戎尚復東徙，尚當補作，一一奉呈。擬即暫定總名為周秦民族考，一俟在禹貢刊完，即稍修改，合此間已印各頁刊為小册。先後寄上之稿，希即在禹貢上總題為周秦民族考，則依然是一整部也。特此奉達，敬候撰安。弟蒙文通上。十一月十五日。

一三四

顧剛我兄：看到禹貢六卷五期。王日蔚君所寫綏遠旅行記，甚有意思；惟在第一九九頁下，有述及軍事情形之語。此事在談話者大概只是偶對教育界中人隨便閒談，但以之發表在雜誌上，於軍事恐不甚方便。此次所談未必甚重要，但此例似不可長。兄如與弟同意，便希轉達王君為盼。此上，順頌秋安。弟趙元任上。二五，一一，三〇。

顧剛案：趙先生所言甚是，謹在此申謝。本刊此後遇有關於軍事文字者當酌為刪削，觀各國平日對要塞設備猶諱莫如深，何況軍事時期？王日蔚先生處已將此意轉達矣。

一三五

顧剛先生賜鑒：禹貢六卷七期所載晚之繪製清代歷史地圖報告一文，讀之殊為慚愧；因此文內容既簡陋，而文字方面不通之處又多，用以發表，豈不遺笑大方！

憶及暑假期中，曾另作報告一文，直寄董一山夫子核閱。該文雖不見佳，但其內容則較前文為充實，且均為經過一番考證功夫所得之結果，其中對於東北地理所提出值得研究之處亦不少也。當時曾請託董先生於會到先生時，即將原呈之繪製清代歷史地圖報告一文取回，不意董先生月前回汴僅謂先生擬將該文發表，以作勉勵後進之意。此種嘉惠實可感佩。但乾隆內府輿圖讀法一文，請切勿發表，因近來已搜集材料，預備再作乾隆內府輿圖索引一文，一俟完成，自當抄呈請指正。

會中所出地圖底本，已全數收到，因時間倉卒，未能詳細檢閱。唯現在已覺其中有一應注意之點，即在繪經緯度之長短雖在同一緯度之二副中，其每度之長短卽不一致，若用以拼合，恐未必合攏。如北平與平壤二副，同在北緯三十八度至四十二度之間，兩緯度長度相差太遠，一度之中可差一公厘至兩公厘，全副之中則可相差四公厘至五六公厘。雖然在任何準確地圖中，同一經緯長短，不免有些微之差異，但絕不至相差一公厘至兩公厘以上；如丁文江等新地圖，則相差不過在五分之一公厘或八分之一公厘之間。此種二百萬分之一縮尺地圖，每公厘約可代表二公里——即約四華里，雖然所差有限，但爲達到「分得散，合得攏」之地步，亦應力求準確。其他在地形表現方面，雖依照滃暈等高的方法表示，但仍自不離山脈走向的方式。最好能在每層暈滃線內表出其地形高度，或可減少錯覺觀念。以上所言各節，在未繪出之各圖中，想均可改正也。

在地物方面亦有宜注意者，如遼河太子河渾河是否在一處合流？晚曾考證他們確是在一處滙流。此點唯有丁文江等新地圖不錯（除交通總圖地文總圖遼河由大凌河出海之處入海）；其他各圖均畫爲太子河先入渾河，然後再滙遼河入海。太子河渾河間本尙有小河相通，但絕不能繪其先入於渾河；正如遼河雖與饒陽下流之一小河（城河）相通，但不能繪遼河由饒陽河入城河，同一道理也。同時底本圖，如錦州之位置，渾河之發源邊外與邊墻較精於丁圖，則又實爲可喜之處。俟此圖全部完成，晚再詳讀一過，當整理愚見所及敬呈先生。晚之清代地理研究，現正繪圖攷證，已做至清人入關時期。但以開封地處僻壤，收集參攷資料亟不容易。聞北平圖書館中藏有不少可貴之方志，寒假若有機會，擬到北平一遊，彼時當設法赴該館閱讀，以廣見聞，更趨前請益也。即此敬請道安。晚蔡賢傑。十二月十日。

一三六

Peiping, November 2nd, 1936.

7 Sui An Bo Hutung

To the Society of Chinese Historical Geography

Yü Kung.

8 Hsiao Hung Lo Ch'ang.

Dear Sir:

As I am just engaged in a study of Chang Er Ki 張爾岐, I am specially interested in the 濟陽縣志, Which his biography attributes to him and of which his collected essays 蒿菴集 contain a forward. But the Chi Yang Hsien Chih now in use which dates from Chien Lung and is compiled by a certain Mr. Hu 胡 does not mention any previous Gazetteer of Chi Yang written by Chang. And the Chi Yang Gazetter of Wan Li 37th year, done by Hou 侯 and Hsieh 解 must have been much earlier than that of Chang, especially as it is already mentioned in his forward.

It would be cf great value for me, if you would Kindly lend me your help by indicating whether according your experience such as Chi Yang Gazetteer of Chang Er Ki exists or not, and if exists, in which library it can be accessible.

Thanking you in anticipation

I am,

Yours sincerely,

Dr. Hillumt Wilhelm.

一三七

November 7, 1936.

Dear Dr. Wilhelm,

Your kind letter has been received. It is very interesting to know that you have engaged in the study of 張爾岐 who was one of the greatest literary men at the beginning of the Ch'ing dynasty. He had really taken a part in the Compilation of 濟陽縣志 as it is indicated in the following sources:

(1) 乾隆濟陽縣志胡德琳序（乾隆廿九年），『昔★張稷若邢慰山邑篤學雅士也。……稷若著作及新濟藝文具在，其邑志九卷獨無傳，則未有成書矣』。

★ 稷若 is the「字」of 張爾岐。

(2) 乾隆濟陽縣志卷十頁四上藝文門著述類， 濟陽縣志九卷（逸）張爾岐撰。

(3) 碑傳集卷一三〇頁四六上張處士爾岐墓表，濟陽縣志九卷。

(4) The forward contained in the 蒿菴集 mentions very clearly that the 縣志 is compiled by 張爾岐。

But it is still regretted to say that none of these sources tells as when the 縣志 was compiled and whether it was published or not, only the first two add some words like「獨無傳」and「逸」right after the volume which means simply not yet survived.

So far as I know, there is no more evidence which could prove that 縣志 is still in existence.

Yours sincerely.
Chu Shih Chia.

北平史蹟叢書甲集初編出版預告

第一種　帝京歲時紀勝

第二種　京師五城坊巷胡同集 合訂一册定價六角

近由本院史學研究會編印北平史蹟叢書初集定於二十六年一月出版茲誌緣起如下

秀水朱彝尊。以史官供直內廷。被謫後仍居宣南海波寺街。以燕京爲掌故淵藪。慮舊聞放失。乃發奮編日下舊聞一書。當其時也。海宇承平。好古敏求之士。萃於是邦。朱氏久負重聲。聞風依附者衆。於是凡有珍聞。則錄以萃之。凡有奇書。則爭以獻之。逮是書告成。而采用有關此間歷史風土之書已達千三百種。宜乎其書之爲世所重也。惟朱氏所經引用之書。如孫國敉之燕都游覽志，陸啟浤之客燕雜記，遲珣之六街花事等數十種。極關史蹟。度必有朱氏未盡采者。今不可復得。徒令人抱憾而已。比歲本會纂修北平志。材料之採擇。重在調查。而同時兼重者即搜羅往籍中有關斯土之紀實文字以爲佐證。年來所得爲數極尠。蓋朱氏去今幾三百年。中經變亂。散亡殆盡。即目今所存者。固亦有一二罕見之本。已盡量采錄。然以體例所限。終不免遺珠之憾焉。且圖書聚散無常。在今日以爲習見者。過此或竟絕響。則編印北平史蹟叢書又今日所不可稍緩者矣。當世藏書家。有能餉我奇書。宏茲盛業。使此叢書由一輯編印以洎多帙者乎。是更本會同人所深禱企者已。

凡例

一、本叢書專收前人紀載北平史蹟民物風俗文獻之著述。不論已刊或稿本。擇其少流傳者爲甲集。

一、前人記述北平史蹟文字而散見諸家筆記叢錄者。分別摘錄。編印北平史蹟叢編爲乙集。

一、前人題詠北平景物之作。確係流傳絕少者爲丙集。

一、今人關於北平風俗之記實專著爲丁集。

一、每集所收不拘時代。以得到先後爲次第。

北寧鐵路簡明行車時刻表

中華民國廿五年八月十五日重訂

41次 普通客車 中膳各等	71次 平津客貨 三等慢車	305次 平浦特快 膳臥各等	3次 特別快車 膳車各等	23次 快車 膳車各等	5次 平津特快 膳車各等	301次 平滬特快 膳臥各等	401次 平津客貨 平滬通貨	1次 平瀋特快 膳臥各等	73次 津唐客貨 三等慢車	75次 唐榆客貨 三等慢車	43次 唐榆快車 各等	下行車	站名
5.45	6.45	8.00	9.30	13.00	16.00	18.00	20.00	21.00				開	北平前門
6.04	7.35			13.16			20.41					開	永定門
6.20	9 01	8.26	9.54	13.31		18.25	21.50	21.25				開	豐台
6.44	10.18			13.49			23.00	21.44				開	黃村
7.39	12.58	9.20		14.37			0.30	22.25				開	廊坊
8.03	13.47			14.53			1.09	22.43				開	落垡
8.33	15.30			15.20			2.10	23.05				開	楊村
9.11	16.58	10.24	11.41	15.47	18.00	20.16	3.44	23.31				開	天津總站
9.20	17.15	10.32	11.50	15.55	18.08	20.25	4.00	23.40				到	天津東站
9.30	停	11.05	12.05	16.05	停	20.50		23.55	6.35			開	天津東站
10.33		開	13.04	17.10		開		1.00	8.43			開	塘沽
11.41		往	14.00	18.13		往		2.06	12.10			開	蘆台
12.29		浦		19.0		上		2.57	14.17			開	胥各莊
12.42		口	14.55	19.13		海		3..1	14.40			到	唐山
12.47			15.00	19.18				3.15	停	6.30	7.30	開	唐山
13.0			15.11	19.29				3.30		7.10	7.45	開	開平
13.34			15.35	19.54				4.03		8.30	8.14	開	古冶
14.26			16.07	20.28				4.53		10,05	9.07	開	灤縣
15.28			16.49	21.18				5.59		12.44	10.10	開	昌黎
15.51				21.37				6.24		13.28	10.34	開	留守營
16.11			17.25	21.55				6.47		14.15	10.54	開	北戴河
16.38			17.47	22.17				7.16		15.18	11.23	開	秦皇島
17.00			18.05	22.35				7.40		15.55	11.45	到	山海關
								8.20				開	山海關
								16.05				到	遼寧總站

站名	上行車	2次 瀋平特快 膳臥各等	6次 津平特快 膳車各等	302次 滬平特快 膳臥各等	72次 津平客貨 三等慢車	42次 普通客車 中膳各等	4次 特別快車 膳車各等	24次 快車 膳車各等	306次 浦平快車 膳臥各等	402次 津平客貨 滬平通貨	74次 唐津客貨 三等慢車	76次 榆唐客貨 三等慢車	44次 榆唐快車 各等
北平前門	到	9.25	11.33	13.55	15.50	17.35	18.28	21.52	23.00	1.10			
永定門	開				15.20	17.17		21.37		0.45			
豐台	開	9.02		13.31	14.38	17.03	18.00	21.24	22.35	0.05			
黃村	開	8.44			12 47	16.36				22.52			
廊坊	開	8.05			10.48	15.40		20.27	21.36	20.40			
落垡	開	7.43			9.37	15.20				19.40			
楊村	開	7.12			8.32	14.50		19.52		18.39			
天津總站	開	6.56	9.35	11.40	6.26	14.14	16.10	19.25	20.39	17.20			
天津東站	開	6.45	9.25	11.30	5 55	14 00	16.00	19.15	20.30	16.20			
天津東站	到	6.30		11.00		13.46	15.48	19.00	20.00		11.45		
塘沽	開	5.36		由		12.43	14.55	18.00	由		10.07		
蘆台	開	4.26		上		11.38	14.00	16.48	浦		7.41		
胥各莊	開	3.30		海		10.45		15.56	口		5.55		
唐山	開	3.15		開		10.30	13.05	15.42	開		4.50		
唐山	到	3.05		來		10.25	13.01	15.37	來			21.50	20.30
開平	開	2.51				10.12	12.51	15.27				21.28	20.17
古冶	開	2.28				9.45	12.34	15.10				20.30	19.51
灤縣	開	1.31				8.45	11.55	14.27				17.43	18.58
昌黎	開	0.31				7.40	11.14	13.42				15.00	17.56
留守營	開	0.01				7.12		13.19				13.30	17.28
北戴河	開	23.42				6.54	10.43	13.05				12.34	17.11
秦皇島	開	23.90				6.25	10.20	12.40				11.25	16 42
山海關	開	22.40				6.00	10.00	12.20				10.20	16.15
山海關	到	22.00											
遼寧總站	開	14.10											

通縣支路

81次	83次	85次	87次	下行	站名	上行	82次	84次	86次	85次
6.30	10.00	14.05	19.00	開	北平前門	到	8.30	12.45	16.45	21.40
6.37	10.08	14.13	19.08	到	東便門	開	8.24	12.37	16.37	21.32
6.40	10.10	14.15	19.10	開	東便門	到	8.21	12.35	16.35	21.30
6.57	10.29	14.34	19.29	到	雙橋	開	8.03	12.16	16.16	21.11
6.59	10.31	14.36	19.31	開	雙橋	到	8.01	12.14	16.14	21.09
7.12	10.45	14.50	19,45	到	通縣南	開	7.48	12.00	16.00	20 55
7.14	10.53	14.58	19.53	開	通縣南	到	7.46	11.52	15.52	20.52
7.20	11.00	15.05	20.00	到	通縣東	開	7.40	11.45	15.45	20.45

北戴河海濱支路

89次	91次	93次	95次	下行	站名	上行	90次	92次	94次	96次
7.00	11.00	13.10	17.30	開	北戴河	到	6.35	10.30	12.50	16.55
7.20	11.20	13.30	17.50	到	北戴河海濱	開	6.15	10.10	12.30	16.35

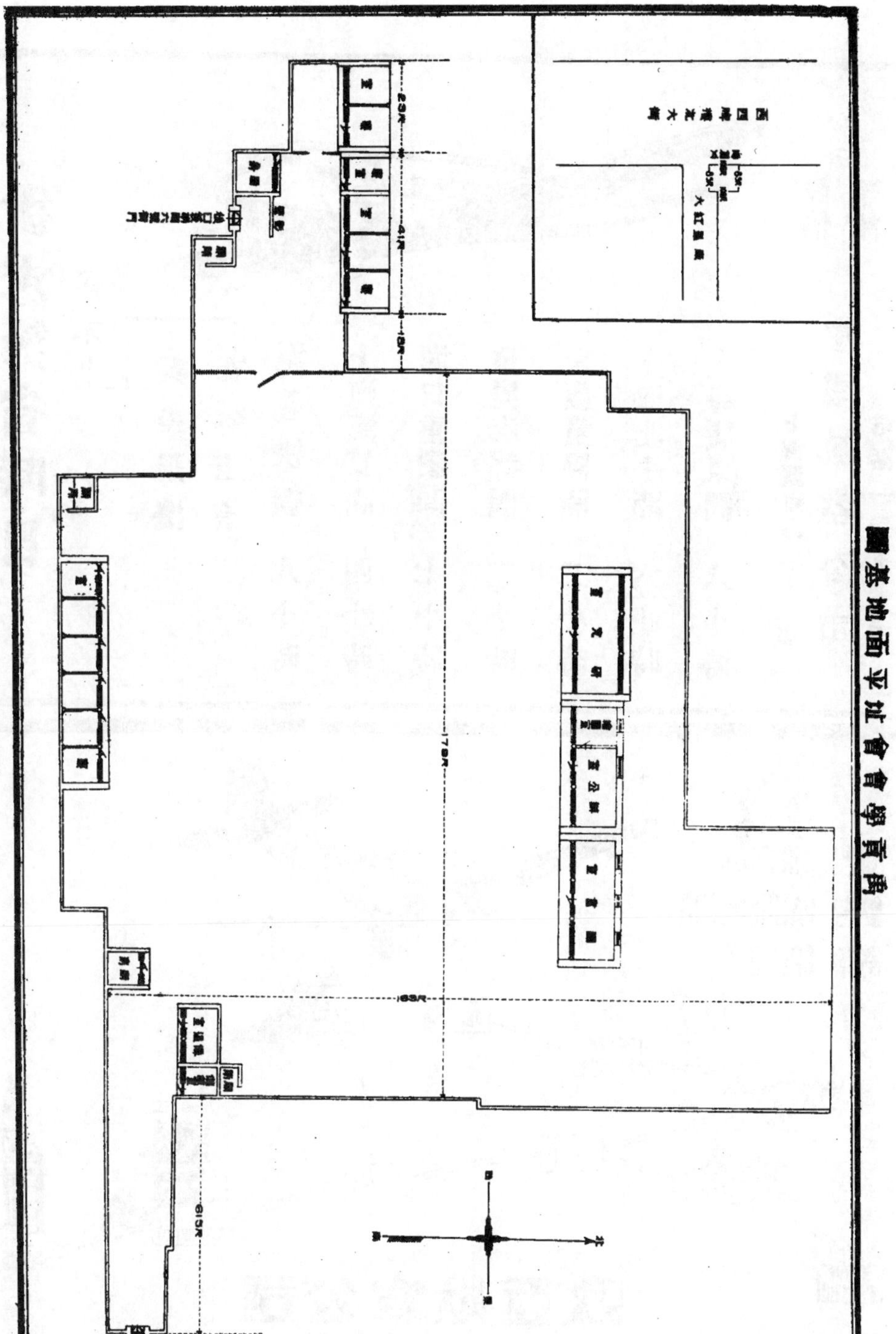
廣貢學會會址平面地基圖

欲求節省時日

何不 乘坐飛機 寄航空信

滬蓉快機	八小時
上海漢口間	四小時
漢口重慶間	七小時
重慶成都間	二小時
重慶貴陽間	二小時
上海北平間	六小時
上海廣東間	八小時

上海廣東路五十一號

中國航空公司

電話 一二九五五

詳情請詢

運郵 AIR MAIL

載客 PASSENGERS

寄貨 FREIGHT

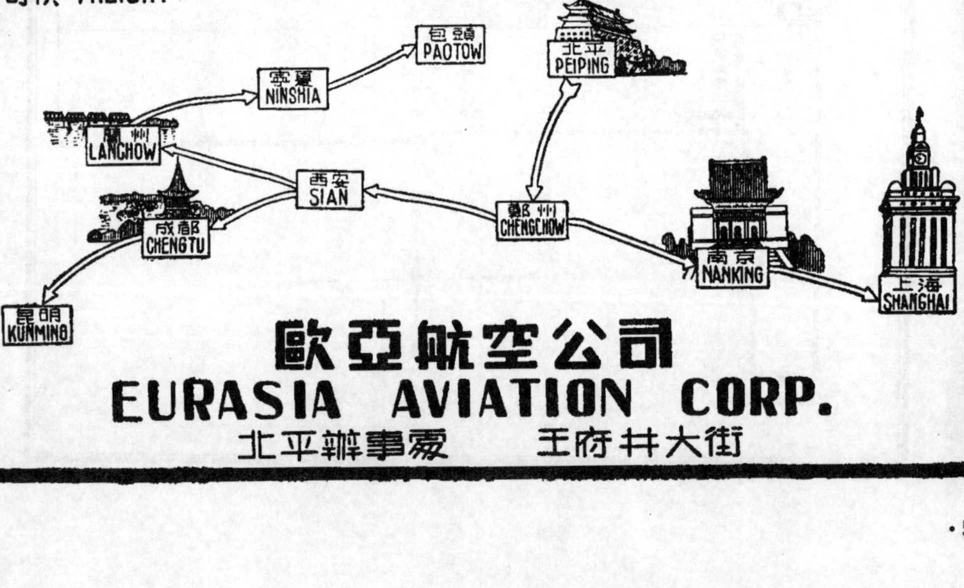

歐亞航空公司

EURASIA AVIATION CORP.

北平辦事處 王府井大街

出版者：北平西四牌樓小紅羅廠八號禹貢學會。
編輯者：顧頡剛，馮家昇。
出版日期：每月一日，十六日。
發行所：北平成府蔣家胡同三號禹貢學會發行部。
印刷者：北平成府引得校印所。

禹貢

半月刊

價目：每期零售洋貳角。豫定半年十二期，洋壹圓伍角，郵費壹角伍分；全年二十四期，洋叁圓，郵費叁角。國外全年郵費叁圓陸角。

The Chinese Historical Geography

Semi-monthly Magazine

Vol. VI, No. 11, Total No. 71, February, 1st, 1937.

Address: 8 Hsiao Hung Lo Ch'ang, Si Ssu P'ai Lou, Peiping, China

第六卷 第十一期

民國二十六年二月一日出版

（總數第七十一期）

內政部登記證警字第叁肆陸壹號 中華郵政特准掛號認為新聞紙類

本刊啓事

今年三月爲本會成立三周年，原擬擴大慶祝，以示紀念；惟因時間倉促，預備恐有未周。茲經議決，祇出紀念專號一册，內容力求充實，份量亦謀增加。前曾迭懇會員及讀者諸君惠賜稿件，現已收到不少名貴作品，續來之稿想不在少，敬希於二月二十五日以前擲交本會編輯部，以便早付手民，是盼。

國內地理界消息，曾載本刊各卷，嗣因專號屢出，編者工作煩忙，一時中止。今已商請葛啟揚欒植新二君負責採集，按期登載。此啟。

廿五年九月，本會承中美彩印社邱鎮美先生贈予木質銅鑲匾額一件，上鐫「北平禹貢學會」六字，現已懸掛本會大門，謹此誌謝。

贈書致謝（二十二）

本會最近收到各方惠贈圖書，謹列于下，並此伸謝。

李聲揚先生贈

西藏宗教源流考　一本　張其勤編輯　宣統二年鉛印本

北草地旅行記　一本　頤叟主編　民國二十五年鉛印本

翁國棟先生贈

水仙花攷　翁國傑著　民國二十五年十二月版

世界文化合作中國協會贈書

無線電廣播的文化教育作用　會覺之譯　民國二十五年七月版

國家與經濟生活　王鳳儀譯　民國二十五年七月版

本刊第六卷第十二期「康藏專號」目錄豫告

本刊總經售處：北平景山東街十七號景山書社　南京太平街新生命書局

本刊代售處

北平北京大學研究院王崇武先生
北平燕京大學史學系侯仁之先生
北平輔仁大學史學系馬兆鈞先生
北平清華大學史學系吳春晗先生
北平隆福寺街文奎堂書舖
北平隆福寺街文殿閣書舖
北平琉璃廠來薰閣書舖
北平琉璃廠新生命書局
北平琉璃廠人文書店
北平東安市場佩文齋書舖
北平東安市場新智書局
北平東安市場岐山書社
北平西四牌樓南丹明慶文具店
北平西單商場知行書局
北平成府競進分社
天津法租界二十六號路世界圖書局
天津南開中學前會友書局
濟南濟南雜誌社
濟南西門大街東方書社
大連青年書局
太原濠兒底晉民書報社
開封新書裝街龍文書莊
開封河南大學牟潤孫先生
南京中央大學門前鍾山書局
南京太平路花牌樓書店
南京太平路正中書局
上海四馬路開明書店
上海五馬路亞東圖書館
上海四馬路上海雜誌公司
上海福州路生活書店
蘇州五卅路國學小書堆
安慶安徽大學李貫英先生
廈門思明路生活書店
漢口湖北街良友公司
南昌中山路南昌書局
武昌橫街頭新生命書局
武昌察院坡亞新地學社
長沙府正街金城圖書文具公司
重慶督珠市北新書局
重慶天主堂街重慶書店
重慶商業場西二街今日出版合作社
萬縣環城一馬路世界圖書局
成都少城祠堂街開明書店
成都華西大學鄭德坤先生
青島山東大學聞在宥先生
廣州中山大學舊紹良先生
廣州中山大學楊成志先生
廣州文德路廣東省立編印局
廣州永漢路上海雜誌公司廣州支店
西安大公報西安分館
綏遠楊家巷十二號綏遠新聞社
日本京都中京區彙文堂書店

十八世紀呂宋一咾哥航船來華記

趙泉澄[1]

南洋羣島與中國只隔一海，與臺灣、瓊崖、越南錯綜相連，彼此的交通往來，應當是很早的事。在麥哲倫 (Ferdnand Magellan) 還未曾到達甫文峯[1]以前，中國沿海的人民，尤其是閩、粵等處的，往南洋羣島住家的已經很多[2]。所以中國的僑民，不久之間，就佈滿了羣島。這種事實，都可以證明那時南洋羣島與中國航海交通的頻繁。訖十八世紀，南洋羣島諸小國，雖然是因爲中國不願意把這些島國列入版圖之故[3]，變成了大西洋諸邦的統治地[4]，然而中國與南洋羣島的航海關係，並不因此稍受影響。非但未受影響，而且那時中國對外的海禁已開[5]，彼此的海上往來，更爲頻繁。

但是那時南洋與中國的交通，雖然是這樣的繁複，可是我們如果要找出一篇比較可以代表那個時代的：中國與南洋羣島間的航海的記載，却是很不容易。在十七世紀有佛蘭克 (Christopher Fryke) 和適威思爾 (Christopher Schweitzer) 的東印度航海記[6]，但是那是帶着政治和軍事性質的特殊航行，不可以代表一般的航海情形，而且也不是南洋與中國的航海記。本篇敘述十八世紀呂宋與中國間的一種航海記載，不僅在時代上，劃分了另一個階段，而且我們覺得也很可以代表該世紀南洋與中國之間的比較最普遍的航海情形。

呂宋一咾哥航船啟碇來華的日期是在一七四九年，七月十八日（乾隆十四年，六月初五日）。全船共計柁水三十四人，船主是阿輪士，其主要的目的是要到福建省的厦門，購買永春夏布。該船由本地所裝載來的貨物如下[7]：

1. 米　一千三百石
2. 帆布　二百零七塊
3. 牛皮　四十一張
4. 猪油　八甕
5. 煙　八箱
6. 檳榔子　六十包
7. 芝蔴　一十九包
8. 鹿脯、牛脯　共四十四擔

9.蘇木 三十八擔
10.芝龜喇[8] 八甕
11.碎銅 二擔
12.銀圓 三千九百大圓

船行二十餘日，於八月初八日（六月二十六日），至厦門半洋[9]，忽然碰見了大風浪，於是他們就在那裏停風五日[10]，希望等待風浪過去。那知反於八月十二日（六月三十日）之夜，突遭颶風的襲擊[11]。一時柁也失了，他們趕快把大桅砍去[12]，然而船仍被颶風漂蕩到臺灣西北的大溪乾白沙墩的外汕[13]。在那裏觸了礁，船破了，一切貨物都漂沒大海間，幸而人未曾淹溺[14]。後來他們把水中的貨物設法撈起來，曾經撈起貨物，開列於后[15]：

1.小夾板 一十三個
2.夾板 五個
3.衣服 一十三個夾板[16]
4.烟 二個夾板[17]
5.銀圓 三千八百七十個[18]
6.帆布 四綑共一百尺
7.大小籐籃 九個[19]
8.大小甕 一十個[20]
9.大小鳥槍 五枝
10.劍 三枝
11.牛皮包 二個
12.黃牛[21] 二隻
13.隨身鋪蓋行李

現在我們先看臺灣的中國官廳，對待他們怎樣？

關於這一點，我們要先從竹塹巡檢說起。前面我們曾提及大溪乾，大溪乾即大溪墘，在臺灣府淡水廳以北。大溪墘稍北，就是白沙墩，白沙墩面西的海中，有砂汕，即「外汕」，亦即所謂礁，就是呂宋一吱哥航船沈沒之所[22]。這一帶地方都在中港以北，自此北至許厝港，皆爲竹塹巡檢所管轄的地方，而竹塹巡檢又是一個兼司稽查海口的官職[23]，所以這件事首先發現的就是這位巡檢，並且由他呈報到淡水廳同知那裏去[24]。

這時的淡水廳同知是一位很有聲名的陳玉友[25]，得報後，親臨肇事的地點查勘，點明了人貨物件，並且備文仍委竹塹巡檢親自護送他們到彰化縣去。文中有云[26]：

『茲親臨查勘，……米石無存，僅有夾板衣服等項。雇覓車輛，併將各難番阿輪士等，按程按日，給予口糧，具文通報。仍委竹塹巡檢相時，親行護送到縣。應照站接換，仰縣立即給與薪米等項，安頓難夷阿輪士等三十四名，併行李等物，逐一查明，加謹防護，毋致遺失。仍一面雇覓車輛，酌給口糧，併委鄰員護送，毋致難夷失所，速將查收遞送過緣由，出具收管，繳查。』

彰化縣知縣奉到了該廳來文後，便遵照辦理，直把難夷們連人帶貨的護送他們到了臺灣府[27]。當由臺灣縣知縣，照例「隨即查收安頓，酌給口粮，撥役加意防護」，並且「具文轉詳，給照配船，會營委員，派撥兵役」，預備把他們護送到廈門去。此時有一位原籍彰州府的龍溪縣人劉賀，在諸羅縣的加溜灣耕種，諳曉番語，願意伴他們同到呂宋去，所以也等待着同赴廈門[28]。九月十五日（八月初五日），有船戶鄭萬盛、王德盛、鄭協成三船，由臺灣載臺灣縣差役許耀等十二名赴廈門，於是諸難番併通事劉賀同物件行李等，便搭着三船，由該縣許耀等十二名差役，管送到廈[29]。

廈門廳海防同知，本來駐在泉州府，康熙二十五年，始移駐廈門，爲廈門廳海防同知，「管理海口，商販，洋船出入收稅，毒運米粮，盤放兵餉，聽斷地方詞訟」[30]。所以這件事，實際上廈門廳是個主管的機關。該廳同知，除「一面查收，安頓廈門港居住，一面會撥兵役防護，並飭石潯巡檢，日逐加謹巡查，仍照例給予口粮」外[31]，最重要的一件事，就是該廳對於阿輪士等三十四人的逐一審問。這事廈門同知是非常慎重的，事先有充分的準備。我們知道前面已經有諳曉番語的劉賀一名同來，現在該同知許逢元仍恐有所不足，又調到通事何有德一名來做翻譯，詳加審理。他們的口供是這樣的[32]：

問船主阿輪士：「你是那一國的人？駕來的船是番王的抑或番官的？船內栽的是什麼貨物？通船舵水共多少人？何時在番起身？要往什麼所在生理？那一月日，在什麼所在，怎樣遭風擊碎？通船的人，有無淹斃？貨物現存多少呢」？

阿輪士供：「小番們都是呂宋國管的一咾哥[33]人，這船是一咾哥番官名叫阿力嗐買喻[43]的船。交小番爲船主，船內載有食米一千三百石，自喫去一百五十石；帆布二百七塊；牛皮四十一張；猪油八甕；煙八箱；檳榔子六十包；芝蔴一十九包；鹿脯、牛脯共四十四擔；蘇木三十八担；芝龜喇八甕；碎銅二擔；圓銀三千九百六圓，自用去三十六圓。通船共計三十四人。于十四年六月初五日在本國開船，要來廈門生理。六月二十六日，在洋停風五日，至三十日夜，突遭大風，失舵，砍去大桅，飄到臺灣淡水交界地面，衝礁打破。通船舵水衆等俱各無失，貨物米石丟海。只撈獲小夾板一十三個，內三個收藏劃銀三千八百七十個，其十個裝衣服。夾板五個，二個裝烟，三個裝衣服。帆布四綑，共一百尺。大小籐籃九個，收拾舊衣服。大小甕一十個內貯食物。大小鳥槍五枝，劍三枝。牛皮包二個，隨身舖蓋行李。黃牛二隻，一隻在臺灣死了，一隻來廈門，在水途亦死了」。

問：「你船上的人，都叫什麼名字呢」？

供：「唵眙螺氏是夥長，柁工。白蘭絲色哥是副夥長，柁工。藍罵小是親丁，山多士是總舖。喚毛底食歹是總管。呇禠氏是副總管。那罵腦，罵螺肉二名是小厮。其餘麪吃，一氏底萬，面那迷迷身的，福昔，一氏，打臘，葛落氏，萬內，西毛食田，溫打蘭，羅連士，末西柳，面加力，沙罵輪，面龜來氏，阿務食塵，勝吃氏，毛勝力氏，蔴猪力氏，寶盒六，螺鵝，務里肉，面寧氏，罵轆比氏，喚毛抵力氏，二十五名是水手。連小番通共三十四人。要來福建省廈門買永春夏布回去的」。

問：「你們在一咾哥要來廈門做生理，要買貨物帶回，如今代你擇個殷實舖戶，代你交易，不可私自買賣，被人誆去所有，現存物件，必須逐件開明，與你封固看管」。

供：小番們原是要來廈門生理，如今船隻打破，貨物飄失，沒有甚銀兩，沒有主意要買什麼東西。所有撈獲銀兩物件及隨身舖蓋，已經臺灣俱各照數送來，並無遺失的」。

問：「你們的船遭風打破，台灣送你們來廈，如今往番洋船尚早，你們可暫住廈門，俟年底有往呂宋一咾哥洋船，將你們配搭回國。你在廈門務須安靜，所有口粮，按日支給你們」。

供：「小番們如今船隻打破，想要回國。得以早回，就沾恩惠了」。

問唵眙螺氏，白蘭絲色哥，藍罵小，山多士，喚毛底食歹，呇禠氏，那罵腦，罵螺肉，麪吃，一氏底萬，面那迷迷身的，福昔，一氏，打臘，葛落氏，萬內，西毛食田，溫打蘭，羅連士，末西柳，面加力，沙罵輪，面龜來氏，阿務食塵，勝吃氏，毛一咾力氏，蔴猪力氏，寶盒六、螺鵝，務里肉，面寧氏，罵轆比氏，喚毛抵力氏：「你們是那一國的人？」

供：「小番們都是呂宋國管轄一咾哥人。

問：「你們在這船上管什麼事呢」？

唵眙螺氏供：「小的是船上的夥長，兼柁工，執羅經，把柁，駛船」。

白蘭絲色哥供：「小番是船上副長，柁工，帮唵眙螺氏把柁，駛船的」。

藍罵小供：「小番是船上的親丁，管理船中貨物的」。

山多士供：「小番是船上的總舖，管理火食的」。

喚毛底食歹供：「小番是船上的總管，督催水手，料理船務的」。

呇禠氏供：「小番是船上的副總管，帮喚毛底食歹督催水手，料理船務的」。

那罵腦，罵螺肉同供：「小番是船主的小厮，和船主照顧物件的」。

麵吃，一氏底萬，面那迷迷身的，福昔，一氏，打臘，葛落氏，萬內，西毛食田，溫打蘭，羅連士，末西柳，面加力，沙罵輪，面龜來氏，阿務食塵，勝吃氏，毛勝力氏，蔴猪力氏，寶盒六，螺鵝，務里肉，面寧氏，罵轆比氏，喚毛抵力氏，同供：「小番們二十五人，都是水手，帮駛船隻的。」

一七五〇年，一月二十五日(乾隆十四年十二月十八日)，廈門同知護送他們出大擔[35]，放洋回呂宋的一咾哥地方。計這些難番居住在廈門，共有五個月左右。在這個期間，廈門廳「每名每日給米一升，鹽菜錢十文」，[36]此時適有漳州府屬龍溪縣的洋船戶[37]，林順勝和郭元勳二船，一隻往販宋腒勝[38]，一隻即往販呂宋的一咾哥，於是同知許逢元就奉布政使的命，把他們搭送回國，同時又將夾板衣箱物件等，一一點明，還了他們，並且還「按名各給難番盤費銀四兩，一月米三斗」[39]。至四月十六日(三月初十日)福建巡撫將此事具題[40]，五月二十三日(四月十八日)，這案全部完結。

以上是這件事的經過始末，以下我們再提出最重要的幾點討論之，以結束本文。

第一，呂宋的船。那時內地稱外洋來的船都叫夾板船，這回呂宋來中國的船，也是這種夾板船之一種。所謂夾板船，有兩種意義。有的說，因為船底用夾板，所以叫做夾板船；又有人說，夾板船又稱呷板船，係得名于呷板嶼，因為夷人造船處在那裏，故曰呷板船[42]。然而無論這種船的名稱怎樣解釋，它的形式大抵是有一定的。廈門志根據採訪所得，記載它們的形色如下[43]：

「呂宋呷板船式，頭尾方形，大者頭樑約闊三四丈，長十丈，高五丈餘。舵水一百餘人，裝貨二萬餘石。小者樑頭約闊二三丈，長八丈，高五丈餘，舵水六七十人，裝貨一萬餘担。船用番木製造，堅固不畏颶風。船艕船底俱用銅板鑲釘，底無龍骨，不畏礁。船艙分三層，第一層船主，貨客，舵工棲止；第二層水手往宿；第三層裝載貨物。船內水櫃鼎竈等物，俱銑鐵鑄成。船尾有番木舵一門，船頭鐵椗二根，船中番桅三枝，每枝長九丈十丈不等。桅作三節，布帆三層。每節用活筍，繫繩索數十條，或起或落，甚利便。遇颶風用桅一節，微風用桅二節，無風用桅三節。以索抽帆，隨手旋轉，四面風皆可駕駛。船艙第一層安放炮位十餘門，鳥槍三四十枝，器械甚精，其載貨艙，蓋用鉛鎔實其縫，不得啟視。……」

這裏所敘述的夾板船，大者舵水百餘人，裝貨二萬餘石，安放炮位十餘門，已經是比較很進步的了，恐怕不是十八世紀一般的夾板船所能如此。所以我們覺得一咾哥的航船還比較可以代表些。

第二，船員。關于航船中船員的組織情形，在赤嵌筆談裏[44]有這樣的一條，云：

「通販外洋之船，每船船主一名，財副一名，司貨物錢財。總捍一名，分理事件。火長一正一副，掌船中更漏，及駛船針路。亞班，舵工各一正一副。大繚，二繚各一，管船中繚綜。一椗二椗各一，司椗。一遷，二遷，三遷各一，司桅繚。杉板一正一副，司杉板及頭繚。押工一名，修理船中器物。擇庫一名，清理船艙。香工一名，朝夕焚香楮，祀神。總舖一名，又司火食水手數十名。』

但是這是中國販洋航船的一般情形，至于外洋或南洋羣島方面的航船船員的組織，很少記載。我們現在從一咾哥全體船員的口供裏，得到了一個切實可靠的解決。現在我們按着名稱，人員和職司，把他們列在下面：

1.船主：阿輪士，隸屬于呂宋一咾哥阿力沓買猶番官。

2.夥長兼柁工：唵胎螺士，執羅經，把柁，駛船。

3.副夥長兼柁工：白蘭絲色哥，幫夥長把柁駛船。

4.親丁：藍罵小，管理船中貨物。

5.總鋪：山多士，管理船中火食。

6.總管：喚毛底食歹，督催水手，料理船務。

7.副總管：魯褐氏，幫總管督催水手，料理船務。

8.小斷：那罵腦，罵螺肉，和船主照顧物件。

9.水手：麵吃，一氏底萬，面那迷迷身的，福昔，一氏，打臘，葛落氏，葛內，西毛食田，溫打蘭，羅連士，末西柳，面加力，紗罵輪，面鑑來氏，阿霧食塵，勝吃氏，毛勝力氏，蘇豬力氏，寶奩六，螺鵝，霧里肉，面寧氏，罵轆比氏，喚毛抵力氏，幫駛船。

第三，他們的武器。我們在前面討論夾板船式的一段引文裏，夾板船可以「安放炮台十餘門，鳥槍三四十枝」云云。又如乾隆二十年十一月十五日硃批福建巡撫鐘音的奏摺裏所敘及的呂宋番船，它所裝放的鐵砲共有十八位[45]。如果我們把範圍稍為放大一點，如同嘉慶年間來廈門的紅毛夾板船，有大炮十二門，小炮三百餘門。像這種情形，已經是帶着十九世紀的色彩，在此以前，是不平常的，不能代表十八世紀南洋與中國之間航海普通的情形。

一咾哥航船的武器，上列撈起的物品裏面，有「大小鳥槍五枝，劍三枝」。這個數目，我們雖然不能定為一咾哥航船原有的確數，因為這只是海中所撈起的，撈不起的不能知道，所以原數或不止此。但是我們從柁水貨物的數量上看，總不至于很多，而且我們從中國政府對于本國販洋大船軍器限止的數目上看，「每船礮不得過二位，鳥槍不得過八桿，腰刀不得過十把，弓箭不得過十副，火藥不得過三十觔」[46]，也不能相去甚遠。所以一咾哥航船的軍器，還不失爲十八世紀多數南洋來華航船的代表。

第四，貿易的貨物。我們先看南洋方面來中國所交易的是什麼？呂宋一咾哥航船來華的目的，是要購買福建省泉州府屬永春的夏布，所備銀圓三千九百圓，大抵目的在此。以他年比較，南洋羣島商船來廈門所購買的貨物，乾隆二十年爲蘇，廣的綢緞[47]；四十六年爲布疋，磁器，桂皮，石條；四十七年爲白紙，青白石器，石條，花磚；四十八年爲布疋，磁器，雨傘，桂皮，紙，墨，石條，藥材，白羯仔[48]。可見當時中國對南洋的輸出，大抵以布疋等日用品爲大宗，而一咾哥商船所要買的夏布，即布疋之一。

其次，由南洋方面來的貨物。上列一咾哥航船的貨物中，除了有的是貨幣，有的是船中的必需品和食用品外，餘如檳榔，蘇木，鹿脯，牛脯，芝龜喇，碎銅等物，尤其是前列三者，差不多都是那時南洋羣島與中國交易貨物之最普通者。例如雍正三年，呂宋和馬喇呷[49]洋船來粵，其貨物有蘇木，檳榔等[50]；乾隆四十六年，呂宋番商萬梨落與郎嗎叮的來廈，四十七年四十八年南洋番商郎安敦，牛黎美，郎萬雷的前後相繼來廈，他們最普通的貨物是蘇木，檳榔，鹿脯等物[51]，可見當時南洋輸入，以食品爲大宗。然而其中最可注意的還是米。

南洋羣島與中國的關係，除了上述的地理的自然形勢以外，還有一個經濟的原因，這個原因的中心，就是米。在中國方面，沿海各省，「地狹人稠，產米不敷食用，」[52]。江，浙向來禁米出外，販洋的船隻，攜帶食米，也是有定限的，如其超過定限，賣米的人，即行立絞[53]，閩，粵產米本來就不夠[54]。而南洋方面則恰相反，到處都是產米的地方。雍正年間，暹羅的米，每百斤只賣三錢零[55]；乾隆年間，南洋米每倉石值二錢多[56]。以南洋之有餘，補中國之不足，這種雙方需要的關係是最有力的，雖要打破，勢亦不能。我們以洋禁爲例，清初禁止出洋，到康熙二十三年就解禁了，其重要的原因是米的不足，康熙五十六年又禁止南洋貿易，但是數年以後，又恢復了。其原因仍是爲米，檔案有云[57]。

『嗣（雍正五年）於福建總督高其倬密陳開洋備細情形一摺內稱：「福，興，泉，漳，汀伍府，地狹民稠，產米不敷食用。洋船一回，多帶米糧而歸。是開洋一途與伍府沿海居民，大有生理」等因，議覆准行。原以閩省產米不敷食用，人多閒曠，易流於匪，故令弛禁。……江，浙洋面接連閩省，……閩省既弛其禁，江，浙未得畫一，恐奸商借內地伍省及東洋爲名，影射出口，越往南洋，沿途洋汛稽查，必致兩歧。……應如所請，江，浙商民，准與閩省商民一體南洋貿易。……』

洋禁既開，於是南洋的米，就源源而來，呂宋一咾哥航船的販米來華，正是表示着這種意義。

第五，十八世紀貿易之盛。南洋羣島與中國間，既具備了地理的和經濟的兩種要素，彼此貿易之盛，是必然的趨勢，又値洋禁解除之後，商販益衆。據兩廣總督慶復的奏摺，開趁南洋十餘年後，「滋生倍繁，商賈群趨樂赴。每年出洋船隻，所用航工水手商夥人等，爲數甚多」。廣東省的虎門是沿海各省販洋航船必經之地，除廣東省的不論外，福建，浙江，江南的洋船，也從這裏經過，從這裏所經過的洋船看來，中國到南洋去的船，「近則赴安南，咬京，占城，柬坡寨，港口，暹羅，埬野，六崑等國，遠則赴宋腒朥，大呢，丁咖啉，柔佛，單咀，呂宋，蘇祿，噶喇吧，嗎咪莽，均逹老，舊港，嘛六呷，嘆咖薩，馬辰等國」：但就廣東而論，「藉外來洋船以資生計者，約計數十萬人」[58]。

厦門地方當十八世紀的乾隆時代，最爲繁盛，各省地方來的洋船都有，它們「載貨入口，倚行貿易徵稅」，並且對南洋羣島呂宋等處來的番船，特准許它們「入口貿易」。所以那時彼此往返的船隻，每年絡繹不絕，我們從搭送呂宋一咾哥難番返國這回事上看，龍溪一縣的洋船就有往返呂宋和宋腒朥的可以證明。因之厦門地方，百貨雲集，而關稅也十分充盈[59]。

但是厦門到了十八世紀以後就不盡然了。雖然在十八世紀的末年，尙有洋行八家，大小商行三十餘家，洋船商船千餘號，到了後來，終至于日漸降落。其原因是這樣的：「向來南北商船由行商保結出口，後因蚶江五虎門三口並開」，奸商們私用商船爲洋駁船，「載貨挂號，往廣東虎門等處，另換大船販夷，或徑自販夷回棹，則以貴重之物，由陸運回。粗物仍用洋駁載回，依匿商行，關稅僅納日稅而避洋稅」。于是乎「洋船失利，洋行消乏」，南洋群島與厦門間的航船往來，就日漸減少了，厦門地方關課洋稅的日絀[60]，就是這個明證。

民國二十六年，一月二十三日，於北平。

附註：

1 Homonhon 島。

2 瀛涯勝覽。

3 例如一七五四年（乾隆十九年）蘇祿國蘇老丹嘛喊味安柔律𠯈遣使以該國土地丁戶編入中國版圖，中國未與許可。

4 當時在緯度以北有西班牙和英吉利的佔領，在緯度以南有荷蘭與葡萄牙的分割。

5 東華錄，雍正五年三月辛丑，從總督高其倬奏，開南洋海禁。

6 現黃素封等譯作十七世紀南洋羣島航海記兩種，巳由商務印書館出版。

7 檔案：乾隆十四年八月初四日泉州府海防廈門同知許逢元審訊呂宋一咾哥航船船員阿輪士等供詞，見下。

8 芝龜喇卽椰子粉。

9 檔案：乾隆十四年六月二十六日臺灣府屬彰化縣竹塹巡檢相時呈報。

10 檔案：阿輪士供詞。

臺灣府淡水廳志（同治十年刻本）卷八。

11 檔案：乾隆十四年七月初八日淡水廳同知陳玉友票。

又按檔案：乾隆十四年福建布政司布政使陶士僙呈文，此時淡水廳同知爲陳同知。參看淡水廳志卷八。

12 檔案：阿輪士供詞。

又按檔案：竹塹巡檢呈報，作「吹去桅花」，不確。玆據阿輪士供詞更正。

13 檔案：竹塹巡檢呈報。

又按淡水廳志卷一，有大溪墘，大溪墘北有白沙墩，白沙墩西之海中有砂汕，卽檔案竹塹巡檢呈文中之大溪乾白沙墩外汕。

14 檔案：阿輪士供詞。

15 檔案：仝上。

16 上列小夾板一十三個中，內有十個裝衣服，夾板五個中，內有三個裝衣服，共十三個夾板，裝衣服。

17 上列夾板五個中，內有二個裝烟。

18 檔案：銀圓原數爲三千九百零六圓，在水途共用去三十圓，故撈起時爲三千八百十圓。

19 裝舊衣服。

20 貯食物。

21 檔案：乾隆十四年臺灣彰化縣蘇渭生，並阿輪士供詞：船中共計黃牛兩隻，先後在廈門水途及臺灣大甲地方倒斃。

又按臺灣府志（乾隆二十八年刻本）卷二，大甲庄距淡水廳南一百里，大甲溪在廳南彰化縣北。

22 見註一三。

23 淡水廳志，卷一。

24 檔案：竹塹巡檢呈文。

25 見註十一。

26 檔案：乾隆十四年七月初八日淡水廳同知陳玉友票文；又十四年彰化縣知縣蘇渭生呈文。

27 檔案：彰化縣知縣蘇渭生呈文。

又參看台灣府志卷三。

28 檔案：乾隆十四年八月初四日署台灣縣知縣周䋝敬呈文。

又參看台灣府志卷三。

29 檔案：乾隆十四年八月初四日泉州府海防廈門同知許逢元呈文。

30 廈門志，卷一〇。

31 檔案：廈門同知許逢元呈文。

32 檔案：乾隆十四年福建布政使陶士僙呈文。

33 一咾哥亦作一咾戈，見乾隆二十年十一月十七日硃批福建水師提督李有用奏摺（史料旬刊第十八期）。

34 「阿力沓買擳」：亦作「阿畢間厤油」，係呂宋一種三品判事官，管理兵餉錢糧事宜。見乾隆十八年八月初四日硃批浙江溫州總兵施廷專奏摺（史料旬刊第十六期）。

35 泉州府志卷八「大擔嶼在縣（同安縣）東南海中，周圍五里，外通舊浯嶼水寨，內連小擔嶼。」

36 檔案：廈門同知許逢元呈文。

37 廈門志，卷五「洋船即商船之大者，船用三桅，桅用番木，其大者可載萬餘石，小者亦數千石，……廈門準內地之船，往南洋貿易……。」

38 宋腒勝，在今馬來半島地方，清通典卷九八「宋腒勝在西南海中，其國距廈門水程一八〇更，旁有埭仔，六崑，大呢諸國」云云。

39 檔案：乾隆十四年福建布政司布政使陶士僙呈文。

40 檔案：乾隆十五年三月初十日福建巡撫潘思榘題。

41 檔案：乾隆十五年四月十八日下吏戶兵工四部，奉旨「該部知道」。

42 卷三。

43 廈門志，卷五。

44 赤嵌筆記。

45 史料旬刊第十二期。

46 中樞政要。

47 史料旬刊第十二期。

48 廈門志引檔案。

49 馬喇咖即英文 Malacca。

50 史料旬刊第七期。

51 廈門志引檔案。

52 東華錄，雍正五年三月辛丑。

53 檔案：雍正年間內閣大庫殘檔。

54 皇朝經世文編，卷八三。

55 史料旬刊第七期。

56 史料旬刊第二十二期。

57 雍正五年內閣大庫殘檔。

58 史料旬刊第二十二期。

59 參看廈門志。

60 仝上。

越南唐代古城攷

童振藻 1

越南古城，爲我國人所築者，以余所知，計有三處：一爲漢馬援所築之城，在今諒山省境內；一爲唐張伯儀所築之城，在今河內城庯境內；一爲清鄭天錫所築之城，在今河仙省境內。馬援在漢光武時封伏波將軍，平交趾之亂。其所築之城，雖元史謂輒色紅紫，然係傳聞之辭，尙難攷定。鄭天錫爲明逋臣鄭氏之子，淸康熙時封琮德侯，淸通典謂以木築城，想已久毀，遺跡似難尋覔。張伯儀於唐肅宗時爲安南都護，更築羅城，越史略曾載之，今雖城已拆毀，猶有遺址可尋。近越人楚狂著河城今昔攷中曾附有是城之圖，足補吾國史書所闕。茲遂繪于下：

昇龍城圖

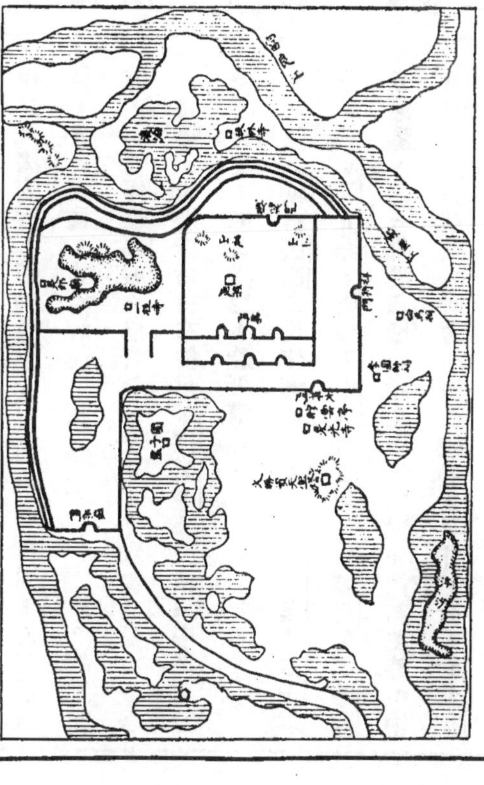

按漢武帝平南越，置九郡，其交趾郡治羸𨻻。三國吳改交趾爲交州，治龍編，或謂龍編即羸𨻻之舊地。羅城一稱大羅城，爲龍編之外城。龍編係舊縣城，相傳初築時有黃龍盤編於南北二江之間，故取以名城。若以吳時始有龍編論之，是龍編城爲吳所築，惟築於何人，史闕有間，未能詳攷。其外城係築於唐張伯儀，則毫無疑義。黃道成大越史約卷上謂城之修，自趙昌始，張舟張伯儀李元嘉相繼修治。而越史略卷一載肅宗至德二載，改安南曰鎭南都護府，以張順子伯儀爲都護，趙昌係代高正平爲都護，德宗貞元七年，昌奏置柔遠軍。又舊唐書卷一百五十一趙昌傳，貞元七年，拜安南都護，十年乞還，復命爲都護。是趙昌爲都護，係在貞元七年，距至德二載，計隔三十三年，至德二載之前，趙昌未嘗爲都護，何能在張伯儀之先修城？況舊唐書卷一百五十一，新唐書卷二百七十趙昌傳均無在安南修城之文。而越史略卷一載代宗大歷二年，張伯儀更築羅城。大歷二年，距貞元七年，亦隔二十三年，大越史約謂修自趙昌，自係錯誤，當以越史略爲正。惟張伯儀所築之城，約若干里，及其形勢若何，以寓余目諸書言之，均未詳載。僅大越史約卷上謂羅城至高駢始大加營築，周廻萬丈，女牆望樓，建設周到。高駢係咸通五年以饒衛將軍爲安南都護府經略招討使，彼時南詔盡有交州地，駢至南峯州，擊破蠻衆五萬，又攻南詔破之，殺其將段酋遷及土蠻兵，斬首三萬餘級，乃廢都督府置靜海軍，以駢爲節度使，駢修築羅城，建軍府於此。但據新唐書卷二百二十四下高駢傳所載僅謂駢平安南，始築南安城而行，其城之形狀，并未詳敘。茲將越史略卷一歷代守任高駢傳所載駢修築羅城情形，節錄於下：

駢修築羅城，周回一千九百八十丈零五尺，高二丈六尺，脚廣二丈六尺，四面女牆高五尺五寸，敵樓五十五所，門樓五所，甕城六所，水渠三所，踏道三十四所。又築隄周二千一百二十五丈八尺，高一丈五尺，脚闊三丈。又造屋五千餘間。

觀右所敘，修築羅城之情形，已可見當時工程浩大，局勢雄偉。余遊越南時經歷北圻各省，府縣均係土城，卑無足道，省會雖屬甎城，然亦矮小，駢修築是城，在全越中當推爲第一。其城外又築隄以掩護者，因富良江下游近海口處，久欠修濬，入夏上游山水暴發，江水漫溢，平地均爲澤國。近年法人雖有治江計劃，估款爲八兆元，尚未實施。在唐時此江入夏，業有水患，故駢築隄以護之。至駢以交州至廣州，海路多潛石覆舟，漕運不通，遂命長吏林諷等募工劖治，石破工竣，由是舟濟安行，儲餉畢給。又因使者歲至，乃鑿道五所，置兵護送，其徑石梗，震碎之，乃得通。厥功甚偉，不僅修築羅城之堪資鎮守也。宜懿宗進駢爲右金吾大將軍，加檢校尚書右僕射，徙天平節度使以褒之。乃恃才跋扈，終爲叛臣，殊可惜耳。

又此城自張高二氏修築後，至宋時李公蘊代黎氏爲王，於順天元年，當宋大中祥符二年，以黎氏舊都華閭爲湫隘，乃遷都於羅城。越史略卷二阮紀謂初遷時，泊舟城下，黃龍見於舟旁，因改城名爲昇龍，改華閭爲長安府。是昇龍城即係唐時張高二氏修築之城，就前昇龍城圖觀之，則距今一千一百六十餘年前唐時所築之羅城，宛然在目，其規模猶可考見焉。至李公蘊布置城門及宮殿之情形，據越史略卷二阮紀所載者，節錄於下：

昇龍京內起朝元殿，左置集賢殿，右置講武殿，左啓飛龍門，右啓丹鳳門，正陽啓高殿。階曰龍墀，內翼以廻廊，周匝四面。乾元殿後置龍安龍瑞二殿，左建日光殿，右建月明殿，後有翠華宮。城之四面啓四門，東曰祥符，西曰廣福，南曰大興，北曰曜德。又建龍德宮於城外，以居太子。

按右敘四門名稱，與前昇龍城圖相合，惟位置則圖中廣福為北門，耀德為南門，與越史略所敘者不侔，未知孰是，俟再詳考。至論城之歷史，原城或係三國吳所築，外城是修築於唐時，前已敘明；但以外城修築於唐大歷二年(七六七)考之，至宋大中祥符二年(一〇〇九)改為都城，已歷二百三十三年。自改為都城後，至阮福映於清嘉慶八年(一八〇三)封越南王，定都富春(卽今之順化)，亦歷七百九十四年。是則自唐時修築至清時遷都，前後共歷一千零二十七年，若再加至清光緒十一年(一八八五)越南全國屬法後，始一律拆毀計之，距嘉慶八年，為隔八十二年，共歷一千一百零九年，不為不久。茲再將越南近人楚狂河城今昔考所敘名稱及城址之沿革，節錄於下：

河城古為交州府治所在地，李太祖順天元年，改為昇龍城。陳為中京，胡時稱為東都，明初為東關，黎太祖改為東京，光順年間為中都順天府，置府尹。嘉隆改昇龍為升隆，尋改為北城，明命十三年改為省蒞，今為河內城庯。昇龍外城卽大羅城，唐都護張伯儀所築，後高駢為靖海軍節度使，建軍府於此，又增築女牆望樓。李順天元年，定都於此，號昇龍城，起宮殿，開隍城為四門，東曰祥符，西曰耀德，南曰大興，北曰廣福，又築四圍土城。天成二年，又增築城周圍一重，名曰鳳城。陳因之，又營內城曰鳳凰城。黎光順間砌築大羅城，因李陳之制。又廣築鳳城，延廣八里。黎襄翼帝造城，包蘇瀝江為殿，次年又包鎮武觀千花金鼓坊為城，廣千丈，自東邊至西北，橫截蘇水上，築皇城，下為水竇，掘地引水，以通御舟。莫端泰間修築工竣，又修外城，整理街衢，令四鎮兵民增築羅城三重壘，起自日昭西湖經椰橋至廓橋達清池，趁珥河之南北，高過昇龍城數丈，闊二十五丈。及莫茂治棄城走，鄭主令刋平土壘，凡數千丈，除荊棘，剔壕壘，悉為平地，掘溝三重，俱植苗牙，延數千丈，以包城外。景興四十六年，以京師原平地，乃命近畿各縣民築城，周圍七千七百六十二尋，二十一塲門，有竹帛、安華、槐街、鎭國等名號。及西山據國，城南剪伐殆盡。嘉隆辛酉，撤近城民栽植。黎季內城頹壞，所存為南之大興門，東之東華門而已。因初築為五門(正西、正北、正東、東南、西南)，門外各有戍樓，下浚濠，砌橋以通之，外為卑城，以為門之障蔽，并用石砌，最為壯麗。今已盡夷為平地，改築城庯。 3

觀右所敘，雖外城內城屢有修築，而昇龍舊城迄未移動。惟謂耀德(越史略作曜德)為西門，又與昇龍城圖及越史略不符。蓋越人著述，疏於研覈，故多歧異。余昔遊河內，尋訪昇龍及內外各城，均無踪跡，蓋自法人略得河內後，城已盡毀，現代礮火日厲，加以飛機擲彈，無堅不摧，即有城亦難抵禦。毀之原無不可，無如昇龍係千餘年古城，法人未保留一部以作史蹟，爲可惜耳。至昇龍城原位富良江東，富良江明永樂時越工部尙書黃福以江流彎曲如重珥，又名珥河，即源出雲南之紅河下游，東南流入東京灣。明張翼與黎氏戰，置浮橋以渡，名東京橋，歲一更易，即在富良江上。當城旁江面寬二千餘尺，中有積沙，分江流爲三，現滇越鐵路之橋，即建於積沙之處，名渡美橋，長亦二千餘尺。蘇瀝江，從珥河分流，沿城北轉西，與銳江合。此江係昔人蘇瀝所開，故名。明黃福更名爲來蘇江，今仍舊貫。江南有湖，漢稱浪泊，彼時尙有瘴癘，漢馬援征徵側徵貳時，嘗駐師於此，所謂飛鳶跕跕墮水中者是也。陳朝則改名霧潭，唐高駢謂天南勝地，黎朝避諱，改名西湖，後避鄭王字，又改爲兌湖，植蓮爲離宮，以供玩賞，故現在湖之北部，尙茁蓮花，幷浮小舟以乘遊客。又湖與什帛湖僅隔一隄，余昔遊此湖時，揆其面積，不過十數畝，湖旁古木蕭疏，湖心碧波蕩漾，而什帛湖旁眞武觀，門向湖開，架石坊，彫刻精緻，四季香火亦盛。地因荒蕪盡闢，毫無瘴氣。右望湖在羅城內，一名水軍湖，黎朝用爲簡閱水軍之所，湖中亦築隄，分而爲二，在北爲左望，在南爲右望。此城內外湖河之槪略也。山則濃山在城內北部，山不甚高，李氏定都，以此山爲正殿，山有一孔通氣，又稱龍肚，國王阮昭詩所謂濃嶺者，即指此山而言也。靑山在城內西北角，前越王閟武，多在此處。泰和山在城內之西，黎氏曾建泰和宮於山上。今則宮殿化爲禾黍，幷破瓦頹垣而亦無之，殊堪悼歎。

若論越南爲吾屬國時，叛服無常，吾國元淸兩朝，或出師征討，或遣使册封，多屯駐此城，亦與此城之歷史至有關係。即如元代征討之事，據元史卷二百零九安南傳載憲宗七年，烏蘭哈達於平大理後入交趾，至其國，因囚斃元使，遂屠其城，留九日，班師，國王陳日煚還，見國都殘毀，憤之。至元二十二年，征占城，道經安南，國王陳日烜調軍拒戰，鎭南王托歡攻之。至富良江北岸，日烜棄城遁，遂渡江入城。宮室盡空，惟見日烜所居宮室五門，額書大興之門，左右掖門，正殿九間，書大安御殿，正南門書朝天閣，追日烜不知所往。二十四年，鎮南王又統兵入安南，渡富良江，次城下，日烜復棄城走，追之亦不知所往，引兵還城。後恐糧盡，班師，遂爲越人所輕視。清代征討及册封之事，據徐延旭越南輯略世系沿革載清乾隆五十三年，因阮惠據地孔多，國王黎維祁奔廣西，命兩廣總督孫士毅及提督許世亨等統兵出關，直搗河內，入城宣慰而出。彼時城環土壘，高不數尺，上植叢竹，內有甎城二，則國王之所居也。士毅輕敵，不設備，於元旦復置酒高會，阮惠乘之，士毅奪渡富良江，斬浮橋，北歸，許世亨及官兵溺死者萬餘，至今越南人猶譏評之。此亦我國之奇恥也。追道光二十八年，阮福時嗣位，清遣使册封，仍至河內舊都。蓋阮氏自福映得國，因東京屢燬於兵，而先人又世居廣南，遂遷都富春。清使仍循例駐節於此，福時奏乞清使至其國都，清使勞崇光始至富春一行，此又我國之特典也。自滇越鐵路通後，我國人士，入滇出滇均經河內，能緬想往事，憑弔而觀歎者未知有幾人矣。至越南國王士夫，緬想古城故宮，感喟詠之者不乏其人。茲第錄三章于下，以著一斑。

國王阮昭遊河城二首之一

此地繁華已幾經，悠悠回首不勝情，牛湖剩記三朝事，龍肚空餘百戰城，濃淡行雲今古色，珥河流水哭歌聲，擒胡奪槊人如在，應爲江山洗不平。

魏克循晚泊珥河望昇龍城懷古

珥江江上雨初晴，夕照帆檣一半明，瀘水烟波秋色遠，陳黎宮殿暮雲平，使星幾度臨前渚，風物千年剩此城，古寺疏鐘來隔岸，寥空牢落雁歸聲。

阮尙賢陳宮懷古

雄雄南城夕照過，千年國邑訪東阿，親王百戰匡時早，祭酒孤忠感事多，虛倚一圖安社稷，直留孤塔對山河，昭陵石馬今安在，烟雨漁舟入醉歌。

噫！黃龍北搗，誰慰宋哲之心魂。龍城南收，待整漢家之旗鼓。未知閱斯文者曾有此感想焉否也？

黃河釋名

——河濱偶談之一——

張含英

1

黃河之名不知起於何時。書經禹貢所稱之河，如「導河積石」及「達於河」者，皆指今日之黃河也。古稱「江、淮、河、濟」爲四瀆，是江、淮、河、濟同爲專名。又如汾、沁、渭、洛等，原亦皆單獨存在之專名，其後沿用成例，則於每名之下加一水字，讀爲汾水、沁水、渭水、洛水；今常改水稱河，於是汾河、沁河、渭河、洛河等名稱又雜見於書籍報章中。因之河乃變爲一普通名辭，而非專用。故談「河」者必冠形容辭，使成「黃河」，方爲專名。惟相沿日久，每忘其本，常有簡稱之爲「黃」，如稱「渭」「洛」者，實大謬誤。

「水」之義意頗廣，乃對陸地而言，故河、江、湖、海皆得稱爲水。古時流水之通稱爲「川」。書經：「奠高山大川」。漢賈讓治河策：「古者立國居民，疆理土地，必遺川澤之分。度水勢所及，大川無防，小水得入，陂障卑下，以爲汙澤。使秋水得有所休息，左右游波，寬緩而不迫。夫土之有川，猶人之有口也。治土而防其川，猶止兒啼而塞其口，豈不遽止，然其死可立待也。故曰善爲川者決之使導，善爲民者宣之使言。……」皆指一般流水，其意與今之河字相似。瀆則專指獨流入海之川也。今若以河代川，已去古意甚遠，若更以「黃」代「河」，則支離益甚。

於河字上加以形容辭，首見於漢武帝元鼎間（約西曆紀元前一一六年）。齊人延年上書，言：「河出崑崙，經中國，注渤海。其地勢西北高，而東南下也。可按圖書，觀地形，令水工準其高下；開「大河」上領，出之胡中，東注之海。……」又漢順帝陽嘉中，曾有碑記王誨及司馬登之治河功績。文云：「惟陽嘉三年（西曆一三四年）二月丁丑，使河隄謁者王誨疏達河川，遂荒庶土。云：大河衝塞，侵齧金隄，以竹籠石，葺葦土而爲遏，壞潰無已，功消億萬。……」是皆稱「大河」，猶今之稱「長江」也。

漢武帝元光三年（西曆紀元前一三二年），河決濮陽瓠子口。史稱：「使郭昌汲化發卒數萬人塞瓠子河，上自臨決河，沉白馬玉璧，令羣從官自將軍以下，皆負薪置決河，卒塞瓠子。築宮其上，名曰宣房」。所謂瓠子河乃自瓠子口之決河，言其非正河也。自宣房塞後，河復北決館陶，分爲屯氏河，東北經魏郡、清河入渤海。屯氏河乃館陶河水別出之名，亦非正河。斯二名者，乃河之別出，故名之，以別於河也。其例與禹播九河，而各予以名，若徒駭、太史、馬頰、覆鬴、胡蘇、簡、絜、鉤盤、鬲津，以別於正河等，皆不得視爲「河」之專名也。

古常有稱漳水爲河者。蓋以禹河北過降水而漳水即河水矣。及河東徙，猶沿舊稱，而呼漳水爲河，凡鄴令西門豹傳所謂河者，皆漳水也。項羽鉅鹿之戰，所謂渡河者，亦漳水也。是沿士人舊稱，非以河爲普通名辭也。

唐書五行志：「唐高宗永徽五年（西曆六五四年）六月河北大水，十月齊州黃河溢」。又載：「武后聖曆元年（西曆六九八年）秋，黃河溢」。又載：「玄宗開元十年（西曆七二二年）六月博州棣州河決；舊唐書本紀八月丙申，博棣等州黃河隄破，漂損田稼」。又載：「憲宗元和八年（西曆八一三年）十二月丙午，以河溢，浸滑州羊馬城之半，滑州薛平、魏博、田宏正徵役萬人，於黎陽界開古黃河道」。永徽以後，黃河之名，已屢見志書。迄至宋太祖開寶五年（西曆九七二年）正月，詔曰：「應緣黃、汴、清、御等河州縣，除準舊制種藝桑棗外，委長吏課民別樹楡柳，及土地所宜之木。……」又眞宗大中祥符年間（約西曆一〇一一年）李垂上導河形勝書三篇，有「大伾而下，黃、御混流，薄山障隄，勢不能遠」之句。是則開以「黃」代「河」之端矣。然亦有仍稱河者，如宋仁宗至和年間，歐陽修上書言修六塔河之非計，有云：「然全塞大河正流，爲功不小，又治三千餘里隄防，移一縣兩鎭，計其功費，又大於塞商胡數倍」。又云：「今欲逆水之性，障而塞之，奪洪河之正流，使人力斡而回注，此大禹之所不能」。宋神宗熙寧三年（西曆一〇七〇年），韓琦言：「事有緩急，工有後先，今御河漕運通駛，至未有害，不宜減大河之役」。是則有宋一代，稱「黃」稱「河」之處互見，而仍以稱「河」者爲多；惟黃河之名似已確定矣。迨至清朝康熙四十六年特論：「粵從明末寇氛，決黃灌汴，而洪流橫溢。……黃淮交敝，海口漸淤。……於是黃淮故道，次第修復。……」靳輔之治河表亦有「念彼黃淮二水，汛瀾者千七百年」之句。斯則幾以「黃」代「河」矣。

「黃河」之名必起於唐永徽以前，山東通志載：「自東漢迄隋、唐，河不爲患者千餘年，故水功亦少。永徽以後，始書溢決」。記載既少，則考據益難矣。然黃河見於史策，迄今已近千三百年矣。

查昔有臨黃縣者，爲後魏所置(約在西曆四七二年之後)。元和志：「澶州臨黃縣，後魏孝文帝分衞縣置臨黃縣，以北臨黃溝，因以爲名。廢縣在今觀城縣東七十二里」。據寰宇記載：「黃溝在臨黃縣之北，西自觀城縣流入，東有山，支水出焉。東入虎掌溝，又東南入黃河」。又按水經注：「黃水自外黃東北逕定陶縣南，又東逕城武之楚邱亭北。又東逕郜亭北，城武南。又東逕平樂故城南，右合包水，即豐水之上源也」。按內黃縣爲戰國魏黃邑，漢置內黃縣，以陳留有外黃故加內字。黃水之名或由此而起。總之，黃溝及黃水，乃另一河流，是否爲黃河決口所冲之溝道，或爲他河之遺跡，亦難考證。但不能以此爲黃河得名之依據。

黃河名之所由起，必以其水色黃。我國之稱「清河」「渾河」者亦已數見，皆以水之色澤及清濁而名也。黃河上游之土質多係黃壤，其色黃而質細，易爲水冲，每當暴雨之後，輒有大量之冲刷，間有崩塌及滑落現象。故黃河所携帶之泥沙爲量頗巨。其量之多寡，當然以降雨之情形，河水之驟緩，水量之大小而異，故一年之中，時有變化。而所携之泥沙，又每因其滾行於河底，與裹携於水溜中者而異其性質。

今試舉例，以說明携帶泥沙之情形。涇河於春令稍漲之時，泥沙重量可至百分之三十，夏季盛漲，竟至百分之五十。換言之，即一百斤重之水，必具有五十斤重之泥沙；河流渾濁，於此可見。洛河及渭河之情形亦復相似。於二十三年測得潼關大河之携沙量竟至百分之三十八，而陝縣者，尚較此數爲高。吾人試瞑目細思，以此滾滾大河，水中携有重量三分之一之黃壤泥沙，與之洶湧東下，一瀉千里，當歎爲天下之一奇景也。

惟如此多量之泥沙，並非常事，每年僅有數日或數小時；其餘則以水流之情形而異。冬日最小，或至千分

3

之五。常年平均，以不佞之計算，在陝縣者，以重量計，爲百分之二•〇二。黃河水利委員會之計算，在平漢鐵橋者爲百分之三•三，約較不佞估計爲高。然以黃河水文之記載缺乏，亦只得以約數視之而已。

如無比較，不足顯出此等數目之巨，茲選世界有名之携沙河流，述其常年平均携沙量以明之。美國可崙拉都河（Colorado）爲一四二分之一（以重量計）；米雪黎河（Missouri）二六五分之一；綠葛蘭河（Rio Grand）二九一分之一；意國之波（Po）九〇〇分之一；美國密西西比河（Mississippi）一五〇〇分之一；法國羅因河（Rhone）一七七五分之一；埃及尼羅河（Nile）一九〇〇分之一，皆非黃河之倫，其他各河更不足道矣。

以二十三年全年計，經過陝縣之携沙總量約爲十四萬五千萬（一、四五一、八五二、一二五）立方公尺，數目之大，幾當我國人數之四倍。取譬言之，若以此泥土築高厚各一公尺之隄，可圍地球赤道三十六週。然此數目僅可表示經過陝縣之泥沙量，有運輸下游者，有運輸入海者，亦有隨冲隨淤完全屬於局部之冲澱者。但其爲量之巨，實難否認。以此而「河」變爲「黃」，而黃河難治之特性，亦因之搆成。古語常以「正本清源」表示作事應有之方略，以「海晏河清」表示太平景象之希求，亦確能示吾人治河之方法及目標。

是以黃河不得簡稱爲「黃」，亦尤揚子江之不得簡稱爲「揚子」，珠江之不得簡稱爲「珠」也。固由其不合理論，亦以吾人欲減少其「黃」色因素，而期達到「海晏河清」之成平目的也。

民國二十五年九月四日於天津。

4

惡溪考

——潮梅史地叢考之一——

饒宗頤[1]

惡溪為韓江舊稱，其所指地域，叠有變遷。昔為全江之總名，今為支流之專號。苟不討其別，將無以明其實。故特草成此篇，究心粵東地理者可考覽焉。

韓江上下游之水，古曰惡水，又名惡溪。

太平寰宇記：梅州程鄉縣惡水，即州大江，東流至潮州出海。其水險惡，多損舟船，水中鱷魚，遇江水泛漲之時，隨水至州前。

柳宗元愚溪對：予聞閩有水，生毒霧厲氣，中之者温屯嘔泄；藏石走瀨，連艫糜解；有魚焉，鋸齒鋒尾而獸蹄，是食人，必斷而躍之，乃仰噬焉，故其名曰「惡溪」。（柳柳州全集四）

大清一統志三百四十四：韓江，……亦曰「惡溪」。

唐韓愈潮州刺史謝表云：『過海口，下惡水，濤瀧壯猛，難計程期』是也。

宗頤按：韓江上游曰「汀江」；自福建入境，至大埔三河壩，合梅縣之梅溪，始名韓江。柳宗元所謂閩有水名曰「惡溪」，蓋指汀江而言；樂史所謂程鄉縣惡水，東流至潮州出海，則合梅溪及韓江下游而言也。宗元唐人，樂史宋人，是唐宋時韓江上下游統稱為「惡水」矣。

以地產鱷魚，或稱為鱷溪。

輿地紀勝一百潮州景物上：惡溪有鱷魚，韓退之作文逐之。陳文惠公堯佐網得，為圖記其狀。

又紀勝一百潮州景物下：鱷溪以鱷魚得名，舊傳為惡溪。

其水處潮、汀之交，下流濱海，上據萬山，地勢險惡，舟行甚苦，故自梅州（即今梅縣）之小河，松源溪，梅溪，以及海陽（即今潮安）之溢溪（即意溪），皆有「惡溪」之稱。

輿地紀勝一百二：梅州古跡：惡溪在州之東六十里，導源自汀之武平溪，溪有七十二灘，急流湍險，上下百餘里。舟難至灘，謂之「入惡」；過灘安流而去，謂之「出惡」。（宗頤按：光緒嘉應州志云：『此條所云「惡溪」，當即指鎮平小河。』

明史地理志：程鄉南有梅溪，即與甯江之下流，一名「惡溪」（宗頤按：光緒嘉應州志云：『安濟廟，昔號爲惡溪廟，今乃稱爲梅溪宮。』可知梅溪，惡溪，名殊而實一）。光緒嘉應州志十七：按：輿地紀勝，載梅州程鄉縣古跡，……云：『安濟王行祠在城東隅，其廟在惡溪之濱。』……今考嘉應州之東，有鎮平小河，與松源河皆源出武平。是象之所言「惡溪」者，即此二河也。然紀勝潮州景物上鱷溪注云：『今程鄉松口，俗號惡溪廟，安濟廟乃其所也。』此即所謂「其廟在惡溪之濱」者也。所引後人留題詩，又有「古廟巖巖鎮惡溪」之句，是明以松口之松源河爲惡溪矣。元豐九域志九：海陽有惡溪（宗頤按：輿地紀勝一百有惡溪水。註云：見九域志）。讀史方輿紀要一百三：潮州府海陽縣惡溪，在城東北，一名鱷溪，亦名意溪。……韓江經此，合流而南，則又韓江之別名矣。先大人曰：『惡者，謂是溪灘石險惡，瘴霧毒惡，及鱷魚獰惡』（見潮州西湖山志四）。此殆惡溪得名之由來與？宗頤按：輿地紀勝梅州古跡：「惡溪在州之東六十里，……有七十二灘。」周去非嶺外代答言：南方凡病曰「瘴」，有「冷瘴」，「熱瘴」，「瘂瘴」。劉恂嶺表錄異謂：鱷魚身上黃色，有四足，修尾，形如鼉，口森鋸齒，往往害人。觀此諸記載，可以知古時是溪灘石險惡，瘴霧毒惡，及鱷魚獰惡之狀。

唐時，韓江但名惡溪，觀唐人詩，可證也。

殷堯藩寄張明府詩（宗頤按：張名元業，唐初刺史）：春草正萋萋，知君道惡溪。（全唐詩）

韓愈瀧吏詩：惡溪瘴毒聚，雷電常洶洶，鱷魚大於船，牙眼怖殺儂。（韓昌黎集六）

李德裕過惡溪夜泊蘆島詩：風雨瘴昏蠻日月，烟波魂斷惡溪時。（李衛公別集二）

其後潮、梅之間，居民日衆，瘴霧之毒惡已開，鱷魚之獰惡他徙，即灘石之險惡亦漸平矣；於是惡溪之汎稱漸失，而其各支流之專名乃著。其經鎮平者，曰鎮平小河；

王之正乾隆嘉應州志：小河，河北之水，在城東四十里。發源武平，經鎮平縣，至柚樹溪，會平遠諸水，至白渡前，入州境，出嚴子渡汛，會梅溪（宗頤按：讀史方輿紀要，程鄉縣錦江南流五十里有小溪，即此）。

出松源者，曰松源溪；

王之正乾隆嘉應州志：松源溪河北之水，在城東南一百里，自松源來，出松口下店，會梅溪（宗頤按：吳蘭修南漢紀攷異：『梅口鎮，……梅溪所經，松江合之。』梅口即今松口，松江即松源溪）。

在梅州者曰梅溪；

宗頤按：文獻通攷征商篇：『梅之梅溪，深村山路，略通民旅。』是梅溪之名，宋時已著稱矣。光緒嘉應州志四云：『疑此水（案即梅溪）自唐以來，即有二名：如明史地理志之說，唐宋以其地遠惡，遷謫者苦之，故「惡」之名特著；明以後，諸惡既除，故「梅」之名獨顯。』

在海陽者爲溢溪，或稱意溪：

宗頤按：意溪原作溢溪，見梁夢劍修東廂堤記。蓋取義於泛溢，作「意」者本無義，以與「溢」同音，故俗書爲「意」耳。亦有作「澺溪」者，見康熙潮州府志，雍正海陽縣志韓江條及吳震方嶺南雜記，則是蒙「意」而訛（府縣志，韓江條，作「澺溪」，又別有「意溪」條。同一書中，而同地名互歧，足證「澺」乃「意」之譌）。溢溪，意溪，本爲水名，後乃假以號其地之村曰「意溪村」（廣東圖說三十二：海陽縣東廂都城東三里，內有小村七：曰蔡家圍，一名意溪）；堤曰「溢溪堤」（光緒海陽縣志二十六古蹟略載鱷溪書院在溢溪堤）；書院曰「意溪書院」（見海陽縣志十雙崧林意溪書院記），則轉爲其地之代稱矣。

蓋惡溪本爲通名，地域廣汎，殊難碻指，其支流既各有專名可用，而通名遂爲所掩蓋矣；故自宋以降，不復以「惡溪」爲韓江上下游之總稱。

光緒嘉應州志四：惡溪……自海陽惡溪而上，至梅州大河小河，皆有「惡溪」之名。

又云：不獨梅州南之大江稱惡溪，而源出武平者，幷有惡號，不獨興寧江之下流稱惡溪，而委在海陽者，亦有「惡」名，正不能專之某某處也。

然惡溪以多產鱷魚著於世，特名「鱷溪」，後之人則又以此轉謂「惡溪」爲「鱷溪」之別名。是以其地有鱷魚掌故流傳者，「鱷溪」之名乃得以存；「鱷溪」之名存，則「惡溪」之名亦復存焉。

松口有惡溪廟，廟有鱷魚餘骨，王象之因謂其地爲「鱷溪」，亦曰「惡溪」。

輿地紀勝一百潮州景物上：鱷溪以鱷魚得名，舊傳爲惡溪。韓公刺潮謝表云：『過海口，下惡水，濤流壯猛。』是自廣、惠而循潮，順流而下。今程鄉松口，俗號「惡溪廟」，乃其所也。廟有鱷魚，餘骨尚存（宗頤按：此專以「松口」爲「惡溪」）。

梅縣東南三十五里，有鱷骨潭，俗傳陳堯佐戮鱷魚，棄骨其處，故或謂其水曰「惡溪」。

3

王之正嘉應州志：鱷骨潭，在城東三十五里。梅溪東流過鄭、均兩山，矗起，河身稍狹，里許，方出口，水漲，則湍急，舟不敢行。相傳宋通判陳堯佐戮鱷魚，棄其骨於各處深淵魚穴中，以示戒，因名。明史訛作「惡溪」（光緒嘉應州志四云：『明史不誤。』）。

宗頤按　陳堯佐驅鱷地，王之正以爲在嘉應州鱷骨潭，顧祖禹則以爲在海陽之意溪（見方輿紀要一百三惡溪條）。考堯佐戮鱷魚文云：『乙亥歲，……明年夏，郡之境上地曰萬江村，曰硫磧，張氏子年始十六，與其母濯於江涘，倏忽鱷魚尾去。……余聞而傷之，……命縣令李公誑，郡吏楊勛，挐小舟操巨網馳往捕之。……旣而鳴鼓，……斬其首而烹之。』致硫磧爲今豐順地，非在梅州，或海陽之意溪也。王志及方輿紀要竝誤。

潮安縣北溢溪（即意溪），有鱷渚，韓文公曾驅鱷其地，俗因名其水曰「鱷溪」，曰「惡溪」。其誤者則專指此地爲「惡溪」。

大淸一統志三百四十四：按韓江入海陽縣境，又名鱷溪。

廣東輿圖：意溪故名惡溪，在縣東五里，韓昌黎驅鱷魚於此；韓江則總名也。

雍正海陽縣志二：意溪一名惡溪，以鱷潛水中，多傷人物，故名。

宗頤按：韓公驅鱷處，自來傳說，皆謂在潮安城東之意溪，意溪亦稱鱷渚。輿地紀勝引潮陽圖經云：『曰「鱷渚」者，以韓公驅鱷之舊。』據此，意溪爲韓公驅鱷之處無疑。顧韓公祭鱷魚文，僅云：『投惡溪之潭水』；新唐書韓愈傳則云：『愈初至潮陽，詢民疾苦，皆曰：「郡西湫水有鱷魚，卵而化，長數丈，食民畜產將盡，以是民貧。」居數日，愈往視。令判官秦濟，炮一豚一羊，投之湫水，呪之。……呪之夕，有暴風雷起於湫中，數日，湫水盡涸，徙於故湫西六十里，而鱷魚不爲患。是則以韓公驅鱷處，爲郡西之湫水。郡西湫水，或因李德裕化象潭，謂卽今潮安縣城西湖山下之西湖（乾隆潮州府志云：『化象潭在郡之西湖。唐李德裕謫潮，携二玉象至惡溪，躍入潭中，時作光怪』。陳樵羅浮志四：『李德裕……南遷至鬼門關，逢終南，招宋二象。……德裕俛首不予，至鱷魚潭，風雨晦冥，玉象自船飛去，光燄燭天；金象從而入水。德裕至朱崖，飲恨而卒。』宗頤按：德裕失象事，道光廣東通志雜錄引李石炎博物志亦云「至鱷魚潭」。舊志謂此潭在今惡溪。考劉恂嶺表錄異，別載『德裕貶官潮州，經鱷魚灘，損壞舟船，平生寶玩，一時沈失。』鱷魚灘，光緒嘉應州志四：疑卽嘉應之蓬辣灘。凡此皆疑似之說，未有確證，殊不足以爲據。按宋林光世浚湖銘，首四句云：『鳳凰山朝，鱷魚潭空，祝網舊址，地不滿弓。』鳳凰山在今潮安縣東，光世以與鱷魚潭並列，則鱷魚潭當在潮安縣境無疑；惟不知爲潮安惡溪之別名歟？抑惡溪別一潭水之名歟？又羅浮志，謂德裕南遷，先至鬼門關，次至鱷魚潭，又次至朱崖，說亦怪妄。致鬼門關，輿地紀勝一百四容州景物注曰：『舊唐書云：「在北流縣之南，有兩石相對，俗號爲鬼門關，……唐宰相李德裕貶崖州日，經此關，因賦詩云：「一去一萬里，千知千不還，崖州在何處，生度鬼門關。』是此關乃德裕貶崖州時所經之地，鱷魚潭，苟確在潮州之惡溪，則德裕南遷路線，當先至容州，次至潮州，然後至崖州也。按資治通鑑二四八，『大中元年冬十二月戊午，貶太子少保分司李德裕爲潮州司馬，大中二年秋九月甲子，再貶潮州司馬李德裕爲崖州司戶』（唐大詔令集五八亦載此）。又舊唐書德裕本傳：『大中二年，自洛陽水路經江，淮，赴潮州，其年冬，至潮陽；又貶崖州司戶，三年正月，達珠崖郡。南部新書卷戊亦云：『以二年正月貶潮州司馬，其年十月，再貶崖州司戶』（諸書所言德裕貶官年月雖互異，而其貶潮在貶崖州之前則同）。是德裕徙崖州實在貶潮州之後，況鬼門關，紀勝明謂爲德裕貶朱崖時所經之地，則當無過容州先于貶潮州之理；此足證羅浮志之謬妄矣）。宗頤按：西湖爲韓公驅鱷處，舊志從未有言，而宋時潮州放生池記（舊志以此文爲眞德秀作，或曰：非是）。許騫重闢西湖記，亦皆不載。考是湖在潮安縣西北一里，（周府志作二里）。宋慶元間，林嘌浚，開慶元年，林光世續浚，乃成今湖；始在唐時，僅爲放生池耳。湖處湖山下，西北岡阜環繞，地甚淺隘，長僅一千七百三十七步，寬一百六十步（見紳耆公建周侯德政碑記）。又去韓江頗遠，無長流巨浸，與之貫通（西湖今與三利溪通，然三利溪浚自宋知州王滌，唐時未有也），使韓公驅鱷確在是處；則唐書謂鱷魚徙於舊湫水西六十里，將何可徙耶？且西湖之西北，池塘雜錯，其近意溪者尤夥，鱷魚亦可涵淹卵育于其間，固不必指其涵淹卵育之所必爲西湖也。依是，知西湖爲韓公驅鱷處，其說實難爲定論。頤按：唐書明謂鱷魚產於郡西之湫水，又明言鱷魚徙於舊湫西六十里，則當韓公驅鱷時，惡溪必有小流在郡城之西，以與湫水相通，而後可徙六十里也。間嘗攷其山川，意溪與西湖間以韓江爲界，而北堤障于韓江之西，自北堤至於西湖，地卑窪盡田野，潭水多錯雜其間，蓋古時河道之賸蹟，猶有存焉。陳珏修堤策謂：『北堤築自唐韓文公』，考韓文公驅鱷，在蒞潮之數日，築堤當在驅鱷之後，是驅鱷時猶未有北堤也。○以此推之，凡今郡西北堤下山圩之田塍池沼，蓋爲故時水道之遺，則是謂惡溪當有小流西繞郡城以與湫水通者，是說固確然有据矣；而以證之唐書所謂「鱷西徙六十里」，亦相脗合。又按：廣輿記十九：『金城山在府治後，西瞰大湖』，明一統志八十：『金山東臨鱷溪，西瞰大湖』，古今圖書集成職方典一千三百三十五卷：『湖山在府治西，前連鱷溪』。是古金山之西，湖山之東北，有大湖泛濫其間，而鱷溪之水，又西流至湖山前也。所謂郡西湫水，疑在此處，其地當在今西湖之北，鱷渚之前。意者：韓公驅鱷，卽投豚羊于此；至祭祝則在惡溪中之洲，此洲當爲今意溪村，以此地嘗有鱷渚之名證之，可信也。夫自唐去今已千百年，陵谷變遷，河道移徙，欲確求其地之所在。難矣！顧以圖經及史傳爲證，則我說雖不中，或亦不遠耳。

又按：光緒海陽縣志二十六古蹟略一云：『鱷溪卽惡溪，在城東北，爲韓文公驅鱷處。』蓋專指意溪。又載李德裕過惡溪詩於此條，不知德裕詩，非作於海陽之惡溪（予別有辨），而惡溪亦非海陽所獨有也。意溪乃惡溪之一段，謂之卽爲惡溪，謬矣。

凡今所稱之「惡溪」，或「鱷溪」，皆古時惡溪之一段，古之惡溪爲總名，今則變爲專名。作總名用者，其

地域廣，其所指汎，爲一水之通稱，不得專指某某處也。用爲專名，則其地有限矣，其所指有定矣，故名雖

同，而地實迥異焉：蓋地名演變之大例如此。言地理者，當分別而觀之，乃不至於舛誤。今草成此篇，加以辨證，庶今昔惡溪地名之演變得有考云。

附韓江得名攷

郭子章韓江韓山韓木篇云：『自韓公過化之後，江故名「惡溪」，改曰「韓江」』（見順治潮州府志十二古今文章）。是江稱曰「韓」者，蓋由韓愈而得名也。

邱氏族譜，載劉昉（海陽東津人，宣和三年進士，官龍圖閣學士）贈梅州刺史丘君輿詩，有『名德重韓江』之句。則韓江之名，北宋已著稱矣。

按故時所謂「韓江」，僅以名韓山下之江水，方輿紀要一百三：『韓江在府城東韓山下』即其明證。若今統括江上下游總名曰「韓江」者，則殊非昔之畛域矣。

6

海陽山辨

饒宗頤

張士璉雍正八年海陽縣志八事集雜記，誌海陽縣轉餉之始云：

『秦始皇帝使南海尉屠睢伐百粵，以史祿轉餉，鑿渠海陽山下，通糧道，併收灌田之利，民稱「甕渠」。』

考吳穎順治十八年潮州府志，林杭學康熙二十三年潮州府志，胡恂雍正十年潮州府志，俱有此條，文幷同，是張縣志蓋採自諸府志也。

古今圖書集成職方典一千三百三十八潮州府部紀事，李芳蘭光緒二十六年海陽縣志二十四前事略，又卷四十六雜錄亦有此條。

以上諸書，皆以史祿鑿渠在潮州海陽縣海陽山下，故載是說。

今按：潮州海陽縣海陽山，郭子章郡縣釋名云：

『海陽縣名最古，……今城北二十里有海陽山。』

明一統志八十云：

『海陽山在海陽縣境，因南有大海，故名。』

阮元道光二年廣東通志一百六山川略七云：

『海陽縣有海洋山（據輿地紀勝）在縣北二十里，高四十八丈，周圍三里，南望大洋，晉名縣以此（據廣東輿圖）。』

上諸紀載，大致相似。惟阮通志據紀勝作「海洋山」。考紀勝一百廣南東路潮州景物下：『海陽山在海陽縣』，淸一統志三百四十四引幷同，又廣東圖說三十二：『海陽山，城西北二十里』，皆作「海陽」，是作「海洋」者實誤也。

考海陽縣，晉置。其稱縣曰「海陽」者，明一統志八十云：

『海陽縣，本漢南海郡揭陽縣地，晉屬南康郡，義熙中，置海陽縣，爲義安郡治，以南濱大海，故名。』

是或因海陽山南望大洋，而置縣則近海陽山，故取山名以爲縣名耳（光緒海陽縣志四輿地界三：『海陽山去城北二十里，……距城西北十里曰陽山，其地名海區，依山面野，南盡平原，或疑置縣當在于此。』蓋晉時置縣恰近海陽山也）。

是山處絕徼，瀕大海，荒僻遼敻，固不需糧道以資交通。謂史祿鑿渠于此，於理似未合也。

方輿紀要一百三別載：『史祿（按原作慮，非。）轉餉，留家揭嶺。』揭嶺，或謂即今揭陽縣西一百五十里分抵興寧、海豐界之揭陽山。溫仲和曰：『非也，祿轉餉，必自北而南之境，何能深入百越？』（見光緒嘉應州志）考水道提綱紀揭陽山之形勢云：

『（揭陽山）有龍川縣東南之天柱山；又南爲大梧山；又南爲永安縣東北之紫籐山，雞公嶂；又東爲天雲嶺，爲排嶺；又東南爲北琴江，北岸山；又東爲嵩螺山；又東稍北爲瘦牛嶺，爲飛泉嶺；其東南爲貴人山，龍發山，雙山，石母山；其北爲揭陽山：連峯相接，爲五嶺極東南之委。』

此可見揭陽山脈所屬之廣，其西北複嶺重岡層巖峭壁，聯綿盤互，與五嶺之系接。此揭陽山，尙非史祿足跡所能至；況海陽山遠在海區，高不滿五十丈，周僅及三里，其非史祿所到之地，明矣！

史記主父偃傳，嚴安上書云：

『（秦）使尉佗、屠睢將樓船之士，南攻百越。使監祿鑿渠運糧，深入越。越人遁逃，曠日持久，糧食絕乏，越人擊之，秦兵大敗。秦乃使尉佗將卒以戍越。』

漢書嚴助傳淮南王安上書及嚴安傳，俱作「尉屠睢」，無「佗」字。索隱分佗及屠睢爲二人。梁玉繩曰：

『南越傳無尉佗攻越事，乃尉屠睢也。』（史記志疑三十四）

案淮南子人間訓正作尉屠睢，其言當日攻戰之事甚詳，文曰：

『（秦）乃使尉屠睢發卒五十萬爲五軍：一軍塞鐔城（一作成）之領；一軍守九疑之塞；一軍處番禺之都；一軍守南野之界；一軍結餘干之水：三年不解甲弛弩，使監祿無以轉餉。又以卒鑿渠以通糧道，以與越人戰，殺西嘔君譯吁宋。而越人皆入叢薄中，與禽獸處，莫肯爲秦虜，相置桀駿以爲將；而夜攻秦人，大破之，殺尉屠睢，伏尸流血數十萬。乃發適戍以備之。』

高誘注：

『鐔城在武陵西南，接鬱林；九疑在零陵；番禺，南海；南野，在豫章；餘干在豫章。』

屠睢五軍所到，叚以今地，當在湖南南境；廣西東境；廣東北境、中境、西北境；及江西西南境。是其時兵力猶未及于大庾東南，故守南野之界，而結餘干之水也。海陽處南越極東南之境，西北有梅嶺、揭嶺之障，漢出師入東粵、出梅嶺者，由贛、汀入（陳嘉祇說，見左海文集）。

輿地廣記：

『漢、閩、越反，武帝令諸校屯豫章梅嶺待命。』

是其證。屠睢之師屯于豫章，正在梅嶺之外，何能深入海陽哉？是又史祿鑿渠通道，非在潮州海陽之別一證也。

然則「海陽山」，「靈渠」，果何在耶？攷高誘人聞訓注：

『監祿、秦將，鑿通湘水、離水之渠。』

全祖望困學紀聞箋：

『監祿者，史祿也；渠乃零渠。』（翁輯紀聞注十二考史）

依是知在桂林境矣。

唐魚孟威桂州重修靈渠記：

『靈渠，乃海陽山水一派也，謂之灕水焉。舊說：秦命史祿吞越嶠而首鑿之。』（文苑英華。又見光緒廣州府志七十五前事畧一引。輿地紀勝一百三靜江府碑記，此文題無「桂林」二字。）

御覽六十五引臨桂圖經云：

『灕水出縣南二十里柘山之陰，西北流至縣西南，合零渠五里，始分為二水，昔秦命御史監史錄（按此作「錄」與困學紀聞注同，疑當作「祿」。）自零陵鑿渠，出零陵下灕水是也。』

（按太平寰宇記與此畧同）

唐書四十三上地理志云：

『理定有靈渠，引灕水，故秦史祿所鑿，後廢。』

按理定本興安，至德二年更名理定。唐屬桂州，亦桂林地。

又宋史九十七河渠志云：

『靈渠源即離水；在桂州興安縣之北，經縣郭而南，其初乃秦史祿所鑿以下兵於南越者。』

又輿地紀勝一百三廣南西路靜江府古跡云：

『「秦鑿渠」，在興安縣，即秦御史史祿所鑿。』（紀勝靜江府景物上別有「靈渠」條。又清一統志三百五十六：靈渠，宋史溝洫志，或謂之「秦鑿渠」。）

由是言之，史祿所鑿之靈渠，實在今廣西興安縣（一統志：渠在興安縣西十里），即秦桂林郡，漢零陵郡，與潮州海陽，絕無涉也。

靈渠即湘水、灕水之源。湘水蓋出自陽海山，與灕水本無關，其引湘通灕者，史祿力也。王先謙曰：『史祿通漕分湘流入灕是矣。』（漢書補注。又范成大、全祖望亦謂祿作靈渠派湘流而注之灕。）

陽海山者：漢書地理志云：

『零陵、陽海山，湘水所出，……又有離水。』

說文云：

『湘水出零陵陽海，北入江。』

是也。續漢郡國志，「陽海」作「陽朔」。水經湘水篇：

『湘水出零陵始安縣陽海山，東過零陵縣東。』酈元注云：

『即陽朔山也。』（注三十六）

又灕水篇：

『灕水亦出陽海山。』酈注：『灕水與湘水出一山而分源也，湘、灕之間陸地廣百餘步，謂之始安嶠，嶠即越城嶠

3

也。』

按越巂即魚孟威所謂「呑越巂而首鑿之」者也。

衡州圖經：

『湘水、陽海發原，至零陵而營水會之，二水合流，謂之瀟、湘。』（輿地紀勝五十六荊湖南路永州景物下引，又同書卷五十五衡州景物上湘水條文同，惟不云引圖經。）

元和郡縣志三十六桂州全義縣云：

『湘水出縣東南八十里陽朔山下，經零陵郡西十里。』（輿地紀勝一百三廣南西路靜江府景物上同）

太平寰宇記（卷數待檢）：

『陽海山……屬興安縣，一名陽朔山，其山自永州零陵縣西，迤邐岡巒，連亘不絕，此山即湘、灕二水之源。』

按上諸書，所舉陽海山所在之郡縣，或稱「零陵」，或稱「始安」，或稱「全義」，或稱「興安」，頗不一致。

考零陵郡，漢元鼎六年置，東漢爲始安侯國，吳歸命侯甘露元年，始置始安郡。興安縣，即漢始安縣地；隋置臨桂鎮；唐析置臨源縣，改曰全義；宋改曰興安。其稱郡名者如漢地理志、說文，止作「零陵」；其稱縣名者水經用漢縣名，故稱「始安」；元和志用唐縣名，故稱「全義」；寰宇記用宋縣名，故稱「興安」。名雖殊，而究同一地也。

諸書言「陽海山」，言「陽朔山」，亦同一山。淸一統志：

『陽朔即陽海之殊名，非今陽朔縣之陽朔山。』

考元和郡縣志：

『陽朔縣，本漢始安縣地，隋開皇十年分置陽朔縣，取陽朔山爲名。』

蓋漢時稱陽海山，晉後又稱陽朔（元和志按語），唐宋以降，專稱「陽海」；而「陽朔」之名，遂爲陽朔縣之山所掩有矣。

是山又或作「零陵山」。水經湘水注：

『應劭曰：「湘出零陵山，蓋山之殊名也。」山在始安縣北，縣故零陵之南部也。』

校云：

『「零」下近刻衍一「陵」字。』

淸一統志三百五十五桂林府，按語云：

『零陵乃漢時陽朔山所在之郡，應劭輩云湘出零陵郡之山，非陽朔外又別有零陵之稱也。』

考元和郡縣志三十六：

『陽朔山即零陵山也。』

其考證曰：

『此云陽朔山，即零陵山，殆因前人有湘出零陵山語，然彼以郡縣名統稱，猶言零陵之山，實非是山本名「零陵」。』

今按：漢書地理志長沙國臨湘縣下，應劭曰：『湘水出零山』（據百衲本），是應氏原語，固作零山無「陵」字也。元和志一統志按語，謂山非本名零陵，乃以郡縣統稱，說殊未切。予按：輿地紀勝靜江府景物上，有「零水」（在興安縣西北八十里，出瀏金山下，南合灕水），夫有零水，必有零山，亦猶有灕水（灕水詳金武祥灕江雜記，見小方壺輿地叢鈔第七帙），則有灕山也（灕山見寰宇記及輿地紀勝）。零山當即陽海之殊名，水經注引應劭語可證。其名「零陵」者，當爲後來轉訛，此又是山名稱之一歧也。

「陽海」又作「海陽」，魚孟威重修靈渠記：『靈渠乃海陽山水一派也』是其例。

明史四十五地理志桂林府：

『興安，府北，南有海陽山，湘水出其北。』

清一統志桂林府祠墓，有海陽祠，云：

『在興安縣海陽山下……雍正十一年重修爲。敕封「安流襄績海陽山神」，御書「陽朔疏源」扁額。』

又輿地紀勝一百三靜江府景物上灕水條，引輿地廣記：

『灕水湘水，二水皆出海陽山。』（又引唐書：『桂有灕水，出海陽山。』）

予檢輿地廣記三十六廣南西路上興安縣，有云：

『（縣）有陽海山，灕水、湘水二水皆出一山而分源。』

不作「海陽」而作「陽海」，知紀勝之作「海陽」，蓋誤牘也。考是山古地書幷作「陽海」，竊疑作「海陽」者，或由于後來傳譌。古今地名大辭典有陽海山、海陽山二條，於陽海山下云亦作「海陽山」，是直以「海陽」爲「陽海」之別名矣。此地名傳訛爲實之例，無足怪者。

由上諸論證觀之，知桂林之陽海山，亦名「陽朔」；又曰「零山」；曾訛爲「零陵山」；又別以「陽海山」訛爲「海陽山」。

夫桂林陽海山，固史祿鑿渠所在地也，其名稱淆亂已如此。而潮州舊志，不辨「陽海山」、「海陽山」之別，見史傳有「史祿鑿渠在海陽山」語，遂以爲海陽縣之海陽山，是尤以訛傳訛；自吳頴以下諸書，皆踵其譌，未能考正。苟不訂正其妄，則其誤將不知伊於胡底也。

抑靈渠之在桂林也，載在傳志，蓋極尋常之史事。獨怪圖書集成於此猶未能辨察，竟妄據舊志擠採，不啻為誣妄者張目。是知官修之書，意在急就，采輯剪貼，羌無考證；其所紀載，殊未足為我儕信據之資料。考史者其慎取諸！其慎取諸！

6

清代地理沿革表（續，廣西省）

趙泉澄

十三　廣西省

桂林府——順治初年仍，領州二：永寧，全；縣七：臨桂，興安，靈川，陽朔，永福，義寧，灌陽。

乾隆六年，義寧縣分設龍勝廳理苗通判，移府捕盜通判駐紮，隸府屬：領州二，廳一，縣七。

光緒三十二年，析永寧，永福暨柳州府屬之柳城，雒容，融五縣之地，設中渡廳撫民同知，移府同知駐紮，隸府屬：領州二，廳二，縣七。

柳州府——順治初年仍，領州二：象，賓；縣十：馬平，雒容，羅城，柳城，懷遠，融，來賓，武宣，遷江，上林。

雍正三年，賓州陞爲賓州直隸州，來賓，武宣，遷江，上林四縣往屬：領州一，縣六。十二年，賓州直隸州之來賓縣還府屬：領州一，縣七。

光緒三十二年，析柳城，雒容，融三縣之地往屬桂林府屬之中渡廳：仍領州一，縣七。

慶遠府——順治初年仍，領州一：河池；縣四：宜山，天河，思恩，荔波。

雍正七年，改東蘭土州爲流，設東蘭州，隸府屬：領州二，縣四。十年，荔波縣往屬貴州省之都匀府：領州二，縣三。

光緒三十一年，析思恩府屬北境地置安化廳撫民理苗同知，移府理苗同知駐紮，隸府屬：領州二，廳一，縣三。

思恩府——順治初年，領縣一：武緣。

康熙五年，改安隆長官司爲流，設西隆州，改舊上林長官司爲流，設西林縣，並隸府屬：領州一，縣二。

雍正五年，西隆州陞爲西隆直隸州，西林一縣往屬：領縣一。七年，於田州土州之百色地方置百色廳理苗同知，移府同知駐紮：領廳一，縣一。十二年，賓州直隸州降爲州，暨所屬遷江，上林二縣來屬：領州一，廳一，縣三。

同治九年，改舊那馬土巡司爲那馬廳通判，隸府屬：

領州一，廳二，縣三。

光緒元年，百色廳陞爲百色直隸廳理苗同知：領州一，廳一，縣三。三十一年，析府北境地往屬慶遠府屬之安化廳：仍領州一，廳一，縣三。

平樂府——順治初年仍，領州一：永安；縣七：平樂，恭城，富川，賀，荔浦，修仁，昭平。

光緒三十四年，析賀縣及梧州府屬之懷集縣，暨廣東省之肇慶府屬開建縣地，設信都廳撫民同知，移府分防麥嶺同知駐紮，隸府屬：領州一，廳一，縣七。

梧州府——順治初年仍，領州一：鬱林；縣九：蒼梧，藤，容，岑溪，懷集，博白，北流，陸川，興業。

雍正三年，鬱林州陞爲鬱林直隸州，博白，北流，陸川，興業四縣往屬：領縣五。

光緒二十三年，中英續議緬甸條約，梧州府（蒼梧）爲英國開爲商埠：仍領縣五。三十四年，析懷集縣屬之地往屬平樂府屬之信都廳：仍領縣五。

潯州府——順治初年仍，領縣三：桂平，平南，貴。

雍正七年，賓州直隸州之武宣縣來屬：領縣四。

南寧府——順治初年仍，領州三：新寧，橫，上思：縣三：宣化，隆安，永淳。

光緒十二年，上思州往屬太平府：領州二，縣三。二十四年，南寧府（邕寧）自行開放爲商埠：仍領州二，縣三。

太平府——順治初年仍，領州三：養利，左，永康；縣一：崇善。

雍正十年，改舊思明州地爲寧明州；改思明土府同知爲明江廳理土督捕同知，並隸府屬：領州四，廳一，縣一。

乾隆五十六年，改府通判駐地之舊龍州地方爲龍州廳撫民同知，隸府屬：領州四，廳二，縣一。

光緒十二年，南寧府屬之上思州來屬：領州五，廳二，縣一。十三年，中法續議商務條約，龍州廳（龍州）爲法國開爲商埠：仍領州五，廳二，縣一。十八年，上思州改陞爲上思直隸廳：領州四，廳二，縣一。

宣統二年，改憑祥土州並明江廳所轄之舊上石土州爲流，設憑祥廳撫民同知，隸府屬：領州四，廳三，縣

2

光緒朝 1875—1908	廣西省	F 英國23 E 廣東34+	A 32+ 桂林府 +32 2.2.7	A 32- 柳州府 1.7	B 31+ 慶遠府 1.1.3	C 1- B 31- 思恩府 1.1.3	D 34+ E 34+ 平樂府 1.1.7	23 D 34- 34 梧州府 0.5	潯州府	G 12- 24 南寧府 2.3	H 13 I 18- 太平府 4.2.1	鬱林州		泗城府		+2 J 12- 鎮安府 1.1	1 +5 百色廳 0.1	12 歸順州 0.1	18 上思廳 0.0
1—3 宣統朝 1909—1911	廣西省		桂林府	柳州府	慶遠府	思恩府	平樂府	梧州府	潯州府	南寧府	1 +2 太平府 4.3.1	鬱林州		泗城府		鎮安府	百色廳	歸順州	上思廳

一。

鬱林州——雍正三年，梧州府屬之鬱林州陞爲鬱林直隸州，梧州府屬之博白，北流，陸川，興業四縣來屬：領縣四。

賓州——雍正三年，柳州府屬之賓州陞爲賓州直隸州，柳州府屬之來賓，武宣，遷江，上林四縣來屬：領縣四。七年，武宣縣往屬潯州府：領縣三。十二年，賓州直隸州降爲州暨所屬遷江，上林二縣往屬思恩府，所屬來賓縣往屬柳州府。

泗城府——雍正五年，改泗城土府同知爲流，設泗城府：無屬領。

乾隆三年，於舊土府理苗同知駐地增置淩雲縣爲府治：領縣一。七年，西隆直隸州降爲州，暨所屬西林縣並隸府屬：領州一，縣二。

西隆州——雍正五年，思恩府屬之西隆州陞爲西隆直隸州，思恩府屬之西林一縣來屬：領縣一。

乾隆七年，西隆直隸州降爲州，暨所屬西林縣，並往屬泗城府。

鎮安府——雍正七年，改鎮安土府爲流，設鎮安府：無屬領。十年，歸順土州改爲流，設歸順州，隸府屬：領州一。 3

乾隆三年，於府置天保縣爲府治：領州一，縣一。三十一年，改小鎮安土司爲流，設小鎮安廳通判，隸府屬：領州一，廳一，縣一。

光緒二年，改奉議土州爲流，設奉議州，隸府屬：領州二，廳一，縣一。十二年，歸順州陞爲歸順直隸州，改小鎮安廳爲鎮邊縣往屬；領州一，縣一。

百色廳——光緒元年，思恩府屬之百色廳陞爲百色直隸廳，改田州土州爲恩隆縣，隸廳屬：領屬一。五年，改陽萬土州判爲流，設恩陽州判，隸廳屬：仍領縣一。

歸順州——光緒十二年，鎮安府屬之歸順州陞爲歸順直隸州，改鎮安府屬之小鎮安廳爲鎮邊縣來屬：領縣一。

上思州——光緒十八年，太平府屬之上思州陞改爲上思直隸廳：無屬領。

新亞細亞學會出版書籍

南京江蘇路十一號
新亞細亞學會出版科發行

新亞細亞第十二卷第二期（每冊定價二角五）

目錄

東北考察記

馬鶴天著　定價大洋六角

本書係著者于九一八事變前，考察東北三省之記載，關於東北之政治、經濟、社會各方面，無不備述。而對於物產、交通、以及日人侵略之實況，尤爲詳盡。不意大好河山，已非我有，際此國人痛心失地之日，手此一編，或足以引起興奮之念，與恢復失地之決心。全書十餘萬言，插圖六十餘幅。定價極廉，購請從速。內容共分九章，要目如下。

一　由南京至瀋陽
二　瀋陽遊覽
三　由瀋陽至黑龍江
四　龍江見聞
五　哈爾濱考察
六　吉林一瞥
七　由吉林至大連
八　大連一覽
九　由大連返南京

康藏

劉家駒著　實價洋四角

康藏在我國西陲，幅員遼闊，物產豐富。惟地據高原，氣候嚴寒，山川險阻，交通不便。國內人士，皆目爲甌脫，毫不注意。野心英俄，乃得乘機侵略。而國內關於康藏著述，又如鳳毛麟角。雖有一二探險家親臨其地，或因語言不通，或因調查不確，以訛傳訛。本書著者世居西康，對於康藏情況，知之極詳。茲將最近實地考察所得，編成是書，爲研究康藏最可靠之本。

第一章　境域地理及氣候
第二章　民族性與能
第三章　文化
第四章　宗教
第五章　生活
第六章　風俗
第七章　實業
第八章　物產
第九章　交通
第十章　行政

亞洲之再生【新亞細亞學會東方叢書之一】

美國 Marguerite Harrison 女士著　華企雲譯

★全一冊　實價一元五角　郵費在內　直接函購　優待七折

在一般人看來，亞洲是一個「不變的東方」。可是從大戰以來，這不變的東方竟然一鳴驚人的「再生」起來。近東方面則土耳其、阿剌伯、因了凱末耳、伊本蘇特的發憤而獨立。中東方面則波斯、阿富汗、經過里薩可汗、阿孟拉的雄圖而崛興。遠東方面則中國、印度、秉承孫中山甘地的領導而奮鬥……一切的一切，都呈了蓬蓬勃勃的生氣。本書著者考察東方有年，即以政治宗教民族等運動爲經，遠東、印度、蘇俄、阿剌伯、回教集團等立場爲緯。從人類生存的故事追溯起來，歸宿到人類向上的發展爲止，將一個復活的亞洲，用生龍活虎之筆，原原本本的描寫出來，其作風直與房龍的人類故事，威爾斯的世界史綱媲美。

目錄

關於西北農林教育之所見

——孝園叢刊之——

戴季陶先生爲開發西北之實行者。凡讀過新亞細亞學會所編之西北（此書已三版）及新亞細亞月刊（該刊已出至十二卷二期）者，對于戴先生開發西北之言論與計劃，無不贊嘆其切實而奉爲圭臬。近著關于西北農林教育之所見一書，尤有獨到之處，可爲開發西北之南針。研究邊務者，皆當人手一編也。現已出版，書印無多，購請從速。

★定價　每冊實價大洋二角

最近之青海

青海省民政廳編著

（讀此一書，勝遊青海全境）

青海一地，僻處西陲，因道途遙遠，交通不便、消息情形，與內地隔閡，以致大好青海，竟形成爲未經開發之寬要秘密區，處女地。近雖有全國步行劉，青海考察團、西陲學術考察團，中法學術考察團等團體，紛紛往西北考察，對於青海致察情形，常于報章上披露一二，惟大都是依稀的，約略的，片斷的，抽象的，局部的描寫，而不是具體的敍述。本書爲青海省民政廳編著，對于青海一切的一切，靡不有精確詳盡之記載。全書文字，長凡廿三萬言，附有珍貴照片六十八幅，裝成一大厚冊，爲研究青海之唯一著本。讀此一書，勝遊青海全境。凡留意西北問題者，均宜人手一編也。定價每冊一元二

朱彬寶應邑乘志餘手藁跋

劉文興 1

寶應邑乘志餘一卷，手藁本，邑人朱彬撰。首無序，末無跋，卷中亦未分類標目，紀事又雜錯互見，蓋未成藁也。彬，字武曹，號郁甫，世爲寶應望族。寶應故多儒者，朱氏尤不乏人，累葉清芬，儒林稱盛；逮及先生，益振其緒，卓然爲當代通儒。先生與外兄劉端臨（台拱）爲最善。時端臨方與江都汪容甫（中），高郵王石臞（念孫），興化任幼植（大椿）等以經學爲江淮掓，一時學者，多相景附，而先生受其影響尤甚，以故學多相近。所著不下十餘種，尤以禮記訓纂最知名，世稱之爲禮經新疏。是篇之作，乃爲邑乘重修之備。寶應舊無志，自明嘉靖間縣令聞人詮始著志略六卷，書佚不傳。萬曆時吳敏道撰志十二卷。閱百年至康熙二十八年喬萊撰志二十四卷。降及嘉道，復閱百年，歷時既久，遺聞孔多，蒐葺散佚，要爲急務。先生眷懷鄉獻，志重文徵，筆之簡素，以備采擇；引書達數十種，紀事累萬餘言，考證詳明，纂次精當，名曰志餘，別官書也。厥後道光庚子修志，即本是書之說，比歲重修，更摭其瑣屑入諸附錄，蓋無餘焉。第以稿僅手寫，不廣流傳，各家撰傳，悉無是目，信知知之者鮮矣。文興昨歲歸去，幸睹原藁於先生裔孫慰予先生所，慰予先生，能世其學者也，比歲修志，即董其役。文興受讀之餘，益歎先賢著述，謹慎詳嚴，雖云小道，亦有可觀者。稿中所記，固已列之志書，然於水利遺聞兩端，尤有足述者。就水利言，寶應地瀕運道，介處江淮，射陽諸湖環其東，洪澤巨浸繞其西，本是水鄉，每成澤國，時當夏汛，輒苦積潦；倘或風雨驟來，恒患堤防崩潰，百萬生靈，恃彼一線長隄，以爲扞禦，卒有不幸，安忍問哉！故先生稿中所紀，於水利一端，不憚反覆詳言，以爲治河者戒。復引鄭芷畦今水略例云：

運河身日漸淤高，高，寶，山三州縣河隄，亦日漸加築，其高也幾與城埒。諺曰：「黃土接城頭，淮揚一旦休」，吁！可畏哉！而況高堰去寶應高一丈八尺有奇，去高郵高二丈二尺有奇，高寶隄去興化泰州田高丈許，或八九尺，其去堰不啻卑三丈有奇矣（見潘印川南河議）。夫河隄既高於平地，而高堰又高於河堤，淮揚兩郡諸州縣之城郭田廬，億萬生靈皆在釜底。漢書有云：

「決河深川」（顧注云：決，分泄也，深，浚治也），事不可緩矣。

芷畦所言，猶是百餘年前地勢，今則堤高於寶應城丈許矣，使先生見之，不知蒿目爲何如也。

拳拳此旨，永矢弗諼，仁者之言，深可佩已！至若所紀遺聞，亦足有裨史事，如紀雍正特召蔡世遠，王懋竑，喬崇修事，卽其一也。文云：

雍正年間，特召翰林院編修蔡世遠，安慶府教授王懋竑，增貢生喬崇修引見，從撫遠大將軍年羹堯之荐也。三人者，於年無一面，特以甘肅巡撫胡期恒言之於年，喬王皆吾鄉人，遂以入告。蔡王皆入直上書房，喬放歸，以教諭用。方入都時，年調杭州將軍。舟過寶應，來有言於喬王兩家子弟，當以小門生禮見者。詢之從祖止泉先生，先生不可，曰：「荐賢爲國，非私也，且兩尊人在京師，尤不當見」，遂止。踰歲，年伏法，究治黨與，絕不及三君者，以素無往來故也。

惟鄉里流傳，謂年沒後，其子孫有逃至寶應依喬氏者，喬氏毅然匿之，使與宗族雜居柘溪，易姓爲生。今生姓子孫猶有數十戶，雜居喬氏墓旁，世業耕織。興曾親履其地，詢之喬氏族人，據云：「崇修姪鐸，曾隨年氏西征，留蜀，官至夔州府知府。窺年驕蹇，預引疾歸，得免於禍。第因身受其惠，故遇其子孫獨優，非若王氏僅一荐已也」。使其言然？是生姓果爲年後矣。而先生書獨未及，殆以里巷之言，不能據爲史實歟？抑因當時文網禁密，爲喬氏諱言歟？居嘗以爲年氏以曠世之才，遇雄猜之主，經營絕漠，屢建奇功，大小數十戰，躬行草地，其勛勤誠卓然有可紀者。無如功高震主，不易保泰持盈，卒致鳥盡弓藏，身敗名裂，君子哀之！年氏旣沒，雍正猶株連未已，罪及其幕客汪景祺，並所著讀書堂西征隨筆亦復懸爲厲禁，年氏詩文，更無論矣！家君昔年於舊京得年氏散館卷，內載論一詩二，尚可想見其文彩，其書法亦極有矩矱。江安傅藏園先生曾影印行世，第以印行不多，祇分贈友好，惜世多未之見耳。

韓山名稱辨異

饒宗頤

1

山以韓名，從昌黎韓文公愈之姓也。公刺潮時，嘗即是山爲亭，而手植橡木於亭隅，故後之人，稱亭爲「韓亭」（輿地紀勝一百：『韓亭舊址爲揭陽樓，唐韓昌黎登覽地也，俗呼曰「侍郎亭」。』案梅堯臣宛陵集有送胡都官知潮州詩云：『自昔揭陽郡，刺史推賢侯。……更尋賢侯蹟，書上揭陽樓。』卽此。余別有攷。）。木爲韓木（夷堅續志後集二：『昌黎韓文公謫潮州守，從鄉中帶一木種，栽之潮州隔江山中，其葉厚而長，開花白如柑橘實，人稱之曰「韓木」。』）。從而名山曰「韓山」，山下之水曰「韓江」。（讀史方輿紀要一百三：『韓江在府城韓山下。』）

山據潮安縣城東，初名東山。王漢金城山記云：『韓文公嘗即東山爲亭，以便遊覽。』（見光緒海陽縣志三十金石略一）王漢大中祥符間知潮州軍州事，是此山之名東山，當在北宋之前。王大寶韓木贊，稱『東山有亭，唐韓文公遊覽所。』王象之輿地紀勝亦云：『東山在州東，韓昌黎文公舊遊覽之地。』大寶，象之，皆南宋人，則是似於南宋初，此山仍作「東山」之稱。然舊府縣志皆載有陳堯佐，劉允韓山詩，堯佐，咸平二年倅潮；劉允紹聖四年進士，以是推之，韓山得名，已遠在北宋時矣。大寶象之之稱「東山」，特襲用故名耳。蓋自陳堯佐題詩，「韓山」之名始著於世；其後丁允元建韓祠於山麓，而名乃益顯焉。

韓山名稱，地志載述，率多乖繆。謹條辨於下，用釋疑悟云。

韓山與東山

輿地紀勝一百：東山在州東，韓昌黎文公故游覽之地，亭榭多建於此。又云：韓山與州山相對。

宗頤按：輿地紀勝韓山條云：『韓山與州山相對』，別有湖山條云：『湖山與韓山對』，是其所謂「州山」，當指湖山。湖山，今之西湖山也。紀勝以「東山」「韓山」分爲二，蓋未明「東山」即「韓山」，故複出耳。

又按：周碩勳乾隆潮州府志十六：『（下簡稱「周府志」）東山一名竹篙山，在縣北三里，高四十六丈，周圍五里。』又大清一統志三百四十四：『豐順縣有韓山，在縣西少南三十里，高五百丈。』皆與此山同名而實異地。

明一統志八十：東山在潮陽縣治東，與韓山相接。上有一巨石，有七孔，若北斗狀，中一孔，出水，不盈不涸。又有二峯，曰「雙旌石」，唐韓愈遊覽之地，亭榭多見於此。

讀史方輿紀要一百三：潮陽縣東山在城東，其相接者亦曰「韓山」，疊嶂層巒，參差奇勝。

古今圖書集成方輿彙編職方典一千三百三十三：潮陽縣東山，在縣東三里，與韓山相望。疊嶂如層雲，多砂石，無草木，其中有竇，狀如北斗，曰「七星石」，石七孔，中孔有水，不盈不涸。按一統志，山上有二峯，曰「雙旌石」，韓愈游覽之地，亭榭多見於此。

廣輿記十九：東山，潮陽，與韓山相接，上有巨石，七孔若北斗狀。又二峯曰「雙旌石」，韓愈曾建亭於此。吳穎順治潮州府志八：（下簡稱「吳府志」）潮陽縣東三里曰「東山」，與韓山相望。……唐昌黎，宋文山常遊其地。

阮元道光廣東通志一百六：（下簡稱「阮通志」）潮陽縣東山條，引輿地紀勝曰：『圖經云：「州東山之肩，有二峯，曰「雙旌石」。』又引黃佐嘉靖廣東通志云：「韓昌黎曾遊于此。」

宗頤按：嘉慶潮陽縣志二：『東山在龍首山東三里，高百丈，綿亘六十里，接連蓮花峯。』廣東圖說三十三：『潮陽東山，城東三里，有紫雲巖，石室，簾泉，怪石屹立山外海汶，磊石爲門，夙稱天險，爲縣東屏嶂。』所言潮陽縣東山之形勝如此，不云「與韓山接」也。予歷其地，詢山居之民，亦不聞有云韓山與相接者。攷韓山亦名東山，與潮陽縣東山名同，而地復相近。故地志載述東山者，輒以相混。如上諸書所言潮陽東山形勝，皆誤引韓山之記載以爲潮陽之東山也。輿地紀勝：『東山在州東，韓昌黎文公故遊覽之地，』其所謂「州」者，即指「潮州府治」。是此之「東山」，即爲「韓山」。凡紀勝載潮州景物之例：其在府治者，則曰「居州之某處」；其在屬縣者，則曰「居縣之某處」。如仰斗亭云：「居州東山之腹」，就日亭云：「在州治後」，此言景物之在「州治」者也。龍首山則引元和志云：「在潮陽」，水簾亭云：「在潮陽縣東山」，此言景物之在屬縣者也。其對于在「州」者，與在「縣」者，地名雖同，而稱述有例可求，固明斷而有別，撰地書者，不加細察，率妄揣引述，牽合傅會，與事實益乖離矣，是以不可不辨！

又按：吳府志及圖書集成謂「潮陽縣東山與韓山相望」，攷輿地紀勝稱：「東山在州東」，又稱：「韓山與州山相對」，疑府志據此，遂誤「州山」爲「東山」，因而謂其與韓山相望也。至圖書集成當是承府志而訛。又明一統志謂「東山」與韓山相接亦當蒙紀勝此語而訛，惟誤「相對」爲「相接」耳，至方輿紀要廣輿記則當是承一統志之誤。

又按：輿地紀勝雙旌石條引圖經云：『州東山之肩，有二峯，故曰「雙旌石」，』所謂「州東山」即「韓山」也。明一統志，圖書集成，廣輿記，阮通志，皆誤以紀勝雙旌石條繫於潮陽縣東山。周府志十六，嘉慶潮陽縣志二，潮陽東山有雙旌石。吳府志：『潮陽東山有雙旌石，以張許廟見玄旗故名。』似潮陽東山，亦有雙旌石者。予躬歷其地，徧訪弗得，問居民，咸謂從無是石。豈府縣志亦與圖書集成等同誤耶？又李調元南越筆記四：『潮陽東山有二峯曰雙旌石，昌黎曾建亭於此。』蓋襲一統志，不足據。

韓山與金城山

輿地紀勝一百引元城志云：金城山有韓木，韓退之所植也，不知名，土人以歲開花，爲登第之兆。

阮通志一百六山川略七：謹按：輿地紀勝引大觀九城云：『金山有韓木，不知名，土人以歲開花，爲登第之兆』，則韓山又名「金城山」矣。

光緒海陽縣志四輿地略三：謹按：宋王漢金城山記云：『韓文公曾即東山爲亭，以便游覽，人呼爲「侍郎亭。」』又輿地紀勝：『金城山有韓木，不知名，土人以歲開花，爲登第之兆。』以今考之，金城山在城中北境，韓山則隔江而東，不相及也；豈韓山又一名「東山」，一名「金城山」耶？

宗頤按：阮通志引輿地紀勝金城山條作「大觀九城」，與輿地紀勝作「元城志」不同。攷宋史藝文地理類，無「元城志」一書；而「元城」二字與「九城」二字形似，今本紀勝之作「元城」，或誤刻耳。

又按：金城山居城北，卽今金山也。紀勝引九城志：『金城山有韓木』，然韓木實在東山，卽今之韓山，通志縣志据九城志此語，因謂韓山又名「金城山」。攷紀勝載舊圖經序曰：『一潮州耳，或曰「金城」者，以是山故屬于金氏，』是金城卽潮州也；而所稱金城山，猶言金城之山也。九城志謂金城山有韓木，乃謂金城之山有韓木，蓋韓山爲潮州城之山，故得云爾。通志縣志皆以金城山爲韓山之別名，非也。

韓山與金山

輿地紀勝一百，金山石刻：金山有始開金城山記及韓山祠記，郡守題名，并刊於石。

光緒海陽縣志三十金石略一：輿地紀勝別載金山亦稱韓山，象之、宋人，論必有据，金山之稱韓山，必以韓祠得名。

宗頤按：輿地紀勝所舉金山石刻，其始開金城山記，卽王漢所記者；韓山祠記，海陽縣志金石畧以爲卽鄭伸文公祠記。余考「韓山」二字，故時常用爲紀念韓公之稱，郭之章韓公二祠沿革引古三陽志云：『韓山書院地在州城南昌黎廟故址』，是城南書院，昔嘗稱爲韓山書院。而元至順四年吳澄韓山書院記有云：『潮城東隔水有山，潮人稱爲韓山，後取城東之韓山，以號城南之書院。』依是知「韓山」二字，實爲紀念韓公之稱，雖地不在城東之韓山，亦得以「韓山」稱之也。金山文公廟，紀勝稱之爲「

韓山祠」，亦猶城南書院之稱爲「韓山書院」也。海陽縣志以韓山祠記即文公祠記，說甚是。

又按：海陽縣志金石略一稱：『輿地紀勝別載金山亦稱「韓山。」』又稱：『金山之稱韓山，必以韓祠得名』，余攷紀勝實無是言，縣志所舉，殊誤，其云金山以韓祠名爲「韓山」，尤屬肌測。韓山在城東，金山在城北，適不相及，決無名稱互用之理。

潮州府韓文公祠沿革（上）

—潮梅史地叢攷之一—

饒宗頤

潮州之有韓文公祠，由來久矣；祠址遷建，不止一處。惲敬潮州韓文公廟碑文曰：『潮州韓文公廟有二：其一在城南，宋元祐中，知軍州事王滌始建，蘇文忠銘之，今城南書院是也；其一淳熙中，知軍州丁允元遷城南廟于城西（宗頤按西字當作「東」），即忠佑廟也』。余按城南書院忠佑廟二祠，皆歷年久而名著稱者。然前乎此之韓祠，蓋又別有刺史堂，金山、聖者庵三祠焉。考韓祠凡五遷：其初在刺史公堂後，宋咸平二年，陳堯佐始闢，郭子章云：『陳文惠倅潮，闢正室東為祠』者是也；次遷於金山，至和甲午，郡守鄭伸建，自為記泐於石，王象之輿地紀勝所謂『金山有韓山祠記，郡守題名，并刊於石』者是也；又次遷於州城之南七里，鄭昌時韓江聞見錄謂為聖者庵故址，即惲氏所云『元祐五年王滌建，蘇文忠銘之』者也；淳熙己酉，丁允元又遷於韓山麓，即惲氏所謂「忠佑廟」者也；元至正丙午，總管王翰以聖者庵故祠遭兵火，鞠為茂草，乃擇地於城西南前臨方塘，後倚小金山，曰大隱庵者遷焉，即惲氏所謂『今城南書院』者也。自刺史堂、金山、聖者庵、三祠廢，而忠佑廟城南書院二祠，益為世所稱；彼三祠者，遂漸漸無聞焉。是祠沿革，明郭子章曾為韓公二祠沿革一文以考之，而語焉不詳；惲氏廟碑僅稱城南書院忠佑廟二祠，且誤合聖者庵、城南書院二祠為一，尤考之未周，是皆不足以盡悉是祠遷建之顛末。今剌取志乘，旁以碑記為證，撰成斯篇，俾留心粵東文獻者，知所攷覽焉。

宋咸平二年己亥（西曆九九九），潮州通判陳堯佐始闢韓文公祠於刺史堂正室之東。

陳堯佐戮鱷魚文：乙亥歲（宗頤按：乙亥當作己亥。宋眞宗元年為戊戌，堯佐倅潮，闢韓祠，在二年，正為己亥也。府縣志此文作乙亥，想是誤刻。乙己二字形似易譌）。予於潮州建昌黎先生祠堂，作招韓詞，載鱷魚事以旌之（乾隆豐順縣志八藝文，乾隆潮州府志四十一同）。

輿地紀勝一百：陳文惠公為韓公祠為文以招之曰招韓

辭。

宋史陳堯佐傳：通判潮州，作孔子廟，韓吏部祠，以風示潮人。

光緒海陽縣志建置略四：韓文公祠，即昌黎伯廟。宋咸平中，通判陳堯佐始建於金山麓，蘇軾碑中稱『廟故在刺史堂後』（宗頤按：蘇軾碑原文「刺史堂」作「史刺公堂」。此脫一「公」字）。刺史堂，即今鎮署，其地後依山麓，當即指此。

宗頤按：郭子章韓公二祠沿革引故志稱：『宋咸平二年，陳文惠公倅潮，闢正室之東爲韓公祠』。據此，堯佐闢韓祠實在咸平二年，海陽縣志僅云『咸平中』，蓋未詳也。堯佐所建之祠，據郭氏言，乃在正室之東。按正室即刺史公堂，蘇軾碑所謂『廟始在刺史公堂後』者也。

又按：古今圖書集成職方典，順治、乾隆潮州府志，雍正海陽縣志皆云：『韓公祠在河東韓山，宋咸平中，陳堯佐始闢爲祠』。據是則堯佐所闢韓祠，在韓山矣，甚謬！後人沿其譌者，如許錫齡康熙十六年韓文公祠堂記謂『祠在州東南三里韓山之陽，宋咸平中別駕陳文惠公堯佐建立』，其誤不可不辨！

至和元年甲午（西曆一〇五四），知州鄭伸建文公祠堂於金山，十二月，爲記刊於石。

明一統志八十：韓文公廟，舊在金山。

光緒海陽縣志金石略一：鄭伸文公祠記：『至和甲午歲，建文公祠堂，知州事鄭伸，權監押史□，簽判陳□，知縣歐陽景，推官雷應昌落成之。時十二月初吉記。……』右刻在金山南面獨秀峰前，正書。謹按：宋史陳堯佐傳通判潮州，作孔子廟、韓吏部祠。……鄭伸所建，想沿其址。惟王漢以大中祥符間，始開金山，堯佐判潮在咸平二年，核計歲月，尚在其前，當時金山榛莽未闢，或疑未必即有祠堂；然据蘇文忠碑稱韓廟舊址，在刺史公堂後，刺史堂今爲總鎮署，金山正在其後，王漢金城山記所謂『其地逼近廩庫』是也。据此，與輿地紀勝所載合。知蘇碑所稱故祠，蓋即指此，特輿地紀勝稱「韓山祠」，不稱「文公」，差異耳。然輿地紀勝別載「金山亦稱韓山」，象之、宋人，論必有據，金山之稱韓山，必以韓祠得名，則韓山祠即文公祠，亦不足疑也。

宗頤按：郭子章韓公二祠沿革引舊志云：『陳文惠倅潮，闢正室東，爲公祠，尋遷於金山』。是韓祠實初在正室之東，而後遷於金山也。按今金山獨秀峰前有鄭伸始建文公祠堂碑，則遷祠者，當爲鄭伸無疑。縣志建置略謂：『堯佐所建韓祠，在金山之麓』；又金石略謂：『鄭伸所建韓祠，乃沿堯佐所建韓吏部祠故址』，說並未當。余謂：鄭伸所建韓祠，在金山；而堯佐所建者，則在刺史堂正室之東，與金山無關，郭子章所引故志，即其確證。而蘇軾碑云：『廟始在刺史公堂後，民以出入爲艱』，其所謂公堂後者，當指官署內公堂之後座，以州治所在，故民有出入之難也。王漢金城山記：『金山距州治二百步，而閭閻占其南』。果如縣志所言，韓祠處山麓，則已在郡署之外，民亦何致艱於出入？且王漢以大中祥符六年，始開金山；而堯佐倅潮，則在咸平二年，先王漢已十四年，使堯佐所建韓祠，果在金山，則王漢始開金城山記中，何無一語言及，是又皆可證堯佐所建韓祠，與金山無關也。依上述地址及年代之辨證，知鄭伸所建文公祠，非沿堯佐故址，明矣！又考堯佐建祠，在眞宗咸平間，鄭伸建祠，則在仁宗至和間，至和後於咸平，是尤爲鄭伸建祠金山，在堯佐闢正室東爲祠之後之證，與郭子章所引故志『尋遷於金山』事正合。

元祐五年庚午（西曆一〇九〇），知州王滌遷城南七里，期年，廟成，蘇軾撰碑。

蘇軾潮州韓文公廟碑：廟在刺史公堂之後，民以出入爲艱，前太守欲請諸朝，作新廟，不果。元祐五年，朝散郎王君滌來守是邦，……卜地於州城之南七里，期年而廟成。元豐七年，詔封公昌黎伯，故榜曰「昌黎伯韓文公之廟」。

韓江聞見錄卷九：志稱：『宋知州王公滌移刺史公堂後文公廟於此』。抑余又聞故老云：『王所建廟，在州南七里，今聖者庵也，後燬於火』。

宗頤按：王滌字長源，萊州人，元祐五年知潮州。阮元廣東通志三百三十八宦績錄八，周碩勳乾隆潮州府志三十三宦績并有傳。

又按：王忠文公集二十七，有寄曾潮州詩，其題目略曰：『曾潮州到郡未幾，首修韓文公廟，次建貢闈，可謂知化本矣』。曾潮州者何人？集中既未明言，舊府縣志亦不載。攷十朋沒于乾道七年（汪應辰撰墓誌銘云：『乾道七年三月，除太子詹事，……三上章乞致仕，乃詔以龍圖閣學士致仕，命下，而公薨』。据是十朋之卒，正在乾道七年）（一一七一），則此詩最少當爲乾道七年以前所作。乾道七年前，潮州郡守曾姓可攷者，有曾楷，治平間任；（見阮通志職官表）曾造，乾道元年任；（放生池記：謂『乾道乙酉，守臣曾造來守是邦』，乙酉，即乾道元年）。曾汪，亦乾道間任，在曾造之後（周府志職官表，列曾汪於宋敦書之前，敦書，乾道七年任知府，據是，汪任知府，當在七年以前也。阮通志職官表：汪，乾道七年任廣南東路轉運使。疑汪即以潮州軍州事，轉官轉運使也）。楷，爵里及治績無攷。造，贛州人，其在潮政績，惟順治潮州府志官師部載其曾建放生池而已。汪，則以首剏廣濟橋墩著名。三人者，府縣志皆無傳，其修韓祠事，未由詳悉。曾造，放生池記稱其『來蒞茲邦，政事條舉，期年而治』。與此詩題所云：『到郡未幾，修韓廟，建貢闈，可謂知化本』者頗相合：然遍檢忠文公集，絕無與曾造往復之文，苟謂十朋所贈詩之曾潮州爲造，則殊無確證。至于曾汪，則十朋集中有曾知郡汪答書二通（見卷二十，及二十三）。其一云：『昔游宦於樂成，最留心於鄉校』，又云『龍虎成名，功實歸於常袞』。隱然以曾汪治績，比之常袞退之。雖不明言其書寄汪於何處，以是語推之，當爲汪在潮州時，十朋與往復之札也。唯汪在潮，曾否重修韓廟，亦迄無實證。謹誌疑於此，以俟博識者詳考焉。

又按：詩題所謂『首修韓廟』者，當即指修王滌所刱城南祠，蓋其時韓山祠猶未建也。

淳熙十六年己酉（西曆一一八九），知州丁允元又遷於韓山。

郭子章韓公二祠沿革引三陽志：淳熙己酉，丁允元以溪東之山，乃韓公登覽之地，手植木在焉，乃建廟於其地。

劉克莊潮州修韓文公廟記：淳熙己酉，丁侯允元又徙韓山夷石爲廟。

明一統志八十：韓文公廟，……宋遷韓山，封文公爲昌黎伯，賜額『忠佑』。

宗頤按：丁允元，字叔中，（一作牧仲），常州人，淳熙中，以忠諫謫潮州。阮通志二百三十八宦績錄八，周府志三十三宦蹟并有傳。

慶元五年己未（西曆一一九九），知州沈杞建盍簪亭於州南七里韓祠故址。

光緒海陽縣志二十六古蹟略一：盍簪亭在城南書院。

謹按：郭子章云：『沈杞即墟刱亭』，其稱曰「墟」，蓋指州南七里之故址也。

宗頤按：沈杞，字廷幹，常州人，吳穎順治潮州府志四宦師部有傳。據阮通志十六職官表七，杞實於嘉泰年間；知潮州軍州事。

淳祐三年癸夘（西曆一二四三），知州鄭良臣因盍簪亭地改祠堂，建齋舍，以課諸生，匾曰「城南書莊」。

郭子章韓公二祠沿革：淳熙癸夘，鄭良臣以韓公有功于潮，書院獨缺，相故地而開刱焉。外敞二門，講堂中峙，匾曰「城南書莊」，後堂匾曰「太山北斗」，公之祠在焉。

宗頤按：鄭良臣，福州人，淳祐二年任知州。郭棐粵大記，阮通志二百三十八宦績錄八，吳府志四宦師部，周府志三十三宦績并有傳。

又按：黃佐嘉靖廣東通志陳圭傳云：『曾新原道堂，扁其前楹曰「書莊」』。而吳府志宦師部陳圭傳，亦云：『修建原道堂，署曰書莊』。是皆以扁城南書莊者爲陳圭，與郭子章韓公二祠沿革所載異。

淳祐五年乙巳（西曆一二四五），知州陳圭即祠址建南珠亭。

光緒海陽縣志二十六古蹟略一：南珠亭，在城南書院，宋淳祐間，知軍州事陳圭建，祠本郡九賢，取韓愈別趙德詩意而名。

宗頤按：陳圭，字表夫，興化人。阮通志二百三十八宦績錄，吳府志四官師部，周府志三十三宦績并有傳。

淳祐十一年辛亥（西曆一二五一），知州劉希仁以韓山之韓祠，地濕屋老，捐俸倡修，屬郡文學呂大圭掌其事，已而去官。

寶祐元年癸丑（西曆一二五三），季秋，新廟落成。

劉克莊潮州修韓文公廟記：淳祐辛亥，劉侯希仁……屬郡文學呂君大圭修廢，捐俸楮三千以倡。俄而劉侯去，衆曰：『役鉅費闊，且奈何！』會臬使吳侯燧，行部全侯昭孫至郡，各助楮二千。倅樊君應亨，海陽令王君衜翁各半之。仕於州，與游於校者，皆有助。呂君又裨以俸金，自門及奧，輪奐新美，柱若壁之用土木者，皆易以石，糜楮四萬。以寶祐初元季秋落成。

宗頤按：寶祐元年新建韓山韓文公廟，據劉克莊記，倡修者劉希仁，佐其事者呂大圭外，尚有臬使吳燧，上闕外補全昭孫，臨川樊應亨，溫陵王衜翁諸人。劉希仁，全昭孫里籍俱無攷。阮通志十六職官表七，僅載其淳祐間曾知潮州軍州而已（周府志職官表有希仁，而無全昭孫）。樊應亨，阮通志周府志職官表，皆云『撫州人，淳祐間，官潮州通判』。王衜翁，呂大圭，據潮州西湖山石刻陳煒題名，皆清源人，呂又名圭叔；王又名宏通（按阮通志周府志職官表，宋海陽縣令有王衡翁，寶慶間任。光緒海陽縣志金石略，寶祐甲寅陳煒題名按語云：『王衡翁，見阮志職官表，惟載衡翁寶慶中知海陽縣事，寶慶無甲寅，據此知甲寅，乃寶祐二年，阮表誤也。當從石刻訂正』（按縣志卷九職官表一，仍列衡翁於寶慶間，又卷三十三列傳一，據雍正海陽縣志亦謂衡翁寶慶間任，修南隄，與按語乖違，同一書中，而矛盾至此，可異也）。縣志以衡翁爲知縣，當在寶祐年間，語甚明顯。予按湖山原刻，所署年號，正作寶祐甲寅，而王衡翁乃作王衜翁，縣志作衡翁實譌，潮州西湖山志亦依縣志作衡翁，未能辨正，今附爲攷核，俾後之修縣志者據改焉）。至吳燧，舊志皆無攷，據此記，可補其闕。

元至元十五年戊寅（西曆一二七八），州南韓廟，經兵燹，亭院無存。

二十一年甲申（西曆一二八四），重建韓山書院，祀孔子及諸賢，而以韓祠附。

吳澄潮州路韓山書院記：愈謫潮州刺史，其後潮人立廟以祀。宋元祐間，廟徙州城之南七里。……皇元奄有此土，室屋灰燼于兵，至元甲申，韓山書院重興，即廟之故址，爲先聖燕居，先師兗，郕，沂，鄒四國公侍，而韓子之專祠附。

宗頤按：郭子章韓公二祠沿革云：『至元戊寅，兵火後，亭院無遺，迨二十一年甲申，復建書院，山長以一員主之，尋立夫子燕居室於公祠之前』。所言至元間重建韓祠之始末如此，而未言建者爲何人也。唯下文云：『城南祠，元至元間郡守王用文創祀』，則似建者爲王用文。考明史陳友定傳，用文蓋王翰字，仕元爲潮州路總管。周府志職官表，王翰爲潮州總管，實在至正二十五年，郭氏以王用文爲官在至元，殊誤。是說，光緒海陽縣志曾辨之。

泰定三年丙寅（西曆一三二六），郡長亞中馬合馬委教授何民先重建韓山韓祠。

郭子章韓公二祠沿革引古三陽志：淳熙己酉，丁允元又遷於州東韓山之麓。……慶元丁巳，賜今額。己未，進封公爵。泰定三年，郡長亞中馬合馬委教授何民先重建。

宗頤按：亞中馬合馬，潮州舊府志無攷，據此可補其闕。何民先，泰定間，潮州府教授，見周府志三十一職官表上。

至順二年，辛未（西曆一三三一）夏，總管王元恭（宗頤按，阮通志作允恭）以州南韓祠營繕多缺，命韓山書院山長陳文子計其費，撤舊構而新之，五月經始，九月落成。三年壬申（西曆一三三二）七月，臨川吳澄爲之記。

吳澄潮州路韓山書院記：至順辛未夏，總管王侯至（宗頤按：此文錄自光緒海陽縣志三十一金石略二。查同書十九建置略三，亦有此文，于此句下多『偕其長阿里涉，其貳師賴哈豐協謀』十四字），命山長陳文子計其費，爰撤故構，新韓祠，燕居，位置相直，寬袤齊等，後有深池，廣十丈許，畚土實之，建講堂其上，扁曰「原道」。……夏五月經始，九月落成，海陽縣長忻都實董其役。

郭子章韓公二祠沿革：至順辛未夏，郡守王元恭議改剏新祠，遷公像於燕居堂之後，以天水先生趙公德，文惠陳公堯佐坐堂上，左右配享。兩廡之東西，則以前代賢守王滌，李邁，丁允元，廖德明，鄭良臣，林壽公，陳圭從祀，所以表有功也。書院之前，復剏故南珠亭，祀本郡九賢，所以崇有德也。書院後，有池廣十餘丈，深亦丈餘，復僦工塡塞，建堂於其上，扁曰「原道」。堂之兩廡，闢二齋，西曰「由道」，東曰「進德」，以爲諸生肄習之所。董是役者，海陽宜差忻都，山長陳文子，直學郭宗蘇。

宗頤按：王元恭字敬居，薊州人，至順二年爲潮州總管，阮通志二百四十一宦績錄十一有傳。忻都，大德間任同知，見周府志

6

三十一職官表上，陳文子，郭宗蘇，舊志無考。

又按：光緒海陽縣志十九建置略三；稱：『韓山書院，至順四年總管王元恭拓建』。攷至順止三年而已，縣志謂四年，殊誤。

至正十二年壬辰（西曆一三五二），城南韓山書院燬於火，祠亦廢。

宗頤按：劉嵩重建韓山書院記略：『韓山書院，故在城南外七里許，至正壬辰火，遺址鞠草，名存實亡』。攷王元恭所構韓祠在書院之內。書院既燬，祠亦必廢。

至正二十六年丙午（西曆一三六六）冬十一月，總管王翰遷州南七里之韓祠于城之大隱庵，明年春正月落成，晉安劉嵩為記。由是州南七里之韓祠遂廢。

劉嵩重建韓山書院記略：丙午歲，靈武王公以江西省左右司郎中兼郡守事，追修故典，相其地非禮法之所，乃燬城西大隱庵而遷焉。經始是歲冬十一月，迄工明年春正月。

宗頤按：王翰廬州獨山人，至正二十五年仕潮州路總管，事蹟見明史陳友定傳，阮通志二百四十一宦績錄十一，周府志三十三宦績。據劉嵩記略，王翰重建書院，贊之者有同知駱希仲，通判遯文約，推官周泌，經歷黃莊，黃英，知事趙祐，教授林仕猷，太史元學賓，戴世昌，山長吳期諸人。

又按：郭子章韓公二祠沿革云：『城南祠，至元間郡守王用文剏，祀韓文公，趙天水先生，陳文惠公』。郭氏誤王用文于至元仕潮，辨已見前。至稱其剏韓文公廟，光緒海陽縣志金石略二，言：『其云「剏祀」者，以由州城南始遷大隱庵故也。若仍故

韓山韓文公祠圖

7

址，安得云爾』？按自王翰新建韓祠于大隱庵，而州城南七里之韓祠遂廢。然大隱庵之請，仍名城南，故人每以與州南七里之祠混，如惲敬即其例也。

又按：光緒海陽縣志十九建置略三：『王翰遷書院於大隱庵，在至正三十四年』。攷至正僅二十八年，縣志謂三十四年，殊誤。

自此以後，潮州府韓祠，僅有「韓山」「城南」兩處而已。

8

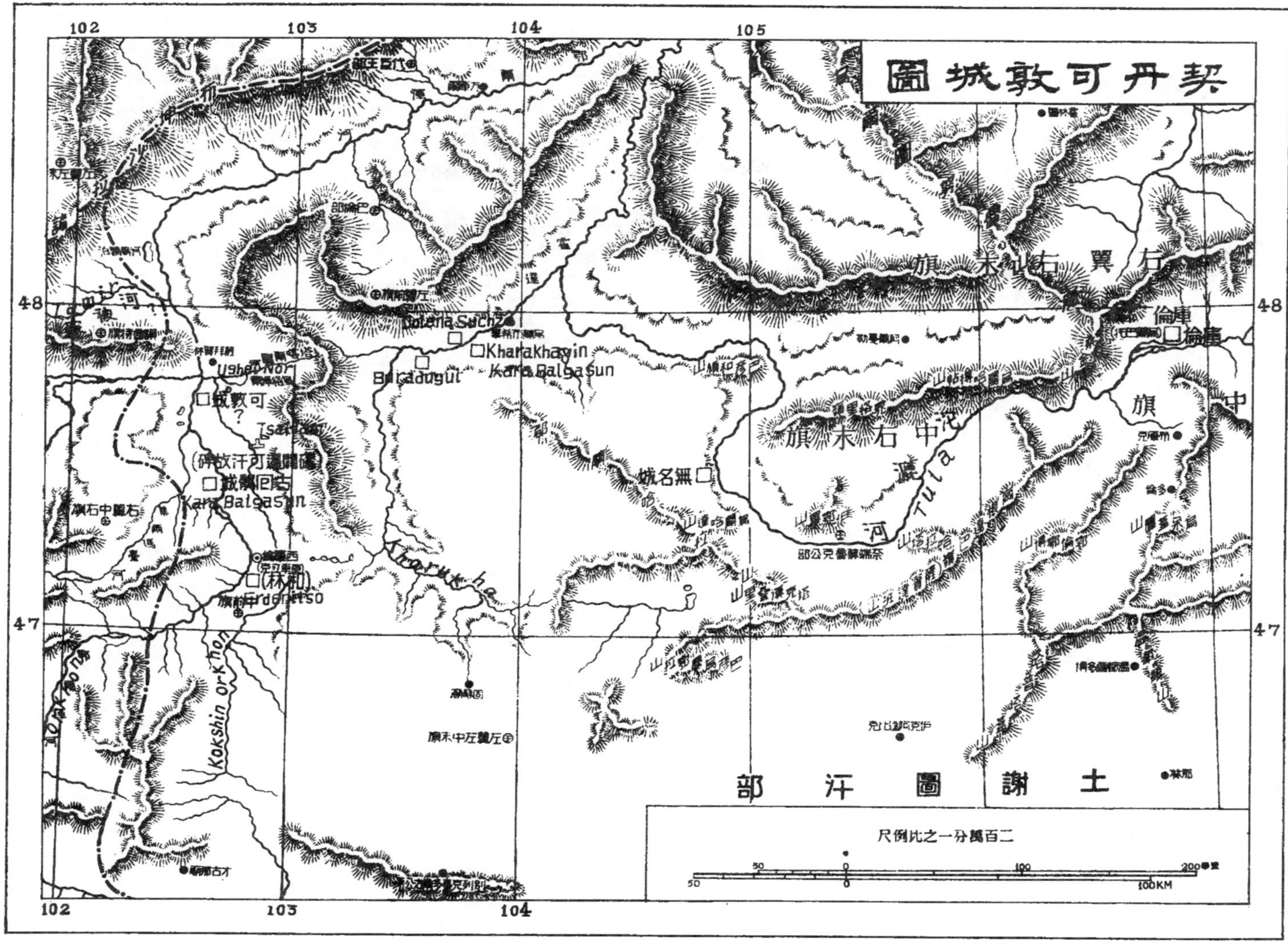

地形據地圖底本甲種庫倫幅

契丹可敦城考

松井著
馮家昇譯

1

契丹興於東部蒙古，在東併滿洲，南侵中國北部以前，曾西經外蒙而遠征天山。遼史（太祖紀），天贊三年（九二四年）太祖西征，遣兵踰流沙，拔浮圖城，盡取西鄙諸部，降甘州回鶻。浮圖城當即唐代有名之可汗浮圖城。可汗浮圖城，見唐書（卷一一〇）阿史那社爾傳。同書（卷二二一上）高昌傳，貞觀十年俟君集平高昌，西突厥葉護 Jabgu 可汗屯可汗浮圖城來降，以其地爲廷州。廷州（庭州）即唐之北庭大都護府治所，爲瀚海軍（唐書卷四〇地理志）。耶律楚材西游錄，別石把 Bishbalik 有唐碑，所謂瀚海軍也。歐陽玄高昌偰氏家傳（李文田耶律楚材西游錄注引）北庭今名別失八里城 Bishbalik 也。別失八里（別石把）雖有謂今烏魯木齊 Urmuchi 之說，但西域水道記（卷三）烏魯木齊東北濟木薩（Chimsar 保惠城）之北二十餘里有護堡子破城，唐之金滿縣（北庭都護府治）殘碑，唐造像碣，元造像碣在焉，則元之別失八里在唐北庭都護府治，即西突厥可汗浮圖城也。契丹太祖西征時，略取之浮圖城即唐代可汗浮圖城，當時契丹威力及於天山東邊，由甘州回鶻之歸服可以知之。其後至聖宗時，契丹強盛，天山以東悉畏其威，太祖以來契丹境及西部蒙古。其經略始末俟諸異日，今止考定其經略西方之要地可敦城。

欲考可敦城之位置，先有提示遼史（卷三七）地理志（上京道邊城防）左記三條之紀事之必要。

（一）鎮州建安軍節度，本古可敦城，統和二十二年[1]皇太妃奏置，選諸部族二萬餘騎充屯軍，專捍禦室韋羽厥等國。凡有征討不得抽移，渤海女直漢人配流之家七百餘戶，分居鎮防維二州。東南至上京三千餘里。

維州刺史

防州刺史

（二）河董城，本回鶻可敦城，語訛爲河董城，久廢，遼人完之以防邊患。高州界女直常爲盜，刼掠行旅，遷其族於此。東南至上京一千七百里。

(三)皮被河城，地控北邊，置兵五百於此防托。皮被河出回紇北，東南經羽厥，入臚朐河，沿河董城北，東流合沱漉河入于海。南至上京一千五百里。

據右三條所記而求可敦城之位置，沈垚似稍詳密，不可不知。其說見于西遊記金山以東釋（連筠簃叢書皇朝藩屬輿地叢書所收），蒙古游牧記（卷七土謝圖汗條）亦引用之。按西遊記乃長春眞人隨蒙古成吉思汗西征時之紀行也。沈垚西遊記陸局河（今之 Kerulen ）西行，見契丹故城二所，與張德輝塞北紀行翕陸連河（同前）西行，見契丹故城二所，謂契丹可敦城即契丹故城。今將西遊記及塞北紀行之紀事揭左，沈垚之見解一並介紹焉。

西遊記曰：『抵陸局河……竝河南岸西行，行十有六日河勢繞西行山去。……又行十日漸見大山峭拔，從此川西漸有山阜。……又四程西北渡河（今 Tula 河之支流 Kharukha 河）(Bretschneider, Medeaeval Researches from Eastern Asiatic Sources Vol. I pp: 52–55) 乃平野，其旁山川皆秀麗，水草且豐美。東西有故城，基址若新，街衢巷陌可辨，制作類中州。歲月無碑可考，或云契丹所建；既而地中得古瓦，上有契丹字，蓋遼亡，士馬不降者西行所建城邑也。』塞北紀行（沿翕陸連河西行後紀事）曰：復臨一河，深廣，深皆翕陸連之比……其水始西流，深急不可涉，北語云渾獨剌（今之 Tula 河），漢言兔兒也。遵河而西行一驛，有契丹所築故城，可方三里，背山面水，自是水北流矣。自故城西北行三驛，過鼻兒紇都(Radloff 蒙古考古圖 (Atlas der Alterthümer der mongoeli) 中踏查地方圖謂 Tula 河左岸一支 Kharukha 河之南岸有 Burdugue 者是也)，又經一驛過大澤泊，（似即 Orkhon 河右岸之 Ughei Nor），周廻六七十里，北語謂吾誤竭腦兒。自泊之南而西，分道入和林城（喀喇和林今之 Orkhou 右岸額爾德尼招 Erdeni-Tso），相去約百里，泊之正西有小故城亦契丹所築也。

沈垚參照右之紀事稍爲詳細考證，[2] 次下三條之結論曰：(一)西遊記所謂之東西故城與塞北紀行所見之二故城同。(二)西遊記之東故城是塞北紀行沿獨剌河西行一驛之故城；西遊記之西故城是塞北紀行位于吾誤竭腦兒正西之故城。(三)此西故城非遼之鎭州（可敦城），或尙在西。今先論西遊記與塞北紀行之二故城，覘其果否相同，然後將其可敦城求得之可否論之。

2

塞北紀行所見之二契丹故城，查 Radloff 蒙古考古圖（附圖A踏查地方圖及第八十二枚）Ughei Nor 西，Orkhon 與 Kokshin-Orkhan 之間稱 Dashin dzil（亦作 Tainshin）者有故城，即塞北紀行所謂吾誤竭腦兒正西之契丹故城也。又 Tula 河初北曲之左岸有一無名故城，似爲紀行『自是水北流矣』之契丹故城。但西遊記所見今之 Kharukha 東西二故城，與右二故城距河過遠，故不得不別求其所在。查 Radloff 蒙古考古圖（踏查地方圖）Kharukha 河與 Tula 河合流點之西南約十里 Kharukha 河北岸之地稱曰 Dolena suchzi 有故城。又 Orkhon 碑文考(Inscriptions de l'Orkhon recueillies par l Expédition Finoise)附圖，於右故城對岸，注一故城，而不示其名。然 Granö 之「南西伯利亞及西北蒙古旅行考古學的觀察」Archäologische Beobachtungen Von Meiner Reise in Südsibirien und der Nordwestmongolei im Jahre 1909, S. 64-67 則詳述此故城。此故城因 Paderin 氏爲世所知，Jadrinzeff 及 Radloff 調查之，據 Radloff 氏謂此故城呼曰之 Kharukhayin-Khara-Balgasnu。蒙古考古圖（第六十三枚至第六十五枚）載其平面圖及寫景圖，但在踏查地方圖不明記其地點，實爲遺憾。然考 Orkhon 碑文考附圖及 Granö 旅行 3
記附圖（第三枚），Kharukhayin-Khara-Balgasun 似在 Dolena Suchzi 故城對岸。由是言之，則西遊記所謂之東西故城當即今之 Dolena Suchzi 故城及 Kharukhayin-Khara-Balgasun 故城矣。西遊記所見之契丹故城與塞北紀行所見之契丹故城不同相，沈垚認爲相同，殊不可據。然則契丹可敦城與紀行所見之契丹故城亦可比定乎？觀下所說自明。

遼史(卷九三)蕭圖玉傳『開泰元年七月石烈大師阿里底殺其節度使，西奔窩魯朶城，蓋古所謂龍庭單于城也。已而阻卜復叛，圍圖玉于可敦城，勢甚強，圖玉使諸軍齊射之，屯于窩魯朶城，』是可敦城與窩魯朶城相近，誠如沈垚之說。遼史（卷二）太祖紀：『天贊三年大舉征吐渾黨項阻卜等部……八月乙酉至烏孤山，甲午次古單于國，九月丙申朔，次古回鶻城，勒石紀功……甲子詔礱闢過可汗故碑以契丹突厥漢字紀其功，』是古回鶻城今之 Orkhon 河左岸廢址[3] Khara Balgasun，礱闢遏可汗即其地，[4]回鶻斷碑之毗伽可汗 Bilgä Kagan，古單于國與前指之龍庭單于城爲同地。要之，可敦城與古回鶻城龍庭單于城三地相距不遠，其中古回鶻城爲今之Khara Balgasun，其他二城，想亦在今之Orkhon河上也。

龍庭之名見於元代，元史（卷一）太祖紀：三年戊辰春，帝自至西夏，夏避暑龍庭。同書（卷二）太宗紀，四年帝還龍庭，九年冬幸龍庭，遂至行宮。皇元聖武親征錄：上即滅汪可汗，是冬，大獵於帖麥該川，宣布號令，振旅龍庭。戊辰春至自西夏，夏避暑於龍庭，庚午夏，上避暑龍庭。高寶銓元祕史李注補正（卷一四嶺北條下）『太宗七年春遂城和林，作萬安宮，和林建都始太宗，非由太祖矣。………築城建都雖自太宗，而行宮之駐蹕則自太祖以來固已久矣。祕史曰回至嶺北，本紀曰帝還龍庭。太祖本紀三年戊辰夏，避暑龍庭，蓋即其地。耶律鑄雙溪集詩注云龍庭在和林北百里，則當在塔米爾河之北』云云。觀元史太宗紀和林與龍庭別書，雙溪集詩注龍庭在和林北百里，則當於相異之地考之。龍庭在和林北百里，今從 Ughei Nor 湖西契丹故城至和林百餘里，若併考之，則龍庭似在今 Ughei Nor 湖附近也。和林即 Kara-Korum 故址，Orkhon 右岸，今 Erdenitso ughei Nor 中間。Kokshin-Orkhon 東 Kosho Tsaidam 湖傍有突厥毗伽可汗 Bilgä Kagan 及闕特勤 Kül Tegin 基碑及數團墳墓，此由 Orkhon 碑文考蒙古考古圖爲世習知者也。元來 Orkhon Tula 兩河上流之地爲民族發達之根據地，極占地利之宜，突厥蒙古二大民族實據此而勃興焉。由上述之次第，Kosho Tsidam 湖附近適當此地之中心，知爲可注意地點之一也。故龍庭想來即在 Ughei Nor 附近，若嚴密言之，在此湖南 Kosho Tsaidam 湖附近，則更適當。龍城之名義如何，尚有考之必要。

史記（卷一一〇）匈奴傳：『歲正月諸長小會單于庭祠，五月大會龍城，祭其先天地鬼神』，龍城，注引索隱云『漢書作龍城，亦龍字。崔浩云西方胡皆事龍神，故名大會處爲龍城。後漢書云匈奴俗歲有三龍祠，祭天神』。龍城即龍庭，意義同。漢人尊龍之思想傳入，故以重要之集會地呼爲君主所在地。水經注（卷一四）『慕容皝以柳城之北龍山之南福地也，使陽裕築龍城。十二年，黑龍白龍見于龍山，皝親觀龍去二百步，祭以太牢，二龍交首，嬉翔解角而去。皝悅大赦，號新宮曰和龍宮，立龍翔祠于山上』。是亦因龍而設地，與匈奴龍城有同樣之意義。夫匈奴大集會處呼曰龍城，似不僅指居陰山時之地，後爲漢武帝所破，遁去漠北後，亦有名龍城者，此見前漢書（卷九四上）匈奴傳。匈奴去漠北後，其根據地想亦爲今之 Orkhon 及 Tula 流域，而遼史所謂之龍庭單于城或非指古匈奴龍城遺址歟？考突厥據匈奴故地，占 Orkhon 流域，今之 Kosho Tsaidam 湖附近，想與突厥之由緣甚深。古匈奴大會之地龍城即龍庭，似不妨推定在是湖之附近。Kosho Tsaidam 湖與 Ughei Nor 湖相近，龍庭之位置雖不能確指，前者之附近後者之附近似無大差。因龍庭之名義與突厥故蹟之關係，於 Kosho Tsaidam 求之可也。況雙溪醉隱集謂龍庭在和林北百里，似亦未必盡在 Ughei Nor 湖也。遼史龍庭單于城呼爲窩魯朵，已如前述。遼史（卷三一）營衛志『居有宮衛謂之斡魯朵』，並記遼代之十二斡魯朵。斡魯朵與蒙古語 Ordo 均同系之語，義爲宮。遼史於古龍庭呼爲窩魯朵，似遼代猶知其爲古代民族之根據地也。

夫古回鶻城龍庭單于城可敦城三者相距既不遠，則古回鶻城在 Orkhon 左岸 Kara Balgasun，龍庭在Orkhon河東之 Kosho Tsaidam 湖附近，而所餘之可敦城必在 Orkhon 河流域，亦於是以察知。故予推察張德輝紀行所見之 Ughei Nro 湖西契丹故城即爲可敦城，於某點承認沈垚之說爲是也。今假定故城爲龍庭單于，則所想像者當如何？張德輝旅行時，道經蒙古，而初負有盛名之龍庭不及一言，單記契丹故城；又道經同地之長春眞人紀行亦不言及，不亦可怪乎？蓋張德輝謂爲契丹故城者以有文字存在，因是斷爲契丹時代之故址而非龍庭。要之：此假定如成立，則湖西故城非龍庭可知。但如推察其爲契丹時代之可敦城，則於其他紀事尙有注要之必要。

遼史（卷三七）地理志（上京道邊城防條）：『皮被河城，地控北邊，置兵五百於此防托。皮被河出回紇北，東南經羽厥，入臚朐河，沿河董城北，東流合沱瀧河入于海。南至上京一千五百』，同志同條：『河董城本回鶻可敦城，語訛爲河董城』云云，由是可知河董爲可敦城之音轉。其文固爲推定可敦城位置之絕好材料，但文之解釋有不少困難。先考羽厥之住地。羽厥亦作于厥里，（遼史卷三天顯二年條，卷四六屬國大部族條等）亦作于厥，其例見于遼史者甚多，于骨里（遼史卷一太祖七年八年條）亦同。五代史（卷七三）引胡嶠陷虜記曰：『（契丹）西即突厥回紇，西北至嫗厥律……地苦寒，水出大魚，契丹仰食；又多黑白黃貂鼠皮，北方諸國皆仰足。其人最勇，鄰國不敢侵。又其西轄戛……』，文中嫗厥律即于厥里亦即羽厥。其住地當突厥回紇之北，轄戛 Kirghiz 之東，Marquart (Eransahr. S. 54) 謂在今 Balbal 湖。次臚朐河，一般謂即今之 Kerulen，張德輝紀行北語云龕陸連，漢言驢駒(即臚朐)河也。臚朐之名遼史[5]始見(卷八保寧三年條，卷一五開泰四年條，卷三七地理志上京道等條)，金史(卷二四)地理志臨潢府長泰縣條：『其北千餘里有龍駒河，國言曰喝必剌』，龍駒亦臚朐之異譯。考皮被河在今 Kerulen 北，東南流會 Kerulen，相當今之何水，甚難看出：或東南爲東北之誤，今之 Onon 歟？然河董城位于今之黑龍江上流沿岸，於地理甚不合。又皮被河與臚朐河合後，東流入沱漉河，其位置亦不明。今嫩江右岸支流有洮兒河，唐代曰它漏河，遼代曰他魯河，又曰撻魯河，金代曰撻魯古河，元朝祕史(卷一三)曰討浯兒河，與右之沱漉河相同，即指今之洮兒河。但臚朐河東流是河，於地理亦不甚妥當。或今之洮兒河經嫩江入松花江者歟？抑今 Kerulen 河黑龍江與松花江相合者歟？然如此似又未免過於曲解。或遼代 Kerulen 河與洮兒河相連，因而誤解歟？然此說亦過於臆測也。要之：關于河董城之紀事難解之點甚多，欲求解決，非由別途不可。

予以爲關于皮被河城文中之臚朐河，非今之 Kerulen 河，疑指別河。遼代於今之 Kerulen 河呼臚朐河外，亦呼曰猾水。遼史(卷六四)百官志群牧司條有漠北猾水馬羣司，同書(卷九七)耶律引吉傳有漢北猾水馬羣太保，又見于同書(卷一〇一)蕭陶蘇斡傳。金史地理志(前引)龍駒河一曰喝必剌(必剌義爲河，白鳥博士謂 Turk 語龍駒曰 Kara bair，喝是 Kara 音譯)，與遼史猾水同音異譯之文字由此不難察得。龍駒之爲 Kerulen 前有所述。契丹國志(卷一三)景宗蕭皇后傳『齊妃領兵三萬屯西部驢駒兒河閱馬』，則驢駒兒河有馬群牧場可以推知。驢駒兒(即 Kerulen)與猾水蓋爲同一之河名，亦愈明白矣。今之 Kerulen，遼代或稱臚朐，或呼猾水。而臚朐之名於遼代必不僅指 Kerulen；在或者場合，不可不想像 Kerulen 以外漠北之河也。由是言之，前皮被河城條所見之臚朐河非 Kerulen，指今之Orkhon河；沱漉河爲今之Tula河；皮被河爲今之 Tamir 河，如此似於地理上似爲順當。右三河相合

6

後所入之海，亦必今之Baikal湖也。『皮被河東南經羽厥』之文，使羽厥之位置甚明，殆在Baibal湖南廣漠之地之解釋近似。誠如是，則皮被河與臚朐河合，北流河董城，更合沱漉河，又與今Orkhon之Tamir合，傍流Ughei Nor湖西契丹故城之傍，更會Tula。如是，則於地理合矣。右之契丹故城可比定爲河董城 其與龍庭單于城及古回鶻城位置之關係亦大體可以說明矣。要之：今之Tula河與Orkhon河之間地方之契丹故城，有數處在元代尚知之，如鎮州之可敦城及其所轄之防州，維州故址均在此處，特於防州，維州之位置不能詳耳。

本稿開頭將遼史之紀 揭出，鎮州之可敦城東南至上京三千餘里，回鶻可敦城之河董城(可敦城)東南至上京千七百里，則二可敦城之非一，甚爲明白。鎮州之可敦城之位置既考定如前，今論他一可敦城。

遼史(卷九一)耶律唐古傳『先是築可敦城以鎮西域諸部，縱民畜牧，反招寇掠。重熙四年上疏曰：『自建可敦城已來，西蕃數爲邊患，每煩遠戍，歲月既久，國力耗竭。不若復守故疆，省罷戍役，不報』。此可敦城爲鎮撫西域而設，去遼僻遠，二可敦城之一即指此。遼史(卷一〇三)蕭韓家奴傳：『及城可敦，開境數千里，西北之民徭役日增，生業日殫，警急不能救，叛服亦復不恆，空有地之名，而無得地之實。若貪土不已，漸至虛耗，其患有不勝言者。(中略)今宜徙可敦城於近地』，亦指右之可敦城而言。遼史(卷三〇)耶律大石率鐵騎二百宵遁，北行三日，過黑水，見白達達詳穩牀古兒，牀古兒獻馬四百，駝二十，羊若干，西至可敦城，駐北庭都護府』。此可敦城正遼代鎮撫西域之可敦城。今將大石西奔與可敦城之關係作一考察，則可敦城之位置判然矣。

耶律大石西奔，契丹國志(卷一九)大實傳云：『大實深入沙子，立天祚之子梁王爲帝而相之。女眞遣故遼余覩帥兵經略，屯田于合董城(城去上京三千里)，大實遊騎數十，出入軍前，余覩遣使打話退。沙子者蓋不毛之地，皆平沙廣漠，風起揚塵，至不能辨色。或平地頃刻高數丈，絕無水泉，人多渴死。大實之走凡三晝始得度』。松漠紀聞所載亦同。大金國志(卷一四)：『正隆元年二月，令婆盧敎爲左都監帥令經略，田于曷董城。……曷董城去上京三千餘里。遼既亡，林牙大實亦降。大實小名，

7

林牙猶翰林學士也。……大實宵遁……深入沙漠，立天祚之子梁王爲帝而相之』。合董曷董皆可敦之異譯，耶律大石過此西奔，金人追大石屯田於此。若考此地位置，預先有考究黑水與白達達之必要。

耶律大石爲金軍所擒之地點，據金史（卷二天輔七年條及卷一二一粘割韓奴傳）在龍門東二十五里。龍門遼史（卷四一）地理志（西京道），龍門縣（金之德興府龍門縣）有龍門山原爲遼奉聖州之屬縣。讀史方輿紀要（卷一八）：『龍門山在雲州堡東北五里，即右所說之龍門山。雲州堡在今赤城縣北，當長城關門之獨石口南。耶律大石於龍門之東爲金軍所捕後，金史（卷一二一粘割韓奴傳）云：『既而亡去，不知所往』，而不叙其亡去之由來。契丹國志（卷一九）大實傳曰：『大實（即大石）既降女眞，與大將粘罕爲雙陸戲，爭道相忿。粘罕心欲殺之而口不言，大實懼。及既歸帳，即棄其妻，攜五子宵遁。』當時金將粘罕（即宗翰），據契丹國志（卷一二天祚紀下），駐雲中今大同縣從事追擊遼天祚帝，耶律大石與粘罕爭而出奔，似亦居大同時事。然則黑水必在大同之西有名之河也。

今甘肅省西北額濟納海即古居延澤，有額濟河入焉。額濟納海，大淸一統輿圖稱爲居延海，額濟納河西有托賴河與坤都倫河入居延海。西域水道記（卷三）額濟納河今謂之黑河，又曰張掖河。蒙古游牧記卷（一六）額濟土爾扈特部條，何秋濤補注曰：『秋濤按：額濟內，今作額濟納，舊作亦集乃。（元史卷六地理志有亦集乃路），明一統志，張掖河在陝西行都司城西十里……流入亦集乃界。行都司志張掖河原名黑河……北入亦集乃界。又按孔氏尚書正義云：「按酈道元水經，黑水出張掖雞山，南流至燉煌，過三危山，南流入於南海」。胡氏謂曰：「案山海經灌湘之山又東五百里曰雞山，黑水出焉，而南流注於海。雞山不知在何郡，郭璞無注，而孔疏引水經，以爲出張掖之雞山，檢今本無此文，蓋其書有散逸耳。太平御覽引張掖記曰，黑水出縣界雞山，亦名元圃。昔有娀女簡狄浴於元邱之水，即黑水也。據此，則雞山當在甘州張掖縣界，漢爲觻得縣地，今陝西甘州衛西有張掖河，即古羌谷水，出羌中，北流爲張掖河，合弱水東北入居延海，俗謂之黑水。此水竝不經三危入南海，安得以此爲禹貢之黑水也」。秋濤按：此黑河，下流入居延海，仍是弱水所滙之一川耳。水經中，今闕黑水篇孔疏所引，未足爲據也。』禹貢之黑水與弱水雖有詳論，但禹貢之黑水是否即今之額濟納河或張掖河又爲別一問題。今甘肅省西北自古有黑水名河，至後世今之額濟納河亦呼曰黑水，此於右之引文可知。Bretschneider 以額濟納河比定爲耶律大石西奔時所見之黑水 (Medeaval Research from Eastern Asiatic Sources Vol. I, P. 212)，予亦同意。

討論黑水及白達達當參照其紀事。宋太平興國六年五月，宋使王延德使高昌時之紀行，見文献通考（卷三三四）高昌傳及宋史高昌傳。其文雖長，但討論黑水與達達實有參照之必要。今揭其文于左：

> 初自夏州歷玉亭鎭，次歷黃羊，度沙磧，無水，行人皆載水，凡二日至都囉囉族。漢使過者，遺以財貨，謂之「打當」。次歷茅女喎子族，族臨黃河，以羊皮爲囊吹氣實之，浮於水；或以橐駝牽水棧而渡。次歷茅女王子開導族，行入六窠砂，砂深三尺，馬不能行；行者乘橐駝，不育五穀，砂中生草名「登相」，牧之以食。次歷樓子山，無居人，行沙磧中，以日爲占，旦則背日，暮則向日，日中則止，夕行望月，亦如之。歷臥梁劾特族，地有都督山，唐回鶻之地。次歷大虫太子族，族接契丹界，界人衣尙錦綉，器用金銀，馬乳釀酒，飲之亦醉。次歷屋地因族，蓋達干于越王子之子。次至達干于越王子族，此九族達靼中尤尊者。又歷拽利王子族，有合羅川，唐回鶻公主所居之地，城基尙存；有陽泉之地。傳云契丹舊爲回鶻牧牛，回鶻徙甘州，契丹達靼遂各爭長攻戰。次歷阿墩族……次歷納職城，在大患鬼魅磧之東南，望玉門關甚近。……凡三日至鬼谷口，凡八日至驛田寺。高昌聞使至，遣人來迎。次歷地名寶莊，又歷六鍾乃至高昌，即西州也。……其王始至，亦聞有契丹使來，使缺唇以銀葉蔽之，謂其王云，聞漢遣使入達靼而道出王境，誘王窺邊，宜早送至達靼，無使久留。……自六年五月離京師，七年四月至高昌……八年春與其謝恩使凡百餘人復循舊路而還。雍熙元年四月至京師。延德初，至達靼之境，頗見晋末陷虜者之子孫，咸相率遮迎獻飲食，問其鄉里親戚，意甚悽感，留旬日不得去。延德之所述云。

夏州、大淸一統志（卷一八七）謂在陝西省榆林府懷遠縣西，高昌在今天山東端，近於吐魯蕃 Turfan 。王延德費一年由夏州達高昌，其經路橫亙陝西甘肅二省長城外之沙漠。其中合羅川有黑水之義，正耶律大石西奔之黑水，即今之張掖河（額濟納河），回鶻公主城正大石西奔有關之可敦城。大金國志（卷七），曷董城（可敦城）自雲中由貓兒莊銀甕口北去地三千餘里，盡沙漠無人之境，與今額濟納河地方之地形頗爲相當。突厥與回紇謂其可汗之妻曰可敦 Khatoun, 其可汗屢由中國朝庭迎公主以爲妻，則回鶻公主與回鶻可敦意義相同甚明。大石去雲中即今大同，渡沙漠，往唐代之北庭都護府（見前）之途中必經額濟納河，於地理上爲當然之次第。由王延德紀行觀之，其地爲交通路，於宋代尚沿用甚明。大石大抵取王延德之路線西奔，或於此可以察知？

宋遼關于韃靼之狀況，由王延德之紀行得知。紀行所記，韃靼蓋散居今陝西邊外黃河西迄居延海一帶。所謂九族韃靼亦見遼史（卷四一）『統和二十三年六月韃靼國九部遣使來聘』，與紀行所載相同。契丹國志（卷一九）耶律余覩傳，余覩降金，後叛去，遁入夏國。夏人問有兵幾何，云親兵二三百，遂不納，投韃靼，則韃靼地近西夏也。此事亦見松漠紀聞及大金國志（卷七）元史（卷六三）地理志（河源附錄）：『思本曰：自洮水與河合，又東北流過達達地凡八百餘里；折而正東流，過達達地，凡七百餘里，折而東南流。河源東北流，所歷皆西蕃地，至蘭州凡四千五百餘里，始入中國；又東北流過達達地，凡二千五百里，始入河東境內』。由此可知達達至元代仍散居於陝西甘肅邊外也。宋黃震古今紀要逸編（據知不足齋叢書本）：『初韃靼與女眞同種，皆靺鞨之後，其居混同江之上者曰女眞；其居陰山之北者曰韃靼。韃靼之近漢尚能火食者曰熟韃靼；其遠于漢惟事射獵以爲食，逐水草以爲居，視草靑爲一歲者曰生韃靼。生韃靼有二，曰黑曰白，而今盛者曰黑韃靼。黑白初皆事女眞，黑韃靼至忒沒眞叛之，自稱成吉思皇帝。又有蒙古國者在女眞東北，金亮時與韃靼竝爲邊患，至我嘉定四年，韃靼始併其名號，稱大蒙古國，韃靼于是始大，而忒沒眞爲韃靼始興之主』。謂以蒙古爲黑韃靼也。黑韃事略曰：『黑韃之國號大蒙古……其主初僭皇帝號者，小名曰忒沒眞，僭號曰成吉思皇帝』。又『其殘虐諸國，旣破而無爭者，東南曰白韃金虜（女眞），西北曰奈蠻（或曰乃滿）』。建炎以來朝野雜記（乙集卷第二）：『生韃靼者有黑白之別，今忒沒眞乃黑韃靼也，與白韃靼臣屬于金虜』。蒙韃備錄：『韃靼始起，地處契丹之西北，族出於沙陀別種，初於歷代無聞焉。其種有三，曰黑，曰白，曰生，……今成吉思皇帝及將相大臣皆黑韃靼也』。又大金國志（卷二二）於韃靼亦分黑白。要之，韃靼之中有黑白二種，謂蒙古屬黑韃靼爲多。白韃靼元聖武親征錄（成吉思汗滅汪古可汗條）注，何秋濤謂元代之汪古部即白達達（白韃靼），汪古者部落名，白達達者種類名，此說甚當。同注中又引元史阿剌兀思剔吉忽里傳『阿剌兀思剔吉忽里汪古部人，系出沙陀雁門之後，遠祖十國世爲部長』。據此，則白達達爲沙陀之一種。蒙韃備錄以韃靼爲沙陀之一種，亦可爲參考之一說。雖然，韃靼種族之分黑白兩姓及韃靼與見于元朝秘史之塔塔兒之關係非本文主要題目，今所欲知者僅宋遼代在今陝西甘肅邊外之韃靼部族也。五代史（卷七一）達靼傳：『達靼靺鞨之遺族，……別部散居陰山者自號達靼，當唐末，以名見中國』，則唐末以來陰山爲達靼所居之形迹，由此可以窺知。耶律大石西奔之際所經過之白達達即右所述之達靼。白達達本地蓋爲從陰山亙陝西邊外之地也。雖遼史本文大石過黑水，會白達達詳穩而後至可敦城，其順序實無拘束之必要。

由是言之：可敦城在今之額濟納河，達靼則從此河而散在陰山可以知矣。惟可怪者，遼史於此可敦城與 Orkhon 河方面之可敦城有混同之紀事。遼史（卷一四）統和二十二年六月『達旦國九部遣使來聘』。同書（卷一五）開泰二年正月『達旦國兵圍鎮州，州軍堅守，尋引兵去』。又同書（卷九六）韃不也傳，『阻卜酋長磨古斯來侵……韃不也遣人誘致之，磨古斯紿降，韃不也逆于鎮州西南沙磧間，禁士卒無妄動』。合三種紀事考之，則鎮州（可敦城）指在今額濟納河邊之可敦城，與達旦之關係及所謂西南沙磧間，由地形上之考察從可知矣。然鎮州由遼史（卷三七）地理志（上京道邊城防條）所見，專爲防禦室韋羽厥等國，其下領維防二州。額濟納之可敦城其任務不但不合理，其下領二州於地形似有未合；反之，Orkhon 河之可敦城適達此任務，且有二三契丹故城，或即維防二州，則故鎮州之可敦城當在 Orkhon 河邊也。額濟納河之可敦城以鎮撫西域爲目的，鎮州之可敦城則異其趣。遼史（卷九三）蕭惠傳『太平六年討回鶻阿薩蘭部：……進至甘州（甘肅省西北境）攻圍三日，不克而還。會西阻卜叛，襲三克軍，都監湼魯古突舉部節度使諸里阿不呂等將兵三千來救，遇敵于可敦城西南』。此在額濟納河之可敦城也。同書（卷二一四）統和二十一年六月『修可敦城』，下文統和二十二年六月『以可敦城爲鎮州』，則指在 Orkhon 河邊者也，即遼史地理志本文關於二可敦城之記事（本稿開頭所載）亦甚分明。『鎮州本古可敦城，東南至上京三千餘里，河董城本回鶻可敦城，語訛爲河董城，久廢，遼人完之，以防邊患，東南至上京一千七百里。從以上之研究，鎮州比回鶻可敦城地方遼遠，東南至上京云云恐係文字之相互轉換。又皮被河城係所見之河董城想與回鶻可敦城相同，指鎮州之可敦城也。董可敦河董音相同，不過文字之混同耳。

以上可敦城之外，遼代尚有別一可敦城，亦可注意者也。遼史（卷四一）地理志（西京道）『雲內州本中受降城地，有威塞軍，古可敦城，大同州天安軍，永濟柵，安東戍拂雲堆』。按遼之雲內州，大清一統志（卷四〇八之一）謂在今陰山南烏喇忒蒙古旗之西北。金史地理志（卷二四西京路）：『雲內州雲川縣本曷董館』。此曷董館與右之可敦城爲一地，不過音譯之異耳。此可敦城殆爲突厥時代之遺跡，突厥自南北朝末，迄唐初占據西河，其王后曰可敦，爲人所共知。

溯唐代亦名曰可敦城，唐書（卷三七）地理志：『豐州九原郡，貞觀四年以降突厥戶置』之下有『中受降城有拂雲堆祠，又有積塞軍，本可敦城，天寶八載置，十二載廢。西二百里有大同川，有天德軍。大同川之西有天安軍天德軍，乾元後徙屯永濟柵，故大同城也，北有安樂戍』。今將此文與遼史所載對照，則遼雲內州境內之古可敦城即唐豐州境內之可敦城，二者爲一無疑。

注

1　皇太妃，遼史（卷一四）聖宗統和二十四年五月幽皇太妃胡輦于懷州；又統和二十五年六月賜皇太妃胡輦死于幽所，究爲何人遼史不詳。畢沅續資治通鑑（卷二六）宋眞宗景德三年（遼統和二十四年）五月條注云：『遼史於皇太妃不著所始，據聖宗紀，統和十二年詔皇太妃領西北路烏古等兵及永興宮，分軍撫定西邊，以蕭達凜督其軍事，與蕭達凜傳（遼史卷八十五蕭達凜傳）畧同。紀又云十五年皇太妃獻西邊捷，是皇太妃嘗有戰功矣。至是被幽，次年賜死。遼史不明言其罪。既稱爲皇太妃疑爲景宗之妃，遼史亦未詳言也。長編（李燾資治通鑑長編卷五十五宋眞宗咸平五年七月條）云：「契丹供奉官李信來歸，述國中事云，景宗后蕭氏有姊二人，長適齊王，王死自稱齊妃，領兵三萬屯西鄙驢胊河。蕭氏使守西邊得達覽蠻降之，因謀帥其衆奔它國，結兵以篡。蕭氏知之，遂奪其兵。」其事頗與皇太妃事相類。案太宗第二子景宗封爲齊王，遼人多假人以寵號，齊王既死，其妃席太后之寵，稱皇太妃，容或有之，特史無明文，無由定爲一人耳。附識於此。』此解蓋甚得當。

2　契丹故城疑是遼鎮州諸城，案遼史蕭撻凜傳，撻凜以阻卜諸部叛服不常，上表乞建三城以絕邊患，從之。聖宗紀統和十二年秋八月，詔皇太妃領西北路烏古等部兵及永興宮，分軍撫定西邊，以撻凜督其軍事。二十二年以可敦城爲鎮州，軍曰建安。開泰二年春正月達旦國兵圍鎮州，州軍堅守，三月耶律化哥以西北路略平，留兵戍鎭州，赴行在。地理志鎭州本古可敦城，東南至上京三千餘里，皇太妃奏置。統防維二州。又河董城本回鶻可敦城，語譌爲河董城，東南至上京一千七百里。靜邊城東南至上京一千五百里。皮被河城地控北邊，南至上京一千五百里。皮被河出回紇北，東南經羽厥，入臚朐河，沿河董城北，東流合沱漉河。案地理志叙鎭州以下諸城，自西而東，鎭州東南至上京三千餘里，以道里校之，實與記所指西故城相合。蕭撻凜傳不言三城之名，可敦當卽其一，後改爲鎭州耳。蕭圖玉傳（遼史卷九三）統和初爲烏古部都監，十九年領西北路軍事，開泰元年七月石烈太師阿里底殺其節度使，西奔窩魯朶城，蓋古所謂龍庭單于城也。已而阻卜復叛，圍圖玉于可敦城，勢甚張，圖玉使諸軍齊射卻之，屯于窩魯朶城。據傳是窩魯朶城與可敦城相近，窩魯朶音近窩里朶，元世窩里朶雖無定所，其名當出于此，故史亦謂之龍庭，可敦城與窩里朶相近，然則記所指之契丹西故城，其卽鎭州所在乎？耶律撻不也傳（遼史卷九六）阻卜酋長磨古斯來侵，西北路招討使何魯掃古戰不利，詔撻不也代之。磨古斯之爲酋長由撻不也所薦，至是遣人誘致之。磨古斯紿降，撻不也逃鎭州西南沙磧間，禁士卒無得妄動。敵至，裨將耶律綰斯徐烈見其勢銳，不及戰而走，遂被害。鎭州西南有沙磧，或者其地尙在記所指西故城之西，疑未能定矣。遼起臨潢，居四戰之地，西北築諸城以控制諸部勢非已，而當時多患苦之。耶律唐古傳（遼史卷九一）統和時命唐古勸督耕稼，以給西軍，田于臚朐河側，是歲大熟，明年移屯鎭州，凡十四稔，積粟數十萬斛，斗米數錢。重熙間，改隗衍黨項部節度使。先是築可敦城以鎭西域諸部，縱民牧畜，反招

13

鈔掠。重熙四年上疏曰：「自建可敦城以來，西蕃數爲邊患，每煩遠戍，歲月旣久，國力耗竭，不若復守故疆，省罷戍役，不報」。蕭韓家奴傳（遼史卷一〇三）重熙時，制詔問繇役何者最重，韓家奴對曰：「最重之役無過西戍，如無西戍，雖遇凶年，困弊不至於此。若能徙西戍稍近，則往來不勞，民無深患。今宜徙可敦城于近地，與西南副部署烏古敵烈隗烏古等部聲援相接，是遠戍之苦」。當時深患之矣。天祚紀大石不自安，遂殺蕭乙薛坡里括，自立爲王，率鐵騎二百宵遁，北行三日，過黑水，見白達達詳穩牀古兒，牀古兒獻馬四百，駝二十，西至可敦城。是大石西行駐軍于可敦城，故記以契丹城爲遼亡士馬不降者西行所建城邑矣，亦可證是城之當卽鎭州也。記言東西有故城，東故城卽紀行過河而西行一驛之契丹故城；西故城紀行臚兒正西之小故城。蓋東西之言所兼頗廣，山川秀麗之云，實兼指今鄂爾昆河東西兩岸矣。

3　Radloff, Atlas der Alterthümer der Mongolei, Tab, XXV-II, XXXIII. Inscriptions de l'Orkhon recueillies par l'Expédition Finnoise.

4　pp: XXXI' XXXIII.

5　史記匈奴傳『太初三年呴犂湖單于立，漢使光祿徐自爲出五原塞數百里，遠者千餘里，築城鄣列亭，至廬朐』。史記集解服虔云廬朐匈奴地名也，張晏云山名也。前漢書盧或作廬，師古注曰盧朐山名也，若廬朐非爲山名而爲 Kerulen 見于漢史之最早者，但無確證，未能斷言。

6　Bretschneider, Medeaeval Reseaches, vol.I, p. 225. 引 Rashid-eddin 語云耶律大石先逃 Kirghiz 國，次赴回紇。由

是言之，則大石先橫過北 Gobi 走外蒙古之西部，然後至天山；但考其西奔之事實幷參照王延德紀行，頗覺此說於理未合。

家昇案：本文原載於滿鮮地理歷史研究報告第一册，以其有關大石西遷，故取而遂譯之。文中引證繁博，考據亦有精當之處。惟謂遼史中之猾水爲臚朐河，皮被河爲今塔米爾河，不免武斷之譏。又大石出走之地點據遼史當爲夾山，而氏誤爲大同，箭內亙所論甚是（蒙古史研究頁五六八）；大石所過之黑水，氏從 Bretschneider 說爲額濟納河，不如從津田左右吉之由茂明安部流入烏喇特部西南入黃河之黑水（見禹貢第五卷第七期家昇譯西遼建國始末及其紀年）。

民國廿六年一月廿四日畢于成府。

『禹貢』的『東北研究專號』

成田節男著
王懷中譯

（歷史學研究六卷十二號，頁一〇三至一〇五）

「東北研究專號」，是近年來在中國既醒目又活躍的禹貢半月刊——專研究歷史地理的學術雜誌——新出的一期，這個專號等於日本所謂之「滿洲研究特輯號」。是十月十六日發行。出此專號的動機，該雜誌並沒有說明，一開始就是揭載的論文。全書的內容是（一）中國東北四省的地理基礎（張印堂），（二）原始時代之東北（馮家昇），（三）唐代安東都護府考畧（王懷中），（四）燕雲十六州考（侯仁之），（五）契丹漢化畧考（尹克明），（六）明代之遼東邊牆（潘承彬），（七）東三省京旗屯墾始末（劉選民），（八）清代地理沿革表（續，東三省）（趙泉澄），（九）清代漢人拓殖東北述畧（龔維航），（十）日本研究滿洲近世史之動向（百瀨弘著，劉選民譯），（十一）東北海關稅設立之經過及各關貿易之情形（李敬敏），（十二）日本對於滿洲通貨之統制（洪逸生），（十三）瀋陽史蹟（王華隆），（十四）讀黑龍江外紀隨筆（侯仁之），（十五）烏桓泥爪（任聲玲），（十六）遼海叢書總目提要（金毓黻），（十七）東北期刊目錄（陳鴻舜），（十八）東北書目之書目（同），（十九）東北史地參考文獻摘要（青木富太郎等輯，劉選民校補）。

此中括號，是筆者爲方便而附加的，括弧內爲作者之姓名。筆者因急於寫出此文，故未得將全部讀完。而且諸文之執筆者，皆不熟習。整個之專門的批判，姑置不論。今只介紹二三論文之內容，及讀後所生之感想寫出以代批判。

（一）是以滿洲全體爲主之自然地理的略述。首述東北疆域之名稱及其範圍，其名稱有東三省，東四省，滿洲，南滿，北滿，滿蒙，東蒙等，諸名稱所指地理的區劃亦不相同。近年來日本在「全滿」的勢力澎漲的事實，否定了「南北滿」區別之說的存在。次述日本之強佔滿洲，距今不過只五年，雖三尺童子亦當熟知，不需待證於歷史的記載。中國失去了東北之全部，從地理上看，這是事實，但人心至今未死，當此時有喚起國人注意東北地理的必要。這幾句話，也就等於本專號的卷頭語。地理方面敘述完了，繼之者爲居民，地勢，土壤，氣候，動植物，鑛產等之通俗的引導的略述。末爲結論，意謂若東北永爲強鄰（日本）霸佔，則對國運之發達上有莫大的妨碍。(三)是研究有名的唐代之安東都護府問題，對其置廢之沿革，治所之移動，都護府治下之諸府州的置廢等問題，皆作概略的敘述，至於內容方面，並無新的見解。(四)是研究契丹以爲侵略中原的根據地，趙宋以爲苦的「燕雲十六州」問題。先述「燕雲」之名，石敬瑭割讓之際，尙無是稱，而是宋中葉以後才有的名字；次述石晉十六州之位置及其收復等問題。是一篇普通的論文，沒有新的東西。(五)是就本題大體分章斷節，只是在各章節之下，作史料的集合而已，並未加一貫的歷史的解釋。(六)及(四)是同調子的論文，不過爲記憶便利而已。

此外未介紹的論文，大略的看來，想也不過如此吧？只以作不負責任的批評，對著者似乎是非禮，故就此止筆。要之，此專號是談不到學術論文集。此專號或許是倣效本雜誌（歷史學研究）五卷二號之「滿洲史研究」而出，然而就學術的研究而言，二者是不可同日而語的。不過，雖然在學術上無多大的價値，可是從本專號之刊行一事來看，知道中國人對於滿洲有不斷的關心。此外，目錄中又告訴我們有「滿洲史研究」中之百瀨氏及青木氏的動向及書目譯文二篇。關於青木氏之書目，譯者稱讚其搜羅殆盡，但謂其分類蕪雜，收羅過濫，故有删削與增補之事。本來所謂著述也者，其事雖小，而能著實探討，亦堪嘉許。中國人切實的注意日本人之研究，隨處可以看到。不過如上述之介紹批評，並非本專號研究滿洲時所獨有之事。若將日本人和中國人所作的論文比較一下，可以看到日本人任何地方都是集中於一個中心點而發揮，就此點貫徹研究，可以得到歷史的發展；他一方面，中國人是立一個廣大的計劃，而不能使此計劃完全實現。對于本專號的論文，皆多少有如此之感。雖如此，但對其掇拾之努力，亦不無可畏。

最後，吾等竊爲本雜誌慶。蓋拜讀本專號後，吾人即可見「歷史學研究」之偉大的投影了。

譯者案：本刊『東北研究專號』是集合燕大北大兩校同學以及對東北有興趣的同人的文字而成。無所謂動機，誠如成田節男君所說；亦不敢云

2

「研究」，不過想藉此喚起國人對邊疆的注意而已。沒有想到這一册很普通的東西竟能引起「滿蒙學」研究很有成績的東邦學者的批評與介紹，這是本刊很慶幸的！成田節男君以日本歷史學研究的『滿洲史研究』作比，本刊那裏敢當！關于批評的部份，成田節男君指出本刊幾篇文章的弱點，我們並不否認，正如我們讀『滿洲史研究』一樣的感覺到有好幾篇太浮淺太雜亂。不過，成田節男君並沒有仔細的對本刊加以批評，却是一篇很浮泛的『感想』（他自己說）。他提到歷史學研究的『滿洲史研究』，據我看，該書中有幾篇文章却是不錯，有幾篇文章却是太壞。譬如「ツンクウス族の土地所有關係」，「我國に於ける滿洲近世史研究の動向」，「滿洲史參考文獻目錄」都是費了一番心思一番工夫作出來的；像「滿洲史研究序說」是以矢野仁一爲底子，大唱其『滿蒙非支那論』，是沒有學術意味的。「滿鮮地理歷史研究報告を中心として見たる滿洲中世史の研究」不參考別書，而僅據報告裏頭的幾篇文章，是一篇很浮泛的讀書劄記，恐怕裏頭說的對與不對，他自己也不得而知。「歐洲人の滿洲語研究」不過兩頁半，他的『附記』說，草此文時利用了今西龍石田幹之助以下諸人之五種論文而已。「滿洲事件と支那人の滿洲研究」據說是根據中華圖書館協會出版的國學論文索引正編、續編、三編而成，但他並沒有仔細的去翻，只把第三編史學條（九十二頁）冠以「東北事件」的抄了三十九種。其中如蔣光鼐的淞滬抗日戰爭的意義，蔡廷楷的淞滬抗日戰爭後的十九路軍，陳銘樞的淞滬抗日戰爭的教訓與中華民族的前途。這些人是研究學問的人嗎？這些文章是研究「滿洲」的文章嗎？假使我們承認蔣蔡陳的言論是研究「滿洲」的文章，我們早把本莊繁的宣言和佈告列在日本人研究「滿洲」的傑作之林了！我們的「東北研究專號」還沒有像這樣可笑的一篇文章，這是大家引以爲欣慰的。

希望本刊的作者努力，繼續不斷的努力，將來總會有更好的成績出現。不要自滿，不要失掉自信心，腳踏實地的幹，將來決不會落人後的。

3

國內地理界消息

葛啟揚 欒植新 輯

中英委員會勘滇緬界務狀況

滇緬勘界委員出發滇邊

滇民衆提出六項意見

【昆明三十日中央社電】滇民衆外交後援會，廿九日晚召各團體代表於省黨部，開歡迎勘界委員大會。尹明德到後，報告滇緬界務史略，末由會提出本省民衆對勘界意見六點，請尹委員誓死力爭，全體民衆誓爲後盾：一，南汎未定界，我方應力爭，以潞江爲天然界線，因潞江以西孟密木邦兩土司，在昔均屬我方，不能再讓。二，應主張由南汀河流入潞江之處起，沿江而下，以達南板江流入潞江之處爲止，爲將來滇緬界線。三，我方應主張推翻藍色線圖，及廢棄過去爭執之文件，前英使賈德幹與我汪外長之談話曾有此主張。四，現在英方在潞江以東所有軍事政治交通一切設施，我方應要求英方自動全部撤除，以便委員會沿潞江東岸順線會勘。五，希望我方委員將潞江以東所有各土會轄境重要村寨之經緯度，重要河流及分水源之形勢與經緯度，以及重要地點，就其史地政治關係，一一査勘完畢，構具清册，以爲後來定界約會議之根據。六，希望我方委員附帶將二十二年十二月所發生之班洪事件，我方之一切損失，調査明白，以爲交涉賠償之依據。勘委尹明德，地質民族考察員凌純聲，孟憲民，及隨勘人員等四十餘人，今晨十時已由昆明起程，向約定地戶算出發，行李器械等，已於二十八日僱馬二百餘匹，運貨先行。

（二四，一一，一，北平晨報）

滇緬勘界工作暫告停頓

因山嶺瘴氣已重，秋間再入山續勘

【南京十一日下午十時專電】外交界息：中英滇緬勘界，因近屆初春，山嶺瘴氣已重，不能工作，暫告停頓。雙方專員及辦事員，已有一部返抵鎮康，即轉赴昆明，整理已勘材料，俾秋間再入山續勘。

（二五，四，十二，北平晨報）

滇緬勘界工作因瘴氣暫停

工作人員分別返國

【中央二十一日南京電】外交界息，中英滇緬勘界委會各方委員，自去冬十一月三十日到達滇緬未定界會勘地點後，即逐日實地勘察。近因已屆瘴氣季節，該地瘴氣甚烈，致勘察工作，無法進行，聞經各方委員商定暫停工作，分別返國，俟瘴氣季節度過，再前往繼續勘察。中立委員伊思關，我方委員梁宇皋，尹明德，英方委員柯爾溫格羅司，及全部工作人員，已分別起程返國。

（二五，四，二二，東南日報）

天氣惡劣中英滇緬勘界工作暫停

條約線已勘至班陽相近，更改線將及全界綫之半，下屆開放季可完全成功

【中央八日昆明電】中英滇緬勘界委員梁宇皋氏，六日夜由猢渡乘車抵省，據談：中英及中立委員十二月一日於勘界會議後，卽開始會勘工作，自南丁河之七九號界樁起始，先依條約規定地名，求得條約綫，再按雙方管轄區勘定更改綫。沿途除測量地形外，並調集雙方人證，當同中立委詢問，遇有爭執，即由中立委員裁可，英方亦能本誠意以將事，雖不無爭執之處，而進行尙稱順利。惟以當地氣候，清明節過 惡劣異常，不能久居，經雙方商定於四月八日於老廠舉行閉會式，暫停工作，

仍擬於本年十二月一日起繼續會勘。此等條約綫之勘查，已至距班陽不遠之處，更改綫則達永和將及全部界綫之半。第二次工作擬自南卡江起向北推進，以轉永和。又中立委員於八日離老廠經滄乘船回國，英方委員仍由緬甸回國，尹明德君，中央研究院調查團取道雙江鎮康往騰衝；本人取道簡緬返省，日內晉謁龍主席報告後，即回京覆命。

【路透七日倫敦電】今日下院開會時，曾討論中緬勘界委員團工作進行事，外交次官克蘭波答自由反對黨議員曼特之問話，謂該委員團自去年十二月間起至本年四月底止開放季內，曾從事勘劃互爭土地之界綫，下屆開放季，可完全成功。

【中央八日南京電】中英滇緬勘界委會，因瘴氣所阻，不能繼續進行查勘，經商定暫行停止工作，俟瘴氣節季渡過，再前往賡續查勘。各方外員即均返國，我國外員亦請假回里，梁宇皋已到昆明，即將返京。

（二五，五，九，東南日報）

景冒英兵尚未撤退

英兵對邊民威逼利誘，瀾滄縣紳首力保領土

【昆明通信】二月二十一日武裝英兵二百餘名，附機關槍四挺，軍裝三百餘馱，自緬甸侵入雲南境瀾滄縣之景冒地方，已紀前報。當時瀾滄縣第二區民衆，羣起反對，外交當局對於此事，雖經向國人解釋，謂爲誤會，但該項英兵不知是何居心，至今尚未撤退。頃據瀾滄縣第七區民衆通訊報稱，「入駐我境內景冒地方之英兵，隨帶有已經訓練之猓𤞑，猓黑，猓夷等各種族化裝敎民。每到一處，遇何種族之村寨，即飭其同種族人前往利誘，恐駭我頭腦簡單之邊民。如普通砍一樹出售，僅值一二銅元者，彼即給與五六角，值一二角者，彼即給一二元；如邊民好賭者，則誘入賭場，邊民贏財，彼即照給，邊民輸財，彼則義讓，並慰以窮乏堪憐之語；如遇各村寨首人，則相贈雜物玩具，用收其心。其利誘之方式甚多，此不過略舉其一耳。其恐駭方式則自稱有銳利之長槍大砲，無堅不破，無遠弗及，並有神仙之法術，在數千里之外，亦可知其一切舉動。務使邊民懾服，不敢稍有違拗。凡此利誘恐駭之法，變化無定，總不外投其所好，攻其所長，務使概入轂中，藉此暗中宣傳，俾我邊民叛我而去，以達其侵略目的」云云。

英兵進抵景冒，究爲勘界，抑係另有其他作用，觀其一面努力軍事工作，一面利誘恐駭我邊民，是不難明白其用心所在也。此次中英會勘滇緬界綫，對於邊疆（瀾滄縣一帶）之存亡，關係甚重。茲悉瀾滄縣紳首曾召集民衆大會，討論英兵進抵景冒之應付辦法，及磋商應如何力爭保存邊疆等事。當由大會選定第七區區長張石菴，龔志夷，苗道能，石佑文四人爲代表，晉謁中英會勘委員會各委員，陳述民意，據理力爭，務期勿使邊疆喪失。張等並於起程前，擬定力爭二要點，函請各界人士贊勳，用資策應，而保主權。茲將該函摘錄於後，以見民衆對於勘界意見之一斑，函云，「竊以此次會勘滇緬界務，以晉謁中委，陳述機要，當面力爭一事，謬蒙民衆推舉，委以重任。茲特將擬定當面力爭二要點，條列於後：一，應請以南孔江爲滇緬天然界綫。理由：查緬甸歷爲中國藩屬，於遜清光緒十一年被英人攫奪去後，緬甸域外濱龍江一帶地段，對於我方，奉命惟謹，而英方政令，向未達到，當然係我領土；英方全無理由强名之曰未定界，更無理由侵入我縣中部。爲防微杜漸制止英方無饜野心計，務請以南孔江爲天然界綫，以定邊疆，而保主權。二，十一家召華地，應請劃歸我國。理由：查十一家召華地，前曾接受我國委任，有印信可稽，自應劃歸我國。如果此次因中委許可英兵入境，用武力恐駭金錢誘惑之種種手段，致其茫無所從，將來十一家召華地，劃歸英方時，要中委負責挽回。上列要點，自信個人管見，終屬有限，尙希贊勳偉略，用匡不逮，俾收集思廣益之效。」（四月三十日）

（二五，五，二一，申報）

中英委員會勘滇緬界務經過

梁宇皐返京覆命

中立委員主張尙公允，雙方委員亦表示滿意

【南京通訊】中英兩國政府，前派委員勘定滇緬邊界，茲已蕆事。我國委員梁宇皐，已於今日乘歐亞航空公司飛機返京覆命。梁宇皐特向國

民新聞社記者發表談話如下：

「此次會勘滇緬南段界務，係由中英兩方政府各派委員兩人，並由國聯派中立委員一人，在滇緬邊界會合，根據一八九七年所簽訂條約，實地勘測。而勘測委會之一切工作，事前亦由兩方政府議定「任務大綱」，俾工作程序及範圍得有一定之規劃。余於去年九月底由京出發，抵昆明後，與滇省當局略事接洽，即由旱程前往集會地點。馬程三十餘天，於十二月一日，依照雙方之約定，在戶算與中立委員及英方委員相會，即開始工作。英方駐集戶算，我方駐集距戶算約十華里之南大。英方出席人員為主任委員寇來規(Clague)，委員革樂斯(Grose)顧問陶樂爾(Toller)；我方出席人員為主任委員梁宇皋，委員尹明德，秘書主任李礦瑩。在該處開會共三十三次，雙方檢出人證物證，並親往界綫有關各地視察，以謀解決首段界綫，隨後即連續遷駐金廠壩（即爐房），剛猛（即班洪附近），猛角，猛董，拉壩，老廠等地，一方面實地調查界區，一方面與英方開會討論界綫種種問題。在老廠時，清明節已過，瘴氣即從雨節而發，兼之雨水連綿，測量勘劃工作，均無法繼續，故決定暫行閉會。計此次開會共六十七次，全體人員日處於深山曠野之中，舉凡衣食住行，均係甚為刻苦之生活。該處土人野狆等又多，係化外民族，致本會人員安全，隨時可以發生危險，幸衛護隊伍極為得力，中方職員均能刻苦耐勞，沉著工作，故此次勘界成績，頗稱順利。至中立委員長，此次為兩國平衡，亦至為公允；英方委員亦能本友誼精神，談判種種問題；僅在閉會時各方之演說辭中可見矣。」

中立委員長閉會辭：

「余謹趁現在之機會，向中英兩代表團致謝於他們的測量人員及護衛隊伍，並向兩方委員致謝他們合作的精神。」

梁委員閉會辭：

「在本季閉會之前，兄弟提議，大家正式向中立委員長道謝。此次中立委員長主持本會一切工作，能盡其本人之智慧，精神，能力以為本會領導，又能本其公平不偏之意旨，來判決兩方之見解；是很足令我們欽佩的。而他之界務工作經驗，更能與本會以莫大之助力。至於必須實地調查的區域，他雖墜馬傷足，仍不肯因他個人的傷而損失本會一句鐘的時間；帶傷親往高山峻嶺，從事踏勘調查，務明真相為判決之根基，根據兩方政府所定之「任務大綱」內規定的工作，不遺一字，此等盡職服務的精神，亦足令我們欽仰的。固然，中立委員長對各問題的判決，我們常會與他見解不同的，但到此見解不同的地方，我知道他的判斷，係根據他本人的良心，本人的信仰而成立的。下次繼續工作，兄弟希望中立委員長仍能前來指導我們，除提議正式向中立委員長道謝之外，兄弟更想在紀錄上登記這次與英方委員工作的愉快。我們固然也常有見解不同地方，但在此見解不同的當中，我們常能明曉對方的困難。兄弟希望我們兩方的工作，能帮忙我們政府，來解決這數十年來的懸案，使兩大國的友誼更進一步。」

寇來規閉會辭：

「兄弟很贊同梁委員的意思，中立委員長對於界務的經驗，確能給我們一極有價值的協助。現在這一段界綫，係二十六年前劉將軍及司格德所留下，而未有解決的；我們希望根據中立委員長的界務經驗，而將這個問題解決。梁委員也說過，中立委員長的判決，係完全根據良心的，兄弟是非常愉快的來附議梁委員的提議。兄弟也很感謝中方代表團對於我們經過中國各地時的各種協助，尤其是在南方，我們測量隊及糧秣運輸隊所得的帮忙，更極為有價值。此次能與梁委員宇皋等同事，兄弟是感覺得非常愉快的。兄弟敬祝中立委員長及中方委員回程安康。」

（二五，五，二八，申報）

中英滇緬勘界

十一月起繼續進行

【南京】中英滇緬南段勘界，中英及國聯中立委員梁宇皋，尹明德，柯立餡，寇若斯伊未蘭等，現訂於十一月在戶算集齊，繼續履勘。我國委員梁宇皋，尹明德，擬於十月間由京出發赴滇，國聯中立委員則訂於九月底由日內瓦前往。

（二五，八，一八，大公報）

3

各省行政區域改革及建置

京市府催請江浦縣與浦口劃界

【南京】京市浦口第八區與江浦縣劃界久未解決，市府以雙方界限尚未劃清，於市政設施，多感困難，特咨蘇省府，於日前派楊專員與該府會商覓取解決方法。（十四日專電）　（二四，一〇，一五，申報）

南通將劃爲實驗縣

蘇省府昨開例會

【中央社鎭江八日電】蘇省府爲謀江北行政與建設之發展起見，擬將南通劃爲實驗區。　（二五，五，九，中央日報）

嵊泗列島劃歸浙治

蘇人士反對頗力

【中央社上海一日電】長江口外嵊泗列島，自劃歸浙治後，蘇省人士反對頗力。蘇紳韓國鈞，陶遹，張仲仁，唐文治，王清穆，陸養浩，三十一日亦電中央，請仍照舊制，免予變更。　（二五，二，二，大公報）

嵊泗列島劃治

江浙兩省府派員會勘

二十三日在黃龍會集

申時社云：鎭海嵊泗列島管轄問題，經年未決。江浙兩省政府，現爲確定管轄，以便劃治起見，特於本月二十三日，在黃龍會勘。鄞縣行政督察專員趙次勝，致函寧波旅滬同鄉會，囑派代表前往參加會勘，於二十一日，在鄞縣行政督察公署集合，乘艦前往。玆分誌各情如下：

嵊泗列島劃治　鄞縣行政督察專員趙次勝，致函寧波旅滬同鄉會，請派代表會勘嵊泗列島劃治云：逕啓者，査嵊泗列島劃治案，前承貴會允派代表協勘會勘，至深感荷。玆准江蘇葛專員來電，定於本月二十三日在泗礁會合等由。除電復屆時改在黃龍外，用特函達，卽希貴會推派代表二人，於本月二十一日上午，親臨敝署會齊，乘艦前往爲荷。此致寧波同鄉會。鄞縣行政督察專員趙次勝。

各方派員會勘　寧波同鄉會，昨函復趙次勝准期派員會同出發會勘劃治云：逕覆者，接奉大函，藉悉嵊泗劃治，定於本月廿三日，在黃龍會合，並囑推派代表，會同前往等因。准此，査嵊泗列島情形，敝會曾派同鄉趙昌渭君前往調査，現趙君在定海縣政府任科員，擬請令知該縣政府，屆期派趙君爲代表，共同前往會勘，以便隨時詳詢。至敝處另派之代表，屆期當囑其准時前來貴公署，會同出發。專此函覆，至祈鑒洽爲荷。此致鄞縣區行政督察專員趙。

通知代表出席　該會昨並分函各代表，屆時前往會勘云：逕啓者，頃准鄞縣行政督察專員公署函，因嵊泗劃治，定於本月二十三日會同江蘇葛專員前往黃龍會勘，囑敝會推派代表，於本月廿一日午前，往該署會同出發等由。本會擬請台端爲代表，會同前往，爲此專函奉聞，祈察洽俯允爲荷。此致沈昌裕，張曉耕，韓湘周先生。　（二五，六，一八，申報）

皖設置岳西縣

【南京】皖省府前咨內部，請准設置岳西縣，以利地方行政，政院頃已核准。（二十四日中央社電）　（二五，二，二五，申報）

皖英山縣劃歸鄂省已核准

【南京】皖英山縣劃歸鄂省，二十三日行政院已核准照辦。（二十三日專電）　（二五，四，二四，申報）

4

鄂贛皖三省劃界竣事

鄂贛皖贛均以長江爲界

馬華同仁二堤暫仍舊貫

【武昌通信】鄂贛皖三省劃界事，經內政部於上月二十二日，召集三省代表，商討一切，現已竣事，鄂代表亦已返省。據談此次劃界，經中央綜合各方意見，決定以天然長江爲界；現在贛省在長江以北土地二百餘方公里，概行劃歸鄂皖兩省管轄。至鄂皖交界處，因無特種參差，則一仍舊貫。其詳細區分，大致如下：

鄂贛方面 以長江爲界，所劃區域（一）圍牌州爲九江第五區，與湖北之黃梅縣毗連。（二）封廓爲九江第一區，其形勢東爲小池口，西爲汪家廟，北面對壠，三面均與鄂省爲界，決定一律劃歸湖北黃梅縣管轄，長度共百八十餘方里。而鄂省黃梅縣屬之黃家洲，白家洲，及散湖楊等洲，亦多插入贛省，則決定劃歸贛省之九江縣管屬。

贛皖方面 原隸屬九江第一區之桑落半鄉，由抱家營至福興鎮，劃歸皖宿松縣管轄。並以贛屯地圩人民極少，多屬荒地，且三面均與皖宿松接壤，亦決定劃歸宿松管轄。

堤防管轄 此外關於馬華同仁兩堤之管轄，本屆歲修工程，業已開工，除款項仍由三省負担外，工程亦暫照規定負責省份主持辦理。俟奉到行政院令，省界正式劃割時，兩堤之管轄，及歲修工程等項，將同時一併解決云。

（二五，二，一〇，大公報）

浙省將在蕭山湘湖設鄉村建設實驗區

擬組織委員會主持一切，第一步從測量調查入手，廿五年度開始即可實現

浙江建設廳長伍廷颺，前日偕同第二科長張天翼，稻麥場長莫定森等，赴蕭山湘湖視察，並召集農業推廣人員養成所各學員訓話。當以該

5

湖位於蕭山城西，環山抱水，風景絕佳，且物產豐饒，交通便利。該湖自浙江大學農場，農業推廣人員養成所，湘湖師範等相繼成立後，從事於農村教育，努力農業改良，開墾農田，修築道路，成績優美。原有荒地一萬三千餘畝，已開墾者達八千餘畝，伍氏擬利用該湖良好環境，舉辦鄉村建設。經召集浙大農場，農業推廣人員養成所等負責人一度會商研究，決聯合民政，財政，教育各廳，及浙江大學等機關，劃湘湖爲鄉村建設實驗區，辦理鄉村建設之農業教育，農業推廣，合作，衛生，道路，水利，灌溉等事宜，並擬組織委員會主持一切。昨已飭主管科會同農業推廣人員養成所所長韓雁門負責起草計劃。聞第一步首先從事測量調查入手，然後劃分區域，負責設計，以及辦理水利灌溉等。經費一層，伍氏將提請省府撥款，期於二十五年度開始時實現云。

（二五，四，二一，東南日報）

湘省設實驗縣

省府議決指定衡山

【長沙通訊】湘省府爲改善縣政機構，推進地方建設起見，決設置實驗縣。特約定主持定縣實驗區之晏陽初，彭一湖，瞿菊農三先生，來湘籌畫。最近始告實現，已於昨五號，成立縣政委員會，負責計劃。除以省府主席及委員，廳長等爲當然委員外，並聘請晏彭瞿，及湖南高等法院院長陳長簇，保安處長劉膺古，省府秘書長易書竹爲委員。設縣縣份，由省務會議指定爲衡山，縣为推定彭一湖爲縣長，處理全縣事宜。衡山爲本省湘南一重要縣份，亦爲粵漢路經過之一埠頭，現經劃定爲實驗縣，此後當有種種新的設施云。

（二五，五，一二，益世報）

海南島設置三縣治

【南京】粵省府爲開化苗黎，擬劃海南島腹地，設樂東，保亭，白沙三縣治，內部已核准。（十日中央社電）

（二五，二，一一，申報）

粵連山猺境將改縣治

【香港】粵擬將連山猺境改縣，名安化縣。（二十日專電）

（二五，三，二一，申報）

連陽猺境設安化管理局

【香港】粵省府二十五日議決，連陽猺境改設安化管理局，不設縣治。（二十五日專電）

（二五，三，二六，申報）

粵北連陽猺境設立縣治

民廳派員劃定地方　新縣治命名安化縣

【廣州特訊】連陽化猺局長陳茂功，月前呈請民政廳，將連山陽山兩縣猺境，改設縣治一案。自經民政廳派出李譽德，前赴兩縣會同各該縣縣長，劃定猺境管轄地方，並條陳設縣意見。頃據民政廳消息，謂各該縣縣長現已呈覆到廳，均認為有設縣之必要，經由廳呈請省政府核定施行。至化猺局長陳茂功前呈所擬之新縣名為寨岡縣，林廳長冀中認為未盡妥善；現改定安化縣，以符安輯歸化之意，不日當可明令實施。將來新縣長一職，擬仍委陳茂功充任，以資熟手。茲將猺境設縣理由，略述如下：

猺族來源　據連陽等處土人言：連陽一帶，古無猺族，迨至宋朝，始有連州人廖顯者出任廣西回鄉縣，携帶有廣西猺族男女僕役十餘人回縣，嗣乃散居連州屬油嶺橫坑間，其後生息日繁，蔓延連州連山陽山三屬。迨明末清初，有明朝遺老多人，慨漢族之淪亡，多挈家人雜猺排而居，歷年既久，遂與同化。自是嗣族益見繁衍，故相沿迄今，猺排中所用日曆，仍存大明國號，此說似不為無證。

化猺經過　連陽古既無猺，迨滋生繁衍，人口漸多，清代屢於猺患，乃有綏猺廳之設，入民國後，該廳無形中已告廢止。及陳銘樞任廣東省政府主席時，出巡至連陽等地時見此種人民，認為應有歸化之必要，乃恢復化猺工作，並設連陽化猺局於該處邊境。成立以來，已四易其長，向歸民政廳管轄；現任局長為燕塘軍校政治深造班畢業學員陳茂功，抵任後，對於化猺工作，不遺餘力，成績頗有可觀，且多設漢文學校，使猺民得受教育，逐漸同化於漢人。

設縣理由　查瓊崖之有黎民，與連陽之有猺族同一例；黎境現已分設三縣治（樂東，保亭，白沙），況猺族全體有人口七萬九千八百三十一人，故民政廳根據黎境設立三縣治之成案，認猺境亦應另設一縣治，此為第一點理由。其次化猺工作，辦理數年，成績頗著，猺民受教育者漸多；化猺工作，長此不止，則始終漢猺之界限未泯，且失人類平等之義，此為應設縣治之第二點理由。至猺境物產豐富，為開利源計，應設縣治，以便實行，此為第三點理由。

猺分八排　查猺民聚族而居者，計有連山縣屬凡五大排，連縣屬凡三大排，故俗稱八大排猺民，其餘小排及小冲，不下百數十處。八排之中，以軍寮排為最強，該排距連山縣城南二十里，聚族而居，人口有三千三百六十四人。其次火燒坪排，距連山縣城南三十里，人口有六千三百零九人。其三大掌排，距連山縣城南三十五里。其四八里洞排，距連山縣城東南二十七里，人口七百三十五人。其五馬箭排，距離連山縣一十三里，人口八十四人。其六油嶺排，距離連縣城西六十里、人口六千四百二十九人。其七行祥排，距離連縣城西八十里，人口八千九十六人。其八橫坑排，距連縣城西九十里，人口一百五十二人。其餘連同雜冲之猺民，統計有七萬九千八百三十一人。

猺境地勢　猺境位居粵北連陽一帶，五嶺支脈，盤旋境內。自宜善以東，三江以西，金坑以南，白花以北，週圍四百餘里。在軍寮排之牛路水小冲，登其山巔，可望見連山縣城及三江城，形勢頗為險要。而連山縣之大粟地小冲排，在前清康熙四十八年間，曾派大軍會勦一次，未能將猺撲滅，蓋亦地勢使然也。

猺境產物　猺境出產農作物甚豐，蓋猺民皆能刻苦耐勞。查其出品最主要者：有稻，麥，高粱，玉蜀黍，黃豆，薯芋等；林產物有杉，桐，楠，樟，松，椿，楓，櫟等；惟蔬果兩項，均甚缺乏。至棉花一種，可稱特產；其質較煖，為他處產品所不能及，每年銷售，極為暢旺，惜產量有限。杉木出產，則為大宗，由連陽各地運售廣州之杉

木，多屬猺排產物，每年銷售，計值頗鉅云。（三月二十四日執中）

（二五，三，二七，北平晨報）

封川蒼梧兩縣爭管木雙墟

蒼梧突派兵入駐，風潮擴大

【廣州特訊】粵桂之封川蒼梧兩縣鄉民，因爭管木雙墟，纏訟經年，延未解決。直至本月十四日，封川縣警衛隊突向該墟進發，竟與蒼梧縣民團發生武力衝突。兩省軍政當局聞訊，飭經通令制止，並由西南政務會特派委員黃季陸，粵省府派委員胡繼賢，桂省府派建設長韋雲淞，前赴肇事地點查勘，以冀息爭。嗣經各委員一度調解後，本已無事，聽候西南政務會解決，詎蒼梧縣忽然中變，復派隊佔駐，故案情反為擴大。茲將最近所得消息錄下：

爭管原因　查兩縣之爭管木雙墟，要點完全因土地田賦問題。該墟土地田賦，向來均屬粵省管理，且有誌書碑記，証明每年錢糧，均由粵省徵收，而墟內人民，則大多數係桂籍，歸蒼梧縣政府管轄。最近蒼梧縣政府欲將該墟之土地田賦概行收管，封川人民遂起而反對，此為爭點重心。本月十四日，蒼梧縣派民團警隊約八十名，入墟駐防。十七日，粵省駐封川之教導師第四團，為維持木雙墟治安亦派出一部進駐。當時蒼梧縣之警隊民團，已聞風先開回桂境，僅留二十名駐於該墟學校，而當地鄉民，見粵省軍隊開到保護，即舉行熱烈歡迎，並將桂省之團警包圍。粵軍為免發生糾紛起見，因請桂省團警將槍械留下，由該團耆回收據，並保護離境。而蒼梧縣政府一時不察，即呈報桂省府，謂封川軍隊與蒼梧民團警發生械鬥，桂省府據電，即電向西南政務會報告，並請派員劃定界線。

調解經過　西南政務會及粵省府，遂即派出委員黃季陸，胡繼賢，第一集團軍總部亦派出警衛督察專員卜漢池等，前往封川，調查會勘，桂省府則派建設廳長韋雲淞，前往會同調解。黃胡等奉命，即於十九日由省出發，二十一日到封川，先召封川縣長寧師彭，建設局長鍾紀石等查詢當日兵警衝突眞相，及木雙墟地理習慣，歷史錢糧等問題。繼續轉赴蒼梧晤見縣長蔡灝，亦將上述情形查詢。二十二日，黃等到墟，即招待雙方代表，及寧蔡兩縣長開會，討論解決辦法。結果議決，先由當地鄉民選出代表三人，暫時負責維持，聽候政務會解決。並飭雙方勿再派兵警佔駐墟內，各人均無異議，黃等乃於二十四日由梧返省覆命。 7

忽然中變　詎料二十三日晨，蒼梧縣政府復派民團到該墟駐紮，並以蒼梧縣長兼民團司令名義發出佈告。其大意謂係「弔民伐罪」，該處民衆因此乃紛紛逃避，封川縣長寧師彭特電民政廳報告。電云：木雙及都羅，黃委員季陸返省後，現蒼梧縣政府，又派團隊進駐，鄉民逃避者千餘人，特電陳察核仍候指令祇遵。民政廳據報轉省府，省主席林雲陔即電桂省府查詢，如有其事，請制止蒼梧縣政府派兵進駐木雙墟，候西南政委會解決。第四集團軍總司令李宗仁，昨亦去電白崇禧黃旭初，飭尅日令該縣民團從速撤退聽候政務會辦理，否則依法懲辦云。（三月二十七日執中）

（二五，四，三，北平晨報）

粵桂爭界事件雙方仍在備戰

黃旭初電粵請先退兵，蒼梧民團已侵入都羅

【香港二十六日下午十時專電】木雙墟粵軍現仍未撤，蒼梧民團，築防禦工事備戰。黃旭初電粵請先撤兵，免起二次械鬬。政務會前派黃季陸胡繼賢等往調解，因雙方爭持極烈，致調解不成；胡二十五日先返粵報告。蒼梧民團現進入木雙之都羅，以縣長蔡灝名義佈告弔民伐罪。居民逃避一空。

（二五，三，二七，北平晨報）

爭界風潮情勢轉趨緊張

盛傳兩縣團警再起衝突

鄉民電請飭蒼梧撤民團

【廣州特訊】粵省封川縣與桂省蒼梧縣，互爭木雙墟管轄權一案。自西南政務會派委員胡繼賢，第一集團軍總部派督察員卜漢池等，赴封川

蒼梧及木雙墟調查勘視後，本可無事。詎蒼梧縣長蔡灝，於黃等離境返粵之日（二十三日），復派團隊進駐木雙墟，以致事態擴大，調解進行，頗費躊躇。旋因蒼梧縣布告，謂奉廣西省政府寒電，准廣東省政府電復，所有木雙墟及都羅萬涌一帶地方戶口，依照舊案，應歸蒼梧編管。其原納封川糧稅，照該縣實糧司估計，每年三百元，亦應一律撥歸蒼梧縣征收等語。粵省政府主席林雲陔閱悉，殊爲詫異。以本省府當日復桂省府電文，並無如上所述，祗云本案已奉政務會令，派黃委員季陸請勘處斷，應靜候黃委員辦理等詞。今核該布告稱，與本府電復所稱事實，完全不符，除飭田秘書處電知封川縣長甯師彭，着查明眞相外，並呈報西南政務會察核，及令民政廳知照。是本案除爭界之外，復弄出僞造文書事項，似此本案解決更不容易。惟一般人極注意當局對本案之處置，玆將昨今兩日所得消息誌錄如下：

形勢緊張　自二十三日蒼梧縣府派兵進駐木雙墟後，封川縣長甯師彭，亦集合各鄉後備隊，準備收回木雙墟接管，形成對峙狀態。以故該墟富有商民，紛紛遷避，一時風聲鶴唳，人心驚惶。廣州並盛傳二十七晚蒼（梧）封（川）兩縣團警復起衝突，雙方均有傷亡。記者聞訊，於二十八日晨分赴各機關調查，咸謂未接蒼封兩縣來電報告，所傳或非事實。惟西南政務會及第一集團軍總部，則於昨晨接到木雙墟鄉民代表團周臧等來電，泣請迅電蒼梧縣府，將駐墟團警撤回，以免發生不幸事件。

當局態度　陳濟棠李宗仁兩氏，日昨對本案曾有所表示，均以兩粵合作數年，互相團結，斷不因此爭省縣界小事擴大，總以和平及互不損害手段處置。李氏昨已去電南寧白崇禧，黃旭初，請飭蒼梧縣政府，對本案愼重處理，聽候西南政務會解決云云。聞西南政務會於下次常會，卽可提出討論決定，交由粵省政府執行。黃季陸現亦在編擬報告書及辦法，日內卽可呈復政務會。據黃季陸向記者表示：木雙墟案，省府已調查竣事，即呈報委會。惟在政委會未議定辦法前，本人不便表示意見云。（三月三十一日執中）（二五，四，七，北平晨報）

粵桂爭界案

黃旭初電催解決

【香港十一日下午十二時專電】黃旭初電李宗仁，請電促政會速決爭界案，以免久懸，致起不幸事件。（二五，四，二一日，北平晨報）

豫省裁併縣治核准

【南京】豫省府以孟津，原武，寶豐，郟縣，淆川，長葛，考城，蘭封，寧陵，睢縣，新安，澠池，陽武等十三縣，面積狹小，財賦支絀，不足以發展縣政，擬加以裁撤歸併；上月具報內部，頃已奉政院核准。（十六日中央社電）（二五，三，十七，申報）

開封陳留等縣合併殊多困難

省府請中央暫緩實行

【開封】開封陳留等縣，合併困難甚多，省府呈請中央，暫緩實行。（二十日專電）（二五、四，二一、申報）

冀豫換縣

東明等縣表示反對

省府決議呈請撤銷

【保定通信】河北省政府委員會，二十一日晨九時開第六六三次會議，出席委員張吉墉李金藻賈玉璋王景儒段宗林，主席張吉墉，代理秘書長魏書香，決議追認第六十五六兩次談話會，通過要案如左：

報告事項　一，秘書長報告，（一）東明縣民衆代表李錫珍呈述縣境劃歸河南有害無利理由，萬懇俯順輿情，撤銷成議。又長垣縣民衆代表孫廷瑞等文電，爲前呈力爭劃界事，茲公推楊樹霖爲本縣駐省代表，面陳一切。又濮陽縣農會佳電，爲東長濮三縣，向隸河北，河防政治文化，久已相安，若改隸河南，實多不便。除另文詳陳誓不改歸之意，並推楊樹霖謁請收回成命。又東長濮三縣紳民代表楊樹霖王鳳鐸關光鳳田家鼐等呈述意見，懇請罷輟冀豫兩省換縣之舉。又本省紳民代袁張蘊臣等呈，爲冀豫換縣，無異自撤冀省河防，爲害甚大，人民反對，懇請俯順輿情停止進行。決議，呈行政院，軍事委員會，冀察政務委員會；咨內政部，河南省府，請撤銷換縣原案，以順民意。

冀南三縣民衆堅決反對劃歸豫省

【天津】冀南東明，濮陽，長垣，與豫武安，涉縣，換隸省份事，頃長濮三縣民衆，以豫黃河水患未淸責任前，堅決反對劃歸豫屬，特電冀察政會抗爭。（七日專電）

（二五，三，八，申報）

冀豫二省互換轄縣

【南京】河北河南兩省府商定河北之長垣，濮陽，東明三縣，與河南之武安，涉縣二縣，互換管轄，現由政院呈國府備案。（廿九日專電）

（二五，三，三〇，申報）

冀豫換縣

即將實行

【保定電話】冀豫兩省換縣事宜，內政部令已到省，卽開始辦理。

（二五，六，六，大公報）

冀豫換縣奉令緩行

【開封】豫武安縣換冀東明長垣二縣案，業經奉令緩行，省府已調東明長垣兩縣長回省，請冀省府另委人接充。（二十八日中央社電）

（二五，五，二九，申報）

東局子改屬

俟政會批准，市政府即接管

【天津消息】關於津市縣劃行劃分界域事宜，業誌前報。據悉東局子因有外交關係，決定劃歸市屬。宋委員長前曾一度赴該處視察，津市府已呈請冀察政委會備案，俟奉令照准，卽實行接管。該處原設有萬國賽馬場，每年報效市庫十萬元，充慈善費，向由津縣府徵收轉解，此後卽由市府直接徵收。至該地治安，現係由縣公安第二分局管轄，市公安局準備於接收後，設警察分駐所一處，負責維持，由特別第三分局兼管云。

（二五，四，一一，大公報）

9

魯省決劃分行政區

【濟南】縣政實驗區改爲行政區，全省分十二區，區設一行政督察專員，專員兼公署所在地縣長。先辦菏澤，濟寧，臨沂三區；菏區九縣，濟區十縣，臨區八縣。（六日專電）

（二五，二，七，申報）

魯省百零八縣

分設行政區域

撤銷實驗區名義，恢復專員制

先就濟寧菏澤臨沂三區設立

【濟南通信】省府爲增加行政效率，去年在濟甯劃十四縣設立一行政區，以王紹常任行政督察專員。殆後又變更名稱，改爲縣政建設實驗區；一年以來，對於民衆訓練與組織，已有相當之成績，故省府主席韓復榘，決意擴充，就全省一百零八縣，劃分作十二區。現在最近先添菏澤臨沂兩區，連去年一區共成三區。名義問題，擬撤銷實驗區名稱，仍恢復行政督察專員。除濟甯仍由王紹常擔任外，菏澤區內定梁仲華，臨沂區內定張里元。現在梁仲華，梁漱溟，張里元，孫則讓，王紹常，均應召來濟研究一切。今日（六日）韓氏在省府晏梁仲華等，并邀秘書長各廳長各委員作陪，席間對各區職權等頗有商討，韓提出許多意見參加，席散後，各要人又集合在秘書長辦公室詳談，關於組織大綱，業已全體同意。行政督察專員爲簡任職，由省府政務會議通過任命，咨內政部轉呈行政院備案。辦法仍係推廣鄉農學校，政教合一，與以前縣政建設實驗區辦法，無大變更。惟與各廳於職權上尚微有衝突之處，定星期六日（八日）早八時，梁仲華等與各廳委再詳細商討。如議出解決辦法，卽可作最後決定，下星期或可提出省府政務會議通過施行，約三月間可以設立。至於區域問題，正在研究。韓主席以前縣政建設實驗區，劃爲十四縣範圍過大，擬加以縮小。濟寧區定爲十縣，菏澤區定爲九縣，臨沂區定爲八縣，共計廿七縣。除原有之濟甯，汶上，東平，鄆城，鄄城，菏澤，嘉祥，鉅野，定陶，魚台，金鄉，單縣，城武，曹縣等十四縣外，新劃入十三縣，縣名尙未宣布。惟當局前曾表示劃入臨沂，郯城，沂水，費縣，蒙陰，日照，莒縣，鄒縣，滕縣，嶧縣等等，計算已有二十四縣，僅差三縣已足，大約曲阜，甯陽，滋陽，泗水等縣可以劃入云。

（二五，二，一〇，申報）

魯省府籌備改革政區

劃全省爲十二行政區，各區專員人選已內定

【濟南通訊】魯省府近爲增進行政效率適應環境需要起見，連日經省政府各廳長委員與梁漱溟梁仲華王紹常孫則讓張里元等開會，作縝密之討論。其具體辦法，已經決定。將縣政建設實驗區取消，改設行政督察專員，並將全省一百零八縣，劃分十二區，各設專員一人。暫時先設濟寧菏澤臨沂等三區，濟寧爲第一區，菏澤爲第二區，臨沂爲第三區；濟寧區轄十縣，菏澤區九縣，臨沂區八縣。關於各區專員之人選，大約由梁仲華任第一區（濟寧）專員，孫則讓任第二區（菏澤）專員，張里元任第三區（臨沂）專員。此項決定，大約日內提出政務會議通過後，卽正式成立，並呈請行政院備案，至三月中當卽可見諸事實也。（八日）

（二五，二，一〇，大公報）

察南三縣劃界

已議定八項程序，今日起開始勘界

【宣化通訊】宣（化）懷（來）涿（鹿）三縣劃界事宜，因宣化交代手續未能辦理清楚，而懷涿代表又發生齟齬，遂致擱淺。嗣經涿鹿方面，極力斡旋，已有轉機。現三縣已議定劃界程序八項如下：（一）宣懷涿三縣實行勘界日期，定於本年十月十八日。（二）三縣劃界委員，齊集於新安保鎮公所。（三）三縣各派劃界委員二人。（四）宣化對懷來勘查西八里一帶界限，懷來對涿鹿勘查保家莊一帶界限。（五）宣懷涿三縣委員，同至涿鹿縣城會勘長嶺村一帶界限。（六）三縣委員會勘百姓營以南至黎閭寺一帶界限。（七）先樹立臨時界碑。（八）勘界畢，一面會呈備案，一面趕辦清册，定期辦理移交事宜云。（十五日）

（二四，一〇，一〇，大公報）

晉衛戍區重新劃定

晉西沿河二十二縣，劃爲三個河防區，其餘八十三縣，劃爲九個衛戍區

【太原通訊】自陝北發現共匪以來，當局爲防患未然，立卽在晉西沿河各縣增軍佈防。現以陝北正在剿匪，晉陝僅隔一河，且入冬令，封冰在卽，晉省防務較前益爲吃緊，前所劃定之衛戍區域，實有變更必要；現特將晉西沿河二十二縣，劃爲三個河防區，其餘八十三縣，劃爲九個衛戍區，共分配如下：

河防區

【第一區】河曲，保德，偏關，五寨，神池，岢嵐。【第二區】興縣，嵐縣，臨縣，方山，離石，中陽，汾陽，石樓。【第三區】永和，隰縣，大寧，蒲縣，吉縣，鄉寧，河津。

衛戍區

【第一區】天鎮，陽高，大同，廣靈，靈邱，渾源，應縣，左雲，懷仁，山陰，右玉，平魯。【第二區】繁峙，代縣，寧武，崞縣，五台，定襄。【第三區】靜樂，忻縣，陽曲，交城，太原，徐溝，清源，文水，太谷，祁縣，平遙，介休，孝義。【第四區】盂縣，榆次，壽陽，平定，昔陽，和順，榆社，遼縣。【第五區】黎城，武鄉，襄垣，沁縣，屯留，沁源。【第六區】平順，潞城，壺關，長治，長子，沁水，高平，陵川，晉城，陽城。【第七區】靈石，汾西，霍縣，趙城，安澤，洪洞，臨汾，襄陵，浮山。【第八區】翼城，曲沃，汾城，新絳，絳縣，聞喜，垣曲，夏縣，

平陸。【第九區】稷山，萬泉，榮河，臨晉，猗氏，安邑，解縣，虞鄉，芮城，永濟。至全省各縣冬防，已於本月一日起，一律實施，所定辦法均較往年嚴密，所有沿邊各縣要隘，均有大批軍警駐守云。（四日，香）

（二四，一一，七，世界日報）

包頭各界請求改劃包頭管轄

繭害灘鄉推派代表楊毅明會同李仁卿等今日賫呈晉省面謁傅主席請願

【知行社訊】繭害灘鄉向歸包頭管轄，本年自省府明令劃歸安北後，該鄉人民莫不大示不滿。爰派代表李仁卿等來包，準備晉省向當局請願，要求收回原令，將該鄉仍歸包頭管轄等情，業誌前訊。本縣農商教各界，刻以繭害灘鄉被安北無理奪去，于縣政前途影響至鉅，除備文將該鄉應歸包頭管轄理由歷舉三端，上呈省府傅主席外，並推派代表楊毅明，會同該鄉請願代表李仁卿等賫省，面陳詳情，一致要求。聞該員等現在準備一切，定日內相偕赴綏。茲將本縣農商教三會呈省府文詳錄于次：

呈省府文　爲呈請將繭害灘鄉仍歸包頭縣管轄，以利縣政，而順輿情事：竊查該鄉應歸包頭縣管轄，按諸天然形勢與社會環境，胥屬適宜，不容更易。而安北設治局蓄意侵佔，無理爭執，歷年以來，糾紛迭起。本會等爲保持縣境應有之疆界，杜絕無謂之紛擾起見，前曾呈請鈞府，明令確定歸屬。旋奉指令劃歸安北，本應遵命，曷敢煩瀆。惟因事關縣境疆界，且于縣政前途，影響甚鉅，不得不再將該鄉應歸本縣管轄之理由，縷陳于後：

一地理方面　竊查行政區域之劃分，應依據地理上之天然形勢，此乃古今中外一般之原則。該繭害灘鄉北負烏拉山，南濱黃河，黃河對岸屬包頭第四區轄境，東接中灘（即包頭第三區），西至西山嘴，有馬五渡口之險要，爲包頭西界天然之屏障。以交通言，包烏汽車路自東至西，橫亘該鄉全境，東來包頭縣城，一片平原，坦途大道，非常便利。而安北設治局遠居烏拉山之陰，又有烏梁海子阻隔，烏拉山崇嶺陡峭，天然界限，劃然分明。該鄉若歸安北，襄留一村之地，竟越大山，交通梗阻，鞭長莫及。故以地理上之天然形勢言之，該鄉實有應歸包頭管轄之必要也。

二行政方面　查該鄉放墾未久，諸待開闢，行政設施，關係綦重，因有上述地理形勢之限制，歸安歸包，遙邇便阻，瞭如指掌。是以縣政設施，包頭則便利易行，安北則梗阻窒碍，人民訴訟納賦，亦復如是。且該鄉居西山嘴之東，爲包頭天然鎖鑰，關係包頭治安，實深重要，而西山嘴迤東黃河南岸，又屬包頭第四區境界，該鄉若歸包管轄，則西山嘴迤東黃河兩岸均屬包頭。若歸安北，則沿岸管轄，成交錯形勢。伏查包西向爲土匪出沒之地，每屆河凍，匪徒往來渡河，該鄉地居衝要，爲必經之路。且該鄉接壤包頭三區，對岸又屬四區，治安保衛，包頭甚易爲力，即至縣城，交通便利，消息靈敏。若至安北，則須繞道西山嘴，一旦地方有警，大山阻隔，即飛騎報告，往返非數日不辦也。又查該鄉與西公旗毗接，蒙兵間有騷擾，安北因交通不便，人民類未能仰其政治保護之力，求之包頭縣，則甚邇且易。故以行政上之便利與否言之，該鄉實有應歸包頭管轄之必要也。

三人事方面　查該鄉人民，大多數原居包頭中灘一帶，其親友往還，商業貿易，社會風習等諸種關係，與包頭爲密切，于安北則毫無牽涉。故以人事關係言之，該鄉實有應歸包頭管轄之必須也。綜上所陳，該鄉仍歸包頭縣管轄，公私均甚便利，若歸安北，則適得其反。本會等有鑒于此，一再商洽，詢謀僉同，特推派代表楊毅明會同該鄉請願代表李仁卿等賫呈晉省，面陳詳情，一致要求。素仰我主席關心地方，勵精圖治，用敢披瀝直陳。敬祈於該代表到達時，俯賜接見，並懇撤銷繭害灘鄉改歸安北之原令，仍歸包頭縣管轄，以利縣政，而順輿情，臨呈不勝待命之至云云。

【邊聞社訊】包頭舊屬之繭害灘鄉，自經省府於本年明令劃歸安北設治局管轄後，全體鄉民，一致表示不滿。曾於日前自行會議，決定推李仁卿等三人代表，前赴綏遠，向當局據理力爭，務期仍改隸包頭而後已。李等奉派後，於本月中旬來包，首先具呈向包頭縣府請願，要求代爲轉呈省府，懇請改隸，已蒙縣府允准。並設宴招待記者，要求予以輿

11

論上之援助，復印發告民衆書，張貼街衢，廣告宣傳，各節已迭誌前訊。茲悉本市各界人士，刻已瞭然於該鄉之實際情況。對彼等之意見與舉動，均一致予以同情及贊助。該代表等，覩此情況，倍加興奮，業經決定于今日下午三時，乘平包東赴綏垣，面謁省府當局請願。並携有擬就之呈文，詳述理由六點（與呈包頭縣府文，大意相同，業經詳誌前訊，茲從略），詞意頗剴切。據李仁卿昨對記者表示，彼等非好多事，實因鄉民切身利害所關，不得不爾。蓋該鄉與安北，中隔烏拉山，交通極爲不便，倘隸安北，則政府行政，有鞭長莫及之患，該鄉將因此而陷于無政府狀態，鄉民將相率逃亡，其害豈止百倍。倘隸於包頭，則因交通之便利，政府一切設施，均敏捷易行，鄉村建設，可蒸蒸日上，其他一切公私行動，亦以包頭最爲便利。故彼等已抱定決心、不達目的，勢難休止，倘不幸而失敗，則全體鄉民，惟有相率逃亡。故希望當局重視民衆利益，務以民意爲依歸云云。

唐柯三抵京談

謂磴口設治糾紛已解決

【南京一日中央社電】蒙藏委員唐柯三，前奉命赴寧夏調處磴口設治糾紛，現已告解決，唐已返京復命。一日向記者談：磴口設治糾紛，爭執在土地權，行政權，稅收權三點。經本人與寧夏馬主席，阿拉善旗達王，往返磋商，雙方誤會盡釋，已告解決。其辦法爲：三聖宮之土地權，確認屬于阿旗，行政權仍歸寧省，惟遇有重大事情，得與阿旗王商洽進行。稅收一項，亦經雙方同意。商定辦法，由蒙藏會內行政部會呈政院核准後，即可公布。據本人觀察，此事不致再生枝節。

（二五，四，二，北平晨報）

陝川邊區增設縣治

【西安】陝川邊區、沿南江，廣元，南鄭，甯羌，褒城等縣邊區，地域廣闊，歷年爲匪所踞。刻陝川兩省決劃設新縣，以中心點之黎坪爲縣治，定名黎坪縣。現由川專員袁濟安與陝專員張篤倫，在南鄭會商設縣辦法，將來新縣由何省管轄尚未定。（二十七日中央社電）

（二五，一，八，申報）

12

北寧鐵路簡明行車時刻表

中華民國廿五年八月十五日重訂

41次 普通客車 中膳各等	71次 平津客貨 三等慢車	305次 平浦特快 膳臥各等	3次 特別快車 膳車各等	23次 快車 膳車各等	5次 平津特快 膳車各等	301次 平滬特快 膳臥各等	401次 平津客貨 平瀋通貨	1次 平瀋特快 膳臥各等	73次 津唐客貨 三等慢車	75次 唐榆客貨 三等慢車	43次 唐榆快車 各等	下行車	站名	上行車	2次 瀋平特快 膳臥各等	6次 津平特快 膳車各等	302次 滬平特快 膳臥各等	72次 津平客貨 三等慢車	42次 普通客車 中膳各等	4次 特別快車 膳車各等	24次 快車 膳車各等	306次 浦平快車 膳臥各等	402次 津平客貨 瀋平通貨	74次 唐津客貨 三等慢車	76次 榆唐客貨 三等慢車	44次 榆唐快車 各等
5.45	6.45	8.00	9.30	13.00	16.00	18.00	20.00	21.00				開	北平前門	到	9.25	11.33	13.55	15.50	17.35	18.28	21.52	23.00	1.10			
6.04	7.35			13.16			20.41					開	永定門	開				15.20	17.17		21.37		0.45			
6.20	9.01	8.26	9.54	13.31		18.25	21.50	21.25				開	豐台	開	9.02		13.31	14.38	17.03	18.00	21.24	22.35	0.05			
6.44	10.18			13.49			23.00	21.44				開	黃村	開	8.44			12.47	16.36				22.52			
7.39	12.58	9.20		14.37			0.30	22.25				開	廊坊	開	8.05			10.48	15.40		20.27	21.36	20.40			
8.03	13.47			14.53			1.09	22.43				開	落垡	開	7.43			9.37	15.20				19.40			
8.33	15.30			15.20			2.10	23.05				開	楊村	開	7.12			8.32	14.50		19.52		18.39			
9.11	16.58	10.24	11.41	15.47	18.00	20.16	3.44	23.31				開	天津總站	開	6.56	9.35	11.40	6.26	14.14	16.10	19.25	20.39	17.20			
9.20	17.15	10.32	11.50	15.55	18.08	20.25	4.00	23.40				到	天津東站	開	6.45	9.25	11.30	5.55	14.00	16.00	19.15	20.30	16.20			
9.30	停	11.05	12.05	16.05	停	20.50		23.55	6.35			開	天津東站	到	6.30		11.0		13.46	15.48	19.00	20.00		11.45		
10.33		開	13.04	17.10		開		1.00	8.43			開	塘沽	開	5.36		由		12.43	14.55	18.00	由		10.07		
11.41		往	14.00	18.13		往		2.06	12.10			開	蘆台	開	4.26		上		11.38	14.00	16.48	浦		7.41		
12.29		浦		19.0		上		2.57	14.17			開	胥各莊	開	3.30		海		10.45		15.56	口		5.55		
12.42		口	14.55	19.13		海		3.11	14.40			到	唐山	開	3.15		開		10.30	13.05	15.42	開		4.50		
12.47			15.00	19.18				3.15	停	6.30	7.30	開	唐山	到	3.05		來		10.25	13.01	15.37	來			21.50	20.30
13.01			15.11	19.29				3.30		7.10	7.45	開	開平	開	2.51				10.12	12.51	15.27				21.28	20.17
13.34			15.35	19.54				4.03		8.30	8.14	開	古冶	開	2.28				9.45	12.34	15.10				20.30	19.51
14.26			16.07	20.28				4.53		10.05	9.07	開	灤縣	開	1.31				8.45	11.55	14.27				17.43	18.58
15.28			16.49	21.18				5.59		12.44	10.10	開	昌黎	開	0.31				7.40	11.14	13.42				15.00	17.56
15.51				21.37				6.24		13.28	10.34	開	留守營	開	0.01				7.12		13.19				13.30	17.28
16.11			17.25	21.55				6.47		14.15	10.54	開	北戴河	開	23.42				6.54	10.43	13.05				12.34	17.11
16.38			17.47	22.17				7.16		15.18	11.23	開	秦皇島	開	23.90				6.25	10.20	12.40				11.25	16.42
17.00			18.05	22.35				7.40		15.55	11.45	到	山海關	開	22.40				6.00	10.00	12.20				10.20	16.15
								8.20				開	山海關	到	22.00											
								16.05				到	遼寧總站	開	14.10											

通縣支路

81次	83次	85次	87次	下行	站名	上行	82次	84次	86次	88次
6.30	10.00	14.05	19.00	開	北平前門	到	8.30	12.45	16.45	21.40
6.37	10.08	14.13	19.08	到	東便門	開	8.24	12.37	16.37	21.32
6.40	10.10	14.15	19.10	開	東便門	到	8.21	12.35	16.35	21.30
6.57	10.29	14.34	19.29	到	雙橋	開	8.03	12.16	16.16	21.11
6.59	10.31	14.36	19.31	開	雙橋	到	8.01	12.14	16.14	21.09
7.12	10.45	14.50	19.45	到	通縣南	開	7.48	12.00	16.00	20.55
7.14	10.53	14.58	19.53	開	通縣南	到	7.46	11.52	15.52	20.52
7.20	11.00	15.05	20.00	到	通縣東	開	7.40	11.45	15.45	20.45

北戴河海濱支路

89次	91次	93次	95次	下行	站名	上行	90次	92次	94次	96次
7.00	11.00	13.10	17.30	開	北戴河	到	6.35	10.30	12.50	16.55
7.20	11.20	13.30	17.50	到	北戴河海濱	開	6.15	10.10	12.30	16.35

出版者：北平西四牌樓小紅羅廠八號 禹貢學會。
編輯者：顧頡剛，馮家昇。
出版日期：每月一日，十六日。
發行所：北平成府蔣家胡同三號 禹貢學會發行部。
印刷者：北平成府引得校印所。

禹貢

半月刊

價目：每期零售洋貳角。豫定半年十二期，洋壹圓伍角，郵費壹角伍分；全年二十四期，洋叁圓，郵費叁角。國外全年郵費叁圓陸角。

本期定價國幣肆角

The Chinese Historical Geography

Semi-monthly Magazine

Vol. VI, No. 12, Total No. 72, February, 16th, 1937.

Address: 8 Hsiao Hung Lo Ch'ang, Si Ssu P'ai Lou, Peiping, China

第六卷 第十二期（康藏專號）

民國二十六年二月十六日出版

（總數第七十二期）

內政部登記證警字第叁肆陸壹號　中華郵政特准掛號認為第一類新聞紙類

本刊啟事（一）

本期係由本會會員吳玉年先生編輯，並承各方友好惠予大著，殊爲本刊增色不少，用特聲明，並伸謝悃。此啓。

本刊啟事（二）

本期因時間關係，後至之稿未能全爲登出，內有不少名貴作品，暫從割愛，擬于七卷中再出專號，一併發表，敬希鑒諒。并希海內方家不吝珠玉，速將鴻篇擲下，以便早付手民是盼。此啓。

本會紀事（一）

本會曾于去年六月間，從書肆購到財政部舊檔三千餘斤，方事整理，乃上月財政部檔案保管處派員來會聲稱，該檔係爲員司檢查不慎，夾雜售出，並非廢件等語。迭經商洽，當由保管處派員點驗清楚，備價贖回。聞是項檔案由該處收回後，將重行整理發表，關心該檔者，無不拭目俟之云。

本會紀事（二）

本會收到孫乘初先生捐助國幣五十元正，茲按照會章提出一部份代爲購買書籍，存儲學會，永作紀念。計：

水經注一部　王先謙合校本

禹貢第七卷第一二三合期豫告（本會成立三週年紀念專號）

（甲）插圖

張石公先生捐贈本會會址攝影

（乙）紀念文

紀念辭

本會三年來工作報告

本會此後三年中工作計劃

（丙）論文

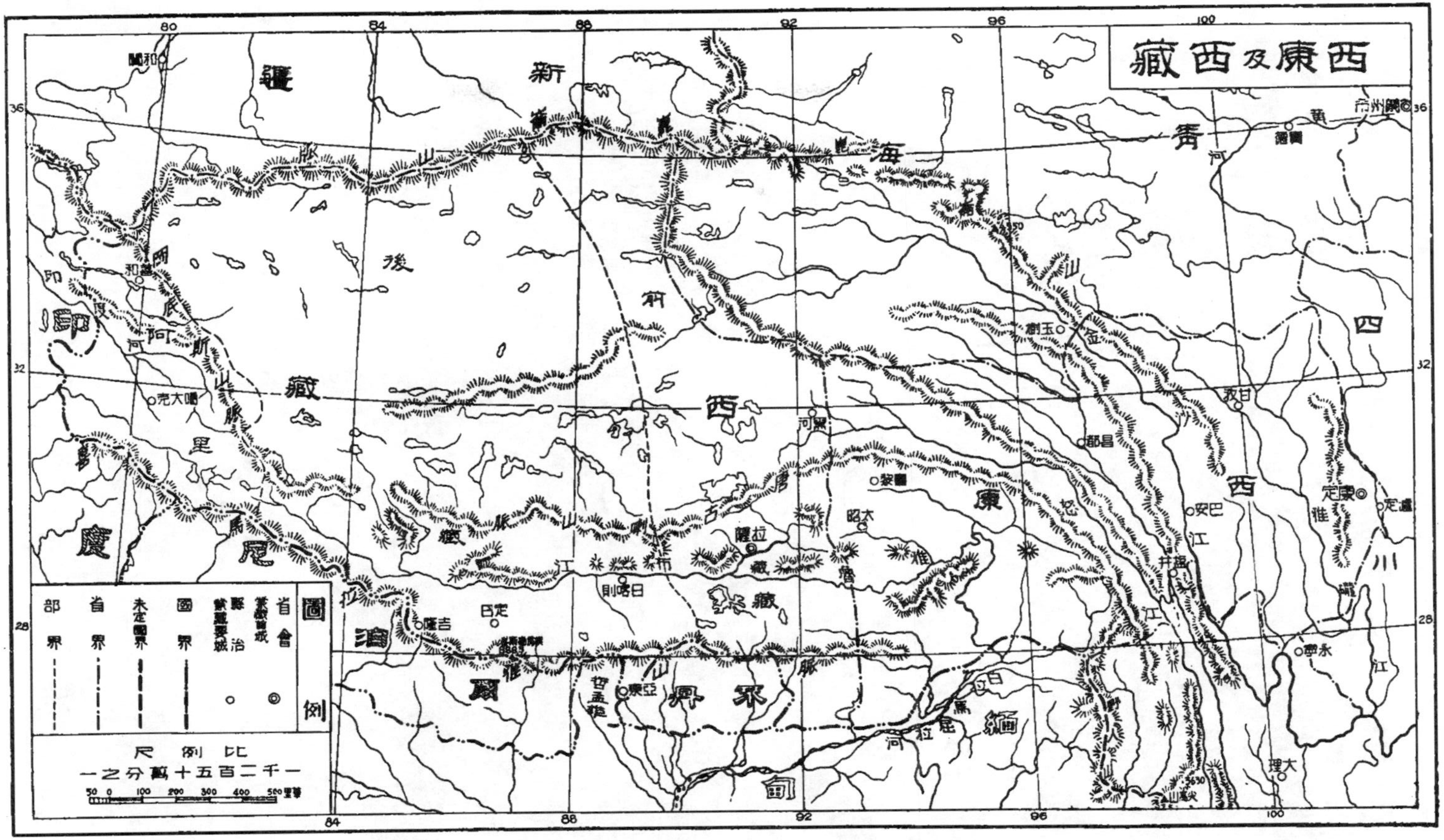
西康及西藏
圖例
省會
縣治
圖界
未定國界
省界
部界
比例尺
一千二百五十萬分之一
西藏
西康
新疆
青海
四川
印度
尼泊爾
不丹
緬甸
拉薩
昌都
巴安
康定
日喀則

康藏形式略圖

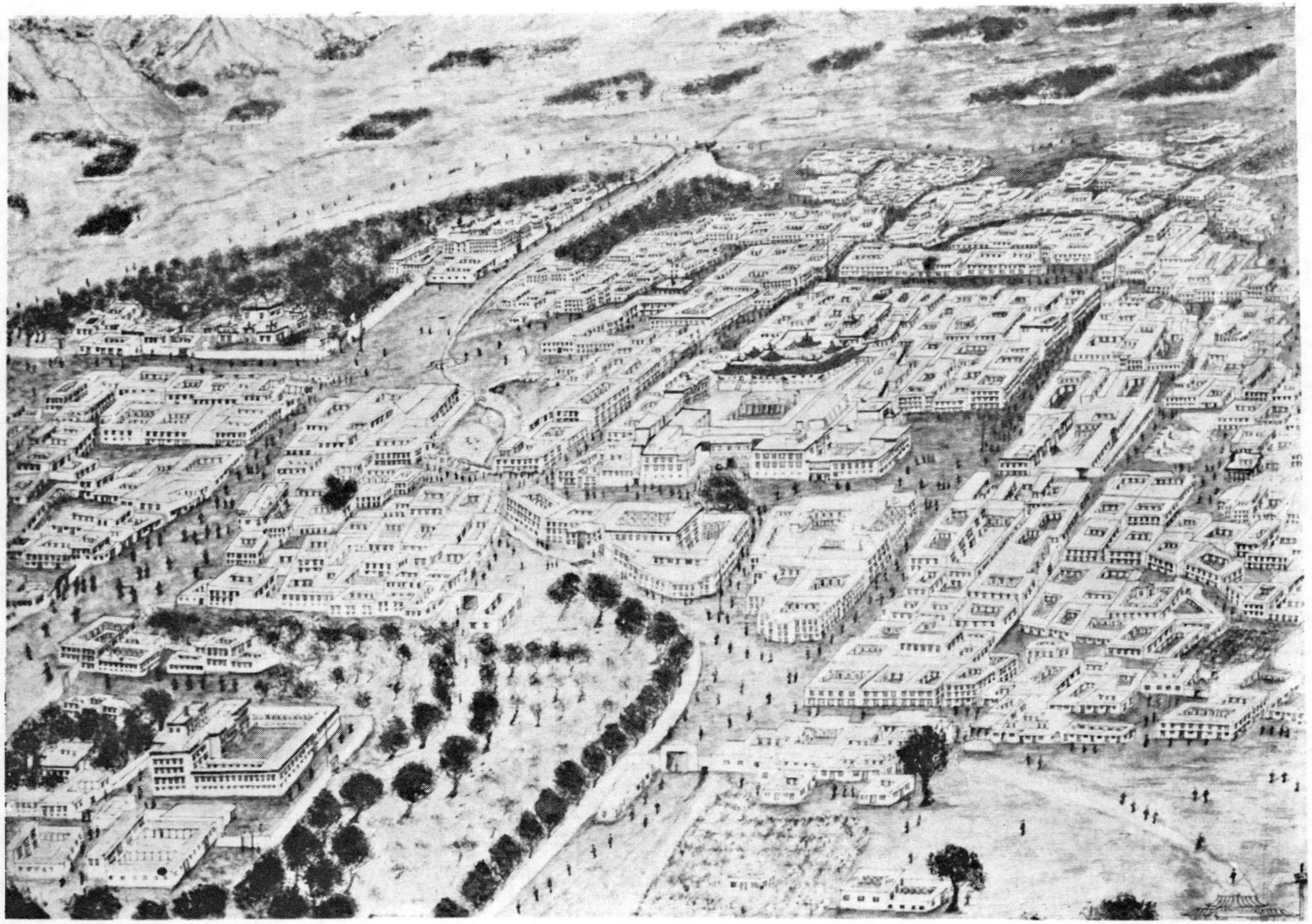

拉薩鳥瞰圖 原圖爲繪本，製者及年份未詳，大概成於清末，觀西北角之丹吉林寺及西南角之駐藏大臣衙署門斗可知也。中央之殿寺即大召，市廛沿集四街，再外多爲民居。布達拉宮則在圖外之西北矣。 鄭允明藏並識

已故達賴喇嘛阿旺羅桑吐丹姜錯金塔紅殿落成後（見箭頭所指）之布達拉宮

民國二十四年秋鄒允明旅藏特攝

隆希寺與埃非耳士峯

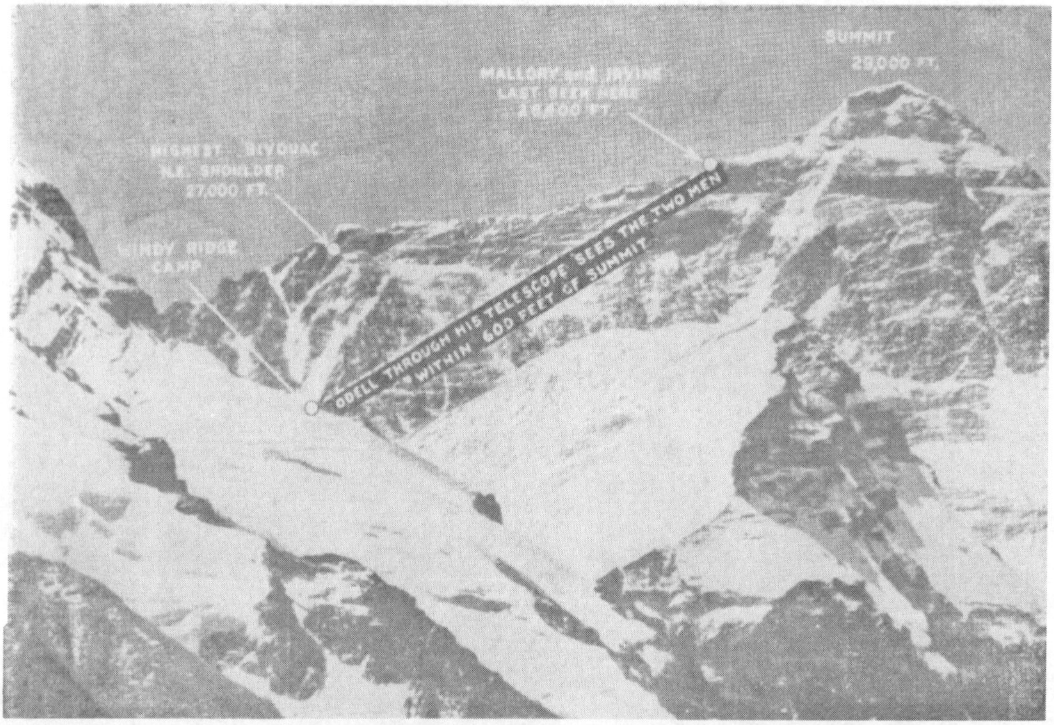

探險員登埃非耳士峯山頂地位圖

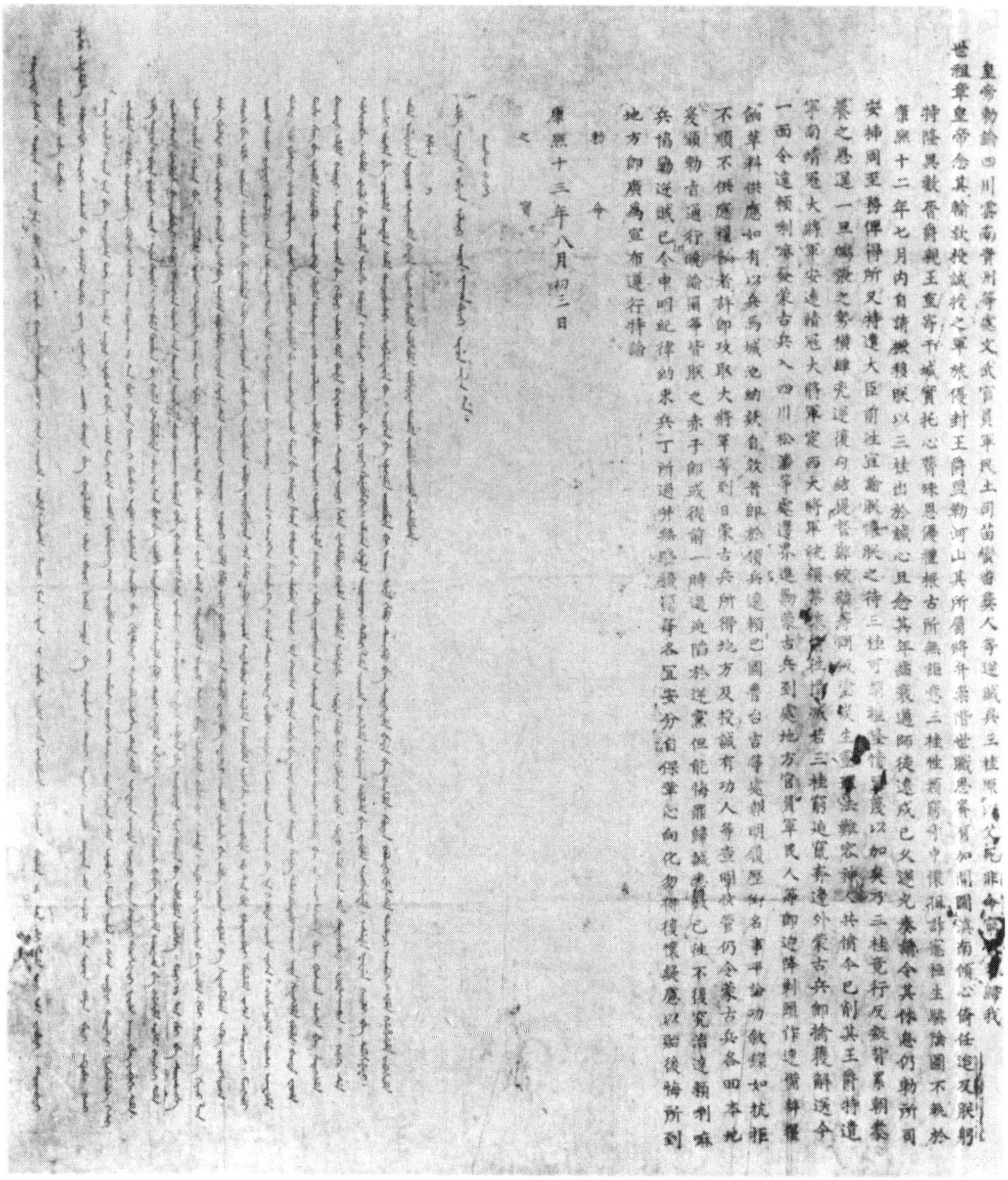

皇帝勅諭四川雲南貴州等處文武官員軍民土司苗蠻番彝人等逆賊吳三桂原係[illegible]父死非命[illegible]歸我
世祖章皇帝念其輸欵投誠授之軍旅優封王爵盟勒河山其所屬將弁崇階世職恩賚有加開閫滇南傾心倚任迨及朕躬
特隆異數晉爵親王重寄干城實托心膂殊恩優禮振古所無詎意三桂性類窮奇中懷狙詐寵極生驕陰圖不軌於
康熙十二年七月內自請搬移朕以三桂出於誠心且念其年齒衰邁師徒遠戍已久遂允所請令其休息仍勅所司
安插周至務俾得所又特遣大臣前往宣諭朕之待三桂可謂[illegible]恩義以加矣乃三桂竟行反叛背累朝豢
養之恩逞一旦鴟張之勢橫肆兇逆復向總提督鄭蛟麟[illegible]共憤今已削其王爵特遣
寧南靖寇大將軍安遠靖寇大將軍定西大將軍統領禁旅[illegible]若三桂窮迫竄走邊外蒙古兵即擒獲解送今
一面令達賴喇嘛發蒙古兵入四川松潘等處邊界進剿蒙古兵到處地方官員軍民人等即迎降勦闖作速供辦糧
餉草料供應如有以兵馬城池納欵自效者即於領兵達賴巴圖魯台吉等處報明優加叙名事平論功敘錄如抗拒
不順不供應糧餉者許即攻取大將軍等到日蒙古兵所得地方及投誠有功人等查明該管仍令蒙古兵各回本地
受顧勅旨通行曉諭爾等皆朕之赤子即或從前一時逼迫陷於逆黨但能悔罪歸誠悉貰已往不復究治達賴喇嘛
兵偽勦逆賊已令申明紀律約束兵丁所過秋毫無擾爾等各宜安分自保革心向化勿得復懷疑慮以貽後悔所到
地方即廣為宣布遵行特諭

勅令

康熙十三年八月初三日

之寶

滿蒙文謄黃勅諭

民國十八年西康省會各機關長官全體合影

西藏

斯文赫定著 1
絳央尼馬譯

I

十三世紀中葉以後，歐洲人始知有所謂西藏。惟再上推至一千五百年之前，印度人已有關于西藏之概念，蓋印度頗多開拉斯山及馬拉沙洛瓦神海之歌謠傳聞故事等類故也。在佛教社會中，須彌山儼然亦如歐洲之亞林巴斯山，自地軸突出而爲宇宙之中心及基礎。印度經典中之「萬古山嶺」，如喜馬拉雅須彌開拉斯，及馬拉沙洛瓦湖等，均只有其名稱而已。八大山嶺之中爲西人所認識者，爲阿爾泰天山崑崙與喜馬拉雅。再向東北西三方展望，則古代印度關于西藏之觀念更爲虛渺矣。良以遠古時代之香客，即赴馬拉沙洛瓦湖，取神水以資沐浴，而開拉斯山相傳又爲大自在神之淨土，諸神之所居。自神聖湖發源之河流，傳有印度河等四瀆。

馬拉沙洛瓦湖與開拉斯山爲西藏之神聖湖山，印度人亦視爲神聖。藏文稱是山爲康仁波且，爲四廟所圍繞；湖則稱爲錯馬邪，周圍有廟八。

希臘之希羅多德知印度出產大量金鑛，但未叙及該地之山嶺，希氏聞及螞蟻掘金之奇特故事，勞費氏于此多所討論，其解釋亦頗佳。

西人之地理知識因亞力山大及其諸將而大進一步，以至于印度之恆河。當時喜馬拉雅稱爲愛莫都斯，視爲印度之高加索山。所有文人均以爲印度河發源於愛莫都斯。厄拉他斯尼氏生於元前二七六年，亦相信由東而西橫貫亞洲全部者爲一巍然山嶺，不過各段名稱不同耳，斯特拉波曾謂印度之北界爲一山嶺。伊在當時以地學知名，叙及印度河之支流，謂印度河與恆河二者之發源地相距不遠。斯氏說法一掃數百年來歐洲對于印度河流之錯誤觀念。布來尼氏之河海學不及希臘地理學家，但後者亦只知印度及其北界，未曾聞及西藏。

西方古代最偉大之地理學家爲托勒密，曾於紀元一六〇年采用當時最好之材料，其關于印度河恆河等之說法，頗爲奇異。至於所述沙特來吉河源，則在一八〇〇年之地圖上亦無所改變。

亞拉伯地理學家稱西藏爲陀比提（Tobit）或他把提

(Tobbat)。其中最偉大者爲馬蘇第氏，死於九五六年，述及西藏者甚多。伊斯他克里及郝略勒亦述及之。阿伯魯尼曾聞及馬拉沙湖，但謂得諸印度之古歌中。伊謂恆河與吉魯木河同源，源後爲中國，印度河則源於突厥人地方之另一山脈。一一〇〇年生之伊遮希亦言及此類山川。氏及其他亞拉伯人之西藏，均指拉達克而言。阿布非達（一二七三年生）述及他把提，但只引伊斯他克里之言耳。另有巴士他者（一三〇四—七七），亦如其他最多之旅行家與地理學家然，避去西藏，以其爲諸山外面不可抵達之地方。關于印度河，伊謂「此爲天下最大之水」，關于孟加拉北方康魯諸山則謂「均係大山而與西藏諸山相連。西藏地方出產麝鹿。各山所住之人，與突厥人同，以留心神術著名」。帖木兒之史臣波斯人斜斐敦（死于一四四六年）於其「勝書」中述及西藏。帖木兒縱橫亞洲之半，未計及印度北部無人煙之地域，但似略知其地之事，因曾派遣遠征隊及偵察人員深入亞洲腹地之各處故也，其自傳中略言北方諸山。

海達兒，于一五三三年奉葉爾羌可汗之命，征藏以毀其寺廟與神相；可靠之旅行家自列沿印度河雅魯藏布江上流而旅行者，此爲第一人，所述之湖，當爲馬拉沙洛瓦。

印度大帝阿克巴所知之西藏事情如此之少，殊爲奇怪。其下之史地學家關于印度河支流之知識頗爲豐富，但謂該河之源不「在喀什米爾與喀什噶爾之間」即「在中國」。關于印度北邊諸山，則采用舊有之印度文所寫之山嶽誌。印度大帝雅韓吉時代，西藏只包有巴里斯坦及拉達克。喜馬拉雅則稱爲堅木山與康拉山。同時之歐洲地圖上，喜馬拉雅山稱爲「納格納喀提山」。

歐洲人中，首先述及西藏（Buri-Tabet）者爲僧人名皮昂者，於一二四五年離里昂而代教皇送信與貴由可汗。

較爲重要者，乃比利時方濟派僧人魯布魯，於一二五二年動身，三年後回家。所得地理發現甚多，而爲敘述喇嘛事情之第一人，所敘者爲寺院禮節活佛轉經輪及六字大明咒。又發現藏文與他種文字寫法之特點。即動物亦未逃出其觀察之範圍，故爲首先述及西藏野驢之第一人；至其所述之野羊，後來與馬哥孛羅之名字有重大關係。

馬哥孛羅所述之故事頗可稱道，言及西藏者三次。伊于一二七三年旅行亞洲，留居中國約二十年。其書在歐洲人所寫關於西藏之記載中，爲第一件可信者。其途程較皮昂魯布魯更爲近于不可到達之地域，且在西藏與華西間商路上可得土人之報告，故關于人民風俗地方之記載較他人爲多。雖只行近東部邊地，然其敍述西藏之各方極其特別，其中許多部份非今日不能寫出者。伊知西藏境域甚大，內有八大王國，共隸于一可汗，此種事實後來四百年間之地圖學家亦全不之知。

所可奇者，馬哥孛羅未提及喜馬拉雅與崑崙，而伊又曾沿崑崙北麓自喀什噶爾旅行至於羅布。伊知西藏有數處，湖沼甚多。又言及珊瑚毛布巫者占卜者蠻狗麝香等等，均與後人之觀察相符。伊又知藏人用鹽代幣，六百七十年後之今日，尙有此風。馬哥孛羅之西藏，不指拉達克與巴里斯坦而言，此則爲一切旅行家之主張而異于馬氏者，其後四百年之人亦有此項異于馬氏之主張；伊在川西與藏人接觸，知其鄰近爲喀什米爾，且亦隸于大可汗之下。

一三二八年之後則有和德里氏，惟其鑒別力與智慧不及馬氏耳。亞洲探險之偉大專家如克拉布拉斯及余勒爵士均認彼爲頭一歐洲人横過全藏到達拉薩者。其所敍之力把提(Rybot)或提把提(Tybot)王國，或即爲西藏本部，因其人民住于黑色帳房，而首都係白石所建頗爲美觀，街道亦修砌甚好。其名爲哥達(Gota)。該地因崇拜偶相一尊，故禁止使人類或動物流血之事。宗教領袖亦在其地。又記處理死人之方法，斷死者之頭授與其子食之，身體則割裂以餉鷹鷲。關於和德里之死事，勞費博士有如下之結論：「和德里未曾横過西藏本部，未到拉薩，而許久以來人皆謂其到過，伊本人亦不應有此說法」。和德里釋西藏謂其「在印度本部之內」，所指爲拉達克，而其所謂之哥達或即喜馬拉雅山西部流行之名詞，「碉」「堡」之意也。

十七世紀東部印度旅行家，對于西藏，實無所知。一六一〇年芬其聞及喀什米爾喀什噶爾麝香貿易以及「此諸山之上有一小國王稱爲提把提(Tibbot)者」。川弗尼氏亦知最好麝香來自不丹(或指西藏)王國，位置在「恆河以外往北之地」。一六六六年帖弗納氏知喀什米爾有「西藏在其東」，韃靼地方在其北。托勒密於十七世紀尙被認爲此等地方地理知識之最大權威。甚而在昂札德格魯伯多維爾旅行之後，此玄妙之邦，仍隱於雲山之後，其雲不可通，其山不可越。

此等歐洲旅行家，未聞馬拉沙洛瓦湖之盛名。言之之第一人，爲孟色勒神父（一五三六—一六〇〇），稱之爲滿沙銳爾并有該湖之小地圖。再後至一六三八年，有脫思提者略知蒲伯（即開拉斯山）堅坑赫（即沙特來吉河）與馬色茹（即馬拉沙洛瓦湖）。栗登旅行于一六五八—六五年，而言及「大海」馬斯亦提，但指爲黑海！其後馬拉沙洛瓦又與青海相混，而百餘年間所有歐洲地圖上印度東北有拉哥（Lago di Chiamay）一地，又指爲有名之馬拉沙洛瓦。

歐洲人探險西藏，具有光明之開場，蓋葡萄牙耶穌會士昂札德之旅行頗可稱奇也，伊即拉薩首次加特力教會之建立者。伊行至沙特來吉河上札巴郎即甲蒲郎地方，留該地傳教十年，繼之而起者爲魏塞司，亦分派教士一二十人於札巴郎及西藏他處，所惜未能於此處盡道其詳。一六二四年昂札德及馬克越馬拉關而至札巴郎。昂札德於一六二五年第二次留該城時，聞及衛藏大國，次年喀色拉喀布拉二教士奉命入藏，一六二七年初入不丹，喀色拉繼續而至日喀則，一六二八年喀布拉亦往焉。同年喀布拉經尼泊爾喀提滿都而回印度，乃涉足喜馬拉雅山國之第一歐洲人也。伊認日喀則爲「門戶，可以通全部韃靼國中國及許多其他異教國家」。喀色拉亦回印度，返藏途中於一六三〇年死於日喀則。喀布拉到日喀則後，衛藏教會即行放棄。故初期耶穌會士入藏傳教之路線有三。地理學上之結果毫無，因各教士越過最高山嶺而無一言及之。

一六六一—二年耶穌會神父格魯伯多維爾二人之旅行，在當時爲光明之成就，自北京經青海而入拉薩再到印度，彼輩乃歐洲人中到達西藏首府之第一批。熱比庸神父于一六八八—九年數遊蒙古東部，雖未親身入藏，而其所描寫青海至拉薩之途中情形，反較格魯伯爲佳。熱氏所說大山及高原之天然形勢，較格氏爲多。該法國僧人，與康熙帝爲友，得知達賴喇嘛住於布達拉山上之宮中。「該山之麓有一大河稱爲喀茹。據云該地頗佳，山中又有七級之浮屠」。

十八世紀之初，受科學訓練之耶穌會士，完成著名

4

之中國帝國地圖於北京。一七〇八年康熙帝降諭勅繪，擔任工作者爲布維等七人。帝於長久準備之後，命喇嘛二人將大喇嘛所屬各地繪成地圖，自西寧至拉薩再至恆河之源。一七一七年喇嘛測量所得之材料交與雷治神父，雷氏以其佳良而製圖三幅，一七七三年當維耳於巴黎出版，圖中有佳良之處，亦有遠不確實之處。開拉斯山及馬拉沙洛瓦湖均有，惟錯認爲恆河之源。埃非耳士峯亦可見，其藏文名字爲却莫隆馬。藏波雅魯藏布江之發源地，則遠較百五十年後藍辛氏之圖爲佳。

同時，歐洲教士，工作於西藏。一七〇七及〇九年加浦森派之教士立基礎於拉薩，一七一六年又去三人。彼等到達之半年以前，西藏教士中之最明達而智慧之德西德里已入聖城。伊率弗來爾於一七一五年六月離拉達克，并爲第一歐洲人沿印度河上游行至馬拉沙洛瓦，再入藏波流域至拉薩。德氏留藏五年，於一七二一年四月離拉薩，此爲西藏中耶穌會士之最末一人。

斐立比博士，甫將德氏遺稿出版，并附魏塞司之序文。序中有相當之讚揚，因該神父實爲可敬之耶穌會士，知「廣漠平原」如張塘什康加托克開拉斯等，又知勒多阿平原，其中有一大湖德西德里氏云：「此爲人人所信之恆河源頭。但以余觀察與夫熟習該地及全蒙兀兒情形之人所言，開拉斯山不特爲恆河之源，且亦爲印度河之源頭也，因開拉斯山爲該地最高之一點，水自二方瀉下」。伊謂印度河往西流去。「東方另有大水流入勒多阿湖，而實際成爲恆河」。雖有一河注入湖中，但德氏在十二月之初，未能見到耳。

德西德里爲到達馬拉沙洛瓦之第一歐洲人，又發現開拉斯山，能敘述神山四周進香之狀況。引起印度河源位置之爭論者即此人，而其主張最近眞理。伊又爲第一人，提出恆河之河源問題。伊聞神河發源于馬拉沙洛瓦，但以爲位于開拉斯山上然後入湖，此問題因其未能遠赴東方及東南方，故不能解決。同時，喇嘛又將沙特來吉河與恆河相混。德氏發現沙特來吉與雅魯藏布江在馬里木拉分流，并爲第一歐洲人自該地沿藏波河而至澤當者。其對于西藏人民與宗教之描寫，極其淸楚正確。

伊赴古地之途中，越過「難以行走之郎古高山」。當時之旅行家，以爲暈山病係因毒性礦石草木之味所致，德氏較爲聰明不以爲然，敘其病象而謂「人多以此類小恙由於山中礦石所引起，但至今尚未發現此類礦石，故余以爲應歸之于襲人甚厲之空氣也；余深信此說，因在郎古山頂遇風時，胸部及呼吸均覺不適之故」。

德氏之後百年，以吾人所知，歐洲無人曾到神湖及大河河源之地。一八一二年穆克拉夫提到達各湖，謂無河川自馬拉沙洛瓦及拉喀他流出。

其後多年之中，到達該地者有非拉色格拉德赫伯提韓米登及亨利司札其（一八四六年），均未見有河自拉喀他流出，但有一河寬百呎，深三呎，發源于馬拉沙洛瓦，而注入拉喀他。一八四八年理查司札其行至各湖，見有一河自馬拉沙洛瓦流入拉喀他。

克銀漢史拉根登弟兄及許多其他旅行家曾到西藏此類地方。一八六一年左右，孟莫里始選印度文人加以探險訓練，命入西藏各部。其中最有名者爲藍辛，經中部西藏及藏波河全部流域而赴拉薩，此路綫與德西德里氏相同。孟氏據其報告而出版最佳之地圖與記事。

一八九七至一九〇三年，日僧河口氏遊歷南部西藏，謂到過馬拉沙洛瓦湖之歐洲人均言其過小，其實周圍有二百哩之大，惟只應算四十五哩耳。又謂拉喀他爲二湖之較高者，不過馬拉沙洛瓦實際高于拉喀他十三公尺。

一九〇四年英國官員四人，自拉薩赴馬拉沙洛瓦，路綫同于德西德里氏，惟方向相反耳。其中一人名來德者謂「各湖與沙特來吉河之交通已完全斷絕，年中無論何時均如此」，故認定沙特來吉河源在湖西山中。

一九〇七年，余到藏波雅魯藏布及印度河之河源，幷大體確定沙特來吉之河源。是時二湖已無關係，又未被沙特來吉所連結，一九一一年得到報告，謂水由馬拉沙洛瓦注入拉喀他，非由拉喀他流入沙特來吉。

一八六四年，魏伯爾氏行獵于藏波河上游地方，未到其源，藍辛旅行（一八六五）於藏波流域亦未到達此名川之源。河口氏河源之說法，頗有價值。德西德里爲舊日旅行家中最有智慧者，甚而謂藏波爲雅魯藏布江之上游。歐洲地理學家爭執二百年之問題，遂告解決。

白里加提于一七四一年自尼泊爾到拉薩之加浦森住地，有一奇異印象，謂拉薩河爲藏波之上游。

一九〇六年，藏波河之北尚有六萬五千方哩之地無人知之。自西而東橫亙此地之山脉，余名之爲外喜馬拉雅山。其東部之接連部份已於一六六一—二年爲格魯伯及多維爾越過。彼等由青海經當拉關而到來丁寺與拉薩，再由日喀則赴喀提滿都。加浦森河之神父彭拉描寫張塘（即北原）與夫西藏其他各部，頗爲盡緻，但伊本人往來于拉薩，故多引荷蘭人蒲第之言，蒲氏于一七三八年由拉薩赴北京，作一來回旅行，惟在巴塔維亞逝世之前不久，將其筆記焚去。約二百年後，始有法人羽克迦板之有名旅行，路綫與格魯伯多維爾蒲第相同。彼等于當拉地方越過外喜馬拉雅山。

是時之前不久，有德國地理學家三人，携各種材料欲創造亞洲山系之主要形勢論，即克拉布拉斯瑞德洪波提三人是也。一八五七年哈吉孫亦同樣嘗試，惟成功不及德人。著名學者爲胡克唐森甘伯耳克銀漢等或在遠處望見外喜馬拉雅山，但無實際概念以認定巍峩山嶺之存在。一八六七及一八七三年孟莫里派印度文人數人入西藏內地，但人所不知之地，無人越過。其中一人于一八七一—二年在喀郎巴關越過外喜馬拉雅山，其地在余所發現之極東關口色拉拉地方。一八七三—四年藍辛沿外喜馬拉雅山北麓作一重要旅行，發現中心大湖三處—當拉雲錯昂者錯及嘉陵錯。

打斯于一八七九—八一年旅行西藏，并有重要觀察，多與人民宗教有關。

一八七〇至一八八五年，葉瓦斯克將軍于東部西藏作數次劃時代之旅行。其學生羅波洛夫斯其喀斯洛夫繼續其光明工作。

芮多芬，熟習中國之地理與地質，于一八七七年出版「中國」一書，此表示瑞德洪波提之後吾人知識之大爲增加。

一八八九年，朋瓦洛及鄂里昂王子自羅布泊越過西藏，并于當木拉地方到達外喜馬拉雅山，即由其地被迫東返。此與一八九三—四年杜多阿格勒納之情形相同，杜氏并於途中被害。彼等于騰格里海之北岸被西藏迫其東返。一八九五年李他德耳亦作同樣嘗試，於哥陵拉越過外喜馬拉雅山，但亦被迫西返。次年余過北部西藏阿喀他與可可希力之間，同時魏耳比上尉橫過可可希力以南之地。

包耳上尉於一八九〇年由西而東橫過西藏中部。一八九六年第色上尉于西部西藏探險，其地爲羅林氏一九

○三年探險之目的地也；同年美人克拉斯比法人昂格尼曾赴稍北之地旅行。

東部西藏，有美人羅希耳率領二次重要考察團工作，羅氏之敍述，頗有眞正東方學者之知識與智慧。來斯登于一九○五年大體取羽克路綫橫過西藏。有皮來拉將軍於一九二一—二年率土人六名步行於該區域之內。又有羅銳其教授旅行該區，近年有二旅行家曾入拉薩，即大衞李耳女士及麥高文是。東北部西藏之重要工作爲塔弗耳博士所作，斐克納博士曾旅行二次，一在東北部，另一次在一九二五—八年由東而西經過中部西藏，途中得見中心湖泊二處。東北方與甘肅交界處之結布却勒二處，有美國科學家如駱約慧博士勞費博士及瑞典人洪麥耳博士，均經到過其地，洪氏爲余上次探險隊之隊員。

一九二二年赫敦爵士偕考森由拉薩赴當拉崑錯。爵士尚未努力于其極重要之地質結果之前，即被殺于阿爾卑斯山中，此爲科學界之大損失。自一九○六—八年余之旅行迄今，只有此人所率領之考察團，曾經越過該廣大地域。一九○○—二年，余曾行經西藏之各方面。

欲談及西部西藏之旅行家，則將愈說愈遠。自喀喇崑崙初被視爲單獨山嶺以來，迄今不及百年。第一批旅行家得知此類地方消息者不一其人，中有一六六四年之白尼爾在焉，但伊所知者只爲一商隊大路連結喀什米爾拉達克與喀什噶爾兩和闐。初用「喀喇崑崙」名詞之歐洲人，或即一八○八年喀布爾團內之馬嘉里少校。

赫爾曼與施拉根退洛伯于一八五六年向歐洲貢獻關于此等地方極有價值之科學知識，施拉根退阿多夫亦然，惟于一八五七年被刺于喀什噶爾。約翰孫爲第一人，於一八六五年越高原而至和闐。關于西部西藏喀喇崑崙之人物有奧斯登蕭洛伯海瓦德，及佛西斯一八七○與一八七三年兩次重要考察團；後一次有大批科學家，其中最能幹者爲地質學家司多立喀。大戰期中斐立比博士科學考察團組織甚好，赴喀喇崑崙而增加吾人此等地方之知識。一九二七—九年曾克立博士帖拉博士在西部西藏均有偉大工作。此時爲一九三二年，余考察團中地質學家羅林博士越過西北部西藏由來登湖地方到拉達克，而余之天文會員昂波提博士正行經北部西藏以赴鐵麥里及阿斯丁塔。伊作出許多擺搖之觀察以斷定引力。

一九二八年，余之團體中有白格曼哈斯隆二人旅行于西藏東北部。

以此之故，吾人之西藏地理知識，在數百年中，日漸增加。每次考察均不無貢獻，自莫洛將特伯特(Tebet)之名字加于其一四五九年之地圖以還，吾人關于該地之概念步步增加。其後之若干年中政治及行獵等遠征團體，對于吾人之知識，亦作一部份有價值之貢獻；例如一九〇三—四年榮赫鵬之役，一九二一，二，四年之埃非耳士峯探險隊，該隊損失馬洛利爾文及土人數人之生命。布拉德海登合著「喜馬拉雅山與西藏之概況」，其貢獻亦頗有價值；白勒氏留拉薩一年，研究藏人日常宗教生活之透闢，無出其右者。

II

西藏乃地殼凸起部份最大最高之山嶺地帶，南邊有埃非耳士峯，高二九〇〇二呎。自地質學上所謂近古代起，經過其後之各時代，地殼之強烈切線動作，使當時佔據歐亞大部之大海上昇。歐亞大陸之整個南部，因印非大陸抵抗之故，隆起而成鉅大之地波，此等縐地之地脊，即爲後來諸山嶺之頂巔，經過相當年代，漸漸高出海面。最古之縐地爲崑崙，位于北部，其後有喀喇崑崙外喜馬拉雅山；最後成者爲喜馬拉雅山，此爲鉅大隆起地帶之南脊。縐地本有繼續擴大之勢，惟因再南有堅牆抵抗，蓋即印度半島，其上之山群均創設于地面之下。地質學上近古代之末期及後一紀開始以前，地縐工作停止，鉅大山系亦已造成，大氣遂起作用于其間，如水蝕風蝕冲積沉澱等。一九〇九年余攜回家之岩石甚多，亨利博士加以研究而發表其成績，謂隔離喜馬拉雅與外喜馬拉雅之橫行谷地（即印度河與雅魯藏布江上流所經之地）大體由于冲蝕而成，不過該谷地于地殼構成及山嶽形成之際已粗具其狀。此外，西藏中部北部之其他橫行谷地則爲地殼構成時之所縐成者。

六十年前，西藏高原之如何構成，所知甚少。一八七〇年印度文人藍辛謂自龐工錯至當拉雲錯，可以行車而不過山，世人乃知其爲平坦高原。葉瓦斯其于一八七六—七年旅行，得知西藏高原有極高山嶺延及羅布泊之附近，此種事實非能幹之耶穌會士所知者也。其後，屢有考察團進入西藏內地，均証明有大山數系略向東方分佈，縱橫整個西藏之內地，其中主要者爲崑崙喀喇崑崙外喜馬拉雅及喜馬拉雅。

西藏高原之整個內地，爲自行封閉之狀，既不通海又不通中亞。余計其面積爲七十一萬八千方公里，約當瑞典挪威之和。三角自封地帶之東南西三方邊界，與大陸分水點相合，其外面爲突出地域，上有大山絕壁深谷，谷中有印度河恆河藏波雅魯藏布江湄公河薩爾溫河楊子江黃河之支源分佈其間。自封之西藏內地，有大盆地一百五十，小者千計，均各獨立。最大者爲色陵錯盆地，廣三萬三千方公尺。盆地之最低部份，每有鹽池，常有淡水湖與之相連。湖之成因有三，或因幹流之被阻塞，或因支流有成堆之石冰，或因冰川冲蝕及地殼之分裂動作而成。

所有西藏湖泊，均在涸竭狀況之中，古昔之岸邊可於四周發現。波洛錯拉可錯分別高於今日湖面一〇八及一三三公尺，二者均在西部西藏。

各湖日涸之原因。有人認爲由於喜馬拉雅山之繼續昇高，因此西南季候風可以吹來攜有水分之雲，均爲山嶺所阻，雖風之程度今仍繼續增加亦屬無濟于事。且湖涸之速度又大於山昇之速度。湖涸似由於氣候之按時轉變。馬拉沙洛瓦及拉喀他爲有名之二湖，於此可以察得二種時期，一爲高度沙特來吉河即依之而自拉喀他湖流出，一爲低度影響二湖間之水道。二百年前德西德里行經其地時，沙特來吉河自拉喀他湖流出，其後二湖即與河流隔斷。一八一九—一八四六—一八四八，及一九一〇年二河間水道又有流水，其餘年度又成乾河。二湖爲研究二種時期之最好工具，該二時期一經數百年，一經數十年。然布拉德爵士謂二湖仍屬於沙特來吉河流域，此言完全無誤。

西藏內地之拓平工作仍在繼續進行之中。因除甚少之草類以外，植物不多，晝夜各處之溫度又相差太甚，故風蝕之力甚大。風與流水恆送良好材料于各盆地之中部。各處山嶺，經過數千年後亦已降低，各盆地之底亦漸充滿。相關之高度減小，表面亦漸平。高出海面之絕對高度甚大，北部爲一萬六千呎，藏波雅魯藏布江流域爲一萬四千呎。

地理之對比關係有趣，茲述之如下。古納曼打他之北麓爲馬拉沙洛瓦湖，塔果康里之北麓爲當拉雲錯，年存當拉之北麓爲騰格里海。此三高山均在西藏，各有藏中之大湖一個在其北麓，而藏民視之均爲神聖。高度之差自然甚大。按布拉德所示，入洋之大江均穿過喜馬拉雅各最高峯之近處而出去，斯亦奇矣。

西藏氣候頗酷。余之經驗，各日曾到攝氏零下三十九度八。夏日融融，南部尤其如此。北部則中夏亦有雹雪。暴風多來自西部及西南部，亦頗苦人。冬日雪量不大，不過旅行家偶有經過雪深之處者。夏爲雨季，東部及東南部雨量較大亦較爲有繼續性。此等地方存積之水量甚大，故大河出焉。野獸甚多，北部中部尤甚。野犛成群，數以百計，遨遊各處；野驢成群，有多至數千亦有小群甚而獨行者。羚羊無數，岩石地帶則有野羊，藏熊多以兔爲生；狼則食羚羊，狐不多見。

東南部種大麥，芥麥，大根，蘿蔔，豌豆及他種菜蔬。低下各谷地每見廣大耕地，樹則只見于其地。故桃梅類不少，甚而谷地及山坡有森林在焉。霜雹爲農產品最危險之敵人。內地無樹，小樹亦少。印度河流域自加托克至拉達克，及離當拉雲錯南岸不遠之地，余始發見稀少小樹。內地，茶亦極稀，不過足供牧畜家之牛馬羣及野獸之用耳。

III

西方人所用西藏二字，(Tibet)藏人自己幷不之知，藏人稱其地爲波渝或坡。亞拉伯地理學家所用之他把提或即來自托坡即上藏之意。皮昂輸入他伯提(Thabet)一詞于歐洲；魯布魯馬哥孛羅則用特伯提(Tebet)，英洛氏及他種地圖亦均用之。中國人因時代不同，所用之名稱亦異——土番西番烏斯藏。拉薩之蒙文名字爲巴龍多拉，舊歐洲地圖上可以見之。

西藏位于北緯二十七度與卅九度，東經七十八度至一百度之間，約當美國七分之一，英倫三島之七倍。

拉達克（卽喀什米爾）與西藏之邊界，在列至加托克商路上頗爲明顯，但該路之北，邊界不清，再北則更難定之，崑崙山脉中無人能指出新疆與西藏之界線。獵犛之藏人約行至北緯三十三四度地方，如以此爲界線，則尙未到達崑崙山脉之地方。東邊則有甘川滇諸省爲鄰；中藏之間有數區域，屬於何方難以斷定。英屬印度與西藏之界線，約長二千哩，卽以喜馬拉雅山爲界。

據勞費博士云，二千年前西藏無人居住，紀元七世紀以前不能視爲民族與政治之單位，界內古代文化無人知之。是時以前，已有許多部落居于山中，惟非本土之人，均係極早時代來自華西者。自東徂西之拓展，即以西藏爲止。移民之努力，在于壓迫喜馬拉雅各部落南去，此事當不在紀元四五世紀以前也。

藏人自己之傳說，則謂其爲猴之後裔，猴者乃千手千眼大慈大悲觀世音菩薩之化身也。

「雪地」之古史隱於雲中，紀元七世紀之後乃有眞正之歷史人物，即松贊幹布大王是也，王有二后一爲中國公主，一爲尼泊爾公主，二后令王皈依佛法，足見西藏文明來自中國與印度。松贊幹布建立僧侶制度，修築寺廟，輸入文字法律及宗教精神，不過舊日黑教大體存生，其薩滿式之信仰，自然天地川湖之善惡神，供祭祀之人獸犧牲品，巫卜神鼓等等均尙遺下，而且用于新教之中。東部及東南部西藏，舊日黑教及寺廟均尙有遺存者。入西藏之旅行家，均得見民間許多迷信風俗，其爲舊日原始信仰之遺跡則無疑。

藏王松贊幹布又爲勝利之戰士，征服緬甸尼泊爾中國之大部。今日布達拉之所在，即其昔日之王宮也。伊所予西藏之文明，大受中國之影響，宗教影響則來自尼泊爾與印度。

八世紀後半期，藏王池松德章自印度西北部召蓮花生大士入藏，眞正建立新教，而王亦以此知名，初建桑耶名寺于拉薩東南，幷爲西藏原始佛教之主要聖人，所謂紅教是也。蓮花生大士頗受敬重，在喇嘛社會中今猶受人崇拜。

九世紀拉帕慶在位之時，宗教盛行，寺廟亦建立數所。當時之西藏爲強國，包有中國尼泊爾土耳其斯坦之數部。

藏王郎達瑪爲佛教之敵人，喇嘛恨之而作西藏歷史，旋爲僧人所刺。

一二七〇年忽必烈請來薩嘉高僧而授以西藏治權，僧王系統之建立，此其初步也。

藏王綽却吉尊，擁護佛法，接近中國。西嘉王朝爲伊所建立，但于一六三五年爲後藏之王所推翻，後藏王旋又爲顧始汗率其鄂魯特蒙古人所逐。

既成之僧侶制度稱爲紅教，另有西寧人宗喀巴（一三五六—一四一八年），創立黃教，有「道德」之意。伊乃偉大改革家，輸入較爲嚴厲之道德法，又禁僧人娶妻飲酒，神通大爲取消。又建立甘丹色拉二大寺，合哲邦寺而共稱「國之三柱」，三者均近拉薩。宗喀巴葬于甘丹寺，蒙藏各寺廟均有其神相，所受之尊崇與禮拜，等于佛陀本人。札什倫布寺之名聲亦不小，爲迦登珠巴所建，而成班禪喇嘛之住所。

迦登珠巴死于一四七四年，其後轉世制度遂播于全境，今日全藏轉世喇嘛約有一千。

所郎嘉錯播新教于蒙藏，蒙古領袖尊之爲「具足一切執掌金剛」之達賴喇嘛。

一六四一年，五輩達賴喇嘛羅桑嘉錯請鄂魯特人助其反抗舊教。鄂魯特人前來征服紅教，達賴遂統治西藏，駐於布達拉宮。其教師成爲札什倫布大喇嘛，且爲西方淨土之主無量光佛即阿彌陀佛之化身。達賴喇嘛自昔迄今均爲觀音菩薩之化身。班禪喇嘛之宗教地位，較達賴喇嘛爲高。

五輩達賴喇嘛之大臣，立拉薩爲權力集中之地方，五輩達賴喇嘛死于一六八〇年。因政治原因，致使其死耗保守秘密者多時。後任爲策養嘉錯，生活放蕩。中國于是時對于西藏較爲有力，而且征服打箭鑪。一七一八年康熙帝征藏陷拉薩，留滿洲兵戍其地。其孫乾隆帝加強中國在藏之權力，并于一七五〇年派欽差大臣二員駐于拉薩。

一七七四年印督海斯丁氏派波格耳赴札什倫布，冀其與印度通商，并考察其國力與財富。五年後乾隆帝請三輩班禪喇嘛巴登一喜赴北京，一七八〇年死于其地焉。

一七八三年，杜納奉派赴札什倫布，使命與波格耳相同。一八一一年滿寧赴拉薩。

尼泊爾之廓爾喀人，因邊界糾紛，于一七九一年進攻札什倫布與日喀則。次年，乾隆帝調遣漢藏軍隊于西藏與喜馬拉雅山道上，以攻廓爾喀人，敗之于距尼京喀提滿都一日程之地方。中國及欽差在藏之權力遂大加，漢官亦設于日喀則定日察木多乍丫，春丕谷與怕克里仍在藏人治下。欽差對于選擇達賴喇嘛班禪喇嘛，又成爲大有勢力之人。

後來之數輩達賴喇嘛均經夭折，蓋受政教陰謀之魚肉所致。現世達賴喇嘛，名阿汪羅桑圖登嘉錯，于一八七六年生于達波地方平民家中。伊爲十三輩，于一九〇三年登位，故能回顧其長久而大體愉快之統治時代。登布達拉神座者已入佛道，以其如此故能涅槃，不過伊允爲人類福利而再生也。

達賴喇嘛雖依靠會議副官長秘書長等，但有絕對權力。達賴喇嘛死後，班禪喇嘛甘丹色拉哲邦三寺堪布拉薩桑耶二地之讖神齊集而選擇後任。于男孩數人中，決定一人，此則取決于表現與神蹟。最後決定，則用一七九三年清帝所頒之金瓶。

達賴身邊，副官長爲西藏教務官吏之領袖，秘書長負達賴喇嘛與外界交通之責任，其地位或較會議爲有權，有助理十八；此外有臥室長大喇嘛飲食司等等。

西藏近代史上有重要日期數個，不無趣味，乃因現世達賴喇嘛爲一能幹政客聰明政治家，故更饒興趣。一八九〇年英人獲得錫金爲英被保護國之條約而向西藏更進一步；三年後之新條約，又開亞東爲藏方之商埠。一八九九年屢起邊釁之後，達賴喇嘛退還印督寇忍之信而不開折。同時伊似與俄國進行交涉，助之者爲其昔日教師布里雅特人道爾智氏，道氏奉派携重禮往見沙皇。寇忍爵士認爲藏中俄國之大勢力可以危及印度，故于一九〇三年派榮赫鵬爵士率軍士遠征隊經江孜士納赴拉薩，而于一九〇四年春到達。將到之時，達賴喇嘛逃往庫倫，即蒙古首府大呼圖克圖之所居。

拉薩條約之規定，有如下述：新開商埠二處—江孜與加托克，以便英人經商。英貨免稅。賠欵五十萬鎊，分七十五年按年交付。春丕谷在欵未交清以前，由英兵駐防，西藏不得與他國往返。

俄國在倫敦抗議後，英政府將榮赫鵬之所成就者，放棄甚多。賠欵減爲十六萬六千鎊，春丕谷之英兵于三年內撤退。此次赴拉薩之團體，主要結果爲中國在藏中權力之增加。中國付欵，春丕谷于一九〇七年退還西藏。

一九〇六年中英條約，給予中國在藏中之絕對權利，其後張蔭棠即奉命爲駐藏大臣，管理印藏交涉，減去英國勢力。

一九〇七年英俄訂約，以避亞洲之衝突，即關于波斯阿富汗西藏三處之事。二國決定禁止于涉藏事。藏中交涉只許經過中國辦理。不許派代表駐拉薩。不許將路礦出讓。三年之內不許有科學考察團，倘無歐洲列強之帮助，西藏之科學探險儼然無何困難須待克服矣！

中國未參加協定，失去體面，但在藏中之權力則大加。一九〇八年中英藏簽定商約，禁止英人于新商埠江孜加托克以外作西藏之旅行。故昔日印度人朝馬拉沙洛瓦湖之事，亦爲違法。數年之内，西藏受中國之統治，此乃英國奇異政策及榮赫鵬團與夫各種條約之直接結果。張蔭棠在藏中作有力之宣傳。漢軍經過打箭鑪而派去，東部西藏多爲所陷。

達賴喇嘛曾于一九〇四年出亡，茲爲清帝革除。一九〇八年西藏領袖赴北京，參加光緒帝及慈禧太后之喪禮。同年十二月離京，一年後返其首府。一九一〇年二月十二日漢軍入拉薩，次夜達賴喇嘛又率各大臣携印出走，留下軍隊一支于藏波河上之架桑渡口以拒往追之漢人。九日之後過錫金界，再數日到大吉嶺，備受歡迎。漢人又二次革去其職，斯則爲藏人所竊笑之舉動也。

中國有兵三千駐藏，故其權力絕大。大英爲條約限制，不能助藏，不得已而放棄西藏以予中國。各駐藏大臣爲拉薩之專制君主，而中國遂亦注目于不丹尼泊爾，欲收爲藩邦，不過未成功而已。一九一一年，中國革命，局勢突變。十一月駐軍譁變，一九一二年夏，中國在中部西藏之權力失去。達賴喇嘛留大吉嶺已二年，充英人之上賓而以白勒爵士爲譯員，斯時乃得回返拉薩。漢軍被逐，反道錫金印度而去，同時川督派兵恢復中國在藏之權力。

西藏極北之地，另有政治變動發生。一九一二年年終，俄國與蒙古訂約于庫倫，保其自治，而取得政治經濟之特權，以便逐漸統治全部外蒙。次年中俄訂約，俄國承認中國之蒙古宗主權，中國承認蒙古之自治。同年蒙藏訂約，于危險之中互助。西藏自治，利于英國，因西藏強盛可以保護印度之北部。

一九一三年十月，西姆拉會議開會，次年四月訂約，承認中國之宗主權。中國不改西藏爲行省，英國不得有任何之兼併，外藏（拉薩日喀則等）得自治，漢軍不得駐于外藏，但未禁止中國派兵入內藏（裏塘巴塘等）。中國駐藏大員得有衛兵三百，英國商務委員得率護衛。

英國政客雖有錯誤，但西藏仍漸漸接近英國，藏軍須照英國編制，開礦亦請英國相助。

東部西藏，局勢未定，因中藏有軍事于其地。大戰期中達賴喇嘛派兵千名，各大喇嘛寺又爲英國祈禱勝利，均足以見西藏之同情心。

白勒爵士于一九二〇年代埃非爾士峯探險隊請准達賴喇嘛之許可，且常接近達賴喇嘛，首相，會議及國民會議。

滿洲諸帝，以蒙古之故，力求建立中國在藏之權力，蒙藏因同教而關係甚密。中國失西藏，必失蒙古。現今局勢已變。外蒙受俄統治，拉薩庫倫間舊商路已斷。一九二三年余得准許由北京赴庫倫。一九二九年再作請求，被拒。革命以前，蒙古商隊每年有二批赴拉薩。西藏派人入北京每三年一次，尼泊爾則五年一次，行之已久，一九一一年始告終止。西藏與蒙古之聯系雖破，而西藏之政治狀況已有進步。行政改進，匪風亦減。藏人對蒙古人仍有宗教之同情心，前此有七百蒙古喇嘛住于藏中，此蓋因政治阻滯或將減少。

吾人已述及現世十三輩達賴喇嘛，略談班禪喇嘛，當無不宜。伊在西藏歷史中居次要位置，但其宗教權力與影響及可愛之人品，使其應受特別之注意。一九〇五年，伊在印度遊覽佛教聖地。一九〇七年，余在札什倫布作其座上之賓凡四十七日，是時伊年二十五歲，登位十九年。一九二四年，拉薩與札什倫布衝突，此在以前固爲常見，但兩位領袖之衝突，仍不如大廟高僧衝突之多也。達賴喇嘛之政策爲接近英印，而班禪喇嘛則附和中國。高僧與之同在一方者不少，尤其以哲邦寺之喇嘛爲然，因該寺爲藏中視漢派之大本營故也。達賴喇嘛爲二人中之較強者，班禪喇嘛經青海逃往肅州，欲再進至庫倫。肅州軍事專官代中國政府表示歡迎之意，請赴北京。伊在該處受君主榮典之接待，駐扎于紫禁城之南海，即光緒帝之宮也，余于一九二六年赴該處拜訪數次。

其後伊赴滿蒙旅行。一九二九年夏作客其地，爲成千之香客祝福，並遊各大寺廟。最後赴瀋陽，至一九三〇年末去，一九三二年十月回北京。

伊停滯于中國如此之久，其故安在？等待政治上有新而重要之變遷，俾各處岩石大門爲伊而洞開以通其所愛之西藏，并許其回到札什倫布之阿彌陀佛座上，此其故歟？一九二四年以後之西藏，有何事變，則不可知。

自拉薩與札什倫布變爲喇嘛教之二中心後，兩地之間即有競爭。拉薩派官駐日喀則監視札什倫布之事情，此爲一九〇七年余之所知者也。英國雖有一九〇四年之入藏團，達賴喇嘛已將其同情心全部轉向英印，而班禪喇嘛似不能走上親英政治之途徑，故不得不離藏。中國政府迫其入北京而不赴庫倫，此事易于可解。蒙古隸屬于中國，昔日不過數年耳。獨立之蒙古，或程度更深之蒙古，蘇俄手中之蒙古，易爲中國之危險，喇嘛世界中最高宗教權威，如用其勢力作政治企圖，必能發生危險。故伊被迫而赴北京，受中國之支配。其後之政治情形又變，滿洲變爲「滿洲國」，班禪喇嘛當能自由于其間。俄人或不許其赴外蒙—即蒙古共和國，首都爲烏蘭八圖可托（紅色英雄之城），此爲庫倫之今稱。

將來變化如何，無人知之，預言亦危險。無論發生何事，均可驚人。倘使中國又能回到唐太宗或康熙之鐵手下面，中國當可如滿洲二百年之統治而伸其權力于西藏，夫然後班禪喇嘛定受允許，而且亦可發願回到阿彌陀佛之座上。在此類情形之下，大英亦將如以前盡量與二位喇嘛領袖維持親善關係，二人對于中國之關係或亦將永維友善。

IV

世界上最高山地，人口極稀，此爲意料中事。有人估計人口爲三四百萬，另有估爲一百五十萬者。

至于西藏本部，余欲自西而東分之爲四帶。極北之一帶包有崑崙阿喀他可可希力東布力及布喀馬拉之平行山系，與夫其間之橫行谷地，均無人住，且因極高而不宜住人。此帶之中，只有通東部土耳其斯坦而高度不大之各地方，始有小小社會，其居民爲東土耳其部落吉耳乞斯人及塔里克人游牧人，有時有東土耳其斯坦南部沃地前來之土人，南去掘金之金夫。南方邊上，吾人常遇少數獵犛之藏人，擁有少數之犛與羊，主要食品爲野犛與羚羊。

此帶之南至外喜馬拉雅之北麓，吾人得見各地爲游牧人即「卓巴」之地方，爲數不多，有時旅行數日不見一座帳房。「卓巴」爲流動牧人，以其犛羊之奶，酪，奶餅爲生，其中又有行獵者。此帶之南部，亦有定居之人；例如當拉雲錯嘉陵錯騰格里海之岸上；甚而寺廟亦有，如色喜寺門冬寺龍喀寺色里布寺；又有數處，白沙堆中可以掘出沙金，如托加隆是。北方二帶共爲張塘（即北原），民人爲「張巴」即北人之意。

第三帶爲外喜馬拉雅山，又可分爲二，其界線合于大陸分水點，南半較北半人口爲密。通南方而有雅魯藏布江支流數個之橫行諸谷地中，有許多村落，內有石屋小房，寺廟亦多。人口自西徂東，逐漸增加，此爲余越過外喜馬拉雅山八次所得之結果。再向東方，則爲拉薩所在之米楚河谷地，人口當然較多。無數牧人週年居于黑色帳房之中，另有半牧人，夏居石室，種植大麥，其餘之時則牧畜于四周各山。木楚河谷地多小村，小村一群合爲一「通」，青稞豌豆麥子均有種植。村落照例在支流之河口附近，以便取水作灌溉之用。即在其地旅行，亦有終日不見帳房之事。在札魯岡沙地方有帳房三十聚于一處。朋巴江郎區有帳房四十過冬，色里普之僧人則有六十帳房之人民供其柴水，牧其羊群，郎多區有帳房一百五十，印度河極上游之地余見有帳房十三，湖週絕不見有帳房；例如在昂者錯有帳房五六十，全在通湖之各谷地下部。

最南一帶，包藏波河之寬谷及西藏南邊之地方。藏波及東部西藏地方，照例爲西藏人口最密之地。

藏人有商路數道，以通中國印度。打箭鑪爲東邊之漢藏最大商場，舊日通蒙古庫倫之商路不復存在。自加倫堡有要道經錫金而入春丕谷，過急來拉而到帕克里江孜拉薩，另有數路自阿薩密入藏。自拉達克有一路道沿印度河上游與藏波河而行，但該路商業不重要。最重要之入口貨爲中國之磚茶，主要出口貨爲羊毛，藥材，皮，麝。犛駒驢均用以負物，羊則用以運鹽。

整個北部西藏，稱爲張塘，前已言之。衛爲中間一省，省會爲拉薩，藏爲西藏南部之一省，省會爲札什倫布。西藏西部爲阿里可松，中部外喜馬拉雅爲朋巴。喀木爲東部之名稱，喀木之極東區爲尼亞絨。喀木之大部在中國治下。東部西藏，除藏人外，另有部落；例如德格哇爲聰明之五金工人，俄洛人爲牧人而兼盜匪者也；東北部近甘肅之地有唐古特人，是乃眞正藏人，南方有來蒲加人布希亞人。

爲便于行政計，全境再分爲無數區域，其長官稱爲宗本。

西藏人口日減，最重要之原因爲多夫制與喇嘛之獨身。成吉思汗人民之強壯好戰精神，亦同樣衰落。此項變遷有利于滿洲諸帝，故盡力獎勵喇嘛教，在熱河並建立名寺。

V

旅行西藏，實爲嚴重事業，遠較地球上兩極以外各地之旅行爲難。故吾人關于該區之地理知識發展甚慢，科學探險又甫經開始。此爲必然現象，一因高原之高度極大，又因山嶺及關隘尤爲高聳故也。茲試將余所經過之外喜馬拉雅山各關隘，列出以爲例証，其中七處爲昔所不知者：

色拉拉	五五〇六公尺
張拉波拉	五五七二公尺
昂登拉	五六四三公尺
桑莫伯提拉	五八二〇公尺
桑葉拉	五五二七公尺
松格拉	五二七六公尺
拉莫拉者拉	五四二六公尺
九提拉	五八二五公尺

最高之九提拉，高度爲一萬九千一百呎，最低之松格拉爲一萬七千三百呎，此爲外喜馬拉雅山上極低之處。

所以每次入藏考察之團體，須有良好之配備如良駒與騾之類，初離拉達克即中國土耳其斯坦時，須有驢百餘頭運玉蜀黍以養馱物之獸類。玉蜀黍用盡時，須將驢送回，途中拾犛及野驢之糞以資生活。自北方動身，爲最難之工作，余有一次旅行二月，另有四次旅行三月，然後乃見游牧之人。三月之內均在最高地方，全隊損失四分之三，原因爲饑餓，疲乏，暴風，寒度；倘能生存者亦甚痛苦；遇見游牧之人，始能買得新的馱運獸類，通常爲犛羊等。

因此之故，旅行爲反抗自然困難之不斷戰爭，而旅行家又須尋找比較良好地點以資宿營，即有草之地方是也。尋找柴水，幷無困難，因犛糞可用。行近游牧之人，困難乃去。照例可以得到嚮導指示最好之牧地。行程極短，日行十三四哩，冬日尤短，蓋久在烈風嚴寒之中殊爲苦事，無暴風大雨之平靜日子絕少。

雖有此類困難，但旅行西藏爲極動人之事，且饒與趣使人興奮，尤以在向無人知之地方爲然，因其一河一山冰川湖泊村落寺廟乃至游牧人之帳房，一一均足以增加入類新的知識。荒山寂寞而風景則例必莊嚴，只有野犛野驢羚羊遨遊其間，平靜無擾。每晚之雲景美麗，夕陽光明。日落後之地影，漸昇于東方之水平線上，觀察此景則以此地爲佳，絕非世界上他處所可及者也。

西方旅行家，行近高山如外喜馬拉雅與喜馬拉雅山之時，則興趣增加，足資欣賞。蓋所見爲深谷，雄偉山脊，連串山嶺，鉅大山峯，大河，住于黑色帳房之牧人，住于簡單石屋之農家，與夫風景美麗之寺廟中所住之喇嘛。西藏宗教之顏色與富麗，足以降服遊人，又有玄妙之禮式；地水風中所裝滿之神魔，至今尙有遺存。西人幸而留藏多年者，恆欲再去，回到巍峩高山之戀人麗色中，回到僧院金鐘之奧玄妙音中。（原文見美國 Open Court 雜誌，一九三三年三月號。）

由地形氣候物產說明康，衛，唐之重要性

王謨

釋名

「康」即「喀木」，爲西藏的東部，即目前的西康省，東部占大雪平行山系，即普通所謂橫斷山脈的北段，西部占瀾滄江（湄公河），怒江，金沙江上流及雅魯藏布江中流地方。「衛」即普通所稱的前藏，接於西康的西部，此處欲述者僅前藏的南部。「唐」或作「塘」，即青海南部的唐古特地方，此處所論及的部分，除唐古特之外，更包括青海的北部。本文中所以僅及於康，衛，唐三部者，目的僅在敍述川藏間以及青海的山地而已。

此數部爲我國西部的大「山束」所在地，與帕米爾山群，亞美尼亞山群同爲世界的大山束，乃由多數的山脈集成一束的地方，其地勢之險，所占區域之廣，世界罕有其比，乃我國西部國防最要的地方。在我國的歷史上，西北方的強悍民族，常由西北方來犯漢土，而住於西藏的民族，越過此等平行山束，由西方來犯漢土者甚少，即或來犯，亦多繞道由西北方而來，由此可見此等山地阻隔力之大也。集於此山地的山脈甚多，此處的目的，並不在記錄山脈，故略之。但大體言之，在伊拉瓦的河以西的野人山和其他的山脈屬喜馬拉雅山的系統，以東至四川盆地，東北至黃河上流的一廣帶屬崑崙山系南派的大雪山系，即普通所稱的橫斷山脈。在黃河上流谷以北的則屬於崑崙山系的正派。

（一）在康衛地方的山脈，均成多數的平行山脈，駢成一束，各平行山脈間，均夾有極深極險的峽谷，如雅魯藏布江，怒江，瀾滄江，金沙江，鴉礱江等川的峽谷是。此種山脈—峽谷—山脈—峽谷的交互排列，特以在西康雲南間爲最著，由四川經西康入西藏者，即須橫斷此等的平行山脈與平行峽谷，而各山脈之高，又多在三千公尺以上，川藏間交通之難，可想而知。此種地形的阻礙，同時即爲我國本部與西藏間國防上的天然障壁，軍事上極重要之區也。其在交通上與國防上的重要，遠過於盤踞在本部與滿洲間的熱河山地。此僅就地形上而言，又就氣候與資源方面說，此區不獨其地形險岨，可

爲國防上的要地，並且氣候亦遙優於西藏之其他部分，物產雖尙不能達到自給自足的程度，然若大事開墾，食料與其他的重要軍用資源，大致均可供給。蓋此部因屬於亞熱帶的季候風區，除極高的山地外，大部均溫和多雨，尤其在夏季，南方的溫濕海吹來，熱而多雨，高山產巨大的亞熱帶密林，出種種的貴重木材和珍奇的植物，乃我國重要的木材藥材，香料，染料產地。谷中因與夏季候風方向平行之故，亦降多量的雨，在熱季，谷中且有瘴疾流行，其氣候之溫濕可知。此等谷中，因夏季熱而多雨之故，有平地的地方，爲豐饒的農業地，可產稻，麥，及其他的穀類，並可種棉，桑，其物產與川滇地方無異，山腹並可牧畜。若能加以開墾，則其物產至少可以自給一大部，尤以西部的雅魯藏江流域爲最富，乃西藏的精華區域。此外山中並有豐富的水力與金鑛，乃我國產金與水力最富的區域。英人自近數十年來，在滇緬境界之各川谷中，駐兵屯墾，修軍道，開鑛山，逐漸溯各川谷而北上，不獨康藏感威脅，即川滇亦覺危險。在此種險峻的山地，雖爲國防上的要地，然若無天然資源，軍需由外方輸入時，則可減少其國防上的價值，而此地則因氣候佳良之故，可以從事屯墾，獲取軍需的一部，故英人屯兵於滇緬間，平時則使從事農牧，修道路，以備戰時的需要，其法至善，其根基亦至穩固。在英人尙未達此部北段的今日，我國宜乎及早着手屯墾，不然，臨時失措，悔何及耶？經營此地，非普通的經營殖民地可比，乃在國防上非經營不可的地方，但望當局勿再忽視，勿再等閑。

（二）在青海地方，爲一山脈所圍的高原，南部有大雪山系的高山群，北部有阿爾金山及祁連的平行山脈，中部則爲一山間盆地，此即柴達木盆地也。盆地的東方，即青海的東部，爲高原的東斜面，山脈綿連，青海瀦於其間，黃河及其上流的支流則由此斜面流下。青海高原的地位，爲北通蒙新，南通康藏，東下隴蜀的要道交叉地，且其地勢遙高，已爲國防上的重要區域，又加以爲高地，夏季多少可受由南方吹來之海上濕風，山地多降暴雨，尤以東南斜面氣候最濕，除較乾而爲鹽澤地之柴達木盆地外，各處的山間平地均可農墾，山地多可牧畜，尤以與內地相接的東南部，氣候既較溫濕，移入亦較容易，爲墾殖最有希望的區域。但青海因緯度較高，遠在內陸，且爲多層的山脈所隔，故氣候概較康衞地方爲乾冷，若開墾後，其物產的量既不若康衞之多，且物產的種類亦不同。即康衞地方的物產與川滇類似，而青海地方則與甘新類似。農產可植麥，粟，高粱，豆，及球根類，山地可牧羊，馬，駝。因氣候乾燥之故，冬冷夏熱，在高溫的夏季，尚可利用暴雨與人工灌漑植種特殊的耐乾植物，如葡萄，棉，煙草等是。青海既爲通蒙，回，藏與內地的要地，且地勢高而險阻，可爲我國西北方的重要國防區，又因其距內地遠，且交通困難之故，軍需品的供給不便，故亦有行屯兵開墾之必要。

康，藏，青海，大部均爲高山地，其高度大部均超過三千公尺以上，此種高地，不獨交通困難，且因太高之故，其地理的情形，即氣溫的差大，得水的困難，氣壓的減低，均可影響於人的生活與活動，故在此等地方從事國防上的活動人員，須長久住於此等地方，使習慣此等地方的地理環境方可，若臨時由內地至此等地方的兵士，不獨活動感困難，且生活亦不易，在歷史上，我國的勢力不能完全及於此等高地，恐亦係地理環境不利於我民族所致，從事於此等地方的國防者，對此須有深切的了解與注意方可。其最善的方法，即爲屯兵於此使事開墾，藉使習慣其地理環境。若能進而懷柔，利用本地的土著人民，則又可爲國防上的大助。

3

申報六十周年紀念

三版 中國分省新圖 出書

翁文灝　丁文江　曾世英　編製

立體模型　集專家之心力——樹輿圖之權威　彩色精印

本館前以六十周年紀念特請翁文灝丁文江曾世英三先生編纂本圖發行以來業已再板綜合銷數超過廿萬部以本圖撰繪詳明印刷精美不僅公私機關學校共同采用且幷家喻戶曉幾於人手一編現在三板發行更由編者加意改良益求美備茲特列舉各點如下

㊀地名增多　前以本圖力求地形明晰起見所列地名猶嫌不足茲已自六千餘處增至一萬餘處

㊁校閱精詳　三板於付印前曾將底稿分寄各省官署大學以及專家學者共同研究多定獲校之功舉凡舊有疏漏之處率予補訂改正

㊂改良索引　前撰索引三百萬分一地圖合經緯二度爲一格他圖合四度爲一格其地點密集之區檢查間感困難三板於原有分格外再按小數縱橫各分十格索引自形便利

㊃材料更新　三板爲力求精確起見舉凡四川甘肅寗夏各省均用最新之材料凡在本年五月間規畫之公路以及六月前更改之政區均屢經改板俾得逐一更正

㊄充實內容　三板於原有各圖之外加入立體模型，土壤分配，磁針偏差諸圖均爲中國地圖之初期倡作又吉綏熱察甘寗各省圖亦均改用三百萬分之一以期清晰

㊅立體模型　本圖附有專製之紅綠眼鏡俾可映視特印之地形圖以求得正確之立體模型爲舊式地圖所未有

丁茲推行建設注重國防之時社會人士全國學界對於本國地理應有深切之認識以樹復興之基礎本館宣揚文化職責所在因假六十年事業之紀念編纂本圖俾於國家少有貢獻更爲推行普遍起見屢經改板仍售原價併此聲明

每部實價國幣三元
外加郵費一角六分

總發行所　上海申報館售書科

分發行所　南京　建康路三二五號申報辦事處
北平　西南園廿三號楊仲華君
天津　法租界廿四號路好樂里七號
龔師義君

▲特約經售：生活書店　開明書店

埃非爾士峯的名稱問題

絳央尼馬

我們中國講西藏的古書，從未說過西藏的南邊有所謂埃非爾士峯。可是自從科學輸入我國以後，各級學校講地理的書中，說到西藏，總要提到西藏南邊的希馬拉雅（Himalaya）山中，有一個高峯叫做埃非爾士峯（Mount Everest），并且是世界上的最高山峯。這樣著名的山峯，我國人進過學校的都會知道，爲什麽我國古書講西藏的事沒有這個山名而且類似的譯音名詞也沒有？同時倘使把這個峯名拿來問西藏人，要是他沒進過學校，沒有新的地理知識，無論他是僧侶是俗人有無知識有無地位，他一定會答應你說『不知道，西藏南邊沒有山峯叫那個名字的』。人所共知的西藏南邊有埃非爾士峯，可是西藏人說「沒有」，這眞奇怪。要不研究明白，把淵源弄清楚，那眞是地理學上的笑話了；不僅是隔靴搔癢的事而已！

本來希馬拉雅山是橫亙西藏南邊的大雪山，山嶺起伏週年積雪不化的山峯數目，据西洋地理學家測量學家的計算至少在一萬以上。因爲那裏人口稀少，又難以攀登，又無攀登的必要，所以最大多數的山峯都沒名字。有名字的最多不過五十，而又大抵是香客朝謁聖地，在途中作爲途程遠近的表示而給與的名字，并且這些名字又大體和神有關係的，對于地理科學和山的高度峯的大小都沒有關係。就高度來說，從前尼泊爾人以爲達拉吉里（Dhawlagiri）是希馬拉雅山的最高峯了，後經西洋人測量，它就退居希馬拉雅山峯的第七位。

十九世紀的中葉，英國的印度三角測量局，想把希馬拉雅山全部測量，首先感覺到地域甚廣山峯又多，而且大體沒有名字，倘使一一取定名字也覺煩難，爲便于測量工作進行起見，用羅馬數字，或用字母而加以號數來作指示。一八四八年印度三角測量隊由英人埃非爾士喬治爵士（Sir George Everest）率領出發測量，惟因尼泊爾人不許在境內作此項工作，故該隊即在孟加拉一帶之印度平原中往來工作，其設測量基點六處。一八五二年加爾各答（Calcutta）測量局之總計算員向孟加拉工程部之上校俄安朱爵士報告，說第十五號山峯之高度超過世界上其他任何山峯。俄氏當時任印度總測量員，對于山峯有土名者一概仍舊，而這个世界上最高的山峯尙無土名，故通告以此次測量之領隊埃菲爾士爵士之名爲該峯之名以資紀念，因爲俄氏曾充埃氏部屬而埃氏又爲有名的印度測地學家。這就是埃菲爾士峯得名的由來。

不過俄氏通告之後，尼泊爾統監哈集生氏（Mr. Hodgson）表示反對。分函皇家地理學會和皇家亞細亞學會，說這个山有一个土名叫做德瓦東迦（Devadhunga）。地理學會會長馬哲生爵士（Sir Roderick Murchison）採取俄氏主張，而亞細亞學會依馬氏主張取消埃非爾士的名稱。馬氏既未實地工作過，對於距離的遠近又或許有錯誤之處，甚而可以說馬氏久居尼京未必曾經看過埃非爾士峯。後又經西洋人的考察並無所謂德瓦東迦峯，不過尼泊爾人對于那整個的大雪山有一個神話式的名稱叫做德瓦東迦。後來又另有人主張，說埃非爾士峯有一个印度名稱叫做高立桑喀（Gaurisankar），也經證明不合，而埃非爾士峯的名字，一直傳到現在，還在全世界上流行着。

埃非爾士峯雖然在藏印的邊界上，可是探險埃非爾士的人，非由西藏境內登山不可。難道西藏人對於這個大山，還沒有外人那樣注意，連名字都沒有麽？研究地理和留心西藏的人，常問「埃非爾士峯有西藏名字否？」對於這個問題，答案當然是肯定的「有」。

唐朝的時候，西藏出了一位偉大有名的藏王，那就是松贊幹布。他曾下令，在南方大雪山中，建立寺廟，供俸百鳥，那個地方就是現在的埃非爾士峯附近一帶。所以歷史上稱那一帶的地方叫做甲末隆，西藏文「甲末」譯成漢文是「鳥」，「隆」就是「地」，就是「鳥地」的意思。後來年湮代遠，鳥祀亦廢；經過千餘年之久，土人發音也未免有點變遷，所以屢次英人前往埃非爾士峯探險，所僱的西藏力夫，都叫那地方做角末隆馬。上流社會的人，近如埃非爾士山麓隆布寺中的大小喇嘛，遠如春丕帕克里各地的智識份子，都叫做甲末隆，這是合理的正當的而且簡明的說法。不過它的名字的全部有加「康」字在前稱爲康甲末隆的，又有把「康」字放在後面稱甲末隆康的，又有稱甲末隆康里的。「康」是藏文「雪」字的譯音，「里」是藏文「山」字的譯音。這三種名稱，無論字法有何變動，都可譯作「百鳥大雪山」。

英人探險埃非爾士峯數次，每次均有達賴喇嘛所頒發的通過證，這些通過證現在都好好的保存在英國皇家地理學會中作為珍貴的史料。細察那上面的地方是「羅甲末隆」，「羅」字是西藏文「南」字的譯音，那就是說「南方鳥地」。

簡單說來，埃非爾士四字是發現該山峯的英人人名，用他的名字來紀念；西藏的名字是甲末隆，「鳥地」之意。

3

新亞細亞學會出版書籍

南京江蘇路十一號
新亞細亞學會出版科發行

新亞細亞 第十二卷第二期（每冊定價二角五）

目錄

東北考察記

馬鶴天著　定價大洋六角

本書係著者于九一八事變前，考察東北三省之記載。關於東北之政治、經濟、社會各方面，無不備述。而對於物產、交通、以及日人侵略之實況，尤爲詳盡。不意大好河山，已非我有，際此國人痛心失地之日，手此一編，或足以引起興奮之念，與恢復失地之決心。全書十餘萬言，插圖六十餘幅，定價極廉，購請從速。內容共分九章，要目如下。

一　由南京至瀋陽
二　瀋陽遊覽
三　由瀋陽至黑龍江
四　龍江見聞
五　哈爾濱考察
六　吉林一瞥
七　由吉林至大連
八　大連一覽
九　由大連返南京

康藏

劉家駒著　實價洋四角

康藏在我國西陲，幅員遼闊，物產豐富。惟地據高原，氣候嚴寒，山川險阻，交通不便。國內人士，皆目爲甌脫，毫不注意。野心英俄，乃得乘機侵略。而國內關於康藏著述，又如鳳毛麟角。雖有一二探險家親臨其地，或因語言不通，或因調查不確，以訛傳訛。本書著者世居西康，對於康藏情況，知之極詳。茲將最近實地考察所得，編成是書，爲研究康藏最可靠之本。

第一章　境域地理及氣候
第二章　民族性與能
第三章　文化
第四章　宗教
第五章　生活
第六章　風俗
第七章　實業
第八章　物產
第九章　交通
第十章　行政

亞洲之再生【新亞細亞學會東方叢書之一】

美國 Marguerite Harrison 女士著　華企雲譯

★全一冊　實價一元五角　郵費在內　直接函購　優待七折

在一般人看來，亞洲是一個「不變的東方」。可是從大戰以來，這不變的東方竟然一鳴驚人的「再生」起來。近東方面則土耳其、阿剌伯、因了凱末耳、伊本蘇特的發憤而獨立。中東方面則波斯、阿富汗、經過里薩可汗、阿孟拉的雄圖而崛興。遠東方面則中國、印度、秉承孫中山甘地的領導而奮鬥……一切的一切，都呈了蓬蓬勃勃的生氣。本書著者考察東方有年，即以政治宗教民族等運動爲經，遠東、印度、蘇俄、阿剌伯、回教集團等立場爲緯。從人類生存的故事追溯起來，歸宿到人類向上的發展爲止，將一個復活的亞洲，用生龍活虎之筆，原原本本的描寫出來，其作風直與房龍的人類故事，威爾斯的世界史綱媲美。

目錄

關於西北農林教育之所見

——孝園叢刊之一——

戴季陶先生爲開發西北之實行者。凡讀過新亞細亞學會所編之西北（此書已三版）及新亞細亞月刊（該刊已出至十二卷二期）者，對于戴先生開發西北之言論與計劃，無不贊嘆其切實而奉爲圭臬。近著關于西北農林教育之所見一書，尤有獨到之處，可爲開發西北之南針。研究邊務者，皆當人手一編也。現已出版，書印無多，購請從速。

★定價　每冊實價大洋二角

最近之青海

青海省民政廳編著

（讀此一書，勝遊青海全境）

青海一地，僻處西陲，因道途遙遠，交通不便，消息情形，與內地隔閡，以致大好青海，竟形成爲未經開發之重要秘密區，處女地。近雖有全國步行團；青海考察團，西陲學術考察團，中法學術考察團等團體，紛紛往西北考察，對於青海政察情形，常于報章上披露一二；惟大都是依稀的，約略的，片斷的，抽象的，局部的描寫，而不是具體的敘述。本書爲青海省民政廳編著，對于青海一切的一切，靡不有精確詳盡之記載。全書文字，長凡廿三萬言，附有珍貴照片六十八幅，裝成一大厚冊，爲研究青海之唯一善本。讀此一書，勝遊青海全境。凡留意西北問題者，均宜人手一編也。定價每冊一元二

英人探險西藏埃非爾士峯記

英國榮赫鵬著
絳央尼馬譯 1

榮赫鵬爵士(Sir F. Younghusband)是一九〇四年率領英軍直搗拉薩迫訂城下之盟的人，現在他是英國研究西藏問題的權威，這不用多介紹的。他今年出版了一本書，原名爲 EVEREST: THE CHALLENGE。這一篇是節譯原書的二三兩章而成的。埃非爾士峯 (Mount Everest) 在藏印的邊界上，盛夏酷暑的時節，那上面還是積雪甚厚，寒氣逼人的。我譯這篇，是要使國人知道鄰人在我們邊疆上這樣的地方，都有這樣勤奮的努力，我們國人應該怎樣呢？再則將來有人前去探險的時候，也可以把這篇作爲一個參考。

—譯者附識。一九三六年七月于無錫圓通寺中。

我們從西藏政府已經得到必要的允許，我們已經籌得必要的經費，我們已經集合了一羣攀山的人；可是第一次派往西藏的探險隊，主要目的不是在攀山，而是在偵察入路，尋找可以上山的途徑。因爲第一次探險隊出發到埃非爾士的時候，關于這山的事都不明白，只知道它是高出海面二九〇〇二呎，自遠處看去，山的上部似乎可以攀到。似乎有一個長的山坡直通山頂，它不像K2（按此係探險隊的記號，所指的山在喀什米爾(Kashmir)北部—譯者）山頂那樣完全不能攀到。但是沒有人曾經走近過這山的四十哩的地方，并且就當時我們所知道的來說，直通山頂的傾斜山崗，似乎便利，可是要想攀上去或者是十分不可能的事。還有，那山崗自遠處看去似乎容易，可是到了近處，就有許多不能通過的障礙。

所以第一次探險隊出發的特別目的，就在偵察山形，找出最好的入路，決定進行的最好路線——不過如有順利的機會，并不禁止隊員上登山頂的嘗試。那時候還是無知的時代。沉着的登山家如米德（Meade）和郎斯塔夫(Longstaff)，我不能記在心上了，不過他們都曾攀到二萬三千呎的高度，對于這樣野性的主張隨時都加以鼓勵。但幼稚樂觀派如法拉（Farrar）和我，都夢想這山或許究竟不是如此的困難，空氣之缺乏養氣或許不是極嚴重的障礙，對于偉大的登山家如馬洛利（Mallory）之能到達山頂者或無不能克服的難關。這不是或然的事，而是可能的事。歐洲的布郎峯(Mont Blanc)對于最初登山的人有許多困難，現在却不算什麼了。埃非爾士也是這樣。總之顯然有登上的可能性。而且我們心中和動作都具有熱血，那種可能性更有希望了。

那種可能性的如何顯然，偵察隊的報告就可以告訴我們了。何華布利(Howard. Bury)因早有印度和希馬拉雅山(Himalaya)的經驗，故來管理全隊，并且已派出馬洛利沿着埃非爾士北面流下的巨大冰川上行。他稱它叫做隆布(Rongbuk)冰川，依冰川口的寺廟的名字而定的名字。馬洛利上行已到源頭了。可是在那裏遇着完全不能攀登的絕壁，阻人進行，莫過于此。那上面就是直通山頂的山崗，看來比較容易。可是這一方面沒有辦法可以上登山崗。在這可怖的障礙物地方，只有一個裂縫，後來稱爲北峽(North Col)。馬氏自隆布地方就可以看見它，不過不能到達。但是他估量或許從對方可以到達。全隊遂繞山而行，自東方偵察埃非爾士。馬氏好好的攀登，終能攀上接連北峽之冰山，高二萬三千呎。在這裏可以向上望見埃非爾士的偉大北面。馬氏云『那些容易攀登的岩石和雪坡所佔的距離很大，可是既無危險亦無困難，不過那時有風。再上去一點有可怕的景況。埃非爾士的偉大面上有粉狀的新雪，時時爲大風掃蕩有如浪花一般，而我們路線所在的山崗亦不得不領受它的怒氣。』

他的任務只在偵察，所以須得回轉。而探險隊的目的已算達到。他覺得一路可通山頂——此即後來其他探險隊屢次所取的路線。

後一次的探險隊——此次的領袖是布魯斯將軍(General Bruce)，他是老練的希馬拉雅登山家——出發的特別目的就在攀登埃非爾士。布將軍本人因年老之故不能親試：他的職務是指揮整個工作，組識探險隊，特別是徵集本地力夫而以團體精神貫注于他們。實際攀登的工作則歸之于大登山家如馬洛利羅爾登(Norton)桑厲維(Somorvell)和芬其(G. Finch)——而且他們都是年富力強的。

可是在探險隊出發之前，有一個問題要解決。就是攀登的人員需要養氣與否。到達山頂之途中的主要障礙，就是在那些極高的地帶，空氣中養氣之缺乏。山的外表有天然的障礙，那些都不是不能克服的。寒度或許甚大，但不會阻止人類上抵山頂。眞正的障礙是養氣的缺乏，這個缺點能補救，山頂就可以到達。

但是爲補救起見，需要笨而重的器具。養氣的携帶，須在高壓力之下，使其在極小之空間中，能容極大量的養氣。高壓下的養氣，需要堅固金屬圓筒來裝它。重量一定大——實際上器具有三十磅的重量。因此自然就發生一個問題，吸養氣的利是否勝過携帶笨重器具的害。攀登人員中有二位科學家桑麻維和芬其，他們竭力贊成用養氣，所以探險隊決定配備養氣器具。芬其是化學教員又是偉大的登山家，很熱心的担負管理養氣人員的責任。老實的說，我看見每人的養氣器具并且把它舉起了一下，大喫一驚，就想到人人都要配上這樣的重擔。但是若果携帶它的人不受累贅，我就不怪。探險隊中的芬其對于使用器具極其敏銳，能使全隊的人習以爲常，動身以後，每天必有數小時的練習，探險隊出發時，欲達山頂之希望甚高。

一九二二年三月杪，探險隊離大吉嶺（Darjiling），動身時發生一事值得注意。該地的首要喇嘛及婆羅門教徒爲本隊祝福并誦經祈禱平安。到達埃非爾士峯山麓近處之隆布寺時，亦有同樣的事。布魯斯率領他們的部下請一位喇嘛祝福，這位喇嘛是一位高貴的老紳士，面帶笑容，異常可親。希馬拉雅力夫非常寶貴這些祝福。最神聖的人物準備祝福，力夫們的心理也就堅定，以爲他們要作的事業雖有許多危險，然而是有價值的事業。他們深信這一點，并且他們所最尊敬的人物給他們的好愿，他們都記着，就能夠納他們的全部精神來作這件冒險的事。

本隊動身抱有絕大希望，而結果失望。我們不知養氣的正常用法，又不知逐漸習慣的價值。用養氣的人受器具的累贅太重，未用養氣的人對于所需的力氣又未習慣。結果有無養氣的人，甚至于二萬八千呎的高度都未達到。用養氣的人達二七二三五呎，無養氣的人到二六九八五呎。後者實在高于昔日登山的人二千三百呎。若果創造此項紀錄的馬洛利羅爾登一面更加習慣，一面使身體疲乏之程度減少，此標準或可超過，亦一定能夠超過。

到兩極或埃非爾士的探險隊，出發時都有一種通例，優待最好的人員，使其作最後的極大的努力。準備探到兩極或山頂的一人或數人，免除一切不必要的消耗至最末一刻爲止，然後命其作最後的活動。其餘的人竭力工作。這些人常作預備，環境亦最好。不過這種理論少有實行。在到達目的地之前許久，幾乎常常有需要最好人員的地方。這次也是這樣。向埃非爾士進攻者，或許沒有比馬洛利羅爾登再好的人了；若果只把他們留作後備，靜靜地讓他們養成習慣，不使他們身體受寒氣及物質之不便與夫勞苦工作而疲乏，他們或許在頭一次嘗試就可以到達山頂。不能辦到的緣故，就是高出海面二萬三千呎之北峽所生的障礙。冰川由那個鞍形物下流，由冰川的盡頭處到鞍形物的上行路道，是上山頂的全途中極帶硬性極其危險的部份。這簡直是一個約有一千二百呎的大冰山，裂口又多易有雪崩的危險。隊中最好的人員不得不用作進探的工作。

又有一種困難，他們不能在山頂近處支架最末的帳幕。是時又不知力夫能作何事。直到是時爲止，甚至徒手的人都只到海拔二萬四千六百呎的地方，并且不相信力夫負重二十磅尚能再爲上昇。即使能上昇，亦有困難，因爲在埃非爾士絕壁的面部也難找到六平方呎的地面來支帳幕。結果，攀登人員向山頂作嘗試的出發地點，不過在海拔二萬五千呎的地方，他們幾乎還有四千呎的距離要上昇。這對于他們實在太重。午后二點半鐘，只到這二六九八五呎的高度，只上昇了四百呎。若是繼續，或者可以達到山頂——但是日落以前就不能回來。

本隊未達山頂，但得到重要結果。足以證明人類可以習慣于甚高的地帶。本隊出發之前，尚不知攀登人員在海拔二萬一千呎以上能否居住。從前聽說二萬三千呎的地方人類就不能睡眠，并且在那樣高度的地帶過活，第二天就要比頭一天的情形壞，第三天又更壞。此時才證明恰得其反。第二天比頭天好，第三天又更好。又發現了人體機構能適合新的環境。肺臟也有辦法在內部分泌養氣，這更是一例，證明人類很有能力適應不同的環境。此項發現不特在科學上大有價值，對于一般的登山工作尤見重要。登山之人只須有相當時間使他先成習慣，然後可以毫不懼怕的向希馬拉雅山或安第斯山(Andes)任何巨山進攻。空氣中養氣的缺乏是到達極高地帶的總障礙，這種恐懼不會再有了。

第三次探險隊，在一九二四年組織成功，又交布魯斯將軍率領，以羅爾登上校作副隊長。他們比前次探險隊新到的地方更近山頂——羅爾登和桑麻維到的地方略在二萬八千呎以上。但爲人所習知的，結果是一個慘劇。偉大的登山家馬洛利和他的少年同侶伊爾文（Irvine），携帶養氣作孤獨的嘗試，上登山頂而喪失生命。他們最末一次爲下面的人所看見的時候，還是高高的在山上『健步的往頂上走』；但是他們一去不返，如何死的也不知道。

埃非爾士探險隊，又失敗一次，未達目的。羅爾登和桑麻維若是不因幫助力夫而疲乏，則作最後的努力，或者毫無疑義的可以到較高點的地帶。不過該隊不算毫無成績。攀山的人得到了更多的教訓，就是關于山的事和在高處習慣的事。例如鄂得爾（Odell）的兩次經驗，攀到二萬七千呎的地方，又在二萬三千呎以上的地方住過十天，都是有價值的指示，說明人類的適應能力，而力夫也能負運到較高的地方。他們已能使羅爾登和桑麻維動身，離去的帳幕在二萬六千八百呎的高度——已較郎迦帕巴（Nauga Parbat——在喀什米爾西北部，印度河旁——譯者）山頂爲高。

埃非爾士攀登人員，于再行努力欲達山頂而折回之時間，並無失望的意思——只有安慰的感覺。因爲養氣缺乏，感覺也就不敏，而且他們極其疲乏，有如將死的人一般。暫時也就不能計較成敗了。但是一經回到甚至海拔一萬五千呎的西藏平原，他們的銳敏性又恢復了。羅爾登回到大吉嶺之前，他又電告埃非爾士委員會，主張組織探險隊再試一次，于是又向西藏政府交涉。但是未經順利的接受，山神顯然不悅，不應再往攪擾。

所以經過數年，不能再有探險隊了。但是完全爲意料所不及的，一九三二年八月得到消息，西藏政府又願意允許探險隊前往埃非爾士。因爲埃非爾士委員會隨時都存在，而且有五千金鎊存留着以爲新探險隊設備之用，所以準備工作可以立即進行。

既然經過數年，所以羅爾登桑麻維及以前各次探險隊的人員都不宜于到達山頂。但希望羅爾登終能率領該隊。這難辦到，因爲他恰在最近奉委重要軍職。于是領袖的人選，到了拉特雷治（H. Ruttledge）身上，他在阿耳莫拉（Almora在尼泊爾西界之外——譯者）的希馬拉雅區任了五年的文職。不僅是一个亞爾卑斯（Alpine）的攀登專家，他還攀登過希馬拉雅多次，并且知道希馬拉雅的民族。他年紀太老，不能同他人作最後的進攻。但是他是一个理想中完美的人，組織埃非爾士探險隊而且來領導。

實際進攻的工作，也要一位理想中完美的人。自希馬拉雅之進攻開始以來，攀登希馬拉雅之興趣大爲增加。德國曾有三次探險隊出發，嘗試康慶中迦(Kangchen-junga在大吉嶺之北——譯者)——高二八一五〇呎。斯邁司(Smythe)曾參加過一次。他本人又曾進攻二五四四七呎之高峯喀麥提(Kamet在尼泊爾的極西——譯者)而加以征服，當時不過三十三歲，所以他就成爲担任最大工作的人物了。其餘的人登山經驗或許較少，也是很好的，都集合起來，決定出發時間應較前數次爲早，拉特雷治就安排于一九三三年三月五日離開大吉嶺。

使用養氣的難題又考慮一次，携帶輕的圓筒，內裝養氣用作興奮劑而已。不似前二次的探險隊了，無意把養氣作正規的使用，而且拉特雷治把逐漸習慣的事作爲本隊的主要事項。前數次已証明人類能夠習于高度的環境。又知欲求習慣之有效，必須逐漸行之。攀登人員萬勿急馳于山上，必須長久行之，這是拉特雷治的意思。于是他就計劃，比前數次早些動身，早到基礎帳幕，如此則時間更爲富裕，可以進上東隆布冰川而到山麓，這一段時間當中，攀登人員可以逐漸習慣于高地帶環境。所以希望須作最後努力的時間到達，他們就可以比羅爾登桑麻維更爲適宜。拉特雷治說過，他們可以辦到『他們的極高度的能力』。

關于『逐漸習慣』的事，這是他的意思。但是還有二要事須得打算。一是敗壞，由于嚴寒，由于不斷的刺骨寒風，由于失眠，憂愁，高度地方易于發怒的性情，頭痛，不可口的食物，及一般的不適，敗壞之事易生，幷且逐漸習慣的好處都要全遭打擊。一個人可以走到二萬七千呎的地方而有很美滿的習慣，不過就太弱了，太受壓迫了，不能再作相當的努力以上達山頂。第二件不利的要事是天氣，進攻埃非爾士，只有很短的時間可以利用。五月之初以前，天氣過于嚴寒。六月之初以後，季候風又要來，使山爲雪所閟蔽，攀登遂不可能。但是該月的任何一日，最可怕的風雪又可以起來，留住攀登之人員二三日之久。所以爲要抓住好天氣的順利的短時間，則進攻的事必在攀登人員習慣于極高度地方之前舉行。不然俟他們習慣以後，或許就爲風雪所阻，時間之久可以使身體敗壞，或許心中亦然。

這些都是拉特雷治須要對付的問題，故在進入西藏以前，他就仔細的作出全盤的計劃。有人或許以爲細心計劃的最好時間是在出發後經過西藏的時候，全隊齊集就可以互相討論。但據經驗所得，出發以後首領和人員事務太多，不能集中精力以對付某一問題。最小心的打算，須得要有關于冰川及山上幕帳的構造和接濟，力夫的救濟，攀登人員的名單；而這些打算，最好在動身之前在英國較爲平靜的天氣中就作出來。

一九三三年三月八日，探險隊離開大吉嶺。四月十六日到達一萬六千呎的隆布寺，四月十七日到基礎幕帳，地迫埃非爾士流下的隆布冰川口。四月二十一日冰川第一幕帳已經擠滿。在第二幕帳，高度爲一萬九千八百呎，已有五十度的冰霜。五月二日第三幕帳建立于冰川之上端二萬一千呎高度的地方，距上達二萬三千呎之北峽的冰坡約爲一哩。進行不必快，這是拉特雷治的計劃的一部份，他主張在冰川中慢慢進行，所以人人在每個幕帳中都有四天功夫來養成習慣，幷且又想使第三幕帳存積充分物件，使其不靠基礎帳幕而足以供給上面各幕帳的糧食等物。

直到此時，都照原定計劃進行。但是此刻的前面就是全部上山道路的最難部份，即是攀登北峽，幷且不久發現山坡都大變了——變壞些了——在一九二四年探險之後。昔日的路上是發光的冰坡。最難而最危險的攀登工作，必須擔任。定規的工作班必須成立，直到上山的路打開時止，各山坡必須逐日加以進攻。輪流每人在前作二十分鐘的開路工作；同時別人作打樁工作幷安設繩索。有千餘呎的距離需要此項工作，五月八日起至十五日乃止。

這項工作剛完，暴風雨來了，全部工作停止一直到二十日。如此又損失五個好的日子。同時又聞孟加拉(Bengal)灣的季候風又活躍起來了——提前約兩禮拜。現在又做什麼呢？如果在季候風起來以前，攀登之人就急馳以達山頂，或嫌習慣不足，難于達到目的。反之，若照去時逐漸養成習慣的辦法，閒散的登山，又恐尚未作最後努力的時候，季候風就要爆發了。

在這個緊急時期當中，拉氏本人于二十一日到第四幕帳——這里四十八歲的人的良好行動——幷且決定次日努力建立第五幕帳于二萬五千五百呎以上的地方，再次日建立第六幕帳。二十二日早晨，埃非爾士聳立出來非常清楚，上面又無雪，風也沒有，全隊都高興。太陽照耀明朗，前途頗好。在這種狀況之中，攀登之事好好的進行。一點鐘的時候第五幕帳建立于二五七〇〇呎的極好的平台上。若是天氣繼續如此，就想在次日于二七四〇〇呎的地方建立第六幕帳。

天氣未能繼續，另起大風。哈利（W. Harris）和威吉（Wager）要前往建立第六幕帳，五月二十三日也就留于第五幕帳之中。同時斯邁司和希甫登（Shipton）受天空清朗現象的鼓勵離開第四幕帳。他們以爲哈利和威吉已經前進，到達時始知他們還在那裏，但是沒有地方容納兩對登山人員，遂不得不決定何人應回第四幕帳。決定哈氏和威氏二人回去。

五月二十四日，山的景象可怖，極大的風起來了。山面又不斷的爲霧雪所競相掩蓋而不能看見了。

危機異常迫切。外面的情況極其殘忍，內部的人們又趨于疏懶，故不得不有毅然的決斷——而且是立即行動的決斷。寡斷有如最愚的行動，易流爲災禍。斯邁司和希甫登不能無定期的留在那裏，不然會餓死。第四幕帳的總部也不能久留，或須撤退。如其撤退，又如何能在風雪之中，經過可畏的冰坡下行？埃非爾士很殘忍的向這些妄還的闖入之人加緊壓迫。

二十五日的早晨，它放鬆了一點——恰足以使攀登人員想到還有希望。于是拉氏本人爲首，擔任衝鋒的工作，以救回較爲少年的人便于作當前更重的工作，同行者有人員五名，力夫十名，以補充第五幕帳的糧食。剛到北峽大風又起，誠如拉氏所說『傾入堅硬的寒川』。這是慘刑！雖有蔽風眼鏡，兩目亦頗痛苦。好像是急流的冰水一樣，把四肢緊緊地禁閉起來。每往上舉一步，都要像打仗般的努力。最壞的事，是空氣中的嚴寒寒氣吸入工作已苦之肺臟。

在北峽上面山崗的不遠地方，得遇斯邁司自第五幕帳下來。那天早晨很早的時候，他還希望可以繼續作上行的工作建立第六幕帳，而力夫們亦願意努力。可是後來風又起來了，寒氣太甚；又有暴風起來的趨勢，于是斯希二人決定退到北峽，稍緩再來努力。當時的情形，八個優秀力夫，多少都有點凍瘡的痛苦。再立第五幕帳的意思也放棄了，上下的兩批人員都回到第四幕帳。

他們到了那裏，本可以決定放棄對于山的嘗試。一切很好的計劃都辦壞了，拉氏計劃提早上山，而季候風也就提早襲來，而且埃非爾士之兇惡反到了極點。力夫在第五幕帳過的日子又是可怕的，痛苦很多。第四幕帳—恰在北峽之下——也變爲危險，因爲它的基礎岩石上崩來了一個小冰山。天氣又繼續的加以威脅，但不能想到撤退的事，進攻的隊伍或許可以改組，新的計劃可以製出，而進攻的事必須繼續。

五月二十六日新計劃的詳節作出來了。爲避雪崩的危險起見，在峽的地方建立了一個小幕帳。它的地位是露在外面的，很是可怕；可是是安全的。拉氏和別人讓送有凍瘡的力夫下去到第三幕帳的時期，進攻的隊伍概須留在那裏。

五月二十八日又開始轉好了，又希望在季候風之前或許有一個時間的天氣很好，哈利威吉白尼（Birnie）及郎蘭（Longland）帶了十二個新選出的力夫，從北峽動身去再建第五幕帳。五小時內就到原地，那天的其餘時候全用來烹調，製造暖飲料裝入温水瓶，預備作次日的早餐。

五月二十九日，極早的時候頗冷，山崗上有刺人的風吹過。力夫能負重到更高地方而且願意在二萬七千呎以上的地方建立第六幕帳麽？這個急待解決的問題，只有力夫們自己可以作答。前一次探險，只費了四小時的勸告，他們就答應作這個可怕的事了。但自那時以後，這些奇怪的山中人民，精神就大變了。事情既經做過一次，爲什麽不能再做呢？何況強有力的團體精神已在他們中間發生了。他們的前輩人，爲協巴人（Sherpas）和布地亞人（Bhutias，按協巴人及布地亞人均係大吉嶺附近一帶的希馬拉雅山中人種——譯者）爭了一些名聲，那種名聲應該保留而加多。驕傲之心阻止他們放棄努力，八「虎」遂又準備好，要走了。

因爲嚴寒，又因爲温水瓶在前一夜不能保持水的熱度，所以不能不新作飲料，直到午前八點鐘才動身。然後哈利威吉郎蘭留下白尼在第五幕帳作爲接濟員，率領力夫八人，各負重十磅，向北方的山崗前進。每行五十分鐘，即有十分鐘的休息，包括休息在內，每小時只上行四百呎。進行順利，不過困難只在要尋找一個地點相當的平，相當的大，可以建立一個七呎長四呎寬的米德（Meade）幕帳。山邊全是陡的傾斜的石板：所能找到的最好地方就是一個岩石，向外傾斜，上積有雪，而且也莫有大于三呎寬的地方。就在那上面建了一個平台。小的十磅幕帳就在那裏支起，盡力求其堅固，四個睡臥口袋，四人四天的糧食，幾個烹調器都存放在那裏；並且建立了第六幕帳在二萬七千四百呎的地方。這確是一個偉大的登山事業。

把這件事完成了，哈利和威吉就留在那裏，郎蘭率領力夫八人回到北峽。他們若是無人照料無人管理，他們會由最近的路跑下山來，而且一定會有災厄。事實上，郎蘭只有顯出山中的最偉大技術，才把他們平安的帶回幕帳中來。因為突然間，起了一個兇而有力的暴風挾雪而來，片刻之間又歸平靜。稍頃，上天似乎又瘋狂了，風起而怒號，雪片飛過，足以遮蔽一切。人的風鏡結冰，非捨棄不可，過後眼毛亦凍在一起，從飛奔的雪中看不見界標。較為疲乏的力夫，有些坐下，再受不了風的怒氣了。但是不能不催他們前進，直到最後看見小幕帳時乃止。這是第五幕帳，他們早晨離開的，此時斯邁司和希甫登已來到了。最疲乏的兩個力夫留在此地。然後郎蘭率領其餘的下去到北峽，他到達的時候恰在天黑以前，又恰恰在他的忍耐力的界限上。

向山頂進攻的站口，又這樣的作好了一次。哈利和威吉在第六幕帳，高二七四〇〇呎，準備次日嘗試一次。斯邁司和希甫登在第五幕帳，準備跟隨前進。白尼在第五幕帳作接濟，郎蘭克洛佛（Crawford）及馬克林（Mc Lean）在北峽。這是五月二十九日的形勢。

哈利和威吉在三十日動身就沒有做好，因為夜間他們都受攪擾。不能安眠，故在四點半就醒了，食量不佳，口又甚渴，埃非爾士的空氣極甘燥又無大量的水，雪又絕不溶化。溫水瓶又不能保溫，所以不能不化費一個鐘頭，在『烹調器』上溶雪取水。過後他們略略吃了一點雞肉精，罐頭水果，餅乾，牛奶。當他們吃這樣極不完備的點心的時候，又要把凍了的靴子放在另一『烹調器』上烤一下。午前五點四十分鐘，他們穿好了禦風外衣，才準備出幕帳向山頂攀去。

太陽還沒有照到山的他們那邊去，所以頭一小時很受嚴寒的痛苦。而且因為在二萬七八千呎的高度地方，缺乏養氣遂有過度喘息，所以體溫突減，都覺得有凍僵的徵兆。

他們想到達山崗的高處，然後如馬洛利氏從前所想像的，沿着它以到最後的方尖頂，再上去就到山頂了，那是高于他們的幕帳一千六百呎，約有一哩多之遙。既有一個整天的時候，這件事似乎是很合理的計劃。

但是沿着山脊的一路，無法進行。他們上去到了一個黑灰色絕壁，又平滑又無可把握，遂無前進的可能。他們唯一的道路是沿山邊上攀，正與多年以前羅爾登和桑麻維相同，可是就這樣也就困難而危險了。他們不得不越過有雪掩蓋的傾斜石板，很像屋頂上的瓦。而且斜坡的極端又全是絕壁，一滑脚就可以使他們跌下到萬呎的冰川中。

他們繞了一角到達一個大雪溝，溝的上面通最後的方尖頂。這裏有極怪的雪粉五十呎，但載不住人的脚，這幾乎是全部上山路途的最危險部份。他們冒了可怕的危險，才能越過這個障礙，並且慢慢地小心地又爬了一百五十呎，到了小溝的邊上，那裏，雪特別的深而軟。哈利本想越過，不久作個最後決定，攀登的可能範圍實已達到。

此時是十二點半鐘，他們的地方約爲二萬八千一百呎，還在山頂之下約一千呎。至少需要四點鐘才能到達，然後折回的時間又不足了。所以他們唯一辦法是放棄嘗試回到第六幕帳。他們在午後四點到達，看見斯邁司和希甫登在那裏。他們把探險的結果告訴他們過後，就前進到第五幕帳過夜。

第一次嘗試失敗了。這回停止的地方大約與羅爾登所到達之點相同，現在就讓斯希二氏作最後的努力了。他們頭兩天在攀登到第六幕帳的途中，非常痛苦。寒氣極大，刺人的雪雲使數碼之間不能見物，不過他們在第五幕帳中避風雪，也很快樂。午後風雪加勁，起旋的雪掃過埃非爾士的面上。所幸夜間風雪就停止了，次日黎明又晴，所以在哈威二人試登山頂後回來之前數小時，他們就可以無困難的到達第六幕帳。

夜間平靜，但是二位攀登人員在夜間既不能安定，又不能舒適，醒來就疲乏，而且因爲缺乏足夠的養氣又覺萎頓。天明的時候風起而雪又來了，試登山頂又不可能。午後風雪甚狂，他們只得留于幕中。次日天明時又晴朗，但是極其寒冷。在六點半鐘之前，穿不上凍靴和禦風衣。他們的全套衣服，曾由斯邁司加以描寫。他穿了一件薛蘭（Shetland）背心，厚法蘭絨襯衫，厚駝絨緊身衣，六頂輕便的薛蘭帽，兩條薛蘭長褲，法蘭絨褲，並且上面還有一套絲裏的『格倫非』（"Grenfell"）風衣。頭上還有薛蘭頭盔，以資保護，外面還有一頂格倫非布的盔。又穿了四雙薛蘭的長短襪，登山靴寬鬆而略有釘，但在傾斜石板上可以抓緊，手上有羊毛無指手套，外面有一雙南非洲的羊皮手套。

這對攀登人員，不似前頭一對，不沿山脊之高處試登。他們就在下邊慢慢地上行到達一個微傾的石台，可以支幕于其上。山脊的高處有所謂『第一步』，他們在下面經過了那裏又繼續沿着逐漸狹窄的一些岩石前進。希甫登在動身之前就說胃痛，到了這裏突然告屈服了。斯邁司遂如數年前的羅爾登，單獨向山頂前進。

他不久走到大溝，這個大溝，一般的說來，是成極陡的角形，下去二三百呎就全是絕壁不通了。他很驚怪的，這個大溝在他走進的地方充滿了硬雪，他要在那中間打出來十多步，隨時又須停止以便呼吸。他在午前十鐘越過了大溝，又向一旁溝前進；橫過埃非爾士的北面有一條黑岩，只有這個旁溝才是它的缺口，不然就難以克服了。斯氏欲作一次陡的攀登，橫過旁溝，儘可能的進入高處，再由該處沿着它通過缺口而上，可到最後方尖頂的面部。

這是他的意思。但是那時以前的攀登，危險甚于困難，現時就危險和困難都有了。雪不能停留的太陡的地方，各處已經積有新降的雪。軟如麵粉鬆如白糖，密度又不足以載人的脚而阻其滑下。有些地方，人沉下到膝部，甚而常有到股部的時候，有時須在雪中摸索可以把握的物件，又有時可以劃雪而使下面岩石的粗面露出。甚而斯邁司也說，這個工作最費力最艱苦。

到了十一點鐘，他才上昇五十呎，大約到達二日前哈利和威吉及一九二四年羅爾登所到的地方。山頂之到達毫不可能，他所能做的就是回到舊的幕帳，這個事也是煩難。但是他在午後一鐘到達，希甫登這時已復原下山去了，斯氏才決定留此地過夜。

一小時之後，突然起了可怕的暴風，起旋的雪霧狂飛而過各地山岩。日將落時風又停止，斯氏留下于海拔

12

二七〇〇呎的地方單獨過夜。午後六點就寢，次晨七點才醒——昔日以爲二萬呎以上的高度不能睡眠，這是最好的反駁。

次晨最冷，這是他終身不忘的事。但是天氣平靜，在他下面的季候風的雲海中也沒有動作。他動身下山的時候，空氣中也沒有非常的東西。忽然間，大風起來，其力之大幾乎把他吹走了。不斷的大風，又繼之以可怕的暴風發狂似地。『要想以面對風一會兒都不可能，因爲風鏡立即凍起，飛雪刺人有如鞭打。』風力之加大，絕不是斯氏從前在任何山上所經驗過的。空中爲飛雪充滿，一二碼以外都難看淸。他不得已常用兩手和膝爬行；而且有幾次把他吹開了，他的斧頭救了他，才不致于滑下而有生命的危險。

寒氣也是可怕的，雖說他穿了一身，好像他的全身都緊緊地在寒氣的緊握中。他覺得有死氣的麻木性爬上他的身體。若是他不能到達北崗山脊背後的躲避處所，他的身體一定病了。到了那裏，可怖的死威，才慢慢地離去身體，雙手很費力的恢復了血液的循環。然後他能繼續下行，終達第四幕帳。

13

記清光緒三十一年巴塘之亂

吳豐培

清代康藏亂事，戕害大臣者，有二：一爲乾隆十五年，朱爾墨特之亂，駐藏大臣傅清左都御史拉布敦被害；一卽光緒三十一年，巴塘喇嘛作亂，戕駐藏幫辦大臣鳳全於鸚哥嘴。攷兩亂事之時間，則前久後暫；究其事之結果，則前得後失。蓋乾隆之世，兵力强盛，雖用兵日久多糜餉糈，而平定以後，相安者百年；迨及光緒，外侮內禍相逼而來，雖爲時不過數月而巴亂勘平，藏事從此遂難收拾矣。蓋巴塘變亂，爲川軍入藏之張本，川軍入藏爲藏人離叛中土之根原，關鍵所繫，讀者鑑諸。

清光緒三十年，英兵入藏，逼訂條約；中國主權損失殊甚，乃派津海關道唐紹儀以三品京卿，加副都統銜，赴藏全權議約，復謀經營四川土司；命四川總督錫良等妥籌藏務，於是乃有將駐藏幫辦大臣移駐察木多，居中策應之請。德宗實錄云：

「三十年正月己未，諭軍機大臣等：電寄四川總督錫良等會奏妥籌藏務，請將幫辦大臣移駐察木多，居中策應等語。業經降旨允准。桂霖久住成都，殊屬延緩，著卽剋期起程前往，隨時會商有泰，妥籌辦理」。

時駐藏大臣有泰新入藏，於二十九年十二月二十七日，奏川藏交界情形，及藏印近事摺中，兼及裏塘巴塘情形，亦請將幫辦大臣駐紮察木多，有泰奏議云：

「……裏塘巴塘本川屬也。兩處土司，頗知恭順。經奴才宣播朝廷威德，曉以大義，無不同聲感戴。惟生長蠻方，不無桀驁情性，遇有錐刀之末，亦起爭端；誠得地方官實力維持，自可相安無事。惟有各寺院之喇嘛，愈出愈多，堪布之權，間出其中；該喇嘛則重利以剝之，多方以脅之，如約不償，則査鈔備抵；甚至縱使無賴番僧沿途搶掠，控其追究，反索規禮；以致巴塘察木多交界之乍丫一帶，盜案如林，客商裹足。竊思此輩番僧，皆吾赤子，倘能虔心奉佛，並非我國法所不容；而乃干預地方，肆無忌憚，若不早爲箝制，竊恐一朝尾大，收拾更難；是以奴才歷次函商署四川督臣錫良，及幫辦大臣桂霖，擬請於察木多地方，添設重鎭，安駐大員，籌防練兵，次第奏辦；庶幾外可以懾藩服，內可以靖蜀疆。途中接准署四川督臣錫良來咨，業經與幫辦大臣桂霖會銜陳奏：擬請幫辦大臣駐紮察木多，居中策應；誠今日之急務，奴才所日夜籌思者也。……」

清廷雖允准將駐藏幫辦大臣移駐察木多而桂霖未及赴任，於三十年四月甲寅以目疾解職；乃以四川候補道鳳全爲駐藏幫辦大臣，賞副都統銜。鳳全宦蜀久，頗著政聲，淸史稿列傳卷二百四十本傳云：

「鳳全字茀堂，滿洲鑲黃旗人。荊州駐防。以舉人入貲爲知縣，銓四川；光緒二年，權知開縣；至則使吏捕仇開正；開正故無賴，痛以重法繩之，卒改善。李氏爲邑豪族，其族人倚勢，所爲多不法；鳳全直法行治，雖豪必夷；以故人人惴恐。歷成都綿竹，補蒲江，署崇慶州，一如治開；舉治行第一，擢邛州直隸州。二十三年調資州大足縣；余蠻子亂起，其黨唐翠屏等擁衆入境，鳳全迺治城防，設間諜，練鄉勇，聯客軍；謀定寇至，亟遣軍間道襲擊，戰太平場，捕斬略盡，復越境搜治餘黨，不兩月而事寧。州屬患水餒，民多失業，設法賑濟之，全活甚衆。再以治行聞，調署瀘州，二十八年權知嘉定府。綠江會匪嘯聚，既蒞事，舉團練，嚴治通匪土豪，居民莫敢玩法。無何，拳匪延入蜀，嘉定當水陸衝，郡中一夕數驚，鳳全內固人心，外嚴拒守；嘗提一旅師，四出游弋，匪不敢近。故隣境多破碎，惟嘉郡差全，各國僑民多樂就之。繇是名大著。岑春煊性嚴厲，喜彈劾，屬吏鮮當意，獨亟賞鳳全；一再論薦，遷成綿龍茂道。……」

及任駐藏之命至打箭鑪，即奏請招募士勇及經營達木三十九族等處屯練。德宗實錄云：

「三十年十一月丁亥，駐藏幫辦大臣鳳全奏，行抵鑪廳，酌量招募士勇，剋期出關。得旨：著即認眞訓練，務期得力。」「又奏遵旨籌辦川藏事宜，屯練寔爲急務；而鑪霍適當川藏之沖，欲保前藏來路，當自經營達木三十九族始，欲保川疆後路，當自經營新設鑪霍屯始；擬待來春回鑪合操，卽往該屯切實查勘，分地舉辦。得旨：仍著會商有泰，認眞籌辦。」

迨行抵巴塘，見土司侵擾細民，喇嘛尤爲橫恣，久蔑視大臣；以爲縱之則益滋驕慢，後或且嬰患，因是有暫停剃度限定人數之奏。東華續錄卷一九一云：

「光緒三十一年正月乙未，鳳全奏：裏塘地方土司積弱，日以朘削番民爲事。十室九空，僧多民少；大寺喇嘛多者四五千人，藉以壓制土司，刻削番民，積習多年，駐防營汛單薄，文武相顧，莫敢誰何，搶刦頻仍，牛以喇嘛爲逋逃藪；致往來商旅，覩向喇嘛寺納賄保險；卽弋獲夾壩，輒復受賄縱逸。上年聚衆撤站，經前督臣飭派鑪廳同知劉廷恕帶兵剿辦，將爲首滋事之堪布殲除，其勢稍歛。奴才道出該臺，嚴飭該土司堪布奉公守法，清查夾壩，拏獲重懲；復飭駐防守備張世彥由土司選募土勇百名，訓練協防。近尙有法司鐸蒲德元被刦之案，幸未傷人。該處黃土岡乾海子一帶，爲夾壩出沒之區，當嚴檄鑪裏文武，及該土司：勒限嚴緝，並飭派弁勇，由巴塘文武懸賞購綫協拏，期於獲盜，究出喇嘛寺勾通情弊，一併重懲，以靖地方。惟是盡絕根株，非使喇嘛寺有所限制不可。卽此不圖，相率效尤，恐以後辦事亦多掣肘。擬請申明舊制，凡土司地方大寺喇嘛，不得逾三百名，以二十年爲期，暫停剃度；嗣後限以披單定額，不准私度一僧，其年在十三歲以內喇嘛，飭家屬領回還俗。奴才一面嚴諭土司堪布，將大寺喇嘛令其各歸部落；另建小寺散住梵修，以分其勢。請一併飭下理藩院核議施行。如此辦法，二十年後，喇嘛日少，百姓日增，何至比戶流離，緇徒坐食。有土有人之效。可立覩也。得旨：該衙門議奏。」

又奏請飭收三瞻內屬，淸季外交史料卷一百八十七云：

「駐藏大臣鳳全奏爲途次中渡，欽奉廷旨，飭收三瞻內屬；謹陳邊辦籌商情形事。竊奴才在中渡途次，承准軍機大臣字寄，光緒三十年九月二十三日奉上諭：有人奏西藏情形危急，請經營四川各土司，並及時將三瞻收回內屬等語。著錫良有泰鳳全，體察情形，妥籌具奏，原摺著鈔給閱看；將此各諭令知之，欽此。當即欽遵咨行去後。查瞻對迭經撻伐，震懾兵威，上年叛藏歸川，已無異志。前大臣長庚善後講奏：請歸爐裏彙轄未果。番官闢與土司搆釁，前督臣鹿傳霖聲罪致討，克平其地；正擬改土歸流，擴清川藏門戶，乃商上赴京飾詞控訴，飭交前成都將軍恭壽查辦，囫圇覆奏。將三瞻地方，仍復賞還達賴，在朝廷念切撫綏，不失懷柔之道；而疆臣昧於形勢，坐貽川藏之憂。查瞻對本川省藩籬，而收還實保固根基。長庚盡力調停，實苦事多牽制；鹿傳霖乘時規復，亦期妙協經權。承准前因，仰見廟謀深遠，與老成謀國之苦衷，先後若合符節。奴才跪聆之下，欽佩莫名。復另備公函，商同辦事大臣有泰督臣錫良妥籌辦法。旋准督臣咨電，囑催有泰開導商上，調回番官，酌酬昔年兵費，以便接收，免誤事機。奴才遵即咨催，迄今未經據覆。查達賴去藏未知定在，商上無主，因而推諉遷延，自在意計之中。奴才惟有靜以待之，一面遴派曉事土人，前往瞻地探明道路；且覘番官瞻目向背，以便相機因應。復據爐廳同知劉廷恕等稟稱：遴扎密派得力弁目赴瞻開導，宣布朝廷德意；瞻民均願歸川，歡欣鼓舞。番官來稟，臨俟商上檄調，詞意俱極恭順。惟有泰未經據覆，商上果否遵依，何敢輕舉妄動，以致另生枝節。應請飭下辦事大臣有泰，設法開導商上。早爲定議，迅赴事機，實爲第一要義。其餘應辦事宜，容奴才接據有泰商覆咨函，即行飛商督臣妥籌辦理，謹奏。光緒三十一年正月二十九日。」

及留駐巴塘半年，鑪廳半年，以期辦事應手，德宗實錄云： 3

「三十一年正月庚子，駐藏幫辦大臣鳳全又奏勘巴塘屯墾，遠駐察台，恐難衆順；變通留駐巴塘半年，鑪廳半年，以期辦事應手。得旨：著仍駐察木多，妥籌辦理。」

是鳳全使藏，亟思整頓，而巴塘地介川藏，漢番雜處，人情素悍。西康建省記之巴塘改流記記巴塘地勢，及管理情形云：

「巴塘古之白狼國，地方千里。裏塘曲登在其東，江卡三岩在其西，雲南在其南，德格在其北；跨於金沙江之上，有正副兩土司，一宣慰，一宣撫，皆世襲其官，分管其地，清時屢次用兵西藏，并有駐藏官兵；故於巴塘設一糧員，以川省同知通判知州知縣等官委任；三年交替，爲轉運糧餉計也。又設有都司一員，千總一員；於距巴塘八十里之竹巴隴設外委一員，由川省綠營中派弁兵往戍，亦三年更替。其喇嘛寺，設堪布一名，鐵棒一名，爲僧官；照漢官制，三年任滿另換。堪布一職，以留學西藏通佛經，曾爲藏中達賴喇嘛考驗取爲進士喇嘛者；回籍之後，遇有寺中堪布缺出，由衆喇嘛公舉，請糧員稟報四川總督委任之。鐵棒一職，係衆喇嘛擇其平素公正者推充之。堪布掌管教務經典，鐵棒管理僧人條規。番人犯罪，土司治之，番人之喇嘛犯罪，鐵棒治之，文武漢官，不能干涉。惟番女之嫁於漢人者，犯事歸漢官辦理。其土司所轄地方，征收糧稅，亦納國家之賦。然所納無多，且由川省給與土餉，除以賦銀相抵外，年尙給銀千餘金，故漢番相處無事。……」

鳳全初至，民信未孚，驟議開墾其地，番人不從，遂作亂，燒敎堂，殺兩司鐸，鳳全遂及於難。西康建省記之巴塘改流記云：

「光緒三十年，駐藏幫辦大臣鳳全由川赴藏，道經巴塘；見地土膏腴，卽招漢人開墾，乃番人迷信，以爲神山不可動，出而阻止，鳳不聽，於茨梨隴築墾場，委巴塘糧員吳錫珍都司吳以忠兼墾。且鳳全所帶衞兵，習洋操，用洋鼓號；番人疑爲洋官，阻墾愈力。土司堪布勸鳳速入藏，以免巴塘生事。鳳詈罵之，益激番人之怒。於是七村溝之百姓刦墾場，殺墾夫，羣起逐鳳。漢兵寡不敵衆，吳以忠陣亡，外人敎堂亦被燬，并殺斃兩司鐸；鳳逃入正土司寨內，與番人議和；番人詐許，迫鳳回川；鳳乃率隨員兵士東行；吳糧員欲棄室相隨，其妻聞之亦出，而欲乘馬偕行，被馬蹄傷墜地，吳乃止。鳳行數里，至鸚哥嘴，番人埋伏攻擊之，官兵同死難；惟吳糧員以未行得免，兵士間有逃脫者，皆良番庇匿之力也。」

亂作，外務部急電駐藏大臣有泰告其亂情，並命妥撫藏番。有泰電稿云：

「川省軍督電，巴塘番匪作亂，焚燬敎堂，法敎士被困；駐藏大臣鳳全上月初一日在紅亭子遇伏，力戰被戕，隨員同殉，奉旨着派大員查察情形，會同馬維騏分別剿辦。迭據電稱：鳳全因見各寺喇嘛强橫，窩匪剝民，奏請酌減人數，遇事裁抑。此次因番衆迭放搶犯，鳳全派勇追拏，逃竄丁林寺，擲石傷勇，遂即爲變。以鳳大臣袒敎庇洋相煽惑；現馬維騏將抗聚戕弁之泰凝寺攻克。惟法敎士四人存亡未確；聞牧守仁已被害。此外偵探救援，迄不得前。匪蹤擾及裏塘、三瞻復謀助戰，其馬隊向泰凝進發。現俟兵餉糧運，布置稍妥，卽飭趙道爾豐到鑪會同馬提督迅速進兵，告滇督電有疋司鐸由茨姑逃至維西，并據阿墩千總稟：三月十一日番匪圍焚敎堂抵禦臨出，現飭麗江府帶營前往堵剿，並防勾結，此巴塘亂事及川滇辦理情形也。藏中關係緊要，應由尊處審度事機，妥爲安撫。現在道路阻塞，文報不通，玆由總稅司寄江孜轉達，希將一切消息隨時詳晰電聞，以便轉電川滇及新任駐藏幫辦大臣聯豫共籌措置。并盼復，外務部鼓。」

時達賴喇嘛出亡庫倫，政務無主；且英患日逼，無暇顧及；故藏地尚爲安謐，對此亂事一無表示。有泰復外務部電云：

「外務部王爺大人鈞鑒：魚電謹悉，巴案出後，卽傳集噶布倫等切實飭知，曉以利害。嗣准川督來電：請飭嚴防，并諭藏嚴禁瞻番助逆，復經轉飭察木多一帶漢番各官一體防範，及譯行商上去後。現據稟稱：巴番釀此鉅禍，請早查辦，以除兇逆，現分札藏屬各營官，不准勾結容留助亂。且稱巴匪曾到江卡勾結煽惑，幸番官拒絕未從；至瞻民好動，雖經嚴飭番官，力爲約束，而路途窵遠，一時未據回覆各等情，當經咨明川督在案。泰查商上來稟，頗明事理，深知效順，近日並無隔閡，藏地極爲靜謐；足以上紓宸廑。現又添派員弁，馳赴要隘，會同番官，併力守禦，以防竄擾。除具摺外，乞先代奏。」

事後，有泰於四月二十八日，始將亂事原委詳奏。有泰奏稿云：

「奏爲巴塘番匪，聚衆尋衅，滋事戕官，現飭嚴防，及藏境安謐情形，恭摺具陳，仰祈聖鑒事。竊奴才於光緒三十一年三月二十三日，准四川督臣錫良由印度來電內稱：鳳大臣甫調兵未行，朔日遽被戕害，猝出重案，應查兇逆，業經電奏，但與此外僧士無涉，請飛飭察台，嚴防竄擾；並祈曉諭藏番，毋聽謠煽；至收瞻，川未會銜，前已咨覆並據尊咨覆奏請示，請諭藏禁瞻助逆爲要等因。正在辦理間，復據巴塘糧務試用知縣吳錫珍禀稱，本年二月二十一二等日，有巴塘正副土司及丁林喇嘛寺所屬之番匪五百餘人，聚衆尋衅，先在附近各處刦搶，繼至茨荔隴墾場騷擾，經鳳大臣飭派弁兵彈壓，該匪抗拒官兵，燒燬房屋，連日愈聚愈衆，不下三千五六百人，於二十八日夜間，四出擾亂，勢甚猖獗：一股將法國教堂放火燒燬，司鐸牧守仁不知去向，聞有被害之說，一股阻截街道，一股直逼鳳大臣公寓，槍礮齊施，雖有衛隊士兵，然而彼衆我寡，勢難抵禦。巴塘都司吳以忠委員秦宗藩同時陣亡。二十九日黎明，衛隊防兵，死傷甚衆，鳳大臣退居正土司寨內，暫避其鋒；番匪乘勢將銀餉軍器文卷等項，擄掠殆盡，復又緊圍土寨，無法解散。三月初一日午刻，番匪聲言夫馬齊備，苦逼鳳大臣啓行回鑪；不意行至距巴二十里之鸚哥嘴地方，番匪設伏以待，膽敢戕害鳳大臣及其隨帶委員陳式鈺王宜麟趙潼管帶李勝貴學生何藻臣暨衛隊兵丁等五十餘人，一併殞命，該匪旋遏具蓋印公禀，力求撫辦，如有兵勇前來，則衆民立誓同盟，死力抵禦。並稱該匪聯爲一氣，現將各隘口阨塞等情。禀請飭示前來。奴才當以巴塘爲四川所屬土司地方，距川省僅二十餘站，距藏則有四十餘站，一切情形，礙難遙制，批飭聽候川省主持核辦去訖。遂一面檄行察木多糧務游擊江卡守備等，即派漢兵堵防，以免竄擾。一面譯行商上，轉飭藏屬各營官，一體嚴密防範。旋據代理商上事務噶勒丹池巴禀覆。遵照轉飭噶布倫等嚴札各處營官，及瞻對番官不准勾結容留助亂等事。且稱巴番釀此重禍，罪大惡極，請及早查辦殲除兇逆，以安大道等情。奴才伏查巴番素稱強悍，日以兇很私鬭爲事，撫馭稍有失宜，即頑梗負嵎，辦理殊多棘手，此次之亂，實出非常；現承准外務部電音，奉旨著派大員查察情形，會同馬維騏分別剿辦等因，欽此。該番匪若不復謀抗拒，自須仰體朝廷寬大之恩，示以兵威，相機剿撫，殲滅首惡，招安良善，以免生靈荼毒；如其始終倔强，似宜張其撻伐，聲罪致討，不獨使該匪俯首畏服，且以杜他番族輕藐之漸。惟是一經剿辦，難保番匪不乘間竄擾，致滋蔓延。況藏屬之江卡地方，緊接巴塘，彼剿此竄，在在堪虞。茲據江卡守備，及商上來禀：均稱該匪曾到江卡煽惑勾結，幸番官拒絕不從，具見藏人恭順之誠，而商上復經札飭各處營官，諄諄告誡，加意防範，似無虞私與勾結。奴才詳查商上來禀，頗明事理，深知效順。蓋自上年英兵來藏，仰托朝廷鴻福，英人屈於邦交，未嘗蹂躪地方，全藏得以無恙。藏番同深感戴，因而懷疑頓釋，盡泯猜嫌，藏衛現極靜謐。此皆天威遠播，萬非奴才人力所及。所有巴塘番匪滋事戕官，現飭嚴防，及藏境安謐各緣由，理合恭摺具陳，伏乞皇太后皇上聖鑒訓示。再議覆收瞻之事，叠經奴才斟酌事理，咨商督臣錫良。現據來電，已經據咨覆奏，應候諭旨遵行，合併聲明。謹奏。光緒三十一年四月二十八日具奏，八月十二日奉到硃批，著錫良妥籌辦理，欽此。」

然此次激變，蓋鳳全之性忭急，少權變，有以致之。清史稿列傳卷二百四十鳳全傳云：

「……鳳全清操峻特，號剛直，然性忭急，少權變，不能與番衆委蛇；故終及難云。」

於是乃急調大員，分別勦辦。德宗實錄云：

「光緒三十一年三月辛卯，諭軍機大臣等，電寄四川總督錫良等。綽哈布錫良電奏：巴塘番匪作亂，焚毀教堂，法教士三人被困，鳳全督兵堵禦，遇伏捐軀，隨員人等同殉等語。此次番匪作亂，因何起衅？現在勢已猖獗，著該將軍迅速遴委明幹曉事大員，添派得力營伍，飛馳前進，查察情形，會同馬維騏分別勦辦，所有被困之法教士等，務即嚴飭各員，趕緊設法出險，認眞保護，是爲至要。鳳全死事慘烈，並同殉各員一併查照具奏，候旨。」

並命雲貴總督丁振鐸合力勦辦，蓋因巴亂延及滇邊，教士蒲德元及英人傳禮士均被戕害。德宗實錄云：

「光緒三十一年七月甲戌，諭軍機大臣等，電寄成都將軍綽哈布等。綽哈布錫良電奏：馬維騏等軍先後馳赴裏塘進勦等語，著即嚴飭各軍，妥籌勦辦，務殲渠魁而散脅從；聞滇邊亦有煽動，並著丁振鐸迅飭兵團扼要嚴防，合力援勦，毋任蔓延，各將教堂教士切實保護爲要。」

又云：

「光緒三十一年七月庚寅，諭軍機大臣等、電寄雲貴總督丁振鐸。丁振鐸電奏悉，據稱巴匪滋事，煽動滇邊，當經派營馳往堵禦彈壓，並飭麗江府知府李盛卿督同維西通判李祖祐率兵進攻。昨據報，官軍失利，李祖祐被賊隔絕，有逃出教民投報：教士余伯南被匪擒去，不知存亡。教士蒲德元英人傳禮士均被戕害。現將護出教士彭茂德派兵送至大理、所有該處教產，及維西教堂，現仍竭力保護等語。著丁振鐸嚴飭各軍，趕緊合力勦辦，迅埽匪氛。仍將各教堂教士人等，切實保護，毋再疏虞。麗江府知府李盛卿親督各營，疏於防護，著即革職，留營立功，以觀後效。教士蒲德元英人傳禮士無辜被害，深堪憫惻。著該督妥爲撫卹。」

迨至八月，由提督馬維騏建昌道趙爾豐會同進勦，始克底定，出力各員，皆得保奬。東華續錄卷一百九十五云：

「光緒三十一年八月己巳，綽哈布等奏：査本年二三月間，巴塘喇嘛造言煽亂，嗾使番匪，糾衆生事，戕害駐藏幫辦大臣鳳全等，並殺斃法國教士，土司又復助逆，以致全臺變動，邊境騷然。奴才先因爐邊迭有事端，奏派提臣馬維騏躬率所部赴爐，至是遵旨遴委建昌道趙爾豐添募勇營，會同剿辦。惟用兵關外，首慮饋餉紆阻，尤慮蠻荒響應。特委道員文緯督理糧運，夫騾缺乏，百計經營；而官紳之員，履險於瞻對番寨之中，順逆漸明，始得解其附結。布置粗定，馬維騏趙爾豐乃能振旅西征，後先馳抵裏塘。維時巴塘喇嘛土司等誓衆祭旗，出而抵禦；節節關隘，扼險設伏，圮橋掘塹，拒我師徒。馬維騏以爲殄寇必貴速也，亟於六月十一二三日，親率五營，次第關拔，分道並進，十八日師次二郎灣，其山後頭殿喇嘛寺，地勢高峻，已有悍匪嘯聚，竟圖橫梟我軍；馬維騏先派中營黃啓文馬德昌帶隊往攻，礮石雨下，我軍張炳奎等受傷。次日馬維騏親往應援，搏戰軍士，攀木猱升而上，斃匪數十名，陣斬首要喀珠大硅惻忍吉村三名，而照珠等二名亦屬魁酋，並爲鎗斃，餘匪始各逃散，奪獲鎗械，並有關墾官物在內。是日後營馬汝賢右營李克昌靖邊營張鴻聲會師於雲南橋，逼匪漸却，甫至三壩娴，諸營會圍兜擊，勇氣百倍，酣戰兩時之久，陣斬逆目日根彭錯喇嘛因旬夾伙等四名，遂奪其關。二十日，副中營馬德又在喇嘛寺突遇賊隊三百騎，刦取官糧，該營奮其精銳以敗之。於是羣匪皆退據大所關，併力過守。關本石壁峭峙，盛夏猶積冰雪，尚恐仰攻不易。密遣馬德暨帮帶江定邦馬榮魁等繞道六十里以拊其背，馬榮魁於二十三日丑刻途遇匪糧，奪獲糌粑八馱。是日午刻諸營前後夾擊，匪等擁衆撲犯，把總陳天恩等連發巨礮，衝分中道，因各突馳而上，克取匪關。要逆喇嘛工布汪阿那等俱殲焉。是役也，斃匪數百名，我軍亦有傷亡；由此迭破要隘，直搗莽寮木。二十四日，各營克復巴塘。喇嘛本瑪丁林寺爲巢穴，及是勢不能支，舉火自燔，率衆渡河，折橋而遁。我軍追逐江干，鎗斃淹斃者百餘名。二十六日馬維騏抵臺詰究倡亂本末，安撫被難商民，解散脅從，分別良莠，立將正土司羅進寶，副土司郭宗扎保，一併從嚴拘禁。查知戕害鳳全之喇嘛阿澤番匪隆本郎吉并寺中勘布噶哥未格以及稔惡最著之阿江及格桑落米阿松格斗等，猶多竄逸。且釁亂之由，原因溝內七村之番燒毀墾場而起，該番現猶散伏象山一帶，若不痛加懲創，將虞灰燼復燃。馬維騏分派營員，帶隊四出，期於翦巨憝而清餘孽。七月初三至初十等日，馬汝賢搜匪於阿奶西，生擒格桑洛米羅戎邵本二名。惟林箐深密，馬汝賢遇伏受傷甚重，裹創以返。而張鴻聲則於三叉路擒獲阿江。李克昌則於象山生擒澤昌汪學。馬德則於河西噶呢熱山生擒阿澤與汪定邦賈廷貴等，均多斬馘。各營搜剿殆遍，日有俘獲。共拿繳九子鎗七十餘桿，并在阿江身旁搜獲鳳全項珠㗊管。澤昌汪學身旁亦有殉難各員衣具。又在七司處搜獲教堂銀物。兩司鐸屍骸均經尋獲，拼視無誤。主教倪德隆畢開最要之匪瑜休硬不，又往鹽井調兵打毀教堂之喇嘛格桑吉村先後弋致，其有擒到各匪，孰爲凶逆，悉經當時目擊之委員吳錫珍等指認的確。旋獲隆本郎吉供認，鎗中鳳全腦後不諱。而阿松格斗等亦多就獲。經此懲創以後，蕩滌瑕穢，遐荒震讋，人心胥安，全臺底定。迭據提臣文電咨報前來，奴才等已將要畧電陳，仰紓宸念。一面復致提臣等迅提該正副土司暨擒獲匪犯，各予駢戮，用以紓中外之憤。該臺善後諸務，暨應剿捕遺匪，即飭趙爾豐統兵留駐，詳加審度，妥籌辦理。俾可一勞永逸，無虞扞格。馬維騏酌留所部，餘當凱撤回省，稍休勞瘁，藉省餽運。伏查鳳全遵旨籌辦邊務，雖欲振興屯墾，亦未嘗以峻急行之；祗因擬請限制寺僧人數一疏，喇嘛聞知，中懷怨懟，飛誣擰謗，鼓惑愚頑，正副土司，初不過潛預逆謀，繼則公然助惡。屢投印文於奴才等署：竟稱鳳全教練洋操，袒庇洋人，應即加之誅戮。若川省派兵壓境，惟有糾合羣衆，聯聚邊番，以死抗拒等語。狂悖實爲至極，該僧等驕横自大，固屬匪伊朝夕，然使臣暫駐，偶有拂其志欲，輒敢蓄謀慘害，自乾隆十五年前藏朱爾墨特之變，至今百餘年，誠西陲所未見。且鳳全從死百餘人之衆，兩司鐸又罹其死，焚毀教堂糧署，厥罪皆不容誅，揆其狼性野心，以爲憑險可以負嵎，迨後可以召黨，軍行倍苦，兵食難支，因而藐視王師，遂致始終怙惡。詎知提臣等深愧醜虜不滅，則藏衛道梗，邊事將不堪問；故馬維騏毅然以前敵自任，趙爾豐提兵繼進，力籌策應，更保其後路無虞。尤難者，當毛丁土司烏拉失誤之時，中道絕糧， 7

士有餒色；馬維騏拊慰之下，忍饑奮起，轉戰而前。蓋由馬維騏將畧夙優，治軍最得士心，臨陣乃能用命。現在蕩平邊亂，論功行賞，應求特沛殊施，甄敘優加，共昭勸勵。博多歡巴圖魯四川提督馬維騏功宜絕徼，忠勇冠時，洞達經權，機謀悉合；擬請賞給頭品頂戴，並賞穿黃馬褂。頭品頂戴四川建昌道趙爾豐籌策周詳，擊援自壯，推功讓美，艱苦弗辭；擬請敕部從優議敘。花翎已革廣西補用道錢錫寶贊畫有方，功勤特著，前已請銷永不敘用字樣；擬請開復原官翎枝，仍留原省，以原班補用，並免繳捐復銀兩。四川試用道文偉區畫殫心，贍軍無缺；擬請仍以道員補用。續補靖邊五營營官等，材武出衆，破壘擒渠，花翎指分四川試用同知李克昌，擬請免補同知，以知府留川補用。都司馬汝賢擬請免補游擊，以參將儘先補用。守備黃啓文擬請免補都司，以游擊儘先補用。千總馬德擬請免補守備，以都司儘先補用。把總汪定邦賈廷貴均擬請免補千總，以守備儘先補用。守備職銜張鴻擊擬請以守備儘先補用。隨營員弁等，親冒矢石，克捷有勞，已革同知銜四川開縣知縣鄧允惠擬請開復原官銜，仍留原省補用，並免繳捐復銀兩。暫革四川試用通判沈纘緒擬請開復暫革處分，免補本班，以直隸州知州留川補用。知縣用分省試用縣丞葉啓祜擬請免補本班，以知縣分省補用。都司馬榮魁擬請免補游擊，以參將儘先補用。千總馬德昌擬請免補守備，以都司儘先補用。把總陳天恩陳萬林李運祿，均擬請免補千總，以守備儘先補用。已保把總劉友章擬請免補把總，以千總儘先補用。總兵銜明正宣慰使司甲木參瓊帕，擬請賞加提督銜，花翎四品頂戴明正土舍甲木參格旺擬請賞加參將銜，其餘異常出力文武暨陣亡勇弁，容俟提臣等咨報到日，再行核明彙案，分請獎卹。上諭綽哈布錫良等奏諸軍進克巴塘戡平邊亂一摺，本年春間，巴塘番匪煽亂，戕害駐藏大臣鳳全等，迭經電諭該將軍總督趕緊派兵剿辦，茲據奏稱：馬維騏等親率各營，直擣巢穴，將戕害鳳全之正犯喇嘛阿澤隆本郎吉等及其餘各犯悉正典刑。巨憝翦除，全臺底定，辦理尙爲迅速，自應量予甄敘。四川提督馬維騏著賞給頭品頂戴，並著賞穿黃馬褂。四川建昌道趙爾豐著交部從優議敘。出力各員，除錢錫寶甫經准銷永不敘用，毋庸加恩外，餘均著照所請，以示獎勵。」

而駐藏各員，並未出一兵一將，事後竟謂撫藏有功，亦謬請獎敘。有泰奏稿云：

「奏爲巴塘現已克復，請將派赴要隘防堵在事出力員弁，量予獎敘，恭摺籲懇天恩，仰祈聖鑒事。竊查本年三月間，巴塘番匪聚衆滋事，戕官作亂一案，奴才先接四川督臣錫良電稱：請飭嚴防，曉諭藏番，毋聽謠煽。復承准外務部電稱，以藏中關係緊要，應即審度事機，妥爲安撫，各等因前來。奴才當經督飭委員，傳集噶布倫等，曉諭藏番，巴案與西藏必無牽涉，令其速飭藏屬地方營官，嚴禁勾結，並防竄擾。復又添派委員等，帶領兵丁，馳赴察木多乍丫江卡及接壤之作岡桑昂等處要隘，會同該處汛弁番官，酌調番兵，不事聲張，密爲堵禦；曾將辦理情形電請外務部代奏，並繕摺陳明在案。奴才伏查巴塘地險人強，愚頑難化，不圖豺虎性成，大肆鴟張，膽敢蓄謀造亂，戕害使臣，及隨從員弁人等，焚燬教堂，殺斃教士，已屬窮兇極惡；迨至大軍臨境，尙敢負隅自固，絕無悔罪之心，而又抗拒官兵，守險逆戰，跡其情事，叛逆實同。幸經提臣馬維騏等，統兵進勦，擊斃致討，殲除兇惡，邊亂戡平；從此天威遠播，不川獨屬番部震懾畏服，即附近三岩野番，亦深知儆懼矣。當亂起之初，該處土司堪布，意在聯合各部番族，諸煽夷衆；奴才深慮勾結爲患，於藏地所關甚大。遂傳噶勒丹池巴剴切示諭番官，並密示派出委員等，嚴爲防範，曉以大義，不准番民聽惑謠言，暗中助逆，以收川藏協力之效果。據商上及委員等，先後來稟：均稱巴匪遣人致信江卡等處，以保黃教爲詞，煽亂勾結；幸番官力斥其非，拒絕不從等語。故雖全臺震動，而藏境則鎭靜不驚，帖然無事者，此皆仰賴朝廷威福，綏靖遐荒；亦漢番各官，力顧大局，不避艱險所致。刻下巴塘既已克復，自應及時撤防。但漢番各員，雖非破敵衝鋒，然而戰守同功，該員等或疲於奔馳，風餐露宿，或開導番衆，舌敝脣焦，最著辛勞，洵屬異常出力。似應分別獎勵，所有尤爲出力其次出力各員，另膳清單，恭呈御覽。漢番不過十數員，均皆核實，未敢冒濫，合無仰懇天恩，俯念西藏地處極邊，漢員等，更屬從公萬里；且值此時事孔棘，交涉日繁，尤須驅策羣力。惟祈准予獎敘，用示鼓勵，俾各員益知感激奮興，不至視爲畏途。以後藏臣辦事，收效可期，實荷鴻慈逾格。其千把以下，照章咨部核獎。除將擬保各員履歷造册咨部外，所有巴塘現已克復，請將派赴要隘在事出力員弁懇予獎敘緣由，理合恭摺具陳，伏乞皇太后皇上聖鑒訓示。謹奏。

謹將巴塘番匪作亂一案，防堵出力漢番各員，擬請獎敘，繕具清單，恭呈御覽：調藏委員防禦銜儘先即補驍騎校江潮，候選縣丞余釗，四川試用府經歷馬吉符，花翎都司職銜劉文通，補用守備駐防江卡守備劉榮魁，該員等奉派馳赴江卡作岡桑昂等處，首先安輯番民，毋爲謠煽，曉以大義，杜其勾結；繼率漢番兵丁，分紮接壤隘口，以扼巴匪竄擾。保固藏境邊界，不避艱險，辛苦異常，在事尤爲出力。江潮請改以知縣不論雙單月歸部選用，並請賞換同知銜。余釗請免選縣丞，以知縣分省補用，並賞加同知銜。馬吉符請免補本班，以知縣仍留原省補用，並賞加同知銜。劉文通請以守備儘先補用，劉榮魁請免補守備，以都司儘先補用。知府用指分四川補用同知恩禱，四川試用縣丞吳崇光，已革四川試用直隸州州判范啓榮，察木多糧務直隸州用四川補用知縣謝文藻，副將銜儘先游擊調署察木多游擊張祥和，藍翎前藏千總龍安營千總張天衢俊秀程耀明，該員等或駐防作察，約束番民，或扼守要隘，防禦巴匪，均屬著有勞勩，在事其次出力。恩禱請免補本班，以知府仍留原省補用。吳崇光請免補本班，以知縣仍歸四川補用。范啓榮請開復原官，仍留原省補用，並免繳捐復銀兩。謝文藻請免補本班，以直隸州知州，仍留原省補用。張祥和請免補游擊，以參將儘先補用。張天衢請以守備儘先拔補。程耀明請以巡檢不論雙單月歸部選用。五品江卡營官奪吉彭錯，深明大義，拒絕巴匪，撫輯屬民，嚴禁勾結，尤爲出力，請以四品番官遇缺即補，並請先換頂戴。噶布倫策丹汪曲汪曲結布彭錯汪墊洛桑稱勒四員，亂起之初，遵諭轉飭各營官，撫綏番民，禁止容留助逆，在事均極出力，策丹汪曲汪曲結布均請賞給二品頂戴。彭錯汪墊曾承襲頭品頂戴，洛桑稱勒係屬僧官，均無可加獎，擬請各加二級，以示鼓勵。光緒三十一年十一月二十七日。具奏。」

巴亂雖平，更謀善後，德宗實錄云：

「光緒三十一年九月辛未朔，諭軍機大臣等，昨據綽哈布錫良報奏巴塘匪亂已除，全臺底定，所有善後事宜，應即妥爲籌辦，毋稍鬆懈。巴裏兩塘，距省過於遼遠，究屬鞭長莫及，宜有文武大員，常川坐鎭，方足以資控制而固藩籬。若於該處一帶添設鎭道各一員，並將四川提督移駐川西，庶幾消息靈通，聲威自壯。地方屯墾工藝諸事，亦可次第振興，寓兵於農，整軍經武，以期一勞永逸，邊圉乂安，寔爲求兩網總之要計。著錫良統籌全局，悉心詳核，提鎭道員，應分駐何處，及應如何撥給經費之處，著一併速行妥議覆奏，將此諭令知之。」

於是復舊制，仍以駐藏幫辦大臣駐前藏，乃議將建昌道移置打箭鑪及派兵駐紮察木多，遂爲川軍入藏之張本矣。德宗實錄云：

「光緒三十一年七月癸酉、諭軍機大臣等，聯豫奏熱審川藏情形一摺，昨已有旨諭令錫良將全臺善後事宜妥爲籌辦，並將該處添設鎭道各員以資控制各節，一併議覆。茲據聯豫奏稱：駐藏幫辦大臣，宜復舊制，仍駐前藏。所有練兵開墾各事宜，即責成四川總督規畫辦理等語，所陳不爲無見，聯豫即著仍行駐藏，迅速馳往，會同有泰將應辦事宜，悉心經理，毋失機宜。所請將建昌道移置打箭鑪，及派兵駐紮察木多等處各節，著錫良歸入前次寄諭，一并妥議具奏，原摺抄給錫良閱看；並將昨發字寄交，令有泰聯豫各知之。」

10

藏軍犯康述畧

佘貽澤 1

一 西康政治區域之成立

西康二字成爲政治上的一種名詞，不過是近三十年來的事。

以前西康地方，統稱爲康，或喀木。其地在政治上，屬於各部落酋長統治。在宗教上則屬於西藏喇嘛教的範圍。牠與中國中央政府的關係，不過是奉献方物，依時進貢，承認大皇上的統治權。而大皇上所給予的也是官爵名位，世守其土的恩物。元，明如此，清季亦然。

不過，清朝有一劃分界限的規定，也就是這規定引起後來無窮的糾紛。在雍正初年，清廷平定青海後，青海土酋與康地各部，不但地壤相連，並且向來關係密切。清廷乃招撫康地各部落，仍使各部酋長享其政治特權，給予各種土司名位，以作羈縻。雍正四年乃立界碑於寧靜山，寧靜山以東之巴塘，裏塘，瞻對，霍爾，德爾格忒，納奪等土司地，劃歸四川省雅州府管轄。寧靜山以西，分予昌都、乍丁，八宿，類伍齊四呼圖克圖轄治及麻康，貢覺，雜瑜，察哇龍等部皆劃與西藏達賴喇嘛分設營官僧官管轄。這是清初康與藏的界限區分情形。

界限雖然是如此的規定，實際上因種種情形也有不少的改變。西康的人民與藏族，在種族上爲同類，同語言，同文字。一般土司在政治上，雖說只受大皇帝的統治，而在宗教上實是西藏的臣民。並且宗教的勢力，在康地入人之深，較政治尤甚。所以康民對於西藏的關係，較之對中央的關係爲密切。這是就社會情形與心理上說明那界限不是十分嚴格的。

就事實上說來，藏人對於那界限，也是不大遵守的。我們就以瞻對爲例吧。瞻對舊有五土司，清咸豐爲土司工部郎結所兼併。同治中葉，藏人在打箭爐購茶運藏，道經其地，爲工部郎結刼搶。藏人呈懇川督令派兵進剿，咸同之時，四川也是陷於紊亂的時期。兵力財力都要應付貴苗與滇回之亂，無暇西顧。於是藏人自行進兵，攻克三瞻，誅殺工布郎結，並派官管理。後來瞻人苦於藏兵苛虐，乘機逐藏兵自立，川督鹿傳霖派兵平亂，奏請將其地改土歸流，設治派官治理。時駐藏大臣文海，駐川將軍恭壽與鹿不協，忌鹿得功，密奏請以瞻對仍還藏人，歸藏官轄治。直等到光緒三十四年趙爾豐纔逼藏官交還。但是今日藏軍聲稱要收回他們的失地——瞻對。所以說，康藏以寧靜山爲界的話，只不過是歷史上的一個名詞，實際上牠的效用是並不嚴重的。

沒有駐藏幫辦大臣鳳全在巴塘被殺的事[1]，就不會有川督派兵剿亂，也許不會有西康建省的提議，事實的經過，大略可以提及的是：

鳳全在巴塘被殺後，川督派提督馬維祺赴剿辦，並派建昌道趙爾豐率兵爲後援，是年（光緒卅一年）六月將巴塘克復，誅二土司。因糧不繼，馬先率兵回川，留趙辦善後事，趙爾豐乃請戶口，查地畝，議改土歸流，平鄉城的叛逆，又創全邊改流之議，清廷改授趙爲川滇邊務大臣，治理全邊事宜。於是康地各部本屬雅州府管轄，不過爲四川之一部分，現在乃爲單獨治理，川邊之名於是成立。

趙爾豐平定裏塘，鄉城，稻壩，貢噶嶺諸地後，至光緒三十三年創設學務，水利，採礦，農墾，印刷，橋渠等政，創立章程，力圖政治。三十四年會同乃兄趙爾巽（時爲川督）奏設康安府，河口縣，裏化廳，稻城縣，貢噶縣丞，巴安府，稻壩廳，定鄉縣，鹽井縣。秋間北上平定德爾格忒土司之亂，十二月進兵德格，剿平雜渠卡。宣統元年九月改革春科高日兩土司，更驅兵西進，剿平類烏齊，碩般多，洛隆宗，邊壩等部土番，收復江卡，貢覺，桑昂，雜瑜諸部落。宣統二年進兵江達，時清廷有議劃川藏境界之事。趙氏乃主設科登，德化，百玉，同普，石渠等州府縣。又平定乍了，三岩，得榮，等處立設治委員。孔撒麻書土司爲亂，收其地，置日孜委員。於是林葱，白利，單東，魚科，明正，諸土司先後繳印歸降。又至瞻對，驅逐藏官，置瞻對委員。更收復咱里，冷邊，沈邊各土司。趙爾豐爲川督後，即由傅華封代理。合併川邊與康地，設議西康行省。先後收復崇善，納奪二土司及察木多乍了兩呼圖克圖。西康全局，儼然一行省也。

在西康全局粗定時代，傅氏欲設立縣治者約四十餘縣，其中如林葱，贍科，卓斯，俄洛，色達，察哇，白馬崗等，皆議而未設。已設治之縣治中，其屬於寧靜山以東者爲：

康定，瀘定，九龍，理化，稻城，河口（今雅江縣），道隝，定鄉，鹽井，得榮，德化（今德格），白玉，同普，科登（今鄧科），石渠，甘孜，懷柔（今瞻化），鑪霍，義敦（今廢）等十九州縣。

其屬於甯靜山以東者爲：

昌都，察雅，貢覺，甯靜，科麥，察隅，八宿（後爲恩達），碩般多（後爲碩督）等八縣。

西康政治區域成立，藏人即認爲侵佔其土地，其中如瞻對，如察木多等四呼圖克圖所屬地，藏人認爲彼等之屬地。但依中國官吏之解釋，認爲該等地方，本屬大皇帝直接管屬，因大皇帝見西藏達賴喇嘛存心忠順，嘗賜作爲香火之禮物，大皇帝所賞賜者，大皇帝自可收回，並無侵佔之可言[2]。

二　民七年之藏軍內犯

宣統二年因藏軍進攻三岩設治，引起川軍反攻，直逼入藏，達賴喇嘛出亡。隔年革命軍起，駐藏陸軍譁變，退出藏邊。藏人乃乘機宣布獨立，康地各部，羣起響應。各縣治紛紛失陷。藏人勢力，不可一世。淸末所設各縣中，只餘瀘定，康定，巴安，道塢，瞻化，鑪霍，甘孜，德格，鄧柯，石渠，昌都等縣未失。其時四川都督尹昌衡奮起派兵，自任西征軍總司令，分道進剿，先後收復各縣，除科麥，察隅，恩達，碩督，嘉黎太昭（此二縣係尹昌衡時所設立者）外，其餘均先後收復。

本文只限於康藏間之糾紛，其他如中英藏三方關於西藏之交涉，恕不能述及。民元以後，川藏雙方粗安，然藏兵報復之心，並未少息。民國六年因越界刈草之事，川軍引起大亂，遂致又失去八九縣，其經過情形可由下列呈文見之：

民國八年七月四日，巴安縣知事楊煋呈覆各縣失陷情形：

「…僉以去歲有藏番二人越界割去馬草，經類烏齊駐防砲隊隊長余全海將其拏獲，不肯退還人槍，致引釁端。逆番大股出巢，攻撲類烏齊，勢甚猖獗，該隊長余全海會同陸軍第一營營長兼恩達縣知事田文[illegible]，督軍抵抗，仍一面求救於昌都。經彭統領委任封雲衢爲臨時司令率兵八十名往援。彼衆我寡，勢不相敵。又復求援統邊民稭統義民德率兵往援。在途誤中敵人埋伏，死傷甚衆，退回昌都。該營長等見後援兵不至，余隊長又復陣亡，因此退至恩達，與敵相持月餘，糧彈殆盡。該逆番督隊猛攻，我軍饑困，無力抵禦，於本年一月十二日兵敗退走。此即恩達失陷日期情形也。該逆佔據恩達，其鋒甚銳，分兵進攻甯靜。該縣駐防爲邊軍第六營營長沈飛龍，因察雅軍情吃緊，奉令往援。僅留士兵一

3

排，防守溜洞江隘口。後被該逆攻破，該排全軍覆沒，長驅直入，於三月一日甯靜失陷。該縣知事吳永賚被擒扣留番營。後因劉分統赴敵交涉，始行釋回。此係甯靜失陷日期情形也。昌都戰事，始自二月十六日，經彭統領派撥軍官，督率抵禦，擊退藏番數次，互相殺傷。後因察雅曹營長被擒，逆番奪得該營大砲一尊，架於財神山上猛攻我軍，死亡甚衆。先失獅子山，後失鷄心山兩處要隘，我軍無可扼守，屢戰不利。隨軍第一營田營長中彈陣亡。邊軍七營長張良臣兵敗，投河身死，連排長軍官陣亡三十餘員，計兵夫等四百餘人，帶傷同營者，亦有百餘人……旋又失去後山新卡，逆番佔據形勢近逼昌都，我軍腹背受敵，城中糧雖有餘而彈盡絕，又被逆番圍攻三日，幾有全軍覆沒之勢。彭統領見勢危急，無力挽回。不得已派員赴敵交涉停戰。於四月十七日繳械獻城，此係昌都失陷日期情形也。……」[3]

又武城縣知事男得魁呈文（七年五月十九日）

「…查知事於本年三月十五日，曾具文泣呈藏番串通僞匪，聚衆起事。……忽於二月十六日夜戌時，匪忽竄至署外烏泣廠登房開砲，轟擊縣署，當即接戰。次早又戰，匪勢兇猛。又值倉糧盡絕，早與村保告貸抵當，顆粒不入。逼此守則無糧，戰又兵單，雖有責育，無所施爲。……就與防軍二十二人商定，且戰且走之法。乃白日寺僧百馬郎吉見匪旣來撲署，恐致糜爛不堪，衆貽地方大患。當來於中交涉，雙方停砲。該僧並許盡力保護過河，於此得不損兵折械，完全渡河，而到縣屬巴巴村。……」

各縣知事姓名到任日期及失陷日期表[4]。

縣別	姓名	到任日期	失陷日期	備考
石渠	徐明熙	六年十二月一日	七年五月五日	棄地先逃
鄧科	成鑫	七年一月一日	七年五月十一日	同右
貢縣	馮廷煥	六年九月十五日	七年二月廿二日	存亡未卜
察雅	曹樹藩	六年九月一日	七年二月廿二日	繳械投番
德格	馬昌願	六年九月七日	七年四月十九日	棄地先逃
昌都	張良達	六年八月十八日	（七年四月十七日）	
同普	王沛霖	六年八月十八日	七年四月十二日	存亡未卜
恩達	田文卿	六年九月十九日	（七年一月十二日）	
甯靜	吳永賚	六年五月十九日	（七年三月一日）	

除以上九縣外，連同民國元年失陷之科麥，察隅，碩督，嘉黎，太昭等縣，共計爲藏軍所佔者約十四五縣。至於民國七年失陷各縣之損失，除土地人民不能計算外，其現欵粮石之損失，可見下表：

川邊財政廳造呈失陷各縣册報到廳月份實存銀粮各數一覽表[5]

縣別	册報到廳月份	銀 實存數目	銀 不敷數目	糧 實存數目	糧 不敷數目	錢 實存數目	附記
甯靜	六年八月底止		二三九・一七六藏洋	靑稞三五石五斗			
恩達	六年九月底止		五四七・六七五大洋				不敷數已籌完
察雅	六年十一月底止	六九九・〇三三大洋		三〇〇・二二五七石			

4

實縣	六年九月十五日	八・〇四藏洋		一三・七九二六石		
鄧科	七年一月底止	一四・八二藏洋		四四〇・七六石	三四〇枚	繼任未呈報
昌都	六年八月十七日		二二〇一・三藏洋	一・六五二石		繼任未呈報
石渠	七年一月底止	一〇六八・三四藏洋		二一・九六石	八八二〇枚	
同普	六年十二月底	六一四・五九七大洋		一五八・七九石		
德格	六年九月十日	三・五七九大洋		三・八七石		繼任未呈報

5

（藏洋一元約合大洋四角）

藏軍既陷以上各縣後，更進兵東向，一時瞻化，甘孜，均大為震動。川邊鎮守使陳遐齡不得已，與藏軍停戰議和。此次議和奔走調停者為英國副領事台克滿，彼先住拉薩，因隨藏軍前來昌都，乃為和事老。七年八月先訂有十三條停戰條約，其中第三條規定，中國境界為巴（安），鹽（井），義（敦），得（榮），理（化），甘（孜），瞻（化），鑪（霍），道（孚），雅（江），康（定），等縣。換一句話說，即承認藏軍所佔領各縣之統治權。幸該停戰條約，未得成立，雙方軍隊猶繼續作戰。後又繼續訂退兵條約四條，規定停戰一年，中國兵退入甘孜白利鄉，藏軍退入德格境內。在此一年停戰期中，中英乃協商西藏境界問題，亦未得要領。雙方軍隊亦時有小衝突。直至民國十九年大白之爭，康藏形勢，乃另呈一新現象。

三 十九年大白之爭

大金寺在甘孜縣境內，屬於朱倭土司，廟內有喇嘛千餘人，快槍二千餘枝。朱倭土司向來親藏，大金寺因之亦甚附藏，又恃人多勢大，驕恣已慣。

白利土司屬甘孜縣管理，土司名雖廢，而實權仍在。土司有一家廟，名牙惹，大白之爭即發源於此寺。

甘孜縣駐康定商長銀巴，談大金與白利已往情形[6]：

「所有白利屬牙惹喇嘛寺之呼圖克圖，轉世在林葱鄉桑都家。此家係林葱喇嘛寺管轄（此寺屬於大金喇嘛寺），如當喇嘛，應在大金喇嘛寺，不准在別處喇嘛寺當喇嘛。但如是呼圖克圖，不論何方喇嘛寺都能接去。在前接此牙惹寺呼圖克圖時，所有白利土司會來人民到桑都家，說我們牙惹寺呼圖克圖，托生在你們家，我們來要等云。呼圖克圖之身父答云，如是你們牙惹寺之呼圖克圖。但是要在大金寺商量後，由大金寺應允，不要你們銀兩。但是你們將人接去，如何待遇。就有白利土司承認說我們不分彼此，皆是平權。對於喇嘛寺之事，完全由爾自主。所有人民與我平分之云。如以後發生事端，應該大金喇嘛從中干涉。他們立有寃結爲憑。上年兩家起過衝突，大金寺曾從中調和了息。自此兩家心中不合。又前此寺無錢無勢，自此呼圖克圖到寺起，就發達成富，勢力漸大。人民怕他操主政權常生事端……

所有白利土司之子，在德格印經板當大喇嘛。上年回白利清查廟產，將白利果冷牙惹三家喇嘛寺契紙約據皆被追去查驗。查驗後，將白利果冷二紙約退還，牙惹寺紙約並未退還。該佛都圖前去要過，都未還他。後隔數月，德格白利土司之子大喇嘛喜人來到白利家，此人到牙惹寺去要，該佛都圖將此人拘留寺中，所云若將我寺紙約退還於我，放你回去，不然不放。後代信到德格，將紙約帶來退他，將人放了，自此二家生疑。……所有呼圖克圖意離久處此寺，就往投大金寺，才起戰爭……」

白利老土司先與牙惹寺呼圖克圖相友善，老土司即劃十五戶百姓與該寺上糧當差。後來老土司死了，兒子在德格當大喇嘛，乃由人民迎接老土司女嫁於孔撒家（其夫孔宜美已死，不安於室）返爲土司。孔撒土婦欲毀前約，收回十五戶人民。同時牙惹寺亦有奪土司之權的意思。因自量力不能抗，乃將該寺產業送與大金寺。本來是白利土司家事之爭，現在變爲大金與白利正面衝突了。

在西康關外（人以打箭鑪爲鑪關，關以西稱爲關外）做縣長的，有一種最不好的引誘，就是貪財。本來關外是極苦寒的，稅收方面不多，官薪不但少，而且常欠發。一般做官者，都想藉知事一職調劑調劑。不得已只求之於訟事的賄賂了。康民好訟，每有小爭勢，即起訴訟。一有訴訟，必施賄賂。當官的，遇有案件，遲延不判決，俟雙方賄賂至相當程度，即呈請辭職他去，將此案委之下任，下任亦然。所以關外康民常有一案，連年，或十餘年未決，而被原兩告家破財亡者常有。大白爭人民案起，當時甘孜知事爲韓文綺，自然認爲一件好生易。白利土司知道大金勢力強盛，乃先賄韓狐皮數百張，麝香若干。大金勢強，不肯賄賂，韓知事起先遲見，後來簡直不與大金代表見面。將此案拖延數月之久。大金寺內喇嘛，向分和平激烈兩派。激烈派見知事不理，無從解決，乃先下手佔據白利鄉，驅逐白利人民。韓知事乃趕即呈請辭職。此十九年六月間事也。

大金既佔白利後，白利各頭人請兵援助。廿四軍駐鑪馬旅長，乃派馬成龍團長反攻，九月間將白利各村克復。大金寺知事情弄大，派人求和，願賠銀二百秤（每秤五十兩）了事。但鑪城當局不許，非千秤不可。於是大金寺乃將此二百秤銀子，轉向德格，求救於駐德格藏軍。於是西康甘孜縣內之爭，一變而爲康藏之爭了。

7

藏軍駐德格，素來與大金寺有聯絡。當時班禪喇嘛新在康定設有駐康辦事處。川軍一出戰。藏方即認爲川軍係扶助班禪進藏。故達賴喇嘛調兵抵禦甚力。川軍一一敗退。至廿年夏季，藏軍已佔領甘孜，瞻化，及鑪霍與理化之一半了。

唐柯三奉命調和，亦無結果。廿四軍劉文輝氏，於川局大致安定後，乃負責解决此事。廿一年收回甘孜，瞻化，德格，鄧科，白玉，同普，石渠等縣。更與藏軍訂立岡拖條約，暫時康藏境界，以金沙江爲界，其他如送還俘虜，給大金娃恤金等等。

四　廿五年藏軍再犯康界

藏軍之退出金沙江以西，並非本意，實由於武力失敗之故。劉軍收復鄧，德，白，石，甘，瞻後，即分派官治理，並駐軍一團人，以爲鎭懾。依岡拖條約規定，康當局應招回大金娃，允其重建廟宇。但俟大金娃回甘孜後，劉氏本人並出銀若干，給爲贍養，而駐軍及官吏又想刮錢，逼得五百餘大金娃逃出甘孜，投向金沙江西昌都藏軍地方，求其庇護。

民國廿四年及廿五年上季，西康發生兩件擾亂的事。第一是諾那活佛奉命宣慰西康引出來的亂子。諾那爲昌都諾那喇嘛寺呼圖克圖，本名爲曲木加穆參。氏七年被達賴所執，困獄中經六年逃出。由印度返國，後任西康建省委員會委員。廿四年奉命宣慰西康。其手下有別動隊指導員江安西及副官長海正濤等，倡康人治康之說。繳丹巴縣長械，謀殺德格與鄧科二縣縣長，沿途繳廿四軍械火。提倡恢復土司制度。其中尤以德格土司澤汪登登深信其言。本來廿四軍駐德格時，對於德格土司需索太多。德格土司早已不滿。及至諾那倡言恢復土司制度，澤汪登登，首先發難，謀殺廿四軍所委二縣長，自派頭人管理德格等縣事務。關外劉文輝之勢力大受影響。

同時共匪也竄入西康，甘孜，鑪霍，瞻化，丹巴，道孚等縣，先後爲紅軍佔據，秩序大亂，諾那亦被共匪執去，旋即死亡。劉文輝軍隊不敵共匪，退出西康。中央軍十六軍保守康定瀘定兩縣，青海軍南下，驅逐共匪，佔領鄧科，白玉，石渠，德格等縣。西康情形，於廿五年上季陷於無政府狀態，人民受共匪之摧殘，民不聊生，遍地盡是搶匪，紊亂已極。

廿五年九月初，西康建省委員會奉命由雅州西移，駐節康定，負責辦理西康善後及建省事宜。同時駐康，瀘二地之十六軍亦奉命東開，防地由廿四軍劉文輝氏接防。

西康建省委員會委員長爲劉文輝，各委員中除劉家駒一人外，其餘皆爲廿四軍軍部舊人或有關係者。然會內負責者，劉氏並不以其舊部包辦，兼聘用有學識之人材，但仍以其舊部爲主體。是以建委會一入康，康氏之觀念，仍以爲廿四軍重來。因過去廿四軍在康之經驗，土司中驚恐者多，其中以德格土司爲尤甚。

德格土司澤汪登登年歲甚輕，不過二十餘歲，大權仍掌握於頭人手中。一般頭人及土司自己，在金沙江以西，有不少財產與土地，金沙江以西爲藏軍駐地，故其對於藏軍仍不免暗送秋波，私下聯絡。青海軍駐在德格一帶，其殘暴貪污，更甚於川藏兩軍，而且奸淫太甚，德格民衆不堪其苦。及聞廿四軍進康，德格土司乃起恐慌。順青軍不能受其虐待，順廿四軍，則宿怨未解，又是訊對。不得已乃渡江求之於藏軍，此藏軍於廿五年十月渡河之一原因也。

藏軍對於尙拖條約，並非誠意遵守，俟機而動。達賴雖已作古，而藏中主政者之方針，仍與達賴在時相同。廿五年夏，國府派人護送班禪回藏，由青海玉樹取道康北回藏，此爲藏中主政者所反對。故一聞班禪至玉樹，又受德格土司之請求，乃過渡佔去德，鄧，白，石等縣。廿五年十一月其先遣隊大金娃曾至甘孜絨壩岔。是近年之康藏，又恢復廿一年以前之情形了。

作者離康定時，劉文輝正由雅州啟程入康。彼意對於此次藏軍違反尙拖條約渡江犯境之舉，先主以和平了息，俾其遵守條約，否則當盡力使其遵守。以作者在康時所得之消息推測，大概藏方既已得鄧，德各縣，一可以阻班禪之南下，二則已報復廿一年之失敗，不再求進取，但亦不會馬上讓回，退出金沙江以西。只藉和平交涉之名，與西康當局拖延時日而已。

五　藏軍所佔各縣之區域與沿革

(一)德格：　原名德化直隸州，治所德格。

四至：　東至甘孜絨壩岔三百二十烏里，南至白玉縣界一百四十烏里，西至同普瓦然寺界一百二十里，北至鄧科林葱界一百六十烏里。

程站： 向甘孜縣西北大道前進五站，抵治所，距鑪城十四站。

沿革： 該縣全境係德爾格忒土司屬地，轄地之廣爲西康土司中最大者，相傳已四十七代。光緒二十年間川督鹿傳霖派其攻克瞻對後議改流；並訪得德格土司羅進彭錯與其妻玉米者登仁甲反目，乘機計誘土司，將其子及婦解入成都。請將德格瞻對一併改流，未果。清廷允以多吉僧格管德格地，後承襲土職。及土司假子降白仁青返德，已爲僧，謀爭土司位，於是爲亂。適趙爾豐出關，多吉僧格遣人控訴趙，乃於光緒卅四年抵德格，平其亂。多吉遂請將德格改流，趙允其請，奏請該土司改爲世襲，年給養贍銀三千兩。以其地分爲五區，中區曰德化州，南區曰白玉州，北區曰鄧科州，極北曰石渠縣西區曰同普縣清廷允之；未及施設即改元。民國邊府改德格爲德化直隸州，二年統一全國行政區域，案改德格縣，今仍舊。民七失陷於藏軍，民廿一年經廿四軍收復，廿五年十一月復失於藏軍。

(二)同普 原名同普設治

四至： 東至德格界二百五十烏里 南至貢縣界二百二十烏里 西至昌都縣界一百四十里 北至西寧界六百烏里。

程站： 由甘孜向北大道前進九站，抵治所距鑪城十七站。

沿革： 該縣西部係納奪土司地，餘皆德格屬地，餘同前。

(三)鄧柯 原名鄧科府 治所登所。

四至： 東至娃裏村交甘孜界五百四十烏里，南至同普界二百五十烏里，西至西甯界二百五十烏里，北至布達山界一百八十里。

程站： 由甘孜德格交界之玉龍分路，向西北斜行七站，抵治所，距鑪城二十六站。

沿革： 該縣係德格林蔥春科三土司屬地，合併而成，餘同前。

(四)白玉 原名白玉設治委員，治所白玉。

四至： 東與瞻化交界三百十烏里，南至雍東與巴安交界三百二十烏里，西至金沙江與德格交界三百烏里，北至蓋隆河一百三十烏里。

程站：由甘孜南大道分路，五站抵治所，距鑪城十四站。

沿革：同德格縣。

（五）石渠　原名色許　治所雜渠卡。

四至：東至俄洛野番界二百九十烏里，南至鄧科二百七十烏里，西至恩科山三百五十烏里，北交西甯界七百三十里。

程站：由甘孜界右分路，向西北斜上行，十二站抵治所，距鑪城廿一站。

沿革：同上。

（六）昌都　原名察木多設治，治所察木多。

四至：東至安脚納山四百五十烏里，南至麥科界七百六十里，西至拉貢交恩達界二百二十烏里，北交西甯界六百烏里。

程站：由甘孜經德格同普向北大道前進，距鑪城二十二站。

沿革：該縣舊名察木多，清時賞給該地呼圖克圖管理。別設游擊，千把准，外委司巡輯防務轉運等事。宣統元年駐藏大臣聯豫奏請將該地劃歸邊務大臣管理。是年冬川兵進藏，藏人梗阻，趙爾豐派兵將作了察木多收回，改流。宣統三年奏請設理事官，夏代理邊務傅將作察兩呼圖克圖繳印，設官，征收糧賦，以每年收入之半給呼圖克圖，一半作行政經費。民元改昌都府，民二改縣，民七失陷於藏軍。

（七）恩達　原名恩達塘

四至：東至梭羅壩交昌都界六十烏里，南至怒江三百四十烏里，西至碩督縣界二百烏里，北至西甯界七百二十烏里。

程站：由昌都西進四站至治所，距鑪城二十五站。

沿革：全境係察木多呼圖克圖地，民元設縣，民七失陷。

（八）甯靜　原名江卡設治，治所江卡。

四至：東交巴安界二百九十烏里，南至鹽井界二百七十烏里，西至科麥界二百五十烏里，北交貢覺界二百五十烏里。

程站：由巴安前進五站抵治所，距鑪城二十二站。

沿革：該縣原名江卡向隸青海，清雍正六年分隸西藏，宣統元年改流，置江卡設治委員，民七改為甯靜縣，旋失陷。

（九）察雅　原名乍了設治，治所乍了。

四至：　東至貢縣二百六十烏里，南至甯靜界二百六十烏里，西至碩板多三百二十烏里，北至昌都縣二百五十里。

程站：　由巴安前去七站抵治所，距鑪城二十站。

沿革：　舊名乍了，清時嘗給呼圖克圖管理，三年一買，別設守備等職，司偵遞緝送，又設粮員司轉運。宣統元年駐藏大臣奏請將乍了劃歸邊務大臣管轄。趙爾豐收復改流。民元附和藏人叛變，二年平定，實行改縣爲察雅，民七失陷。

（十）貢覺縣　原名貢覺設治，治所貢覺。

四至　東至武城界一百四十烏里，南至甯靜界百七十烏里，西至察雅界一百五十烏里，北至同普界二百三十里。

程站：　由甘孜分路十三站抵治所，距鑪城廿二站。

沿革：　該縣舊名貢覺，係蒙古人，清時給予西藏。宣統元年川兵進藏受阻，二年趙爾豐請改流設治。民元改縣，民七失陷。

其他科麥，碩督，嘉黎，太昭等縣，皆正議設縣，旋即失陷，其沿革不詳。11

1 光緒三十年駐藏幫辦大臣鳳全由川赴藏，道經巴塘，見地土膏沃，擬就地開墾。於次荔隆築墾場，委粮員吳錫珍，都司吳以忠督理其事。人民羣起阻墾。衆以鳳所帶衛隊係新兵，習洋操，用洋號鼓，疑爲洋官，阻擾愈力。堪布勸鳳速入藏，不聽，激怒番人，於鼎七村濤人民，刼墾場，殺墾夫，羣起逐鳳。漢兵衆寡不敵，都司吳以忠陣亡，鳳返川，東行至鸚哥嘴，番人伏兵四起，鳳被殲焉。事聞，川督乃調馬維祺，趙爾豐進康。

2 見趙爾豐致贍對番官訓令。

3 見西康專員公署所藏川邊鎭守使陳遐齡民七藏番內犯卷宗。

4 同上。

5 同上。

6 見西康政務委員會大白案卷宗。

四川月報

第九卷 第六期

目錄

編輯者 發行者 重慶中國銀行
定價 每册三角 全年十二册定價三元
民國二十五年十二月份

康定現狀（通信）

佘貽澤

1

頡剛先生：

貽澤於九月二十三日到康定，十一月五號始離康地，共計居住該地約四十三日。平時觀察所得，可爲敍述者，有下列各項：

一、康定爲西康預定建立省會之處。三山中有二水貫流其間。西北爲子耳坡，東北爲郭達山，南面爲跑馬山。西南爲南關，通康南九龍，雅江，理化之大道。東北爲北關，通康北甘孜，瞻化，道孚，鑪霍之大道。二河均爲大渡河支源，俗呼爲打箭鑪河。西康高原本少平地，至打箭鑪有一平原，面積約二三方里，又兼水草方便，以前爲明正土司駐牧之所。沿打箭鑪河兩岸均係草地，明正土司首相家瓦斯硐即在兩河交口處。明正土司在前清爲關內第一大土司，所轄土千戶百戶不下數十。各土千戶百戶以及各寨村頭人，每年須向明正土司當差。當差種類如夫役，草薪，酥油食品及各種工作，初無一定，均視土司一時之需要而定。於是各頭人常川派有人駐在打箭鑪，以便應差。起初各應差人均搭帳房，沿河岸上盡是牛毛帳房。後來番人取石子做牆，伐木爲室，造成了不少院落。番人習慣，到處只須鍋一，以便烹茶；木樁一，以便繫牛馬。故此種院落，稱爲『鍋莊』。明正土司屬下頭人共有四十八，故有四十八家鍋莊。目前各家凋落者多，而漢人所建鍋莊亦不在少。自清代在打箭鑪設立同知，治理南北兩道各番民之後，在政治上言，同知管屬一切土司；在商業上言，打箭鑪爲漢藏交易中心。因此乃有今日之繁盛。

二、康定商業情形，略可敍及者：茶商爲第一。茶商內分漢蠻兩派：漢商多雅安，名山，天全幫；蠻商以各大喇嘛廟及少數頭人爲主。往年每年約銷二十餘萬張票（每百票爲一引）；最近因印茶之抵制及關外土匪橫行，銷十五六萬張猶難。其他康定之商店，下表可見一般：

業別	獨資經營			合夥經營		
	家數	資本總額	職工人數	家數	資本總額	職工人數

邊茶販賣業	二三	七〇〇・〇〇〇元	一二〇人	一五	二五〇・〇〇〇元	一〇〇人
麝香販賣業	九	六〇〇・〇〇〇元	七〇人	二	二〇〇・〇〇〇元	二〇人
赤金販賣業	三	三〇〇・〇〇〇元	二〇人	二	一〇〇・〇〇〇元	一〇人
生藥材販賣業	二〇	二〇〇・〇〇〇元	五〇人	一〇	一〇〇・〇〇〇元	三〇人
皮貨販賣業	一〇	二五〇・〇〇〇元	三〇人	四	四〇・〇〇〇元	二〇人
布疋販賣業	二五	八〇・〇〇〇元	一二〇人	二〇	一六〇・〇〇〇元	九〇人
綢緞販賣業	一〇	三〇〇・〇〇〇元	七〇人	四	三〇・〇〇〇元	二〇人
草菸販賣業	一五	二五〇・〇〇〇元	三五人	一三	三四〇・〇〇〇元	二〇人
黃煙販賣業	七	一五・〇〇〇元	三〇人	五	二〇五・〇〇〇元	二〇人
藏產品販賣業	一〇	五〇・〇〇〇元	四〇人	七	四〇・〇〇〇元	三〇人
紙張販賣業	四	一〇・〇〇〇元	二〇人	三	八〇・〇〇〇元	一〇人

股東有限公司

電氣公司	一	五〇・〇〇〇元	二〇人

西康民族，尙爲游牧時代，工業自無可言；即手工業亦甚簡陋。康定方面之手工業情形，調査如下：

業別	工人人數		產品名稱	產量	名稱	產量	名稱	產量
織羊毛業	男五〇	女三〇〇人	毪襪	一五・〇〇〇雙	毪帶	一〇・〇〇〇根	毪衣褲	一〇・〇〇〇套
磨麵業	男五〇	女二〇人	麥麵	五〇・〇〇〇斤	子麥麵	三〇・〇〇〇斤	糌粑麵	二〇・〇〇〇斤

2

三、康定氣候，亦頗値得提及。康地高出海面二千六百五十公尺，氣候寒冷。四圍山巔積雪，終年不化。余在康定，十月間，每日平均温度在華氏表五十四度左右，然已降雪三次矣。每日午前較好，二三點後即起風；雪風侵入肌骨，頗似塞外苦寒。康人不喜沐浴，大概因天寒之故。漢人住康者，多至温泉沐浴。康定温泉有二：一在玉林宮，一在二道橋。玉林宮離南關三十里，温泉源頭在一山脚河壩上，右手即爲打箭鑪河，泉爲硫磺質，並無房屋遮蓋，由人用手砌石爲二潭，露天沐浴，故嘗試者少。澤與西康建省會委員任乃強先生曾住該處康民家三日，澤亦曾下去沐浴，温度極高，約七十餘度左右，但無物遮蓋，冷風吹來，頗爲難受。另一温泉在北關外七里二道橋處，有木板搭成房子兩間，每間內砌石爲一池，寬長各約三四尺，蓄温泉備人沐浴。每星期一二爲女賓，其餘爲男子沐浴時間。但每至下午，雪風起後，硫磺味大，不良於洗澡。沐浴者甚多，品類不一，下至挖金工人，乞丐，上至建省會要人，均在此休沐。不過要人來洗時，輒差兵士守門，不許他人進內同沐。附近有一二人家，備有房間，供人下榻之用。城內來洗者。常自帶行李，伙食，宿此家中，夜間或清早下池，以該時沐人少，水亦清潔。或邀二三知己，屈膝話舊，共沐池中，由天窗外仰觀山間積雪，亦一快事。間有招一二鄉間雌頭，或蠻丫頭。歌唱作樂，爲邊地消遣之惟一方法。

四、康定之在康民眼光中，猶如內地之視上海。實則康定僅兩大街：河北爲中正街，河南爲中山街；共有四木橋：將軍，上，中，下四橋。其他小巷，蠻民鍋莊居多。康民自稱爲蠻家，人數無一定統計。蠻民生活極簡單，食則糌粑，飲爲酥油茶。寢處一低榻，富者上鋪藏毯，貧者一毪子（粗毛織品）而已。康民婦女在康定者多有工做，或下力運動，如背茶，背水等，或爲紡織。十六軍留康時，其部下軍官及兵士與此種背茶背水婦女有緣者不少，並湖南將軍與蠻丫頭（康定俗稱康女）結婚者也很多。康女未嫁與漢人時，無不勤勞作工，費用異常儉省；但旣嫁漢人，不但一事不做，而且講究穿吃，好花費。因彼等心目中以爲嫁漢人只爲享福也。歷問多少娶康女者，均同一詞。此或受漢化之惡果也。

五、關於西康建省問題，以澤觀察，若欲眞正使其

3

成爲一行省，與內地一般，必需努力相當年代。若因國防上關係，成立省份，但交通與軍事佈置在在需款，恐非目前一時所能成功。二十四軍過去在西康名譽不好；此次前去，雖云極力整頓，但康民對之，並不改變過去不好印象。今日在西康工作者，處處感覺經濟困難，一事不能舉辦，每月僅支若干薪而不能做事，好似養老院一般。在西康負責之同志，都有此感。現在惟望中央注意，多在經濟上及人材上援助，建省前途或可有望。目前西康建省委員會實力能指揮者，只有十九縣，其中鄧科，德格，白玉，石渠四縣又被藏軍在十月內佔去。其他金沙江以西十餘縣，自民七失陷後，尚未收復。此爲西康建省應最先決之問題，而此問題動輒引起國防及外交糾紛（因康藏劃界，英人曾在內活動）。是以西康建省並非單純內政問題，亦並非只靠今日建省委員會所能成功；必須中央政府極積援助與主持，始能早日實現也。澤數日內准備去貴州，一切情形俟到貴陽後再報告。

專此，順頌大安。

生佘貽澤叩上。

廿五年十一月廿八日，成都。

4

國史所無之吳三桂叛時漢蒙文勅諭跋

孟森

1

皇帝勅諭四川雲南貴州等處文武官員，軍民土司，苗蠻番彝人等：逆賊吳三桂，原以父死非命，窮蹙來歸，我世祖章皇帝念其輸款投誠，授之軍旅，優封王爵，盟勒河山，其所屬將弁，崇階世職，恩賚有加，開闢滇南，傾心倚任。迨及朕躬，特隆異數，晉爵親王，重寄干城，實托心膂，殊恩優禮，振古所無。詎意三桂性類窮奇，中懷狙詐，寵極生驕，陰圖不軌，於康熙十二年七月內，自請搬移，朕以三桂出於誠心，且念其年齒衰邁，師徒遠戍已久，遂允奏請，令其休息，仍勅所司安插周至，務俾得所，又特遣大臣前往，宣諭朕懷。朕之待三桂，可謂禮隆情至，蔑以加矣。乃三桂簀行反叛，背累朝豢養之恩，逞一旦鴟張之勢，橫肆兇逆，復勾結提督鄭蛟麟等同叛，塗炭生靈，理法難容，神人共憤，今已削其王爵，特遣寧南靖寇大將軍，安遠靖寇大將軍，定西大將軍，統領禁旅，前往撲滅，若三桂窮迫，竄奔邊外，蒙古兵即擒獲解送。今一面令達賴喇嘛發蒙古兵，入四川松潘等處邊界進勦，蒙古兵到處，地方官員軍民人等，即迎降剃頭，作速備辦糧餉草料供應，如有以兵馬城池納款自效者，即於領兵達賴巴圖魯台吉等處，報明履歷銜名，事平論功叙錄。如抗拒不順，不供應糧餉者，許即攻取。大將軍等到日，蒙古兵所得地方及投誠有功人等，査明收管，仍令蒙古兵各回本地。爰頒勅旨通行曉諭。爾等皆朕之赤子，即或從前一時逼迫，陷於逆黨，但能悔罪歸誠，悉赦已往，不復究治。達賴喇嘛兵協勦逆賊，已令申明紀律，約束兵丁，所過並無騷擾。爾等各宜安分自保，革心向化，勿得復懷疑慮，以貽後悔。所到地方，即膳爲宣布遍行。

特諭。

康熙十三年八月初三日

右內閣大庫所藏刋刻謄黃勅諭一道，後半係蒙文，此諭東華錄不載，故宮所藏文獻館所刻之三藩史料亦無之。詳其文義，乃對已從三桂叛逆之官軍及已陷於叛區之人民土司苗蠻番彝所發。時清廷對叛區，原非勅諭所能及，此蓋發給達賴喇嘛及青海蒙人，令其持此進兵，即用朝旨宣諭軍民，可得糧料供應耳。以內地疆土人民，平白招蒙藏入而蹂踐，謂將掣三桂之肘，然亦豈無拒虎進狼之患，幸而不成事實，且頗受達賴玩弄，歷考是年前後之事實，足以見之。其後因本無事實，原可不存記載，且一時張皇，有此急不暇擇之舉動，事後不無追恧，其不入實錄宜也。今爲列舉其前後因果如次：

東華錄：「康熙十三年七月壬申，差往達賴喇嘛處員外郎拉篤祜，喇嘛丹巴德穆齊，還奏云：臣等奉命行至西寧，厄魯特墨爾根台吉攔阻云：「前達賴喇嘛往京時，我班禪差人問達賴喇嘛安，中國以為額外遣使，不令行走，故我今亦攔阻。」臣等咨云：「達賴喇嘛有此語乎？」明日決意起行前往，墨爾根臺吉亦無從攔阻。至青海地方，所住達賴綽爾濟，遂遣鄉導送往，至達賴喇嘛處，達賴喇嘛俯伏接旨，向臣等云：「我聞吳三桂反叛，心甚憂悶，今接勅書，得聞聖躬萬安，不勝欣慰。我本喇嘛，惟當誦經祝佑聖躬康豫，威靈遠播，國祚綿長，吳三桂指日殄滅，其楊打木結打木二城，原係我三噶爾廝之地，今為吳三桂所奪，我即遣兵攻據。若吳三桂勢窮而來，我當執而送之，若聞彼不出邊境，東西逃竄，即時進兵擒拏。」臣等云：「喇嘛既欲相助，當勿吝大舉。」喇嘛云：「聞大國兵馬皆給糧草，我兵前進，糧草不繼，人飢馬疲，何能深入。」臣等云：「當此吳三桂反叛之時，若將國家山陝良民搶奪，非為相助，反生釁也。」達賴喇嘛云：「我亦嘗誠諭我兵不令妄行，天使回奏皇上，作何調遣，即諭來使，令其速歸，我即遵旨奉行。」奏畢，上曰：「拉篤祜等所行，殊為可嘉，著吏部議敘，丹巴德稷齊，着賜名加賞。」

三桂既叛，聖祖即通使西藏，覘其變之離合。觀後來三征朔漠，及康熙末之假青海以圖藏，務先知彼而後應以所知之己，自是英主能事，冲齡之狎縛鼇拜，即具此手腕。是時青海西藏皆未為藩屬，倘欲借以為助，猶是唐借吐蕃成式。達賴以言餂使者，而拉篤祜告以國家山陝良民，難供搶奪，是以常理言。藏青兵欲因糧於中國，必由西寧大路，助河西張勇之兵，與三桂角，濟糧秣者必出於山陝完善之地，故不容藏青兵縱橫，此諭為本勅諭之所由來。惟本勅諭則避去山陝，徑以從叛川滇黔三省，委之外兵，事屬滑稽。蓋兵不能入三省，勅諭何用？兵能入三省，搶掠固所優為，又何用勅諭？以此示惠，又留為他日索還疆土口實。要亦滇燄方熾，姑作此無聊之思，稍有平亂之把握，必不為也。

史稿吳三桂傳：「雲貴初定，洪承疇疏用明黔國公沐英故事，請以三桂世鎮雲南。……通使達賴喇嘛，互市北勝州，遼東參，四川黃連附子，就其地採運，官為之鬻，收其值，貨財充溢，貸諸富賈，謂之藩本，權子母，斥其羨，以餌士大夫之無籍者」。又西藏傳：「吳三桂王雲南，歲遣人至藏熬茶。康熙十三年，三桂反，詔青海蒙古兵由松潘入川，桑結使達賴上書厄之，且代

2

三桂乞降。及大兵圍吳世璠於雲南，世璠割中甸維西二地，乞援於藏，其書爲貝子章泰軍所獲，朝廷但駐守中甸，未深問也。」

三桂既王滇，方以兵力開水西等土司，藏靑所震慴者爲三桂，三桂與通市，亦歲行熬茶禮以籠絡。藏之戴淸，未必厚於三桂，勅諭因達賴表示好意，姑一試之，且使徑由松潘入川，是以可令因粮之地，直指川滇黔三省也。中甸維西二地之割界達賴，未必在吳世璠繼立之後，一統志，雲南麗江府中甸同知維西通判下，皆云明麗江府地。本朝因之，吳逆之變，以地與達賴喇嘛，雍正五年，來屬。然則終康熙之世，二地且未能內屬，其割界亦必在滇變之初，所云朝廷但駐守中甸，乃在中甸邊設守耳。若至三桂死於衡州，世璠奔赴，道中嗣位於貴陽，所延殘喘亦無幾時，割地已無效力，其乞援書中或援引割地以爲說耳。疑達賴所云揚打木結打木二城，即此二地。此二地本唐吐番鐵橋節度使地，元乃爲麗江路地，故達賴云原係我三噶爾麻之地也。當三桂初叛時，達賴昌言欲取揚打木結打木二地。旋即由三桂自畀以中甸維西，達賴因有向中朝請裂地封滇之舉，傳言代三桂乞降，猶屬約略言之。三藩業已大定，官書中任作何等冠冕語，信無愧色矣。

聖武記初稿，聖祖戡定三藩記：『西藏達賴喇嘛奏言：「三桂若窮蹙乞降，可宥其一死；倘竟鴟張，不若裂土罷兵。」上嚴斥不許。此說與實錄合。後改定本作「西藏達賴喇嘛奏言：「三桂若窮蹙乞降，可宥其一死；倘竟鴟張，不若裂土罷兵。」蓋三桂遣使諷達賴代己請，冀免其子孫之誅，欲如尉佗自帝一方，上嚴斥不許，詔賜三桂子應熊及其長孫死。』如此以意貫串，反之事實。蓋吳應熊之伏誅，在十三年四月，距通使達賴還奏之時，尚早三閱月，而達賴請裂地之說，達京師已在十四年四月，不當扭合爲一。

東華錄：「十四年四月乙卯，甘肅巡撫花善奏：邊外蒙古前犯洪崖堡，今又乘我兵進剿河東，乃拆毀關隘，襲執官吏，與官兵會戰，永固城副將陳達戰歿。上命甘肅總兵官孫思克加意防邊，如蒙古仍行肆害，即率兵剿禦。仍遣使往諭達賴台吉。約束部落，毋爲邊患。會達賴喇嘛使至，並予勅書，使轉諭達賴台吉。勅曰：「皇帝勅諭達賴喇嘛，吳三桂初叛，朕諭喇嘛，大兵分路進討，若吳三桂勢蹙投降，喇嘛其即執送，續覽喇嘛奏云：「吳三桂背主背國，人皆惡之，不來則已，來即縛之以獻，吳三桂曾取結打木揚打木二城，今已發兵攻取，防守沿邊，若欲征兵深入，惟候詔旨。又言「達賴台吉故居士伯特，今遣居青海，令其有事則相援，無事則鈐轄其部屬。」朕思自太宗文皇帝世祖章皇帝至今，遣使往來，恩禮無間，喇嘛素崇信義，必如所奏而行，故遂以達賴台吉等進兵滇省之故，曉諭兩省。及達賴台吉辭以松潘路險，未進四川，喇嘛又奏言：「蒙古兵力雖強，難以進邊，縱得城池，恐其貪據；且西南地熱，風土不宜，若吳三桂力窮，乞免其死罪，萬一鴟張，莫若裂土罷兵。」吳三桂乃明時微弁，父死流賊，搖尾乞降，世祖章皇帝優擢封王，其子尚公主，朕又寵加親王，所受恩典，不但越絕朝臣，蓋自古罕有，吳三桂負此殊恩，構釁殘民，天人共憤，朕乃天下人民之主，豈容裂土罷兵。但果悔罪來歸，亦當待以不死。今將軍張勇等奏，達賴台吉諸部落入邊侵掠，彼以王輔臣倡亂，內地亦皆騷動故也。今西陲晏然，內地無事，已下勅禁諭，達賴喇嘛宜各守前言，令其統轄部屬，毋得生事擾民。

此爲本諭勅發出後，青海西藏對清眞相。青海達賴台吉，據達賴喇嘛誇稱能左右之，惟其所命，乃不從松潘進兵之勅，直向甘肅，執官殺將，聖祖爲作原詞，謂王輔臣據平涼叛應三桂，則青海兵來相攻，亦是踐約討叛，但辭以松潘路險，可見勅諭之滑稽，原不足以欺青海西藏也。裂土罷兵之請，適値達賴使來，聖祖所應付之辭，即所謂嚴斥不許者，平涼之平，王輔臣之降，尚需十五年四月，此時已言西陲晏然，不過自圓其說，不必徵實，青海來寇，原非助攻平涼，今特諭喇嘛禁止青海，亦與西陲平不平無涉，中叙已往之事，可見拉篤祜之使藏，自令其不與三桂相結，得達賴好言回覆，因有曉諭兩省之文。滇爲三桂根本，本不應在曉諭之列，勅書滑稽，言無定準。今此所叙，正述前之降此勅諭耳，喇嘛之使，此時方來，所言「蒙兵難進邊，縱得城池，恐其貪據」等語，未始無理，終以裂土罷兵爲說，喇嘛於奉教諸國，原有可施命令之慣習，結局如此，此一勅諭失前後曲折明矣。

撫遠大將軍奏議跋

吳玉年 1

此書爲清允禵駐西甯青海等處之奏議，允禵爲聖祖第十四子。清史稿列傳卷七云：

「恂勤郡王允禵，聖祖第十四子，康熙四十八年封貝子，五十年從上幸塞外，自是輒從。五十一年賜銀四千兩。五十七年命爲撫遠大將軍討策妄阿喇布坦，十二月師行。上御太和殿授印，令用正黃旗纛。五十八年四月劾吏部侍郎色爾圖督兵餉失職，都統胡錫圖索詐騷擾，治其罪。都統延信疏稱準噶爾與青海聯姻婭，大將軍領兵出口，必有諜告準噶者；不若暫緩前進。上命駐西寧。五十九年二月，允禵移軍穆魯烏蘇，遣平逆將軍延信率師入西藏。令査布防西甯，訥爾素防古木。時別立新胡必爾汗遣兵送之入藏。十月延信擊敗準噶爾將策零敦多卜等於卜克河諸地。五月，允禵率師駐甘州，進次吐魯番；旋請於明年進兵。閏六月和爾博斯厄魯齊寨桑以厄魯特兵五百圍回民，回衆萬餘人乞援；允禵以糧艱阻，兵難久駐，若徙入內地，亦苦糧少地狹；哈密扎薩克額敏皆不能容，布隆吉爾達里圖諸地，又阻瀚海。請諭靖逆將軍富寧安相機援撫。從之。十月召來京，面授方畧。六十一年三月還軍。世宗卽位，諭總理王大臣曰：西路軍務，大將軍職任重大；但於皇考大事，若不來京，恐於心不安；速行文大將軍王馳驛來京。允禵至，命留景陵待大祭。雍正元年五月諭曰：允禵無知狂悖，氣傲心高。朕望其改悔，以便加恩；今又恐其不能改，不及恩施，特進爲郡王，慰我皇妣皇太后之心。三年三月宗人府劾允禵前爲大將軍苦累兵丁，侵擾地方，糜費軍帑；請降授鎭國公，上命仍降貝子。四年，諸王大臣劾請正國法，論允禵止於糊塗狂妄，其奸詐陰險，與允禩允禟相去甚遠；朕於諸人行事，知之甚悉，非獨於允禵有所偏徇。今允禵居馬蘭峪欲其瞻仰景陵，痛滌前非；允禵不能悔悟，奸民蔡懷璽又造爲大逆之言，搖惑衆聽，宜加禁錮；卽與其子白起並錮於壽皇殿左右。寬以歲月，待其改悔。高宗卽位命釋之。乾隆二年封輔國公，十二年六月進貝勒，十三年正月進封恂郡王，二十年六月薨，予謚。

攷準噶爾策妄阿喇布坦之寇藏，因第五輩達賴喇嘛示寂，爭立新呼必勒罕；乃率精兵，繞戈壁，逾和闐等處而入藏：殺拉藏汗焚毀寺廟，迫逐僧衆。聖武記卷五撫綏西藏記上記其原委云：

「康熙四十四年第巴謀毒拉藏汗不遂，欲以兵逐之；拉藏汗集衆討誅第巴，詔封拉藏翊法恭順汗。藏汗者，青海固始汗之孫也。固始汗既以衛藏爲達賴班禪香火地，留其長子鄂齊爾汗轄其衆，次子達賴巴圖爾台吉佐之。固始汗卒於順治十三年。鄂齊爾汗卒於康熙九年。達賴卒於三十六年，拉藏汗嗣爵後，以議立新達賴喇嘛，故與第巴交惡。至是奏廢第巴所立假達賴，詔執獻京師，行至青海病死。而藏中所立博克達山之伊西嘉穆錯爲第六世達賴喇嘛，青海諸蒙古復不信之，而別奉裏塘之噶爾藏嘉穆錯爲眞達賴；以康熙二十二年降生，二歲著靈異，至是二十歲矣。諸蒙古迎至青海坐牀，請賜册印；與藏中所奏，互相是非。上恐其擄篡，詔暫居西甯紅山寺，旋移塔爾寺。塔爾寺者，西甯衛城西南四十里之塔山，宗喀巴瘞胞衣地，黃教祖寺也。青海周數百里，十三峯環遶之，海中有二島，人迹不至；番僧習禪定者，於氷合時齎一歲糧，休焉。往往出異僧，故青海佛法與西藏相亞，兩部爭議未決，而策妄擾藏之事起。初策妄那布坦，（按策妄那布坦，即策妄阿喇布坦，乃各書譯音之不同耳。）取拉藏之姊而贅其子丹衷於伊犂，不令歸。上以厄魯特狙詐，敕拉藏毋恃親疏防，拉藏耄而酗飲，不以爲意。布達拉西北三百里有騰格里海，西接後藏，周數千里；其北岸大山橫亘，爲準夷入藏必由之路。有鐵索橋天險，一夫拒隘，萬衆趦趄，更無旁徑，拉藏亦不之守也。五十五年十月，策妄果遣台吉大策零敦多布領精兵六千，徒步繞戈壁，逾和闐南大雪山；涉險冒瘴，晝伏夜行。次年七月始達藏界，以送丹衷夫婦歸藏爲名。由騰格里突入，敗唐古特兵，遂圍攻布達拉誘其衆，內應開門，執殺拉藏汗，擄其妻子，搜各廟寶器送伊犂，禁新達賴喇嘛於札克布里廟。詔西安將軍額倫特以軍數千赴援，而侍衛色楞宣諭青海蒙古備兵。七月師逾木魯河，色楞軍拜都嶺，額倫特軍出庫賽嶺，賊佯敗屢却，而精兵伏喀喇河以待；額倫特率所部疾趨，欲先渡河扼狼拉嶺之險，北至喀喇河，兩軍皆會。賊脅從番衆數萬，以其半據河拒我前，而分兵潛出我後，截餉道。相持月餘，糧盡矢竭，九月我師覆焉，賊氛益熾。青海蒙古皆憚進藏，奏言：達賴喇嘛可隨地安禪，免王師遠涉之勞；而王大臣懲前敗，亦皆言藏地險遠，不決進兵議。上以西藏屏蔽青海滇蜀，苟準夷盜據，將邊無寧日；且賊能衝雪縋險而至，何況我軍。五十七年命皇十四子爲撫遠大將軍屯青海之木魯河治兵饟，將軍傅爾丹富甯安分出巴里坤阿爾台以獵其北，而將軍噶爾弼出四川，將軍延信出青海，兩路擣藏。至是西藏諸土伯特亦知青海呼畢勒罕之眞，藏中所豎立之贋，合詞請於朝，乞擁甯禪榻；詔許給册印，於是蒙古汗王貝勒台吉各自率所部兵，或數千，或數百，於五十九年春隨大兵扈從達賴喇嘛入藏，軍容甚盛。策零敦多布由中路自拒青海軍，而分遣其宰桑以兵三千六百拒南路。南路將軍噶爾弼招撫巴塘裏塘番衆，進至察木多，遶洛隆宗三巴橋之險；旋奉大將軍檄，俟期並進；噶爾弼恐期久糧匱，用副將岳鍾琪以番攻番之計，卽招土司爲前驅，集皮船渡河，直趨西藏，降番兵七千，分兵塞險扼賊饟道，而青海軍亦三敗其中途刦營之賊，斬俘千計。厄魯特進退受敵，遂大潰，不敢歸藏，卽由舊路北竄，崎嶇凍餒，得還伊犂者不及半。詔加封宏法覺衆第六世達賴喇嘛於九月登座，取拉藏所立博克達喇嘛歸京師；遞誅厄魯特喇嘛之助逆者。……」

允禵雖身未入藏，而籌畫有方，故克奏膚功，甚爲神速。觀此奏議可悉其辦事條理分明，輕重得宜；其籠絡青海各部落，使分兵助戰，以夷攻夷，尤爲得計。當準噶爾入藏以後，藏地與中原隔絕，情形尤難探悉，藏人來青海者，無論軍民喇嘛等，允禵莫不詳細垂詢奏之朝廷，此類文件爲聖祖實錄未載，今得此，可補史乘之未備也。

此書原稿爲滿文，前喀爾沁親王貢桑諾爾布所藏。其爲蒙藏院總裁時，命該院繙譯科譯爲漢文，分二十卷。惜譯者文筆不佳，致將文意前後倒置，彼我不分，殊多費解。倘求得原稿，重倩名手譯之，則不至以訛傳訛矣。

美國「西藏通」駱約瑟博士會面記

傅成鏞

駱約瑟博士之英文名字爲Dr. Joseph Francis Charles Rock，故有譯爲洛克者，而任乃强先生則譯爲駱克，并于西康札記中，記其事如下：

「駱克

美國探險家駱克先余十餘日自雲南麗江經九龍黃喇嘛界來康，從行二十四人，獵槍十餘支，分頭採集動植物標本，考查地質氣候，攝影片數百張。凡住康定十五日，用二千餘圓而去。余至康第二日，往福音堂訪彼，適彼已束裝上馬回麗江，僅得識面，未及談話，至今猶覺抱憾。聞顧牧師與龍主席言，彼係受美國地理學會資遣來滇康視察，到康時未有護照，龍詢及，彼卽宴客于福音堂，贈各機關長官照片，爲政委會往二道橋一帶視察礦產，告各地礦苗强弱，極力聯歡要好。又云九龍黃喇嘛有槍三千支，勢力甚大，行旅未經許可，不得通過，駱過該地，備受歡迎。黃喇嘛留宴數日，導觀其武器庫，金庫，糧食庫。人疑黃喇嘛驕横排外，漢官常遭蔑視，何至優禮此無護照之外國人？意駱或以槍械等贈之，故能得其歡迎也。」（新亞細亞月刊社出版任乃强著西康札記五頁）

任先生只記其概況，似有補充之必要，俾國人對于駱氏及其探險狀況有更深切之了解。

民國十六年作者到達西康將公務接收清楚之後，前任特別提出上峯訓令二件，一爲民國十五年所發，一係十六年所發，均略謂奉交通部令有美國植物學家Dr. J. F. Rock將由甘肅入康，到達時如請求借欵應即照支，取得收條作爲解欵入帳云云。嗣因公務就緒，抽暇赴內地會福音堂，訪牧師英人顧福安君，詢問此人之行踪。初尚以爲英美之人，國籍不同，或不之知也，但作試探亦未嘗不可。顧牧師在回答之前，頗表示驚異，先問「足下何以知其人？問其行踪，有何需要？」當將上述訓令所示之事明白告之，顧牧師乃坦然道出，謂伊早已不在甘肅，而在雲南西康之間，是否前來打箭鑪，彼時尚無此項消息云云。顧牧師知之而且甚詳，已足令聞者驚訝，倘無支款以助其路費之訓令，則吾人無從知有此人，即使探問或將諱莫如深，反引其猜疑也。西康方面，金融時有不能靈活之事，故常以此人行踪向顧牧師探問，因西人支欵動輒甚鉅，如不及早準備，恐臨時無措。而顧牧師亦願于得到確實消息之時，立即通知。又經年餘至十八年春，顧牧師特親身前來通知，謂 Dr. Rock大約在三個月之內可以到達打箭鑪，現已離去其居留之地，向西康之貢噶嶺及鄉城一帶前進，到打箭鑪不久即須折回，款項似宜及早準備云云。是年五月顧牧師派人前來通知，謂此人定于某日到達，約于是日午前出城郊迎。惟因當地最高人員來往，作者向無迎送習慣，倘使破例難以應付他人，即以公務繁忙有暇當往歡迎爲詞答之。Dr.J.F.Rock 到達時即送來名片一張表示拜望，當亦以名片答之。細察伊之名片并非英文，而爲書法不佳之中文石印名片，右上角之頭銜爲「美國國民地理學會專員美國農林部專員美國哈佛大學專員」分列三行，中爲「駱約瑟博士」大字，左下角爲「華盛頓」三字。次日正擬前去詢問路費事，即收到駱約瑟博士請客劵，設宴于福音堂中。

有方君文培者，係南京中國科學社社員，曾于十七年秋率領該社川康植物考察團入川，而方君則隻身赴康，回京後將該社研究成績之已經發表而印成單行本者寄贈多本，印刷精美，內容均係深刻之動植物研究。駱博士既係植物專家，故選出動植物之書各一本，又因是時正發行總理奉安紀念郵票，特購得一全套，一併携去贈之。在客堂外之過道上，見一西人前來，手捧書籍等物，當叩其是否 Dr.Rock，伊即知作者爲誰，面收書籍郵票之後，極表謝意；并謂此類書籍對于伊之研究工作幫助甚大，正欲徵求，即已獲讀，實非意料所及。當將亟待解决之支取路費事提出，伊謂顧牧師業已告知其事，甚感我國各地機關給與之種種便利，對于儲款以待一節尤爲深謝，但謂此來行李簡單，正當路費已足敷用。惟仍請暫留千元，如不購買特別物件，則此款亦不需要。

駱氏年約四十餘歲，紅光滿面，精神煥發，絕無蒼老之狀，更不似跋涉萬里，長在冰天雪地中旅行之人，謂其居留西康數年，實無人信。身材并不矮小，且略高大，着咖啡色西服，頭頂前部之頭髮甚稀。相見時，立將書物置于道旁桌上，急向前來握手，笑容可掬，態度極其和藹。談話時措詞尤極謙遜，毫無驕傲之氣。由其諄問之週到，可知其乃一長于交際，尤善于說話應酬之人，易于得到對方之同情者也。

既入客堂，則見龍主席徐參謀長等二三人已先至，顧牧師在座代爲招待。稍頃，所柬請之當地長官八九人到齊時，由駱氏取出照片不下千幅，均係該次途中自攝而自行冲洗印出者，選其重要者若干幅加以說明。謂貢噶嶺向爲人跡不到之地，伊自遠地攝取其全景，旣到其地後，分別在各方面攝取照片多幅，其次爲鄉城及其他各地之風景照片。

攝影展覽旣畢，即邀約來賓在室外照相以留紀念。所携之照相機據云價値甚貴，用法亦極複雜，故由伊親手拍照，而伊遂在照片之外，先後拍照數張，均洗出分送；惟爲吾人所攝之自然顏色即本色照片，須寄回美國冲印，未能當即分送。

聚餐之時，來賓合請駱氏報告該次探險之經過，作者以其留西康已久，請其用藏語講演，乃謂藏語漢話均不能成句，仍用英語報告。兹譯述其大意如后：

『華盛頓爲美國之京城，其地有美國國立地理學會，純係研究地理之學術機關，經費係由各方富豪捐助而來，政府亦給與充足欵項。一九二三年該會聘余爲滇康探險隊之領隊，曾到雲南府大理府麗江各地考察動植物年餘而歸。所到之地已近康藏境界，康藏之秘密頗多，歸國時恨未能深入其地。幸次年哈佛大學聯合其他機關組織動植物考察團，赴華西及西藏等地工作，又聘余作領隊，定期爲三年。余即率隊過雲南直入康境之木里土司即黃喇嘛地方。初在雲南時，聞黃喇嘛其名，幷知其境內產金爲全藏之冠，故其境內頗爲富足；惟黃喇嘛對人極其殘忍，伊之所忌者，每難善終。及抵其境，不特未加拒絕，余要求見面，伊對余極其禮貌親善，余心遂安。伊所過之生活，在當地人民看來，當然極其優裕，惟以吾人物質生活爲標準而言，則粗鄙不堪，未嘗有舒服之生活，較吾美國之人，實不及中等工人之生活也。余所携之物品，無論爲食品爲用具，雖極其平常之日用器具，無不件件稱奇。旣而將伊最爲稱贊之物件選出贈之，在余則所費無幾，而伊竟喜出望外，從此更堅留余長住其地，幷願盡保護之責，絕無人敢犯秋毫。

『與一般當地之土人比較而言，黃喇嘛之碩大身材及態度行動言語，實與國王無異，乃一極高尙之文雅紳士也。惟秉性殘酷，取盡錙銖，境域雖有美國麻色州之大，而人口不過二萬餘，無不聽其號令，實則均爲其奴隸耳。稍有拂其意者，輒笞之如牛馬，刑法之苛酷，眞令人有如夢遊歐洲之中古。其待過境之漢人雖略爲寬鬆，然亦大體相同，過境者以雲南人爲最多，偶因小故，即遭拘押。無論何時，其衙門之中亦即喇嘛寺之所在，必有十餘人頸帶枷鎖匍匐于堂前，均雲南人也。余每次由雲南來黃喇嘛地方，雲南人知伊對余感情甚厚者，必輾轉託人向余要求代爲其被拘親友說項，故余折回一次，必釋放數人。平時亦有因過于可憐者，亦請其釋放，惟恐此種請求過多，反滋黃喇嘛之不悅也。

『余自到達其地時，即爲其長客，今已五年，伊亦無怨言，而且挽留之情有逾往昔，故余亦不忍離去也。惟五年之中，回國六次，因哈佛之約只有三年。一九二七年回國後，地理學會又命余組織探險隊考察華南西藏一帶地方，許余仍住其地，約期亦爲三年。余現因久留其地而生厭倦，且亦已工作完畢，故明年期滿即當告別。余回國六次，均係將考察結果，尤其是所採集之動植物標本親送回國，蓋只照片乃便于郵寄也。每次回國，均請黃喇嘛前往一遊，伊頗爲動心，惟終嫌膽量不足，不果。惟其所嬖倖之人則有數人，曾隨余壯遊紐約，途中對于一切所見所聞之事無不表示奇異。既入紐約，告以該處之人口有數百萬之多，彼等聞其家鄉人影甚少，不知何來此許多之人日而聚于一處；告以該處爲世界貨品滙集之地，萬國貨品均可買得，彼等則問出賣藏靴之商店何在。人謂大喇嘛之智慧極高，余殊懷疑；黃喇嘛因與余相處甚久，故詢問美國之物質進步情形而得知之新知識已爲不少，乃某次覓問火車輪船之運輸甚便，美國火車必能在水上行走而不沉，美國輪船當能翻山越嶺而陸行』。

駱氏善於說詞，頗盡滑稽詼諧之能事，脚跡遍天下，交遊甚廣者，每多如是。繼又云：『木里地方之產金，甲于全藏，而黃喇嘛之著名亦即以此故，比其地爲當年美洲之加利福尼亞似不爲過。裏塘河流經境內有數里之遙，產沙金最多，略費勞力即可有穫，陸地所產之金亦不必多費勞力。惟各處均伏有哨兵，行人不許灣腰，恐拾去土中之金也。不知此例而犯法者，哨兵即行開鎗，幷須逮捕而治罪。邊境戍兵更多，行人出境，例必換鞋，而將舊鞋投諸木里之界內，慮有沙金附于鞋底而爲人所攜去也，其富可知。黃喇嘛之金庫，儲生金不少，其量亦可以推知。廟中隨時畜養「烏拉」二百餘頭，既不以之供運輸使用，亦未圖食其肉。叩其故，則係馱運存金之準備。蓋恐發生事變，即可將存金運去，免臨時徵求「烏拉」而無所措也。試問既有事變，在未能抵抗以保守疆，而須退却時，則此二百餘馱之生金尚能安然運去耶？

『黃喇嘛地方，既以產金著名，故羨慕而尊崇之者有之，覬覦其境者，在理當亦不少。所以在宗教方面而言，遠近各地大喇嘛，均與之有友誼之來往，遠至拉薩，亦常有信使之往還，惟謂其有隸屬關係，殊不足信，謂其富而多友可也。木里地方，東南與漢軍勢力，直接為鄰，西北則與驃悍而性野，以刼掠殺人蹂躪而著名之稻城哇鄉城哇接界。各方包圍，維持亦殊不易。除漢軍方面不致無故侵入其境，可以安心而外，稻城哇鄉城哇方面對于黃喇嘛均有相當聯絡，而各地著名首領似有聽其號召之可能。鄉城地方大可稱為匪窟，西康各地未有不遭鄉城哇蹂躪者，其人之兇狠可知。漢人固無論矣，即西康人西藏人遇鄉城哇者亦無不膽寒。至于外國人，則為鄉城哇所不知而亦未曾見過者，前此無人敢于涉脚其境。余在木里時，因好奇心所驅使，又因探險家每多設計作人所不敢作之事，乃向黃喇嘛請求介紹鄉城哇領袖，俾得遊歷其地。伊亦慨允，往返函商，終得鄉城哇之允許。故此次來此，不經易于行走之九龍，而經鄉城地方，且能得觀光貢噶嶺之機會，殊亦終身幸事。途中護送余而負保護之責者，亦即殺人越貨無所不為之悍匪，此非他人或用其他方式所可辦到者，旅行之安全乃餘事耳。余因黃喇嘛之關係，故所費亦無幾，護送余之鄉城哇各給以少數之金錢及美國工業品，彼等均稱謝不已，且盼余之回經其地，再任護送之責也。護送為藏中旅行之必要事件，其意義有二方面，一為防匪人之刼掠，一為禦野獸之侵襲，余之需要護送蓋側重後者之意義也。至于黃喇嘛方面，雖有人事聯絡以為維繫鄰人之資，對于武力之講求，因其富足而非常注意。境內男子可謂全為兵丁，訓練組織似較鄉稻為有系統與成績，所謂和平，實武力為之後盾。川邊鎮守使屢經換人，因此及其他各種原因而散出之鎗枝不少，黃喇嘛得其一部，以之維持治安實為有餘。中國政治既上軌道，則此等地方應加以開發，勿使再事閉關割据而令貨棄于地也。』

駱氏健談，滔滔不絕，聞者亦無倦容。喇嘛寺中之神聖處所，如大殿及主要神像之前，多不願教外人尤其西洋人走進其地。黃喇嘛之寺中，不特駱氏可以隨意出入，任何地方均可前去，即各種神像絕不容外國人攝影者，駱氏均能完全攝成相片寄回，其手腕可知；小覇王如黃喇嘛者對于駱氏之崇拜亦可知。各地所拍照片，除前數次回國已經攜回者而外，此次攜來西康之底片亦不少，分裝十七大包，每包重二千公分，納重資交郵寄回美國地理學會，只郵費一項亦超過百元云。

駱氏離康之前，吾人亦設宴爲之餞別，因座設打箭鑪北關外二道橋温泉地方，故順便詢其道旁山中之礦脉情形，伊旣非地質專家，故只謂有琉磺與炭質，蓋地面已散有粉狀之琉磺，而泥土較黑土爲黑，故疑其有炭質也。

按駱氏本係猶太人，故善于經營。一八八四年生于奥京維也納，并在其地受大學教育。一九〇八年後在太平洋中哈威夷島，任植物方面職務兼大學教授，一九二〇年後在美國農務部任職，一九二三年開始于雲南等地之探險考察，一九三〇年後任哈佛大學之華西動物考察隊領隊，一九三二年後任加利福尼亞大學之滇藏植物考察隊領隊住于雲南。美國國立地理學會授予終身名譽會員之資格，因其遠道來中國考察植物，故外國人中有稱之爲「植物學界之馬哥孛羅」以示尊崇者。一九二二年以前發表之文字，多係關于哈威夷及其他各地之植物者。自一九二三年任滇藏考察團等之領隊後，則發表之文字，多係考察之結果，外人留心我國西藏者視之頗爲珍貴，用原色照相機在途中各地所攝原色照片，亦多附載文中，尤爲難得。其所發表之此類文字，大體均在地理學會之月報中。自美國人視之，因其文字流傳之廣及文字內容之價值，探險數年之經驗及成績，駱氏亦儼然一西藏問題之權威，美國之「西藏通」矣。就作者所知，駱氏已發表之文字有下列數篇：

1.一九二三年十二月七日紐約科學雜誌（Science）有：

　國立地理學會赴藏考察團記

2.一九二四年十一月份地理月報有：

　雲南土人驅逐病魔之情形

3.一九二五年四月份地理月報有：

　黃喇嘛之邦

4.一九二五年九月份地理月報有：

　地理學家單獨工作之經驗

5.一九二六年八月份地理月報有：

　記亞洲之乾河

6. 一九二八年十一月份地理月報有：
喇嘛之生活
7. 一九三〇年二月份地理月報有：
玄妙山嶺之追尋
8. 一九三〇年十月份地理月報有：
木雅貢噶嶺之光榮
9. 一九三一年七月份地理月報有：
匪窟之貢噶神山

駱氏現尙在雲南考察，往來于昆明麗江大理維西一帶，而其家庭則在檀香山。一九三四年九月，黃喇嘛死于非命，不知氏聞之應作何感想。次年二月二十六日上海宇林西報發表昆明一月一日之通信稿，記載黃喇嘛之被殺，係出于西康駐軍劉文輝部下之所爲，措詞憤慨，頗爲黃喇嘛不平，駱氏讀該報時，不知又當作何感想也。人謂駱氏與黃喇嘛有更深之勾結，平心而論，彼二人似尙不足以語此。

張菊生先生七十生日紀念論文集

廿六年度第六次特價書二十種之一

海鹽張菊生先生致力文化事業垂四十年，其躬自校勘之古籍，蜚聲士林，流播至廣，對於我國學術之闡揚，厥功尤偉。近值張先生七十生日，蔡孑民胡適之王雲五三先生以張先生素極反對世俗慶壽之舉，但為社會學術努力數十年如張先生者，社會應有一種敬禮的表示，因發起徵集論文，刊行專冊，以為紀念。本集共載論文二十二篇，分為總類，哲學，社會科學，語文學，自然科學，藝術，文學，歷史八類，執筆者俱屬國內雅負時譽之專家，各文內容均係著者研究之結晶，廣博精深，自不待言。全書計三十餘萬言，布面精裝一鉅冊。

本書篇目

三開本　硬布面精裝一冊　定價六元

國內郵費連掛號發二角三分　特價四元二角　特價期二月九日至六月六日

特價書每星期日公布一次　目錄備索

商務印書館出版

*D176-26:2

西藏銀幣考

傅振倫

乾隆壬子，西藏鼓鑄銀幣，爲吾國銀圓之所自昉。邊郭紀年，亦爲錢上鑄造年數之始。光緒間，四川幣廠仿印度「盧比」而造銀錢，通行邊地，而各省鑄造銀圓大行。茲述西藏銀幣沿革，起自乾隆，訖於現代。讀者作爲中國銀幣小史觀，無不可也。所據文書，以故宮博物院藏品爲主。友人黃鵬霄先生又供給不少材料，誌之致謝！

吾國歷代幣制，時有改革，蓋以其與民生國計息息相關，一不適應，勢須變通也。西藏當未有省鑄銀幣之初，一切交易，制錢而外，亦用銀元寶。乾隆五十六年十一月辛卯（是月壬申朔，辛卯乃二十日也）。諭軍機大臣等，有「給西番銀元寶」之語，可證也。

乾隆實錄五十六年十一月辛卯，諭軍機大臣等：……達賴喇嘛之弟羅卜藏根敦札克巴，據稱：「廓爾喀以聶拉木、宗喀、濟嚨三處地方，係他自己搶得，不肯退回。經噶布倫等許以每年給西番銀元寶三百兩，合內地銀九千六百兩，令其退還地方。……」

至於對外貿易，則以巴勒布廓爾喀銀幣爲主。巴勒布自康熙年間，即在前藏居住，與土人貿易。皆有眷屬；入口衆多（見乾隆五十六年十月戊午實錄）。其幣低潮（見乾隆五十七年十二月庚午實錄），土人貪圖利息與便宜，因好用之。乾隆五十三年，廓爾喀侵入後藏，高宗先後命鄂輝成德福康安等，統兵勦之。軍事既興，銀兩不便兵丁換易，乃於其地暫鑄銅錢。

乾隆實錄：五十六年十二月丁未（即七日，辛丑朔也）。諭軍機大臣等：「……至成德所奏，請暫鑄銅錢，以資兵丁換易行使，已據成德諭令商上暫爲鑄造。此係目前兵丁需用起見，亦祇可如此辦理。其將來在藏安設鑪座，官鑄錢文之處，統俟福康安於事竣後，歸入善後事宜內辦理。非目前急務也！……」

更證以乾隆五十七年十二月庚午實錄：巴勒布及商上原鑄舊錢低潮，定爲「每兩換八圓」之語，則商上兼鑄銀錢也。是時朝廷已有令西藏正式鼓鑄銀幣之動機，實錄記載頗詳：

乾隆實錄五十六年九月庚子（即二十八日，癸酉朔也）。諭：廓爾喀所鑄錢文，向衛藏行使，原爲貪圖利息起見。後又欲將舊錢停止，專用新錢，每銀一兩，止肯用錢六個。……但衛藏地方，行使廓爾喀錢文，總緣唐古忒人等向與廓爾喀交易買賣，是以不得不從其便；今該賊匪反覆無常，肆行搶掠，昨已降旨令將在前藏貿易之人，概行逐去。……是廓爾喀所鑄錢文，衛藏竟可無須使用。我國家，中外一統，同軌同文，官鑄制錢，通行無滯。區區藏地，何必轉用外番幣貨？况伊將所鑄之錢，易回銀兩，又復攙銅鑄錢，向藏內交易。源源換給，是徵藏銀兩，轉衹廓爾喀逐漸易換，尤屬不成事體！若於內地鑄錢，運往程站遙遠，口外又多夾壩，運送維艱，莫若於西藏地方，照內地之例，安設鑪座，撥派官匠，即在彼鼓鑄，駐藏大臣督同員役監製經理，自可不虞缺乏。將來勘辦事竣，鄂輝當傳齊達賴喇嘛噶倫布等，明白宣諭。……所有廓爾喀貿易人等，俱不准其復來貿易，永斷葛藤。特於藏內鼓鑄官錢，令其使用。伊等甚存廓爾喀錢文，概行銷作銀兩，一律使用官錢！……

蓋西藏鑄錢之議，志在推行官錢，抵制外番劣幣。其所以鑄銀錢，而不爲銅錢者，以「藏內不產銅礦，所需鼓鑄錢文銅觔，仍須向滇省採買，自滇至藏，一路崇山峻嶺，購運維艱，自不若仍鑄銀錢，較爲省便」（此乾隆實錄五十七年十二月庚午上諭原文）。而內地行銀兩制錢之制，自乾隆二年，錢價久不平，飭大興宛平置錢行官牙以平之，未效。更厲行銅禁，以杜私銷。十二年，又令復一錢二分舊制，以防私銷私鑄，亦無大效。高宗以物之定直，以銀不以錢，而官民乃是便錢不便銀，趨利之徒，以使低昂爲得計，宜重用銀（雜採清史稿食貨志卷五錢法章之語）。而藏地鑄銀幣之事，遂決。因於五十七年杪，設寶藏局於拉薩，從事鼓鑄。此事淸代官書，多有記載。

乾隆五十七年實錄：十二月庚午（是月乙丑朔，庚午乃初六日也）。條諭曰：『福康安等奏酌定唐古忒番兵訓練事宜，藏內鼓鑄銀錢各摺。…… 再：所定藏內鼓鑄銀錢章程，亦祇可如此辦理。藏內既不產銅，所需鼓鑄銀錢文銅觔，仍須向滇省採買，自滇至藏，一路崇山峻嶺，購運維艱，自不若仍鑄銀錢，較爲省便。但閱所進錢模，正面鑄「乾隆通寶」四字，背面鑄「寶藏」二字，俱用唐古忒字模印，並無漢字，於同文規制，尙爲未協。所鑄銀錢，其正面用漢字鑄「乾隆寶藏」四字，背面用唐古忒字，亦鑄「乾隆寶藏」四字，以昭同文，而符體例。已另行模繪錢式，發去遵辦。』（東華續錄文同）

是日實錄又載：又議福康安等奏稱：藏地素不產銅，由內地撥運，不免糜費，應照上年奏准，由商上鑄造銀錢，一律通行。成色純用紋銀，每圓照舊重一錢五分。紋銀一兩，易錢六圓，餘銀一錢，作爲鼓鑄工本。另鑄一錢重銀錢一種，每兩易換九圓五分。重銀錢一種，每兩易換十八圓。其巴勒布及商上原鑄舊錢低潮，定爲每兩換八圓。所有鼓鑄工料，令商上經理，仍交駐藏大臣，派員督同監造。如有攙雜，將該管噶布倫及孜綳孜仲等，與監造之員，一併治罪。應如所請，從之。

大淸會典事例戶部錢法門，乾隆五十七年條下亦曰：『奏准西藏鼓鑄銀錢，正面鑄漢字「乾隆寶藏」，背鑄唐古特「乾隆寶藏」字樣，邊廓添鑄年分，純用紋銀成造。重五分者，紋銀一兩，易錢十八圓。重一錢者，易錢九圓。餘銀一錢，作爲火工。其鑄錢工料，俱由商上備辦，毋庸動用官項。交駐藏大臣派員督同噶布倫等監造。驗明成色，不許稍有攙雜！』

以上皆壬子籌鑄銀錢情形。由末一條觀之，蓋准鑄銀錢，一錢及五分兩種而已。五十八年更規定鑄幣官監及俸給。會典事例戶部錢法門云：

『乾隆五十八年議：准前藏所鑄銀錢，專派鑄錢仔琫（實錄作孜繃）二名，濟仲喇嘛二名（實錄作孜仲），由駐藏大臣會同達賴喇嘛挑補。並添設監鑄官一員，令四川總督，於同知州縣內揀選派往監鑄，一年更換。令駐藏大臣，隨時査驗，如銀錢成色低潮，即將該員奏明治罪。如係勤愼出力，奏明保題。仍於每年春季，輪往邊界時，分別嚴査。』又云：

『又議准：前藏新設監鑄官一員，自打箭鑪至前藏，及期滿換回。月支公費銀三十五兩，官役口糧七分，騎馱烏拉五隻。通事一名，譯字一名，每名月支工食銀一兩，口糧一分，烏拉一隻。該員到藏後，月支公費銀三十七兩五錢。官役，通事，譯字，在藏工食口糧，仍照往回沿途之例，支給，造入西藏奏銷案內題銷。』

今故宮博物院文獻館存有省局進呈內府之正品三種，下列六拓片，即其正反兩面之影也。

圖一

圖二

圖三

右三品，皆外圓中方，略近制錢。正面鑄「乾隆寶藏」四字；邊廓鑄「五十八年」等字，字略小。幕爲唐古忒文。反正邊緣，浮鑄星狀紋二十四（惟第三種背鑄二十）。第一種，重一錢五分，徑二・七公分（此種樣錢，鎔造盛行與否，則不詳矣）。第二種重一錢，徑二・二公分。第三種，重五分，徑二公分。淸史稿食貨志載：「乾隆二十四年，回部平，須式於葉爾羌，鑄乾隆通寶，幕鑄葉爾羌名，並燬舊普爾錢充鑄。越二年，阿克蘇請鑄如

3

葉爾光例。復允西藏開鑄銀錢。以上二類錢，第行之回藏。內地不用！」邊地與內地殊，故貨幣上有此變例也。

嘉慶間，藏地仍鑄銀幣。「七年，議准西藏鼓鑄銀錢。從前內地原派監鑄官，並監鑄關防一顆，一併裁撤！即交西藏糧員管理監鑄。儻糧員事繁，於該處章京司官筆帖式內，遴委一員監鑄。均毋庸另給公費」（見清會典事例卷二一九戶部下錢法條）。蓋已裁去監鑄專官。故宮文獻館有嘉慶寶藏銀幣大小二品，其重有一錢及五分二種。又有道光寶藏，咸豐寶藏二種，均有大小二品。迺自乾隆五十七年後，西藏造幣，歷世有之矣！

「道光間，閩廣雜行，光中景中與嘉隆諸夷錢，奸民利之，輒從仿造」。「華洋互市，以貨易銀，番船冒禁，歲漏出以千萬計。御史黃中模章沅，咸以為言。而大髻，小髻，蓬頭，蝙蝠，雙柱，馬劍各種番銀，亦潛輸內地以規利」。「至洋銀日多，紋銀日少而貴」。時議「申嚴禁約，禁銀出洋。更立專條，議從重科，重錢以殺銀之勢」。「道光十七年，詔沿江沿海督撫，海關監督，飭屬嚴稽偷漏，定功過，行賞罰」。終無大効！「海內銀卒耗竭。每兩易錢，常至二千」（以上雜採清史稿食貨志之語）。兩廣總督林則徐奏請自鑄銀元，圖抵制外幣，經部議駁。道光中，浙省自鑄一兩重銀錢，民間阻滯，未流行。十八年，福建局鑄銀幣。倫敦不列顛博物院世界錢幣室，陳列吾國古今貨幣六十一枚，有道光銀幣一枚，或即此地所造也。

光緒十三年二月，粵督張之洞，復議鑄銀幣。奏稱：「廣東通省，皆用外洋銀錢，波至廣西。至於閩浙皖鄂所有通商口岸，以及湖南四川前後藏，無不通行，以致漏巵無底」。粵省擬試造外洋銀元，每元重漕平七錢三分。及李鴻章繼任，以機器試鑄，文曰「光緒元寶」，庫平七錢二分（見清史稿及張家驤中華幣制史）。二十二年四月「庚午（初五），吉林將軍長順等奏，整頓錢法，嚴禁販運出境，科以重罰。請將罰欵，撥修礮台，並擬開鑄銀圓，以資補救。下部知之」（同上）。則關外亦鼓鑄銀幣矣。案吉林機器局銀圓廠所造，有一錢，三錢，七錢諸種，唯不大行。不列顛博物院陳列一幣，中行直鑄「光緒銀圓」四字，左二字曰「迪化」右曰「伍錢」，標籤云：「Kilingual Coinage 未悉是否與此同時所製？是年光緒二十二年實錄載十月庚辰（十九日壬戌朔也），以拏獲私鑄銀圓人犯，予廣東知縣李家焯，千總鄧惠良李世桂等升敘有差。蓋已有私鑄銀元者矣！十一月癸巳上諭：開設銀行，或亦收回利權之一法。前已諭令盛宣懷招商集股，合力興辦。銀行辦成後，並准其附鑄一兩重銀圓十萬元，試行南省。如無窒礙，再由戶部議訂章程辦理（見實錄。東華續錄亦載之，且較詳）。十二月二日，監察御史王鵬運奏請京城開鑄，獨未行。東華續錄載：光緒三十二年七月甲子，財政處戶部奏：「臣等前因各省銅元局廠日增，鑄造愈多，錢價日賤，官民交困。當經酌定限制鑄數，奏准通行在案。自限制後，銀價幸未大漲。直隸督臣袁世凱主定劃一價值；湖廣督臣張之洞主議歸併；前署兩廣督臣周馥，前署兩廣督臣岑春煊則請臣處臣部主持其事。其餘各省，或請定銀銅價值，或請增鑄銀幣，或請鑄當五以下銅幣，或請禁各省爭鑄」。自是而後，各省多鑄造銀幣矣。宣統二年度支部奏定幣制則例，以國幣銀一元為主幣，又造銀幣三種，鎳幣一種，銅幣三種。未及舉辦；而鼎革，此內地幣制也！至於西藏，則稍有不同。

西藏自乾隆間創鑄銀幣，嘉咸仍置鑪鼓鑄。道光而後，外洋銀錢輸入，前後藏所用，亦以外幣為多（見光緒十三年二月張之洞奏疏）。光緒二十二年，川督鹿傳霖以銀價過低，制錢缺乏，奏准創辦銀元局，而川幣始行於西藏。二十五年，各省銀幣歸鄂粵代鑄，川廠停止。二十七年，總督奎俊以川省地僻道險，求鄰靡易，奏准復設銀圓局。十月開局，專鑄七二銀圓，酌擬行使章程。定大元一枚，值市平銀六錢九分，並推行西藏。是時英人已佔印度，東印度公司所鑄盧比 Rupee 銀幣，由印緬輸入甚多。土人利其輕便，樂於使用。川督岑春煊以外幣交斥，有喪國家權利，既改大元值銀七錢一分，復仿盧比形式大小輕重而鑄新幣，專行西藏。盧比一枚，重一一九·三六三二一公分，合庫平○·三一九八九三三七六兩；而藏元一枚，則重三錢二分。盧比有帝后像；（一八三五年造者，鑄英王威廉四世像；一八四○及一八六二年造者，鑄英后維多利亞像）。藏幣則代以光緒帝像。圖案相同。盧比上有「印度盧比一枚及年份，而藏元僅鑄「四川省造」四字。徑皆為三公分。茲以黃鵬霈先生藏品，摹拓製圖，以資比觀。不列顛博物院亦陳列藏元一枚。

圖四

圖五

王守謙著中國稀見幣參考書七十二頁，載光緒像之銀輔幣凡三種：一爲伍角，重三錢二分。二爲二角半，重一錢六分。三爲一角，重六分四。五角者，卽藏幣一元也。去年夏，開發西北協會主辦西北文物展覽會於南京淮淸橋，陳列藏幣。其目錄上之說明曰：『藏幣分爲三種：第一種爲一元，其直徑爲三十公厘；第二種爲半元，其直徑爲二十四公厘；第三種爲二角五分，其直徑爲十八公厘。第三種通稱「一咀」，第二種通稱「兩咀」。二三兩種，鑄數無多。加以窖藏鎔化，市面已不易見。使用銅輔幣之地，甚少。爲便於交易起見，多截爲兩片，以代兩咀，再截爲兩，以代一咀。於是奸人從中漁利，剉取中縫之銀。如合兩片，其直徑有少至二公厘者。目下康藏使用硬幣，卽此類也』。此殆皆四川所造者。

盧比式銀幣，川省所造，其初不過一千餘萬枚。民元以後，川康邊防總指揮劉文輝，命楊伯康於康定設廠鑄幣。於十九年五月四日舉行開印式，一日之間，造幣四千餘枚。惜二十三年二月十二日，不戒於火，全部焚燬，以致中輟。淸末之幣，銀分居十之九強，其餘則係銅質。康定所造，銀居百分之七十五，銅居二十五，成分漸低。銀分既低，價値日跌。十九年左右，每元尙可折合大洋四角四分八厘。二十四年，跌至二元七角五分（卽兩元三咀），折合大洋一元。惟官價仍以藏幣一元折合大洋四角四分八厘計算（以上亦本西北文物展覽會目錄）。統一幣制以來，又不知何情形矣？

二十六年元旦。

孫黃合譯旅藏二十年中譯名之商榷

鄭允明

旅藏二十年，原名 Twenty years in Tibet，係英人麥克唐納（David Mcdonald）所著，經孫梅生黃次書二君譯出，廿五年七月商務印書館出版。查原書作者一八七二年生於藏印邊界之大吉嶺，其母為哲孟雄人，哲本藏屬，風土無殊，麥之能操流利藏語，蓋本天賦遺傳者矣。一八九一年起，開始在印度政府機關中服務，凡十二年。其間因不斷之研究，已兼通西藏，印度，尼泊爾，不丹，各種文字。一九〇四年，榮赫鵬遠征隊（Younghusband's Expedition）入藏，麥初任醫官威德爾（L. A. Waddell）之助手，軍次帕里，總翻譯官渥康諾（F. O'connor）受傷，乃代其職。英藏條約告成，隨軍返印。翌年，英政府派為駐藏商務委員，但仍在印度作整理西藏圖藉等工作。一九〇九年後，始入藏任職，駐亞東江孜等處。一九二一年，一度代理英國駐哲孟雄政務官，旋返原職，至一九二五年退休，前後留藏約十七年，見聞頗廣，與達賴班禪皆有相當私交，允為英國「西藏通」貝爾爵士（Sir Charles A. Bell）之鷹犬焉。本書一九三二年出版，以簡顯之語辭，摘述一九〇五至一九二四二十年間之閱歷，為研究西藏南部情形，及英藏關係者之要籍也。孫黃二君譯本用白話體裁，語調章回，悉按原文，譯筆流利暢達，惟於人地名詞，似均照英文直譯，或因仍其他譯本轉譯，雖「有幾位西藏朋友」「從旁幫助解釋」及「校正」，似仍有未盡允洽之處——尤以前十一章為甚——。爰本所聞，列舉商榷，二君或不以為忤歟？

一　第三頁第七行：賽西瑪宜作夏司瑪。按夏司瑪在亞東之北，英人開埠，混指夏司瑪為亞東，稱地甚多。亦有譯作「下腳馬」或「夏斯馬」者。

二　第四頁末二行：乃求加鎮，應作納曲卡。納曲卡位於納曲之北，握青海各路入藏之咽喉，為拉薩以北第一重鎮，駐有堪布囊鎖等，綜理商旅農牧一切事務。納曲蒙名哈拉烏蘇，意即「黑河」。

三　第六頁第五行：斐利莊，應作帕里宗。西藏各巨鎮，依山丘建有堡壘者名宗，清時多有漢番營官駐守，現在納稅兵役，亦均以「宗」爲單位。帕里在江孜之南，春丕之北，載見各地圖，譯本第三十三頁中，亦敘明其重要矣。若使西藏相當於一省，則帕里江孜納曲卡等地，堪爲「一等縣」，以「莊」名之，無乃不倫，不如暫照舊籍，譯之爲「宗」也。

四　第九頁第一行：哲克薩姆，宜作嘉桑。自拉薩去江孜，必於此處用木舟過渡。

五　第十四頁第五行：梯林波奇，宜作池仁波且。（讀作池，仁波且）。前藏三大寺，以噶丹寺爲尊。中有金床，原爲黃教佛祖宗喀巴坐靜之處，入後噶丹寺寺長即坐此床，稱「噶丹池巴」或「池仁波且」，地位崇高，在藏僅次於達賴班禪。池即床之意，仁波且爲尊稱。原文作 Ti Rimpoche，不能直譯。如班禪大師亦稱札喜喇嘛，而英文率作 Tashi Lama 或 Tashoo Lama 等，不足爲訓也。其後註稱「……按即寺長羅生戛爾」，譯名亦有未妥。藏文雖未見，自英文 Losang Gyal-tsen 觀之，似爲羅桑堅贊。或從光緒三十年英藏條約漢文本，作羅桑戛爾曾，末音不宜略去。

六　第十七頁第一行：却康。即大召寺。大召位拉薩市區之中心，香火最盛，傳爲唐文成公主所建，歷任駐藏大臣抵藏，必先謁大召。或名伊克昭，拉木朗，局康等等皆蒙藏音譯之異。

七　同頁第三行：台大勞帶瑪，勞帶瑪，人名，有譯作藍達美或朗達瑪者，後者較切。

八　第十八頁第五行：赭蚌，舊籍作折蚌。作哲邦亦佳。

九　第二十頁第四行：喇嘛醫學院遣克保。此所謂醫學院建於一小山上，與布達拉相連對。舊籍名之招拉筆洞寺，藏人呼爲嘉波立，遣克保宜改嘉波立。

十　第二十二頁第二行：德巴，宜作都巴，或譯爲「政治大殿」，黃慕松在藏，奉命册封前達賴喇嘛，即即於都巴中舉行。

十一　第二十九頁第二行：干達克，宜作岡都，或岡多。自岡都至大吉嶺已有良好之汽車道，經岡都入藏，且可避免龍頭山之險。

十二　第三十二頁第四行至第五行：關於駐藏官吏，人名有時不易查考，職銜又有定制，轉譯實感困難。春丕谷完全爲英人宣傳之名詞，土人呼爲上下卓木（詳見後），官方則名之爲上中下靖西。此處所謂「邊務官」等，當指靖西同知馬師周，與遊擊周炳元。「稅務監督」爲亞東關稅務司張玉堂，譯者以爲鍾君誤。張玉堂住在地肥馬宜改卑馬。則拉普，通常作咱利山，按哲孟雄境內，皆有英文地名牌，英文雖作 Jelap，土音實作「裁立」，貝爾在西藏之今昔中亦注明應讀作 Dzelep，不如仍譯「咱利山」舊名也。汪珠札林宜作旺曲策凌。又所附英文，常有誤植，不再更正，免佔篇幅。

十三　第三十三頁第六行：但凱康巴祿，似宜作達康葛祿。

十四　第三十四頁第二行至第四行：上祛羅姆，下祛羅姆，及祛羅姆衛宜分別改作上卓木，下卓木，及卓木娃。上下卓木即上中下靖西，約指帕里以南，亞東以北。卓木娃意謂卓木之人，如西康人，青海人，呼爲康巴娃，安多娃，其理正同。阿木竹河，「竹」宜作「曲」。

十五　第三十八頁末二行：伯當，通常作白東。爲哲孟雄南面門戶，企圖自印入藏者，最難渡此關。

十六　第四十三頁末行：首相倫曲厦達，應作倫欽夏札。倫欽，大臣之意，通常以之稱司倫。夏札，邸名，西藏人稱大官不直呼其名，均以邸名名之，眞名反不聞。倫欽夏札，頗得達賴寵幸，後於西姆拉會議中，任西藏總代表，諸書載倫與香托拉者，即此君。

十七　第四十四頁第五行：拉蘭宜作拉隴。

十八　同頁末行：Ma Chi Fu，似即馬吉符，馬字竹君，安徽人，歷任亞東靖西後藏等處同知理事官諸職。宣統元年，調任江孜商埠監督。

十九　第四十六頁第九行及第十行 Ma Shih Tou，Ma Shih Chao，似均爲馬師周，見前十二條釋。

二十　第五十三頁第六行：龍洞，應作那塘，亦作納蕩。那塘爲一谷地，位於龍頭咱利兩山之間，距靖西約五十里。照英文譯，亦不能作龍洞，意者，由於龍頭山之誤會歟？

二一　第五十五頁末二行：札隆協擺，宜作乂隆夏貝。乂龍爲西藏名邸；「夏貝」爲「噶倫」之別稱。其名似譯貞沙南岡較切。

二二　第六十九頁：參與人員，漢軍方面，職名待考。西藏方面，僧官三名，宜分別作：耶喜阿旺，羅桑，及丹津汪結。

二三　第七十頁第五行：「堪摩」宜作「堪瓊」。

二四　同頁第八行：郎布桑見尼，宜作羅桑仲尼。

二五　第七十二頁第五行：開拉宜作喀拉。

二六　第七十七頁第七行：倫曲薛公，宜作倫欽旭岡。倫欽，解同前；旭岡亦名門世閥。彼時之旭岡，入後一度統帥藏軍，惜爲仇者暗算，家道漸落。

二七　第八十頁第八行：張塘爲北方平原之意，藏人以之泛稱青海草原者，愚見不如逕譯青海草原爲明切。同行布爾札維克，顯屬布爾希維克之誤，似亦不如意譯也。

二八　第八十二頁末二行：中國大臣，不如譯「駐藏大臣」。

二九　第八十六頁：阿根汪珠，亦有作烏格揚黃察克者，均不妥，宜作烏健旺曲。阿根多傑，可作烏健多傑。叔南土布該多傑，則宜作瑣南脫幾多傑。

三十　第九十三頁第四行： Chien Hsi Pao，當爲右參贊錢錫寶。駐藏正副大臣，逮清末，政見上每形對恃，犯督撫同城之弊，宣統三年三月，旨准聯豫奏請裁撤駐藏幫辦大臣，改設左右參贊，錢任右參贊。

三一　同頁第六行： Hai Tsu，當爲海珠，宣統元年，經聯豫奏調入藏。

三二　同頁次行：陸軍中將鍾穎，應作陸軍統領鍾穎。

三三　第九十四頁第一行：羅君，當指左參贊羅長裿，羅原充駐藏參謀處總參謀，旋與錢錫寶被同時任命爲左右參贊。初，鍾穎剿波密不克，羅往代其軍，因結怨。拉薩變起，羅被暗殺於距拉薩三站之鹿馬嶺。

三四　第九十五頁第一行：天嘉林寺，宜作丹吉林寺。

三五　第一〇一頁第六行：「亢達」，宜作「亢多」。「亢」者房屋，「多」者有，「亢多」意即擁有房屋者。

三六　第一〇六頁末行：噶木夏，宜作噶瑪廈，噶瑪廈在拉薩以筮卜著名。

三七　第一〇七頁第五行：薩嘉，通常作薩迦，爲紅教最古之寺，

三八　第一〇八頁第三行：曾柏揚，已就原文改

正，但以改堅柏揚爲妙。堅柏揚，華言文殊菩薩也。

三九　同頁第八行：曼加斯里，疑即曼珠師利。

四十　第一一一頁第九頁：印度保答該雅，疑指印度南別哈（Bihar）之菩提迦雅，釋迦成道處。同行，堪巴寺，諒爲青海之塔爾寺。塔爾寺，藏名功本，十萬佛之意，西人常譯作 Kum Bum，至謂在康，疑原書有誤（原文謂 The well-known monastery of Kumbum, in Kham, is similarly fashioned，蓋唯塔爾寺足以當之）。

四一　同頁末行：「堪辟古學」，宜作「堪瓊國學」。「國學」之意，已見次頁註解。

四二　第一一六頁第五行：西藏呼美酒曰「沖」，土酒曰「嗆」，此處據英文，宜從後者，作「嗆」。

四三　第一三五頁第九行：常婁臣公，宜作江羅堅公。江羅堅，邸名。公，爵名。爲第十輩達賴喇嘛之後裔。愁口代本，有譯作出科代本者，較切。

四四　第一三六頁第五行至第七行：三位軍事領袖爲乂隆夏貝，札薩仲巴，及期瘁隆瑕。達賴圓寂後，隆瑕被處挖目之刑，現尚在獄。

四五　第一三七頁第五行：那布林嘉，宜作諾布林噶。

四六　第一九二頁第四行：得利，通常作德里。

四七　第一九五頁第四行：門銜，宜作門忠。西藏最早派往英國留學之四位學生，現僅餘門忠與仁岡二人。門忠現任布達拉下「雪」區之宗本。

四八　第二〇二頁第六行：德咯林嘉，宜作歐幾林噶，距諾布林噶甚近，但在拉薩聖路「領果」圈外。英員訪拉薩，皆被招待於此處下榻。

四九　同頁末行：卓尼慶莫，宜作卓尼千波。

五十　第二〇四頁第六行：「錫倫」，通常作「司倫」。

五一　第二〇六頁末二行：格幹「師」意，此處應作「國學阿旺羅桑」。堪慶宜作堪千，蓋即「堪布千波」，大堪布之意。

五二　第二一六頁第五行：秀解慶莫，當爲脫幾千波，觀音也。

五三　第二一八頁第二行至第四行：四林，愚意不妨作功德林，丹吉林，釆孟林，釆雀林。

五四　第二一九頁第三行：笛瓦香，宜作德瓦雄，

5

指地方政府。

五五　第二三七頁末二行及次頁首二行：堪專將加，有譯作金城章嘉或孔景江卡者，似不如譯堪欽江噶爲切。如照藏文「雪峰五寶庫」之義，則宜作堪欽仲噶。

五六　第二四四頁第五行：任臣岡，通常作仁進岡，爲一巨鎮，當靖西之外衛，淸時粮台衙門在焉。

五七　第二五五頁第一行：惹巴宗南克王林波奇，宜作惹宗阿旺仁波且。

五八　第二六〇頁第九行：祕魯該婁布代本，宜作米魯嘉波代本。

五九　第二七一頁第九行：Amne Machin，當爲西姆拉會議中英人所提出之阿美馬頃嶺，即靑海境內之磧石山。

右五十九則，係擇習聞常見者，就譯本頁次摘註，以爲商榷。尙有西藏名詞若干，因原著未附藏文，無從參證，不能列舉矣。蒙藏委員會刊有邊疆政教名詞釋義初集，其西藏部份，將各種職官名詞，宗教尊號等漢藏對照譯出，附加註釋。本書一部份譯名，似自該集採錄。然該集所譯，亦多不甚確當，如協擺（夏貝），相作（羗廈），堪慶（堪千），堪聾（堪瓊），昂仔轄（朗仔轄），帕日宗（帕里宗），卓尼慶莫（卓尼千波）等等，實不堪據以入文。且同一譯名也，有時竟參差互見，前後異致，舉例如對一般喇嘛之尊稱「仁波且」，「仁」照靑海讀法，完全準確，照拉薩音則若「日金」切，仍宜作「仁」。「波」決不可作「布」。「且」則略帶「靑」字音，但不作「奇」。集中一作「仁布且」，又作「仁補靑」，似嫌疏忽（譯本作「林波奇」，見第五則所舉）。又如四「林」寺該集作功德林，策却林，丹吉林，策滿寧，三林而一寧，殊甚費解。譯書不易，譯名尤難，以意度之，大致首宜重音之準確性，避去地方音，完全依照國音。次宜求用字之典雅，猶憶前任西藏駐京總代表貢覺仲尼之譯名，初作棍却仲尼，爲某院長所聞，以爲斯猶棒擊孔老夫子之謂，對先師大不敬也，召而訓斥之，爲改今名，此因用字不當，且生誤會矣。同音之字甚多，若已爲諸書通用，而無背上述二義者，如薩迦帕里等，宜仍舊貫。十分普通之名詞，如「大昭寺」，「轉世活佛」等，即用義譯。至若音義雙關之巧合奇遇，則百不得其一耳。語涉譯名，因略論鄙見焉。

6

西藏圖籍錄再補

鄭允明

1

本刊第四卷第二期載有吳豐兩先生之西藏圖籍錄，及傅先生之西藏圖籍錄補，對於中英書目，搜羅甚爲宏富，間附介紹詞，亦屬精確，實予研究西藏問題者莫大之臂助。筆者涉獵藏籍，原亦製有一簡單之目錄，爰以三君所集對照補充，計中文約五十種，英文約百餘種，不敢自私，分列於後，尤望海內高明續加充益是幸！

中文書照筆劃序列，以單行本及叢書子目爲限。所有散見於各報章雜誌者略。諸書包含已完全見於他書者不錄，如中華邊防輿地叢書（原名皇朝藩屬輿地叢書）之有關西藏者，爲第一集中黃沛翹西藏圖考八卷，及松筠西招圖略一卷，前者有專書，後者在鎭撫事宜中，均經介紹，故不錄。子目雖已見過，而內容不盡相同者，仍予舉出，如魏源聖武記卷五之撫綏西藏記，西藏後記，及征廓爾喀記三種，均已於小方壺齋輿地叢鈔中指出介紹，然本書爲作者原本，內容較爲完備，因仍錄之。供參證焉。康藏原屬一家，言康必涉藏，玆篇兩者間列，亦援前二文之例也。又英文書目，大部份爲鄧竹筠先生介紹，附誌於此，不敢掠美。書號續前，即自一〇一號起，各雜誌論文從缺。輿圖部份則就北平圖書館輿圖部所藏摘錄。

一 中文書目

入藏來往電底

有泰撰。在有泰信稿中，北京圖書館藏原稿本。

三十年來藏事之回顧及其解決之途徑

蔣致余著。南京大陸書局出版。本書對班禪頗多攻擊，爲當時一種政治作用，事實殊非盡然。所敘近年中央對藏措置，及西藏之態度，俱信史也。作者現任中央駐藏辦事處長，尙在拉薩。

三省入藏程站記

范壽金輯編。石印本。三省指青海四川及雲南。參考新唐書吐蕃列傳等，輯錄尙詳。

巴塘志略

錢召棠著。二册，不分卷。淸傳鈔道光間本。

打箭爐志略

佚著者名。傳鈔乾隆間寫本。不分卷。

甘案的癥結

張剏鑑著。川康邊防軍第一師步兵第二旅司令部出版。述康藏糾紛中藏軍進佔甘孜縣情形。

西招紀行

松筠著。在小方壺齋輿地叢鈔再補編。

西域見衛藏圖識引用

西域之佛教

日本羽溪了諦著，賀昌群譯，商務出版。

西域紀事見衛藏圖識引用

西康沿革考

陳志明著。南京拔提書局出版。

西涉便覽見衛藏圖識川藏道里部份引用

西番各寺記

阮葵生著。在小方壺齋輿地叢鈔第六帙。

西番譯語

闕名，二册，龍威秘書本。以藏文漢文漢字注音三部分門彙刻。

西輶日記

黃楙材著，三卷。在得一齋雜著四種，又小方壺齋輿地叢鈔第四帙。

西徼水道

黃楙材著，在得一齋雜著四種，又小方壺齋輿地叢鈔第四帙。

西邊奏稿

景紋著。六册，不分卷。清華大學圖書館藏清鈔本。書集同治四年至七年駐藏任內奏稿。裝訂忽略，張頁稍有倒置。

西藏之生活及其風俗

西康倫琴拉木著，胡求眞譯。北平西北書局出版。

原著即西藏圖籍錄補所舉第七十五號書。

西藏史地大綱

洪滌塵著。正中書局史地叢刊。

西藏交涉史略

朱慶恩著。清華大學圖書館藏原稿本。書成於英軍入藏之後，採入當時上海各報論文。又關於歷來外人入藏年次，列舉較詳。

西藏佛教略記

2

靜修著。上海佛學書局刊本。

西藏奇異誌

段克興著。商務出版。

西藏宗教史

李翊灼著。中華出版。

西藏風俗誌

汪今鸞譯，商務出版。

西藏問題

謝彬著。商務出版。本書原爲商務百科小叢書之一，現入萬有文庫。

西藏番族圖

佚製者名。清繪本。

西藏置行省論

闕名。在小方壺齋輿地叢鈔再補編。

西藏諸水篇

齊召南著。在小方壺齋輿地叢鈔第四帙。

我的探險生涯

斯文赫定原著，孫仲寬譯。上下二册，西北科學考察團叢刊之一，該團刊行。書誌一九〇七年作者在西藏情形，圖文並茂，譯亦流暢。作者初圖入拉薩，爲藏官所阻，張蔭棠使藏紀事中亦及其事，張氏曾電淸庭撤回其遊歷護照者也。

岡底斯山考

魏源著。在小方壺齋輿地叢鈔第四帙。

招西秋閱記

松筠著。在小方壺齋輿地叢鈔再補編。

亞東論略

英國戴樂爾著。在小方壺齋輿地叢鈔再補編。

皇朝藩部要略

祁韻士纂。共十八卷，其第十七十八兩卷專敍西藏。作者乾隆四十七年充國史館纂修，是書資料多數根據大庫所貯淸字紅本，確有獨到處。

英國侵略西藏史

印度達斯原著，薛桂輪譯。大公報社出版。此書與前介紹孫譯楊哈斯本「印度與西藏」一書同名，實則此書出版遠在其前。書中敍事中西歷年對照往往相差一年，疑原本或譯本必有一誤（原書即傅舉英文書目第五十九號）。

赴康日記

唐柯三著。新亞細亞學會出版。

旅藏二十年

麥克唐納原著，孫梅生黃次書合譯。商務出版。原著即傅舉英文書目第五十八號，其價值亦經介紹矣。譯品文字極自然而暢達，惟對西藏人地譯名，雖「有幾位西藏朋友從旁解釋」，似仍依據英文，且未照國音譯。尤以前半部，未見順適。舉例如帕里宗（Pharijong）夏司瑪（Shasima），均屬藏南名地，譯作斐利莊及賽西瑪。又如夏札，旭岡，江羅兼，均為藏中世家閥邸，音譯亦有未當，是稍憾耳。

烏斯藏外紀見蕘刻書目

魚通紀略見衛藏圖識川藏道里部份引用

康衛紀行

姚瑩著。十二卷十一册，道光間鈔本，北平圖書館藏。本書與中復堂五種之康輶紀行內容不盡相同，材料亦少，疑為節錄另本。同館又藏康輶紀行鈔本上下二册，僅摘錄一部份。小方壺齋所收康輶紀行，則又較鈔本康輶紀行為少。

章谷屯志略

吳德煦著。振綺堂叢書本。

清外務部議覆西藏通商章程及籌撥的欵奏摺

清外務部撰。北平圖書館藏鈔本。

裏塘志略

陳登龍著。二卷一册。嘉慶十五年刻本。

聖武記

魏源著。共十五卷。卷五有：

國朝撫綏西藏記

西藏後記

乾隆征廓爾喀記

三篇，較小方壺齋輿地叢鈔所收為詳盡。

遊歷西藏記

英國李提摩太著。在小方壺齋輿地叢鈔再補編。

遊歷芻言

黃楙材著。在得一齋雜著四種，又小方壺齋輿地叢鈔第四帙。

達賴事略

貢覺仲尼等撰。鉛印本一小册。又見滄海叢書第三輯，附於第一册達賴喇嘛傳之後。

蒙回藏王公札薩克銜名表

蒙藏院封叙科編。石印一册。

漢藏條約彙鈔

國民革命軍川康邊防軍第一師步兵第二旅司令部編

蒙藏狀況

馬福祥編。蒙藏委員會出刊。

藏印界務交涉條欵照會函札

佚名。二册，清鈔本。

藏俗記

魏祝亭著。在小方壺齋輿地叢鈔再補編。

邊疆政教名詞釋義初集

蒙藏委員會邊政叢書之二。

籌藏芻議

姚錫光著。著者刊印本。

籌瞻奏稿

鹿傳霖撰。三卷二册，光緒間刻本

二　中文輿圖

西藏全圖

清湖北官書局，同治三年，刻本一幅。

西藏全圖

胡維德，光緒三十年，武昌輿地學會。一軸。

西藏全圖

佚製者名，舊繪本，一幅。

西藏地圖

戴雪菴，民國元年，商務印書館，五幅。

西藏地方圖

佚製者名，清彩繪本，地名漢藏文並註。

西藏圖考

佚製者名，清繪本，一幅。

衛藏全圖

蕭紹棻，光緒十二年繪本，一幅。

西康西藏全圖

趙璇李炳衞，民國廿四年，商務印書館，附圖四種。

青海西藏圖

上海新學會社，一幅。

西部高原（新疆西藏）圖

蘇甲榮，民國十四年，北京大學新體中華地圖發行處。一幅，附有拉薩圖廸化圖。

川邊新圖

杜德釗，民國三年，一幅。

三　英文書目

101 Ahmed, S. Four years in Tibet. Benares. 1906 (Pamphlet).

102 Ahmed, S. Pictures of Tibetan life. Benares. 1906.

103 Amundsen, E. In the land of Lamas. London. 1910.

104 Bacot, J. Three Tibetan mysteries. N. Y. 1924, (Another title: Three Tibetan mystery plays.)

105 Bardo, T. The After-death experience on the Bardo plane. London. 1927. (See 106, another title of the same book).

106 Bardo, T. Tibetan book of the dead. London. 1927. (see 105 above).

107 Bell, C. A. English-Tibetan colloquial dictionary. Calcutta. 1920. (Latter ed. of "Manual of colloquial Tibetan", see 109).

108 Bell, C. A. Grammar of colloquial Tibetan. Calcutta. 1919.

109 Bell, C. A. Manual of colloquial Tibetan. Calcutta. 1905. (Note 107)

110 Bonvalot, G. Across Tibet. N. Y. 1892.

111 Boulnois, H. M. Auntie Helen Mary goes to little Thibet. London. 1930. (A second ed. of "Into little Thibet")

112 Bretschneider, E. Notices of the mediaeval geography and history of Central and Western Asia.

113 Burdsall, R. L. & Emmons, A. B. Men against the clouds. N. Y. 1935.

114 Burrard, G. & others. Big games hunting in the Himalayas and Tibet. London. 1931.

115 Byron, R. First Russia, then Tibet. London, 1933.

116 Connolly, L. Tibet. 1921.

117 Cooper, T. T. The Mishmee Hills. London. 1873.

118 Through the land of living gods. San Francisco. 1930.

119 Das, S. C. Yin Kur Nam Shag. 1901.

120 David-Neel, A. Initiations and initiates in Tibet. 1931.

121 David-Neel, A. Supperhuman life of Gesar of Ling. N. Y. 1934.

122 Davy, G. Himalayan letters. Houghton. 1927.

123 Duncan, J. E. A Summer ride through Western Tibet. London. 1906.

124 Edgar, J. H. The Marches of the Mantse. London. 1908.

125 Edgar, J. W. Report on a visit to Sikkim and the Tibetan frontier in Oct., Nov., and Dec., 1873. Calcutta. 1874.

126 Ekvall, D. P. Outposts; or, Tibetan border sketches.

127 Enders, G. B. Nowhere else in the world. N. Y. 1935.

128 Ferausson, W. N. Adventure, sport, and travel on the Tibetan steppes. London. 1911.

129 Forman, H. Through forbidden Tibet. N.Y. 1935.

130 Francke, A. H. Antiquities of Indian Tibet. Calcutta. 1914.

131 Fraser, A. T. The Drift of Buddhism From India to Mongols and Tibet. 1905.

132 Fraser, D. The Marches of Hindustan. 1907.

133 Frashield, D. W. Round Yangchejunga. London, 1903.

134 Geddie, J. Beyand the Himalayas. London,

1882.

135 Gordon. T. E. The Roof of the world. Edinburgh. 1876.

136 Hamsa, B. Holy mountain. London, 1934.

137 Hannah, H. B. A Grammar of the Tibetan language, literary and colloquial. Calcutta. 1912.

138 Hedin, S. A. Central Asia and Tibet towards the hold city of Lassa. London, 1903.

139 Hedin, S. A. My life as an explorer. London, 1925.

140 Hedin, S. A. To the forbidden land. London, 1934.

141 Hennessery, J. B. N. Report on the explorations in Great Tibet and Mongolia made by A-K (H. Alm-Kvist) in 1879-82, in connection with the trigonometrical branch survey of India. Dehra Dun. 1884.

142 Hodason, B. H. Miscellaneous essays relating to Indian subjects, part II. London, 1880.

143 Huc, E. R. The Land of the Lamas. London, 1931.

144 Huc, E. R. Travels in Tartary, Thibet, and China, during the years 1844-5-6. Chicago, 1900.

145 Hutson, J. Chinese life in the Tibetan foothills. Shanghai, 1921.

146 Jäschke, H. A. An Introduction to the Hindi and Urdu language for Tibetan. 1867.

147 Jäschke, H. A. Jäschke Tibetan grammar. Berlin, 1929. (Reprinted from author's "Tibetan grammar", with addenda by A. H. Francke. See 149)

148 Jäschke, H. A. A Tibetan-English dictionary with special reference to the prevailing dialects. London, 1881.

149 Jäschke, H. A. Tibetan grammar. (Trübner's collection of simplified grammars vii)

London, 1883. (Note 147)

150 Kaulback, R. Tibetan trek. London, 1934.

151 Kidd, W. J. What made Tibet mysterious? 1921-22.

152 Kinloch, A. A. A. Large game shooting in Tibet and the North west. London, 1876.

153 Kinthup. Explorations on the Tsang-po in 1880-4. 1911.

154 Knight, H. W. Diary of a pedestrian in Cashmere and Tibet. London, 1894.

155 Kores, A. C. A Grammar of the Tibetan language. Calcutta. 1834.

156 Landor, A. H. S. Explorer's adventures in Tibet. 1910.

157 Laufer, B. Use of human skulls and bones in Tibet. 1923.

158 Lezrner, F. D. Rusty hingee. Philadelphia. 1933.

159 Lesdain, J. From Pekin to Sikkim through the Ordes, the Gobi desert, and Tibet. 1908.

160 Lydekker, R. Some Tibetan animals. 1905.

161 MacPhesson, J. An Account of a journey to Tibet.

162 Manen, J. V. A Contribution to the bibliography of Tibet.

163 Manning, T. Journey of Mr. Thomas manning to Lhasa, 1911-12.

164 Mayers, W. F. Illustrations of the Lamast system in Tibet. Shanghai, 184? (Pamphlet).

165 Merrick, H. S. Spoken in Tibet. N. Y. 1933:

166 Noel, J.B.L. The Story of Everest. Boston, 1927 (?) (British edition: Through Tibet to Everest).

167 O'Connor, W. F. Folk tales from Tibet. London, 1906.

168 O'Connor, F. On the frontier and beyond.

London, 1931.

169 Oxley, J. M. L'hasa at last. London, 1902.

170 Przheval'skii, N. M. Mongolia, the Tangut country, and the solitudes of northern high Asia. London, 1876.

171 Pundit. Route survey from British India into Great Tibet through the Lhasa territories, etc.

172 Ras-chun. Tibet's great yog, Milarepa. London, 1928.

173 Rockhill, W. W. Explorations in Mongolia and Tibet. 1893.

174 Roerich, G. N. Modern Tibetan phoetics. Leipzig, 1933.

175 Roerich, J. N. The Animal style among the Nomad tribes of Northern Tibet. Prague, 1930.

176 Roerich, N. K. Altai-Himalaya. N. Y.

177 Roerich, N. K. Shambhala. N. Y. 1930.

178 Sandberg, G. Handbook of colloquial Tibetan. 1893.

179 Sandbeig, G. An Itinerary of the routs from Sikkim to Lhasa, etc. Calcutta. 1901.

180 Sandberg, G. Tibet and Tibetans. London, 1906.

181 Saras Chandra Vidyabhusana. On certain Tibetan scrolls and images lately brought from Gyantte. Calcutta, 1905.

182 Saras Chandra Dasa. An Introduction to the grammar of the Tibetan language. Darjeeling, 1915.

183 Sarachchandra Dasa. A Tibetan - English dictionary, with Sanskrit synonyms. Calcutta, 1902.

184 Shelton, F. E. Tibetan folk tales. Doran.

185 Sherap, P. A Tibetan on Tibet. London, 1926.

186 Scrensen, T. A Lecture on Buddhism of Tibet. 1921.

187 Stevens, H. Through deep defiles to Tibetan

uplands. London, 1934.

188 Taylor, A. R. Peoncering in Tibet. London.

189 Torrens. Travels in Ladak, Tartary, and Kashmir. London, 1863.

190 Tucci, G. Secrets of Tibet. London, 1935.

161 Walsh, E.H.C. A Vocabulary of the Tromowa dialect of Tibet. Calcutta. 1905.

192 Ward, F. K. The Riddle of the Tsangpo gorges.

193 Wentz, W. Y. E. Seven books of wisdom of the great path. London, 1935. (Another title: Tibetan Yoga and secret doctrines.)

194 Wentz, W. Y. E. Tibetan Yoga and secret doctrines. London, 1935. (Note 193)

195 Willson, A. The Abode of snow. Edinburgh, 1875.

196 Wolfenden, S. N. Outlines of Tibeto-Burman linguistic morphology. London, 1929.

197 Younghusband, F. E. East India (Tibet). 1910.

198 Younghusband, F. E. Geographical results of the Tibet mission. 1907.

199 Younghusband, F. E. The Heart of nature. London, 1921. (Another title: The Quest for natural beauty).

200 Yunghusband, F. E. The Quest for natural beauty. London, 1921 (Note 199 above).

201 Zla-ba-bsam-'grub. An English-Tibetan dictionary. Calcutta, 1919.

202 Tibet under the Dalei Lama. (Peiping Chronicle, 1933).

203 The Visit of Teshoo Lama to Peking. (Tr. by E. Ludwig. 1904.)

204 Descriptive account of the collection of Chinese, Tibetan, Mongol, and Japanese books. (Newburry library).

205 Tibet collection. (Newark museum association).

二十五年十一月，草於北平北海西。

「西藏圖籍錄」拾遺

吳玉年

余前曾集西藏書籍，爲西藏圖籍錄；（載於本刊第四卷第二期）倉卒成篇，遺漏甚多。承傅成鏞先生將英文部分爲之增補；今又蒙鄭允明先生將所見有關西藏之書，續爲之補；拋磚引玉，殊感嘉惠。然余二年以來，續有所得；除鄭先生已錄不載外，尚得數十種，復誌之，俾研究藏事者之參考焉。

西藏日記二卷　原稿本　江安傅氏藏本

清允禮撰，允禮爲聖祖第十七子。雍正元年，封果郡王，管理藩院事。十二年，命赴泰寗送達賴喇嘛還西藏，循途巡閱諸省駐防及綠營兵。十三年還京師，此書即爲使藏時日記，文字典雅，引証精確。於親貴之中，詢屬不可多得之作。又著西藏志一書，蓋與此先後撰成書者也。書中塗改之處甚多，其爲原稿本無疑。余近輯邊疆叢書，乃乞得原稿付印，現已裝訂，不日即可出版矣。

進藏錄一卷

清李師白撰，師白字恕亭，江西峽江縣人，此書見江西通志藝文志。

西藏紀行四卷

清方宗鎬撰，宗鎬字廷基江西浮梁縣人，此書見江西通志藝文志。

藏徵錄一卷　家藏傳鈔本

不著撰人名氏。

西藏行軍紀略二卷

清李鳳彩撰，鳳彩字鐵船江西建昌人。此書見江西通志藝文志。

西藏紀聞一卷　花近樓叢書本　北平圖書館藏

不著撰人名氏。

入藏須知二卷　原稿本

清鍾方撰，鍾方字午亭，漢軍正黃旗人。道光二十二年，以正紅旗副都統爲駐藏幫辦大臣。此書爲駐藏時所撰，與下列四書合編爲藏務類函。

番僧源流攷二卷　原稿本

清鍾方撰。

小桃源記十六卷　原稿本

清鍾方撰，此書乃輯西藏前後檔案。分類排比。

西竺輯略四卷　原稿本

清鍾方撰，此書乃輯西藏碑文，及西藏賦，西招圖略，西藏貢品而成。貢品俱附圖，繪法甚精。

駐藏程棧四卷　原稿本殘

清鍾方撰。按此書前已著錄，因爲藏務類函之一種，故重錄之

使藏日記不分卷　原稿本

清有泰撰，有泰字夢琴，蒙古正黃旗人。光緒二十九年，賞副都統銜，命爲駐藏辦事大臣。三十二年張蔭棠參其貪黷無能，革職充發張家口。此爲駐藏時逐日所記。甚爲瑣細，然正當藏政多事之秋；所記亦可補志乘之未備也。

川藏哲印水陸紀異　排印本

吳崇光撰，崇光隨有泰使藏，因將路中所見，按日記載，以成此書，可與使藏日記參閱也。

西藏譚屑

不著撰人名氏，見新遊記彙刊卷三十四。

西藏歸程記

心禪撰，見新遊記彙刊卷三十四。

西藏旅行記

譯自斯文海定西藏探險記，見新遊記彙刊續編卷三十六。

近西遊記　南京拔提書店印行

王天元著，內分上中下三編。記西康各番寨寺院及松潘之遊記。

西藏遊記　商務印書館二十年出版

日本青木文教著，唐開斌譯。

藏事輯要二十三卷　油印本

張其勤輯，此書見外交部藏書目錄史部著錄，曾函請借閱；及得該部復函，謂已遺失。攷張其勤於清季入藏，對於該地情形，甚爲熟習；著有爐藏道里最新攷，宗教源流攷，西藏調查記等書。此書有二十三卷之多，其記當時藏務，必甚詳細。今散失不傳，殊可惜也。

藏事述要二卷

張玉堂撰，玉堂爲亞東稅務司。此書未見，僅於聯豫文稿中，見有序文一篇，其記是書內容云：「凡夫程途之遠近，費用之多寡，天時之寒暵，地勢之險要，風俗之好尚，人情之向背，物產之盈絀，商旅之盛

2

衰；以及水土飲食，街市廟宇，經典掌故，財用文字，一切瑣細之事，無不徵諸實而畢載焉。雖拉薩未親臨，亦必詳攷確察，以備觀覽。使有志於兩藏者，無論其士農工商，得此一書，即可了然於胸中而無進退失據之患……」。

藏事十則　民國二年出版

李鼎撰。

藏事紀略　鉛印本

謝國樑撰。

藏事舉要

胡炳熊撰。

藏事紀要　油印本

石青陽撰

西防紀實　南京國西電訊社廿二年出版

邱懷瑾編，記康藏邊防事。

西征紀略

清尹昌衡撰。

新西藏防務攷　四川刻本

熱腸冷宮譯。

西藏問題　排印本　二十年出版

秦墨哂編。

印藏交涉詳述

不著撰人名氏。

開墾涼山記事　排印本

王映極著。

藏康最近之情形　十七年鉛印本

格桑澤仁撰。

青藏邊界番族志

李壽民編。

法部奏定官犯發遣邊藏章程　石印本

清法部編。

籌藏芻議　排印本

姚錫光撰。

藏蒙籌筆　石印本

熊謙吉撰。

治藏芻言　鉛印本

譚肖巖撰。

西藏芻議

3

聯豫撰。

中藏界務意見書　鉛印本

史悠明撰。

邊藏芻言　排印本

劉贊廷撰。

西藏涼山改土歸流殖民政策　石印本

王映極撰

壬子邊事管見　排印本

羅廷欽著。

中國撫綏西藏略　鉛印本

傅伯銳撰

英國謀通西藏略　鉛印本

傅伯銳撰。

擬西藏置郡縣議　稿本

不著撰人名氏

請派駐藏武官調査藏情以資籌畫條陳　稿本

耿光撰。

統治蒙藏條議　石印本

龍襄撰。

川康邊務計劃　國民革命第二十四軍邊務處刊本

劉文輝編。

擬定西藏宣統三年歲入豫算說明書　排印本

清度支部編

擬定西藏宣統三年歲出豫算說明書　排印本

清度支部編

川滇邊務歲入豫算表　排印本

清度支部編

川滇邊務歲出豫算表　排印本

清度支部編

青海西康兩省　商務印書館民國二十二年出版

劉虎如編

余之西藏觀　商務印書館二十年出版

汪今鸞譯

西藏喇嘛事例　抄本　北平圖書館藏本

不著撰人名氏

章嘉呼圖克圖源流清册　家藏傳抄本

不著撰人名氏

駐藏信底　原稿本

清有泰撰

泣血緝存四卷　排印本

清羅長椅著

駐藏文稿不分卷　家藏原稿本

聯豫撰

西藏故事集　開明書店十九年出版

英國辟爾登原著　胡仲持譯

西藏文籍目錄

陳寅恪于道泉合編

奉使紀行詩二卷

清允禮撰。允禮於雍正十二年使藏，旣成西藏日記二卷，復將見聞之事，詠之於詩，幷自爲之注，引證羣書，成極精博。

西藏圖攷　繪本

西藏全圖

法寶特脫勒依繪　四川製造局光緒三十一年摹

西藏全圖　舊繪本

西藏全圖

湖北官書局　同治三年繪

西藏地圖五幅

戴雪菴撰　商務印書館出版

西藏西康全圖

蒙藏委員會十八年印

拉薩圖

蘇甲榮繪　北京大學新體中華地圖發行處印

各處進藏路經圖三幅

三藏分界圖一幅

三藏卡倫一幅

喀木藏衞二幅

西藏圖一幅

前藏圖一幅

後藏圖二幅

班禪額爾德尼入覲自西藏至塔爾寺路程圖二幅

以上八種，見國朝宮史續編卷一百。圖繪二。

5

燕京學報

第二十期

民國二十五年十二月出版

發行者
燕京大學哈佛燕京學社
定價
本期十週年紀念專號大洋二元

禹貢學會

出版書籍

◉遊記叢書

第一種　黃山遊記　李書華著　定價二角
第二種　兩粵紀遊　謝剛主著　定價二角
第三種　房山遊記　李書華著　定價二角
第四種　天台雁蕩山遊記　李書華著　定價二角
第五種　新疆之交通　譚惕吾著　定價三角

◉邊疆叢書　甲集

西域遺聞一冊　清陳克繩撰　定價六角
哈密志五十一卷　清鍾方輯　印刷中
塔爾巴哈台事宜四卷　克札布清貢楚輯　印刷中
敦煌隨筆二卷　清常鈞撰　印刷中
敦煌雜鈔二卷　清常鈞撰　印刷中
巴勒布紀畧二十七卷　清乾隆勅撰　印刷中
西行日記　清不著撰人　印刷中
準噶爾考　清程穆衡撰　印刷中
經營蒙古條例　清吳祿貞撰　印刷中
吉黑韓邊界地理志　清不著撰人　印刷中

◉禹貢學會地圖底本

甲種　共五十六幅已出版者
虎林　永吉　赤峯　烏得　居延　哈密　寧夏

乙種　共二十三幅已出版者
歷城　長沙　平壤　北平　歸綏　敦煌　京城
長安　皋蘭　都蘭　成都　閩侯　貴筑　鹽井
番禺　昆明　瓦城　瓊山　昌都
龍江　庫倫　科布多　迪化　噶大克　曼谷

丙種
暗射全中國及南洋圖全中國及中亞細亞圖

甲乙種單色版（淺紅淺綠）每幅價一角　黑色套版每幅價一角二分
丙種二色版每幅三角　五色版每幅價四角
利瑪竇萬國坤輿全圖
珂羅版十八幅定價一元二角

◉本刊合訂本價目

第一卷　精裝定價一元二角　平裝定價九角　郵費一角五分
第二卷　精裝定價一元六角　平裝定價一元三角　郵費一角七分
第三卷　精裝定價二元　平裝定價一元七角　郵費一角八分
第四卷　精裝定價二元五角　平裝定價二元三角　郵費二角六分
第五卷　精裝定價二元六角　平裝定價二元三角　郵費二角六分

會址：北平西四小紅羅廠八號
發行所：北平成府蔣家胡同三號

康藏論文索引

北平圖書館輿圖部

1

書誌

西康圖書館整理計劃　劉紹禹　康藏前鋒　三：一一—一二

關於研究康藏問題中外書目舉要　何璟　康藏前鋒　二：十，一一合刊；三：三

康藏問題論文索引　姜仲明　康藏前鋒　二：十；一一；三：二

西藏圖籍錄　吳玉年　禹貢半月刊　四：二

西藏圖籍錄補　降央尼瑪　禹貢半月刊　四：二

評梅心如先生等「西康」　文萱　康藏前鋒　二：一　開發西北月刊　二：二

答王文萱先生對拙著西康之批評　梅心如　開發西北月刊　二：六

漸西村舍本衞藏通志跋尾兩篇　吳其昌　歷史學報第一期

衞藏通志著者攷　吳豐培　史學集刊第一期

地誌及游記附地文

川康廿靑藏邊三俄羅概況　川邊季刊　一：二

論蒙古與西藏之關係　藴𫍲晢　西北雜誌：一

新疆與西藏　林東海　開發西北月刊　四：六

羅布泊爾及最先發見喜馬拉雅山最高峯問題　斯文赫丁講稿　張星烺譯　地學雜誌　十八年：二

現在西藏在亞洲之位置　長君譯　西北研究：二

藏滇一瞥　西庭譯　國聞週報　四：四三，四四

西藏風土談屑　劉麟生　東方雜誌　一六：一一

西藏風土記　李其昌　東方雜誌　一四：一一

西藏概況　開發西北月刊　二：一

西藏的概況　格桑尊覺　時事月報　四：專文三十一頁

西藏之今昔　聶崇岐　地學雜誌　十八年：一，二

西藏現狀　西北研究　：二

西藏現狀談　體參　申報月刊　一：五

西藏之現狀　張銘之　四川月報　三：二

西藏之大勢及現狀　張銘　新靑海　：十

西藏之現狀與康藏糾紛　姚紹華　新中華　一：一一

西藏譚屑　地學雜誌　三年：五，六

西藏雜談　智珠　地學雜誌　四年：一一

西藏雜述　李光祖　地學雜誌　一一年：二，三

西藏之社會生活及風俗　胡求眞譯　西北研究：三—五

西藏之社會狀況　瑞　峯　西北公論　：一七

關於西藏　譚雲山　時事月報　五：二

衛藏識略　清盛繩祖　康藏前鋒　一：二，三

西藏之西部　康藏前鋒　二：三

蓼軒遺稿　一、藏衛途程表，二、隨筆，三、擬設籌邊處經營邊藏策略。　開發西北月刊　二：六

西藏探險價值　德國費祿希勒　康藏前鋒　二：六　此文節譯費祿希勒博士原著中藏探險記

西藏探險秘史　G.N. Sokoshy　内由寬一譯　何建民譯漢　新亞細亞月刊　五：三—五

藏游歷險記　西屛譯　國聞週報　三：二三—二九

西藏攷察記實　林東海　徐百如譯　康藏前鋒　三：十一　蒙藏月報　五：二—三

西藏實地攷察記　明　春　國聞週報　十：十

西藏之調查　科學　九：十

錢參贊赴藏日記　地學雜誌　一年：九

西藏旅行記　地學雜誌　三年：一，二

西藏旅行記　柯羽操　西陲宣化使署月刊　一：三

游藏紀程　李國桂　地學雜誌　九年：一一—十年：三

西藏旅行記　李明渠　地學雜誌　十年：九，十

日僧入藏取經記　病　驥　東方雜誌　一三：三—六

西藏巡禮團途中紀事　開發西北月刊　二：二

柯羽操遊藏記　柯羽操　川邊季刊　一：三—二：二

西藏游記　劉曼卿　時事月報　三：三

西藏三月見聞記　林東海　時事月報　一二：四

西藏東部旅行記　Eric Teichman　高上佑譯　康藏前鋒　一：八—一二，二：八—一二，三：四

西藏歸來的印象　黃慕松講　高國柱記　康藏前鋒　二：七

西巡記　黃獨青　西北雜誌　：四

海藏記行　朱　慶　新青海　：二—五

赴藏途中日記　劉奮前　民鳴週刊　二：三四—三五

赴藏日記　馬鶴天　新亞細亞月刊　一二：二

拉薩游記　陳世驥譯　東方雜誌　一四：三

西藏拉薩風土記　余澤蘭譯　清華學報　二：二—四

喬裝到拉薩　麥克皐恩原著　孫梅生　黃次書譯述　蒙藏旬刊　：九一—一〇〇

2

拉薩見聞錄　朱繡　開發西北月刊　二：一
西康最近之立體研究　愼瑾　邊事研究　二：二—三
西康人文地理述略　源泉譯　清華周刊　四〇：七—八
西康圖經地文篇　任乃强　新亞細亞月刊　八：四—九：四
西康圖經境域篇　任乃强　新亞細亞月刊　五：三—六
西康測量紀錄　譚錫疇　李春昱　國立北平研究院院務彙報　二：三
西康地質概略　川邊季刊　一：三
西康東部地質鑛產誌略　譚錫疇　李春昱　康藏前鋒　四：五
西康政教與民情　林東海　康藏前鋒　二：六
西康前途之展望　黃舉安　康藏前鋒　三：二
西康之現況　川邊季刊　一：三
西康現況　劉文輝　康藏前鋒　三：二
西康概況　楊仲華　新亞細亞月刊　一：二—二：一
西康實況述略　黃啓光　新青海　：二
西康雜談　智珠　地學雜誌　四年：二
西康社會狀況之分析　民生　求實月刊　二：一〇
西康概略　川邊季刊　一：一
西康小識　藍銑　康藏前鋒　一：一—二—四
西康情況　惑平　蒙藏旬刊　：八六

二十三年之西康　阿銨　邊事研究　一：二—三
西康地方之簡略介紹　林定平　邊事研究　一：一
西康現況及趙爾豐治康之得失　劉文輝　西北季刊　二：一—二
西康現狀之調查　西北研究　：一
川康邊區視察記　丁作韶　大中國週報，三：二—四：五
西康各縣簡明調查　開發西北月刊　二：六
西康各縣調查　蒙藏旬刊　：九七
西康各縣名稱區域程站調查表　水陸地圖審查委員會會刊　：二（經該會二十六次會議審定）
西康調查通信　譚錫疇　李春昱　地學雜誌　十八年：二
西康各縣之實際調查　馮雲山　新亞細亞月刊　二：五
西康地理調查述略　譚錫疇　師大月刊　：三
赴康日記　唐柯三　月華報　六：一〇—一七：一九—二一：二八—三六
玉珍納母旅行筆記卷二（由打箭鑪入四川至南京）　玉珍納母著　張靜波編　開發西北月刊　四：一—二
康滇交界處木里地方風政一瞥　康藏前鋒　二：六
西康噶貢雪山調查記　魏大鳴　左振今　新亞細亞月刊　八：

政治

4

5

7

民族文化

西藏語之特徵　君實　東方雜誌　一四：七

交通

劉曼卿女士考察西康西藏路程談　張枕志　新亞細亞月刊
一：一
中央開闢康藏交通先聲　裕恒　康藏前鋒　二：一二
康藏財政交通之根本建設　張六師　新亞細亞月刊　一：一
藏衛途程表　黃德潤　開發西北月刊　二：五
鑪藏道里最新考　張其勤　地學雜誌　一〇：二
西藏之「經濟」「交通」概況　瑞峯　西北公論　：一八
游藏指南　王幹　西北雜誌　：三
川康交通考　任乃強　新亞細亞月刊　三：四
一年來西康之交通　冀程　康藏前鋒　三：五
現代西康交通之改進　徐戡五　新亞細亞月刊　一〇：一
開闢西康交通四年計劃　劉文輝　康藏前鋒　二：四—五
西康交通開發四年計劃剖析　金濤　新亞細亞月刊　一〇：四
邊事研究　一：二—四　川邊季刊　一：二
西康交通事業之實況　川邊季刊　一：一
西康之交通事業　陸詒　開發西北月刊　二：二
魚通河之交通及教育　開發西北月刊　二：二

西康境內程站　康藏前鋒　二：六
「西康建省記」之西康路程表　楊仲華　新亞細亞月刊　二：五
祝雅康公路早日完成　相榮　康藏前鋒　三：八，九合刊
交通部推廣康藏郵務計劃　川邊季刊　一：一
西康電局調查　川邊季刊　一：一
西藏郵政制度　康藏前鋒　二：四　五

經濟

西藏經濟之概觀　邱懷瑾　邊事研究　四：一
西藏之經濟概觀　史地社會摘要月刊　二：一〇
西藏最近經濟狀況　工商半月刊紀念號　：六
中國經營西藏說　東方雜誌　五：八
西藏人民之生活　劉家駒　新亞細亞月刊　二：五
西藏人的生活　典雅　西北研究　：六
西藏牛藏娃的生活狀況　汪席豐　新亞細亞月刊　一：二
西康之經濟狀況　朱彥林　東省經濟月刊　七：六—七
西康實業與歐亞問題　汪德裕　邊鐸半月刊　二：二
西康之經濟概況　陸詒　開發西北月刊　二：二
西康之過去及現代之經濟情形　據二十二年滬記者川康攷察報
告　川邊季刊　一：一

11

歷史

15

泰晤士報十年來關于西藏的文字索引

范道芹譯輯

1

譯者按英國倫敦泰晤士報，日銷二百多萬份，是世界上最有權威的報紙，最能左右世界輿論的報紙。英國對于我國的西藏非常關心，所以該報所載關于西藏的文字，是值得我們的注意。現在把平日閱讀該報時，順手記下來的日期事由整理出來，依時間先後列出，自一九二六年七月起至一九三六年六月止，恰恰十年，以便同志按期翻閱或可略省麻煩。漏誤之處當所不免，尚希讀者諒之而加以補正。（一九三六年六月三十日）。

月日頁數	所載何事
一九二六年	
七月二日十三頁	法人大衛女士因遊藏受奬
九月九日十一頁	英人拉特雷治遊藏
同　右	特里部落與西藏的界務糾紛
一九二七年	
二月二十二日十九頁	華德上尉遊康藏
三月二十四日十一頁	植物考察團入藏
四月十二日十四頁	「西藏通」白勒行踪
一九二八年	
一月十九日十一頁	西部西藏的探險
六月十三日十五頁	羅鋭其報告西藏狀況
八月八日十一頁	農民滋擾
八月二十一日十一頁	同　右
一九二九年	
一月三十日十三頁	西藏被邀請加入國民黨運動
一月三十一日十三頁	西藏地圖
四月二十二日十四頁	中國請求團結
九月九日十五頁	花木調査
一九三〇年	
二月六日十五頁	社論
同　右	地圖
同　日十八頁	相片
二月二十二日十一頁	藏尼關係

二月二十四日十一頁　同　右
四月二日十三頁　藏尼衝突解決
五月二十日八頁　英國會討論西藏與中俄印關係
五月二十三日十五頁　王正廷說明西藏與中國之關係
七月十日九頁十四頁　藏尼關係
十一月廿一日十四頁　入藏考察團成立

一九三一年

一月十六日十二頁　瑞士測量隊赴西藏

一九三二年

二月五日十二頁　組織西藏考察團住所的提議
二月十八日十一頁　社論
同　右　地圖
三月九日九頁　達賴收到「天路歷程」
八月十二日九頁　中藏衝突
八月十七日九頁　斯文赫定探險西藏
同　右　地圖
十月五日十一頁　達賴函謝「天路歷程」
十一月十一日十三頁　邊界糾紛解決
十一月二十九日四頁　考察團決定設立住所
同　日十四頁　地圖
十二月三十一日八頁　地圖
同　右　遊藏和尚離瑞士

一九三三年

一月十一日十一頁　考察團在瑞士的人員
一月十六日十六頁　相片
二月二日九頁　英藏關係
五月九日十八頁　西藏風景相片
五月十一日十五頁　通信
五月十五日十頁　通信
五月十七日十三頁　和尚入藏到達考察團住所
五月十八日十三頁　同　右
十月十七日十三頁　考察團前進
十二月二十日十二頁　達賴喇嘛圓寂
同　日十三頁　社論
十二月廿一日十三頁　中藏關係
十二月二十八日十頁　中國入藏大員
十二月二十八日十頁　中藏關係

一九三四年

2

一月九日十頁		義大利入藏考察團
一月十日九頁		尋找新達賴
一月二十二日十一頁		駐拉薩之大員
一月二十三日十頁		阿薩米邊境情形
一月二十五日六頁		通信
一月二十九日十三頁		社論
同	右	地圖
同	右	政治狀況
同	右	論班禪喇嘛
一月二十九日十六頁		達賴相片
同	右	西藏政府相片
一月三十一日十一頁		尋找新達賴
二月九日十三頁		中國加班禪封號
同	右	議決由攝政兼管教務
二月十三日十一頁		中國入藏團
二月二十二日十三頁		達賴轉世之傳說
三月三日十二頁		選舉攝政
同	右	達賴染病情形
三月六日十三頁		班禪囘藏事
三月二十三日十三頁		中國入藏團
同	右	中藏關係
三月三十一日十三頁		西藏國務會請加權限
四月二日九頁		班禪入藏代表返中國
四月六日十一頁		俄人所傳之英藏關係
五月二十三日九頁		專使囘國
同	右	班禪到上海
五月二十五日十三頁		班禪小傳
同	右	班禪在上海
五月三十一日十頁		通信
五月三十一日十三頁		龍夏造亂受罰
六月一日十五頁		西藏國務會請加權限
同	右	龍夏受懲辦
六月六日十頁		通信
六月七日十三頁		班禪參觀英兵艦
六月七日十四頁		龍夏受拔目處罰
同	右	西藏國務會再請增加權限
六月十八日十五頁		通信
七月五日十四頁		班禪致函英王

4

十一月二十日十五頁	佛來明氏遊藏雜記
同　右	相片
十一月廿一日十三頁	班禪從綏回藏
同　日十五頁	續佛氏雜記
同　日十八頁	相片
十一月廿二日十八頁	相片
十二月十三日十六頁	義人塔齊氏探險情形
同　右	地圖
十二月十四日十一頁	續塔氏探險情形
同　右	地圖
一九三六年	
一月十一日十一頁	祈禱新達賴之覓得
一月十一日十一頁	班禪計劃
一月二十八日十二頁	班禪短訊
二月三日十一頁	否認日人謠傳
二月十一日十八頁	考察團相片
二月二十四日十一頁	新考察團消息
五月七日十五頁	新達賴之徵兆已得
同　右	班禪地位
五月二十一日十六頁	班禪地位

譯者按英人對于西藏有他們特殊的固定立場，看法說法未必能全與我們相同，甚而有不利于我們的地方。不過他們如何的不利于我們，非看到各題目的文字不易明白。因此，凡不利于我們的文字，也完全列出，我們才能自知警惕和防範。蓮彥補記于北平蒙藏學校。七月二日。

國內地理界消息（康藏部分）

葛啟揚
樂植新 輯

本期稿件，蒙吳玉年先生惠贈大半，謹此誌謝。

公路

川康公路
改六日興工

【成都三十一日電】川康公路因籌備事項，尚未完妥，於六日興工。（二五，六，一，全民報）

川康公路
行營令趕完成

【中央社成都二十一日電】路息：行營以川康公路工程頗鉅，二郎山一帶尤為艱難，近令善後督辦公署派幹部前往興築，務期早日完工，以利剿匪軍事。（二五，六，二二，大公報）

川康路線確定
決經過天全二郎山
路線較短工程稍易

【成都航訊】川康公路，工程浩大，測量極難，全路路線，久未確定。茲據記者探悉，康雅段原有兩個路線：一由滎經，一由天全。其由滎經之一線，前經測量後，認為多不適宜，早已決計放棄；其由天全之一線，則有二郎山一段之困難，行營曾令公路監理處改測此線，當由貢工程師及涂隊長等，先後赴二郎山勘測，披荊斬棘，往來於深林密箐者幾及一月，結果尋得比較平適之新路線，係由兩路口至二郎山山頂，計三十六公里。過去恐此山坡度太高，及繞道過遠之說，現當不成問題矣。並聞天全線比較滎經線約短三十餘公里，天全線橋梁之類，亦較滎經線少三分之二，故已確定用此新路線云。（九日燈寄）（二五，八，一六，大公報）

川黔康三省公路概況

【重慶通訊】駐渝行營公路監理處副處長彭先蔚，日前在蓉公開講演，題為「川黔康三省公路最近狀況及今後之計劃」。講詞甚長，對三省公路之過去現在及將來，報告至為詳盡。其中關於現況一節，頗多實際情形，足供留心華西交通者之參考，特摘要述之。

川省公路

關於四川方面，彭氏首述自申公路監理處成立到現在的一年零三個月當中，中央先後撥給善後公債一千五百萬元，作為整理和修築四川公路之用。截至現在。

新 築的路已經完工通車的有三條：一，川陝路，由成都通到西安，就川境內而論，成都到綿陽，已有舊路，新修的是，從綿陽起，經梓潼、劍閣，昭化，廣元，到陝西寧羌的牧馬壩，和陝川公路聯接，計長二百七十九公里，於去年七月開始測量，八月開工，十月通車，但因修築不堅，並遭水患，損毀甚多，現在另由行營撥給四川公路局整理費十四萬元，從事培修（尚未動工）。二，川湘路，從綦江實

1

神店地方與川黔路接點起，經過南川，涪陵，彭水，黔江，酉陽，秀山，到達湖南永綏的茶洞，與湘川路接線，計長七百零六公里，於去年十月開始測量，十二月動工，因爲工程浩大，直至今年十月，始有數段通車，原限十一月底完成，但因天雨，未能做到，現定本月十五完成，但時期已迫，似尙未能如願。三，川鄂路，測線是由成都經簡陽，遂寧，南充，渠縣，大竹，梁山，萬縣至湖北的利川，與鄂川路接線，成都到渠縣一段，算是有了舊路，又萬縣到梁山交界處的分水嶺亦有舊路，新修的是由渠縣到分水嶺一段，接通成都到萬縣的交通，共長八百八十七公里，於去年十二月開始測量，今年二月動工修築，至十一月底已告完成。惟萬縣以下，因施工過於困難，暫緩修築。此外已經測量

在修築中的路，亦有二條：一，黔咸路，從四川的黔江，和川湘路接線點起，到湘北的咸豐，溝通川鄂兩省的交通，計長三十公里，於本年十月開始測量，十一月五號動工，預計在本月內完成。二，川康公路，卽從四川通西康的道路，成都到雅安一段，已有舊路，新修的是從雅安起，經天金，瀘定，到康定，計長二百一十四公里，於今年四月間開始測量，五月間興工修築，用兵工担任土方工程，中間因軍隊調防，一度停頓，最近又派李抱冰部担任工作，如無其他變故，明年夏季，可望完成。還有已經測量，而正在

準備開工的路，亦有四條：一，川滇路，由隆昌和川黔路之成渝段接線點起，經瀘縣，納谿，叙永而入黔境，轉雲南的威寧，和滇川路接線，共長五百二十五公里。二，彭寶線，從彭縣到寶興場，計長三十六公里，是專修爲運寶興場的礦產的。三，青碚路，從川黔路上巴縣的青木關起點，到巴縣的北碚，計長二十三公里。四，海廣路，從重慶南岸的海棠溪起，沿江而下到達廣元壩止，計長三十六公里，都是已經測量完畢，正在籌備開工的。至於計劃着要修的，亦有兩條幹線，卽川甘川青兩路，已準備在最近的將來，動工測量。以上四川修築新路的狀況，統計已經築成的，共一千一百七十六公里；測量完竣，準備開工的共六百二十公里。

整理舊路的經過，謂：過去馬路工程，均極馬虎，行車諸多不便，故非加以整理不可。統計近一年來，已經整理就緒的：一，川黔路之成渝段，及重慶南岸海棠溪到崇溪河，共長六百四十公里。二，成嘉路，由成都至彭山，眉山，夾江，到達嘉定，計長一百二十公里。三，川陝路的成綿段，由成都經新都，廣漢，德陽，到綿陽，計長一百五十一公里。四，綿江支路，從綿陽到江油，長三十七公里。五，夾峨公路，從成嘉路上的夾江起到峨眉縣，計長二十四公里。以上各路共長九百七十二公里。

黔省公路

關於貴州方面的公路，自胡嘉詔接長建設廳以後，卽行整飭。已經就緒的，計有黔湘路，從貴陽起，到湖南之鮎魚堡，計長四百零三公里，於本年九月開工，現在幸告完成。正在進行整理中的是黔川路，

從貴陽到松坎，到川省交界的崇溪河，全長三百五十五公里，本年十一月二十五日開工，大概現在通車已無問題。此外滇黔路，從貴陽到滇省邊境勝境關，長四百四十七公里，不久可完工。至於尙待整理的，有：一，畢清路，由清鎮到畢節，長一百八十公里。二，黔桂路，自黔湘路甘把嘴分支到廣西界，聯接桂黔路，長一百八十八公里。三，貴陽到定番的支線，長五十公里。四，陸家橋到下司的支線，長三十公里。

將來準備興工修築的，有南龍路，從黔滇路的砂子嶺分支到龍安，長一百四十公里。總計，貴州方面，已經整理完善的，共四百零三公里；正在整理的，共八百零二公里；尙待整理的共四百四十八公里；正在修築的，是一百四十公里。

康省公路

過去的西康，根本就無所謂馬路，後來又因爲朱毛等竄擾的關係，工作不能迅速推動，現在匪已遠颺，暫且從川康路做去，竢完成後，再作其他打算。

此外關於三省公路的管理，尙有值得注意者，卽對於營業車輛之統制。在川省，是有了公路局的組織，並實行統制營業，由行營購汽車二百輛交路局管理，並指定川黔川陝兩路公營；其餘各舊路，暫准商車行駛至，明年六月底止，全部歸路局統一營業。貴州方面，黔川，黔湘，黔桂三線規定歸省府統一營業，其餘各縣准其商營，已定於本月內實施云。

（二五，一二，二二—二三，益世報）

災患與賑濟

蔣電川康當局收容匪區災民

如係喇嘛安插內地保護

【成都十日電】蔣委員長以川康邊境，經匪竄擾後，災民無家可歸，殊堪憫惻，特電川省府會同西康建委會，盡量收容，如係喇嘛應爲安插內地各大寺院，加意保護。（二五，六，一一，全民報）

西康疫癘流行

巴安一帶人民死四分之三

【南京十三日中央社電】關係方面息：共匪竄擾西康後，因糧食被劫一空，人民飢不擇食，將已死牛馬作爲食料，以故疫癘流行。距巴安三十餘里之魚卡通村，茶馬公村，耿巴公村等處，人民死亡者，達四分之三以上，以至屍體遍野，任其腐爛。最近復流行於城中，死亡已達三百餘人，如不速爲救濟，前途貽患更將無窮。（二六，一，一四，益世報）

豫黔西康災區

中央撥款救濟，共計賑款六十餘萬元

【上海航信】賑務委員會委員長朱慶瀾氏，於昨日由京乘夜車來滬，今晨七時抵埠，下車後即赴古拔路私邸休息。據朱氏語記者云：本人此次來滬，係出席上海各慈善團體聯合救災會議。關於各被災省份之急賑，綏遠戰區難民之救濟，及各省急賑，計撥河南公債三十萬元，已由該省賑務會變售現款十九萬三千餘元，連同該省救災準備金三萬元，及上海救災會一萬元，共計廿三萬三千餘元，均經會同監放專員唐宗郭擇災情最重縣份，分別配撥二十三萬元，其餘三千餘元，則分配開封鄭州洛陽三災區童教養院救濟災童。貴州第一次賑款公債二十三萬元，由該省賑務會主席周恭壽來京面請辦理平糶，源源賑濟，該省監放專員成靜生亦經同意，業由本會呈院備案准予照辦；至第二次賑款公債十萬元，則俟成專員到黔勘察後，再行酌量情形，分別賑濟。西康匪災賑款國幣八百萬元，業經監放專員釋弘傘派員分赴被災各縣查放，惟該省交通不便，恐須遲至二三月間，始能辦理竣事。至於青海馬鬐山寧夏各處賑務，由杜紹彭專員正在該處災區查放云。（二六，二，三，北平晨報）

地震

青海西藏發生强烈地震

【南京八日中央社電】中央氣象臺息：七日晚九時二十四分四十五秒，該臺紀錄强烈地震，方向西北，西距京一九四零公里，推測結果，震源約在青海積石山脈中，幸當地爲崇山峻嶺區，人烟稀少，諒不致受大損害，但震勢猛烈，甯甘兩省，或亦感地震云。

【香港八日中央社電】港天文臺七日晚九時二十五分，驚震器發生劇烈震動。據發表：地點爲西藏拉薩城，距港西北千二百七十五里，英日澳各地，均有震浪傳到。（二六，一，九，北平晨報）

建設

西藏政府在平設辦公處

格敦格典昨晨抵平

西藏政府，現派格敦格典爲駐平辦公處處長，管理平市雍和宮黑寺

及喇嘛期一切事項。格氏已於昨（十九）晨十時乘滬平通車，自京抵平，聞駐辦公處卽將設于雍和宮內云。

（二五、六、一九、全民報）

西康建省委會職員已到康定

【中央社成都二十九日電】西康建省委員會奉令移駐康定，十五日由秘書長楊叔明，委員任筱莊，率同全體職員先行前往，二十二日到達康定。

（二五、九、三〇、大公報）

西康建省委員會積極籌備設立省銀行

西藏噶倫索康派員謁劉文輝促進康藏關係

【南京九日電】西康建省委員會，為調劑金融發展工商起見，曾決定籌設西康省銀行，並經擬具辦法，咨請財政部備案，聞已核准。該會現已積極籌劃，業已在康定中正街覓妥地址，設立籌備處，準備在短期內開始營業。

（二六、一、一〇、國民新報）

西康設立衛生院

辦理全省醫療事宜，政院公布計劃大綱

籌設西康衛生院計劃大綱，已於十九日行政院會議通過，茲誌該大綱如下：

西康地處邊陲，緜亙川藏，惟以民族複雜，交通閒阻，一切建設，自形落後。每遇疫癘則死亡載道，人口不繁，此其主因。然謀西康民族健康，生產建設，衛生醫藥，實為根本之圖。此可以事實證明者。顧西康建省伊始，百端待舉，人才與經濟兩感缺乏，而人口疏密，社會情形尚待切實之調查，是以衛生醫藥建設初步計劃，擬於省會所在地設一固定之衛生院，為該省衛生行政之最高機關，綜理全省衛生醫療事宜。另附設巡迴醫隊，按交通要道，辦理巡迴治療，及調查工作。期於相當時期以後，得詳悉各地詳細情形。然後擇設衛生分院，並擴充巡迴醫隊，以圖工作之普遍，其初步實施要務如次：

一、醫療設施　一、衛生院包括醫院在內，設門診部及病室。暫設四十床位，按每一千人口設二病床之例，康定人口約需二十五床，下餘之十五床，可以十床為產婦病室，以五床留備特殊之需用。二、巡迴醫隊先設二隊，每隊以醫師一人護士二人組織之；每隊備有藥械及篷帳等物，定期巡迴各處，診治各科病症，如遇重症者，卽勸送醫院治療。他如預防注射，衛生宣傳，及調查等工作，同時並進，以期工作之推展。

二、衛生工作　辦理關於傳染病之預防及遏止，種痘及預防注射之推進，各種防疫檢驗及改善環境衛生等事項；同時次第推進婦嬰衛生，學校衛生，勞工衛生，及生命統計事項。

三、訓練工作　辦理關於初級技術人員，如衛生助理員及產婆等之訓練，及衛生宣傳訓導民衆等事項。其他如地方病之特殊調查，及研究工作，得請由中央派員協助訓導。

四、工作人員　院長一人，主任醫師一人，醫師五人，護士九人（護士長一人，護士八人；以五人辦理門診住院及衛生等工作，以四人辦理巡迴醫隊工作），助產士二人，衛生稽查一人，藥劑員一人，檢驗員一人。

五、經費概算　一，開辦費，二，經常費。

（二六、一、二一，中央日報）

青當局成立青藏貿易公司

總公司設在湟源

【西寧航訊】建設廳前奉省府令，在青計劃籌設青藏貿易公司，以恢復青藏商務關係，並藉資融洽民族情感，以固邊防。該廳奉令後，已擬具籌設辦法一種，呈由省府轉咨蒙委會審核。其辦法計劃在湟源設立總公司，魯沙爾設立分公司。其組織採股份有限制，政府倡辦，招商募股，並呈請實業部註册，頒發營業執照，推選熟悉藏方商情者經理，前曾充藏商之歇家任招待，以資介紹交易。貿易範圍逐次擴展，初辦如運藏之大米，紅棗，柿子，瓜子，掛麵，水菸，鼻菸，各色綢緞布梭及其他藏民日常用品。每年於藏駄達青時，該公司卽按時價，以物易物，不得勒價強買，以失信用。至藏商之大宗駿馬，亦由該公司承辦。（六月一日）

（二五、七、七、北平晨報）

康藏糾紛

藏軍佔據康北四縣，康藏糾紛復起

雙方代表在談判中，和平解決尙非無望

【成都航訊】西康北部之德格，鄧科，石渠，白玉四縣，自民國二十二年，劉文輝令余松琳出關，以兵力逐去內犯藏軍，將甘孜，瞻化及上列四縣規復後，藏軍即完全退住金沙江西岸。當時雙方約定，劃定康軍以金沙江上下流東岸爲最前線，藏軍以西岸上下流爲最前線，雙方軍隊不得越雷池一步。雙方自依限撤退作戰部隊之後，各縣駐軍，不得超過二百名，所有康藏歷年懸案，則聽候中央解決。自此德（格），鄧（科），石（渠），白玉四縣，乃重隸西康版圖。康軍因遵守協定，故於四縣未派重兵駐守，諸那入康宣慰後，康北各縣夷民，曾一度驅逐漢官，四縣遂呈混亂狀態，無人治理。赤匪犯康，道孚，鑪霍，甘孜三縣相繼失陷。四縣與鑪城之交通，全被匪部斷絕。青海南面駐軍馬步芳部，因之由青入境，協同防守，嗣匪部稍殺，乃自行引去。金沙江兩岸之藏軍，竟於此際受德格土司之招致，乘機渡江分頭進佔四縣，於是收復四年有餘之四縣，又重淪藏軍之勢力範圍。因其地居邊徼，且値國家多事，未爲國人所注意，自赤匪退出康境後，西康建省委員會乃着手整理康事，新委大批縣長，漸次恢復各地秩序。而德格等四縣，仍爲藏軍踞有，並無撤退之意，康建委會之政令，當然不能達到該地。現康建委會由雅移康，已根據民二十一年之康藏協定，要求藏方迅速撤退四縣之駐兵，俾康方委派官吏前往治理。惟藏官吏，不能自專，尙須請示於拉薩。故交涉許久，迄無端倪。頃悉拉薩已派德克巴郎（譯音）爲全權代表，業已取道寧靜，經康南之巴安，理化前赴鑪城。聞現正與劉文輝正式交涉中，據一般觀察，藏軍過去竊佔甘（孜）瞻（化），曾受川康軍重懲，致狼狽退往金沙江，倘西藏政府，眞正內向悔禍，或不至因茲四縣而破壞康藏和平也。至於交涉之結果如何，當俟續報。（十三日爐寄）

（二五，一二，二一，大公報）

藏軍一度侵康　糾紛已和平解決

藏軍所佔四縣退還西康

劉文輝派員駐昌都聯絡

【中央社南京五日電】去歲西安事變之前，康藏曾發生糾紛。緣西藏趁西康駐兵薄弱之際，乃出兵金沙江，先後佔據白玉，德格，鄧柯，石渠等四縣。是時西康建省會委員長劉文輝，尙在四川，聞訊甚爲憤慨，一再電請中央，依法處理，彼時爲求事態不再擴大，對外嚴守機密，乃從事以政治方法調解，迄至最近，已告結束。蓋西藏熱振方面，已接受中央勸告，於去歲派駐軍士耶多吉到康，謁劉文輝，就近商洽一切，結果甚爲圓滿。藏方已願將白玉等四縣歸還西康，劉氏嘗調一百三十八師章鎭中部，前往接防，藏軍則已退回藏境。劉氏並爲化除雙方隔閡起見，特派羅君俠，陳文瀚二人，常駐昌都，俾與西藏取得聯絡。

【按：昌都在西康西部，爲康藏往來孔道，藏方以此爲門戶，屯駐重兵。】

（二六，二，六，世界日報）

藏軍撤退後　西康軍進駐德格

幷賡續向前推進　劉文輝電渝行營報告

【中央社重慶七日電】劉文輝電行營報告：侵康藏軍撤退，康軍章鎭中部已進駐德格，即賡續推進，接防鄧，白，石三縣。

（二六，二，八，中央日報）

劉文輝電呈行政院

報告入康藏軍已撤回

【八日上海電】成都電：劉文輝八日電呈行政院，略謂據職部章團電稱：已於一月二十八日進駐德格，藏軍先期撤退。又據担隣喇嘛電稱：番兵悉回原防，此後担隣在邊一日，康藏親善一日等語。除飭繼續推進接防鄧，石，白各縣外，並電康索喇嘛加以慰勉。

（二六，二，九，中央日報）

金沙江東岸藏軍撤回西岸

西藏噶厦昨電京報告

【南京十六日上午一時電】西藏噶厦、十五日電京報告：駐金沙江東岸藏軍，已完全撤回西岸。

案：遂駐金沙江東岸藏軍，卽去歲西安事變前，侵入西康德格，鄧柯，白玉，石渠四縣者。經中央電西藏執政熱振勸告，藏方已允接受、撤回四縣藏軍。

（二六，二，一六，世界日報）

在滬藏民之統計

滬市警局統計市民籍貫

西藏籍市民突增

去年僅一人，現增至萬七千餘

江蘇籍最多，總計八十餘萬

大公社云：市警察局，昨發表最近市區內市民籍貫統計如下：江蘇八六七九四七人，安徽九四七四四人，浙江四一二零五三人，福建一二二三八人，江西一零八六四人，湖北三四五三二人，湖南一五七一九人，廣東五五二五五人，廣西四四〇人，雲南二二一人，貴州一五八人，四川二七六四人，甘肅三六人，陝西二二〇人，河南九七四七人，河北三三七二三人，山東三五零五四人，山西四零四人，遼寧六零一人，吉林六六人，黑龍江三四人，熱河一〇人，綏遠九人，察哈爾四人，新疆三人，青海一人，蒙古二人，西藏一七三三一人，上海市四九七一七五人，南京市三三一二六人，北平市七二五三人，青島市五二七人，總計二•一四二•二六〇人。其中西藏籍市民，在去年十月間，祇有一人，現增至一七三三一人，均居住在蘊藻浜警察所區域內，大都均作勞工生活云。

（二六，一，一一，申報）

6

北寧鐵路簡明行車時刻表

中華民國廿六年二月一日重訂

1次 平瀋特快 膳臥各等	41次 普通客車 中膳各等	71次 平津客貨 三等慢車	305次 平浦特快 膳臥各等	21次 快車 膳車各等	23次 平唐快車 膳車各等	5次 平津特快 膳車各等	301次 平滬特快 膳臥各等	401次 平津客貨 平滬通貨	3次 平瀋特快 膳臥各等	73次 津唐客貨 三等慢車	75次 唐榆客貨 三等慢車	43次 唐榆慢車 各等	下行車	站名	上行車	22次 快車 膳車各等	6次 津平特快 膳車各等	302次 滬平特快 膳臥各等	72次 津平客貨 三等慢車	42次 普通客車 中膳各等	4次 瀋平特快 膳臥各等	24次 唐平快車 膳車各等	306次 浦平特快 膳臥各等	2次 瀋平特快 膳臥各等	402次 津平客貨 滬平通貨	74次 唐津客貨 三等慢車
6.00	6.30	6.45	8.00	10.00	13.00	16.00	18.00	20.15	21.00				開	北平前門	到	9.50	11.30	13.55	16.46	17.30	18.30	21.12	23.00	23.20	2.40	
	6.48	7.27			13.16			21.28					開	永定門	開	9.35			16.13	17.13	18.15				2.13	
6.23	7.03	8.40	8.26	10.26	13.32		18.25	23.00	21.26				開	豐台	開	9.22		13.31	15.35	17.00	18.00	20.44	22.35	22.58	1.35	
	7.26	9.46			13.50			24.00	21.45				開	黃村	開	9.03			13.51	16.33	17.41				0.08	
	8.16	12.40	9.20	11.25	14.39			1.35	22.33				開	廊坊	開	8.16			10.40	15.41	17.06	19.49	21.36		22.28	
	8.35	13.34			14.55			2.28	22.50				開	落垡	開	8.01			9.36	15.21	16.43	19.32			20.48	
	9.03	14.58	9.59	12.05	15.23			3.37	23.12				開	楊村	開	7.39			8.10	14.53	16.21	19.07			19.53	
8.02	9.39	16.46	10.24	12.32	15.57	17.53	20.16	4.53	23.38				開	天津總站	開	7.12	9.38	11.40	6.15	14.20	15.56	18.41	20.39	21.15	18.10	
8.10	9.48	17.03	10.32	12.40	16.05	18.00	20.25	5.10	23.47				到	天津東站	開	7.00	9.30	11.30	5.40	14.05	15.45	18.30	20.30	21.05	17.10	停
8.20	10.00	停	11.05	12.55	16.20	停	20.50		24.00	7.10			開	天津東站	到	6.45		11.00		13.55	15.30	18.18	20.00	20.55		12.12
9.14	10.03		開	13.58	17.28		開		1.04	10.00			開	塘沽	開	5.44		由		12.52	14.36	17.20	由	20.04		10.35
10.07	12.09		往	15.06	18.33		往		2.09	12.52			開	蘆台	開	4.41		上		11.42	13.41	16.12	浦	19.09		7.55
	12.59		浦	15.50	19.26		上		2.57	15.17			開	胥各莊	開	3.45		海		10.48	12.57	15.15	口			6.05
10.59	13.12		口	16.03	19.40		海		3.10	15.40			到	唐山	開	3.30		開		10.30	12.43	15.00	開	18.15		5.00
11.02	13.17			16.08	停				3.15	停	5.30	7.30	開	唐山	到	3.25		來		10.25	12.38		來	18.12		
11.13	13.31			16.19							6.10	7.45	開	開平	開					10.12	12.27			18.02		
11.37	14.04			16.44					4.02		7.20	8.14	開	古冶	開	2.49				9.45	12.07			17.45		
12.09	14.56			17.18					4.53		9.45	9.07	開	灤縣	開	1.52				8.45	11.20			17.04		
12.50	15.58			18.07					5.58		12.58	10.10	開	昌黎	開	0.51				7.40	10.30			16.23		
	16.21			18.26					6.23		13.51	10.34	開	留守營	開	0.21				7.12	10.05					
13.23	16.41			18.44					6.46		14.38	10.54	開	北戴河	開	0.02				6.54	9.50			15.53		
13.42	17.08			19.07					7.16		15.48	11.23	開	秦皇島	開	23.29				6.25	9.23			15.30		
14.00	17.30			19.25					7.40		16.25	11.45	到	山海關	開	23.00				6.00	9.00			15.10		
14.35									8.20				開	山海關	到						8.15			14.30		
21.40									15.35				到	瀋陽南滿	開						23.10			7.20		

北戴河海濱支線

85次	87次	91次	93次	95次	下行	站名	上行	86次	88次	92次	94次	96次
7.00	9.50	13.30	16.00	18.50	開	北戴河	到	6.35	9.30	13.10	15.35	8.35
7.20	10.10	13.50	16.20	19.10	到	北戴河海濱	開	6.15	9.10	12.50	15.15	18.15

通縣支線

501次 輕油車	503次 輕油車	81次 客貨車	505次 輕油車	507次 輕油車	53次 客車	509次 輕油車	55次 客車	511次 輕油車	513次 輕油車	83次 客貨車	下行	站名	上行	502次 輕油車	504次 輕油車	82次 客貨車	506次 輕油車	503次 輕油車	54次 客車	510次 輕油車	56次 客車	512次 輕油車	514次 輕油車	84次 客貨車
7.30	8.30	9.30	10.45	11.15	12.50	14.00	15.30	16.30	17.50	18.40	開	北平前門	到	9.15	10.25	12.10	12.40	13.40	14.48	15.29	17.20	18.37	20.05	21.25
7.35	8.35	9.38	10.50	11.20	12.56	14.05	15.36	16.35	17.55	18.48	到	東便門	開	9.10	10.20	12.02	12.35	13.35	14.42	15.24	17.14	18.32	20.00	21.17
7.36	8.36	9.40	10.51	11.21	12.57	14.06	15.39	16.36	17.56	18.50	開	東便門	到	9.09	10.18	12.00	12.34	13.33	14.40	15.23	17.12	18.30	19.58	21.15
7.52	8.52	9.59	11.07	11.37	13.14	14.22	15.56	16.53	18.12	19.09	到	雙橋	開	8.53	10.02	11.41	12.18	13.17	14.23	15.07	16.55	18.13	19.42	20.56
7.53	8.53	10.02	11.08	11.40	13.17	14.23	15.57	16.55	18.13	19.11	開	雙橋	到	8.51	10.01	11.39	12.16	13.16	14.20	15.06	16.54	18.11	19.41	20.54
8.03	9.03	10.16	11.18	11.50	13.30	14.33	16.09	17.05	18.23	19.25	到	通縣南	開	8.41	9.51	11.25	12.06	13.06	14.07	14.06	16.42	18.01	19.31	20.40
8.05	9.05	10.23	11.20	11.52	13.32	14.35	16.10	17.07	18.25	19.33	開	通縣南	到	8.40	9.50	11.17	12.05	13.05	14.06	14.55	16.41	18.00	19.30	20.32
8.10	9.10	10.30	11.25	11.57	13.38	14.40	16.16	17.12	18.30	19.40	到	通縣東	開	8.35	9.45	11.10	12.00	13.00	14.00	14.50	16.35	17.55	19.25	20.25

禹貢半月刊第一卷至第六卷著者索引

七

一一

一九